"大学堂" 开放给所有向往知识、崇尚科学，对宇宙和人生有所追问的人。

　　"大学堂" 中展开一本本书，阐明各种传统和新兴的学科，导向真理和智慧。既有接引之台阶，又具深化之门径。无论何时，无论何地，请你把它翻开……

后浪

插图第14版

西尔格德
心理学导论

[美] E. 西尔格德
[美] R. C. 阿特金森
[美] E. E. 史密斯
[美] S. 诺伦-霍克西玛 等著

洪光远 译

| 14th EDITION |

ATKINSON &
HILGARD'S
INTRODUCTION
TO
PSYCHOLOGY

• Ernest Hilgard •
• Richard C. Atkinson •
• Edward E. Smith •
• Susan Nolen-Hoeksema •

四川人民出版社

中文版导读

《西尔格德心理学导论》一直被奉为普通心理学教科书的经典之作，恩斯特·R. 西尔格德（Ernest R. Hilgard）教授自 1928 年起便在耶鲁大学和斯坦福大学教授非常受欢迎的心理学导论课程。该书最早是他本人在多年教学经验基础上，于 1953 年独自编写的普通心理学教科书。由于内容丰富、观点全面、着重启发学生思维、特别适合初学者在上课和自学时使用，该书一出版即广受赞誉，到 1962 年第 3 版时，销量已高达 415,000 册，成为当年最畅销的图书，很快就出版了法语、德语、意大利语、西班牙语等多种文字的译本。

为了不断充实心理学界新的研究内容和适应发展中不断出现的新分支领域，西尔格德心理学教科书从 1967 年修订开始增加新作者，最早参加也是合作最久的是理查德·C. 阿特金森（Richard C. Atkinson）和瑞塔·L. 阿特金森（Rita L. Atkinson）。该书每隔三四年修订一次，在 50 年间自第 1 版至第 14 版，内容不断充实完善。虽然新作者都是各个领域的专家，但为了纪念西尔格德对此书和心理学教学的贡献，始终保留西尔格德为主要作者的地位。

在 21 世纪伊始出版的这本《西尔格德心理学导论》第 14 版，参加的作者有爱德华·E. 史密斯（Edward E. Smith），苏珊·诺伦-霍克西玛（Susan Nolen-Hoeksema），芭芭拉·L. 弗雷德里克森（Barbara L. Fredrickson）和杰弗里·R. 洛夫图斯（Geoffrey R. Loftus）。为使本书的所有部分都更加现代化，书中内容有很大的修改和补充，全书共计 18 章，贯穿全书的有三个观点：1. 加强行为的生物学基础；2. 在心理学研究中增加进化的观点；3. 强调文化影响及其多样性。

关于本书的内容及其主要变化简述如下。

第一部分包括三章。

第一章　心理学的本质。首先用心理学如何影响生活和政策的一些实例，使学生了解心理学研究的重要意义；从古老的"先天与后天"的问题争论开始阐述心理学的历史发展；为强调它与当代运动的联系，在阐述各种不同学派的发展中，增加"主观论观点"，为当代的社会心理学、人格心理学和文化心理学提供了强有力的联系，对被称为"21 世纪的心理学"的新兴的跨学科研究，如认知神经科学、进化心理学、文化心理学、情感和社会认知神经科学，以及积极心理学等也都有一定的介绍。

第二章　心理学的生物基础。通过一个公开讨论的实例表明复杂心理特点与脑的联系；并依据计划心理学的观点，在行为进化的部分以一个行为特质（如男性的攻击性行为）为例，讲述了自然选择的进行。

第三章　心理发展。增加了在儿童心理理论基础上有关认知发展的最新研究；扩展和更新了青春期发展的范围；增加了遗传对气质影响的信息。

第二部分为基本的心理活动过程。

第四章　感觉过程。为了加深学生的认识，本章对感觉在日常生活中的影响做了新的介绍；对光和心理物理的研究有所扩展；并增加了信号检测论。

第五章　知觉。注重用生态学的观点解释知觉的作用，将错觉并入知觉的恒常性研究中；注意研究被扩展成为独立部分。

第六章　意识。从日常生活中人们分心或失去意识的情境引入，解释意识，认为它是人对自己内外环境和各种行为活动的监控，由当时的知觉、思维和情感所构成；还讨论了酗酒的产生、其文化差异和性别差异。

第七章　学习与条件反射作用。包含了抑制性条件反射的讲述，还新加了一节学习和条件反射的神经机制。

第八章　记忆。将编码、存储与提取、记忆的三个阶段与三个储存系统做了很好的区分与解释；对工作记忆与内隐记忆分节讲述，并着重说明记忆的建构性及其对实际生活的影响。

第九章　语言和思考。语言部分除发展和影响因素外，增加了神经基础；在推理和决策中指出表象的作用；在演绎与归纳推理的解释中用脑内的神经机制加以区分。

第三部分　心理特征。

第十章　动机。动机是一种使行为加强并给以方向的心理状态，保持体内平衡是其主要的内在原因；从脑内系统对"想要与喜爱"（wanting 与 liking）加以区分；增加了与性别有关的过度节食与过胖等健康问题的心理学解释。

第十一章　情绪。情绪从认知评价开始，由主观体验、内部躯体变化等多种成分构成；讨论情绪与心境的区分；强调积极情绪和面部表情在生活交往中的重要作用；增加了有关情绪调整及其性别与文化差异部分。

第十二章　智力。介绍智力测验的历史发展和当代智力理论；讨论智力测验编制中的偏向性问题；还介绍了有关智力理论中文化问题的讨论。

第十三章　人格。在各种人格理论中增加了人格的进化理论并讨论了人格的遗传问题；对人格的评估也在本章中加以介绍。

第四部分　心理健康与心理障碍。

第十四章　压力、健康及应对。从各种压力事件的产生，到应激反应的生理和心理因素及应对技巧，全部贯穿着文化问题的讨论；特别是增加了对创伤后应激障碍的讨论，以及应对健康的影响。

第十五章　心理疾病。这是新的一章，从一个变态心理的实例开始，在焦虑障碍、心理障碍和精神分裂症部分强调了脑成像研究；并介绍了在界定"变态性"时需要强调不同文化下的常模的讨论。

第十六章　心理异常的治疗。用一个精神分裂症患者从多种治疗方法中获益的事例说明治疗的作用，其中也包括中国古代的看法；介绍了药物治疗对心理障碍的作用，包括现在讨论中的草药的治疗作用及文化差异。

第五部分　社会心理。

第十七章　社会影响。用情境起重要作用的观点，对社会助长作用、旁观者效应、顺从等几个方面做了现代化的解释；增加了包含不和谐理论与自我知觉理论的"自我辩护"（self-justification）部分。

第十八章　社会认知。依据思维的双进程模型（自主思维和控制思维）的观点，阐述印象的形成、态度和人际吸引等问题；着重揭示了刻板印象的形成及其文化影响；并增加了对偏见与刻板印象的控制；指出在团体思维中保持团体多样性的积极意义。

本书非常适合心理学入门级的教与学。在每一章都有一个"概念摘要表"以图表形式帮助学生巩固主要概念并加深理解与记忆；除每章最后有全章总结外，还增加了阶段小结，对学生整合所学内容并记住重要信息大有裨益；各章均列有重要思考题，并设有以"双面论证"（seeing both sides）命名的学术论坛，反映心理学发展前沿的问题，客观地介绍争议双方的论述。例如，第一章"自私是天性吗?"，第六章"超觉现象（Psi）是真实存在的吗?"，以及最后一章"择偶方面的性别差异是源于进化过程还是社会学习?"，都大大地激发了学生的学习兴趣和启发思维。此外，本书还包含了插图和详细的上网查阅资料的指导，确实是一本内容充实、图文并茂的心理学基础教材。

最后，由于本书材料新颖，观点全面，我认为它不仅是一本入门教材，对于心理学界无论哪一个分支的学者而言，若希望不断完善自我，它都是一本不可或缺的重要读物。

张厚粲

北京师范大学心理学院教授，博士生导师

中国心理学会常务理事

国际心理科学联合会执行委员

前　言

　　《西尔格德心理学导论》（*Atkinson & Hilgards' Introduction to Psychology*）第 14 版（2003），在经典的心理学教科书中又注上一个新纪元。本书除了元老级的作者史密斯（Smith）、贝姆（Bem）与诺伦-霍克西玛（Nolen-Hoeksema）外，还加入了三位新作者：密歇根大学的芭芭拉·L. 弗雷德里克森与斯蒂芬·马伦（Stephen Maren），以及华盛顿大学的杰弗里·洛夫图斯（Geoffrey Loftus）。虽然弗雷德里克森、马伦和洛夫图斯并非心理学界的新人——三位均为备受尊崇的国际知名学者与教授——却给本书带来了新的视野。因此，目前本书的作者群包括了得以拓展我们视野的专家：从生物心理学、认知与知觉，到社会与人格心理学，再从正常发展到心理病态领域。所有这些作者均为获奖连连的学者，他们提供了心理学界主要议题与研究发现最权威的评论。

经典与当代的研究

　　经典的研究是建构心理学的基础，能让学生了解且心领神会，是相当重要的。本书持续涵括这些研究，并强调它们对本领域及我们日常生活所产生的冲击。然而，当前心理学界也有大量的创新研究，在本书这一版中，我们也收录了本领域最被看好的新研究，包括：认知神经科学的发展、对脑部与行为关系的研究、对感觉与知觉基本研究所进行的创新应用、情绪议题的"新研究潮流"、人格的遗传与进化论、心理病态的起源与治疗的关键性研究、对文化的社会心理观等。结果，这使得本书成为内容包罗万象、精彩万分，得以总览心理学方面旧有与崭新研究的巨著。

生物学、进化与文化

　　有三个主题贯穿本版的普通心理学：生物学、进化与文化。我们保留前面版本对行为之生物基础的重视，只不过我们还将此生物取向研究，扩展到其他某些章节中。例如，我们在第三章讨论气质、第十三章中探讨人格时增加了遗传方面的信息，也更新了第十章动机的生物模式；我们在第十四章加了一节专论创伤后应激障碍的生物学，并在第十五、第十六两章中扩充且更新了心理疾病之生物取向的研究。综观全书，我们还设计了称作行为的神经基础之小版块，以突显出行为的生物基础。

　　我们还增加了心理学的进化观点的篇幅。例如，在第一、第二两章，均增加专论进化心理学的节次；在第十一章摘述了情绪的进化方面要点，且在第十三章增加一节讨论人格的进化心理学理论。

　　全书一致强调的第三个重点，在于文化及其相关论述。例如，第六章，我们讨论了酗酒的文化差异；第十二、第十三章摘述了有关智力与人格测验的文化偏差证据；在第十四、第十五两章中，我们讨论了不同文化间创伤后应激障碍及其他心理疾病的普行率的差异；第十六章，我们讨论心理疾病的社会文化取向及文化特殊疗法；在第十八章，我们聚焦于文化与社会认知方面的近期研究。

变更的主要内容

第 14 版有大幅的修订，除了对所有主要章节进行更新，还重新编排了某些章节，增加了一些新的数据。本版一些实质的改变依序叙述如下。

第一章 心理学的本质

- 提出心理学研究如何影响政策的新例证，以协助学生了解心理学研究的重要性。例如，章首关于提升阅读计划的短文，事实上即为"心理学正确性"的讨论。
- 有关心理学的历史渊源的内容，经过了全面改写，以强调和当代心理学运动间的关联。例如，标题为"主观论观点"的新节次，即提出了与当代社会、人格与文化心理学间的绵密的关系。
- 标题为"21世纪的心理学"的前沿研究，以科际整合的观点，摘述了心理学各方面的发展，如认知神经科学、进化心理学、文化心理学、情感与社会认知神经科学，以及积极心理学等。
- 新的"文献回顾法"一节，解释了元分析的逻辑，此研究法在全书中常被提到。

第二章 心理学的生物基础

- 本章开头以新增的菲尼斯·盖奇（Phineas Gage）案例，探索了复杂心理特质（即人格）与脑部之间的关联性。
- 关于"行为的进化"的新节次，阐明了自然选择过程是如何在行为特质（如男性的攻击性）的背景中运作的。

第三章 心理发展

- 章首短文说明了儿童发展速率及父母对其发展期望两方面的变异性。
- 增加了一节讨论儿童心灵理论的认知发展新研究。
- 新增的前沿研究，摘述了按摩治疗对病痛婴儿发展的影响。
- 新加了遗传对气质影响的信息。
- 扩充了青少年发展的篇幅，并予以更新，包括少数族裔青少年对种族认同方面的讨论。

第四章 感觉过程

- 全新的绪论，使得学生能了解到感觉方面的研究对日常生活的影响。
- 修订讨论感觉的一节，并扩展内容，使得描述更为完整，有：（a）光的特性；（b）心理生理历程（增加了 Steven 的指数定律的描述与解释）。
- 增加信号检测论一节。
- 强调同分异构体在三色说发展上的重要性。

第五章 知觉

- 整个绪论都有更新：（a）通过"帐篷与熊"的故事提出了研究知觉的动机；（b）对知觉的作用，提出了一个生态观。
- 前沿研究中，描述了一则应用虚拟实境以减轻严重疼痛的新研究。
- "注意"自成一节，除了篇幅大增外，还联结到第四章的内容，因而也提供了观察本章其余部分的一个参考架构。眼球运动一节也扩充了篇幅。
- 在"辨识"一节中，增加了"整合的问题：前注意与注意过程"。

- 增加了"抽象过程"一节。
- 知觉恒常性的讨论已予扩充，并将"错觉"一节整合进来。

第六章 意识

- 新的章首短文摘述了日常生活中解离或丧失意识的经验。
- 讨论了酒精滥用与依赖的文化及性别的议题，新的篇幅还包括墨裔美国人对饮酒行为的教化效应。此外，还解释了为何男性的饮酒量往往大于女性。
- 更新了药物滥用的最近研究与统计资料。
- 全新的"前沿研究"专栏讨论了吸烟的遗传学。

第七章 学习与条件反射作用

- 为阐述学习的原则，本章开头增加了介绍如何教导人们新把戏的短文。
- 开辟新的一节以讨论包括抑制性条件反射作用在内的议题。
- 新辟一节专论学习与条件反射作用的神经机制。

第八章 记忆

- 本章新版以一篇有关了解"记忆对如何在犯罪—司法体系中进行正确决策的重要性"的真实案例，作为开篇短文。
- 本章重新编排，以厘清并强调将记忆分成感觉记忆、短期记忆及长期记忆的传统三元论，同时还描述了该论点的历史渊源：阿特金森-谢夫林理论。
- 感觉记忆、注意及短期记忆间的关系本版对其加以描述。此外，对部分报告及时间整合的经典实验也做了描述。
- 全新改写"建构的记忆"一节，以将讨论司法体系中目击证词之重要性的研究整合进来。

第九章 语言和思考

- 包含了讨论语言神经基础的新内容。
- 新的"前沿研究"专栏摘述了《决策与大脑》。
- 有关句法、原型，以及原型与分类的普世性的内容，都彻底作了更新与扩充。

第十章 动机

- "想要与喜欢"的"前沿研究"新专栏摘述了贝里奇（Berridge）与其同仁的研究，他们将脑部分成"想要"与"喜欢"两个系统。
- 讨论物化理论的新节次，详述了心理学对瘦长的理想媒体形像影响心理健康领域中罹患饮食失调疾病的比率，以及其他与性别有关的差异性所提出的解释。
- "双面论证"的序文重述了第一章"先天与后天"的争议，摘论每种观点所采取的立场。

第十一章 情绪

- 本章重新编排，且新加了一段讨论情绪与心情的区别。
- 关于认知评估的讨论已予以更新，加入了支持认知评估在情绪经验的因果角色之新实验。有关非意识评估及评估的神经生物学等篇幅也已经更新。
- 新增的一节讨论主观经验，以及强调进化重要性的思想—行动倾向。

- 全章都补述了积极情绪的新研究，并于"前沿研究"一栏中专论。
- 关于情绪对评估与判断之作用的数据已予更新，还包含了新的范式转变研究、面部表情的沟通功能，以及面部反馈假说。
- 新增了一节，讨论情绪调节，以及两性与文化在情绪方面的差异。
- 关于攻击的内容，除了资料更新外，还包括与冲动性攻击有关的脑功能受损，以及一篇暴力视频游戏影响的元分析研究。

第十二章　智力

- 本章重编，只讨论智力，而将讨论人格测量的数据移至第十三章。
- 新加了一节关于智力测量的文化议题，讨论智力测验的可能偏差，导致非强势团体成员得分明显偏低的结果。
- 将有关争论文化议题的智力理论包含在内。

第十三章　人格

- 人格测量的内容移至本章。
- 新增一节讨论人格的进化论。
- 有关防御机制的讨论，本版包含在弗洛伊德理论一节中。
- 扩充了投射测验的篇幅，将讨论文化偏差的新资料包罗在内。
- 增加一节讨论有关人格遗传学的研究。
- 新辟的"前沿研究"专栏，论述了"以药丸（如百忧解）来改变人格"。

第十四章　压力、健康及应对

- 整章对文化的议题做了更彻底的讨论。例如，在论述创伤后应激障碍（PTSD）时，我们加入了各种族不同普遍率的数据，并扩充一节论及深受 PTSD 所苦的波斯尼亚难民。
- 新增一节讨论 PTSD 的生物学。
- 扩充了压力与免疫系统功能间关系的篇幅。
- 新辟的"前沿研究"专栏，讨论宗教与健康。

第十五章　心理疾病

- 一篇聚焦于强迫障碍男性的个案研究，拉开了本章的序幕，向本书读者引介了心理疾病。
- 新辟的"前沿研究"专栏，着重于自杀生物学的论述。
- 焦虑症者、情绪障碍及精神分裂症者的神经显像研究，在这些相关的节次中均有摘述。
- 变态定义的讨论，本版还强调了文化在界定变态上的重要性。
- 讨论"焦虑障碍"一节，本版还加入了歇斯底里发作（ataque de nervios），一种常见于拉丁文化、近似焦虑症症状的疾病。
- 讨论精神分裂症的节次，本版还讨论了精神分裂症在不同文化表现及诊断上的差异性。

第十六章　心理异常的治疗

- 章首的短文描述一位精神分裂症者所接受的各种治疗，以及他家人认为有效的疗法。
- 绪论部分，本版还增加了一篇中国古代对心理疾病观点的论述。
- 关于心理疾病的医药治疗的描述，已做了极大的更新。

- 新辟的"前沿研究"专栏，着重于心理疾病的草药疗法。
- 本章经重新编排，加入了新的一节，提供了有关心理疾病的各种文化特有疗法的内容。

第十七章 社会影响

- 本章卷首引介一篇有关"情境的影响力"的短文，并成为贯穿整章的主题。
- 讨论社会助长、去个体化、旁观者效应及从众的一节，已做了大幅的修订与更新。
- 新辟的"前沿研究"专栏，讨论人众无知与大学生的饮酒问题。
- 米尔格拉姆的服从研究与讨论业经改写，新加入了一段以快速的突发性特征解释服从的论述。关于意识形态的辩护一节也已更新，除了纳粹德国与美国军队事件的论述外，还加入了回教徒极端主义者及琼斯镇信徒的数据。
- 新的一节"自我辩护"，将讨论认知失调论与自我知觉论的经典研究工作并在一块。
- "体制化规范"是另一新的节次，以较广义的观点，重新整理了斯坦福监狱实验，并加入了将斯坦福监狱实验的教训应用到美国当前监狱政策的论述。
- 更新了群体思维的论述，反映出一个将不良的团体决策关联到社会认同的维护与团体规范的新理论，同时摘述了团体成员多样性的好处。

第十八章 社会认知

- 本章卷首的短文，强调了两历程思维模式（"两个思维模式：自动化与控制性"），且此要点也贯穿了全章的内容。
- 在新辟讨论刻板印象自动激发历程的一节中，重点摆在论述 20 世纪 90 年代后期几篇非直觉性的研究上，并增加了讨论种族与性别刻板印象的内容。
- 在讨论刻板印象的新节次及其推论中，呈现了阿希（Asch，1946）与凯利（Kelly，1950）的经典性研究。这些研究明白地显示出：刻板印象与先前的声望是如何影响印象的形成及所推论的结果，并将这些结果延伸、关联到有关女性及非裔美国人的推论研究上。
- 关于自我预言实现一节所进行的实质修订，包括了证实自我预言实现能自动且潜意识地产生的新证据，以及两则竞相解释"自我预言实现"理论的全新讨论。
- 增加了一节，讨论个人化历程及力求控制偏见与刻板印象的做法。
- 新增一节，讨论爱与自我扩展、人际吸引，以及移情作用对喜欢的影响。
- 新辟的"前沿研究"专栏，讨论文化与认知，重点为尼斯贝特（Nisbett）与其同人所提出的新理论与实征研究。

确保学生学习成功的设计

在第 14 版，我们增加了一些新的设计以协助学生学习本教材：我们的概念摘要以表格的方式让学生快速总览关键概念；新的小结摘述了每一节次的要点；本版将关键思考问题摆在每节后面，以挑战学生去整合并扩充方才读过的材料。此外，第 14 版仍持续保留先前版本中较重要的教学设计：章节目次让学生先行浏览即将探讨的主要议题；文内核心概念的定义，指出了每节中最重要的概念，并在初次呈现这些概念时即摘述其定义；详尽的本章摘要，则复习了整章的主要观点。小结与本章摘要协助学生整合并保留该章节的关键信息（Reder & Anderson，1980）。

保留与改进的专栏

第 14 版保留了过去版本受欢迎的专栏，并予以改进。"双面论证"（过去被称作"当代心理学的声音"）以来自享名国际的心理学界巨擘势均力敌的论文，将心理学的重大议题带入学术殿堂。此专栏向学生介绍了探讨心理学重大问题的不同取向——教导学生关键的思考技术——并协助他们体会该议题尚无定论。例如，在第三章，主张先天假说的朱迪思·里奇·哈里斯（Judith Rich Harris）和另一位颇具影响力的发展心理学家杰罗姆·卡根（Jerome Kagan），即相互辩论着双亲对儿童发展的影响；第八章，伊丽莎白·洛夫特斯（Elizabeth Loftus）与凯茜·佩兹德克（Kathy Pezdek）发表了有关"记忆复原"的辩论性文章；第十七章，马德琳·海尔曼（Madeline Heilman）与费伊·克罗斯比（Faye Crosby）以社会心理学的基本研究法，相互争论着保障行动计划的价值。

"前沿研究"（过去被称作"心理学研究的开拓者"）摘述了心理学界崭新与首创的理论，或是介绍心理学研究对当前问题的应用情形。第 14 版大多数章次所撰述的"前沿研究"是全新的，学生将会被心理学研究的新方向，以及心理学研究应用于探讨重大社会议题的情形所吸引。这些例证包括"经由虚拟实境方式分散注意力以减轻疼痛"（第五章）、"自杀的生物学"（第十五章），以及"人众无知与大学中的饮酒问题"（第十七章）。

简　目

目 录

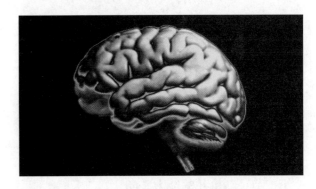

第三章　心理发展　63

第四章　感觉过程　99

第五章　知觉 135

第六章　意识 177

第七章　学习与条件反射作用　215

第八章　记忆　247

第九章　语言和思考　289

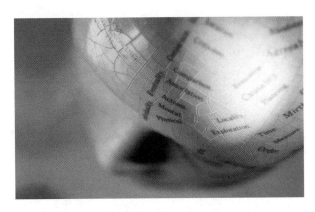

第十四章 压力、健康及应对 459

第十五章 心理疾病 495

第十六章　心理异常的治疗　537

第十七章　社会影响　573

第十八章 社会认知 611

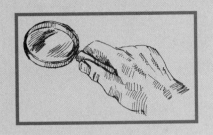

前沿研究

双面论证

第一章　心理学的本质

1

俗话说：阅读开启了教育与进步之门。然而，鼓励小孩阅读最好的方法是什么呢？一家全美连锁的比萨店业主相信他们已经有了答案：孩子阅读就给予奖励。由孩子的老师设定每月阅读目标——像是几本或几页书，当孩子达成目标时就给一张比萨兑换券，可到当地参与活动的餐厅兑换免费比萨。父母与老师都说这个办法有效——它令孩子们读了更多的书。近20年来，全美儿童通过此计划赢得了不少比萨，也许你或者你的兄弟就曾吃过这样免费的一餐。

但是，此计划在心理学上站得住脚吗？且让我们看看研究怎么说。或许你早已知道学习理论中的一条基本原则：做出某种行为后得到酬赏，则该

行为会被强化。你会在第七章中得知：酬赏具有强大影响力的原则被称为效果律（law of effect）[1]。儿童如果阅读就能得到比萨的奖励，他们会读得更多。乍听之下，这个计划似乎得到空前的成功，果真如此吗？

考虑一下其他后果——比方说，比萨计划一旦终止，孩子们对阅读会有什么感受？他们还会持续阅读吗？有十来个心理学实验都试图回答这个问题，其中有许多实验是在学校课堂中进行的。在一个经典的实验（Greene, Sternberg & Lepper, 1976）[2]中，心理学家请老师为学生介绍几种新的数学游戏，接着两周，只在一旁观察孩子们花多少时间来玩这些游戏。到了第三周，有些班级的孩子玩这些游戏时会得到奖赏，而其他班级的孩子则没有。正如预期，奖励增加了孩子玩这些游戏的时间，效果律得到支持。但是接下来几周，在不再有奖赏后，发生了什么事？那些曾

获得奖励的小孩突然对数学游戏丧失了兴趣，几乎不再玩这些游戏。相反地，那些从未得过奖赏的小孩却一如往常地玩这些数学游戏。

这个实验显示：酬赏有时会产生反作用，会损耗孩子从事类似阅读与数学等活动的内在兴趣。当人们认为其行为是由某些外在情境因素（比如免费比萨）所引发的，便会因而削弱个人从事这些活动的内在因素（比如，活动本身就很有趣）。因此，小孩自问为何要阅读，他们会说是为了比萨，一旦没有了比萨，他们就没有阅读的理由了。就算他们能享受阅读的乐趣，酬赏的效果还是凌驾其上。酬赏的这种损耗性影响被称作过度理由效应（overjustification effect），指在解释个人行为时，因过于强调显见的情境原因反而忽略了个人成因。

---

① 你会发现在整本书中，核心概念是**粗黑体**字，而其定义，则为出现在附近的楷体字。这些核心概念也会在各章章末列出，以帮助学生学习。

② 整本书中，你会发现标有作者与时间的参考文献，它们记载甚或延伸该处提到的一些叙述。更详细的出版文献资料会列于本书末尾的参考文献中。

让小孩为了外在的原因（比如得到免费比萨）而阅读，会削弱他们阅读的内在原因（比如兴趣）。这种过度理由效应正好解释了"奖赏个体渴望的行为有时却得到反效果"

你可能会认为大学的成绩也是学习的酬赏，它们是否跟阅读得到的比萨一样会有反效果？其实不尽然，其间一项主要的差别在于：你在大学课程中所得的成绩是依照你的表现而定。研究指出：依表现结果所给予的酬赏是不会损及兴趣的，有时反而有加强的效果，因为它们让你知道你很擅长该项活动（Tang & Hall，1995）。话虽如此，过于计较成绩，有时会蒙蔽你对该课程纯粹的兴趣。因此，提醒自己：用功修习课程中存在两个相辅相成的理由——得到好成绩与享受学习——二者是可兼得而非只得其一的。

幸好，大多数学生都觉得心理学非常引人入胜，我们也有同感，因此我们会竭尽所能地在本书的字里行间，将此迷人的魅力传达给你。心理学之所以吸引人，在于它探讨的问题几乎触及我们日常生活的每个方面。例如：双亲教养你的方式如何影响你对孩子的教养？戒断药物依赖的最佳方式是什么？男人能像女人一样，灵巧、细心地照顾婴儿吗？你能否在催眠之下忆起更详尽的儿童期创伤经验？核电厂中的仪器应如何设计，以便将人为疏失减至最低？长期压力对你的免疫系统有何影响？治疗沮丧，心理分析会比药物更有效吗？心理学家们正致力研

究这些，以及许多其他的问题。

此外，心理学也通过法律和公共政策影响我们的日常生活。心理学理论和研究已影响法律对歧视、死刑、庭审实践、色情、性行为和个人应负行为责任的看法。例如，所谓测谎器的测试结果在美国法庭不得引为证据，因为心理学研究指出其测试结果不够精确。

由于心理学对我们的生活层面影响是如此的广泛，因此对那些并无意专研心理学的人而言，了解一些心理学概念和研究方法依然是相当重要的。心理学导论课程能使你更加了解人们的思想、感受和所作所为，并洞悉自己的态度和反应，同时也能帮助你评判各种以心理学为名的主张。每个人都曾看过如下的报纸标题：

- 新式心理治疗可促进恢复压抑的记忆
- 焦虑可经由脑波进行自我调节与控制
- 发现心电感应的证据
- 婴儿在假寐时学习说话的语音
- 情绪稳定度与家庭大小密切相关
- 含糖饮料可能提升考试成绩
- 直觉冥想法能够延长平均寿命
- 过分重视外表会损及心智

要明辨这些主张的真伪，你必须明了两件事情：首先，你必须知道有哪些心理事实已被确证，这样你就能明白这些新主张是否与已确证的事实相互矛盾，如果有矛盾之处，那就有必要加以审慎考虑；其次，你必须知道足以令人信服一项新主张或新发现所必备的证据类型，这样你才能决定那些支持新主张的论点是否符合科学证据的一般标准，如果不符合，同样有必要保持怀疑态度。本书尝试提供两项知识，第一是回顾心理学知识的现状，即试图呈现此领域中最重要的发现，让读者明白这些已确证的事实。第二是检验研究的本质，即检视心理学家如何设计研究程序以提供强而有力的证据，来支持或推翻一项假设，进而让读者明白支持一项新主张所需的证据类型。

在本章中，首先将讨论心理学中已研究过的主题类型，简要地回顾心理学历史渊源后，我们将讨论心理学家在研究这些议题时所采取的各种观点。

接着，我们会介绍心理学的研究方法，还包括进行这些研究时，学者们应该遵循的伦理准则。

第一节 心理学的领域

心理学（psychology）可被界定为：对行为与心智历程的科学研究。这个定义适切地反映了心理学令人惊异的多样化主题。为使读者更好地了解其多样性，本节简单地描述心理学家最常探讨的五种代表性问题。（所有这些问题将在本书中以各种观点做更详尽的探讨。）

脑部伤害和面孔辨识（brain damage and face recognition） 人们的脑部遭受伤害时会造成行动不便，这不足为奇。但令人惊讶的是，有时伤害只在脑部的某个区域，此人可能只会明显失去某些能力，而其他却一切正常。有一个明显的例子就是，某些右脑特定区域受损的人无法辨识熟人的面孔，但辨识其他事物则毫无困难。面孔辨识能力的丧失被称为**面部辨识困难症**（prosopagnosia），其症状有时令人非常惊讶。最著名的是神经学者奥利佛·萨克斯（Oliver Sacks）提出的病例：一位病人确确实实把太太误认为帽子（Sacks，1985）！另一个病例为：一位面部辨识困难症患者向餐厅侍者抱怨有人一直瞪着他，事实上是他一直盯着镜子看，他甚至无法辨识自己的面孔！这些例子说明许多脑部的正常功能，并且指出某些心理功能（如面孔辨识）位于脑部的特定区域。

对人作特质归因（attributing traits to people） 假若你在拥挤的百货公司目睹下列景象：劝募慈善基金的人靠近一位顾客，当着众人的面要求她捐款，于是她捐出了 50 美元。你是会认为她很慷慨呢，还是会认为她是因为太多人看着她而被迫作不乐之捐？被设计来研究诸如此类假设情况的实验，显示出大多数人会倾向于认为她很慷慨，即使情境压力大到几乎所有人都会有类似行为。因此，在解释他人行为时，人们倾向于高估人格特质的因果作用，而低估了情境因素的影响——社会心理学者称之为**基本归因错误**（fundamental attribution error，见图 1-1）。假如我们比对基本归因错误与过度理由效应（在谈论通过阅读以赢得比萨的文章中所讨论的），我

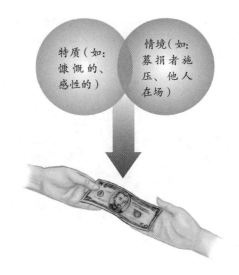

图 1-1 特质归因
在判断慈善捐款是因为个人特质还是迫于情境时，我们常倾向于认为特质是主要原因。这种现象就说明了基本归因错误

们可以看到，在判断他人与自我判断之间，存在着一些重要的差别——在解释自己的行为时，我们常会高估，而非低估情境的成因。

童年失忆症（childhood amnesia） 许多成人能记早年生活的事情，但这段记忆只能到某一个点为止。

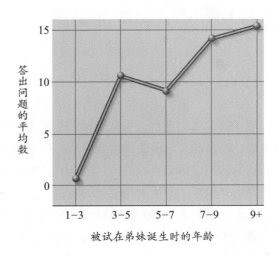

图 1-2 早期记忆的回想
在一项童年失忆症实验中，询问大学生被试 20 个有关弟弟或妹妹诞生时的事情。结果显示答出问题的平均数取决于被试当时的年龄；此事如果发生在被试 3 岁之内，没有人能回想起任何事情；如果在 3 岁之后，随着年龄增加，记得的事越来越多〔资料来源：K. Sheingold and Y. J. Tenney（1982）"Recall of An Early Memory" adapted from "Memory from a Salient Childhood Event" from U. Nerisser （ed.） *Memory Observed: Remembering in Natural Context,* copyright © 1982 by W. H. Freeman & Company. Adapted by permission of the publisher.〕

心理学家对引起人们暴食的成因很有兴趣。在这些可能的原因中，他们研究了遗传与环境的影响因素，比如在面对某些刺激时会有暴食的倾向

心理学研究提出了证据：暴力电视节目可能对年幼的观众有害

事实上，没有人能忆起 3 岁以前的事，这种现象被称为**童年失忆症**。就以弟弟妹妹诞生为例，若当时你是 3 岁大，可能对此重要事件有些记忆；而且若当时你的年龄越大，日后记得的细节也就越多。但如果当时不足 3 岁，则大多数的人很难正确地忆起某一细节（见图 1-2）。此现象十分令人惊异，因为从无助的新生儿，到爬行、牙牙学语的婴儿，到自行走路、说话的儿童，我们生命中的最初 3 年充满了永不再现的崭新经验，然而，这些明显的转变却仅在我们的记忆中留下些微痕迹。

肥胖症（obesity）　超过 25% 的美国人有**肥胖症**，也就是说，他们比依身材和身高所定的适当体重超重 30% 以上。肥胖具有危险性，它提高了罹患糖尿病、高血压及心脏病的可能性。心理学家对引起人们暴食的成因很有兴趣，其中之一，似乎是有过剥夺史。如果一开始剥夺老鼠的食物，然后允许它们进食到恢复正常体重，最后是随它们高兴想吃多少就吃多少，结果它们所吃的量会远超过没有剥夺史的老鼠。

媒体暴力对儿童攻击的作用（effects of media violence on children's aggression）　"观看电视暴力是否引发儿童较具攻击性"是个长久以来一直备受争议的问题。虽然有许多观察者相信电视暴力会影响儿童行为，但是其他人却认为，观看暴力具有**宣泄作用**（cathartic effect），它可能通过让儿童替代性

地表现而实际降低了攻击，而"将它赶出系统"。但是研究证据并不支持宣泄作用的观点。在某项研究中，一群儿童观看暴力卡通，而另一组儿童则看相同时间的非暴力卡通。结果观看暴力卡通的儿童在与同伴互动时变得较具攻击性，而观看非暴力卡通的儿童则在攻击行为上没有改变。这些效果还会持续一段时间：在 9 岁时观看越多的暴力节目，他在 19 岁时也越可能更具攻击性（见图 1-3）。

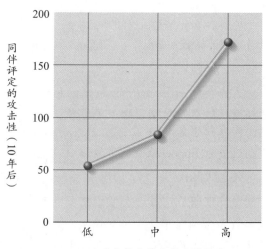

图 1-3　儿童期收看暴力儿童电视与成年期攻击性的关系

一项经典研究显示，偏爱收看暴力节目的 9 岁男孩，在 19 岁时的攻击行为比例比同伴高［资料来源：L. Eron, et al. (1972) "Does Television Violence Cause Aggression ?" *American Psychology*, 27: 253-262. Copyright © 1972 by The American Psychological Association.］

◆小结

心理学触及我们日常生活中的许多方面，且会影响法律与公共政策。

欲评估有关心理学的新论点，你必须知道：(1) 有哪些心理学事实已被确证；(2) 科学证据的标准为何。

心理学是对行为与心智历程的科学研究。

心理学的领域相当广泛，包含诸如面孔辨识、社会判断、记忆、肥胖症、暴力及更多的议题。

◆关键思考问题

1. 回顾网络上或第 4 页所列报纸上包含心理学研究发现的一些标题，你相信这些论点吗？为什么？

2. 你如何得知何时该相信一则新闻报道？在你接受该心理学论点为事实前，你还需要知道什么信息？

第二节　心理学的历史渊源

心理学的渊源可溯自古希腊的伟大哲学家，其中最负盛名的有苏格拉底、柏拉图与亚里士多德，他们均提出关于心理生活的基本问题：意识是什么？人是理性还是非理性的？所谓选择的自由真的存在吗？类似这些问题，数千年来至今一直都是重要的议题，它们探讨心灵与心智历程的本质，这些就是心理学认知观点的关键成分。

其他心理学问题则探讨人类身体与行为的本质，它们同样有着悠久的历史。被称为"医学之父"的希波克拉底（Hippocrates），与苏格拉底约处于同一年代，深入研究了有机体功能的**生理学**，他对大脑控制身体各种器官的历程进行了许多重要的观察研究。这些观察研究为心理学的生物观迈开了第一步。

先天与后天的争论

有关人类心理最早的争论之一，至今依然方兴未艾，即人类的能力是先天具有的还是经由后天经验获得的。**先天论**（nature view）认为，人是带着先备的知识和对现实的了解来到世界上的。早期哲学家相信这个知识和理解，它可通过仔细的推理和内省而得。17 世纪的笛卡尔支持先天论观点，认为有些概念（如上帝、自我、几何定理、完美和无限）是与生俱来的。笛卡尔也因其有关身体可如同机器一般被研究的概念而著名。这是今天有关心灵信息处理观点的基础，我们后面将略述之。

后天论（nurture view）则认为，知识的获得要通过经验及与外在世界的交互作用。虽然有部分早期希腊哲学家持此观点，但它与 17 世纪英国哲学家约翰·洛克（John Locke）有最密切的关联。依洛克的观点，人生下来是一块**白板**（tabula rasa），借着在世的经验写下了所有的知识和理解。这一观点产生了**联想主义心理学**（associationist psychology），联想论者否定天生的概念或心理能力，取而代之，他们认为充满心灵的各种概念是通过知觉进入，再以相似、对照等原则而相互关联。现今有关记忆和学习的研究都与早期的联想论有关。

最近的数十年来，**先天–后天之争**变得不那么强烈，虽然仍有心理学者主张人类的思想与行为主要源自先天的生物基础或后天的经验，但大多数的心理学家会采取整合的观点。他们承认生物历程（如遗传或大脑的内在历程）会影响思想、感受与行为，但经验也一样会留下痕迹。因此，当前的问题不在于塑造人类心理的是先天还是后天，而在于先天和后天二者如何共同发挥影响力。本章稍后的许

古希腊哲学家苏格拉底提出了有关人类心理生活的基本问题。时至今日，这些众多议题的重要性一如苏格拉底当年

多论点，还会出现先天-后天的议题。

科学心理学的开端

几个世纪以来，虽说哲学家与学者们仍持续探讨身体与心理的功能，但是所谓科学心理学则通常被认为创立于 19 世纪末，即威廉·冯特（Wilhelm Wundt）于 1879 年在德国莱比锡大学创设第一座心理实验室。他创立心理实验室的原动力在于这一信念：心理与行为，一如行星、化学物质或人类器官，可以成为科学分析的主题。冯特个人的研究主要与感觉相关，尤其是视觉方面，不过他和同事也研究注意力、情绪及记忆。

冯特赖以研究心理历程的方法是内省法。**内省法**（introspection）指观察记录自己的知觉、思想与感受的本质。内省法的例证，包括人们报告一个物品知觉上有多重、一道光线看起来有多亮等。内省法源自哲学，不过冯特在此概念上添加了新的维度——单纯的自我观察是不够的，必须再辅以实验。冯特的实验是有系统的变动刺激的一些物理维度（如强度），然后运用内省法来确定，物理的改变如何影响被试所意识到的刺激经验的改变。

依赖内省法的研究，特别是快速的心理事件，结果被证实是行不通的。即使经过密集的训练，人们在简单感觉经验上仍有相当不一致的内省结果，从这些差异我们也很难得到结论。因此，内省法已非当前认知观点的主流了，而且，稍后我们将会得知，一些学者对内省法的反应在其他心理学观点的发展上，扮演着重要的角色。

冯特在莱比锡成立了第一所心理实验室。本图是他（左边第三人）与其同事在实验室

结构主义与功能主义

在 19 世纪，研究者以分析复杂组合物（分子）为其元素（原子）的方法，在化学和物理学上有很大的进步。这些成就鼓舞了心理学者探索由更复杂经验所组成的心理元素。正如化学可以将水分解为氢与氧的结合，心理学者也可能考虑将柠檬水的滋味（知觉）分解为甜、苦、冷等元素（感觉），在美国其主要支持者是 E. B. 铁钦纳（E. B. Titchener），一位在康奈尔大学接受冯特训练的心理学家。由于其目标是阐明心理结构，因此铁钦纳使用**结构主义**（structuralism）一词来描述这一派心理学。

但结构主义纯粹分析的特征激起了很强烈的反对声浪，哈佛大学著名的心理学家威廉·詹姆斯（William James）认为强调分析意识元素应少些，而应多加强调了解它的动态、流向和个人特质。他主要的兴趣是研究心灵如何运作，使得有机体可以适应其环境，他的方法在心理学上被称为**功能主义**（functionalism）。

19 世纪心理学家的主要兴趣在于来自达尔文进化论所引起的议题。学者主张意识也经过进化，因为它能引导某些个人活动。功能主义者认为想了解有机体如何适应其环境，心理学家必须观察其实际行为。但是，结构主义与功能主义两者均认为心理学是一门有关意识经验的科学。

行为主义

结构主义与功能主义在 20 世纪心理学的早期发展过程中，扮演着重要角色。因为每个观点均提供一种探索心理学领域的系统研究取向，它们都被视作有竞争力的心理学学派。然而到了 20 世纪 20 年代，二者却被三种新兴的学派所取代——行为主义、格式塔心理学及心理分析。

三个新学派中，行为主义学派对北美的科学心理学影响最大。其建立者约翰·B. 华生（John B. Watson），对其时代以意识经验作为心理学的中枢的传统进行抗争。当他研究动物和婴儿的行为时，他并不就意识做出断言，他判定动物心理学和儿童心理学不仅可自成一种科学，而且还能确立一种成人心理学也可以遵循的定式。

为了使心理学成为一门科学，华生认为心理学的数据必须能够公开检验，就如同其他科学数据一样。行为是公开的而意识是隐蔽的，科学应该仅处理公开的事实。因为心理学者越来越不耐烦于内省法，新的行为主义因而快速崛起，很多美国年轻的心理学家自称为"行为主义者"。[在俄国，巴甫洛夫（Ivan Pavlov）在条件作用反应上的研究被认为是行为主义重要的研究领域。行为主义兴起前，在美国对条件作用反应的研究方法是很有限的，但华生对其后续的快速发展有重大贡献。]

华生与其他被归于**行为主义**的学者，认为几乎所有的行为都是条件作用的结果，而环境借助强化特殊的习惯，塑成我们的行为。例如，希望小孩不哭而给他饼干，反而会强化（奖赏）他哭泣的习惯。条件作用反应被视为行为最小的不可分割单位，而从这些最小单位，可建造出更复杂的行为。所有从特殊训练或教育而来的复杂行为内容，都被视为不过是条件反应间的一种联结。

行为主义倾向以刺激与反应来探讨心理现象，因此有着刺激-反应（S-R）心理学的名称。值得注意的是，S-R心理学本身并非一种理论或观点，只是一组可用来沟通心理学信息的用语。S-R这一术语在当今心理学界有时还被引用。

格式塔心理学

大约在1912年，约与行为主义席卷美国同时，**格式塔心理学**在德国出现。德语单词**格式塔**（Gestalt）的意思是形式（form）或构图（configuration），是指马克斯·韦特海默（Max Wertheimer）和其同事库尔特·考夫卡（Kurt Koffka）与沃尔夫冈·柯勒（Wolfgang Köhler）所采取的研究取向，他们最后都移民美国。

格式塔学派的主要研究兴趣是知觉，他们相信，知觉经验决定于刺激所形成的组型及经验的组织。我们实际看到的，是相对于背景所显现的物体形象，也是整体刺激组型中的一部分（详见第五章）。整体并非部分的总合，因为整体是依各部分间的关系而定。例如，当你看到图1-4时，你会看到一个大的三角形——一个简单的形状或完形，而非三个小60度角。

格式塔心理学者最主要的兴趣在于探讨运动的知觉、人们如何判断大小、在不同照明下颜色外观的变化等。这些兴趣引导他们进行许多以知觉为中心来诠释有关学习、记忆与问题解决等现象的研究，并为当前认知心理学的研究奠定良好的基础。

詹姆斯、华生与弗洛伊德是早期心理学史的重要人物。詹姆斯发展了结构主义的学派，华生是行为主义的创始人，而弗洛伊德则首创了心理分析理论与方法

格式塔心理学者也影响了创立当代社会心理学的学者，如库尔特·勒温（Kurt Lewin）、所罗门·阿希（Solomon Asch）与弗里茨·海德（Fritz Heider），他们将完形原则应用到对人际现象的理解（Jones，1998）。例如，阿希（1946）将格式塔理念延伸到人的知觉上，认为人们是整体的知觉而非只看到各自独立的部分，从单纯的物体知觉到更复杂的人的知觉均是如此（Taylor，1998）。此外，他们认为赋予输入刺激的意义与结构的，是一种自动化，且在意识觉知之外的历程，而这种完形观点持续注入于当代的社会认知研究中（见第十八章；Moskowitz，Skurnik，& Galinsky，1999）。

图1-4　完形图像

当我们注视一个等边三角形的三个角时，我们看到一个大三角形，而非三个角

心理分析

心理分析（psychoanalysis）是指，大约在19世纪交替到20世纪时，由弗洛伊德首创的既是人格也是心理治疗方法的一种理论。

弗洛伊德理论的核心是**无意识**（unconscious）概念，指我们无法察觉的思想、态度、冲动、欲望、情绪与动机。弗氏相信童年不被接受（禁制或被惩戒）的欲望会被排除在意识觉知之外，而成为无意识的一部分，但是它们仍然持续影响我们的思想、感受与行动。无意识的思想可经由做梦、说漏嘴及姿态动作表现出来。在治疗病人时，弗洛伊德会运用**自由联想**（free association）方法，即请被试说出闪现在心里的任何事物，借此将意识的欲望带到觉知状态。梦的解析也用来达到相同的目标。

在古典的弗洛伊德理论中，隐藏的无意识欲望大多涉及性与攻击。基于此，在弗氏理论提出时，并未获得广泛的接受，而当代的心理学家也并未全然接受弗氏的理论，但是他们倾向于同意人们的想法、目标与动机有时是在意识觉知之外运作的。

心理学在 20 世纪后期的发展

尽管格式塔心理学、心理分析心理学有重要贡献，直到第二次世界大战，行为主义仍是心理学的重镇，特别是在美国。战后，人们对心理学的兴趣日增，加上可借以进行研究的复杂工具和电子设备的发展，使更多的问题可被检验。此一扩展的研究计划，证实了早期的理论取向太受限制了。

这个观点在 20 世纪 50 年代计算机发展后更被强化。计算机经适度地程序化，可以做些原来只有人类能做的事，如下棋及证明数学理论。显然，计算机为心理学家提供了将心理历程理论化的一种强有力的工具。20 世纪 50 年代末期，后来获得诺贝尔奖的赫伯特·西蒙（Herbert Simon）和他的同事发表了一系列优良的研究，并指出心理现象可以利用计算机加以仿真（simulated）。许多旧的心理学议题以**信息处理模式**（information-processing models）重新出现。人类可以被视为一个信息处理器，这提供了一个比行为论更具动力性的心理学取向。同样的，信息处理取向也使得某些格式塔心理学与心理分析理念，能得到更精确的陈述。借助这种方式，一些早期有关心理本质的观念，可以被具体化并以实际数据验证。例如，我们可将记忆的运作想象成类似计算机存取信息的过程。一如计算机将暂时储存在其内在记忆芯片（RAM）的信息，转换到硬盘中作永久性的储存，我们的工作记忆也可作为将信息转进长期记忆的转运站（Atkinson & Shiffrin, 1971a; Raaijmakers & Shiffrin, 1992）。

另一个强烈影响 20 世纪 50 年代心理学观点的因素是近代语言学的发展。语言学家现在开始将"了解及说一种语言"的心理结构理论化。这项研究的先驱是乔姆斯基（Noam Chomsky），其著作《句法结构》（*Syntactic Structures*）在 1957 年出版，提供了第一个重要的语言心理分析，并促进了语言心理学（psycholinguistics）领域的快速发展。

在此同时，神经心理学也有了重大进展，有许多关于脑及神经系统的发现提示了生物神经事件和心理历程间有明确的关联。最近几十年，生物药物技术的进步加速了对这种关系的研究，有了相当突破的贡献。罗杰·斯佩里（Roger Sperry）的研究显示了脑部某些区域和特定的思考及行为历程的关联性，他因此获得了 1981 年的诺贝尔奖。（我们将在第二章讨论。）

信息处理模式、语言心理学、神经心理学的发展，为心理学提供了一种高度认知取向的研究方法。尽管它主要关心的是对心理历程和心理结构的科学分析，但认知心理学并不局限于思考和知识。正如本书所述，它已经扩展到心理学的所有领域，包括知觉、动机、情绪、临床心理学、人格和社会心理学。

总而言之，在 20 世纪，心理学的关注焦点形成了一种循环：在排斥意识经验，认为它是一种不当的科学研究而转向行为的研究后，心理学家再次建构心灵的理论，只是这次是用新的且更有力的工具。

◆ 小结

心理学的根源可追溯到公元前三四百年。有关人类心理学最早的争论之一即聚焦于"人类的能力是天生的还是通过经验而获得的"这个问题上（就是所谓先天与后天的争议）。

科学心理学诞生于 19 世纪末，当时主张心灵与行为可作为科学分析的主题，而心理学的第一间科学实验室即由冯特在 1879 年创设于莱比锡大学。

20 世纪心理学的早期学派有结构主义、功能主义、行为主义、格式塔心理学及心理分析。

20 世纪心理学后期的发展：包括信息处理论、心理语言学及神经心理学。

◆关键思考问题
1. 过去各种心理学研究取向对人性的假设是什么？
2. 这些基本假设中，哪些研究取向是兼容的？哪些又是相左的？

第三节　当代心理学观点

何谓心理学观点（psychological perspective）？基本上，它是一种观察心理学议题的方式或取向。任何心理学的议题都可根据不同的观点来加以研讨。诚然，人们所采取的任何行动都是如此。假设你在受到侮辱后动手朝对方脸上挥了一拳。从生物观点来看，我们会描述此动作是涉及脑部特定区域且启动了可以挥动你手臂肌肉的神经。从行为观点来看，我们不会诉诸身体内的任何事物来描述该行动，而认为侮辱即是刺激，而挥拳则是个过去曾被强化过的习得反应。对此行动的认知观点着重涉及产生该行为的内在心理历程，并可能会从你的目标与计划方面来解释你的行为：你的目的在于保护你的荣誉，而攻击行为只是你想达到该目标的计划之一。从心理分析观点来看，你的行动可能只被描绘成无意识攻击本能的表现。最后依据主观论观点，你的攻击行动可以被解读成你将对方的言语视为对你个人的侮辱所表现的反应。

任何心理活动均能以许多方式来加以描述，下列5种观点可谓当代心理学研究的主要取向（见图1-5）。由于本书均以这5种观点进行讨论，因此本节仅做重点解说。需注意的是，这些研究取向并非互斥；而可能只是对同一复杂现象所着重探讨的层面不同而已。事实上，要了解心理学的许多议题，还是需要综合多种观点，采取**折中取向**（eclectic approach）。

 行为的神经基础

生物观点

人脑中有超过100亿个神经细胞，其间相互联结的通路几乎难以计数，这可能是宇宙间最复杂的构造了。所有心理现象，原则上都以某种方式与脑部及神经系统的活动相对应。对人类和其他物种所进行的生物研究取向，是尝试以体内发生的电子和化学事件来解释外显的行为。**生物观点**（biological perspective）的研究意义，在于探究行为和心理过程背后的神经生物过程，例如，以生物取向来解释抑郁症时，即试着以脑中所生、使得各神经细胞得以联系的神经递质（neurotransmitter）之异常改变来解释。

我们可再举前述问题来进一步阐释生物观点。例如，关于脑伤病人面部辨识困难的研究结果表明：脑部某一特定区域专门负责面部辨识。人脑分为右半球和左半球，而面部辨识区域似乎在右半球，据此可推论人脑两半球各有其职司。例如，多数惯用右手的人，其左半球擅长于理解语言，而其右半球则擅长于分析空间关系。

在记忆的研究方面，生物观点也有所进展。本取向强调某些脑部构造，包括涉及强化记忆的海马体（hippocampus）的重要性。童年失忆症可能有一部分可归因于海马体尚未成熟，因为脑部结构发展需至一两岁后才能完成。

行为观点

诚如我们对心理学历史的简单回顾中所述，**行为观点**（behavioral perspective）聚焦于可以观察的刺激与反应上，并认为几乎所有的行为都是条件作

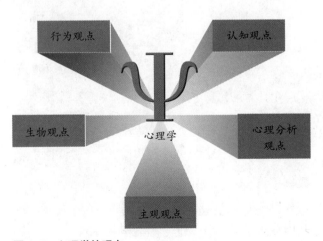

图1-5　心理学的观点
心理现象可以从几种观点来分析。对于人们行为的成因，每一种观点都提出各自的见解，增进我们对人有完整的认识。此希腊字母 psi（ψ），有时被当作心理学的缩写

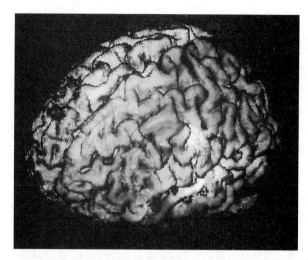

通过拍摄正在进行心理任务时的人脑图片，学者即可得知该现象的脑部结构。本图为聆听演讲时脑部三维空间的功能性磁共振显影（fMRI）。红色为最活跃的区域，黄色为活动中等区。神经活动在大脑的威尔尼克区。这种取向很好地说明了心理学生物观

用与强化作用的结果。例如，当以行为观分析你的社会行为时，可能会更加关注你和哪些人（即社会刺激）的互动，你表现出来的反应类别（奖励、惩罚或中性），他们反馈给你的反应种类（奖励、惩罚或中性），以及这些反应会如何持续互动或中断。

前述的问题可再度用来进一步阐明此研究取向。关于肥胖方面，有些人只在特殊刺激出现（如观看电视）时才会过度饮食（一项特殊反应），而学习避开这些刺激正是许多体重控制课程的一部分。关于攻击方面，当孩子的攻击反应（如殴打另一个孩子）受到奖励（另一个孩子害怕退缩）时，相比于其攻

假如具有攻击性的儿童如愿以偿地让另一儿童让出秋千后，攻击行为得到奖赏，这个儿童日后将更可能表现出攻击行为。此图表明了心理学行为派的观点

在儿童早期发生的事件，人们通常都不记得了。这位小男孩可能记不得弟弟出生时周围发生的事。此种解释可视为心理学认知观的例证：强调语言在组织记忆中的重要角色

击反应受到惩罚（另一个孩子反击）时，孩子更可能表现出攻击反应。

严谨的行为研究导向并不考虑个体的心理过程。然而，甚至连当代的行为心理学家也无意探究介于刺激和反应间的心理过程。非行为学派的心理学者会记录一个人口述的意识经验（即一项口头报告），并据此客观资料推论此人心理活动。现在，极少心理学家视自己为严谨的行为学者，虽然如此，许多现代的心理学发展的确是由行为学者的研究演进而来（Skinner，1981）。

认知观点

现代认知观点（cognitive perspective）的一部分是对心理学的认知基础的回归，另一部分则是对行为论观点倾向忽略人类复杂的活动（如推理、计划、做决定和沟通）的狭隘所做的响应。如同19世纪的认知研究一样，现代认知研究也关注如知觉、记忆、推理、决策和解决问题等的心理过程，然而，不同于19世纪的是，现代认知研究并非以内省法为基础，而是以下列假设作为前提：（1）唯有研究心智历程才能完全了解有机体的所作所为；（2）心智历程的研究可着眼于对特殊行为的客观观察（正如行为论者所做的），但以内在心智历程的观点来加以解释。在做这些解释时，认知心理学家通常将心灵比拟为计算机，可将源源不断的信息以各种方式处理：选择、比较、与记忆中其他信息结合、转换及重新排列。

且让我们以认知观点来分析本章开头谈到的童年失忆症。或许是因为需通过某种重要的发展变化才能将经验组织于记忆中。这些变化在三岁左右时特别明显，因为此时语言能力激增，提供了一项组织记忆的新方式。

心理分析观点

正当行为论开始于美国，弗洛伊德也在欧洲发展其心理分析概念。心理分析在某些方面融合19世纪的认知与生理学，特别是将当时的意识、知觉及记忆等认知概念与生物基本本能的想法结合，创造出的一套大胆的人类行为新理论。

心理分析观点（psychoanalytic perspective）的基本假设为：大多数行为的产生来自无意识过程（un-

本图为摩拉里斯（M.Morales）所作，描绘了无意识欲望的梦境。此图反映了心理学心理分析观点

这位女性慷慨吗？西方人更倾向回答"是的，她是慷慨的"，即对她的行为作特质归因。这种强调人们如何知觉与解释社会，是主观论观点的主要特征

conscious process），即人们不自知但却可影响其行为的思想、恐惧和欲望等。他相信儿童期被双亲和社会禁止或惩罚的许多冲动，是出自天赋本能，由于这些冲动是每个人与生俱来的，因此所造成的广泛影响必须以某种方式加以处理，禁止这些冲动，只是强迫它们由意识进入无意识，但是它们不会消失，而是会以情绪问题、心理疾病症状或社会认可的艺术和文学活动方式表现出来。例如，你对某人感到非常愤怒，却无法避而远之，你的怒气可能会变成无意识，直接反映到梦境中，梦见他在一场凶残的意外中受伤。

弗洛伊德认为，人类与动物同样受到基本本能（主要为性和攻击）的驱使，所以人类一直在和压抑这些冲动的社会对抗。心理分析观提出检视本章开头所描述各种问题的新方法。例如，弗洛伊德认为攻击行为源于与生俱来的本能，虽然此论点并未广为人类心理学者所接受，但还是与某些生物学者及研究动物攻击行为的心理学者的观点相一致。

主观论观点

主观论观点（subjectivist perspective）主张人类行为是他所知觉的世界，而非客观世界的函数。它与认知论同样都是源自格式塔的传统而对抗行为论的狭隘论点。虽说与认知论同源，但主观论更普遍出现在社会与人格心理学领域中。本观点认为，要了解人类的社会行为，我们必须紧紧扣住人们自己"对情境的定义"，而这种定义会因文化、个人过去经历与当时的情绪状况而异。因此，这种观点最为开放，会受到文化、个别差异，以及动机与情绪的影响。

就某层面而言，要探讨人们主动建构自己主观现实的理念，需依据内省法。然而即便如此，主观论者并非完全依赖主观的自我报告，因为他们也假设人们无法看到个人建构的主观现实。这种朴素实在论（naïve realism）即指人们会倾向于将自己建构好的、主观的现实，理解为忠实地表现了客观世界。因此，主观论者的研究取向，也会对行为与判断进行系统化的观察。主观论观点的一个范例是早期经典性研究：相比于低价位的硬币，人们更常高估一枚较高价位硬币的实际大小，贫苦的儿童对此的高估的倾向更是夸张（Bruner & Goodman, 1947；注意，在 40 年代，硬币的价值一般而言可能都比现在看起来更有价值）。

再来谈谈特质归因的问题。关于人们如何解读

概念摘要表

五种心理学观点	
生物观点	探究行为与心理历程的神经生物过程的研究取向
行为观点	以条件作用与强化作用观点来探究可观察行为的研究取向
认知观点	探索诸如知觉、记忆、推理、决策与问题解决等心理过程，以及它们与行为关系的研究取向
心理分析观点	以源自性与攻击冲动的无意识观点，来探究行为的研究取向
主观论观点	以人们主动建构的主观现实，来探究行为与心理历程的研究取向

他人行动的研究——以一个曾叙述过的慈善乐捐 50 美元的例子而言——主观论者会强调，情境是如何被置身其中的人们所界定（Heider，1958）。对人们倾向于将自己的行动归因于人格特质，当代的学者有一种看法，认为西方文化长久以来即强调个人的力量，而易忽视情境的影响力（Nisbett, Peng, Choi, & Norenzayan, 2001；见第十八章）。同理，主观论者对媒体暴力与攻击间的关系则主张：习惯性地收视暴力媒体会将攻击图式与脚本潜移默化且加以强化，而日后用它们来界定其人际互动的事件（Anderson & Bushman, 2001）。

 行为的神经基础

心理学与生物学观点间的关系

行为观点、认知观点、心理分析观点和主观观点都依赖于纯粹心理学概念（如知觉、无意识和归因等概念）。这些观点有时会对相同现象提出不同的解释，却一致认可这些解释应位于心理学层次。生物观点则不然，除了引用心理学概念之外，生物观点还采用了生物学和其他生物支派的概念（如神经递质及荷尔蒙）。

然而生物观点与心理观点仍有一种直接联系的方式。生物导向的研究者尝试以生物学中与生理学相似的情况来解释心理学概念和原则。例如，研究者可能试图"完全"以脑部某区域神经元及其间的交互作用来解释正常辨别面孔的能力。由于这类尝试将心理学概念简化为生物学概念，因此，此类解释被称为**还原论**（reductionism）。本书将随时呈现还原主义获得成功的例子——以往只能在心理学层次了解的情境，现在至少也能在部分生物层次中了解。

如果还原论得以成功，又何须动用心理学解释呢？换句话说，是不是直到生物学家将所有事情都搞清楚了，心理学才有事可做呢？答案绝对是否定的。

首先，心理学的研究发现、概念与原则可以指引生物学者的研究工作。由于脑部含有数十亿个脑细胞与这些细胞间难以计数的联结，生物学

者无法任意选择某些神经细胞进行研究以获致有趣的成果，因此他们必须有引导其针对相关的脑细胞群进行研究的方法，而心理学的研究发现，正好指出可以努力研究的方向。例如，心理学研究发现，我们分辨口头语言与空间位置的能力，遵循着不同的原则。因此，生物心理学者试图从不同的脑部区域，找到这两种区辨能力的神经基础（左脑为语文区辨而右脑管空间-位置区辨力）。另一例为，如果心理学研究指出动作技能的学习是一种难以消除的缓慢的历程，生物心理学者即可将其注意力放在神经元之间的那种虽然联结缓慢但可造成永久性改变的脑部过程上（Churchland & Sejnowski，1988）。

其次，我们生物学的研究发展通常与我们过去及当前的环境相呼应。例如，肥胖症可能归因于：（1）易胖的遗传倾向（生物因素）;（2）不良的饮食习惯（心理因素）;（3）面对文化要求极端苗条的压力反应（社会文化因素）。生物学者可能会试图了解第一个因素，但仍依靠心理学者去探索并解释会影响个人饮食习惯的过去经验与当前情境。

然而，还原论声势仍一再上扬。对于心理学中的许多主题，我们现在已经获得了心理学解释和一些相关的心理概念如何在脑部形成或运作的知识（例如，涉及哪些脑部特定区域，它们互相联结的过程）。此类生物知识虽无法完全代表典型的还原主义，却仍然相当重要。记忆研究者早已分辨出短期记忆和长期记忆（两者皆为心理学概念），而他们现在也知道在脑部中这两种记忆如何确实被编成不同的密码。因此，在本书所涵盖的许多主题中，我们将再度回顾已知的属于生物学层次及心理学层次的主题。

的确，若说本书及当今的一般心理学有一个重要主轴，那就是我们能够以心理和生物两种层次来了解心理现象；透过生物分析，我们知道心理概念如何在脑中执行。这两种分析层次显然都是必要的（虽然某些主题，包括许多处理社会交互作用的主题，生物层次的分析只是起步而已）。

心理学的主要领域

到目前为止，借着检视心理学的研究主题与观点，我们获得了对心理学本质的一般性了解。接着，

通过观察在 21 世纪各种心理学家的作为与所强调的研究领域（见前沿研究），我们可以对心理学有更进一步的认识。

约有半数获得硕士以上学位的心理学者在学院与大学工作，除了教学，他们还投身于研究或咨询工作。其他心理学者则在学校、医院或诊所、研究机构、政府机关或工商界工作。还有人私人开业，为大众服务并收取费用。接下来我们将对这些专业领域的某些领域作简略的描述。

生物心理学（biological psychology） **生物心理学家**（biological psychologist），也称为生理心理学家，试图发现生物过程与行为间的关系。

实验心理学（experimental psychology） **实验心理学家**（experimental psychologist）通常是行为学家和认知心理学家。他们使用实验方法研究人们（及其他动物）如何反应感觉刺激、知觉这个世界、学习与记忆、推理及情绪反应。

发展心理学（developmental psychology） **发展心理学家**（developmental psychologist）关注人类的发展，以及从出生到老死，塑造人类行为的因素。他们可能会研究某一特定能力，如儿童在成长过程中语言的发展；或研究生命中的某一特别阶段，如婴儿期。

社会与人格心理学（social and personality psychology） 这两个领域有重叠。**社会心理学家**（social psychologist）感兴趣的是人们如何知觉与解释他们的社会世界，以及他们的信念、情绪与行为如何受真实或想象中存在的他人所影响。他们还关心团体行为及人与人之间的社会关系。**人格心理学家**（personality psychologist）研究如何界定个人与世界独特互动方式的思想、情绪与行为。因此，他们一方面对个别差异感兴趣，一方面也试图整合所有心理历程以对个体提出完整的解释。

临床及咨询心理学（clinical and counseling psychology） **临床心理学家**（clinical psychologist）是人数最多的心理学家，这意味着他们将心理学的原则运用在情绪和行为问题的诊疗上，包括心理疾病、药物成瘾及婚姻和家庭冲突。**咨询心理学家**（counseling psychologist）通常处理较不严重的问题，但其许多工作性质仍与临床心理学家相当接近。他们的工作对象经常是中学生或大学生。

学校和教育心理学 由于许多严重情绪问题的发端通常出现在低年级，因此许多小学都聘有心理学家，其专业训练包括儿童发展、教育及临床心理学等课程。这些**学校心理学家**（school psychologist）的工作对象是个别的儿童，主要是评估儿童的学习和情绪问题；反之，**教育心理学家**（educational psychologist）则擅长学习和教学。他们可能在各级学校服务，但更常受聘于大学的教育科系，在此，他们研究教学方法并协助训练教师。

组织心理学及工程心理学（organizational and engineering psychology） **组织心理学家**（organizational psychologist）有时被称为**工业心理学家**（industrial psychologist），通常是为某一特别公司工作，他们关注为特别的工作选择最合适的人，或设计一些能增强合作与团队关系的结构。**工程心理学家**（engineering psychologist，有时被称为人因工程师）则致力于改善人-机关系。例如，他们会将机器仪表与控制器设计在最有效率的位置，以改善人-机界面，使得工作绩效、安全与舒适感均得以提升。

◆**小结**

现阶段，有 5 种探讨心理学的研究取向，分别为生物观、行为观、认知观、心理分析观及主观观点。

生物观与其他观点的不同之处在于其原则部分源自生物学。采取生物观点者常试图以生物学原理来解释心理学原则；此即所谓还原论。

心理学的主要领域有：生物心理学、实验心理学、发展心理学、社会与人格心理学、临床与咨询心理学、学校与教育心理学，以及组织与工程心理学。

有许多新近探索的领域，包括：认知神经科学（以及情绪神经科学、社会认知神经科学）、进化心理学、文化心理学、积极心理学等，均触及传统的心理学各领域与学科的课题。

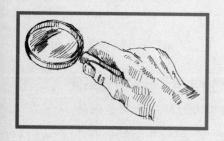

前沿研究

21 世纪的心理学

心理学者的研究领域不仅急速扩展，还超越心理学，与其他学科研究共同发展。这些跨领域与科际整合的研究取向在 21 世纪初获得可观的成果，在未来几十年间将扮演更重要的角色。其中最受瞩目的是认知神经科学、进化心理学、文化心理学与积极心理学。我们将在此对这些研究取向各举一个研究为例，以进行简要的描述。

认知神经科学

认知神经科学着重对认知过程的探讨，且极为依赖神经科学（生物学的分支，探讨脑与神经系统）的方法与研究发现。本质而言，**认知神经科学**（cognitive neuroscience）试图了解脑部如何执行心智活动。主要关键概念在于，认知心理学提供了某特定认知能力（如面孔辨识）的假设，而神经科学则提出这些特定功能在脑部执行的可能过程。

认知神经科学与众不同之处在于，以新技术研究正常被试（正好与脑部受损被试相反）在进行认知活动时的脑部。这些神经显像（neuro-imaging）或脑部扫描（brain-scanning）技术可显示活动中的脑部视觉影像，并且可以指出在一项特别作业中脑部哪些特定区域的神经活动最为活跃。我们可通过人们如何进行短期或长期记忆信息的研究，来说明认知神经科学的这种独到之处。当被试被要求记住信息几秒钟时，神经显像结果显示前脑的神经活动增加；当被试必须长期记住信息时，所增加的神经活动区域完全不同，更接近脑部的中央。因此，信息的短期和长期储存似乎运用了不同的机制（Smith & Jonides, 1994; Squire, Knowlton, & Musen, 1993）。

心理学与神经科学间的联结并不仅限于认知心理学。心理学者也创立了**情绪神经科学**（affective neuroscience, Panksepp, 1998）以探究脑部如何执行情绪现象，以及**社会神经科学**（social neuroscience, Ochsner & Lieberman, 2001）以探索脑部如何执行刻板印象、态度、人际知觉，以及自我知识。

进化心理学

进化心理学（evolutionary psychology）关注心理机制的生物起源。与进化心理学有关的学科，除了心理学和生物学之外，还有人类学和精神医学的分支。进化心理学的主要概念是，心理机制（正如生物机制）一定经过数百万年的自然选择过程。说心理机制以自然选择方式进化，意味着它具有基因基础，而且经过证明，它过去对解决某些生存问题或增加繁殖机会十分有利。举例而言，对甜食的偏好可视为一项由基因使然的心理机制。此外，我们会有这项偏好，是因为它在人类过去的进化中成功增加先人的生存机会（例如，最甜的水果含有最高的营养价值），从而提升相关基因继续生存的机会（Symons, 1992）。

采用进化观点的一些方法会影响心理学的议题研究。首先，以进化观点来看，某些主题之所以特别重要，是因为它们与生存或成功繁殖有关。这些主题包括：我们如何选择异性伴侣，如何看待和处理自己的特殊情绪，等等（Buss, 1991）。进化观点也能对常见的主题提供某些新看法，我们可以前述样本问题之一来说明这一点。回顾我们对肥胖的描述，我们注意到过去的剥夺可导致未来的过度饮食。进化理论对这种谜一般的现象提供了一项解释：从过去一直到目前的进化史中，只有在食物匮乏时，人

◆**关键思考问题**

1. 决定个人性取向的因素为何？本章所述各种观点将如何探讨此问题？

2. 21 世纪的心理学有许多新的研究取向（见"前沿研究"专栏）整合了不同的观点或弥补了本领域的缺失。如今，心理学有哪些新的进展？你预期还会出现哪些整合性的论点并补足哪些缺憾？

类才有被剥夺的经验，而生理机制为应付匮乏所做的调适，则在食物充足时成为过食的倾向。因此，进化可能已选择在剥夺之后形成过食倾向。

文化心理学

西方科学心理学常假设所有文化中的人都有完全相同的心理历程。这个假设逐渐面临**文化心理学**（cultural psychology）支持者的挑战，此为一项跨领域的运动，参与成员包括心理学家、人类学家、社会学家及其他社会科学家。文化心理学关注一个人生活于其间的文化传统、语言和世界观——如何影响此人的心理表征和心理历程。

我们可借助某些涉及东西文化差异的例子来说明此文化取向。西方（北美及大部分西欧和北欧）人通常认为自己是独立和自主的行为者，拥有特定能力和特质所构成的个性。相反的，许多东方文化（包括印度、中国和日本）则强调人与人之间的相互关系，而不是他们的个性。此外，东方人比西方人更在意社会情境。这些差异使东方人对他人行为的解释不同于西方人所做的解释。东方人并非完全以一个人的特质来解释一项行为，而是诉诸行为发生时的社会情境（Nisbett et al.，2001）。这与前述样本问题——

特质归因——有奥妙的密切关联。这些东西方对行为解释的差异与教育也有关联。由于强调集体主义而非个体主义，亚洲学生比美国学生更倾向于在一起读书。这种团体研读可能是一项有用的技术，也可能是亚洲学生在数学和其他学科表现得比美国学生优异的部分原因。此外，当美国学生在学习数学时发生困难，学生和教师都倾向将此困难归因于学生个人能力不足；然而，相同的情形若发生在日本学校，学生和教师可能会更注意情境——师生间的教学互动情形——以解释这种困境（Stevenson, Lee & Graham, 1993）。

积极心理学

第二次世界大战以后，心理学，尤其是临床心理学，成了献身于治疗工作的科学。它采取了一种源自医学的人类功能疾病模式，侧重于病理的治疗。虽说此模式大大促进了人们对心理疾病的了解与治疗（见第十五、十六章），但是对"如何使得生活更有价值"方面却鲜少着墨。**积极心理学**（positive psychology），即为了平衡本领域对心理疾病繁复的科学性解说，转而对人类丰饶的一面提出同样繁复的科学性解说（Seligman, 2002）。积极心理学虽然与早期人本心理学一样，均关心人们朝向实现

潜能方向的发展，但与人本心理学的分野，在于对实证研究的重视。

积极心理学所探讨的心理现象层次，从研究个人主观的积极经验如幸福与乐观，到积极的人格特质如勇气与智慧，再到积极的机构——可能有助于养成礼仪与公民权责的社会组织（Seligman & Csikszentmihalyi, 2000）。一个探讨积极情绪的研究实例即结合了上述前两个层次（见第十一章），有别于消极情绪窄化人们对行动的理念（例如：战斗或逃跑）。学者发现，积极情绪反而会扩展人们的心灵，鼓励人们去发现新的思想与行动路线，例如，愉悦令人想参与活动，而有趣则会令人想一探究竟。这类扩大心灵的历程之所以附带这样的结果，关键在于它增加了个人的资源：人们在发现新理念与行动的过程中，也培植了其体能、智力、社会与心理等各方面的资源。实证研究支持积极情绪会扩展新理念且培植资源的理论。积极情绪透过扩展思维的作用有助于诸如弹性、乐观等积极人格特质的完善（Fredrickson, 2001）。积极心理学告诉我们的主要信息是，积极情绪值得我们培养的原因，不仅仅在于积极情绪本身即为我们意欲达到的目标状态，更因为它是激发心灵向心理成长与丰沛提升的途径。

第四节　如何进行心理学研究

既然我们对心理学主题及研究这些主题时采用的观点已经有所认识，便可考虑心理学家探讨这些主题所使用的策略。一般而言，研究包含两个步骤：（1）产生科学假设；（2）验证该假设。

产生假设

任何研究计划的第一个步骤是对感兴趣的主题产生**假设**（hypothesis，即一个可以加以验证的陈述）。例如，我们若关注童年失忆症，便可能假设：如果人们回到事件最初发生的确实地点——他们的家——就能回忆起更多早期家庭生活的记忆。如果

你是研究者该如何得到这样的假设呢？虽然并无简单的规则可遵循，但绝大多数的假设通常出自下列情况：你是个对自然发生情境敏锐的观察者。例如，在你回到家中时可能会注意到自己能记起更多中学时代的事情，这会激发你产生这样的假设。或者你是研究相关科技文献的学者，相当熟悉过去已出版的相关议题的论文。

科学性假设最主要的来源，通常在于科学**理论**，即一组与某特定现象有关、彼此关联的命题。例如，一个有关性动机理论（在第十章讨论）指出，遗传上有所谓同性或异性恋的倾向。此理论导出一个可验证的科学性假设：有相同基因的同卵双生子理应比只有半数相同基因的异卵双生子，更可能有相同性取向。另一相对的假设为：强调童年事件才是个人性取向的起源，因而产生了可被验证的相对假设。待我们阅读完全书，就会发现验证导源于相互竞争理论的假设，是增进科学知识最有力的途径。

科学的一词意指用来收集资料的研究方法是：（1）无偏见的，这些方法并非只偏向某一种假设；（2）可信的，这些方法能让其他合格研究者重复使用且获致相同结果。以下章节所叙述的各种方法都具有这两项特性。虽然有些方法较常被某些观点使用，但每一种方法仍然适用于每一种观点。

实验法

实验法是最有力的科学方法，它对因果假设提出了最有力的验证。研究者小心地控制条件——通常在实验室中——并加以测量，以找出变量间的关系（所谓**变量**，就是会产生不同数值的事物，见概念摘要表）。例如，有一项实验试图找出记忆与睡眠两变量间的关系（例如，缺乏睡眠是否会减低一个人回忆童年往事的能力），如果记忆会随着睡眠的多寡而呈现系统性的改变，则两者之间存在一种规律的关系。

实验法与其他科学观察法最大的差别在于，实验法可以精确控制变量。例如，假设个人在数学问题的表现会因提供的奖金增加而提高，实验者会将被试随机分配到三种情境之一：第一组被告知表现好将获得 10 美元，第二组可得 5 美元，而第三组则没钱。接着，实验者测量并比较所有三组的表现，以了解是否真的是钱给得越多（假设的原因），就能

有越好的表现（假设的效果）。

在此实验中，钱数是自变量，因为该变量与被试的作为无关。事实上，**自变量**是指该变量全在实验者的控制下，他可以造成并控制变量的变化。在一个实验中，自变量代表假设中的“成因”，而假设中的“效果”则为**因变量**，因而它是假设会依自变量数值而变动的变量。在本实验中，因变量是在数学题目上的表现。实验者操纵自变量并观察因变量以获知实验的结果。因变量几乎都是一些被试行为的量数，而所谓“……是……的函数”，则常被用来表示两变量间的依赖关系。就本实验而言，我们会说，被试在数学题目上的表现是实验所提供钱数的函数。获得金钱的团体称为**实验组**，即有假设成因存在的团体；而没有得到金钱的团体叫**控制组**，即假设成因不存在的团体。一般而言，控制组是作为与实验组对照比较的基准。

实验法最重要的特征是被试被随机分配到不同的组别或条件。**随机分配**是指每位参与者被分配到任一组别的概率是相等的。如果没有随机分配，实验者就无法确定是否有自变量以外的其他因素造成此结果。例如，实验者绝对不可让被试自行选择要加入哪一组。虽说大多数被试会选择酬劳多的一组，但那些因压力而容易紧张的被试，则可能会选择加入没有酬金的“一般组”。如此一来，不同的团体可能就包含有不同类别的人，因此未必是所得酬金多寡而是人格的差异，造成其中一组表现得比另一组更好。或许实验者会让所有“付费”被试先接受实验，再轮到控制组，这样一来，也会有潜在的问题，因为作业表现也可能因一天中的时间点（如早晨、下午或晚上）而异；或许较晚参与实验的被试比起较早被试，在时间上更接近期末考。除了这些未予控制的变量外，还有许多实验者未知但可能使研究结果产生偏差的变量存在。所有这类问题均可通过随机分配得到解决，只有通过随机分配，我们才能确定，所有这些外在因素，如被试人格、一天的时段、学期时段都平均出现在各种组别中，因而不可能造成偏差。由此看来，随机分配是实验法最为重要的要件。

实验法也可在实验室之外的地方进行，例如，在研究肥胖症、探讨不同的体重控制方法的效果时，将这些方法分别让相近的肥胖个体的团体去尝试。

实验法重点在逻辑性而非实验的位置，虽说大多数实验均在实验室中进行，主要是因为在实验设备中较能精确测量行为，并能更完整地控制其他变量。因此，随机分配又再次成为关注的议题：如果有两个减肥诊所使用不同的减肥法而得到不同的结果，我们并无信心推断是减肥方法所致，因为不同的诊所可能吸引不同类型、文化背景或期望的人去接受他们的减肥方法。

截至目前，实验法都只是描述单一自变量对单一因变量的作用。只研究单一自变量是不够的，还必须研究数个自变量交互作用对一个甚至数个因变量所产生的影响。涉及数种变量刺激操作的研究被称为**多变量实验**（multivariate experiments），这种方法时常被运用于心理研究上。假设有研究可为被试提供不同的金额来解决数学问题，那么实验者还可能变动作业的难度。因此，可能有 6 组被试，分别由三种金额之一搭配两种难度（简单或困难）之一所组成。

测量 心理学家采用实验法时，常发现必须对结果做数量的陈述。有时变量可通过物理方法来测量，例如，被剥夺的睡眠时数或药的剂量，有时则必须依某种次序方式来衡量变量。例如，心理治疗专家在评估病人的攻击性时，可能会使用 5 点量表，其范围从没有、很少、有时、经常到总是。因此，为了做精确的沟通，通常以数字来描述变量，此过程被称为**测量**（measurement）。

通常在实验中并非只对一个被试作测量，而是对包括许多被试的样本做测量。因此，当研究结果是一串以数字形式显示的数据时，必须以**统计**（statistics）来加以简化和解释，其原则为对以一群人为样本而取得的数据加以处理，再由该样本数据归纳出与这群人有关的结论。统计不只在实验法也在其他方法中扮演重要的角色。[3] 最常用的统计是**平均值**（mean），即数学平均数的专有名词，为一连串测量数字的总和除以测量次数所得的结果。在包括实验组和控制组的研究中，通常有两个平均值可做比较：一个是实验组被试得分的平均值，一个是控制组被试得分的平均值。当然，我们感兴趣的是这两个平均值间的差异。假若两个平均值间的差异很大，我们可能以其表面数值来接受此差异。但若差异很小呢？若我们测量错误呢？若差异是来自少数极端的例子呢？统计学家发展出差异显著性检验来解决这种问题。当心理学家说实验组和控制组间的差异具有"**统计上的显著性**"时，则意味着已将统计测量应用于资料上，且观察到的差异是确实的或可信的，而不是受到偶发因素的意外或少数极端例子的影响。

相关法

并非所有问题都能采用实验法。有许多情境使研究者无法控制被试的情况。例如，假若我们要测试一项假设：厌食症患者对口味的改变比正常体重的人敏感。我们不能挑选一组正常体重的被试，再要求其中一半变成厌食症患者！而是必须以厌食症患者中挑出一组来与另一组正常体重被试比较，看看他们对口味的敏感度是否不同。一般而言，我们较常用相关法来决定某些不受我们控制的变量，是否与其他我们感兴趣的变量有关联或相关。

在上述例子中，体重变量只有两个数值：厌食的和正常的。但每个变量通常有许多数值，而要决定用一个变量的那些数值与其他变量的数值相关程度，可以用一种被称为**相关系数**（correlation coefficient）的统计方法来做决定，其代表符号为小写字母 r。相关系数是两个变量相关程度的估计，且以 -1.00 至 $+1.00$ 之间的数字来表示，不相关为 0，完全相关为 1.00（$+1.00$ 表示正相关，-1.00 表示负相关）。当 r 由 0 至 1.00，表明相关程度递增。

相关性非正即负，相关性的符号表示两个变量若非**正相关**（两个变量的数值不是同时增加就是同时减少）便是**负相关**（一个变量的数值增加时，另一个变量的数值则减少）。例如，假设一个学生缺席次数与学期成绩的相关系数为 -0.40（表示缺课越多，成绩越低）；另一方面，若出席次数与学期成绩的相关系数为 $+0.40$，那么这两种相关系数的强度相同，而正负符号则表示我们是以缺席或出席的情形来看其相关性。[4]

---

[3] 此段讨论在介绍测量与统计两种实验工具。在本书附录有更详细的讨论。

[4] 计算相关系数的方法详见于附录中。

若对研究中的假设做测试，并将获得的数据绘制成图表，加以检视，便可更加清楚相关系数的性质。如图1-6（a）显示此研究已知为脑伤的被试在面孔辨识方面至少造成某些问题（面部辨识困难症）。有意义的是，面孔辨识缺陷或错误的程度是否随着脑部相关组织受损的百分比而增加。图1-6（a）上的每一点表示每一个病人在面孔辨识测验中的得分，例如，脑部只受损10%的病人在面孔辨识测验中答错15%，但脑部受损55%的病人答错的比率则高达75%。如果面孔辨识错误的比率一直随着脑部受损的百分比增加而递增，图表上的点会持续由左向右上升；而落在图中的斜线上，即表示其相关系数为 r = 1.0。若有些点落在斜线的两侧，则相关系数约为 r = 0.90，表示脑部受损和面孔辨识错误间的关联非常强。图1-6（a）所表示的相关性是正的，因为脑部受损越严重，辨识错误就越多。

我们若将焦点转移至被试在面孔辨识测验中做出正确反应的百分比，则可画出图1-6（b）的图形，那么其相关性则为负的，大约为 r = -0.90，因为脑部受损越严重，正确反应就越少。图1-6（b）中的斜线正好与图1-6（a）的斜线方向相反。

图1-6（c）为病人在面孔辨识测验中答错的百分比与他们身高的函数图。当然，面孔辨识的表现与身高并没有关系，图表上也显示没有，点既不是由左向右递增也不是递减，而是在一条水平线上下出现，表示相关系数为0。

在心理学研究中，相关系数若等于或超过0.60，就可判断为高度相关。实际或理论数值的相关系数若在0.20到0.60之间，可用以做某些预测。相关系数若在0到0.20之间，判断相关性时就必须十分谨慎，而且几乎都不能用来作预测。

测验（test） 测验是一种类似相关法的研究方法，可用来测量某些态度、成就或其他心理特质，像我们刚讨论过的面孔辨识测验提供一致的情境给具有不同特质（如脑伤、数学能力、双手灵巧度或攻击性）的一群人，然后，此测验分数的改变可与另一个变量的改变求相关，例如，一个人数学能力测验的分数可与其大学时历年的数学成绩相关，假如相关性很高，那么这项测验成绩可能会被用来决定是否该把一组新学生编入精修班。

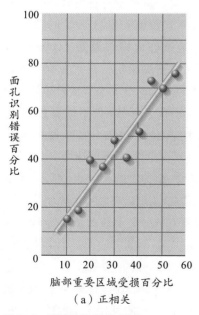

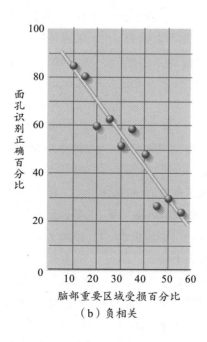

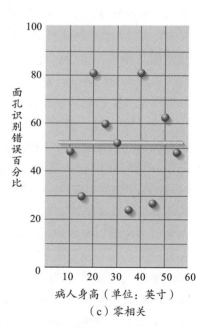

（a）正相关　　　　　　　（b）负相关　　　　　　　（c）零相关

图1-6 说明相关的分布图

这些对假设测试所得到的资料是以10位病人为基础，他们都是脑部辨识面孔区域受损的病人。在图1-6（a）中，横轴上的指标表示病人脑部受损的程度，最左边的点代表脑部受损最轻的程度（10%），最右边的点则代表脑部受损最严重的程度（55%）。图示的每一个点代表一个病人在面孔辨识测验中的得分，此相关为+0.9。图1-6（b）仍以相同的数据描绘，但着重于被试正确的反应（而非错误反应）的百分比，此相关为-0.9。图1-6（c）描绘出以病人在面孔辨识测验的表现得分是他们身高的函数图形，此相关为0

相关与因果（correlation and causation）　实验法和相关法有一重要不同点。在典型的实验法中，一个变量（自变量）受到系统性操控，以决定它对某些其他变量（因变量）所造成的影响。这样的因果关系不见得可以从相关研究中推测出来。

例如，研究显示小男孩观看越多的暴力电视节目，他的攻击性就越强。然而，是看了暴力电视节目引起攻击，还是越具攻击性的男孩越喜欢看暴力电视节目？如果只有相关，那么我们无法说明何者为因、何者为果。（本章稍早曾介绍过其他研究证实了观看暴力电视节目与行为具攻击性间有因果关系。该实验者完全控制了自变量，并随机分配被试。）

两个没有因果关系的变量也可以有相关。例如，在严谨的医学实验尚未证实吸烟导致癌症的多年以前，吸烟与肺癌间即显示有相关，此即众人皆知的吸烟者得癌症的可能性较大。但是，烟草商急切地指出，此相关还是有可能是由某些第三因素造成的。例如，一位住在烟尘弥漫都会区的人，与可以呼吸新鲜空气的乡居人士相比，会更可能吸烟，如此一来，是空气污染而非吸烟导致吸烟者的患癌率高。

简言之，当两个变量间有相关，其中之一有可能是另一变量的成因，的确，相关是因果关系的先决条件。然而，若缺少进一步的实验，我们是不能从相关研究中得到这种因果结论的，因为相关并不必然表示其间有因果。

观察法

直接观察（direct observation）　在研究的早期阶段，观察自然发生的有趣现象是进行研究最佳的方法。对动物和人类行为的小心观察，是许多心理学研究的起点。例如，观察灵长类动物的原始生活环境，可以让我们了解与它们社会组织有关的事件，从而有助于以后的实验室研究；通过一些新生婴儿的影片可观察到婴儿刚出生时的运动模式细节及引起婴儿反应的刺激类型。然而，在观察自然发生的行为时，研究者必须受过正确观察和记录的训练，避免把自己的偏见投射进报告中。

如果研究的问题有一部分是生物问题，也可在实验室中利用观察法。例如，马斯特斯和约翰逊（William Masters and Virginia Johnson，1966）在

现场研究通常比实验能更好地了解社会行为。雪莉·斯特鲁姆（Shirley Strum）教授已在肯尼亚观察同一族群的黑猩猩超过 20 年，地区分出每只黑猩猩，并记录它们每天的生活和社会互动。她的数据为关于黑猩猩的心智能力以及友谊在其社会系统中扮演的角色的研究提供了非常重要的信息

他们对人类性行为生理方面的经典性研究中，发展出可以在实验室中直接观察性反应的技术，此技术数据包括：（1）行为的观察；（2）生理变化的纪录；（3）询问被试在性刺激开始之前、之时和之后的感觉。然而，马斯特斯和约翰逊当然同意，除了生物层面外，人类性行为尚具有许多层面。而他们对性反应的解剖和生理方面的观察，十分有助于了解人类性行为的本质以及解决性问题。

调查法（survey method）　有些难以使用直接观察来做研究的问题，可能要用间接观察：通过问卷或面谈的方式来研究。也就是说，研究者并非直接观察人们从事某种特别行为（如规律运动），而是使用调查法，仅仅询问他们是否从事我们有研究兴趣的行为。然而这种方法比直接观察法更易出现偏见，尤其是考虑到**社会期许效应**（social desirability effect）时（指人们会试着呈现出光明面，例如，会表示他们比实际情形更常运动）。但调查法仍能产生许多重要的结果。例如，在马斯特斯和约翰逊对性反应做研究之前，人类性行为（例如，法律、宗教或社会允许之外的性行为）的数据，大多数来自金赛（Alfred Kinsey）及其伙伴在 20 年以前所做的广泛调查，数以千计的个人访谈资料经过分析，构成了《男性性行为》（*Sexual Behavior in the Human Male*，Kinsey, Pomeroy, & Martin, 1948）以及《女性性行为》（*Sexual Behavior in the Human Female*，Kinsey,

调查研究者会询问个体或一组人。本案例正在询问一对母子，调查他们的态度与行为。调查结果要有效，受访者必须能代表研究的总体

Pomeroy, Martin, & Gebhard, 1953）两部书的主要基础。

调查法也可用来观察人们的政治意见、产品偏好、健康看护的需要等。盖洛普民意调查测验及美国人口普查可能是一般人最熟悉的调查。一次正确的调查必须将事先小心拟妥的问卷，呈现给经过选择的人群样本，以确保他们足以代表被研究的总体。

个案历史法　还有另一种间接的观察某人的方法是取得他（她）的传记，即特定人物的部分传记，这种方法被称为**个案历史法**（case histories）。此时研究者要求人们回忆过去的相关经历。例如，假若研究者关注成人抑郁患者的童年经验，研究者可能会询问他生命早期的事件，这些个案历史即作为科学研究的传记资料，是心理学家研究个体时的重要资料来源。

个案历史法最主要的限制在于它们太依赖人们的记忆与对早年事件的重建，而这些数据常被扭曲或不完整。有时在个案历史法中，会有一些辅助性的其他数据。例如，一些书面数据，如死亡证明书，可用来核对特定的日期；或者可以访问其亲友请他们回忆有关的事件。即便如此，这些研究限制仍使得个案历史法在验证理论或假设时较不实用，但是它可以提出一些假设，以供日后进行更严格的考验或以大样本加以核查。因此，科学家运用个案历史法的方式，近似治疗者或医生在试图对特定患者形成诊断与治疗计划时的试探性行为。

文献回顾法

心理学研究的最后一种方法为进行文献回顾。**文献回顾**是指摘录某主题既存的研究文献。由于心理学成长迅速，实时的文献回顾整理，成了从验证某特定心理学假说或理论所累积科学证据中，评估各研究组型的不可或缺的工具。

文献回顾有两种形式，其一为**叙述性回顾**，作者使用文字描述过去所进行的研究，并讨论这些心理学研究证据的强度。选修高等心理学课程的大学生通常需选择某议题写一篇叙述性回顾文献作为学期报告。另一种整理方式，目前越来越盛行，叫作**元分析**（meta-analysis），作者使用统计方法从过去的研究中统整并导出结论。如我们所知，在任何实验中的被试均被视为一个"案例"，他们都会贡献出自己独特的数据，研究者再将这些数据予以统计整合。但在元分析中则相反，只有个别研究被视作"案例"，每个研究均贡献其独有的整合性数据，学者再将它们在更高分析——或称元——层次中做更进一步的整合。你可以想见，元分析可能会比叙述性回顾更系统且公正。我们在本书中常依靠元分析来描述心理学理论与假说的证据。

心理学的研究伦理

由于心理学家以活体被试做研究，因此他们必须特别注意研究行为可能引发的争议。因此，美国心理学会（APA）与在加拿大和英国的类似机构共同制定了一套研究指导方针，以关怀照顾人类和动物被试（American Psychological Association，1990）。在美国，联邦法规规定，任何从事联邦赞助研究的团体都必须设立内部评议委员会，其目的在于督导研究计划，以确保所有被试都能获得适当的对待。

以人为被试的研究　对待人类被试的首要道德原则是**最小危险性**。联邦指导原则将其定义为：在大多数研究中所预期的危险不可大于日常生活通常所碰到的危险。诚然，研究计划不能将一个人置于心理伤害的危险之下，但其中多大的心理压力才合乎道德标准，就不是那么明确了。人们在日常生活中常常是无礼的，也会说谎，甚至使别人焦虑，但若为了达到研究目的，研究者同样对被试做这些事，在道德上就无可非议吗？这些问题正是评议委员会考虑以个案方式来处理的问题类型。

第二项原则是**知情同意**。被试必须是自愿加入研究，并得依自己的意愿随时退出，不受任何惩罚。他们也必须事先被告知可能影响其参与意愿的研究内容。

如同第一项原则，知情同意的要求并不容易执行，特别是这项原则有时会与研究的基本要求互相矛盾，即被试不可预知将在研究中加以测试的假设。假若有一项研究计划比较两组被试，一组学习熟悉的单词表，另一组学习不熟悉的单词表，在事前仅告知他们将必须学习生词表，这并不会引起任何道德问题：因为他们不需要知道彼此的生词表不同。即使给予被试不曾预期的恶作剧式单词，也不会引起任何严重的道德争议。但假若研究者想比较的是被试在心情平静和愤怒或尴尬时的学习情形有何不同呢？如果被试必须事先被告知他们会被故意（以粗鲁的方式）激怒或使他们感到尴尬（骗他们相信自己不小心弄坏一项设备），那么，这项研究显然不会产生有效的结论。因此，指导原则明确规定，假若这种研究经过允许可以进行，则必须在**事后解释程序**中尽快告知被试对他们保密或欺骗的理由，并解释相关的程序。若被试仍余怒未消或尴尬不已，必须妥善加以处理，使被试能带着完整的尊严和对研究的进一步了解而离开，并且必须让评议委员会确信此作业的这些事后告知程序十分妥善。

第三项原则是尊重**被试的隐私权**。研究过程中所获得的个人资料必须加以保密，未经当事人同意，不得泄露给他人。有一种常用的方法是，在一收集到被试的资料时，便将其姓名或可辨认出被试的信息抽离，再以密码或案例编号来标示这份资料。如此，任何被试的反应如何，只有实验者才有可能得知。另一种常用的方法是，只提交整体性的数据，例如在同一团体或情境下所有被试的平均数，这样可以更进一步地保护被试的隐私。

即使全部符合了这些道德原则，研究人员仍需评估研究的消耗（并不是指经济，而是人道上的耗损）与可能的获益。例如，是否真有必要进行一个让被试被骗或尴尬的研究？只有在研究者与审查会均合理地确定，该研究可以发现有价值的信息——无论是实务上或理论上——研究者才可以进行。

以动物为被试的研究 另一个必须了解的伦理标准是与动物有关的研究。大约有 7% 的心理学研究是以动物为对象，其中 95% 为鼠类与鸟类。心理学者以动物进行研究的主要原因有二：动物行为本身即值得研究；其次，动物的系统可以提供作为人类系统的模型，因此动物的研究有助于我们得到一些无法（或不合道德）从人类研究中获得的知识。在探讨诸如焦虑、压力、攻击、忧郁、药物滥用、饮食异常、高度紧张与阿尔茨海默病等心理问题的了解与治疗上，动物研究确实扮演着关键的角色（Carroll & Overmier，2001）。虽然关于何种动物研究才涉及道德问题仍有争议，美国大多数的心理学者（80%）与大多数的主修心理学者（72%）均支持动物研究（Plous，1996a，1996b）。在这些广大支持的群众中，有些人还关切一小部分让动物痛苦或受到损伤的研究。为表示关切，联邦与 APA 指导原则均要求有必要对动物进行痛苦或具伤害性的研究，必须提出可从该研究中获得知识的充分理由。APA 指导原则还在"研究者有道德上的义务以人道方式对待动物，并减少它们的痛苦与折磨"此守则上划线以示强调，且明文规定应给予实验室动物的生活条件与维生设施，以评估是否符合此道德原则的规范。

除了上述特定指导原则，还有一项行政道德原则：参与心理学研究的人应被视为此研究事业的完全合伙人。本书讨论的一些研究完成在此原则成为明确条文之前，因此不为今日的大多数评议委员会所认可。

◆**小结**

进行心理学研究先要产生假设，然后通过科学方法来验证。了解心理实验法必备的核心概念有自变量、因变量，实验组、控制组、随机分配，以及测量与统计。

当实验不可行，即可能用相关法来决定：某一自发性的变量是否与另一变量有关联？此二变量关联的程度可由相关系数 r 测得，其数值可为正（最高到 +1.00）或负（最小为 −1.00），全看某变量是随另一变量同时增高（ + ）或随另变量增高反而降低（ − ）而定。

另一种进行研究的方法为观察法，可通过直接观察、间接调查，或是采取个案历史法。

最后一种研究法为文献回顾法，可通过叙述性回顾，或统计的元分析。

对待人类被试应遵循的基本伦理原则为：最小危险性、知情同意，以及尊重隐私权。施予动物身上的任何痛苦或具伤害性的过程，都必须以可从该项研究中获得该知识的理由加以辩明。

双面论证

自私是天性吗？

我们的天性是自私的

乔治·C.威廉姆斯（George C. Williams），纽约州立大学石溪分校

乔治·C.威廉姆斯

不错，虽然单纯地根据生物的观点来看，我们是自私的，然而在讨论人类事务与道德哲理等相关议题时，还是得随时提醒自己这一论点（Williams, 1996: Chs.3 & 9）。我们之所以自私，就某些方面而言，是应基因的要求而尽可能自私。因为，如若不然，这些基因将不复存在。基因本身即经过许多世代优胜劣汰的过程而得以存活。要能经得起历炼，它们必须比其他基因能建构更佳的身体乃至人类，或者比具有其他基因的人类繁衍的人数更多。在此基因战争中胜出的，主要是能存活到成熟的个体，他们才能继续在竞逐赖以为生的资源上（食物、居所与配偶等）获得胜利。

依此观点，我们必须要自私。但是并不意味着我们从未如常人所预期的，会表现出不自私的行为。人们能够且常常协助他人以获得资源与逃避失败或危险。以生物观点而言，显然只在有利的条件下，人们才会如此。其中最典型的助人行为例证为，父母对待子女的方式。假如父母不以特定的方式协助其子女（如哺乳动物哺育其宝宝、鸟儿衔虫喂食雏鸟、植物必须在种子中储备足够的养分），就无法成功地传递其基因。然而，此种成人对幼小的协助并非全然无私的奉献，常有特定的机制，让父母辨识出自己的子女，而只会针对他们才表现出助人行为。

如果所有的生育均为有性生殖，且配偶很少是近亲关系，则每位后裔会拥有来自父母各半的基因。因此，以亲代的角度而言，每位子女就拥有半数基因，而子女繁殖的后代，又有其半数基因得以传递下去。然而这种部分基因雷同的现象，非仅子女如此，对所有亲属而言都成立。因此，要说明人们会帮助一般亲属，也可以采取遗传利己的观点。这种行为，乃源于所谓亲属选择的说法——运用可以显示出关系程度与可能性的线索，进行的自然选择历程。人们或多或少有族谱上的关联性，因此我们会期望人们会善待亲属胜于非亲友，及善待近亲（如父母、子女、兄弟姐妹）胜于远亲。

雄鸟在雌鸟下蛋后于巢中孵蛋，且喂食孵出的幼鸟，将有助于进化。但是如果它被戴了绿帽呢？它能否确定其伴侣并未与邻鸟通奸以致巢中的蛋有一颗（以上）不是它的骨肉？在很多鸟类种属中，这种雌鸟，不论同意与否，与配偶以外的对象交配的现象是存在的。这类种属的雄鸟会特别注意配偶的行为，且努力地驱赶侵入领域的其他雄鸟。研究发现，平均有10%的蛋是由情敌受精的种属，其雄鸟会比没有通奸情事发生的种属，较不关心雏鸟。

亲属选择是人们之所以表现出看起来像是无私行为的因素之一，而彼此无关者之间的实时或近期可能有的互利关系，则为另一项因素；由此观之，该行为也是由基于利己的欺瞒、利用他人的亲属选择，或其他利他或者合作的本能所引发的。雌鸟其实与雄鸟一样，不能肯定它的雏鸟都是它们的（Sayler, 1992）。在别的鸟暂时离巢觅食时下蛋于其巢中的现象，在许多种属中也是司空见惯的。一只利用其他鸟的母性本能的雌鸟，即占了遗传上的便宜。人类得益于语言之便，可说是最擅长欺瞒与玩弄手段的种属。依照莎士比亚的说法，亨利五世即称其部队为"我的弟兄们"；而女性主义的领导者则称"姐妹们"。不管值不值得，我们都会欺骗与操弄他人的感情。

◆ **关键思考问题**

1. 图1-3呈现出：喜欢看暴力电视节目的9岁儿童与他19岁时的攻击行为有关这一经典研究结果。为什么此研究未能证实观看暴力电视节目会使男童更具攻击性？要得到这种结论，需要提出哪类证据？

2. 假如学者发现某些饮食失调的症状与过于注重身体外表间有0.5的相关，这位学者能做何结论？有何解释可能说明此观察到的关系？你可由此形成一个因果假设吗？你该如何验证此假设？

自私是天性吗？

我们的天性不是自私的

弗兰斯·B. M. 德瓦尔（Frans B. M. de Waal），埃默里大学

人们常说的"人有多自私"，都可能只是假设性的说法。有证据指出：人性中仍有一些关怀他人福祉的本质。虽说除了乐见他人幸福外别无所得，但是他人的幸福却必然成就了自己的快乐（Adam Smith, 1759）。

当 Lenny Skutnik 先生在 1982 年潜入华盛顿特区结冰的波托马克（Potomac）河中拯救坠机的受难者，或荷兰居民在第二次世界大战时庇护犹太家庭时，他们都为了陌生人的利益而甘冒生命的危险。同样的，在芝加哥布鲁克菲尔德（Brookfield）动物园的低地猩猩 Binti Jua 拯救一位跌落到兽栏昏迷的小男孩时，她遵循着从来没人教过的一套行动准则。

一只在争斗中落败的雄性黑猩猩，在被一只幼猩猩搂抱给予安慰时发出尖叫。其他动物尚未发现有这种"安慰"行为，它似乎可视为行动者没有任何实质好处的一种行为

这些例证之所以令我们印象深刻，主要是因为他们对我们种属有利。然而在我探讨共情与道德进化的研究中，我发现动物们彼此照顾、相互抚慰的例子层出不穷，这使我深信：种属生存不单靠争斗时的力量，有时还依赖合作与仁慈（de Waal, 1996）。例如，在黑猩猩中就常见到一位旁观者温柔地搂住被攻击的伤者肩膀。

尽管有这些关怀倾向，人类与其他动物仍习惯性地被生物学家冠上"全然利己"的恶名。其原因是理论性的：所有行为均为了行动者的利益而得以演进。因此，"未能有利于自身发展的基因，将因优胜劣汰、物竞天择的历程而被淘汰"是合理的假设。然而，仅仅因为其行为是为了本身利益才得以进化，就称这些动物是自私的，这样对吗？

一个历经数百万年的进化过程仍得以存活的行为，与考虑当前动物表现该行为的原因之间，可以说是两个不相关的议题。动物只能见到行动的实时结果，甚至它们经常对行动结果浑然不知。我们可能认为蜘蛛结网是为了捕虫，不过这只是就行为的功能层面上而言，并无任何证据指出蜘蛛知道结网的目的为何。换言之，行为表面的目的，无关乎其背后的动机。

直到 20 世纪末，"自私"概念才被人从它本意中借用到心理学以外的领域，目前我们将此词视为"自我服务"的同义词，"自私"意味着是为自身的利益，因此应该知道从特定行为中可以获得什么利益。藤蔓能依附树木成长而有了自利的功能，由于植物没有意图与知识，说它们自私毫无意义，除非用于隐喻。同理，基因也不可能是自私的。

查尔斯·达尔文从不会把适应与个体的行为目标混为一谈，他仍致力于利他动机的探讨，这点是受到一位道德哲学家与经济学之父——亚当·斯密的感召。这位以强调自利为经济学指导原则而闻名的斯密，即对"自我服务"行动与"自私"的动机间之差异，发表了许多见解，他也对人类普遍存在的同情心有所论述。

利他倾向的来源其实毫无神秘可言，所有依赖合作的种属，都会表现出忠诚与助人的倾向。这些倾向在亲属与伙伴彼此互惠、关系绵密的社会情境中得以进化。因此，这种助人的冲动，对表现者而言，并非全无生存价值，只是该冲动已逐渐与模塑其进化历程的行为结果脱了节，以至于即使在不可能得到回报的情况下（如帮助陌生人），仍然会表现出此助人的冲动。

宣称所有的行为都是自私的，有如宣称地球上所有生命都是太阳能量的转化一样，这两种说法固然都有某些意义，然而并无助于我们对周遭万象的解释。有些动物因不停地争夺而生，而有些动物则依靠互助而活。这种进化生物学者运用的理论架构，还是未能有效区分出上述两种相反的心灵状态，它在心理学中没有位置。

本章摘要

1. 心理学可定义为对行为和心理过程的科学研究。

2. 心理学的根源可溯自公元前 4 世纪和前 5 世纪。希腊哲学家苏格拉底、柏拉图和亚里士多德提出有关心灵的基本问题，而"医学之父"希波克拉底则对脑部如何控制其他器官做了许多重要的观察。心理学最早的争论之一是：人类的能力是天生的（先天），还是从经验中学得的（后天）。

3. 科学心理学于 19 世纪后期兴起，其要旨为心灵和行为可以成为科学分析的主题。心理学的第一个研究实验室于 1879 年由冯特设立在莱比锡大学。

4. 心理学在 20 世纪初叶的学派中有结构主义（分析心理结构）、功能主义（研究心灵如何运作使得有机体能适应环境并发挥功能）、行为主义（研究行为而不管意识）、格式塔心理学（着重刺激组型与经验组织方面的研究），与心理分析（强调无意识历程在人格发展与动机方面的角色）。

5. 心理学在 20 世纪晚期的发展包括信息处理论、心理语言学、神经心理学。

6. 心理学的研究可以采用数种观点来进行。生物观点涉及我们对体内事件的反应，特别是脑部和神经系统的事件。行为观点只探讨有机体可被观察和测量的外在活动。认知观点专注于知觉、记忆、推理、决策和解决问题等心理历程，以及这些历程与行为的关联。心理分析观点强调源自性冲动和攻击冲动的无意识动机。主观论观点聚焦于人们如何主动建构与解释社会世界，而此社会世界会因文化、个人经验史及当时的动机状态而异。一个特定的议题通常可以以一种以上的观点进行分析。

7. 生物观点与其他观点不同之处在于其部分原则来自生物学。生物学研究者通常试图以生物学原则来解释心理学原则（即还原论）。然而还是有一些原则只能在心理学层次描述，不过可同时在生物和心理层次被了解的行为现象逐渐增多。

8. 心理学的主要领域有生物心理学、实验心理学、发展心理学、社会与人格心理学、临床与咨询心理学、学校和教育心理学，以及工业与工程心理学。21 世纪心理学中，有许多新近探索的领域，均触及传统的心理学各领域与学科的课题。这些新兴领域包括认知神经科学（如情绪与社会神经科学）、进化心理学、文化心理学，以及积极心理学。

9. 心理学研究的进行包括产生假设及以科学方法来考验该假设。如果可能，研究问题最好采用实验法，因为除了要研究的变量之外，它控制了所有的变量。自变量是受实验者操作的变量，而因变量（通常是对被试的行为所做的某些测量）则是用来决定它是否受到自变量改变的影响。在一个简单的实验设计中，实验者操作一个自变量，并观察它对一个因变量的影响。实验设计重点在于将被试随机分配到实验组与控制组中。

10. 在许多实验中，自变量有时可存在，也可以不存在。最简单的实验设计包含一个实验组（即自变量存在的被试团体）及一个控制组（自变量不存在的被试团体）。如果实验组和控制组平均值的差异在统计上是显著的，便可得知实验条件具有可信的效果；即差异是由于自变量，而非偶发因素或少数极端例子所造成。

11. 如果实验者无法在某些情况下控制被试，便可使用相关法来决定自然发生的差异是否与另一项差异相关。两个变量的相关程度可以相关系数 r 来测量。相关系数介于 -1.00 和 $+1.00$ 之间。毫无关系以 0 来表示，完全相关以 1 表示。当 r 从 0 到 1，表示相关的强度增加。相关系数可为正或负，若一项变量随另一变量的增加而增加为正（＋），若一变量随另一变量的增加而减少则为负（－）。

12. 另一个研究取向是观察法，用以观察研究者关心的现象。研究者必须受过准确观察和记录的训练。难以直接观察的现象可改以调查法（问卷和面谈）或重新整理个案历史来做间接观察。

13. 以人类为被试的基本道德原则是：最小危险性、知情同意权与尊重隐私权。所有造成动物痛苦与伤害的程序，均须提出可从该研究中获得知识的充分理由。

核心概念

效果律	无意识	教育心理学家	测量
过度理由效应	自由联想	组织心理学家	统计
心理学	信息处理模式	工程心理学家	平均值
面部辨识困难症	心理学观点	认知神经科学	统计显著性
基本归因错误	折中取向	情绪神经科学	相关系数
童年失忆症	生物观点	社会神经科学	正相关
肥胖症	行为观点	进化心理学	负相关
宣泄作用	认知观点	文化心理学	测验
生理学	心理分析观点	积极心理学	直接观察
先天论	主观论观点	假设	调查法
后天论	朴素实在论	理论	社会期许效应
白板	还原论	科学的	个案历史法
联想主义心理学	生物心理学家	实验法	文献回顾法
先天-后天之争	实验心理学家	变量	元分析
内省法	发展心理学家	自变量	叙述性回顾
结构主义	社会心理学家	因变量	最小危险性
功能主义	人格心理学家	实验组	知情同意
行为主义	临床心理学家	控制组	事后解释程序
格式塔心理学	咨询心理学家	随机分配	隐私权
心理分析	学校心理学家	多变量实验	

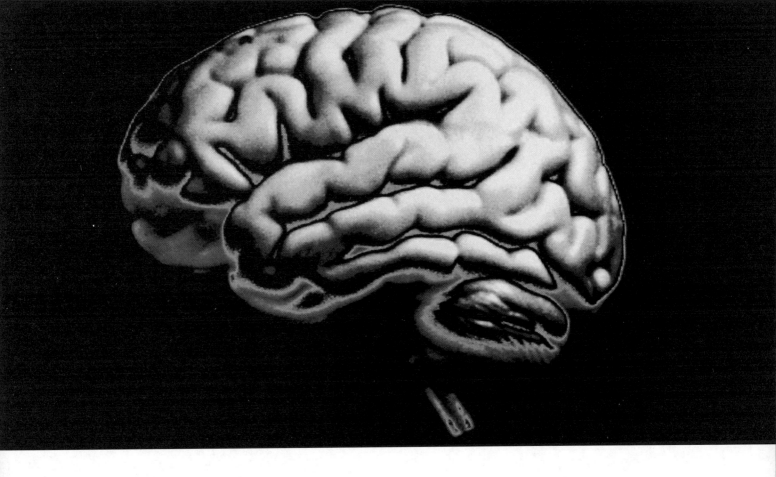

第二章　心理学的生物基础

2

1848 年，一位温和、细心，名叫菲尼斯·盖奇（Phineas Gage）的人，遭逢了一场使他早期生命留下阴影的意外。盖奇 25 岁，是新英格兰区拉特兰与伯林顿铁路公司（Rutland & Burlington Railroad）的工头，他和他的组员用炸药为新建的铁路从山壁中辟出一条通路。当他准备要炸掉一段山岩时，意外地将充填用的铁料掉到了岩石上，撞击的力道激起火花引爆了炸药，爆炸的威力卷起一根长逾一米的铁条，直接贯穿盖奇的头颅。铁条从他的左颊进入、穿过左眼后方，从颅顶射出，人们在数米外的地方发现那根鲜血淋漓、还顶着盖奇脑浆残渣的铁条。

盖奇奇迹般地从这场可怕的灾难中活了下来，他的伙伴送他回到旅馆，当地的一位医生帮他清理、包扎头部的伤口。在治疗期间，盖奇意识清醒，还与朋友交谈。虽然他严重出血，但是意外发生两天后血终于止住了，情况似乎已经稳定下来。接着他脑部开始长出新肉，他进入了半昏迷状态。他萎靡不语一个多月后，奇迹式地病情逐渐好转，最终恢复体力，出院返家。

但是，盖奇已不再是同一个盖奇了（Harlow, 1868）。那个温和保守的人，现在变得狂躁冲动，其人格最明显的改变，在于言行粗鄙、放纵不羁。他行事肆无忌惮，已不复昔日温文儒雅的风采，自然找不到工作。他变成游魂似的四处巡行，而尝试到智利一家新开的铁路公司应征工作。在南美居住了 8 年后，他回到美国加州，仍随身带着那根攫走他先前自我的铁条，并在 1860 年死于癫痫。先不管盖奇遭遇的恐怖，它告诉了我们有关脑部许多复杂的心理历程（Damasio, Grabowski, Frank, Galaburda, & Damasio, 1994）。诚然，你在本章中将可体会到：在有了生理历程的知识背景后，我们对行为与心理的所有功能，才能了解得更清楚。首先，且让我们探讨组成神经系统的基础——神经细胞。

第一节　建构神经系统的基石
——神经元

　　神经系统的基本单位是一种特殊的细胞，被称为**神经元**（neuron），它是一种将神经冲动或信息传导至其他细胞、腺体，或肌肉的特殊细胞。神经元掌握了脑部运作的秘密，以及人类意识的本质。我们已知它们在传导神经冲动上的作用，以及一些神经回路如何工作，但对于它们在学习、情绪和思想上更复杂的作用，我们才刚开始了解。

　　神经元的尺寸和外观虽然有明显的不同，但都有某些共同特性（见图2-1）。自细胞体突出的许多短枝被称为**树突**（dendrites，源自希腊字dendron，其意为"树"），它接收来自邻近的神经元的神经冲动。**轴突**（axon）是细胞体上细管状延伸物，这些信息借着轴突传达给其他的神经元（或肌肉和腺体）。轴突的末端形成许多分枝，分枝的末端呈现隆起状，被称为突触末梢。

　　突触末梢并没有真正碰触到它要刺激的神经元，突触末梢与接受神经元的细胞体或树突之间有一道细缝，此会合处被称为神经突触（synapse），而这道缝被称为神经突触缝隙（synaptic gap）。当神经冲动沿着轴突到达突触末梢时，引起一种名为**神经递质**（neurotransmitter）的化学物质的分泌。神经递质会扩散通过神经突触缝隙刺激另一个神经元，通过这种方式将冲动自一个神经元传导至另一个。来自许多神经元的轴突，都会在单一神经元的细胞体与树突间形成突触（见图2-2）。

　　虽然每个神经元都具有这些特征，但在大小和形状上却有很大不同（见图2-3）。脊髓神经元的轴突，从脊骨末端到大脚趾肌肉，可能长达三四英尺（英制单位，1英尺约等于30.48厘米）；而脑部的神经元则可能只有几千分之一英尺。

　　神经元依其一般功能可分为三类：感觉神经元将来自受体的神经冲动传导到中枢神经系统。受体是一种特殊细胞，存在于感觉器官、肌肉、皮肤和关节中，可侦测物理或化学变化，并将这些变化转化成神经冲动，在神经元之间传导。运动神经元将脑部或脊髓发出的信号传达至肌肉和腺体。中间神经元则接受感觉神经元的信号，并把冲动传达至其他的中间神经元或运动神经元。中间神经元只存在于脑部、眼睛和脊髓之中。

　　神经（nerve）是由成千上万个神经元的一束轴突伸展而成。一条神经可能包含来自感觉神经元和运动神经元的轴突。神经元的细胞体通常在整个神经系统中都会群集一处，在脑部与脊髓，神经元群集的细胞体被称作**细胞核**（nucleus）；而在脑部与脊髓以外地区群集的细胞体则被称为**神经节**（ganglion）。

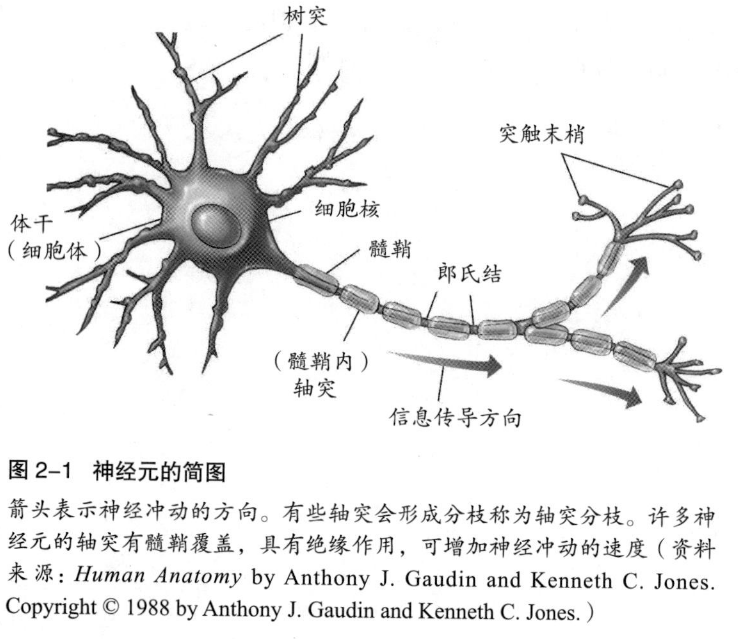

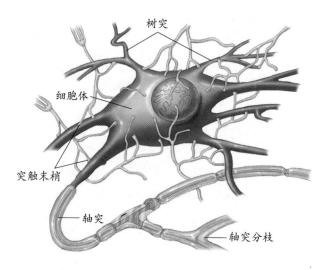

图2-1　神经元的简图

箭头表示神经冲动的方向。有些轴突会形成分枝称为轴突分枝。许多神经元的轴突有髓鞘覆盖，具有绝缘作用，可增加神经冲动的速度（资料来源：*Human Anatomy* by Anthony J. Gaudin and Kenneth C. Jones. Copyright © 1988 by Anthony J. Gaudin and Kenneth C. Jones.）

图2-2　神经元细胞中的神经突触

本图显示一个神经元的细胞体和树突中有许多神经突触。不同的轴突再分枝形成这些神经突触，其末端隆起称为突触末梢，可释放化学物质透过神经突触，将神经冲动传导至接受细胞的树突或细胞体

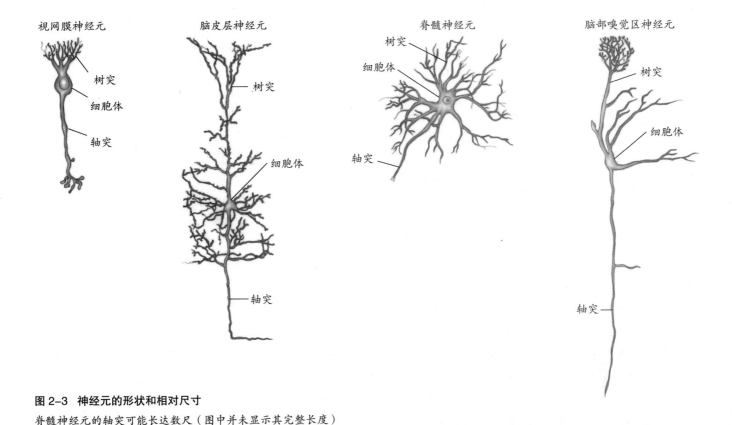

视网膜神经元　脑皮层神经元　脊髓神经元　脑部嗅觉区神经元

树突
细胞体
轴突

树突
细胞体
轴突

树突
细胞体
轴突

树突
细胞体
轴突

图 2-3　神经元的形状和相对尺寸
脊髓神经元的轴突可能长达数尺（图中并未显示其完整长度）

神经系统除了神经元，还包括一大群非神经细胞称为**胶质细胞**（glial cell），密密交织围绕在神经元之间。胶质细胞的数量是神经元的 9 倍，且占了脑容量的一半以上。glia 这个字源自希腊语，意为胶水，表示其功能之一在提供支撑力，使神经元的结构能维持在固定位置上；其功能之二在于提供重要的营养物质维持神经元的健康，且在脑部发挥"管家"的作用，清扫神经元的周遭环境（特别是在神经突触之间），以维持神经元收发信号的能力（Hayden，2001）。胶质细胞此时即扮演类似在球赛时为球员补充水分的足球队教练员，支持神经元的活动。

动作电位

信息是以被称作动作电位的神经冲动形式沿着神经元移动的。**动作电位**（action potential）是指由神经细胞体下传到轴突末端的电化冲动。每个动作电位都是带电分子（称作离子）移进移出神经元的结果。了解动作电位产生的关键在于能清楚得知，正常的神经元对进出细胞的离子是相当具有选择性的。亦即，神经元的细胞膜是半渗透性的，有些离子可以轻易地穿过细胞膜，而有些则仅在细胞膜打

开时才有可能渗透。这些通路称作**离子通道**（ion channel），它们是在细胞膜上形成甜甜圈状孔道的

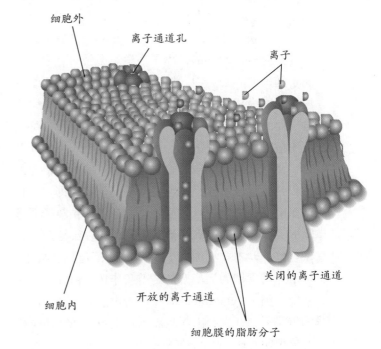

细胞外
离子通道孔
离子

关闭的离子通道
开放的离子通道
细胞内
细胞膜的脂肪分子

图 2-4　离子通道
诸如钠、钾、钙、氯等化学物均经由圆环状的、被称作离子通道的蛋白质分子，通过细胞膜

蛋白质分子（见图 2-4）。这些蛋白质会调解诸如钠（Na$^+$）、钾（K$^+$）、钙（Ca^{++}），与氯（Cl$^-$）等离子进出神经元。每种离子通道都具选择性，当打开时，只准一种离子通过。

当神经元未能产生动作电位时，它就是一种静止神经元。在静止时，细胞膜不允许钠离子通过，而此时细胞外的钠离子浓度相当高；相反的，此时细胞膜只允许钾离子通过，而神经元内的钾离子浓度较高。静止神经元中区隔蛋白质的结构叫作离子活门，它会通过泵进泵出不同离子来维持细胞内外不同离子的数量。例如，当钠离子渗入神经元时，离子活门会将它泵出，而溢出神经元的钾离子再泵回来。如此一来，静止神经元即维持其内部低浓度而外部高浓度的钠离子。这些离子通道与离子活门的整体作用，在于使静止神经元的细胞膜产生极化：形成神经元内比外部有更多的负电。这种静止神经元的电位被称为**静止细胞膜电位**，强度在 −50 到 −100 毫伏特（millivolt 千分之一伏特）。神经元的静止细胞膜电位类似带电的电池，而神经元与电池均同样以电化渐增方式储备能量。电池的能量是用来启动诸如手提收音机等电子设备的动能的，而神经元的能量则用来启动动作电位。

当静止神经元受到刺激时，通过细胞膜的电差随之降低。这个过程被称作去极化，它是树突受体的神经递质作用的结果。若去极化的程度够大，位于轴突对电压敏感的钠离子通道就会暂时开启，钠离子随即流入细胞内。钠离子之所以大量流入细胞内，是因为相对电极相互吸引的结果：钠离子带正电，而细胞内为负电。当轴突区内部相对于外部变成正极时，临近的钠离子通道感觉到电压下降而开放，又引起邻近区域的轴突去极化。这种去极化的过程一再自我重复，循着整个轴突下传，即为一种动作电位。当动作电位循着轴突而下，钠离子通道随即关闭，而各种离子活门开始运作，细胞膜得以恢复静止状态（见图 2-5）。钠离子通道的重要性，可由牙医常用的局部麻醉药普鲁卡因（novocaine）、塞罗卡因（Xylocaine）的作用看出：这些药会制止钠离子通道开启，因而阻断动作电位，防止感觉信号传送到大脑（Catterall，2000）。

沿轴突而下的动作电位的速度依轴突的直径而异，从时速 2 至 200 英里不等；通常直径越宽，速度

越快。轴突是否覆盖有髓鞘也会影响速度。髓鞘是由一种特殊的胶质细胞所构成的，它们依次包住轴突而彼此间还留有小空隙（见图 2-1），这些小间隙被称作郎氏结（nodes of Ranvier）。髓鞘的绝缘性形成了**跳跃式传导**（saltatory conduction），神经冲动可由某一郎氏结跳到下个结点，因而大大地提高了动作电位沿轴突传导的速度。髓鞘常见于动作电位传导速度很重要的物种活动上，例如，沿着轴突刺激骨骼肌肉。**多发性硬化症**（multiple sclerosis，一种初次发作在 16—30 岁的疾病）即导因于免疫系统攻击且摧毁自体的髓鞘，造成运动神经严重受损。

突触的传导

神经元间的神经突触汇合处非常重要，因为神经细胞在此传导信号。当刺激经过多处神经突触到达一个单一神经元时，若刺激强度达到某一程度，神经元就会发动一个动作电位，之后马上得作几千分之一秒的短暂休息；如果刺激并未达到某一程度，

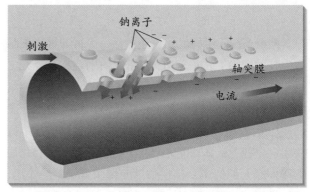

（a）在动作电位期间，细胞膜上的钠离子出入口开启，让带正电的钠离子流入

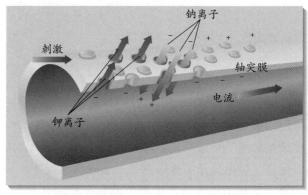

（b）轴突的某一点发生动作电位后，该点的钠离子出入口关闭，并在轴突的下一点开启。当钠离子出入口关闭，钾离子出入口开启，让带正电的钾离子流出

图 2-5 动作电位（根据 Starr & Taggart, 1989 修正）

那么即使神经冲动的强度一直持续，神经元也不会发动动作电位，此现象被称为神经元活动的**全或无原则**（all-or-none principle）。你可将神经动作电位想象成计算机用来完成软件指令的二元（0 或 1）信号：神经元要么发动一个动作电位（1），要么不能发动（0）。一旦发动了，动作电位就会沿着轴突传导至许多轴突的末端。

如同前文所述，神经元并未在神经突触上直接相连，那里存在着一道细缝，信息在传导时必须通过这道细缝（见图 2-6）。当动作电位沿着轴突而下达到神经突触节时，它会刺激突触节中的**神经突触囊**（synaptic vesicles），这些突触囊是包含神经递质的小球状结构，一受到刺激就会释放出神经递质。这些神经递质从输送或前突触神经元释出后，会穿越突触缝隙连接到**受体**（receptor），这些受体是借住在收受或后突触神经元树状突细胞膜上的蛋白质。

神经递质与受体之间搭配，有如拼图或钥匙与锁的关系一般。这种锁-钥活动可直接改变接受神经元离子通道的可渗透性。有些神经递质有兴奋作用（excitatory effect），它们可让带正电的离子（如钠离子）进入，使接受神经元去极化，并使细胞内

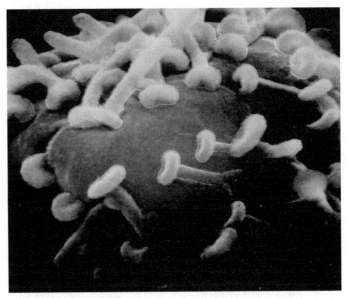

一个被神经突触紧密包住的神经元的电子显微照片

比细胞外带更大正电；其他神经递质则为抑制性（inhibitory），它们可能借由带正电的离子（如钾离子）离开神经元或使负离子（如氯离子）进入神经元内，使接受神经元内比细胞外带更大的负电——称此细胞膜被高度极化（hyperpolarize）。简言之，兴奋作用使神经元更容易被启动，而抑制作用则降低了启动的可能性。一个神经元可以自其他神经元网络收到成千上万的神经突触。这些神经元有一些会释放兴奋作用的神经递质，而另一些则会释放抑制作用的神经递质。不同的轴突各依其启动传导的模式，在不同的时间释放它们的神经递质。假如（在某一特别时刻及在细胞膜的某一特别地方）接受神经元上的兴奋作用变得比抑制作用大，就会引起去极化，而使神经元开始传导一种全或无的动作电位。

神经递质一旦释放并穿过神经突触缝隙，其活动必须非常短暂，否则将失去精确的控制。有两种方式可达成这种短暂的活动，其中之一是**再摄取**（reuptake）。在此过程中，突触末梢将释放的神经递质再度吸收，神经突触的生化物质也因而几乎被清理干净。再摄取切断神经递质的活动，并使轴突末端无须再制造更多的神经递质。另一种方式则是**降级作用**（degradation），在此过程中，接受神经元细胞膜中的酵素对神经递质发生反应，打断其化学作用并终止其活动。

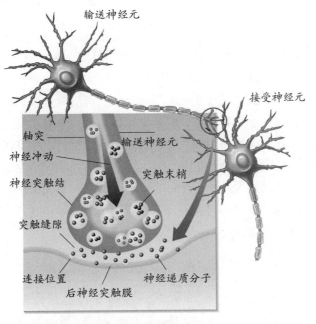

图 2-6 神经递质释放至神经突触缝中

在神经突触囊中的神经递质被带至前神经突触膜，并与其融合后，被释放到神经突触缝隙中，而与后者中的受体分子结合（资料来源：*Search for the Human Mind* by Robert Sternberg. Copyright © 1994 by Harcourt Brace & Company）

第二节　神经递质

目前已找出 70 多种不同的神经递质，将来必然会有更多被发掘出来。此外，有许多神经递质能与一种以上的受体结合，而引起不同的效果。例如，神经递质谷氨酸盐（glutamate）至少可激发 10 种受体分子，使得神经元即便是针对此同一神经递质，也有不同的反应方式（Madden，2002）。因为涉及两种不同类型的受体分子，所以神经递质在神经系统的某些位置起兴奋作用，而在其他位置起抑制作用。在本章中，我们显然不能讨论神经系统中所有的神经递质，我们只关注其中几种影响行为的神经递质。

乙酰胆碱（Acetylcholine，简称 ACh）　乙酰胆碱是在许多神经突触中都能发现的神经递质，遍及整个神经系统。一般而言，它是一种兴奋传导物质，但也可依它联结的接受神经元细胞膜中受体分子的类型而变成抑制传导物质。ACh 在脑部前区一个名为海马体的区域中特别普遍，它在新记忆形成的过程中扮演关键性的角色（Eichenbaum，2000）。阿尔茨海默病是造成许多老年人逐渐行为失序的疾病，它涉及记忆和其他认知功能的损伤。经过证明，阿尔茨海默病患者前脑中产生 ACh 的神经元退化，使得 ACh 的产量减少。前脑的 ACh 越少，丧失记忆的情形越严重。

终止于骨骼肌肉纤维上的神经元中的每一个神经突触也都释放 ACh，ACh 被引导至位于肌肉细胞上称为终板（end plates）的小结构。终板为受体分子所覆盖，一旦被 ACh 刺激，会在肌肉细胞内引起一种分子联结，而导致肌肉收缩。某些阻碍 ACh 分泌的药物会造成肌肉麻痹。例如，不良罐头食品内细菌形成的肉毒杆菌毒素可在神经肌肉突触阻止 ACh 的释放，使呼吸器官的肌肉麻痹而导致死亡。某些为战争而发明的神经毒气及许多杀虫剂，则是借着摧毁一种抑制 ACh 的酶来引起麻痹，一旦这种酶被破坏，神经系统中的 ACh 便会异常增加，而无法进行正常的神经突触传导作用。

去甲肾上腺素（Norepinephrine, 简称 NE）是一种属于一元胺的神经递质，主要由脑干神经元产生。有两种著名的药物可卡因（cocaine）及安非他命（amphetamines）可借着减慢 NE 的再吸收过程来延长 NE 的作用。由于再吸收过程延缓，使得接受神经元必须持续活动一段较长的时间，因而产生了用药后的刺激精神效果。相反地，锂（lithium）则是一种加速 NE 再吸收的药物，可引起一个人的情绪低落。任何可引起脑部 NE 增加或降低的药物，都与一个人的情绪升降有关。

多巴胺（Dopamine）是一种化学成分和去甲肾上腺素相似的一元胺。在脑部特定部位释放多巴胺，会产生强烈的快乐感受，而当前即有学者研究多巴胺在上瘾发展过程中扮演的角色。脑部某些区域若有过量的多巴胺可能会导致精神分裂；而在有些区域若多巴胺含量过少，可能会导致帕金森症。用来治疗精神分裂的药物，如酚塞嗪

（chlorpromazine）或氯氮平（clozapine），即可阻断多巴胺受体。反之，左旋多巴（L-dopa），一种常用来治疗帕金森症的药物，则会增加脑部的多巴胺。

5-羟色胺（Serotonin） 5-羟色胺是另一种一元胺。与去甲肾上腺素一样，它在心情调节上也扮演着重要角色。例如，5-羟色胺含量低与抑郁感受有关。5-羟色胺回收抑制剂即为抗郁剂，因为它会阻断神经元对5-羟色胺的回收，使得脑部5-羟色胺含量增高。百忧解（Prozac）、左洛复（Zoloft）与帕罗西汀（Paxil）等常用来治疗抑郁症的药剂，均为5-羟色胺回收抑制剂。由于5-羟色胺在调节睡眠与食欲方面也很重要，因此也常被用来治疗饮食失调的贪食症。有趣的是，迷幻药LSD的药效即作用在脑部的5-羟色胺受体上。

谷氨酸盐（Glutamate） 在中央神经系统的神经元中，存在最多的兴奋神经递质是谷氨酸盐。谷氨酸盐通过对神经元去极化产生兴奋。谷氨酸盐至少有三种副形态的受体，其中一种被称为NMDA受体（NMDA receptor），被认为在学习和记忆上扮演特别重要的角色，它的名称取自用来侦测它的化学物质（N-甲基-D-天冬氨酸，N-methyl-D-aspartate）。海马体（近脑部中央的一块区域）中的神经元拥有特别丰富的NMDA受体，并且有些许证据显示此区域对新记忆的形成非常重要（Eichenbaum，2000；见第七章）。精神分裂症者会有谷氨酸盐的神经传导被阻断的情形。

氨基丁酸 另一个著名的神经递质是**氨基丁酸**（gamma-aminobutyric acid，简称GABA）。这种物质是神经系统中主要的抑制递质之一，实际上，脑中大多数的突触使用GABA。例如，印度防己毒（picrotoxin）可阻碍GABA受体并产生痉挛的现象，因为没有GABA的抑制作用，大脑无法控制肌肉的运动。某些用来治疗焦虑症的药物，如苯并二氮类，即通过抑制GABA活动产生安定作用（见第十五章）。

这些神经递质功能的概况见概念摘要表。

概念摘要表

神经递质及其功能

神经递质	功能
乙酰胆碱（ACh）	涉及记忆与注意；含量减少与阿尔茨海默病有关；同时传送神经与肌肉间的信号
去甲肾上腺素	因心理兴奋剂而含量增加；低含量则造成抑郁症
多巴胺	调节自然酬赏物（如：性与食物）的作用；与药物滥用有关
5-羟色胺	在心情与社会行为方面扮演重要角色；减轻抑郁与焦虑的药物会增加5-羟色胺的水平
谷氨酸盐	为脑部的主要兴奋性神经递质；与学习及记忆有关
氨基丁酸（GABA）	为脑部的主要抑制性神经递质；减轻焦虑的药物会强化GABA的活动

◆小结

主要的神经递质有乙酰胆碱、去甲肾上腺素、多巴胺、5-羟色胺、氨基丁酸与谷氨酸盐。

神经递质对神经元的作用不是兴奋就是抑制，视其锁定的后突触受体的形态而定。

◆关键思考问题

1. 脑部有几类不同的神经递质系统？你认为为何要有这种神经化学多样性？

2. 脑部由化学形式传递信号具备哪些优点？缺点又有哪些？

第三节 神经系统的组织

神经系统的分类

神经系统的各部分都互有关联。然而为了讨论方便起见，可将神经系统分成两大系统，每一系统又可细分为两个小系统（见图2-7）。**中枢神经系统**（central nervous system）包括脑部和脊髓中

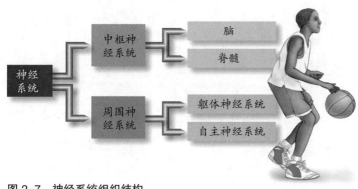

图 2-7　神经系统组织结构

全部的神经元。**周围神经系统**（peripheral nervous system）则包括从脑部和脊髓传向身体各部的神经。周围神经系统又可划分为**躯体神经系统**（somatic system），携带信息往返、进出于感觉受体、肌肉，以及身体表层和联结内部器官与腺体的**自主神经系统**（autonomic system）。

躯体神经系统的感觉神经将来自皮肤、肌肉和关节的外在刺激传递给中枢神经系统，使我们能感受疼痛、压力及气温变化。躯体神经系统的运动神经将来自中枢神经系统的冲动带到身体肌肉，而产生行动。随意肌及维持身体姿势和平衡的不随意肌都受这些神经的控制。自主神经系统的神经分布于体内器官中，控制如呼吸、心跳及消化等过程。自主神经系统在情绪方面扮演了一个重要的角色，后面章节将做进一步讨论。

身体各部分与脑部连接的神经纤维大多聚集在**脊髓**（spinal cord）中，受到脊椎骨保护。脊髓非常紧密——几乎只有小拇指粗。有些最简单的刺激-反应反射动作在脊髓中完成，膝盖的反射动作就是一个例子。当膝盖受到轻击时，牵动肌肉伸展，深植于肌肉中的感觉细胞将信号透过感觉神经元传至脊髓，脊髓中的感觉神经元突触便直接与运动神经元联结，运动神经元将冲动传回原来的肌肉，使它紧缩，让腿伸展。虽然这种反应无须脑的协助就可单独在脊髓发生，但它还是能接受高级神经中枢的调节。例如，假如在敲击膝盖前握紧你的手，则腿的伸展运动将会加大；如果你在医生敲膝盖前就想象膝盖不能动弹，你还是可能抑制此反射动作。

脑的组织

有许多将脑部分类（概念化）的方式。如图 2-8（a）

即根据部位将脑部区分为（1）**后脑**（hindbrain），包括位于大脑后部、最靠近脊髓的所有结构；（2）**中脑**（midbrain），在后脑前方，位于脑部中间部位；（3）**前脑**（forebrain），包括位于脑部前方部位的所有结构。加拿大学者保罗·麦克莱恩（Paul McLean，1973）却根据脑部功能而非位置提出脑部的组织架构，他认为脑部可分为三个同心层（1）**中央核**（central core），调节我们最原始的行为；（2）**边缘系统**（limbic system），控制我们的情绪；（3）**大脑**（cerebrum），调节我们更高层次的智能活动。图 2-8（b）即显示这些层次彼此契合的情形。当我们探讨脑部的结构与功能时，我们都会运用麦克莱恩的脑部组织架构。

脑的中央核

中央核又叫脑干，它控制诸如咳嗽、喷嚏、打嗝等非自主行为，以及呼吸、呕吐、睡眠、饮食、温度调节与性行为等"原始的"自主行为。脑干包括后脑与中脑的所有结构及前脑的丘脑与下丘脑两个结构。这意味着脑的中央核从后脑延伸至前脑。本章将讨论脑干的 5 个结构——延脑、小脑、丘脑、下丘脑，以及调节生存必需的最重要的原始行为的网状结构。图 2-8（d）除了列出了此 5 个结构的功能外，还列出了大脑皮层、胼胝体、海马体及杏仁核等。

脊髓进入头部时前端稍微扩大的部分称作**延脑**（medulla），它是控制呼吸及有助于保持直立姿势的一些反射作用的狭小结构。同时，来自脊髓的主要神经束与从脑部伸出的下行神经在此交会。脑的右半部与身体左半部的感觉有关，脑的左半部则与身体右半部的感觉有关。

小脑（cerebellum）　附于脑干后端及延脑上方的回旋状组织被称为小脑，主要与运动的协调有关。特殊行动的命令虽源于较高的层次，但动作的平顺协调仍依赖小脑的作用。小脑受损会导致痉挛及动作不协调。除此之外，小脑对学习新的动作反应也很重要（Thompson & Krupa，1994；见第七章）。

小脑和前脑部位的直接的神经联结，与语言、计划和推理有关（Middleton & Strick，1994）。这些联结回路在人脑中比在猴脑或其他动物中大得多，

（a）脑部部位组织

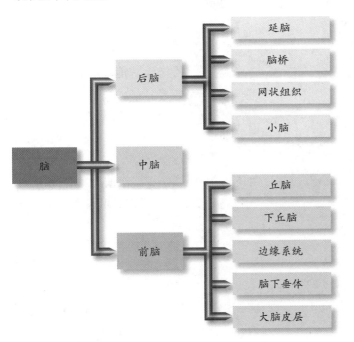

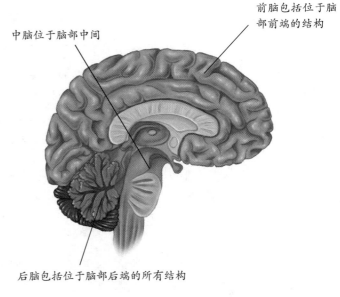

中脑位于脑部中间

前脑包括位于脑部前端的结构

后脑包括位于脑部后端的所有结构

（b）人脑功能组织

本图显示整个中央核及边缘系统，但左脑半球已被切除。中央核的小脑控制平衡和肌肉的协调；丘脑对来自感觉器官的信息而言，扮演着一个类似电话总机的角色；下丘脑（图上看不出来，其位置在丘脑之下）管制内分泌活动，以及如新陈代谢和体温控制等维持生命的过程。边缘系统则与满足基本需要的活动及情绪有关。脑皮层（覆盖大脑的外层细胞）是高级心理活动的中枢，是感觉登记、引发自主行动、做决定和形成计划的中心

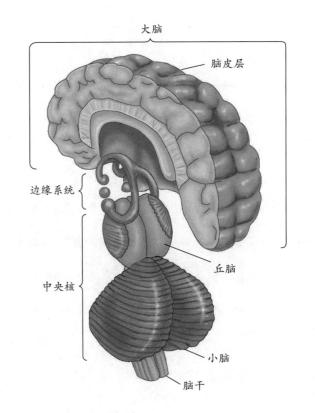

图 2-8

（a）脑部部位组织。主要的脑部分类组织

（b）人脑功能组织。人脑由三个功能类别组成：中央核、边缘系统，以及大脑

（c）人脑

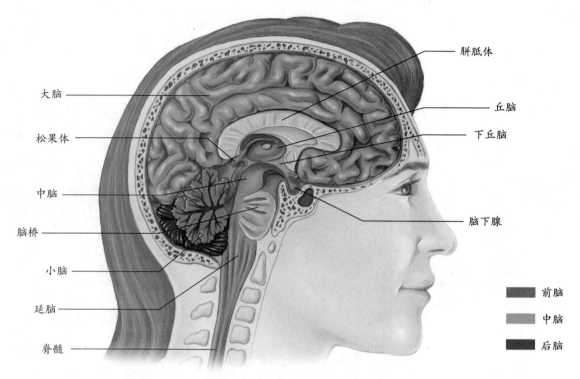

大脑

松果体

中脑

脑桥

小脑

延脑

脊髓

胼胝体

丘脑

下丘脑

脑下腺

前脑

中脑

后脑

此图呈现中枢神经系统的主要结构（只呈现脊髓上部）

（d）脑部功能

结构	功能
大脑皮层	皮层区包括主要运动区、主要躯体感觉区、主要视觉区、主要听觉区，以及联合区
胼胝体	联结大脑两半球
海马体	在记忆方面，尤其是情节记忆，扮演特殊角色
杏仁核	与情绪调节有关，尤其是恐惧
丘脑	将来自感觉受体的信息，引导至大脑；有助于睡眠与清醒的控制
下丘脑	调节饮食与性行为；调节内分泌活动，并维持恒定状态；有部分与情绪及压力反应有关
小脑	与运动协调及动作学习有关
网状组织	控制激发及集中注意力于特定刺激上均扮演重要角色
延脑	控制呼吸及有助于有机体维持直立姿势时的一些反射动作

图 2-8（续）

（c）人脑。人脑剖面图，呈现人脑主要部分

（d）脑部功能。此表呈现脑部主要结构及其功能

此点与其他证据都显示，小脑在更高级心理功能的控制和协调上扮演的角色，可能与它对身体动作灵敏度的控制同样重要。

丘脑（thalamus） 丘脑位于中脑正上方脑半球内，有两组蛋状的神经细胞核。丘脑在控制睡眠与清醒方面很重要，且为感觉的转运站，它能将来自感觉受体（如视觉与听觉）的输入信息直接导引往大脑。

下丘脑（hypothalamus） 下丘脑是一个更小的组织，位于丘脑的正下方，其核心部位掌控吃、喝及性行为。下丘脑控制内分泌活动并维持**恒定作用**（homeostasis），即健康有机体功能指针的一般水平，如正常的体温、心跳和血压。在有压力的状况下，体内的恒定会受到干扰，于是恒定作用就会开始发动，来矫正这些不平衡状态。例如，我们太热时会出汗，太冷时会发抖，其主要目的是恢复正常体温，这两种过程都受下丘脑控制。

在情绪及我们对压力环境的反应方面，下丘脑也扮演了一个重要的角色。当轻微的电流刺激下丘脑的某些部位时，可产生愉悦的感觉；而刺激邻近的部位时则可产生不愉快的感觉。下丘脑也可通过对其下方的脑下腺（见图2-8）的影响，来控制内分泌系统及荷尔蒙的产生。当身体必须动员一套复杂的生理过程（即"战斗或逃跑"反应）以应付紧急事故时，这种控制就特别重要。了解下丘脑在动员身体行动上的特殊角色后，它被称为"压力中枢"也就不足为奇了！

网状结构（reticular formation） 自脑干下端延伸至丘脑且横越其他中央核某些结构的神经迂回网络，是**网状结构**。此神经元网络在控制我们清醒的状态方面扮演一个重要的角色。当特定电压的电流通过植入猫或狗网状结构的电极时，动物就会进入睡眠状态；而当电波波形改变，变得更加快速时，则可弄醒睡眠中的动物。

网状结构也在我们对特殊刺激集中注意力的能力上扮演重要的角色。所有的感觉受体都有神经纤维深入此网状系统，而此系统像是一个过滤器，让某些感觉信息通过大脑皮层（去唤醒意识）或阻碍其他信息通过。

边缘系统

围绕脑部中央核的群聚组织称为边缘系统（见图2-8）。此系统与下丘脑有密切的联系，并在下丘脑和脑干掌控某些本能行为时做额外的控制。只有初级边缘系统的动物（如鱼和爬行动物）会以固定的行为模式来进行如觅食、攻击、逃避危险及交配等活动。而在哺乳动物中，边缘系统似乎可以抑制某些本能行为模式，使有机体更能灵活适应周遭环境的改变。

边缘系统的一部分——**海马体**（hippocampus），在记忆上扮演着特殊的角色。这种角色是在20世纪50年代为治疗癫痫症而将其海马体手术切除的病人身上发现的。经过这种手术的病人在复原后，辨认旧友或回忆早期经验没有困难；他能阅读及运用早期生活所学的技能，然而，他只能忆起少数或无法记忆今年甚至是仅在手术前发生的事件，而完全不记得在手术之后遇到的事件或人。例如，他无法认出今天稍早曾与他共处数小时的新朋友；他将连续数周拼相同的拼图，却不记得自己曾拼过；也将一再阅读相同的报纸，而不记得其内容（Squire & Kandel，2000）。

边缘系统也与情绪行为有关。**杏仁核**（amygdala），一个深埋在脑部的杏仁形结构，对诸如恐惧等情绪具关键性作用（Maren, 2001）。例如，杏仁核受伤的猴子，其恐惧反应显著下降（Klüver & Bucy，1937）。杏仁核受伤的人类，则无法辨识出脸部的恐惧表情，或无法学习新的恐惧反应（Bechara et al.，1995）。

以三个同心层——中央核、边缘系统及大脑（将在下面讨论）——来描述脑部时，绝对不可认为这三个组织是各自独立的。我们可将它们比喻为有密切关系的计算机所形成的网络，每一部计算机都有其特殊功能，但都必须一起作业以产生最有效的成果。同样地，分析来自感官的信息时，需要某种计算和决策过程（此为大脑所掌控），此与控制活动的反射次序（此为边缘系统所掌控）不同。较精细的肌肉调节（例如，写字或演奏乐器）则需要另一种控制系统，此系统由前脑皮层的主要运动区掌控。所有这些活动都被组织进一个整合系统中，以维持有机体的统合性。

大 脑

人类的**大脑**（cerebrum）比其他有机体发达，其外层组织称为**大脑皮层**（cerebral cortex），在拉丁文中，cortex 意指"树皮"。一个脑标本的脑皮层呈灰色，因为其中包含大量的神经细胞体及无髓纤维——因此又被称为"灰质"。大脑的内侧，即皮层的下方，则大多由有髓轴突所组成而呈现白色（也被称作"白质"）。

每一种感觉系统（如视觉、听觉和触觉）将信息投射至皮层的某些特殊部位，而身体的运动（运动反应）则由皮层的另一部位控制。皮层其他既非感觉亦非运动的部位，则由联合区域组成，这些部位与其他行为层面——记忆、思考和语言——有关，且是皮层最大的部位。

大脑由两个**半球**（hemisphere）组成，分占脑部左右两侧，由胼胝体联结。它们基本上是对称的，其间有一道很深的从前到后的分界线，即因此称为左右两半球。每个半球均可分成四叶（lobe）：额叶、顶叶、枕叶，以及颞叶——大脑皮层执行不同功能的巨大区域（见图 2-9）。

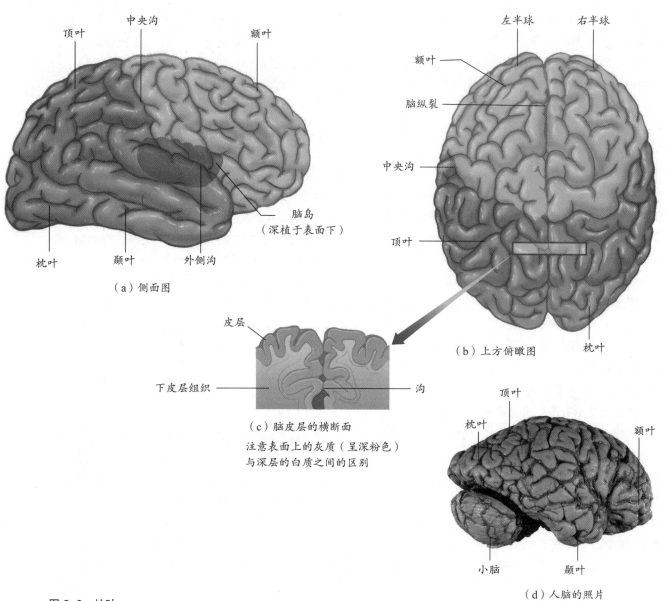

（a）侧面图

（b）上方俯瞰图

（c）脑皮层的横断面
注意表面上的灰质（呈深粉色）
与深层的白质之间的区别

（d）人脑的照片

图 2-9　枕叶

每个脑半球都有由沟裂分割的几个脑叶。除了这些外在看得到的脑叶外，还有一大片内折的脑皮层，被称作脑岛（insula），深埋在侧沟里（资料来源：*Human Anatomy* by Anthony J. Gaudin and Kenneth C. Jones. Copyright © 1988 by Anthony J. Gaudin and Kenneth C. Jones.）

额叶和顶叶的分界线是**中央沟**（central sulcus），一条从靠近头顶部位一直延伸到耳际的沟槽。顶叶与枕叶的分界线较不明显。为了解释方便，我们可说顶叶是在中央沟后面、脑部的顶端，而枕叶则在脑部后面。在脑部侧边有道深沟，被称为侧沟，则分割出颞叶。

主要运动区（primary motor area）　主要运动区控制身体的自主行动，位于中央沟的正前方（见图2-10）。运动皮层某些点受到电刺激时，会使特定身体部位产生运动，当这些运动皮层上的点受损时，身体运动也会受损，身体运动与运动皮层间的关系，几乎呈现一种颠倒的形式。例如，脚趾的运动由靠近脑部上方的部位来控制，舌和口的运动则由靠近运动区下方的部位来控制，身体右侧的运动由左半球的运动皮层统领，身体左侧的运动则由右半球掌管。

主要躯体感觉区（primary somatosensory area）　在顶叶中有一个隔着中央沟与运动区划分的区域，此部位若受到电刺激，会在身体相对侧的某处产生感觉经验，就好像身体的某一部分被触摸或移动，此部位被称为主要躯体感觉区（又被称为体感区）。热、冷、触摸、痛苦及身体运动的感觉，都由此部位负责。

在放射入体感区和运动区及由这两区放射出的神经中，大部分的神经纤维都横越至身体的相对侧。因此，来自身体右侧的感觉冲动会进入左侧的体感皮层，而右脚和右手的肌肉，则由左侧的运动皮层控制。

大体说来，体感区或运动区的数量与身体某特殊部位的联结，与该部位的敏感性和运用有直接关系。例如，在四足哺乳动物中，狗只有少量的皮层组织来对应其前掌，而浣熊前掌的使用范围则还涉及探索与操控环境，因而有较大的对应皮层区，包括前掌不同手指的对应区。利用敏感的触须来了解周遭环境的老鼠，其每根触须都有不同的对应皮层区。

主要视觉区（primary visual area）　枕叶后方的皮层区是主要视觉区。图2-11显示视觉神经纤维及眼睛到视觉皮层的神经路径。注意，某些视觉纤维

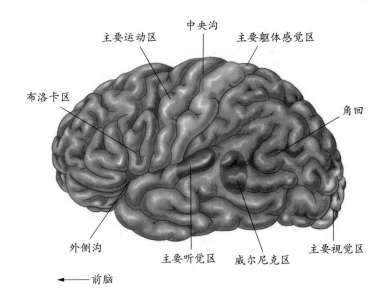

图2-10　左皮层的特殊功能

皮层的一个主要部分与产生身体相对侧的某处产生感觉经运动及分析感觉输入的信息有关。这些区域（包括运动、身体感觉、视觉、听觉和嗅觉）存在脑部的两侧。其他的功能则只在脑部的一侧被发现。例如布洛卡区和威尔尼克区与语言的产生和理解有关；角回则有助于一个词的视觉和听觉的匹配，这些功能只存在于人脑的左侧

自右眼到右半球皮层，而其他则穿过一个被称为视交叉的交叉点到达相对的左半球，左眼的构造也是如此：两眼右侧纤维到达脑部右半球，左侧纤维则

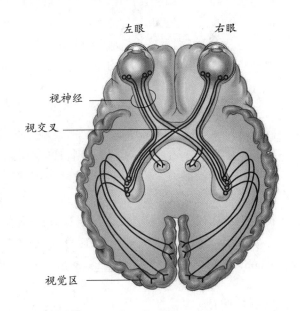

图2-11　视觉路径

来自鼻部或视网膜内半侧的神经纤维横越视交叉，并达到脑部的对侧。因此，落在每个视网膜右侧的刺激会传达至右半球，而落在每个视网膜左侧的刺激则会传达至左半球（资料来源：*Human Anatomy* by Anthony J. Gaudin and Kenneth C. Jones. Copyright © 1988 by Anthony J. Gaudin and Kenneth C. Jones.）

到左半球。因此，若一侧半球（例如左侧）的视觉区受损将导致两眼左侧产生盲区，丧失对环境右侧的视觉。这项事实有时有助于指出脑瘤和其他异常现象的精确位置。

主要听觉区（the primary auditory area） 主要听觉区位于每个半球侧边的颞叶表面上，与复杂听觉信号的分析有关，特别是声音的模式，例如，人类说话的声音。双耳在皮层两侧都有对应的皮层区，而联结至对侧的区域则有较强的分析力。右耳虽将信息分送往左右主要听觉区，但左脑的听觉区的信息较多；左耳反之亦然。

联合区（association area） 大脑皮层内有一片广大的区域，因为和感觉及运动历程没有直接关系，所以被称为联合区。联合前区（位于运动区前的额叶中）在解决问题的回忆过程中，扮演了一个重要的角色（Miller & Cohen, 2001）。例如，猴子解决延迟问题的能力，会因额叶受损而丧失。在实验中，将食物放进两个杯子中的一个，并放上完全一样的杯盖，然后将一张不透明的布幕隔在猴子和杯子之间，经过一段特定时间后移开布幕，让猴子来选择一个杯子。正常猴子在经过几分钟延迟后，仍能记得正确的杯子，但额叶受损的猴子经过几秒钟的延迟后，仍无法解决这个问题。因为正常的猴子在额叶有神经元可于延迟时启动动作电位，而得以调节对事件的记忆（Goldman-Rakic, 1996）。

联合后区位于各种主要感觉区附近，由许多具有特殊感觉功能的副区组成。例如，颞叶的下端部位与视觉有关。若此部位受损，则将影响认识和区别不同形状的能力，但并不会与枕叶的主要视觉区受损一样，丧失视觉能力；病人可以"看到"这个物体（且能以手描画其轮廓），但却无法说出它是什么形状，或将它与另一个形状区分开来（Gallant, Shuop, & Mazer, 2000; Goodglass & Butters, 1988）。

活脑的图像

有赖于直到最近才变得非常便利的复杂的计算机方法，人们已发展出获得人类脑部细部相片的技术，而不会造成病人痛苦或伤害。这些技术改良前，大部分割裂脑部伤害的精确定位及鉴定，只能通过

探测性外科手术、复杂的神经学诊断，或是解剖病人的尸体来确定。

电脑轴切面断层影像（computerized axial tomography，简称CAT或CT）便是这些技术之一，其过程为输送一束狭窄的X光通过病人头部，并测量穿透的放射量。此技术的革命性是以穿透头部成千上万不同方位（或轴）的放射量来做测量，然后将这些测量结果输入计算机，经过适当计算，一张重建脑部横切面的图片可被印制成照片或展示在电视监控器上。横切面的任何一部分都可以根据我们的需要以任何平面或角度显现出来（*tomo* 源于希腊语，意为"切"）。

更新且更有力的技术则包括**磁共振显影**（magnetic resonance imaging，简称MRI），这种扫描仪利用强力磁场、放射频率波及计算机来组成影像。在过程中病人躺在环状洞内，被一个能产生强力磁场的巨大磁铁环绕。当被研究的组织部位置于磁场中且暴露于特定放射频率波时，组织部位会发生可测量的信号，如同CT扫描机般，成千上万的信号将被测量，然后通过计算机形成此组织部位的二维影像，在科学家之间通常称此技术为核磁共振，因为所测量的是体内氢原子核能量因放射频率波所造成的变化。然而，许多医生喜欢删掉"核"而将之称为磁共振显影，因为他们害怕大众将原子核误认为核辐射。

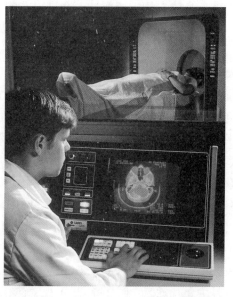

一位技术人员正在进行磁共振显像程序，患者的脑显像即呈现在计算机屏幕上

前沿研究

长出新的脑

本章所呈现的神经解剖图显示，神经系统是静态、硬接线状的系统，就像电视机一样。然而，神经系统真的是稳固不变的吗？近期的研究认为不然。实际上，成人的脑部似乎就是在发展历程中具有高度可塑性、动力性的系统。其中最令人振奋的新发现，不仅是突触在学习中会持续成长、回缩，更在于成人在历经多种经验后其脑中还会长出新的神经元。

新的神经元？是的！哺乳动物在出生时的神经元（被称为神经发生）早在胎儿还在子宫时即已开始发展了。这些未成熟的神经元在整个发展中的脑部中逡巡，寻找可以让它们度过一生的落脚处。当它们

找着时，每个神经元会定居下来，分化成图 2-3 中所示各种形状、大小的神经元。这些神经细胞一旦分化成各种神经元，大多数已丧失了细胞分裂的能力。换言之，细胞一旦生成且移植后，它们就不可能被新生成的细胞取代。

然而，近期的研究结果质疑这种成人脑无法再生新的神经元、会长年不变的观点。在近期的一项研究中，研究者给老鼠注射一种标示新生神经元、被称为 BRDU 的混合物。随后，研究者训练老鼠学习涉及海马体的经典条件作用任务。他们发现这些接受条件作用训练的老鼠，其海马体中的神经元明显增多（Gould, Beylin, Tanapat, Reeves, & Shors, 1999）。有趣的是，训练未涉及海马体的类似条件作用任务，

则不会在海马体中生出新的神经元。他们更近期的研究发现，阻断海马神经元发生的药物，也会损害到追踪眨眼条件反射的任务表现（Shors et al., 2001）。整体而言，这些研究不仅指出学习与脑中新神经元的生成有关，还说明新神经的生成本身即可能是发生学习的重要因素。有趣的是，不单是复杂的学习会导致海马体诞生新的神经元，在萨克研究机构（Salk Institute）的学者发现，只是给动物运动的机会，即可增加海马体新神经元的生成（van Praag et al., 2002）。因此，每天慢跑不只使你神清气爽，还能为你的脑部提供发挥学习潜力的燃料。所以，善待你的脑袋，今天就去跑几里吧！

MRI 在诊断脑及脊髓疾病时，比 CT 扫描机更精确。例如，脑部 MRI 横切面可显示出多重硬化症的显著特征，但 CT 却侦测不到。以前诊断此疾病需要住院，以及将染料注射入脊髓周围的管道来做测试；MRI 也有助于侦测脊髓及脑基部异常，例如椎间盘突出、肿瘤及天生畸形。

尽管 CT 及 MRI 能提供脑部组织的细部照片，有时仍然需要对脑内不同点的神经活动做评估。一种以计算机为基础的扫描过程被称为**正电子发射断层扫描**（positron emission tomography，简称 PET）提供了这项额外的信息。此技术是基于体内各细胞需要能量从事各种代谢过程的事实而发展出来的。在脑部，神经元利用葡萄糖（从血流中获得）作为其能量主要来源，以少量放射活性追踪化合物和葡萄糖混合，使每一葡萄糖分子都有少量放射活性（即一种标示），若将此无害的混合物注入血流内，数分钟后，脑部细胞会以利用正常葡萄糖的方式利用这

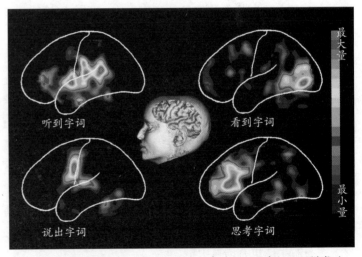

正电子发射断层扫描（PET）显示，人们在进行不同字词处理模式时，会涉及脑部的不同部位

些有放射标示的葡萄糖。PET 扫描本质上是一种放射活性的高敏感度侦测器。最活跃的脑部神经元需要最多的葡萄糖，因此，会是放射活性最大的部分。

PET 扫描测量此放射活性量，将信息输入计算机画出彩色的脑部横切面图，不同颜色代表不同的神经活性。放射活性的测量是基于正电性微粒（称为正电子）的放射，因此被称为"正电子发射断层扫描"。

利用此技术能辨别出许多脑部疾病（癫痫、血栓、脑肿瘤等）。对心理学研究而言，PET 扫描已用来比较精神分裂症病人和正常人的脑部，且显示出特定皮层区域的代谢差异（Schultz et al., 2002）。它也被用来研究较高心智功能（如听音乐、算算术或说话）运作时，脑部区域激发的情形，其目的在于辨识涉及这些功能的脑部结构（Posner, 1993）。

CT、MRI 及 PET 扫描机已经被证实是研究脑和行为间关系的无价工具，这些仪器提供了一个例证：一门科学如何因另一门科学的技术发展而有所进展（Pechura & Martin, 1991; Raichle, 1994）。例如，PET 扫描即可用来探讨大脑两半球神经活动的差异。这类两半球活动的差异被称作脑的不对称性。

脑的不对称性

人类的两半大脑乍看起来像是彼此的镜像，但更精密的检查则显示出它们的不对称性。在解剖时测量人脑，左半球几乎总是比右半球大；此外，右半球包含许多广泛联结脑部各区的长神经纤维，而左半球则包含许多较短纤维，在一限定区域内彼此形成大量的联结（Hellige, 1993）。

早在 1861 年，法国医生布洛卡（Paul Broca）在检查一位丧失语言能力病人的脑部时，发现其左半球额叶侧沟正上方的区域受过伤。此区域现在被称为布洛卡区，如图 2-10 所示，它与语言的产生有关。若右半球的相对区域损坏，通常不会导致语言障碍。涉及了解语言、书写和理解文字等能力的区域通常也位于左半球。因此，脑卒中伤及左半球比只伤及右半球，更可能显现出语言障碍。并不是所有人在左半球都有语言中枢，少数惯用左手的人在右半球也有语言中枢。

虽然左半球在语言上所扮演的角色为人所知已有一段时间，但直到最近人们才能研究每一半球单独能做些什么。正常人的脑部功能是一个统合的整体；一半球的信息会立刻转移到另一半球，此乃借着一大组名为**胼胝体**（corpus callosum）的联结神经

纤维来传达，此连接桥梁在某些种类的癫痫发作时可能会造成问题，因为在一半球的抽搐可能会横越至另一半球而引起神经元的大量放电。为了避免有些严重癫痫患者发生此种全身性抽搐，神经外科医生有时会以手术切除胼胝体，这些割裂脑病人让我们能洞悉左右脑半球的功能。

割裂脑研究　我们已知道运动神经离开脑部后进入身体的对侧，所以，左脑半球控制身体右侧，而右脑半球控制身体左侧。我们也知道产生语言的区域（布洛卡区）位于左半球。当两眼向前直视时，左方固定点的影像透过两眼到达脑部右侧，而右方固定点的影像则到达脑部左侧（见图 2-12）。因此，

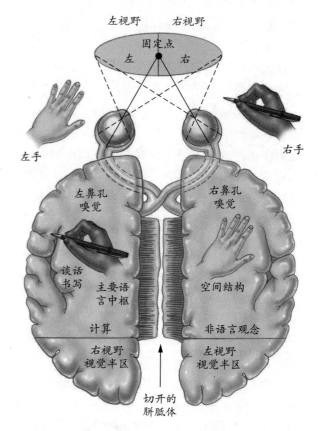

图 2-12　输入两个脑半球的感觉

当双眼固定前视时，左固定点的刺激进入右脑半球，而右固定点的刺激则进入左半球。左半球控制右手的运动，而右半球控制左手的运动。听觉的输入大多是交杂进入两半球的，但有些声音则进入与耳朵同一侧的脑半球。左半球控制书写、口语和数学计算能力。右半球只能了解简单的语言，其主要功能似乎与空间结构和图形感觉有关（资料来源：*Neuropsychologia*, Volume 9, by R. D. Nebes and W. Sperry, p.247. Copyright © 1971, with kind permission of Elsevier Science Ltd., the Boulevard Langford Lane, Kidlington, Oxford, OX5 1DX,UK.）

每一半球都有一个属于它的那一边，即能在其中正常作用的一半视野，如左半球只看得见右视野。在正常的脑部中，进入一半球的刺激会借着胼胝体迅速传达至另一半球，因此脑部的功能可说是一体的。既然已知脑部有上述三方面事实，且让我们看看一旦胼胝体严重受损——割裂脑——两个半球之间无法相互沟通的情况。

罗杰·斯佩里（Roger Sperry）是此方面研究的先驱，并于1981年因其在神经科学方面的贡献而获得诺贝尔奖。在斯佩里的一项实验中，被试（曾动过割裂脑手术）坐在屏幕前，双手置于视线之外［见图2-13（a）］，先令他的视线固定在屏幕中心的一点，并让"nut"（螺钉帽）一词在屏幕左方快速闪过（约十分之一秒）。由于此视觉信号到达控制身体左侧的右脑，被试能轻易地以左手从视线外的一堆东西中挑出螺钉帽。但他无法告诉实验者在屏幕上闪过的字是什么，因为语言受左半球控制，而"螺钉帽"的视觉影像并未传至左半球。当被询问时，他似乎不知道自己的左手在做什么。这是因为来自左手的感觉输入传到右半球，而左半球并未收到左手正在感觉或做什么的信息，所有信息都只传到右半球，而其收到的是最初"螺钉帽"这词的视觉输入。

控制每个词在屏幕上闪过的时间是很重要的，不能超过十分之一秒，若时间过长，被试就可移动双眼来看，那么字也会反映到左半球去。假如割裂脑被试能自由移动双眼来看，那么任何信息都能传到两个脑半球，这就是切除胼胝体病人在日常生活中没有表现出明显不便的原因之一。

更进一步的研究可支持割裂脑病人只能对正在左半球进行的事件进行语言沟通这一事实。图2-13（b）显示了另一种测试情况。"帽带"一字在屏幕上闪过，"帽"传至右半球，而"带"则传至左半球。当问他看到什么字时，被试回答"带"。若问他是何种"带"，他会做各种猜测——"橡皮带""摇滚乐团""强盗集团"等——而只有少数碰巧猜到"帽带"。以其他联结词（如keycase或suitcase）来测试，结果仍然一样。这是因为右半球的知觉并未传达到左半球的意识知觉部位。随着胼胝体的切除，每个半球似乎都遗忘了另一个半球的知觉经验。

假如被试被蒙上眼睛，将一些熟悉的东西（如梳子、牙刷或钥匙盒）放在他的左手上，他似乎就能知道那是什么东西；可以用适当的手势表示它的使用方法，但无法以语言来表达。在他使用这件东西时问他此物的用途，他却毫无概念。只要来自物体的感觉输

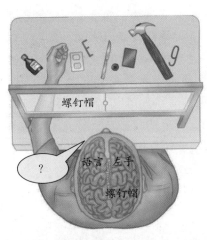

（a）当物品名称闪入右半脑时，被试能以左手凭触觉取出正确的物品，但无法说出物品的名称或者描述自己所做的事

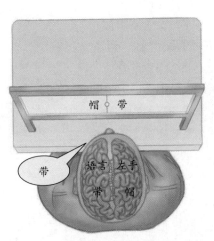

（b）"帽带"一词在银幕上闪过，"帽"传到右半球，"带"传到左脑半球，被试回答看到"带"字，但不知是什么"带"

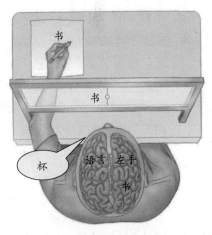

（c）一张日常用品表（包括书和杯子）事先展示给被试看时，都传达到两个脑半球，然后左屏幕出现表上一个字（"书"），则投射至右半球。被试得到指令便开始写出"书"字，但被询问时，他却不知道左手写了什么字，而猜是杯子

图2-13 两半球功能的检验

割裂脑患者的研究已经发现大脑的两半球各自负责不同的心理功能。例如，右半球在创作几何与透视图画方面较优，因而使人们相信艺术家都有高度开发的"右脑"

入无法传到左（说话）半球，这种情形便会一直存在。但假如被试的右手不小心碰到这件东西，或是此物品发出特别的声音（如钥匙盒的叮当声）传到说话区的半球，被试就能立刻答出正确的答案。

虽然右半球与说话无关，但仍有些语言能力，如同第一个例子所示，它知道"螺钉帽"这个词的意义，也具有一些书写能力。在图2-13（c）的实验例子中，一张列有杯、刀、书和玻璃等日常用品的表先展示给被试看，使被试有足够的时间让这些词反映到两个脑半球去。然后取走这张表，在屏幕左侧闪过一个词（如"书"），于是此词就传到右半球。若要求被试写出他看到的词，他的左手会开始写出"书"字；若问他左手写了什么字，他却不知道并会随意乱猜表上的词。他知道自己写过一些东西，这是因为他通过身体感受到手的运动；但由于在控制看和写的右半球与控制语言的左半球之间并无联系，因此被试无法告诉你他写的是什么（Sperry，1968，1970；Gazzaniga，1985；Hellige，1990）。

脑半球的分殊化　割裂脑实验研究指出两大脑半球具有不同的功能：左半球统驭语言表达能力，能执行复杂的逻辑活动，且精于数学计算；右半球则只能理解非常简单的语言，例如，能对特定物品名词（如"螺钉帽"或"梳子"）有所反应，但无法理解更抽象的语言形式，甚至对一些简单指令如"眨眼""点头""摇头"或"微笑"等，它都很少有所反应。

然而，右半球具有高度发展的空间和形态感觉，

它对建筑几何透视图的理解力，以及将彩色积木组合成复杂图案的效率，都远比左半球优秀。若要求割裂脑实验被试以右手依照一个图案组合积木时，他们会犯很多错误，而且他们有时很难制止左手不由自主地去更正右手所犯的错误。

对正常人的研究则更能确定两大脑半球的分殊化。例如，一闪而过的语言信息（如字句或无意义音节）在左半球（即在右视野）比在右半球能被更快、更精确地地辨识出来。相反地，右半球能较快反应面孔辨识、面部情绪表情、斜线或点位置等的信息（Hellige，1990）。脑电图（electroencephalogram，简称EEGs）研究指出：进行语言作业期间，左半球的电活动增加；而在空间作业期间，右半球的电活动增加（Kosslyn，1988；Springer & Deutsch，1989）。

我们不应由此讨论即推论两半球各自独立工作，事实上正好相反，两半球虽各有所专，但却时时将它们的活动合而为一，而正是这种交互作用使心智历程更伟大且不同于每个半球的特殊贡献，正如一位研究者指出：

> 这些差异可于每个半球对所有认知活动各有不同的贡献中看出：当一个人阅读一篇故事时，右半球可能扮演的特殊角色为诠释视觉信息、维持完整的故事结构、赏析幽默和情感内容、由过去的相关事件演绎出意义，以及了解隐喻；同时，左半球扮演的特殊角色则为了解句子构造、将写的字句转换成语音形式，以及由字句概念和句子构造间的复杂关系演绎出意义。然而，没有哪项活动只涉及一个脑半球，也没有哪项活动是单靠某一脑半球造就的。（Levy，1985，p.44）

语言与脑

关于脑部语言机制的知识，大多数是来自观察脑部受伤的病人，此伤害可能是因肿瘤、贯穿性头部伤口或血管破裂造成的。**失语症**（aphasia）一词用以描述因脑伤而造成的语言缺陷。

正如之前提过的，布洛卡观察到左额叶侧特殊区域的伤害，与称为表达性失语症的语言异常有关。布洛卡区受损的人难以正确发音，且说话慢而不流

畅，其语言通常可让人理解，但只包括主要的词，名词一般以单数来表达，而形容词、副词、冠词及连接词可能会被忽略掉。然而，这些人在理解别人说或写的语言时却毫无困难。

1874 年德国研究者卡尔·威尔尼克（Carl Wernicke）的报告指出，皮层另一处（也在左脑半球，但位于颞叶中）受损，与被称为接受性失语症的语言异常有关，此部位（威尔尼克区）受伤的人无法理解字句；他们能听到话，但并不知道其意义；他们能毫无困难地说出一串字句，而且发音正确，但在词的用法上有错误，且其语言常会无意义。

基于对这些缺陷的分析，威尔尼克发展出了一个解释语言产生及理解的模式。虽然此模式已创建 100 年了，其一般要点显然仍是正确的。诺曼·格斯温德（Norman Geschwind）以此为基础，发展出威-格模式（Wernicke-Geschwind model）（Geschwind, 1979）。此模式假设布洛卡区储存发音密码，其中记载一个词发音所需的肌肉活动顺序。当这些密码传至运动区时，它们以适当顺序激发唇、舌头及喉头的肌肉而说出词来。另一方面，威尔尼克区则是储存听觉密码及字句的意义，若要说出一个字，就必须激发其在威尔尼克区的听觉密码，并由一束神经传递至布洛卡区激发与其相关的发音密码，发音密码再传递至运动区，将词说出来。

某人说出的词若要被理解，它必须自听觉区传递至威尔尼克区，在此，词的口头形式与其听觉密码配对，然后激发词的意义。当面对一个写出的词时，先在视觉区加以登录，然后转接至脑角回，将词的视觉形式与其在威尔尼克区的听觉密码联结，一旦此词的听觉密码被发现，就能了解其意义。因此，词的意义是依照其在威尔尼克区的听觉密码来储存的。布洛卡区储存发音密码，而脑角回将词的书写形式与其听觉密码配对，然而，这两个区域都不储存与词义有关的信息，词的意义只在其听觉密码于威尔尼克区被激发时才出现。

此模式解释许多失语症患者表现出的语言缺陷：局限于布洛卡区的损伤可阻碍言语的产生，但对说或写的语言理解则影响较小；威尔尼克区的损伤破坏了语言理解的所有方面，但患者仍能正确地发音（因布洛卡区仍完整），纵然发出的字句是无意义的；此模式也预测了脑角回受损的人将无法阅读，但在理解语言或说话上将没有问题；最后，若损伤局限于听觉区，病人将能正常地阅读和说话，但无法理解所说的语言。

自主神经系统

前面曾提及周围神经系统包含两部分：（1）躯体神经系统，控制骨骼肌和从皮肤、肌肉及不同感觉受体收到的信息；（2）自主神经系统，控制腺体和包括心脏、血管及胃肠内层等的平滑肌。它们之所以被称为平滑肌，是因为这些肌肉在显微镜下看起来很平滑（骨骼肌则有条纹）；之所以被称为自主神经，是因为其控制的许多活动都是自主或自律的（如消化和循环），而且在一个人睡眠或无意识状态下依然持续进行。

自主神经系统包含交感神经和副交感神经两个系统，此二者的作用通常是相对的。**交感神经系统**（sympathetic nervous system）通常是在强烈激发时才产生作用的，而**副交感神经系统**（parasympathetic nervous system）则与休息有关。图 2-14 显示这两个系统在各种器官上的相对作用，例如，副交感神经系统收缩瞳孔、刺激唾液分泌及减缓心跳；而交感神经的作用则完全相反。身体的正常状态（即介于极端兴奋和暮气沉沉之间）就是靠这两个系统的平衡来维持的。

交感神经系统的作用通常是整体性的，在情绪激动时，会使心跳加速，扩张骨骼肌与心脏的动脉并收缩皮肤和消化器官的动脉，引起出汗并激发某些内分泌腺，以分泌进一步增加激发状态的荷尔蒙。

副交感神经部分则与交感神经不同，通常是在一个时间影响一个器官。副交感神经是安宁时的主宰，它通常参与消化作用，并维持保护及保存身体资源的功能。例如，副交感神经系统维持有机体心跳减缓、呼吸减慢，此时所需的能量，比因激发交感神经系统引起的心跳快速、呼吸急促时少很多。

交感神经与副交感神经系统的作用通常是相对的，但此原则还是存在一些例外。例如，在恐惧和激动期间，是由交感神经系统支配，但在极端恐惧下引起不由自主地大小便排泄，则是常见的副交感神经症状。另一个例子是男性的整个性行为——先勃起（副交感神经作用），然后射精（交感神经作用）。

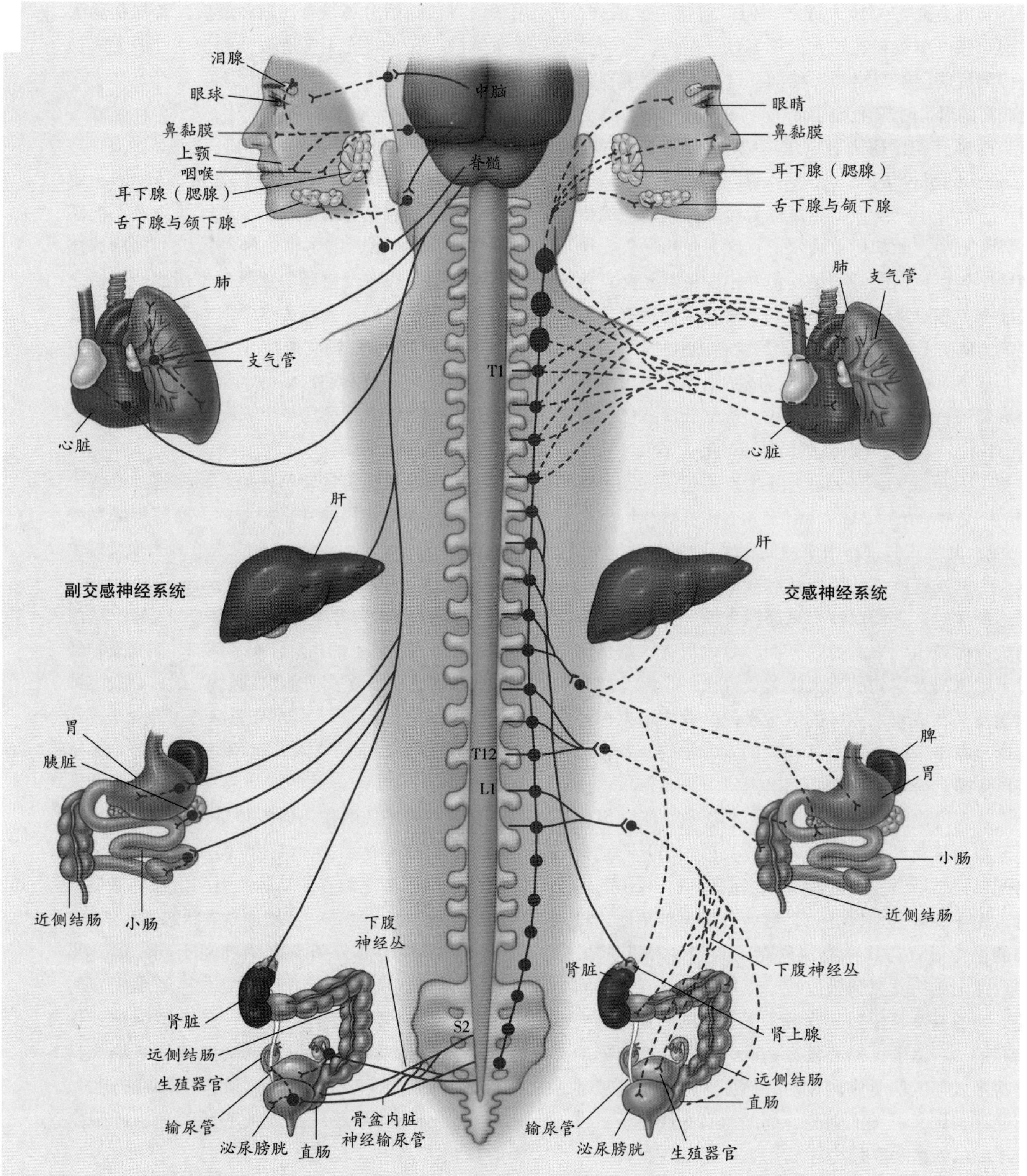

图 2-14 自主神经系统的运动纤维

本图中，交感神经部分以灰色表示，副交感神经部分以黑色表示。实线表示神经节前纤维，虚线表示神经节后纤维。交感神经部分的神经元源于胸椎和腰椎，与脊髓外的神经中枢形成神经链；副交感神经部分的神经元源自脑干髓质部分和脊髓末端（骶骨），在受到刺激的器官附近与神经中枢连接。大部分内部器官都受这两部分的神经支配，两者的作用正好相反

◆小结

　　神经系统分成中枢神经系统（脑与脊髓）与周围神经系统（脑与脊髓和身体其他部位联结的神经）。周围神经系统又区分为躯体神经系统（携带往来于感觉受体、肌肉及身体表层的信息）与自主神经系统（连接内部器官与腺体）。

　　人类的脑部功能上可区分成三部分：中央核、边缘系统与大脑。中央核调节基本的自主神经功能，边缘系统涉及情绪、动机与记忆，而大脑则负责计划与决策。

　　重伤胼胝体（连接两脑半球的神经纤维束）会对两半球的功能造成截然不同的影响。左半球主管语言与数学能力；右半球虽可理解一些语言，但是无法通过语言沟通，它在空间与形态感觉上有高度的发展。

　　自主神经系统由交感与副交感神经组成。交感神经在兴奋时发挥作用，而副交感神经系统则为安静时的主宰。

◆关键思考问题

　　1. 你的脑部为什么是对称的（指左右看起来相似）？你有左边与右边的动作皮层区、左右侧的海马体、左右侧的大脑等，而每个左边都像右边的镜像（如，你的左眼是你右眼的镜像），你能设想出任何理由来说明脑部这种对称的现象吗？

　　2. 割裂脑人（即胼胝体被割断者）手术后其左右脑似乎是各自独立运作。例如，呈现在一端的字，可能由该侧辨识出或做反应，而另一端浑然不知。这种人是具有两种意识，两边各自知道不同的事物，还是仍只拥有一个意识？

第四节　内分泌系统

　　神经系统具有直接激发肌肉和腺体的能力（腺体是遍布全身能分泌诸如汗水、乳汁或特定荷尔蒙等特殊物质的器官），因此，我们认为它是控制身体快速改变的活动；而内分泌系统（endocrine system）则是较缓慢的作用，以被称为荷尔蒙（hormones）

的化学物质间接影响全身细胞群的活动。荷尔蒙是由内分泌腺体分泌化学物质进入血液中再运送到身体的特定部位，而对能辨识此信息的细胞发挥特定作用。这些荷尔蒙由不同内分泌腺分泌至血液中（见图2-15），然后流至全身，以各种方式作用于各类细胞。每个目标细胞都具有只能辨识能在此细胞上产生作用的荷尔蒙分子的受体；受体将适合的荷尔蒙分子自血液中撷取出而进入细胞。有些内分泌腺是由神经系统激发的，其他的则是由体内化学状态的改变来激发的。

　　脑下腺（pituitary）是主要的内分泌腺之一，为脑部的部分分支，位于下丘脑的正下方［见图2-8（c）］，它有"腺王"之称，因为它分泌的荷尔蒙种类最多，

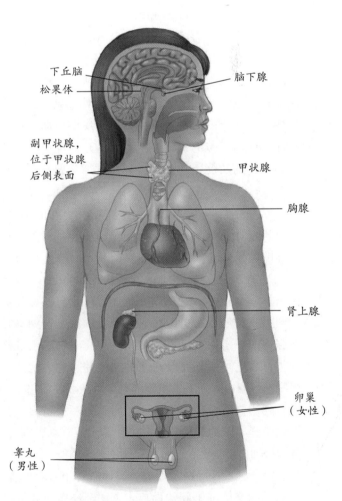

图2-15　几种内分泌腺

就有机体活动的整合性而言，内分泌腺所分泌的荷尔蒙与神经系统可说是同等重要。然而，内分泌系统与神经系统的作用速度有差异。神经冲动能在数百分之一秒传遍有机体，而内分泌腺则可能需要数秒甚至数分钟才能产生作用；荷尔蒙一旦释出，就必须经由血液传送到其目标位置，这是一个较缓慢的过程

并控制其他内分泌腺的分泌作用。脑下腺有一种荷尔蒙主控身体的成长，此种荷尔蒙分泌不足会造成侏儒症；分泌过多则会造成巨人症。其他脑下腺荷尔蒙可引起其他内分泌腺的活动，如甲状腺、性腺及肾上腺的外层。许多动物的求偶、交配和繁殖行为，都是神经系统的活动与脑下腺对性腺的影响之间的复杂交互作用结果。

脑下腺与下丘脑间的关系说明发生于内分泌与神经系统间的复杂交互作用：下丘脑某些神经元对压力（恐惧、焦虑、痛苦、情感事件等）反应时，会分泌一种物质，称为促肾上腺皮层激素释放因子（corticotropin-releasing factors，简称CRF）。脑下腺正位于下丘脑下方；CRF经由一个管状构造传送给它，并刺激它分泌促肾上腺皮层激素（andrenocorticotrophic hormone，简称ACTH），它是体内主要的压力荷尔蒙；然后ACTH经由血液传送至肾上腺及身体各其他器官，造成大约30种荷尔蒙的释放，每一种都在身体对紧急状况的调适上扮演某种角色。例如，紧急时，细胞对葡萄糖的需求量增加，在压力时肾上腺会分泌的皮层醇即会释放储存于体内脂肪的葡萄糖。有趣的是，皮层醇也会影响认知的功能：在低含量时，可强化记忆；但在高含量时，会造成记忆损伤及神经元的死亡。

肾上腺（adrenal glands）在决定一个人的情绪、活力和应付压力的能力上，扮演一个重要的角色。肾上腺的内核分泌肾上腺素（epinephrine 或 adrenaline）和去甲肾上腺素（norepinephrine 或 noradrenaline）。肾上腺素以很多方式帮助有机体应付紧急状况，通常与自主神经系统的交感神经部分联结。例如，肾上腺素对平滑肌和汗腺的作用，与交感神经系统极为类似，它可引起胃肠血管的收缩并加速心跳。去甲肾上腺素也可帮助有机体应付紧急状况。当它经由血液到达脑下腺时，可刺激脑下腺分泌一种荷尔蒙，来刺激肾上腺的外层分泌第二种荷尔蒙以刺激肝脏，从而增加血糖浓度，使身体有快速行动的能力。

内分泌系统的荷尔蒙与神经递质有相似的功能，它们都在身体细胞间传递信息。神经递质在邻近细胞元间传递信息，其作用高度局部化，但荷尔蒙则相反，能长距离传递至身体各处，并以各种方式作用于许多不同类型的细胞。这些化学信差间的基本相似性（此处不论其相异性），可由某些信差同时具有两种功能的事实显示出来。例如，肾上腺素和去甲肾上腺素，当它们由神经元释放，则起到神经递质的作用，当它们由肾上腺释放，则起到荷尔蒙的作用。

◆小结

　　内分泌腺分泌荷尔蒙进入通行全身的血流中，对不同类别的细胞以不同的方式发挥功能。

　　脑下腺控制了其他内分泌腺体的分泌活动。

◆关键思考问题

　　1. 内分泌腺分泌荷尔蒙进入血液，而得以送达身体每个细胞。这样一来，它们是如何针对特定的身体组织选择性地发挥作用？你能以近似脑部突触传递的过程模拟说明吗？

　　2. 在冬天，你的电暖器温暖了屋内的空气，而自动调温器会侦测出室内的温度是否达到你设定的水平。你可否以此原理来说明内分泌系统如何维持血液中的荷尔蒙水平？由哪一个主要腺体充当内分泌系统的"自动调温器"？

第五节　进化、基因与行为

为了了解心理学的生物基础，就必须了解诸如进化与基因及生物结构与历程的影响。所有生物有机体均历经数百万年的进化，而环境因素在塑造它们神经系统组织与功能上，一直扮演着重要角色。达尔文用"自然选择"（natural selection）来解释进化改变的过程，在行为与脑部塑造上扮演着重要角色。**行为遗传学**（behavior genetics）的领域即结合了遗传学与心理学的研究方法来探讨行为特征的遗传性（Plomin, Owen, & McGuffin, 1994）。我们知道，许多身体特征，如身高、骨架、发色与瞳孔颜色等，均是由遗传决定的。而行为遗传学则关心诸如心智能力、气质与情绪稳定性等心理特征，有哪些是由父母传下来的（Bouchard, 1984, 1995）。由罗伯特·普洛闵（Robert Plomin）领头的伦敦精神医学机构的研究即辨识出了对智力有贡献的染色体

（Fisher et al., 1999）。但是这些并非定论，接下来我们将谈到，环境条件与个体成熟时特定遗传因素展现的方式间，有着重大的关联性。

行为的进化

在检视任何行为时，不仅要包括诸如推动膝盖反射动作之脊髓运动神经元的启动等近因，还需探讨远因。行为的远因即在进化脉络中解释行为。近因是解释行为"如何"产生，而远因则有助于我们说明某行为"为什么"会存在——为何它能历经自然选择而仍持续进化。

例如，男性的攻击性（见本章稍后的"双面论证"专栏）。在人类与其他哺乳类动物中，雄性通常都比雌性更具攻击性（Buss & Shackelford, 1997），尤其是在同性互动场合中。哺乳动物的性活动受季节影响，在养育季节同性间的攻击特别严重。例如，雄性马鹿与海象会试图掌控一小群雌性作为交配的禁脔，因而会对其他试图与这些雌性交配的雄性做出攻击行为。

攻击行为的近因很容易理解，例如，睾酮含量的增高即与攻击行为有关；而动物脑部的下皮层结构损伤则会减低或加强攻击行为。近年来的研究更指出，5-羟色胺对攻击行为具有重要作用（Nelson & Chiavegatto, 2001），而嗅觉的线索，至少在啮齿动物上，似乎能调节雄性动物的攻击性（Stowers, Holy, Meister, Dulac, & Koenteges, 2002）。此外，社会情境也会调整攻击行为的本质与形式。在养育季节时雄性马鹿与海象对趋近它们的其他雄性会表现出威吓或攻击，但不会攻击有性吸引力的雌性。

然而，攻击行为及其神经与荷尔蒙系统基础究竟为何会存在？攻击行为存在的最终目的为何？从进化或功能的观点来看，对养育阶段的雄性而言，攻击行为还是有适应性的。因为它能让生殖繁衍成功，而生殖成功就会使得控制攻击行为的基因得以递延。就马鹿而言，具攻击性的雄性较可能与雌性安全交配，因而增加了具此攻击基因的雄性后代的概率；反之，不具攻击性的雄性马鹿，则较不可能获得交配，它们的基因在群体中趋向于弱势。当然，这并非表示就道德或伦理观而言，雄性具攻击性是"好"的，而只是在说明该行为如何在进化的脉络中

适应过来。

攻击行为之所以被说成具有性选择，是因为它是由竞争交配机会所引起的。**性选择**（sexual selection）是自然选择的一种特例，指一些有助于性的生殖成功、提升繁殖率的特质。以鹿为例，雌性的生殖率受限于孕期与养育，而雄性生殖率则只受可供交配的雌性数目的限制。某些鸟类中，雄鸟的生殖率较雌鸟低，因为雄鸟需留在巢中孵蛋，而雌鸟则再找别的雄鸟交配，此例中，雌鸟就比雄鸟来得具攻击性。因此，就上述例证而言，只要有利于安全交配的特质，即通过选择让它们与拥有最高繁殖可能性的对象发生性关系。这些特质并不只限于诸如攻击这种癖性而已，还包括诸如身型、色泽等身体方面的特质。

染色体与基因

自然选择作用于**基因**（gene）上，而基因是构成遗传基本单位的脱氧核糖核酸（DNA）分子的片段。我们得自父母的基因会递延给我们的子孙，它们是由**染色体**（chromosome）——身体每一细胞核所含有的结构——来携带。大部分身体细胞都包含46个染色体，在怀孕时，人类自父亲的精子接受了23个染色体，并自母亲的卵子接受23个染色体。这46个染色体形成23对，细胞每一次分裂时，染色体就会随之复制（见图2-16）。DNA分子看起来

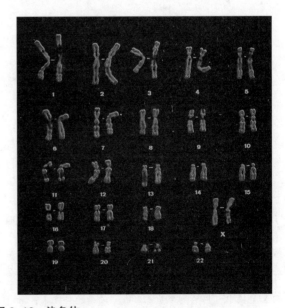

图2-16　染色体

这张照片（经过多倍放大）显示正常人类女性的46个染色体。男性的1到22对都与女性相同，但第23对是XY，而非XX

像一扭曲的梯子或呈双股螺旋状，如图 2-17 所示。

一般基因会给细胞密码指令，引导细胞执行某项特殊功能（通常是制造特殊蛋白质）。虽然身体中所有细胞都携带相同的基因，但每个细胞之所以能各有特质，是因为任何细胞中只有 5% 到 10% 的基因是活跃的。在受精卵的发展过程中，每一个细胞打开某些基因，并关掉其他所有基因，例如，当"神经基因"活动时，由于这些基因引导细胞制造执行神经功能的产物，因此这个细胞便会发育成神经元〔假如无关的基因（如"肌肉基因"）未被关掉，则不可能执行神经功能〕。

基因和染色体一样，都是成对存在的，每对基因其中之一来自精子染色体，另一个则来自卵子染色体。因此，小孩会各获得父母亲一半的基因。每

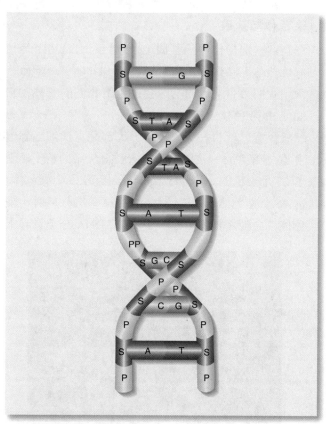

图 2-17　DNA 分子的构造
分子的每一束都由糖（S）及磷酸盐（P）以轮流交替的顺序组成，此扭转梯子的横木是由四种盐基（A、G、T、C）组成的。此双螺旋的性质和盐基的配对限制使 DNA 可以自行复制。在细胞分裂的过程中，DNA 分子的两束随着盐基对分离而分开，每一盐基仍然各自附着于每一股之上，然后每一股利用细胞核中可用的剩余盐基形成一段新的补充束；附着于一股上的一个腺嘌呤（A）将吸引一个胸腺嘧啶（T），依此类推。通过这样的过程，原来只有一个 DNA 分子的地方，变成有两个相同的 DNA 分子存在

个人类染色体中的基因总数大约是 1,000 个或更多。由于基因的数目如此之多，因此极不可能两个人有相同的遗传，即使是同胞兄弟姊妹。唯一的例外是同卵双生子（identical twins），因为他们来自同一个受精卵，所以有完全相同的基因。

显性和隐性基因（dominant and recessive genes）一对基因中的每个基因可以是显性（dominant）或隐性（recessive）。如果都是显性，个体会显现出这些显性基因决定的性状。若一个是显性，另一个是隐性，显性基因仍会决定特质的形态。只有来自双亲的基因都是隐性时，才会表现出性状的隐性形态。例如，决定眼珠颜色的基因，蓝色是隐性，而棕色是显性。因此，蓝眼珠小孩的父母可能都是蓝眼珠，或者一位是蓝眼珠，另一位是棕眼珠（带有蓝眼珠的隐性基因），或都是棕眼珠（两位都带有蓝眼珠的隐性基因）。但相反地，棕眼珠小孩绝对不会都有蓝眼珠的双亲。由隐性基因所携带的一些特征有秃头症、白化症、血友病及对毒常春藤的过敏性。

即使大部分人类特性并非由单对基因作用所决定，但仍有一些惊人的例外。以心理学的观点来看，特别有趣的是如苯丙酮尿症（phenylketonuria，简称 PKU）和亨廷顿舞蹈症（Huntington's disease，简称 HD）等疾病，两者都涉及神经系统的退化和相关的行为及认知问题。遗传学家已发现各需为 PKU 和 HD 负责的基因。

PKU 是由遗传自双亲的一种隐性基因的作用造成的。PKU 婴儿由于不能消化一种主要氨基酸（苯氨基丙酸），致在体内堆积，对神经系统造成毒害，产生永久性的脑部伤害。PKU 小孩生长严重迟缓，而且通常在 30 岁前死亡。若 PKU 异常能在出生时发现，以控制苯氨基丙酸量的饮食来喂养婴儿，则他们健康且智力良好的存活率相当高。在 PKU 基因被发现前，此异常要直到婴儿至少三周大以后才能被诊断出来。

HD 是由单一显性基因造成的。此症的长期病程涉及脑部某部位的退化，这个退化过程将持续 10 到 15 年。病人逐渐丧失说话和控制运动的能力，而且记忆和心智能力也出现明显退化。此症通常会出现在 30—40 岁的人身上，患者在患病前无任何症状。

著名的乡村歌手伍迪·格斯里（Woody Guthrie）55 岁时死于亨廷顿舞蹈症（HD）

如今亨廷顿舞蹈症基因已被识别出来，遗传学家可借以测试高危群体，确凿辨识他们是否带有此基因。虽然 HD 至今仍不能治愈，但此基因制造的蛋白质已被测知，它也可能是治疗此症的关键所在。

性连锁基因（sex-linked genes）　正常女性的第 23 对染色体是一样的，被称为 X 染色体，正常男性的第 23 对染色体有一个是 X 染色体，另一个则看来稍有不同，被称为 Y 染色体（见图 2-16），因此，正常女性的第 23 对染色体以 XX 符号代表，男性则以 XY 代表。

因为女性带有两个 X 染色体，所以她们较免于得到由染色体携带的隐性性状。由于男性只有一个 X 染色体与一个 Y 染色体，因而一个染色体所携带的隐性基因的作用很难被另一个染色体携带的显性基因抵消，因而较常表现该隐性性状。遗传决定的特征与疾病若联结到第 23 对染色体时，便可称之为性连锁性状或疾病。例如，色盲即为一种隐性性连锁性状。男性如果其来自母亲的 X 染色体携带有色盲基因，他就会有色盲；女性则较不可能色盲，因为一位色盲的女性，必须同时拥有来自色盲父亲与色盲母亲或只携带隐性色盲基因母亲的色盲基因。

行为遗传的研究

单一基因有可能决定某些性状，但人类大部分的特征是由许多基因所决定的，即它们是多基因的（polygenic）。诸如智力、身高和情绪等基因性状很难加以截然分类，而都呈现出连续的变化。以智力而言，其变化范围很广，大多数的人既不特别笨也不特别聪明，多半近于中等。有时单一基因的缺陷就能导致心智障碍，但依常例而言，一个人的智慧潜能是由许多影响不同能力的基因所决定的。当然，这种遗传的潜能也受环境的影响（Plomin, Owen & McGuffin，1994）。

选择性交配　有一种研究动物特殊性状遗传的方法被称为**选择性交配**（selective breeding），即将动物依某种行为或身体特质的高低来配对。例如，以研究老鼠学习能力的遗传而言，将走迷宫学习能力低下的雌鼠与雄鼠配对，另将学习能力良好的配对，这些配对的下一代再接受相同的迷宫测验，根据测验结果，再将最聪明的互相配对，最笨的互相配对，如此经过几代后，就可产生"聪明的"和"愚笨的"鼠族出来（见图 2-18）。然而这种交配未必繁殖出更聪明或愚笨的老鼠。例如，一只较大胆

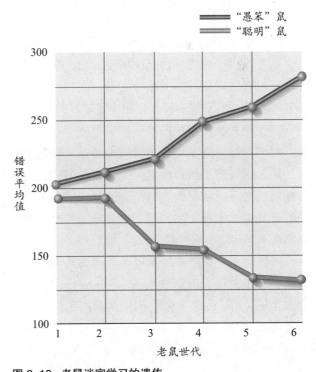

图 2-18　老鼠迷宫学习的遗传
此图表示的是经过跑迷宫能力的选择性交配后，"聪明"鼠（浅色线）和"愚笨"鼠（深色线）的错误平均分数（资料来源：Thompson, 1954）

从单一受精卵发展而来的双生子被称为同卵双生子；异卵双生子则发展自不同的受精卵，因此彼此并不比一般兄弟姐妹更相似

的动物，因为较勇于探索仪器设施，就可能表现得较好。

选择性交配可用来显示许多行为特征的遗传。例如，可以培育出活泼或文静的狗、斗鸡和性欲高的鸡、易受或不易受光线吸引的果蝇，以及嗜酒或不嗜酒的老鼠等。如果某种性状受遗传影响，可借选择性交配的方法来改变。假如选择性交配无法改变某个性状，就可以假定它可能主要受外在环境因素的影响，而非来自基因（Plomin，1989）。

双生子研究（twin studies） 因为有道德上的顾虑，不能以人来做选择性交配实验，而改用相关研究法，看看亲属间行为的相似之处。家族中通常存在某些特质，但家族不仅血脉相连受到基因的影响，也同时受到外在环境的影响。假如家族中有音乐天才，我们不知道其发展是遗传所致还是父母刻意栽培。父亲喝酒的小孩日后是否会较容易酗酒？是遗传倾向还是环境状况的影响？心理学家借着对双生子的研究尝试解释这类问题。尤其是那些被领养而分别在不同环境长大的双生子。

来自同一个受精卵的双生子，因为具有相同的基因，所以被称为**同卵双生子**（monozygotic）。**异卵双生子**（dizygotic）来自不同的卵细胞，所以与平常的手足没两样。比较同卵和异卵双生子的研究有助于厘清环境和遗传的影响。研究发现，同卵双生子比异卵双生子有更相似的智力，即使出生后在不同家庭长大（参阅第十三章）。某些人格特征及易罹患精神分裂症（见第十五章）等心理疾病的程度，同卵双生子比异卵双生子更相近。晚近的研究指出，以 MRI 测得脑部灰质量，同卵双生子间的相关比异卵双生子间来得高（Thompson et al.，2001）。即，个体越聪明，其灰质量越高，而灰质量又似乎与遗传因素有高度的相关（Plomin & Kosslyn，2001）。

对领养儿童的研究有一项惊人的发现：遗传的影响力可能随年龄增长而逐年加强。幼童的心理特质并不会与亲生父母或养父母来得特别相像，但是随着他们成长，我们会期望他们在诸如一般认知与语文能力等方面特质上，会越来越像养父母，而越来越不像其亲生父母。然而，恰与期望相反，被领养的儿童长到 16 岁后，他们在这些特质上反倒越来越像亲生父母而非养父母（Plomin, Fulfer, Corley, & Defries, 1997），此即显示出遗传的影响力。

行为的分子遗传学 近年来，有些学者指出，诸如人格层面的某些特质是受到特定基因的影响，而认为这些基因会影响特定的神经受体（Zuckerman, 1995）。此类研究大多在比对同具有某特定心理特质的家庭成员与缺少此特质的成员。运用分子遗传学的技术，学者可以找到与某特定特质存在相关的基因或染色体片段。例如，一种被称作"探究新奇"的组合性特质（一种可由人格量表测得的具冲动、有探索欲，与急性子的倾向）即被发现与控制 D4 多巴胺受体有关的基因相关联（Benjamin et al., 1996）。

这类分析曾偶尔被用来了解相当特殊的行为

特质。如前所述，有酗酒父亲的小孩比随机选出的小孩，本身更有可能也有酗酒问题；当他们喝酒时，也容易释出比他人更多的内啡肽（一种与酬赏有关的阿片类神经递质）（Gianoulakis, Krishnan, & Thavundayil, 1996），显示出酗酒可能有其生物倾向。

然而这类分析有时会有误导，必须谨慎。例如，曾一度宣称 D2 多巴胺受体只出现在严重酗酒者身上，因而认为酗酒有遗传基础。晚近对此基因的研究却发现，此基因还出现在许多追逐诸如药物滥用、肥胖症、强迫性赌博，以及其他"不自制行为"等类型快乐者的身上（Blum, Cull, Braverman, & Comings, 1996）。在我们了解此基因的作用及其与行为的关系后，清楚地体会到从本研究发现以来所发生的变化，甚至于随着更进一步的证据出现，还可能有变。这些研究明示我们需少安毋躁，等候更进一步的验证，才能为任何类型行为的遗传基础下一定论。因为在许多研究例证中，原先被视为清晰的遗传性解释的案例，稍后却被发现是虚假的。

环境对基因活动的影响 一个人的天赋潜能受环境的影响极大，一个例子是糖尿病的遗传倾向，虽然其确实传递方式至今未明，但糖尿病基本上是由于胰脏无法产生足够胰岛素来燃烧糖类以提供身体能量而造成的。科学家假设胰岛素产量由基因决定，但带有糖尿病潜在基因的人，并不一定会罹患糖尿病。例如，若同卵双生子之一患有糖尿病，另一个患病概率大约只有一半。造成糖尿病的环境因素至今仍尚未完全明了，但有一似乎相当确定的变量是肥胖。胖子比瘦子需要更多胰岛素来代谢糖类。因此，带有糖尿病基因的人如果过重，极有可能罹患糖尿病。

另一个类似例子是心理疾病，被称为精神分裂症（schizophrenia），第十五章中将有证据指出此疾病具有遗传成分。如果同卵双生子之一有精神分裂症，另一个双生子出现某些心理障碍现象的概率就很高，但其是否会发展成完全的精神分裂，则依赖环境因素。因此，我们可说基因造成倾向，但环境决定结果。

◆**小结**

染色体与基因（储存遗传信息的 DNA 分子片段），传递个体的遗传潜能。

行为是依遗传与环境交互作用而定的：个体的基因限定了其潜能的上限，而潜能会有何变化，则视其成长的环境而定。

◆**关键思考问题**

1. 似乎每年都会发现新的基因来解释酗酒、药物依赖、精神分裂、性取向、冲动性或一些其他复杂的心理特质。但是进一步研究后，却常发现该基因只与某些人的特质，而非所有人有关；而且除了与原有特质外，还与其他行为特质有关。你是否能想到任何理由来说明：为什么基因会以这种方式影响心理特质？换言之，基因与特定的心理特质间为何没有完全一对一的对应关系？

2. 基因对脑部与行为有重大的影响力。但基因该为所有的事物负完全的责任吗？你能想到不为基因所设定的行为例证吗？这种行为又是如何传递到下一代的？

双面论证

攻击行为是以生物还是环境因素为基础？

攻击行为可以是以生物因素为基础的

L. 罗威尔·修斯曼（L. Rowell Huesmann），密歇根大学

L. 罗威尔·修斯曼

神经解剖、神经生理、内分泌，以及其他生理上的异常，都会影响攻击行为发生的可能性。虽然这些因素并非直接引发人类的暴力行为，但是儿童生物上的差异，与其早年所处不同学习环境间产生的交互作用（或称生物-社会互动），即形成他们在社会行为上的个别差异。

生命中早期的生物-社会互动，似乎对攻击习惯行为的发展而言，具有特别关键的作用。生气是小孩在 1 岁前最先经验到的，而攻击身体的行为（打人、推挤）则较常出现在 2 岁的小孩身上。一般而言，6—8 岁攻击行为越多的儿童，成年时也越具攻击性（Huesmann, Eron, Lefkowitz, & Walder, 1984）。生物上的差异会影响幼童行为与学习的方式，也会影响个体面对时常引发暴力的特定情境时的情绪表现。

有哪些生物因素，可能会导致某些人在行为上有攻击倾向？

首先，神经解剖上的差异似乎会影响攻击性。沿着前额叶皮层部位的下丘脑与杏仁核，似乎为解剖上影响攻击行为的主要差异所在。施加电刺激或破坏这些细胞核，能提高或降低人们表现攻击行为的倾向（参见 Moyer, 1976）。这些区域之所以有解剖上的差异，是起因于诸如创伤、肿瘤等此类原因，从而影响其攻击倾向。攻击性实际上是否有显著的改变，似乎还是要视情境因素而定。例如，电激动物的研究指出：引发攻击弱小对手的相同刺激，在面对较大的对手时，即无法引发攻击行为。

其次，脑部 5-羟色胺（与挫折时抑制冲动反应有关的神经递质）水平较低的个体，似乎较容易表现攻击行为（Knoblich & King, 1992）。动物如果完全没有 5-羟色胺（如借由药物或节食），行为上会更具攻击性。林诺伊拉（Linnoila）与其同事（1983）发现：因冲动性暴力入狱的罪犯比起非冲动型暴力犯，前者的 5-羟色胺含量较低。此外，5-羟色胺含量较低的儿童，也较可能有攻击行为（参见 Knoblich & King, 1992）。

第三，在出生前与儿童早期的睾酮含量较高者，神经生理发展上似乎会倾向于较具攻击性。个体在任何时候只要睾酮增高，就会增加攻击行为的可能。赖尼施（Reinisch, 1981）发现，怀孕时曾接受一种类似睾酮的荷尔蒙治疗的母亲，其女儿在长大后比起控制组的被试更具攻击性。含较多睾酮的青少年，一旦被激怒，也有较多的攻击行为（Olweus et al., 1988）。但是，这种效应并非单向的。研究发现，支配别人或攻击别人的男性，也会增加睾酮的含量（Booth et al., 1989）。

除了上述三点外，无疑还有其他生物因素在攻击上扮演着相当的角色（如唤醒水平），只不过此三因素似乎可作为生物与环境间交互作用以影响攻击性的最佳明证。是什么因素造成了生物上的差异？遗传的变异显然是重要的。出生时即被分开抚养的双生子研究显示，同卵双生子比同性别的异卵双生子间，其攻击性的相关高出很多（Tellegen et al., 1988）。许多刚出生即被人领养的男孩，对其进行纵贯研究也发现，亲生父亲与被人领养的儿子均同样因暴力犯罪被判刑（Mednick, Reznick, Hocevar, & Baker, 1984）。这些遗传上的影响，可能展现在前述各种生物上（睾酮、5-羟色胺或边缘系统神经解剖）的差异，或者可能通过另一个机制。且不论其真正的源头为何，这些生物上的倾向，无疑影响了我们与环境互动的方式，模塑了儿童的社会脚本、信念与图式，以及影响人们对唤醒或挫败的环境刺激的认知与情绪反应方式。

攻击行为是以生物还是环境因素为基础？

攻击行为可以是以环境因素为基础的

罗素·吉恩（Russell Geen），密苏里大学哥伦比亚分校

罗素·吉恩

我们不能以非此即彼的方式，探讨人类攻击行为的学习与先天因素。事实上，每位研究本问题的心理学者都承认：两个因素均涉入其中，而观点上的差别，只在强调的重点有别。

学习对攻击重要性的证据主要来自两方面。其中之一为实验室与自然情境下的行为控制研究。实验室的研究发现，攻击行为也如许多其他的操作行为，很容易受到奖赏与惩罚的影响。此外，人类的攻击行为，会依攻击者认为该行为导致可欲后果的程度，以及其后果对攻击者而言有无价值来做出调整（Perry，Perry，& Boldizar，1990）。长久以来，"行为是酬赏期望值与该酬赏对当事人的价值的函数"，已然成为社会学习论的基本前提。研究发现，攻击性的反社会行为，可以追溯到早期与家人相处的经验。一组研究本课题的研究者得出结论："早在这些人进入青少年之前，其家庭即为训练反社会行为的场所，而家人为主要教练。"（Patterson，Reid，& Dishion，1992）。儿童一开始学到通过打架、吼叫与勃然大怒，能有效地确保从家人中获得想要的结果，最后这些行为扩大类化成在家中与外界均会出现的反社会行为。

关于攻击行为的社会学习论的另一方面证据来源为，发现"暴力行为的差异性是文化与社会变量的函数"此原则的研究。例如，有许多证据指出，不同国家文化间暴力行为的发生率呈现系统性的变化。有些国家的人民比其他国家的人更普遍地倾向于认为暴力是解决问题的方法（Archer & McDaniel，1995）。其他研究指出，美国即存在着攻击行为会因区域性亚文化的不同而异的现象。例如，生活在美国南部乡村或小镇的白人、非拉美裔男性，其凶杀案的比率会比其他区域类似情境者高，此发现被学者归因于攻击行为有不同的地域性常模（Cohen & Nisbett，1994）。

将人类攻击行为作为先天与后天之争的议题，只是创造了一个二元对立的假象。吉恩（Geen，1990）即提议我们最好将学习与遗传二者均视作创造攻击可能性的背景变量。攻击行为是面对会激起人们去攻击的情境下所表现的反应。即使是一个有攻击倾向且能表现攻击行为的人，仍需要特定的情境作为导火线。发生此种行为的可能性与行为的强度，会依激发事件的性质及由几个背景变量所设定的攻击可能性二者而有所差异。被攻击时，天生具有暴力倾向的人，确实会比没有此倾向者表现得更具攻击性；而经由社会学习习得强烈攻击倾向者，也会比未习得者反应更具攻击性。因此，就人类攻击行为而言，遗传与社会学习乃互补的因素。

本章摘要

1. 神经系统的基本单位是一种特殊形状的细胞，被称为神经元。自神经元细胞体投射出许多短枝，被称为树突；以及一条长管状延伸物，被称为轴突。刺激细胞体和树突引起神经冲动传下轴突。感觉神经元将信号由感觉器官传至脑部和脊髓；运动神经元将信号由脑部和脊髓传至肌肉和腺体。神经由成千上万个神经元的轴突伸展为一束而成。

2. 沿神经元移动的刺激是一种电化学刺激，由树突传至轴突末端。这种冲动又被称为动作电位，由被称为去极化的自我传导机制所引起，它改变细胞膜的渗透性，使不同型的离子（带电原子和分子）可以进出细胞。

3. 动作电位一旦开始，便由轴突转向轴突末端的许多小隆起，被称为神经突触节。这些突触节释放被称为神经递质的化学物质，可将信号由一个神经元传递至邻近的神经元。神经递质渗过两个神经元汇合处（称为神经突触）的一道细缝，与接受神经元细胞膜中的神经受体联结。有些神经递质具兴奋性，而其他则具抑制性。如果对接受神经元的兴奋作用相对大于抑制作用，即产生去极化，而神经元即启动全或无的冲动。

4. 神经递质与受体间有很多种交互作用，它们有助于我们解释许多心理现象。最主要的神经递质有乙酰胆碱、去甲肾上腺素、多巴胺、5-羟色胺、氨基丁酸，以及谷氨酸盐。

5. 神经系统分为中枢神经系统（脑部和脊髓）和周围神经系统（从脑部和脊髓通到身体各部分的神经）。周围神经系统又可分为躯体神经系统（它携带信息来往于神经受体、肌肉和体表）及自主神经系统（其联结内在器官和腺体）。

6. 人脑由中央核、边缘系统和大脑组成。中央核包括负责呼吸及姿势反射动作的延脑、负责运动协调的小脑、作为输入感觉信息转运站的丘脑，以及对情绪和维持体内平衡极具重要性的下丘脑，还有横跨上述数个组织、控制有机体清醒和激发状态的网状结构。

7. 由下丘脑调节的边缘系统控制某些本能活动（觅食、攻击、避险、求偶），其在情绪和记忆上也扮演一个重要的角色。

8. 大脑可分成两个脑半球。脑半球表面呈回旋状，称为大脑皮层，它在辨别、做决定、学习和思考等高级心理历程上，扮演一个重要的角色。大脑皮层的某些区域代表特殊感觉输入或特殊运动控制的中枢。大脑皮层的其余部分是由联合区所组成的，与记忆、思想及语言有关。

9. 无须让患者过于忧郁或受伤，即能获得人脑详尽图像的技术有：电脑轴切面断层影像（简称 CAT 或 CT）、磁共振显影（简称 MRI），与正电子发射断层扫描（简称 PET）。

10. 将胼胝体（连接两个脑半球的神经纤维带）切除时，可观察到两个脑半球间功能的明显差异。左半球精于语言和数学能力；右半球能了解某些语言，但无法以言语沟通，它具有高度发展的空间和图形感受力。

11. 失语症是用来描述因脑伤导致的语言缺陷。布洛卡区受伤的人在发音上有困难，而以一种缓慢、辛苦的方式说话。威尔尼克区受伤的人，能听得到文字却无法理解其意义。

12. 自主神经系统由交感神经和副交感神经两部分组成。由于自主神经系统的纤维介入平滑肌和腺体的活动中，故在情绪反应上特别重要。交感神经部分在兴奋期间较活跃，而副交感神经则与平静状态有关。

13. 内分泌腺分泌荷尔蒙到血液内流遍全身，且对不同的细胞以不同的方式产生作用。脑下腺被称为"腺王"，因为它控制了其他内分泌腺的分泌活动。肾上腺很重要，因为它决定心情、能量水平，以及应对压力的能力。

14. 由染色体和基因传递的个人遗传潜能，影响心理和生理特征。基因是 DNA 分子上一段段的构造，储存着遗传信息。有些基因是显性，有些则是隐性，且有些是性连锁的。大部分人类特征是多基因的——即由许多基因共同作用所决定，而非靠单一基因。

15. 选择性交配（将动物依某些特质的高低来配对）是研究遗传影响的一种方法。另一种弄清环境和遗传影响的方法是双生子研究，即比较同卵双生子（具有相同的遗传）与异卵双生子（类似同胞手足的遗传）的特征。行为根据遗传和环境间的交互作用而定：基因为个人潜能设限，但潜能的发展则视环境而定。

核心概念

神经元	神经突触囊	延脑	胼胝体
树突	受体	小脑	失语症
轴突	再摄取	丘脑	交感神经系统
突触	降级作用	下丘脑	副交感神经系统
神经递质	中枢神经系统	恒定作用	荷尔蒙
神经	周围神经系统	网状结构	行为遗传学
细胞核	躯体神经系统	海马体	性选择
神经节	自主神经系统	杏仁核	基因
胶质细胞	脊髓	大脑皮层	染色体
动作电位	后脑	脑半球	选择性交配
离子通道	中脑	（脑）叶	同卵双生子
静止细胞膜电位	前脑	中央沟	异卵双生子
跳跃式传导	中央核	电脑轴切面断层影像	
多发性硬化症	边缘系统	磁共振显影	
全或无原则	大脑	正电子发射断层扫描	

第三章　心理发展

3

事情发生在林肯小学开学日晚上的家长会。幼儿园的老师沃兰小姐在向新班级的家长们简要汇报该学年将开展的各种活动后，家长们在教室里四处走动，欣赏孩子们的作品，彼此结识、寒暄。几位家长围向沃兰小姐，开始自我介绍，或谢谢她的汇报。其中有一位家长，菲力普先生，一脸的凝重，走向沃兰小姐并开始询问她一系列有关她活动目的的尖锐问题：小孩什么时候学习阅读？本学年结束时他们会不会熟练加减法？他儿子进入小学一年级前能学会作文吗？沃兰小姐试着向他说明：幼儿园只是为日后发展阅读、算术与写作奠定基础。有些孩子在年度结束前会有长足的进步，但有些则不会，因为儿童发展的步调是不一样的。菲力普先生对沃兰小姐的答复并不满意，他告知沃兰小姐，既然他儿子曾被测验出是"聪明"的小孩，那么他希望他在幼儿园毕业时就能达成所有的目标。

在菲力普先生终于放过沃兰小姐后，她深吸一口气，并开始整理桌椅。另一位父亲山姆先生走了过来，他看起来也是有点紧张。沃兰小姐整顿了一下自己，准备面对另一场质询。山姆一开始表示他很关心儿子，他也是被某些智力测验标榜为"聪明"的小孩。然而山姆关心的，却与菲力普截然不同："我只要他有个正常的童年，他才5岁，还是晚一点让他面对艰难的功课。我要他快乐，好好享受学校生活。我担心您可能会因为他很聪明而逼他太紧。"

诚然，为人父母者对小孩的期望可说是大相径庭，尤其是对长子（女）。这些期望通常是根据他们自己当小孩时的经验，或者他们从各种媒体阅读到或从友人处听来的信息。此外，小孩发展的步调也有很大的差异。因此，本章虽说在介绍"正常的发展进程"，但是应该随时提醒自己：不同的小孩、家庭与文化，多少会偏离这个"常模"。

在所有的动物中，人类达到成熟所需的时间最长，自立自主前所需的学习时间也最久。一般而言，有机体的神经系统越复杂，其达到成熟所需时间就越长。狐猴（原始的灵长类）出生后没多久即能自行走动，不久就会自谋生路；婴猴需仰赖母猴照应达数月之久；至于黑猩猩，则需花上好几年。然而，就算是黑猩猩——我们的近亲——发展成为功能成熟的一员，也要比人类早上好几年。

发展心理学者关心的是，在整个生命阶段中，人类各方面功能发展、改变的历程与原因。他们关注诸如身高、体重的改变与动作技能的获得等身体的发展；也关心诸如思考历程、记忆与语言能力的改变等认知发展；还有诸如自我概念与人际关系的改变等人格与社会方面的发展。在本书后面章节中，对特殊心理能力与功能的发展会有详细的介绍，而本章中，则只提出整个生命阶段中的心理发展概论，并探讨两个主要课题：（1）生物因素如何与儿童周围的环境事件产生交互作用以决定其发展历程（即所谓先天与后天之争）？（2）我们最好将发展看成是渐进、持续的历程，还是一种性质截然不同、突变的系列阶段？

第一节　先天与后天

在决定人类发展的历程中，遗传（"先天"）和环境（"后天"）的影响孰重孰轻之争，已持续了数个世纪。例如，17世纪英国哲学家洛克便不同意当时公认的看法：婴儿是小型的成人，出生时已具有一切的能力和知识，只需等到长大，即可展现这些天赋特性；相反地，他相信新生儿的心灵是一块"白板"，婴儿从看、听、嗅、尝和感觉中得到的经验，有如写在此白板上的字。根据洛克的看法，我们所有的知识都是通过感觉取得，知识和想法都来自经验而非内置的。

达尔文强调人类发展生物基础的进化论问世后（1859），再度将人们的看法带回遗传论的观点。然而随着20世纪行为论的兴起，环境论者又再度取得优势。行为论者如华生和斯金纳主张人类本性是全然可塑的，不管儿童遗传到什么，借着早期训练能将其塑造成任何类型的大人。华生曾以最极端的方式来说明这个主张：

> 给我一打健康的婴儿，在我特别安排的环境中长大，随便任何一个，不管其天赋、嗜好、性向、能力、素质及种族为何，我保证都可以将他训练成任何类型的专家——医生、律师、艺术家、企业家，甚至是乞丐或小偷！（1930，p.104）

今天大多数心理学家都同意，先天和后天对发展不仅都很重要，两者之间持续的交互作用更决定了发展的方向。新生儿的脑部虽估计有1,000亿个神经元，但其间少有联结。在出生后，神经元才快速联结，而使得新生儿的脑部重量在三年后成长为初生时的三倍（DiPietro，2001）。脑部发展深受遗传因素与儿童早期所受成长环境的刺激或剥夺经验影响。

即便是显然由内在生物时间表决定的发展也会受到环境事件的影响。在怀孕时，大量的个人特征已由受精卵的基因结构决定，基因规划了细胞的成长，使我们发展成人类而不是鱼或黑猩猩，它们决定我们的性别、皮肤、眼珠和头发颜色、身高体型等。这些遗传决定因素在发展中经由**成熟**（maturation）的过程表现出来，所谓成熟是指成长和改变的自然结果，与环境事件无关。例如，胎儿在子宫内的发展有一个相当固定的时间表，诸如翻滚、踢打等胎儿行为都遵循一定的顺序，这种次序视其成长阶段而定。然而，子宫内的环境若有严重异常，成熟的过程就会被打断。例如，假如母体在怀孕期前三个月得了风疹（依据遗传规划时间表，此时正发展胎儿的基本器官系统），胎儿可能生出来就聋、瞎或脑部受损，具体受损器官根据感染期间哪一个重要的器官系统正在发展而定。母亲在孕期营养失调、抽烟、喝酒及使用药物也是影响正常胎儿成熟的环境因素。

出生后的运动发展也可说明遗传和环境之间的交互作用。基本上，所有孩子运动行为的发展都遵循一样的顺序：翻身、坐着不需倚靠、扶着家具站立、爬行，然后走路（见图3-1）。但每个孩子完成此顺序的速度都不一样。因此，发展心理学家很早就开始研究：学习和经验是否在这些差异上扮演一个重要的角色。虽然早期研究宣称此问题的答案是"不"（Dennis & Dennis，1940；Gesell & Thompson，1929；McGraw，1935，1975），但更多近期研究指出，在某种程度上练习或额外刺激能促进运动行为的表现。例如，新生儿有一种行走反射，若将他们抱直，使脚碰触到平面，他们的腿就会做出类似走路的踏步动作。有些文化，如肯尼亚农村的奇卜西儿士人（Kipsigis），父母会主动教小孩如何坐直、站立与走路，结果他们的小孩达到这些目标的时间比美国小孩早上3—5周（Cole &

洛克与达尔文两人都影响了先天-后天之争，不过方向不一。洛克强调感觉在获得知识上的角色，主张知识只能依赖经验；达尔文则强调人类发展的生物基础，引领了人们对遗传角色研究的新兴趣

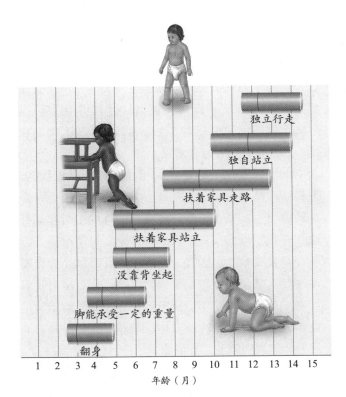

图 3-1　动作发展
图中的长条代表大多数婴儿发展该项行为的年龄范围

（图中标注，从上到下）
独立行走
独自站立
扶着家具走路
扶着家具站立
没靠背坐起
脚能承受一定的重量
翻身

年龄（月）：1 2 3 4 5 6 7 8 9 10 11 12 13 14 15

Cole，2001）。反之，阿契人（Ache），东巴拉圭的游牧民族，由于住在幽深的森林里，因而小孩少有移动的经验，他们学会走路的时间，比美国小孩几乎整整晚了一年（虽然他们的动作技能发展约在儿童中期即赶上甚至还可能超越美国小孩）。

　　语言发展提供了另一个说明遗传和环境经验之间的交互关系的例子。在正常的发展过程中，婴儿的神经系统发展至某种程度就学会说话。除了极少数的例子，一岁之前的婴儿无法说出句子。但婴儿若生活在一个有人对他们说话并奖励他们发出说话似的声音的环境，日后他们开始学说话的时间就会比未曾受过这种照顾的婴儿早。例如，美国中产阶级的孩子在一岁左右开始说话，而在危地马拉偏远的圣马可斯小村中的孩子，由于很少与成人有语言上的互动，直至两岁以后才能说出第一个字（Kagan，1979）。请注意：环境影响的是儿童习得该技能的速度，而非技能的最后水平。

发展的阶段

　　在解释发展的顺序时，一些心理学家提出了不连贯且性质不同的**阶段**（stage），或称为发展的阶段，许多人都约定俗成地使用此概念，即将生命分成婴儿期、儿童期、青春期和成人期等几个阶段。父母可能会说他们的青春期经历了一个"反抗的阶段"。然而，发展心理学家提出了较严谨的概念：阶段概念意味着（1）每一阶段的行为必定环绕着某项强势主题成套的特征而组成；（2）每一阶段行为的性质都与前后阶段不同；（3）所有孩子都以相同的次序经历相同的阶段。环境因素可能会加速或减缓发展，但阶段的次序则维持不变，任何孩子都不可能略过某个较早的阶段，而直接进入稍后的阶段。我们将会在本章稍后的部分看到，并非所有的心理学家都同意，发展过程是依循一套性质不同的阶段的固定顺序。

　　与阶段概念密切相关的看法是，人类发展中可能有一些**关键期**（critical period）——在个人一生的重要时段中，必须发生某种特殊事件，心理发展才能正常进行。关键期的观念起源于人类胎儿某些方面生理发展的研究，例如，怀孕第 6 至 7 周是胎儿性器官正常发展的重要时期，原始性器官发展为男性还是女性的性构造，与男性荷尔蒙是否存在以及染色体上的 XY 或 XX 基因排序无关；缺乏男性荷尔蒙意味着无论哪种类型的基因排序都会发展出女性器官，即使是在之后的发展阶段注入男性荷尔蒙也无法扭转已发生的改变。

　　在出生后的发展中，有一视觉发展关键期。假如先天性白内障儿童能在 7 岁前做摘除手术，他们的视力发展将相当正常；但若孩子在 7 岁之前无法获得适当的视觉，将会导致永久性的视力残疾（DeHart，Sroufe，& Cooper，2000）。

　　儿童心理发展是否存在关键期仍未得到证实，但确有证据指出儿童心理发展存在**敏感期**

事实上，所有儿童都以相同的顺序发展、完成相同序列的动作行为，只不过完成这些序列的速度有所差别

（sensitive period，即某一特殊发展最理想的时期），如果某些行为无法在敏感期中建立好，该行为的潜能就可能无法完全发展。例如，生命中的第一年可能是形成亲密的人际依恋的敏感期（Rutter，Quinton，& Hill，1990）；学前几年可能对智力发展和语言的获得特别重要（DeHart et al.，2000）；孩子若在 6、7 岁之前未能拥有足够的语言经验，那么日后可能永远无法学好语言（Goldin-Meadow，1982）。儿童在这些敏感期的经验，可能有力地塑造他未来的发展过程，以致日后很难改变。

◆小结

　　发展心理学的两个主要争议课题：（1）生理因素（先天）是如何与环境经验（后天）交互作用以决定发展的历程的？（2）我们最好将发展看成是渐进、持续的历程，还是一种性质截然不同的系列阶段？

　　有些心理发展学者相信发展是依循一系列阶段逐次发生，其特性是：（1）在某阶段的行为是围绕一个强势主题或成套的特征加以组织；（2）某阶段的行为性质上截然不同于其前、后期的行为；（3）所有儿童均依同一顺序历经相同的阶段。

　　个人遗传的特征是通过成熟的历程得以展现。所谓成熟是指，先天决定的成长顺序或身体其他方面与环境较无关的变化。

　　关键期是指，在该发展时期必须发生特定经验，心理发展才得以顺利进行。

◆关键思考问题

　　1. 你认为为什么有些父母相当在意子女在技能上要比同龄儿童发展得更快？你认为这种做法会对儿童发展产生什么影响？

　　2. 有些学者宣称幼儿与其照顾者间依恋行为的发展有敏感期。如果真存在所谓的"敏感期"，它又隐含有什么意义？

第二节　新生儿的能力

　　19 世纪末，心理学家威廉·詹姆斯提出一项看法：在新生儿的感觉里，这个世界是"一片朦胧与嘈杂"，这种看法一直到 20 世纪 60 年代仍相当盛行。但如今我们已知道新生儿诞生时已具备所有感觉功能，并准备好学习新环境。

　　由于婴儿无法解释他们正在做什么或想什么，发展心理学家设计了某些匠心独具的程序来研究婴儿的能力。其基本方法是在婴儿的环境中引起某种改变并观察他的反应。例如，研究者可能给婴儿听一个声音或看一道闪光，然后观察其心跳是否会发生改变，或是否会转动头部，或是否会更用力吮吸奶嘴。在某些例子中，研究者在同一时间给予两种刺激，看婴儿是否注视其中一个较久；如果是，表示婴儿能辨别刺激，且可能表示他们较喜欢哪一个。我们在本节中将描述有关婴儿能力的一些研究发现，首先谈谈有关视觉的。

视　觉

　　新生儿的视力非常不敏锐，改变焦距的能力有限，且只能看近的东西。图 3-2（左）为计算机仿真的图片，以显示出婴儿可能看到母亲的脸。7或 8 个月大婴儿的视觉敏锐力就几乎与成人相当了（Cole & Cole，2001）。新生儿仍然花很多时间四处张望，他们以一种有条理的方式扫描世界，直到眼睛遇到物品或视野中出现某一变化时才停住［所谓视野（visual field），是指能看到的整个范围］。他们特别受视觉高度对比的区域吸引，如物体的边缘。他们不像成人般扫描整个物体，而是持续注视最边缘的区域。他们也比较喜欢复杂的形态，而非单调的形态，对曲线形态的偏好胜过直线形态。

　　新生儿可能有面孔偏好（facial preference），即具有天生未经学习的对面孔的偏好，此议题一开始曾引起学者很大的兴趣。新生儿眼光对近似脸型的刺激，确实会比混杂或空白刺激追踪较远的距离，但这种倾向在 4 到 6 周后急剧下降。后来的研究显示婴儿并非被面孔本身吸引，而是被面孔所拥有的刺激性特征（如曲线、高度对比、边缘、运动和复

图 3-2　视觉敏感度

新生儿不良的视觉敏感度，使得母亲的脸看起来模糊不清（左图）而非清晰的脸（右图），即使在近距离看也是如此

杂性等）吸引（Aslin，1987；Banks & Salapatek，1983）。新生儿较喜欢看面孔的轮廓，但到两个月大时，他们会将注意力集中于面孔内部——眼睛、鼻子和嘴巴。到三个月大时，婴儿能认出妈妈的照片，喜欢这些照片胜过其他陌生人的。五个月大时，婴儿能记得陌生人的面孔。

听　觉

胎儿到了 26 到 28 周时，就已经对尖锐的声音有了反应。有趣的是，转头反应会在其约 6 周大时消失，直到 3 或 4 个月大时才再度出现，同时婴儿也会以眼睛搜索声音来源。转头反应暂时消失可能代表一种成熟的过渡时期：由脑部副皮层区控制的反射反应转变成尝试自发寻找声音来源。4 个月大的婴儿能在黑暗中朝向声音来源的正确方向，到 6 个月大时，他们对声音的反应明显增加，表现出感兴趣的注视，并能更精确地指出声音的位置，而这种能力会持续发展至两岁（Ashmead，Davis，Whalen，& Odom，1991；Field，1987；Hillier，Hewitt，& Morrongiello，1992）。

新生儿也能分辨极相似声音间的差异——如在五线谱上只差一个音阶的两个音（Olsho et al.，1982），并且能自其他种类的声音分辨出人类的声音。第九章将讨论他们也能分辨许多人类语言的重要特征。例如，一个月大婴儿能区分"pa"和"ba"之间的差异。有趣的是，婴儿比成人更能分辨不同的语音，而这些语音在成人"听"来完全相同，因为他们并未在自己使用的母语中区分这些语音（Aslin，Pisoni，& Jusczyk，1983）。例如，英语中"ra"与"la"是不同的两种音，日语则不然。日本婴儿可区分这两种音，但日本成年人却不行。

幼儿在 6 个月大时已学习到足够的语言信息后，将会开始"过滤掉"非他所使用的声音（Kuhl，William，Lacerda，Stevens，& Lindblom，1992）。因此，人类婴儿似乎在出生时已具有调准人类语言特质的知觉机制，此机制将有助于语言的学习（Eimas，1975）。

味觉和嗅觉

刚出生不久的婴儿就能区分味道的差异，他们对于甜味液体的喜爱远胜于咸、苦、酸或无味的东西。新生儿对甜水的典型反应是一种放松、类似浅笑的表情，有时还会舔唇；酸的味道会使他缩唇皱鼻；对苦的反应则是张开嘴巴，嘴角向下，并伸出舌头表现出厌恶。

新生儿也能分辨气味。他们会将头转向甜味，且心跳、呼吸减缓，显示他们有所注意。对于有害的气味，如阿摩尼亚或腐败的蛋，他们会把头转开，心跳及呼吸加速，显示感受到压力。婴儿甚至能区分气味的微妙差异。只经过几天喂奶的婴儿就会总是把头转向沾有自己母亲奶水的衬垫，而不是沾有别的母亲奶水的衬垫（Russell，1976）。只有母亲亲自哺乳的婴儿，才显出辨识母亲气味的能力（Cernoch & Porter，1985），若让以奶瓶喂食的婴儿在牛奶和母乳间做选择，他们将会选择后　者（Porter，Makin，Davis，& Christensen，1992）。因此，婴儿似乎对母乳有天生的偏好。一般而言，这种区别气味的天生能力具有明显的适应价值：它可帮助婴儿避开有害物质，因而增加存活的机会。

婴儿在很幼小的时候即能通过全世界通用的脸部表情（如厌恶的表情）显示对特定味道的好恶

学习和记忆

人们曾认为婴儿

不能学习也不会记忆，但事实正好相反，数个研究显示了婴儿早期学习和记忆的证据。在一项研究中，刚出生几小时的婴儿学会根据听到的嗡嗡声或某个音，将头向右或向左转。为了尝到甜水，婴儿会在听到单音时转到右边，听到嗡嗡声时转到左边。在经过几次尝试后，婴儿便能准确无误地做出反应——听到单音转向右边，听到嗡嗡声转向左边。然后实验者改变情况，使婴儿在听到单音或嗡嗡声时，头必须转到相反的方向。结果婴儿很快就学会了新任务（Siqueland & Lipsitt，1966）。

婴儿在三个月大时就有相当好的记忆。若在婴儿床上设一可动装置，以丝带连接在婴儿的四肢之一，三个月大的婴儿很快就会发现哪一条手臂或腿可以移动这个装置。8天之后，当婴儿再次被放在相同装置中，他们会记得要用哪一条手臂或腿去移动它（Rovee-Collier，1999）（见图3-3）。

另一个更惊人的证据是，婴儿出生之前在子宫中就已学习并记得某些事情。之前提过新生儿能自其他声音中区分出人类声音，他们也较喜欢人类的声音。若对出生数天的婴儿做测试，使他们学习吸吮连接录音装置的奶嘴以听到说话声或乐声，他们将较不喜欢为了听到非语言的声音或音乐而吸吮奶嘴（Butterfield & Siperstein，1972）。他们也

较偏爱心跳声和女性声音，远胜过男性声音，且较喜欢母亲的声音，胜过其他女性的声音，但对父亲或其他男性声音则没有明显偏好（Brazelton，1978；DeCasper & Fifer，1980；DeCasper & Prescott，1984）（见图3-4）。

这些偏好显示其源自婴儿出生前的声音经验。例如，在子宫内也能听到母亲的声音。这似乎可以解释为何新生儿偏爱她的声音胜过他人的。而或许最惊人的证据是，新生儿确实可能在子宫中学会区分某些个人的语音特质。在一个相当奇特的实验中，怀孕妇女在最后6周孕期间，每天大声吟诵几段儿童故事，例如，某些妇女吟诵苏斯博士作品《帽中猫》的前28段，其他妇女则吟诵最后28段，但改变其中的名词，如将"帽中猫"改成"雾中狗"。在分娩之前，她们再听这些故事中的一段大约三个半小时。

婴儿出生两三天后，让他们吸吮连接记录吸吮速率的装置的特殊奶嘴（如图3-4的仪器）。吸吮奶嘴可开启故事录音带，录音或是由婴儿母亲或是由陌生女人念的，其内容为婴儿出生前听过的内容或未听过的内容。在前一个实验内容中，婴儿的吸吮速率显示出他们喜欢母亲的声音胜过陌生人的。然而，令人吃惊的是，婴儿对熟悉的故事的偏爱胜过陌生的故事，即使这两种故事都由陌生声音所念（DeCasper & Spence，1986）。

简而言之，本节所描述的婴儿能力研究，对视婴儿活在"一片朦胧与嘈杂"中及视其为"白板"的看法都是一项挑战。显然，婴儿出生时已具备某些可知觉及认识外界的能力。

图3-3　婴儿记忆的研究

某研究显示出3个月大的婴儿能轻易地学会拉扯系在脚上的缎带来转动一个仪器；在8天后用同一情境验证此动作时，该婴儿还记得这个新学会的动作［资料来源：Rovee-Collier,C.（1999）. The development of infant memory. *Current Directions in Psychological Science*, 8, 80-85］

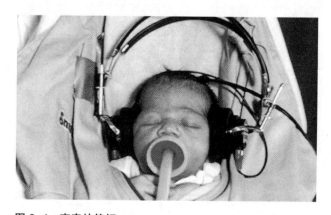

图3-4　声音的偏好

新生儿能显出对某些声音的偏爱（如母亲的声音），当他更用力吸吮奶嘴时，可使耳机播放他偏爱的声音

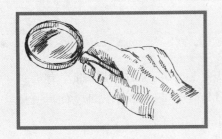

前沿研究

病痛宝宝的按摩治疗

按摩治疗是最古老的医疗方式之一。早在公元前2世纪，中国就有相关记载，而大约同一时期，印度、埃及两地也相当盛行（Field，1998）。虽说现代类似按摩治疗等技术已被药剂取代，然而在各种替代治疗中，按摩还是普遍用来缓解包括焦虑等各类症状。

按摩治疗有用吗？迈阿密大学医学院触感研究所的蒂法妮·菲尔德（Tiffany Field）与同事从事一项研究计划，针对按摩治疗对医学与情绪困扰的幼童的疗效进行科学性检测。他们将按摩界定为"假定能刺激深层组织压力受体的触诊作业"。他们专注于理论上通过这类技术可以刺激身体生长、减少疼痛、提升灵敏度、加强免疫功能，以及消除压力、焦虑与忧郁，以达到疗效的一些疾病或问题（Field，1998，2001）。

许多关于按摩治疗的研究都着重在因早产、受到可卡因、HIV或其他情况侵害感染而未能正常成长的儿童身上。在这些研究中，儿童被随机分派到接受父母规律性按摩，或只给予关心但没有按摩的控制组。一个在新生儿集中照护中心的早产儿研究中，那些每天接受三次15分钟按摩计10天的婴儿，体重比控制组要重47%（见图；Field et al.，1986；Scafidi et al.，1990）。这些接受按摩治疗的婴儿的住院天数也少了6天，每人至少节约了医院1万美元的开销。从去甲肾上腺与肾上腺素增长的测量上，显示出接受按摩的婴儿比控制组在整个研究阶段中，都

有更为正常的发展，而且在新生儿行为测量得分上也有较好的成绩。到了1岁时，接受按摩的婴儿仍然比控制组重，同时在心智、动作与行为方面的表现也较佳（Scafidi et al.，1990）。针对在子宫时即受到可卡因与HIV侵袭的胎儿所进行的研究，也得到类似的结果（Scafidi & Field，1996；Wheeden et al.，1993）。

足月产的婴儿似乎也能从按摩中获益。一项以青少年妈妈足月产的1到3个月大的婴儿为对象的研究发现，接受为期6周、一天15分钟的按摩或摇动整12天的婴儿，在按摩期间，有较多的时间处在主动机敏的状态，较少哭泣，而且分泌较少量的皮层醇，显示处于压力较低的水平。在经过6周的治疗后，按摩组的婴儿体重增加较多，在情绪、交际性与接受哄骗方面都有较多的进展，同时相比于控制组而言，有较佳的面对面互

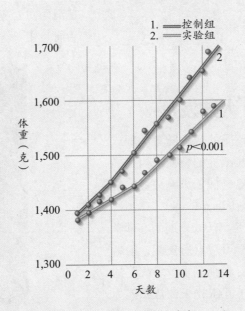

接受按摩治疗的早产儿与未接受者每天体重增加量的平均数（资料来源：蒂法妮·菲尔德，《按摩治疗促进早产儿体重增加》，*Current Directions in Psychological Science*, 10, pp51-53. © 1986 Blackwell Publishers.）

动、尿液中含有较少压力荷尔蒙与较高水平的5-羟色胺（Field，Grizzle，Scafidi，Abrams，& Richardson，1996）。

患有幼年风湿性关节炎的儿童，经常为长期疼痛所苦，尽管抗发炎的药剂可以减轻疼痛，但是也仅止于此，而且有些还有药物成瘾性。有项研究发现，父母每天给患关节炎的小孩按摩，这些小孩比起只接受肌肉放松训练者而言，在焦虑经验、分泌压力荷尔蒙方面明显较少，且一个多月来的疼痛报告也较为减轻（Field，Hernandez-Reif，Seligman et al.，1997）。按摩治疗对气喘的儿童也有不错的结果：他们的压力荷尔蒙下降、自觉会引发气喘的焦虑状态也减少了（Field et al.，1998）。

按摩治疗之所以有效，尤其是对这么多病例均是如此，其机制是什么呢？答案仍属未知，不过在减少分泌压力荷尔蒙与主观焦虑、忧郁状态上，似乎扮演着重要角色。早期认为按摩可加速血流量的说法，在近期研究中并未得到一致的证实（Field，1998）。按摩对儿童之所以有效，可能是因为儿童与进行按摩的父母间亲子关系的改善。给自己小孩按摩的父母显示本身的焦虑与忧郁水平也下降，同时相较于过去，觉得自己在小孩疾病中的角色更为正向（Field，Hernandez-Reif，Shaw et al.，1997）。这种结果可能会带来居家环境与家庭生活全面性的改善，对儿童健康有广泛的益处。

不管其机制为何，只要按摩治疗持续对种种病况的儿童机能有可靠的改善，它就是一种低耗且安全的干预方式。

◆**小结**

早期学者相信，所有的感觉偏好与能力均须学习，然而近数十年来的研究已指出，婴儿生来即具有完备的感觉系统以探索世界。

新生儿视力很差，要到两岁后才能有成年人的视觉。

有些学者认为婴儿天生即偏好面孔图形，但是研究却指出，婴儿并非为面孔所吸引，而是被一些曲线、高反差对比、边缘与复杂性等刺激特性吸引。面孔正拥有这些特征。

即使是初生儿也会注意到声音，而且似乎生来即具有一些知觉机制，微调到具人类交谈特征的声音上，而有助于其语言的学习。

出生后没多久的婴儿即能区辨不同气味与味道。他们似乎表现了一种喜欢母乳气味与味道的偏好。

婴儿刚诞生时即有学习的能力，而在三个月大时即展现出良好的记忆。

◆**关键思考问题**

1. 你对那些宣称能记得自己生命第一年的事件，而将此视为婴儿记忆的证据，有何看法？

2. 婴儿的环境的刺激可能太过吗？如果环境刺激过量可能会有什么影响？

第三节　儿童期的认知发展

虽然大多数父母亲知道孩子的智力随着生理成长而改变，但却很难描述这些改变的特质。当代描述这些改变的心理学家中，最具深远影响力者，首推瑞士心理学家让·皮亚杰（Jean Piaget，1896—1980）。在皮亚杰之前，有关儿童认知发展的心理学思想由生物成熟观点及环境学习观点所支配；前者侧重发展的"先天"成分，后者则侧重"后天"的成分。相反地，皮亚杰着重于儿童先天的认知能力及他与环境互动之间的交互作用。本节，我们会先概述皮亚杰的发展阶段论，然后评价该理论，并提出一些最近的研究取向。我们也会讨论俄国心理学家列夫·维果斯基（Lev Vygotsky）的研究，他有关认知发展的理念早在20世纪30年代即已问世，最近几年又再次引起人们的关注。

皮亚杰的阶段论

部分源自对自己小孩的观察结果，皮亚杰变得对儿童自然成熟的能力与他们和环境交互作用间的关系有兴趣。他视儿童为此历程的主动参与者，而非生物发展或外在环境刺激的被动接受者；他更相信儿童应被视为喜欢追根究底的科学家，他们对事物进行各种实验，然后看看有什么结果（例如，"吸吮泰迪熊的耳朵，感觉会如何？""如果我把碟子推离桌子边缘，会发生什么事？"）。这些小型实验引导儿童构成物理及社会世界如何运作的"理论"——皮亚杰称之为**图式**（schema）。遇到新物体或事件时，儿童会尝试以预存的图式去了解它［皮亚杰称此为**同化**（assimilation）过程，即儿童尝试把新事件同化入预存图式中］。如果旧的图式不适用于新事物，那么儿童——如同优良的科学家——会修正图式，并因此拓展他（她）的世界理论［皮亚杰称此修正图式的过程为**顺应**（accommodation）］（Piaget & Inhelder，1969）。例如，一位男孩对消防员的图式为穿着大尺寸制服的男人，当他看到一位穿着消防员制服的女性照片时，一开始可能会拒绝相信她是消防员，他会争辩说那个女的一定在玩变装秀。然而，在获得了女性消防员的进一步证据后，他才

皮亚杰主张，儿童对不知道的对象或概念进行"实验"来学习、了解世界

会调整消防员图式，接受消防员也可以是女性。

皮亚杰的第一份工作是在读心理研究所时，成为阿尔弗雷德·比奈（Alfred Binet，IQ测验发明者，参阅第十二章）的智力测试员，但皮亚杰发现自己对儿童在智力测验中"答错"的部分更感兴趣，为何儿童会答错？他们的推理与大人有何不同？他开始密切观察自己的小孩，时常在和他们嬉戏时提出简单的科学和道德问题，并要求他们解释如何获知此答案。皮亚杰的观察使他相信：儿童思考和推理的能力，需经过一系列不同性质的阶段，逐步发展。他将认知发展分成4个主要阶段，且每一主要阶段内都有许多副阶段。这些主要阶段为感知运动阶段、前运算阶段、具体运算阶段与形式运算阶段（参阅概念摘要表）。

感知运动阶段 皮亚杰将生命的前两年定为**感知运动阶段**（sensorimotor stage）。在此期间，婴儿忙于发现动作行为与这些行动间的关系。例如，他们慢慢发现，自己想握住的东西有多远，当他把碟子往桌子边缘推，会有什么事发生。经由无数的"经验"，婴儿开始发展出"他们与外界是分离的"的概念。

在此阶段中最重要的发现是**客体永久性**（object permanence）的概念——知道即使物体已经看不见了，但它还是继续存在。假如把一块布横在8个月大婴儿想伸手去拿的玩具前面，他会立刻停下来并显得失去兴趣，似乎并不惊讶也不沮丧，没有表现出找寻

玩具的意愿，并如常行动好像玩具不再存在似的（见图3-5）。相反地，10个月大的婴儿就会积极寻找藏在布下或幕后的玩具，他似乎知道东西即使看不见了，还是继续存在，因此，他已经有了客体永久性的概念。但在10个月大的年龄，寻找东西的能力仍极为有限，假如他曾在某处找到一个玩具，即使在他的注视下把玩具藏到另一处，他还是会去原来的地方找。一直到满周岁以前，他都会持续在玩具消失的地方寻找，而不管先前测试时的情形。

前运算阶段 儿童大约在1岁半至2岁时开始使用符号。字词可以代表事情或事情组群，而且一个物体可以代表（象征）另一个物体。因此在游戏中，3岁儿童可能把竹杖当马骑，绕着房间跑；一段木头可以变成汽车；洋娃娃可变成父亲或其他人，如婴儿。虽然3至4岁儿童能以象征词语思考，却尚未能以逻辑方式组织字句和影像。值此认知发展的**前运算阶段**（preoperational stage），儿童尚未领悟某些原则或运算。**运算**（operation）是一种以逻辑方式区分、联结及转变信息的心理例行活动。例如，将水由高窄玻璃杯注入矮阔杯子，成人知道水的质量并未改变，因为他们能在心智中转换这种改变，能够想象再将水由矮杯注入高杯而回到原来的情形。在认知发展的前运算阶段，儿童对转换的理解和其他心理运算能力仍然相当缺乏或薄弱。因此，根据皮亚杰的看法，前运算阶段儿童尚未获得**守恒概念**（conservation）——即使外形改变，物质的量

图3-5 客体永久性

当玩具被布幕遮住时，婴儿表现得好像玩具不再存在。经由此项观察，皮亚杰论断婴儿尚未具有客体永久性的概念

图 3-6　守恒概念

4 岁大的小孩知道两个矮宽杯装有同量的液体。然而，当其中一杯的内容物被倒入一个高窄杯子时，她说长杯的液体较多。一直到她长大了数岁后才会表示，这两个不同形状的杯子事实上是有着相同容量的液体

仍旧维持不变。他们不能了解当水由高杯注入矮杯时，其质量并未减少（见图 3-6）。

皮亚杰相信前运算阶段思想是由视觉印象所支配的。泥土的视觉外观改变比其本质（如质量或重量）更能明显地影响前运算阶段儿童。幼童对视觉印象的依赖性可由另一项数字守恒概念实验来说明得更清楚。若将两列棋子成对排列，幼童会正确地说出这两列棋子的数目相同（见图 3-7）。若将一列棋子紧密排成一团，5 岁儿童会说现在直排的棋子数目较多，即使并无任何棋子被取走。一长列棋子的视觉印象显然超过两列棋子数目相等印象。相反地，7 岁儿童会假定若物体数目在以前相等，以后也必须维持相等。在此年纪，相等数量的印象变得比视觉印象更重要。

根据皮亚杰的看法，儿童前运算阶段另一项重要特征为**自我中心**（egocentrism）。前运算阶段的儿童除了自己的观点外，无法得知他人的想法——他们相信每个人都是以与他们相同的方式在知觉环境（Piaget，1950a）。为说明此点，皮亚杰设计了所谓"三山问题"：儿童可以在一个放有三座不同高度山丘模型的桌子四周走动，接着要儿童站在桌子一边而将一个娃娃随意摆在桌面各个角落（因而对该山丘可拥有与此儿童不同的视角）。这时要求儿童选出一张娃娃所看到的山丘图片。在 6 或 7 岁前，大多数儿童会选择显然为他们自己所见到的三山景照片（Piaget & Inhelder，1948，1956）。

皮亚杰相信自我中心说明了前运算阶段思考的僵化，因为年幼的儿童无法根据自己以外的其他观点来观照事物，他们无法将环境的改变列入考虑以修正其图式，因此未能反向运算或作数量的守恒。

运算阶段（operational stages）　7 至 12 岁的儿童已熟悉各种守恒的概念，并且开始进行其他逻辑上的运作。他们能以尺度（如高度或重量）为基础来排列物品，也能在脑中想象一系列行为。5 岁儿童能自己走路到朋友家，但无法告诉你怎么走或以纸笔画出路线，他们能找到路是因为知道必须在某些地方转弯，但对整条路线却没有整体性的图案。相反地，8 岁儿童就能迅速地画出路线图。皮亚杰称此时期为**具体运算阶段**（concrete operational stage），是指虽然儿童使用的是抽象措辞，但只涉及具体的物品，即让他们有直接感觉的物品。

大约在 11 或 12 岁的年纪，儿童就达到成人的思考形式，变得能够以纯粹象征性用语来推理。皮亚杰称此时期为**形式运算阶段**（formal operational stage）。在一项形式运算思考的测试中，让儿童尝试发现钟摆能前后摇晃（即其振动周期）的决定因素。测试时先给儿童一条挂在钩上的长线和几个能附在绳尾的砝码，他能改变绳长、更换砝码及改变使摇动发生的高度。仍处于具体运算阶段的儿童会改变其中一些变量，但不会做系统化的改变方式。相反地，具有一般能力

图 3-7　数目守恒概念

将两列各七个的棋子等距排列，大多数儿童会认为两列数目相等。当加大其中一列的间距，6 或 7 岁以下儿童将会说原先那一列的棋子较少

的青少年则会设立一组假设，并且有系统地加以测试，他们会推理：如果一个特定变量（砝码）可以影响振幅，那么只要改变一个变量而令其他

为常数，就可产生这种影响。如果这个变量似乎对摇摆的时间并无影响，他们就会将它删除，并尝试另一个变量。考虑所有的可能性，找出每一项假设的结果，并确定或推翻这些结果，就是皮亚杰所谓形式运算思想的精髓。

对皮亚杰理论的评价

毋庸置疑，皮亚杰的理论为儿童认知发展提出了革命性的观点而获致重要的成果。然而，以较新颖、精致的测试法测试婴儿及学前儿童心智功能的研究却发现，皮亚杰低估了他们的能力。许多用来验证阶段论的任务事实需要诸如注意力、记忆力及特定知识的各种能力。儿童可能具有要验证的能力，但是因为少了某些其他必要的能力而无法表现出来。

以客体永久性为例。如之前所述，将玩具呈现给不足 8 个月大的婴儿看，然后在其注视下藏起或盖住玩具，他们会表现得好似玩具不再存在，不会尝试找寻它。然而，需注意的是此测验能成功实行，婴儿不仅需要了解物品依然存在（客体永久性），还需记得物品藏在何处，并表现出某些生理动作显示他正在找它。由于皮亚杰相信早期认知发展阶段有赖于感觉运动能力，因此他并未认真考虑一项可能性：婴儿可能知道物品依然存在，但无法通过寻找的行为表现出来。

一套不需要儿童积极寻找隐藏物品的研究测试了这项可能性。如图 3-8（a）所示，此仪器包括一

概念摘要表

皮亚杰的认知发展阶段

表上所列的年龄为平均数，这些年龄可能会因智力、文化背景和社会经济因素而变动，但这些发展进程的次序则被认为对所有儿童而言是不变的。皮亚杰详述了每一阶段的细节，但此处仅列出一般特征

阶段	特征
感知运动阶段（出生至 2 岁）	区分物与我；意识到自己是行动的主体，且开始进行有意的行动，例如，拉动轴线启动玩具车，或手摇响板以发出噪音
前运算阶段（2-7 岁）	学习使用语言，并通过影像与字词来表征事物；仍属自我中心思考，很难以他人立场看事情；根据单一特征将物体分类，例如：将红色积木归成一堆，而不管其形状为何；或不管是什么颜色，而将方形积木归成一堆
具体运算阶段（7-11 岁）	对事物进行逻辑性思考；达成数量守恒（6 岁）、质量守恒（7 岁），与重量守恒（9 岁）概念；能根据数项特征将物体归类，且依据单一维度（如大小）将物体排序
形式运算阶段（11 岁以后）	对抽象命题能逻辑思考，且系统性地验证假设；关心假设性、未来性与意识形态的问题

可能事件　　　　　　　　　　　　不可能事件

（a）习惯化事件　　　　　　　　　　　　　　　（b）测试事件

将一回转屏幕呈现给婴儿看，直到
他们不再注意它

在这些测试事件，一个盒子放在可被屏幕遮住的地方，然后使婴儿看一个可能事件（屏幕回转直到快碰到盒子，然后回到起点位置）或一个不可能事件（屏幕可穿过盒子）。婴儿更倾向注意不可能事件（屏幕可穿过盒子）。表示他们了解被遮住的盒子仍然存在

图 3-8　物体永久性的测试

（资料来源：Baillargeon, R., Object Performance in $3\frac{1}{2}$ and $4\frac{1}{2}$-Month-Old Infants, from *Developmental Psychology*, 23：655-664. Copyright © 1987. Reprinted by permission of the Academic Press）

个以铰链固定于桌面边缘的屏幕。屏幕最初平放于桌面，当婴儿注视时，屏幕如吊桥般徐徐升起回转至与婴儿 90 度角的位置，然后继续回转，直到形成 180 度的弧度，再平放于桌面。然后屏幕再反方向朝婴儿回转回来。

当婴儿首次看到此回转屏幕时，他们注视它近一分钟，但经过几次重复实验后，他们便丧失兴趣并把注意力转向别处，此时一个色彩明亮的盒子出现在铰链后的桌上，屏幕移动至垂直位置时会遮住它（婴儿实际上看到的是盒子的反射影像，而非真正的盒子）。然后如图 3-8（b）所示，呈现一个可能事件和一个不可能事件给婴儿看。一组婴儿看到屏幕自起点回转到几乎碰到盒子的地方；此时，屏幕停止，然后转回起点。另一组看到屏幕回转过垂直位置一直到达 180 度处，好似中间没有盒子。研究者推论，假如婴儿认为即使盒子被屏幕遮住，它依然存在，他们应该会很惊讶看到屏幕似乎穿越盒子——一个不可能的事件。因此，当屏幕往起点转回似乎快要撞到盒子时，他们会注视屏幕久一点。结果确实如此。即使他们对某一重复事件已经失去兴趣，若有类似事件再度出现，他们对它会比对从未见过的物理可能事件（即屏幕在盒前停住并转回起点）更感兴趣（Baillargeon, Spelke, & Wasserman, 1985）。

由于此实验中的婴儿只有 4 个半月大，因此他们显现出来的客体永久性概念比皮亚杰理论所预测的还早 4—5 个月。响应此研究的另一个实验则发现，有些 3 个月大的婴儿也具有客体永久性的概念（Baillargeon, 1987；Baillargeon & DeVos, 1991）。

近期运用皮亚杰守恒作业进行的实验也显示，儿童心智能力的发展远比皮亚杰理论所预测的来得早。在一项数字守恒概念的研究中，将两套玩具一对一依序排好（如图 3-6 所示）。实验者告诉孩子，一列是他的，一列是自己的："这些是你的士兵，而这些是我的士兵，谁的比较多？是我的，你的，还是一样多？"孩子做了最初的判断后，实验者把其中一列玩具打散，再重复一次问题。如同皮亚杰和其他研究者先后得到的结论：5 岁的儿童没有守恒概念，会说打散的那一列有"较多士兵"。但研究者若接着引用第二条件，不再将这些玩具形容为单独的士兵，而问他："这是我的军队，而这是你的军队，谁的比较多？是我的，你的，还是一样多？"仅仅在字词上稍加改变，大多数儿童便能守恒，判断两队"军队"一样多，即使其中一列被打散。借着提示儿童以整体性字词而非以成套个别列举字词来解释这些展示品，他们对相等数目的判断就很少受到不相关的知觉变换所影响（Markman, 1979）。

其他研究也发现了更多影响具体运算发展的因

素。例如，上学经验似乎提升了儿童熟练皮氏作业的程度（Artman & Cahan，1993）。这类证据似乎均指出，出现在儿童中期的具体运算阶段未必为普遍化存在的发展阶段，它可能只是教化情境、学校及特定的提问与说明用词下的产物。

皮亚杰理论的替代解释

发展心理学家一致同意，在此回顾的各种发现，严重挑战皮亚杰的理论，并且显示他低估儿童的能力，但哪一种新理论是最佳的替代解释则并无定论。有些学者偏好信息处理取向，其他人则主张知识获得与社会文化取向。

信息处理取向（information-processing approach）
之前已提及，许多实验是由于研究者视认知发展为数种不同信息处理技能（即从环境中搜集与分析信息的特殊技能）的获得过程，而激发其挑战皮亚杰的看法。因此，他们相信典型的皮亚杰作业无法从评估的重要技能中分离出这几种技能。但是，信息处理论学者间无法就他们的观点如何对皮亚杰的理论构成挑战达成一致。例如，他们不同意一系列性质不同阶段或一个连续改变过程是发展的最佳解释方法。有些人认为整个阶段概念应该被扬弃（Klahr，1982）。对他们而言，各种技能均以平顺且持续的方式而非分段系统性发展。但其他信息处理理论者相信信息处理技能的逐渐改变，确实在儿童的思想上造成不连贯、阶段似的改变（Case & Okamoto，1996）。这些理论学家有的被称为新皮亚杰学者。另一群新皮亚杰学者同意阶段确实存在，但只发生在更狭隘的知识领域中，如儿童的语言技能、数学理解、社会推理等，可能都以类似阶段的方式发展，但每一个领域都以自己的步调发展，相对独立于其他领域（Mandler，1983）。

知识获得取向（knowledge acquisition approaches） 有些发展心理学家质疑认知发展不同性质阶段只存在于婴儿期，他们相信儿童和成人也有本质相同的认知过程和能力，而且两者的差异主要在于成人具有更周延的**知识**（knowledge）基础。知识不仅意味着大量的事实汇整，更代表着能更深入地组织、理解特定领域中的事实。

对年轻棋手所进行的研究指出，他们对棋艺知识有较大的储存量，使得他们在进行相关信息处理时更有效率，以致与年长但棋艺不纯熟者竞技时占了优势

这种事实与事实组织间的差异，可以一项研究为例详加说明。一组 10 岁儿童与一组大专生（国际象棋业余选手）进行国际象棋比赛。当实验者要求他们记忆并回忆随意的数字表时，大专生轻而易举地胜过 10 岁儿童。但当要求他们回忆比赛中棋子在棋盘上的确切位置时，10 岁的国际象棋专业选手做得比 18 岁的业余选手好（Chi，1978）。因此，这两组间的差异，并非处于不同的认知发展阶段或具有不同的信息处理能力，而是领域特定知识的不同。因为这些 10 岁国际象棋专业选手更能领略国际象棋的基本结构，借着将不同棋子的信息"塞入"更具意义的单位（例如，白色棋发动主侧攻击），以及自考虑中排除不可能的棋子配置，他们能自记忆中组织及重构这些安排（第九章将讨论专家与业余者解决问题的对比）。

在认知发展中，渐增的世界知识（而非性质改变）或许也能证明儿童渐渐长大时，其解决皮亚杰守恒概念作业的能力也会渐增。例如，不懂质量或数目是重要特征的儿童为"更多泥土"或"更多棋子"所下的定义，可能是以泥土或棋子视觉外观的改变来判断数量是否改变。可能要更大一点的儿童才明白"更多"的实质定义特征。假如此项假设是正确的，那么无法在某一领域表现出守恒概念的儿童，或许能在另一领域表现出来，端视其对该领域的了解而定。此项证据可自一项研究获得，一群幼儿园小朋友事先被告知医生或科学家将进行一系列"手术"，有些手术会改变动物的外观，使它看起来像另一种动物，有些手术则使动物看起来像一棵植物（见图3-9所示的照片）。例如孩子被告知：

> 医生们拿起一匹马〔给儿童看马的照片〕，并进行一项手术，将黑白条纹放置于马的全身，切掉鬃毛并装饰它的尾巴。他们训练它不可再像马一样嘶叫，喂它吃野草而非燕麦和干草，并培训它生活在非洲原野中，而非马厩中。当他们完成所有手术，这只动物看起来就像这样〔出示斑马的照片〕，那么这只动物是一匹马还是斑马呢？（Keil，1989，p.307）

当儿童被问到"在手术过程中，动物是否转变了"时，大多数儿童失去守恒概念，大约65%的儿童同意这匹马真的变成斑马。但当目睹动物被转变成植物后，只有大约25%的儿童同意豪猪真的变成仙人掌（Keil，1989）。在其他领域类似这些例子的研究显示，前运算阶段儿童能忽视视觉外观的戏剧性改变，并具有守恒概念，因为他们已经知道物体的一项非视觉性但具实质定义的特征仍然维持不变。

社会文化取向（sociocultural approaches）　虽然皮亚杰强调儿童与环境的交互作用，其心目中所谓的环境是指直接物理环境，然而环境中的社会和文化背景，在皮亚杰理论中几乎无足轻重。虽说儿童必须学得其文化观照现实的方式——例如，期望不同人、不同性别扮演不同的角色，以及在其特殊文化中，支配社会关系的原则和模式是什么等。在这些领域中，并无普遍有效的事实或正确真实观点。因此对采用发展的社会文化取向（sociocultural approach to development）的学者而言，儿童不应被视为追寻"真实"知识的物理学家，而应被视为文化新鲜人——通过学习如何经由文化透镜来看社会真实面，以成为当地人（Rogoff，2000）。

文化可以在以下各方面影响儿童发展（Cole & Cole，2001）。

1. 提供特殊活动的机会：儿童经由观察、经历，或至少是听说过这些活动而学习。例如，沙漠中水很珍贵，因此卡拉哈里（Kalahari）沙漠的库族（Kung）儿童不可能学会将水从一个杯子倒入另一杯中的守恒概念，而成长在西雅图或巴黎的小孩，同样不可能学会在沙漠中找到贮水的根茎。

2. 决定某些活动出现的频率：例如，巴厘岛文化中传统舞蹈是很重要的，因此巴厘岛儿童长大后即成为技巧纯熟的舞者，而挪威的儿童则成为溜冰与滑雪的能手。

3. 决定不同活动间的关系：例如，对某些制陶很重要的文化而言，儿童会将黏土塑造与和双亲互动或与在市场卖陶器联想在一起。而在制陶并不重要的文化中，儿童可能将黏土塑造当作是托儿所的游艺活动而已。

4. 控制儿童在活动中的角色：在许多文化中，肉类是从超级市场购得的，儿童（乃至其父母）并不扮演在猎捕、杀戮与宰割清理供肉食的动物等活动上的角色。其他文化中，儿童从小即学会狩猎、捕杀及为家庭用餐宰割动物。

本认知观点乃源自俄国学者维果斯基的著作（1934，1986）。维果斯基相信我们对事物的理解与精

图3-9　守恒概念的早期验证
研究者告诉儿童：医生或科学家对动物进行了一些操作，使它看起来像另一种动物（如马变斑马）或植物（如豪猪变成仙人掌）。那些声称该动物已经真的变成新动物或植物的，即没有守恒概念；而那些声称该动物还是原来动物的则具有守恒概念

熟主要是通过姑且称之为"师徒制"的方式——我们借由知识丰富的长者的指导与协助，对世界有更多的了解，且发展出新的技能。他还区分了两种认知发展层次：儿童的实际发展层次（表现在解决问题的能力上）与儿童的潜在发展层次（指儿童在获得成年人或者更有知识的同伴指导后所能解决的问题）。根据维果斯基的看法，我们有必要知道某位儿童的实际与潜在发展层次，才能对他的认知发展层次有完整的了解，也才能对他提出适当的指导。

由于语言是人们交换社会意义的主要方法，因此维果斯基将语言发展视为认知发展的核心，事实上，他也将语言的习得当作儿童发展最重要的部分（Blanck，1990）。在发展新的技能与知识上，语言扮演着重要的角色。当成人或同伴协助儿童熟练一项技能时，他们之间的沟通，即成了儿童的思考的部分，他们在演练此一新的技能时，即会运用其语言能力来指引其动作。皮亚杰视为自我中心的语言，维果斯基却认为是认知发展的重要元素：儿童自言自语，给予自己指导与方向。这种自我对话被称为私语（private speech）。在儿童自言自语、重述过去从成人听来的该如何完成一项作业（如怎样绑鞋带）时，你就可观察到这一过程（Berk，1997）。

心理理论

身为成年人，我们的一言一行都反映出我们理解到其他人都有心理——他们会思考、他们有期望与信念、他们有他们的假设等。我们对他人的许多行为都是根据我们对他们想法的了解而来。例如，我们与友人约好下午两点喝咖啡，但是我们目前的会议预计在两点半前不会结束。在知道那位友人期望我们两点准时在咖啡厅碰面时，我们会从目前的会议中开个小差，打电话告知友人我们会迟点才到。我们有时也会回顾自己的思考历程，例如，评估我们对某情境的想法或质疑自己何以在某信念上犯错。这种对思维的思考被称作元认知（metacognition）。

近年来，心理学者对元认知［或更一般性的说法——心理理论（theory of mind）］的发展变得很有兴趣。这些学者研究儿童对基本心理状态，如欲望、知觉、信念、知识、思想、意向与感受的知识（Flavell，1990）。下述即为心理理论的典型研究，并展示了发展研究的基本发现（Flavell，1990）。

某实验者给一位5岁小孩看一个有糖果图片的糖果盒，然后问她里面会是什么。她会回答"是糖果"，接着让小孩看盒子里，结果让她惊讶：里面是蜡笔，不是糖果。实验者接着问她，如果再问一个没看过盒子里面的小孩会认为盒子里面是什么。小孩回答"是糖果"，还因为别人上当觉得好玩。实验者接下来对3岁儿童进行相同程序，第一个问题的答案是"糖果"，但第二个答案令人意外，且一点都不好玩——"是蜡笔"。更令人意外的是，进一步的反应，3岁小孩宣称她原先就知道盒内是蜡笔，甚至说她们本来说的就是蜡笔。

此研究发现的基本解释为，学前儿童尚未有心理理论，即认为别人拥有与他们不同的心灵与想法的概念，因此无法了解人们可以拥有与他们不同或与现实相异的信念。

儿童心理理论是如何发展的？巴奇（Bartsch）与威尔曼（Wellman）认为，发展系列有三个步骤（1995）。首先，约2岁时，儿童对单纯的欲望、情绪与知觉经验有基本概念，他们了解人们可以拥有欲求与恐惧、可以看到且感受到事物，但是并不知道人们可在心里形成物体及自己欲望与信念的表征。接着，约3岁时，儿童开始谈论他们的信念、想法与欲望，而且似乎知道信念可真可伪，且可以和他人不同，但是他们仍持续以欲望而非信念来解释其行动。最后，约在4岁时，儿童开始了解到，人们的想法与信念会影响其行为，而且人们的信念是可以不必反映现实的。

应用心理理论进行的最有趣的研究是孤独症（autism），这是一种严重的紊乱，儿童似乎对他人没有反应，且显然在与他人沟通方面

心理理论的研究主张每位幼童均倾向于认为别人与他有着对世界相同的观点——包括他们在封闭箱中所见

虽然幼童会参与和别人一起玩平行游戏，但只有在他们年龄稍大后才会开始了解控制社会互动的一些规则

存在困难。威尔曼（1994）主张孤独症的儿童缺乏基本心理理论，乃至剥夺了他们了解他人感受、欲望与信念的能力，结果，对自闭儿童而言，别人似乎就是一件物体，使得自闭儿对他人显然缺乏兴趣，因而退缩到自己的内在世界。女作家天宝·葛兰汀（Temple Grandin）曾患孤独症，但日后仍然颇有成就，她曾如此描述：

> 对大多数人再自然不过的社会互动，对孤独症者来说，却是可怕的经验。当还是一个小孩时，我像是只没有本能指引的动物，必须靠不断摸索来学习。我一直在观察，试图找出行为的最佳方案，但是总觉得格格不入。我必须去设想每种社会互动。当别的同学迷披头士时，我称他们的举动为 ISP（interesting sociological phenomenon，有趣的社会现象）。我像是想发掘当地居民生活方式的科学家。我想加入，却不知该如何行动……
>
> 我的整个一生都是一位旁观者，我一直觉得自己像是在外围观察的人。在高中生活中，我无法参与社会互动……我的伙伴们谈论珠宝或其他空泛无聊的话题可以扯上好几个钟头。他们到底想从中得到什么？我就是不解。虽在人群中我格格不入，但我还是有些兴趣相近，像是溜冰、骑马等志同道合的朋友，这些友谊通常是因为我的作为而非我的身份才得以滋长（Grandin，1995，p.132）。

道德判断的发展

除了研究儿童思想的发展外，皮亚杰对儿童道德判断的发展也有兴趣。**道德判断**（moral judgement）是指儿童了解道德规范与社会惯例。他相信儿童整体的认知发展层次决定了他们的道德判断。他观察不同年纪儿童玩有规则的游戏（例如，玩弹珠），他认为儿童对规则的了解有四个发展阶段（Piaget，1932，1965）。第一个阶段出现于前运算阶段初期，此阶段儿童会参加一种"平行游戏"，即每一个儿童倾向于依自己的意愿来遵循一套特殊规则。例如，儿童可能会将不同颜色的弹珠分类成组，或将大弹珠先滚过房间再滚小弹珠。这些"规则"使儿童的游戏显出某种规律，但儿童时常任意改变这些规则，而且也没有集体性的目的，如合作或竞争等。

大约自 5 岁起，儿童发展出遵循规则的义务观念，视规则为由某个权威（可能是父母或上帝）交付下来的绝对道德命令，是永久、神圣且不容修改的，严格依照字面意义遵守这些原则比依照理性来修改这些原则更为重要。例如，此阶段儿童会拒绝别人的建议，不肯改变弹珠游戏起始线的位置，以便与幼小的儿童能一起玩。

在此阶段，儿童是以行为结果而非其背后的意图来做道德判断。例如，皮亚杰告诉儿童数则相对的故事，其中一则是说一个男孩子当妈妈不在家时，想偷吃果酱，结果打破一个茶杯；另一个男孩子也打破一套茶杯，但纯粹是意外，他并没有做错任何事。皮亚杰问儿童被试："哪个男孩较顽皮？"他发现前运算阶段儿童倾向于根据损坏的程度，而非行为背后的意图或动机来判断谁较顽皮。

在皮亚杰的道德发展第三阶段，儿童开始理解有些原则是社会习俗——是假如每个人都同意就能任意改变的集体同意的事件。儿童的道德现实主义也开始衰退，他们现在着重于"主观的"考虑（如一个人的意图），并且视处罚为人为的选择。而非不可避免的命定报应。

形式运算阶段初期也符合儿童理解道德原则的第四和最后阶段。儿童表现出极有兴趣产生原则，用来处理他们甚至从未遭遇过的情境。此阶段最显著的是道德推理的观念形式，其探讨的是广泛的社会议题，而非只是个人和人际问题的情况。

美国心理学家劳伦斯·科尔伯格（Lawrence Kohlberg）将皮亚杰的道德推理研究扩展至青春期和成人期（Kohlberg，1969，1976）。他借助故事呈现道德两难问题，从而试图决定道德判断的发展是否也具有普遍的阶段。例如，有一个故事是，一个男人濒临死亡的妻子需要一种药才能救她，但他负担不起，请求药商以便宜一点的价格卖给他，当药商拒绝时，此人决定偷药。被试被要求讨论此人的行为。

分析过数种此类两难困境的答案后，科尔伯格归纳出 6 个道德判断的发展阶段，并分成前习俗、习俗、后习俗三个层级（参阅概念摘要表）。依这些答案所划分出来的阶段并非基于此行为被断定为对或错，而是做此决定的理由。例如，同意此人应该偷药，是因为"假如让太太死掉，你将会很伤心"，或不同意此人行为，是因为"假如你偷药，会被抓到送进监狱"，此二者被归入层级 I，或**前习俗道德**（preconventional morality），两者都以预期的处罚作为衡量个人行为对错的依据。

科尔伯格相信所有孩子在 10 岁之前的道德都属于层级 I，10 岁以后，他们开始以别人的意见来衡量行为［层级 II］，大多数儿童在 13 岁之前的道德推理都在此层级［为**习俗道德**（conventional morality）］。继皮亚杰之后，科尔伯格认为只有获致形式运算思想的人，才能具备层级 III **后习俗道德**（postconventional morality）所必需的抽象思维（行动是以较高的道德原则来评估）。道德发展的最高阶段（阶段 6），须建立抽象的伦理原则，以避免良心

概念摘要表

道德推理的阶段

科尔伯格认为道德评价按照以下的阶段随着年龄的增加而发展［取材自 Kohlberg, L（1969），"Stages of Moral Reasoning" from "Stage and Sequence: The Cognitive Development Approach to Socialization" in *Handbook of Socialization Theory and Research*, D.A.Goslin（ed.）. Reprinted by permission of Rand McNally.］

层级 I	前习俗道德
阶段 1	惩罚导向（为了避免惩罚而服从规范）
阶段 2	奖励导向（为了报偿和回报而遵守规范）
层级 II	**习俗道德**
阶段 3	好男孩／好女孩导向（为了避免别人反对而遵守规范）
阶段 4	权威导向（为了避免权威的责备及没有"尽责"的罪恶感，而遵守律法和社会原则）
层级 III	**后习俗道德**
阶段 5	社会契约导向（为了公正的大众福祉以及获得同伴的尊敬，从而获得自尊，而遵守规范）
阶段 6	道德原则导向（为了自选的道德原则；其通常用来评价正义、尊严和平等，以及避免良心上的自责，而遵守规范）

上的自责。

科尔伯格指出，表现出阶段 6 "明确原则"思想的成人被试低于 10%，这可以一个 16 岁被试对此人困境的反应为例来说明："就社会律法而言，他是错了！但就自然律法或上帝旨意而言，药商错了，丈夫的行为是正当的。人类生命的价值远在财物的获得之上，不管是谁濒临死亡，即使是一个完全陌生的人，每个人都有义务救他脱险（Kohlberg，1969，p.244）。"在科尔伯格过世前，他删去了理论中的第 6 阶段，而层级 III 指的只是依据较高阶的原则进行推理。

科尔伯格自数种文化中的儿童找出此阶段顺序的证据，其中包括美国、墨西哥、中国台湾和土耳其（Colby，Kohlberg，Gibbs，& Lieberman，1983；Nisan & Kohlberg，1982）。但另一方面，其他研究显示人们在不同情况下用不同的原则，而且这些阶段并非连续的（Kurtines & Greif，1974）。科尔伯格这项理论也被批评为太过"大男子主义"，因为它被看作基于公平正义的"男性"抽象推理风格，在道德层次上高于基

于关切照顾他人以保证关系的完整性和连续性的"女性"推理风格（Gilligan，1982）。

皮亚杰认为小孩不能区辨社会习俗（规定）与道德规范理论的主张也受到挑战。在一项研究中，向 7 岁的儿童提供一张并未违反现行规定的行为清单，请他们指出错误的行为。这些儿童相当一致地指出说谎、偷窃、打人、自私都是错误的，即使并没有规定禁止这些行为；反之，他们并不认为上课时嚼口香糖、直呼老师姓名、男生上女厕所，或用手抓午餐吃有什么错，只要没有禁止的规定（Nuccli，1981）。

◆小结

皮亚杰的理论描述认知发展阶段。他们从感知运动阶段开始（其中主要的发现是客体永久性），经过前运算阶段（开始运用符号）、具体运算阶段（发展守恒概念），到形式运算阶段（系统性地验证假设以解决问题）。

新的验证方法显示皮亚杰的理论低估了儿童的能力，因此提出了几种不同的研究取向。

认知的信息处理论取向，认为认知发展反映在诸如注意与记忆等历程之渐进发展上。

其他学者强调主要特定知识的增长。

还有一些学者，包括维果斯基，着重于社会与文化背景的影响。

这些儿童认知发展的新近研究有许多是聚焦于儿童心理理论，或了解到别人可以拥有不同于自己与现实的信念和期望。

皮亚杰相信儿童对道德规范的推理与判断，是依循其认知能力而发展。科尔伯格将皮亚杰的理论延伸到青春期与成年期，他提出三个道德判断的层次：前习俗道德、习俗道德与后习俗道德。

◆关键思考问题

1. 皮亚杰的理论如何看待试图加速儿童认知发展的"小学生学业成功计划"之类活动？较新近的理论对这些计划又有何看法？

2. 劝阻年轻人不要嗑药或性泛滥的各种运动，意味着年轻人是处于哪一层级的道德推理？你能否想出可以迎合较高道德推理层级的活动主题？

第四节　人格和社会发展

在克莉斯汀从医院抱回宝宝麦克后，她注意到他与当时的老大美姬很不相同。美姬是个很好带的乖宝宝——克莉斯汀的妈妈与姐姐对美姬那么快就在睡眠与饮食方面规律化，而且很快适应各种改变倍感讶异。她似乎在任何地方都可入睡，也不介意在假日大型、嘈杂的家庭聚会中被亲戚们抱来抱去。麦克虽说并非真难带，但他确实要花更多的时间与耐心才能培养好睡眠的规律性。遇到新经验，从第一次洗澡到初尝豌豆，都会碰上麦克轻微但明确的抗拒。克莉斯汀很快就发现，只要她哄着点，持续尝试，不用多久，他也会习惯新的事物（取材自 DeHart et al.，2000，p213）。

与克莉斯汀一样，父母常会惊讶于第二个孩子与第一个孩子是如此不同。早在生命的最初几周，婴儿间便显现出在活动程度、对周遭环境变化的反应度，以及对刺激的感受性等的个体差异。有些婴儿很爱哭，有些很少哭；有些对换尿布或洗澡很少反抗，有些则会乱踢且猛力挣扎；有些对一点点声音都有反应，有些只对非常大的声音有反应，对其他声音则置若罔闻；甚至连"被抱抱"一事，婴儿也各有不同，有些似乎以被抱为乐，并将身体贴向对方，有些却是僵硬且扭曲不安（Rothbart & Bates，1998）。这些与情绪有关的人格特征被称为**气质**（temperament）。

气　质

传统观念认为，婴儿的行为是由早期环境塑造的，例如，孩子若是爱哭闹，父母常会因此责怪自己；然而对儿童间不同气质的观察早就开始挑战此项观念。对新生儿的研究即逐渐澄清此点：许多气质的差异是与生俱来的，而父母和婴儿间的关系是互相的，即婴儿的行为也会造成父母的反应。一个容易安静、一抱便停止哭叫的婴儿，会增强母亲对自己能力的信心和依恋感；而一个不管如何安抚都是哭闹不休的婴儿，会使母亲产生能力不足和被拒绝的感觉。孩子对父母所提供的刺激越有反应（被抱时会贴过来并安静下来，被逗弄时会注意对方），

有些婴儿比其他婴儿容易安抚。这种差异乃源于气质的差别

亲子间的亲情联系越容易建立。

一项气质方面的前沿研究始自20世纪50年代即开始追踪的140名来自美国中产阶级和上流社会的婴儿。其数据的建立，最初是经由对父母的访谈，之后再补充对老师的访谈，以及直接对儿童做测试。这些婴儿被划成9种特质，分组成三大气质类型：喜欢玩耍、睡眠和饮食习惯规律、且能很快适应新环境的婴儿，被归为**容易型**（easy，大约占样本的40%）；性情暴躁、睡眠和饮食习惯不规律、对新环境反应激烈且抗拒的婴儿，被归为**困难型**（difficult，大约占样本的10%）；相对不够活泼、对新环境反应温和及畏缩，比容易型婴儿需要更多时间适应新环境的婴儿，被归为**迟缓型**（slow to warm up，大约占样本的15%）；其余35%的婴儿则未显现出偏向哪一型（Thomas，Chess，Birch，Hertzig，& Korn，1963）。

在最初的样本中，有133位被试被追踪至成人期，并再度接受气质和心理顺应的评估。此研究结果为气质的延续性提供了混合型的证据。一方面，这些儿童在生命前5年各气质评分间有显著的相关："困难型"气质儿童日后可能比"容易型"儿童更易有学校问题。成人期气质和顺应的测量结果与儿童期在3、4和5岁时的测量结果有显著相关。另一方面，所有的相关系数都相当低（约0.3），而且若分开考虑，这9项特质大多数分别显示出只有些许相关或没有持续性（Chess & Thomas，1984；Thomas & Chess，1986，1977）。

早期探讨气质稳定性的研究在方法上受到批评：这些研究过度依赖父母对自己宝宝的气质的报告，而我们是有理由怀疑父母在判断时是有偏差的——不是比旁观者评得较为正向，就是较为负面。其后的研究即同时采用父母报告与直接观察儿童行为的数据，结果显示儿童早期的气质的稳定性并不高。

也就是说，2个月大的小孩其气质与5岁时的气质并不像。不过，至少到了儿童学步期时所评得的气质，即能预测日后他的情绪与行为特征（Rothbart & Bates，1998）。一项以79个21个月大的婴儿为对象进行的研究，先将他们区分成抑制或不抑制两极，而在13岁时，那些当时被区分作不抑制的，其外化问题、违规及攻击行为的测验得分，均明显偏低（Schwartz，Snidman，& Kagan，1996）。其他研究也发现，趋近或避开不熟悉事物这种气质会维持相当的稳定性（Kagan & Snidman，1991）。有证据指出，气质多少受到遗传的影响。有研究发现同卵双子间的气质比异卵双生子间更相似（Rothbart & Bates，1998）。这种同卵双生子间相似性较异卵者为大的结果，显示基因在气质方面扮演着重要角色，因为同卵双生子拥有共同的基因组成，而异卵者的基因相似性则与一般手足一样。

研究者强调气质的持续或不持续性是认为，气质为儿童基因型（即遗传的特征）与环境间交互作用的一种函数。他们尤其相信健康发展的主要关键在于儿童气质和家庭环境间能适配，若困难型儿童的父母亲能提供一个快乐、稳定的家庭生活，儿童的抗拒、困难行为将随着年龄而消退（Belsky，Fish，& Isabella，1991）。托马斯（Thomas）和切斯（Chess）引用卡尔的例子来证明这点。卡尔是一个从出生数月到5岁时被归于"困难型"气质的男孩，由于卡尔的父亲乐于见到儿子展现"精力旺盛的"气质，并容忍他对新环境最初的抗拒反应，卡尔虽然依旧精力旺盛，但逐渐变成"容易型"的孩子，在23岁时，他被明确归类于"容易型"气质组。然而，当生活环境改变时，卡尔的最初气质常常会短暂浮现。例如，他在儿童末期开始上钢

婴儿笑的能力会有助于他们与主要的照顾者之间相互加强社会互动系统

琴课，再度表现出强烈的抗拒反应，之后才慢慢适应，最后转变为积极热心的投入。当他进入大学时，类似的模式又再度出现（Thomas & Chess，1986）。

有来自早年即分开长大之同卵双生子的有力的研究证据指出，遗传基因与环境间的交互作用，造就一个儿童的气质（Plomin，1994）。分开成长的同卵双生子在那些被视作气质层面的抑制性与消极情绪表现间，有较多的相似性，但还是比不上在一起长大的同卵双生子间的相似程度，可见环境仍有一定的影响力。

早期社会行为

两个月大的婴儿通常会在父母的注视下微笑，父母欣喜于这种反应，便会一再鼓励孩子重复微笑的动作。确实，婴儿在如此幼小年纪的微笑能力可能有明确的发展，因为它加强了亲子联系。父母将这些微笑解释为婴儿认识且爱他们，甚至鼓励他们更有感情和刺激的反应。一个社会交互作用的互相加强系统因而建立并维持。

全世界的婴儿大约都在此年纪开始微笑，这说明在决定微笑的出现上，成熟扮演很重要的角色。盲婴开始微笑的年纪也和视力良好婴儿相近，此情形指出微笑是一种与生俱来的反应（Eibl-Eibesfeldt，1970）。

婴儿在3或4个月大时表现出认识并较喜欢熟悉的家庭成员——看到家人面孔或听到他们的声音会微笑或咿呀作声——但此时婴儿仍相当乐于接受陌生人。然而，到了婴儿大约七八个月大时，许多婴儿对陌生人的接近开始显现出不安或苦恼，而且当他们被留在不熟悉的场所或与某个陌生人在一起时，会做强烈抗议。父母此时经常讶异地发现，一向乐于接受保姆照顾的孩子，现在居然在父母要离开时大哭，甚至在父母走了之后仍哭上一阵子。虽然并非所有婴儿都表现出这种"陌生人焦虑"，但婴儿确实会表现出此焦虑的人数从大约8个月大到1岁前戏剧性地增加；同样地，与父母分离所感到的焦虑在14—18个月之间到达最高点，之后便逐渐下降。到了3岁时，大多数儿童对于父母不在眼前已有足够安全感，并能和其他儿童或成人自在地互动。

这两种恐惧的出现和消失似乎与育儿方式关系不大，一直在家中养育或在托儿所中受到照顾的美

国儿童均出现同样的状况。图3-10显示虽然当母亲离开房间时，儿童哭泣的比例随着文化的不同而改变，这些不安出现和消失的相关年龄模式都非常类似（Kagan，Kearsley，& Zelazo，1978）。

我们该如何解释孩子在时间上有系统地显现这些恐惧？有两个因素似乎在恐惧消长上扮演着重要角色，其中之一是记忆容量的成长。大约在6至12个月大时婴儿已有能力记忆过去事件且能比较过去和现在，这使婴儿能够侦测（且有时害怕）不寻常或不可预知的事件。"陌生人焦虑"的出现与害怕不寻常或意外的刺激相符合。一个奇怪的面具或魔术箱可让4个月大婴儿微笑，但往往使8个月大婴儿感到不安，当孩子知道陌生人和不寻常物品通常并非是有害的，这些恐惧便会逐渐消失。

记忆的发展通常也会涉及**分离焦虑**（separation anxiety），指照顾者不在旁边时婴儿就会沮丧不安。除非他能记忆一分钟前母亲的存在，并将此记忆与现在母亲的缺席做比较，否则婴儿无法"想念"母亲。当母亲离开房间，婴儿知道某件事情出了差错，

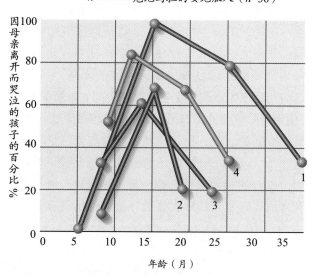

图3-10 孩子面临母亲离开时的压力

虽然母亲离开房间时，孩子哭泣的比例随着文化的不同而改变，但这些不安出现和消失的相关年龄模式在各文化中都是类似的（资料来源：*Infancy*: *Its Place in Human Development* by Jerome Kagan, R.B.Kearsley and P.R.Zelazo, p.107, Cambridge, Mass.: Harvard University Press, Copyright © 1978 by the President and Fellows of Harvard College.）

因此导致不安。当婴儿记忆力增进到能记得父母去而后返的例子，他便较能预期暂时离开的父母将再回来，焦虑也就随之降低。

第二个因素是自主的成长，即儿童能够脱离照顾者。一岁大儿童仍然相当依赖成人照顾，但两或三岁儿童已可自行拿取餐盘或玩具，同时也能运用语言表达自己的需要和感情。因此，对一般照顾者的依赖减少，对熟悉照顾者的特殊依赖也降低，使得与父母暂时分离的严重性减轻。

依 恋

依恋（attachment），即婴儿有寻求特定人物亲近关系、同时在对方在场时会感到更有安全感的倾向。心理学家最初以为对母亲依恋的发展，是由于她是食物的来源，可满足婴儿的最基本需求。但某些事实并不符合此项看法。例如，小鸭和小鸡一出生便能自行觅食，但它们还是跟着母亲，并花很多时间和母亲在一起，它们的舒适感来自母亲的存在，而非母亲在喂食上所扮演的角色。有个以猴子为对象所做的一系列著名实验，显示母亲和婴儿间的依恋不只是出于哺育的需要（Harlow & Harlow，1969）。

此项实验在幼猴一出生就将它抱离母猴，而以铁丝网和木质头部做成的人工"母亲"来代替母猴，一个母亲的躯体只有铁丝网；另一个则覆盖泡沫乳胶和厚绒布，使它更容易抚抱和依靠（见图3-11），两个

图3-11 猴子对人工母亲的反应

虽然是由铁丝母亲来喂食，幼猴还是花较多时间和绒布母亲在一起。绒布母亲为幼猴探索陌生事物提供安全感

母亲胸前都装有一个奶瓶可供应乳汁。

此实验想确定供给食物的母亲是否就是幼猴喜欢依恋的对象。结果相当明显：不管是由哪个母亲提供食物，幼猴都喜欢依靠在绒布母亲身上，这个完全被动但触感柔软的母亲是安全感的来源。例如，当幼猴置身于一个陌生环境时，若能接触到绒布母亲，其明显的恐惧感就能减轻，只有以手或足攀附在绒布母亲之上，幼猴才敢放胆去探索陌生的物品，否则它会很害怕而不敢接近这些物品。

虽然这种人工母亲可以提供一种重要的"抚养"方式，但对健全地发展仍然不够。由人工母亲养育并在出生6个月内未曾与其他猴子接触的幼猴，在日后成年期会出现各种奇怪的行为，它们很少能与其他猴子进行正常互动（害怕退缩，或表现出异常的攻击行为），并且性反应不正常。早期社会接触被剥夺的母猴交配后（当然得经过一番努力），很难成为好母亲，有忽视或虐待第一胎幼猴的倾向——虽然在第二胎之后，它们会变得较好。然而需要注意的是，这是在这些猴子都被剥夺了所有社会接触的情况之下。由人工母亲养育的幼猴若在出生6个月内能接触到同伴，成年后的表现就很正常。

虽然我们在将以猴子为对象的研究结果类推至人类的发展时应小心谨慎，但的确有证据显示人类婴儿对最初照顾者的依恋具有相同的功能。大多数人类婴儿依恋的研究始于心理分析学家约翰·鲍尔比（John Bowlby）在20世纪五六十年代所做的工作。鲍尔比是在观察留宿托儿所和医院病房那些与他们的母亲相分离的婴儿和幼童的行为时，对依恋问题产生兴趣的。他的研究使他确信，幼儿若在早期生活中无法与他人形成安全依恋，将影响其成年后发展亲密人际关系的能力（Bowlby，1973）。

玛丽·安斯沃思（Mary Ainsworth）是鲍尔比的伙伴之一，经过更进一步观察乌干达和美国的孩子及他们的母亲后，她发展出一套实验室程序以评估12至18个月大婴儿的安全感气质（Ainsworth，Blehar，Waters，& Wall，1978）。此程序称为陌生情境（strange situation），包括一系列步骤，以观察主要照顾者在离开房间后又返回的情况下儿童的反应（见表3-1）。历经整个程序后，透过单向镜观察并记录儿童的行为：孩子的活动程度、玩玩具的意愿、哭泣和其他不安现象，与母亲亲近或引起母亲

表3-1 陌生情境的事件程序
1. 母亲、孩子进入实验房间，并将其安置于四周都是玩具的地板上，然后在房间的一边坐下。
2. 一位陌生女性进入房间安静坐下一分钟，与母亲交谈一分钟，然后尝试鼓励孩子玩玩具。
3. 母亲悄悄离开房间。如果孩子没有表现出烦乱，陌生人继续安静坐着。如果孩子显得烦乱不安，陌生人试着安抚他。
4. 母亲回到房间，并鼓励孩子玩玩具，此时陌生人悄悄离开。
5. 母亲再度离开，这次孩子单独留在房间内。
6. 陌生人回房间，如果孩子显得烦乱不安，陌生人试着安抚他。
7. 母亲回到房间，陌生人悄悄离开。

注意的尝试，与陌生人互动的意愿，等等。研究者根据婴儿的行为将他们分成三类。

安全依恋（securely attached）：在母亲离开时（第3和第5步骤），不论孩子当时是否显得烦乱不安，当母亲返回时，想与她互动的孩子都被归为安全依恋。有些只要远远看见她回来了，就会继续玩玩具；有些则会趋前要她抱；有些则在整个过程中密切注意母亲的动向，当她离开时表现出强烈烦乱不安。研究中的孩子大约有60%—65%的美国孩子属于此类。

不安全依恋：逃避（insecurely attached: avoidant）。此类孩子在母子再聚时逃避与母亲互动。有

依恋的研究着重关注在照顾者离开一段时间后，儿童对照顾者的反应

些几乎完全忽视母亲的存在；有些则表现出复杂的态度，有时想跟母亲互动，有时却又逃避。当母亲在房间内时，逃避型婴儿很少注意她，当她离开时，他们通常也不会显得不安，而且很容易让陌生人安抚，如同受母亲安抚一般。大约有20%的美国孩子

属于此类。

不安全依恋：矛盾（insecurely attached: ambivalent）。如果孩子在母子再聚时对母亲表现出抗拒的态度就被归入此类。他们同时寻求却又抗拒身体的接触。例如，他们可能哭着要母亲抱，然后又生气地挣扎着要下来，有些行为非常被动，当她返回时，哭着要她抱但不愿爬向她，而当她趋近时却又显出抗拒的态度来。大约10%的美国孩子属于此类。

父母反应方式

由于有些婴儿似乎不属于这三类，因此许多研究提出了第四类，称之为**混乱型依恋**（disorganized），此类婴儿通常表现出矛盾的行为（Main & Solomon, 1986）。例如，他们可能会趋近母亲却小心地不看她；或者趋近她却又显出令人困惑的逃避；或者在安定下来后又突然号啕大哭；有些似乎很迷惑，显得毫无表情或很沮丧。大约10%至15%的美国孩子现在被归于此类，其中被虐待的孩子或父母正接受精神治疗的孩子比率相当高。

在试图说明孩子间的依恋差异时，研究者已将注意力转向主要照顾者（通常是母亲）的行为。决定孩子依恋形态的主要关键在于照顾者对婴儿需要的**敏感反应**（sensitive responsiveness），这种反应可以产生安全依恋。安全依恋孩子的母亲在孩子哭泣时，通常会迅速反应，并在抱起他时，显得很有感情，她们也会针对孩子的需要做出适当反应（Clarke-Stewart, 1973）。例如，她们会依照孩子的信号决定何时开始喂食及何时结束，注意孩子的食物偏好。相反的，不安全依恋孩子的母亲，大多以自己的期望和情绪做反应，很少以孩子的信号做出反应。例如，当她们想抱抱孩子时，便会对孩子要求注意的哭声有所反应，但其他时候她们会忽视此类哭声（Stayton, 1973）。

并非所有发展心理学家都同意照顾者的反应是孩子依恋行为的主要成因。他们呼吁孩子本身的气质也值得注意（Campos, Barrett, Lamb, Goldsmith, & Stenberg, 1983；Kagan, 1984）。例如，或许是气质使"容易型"孩子比"困难型"孩子更容易形成安全依恋。并且，如稍早所提，父母的反应往往是孩子本身行为所造成的。例如，"困难型"孩子的母亲倾向于很少花时间陪他们玩（Green, Fox, &

Lewis，1983）。依恋模式可能反映出这种孩子气质与父母反应间的交互作用。

依恋理论学者提出有利于"照顾者反应假说"的证据作为响应。例如，研究者发现一岁前孩子哭泣情形的变化较大，而母亲对其哭泣的反应则较无变化。此外，从第一个三个月期间母亲的反应来预期第二个三个月期间孩子的哭泣行为，会比以孩子哭泣来预期随后母亲对他们的反应来得好。简而言之，母亲影响哭泣显然大于孩子影响母亲对哭泣的反应（Bell & Ainsworth，1972）。一般而言，母亲的行为显然是建立安全或不安全依恋最重要的因素（Isabella & Belsky，1991）。

晚近的研究可能提供了可以解决此项争议的答案。在陌生情境中的依恋分类并非根据母亲离开时孩子的不安情形，而是根据她返回时孩子的反应。近期研究显示孩子的气质与前者有关，而非后者（Frodi & Thompson，1985；Vaughn，Lefever，Seifer，& Barglow，1989）。例如，"容易型"气质孩子在母亲离开时并非特别不安，当她返回时，他们要么高兴地欢迎她——以表现出一种安全依恋模式，要么表现出不安全依恋的逃避模式；"困难型"气质孩子在母亲离开时特别烦乱不安；当她返回时，他们要么寻求倚靠她以表现出一种安全依恋模式，要么表现出不安全依恋的矛盾模式（Belsky & Rovine，1987）。因此，孩子对主要照顾者离开和返回的整体反应，是受到照顾者对孩子的反应和孩子本身气质两者的影响。

日后发展

多年以后再次测试，孩子依恋的分类仍然维持相当稳定——除非家庭生活环境遭逢重大改变（Main & Cassidy，1988；Thompson，Lamb，& Estes，1982）。生活中的重大改变可能影响父母对孩子的反应，因而反过来影响孩子的安全感。

早期依恋模式显然也与未来几年孩子如何处理新的经验有关。例如，在一项研究中，给予两岁儿童一系列需要使用工具解决的问题，有些问题在儿童能力范围之内，有些则相当困难。曾在 12 个月大时被归类为安全依恋的幼童，对解决问题既热心又坚持，遭遇到困难时，他们很少生气或发怒，而是寻求一旁成人的帮助。早期被评为不安全依恋的孩

日间照顾的质量对小孩发展的影响比日间照顾的时间长短更重要

子则表现得极为不同，他们较容易产生挫折感和愤怒，很少寻求帮助，倾向于忽视或拒绝成人的指导，并且很快便放弃尝试解决问题（Matas，Arend，& Sroufe，1978）。

这些及类似的研究指出，在两岁前安全依恋的小孩，在应对新经验时较为应手。然而我们却未能确定，儿童早年依恋的质量是否与日后解决问题能力有直接关系。在婴儿期对需求能有响应的父母也可能在儿童早期持续提供有效的亲子行为——鼓励自主与对新经验的努力应对，而只在需要时才提供协助。因此，小孩此时的能力反映的可能是当前的亲子关系状态，而非两年前存在的关系。此外，孩子的气质——如同之前所述，影响他们在陌生情境中的行为，可能也影响他们学前阶段的能力。

日间托育的影响

探讨早年依恋经验对儿童发展重要性的研究提出一个问题：日间托育对儿童长期的健康有何影响？日间托育在美国是项颇具争议性的课题，因为很多人怀疑这会对幼儿造成影响，许多美国人相信幼童还是应该在家中由双亲之一（通常是母亲）来照顾。然而在一个大多数母亲还是劳动主力的社会，日间托育是个现实问题：事实上，3—4 岁上托儿所的小孩（43%）要比留在家中被照顾的小孩（35%）多。

对日间托育批评最有力的是发展心理学家杰伊·贝尔斯基（Jay Belsky），他在其著作中指出日间托育对儿童的发展有负面的影响（Belsky，1986；Belsky，Woodworth，& Crnic，1996）。他发现每周由非母亲照顾超过 20 个小时的婴儿，较容易在陌生

情境测验中被归为不安全依恋者，较不易顺从成人的要求，与同伴互动时也较具攻击性。

美国政府面对此研究证据的反应是，推动一个大规模的研究计划，探讨各种照顾婴幼儿的日间托育方式的影响（NICHD Early Child Care Research Network，1996，1997）本研究遍及全美10个地区，搜集这些地区儿童的家庭特性及他们所接受的托育质量。整体而言，本研究结果指出环境相当、每周在日间托儿所花上30小时（或以上）的儿童与少于10小时者，并无明显的差别。

日间托儿所的质量对儿童的健康与发展却有重大的影响。在质量较差的机构，一位保姆照料一大群儿童、保姆训练不足、保姆离职率过高，则在这类机构待的时间越多的儿童，会比待的时间较少或机构质量较佳者，在许多情绪与认知作业上表现更差。不幸的是，参与本研究的托育机构几乎有半数属于质量差者。这种低质量的日间照顾若再结合了该儿童的家庭生活问题（如，母亲粗心或贫穷），就成了伤害儿童的认知与社会发展的危险因子。

其他有关日间托育的研究也支持了"日间托育质量对儿童发展有决定性的影响"。早年即获高质量托育照顾的儿童，比起较晚才进日间托儿所的儿童，在小学阶段更具社会竞争力（Andersson，1992；Field，1991；Howes，1990）且更能自我肯定（Scarr & Eisenberg，1993）。质量良好的日间托育能减轻成长时经受高度家庭压力产生的不良影响（Phillips，Voran，Kisker，Howes，& Whitebrook，1994）。

总而言之，儿童并不会因没有母亲照顾就受到影响。那些不好的影响，多属情绪性的；而好的影响，多为社会性的；而认知方面的影响则通常为正向的或没有关系。将日间托育这些发现应用到日间托育的研究时，还是说得通：不论家庭环境如何，质量不高的日间托育对儿童有不良的影响；反之，设施完善且拥有足量保姆的日间托儿中心，对儿童的发展有正向的影响。

性别同一性和性别特征

大多数儿童都可获得一种**性别同一性**（gender identity）：知道自己不是男性就是女性。大多数文化都将男女间的生物差异编入信念网络中，并在几乎遍及所有人类活动的领域中奉行这些信念。不同文

心理分析与社会学习论对儿童模仿其同性双亲的原因有相当不同的解释

化对正确的行为、角色和人格特质的定义都不尽相同，而一个文化中的这些定义可能随时间推移而改变。但不论目前的定义为何，每一个文化仍努力将男婴转变为雄壮的男人，将女婴转变成娇柔的女人。

获得文化认为适合个人性别（男或女）的适当行为和特征的历程，即所谓的**性别特征**（sex typing）。注意，性别同一性和性别特征并非同一件事。一个女孩可能接受自己是女性（性别同一性）这一事实，但仍不会刻意避免某些被认为是男性化的行为（性别特征）。

但性别同一性和性别特征只是文化规定和期望的产物吗？还是"自然"发展的部分产物？本文此处将讨论回答关于这个问题的四种理论。

心理分析论　首位试图解析性别同一性和性别特征的心理学家是弗洛伊德（Freud，1933，1964）。**心理分析论**（psychoanalytic theory）和其局限将在第十三章做深入探讨；此处仅略述弗洛伊德理论中有关性别同一性和性别特征的概念。

根据弗洛伊德的看法，儿童大约在三岁开始注意到生殖器，他称此为性心理发展的性器期（phallic stage）的发端。最明显的是此时两性都知道男孩有阴茎而女孩没有，同时，他们也开始对与自己性别不同的父母有爱慕感，并对与自己同性别的父母感到嫉妒或憎恨，弗洛伊德称此现象为**俄狄浦斯冲突**（Oedipal conflict，得名自古希腊杀父娶母的俄狄浦斯传说）。等他们再成熟一点，两性终究会经对同性家长的认同来解决此项冲突，试图借着模仿同性家长的行为、态度和人格特质来与他或她相

像，这就是性别特征（Freud，1925 / 1961）。心理分析论经常引起争议，且许多人批评其缺乏实证证据支持它的结论："儿童在发现性别差异后，认同同性的家长，因此决定了其性别同一性与性别特征行为（Kohlberg，1966；Maccoby & Jacklin，1974；McConaghy，1979）。"

社会学习论 相对于心理分析论，**社会学习论**（social learning theory）对性别特征的解释更为明确，它强调儿童因正确或错误性别特征行为所得到的奖励和惩罚，以及儿童通过观察成人而学习性别特征行为的方法（Bandura，1986；Mischel，1966；Perry & Bussey，1984）。观察学习也使儿童得以模仿同性成人而获得性别特征行为。

社会学习论有两项值得强调的鲜明特点。不同于心理分析论，社会学习论认为性别特征行为与其他学习行为一样，不需要假设特别的心理原则或历程来解释儿童如何完成性别特征。其次，假如性别特征行为并无特殊之处，那么性别特征本身便既非不可避免也非无法改变。儿童完成性别特征是由于性别正好是文化选择来作为奖励和惩罚的基础。假如文化意识形态变得不那么具有性别特征，儿童也将变得较少有性别特征的行为。

许多证据支持社会学习论对性别特征的看法。父母的确奖励儿童符合性别的行为，而惩罚其不符合性别的行为，并且是男、女童行为的最初模仿对象。从婴儿期开始，大多数父母便对男孩和女孩作不同的打扮，并给予不同的玩具。对对学前儿童的家庭的观察发现，父母奖励女儿打扮自己、跳舞、玩洋娃娃和乖乖地跟着父母，不许她们操作东西、赛跑、跳跃或攀爬；相反，父母奖励儿子玩积木，不许他们玩洋娃娃、寻求帮助，或甚至自愿帮助别人（Fagot，1978）。父母倾向于要求男孩更为独立，且对他们有更高的期许；父母也对男孩寻求帮助的反应较慢，且较不注重男孩在事务中的人际关系层面。最后，父母较常对男孩比女孩施以口头和身体上的处罚（Maccoby & Jacklin，1974）。

有些学者认为父母在对男孩和女孩做出不同反应时，可能并非特意将自己的刻板印象加诸孩子身上，而只是单纯地反映出两性行为间真正与生俱来的差异（Maccoby，1998）。例如，即使在婴儿期，

有些学者认为父母坚持让孩子言行举止符合性别刻板行为，从而塑造小孩的性别角色，例如，让女孩参加选美

男孩就比女孩要求更多的注意，研究显示人类男性天生比女性较具身体攻击性（Maccoby & Jacklin，1974），这可能是父母较常处罚男孩的原因。这个原因或许有些真实性，但另一个原因也相当清楚，即父母对孩子们抱持刻板的期望，使他们以不同方式对待男孩和女孩。例如，站在医院育婴室外注视婴儿的成人相信他们能察觉婴儿性别的不同，被认为是男孩的婴儿被形容为健康、强壮和骨骼大；而同样的婴儿被看成女孩则被形容为细致、骨架细小和柔弱（Luria & Rubin，1974）。

父亲们显得比母亲更在乎性别特征行为，尤其是对于儿子。当儿子玩"女性化"的玩具时，他们比母亲更倾向做出否定的反应（干涉孩子的游戏或表示不赞同）。他们比较不在乎女儿玩"男性化"游戏，但他们仍然比母亲表现出较多的不赞同（Langlois & Downs，1980）。但比起父母和其他成人以性别刻板印象对待孩子的情况，孩子们自己才是真正的"性别歧视者"。同伴的性别刻板印象压力远比父母严苛。男孩特别容易批评做"女孩"活动的其他男孩。如果某个男孩被发现在玩洋娃娃、受伤时大哭，或对其他苦恼的孩子表示温柔关切时，马上会被同伴称为娘娘腔；相反的，女孩似乎并不反对其他女孩玩"男孩"玩具或有男性化活动（Langlois & Downs，1980）。

这几种性别特征的现象，可通过社会学习论详加解释。但另一方面，有些观察则无法以社会学习论轻易解释。首先，它将儿童视为环境压力的被动

接受者；社会、父母、同伴和媒体全部都对儿童"施加"压力。这种看法相当不符合前述的观察，即儿童会自行建构出比社会要求更轮廓鲜明的性别角色，并将其运用在自己和同伴身上，而比大多数成人更固守这种性别角色。其次，儿童对性别角色的看法有一种有趣的发展模式。例如，大多数 4 岁和 9 岁儿童相信，一个人选择职业不应该受到性别的限制，只要个人愿意，女人可以当医生，男人可以当护士。然而，在这两个年纪之间的儿童则持有更严苛的意见，因此，大多数（90%）的 6—7 岁的儿童相信职业的选择应该受到性别的限制。

这些观察是否似曾相识？如果你认为这些孩子听起来像是皮亚杰理论中前运算阶段道德现实主义者，你就答对了。心理学家科尔伯格（1966）之所以能直接自皮亚杰的认知发展论就发展出以性别特征为基础的认知发展论，其原因就在此。

认知发展论　虽然两岁儿童能根据自己的照片认定自己的性别，通常也能认定照片中依刻板印象着装的人物的性别，却无法准确地将照片人物分类为"男孩"和"女孩"，或根据性别预测另一个孩子对玩具的偏好（Thompson，1975）。然而，大约在儿童两岁半时，更清晰的性别概念开始浮现，同时，也能以**认知发展论**（cognitive developmental theory）解释之后的进展。这项理论尤其认为性别同一性在性别特征上扮演一个重要的角色，其顺序为："我是一个女孩（男孩），因此我想做女孩（男孩）的事情（Kohlberg，1966）。"换句话说，性别同一性才是一个人的行为动机，而非外在促使儿童做适当性别行为的奖励。因此，他们愿意将性别特征的要求施加于自己和同伴身上。

根据认知发展的理论，性别同一性在 2—7 岁间发展缓慢，与认知发展前运算阶段一致。最特别的是，前运算阶段儿童过于依赖视觉印象，当物品外观改变，他们便无法守恒对物品的认定，这与他们的性别概念有关。因此，3 岁儿童能区别男孩和女孩的照片，但大多数孩子无法说出自己长大后会成为妈妈还是爸爸（Thompson，1975）。这种了解即使年龄和外观改变，但性别依然不变的观念，称为**性别恒常性**（gender constancy），与水、泥土和棋子之守恒概念相似。

有实质的证据支持科尔伯格性别角色认同发展的一般顺序（Szkrybalo & Ruble，1999）。但是，"只有在性别恒常性发展好后性别角色认同才趋稳定"的说法，并未得到证实。儿童早在获得性别恒定之前，就已经对适合其性别的活动有着强烈且清楚的偏好（Maccoby，1998）。除此之外，科尔伯格的理论，也跟社会学习论一样，它无法说明为何儿童必须先根据自己是男性或女性来组织自我概念；为何比起自我界定的其他潜在范畴，性别应被列为优先考虑？下一个理论——性别图式理论，就是设计来回答这个问题的（Bem，1985）。

性别图式理论（gender schema theory）　社会学习论与认知发展论都对儿童如何获得有关适合其性别的行为、角色与人格特征的文化规范及常模等这类信息，提出一些合理的解释。但文化也教导儿童更深入的课程，即男女间的差异是如此重要，以至于成为用来看待每项事物的透镜。例如，试想儿童第一次进入提供各式各样新玩具和活动的托儿所时，必然会使用许多潜在的规范来决定尝试那些玩具和活动。她应该先考虑室内还是室外活动呢？他喜欢涉及艺术制作的玩具，还是需要机械操作的玩具？参加个大家一起玩的活动还是自己玩？然而，对于所有潜在规范，文化只强调一件事：绝对要先考虑玩具或活动是否适合你的性别。每一次，儿童都被鼓励透过性别透镜来看这个世界，这些透镜被称为**性别图式**（gender schema），或被称作一组关于性别的信念（Bem，1993，1985，1981）。

父母和老师并不直接教导儿童性别图式的相关概念。相反，它于日常文化生活中产生潜移默化的影响。例如，假如一位老师希望以两性平等方式对待学生，因此，学生想喝水时，她让他们在饮水机前依照男生和女生顺序轮流排队；如果星期一是由男生担任学生纠察，星期二便改由女生担任；参与课堂游戏的男生和女生人数必须相等，这位老师相信她是在教导学生两性平等的重要性。她是对的，但她在不知不觉间教导学生性别的重要。学生无论学习到一项看起来与性别多么不相关的活动，在从事此项活动时，还是会留意男女间的差异。

儿童也学习对自己采用这些性别透镜，根据自认为男性或女性来组织他们的自我概念，并以回答"我够男性化或女性化吗"这样的问题来判断他们的自我概念。此种情形下，性别图式既是性别同一性理论，也是性别特征理论。

因此，性别图式论成了可以回答"为何儿童必须先根据自认是男性或女性来组织他们的自我概念"这一问题的理论。如同认知发展论，性别图式论视发展中儿童为其社会化中的主动行动者。但如同社会学习论，性别图式论暗示性别特征既非不可避免也非无法改变的，根据此理论，儿童完成性别特征是因为"性别"正好是文化选择来组织其现实观念的主要焦点。此理论意味着：假如文化意识形态变得不那么具有性别特征，儿童的行为和自我概念也将变得具有较少的性别特征。

弗洛伊德的心理分析论主张：性别同一性与性别特征的发展，是源于早期儿童发现了两性间的差异，最后儿童会认同同性的家长。

社会学习论强调儿童在表现性别适配与非性别适配行为时接受的奖赏与惩罚，同时也重视因观察学习而进行认同同性家长的历程。

性别同一性与性别特征的认知发展论主张：儿童一旦自认为男性或女性，他们就有了动机去学习性别特征行为。他们对性及性别的了解与皮亚杰的认知发展阶段相应，尤其在他们对性别恒常性的了解上更可看出。所谓性别恒常性是指，儿童了解到尽管年龄或外表改变，一个人的性别仍会保持恒常性。

性别图式论试图解释为何儿童会将自我概念首先构建在男女之别上。它强调文化在教导儿童通过性别的角度观照世界的角色。

◆ 小结

一些早期的社会行为，如微笑，反映出包括盲婴在内的所有婴儿，其天生的反应大约均出现在同一时间；而后期许多社会行为——包括面对陌生人时会武装自己，与主要照顾者分开会忧郁——出现的时间，则根据儿童认知技能的发展而定。

婴儿寻求与特定的人亲近，他们在场时也觉得较安全的这种倾向被称作依恋。依恋可以在一种被称作陌生情境的程序中加以评测。在此程序中将观察儿童在一系列主要照顾者离开与回到某房间时段中的反应。

安全依恋的儿童：在照顾者离去又回来后寻求与他互动。

不安全依恋之逃避型的儿童：在照顾者离去又回来后避开照顾者。

不安全依恋之矛盾型的儿童：在照顾者离去又回来后会表现抗拒。

混乱型儿童：在照顾者离去又回来后会表现冲突的行为（有时逃避，有时又趋近）。

探讨日间托育对儿童健康与依恋影响的研究指出：低质量的日间托育可能有害，高质量的则不会，甚至能抵消居家环境不良的影响。

性别同一性是指个人自认为是男性或女性的程度。它与性别特征不同，后者是指学得社会认为适合自己性别的特性与行为。

◆ 关键思考问题

1. 有些心理学者主张，儿童期的依恋类型会影响人在成年后所形成的爱情浪漫关系类别。本章所讨论的依恋类型，到成年后可能会形成哪些浪漫关系？你能将自己成年的"依恋关系类别"与你儿童期的依恋类型或环境特性间找出关联吗？

2. 你的父母将你婴儿时的性格是形容成容易型、困难型，还是迟缓型？你目前的性格有哪些方面似乎主要反映你初生时的气质？哪些方面似乎反映出你被教养的方式？而哪些方面似乎又是先天与后天交互作用结果的反映？

第五节 青年期的发展

青年期（adolescence）是介于儿童期和成年期间的一段过渡时期，大致指从 12 岁到生理趋近成熟的 20 岁。在此期间，年轻人的性发展逐渐成熟，并建立自我认同感：自己是从家庭分出来的个体。

性发展（sexual development） 青春期（puberty）是一段由儿童转变成具有生物繁殖能力的成人的性成熟期，此项转变大约费时 3—4 年，以一段非常快速的身体成长过程（青少年发育急速期，adolescent growth spurt）开始，而伴随这种快速成长而来的是生殖器官和第二性征（secondary sex characteristics）的发展（女孩子的乳房开始发育，男孩子长胡子，且两性都开始长出阴毛）。

初潮（menarche）是指第一次月经来潮，在青春期中发生得相对较晚——大约在女孩发育急速期到达顶点 18 个月之后。初潮倾向于不规律且通常不会排卵（指释放一个成熟卵子），大约在初潮一年后才真正排卵。男孩子的首度射精通常发生于发育急速期开始两年后，这些精液并未含有精子；精子的数目和活力将逐渐增加。

青春期开始的年龄和发展过程中的速度，有很大的个体差异，有些女孩早在 11 岁就来初潮，有些却迟至 17 岁，平均年龄为 12 岁。男孩经历发育急速期和性成熟的年龄，平均要比女孩迟两年。他们大约在 12—16 岁之间开始射精（有时含有精子），平均年龄为 14 岁半。青春期开始时间的差距在初中一、二年级时最为明显。有些女孩可能看起来像成熟女性，胸部完全发育且臀部浑圆；而其他女孩则可能仍是小女生的身形；有些男孩可能看起来似身材瘦长的青年，而有些男孩则可能仍像 9 或 10 岁的样子（参阅第十章关于青春期荷尔蒙改变的讨论）。

青春期的心理效应（psychological effects of puberty）　传统上认为青年期是一段“躁动无常”的时期，其特征是喜怒无常、内心混乱和叛逆。现

代的研究并不支持这种看法（Steinberg & Morris, 2001）。许多青年确实经历过恼人的行为，但只有少数会一直存有这些问题行为。许多青年在高中有过酗酒经验，或做违法的事情，但大多数还是没发展成酗酒甚至犯罪（Farrington, 1995）。此外，那些表现出严重问题或有情绪困扰的青年，通常早在儿童期即有这些经历了。例如，大多数青少年犯早年就有不断触犯法律的问题（Moffit, 1993）。同样的，大多数因严重焦虑或其他心理疾患而忧郁痛苦的青年，早在孩童阶段即深受其害（Zahn-Waxler et al., 2000）。

青年期的那些问题，可能与青春期荷尔蒙改变有直接关系（Buchanan, Eccles, & Becker, 1992），但大多数影响则与身体生理变化的个人和社会效应有关，其中最重要的是，这些改变的时机。早熟或晚熟（比平均年龄早或晚一年）会影响青少年对外观和身体形象的满足感。研究报告指出，初中一年级和二年级男生，早熟者通常比晚熟者较具有积极情绪，且倾向于满意自己的体重和整体外观——反映出我们社会中男性拥有力量和生理强健的重要性；但早熟男孩也倾向于较缺乏自我控制和情绪稳定：他们更可能抽烟、喝酒、滥用药物及犯法（William & Dunlop, 1999）。相反的，晚熟男孩在初中一年级时对自己的感觉最糟，但这种感觉通常在高中三年级之前结束，而他们会成为最健康的一群人（Petersen, 1989）。

早熟则对女孩子的自尊有负面影响。早熟女孩比晚熟者经历更多的沮丧和焦虑、自尊心较低且一般较不满意自己的体重和外观（Caspi & Moffit, 1991; Ge et al., 1996）。她们倾向于因为身体比其他同学更女性化的事实而感到尴尬——尤其是现在媒体大力鼓吹女性因身材苗条而更具吸引力之后。虽然早熟女孩也较早出名，但部分是由于性征早熟而受到另眼相待。她们也较可能与父母发生冲突、辍学，且有情绪和行为的问题（Caspi & Moffitt, 1991; Stattin & Magnusson, 1990）。不过，对大多数的男女而言，青年前期还是较没有问题的。

父母常宣称他们与青年儿女的关系满是动荡不安，而确实有研究支持这一常识（Steiberg & Morris, 2001）。亲子间的争执与口角在青年期时会增加，而彼此觉得亲密的感受却在消退（Larson & Richard,

青春期开始的年龄及其发展过程中的速度都有相当大的差异性，因此，有些青少年可能比同年龄者高很多，身体也更成熟

1991）。青年为了追寻自我认同而摆脱父母，许多父母会因而觉得沮丧（Silverberg & Steinberg，1990）。然而，大多数的家庭在青年前期亲子间冲突增加之后，亲子反而会重修一个较稳健且立场平等的新关系。仍保有权威，但是较为温和、支持，且对规定与权限十分坚决且清晰的父母，其青年儿女在历经整个青年期时，会较少发生问题（Steinberg & Morris，2001）。反之，父母仍为权威主义者（与孩子相处有一些严格的规定而缺少温情）或明显悲观的这些青年，则较会有情绪与行为困扰（Baumrind，1980）。

自我认同发展（identity development）心理分析学家埃里克森相信，青年期所面对的一项重要任务是发展自我认同的感觉，为"我是何人"和"我将何往"这些问题寻求解答。虽然埃里克森创造**同一性危机**（identity crisis）一词来称呼此项主动自我界定的过程，但他相信此过程是健康心理社会发展中重要的一部分。同样地，大多数发展心理学家相信青年期应该是个"角色试验"期，在此时，青年可探索各种行为、兴趣和理想。在尝试塑造自我整体概念时，许多思想、角色和行为方式都可被"试用"、修改或抛弃。

在青年人试图将这些价值和评估组合成一致的影像时，假如父母、师长和同伴传达的价值一致，其自我认同的追寻就比较容易。在认同的榜样极少且社会角色有限的单纯社会中，形成自我认定相当容易；但在一个复杂社会中，对许多年轻人而言，这成了一项艰巨的任务。对于生活中如何做、做些什么，他们面临的几乎是个无限的可能性。因此，如何发展自我认同的过程在年轻人间有着极大的差异。此外，任何年轻人不同生活领域中的特定自我认同（例如，性别的、职业的、意识形态的），可能处于不同发展阶段。

理论上认为，应该在二十几岁之前就能消弭危机，使个人能进行其他的生命任务，当此过程完成时，我们称为个人达成自我认同；这通常意味着达成一种性别同一性、职业方向和意识形态世界观的一致连贯感觉。除非同一性危机消弭，否则个人没有自我的连贯感或无法在生活重要领域中设定内在标准以衡量自我价值，埃里克森称此不成

功的结果为**同一性混淆**（identity confusion）。

埃里克森有关青年期认同发展的理论曾经被其他学者验证且加以扩展（参见 Steinberg & Morris，2001）。玛西娅（James Marcia，1966，1980）以开放式的访谈为基础，推断在埃里克森的认同形成发展上有四种同一性状态或位置，此四种状态的区分，是以人们是否知觉到一项认同议题，以及是否获得解决为基础的。

大多数家庭里，青春期子女与双亲间都会发生短暂的冲突

1. 同一性获得（identity achievement）。在此状态的人已经通过同一性危机；通过一段积极探询和自我认同的时期，他们已达到理想的状态，已经了解自己并决定一项职业；他们开始想象自己未来是个医生，而不只是个主修化学的医学院预科生；他们重新检视自己家中的宗教及政治信仰，并抛弃那些似乎不符合自我认同的信念。

2. 过早自认（foreclosure）。在此状态中的人也认定了职业和意识形态，但并未显示出曾经历过同一性危机。他们毫无疑问地接受家人的信仰，当被问及政治立场为何，他们通常会说自己从未认真思考过这问题。他们之中有些人似乎极坚定且合作，有些则似乎很严格、独断和从众。他们给人的印象是，如果发生某些重要事件挑战其未经检视的原则和价值，他们便会迷失。

3. 同一性延缓（moratorium）。在此状态的年轻人正处于同一性危机中，他们积极寻求答案，但仍发现父母对他们的计划和自己的兴趣间尚有未解决的冲突；他们可能会以强烈的态度表达一套政治或宗教信仰，经过一段时间的再思考又立刻放弃它们；在最佳情况时，他们似乎是敏感、道德和虚心的；在最糟情况时，则显得异常焦虑、自以为是和犹豫不决（Scarr，Weinberg，& Levine，1986）。

双面论证

父母在儿童发展中的功能是什么？

父母对儿童的人格或智力并无永久性的影响

朱迪思·里奇·哈里斯（Judith Rich Harris），获奖心理学家及《后天假设》的作者

朱迪思·里奇·哈里斯

在你小时候，父母把你照顾得很好，他们教你很多事情。在你儿时的记忆中，他们带着你玩游戏。这些可能均属实，但是当他们不再待在你身边时，他们对你的人格、智力或你行为的方式可能并没留下任何持久性的影响。

这是否让你感到难以置信？姑且试着将你先前的观念摆在一边，考虑一下证据。例如，有些设法区隔出遗传与环境影响力的研究（见第十二章）指出：如果去除两人源自基因的相似性后，两个成长自同一家庭的人，在人格或智力的相似性，并不比从同一母群中随机抽出的两人更相像。一起成长的手足，彼此的相似性，几乎都可以归因于他们拥有的共同基因。如果他们都是被领养的小孩，则他们之间的相似性，就不会比成长自不同家庭者多。平均而言，一个被和蔼的双亲养大的小孩，并不比由暴戾父母养大者友善；由喜欢读书的父母带大的小孩，也不见得比由喜欢看肥皂剧的父母养大的孩子聪明。

由于这些结果并不吻合发展心理学的理论，因此有些心理学者试着忽视或寻求其他托词。然而，不合这些理论的研究结果却越来越多（Harris，1995，1998）。一项新近的研究指出：在生命前三年大部分时间生活在托儿所的儿童，在行为与适应上，与在家庭中成长者间，并无差别（NICHD Early Child Care Research Network，1998）。需要与手足争夺父母注意力的儿童，其人格并无异于独子（Falbo & Polit，1986）。尽管现代父母已尽量以相同的方式对待自己的儿子与女儿，但是时至今日，男、女生的行为差异，一如上一个世代的情形（Serbin，Powlishta，& Gulko，1993）。在家说韩语或波兰话而与同伴讲英语的儿童，最后成为说英语的人。在家庭外学得的语言，最后凌驾于父母所教的语言，而且说起话来没有口音（Harris，1998）。

然而下列这些证据又是怎么回事？功能障碍的父母倾向于拥有功能不全的子女；被关怀对待的儿童会比严厉以对的儿童更优秀。这类证据麻烦的地方，在于它们并没有设法区分来自遗传与环境的影响力或成因。子女之所以有问题，是因为功能障碍的父母提供了不良的环境，还是因为他们人格上遗传有来自父母有问题的特性？是拥抱导致儿童去发展出愉悦的人格，还是因为其愉悦的人格让父母愿意去拥抱他（她）？运用更先进的技术来判读这些研究后，似乎指出：至少部分来自遗传，而且儿童愉悦的性格也会引起拥抱（Plomin，Owen，& McGuffin，1994；Reiss，1997）。

父母会影响小孩在家中的行为方式是毋庸置疑的，然而这又是另一个困惑的来源。小孩在家中的行为可作为他们在课堂或游戏场所行为的良好指标吗？当研究者发现儿童在不同的社会情境中有不同的行为时，他们通常假设子女与父母互动的方式，会比在其他地方的行为方式更重要且更持久。然而，在家说韩语或西班牙语而在家庭以外的地方说英语的儿童，却在成年时以英文为主要语言。一位在家中受伤的男孩，他的哭泣可能会引发同情；而当他在游乐场中受伤时却学到不能哭，等他长大时则很少哭。一位在家里被兄长支配的小孩，不会比长子更容许自己为同伴所支使。孩子们学会要区隔在家里与外面的行为，而他们会将家庭以外的行为带进成人世界——这是合乎常理的，因为他们长大成人后不会生活在父母的家庭中。

认为儿童都急着长大，而且认为儿童自己的世界是仿造自成人的世界，这些根本是成人中心的看法。儿童的目标并不在于像他的父亲或母亲——而是想成为一个成功的小孩。儿童必须学会如何在家庭以外的世界中与人相处，以及学会不同的游戏规则。儿童并非父母手掌中的黏土。

父母在儿童发展中的功能是什么？

父母对儿童的发展具有影响力

杰罗姆·卡根（Jerome Kagan），哈佛大学

杰罗姆·卡根

儿童要能极力发展适应社会的技能、价值与社会行为，需要结合多种各自独立的力量。这些力量中最重要的包括：儿童遗传具有的气质差异性；家庭所属阶层、族群、宗教的亲和性；与手足间的关系；儿童成长的年代；总是会被提到的父母的行为与人格。

学者常假设父母会以两种方式影响儿童，其中父母与儿童的互动最为明显。父母经常与小孩交谈、念书给小孩听，通常会造就出词汇丰富、智力测验高分与学业成绩优异的小孩（Gottfried, Fleming, & Gottfried, 1998; Ninio, 1980）。在要求小孩服从时会晓之以理的父母，通常会培养出较文明的小孩（Baumrind, 1967）。家庭的影响力可以在下述研究结果中看到，它是由一组科学家针对一群来自美国 10 个不同城市超过 1,000 名的儿童所进行的大规模研究。其中有些儿童在家庭中成长，有些则分别接受不同时间的日间托儿照顾。主要的研究结果指出：家庭对三岁儿童的人格与个性有最重要的影响力（NICHD Early Child Care Research Network, 1998）。其中可作为显示父母行为影响力的重要性的范例为，一些因战争失亲与无家可归的孤儿，经由良好家庭的抚育，可以重新获得因早年剥夺而未能发展的智力与社会技能（Rathbun, DiVirglio, & Waldfogel, 1958）。

父母也可以通过个性影响小孩。儿童会对自己有些评断，虽说时常有误，由于他们假定自己生物上而言是父母的后代，因而拥有父母的一些特质。这种纠结着情绪的信念被称作认同，这也是国家尊严、种族忠诚与宗教信仰的基础。因此，如果父母被小孩知觉为亲切、公正且有才华的，小孩会假设自己可能也拥有一项（或更多）这些好的特质，结果倍感自信。反之，知觉到父母是拒人于千里之外的，处事不公、又无长才的小孩，会因为假定自己也拥有这些不良特质而自惭形秽（Kagan, 1998）。

有件事实可支持这种说法：所有小孩都会因为有人批评家人而生气。因这些批评而生强烈焦虑或怒气的原因是，在小孩潜意识假设中，对父母的任何批评，也是针对他们的批评。

哈里斯所主张的"后天假设"认为父母对小孩人格与个性的影响是微乎其微的，而同伴才拥有主要的影响。这种论点忽略了两项事实：首先，同伴要到五六岁以后才会有影响力；但是来自不同文化或生活在不同时代的六岁大儿童，其行为与人格也会大相径庭。生活在 17 世纪的新英格兰清教徒的儿童，因为父母对待他们的方式使然，会比当代波士顿的儿童更为服从。

其次，儿童会选择与他们拥有共同兴趣和价值观的人做朋友。一个重视课业的小孩，会选择有类似兴趣的友人；如果这个小孩长大成为学业优异的人，我们即假设主要是因为他选择与那类人士为友，这样是否不太合乎逻辑？

我们很难找到一个信念是古今中外所共有的。我知道，没有一个社会会认为家庭对儿童的影响是没什么大不了的，此种共识似乎意味着这可能是举世皆然的事实。从科学证据与每位父母日常生活经验的观点来看，一味宣称父母对小孩没什么影响，就有点像在雾蒙蒙的九月清晨你看不到树丛就说树林不见了一样。

4. 同一性扩散（identity diffusion）。这是玛西娅为埃里克森的同一性混淆范围所创造的用语。在此范围中的人，有些可能在过去有过同一性危机，有些则无；但不管哪一种情形，他们仍然没有完整的自我感觉。他们可能口中喊着上法律学校或做生意可能很"有趣"，但不见他们朝任何一方面采取行动；他们说对宗教或政治不感兴趣，但有些似乎相当愤世嫉俗；其他则似乎显得肤浅且困惑。当然，有些是仍然太年轻，以致尚未达到青年期的认同发展。

如同预期，从高中初期到大学末期，青年获得同一性获得的百分比稳定增加，停留于同一性扩散状态的青年人的百分比则呈稳定减少（Waterman，1985）。

晚近的研究，聚焦在以认知论（见第一章）而非埃里克森的认同发展阶段观点来探讨自我概念的发展。当青年的认知成熟时，他们会发展出更抽象的概念来描述自己，他们开始依个人信念与标准而非社会比较来看待自己（Harter，1998）。青年的自我概念会视情境而异，因此他们在与父母相处时对自己的看法会和与同伴在一起时不一样。他们表现的行为并不代表他们真正看待自己的方式，尤其是在与同学相处或谈恋爱时更是如此。

青年前期的自我概念并不稳定，到了后期才逐渐变得较为稳固（Harter，1998）。美国非裔青年比白人青年有更高水平的自尊（Gray-Little & Hafdahl，2000），且男性也比女性自尊水平高（Kling et al.，1999）。但是，毫不意外的，不论性别或种族为何，学者都发现：高自尊与父母的赞成、同伴的支持、学校生活的适应与成就有关（DuBois et al.，1998）。

许多少数族裔在青年期与成年前期会有种族认同的冲突，他们有多种方式来解决此冲突（Phinney & Alipuria，1990；Sellers et al.，1998）。有些少数族裔的青年会拒绝自己的文化而融入主流文化中；有些则置身在主流文化中却感到疏离；有些则拒绝主流文化而只关注自己的文化；还有些人试着从自己文化与主流文化间找到平衡点，这有时被称作双文化主义的解决方式。

◆ **小结**

青春期对青年的身体意象、自尊、心情与人际关系都有影响；大多数青年在此阶段并没有太大的麻烦。

根据埃里克森的理论，形成个人的同一性为青年期的主要任务。

同一性危机是埃里克森用来描述青年主动界定自我特性的历程。

同一性混淆是同一性危机处理失败的结果，此时青年缺乏一致的自我感或评估生命中主要自我价值的内在标准。

◆ **关键思考问题**

1. 你能运用同一性获得、过早自认、同一性延缓与同一性扩散，指出你在宗教、性别、职业以及政治等方面，在不同时间认同的变化与发展吗？

2. 有哪些经验可能会影响少数族裔青年的种族认同？例如，哪些经验可能引导年轻人发展出双文化认同，又有哪些经验可能使年轻人拒绝主流文化？

本章摘要

1. 发展心理学的两项主要问题是：(a) 生物因素（先天）与环境经验（后天）如何交互作用以决定发展的过程；(b) 发展的最佳解释是变化的连续历程还是一系列性质不同的阶段？另一相关问题是：为使心理发展正常进行，是否存在必须发生特殊经验的关键期或敏感期？

2. 有些发展心理学家相信发展是以阶段依序进行的，在此序列中：(a) 每阶段行为会环绕某强势主题或一组特征加以组织；(b) 每阶段的行为的性质都与前后阶段不同；(c) 所有儿童均以同一顺序经历相同阶段。关键或敏感期是指在发展阶段中，必须历经某经验，才能使得心理发展顺利进行。

3. 早期学者相信所有感官偏好与能力都是学来的，然而在过去几十年的研究已得知，婴儿出生时已然具备了学习世界、完备的感官能力。

4. 新生儿的视觉不好，要在大约两岁时才能有成人的视力。有些学者认为婴儿天生即偏好面孔的图形，但研究指出，他们不是被面孔本身所吸引，而是被一些像是曲线、高对比、边缘、移动与复杂性等这些面孔所具有的特征的刺激所吸引。即使新生儿会注意声音，他们也是与生俱来有一些知觉机制，使他们预先即调好属于人类语言声音的频道，如此将有助于他们学习语言。婴儿在出生不久即能分辨不同的味道与气味，他们看来非常喜欢母乳的味道与气味。婴儿刚出生即能学习，在三个月大时即能展现其良好的记忆力。

5. 皮亚杰理论描述认知发展的阶段：从感知运动阶段（其中最重要的发现是客体永久性）、前运算阶段（开始使用符号）、具体运算阶段（发展守恒概念），到形式运算阶段（系统性地测试假设以解决问题）。新的测试方法显示皮亚杰低估了儿童的能力，学者也提出不同取向的替代解释。

6. 信息处理取向视认知发展为反映如注意力和记忆等逐渐发展的历程；其他理论学家强调特殊领域知识的增加。还有其他学者，如维果斯基即聚焦于社会文化背景的影响。儿童认知发展的许多新研究，都着重在儿童的心理理论，或了解到别人可能拥有有别于他以及现实的信念与期望。

7. 皮亚杰相信儿童对道德规范与判断的了解，也是伴随着认知能力发展的。科尔伯格将皮亚杰的理论延伸到青年与成人阶段。他提出道德判断的三个层次：前习俗道德、习俗道德与后习俗道德。

8. 婴儿寻求亲近特别的人，并在对方接近时感到较安全的倾向称为依恋。依恋可借助一套被称为陌生情境的程序来加以评估，此程序包含一系列步骤，观察孩子在主要照顾者离开和返回房时的反应。安全依恋的婴儿在主要照顾者去而复返时，会寻求与他互动；不安全依恋（逃避型）的婴儿则会躲开去而复返的照顾者；不安全依恋（矛盾型）的婴儿会抗拒去而复返的照顾者。混乱型依恋的婴儿对去而复返的照顾者则表现出矛盾行为（有时避开，有时又趋近）。

9. 关于日间托育对儿童健康与依恋影响的研究指出，低质量的日间托育可能造成伤害，但高质量的日间托育则不然，甚至于可能平衡掉不良家庭环境的影响。

10. 性别同一性是个人认定自己是男性或女性的程度，不同于性别特征，后者是指学得社会认可合乎个人性别的特性和行为。弗洛伊德的心理分析论认为性别同一性和性别特征发展，是来自儿童早期对两性生殖器官不同的发现，以及最后对同性别家长的认同。社会学习论强调：儿童由于表现合乎与不合乎性别的行为而受到奖励和处罚；以及基于观察学习，以认同同性别成人的过程。性别同一性与配合的认知发展理论认为：一旦儿童能认定自己是男性或女性，他们便受到刺激去习得性别特征行为。他们对性和性别的了解与皮亚杰的认知发展阶段一致，尤其是他们对性别恒定的了解，即认识到即使年龄和外观改变，一个人的性别维持不变。性别图式论寻求解释，为何儿童必须首先根据自认是男性或女性来组织自我概念。它强调在教导儿童以一套性别透镜观看世界中文化的角色。

11. 青春期对年轻人的身体形象、自尊、情绪和关系都有明显的影响；但大多数青年人经历此时期并未引起重大的麻烦。

12. 根据埃里克森的理论，形成个人的认同感是青年期的主要任务。同一性危机是埃里克森用来描述青年人主动界定自我特性的历程。同一性混淆是同一性危机处理失败的结果，此时青年缺乏一致的自我感或评估生命中主要自我价值的内在标准。

核心概念

成熟	自我中心	容易型	性别恒常性
阶段	具体运算阶段	困难型	性别图式
关键期	形式运算阶段	迟缓型	青年期
敏感期	信息处理技能	分离焦虑	青春期
视野	知识	自主	初潮
面孔偏好	发展的社会文化取向	依恋	同一性危机
图式	元认知	安全依恋	同一性混淆
同化	心理理论	不安全依恋：逃避	同一性获得
顺应	孤独症	不安全依恋：矛盾	过早自认
感知运动阶段	道德判断	混乱型依恋	同一性延缓
客体永久性	前习俗道德	敏感反应	同一性扩散
前运算阶段	习俗道德	性别同一性	
运算	后习俗道德	性别特征	
守恒概念	气质	俄狄浦斯冲突	

第四章　感觉过程

4

想象你深夜独坐在与世隔绝的沙滩上。虽然这是一个深沉的寂静景象，事实上还是有大量的来自世界的信息冲击着你：隐约来自天空的微光正进入你的眼帘；轻柔海浪的声响依稀轻扣你的耳门；你身下的沙滩正轻托着你的身体；海水的气味正扑向你的鼻翼；而你刚才啜饮的美酒的芳香还在口中流连不去。

这些还只是你意识到的环境信息！除此之外，还有许多信息是你未曾察觉的：在你山后有微波发送器、城市的另一边有个广播电台、使用手机谈话的路过的行人等，全都在没有触及你意识的情况下，使电磁波包围你的周遭。对街宠物店的老板吹着狗笛，正传送出狗儿（及临近蝙蝠）敏感而你却置若罔闻、高频率的尖锐声响。同样的，悬浮在空气中与口腔中的分子，以及轻触你皮肤的气压，可说是无所不在，虽都携带着种种信息，却未被注意。

此处的重点在于：即使置

身于最为宁静的环境中，这个世界仍然不断向我们提供大量的信息。我们至少需吸收并解读其中某些信息，才能适度地与世界互动。这必然会牵涉两个运作机制上的问题。首先，环境中哪些方面的信息能被我们的感官注意到而哪些则注意不到？我们为何看得见以绿光呈现的电磁射线，而无法目睹 X 光或雷达波形态的电磁射线？其次，感官是如何运作以有效撷取可被人们接收的信息的？

第一个问题很吸引人，但超出本书的范畴。史蒂芬·平克（Steven Pinker）在其著作《心智探奇》（*How the Mind Works*）一书中以进化的观点就此议题进行讨论。我们在此只稍做提示：请注意各种感官在因应环境时的不同进化方式。以蝙蝠为例，它们的视觉比我们差但听觉却较优，因此，进化至今，它们运用听觉的方式一如我们对视觉的使用——可构造出一个将物体包含在内的三维空间模式。同样的，狗的视觉也是比我们差但嗅觉却较优——它们不仅能通过嗅觉构建出当前的世界，还可以探索出过去所发生的事。（"嗯，从消防栓的气味可知，我的好友斑斑一个小时前曾在这里。"）

我们的感官是我们的输入系统，且建构成为我们赖以决定所处环境性质的通道。本章，我们讨论知觉的一些主要特性，所回顾的研究，有些论及心理的现象，而其他的则是在探讨这些现象的生物基础。事实上，没有其他心理学领域能像本领域同时在生物学与心理学两种研究取向上所取得的丰硕成果。

这两种研究取向通常将感觉与知觉加以区分。在心理学层次中，感觉是与刺激有关的基础、原始经验（例如，你视觉可能注意到一大团红色的物体），而知觉则整合并解释这些原始的感觉经验（"它是一辆消防车"）；而在生物学层次中，感觉过程涉及感官，以及和它们联结、与获得初期刺激信息有关的神经通路，而知觉过程则涉及较高层次的与意义有关的脑皮层。本章讨论感觉，并将在第五章讨论知觉。

将感觉与知觉二分，虽然对本书章节的组织而言是很有用的，但是还是太随意了。在刺激过程初期所发生的心理与生物事件，有时会共同影响我们对刺激的解释；且从神经系统的观点而言，刺激信息一开始由感官接收，到大脑将这些信息解读出意义，其间并无明显的区隔。

事实上，大脑最主要的特征之一在于：除了撷取感官信息外，还经常从最高层级传递信息到感觉过程的最初阶段。这种反射（back projection）即为调整感觉输入处理方式的活动（Damasio，1994；Rolls，2000；Wandell，1995；Zeki，1993）。

本章围绕不同的感觉组织内容：视觉、听觉、嗅觉、味觉和触觉；后者包括压力、温度和疼痛。在日常生活中，任何活动通常都包含许多感觉——例如我们用眼睛看一个桃子，用手触摸它的质感，当我们咬它时，则尝它和嗅它，并听到我们咀嚼的声音。然而为了便于分析，本章将这些感觉合而为一来探讨。在开始分析各种感觉或感觉形式之前，本章将首先讨论所有感觉的一些共同特性。

第一节　感觉形式的共同特性

本节将讨论所有感觉的两项特性。第一项敏感性是在心理学层次来描述感觉形式；第二项感觉编码则着重于生物学层次。

敏感性

这是一个普通常识，刺激越强烈，它对相关联感官的影响就越强，如：亮光对视觉系统的影响大于昏暗的光线；巨响对听觉系统的影响又比轻微的声音更大等。

这种普通常识的观察一如看到苹果从树上掉下来一样，只有牛顿从观察掉落的苹果中发展出详尽、量化的万有引力定律，而感觉心理学家则长久以来寻找且量化物理刺激强度与感觉强度间的关系。

绝对阈限　衡量感觉形式敏感性的基本方法为决定其**绝对阈限**（absolute threshold）：能确实与完全没有刺激有所区别的最低刺激强度。例如，能与黑暗有所区别的最微弱的光。我们感官对侦测物品或事件的存在或改变极端敏感，感觉敏感性的一些例证列于表 4-1，此表提供了这五种感觉所能侦测到最小刺激的估计值，最值得注意的是这些最小刺激的强度究竟有多低，即反映出感觉形式有多敏感。

这些数值是经由**心理物理程序**（psychophysical procedure）——一种用来测量某刺激的物理强度（如光线的物理强度）与所导致的心理反应（如那光线看起来有多亮）间关系的实验技术——来决定的。

表 4-1　最低刺激强度

不同感觉的最低刺激的大致强度［取材自 Galanter, E.（1962）．"Contemporary Psychology," from Roger Brown & collaborators（eds.）New Directions in Psychology, Vol. 1. Reprinted by permission of Roger Brown.］

感觉	最低刺激强度
视觉	晴朗黑夜中，三十英里外的烛光
听觉	安静状况下，二十英尺外表的滴答声
味觉	二加仑水中的一茶匙糖
嗅觉	扩散至六个房间大的空间中的一滴香水
触觉	从一厘米外落在脸颊上的一片苍蝇翅膀

一种常见的心理物理程序是，实验者首先选择接近阈限的一组刺激（如一组昏暗的光线，强度从看不见到刚好可以看到），经由一系列的尝试，每次随机呈现一个刺激，而请观察者在隐约看到刺激时就答"是"，否则答"否"。每个刺激均呈现多次，而每个刺激答"是"的百分比取决于刺激的强度。

图 4-1 显示出一个假设依此实验程序所得的数据：一个被称作**心理物理函数**（psychophysical function）的图形——反应为刺激强度的函数。此处，答"是"反应的百分比，会随刺激强度（此处是以"单位"界定）的增加而平顺地提升。当反应以这种图形呈现时，心理学者即同意所谓绝对阈限，即侦测到刺激的概率为 50% 的刺激值。以呈现在图 4-1 的数据而言，有 50% 次数侦测到刺激的刺激强度约为 28 个单位，因此 28 单位即被界定为绝对阈限。

由海克特、席勒尔和皮若尼（Hecht, Schlaer & Pirenne，1942）所做的一项经典实验证明，人类视觉的敏感度事实上已达到物理的极限。学物理的学生都知道，光能的最小单位是 1 **光子**（photon），海克特与其同事指出人类可以侦测到一道只有 100 光子的闪光，这个事实本身令人印象深刻。通常，我们的眼睛每秒钟会有数以亿计的光子进入。他们还指出，这 100 光子中只有 7 光子确实接触到眼睛中负责将闪光转换为视觉的重要分子（其他光子被眼睛的其他部位吸收了），而且此 7 光子各自影响一

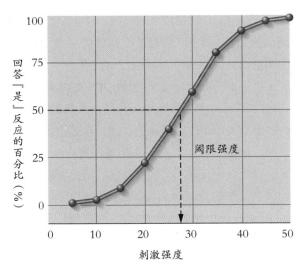

图4-1 从侦测实验中得到的心理物理函数

纵轴是被试回答"是的,我侦测到刺激"的百分比;横轴为物理刺激的强度。任何敏感的个体几乎都可以在任何刺激维度上得到类似的图

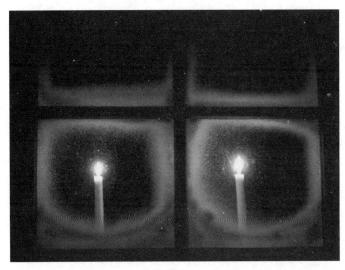

我们感官对物体存在的察觉异常敏锐——即使是远处窗台上的一盏昏暗的灯光。在晴朗的夜晚,我们可在30英里外看到一支蜡烛的火光

个不同的分子。由此可知,眼睛中的重要接收单位(一个分子)即能对最低单位光能产生感光。这就是我们会说"人类视觉的敏感度事实上已达到物理的极限"的原因。

另一种阈限:侦测到刺激强度变化(detecting changes in intensity) 绝对阈限的测量使我们得以决定,刺激强度需从零增加到多强,才能使我们区辨出有刺激存在;而一个刺激需从一个**标准**(standard,可根据任一水平来界定)增加到多强,才能让人觉得是新的刺激,即一个有别于基本刺激的更高刺激,则是一种侦测到变化的测量。在一个典型侦测-变化的研究中,我们呈现给观察者一对刺激,其中一个是另一个刺激用来比较的标准刺激,而另一个刺激即被称作比较刺激。每次呈现一对刺激后,要求观察者针对比较刺激做"较多"或"较少"的反应。用来分辨两种刺激在强度或能量上最小差异的方法称为差异阈(difference threshold)或**最小可觉差**(just noticeable difference,简称jnd)。

试想一个测量视觉系统对光线明度变化敏感性的实验,其典型的结果如图4-2。本实验中标准光线(50瓦灯泡)逐次与12个比较刺激(从47到53瓦,各相差1瓦)之一同时呈现。我们标出每个比较刺激被判断较标准刺激"更亮"的反应百分比。要决定最小可觉差,我们需先计算出两个点,分别

为"更亮"百分比轴上为75%与25%的两点。心理学者同意将此二刺激强度单位距离的一半视为最小可觉差。以本实验为例,最小可觉差为(51-49)/2 = 1瓦。如果某人对变化敏感性高,就意味着这个人会注意到刺激间细微的改变,其估计的最小可觉差值会小;若敏感性不高,则估计的最小可觉差值会较大。

这类实验是由19世纪末两位德国科学家——心理学家恩斯特·海因里希·韦伯(Ernst Heinrich Weber)与物理学家哥斯塔夫·费希纳(Gustav

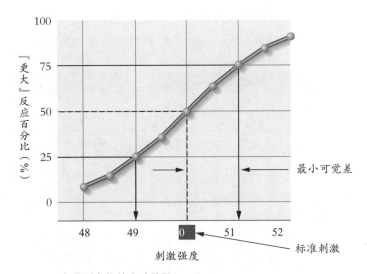

图4-2 察觉到变化的实验结果

纵轴是被试回答"是的,我察觉到比标准更大"的百分比;横轴为物理刺激的强度量数。本例的标准刺激是所有刺激的中间值。各种刺激维度均可能得到此种个人对差异敏感性的图形

Fechner）共同进行的。他们的研究发现：标准刺激值越大，感觉系统对强度变化就越不敏感。事实上，在大多数情境下，这种关系是更为精确的：标准刺激强度需增强到可被注意到的程度，与标准刺激的强度成定比关系。例如，一间点了 20 根蜡烛的房间中，只要多加一根（5%）就会被察觉；而点了 100 根蜡烛的房间，需增加 5（5%×100）根蜡烛你才会察觉到变化。此定比关系被称作韦伯-费希纳定律，而比率常数（在我们的灯泡实验中是 5%）则被称为**韦伯分数**（Weber fraction）。

表 4-2 为以韦伯分数的形式所呈现不同感觉的典型最小可觉差（请注意，前述灯泡实验我们将常数简化为 5%，事实上明度的韦伯分数约在 8%）。由表 4-2 可知，一般而言，我们对光线与声音上的变化较对味觉与嗅觉敏感（我们能侦测到较小的增加）。这些数值可以可靠地预估任一刺激其强度需改变多大才会为人们注意到。例如，一位舞台总监想在舞台上营造出细微但仍可察觉的明度变化，他就可能必须每次调整 10% 的水平。如果从 100 瓦的灯光调起，他每次可能调整 10 瓦；但是如果从原先已亮遍舞台的10,000 瓦调起，每次就得增加 1,000 瓦了！

阈上感觉　有关视觉与其他感觉的知识对感官如何运作的了解而言是相当重要的。例如，眼睛仅需一个分子即可对一光子光线反应敏感，即为了解光线敏感性运作的重要线索。然而，我们日常大部分视觉行为都发生在**阈上情境**（suprathreshold conditions）中，即一种刺激强度高于阈限的状况。

表 4-2　不同感觉的恰辨差	
（以需可靠地察觉到变化的改变百分比量之形式呈现）	
性质	**最小可觉差（jnd）（%）**
光线强度	8
声音强度	5
声音频率	1
气味浓度	15
咸度	20
举重	2
电击	1

自 19 世纪中叶韦伯和费希纳开始，科学家们即对阈上刺激强度与对应的感觉强度间的关系展开研究，企图测量出人们对这些刺激的反应强度。

试想你自己处于下列实验情境中：你坐在一处光线昏暗的房间，注视着屏幕。在每一系列的尝试中，都有一个小光点呈现在屏幕上，此光点的物理强度每次不同。你的任务就是给每次出现的光点一个数字，以表示它看起来反映了多大的强度。因此可以对一个看起来很暗淡的光点给 1；而对非常亮的点你可能给100。图 4-3 即为此类实验的典型反应资料。

在 20 世纪中叶，哈佛的心理学家 S. S. 史蒂文斯（S. S. Stevens）以这类实验进行了大量的超阈限感觉研究。他从两项假设中导出了一套以自己的名字命名的定律，以解释这些资料。假设一为校正韦伯-费希纳定律：高于某标准刺激的最小可觉差，为该标准刺激的固定百分比。假设二为心理强度可以最小可觉差为单位进行测量（正如我们以尺来量距离；以克来量重量）。例如，对于一位观察者而言，4 与 7 个最小可觉差（相差 3 个最小可觉差单位）的差距，应和 10 与 13 个最小可觉差（也是 3 单位）的差距相同。此处我们略过以数学导出公式的过程，直接讲结果，即史蒂文斯定律，由这些假设可以推出：知觉的心理强度（Ψ）为物理强度（Φ）的**指数函数**（power function）。此即 Ψ 与 Φ 的（基本）关系：$\Psi = \Phi^r$。r 为一指数（exponent），代表每种感官函数特性的独特数字。图 4-3 所呈现的为指数为 0.5 之指数函数关系（即表示 $\Psi = \Phi^{.5}$，Ψ 为 Φ 的平方根）。

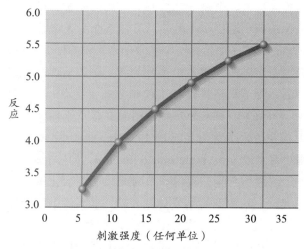

图 4-3　强度估计实验的心理物理数据

纵轴为观察者估计的平均强度；横轴为物理刺激的量数。此图可由观察者所能知觉的任何一种刺激维度中获得

史蒂文斯与其他许多学者报道了数以千计的实验支持此命题：物理与心理强度间为指数函数关系。指数函数会因指数 r 是大于还是小于 1 而有所不同。从图 4-4 可知：指数小于 1 的指数函数图形，例如，对响度的反应为下凹线，随物理强度的提高，感觉强度增加的程度越来越小；反之，指数大于 1 的指数函数图形，如对电击的反应，为上凹线，随物理强度的提高，导致感觉强度越增越多。何以不同感官会有不同的指数原因未明。总之，对人较有益的感觉（如光线的强度）其指数小于 1；而对人有害的感觉，如电击，其指数则大于 1。这种关系好像吻合适应的目的：像对光线强的感觉等有利适应的感觉，其物理强度与心理反应间关系，即传递着一些迟早用得上的信息；而对诸如疼痛信号的感觉，则需要实时反应。手指一旦接触红烫的煤炭时，这种引发陡升痛感刺激必能产生高度反应，否则可能造成轻则残肢重则丧命的惨剧！

信号检测论

信号检测论（signal-detection theory）是了解在许多情境下如何形成错误的标准方法。试想在那种呈现不同强度光线，而请观察者报告"是的，我看到了"或"不，我没有看到"以决定明度阈限的实验。除非实验进行得格外仔细（就如海克特及其同僚所完成的实验），否则对结果的解释也呈现出严重的问题，因为可能有时观察者报告"是的，我看到了"时，实际上他并没有看到，而只是以为看到了。为解决此问题，学者将实验程序略做修正：不再在每次实验中均呈现不同强度的刺激，而在某些尝试中根本不出现刺激。经此修正程序，我们可能估计出当确知观察者无法侦测出刺激时（因根本没刺激存在）他们仍报告察觉到东西的倾向。

一个实例是发生在 20 世纪 90 年代后期的医疗纠纷。一位放射科 A 医师在例行性医疗检查时，检验 P 患者胸部的 X 光片。很不幸，P 先生的胸部有个小癌肿瘤没被 A 医师察觉出，三年后，该肿瘤胀大导致 P 先生病故。P 先生家属提出对 A 医师的医疗诉讼，宣称肿瘤早在当初的 X 光片中即可被侦测到，而 A 医师应该察觉到。在审讯期间，P 先生家属商请另一位放射科 B 医师充当专家证人，在准备期间，B 医师先观看在 P 先生死前不久拍的最近 X

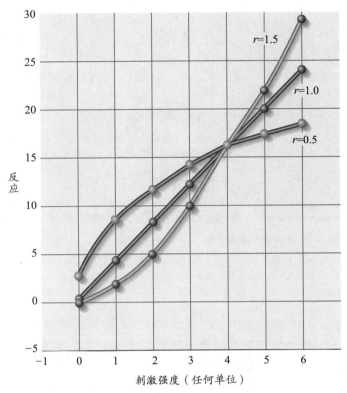

图 4-4 强度估计实验的心理物理数据

此处不同的曲线代表指数不同的感觉。指数小于 1 的，呈现下凹线；指数等于 1 的，会产生一条直线；而指数大于 1 的，则呈现上凹线

光片，肿瘤大得显而易见；B 医师接着看 A 医师原先看的 X 光片，肿瘤虽小，但还是很容易"察觉到"，而 A 医师却忽略了。B 医师的结论为：因为他（B 医师）在原 X 光片能察觉到肿瘤，A 医师也应该可以，既然 A 医师没能察觉，那就是他本人的疏忽。

本案引起感觉与知觉领域学者们许多感兴趣的议题。其一为下一章会加以讨论、被谑称为"事后诸葛亮"（hindsight is 20-20）的议题，本章，我们只聚焦于另一个议题：不同**感觉**（sensation）间的区分，是由所知觉到的刺激强度决定，而**偏差**（bias），则是观察者为进行某特定反应所预设的标准。为了解二者的区别，试想一位放射师的工作即在判定 X 光片是正常或是显示出有肿瘤。以科学的术语，此为试图侦测出信号的作业，而所谓**信号**（signal），即观察者试图从环境中所有无关的事物［即所谓**噪声**（noise）］中察觉到他要侦测的东西。此概念可以图 4-5 为范例。三个有着相同随机视觉噪声背景的仪表板，假设你的任务是要判定在这些有视觉噪声仪表板上某处是否有块黑色小菱形污点，此任务与放射师从一张 X 光片找出很难断定的肿瘤极为相似。

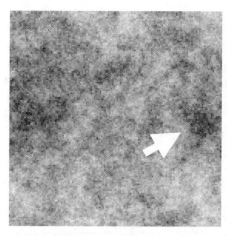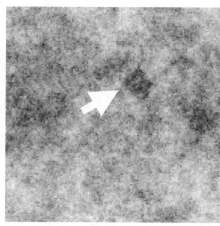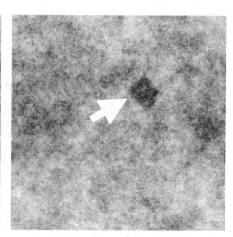

图 4-5　藏在噪声中的信号

每一仪表板均呈现出由随机噪声组成的相同背景。左图中，没有信号存在，虽然箭头指示处似乎有一小点很像信号；中间图，多了一个微弱的信号，就在箭头指示处；右图，该信号很强而且容易发现

图 4-5 中左图只有噪声（我们知道确实如此，因为该图就是依此设计的），你能看出有信号存在吗？并没有太多的小菱形的证据，事实上也不该有，然而约在右侧，箭头指示处，有个由噪声随机组成、很像信号的点。你或许错误地选择了它，或许你正确判定只有噪声。中间的仪表板，有个由箭头指示的微弱信号，此时，你可能正确地选择那个点或还是觉得只有噪声，而错误地宣称只有噪声。最后，右图中展现了一个强烈的信号，而你可能正确地察觉到那是个信号。

击中与虚报　假设你现在面对像图 4-5 的一系统刺激，有些像左图只有噪声，其他则像右图，有噪声加上信号。你的任务是对那些有信号的说"是"而对只有噪声的说"否"。于此情境中，所谓**击中**（hit），是指当信号呈现时你正确地反应"是"；而**虚报**（false alarm）是在只有噪声时你误做了"是"的反应。所有尝试后，击中的比率即为**命中率**（hit rate），而错误报警的比率即为**虚报率**（false-alarm rate）。

要完全无误地执行此任务是不太可能的，因为从图 4-5 中左图可知。左图只有噪声，但你可能在检视中发现它好像拥有某信号。例如，箭头指示处有小黑点，虽属噪声，却与你所要搜寻的黑点类似。因此，你可能会对它误做出"是"的反应，这样就是一个虚报。

在此类信号察觉实验中，我们会计算只有噪声却误答"是"的错误尝试的比率，即虚报率；我们同样可以计算出在噪声加上信号尝试中正确答"是"的反应比率，命中率。

现在我们有了探讨某些感官敏感性的有力工具。我们知道，如果没有信号待察觉，则观察者说"是"的可能性有可能等于虚报率。因此，只在击中率高于虚报率时，我们才可以推论观察者察觉到了信号。如果命中率远高于虚报率，我们就可以推论他的敏感性高；如果命中只比虚报率只高出一点，我们就可以推论其敏感性低。若命中率等于虚报率，我们则可以推论其敏感性为零。

敏感性与偏差　请注意，观察者可以自由选择其虚报率。假想有两位观察者，夏洛蒂与林达，她们信号察觉能力不相上下但在某重要特性上却不同：夏洛蒂是"保守"的观察者，她要有足够的证据才会宣称信号的存在，因此，她不常答"是"，其虚报率也较低，当然命中率也较低；反之，林达是"开放"的观察者，只要有一点证据就会说"是"，换言之，她较常说"是"，因而使得她的虚报率与命中率均高。

信号检测论最有用的特性在于可区分出偏差（通常以 β 表示）与敏感性（以 d' 表示）。在夏洛蒂-林达的例子中，二人即使偏差值有很大差异，但敏感性可能一样。

且让我们回到医疗纠纷的案例，有两位观察者：A 医师与 B 医师。控方称 A 医师相较于 B 医师而言敏感性不够，未能察觉到肿瘤，因此认为 A 医师有医疗疏忽。然而现在我们可以知道，该结论未必合乎"A医师未能察觉到肿瘤而B医师却可以"的事实，因为也有可能只是B医师比A医师更有偏差倾向容易说"是的，有肿瘤"，这样的解释一样说得通。心理学家发现，在信号察觉情境中，影响偏差的因素之一即为期望：观察者越期望信号存在，观察者反应"是"的偏差倾向就越强。而本例中，B医师当然比A医师更有理由期望肿瘤的出现。

感觉编码

　　既然我们已对不同感觉的敏感性有所了解，便可讨论这些感觉的生物基础了。我们先从**感觉编码**（sensory coding）开始。所谓感觉编码是指刺激如何从感觉受体被传送到脑部的过程。

　　在感觉此世界时，脑部有一极大的问题：每一种感觉反映某种类型的刺激——视觉反应光能、听觉和触觉反应机械能、嗅觉和味觉反应化学能，但脑部使用的只是与神经放射有关的电信号语言，因此每种感觉形式均需先完成**转换过程**（transduction），即必须先将物理能转换成电信号，然后才能到达脑部，它是由感觉器官内被称为**受体**（receptor）的特殊细胞完成的。例如，视觉的受体位于眼睛内部一薄层之上；每一个视觉受体包含一种化学物质以反应光线，而此反应引起一系列步骤而导致神经冲动。听觉受体是相当细微的毛状细胞，位于耳朵深处；声音的刺激为空气中的振动，它会持续前进至压弯这些毛状细胞而导致神经冲动。类似的描述也适用于其他感觉形式。

　　受体是一种特殊的神经细胞或神经元（参阅第二章），一旦受到刺激，便会将其电信号传向连接神经元，此信号一直前进到皮层中的收受区；不同的感觉形式在皮层中有不同的收受区，在脑部的某处电信号会导致意识的感觉经验。因此，当我们经验一个触觉，此经验是"发生"在我们的脑部，而非皮肤。然而，脑部直接传达触觉经验的电冲动，却是由位于皮肤的触觉受体引起的电冲动引发的。同样的，我们对苦味的经验发生在脑部，而非舌头；但传达味觉经验的脑部冲动本身就是由舌头上的味觉受体所引起的电冲动引发的。受体以此方式在将外界事件关联于意识经验上扮演一个重要的角色。由此可知，许多方面的意识知觉，均是由发生于受体中的特殊神经事件造成的。

　　对强度和性质的编码　感觉系统的进化是为了撷取这个世界中的物体和事件信息。对一个诸如一道短暂的红光闪现等事件，我们需要知道的信息是什么？任一刺激都有两个属性：**强度**（intensity，指刺激有多强）和**性质**（quality，指什么样的刺激）。如果能了解刺激的强度（明度）、性质（红色）、期间（短暂）、位置和开始的时间，显然会很有帮助。每一个感觉系统均可提供这些不同属性的相关信息，但大多数研究还是专注于强度和性质两项属性。

　　当我们看到一块鲜亮红色布片，我们会经验到某种强度的红色性质；当我们听到一个模糊高音，我们则经验到一个非属强度的音调性质。受体与其到达脑部的神经通路必须将强度和性质编码，因此产生一个有趣的问题：它们是如何进行的？研究这些编码过程的研究者，需要一种能决定"特殊的神经元是由哪种特定刺激所激发"的方法。常用的方法是在被试接受各种输入或刺激时，记录受体中的单细胞和脑部神经通路中的电流活动。以此类方法，研究者能确定：一个特定神经元究竟反映了刺激的哪些性质。

　　图4-6显示的是一个典型单细胞记录实验。这是一个视觉实验，但程序与其他感觉的研究类似。在实验之前，先对动物（此例中为猴子）施以手术，将细薄电线插入视觉皮层的选定区。此细薄电线是微电极，除了尖端部分外都是绝缘体，其尖端可用来记录所接触的神经元电流活动。植入微电极并不会造成

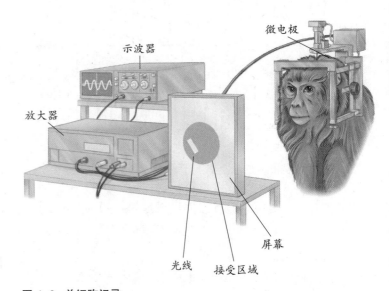

图4-6　单细胞记录

麻醉的猴子被安置在一个能固定其头部的装置中，并将一刺激（通常是闪光或移动的光极）投射于屏幕上。植入猴子视觉系统的微电极侦测单一神经元的活动，并将此活动放大呈现在示波器上

疼痛，猴子的活动和生活仍相当正常。在正式实验期间，猴子被放置于一个与微电极连接的测试仪器中，以便记录并放大测试情形。给予猴子各种视觉刺激后，研究者可通过观察哪些微电极产生持续的信号，以决定对应每一项特定刺激反应的是哪一个神经元。由于电信号相当微弱，必须被放大并显示在一个示波器上，此示波器会将电信号转换为电压变化的图表。当大多数神经元放射出一连串神经冲动时，示波器呈现垂直长条。即使在没有刺激（只有噪声）的情形下，许多细胞仍会以缓慢的速度做出反应。如果所呈现的刺激是神经元敏感的，则细胞反应更快。这就是信号察觉状况下的最基本的神经关联。

借着单细胞记录的帮助，研究者了解感觉系统将强度和性质进行编码的许多相关情形。将一项刺激强度编码是以每一单位时间内的神经冲动次数，即以神经冲动的速率为基本方式。以触觉为例，假设某人轻触你的手臂，在一条神经纤维上将会产生一连串神经活动，如果压力增加，这些冲动仍将维持相同大小，但每一单位时间次数会增加（见图4-7）。其他感觉形式也是这种情形。一般而言，刺激强度越大，神经发动的速率也就越高，且对刺激强度的知觉也会越大。

刺激强度也能以不同方式编码，其中之一是借

着电冲动的**时间模式**（temporal pattern，指电冲动的间隔顺序）将强度编码：刺激强度低弱时，神经冲动的发生会有相当的间隔，且其间隔的时间不定；刺激强度高时，神经冲动的间隔时间可能就相当固定（见图4-7）。另一种方式是以被激发的神经元数目来将刺激强度编码：刺激强度越强，被激发的神经元就越多。

刺激性质的编码是一件更复杂的事，性质编码背后的主要概念来自约翰尼斯·缪勒（Johannes Müller），他在1825年时提出脑部能分辨来自不同感觉形式（如光线和声音）的信息，因为它们涉及不同的感觉神经（有些神经导致视觉经验，有些则导致听觉经验等）。缪勒的特殊神经能量说（specific nerve energies），得到后续研究的支持，证实了产生于不同的受体的神经通路终止于不同的皮层区域中。目前学界中大多同意，脑部对各感觉形式间的性质编码因各自涉及的特殊神经通路而有所不同。

但在一种感觉内又如何分辨性质？我们如何分辨红色和绿色？或甜味和酸味？很可能仍与该特殊神经通路的编码有关。举例而言，有证据显示我们之所以能够分辨甜味和酸味，是凭借每种味觉有自己的神经纤维此一事实。因此，"甜纤维"主要反应甜味；"酸纤维"反应酸味，"咸纤维"和"苦纤维"也是同样情形。

但"特殊化"并非唯一合理的编码原则。一个感觉系统可能也使用激发的神经组型来对感觉的性质进行编码。某特殊神经纤维对甜味可能有最大的反应，但也能反应不同程度的其他味觉；它可能最能反应甜味，稍能反应苦味，甚至可反应一点咸味；因此，甜味刺激可引起大量激发程度不一的纤维活动，且这种神经活动的特殊组型即是神经系统对甜味所编的码。另一个不同的神经纤维活动组型则是为苦味所编的码。当我们详细探讨感觉时，我们将看到特殊化和组型化两者都可用于性质编码。

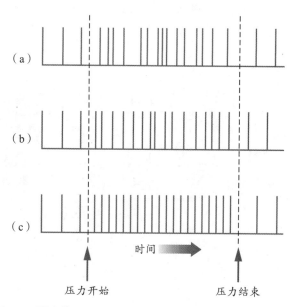

图4-7　强度编码
一条来自皮肤的神经纤维针对施加于纤维受体的（a）轻微、（b）中等及（c）强大压力的反应。随着刺激强度增加，此纤维神经发动的速率和规律随之增加

◆小结

就心理层次而言，感觉只是与单纯的刺激关联的经验，与意义尚未有任何关联。

感觉包括视觉、听觉、嗅觉、味觉、压力觉、温觉、痛觉与体觉。

就所感觉而言，对刺激的敏感度，是通过绝对阈限（能被可靠地察觉到的最低刺激量）或差异阈（能被可靠地察觉到两刺激间有差别的最低刺激量）来测量。

心理物理函数是指刺激强度与（阈上）刺激感觉强度间的关系。

感觉通常被视为侦测包围在噪声中的信号的过程。有些时候，即使只有噪声存在也可能会侦测到信号——称作"虚报"；而能正确地侦测到信息的存在，称作"击中"。

通过信号侦测理论可将刺激侦测过程区分为两种：一种代表观察者的敏感度，另一种只是反映出观察者对"刺激存在"的反应偏差。

每种感觉形式都必须将物理能量重新编码或传输成神经冲动。

◆ **关键思考问题**

1. 你如何以声音响度最小可觉差（jnd）的测量，来说明因一架新飞机进场所造成当地机场听觉环境的变化？你能否向一群关心此议题的参访市民解释你的测量方式？

2. 本书描述过一位被指控错过了 X 光片中肿瘤的放射科 A 医师，与一位因他作证宣称肿瘤清晰可见而使本诉讼案成立的专家 B 医师。B 医师的结论是：A 医师在侦测肿瘤方面不像他那么称职。请详述，为何 B 医师的结论所提信息有瑕疵，并请设计两个实验，首先有关议题是：B 医师是否比 A 医师在知觉肿瘤上更拿手？其次为：A 医师错过的肿瘤，对一般放射科医师而言，是否可轻易察觉？

第二节　视觉

人类一般能产生下列感觉：视觉、听觉、嗅觉、味觉、触觉（或肤觉），以及体觉（例如，反应头与躯干相关位置的感觉）。由于体觉并不经常出现对强度和性质的意识感觉，因此本章将不再对它做进一步探讨。

只有视觉、听觉和嗅觉能获得离我们有段距离

的信息，而在这三种感觉中，视觉与人类种属最为协调。在讨论视觉时，本文将首先考虑引起视觉敏感（反应）的刺激能量特性；其次将描述视觉系统，特别强调其如何进行传导过程；然后再探讨视觉形式如何处理强度和性质信息。

光和视觉

每一种感觉都能对某特定形态的物理能量起反应。就视觉而言，物理刺激即光。光是从太阳和宇宙中发射出来的一种电磁能量，它不断地照耀着我们的地球。电磁能量不只是光，还包括宇宙射线、X 射线、紫外线和红外线，以及收音机和电视机的电波。电磁能量以波状运行，而其波长（指从一个波峰到下一个波峰的距离）的变化甚巨，从最短的宇宙射线（四万亿分之一厘米）到最长的无线电波（数公里）。人眼所能感觉的只有此范围中的一丁点儿——波长大概在 400—700 纳米之间的光线，因为一纳米是十亿分之一米，所以人眼所能看到的，实在只是电磁光谱非常小的一部分。

视觉系统

人类视觉系统包括眼睛、脑部及连接它们的通路（视觉系统的简单构造图请参阅图 2-14），此处将局限于眼睛内部结构的讨论。眼睛包含两个系统，一个形成影像；另一个将影像转换为电冲动。这些系统的重要部分显示于图 4-8。

我们常常将眼睛比喻成照相机，尽管这种比喻容易使我们对视觉系统的许多方面产生误解。成像系统的功能是将物品反射出来的光线聚焦在**网膜**（retina）上形成物体的影像；网膜是眼球后面的一层细薄结构（见图 4-9）。成像系统本身包含角膜、瞳孔和水晶体，若没有它们，我们就只能看到光线，但没有形状。角膜是眼睛表面一层透明的结构：光线通过此处时，角膜可使光线在成像之前产生弯曲，然后由水晶体将光线聚焦在网膜上，完成成像过程（见图 4-9）。要聚焦的物体距离不同时，水晶体在聚焦时的形状也会随之改变。物体在近处时，水晶体弯曲成球状；物体在远处时则伸平开来。有些人眼睛中的水晶体在看远处物体时，无法伸展得足够平坦，以致无法将之聚焦，但对近物的聚焦没有问题，有此类眼睛的人被称为近

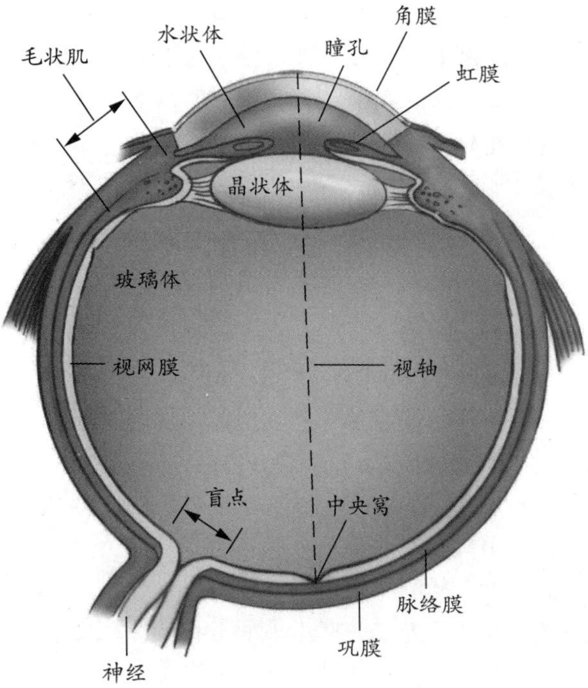

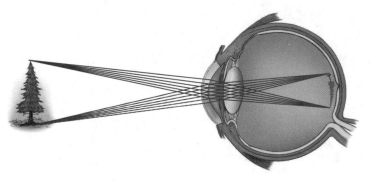

图4-8　右眼的俯看图

光线进入眼球后，依次经过角膜、水状体、晶状体，以及玻璃体后，到达视网膜。进入眼睛的光线量由瞳孔来调节，瞳孔是在眼球前方由虹膜形成的一个小洞。虹膜是由环状肌构成的，能够收缩或舒张，因此可以控制瞳孔的大小，虹膜也决定眼睛的颜色（蓝色、棕色等）

视（myopic, nearsighted）。而另外一些人的眼睛对远物可有效聚焦，但在看近物时，水晶体无法足够弯曲，有此类眼睛的人被称为远视（hyperopic, farsighted）。拥有正常视力的人随着年龄的增大（到他们40岁以后），水晶体也会失去变形和聚焦的能力。此类视觉上的缺陷可以借助眼镜和隐形眼镜来矫正。

图4-9　眼睛中的成像

来自某物体的部分光线进入眼睛后，会在网膜成像。角膜与晶状体就如望远镜中的透镜，会折射光线。仅仅根据光学的原理，我们就可推论出网膜的像是颠倒的

瞳孔（pupil）是成像系统的第三个结构，为一个可以张开的圆形结构，其半径随着光线强弱而改变；光线微弱时大张，光线很强时则尽量缩小，借此作用在不同强度光线下，确保足够的光线以维持成像的质量。

所有上述的一切都是用来在眼球后面的网膜聚焦出影像，传导系统在此处开始发挥作用。此系统的核心是受体，有两种形态的受纳细胞：杆体细胞和锥体细胞，二者都是以它们的形状来命名的（见图4-10）。这两类受体是为了不同的目的而生成。杆体细胞（rod）的结构适于夜晚视物，其在低强度时运作而产生低解析度无色彩的感觉；锥体细胞（cone）则适于白昼视物，会对高强度反应而产生高解析度彩色的感觉。网膜也包含一些神经元网络，还有一些支持细胞和血管。

当我们想看清一个物体时，我们习惯移动眼睛使物体投射在网膜的中心区域，此区域被称为中央窝（fovea）。我们如此做的原因与网膜上受体的分布有关。在中央窝中有大量紧密聚集的受体；而在

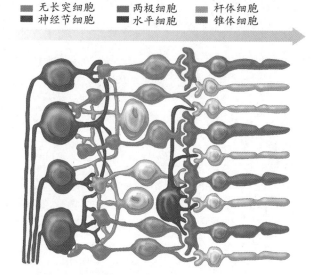

图4-10　网膜结构图

这是一张根据电子显微镜照片所画出的网膜结构图。两极细胞接收来自一个或多个受体传来的信息，然后再将这些信号传给神经节细胞，神经节细胞的轴突最后汇集形成视神经。注意，两极细胞和神经节细胞各有几种不同的形态。网膜中也有许多侧边的联结。被称为水平细胞的神经元使侧联结在某种程度上靠近受体；被称为无长突细胞的神经元使侧联结在某种程度上靠近神经节细胞［资料来源：J.E. Dowling and B. B. Boycott (1969) "Organization of the Primate Retina" from *Proceedings of the Royal Society of London*, Series B,Vol.166, pp.80-111. Adapted by permission of Royal Society of London.］

其侧边（即中央窝周围）则只有少数。越靠近聚集受体的中央窝，解析度越高，就同计算机一样，一组每英寸（2.54 厘米）有 1,024×768 像素分辨率的屏幕就比 640×480 分辨率的屏幕有更高的解析度。因此，中央窝是眼球中最能看清物体细节的区域。想体会对影像的细节知觉会因移离中央窝而有所变化，可进行以下活动：注视图 4-11 中间字母 A，周围字母均经过调整，看起来几乎为相同大小，要达此视觉效果，外围的字母应为中间字母的 10 倍大。

物体反射出来的光线与受体细胞接触后，受体如何把光线转换成电冲动？杆体细胞和锥体细胞含有可以吸收光线的称为光色素（photopigment）的化学物质，光色素吸收光线后开始进行一项过程，并导致神经冲动。一旦此传导步骤完成，这些电冲动必须通过联结神经元传到脑部。杆体细胞和锥体细胞的反应首先传送到双极细胞（bipolar cells），然后再从两极细胞传送到其他节细胞（ganglion cells）的神经元（见图 4-10）。节细胞的长轴突自眼睛延伸出去，形成到达脑部的视觉神经（optic nerve）。在此视觉神经离开眼睛的地方没有受体，因此此处无法感受到刺激（见图 4-12）。我们并未注意到这个盲点——此洞落在视觉区内——因为脑部已自动代替其作用（Ramachandran & Gregory，1991；Tong & Engel，2001）。

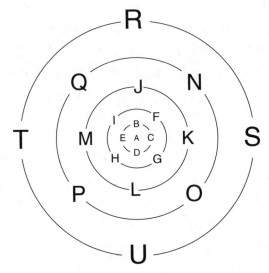

图 4-11 边缘的视觉敏锐性较低

图中字母的大小经过估算，以至于当注视中央的字母 A 时，周遭的其他字母看起来似乎都是同样大小

图 4-12 盲点的测定

（a）闭上右眼，注视右上角的十字，将书本在距离眼睛一英尺处来回地移动。当左边的黑色圆圈消失时，就是投射在盲点上了。（b）闭上右眼，注视右下角的十字，不再左右移动书本。当白色的空白处落在盲点上时，黑线仿佛是一条连续线。这种现象帮助我们了解一直不熟悉的盲点。事实上，此视觉系统填补我们不敏感的部分视野；因此，此部分视野如同是棒球赛中的外野地区

光线的视觉

敏感性（sensitivity） 我们对光线强度的敏感性是由杆体细胞和锥体细胞决定的。杆体细胞和锥体细胞之间有三项主要的差异，可用来解释对光的知觉强度或"明度"的许多现象。首先，激发锥体细胞与杆体细胞的光线水平不一，在白天或照明较好的房间内，只有锥体细胞被激发，此时杆体细胞未能传递任何有意义的神经信号；而在弦月夜晚或昏暗房间里，只有杆体细胞被激发。

其次，锥体细胞与杆体细胞擅长不同的任务，这点可由它们与节细胞联结方式的差别中看出。图 4-13 显示三个相邻锥体细胞，分别与一个节细胞相联结。此时若一个锥体细胞接收到光线，它就会提升相应节细胞的活动性。每个节细胞均与相邻的细胞相联结，而通过这些联结，会抑制相邻细胞的活动性；此外，它也经由一长条轴突联结到脑部的视觉区，这些轴突汇集形成视神经。图 4-13（右）为三个相邻的杆体细胞，也是各自与三个节细胞联结，然而节细胞间并无联结，因此不会彼此削弱神经活动。

要了解这些差异的意义，我们可以设想单一光点投射在锥体细胞或杆体细胞上。当投在锥体细胞上时，只有相应的一个节细胞会对光点的位置有反应；当投射在杆体细胞上时，却会引起三个节细胞提高其活动性。这样一来，虽有助于确保信号能到达脑部，却无法确定光点的位置。与锥体细胞联结的相邻节细胞的联结，在光线充足情境下会强化对形状细节的知觉；聚合许多单一杆体细胞的节细胞，也可在光线不足情境下强化其敏感性。实际说来，如果要从事一件需要高解析度的工作，如鉴赏一件

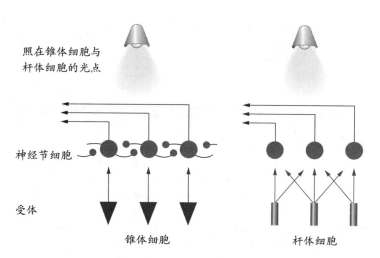

照在锥体细胞与
杆体细胞的光点

神经节细胞

受体

锥体细胞　　　　杆体细胞

图4-13 锥体细胞和杆体细胞如何联结神经节细胞

本图显示单一光点照射到锥体细胞与杆体细胞的情形。为了简化，我们省略了位于受体与神经节细胞间的其他几类细胞。箭头代表增进神经元启动的信号，而圆点代表降低神经元启动的信号。来自神经节细胞的长箭头，则代表成为视神经部分的轴突

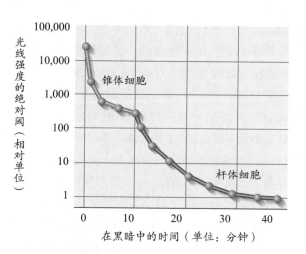

光线强度的绝对阈（相对单位）

在黑暗中的时间（单位：分钟）

图4-14 光适应的过程

被试注视明亮的光线，直到网膜能做光适应，然后被试置身于黑暗中将变得对光更加敏感，而且他们的绝对阈降低，这种情形为光适应。本图显示光适应后，再关掉灯，经过不同时间的阈限值。白色圆点代表色彩可见光线的阈限；黑色圆点代表看来是白色的光线（不论其波长）。值得注意的是，在大约10分钟处的曲线有一明显连接点，被称为杆体细胞-锥体细胞平衡点（rod-cone break）。许多测试显示曲线的第一部分是锥视觉，而第二部分是杆视觉（本图资料为来自各式各样测试结果的近似值）

印刷精美的作品时，你只能在照明良好、锥体细胞活跃的场合中进行。

锥体细胞与杆体细胞间第三个相异处，在于聚集于网膜上的位置不同。网膜中的中央窝包含许多锥体细胞，但没有杆体细胞，而中央窝的边缘地带（网膜的其余部位）则富含杆体细胞，锥体细胞相当稀疏。图4-11即显示出边缘锥体细胞较少所造成的后果；而夜间观星则显示出杆体细胞分布不匀的结果。你若想尽量看清楚一颗晦暗的星星，你必须将视点稍稍偏向那颗星星的某一边，这样才能确保从星星传来的光能激发最大数量的杆体细胞。

暗适应（dark adaptation）设想你从明亮的街道走进一间漆黑的电影院内，一开始你几乎无法从银幕上反射的光中看到任何东西；几分钟后，你的视觉就好到足以找到座位；最后你甚至能在昏暗的光线中辨认出脸来。这种在黑暗中视觉能力改变的情形称作**暗适应**。当你在黑暗中花上一点时间后，眼睛的瞳孔会放大，更重要的是，受体的光学变化也增加了受体对光线的敏感性。

图4-14描述了**暗适应的曲线**（dark-adaptation curve），显示绝对阈限会随个人处于黑暗中的时间加长而降低。此曲线有两段，上半段是锥体细胞的适应，它发生得相当快速，约在5分钟内即完全适应。当锥体细胞适应时，杆体细胞也开始适应，但速度较慢。杆体细胞持续适应25分钟，最后会赶上已完全

适应的锥体细胞，本图的下半段即杆体细胞的适应。

形状视觉

视敏度（visual acuity）指眼睛解析细节的能力。在多种测量敏锐度的方法中，最常用的是在眼科中大家所熟悉的眼睛视觉图片。此图片是由斯涅伦（Herman Snellen）于1862年设计的。**斯涅伦敏锐度**（Snellen acuity）是相对于一位不需要戴眼镜者的敏锐度测得的。敏锐度20/20表示他可以在20英尺（约6.1米）距离辨识出一般人在20英尺处可以看到的字母；而敏锐度20/100则表示他需在20英尺处才能看到一般人在100英尺处就能看到的字母，此时，其视敏度较常人为差。

斯涅伦眼睛视觉图片并非测量敏锐度的最佳方法。首先，它不适用于不识字的人或小孩；其次，本方法用来测试的材料只能在定距离（20英尺）观看，而非测试可供阅读及其他近距离进行的作业；第三，本方法无法区分出空间与对比的敏锐度（前者指对形状细节的敏锐力，而后者为看出明度上的差异）。图4-15即为用来测试视敏度的典型方式，箭头指示之处为被察觉的主要细节。请注意，这些主要细节其实都只是明度上从亮变成暗的区域（Coren,

Ward，& Enns，1999）。

与形状知觉有关的感觉经验是由登记明与暗信息的神经元所决定的。形状视觉最基本的元素为边缘，或轮廓、从明到暗或暗到明的转换区等。最先影响边缘信息登记的，是发生在网膜节细胞间的交互作用（见图 4-13）。这些交互作用的影响可从图 4-16 所谓赫尔曼栅格（Hermann grid）的形状知觉中看出。你会在区隔出黑色方块的白色空间交接处看到灰点。当你注视这些交接处时，就会产生其间没有灰点，而其他交接处还有灰点的错觉。

此幻觉即激发的节细胞抑制邻近细胞活动直接造成的结果。在白色栅格交接中点的节细胞接收到来自四周邻近节细胞（在该白色接点的上下左右）欲降低其发动率的信号。而位于白色直线或竖线的节细胞，则只接收到来自两侧欲减低其发动率的信号。交点之所以看起来比白色直线或竖线暗，是因为中间交接处有更多的欲降低其发动率的信号。

为何黑点只出现在你注视的交点旁边的交接处，而直接注视处却没有呢？因为中央窝传送的信号远比边缘小得多，这也是何以中央窝会比边缘视敏度较高的原因。

色 觉

所有可视光线（实际上，从伽马射线到雷达波的所有电磁辐射）除了波长外都很相似。视觉系统能极巧妙地处理波长——将不同的波长转换成不同的颜色，例如，将 450—500 纳米间的短波光线呈现蓝色；将大约 500—570 纳米间的中波光呈现绿色；将大约 650—780 纳米间的长波光呈现红色（见图 4-17）。

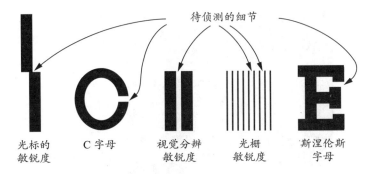

图 4-15 用来测试视觉敏锐度常用的一些形状

箭头指出每个图形具主要区辨性的细节部分

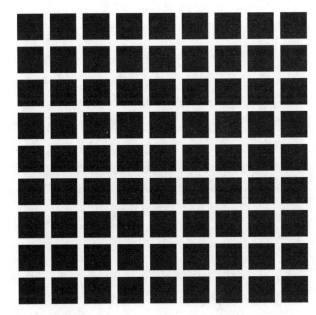

图 4-16 赫尔曼栅格

白色交接处的灰点是一种错觉，它们会呈现在你眼里与脑中却不在纸张上。若想说服自己它们并不存在，你可以移动你的眼睛去看不同的交点，即可发现你直接注视的交接处并没有黑点，这些点似乎只落在你视野边缘的交接处

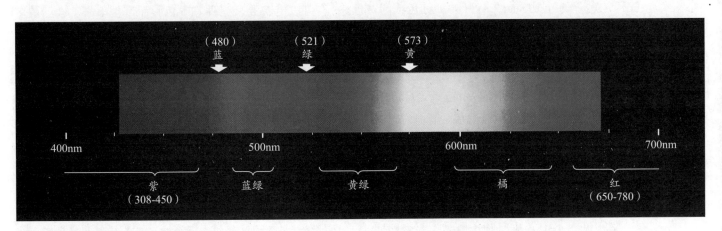

图 4-17 太阳光谱

图中的数字是各种颜色的波长，以纳米（nm）为单位

将光线分解成不同波长光的三棱镜。短波光看起来是蓝色，中波光为绿色，而长波光则为红色

因此，我们对颜色知觉的讨论将局限于波长，当色觉的源头是发光体（例如太阳或灯泡）时，此种限制特别适合。然而，色觉来源通常是某一光源照耀物体时，由该物体所反射的光线。此时，我们对物体颜色的知觉部分是由物体反射的波长，部分则由诸如周遭情境的颜色等其他因素决定。在一物体的附近有各种色彩时，即使眼睛所记录物体光波有别于该物体真正的颜色，还是会使观察者看到该物体的正确颜色，而非忠实反映出到达眼睛的光波（Brainard，1999；Land，1986；Maloney & Wandell，1986）。不管光线如何变化，我们总是将蓝夹克视为海军蓝的这种能力，称作**色彩恒常性**（color constancy）。我们将在第五章加以探讨。

色貌（color appearance）　色觉是一种主观经验，表示"颜色"是脑部根据光线波长分析所形成的建构，然而，它又是客观的，因为任两位有着相同颜色受体（锥体细胞）的观察者，似乎都以相同的方式建构出颜色的知觉。人们对各种颜色的经验，最常用下列三个维度来组织：色调，明度及饱和度。所谓**色调**（hue），就是颜色性质的"名字"，如红色或绿黄色。**明度**（brightness）指有多少光线从有颜色的表面被反射回来，通常白色可能是明度最大的颜色，而黑色是最暗的。**饱和度**（saturation）即颜色或光的纯度：完全饱和颜色，如大红色，不带灰色；不饱和颜色（如粉红色），似乎混杂着红色与白色。有一位艺术家芒塞尔（Albert Munsell）提出一张图表，将各单一颜色区分成10种不同的色调层次，并加以命名及编号，编号包含两个数字，一个代表饱和度，另一个则代表明明度。**芒塞尔色系**（Munsell system）中的色彩可以色立体（见图4-18）来呈现（概念摘要表即摘录了声音与光线的重要特性）。

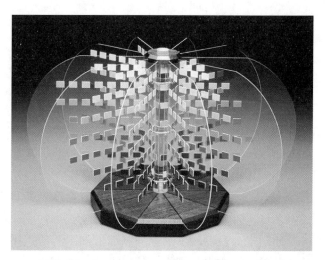

图4-18　色立体

色的三种维度可由图中的双锥体来表示：锥体内的各点表示色彩，沿着半径的点表示饱和度，纵轴上的点表示明暗度。颜色锥体的一片垂直部分，即表示单一色彩在饱和度和明暗度上的差异

有了形容颜色的方法后，便可问一个问题：我们能看到多少种颜色？在人类所敏感的400—700纳米这个范围中，我们能分辨150种色调，即大约能分辨150种波长。此即意味着：一般而言，我们可分辨出只差2纳米的两种波长；即波长的最小可觉差是2纳米。这150种可区别的颜色，每一种都可有许多不同的明暗度和饱和度数值，已知为此150种颜色所编的号码已超过700万种！此外，根据国家标准局的估计，目前已有7,500种颜色的名字。这些号码多少显示出颜色对我们生活的重要性（Coren，Ward，& Enns，1999）。

颜色的混合　所有我们能够分辨出来的色调，都可以借着混合三种基本色彩而产生出来。这已被多年前的所谓色彩配置实验证实。所谓**色彩配置实验**（color matching experiment），是测量人们会将两个不同物理光线看成同一颜色的倾向。假若将不同色光投射于网膜上的相同区域，此混合光可变成一个新颜色。例如，纯黄色光波长为580纳米，它看起来就是黄色；然而混合了650纳米光（红）与500纳米光（绿），以及450纳米光（蓝）后，可能产生看起来与纯黄色的相同——字义上相同——的黄光。除此之外任何纯可见光均可经此配置实验合成。由物理成分相当不同的两组光混合后，可能得到看起来完全相同的光，学者称之为**条件等色**（metamer）。

概念摘要表

光与声音的物理与心理量

刺激	物理属性	测量单位	心理经验
光	波长	纳米	色调
	强度	光子	明度
	纯度	灰色度	饱和度
声音	频率	赫（兹）	音调
	振幅	分贝	响度
	复杂度	谐音	音质

条件等色为我们提供了了解视觉系统运作过程的良好线索。由一个系统（如视觉系统）建构条件等色的过程中，可以看出系统是如何丧失信息的。以我们的实验为例，当两个刺激看起来都是同样的黄色时，就丧失了何者为纯色而何者又为混色的信息。虽说丧失信息可能不好，但有时则不然。诚如我们在本章早些时候提及的，我们随时可能被来自世界的大量信息轰炸，我们的生存并不需要全部的信息，甚至其中的大部分我们都不需要。如果不能去除其中大部分，我们可能早就信息超载了。在此信息削减过程中，我们创造了条件等色。只要恰好三个基本颜色的混合（即形成条件等色），即可组成任何颜色，这为我们提供了一条了解视觉系统建构过程的重要线索。

三原色混色律的意涵 混色具有重要的实际用途。例如，在电视与相片上再生颜色，即依赖着"多种颜色均可由三种基本颜色混合而成"这一事实。如果用放大镜检查你的电视屏幕，你会发现它只是由三种颜色光点（蓝、绿、红）组成。这种相加混色的情形之所以发生，是因为这些光点彼此靠得很近，使得它们投射在你网膜上的像重叠使然（见图4-19所代表的混色方式）。

另一个重要的意涵与我们对色盲的了解有关。在大多数人以三种基本色混合出范围广泛的颜色时，有些人却只能使用两种基本色来混合出范围广泛的颜色，此类人称为**二色视者**（dichromat，也称部分色盲），其颜色视觉具有缺陷，会将**正常视觉者**［即**三色视者**（trichromat）］能够分辨的某些颜色混淆。但二色视者仍能看到颜色，**单色视者**（monochromat，也称全色

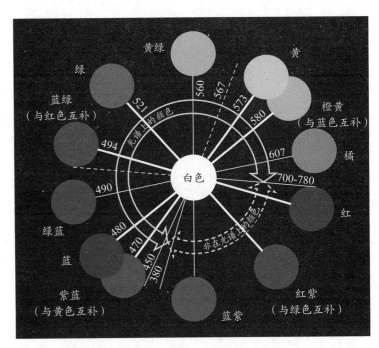

图4-19 色环

色环是表示颜色混合的一种简单方法。圆周上的点代表光谱上的颜色（在人眼敏感范围波长的颜色）。光谱的两端并未相遇；其间相当于非光谱的红色和紫色的距离，非光谱颜色能以长波和短波光的混合来产生。圆圈的内部代表光的混合。朝向圆心的光饱和度较低（或较白）；白色即在正中央。任何两种颜色的混合颜色为位于连接两点直线上的点。当直线穿越圆圈中心时，以适当比例混合的光，看起来将像是白色，这些色对称为补色

盲）则完全无法分辨波长，他们是完全的**色盲**（colorblind），只能看到灰色阴影（图4-20是测试色盲的色盘，色盲的测试是比进行颜色混合实验更简单的过程）。大多数色盲源于先天的基因。如第二章所述，男性色盲患者（2%）通常比女性患者（0.03%）多，因为其关键基因是X染色体上的隐性基因（Miyahara, Pokorny, & Smith, 1996; Nathans, 1987）。

色觉理论 许多年来，有两种主要的色觉理论兴起。最早的色觉理论是托马斯·杨（Thomas Young）在1807年时提出的，那时科学家们还根本不知道锥体细胞的存在。50年后，赫尔曼·冯·赫尔姆霍茨（Hermann von Helmholtz）发展了杨的理论。根据杨-赫尔姆霍茨理论（Young-Helmholtz theory）或**三色说**（trichromacy theory）的观点，即使我们能辨别许多不同颜色，却只有三种类型的颜色受体，我们现在知道这些受体是锥体细胞，而每一种受体都只对某一范围广泛的波长具有敏感性，大多只在某一狭小区域反应。如图4-21所示，短波受体对短波（蓝）最为敏

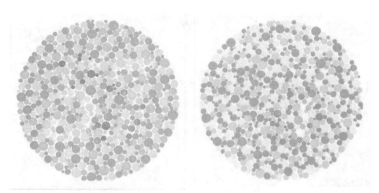

图 4-20　检验色盲

本图是检验色盲用的两种色盘。以左图来说，红-绿色盲的人将只看到绿字 5，有些只看到 7；而有些则完全看不到。同样的，正常人在右图看到的是 15，而红-绿色盲的人则完全看不到

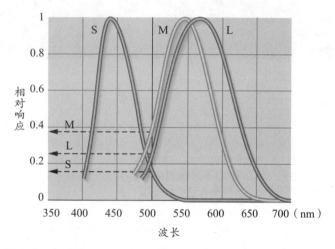

图 4-21　三色说

本图为三色说所提出的短、中和长波受体的反应曲线。这些曲线使我们能够决定每一种感受器对多种波长的相对反应。在此例中，每一受体对 500 纳米光的反应是由在 500 纳米处的直线决定的，值得注意的是这条直线与每一条曲线的交汇之处（取材自 "Spectral Sensitivity of the Foveal Cone Photopigments Between 400 and 500 nm," in *Vision Search*, *15*, pp. 161-171.　ⓒ 1975, with permission from Elsevier Science.）

感；中波受体对中波（绿和黄）最为敏感；而长波受体对长波（红）最为敏感。这三类受体的联结活动决定颜色的感觉；即某一特定波长的光以不同程度刺激此三类受体，而在此三类受体中的特定活动比例产生特定颜色的感觉。因此，关于之前讨论的性质编码，三色理论认为颜色的"性质"是由三类受体的活动"组型"编码，而非每一颜色的特定受体所编。

本文之前提及有关色觉的事实，三色说都能加以解释。更重要的是，可以解释色彩配置实验

（见 Wandell，1995）。首先，我们能分辨不同波长是因为它们在三类受体上引起不同的反应。第二，三基本色律直接来自三色说，我们之所以能将差距极大的三种波长混合成任何颜色，是因为这三种波长能激发三类不同的受体，而在这些受体受到激发，即为形成所测试颜色知觉的原因（现在我们明白了数字"三"的深远意义）。第三，此三色说以三类受体之一或更多的缺陷来解释色盲：二色视者天生就缺少一类受体，而单色视者则生来就缺少三类受体中的两类。除了说明这些早已为人所知的事实，三色说也引领生物研究者成功地探寻此三类受体，如今这三类锥体细胞已为我们所熟知。

三色说虽然相当成功，但仍无法解释某些色彩知觉研究已知的发现。埃瓦尔德·黑林（Ewald Hering）在 1878 年观察到所有的颜色都可以被描述为红、绿、黄、蓝中的一种或两种颜色的组合。他也注意到事物并无法被知觉为红绿或黄蓝色；红绿的混合可能看来是黄色，而黄蓝的混合则看来如白色。这些观察指出红和绿形成拮抗配对，黄和绿也是一组拮抗配对，且拮抗配对中的颜色无法同时被知觉。更进一步支持拮抗配对概念研究的证据来自一项实验：被试首先注视一个色点，然后看向一灰色表面，被试报告看到灰色表面上有一色点，此即原来色点的补色（见图 4-22）。

这些现象学观察使黑林提出另一项色觉理论——**拮抗色觉理论**（opponent-color theory），他认为视觉系统包含两类颜色敏感单位，一类单位反应红或绿，另一类则反应蓝或黄，每一单位以相反的方式来反应两种相拮抗的颜色：如当红色刺激呈现时，红绿单位会增加其反应率；当绿色刺激呈现时，则减少

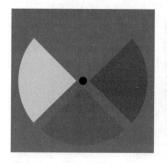

图 4-22　补色后像

凝视左边彩色图中心的黑点一分钟，然后将你的视线焦点转移到右边灰色图中的黑点，你将会看到原图色彩的蓝、红、绿和黄色被互补色的黄、绿、红和蓝色所取代

反应。由于一个单位无法同时以两种方式做出反应，因此若同时受到两种拮抗颜色刺激，则将被知觉到白色（见图4-23）。拮抗色觉理论能解释黑林的观察及其他的事实，此理论说明为何我们能看到如自己所见的色彩：当只有一类拮抗单位失去平衡时，我们知觉到单一色彩——红或绿或黄或蓝，而当两类拮抗单位都失去平衡时，我们知觉到组合色彩。我们无法知觉到红绿色或黄蓝色，是因为一个单位无法同时以两种不同方式来反应。此外，此理论可解释被试先注视色点后凝视灰面时看到补色的原因；例如，如果被试先凝视红色，单位中的红色成分将变得疲乏，结果绿色成分便开始活动。

因此，我们共有两种色觉理论——三色说和拮抗色觉理论，每一个理论都能解释某些事实，也有其无法解释之处。数十年来，这两项理论都被视为彼此的竞争者，直到70年代，研究者提出两阶段理论将这两个理论加以整合，将三色说中的三类受体加入视觉系统较高层次的颜色拮抗单位（Hurvich & Jameson，1974）。两阶段理论指出，视觉系统中应有作用如颜色拮抗单位的神经元存在，在网膜后处理这些视觉信息（且含有三色说所提的三种受体）。事实上，这些颜色拮抗神经元已被发现存在于丘脑中（位于网膜与视皮层间的神经通路站）（DeValois & Jacobs，1984）。这些细胞会对某些光波自动增加活动量，并对其他光波降低活动量。因此，假若网膜受到蓝光刺激时，视觉系统中较高层次的某些细胞激发较为快速；当网膜受到黄光刺激时，则激发较慢，此类细胞似乎构成了蓝黄拮抗配对的生物基础。图4-23展示了三色与拮抗过程论相关的神经线路。

此色觉研究是一个能成功地呈现出心理学和生物学方法对某一问题的交互作用的明例。当三色说提出必有三类颜色受体存在时，后续的生物研究便证实网膜中有三类锥体细胞；当拮抗色觉理论说视觉系统必存在其他类型的单位时，后续的生物研究便发现丘脑中的拮抗颜色细胞。此外，将这两项理论成功整合的两阶段理论，必须将三色说中的细胞加入拮抗色觉理论中的功能，而这也被后续的生物研究所证实。由此可知，在心理学层次杰出的研究工作，常常为生物发现指出方向，难怪许多科学家视色觉分析为其他感觉系统分析的典范。

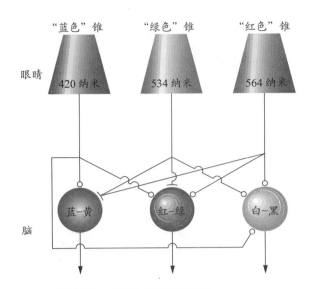

图 4-23 三色说与拮抗色觉理论的可能关系图
此图显示出三种受体互相连接从而产生对立过程的神经反应。锥体中呈现的数字是它最敏感的波长，有箭头的线段表示提升活动量的联结；而带圈的线段则为降低活动量的联结。此图只是整个系统的一小部分。另一组拮抗单元则有相反的提升与降低联结关系

◆**小结**

视觉的刺激是光，它是波长为400—700纳米的电磁辐射。其传导系统在网膜上，它包含视觉受体的杆体细胞与锥体细胞。

不同波长的光会带来不同的色觉。经由三色说，我们得以了解色觉，而颜色的知觉是根据三种受体（锥体细胞）的活动而来的，每种受体分别只对光谱上不同区间的波长最为敏感。

有四种基本的色觉：红、黄、绿与蓝。拮抗色觉理论认为有红-绿与黄-蓝两种拮抗过程，各自以相反的方式针对其两种拮抗的颜色做出反应。

三色说与拮抗论二者以作用于视觉系统中不同的神经位置而成功地加以整合。

◆**关键思考问题**

1. 若以照相机来比拟眼睛，眼睛具有相机的哪些特性？

2. 飞行员准备在夜间飞行时，常在行前一小时戴上红色目镜，你认为他们为什么要这样做？

3. 从进化的观点而言，你能想出理由来说明何以有些动物的眼睛全由杆体细胞组成，另一些动物则几乎只有锥体细胞，而有些则与人类一样兼具二者？

第三节　听觉

听觉和视觉一样，都是我们获得环境信息的主要方法。就大多数人而言，听觉是沟通的主要渠道和传送音乐的工具，读者将在本节看到：听觉的发生，是因声压的轻微改变，从而造成内耳中的一片薄膜的前后移动使然。

本节对听觉的讨论将比照视觉的讨论方式，首先探讨听觉系统所敏感的物理刺激特性为何，然后描述听觉系统；特别强调受体如何执行转换过程，最后则探讨听觉系统如何将声音的强度和性质编码。

声　波

声音源自物体的运行或振动，例如，风吹过树梢。当某物体移动时，前面的空气分子便被推挤在一起，这些分子推挤其他分子后回到原来的位置，虽然这些个别空气分子并无法运行到远处，但压力变化的波动（声波）即以此方式通过空气传送。这种波动类似将石块掷入池塘中所产生的涟漪。

声波（sound wave）可以用"空气压力为时间函数"的图表来描述。图 4-24 显示一种一段时间内声音的压力变化图表。此图描述出正弦波（sine wave，此称谓是由于其与数学中的正弦波函数一致），与正弦波一致的声音被称为"纯音"（pure tones），纯音的一个重要方面是声音的**频率**（frequency），即声音每秒循环的次数［被称为赫兹（hertz），简称"赫"］，表示分子前后运动的速率（见图 4-24）。频率是我们知觉到音频的基础，可听出声音的高低。

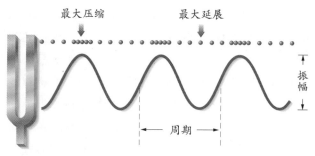

图 4-24　纯音

当音叉振动时，空气会产生与正弦波一致的连续压缩和延展波，此类声音被称为纯音，它由连续的空气压缩构成。这种连续的空气压缩构成正弦波的形式。纯音的振幅随着波的强度变化，而波的数量则是波的频率。用一种"傅立叶分析法"技术可以将任何声音分解成不同频率和强度的正弦波的组合

高频音为高频率的正弦波；低频音为低频率的正弦波。正弦波在分析听觉时有其重要性，因为依法国数学家傅立叶（Fourier）的看法，任何复杂的声音均可分解成纯音；换句话说，任何复杂的声音都可以表示为一系列不同频率的正弦波的加权总和。

纯音的另一方面性质是它的**强度**（amplitude），即一段时间内压力变化图表中波峰到波谷间的压力差距（见图 4-24）。强度是**响度**（loudness）感觉

乐器可以产生复杂的声压组合，这些即为声音的音质

长期暴露在强大的噪声中将会引起暂时性的失聪。这就是机场工作人员常戴上耳罩的原因

的基础。声音强度通常以分贝尺度来表示，而**分贝**（decibel）是一种响度的对数量尺，增加 10 分贝等于声音强度改变了 10 倍；增加 20 分贝等于改变了 100 倍；而增加 30 分贝则等于改变了 1,000 倍等等。例如，在安静的图书馆中小声说话是近 30 分贝，嘈杂的餐厅可能有 70 分贝，而摇滚音乐会可能将近 120 分贝，喷射机起飞则超过 140 分贝。长期暴露在（或超过）100 分贝下，可能造成永久性的失聪现象。

声音的最后一个性质是**音质**（timbre），它是指我们对某声音复杂性的经验。我们听到的大多数声音都不是上文提到的纯音（除非是像音叉或一些电子仪器）。声音乃由声学仪器、汽车、人声与其他动物、瀑布等具复杂声压组型所产生的。所谓不同的音质，即如由小提琴奏出的中央 C 就不同于长号奏出的中央 C。

听觉系统

听觉系统（auditory system）包含耳朵、部分脑部和各种联结神经通路。此处的讨论将局限于耳朵，但不只是头部两侧的耳部，还包括整个听觉组织；大多数位于头颅内部（见图 4-25）。

如同眼睛，耳朵也包含两个系统，一个系统将声音放大并传送至受体；另一个系统则接收声音并将之转换为神经冲动。传送系统（transmission system）包括：**外耳**（outer ear），由耳郭（external ear 或 pinna）和与之相连的耳道（auditory canal）所组成；以及**中耳**（middle ear），由鼓膜（eardrum）和三块

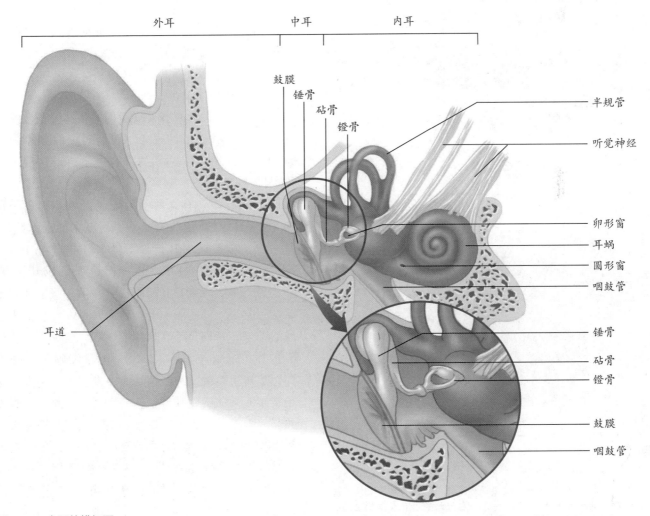

图 4-25 人耳的横切面
本图显示耳朵的整体构造。内耳包括含有听觉受体的耳蜗和前庭结构（半规管和前庭囊），后者是平衡感和身体移动的感觉器官

成列的听骨锤骨、砧骨和镫骨所组成。转换系统则位于内耳（inner ear）的耳蜗部分，其中含有声音的受体。

让我们再检视传送系统的细部构造（见图4-26）。外耳有助于声音的收集，并将声音传过耳道达于鼓膜。**鼓膜**（eardrum）是一紧绷薄膜，为中耳的最外层部分，功用是在通过耳道的声波到达时发生振动。中耳的工作则是将这些鼓膜振动传过一个气腔到达另一个薄膜，即**卵形窗**（oval window），为内耳和受体的门户。借着由**锤骨**（malleus）、**砧骨**（incus）和**镫骨**（stapes）所形成的机械性桥梁，

中耳得以完成此项传送。鼓膜的振动由第一块骨头，依序转移至第二块和第三块骨头，而导致卵形窗的振动。这种机械装置不仅传送声波，还将声波加以放大。

转换系统中的**耳蜗**（cochlea）是一螺管状骨头，由数层薄膜划分成数个液体区，其中之一是支持听觉受体的**基底膜**（basilar membrane）（参阅图4-26），这些受体称为**毛状细胞**（hair cell），因为它们具有延伸入液体中的毛状构造。卵形窗（连接中耳和内耳）上的压力造成耳蜗内液体的压力改变，然后转而引起基底膜振动，导致毛状细胞弯曲和电冲动。借着这个复杂的过程，声波可以转换成电冲动。突触与毛状细胞联结的神经元有极长的轴突形成部分听觉神经，大多数听觉神经元各自与单一毛状细胞连结。在听觉神经中有将近31,000个听觉神经元，比视神经中的百万神经元少很多（Yost & Nielson，1985）。由双耳到脑部两侧的听觉通路，在到达听觉皮层之前与一些神经核形成突触。

声音强度的听觉

之前探讨视觉时曾发现我们对某些波长较为敏感，听觉也有类似的现象。我们对中间频率的声音比接近频率范围两端的声音更敏感，这种情形可以图4-27为例，显示声音强度的绝对阈限为频率函数。许多人有某些听力障碍，因而其阈限比图4-27显示的阈限更高。有两种基本的听障类型，其中之一就是因中耳传导不良（conduction loss），导致在所有音频下，其阈限均提升到大致相同的水平；另一种听障则是其阈限提升并不相等，在高频时会引起很大的阈限提升，这通常是内耳受伤所造成的结果，特别是毛状细胞的损坏，被称为感觉神经损坏（sensory-neural loss），毛状细胞一旦受损即无法再生。听觉神经损伤大多发生于老年人，这是老年人无法听到高频声音的原因，但此类型听障并非仅限于老年人，它也会发生在暴露于极端嘈杂声音中的年轻人身上，如摇滚音乐家、飞机跑道人员及气压钻孔机操作员，较常遭到严重的永久性听力损伤。例如，20世纪70年代知名摇滚乐团"谁人"（The Who）的吉他手彼得·汤森（Pete Townshend）由于长期暴露在高音量的摇滚乐中，

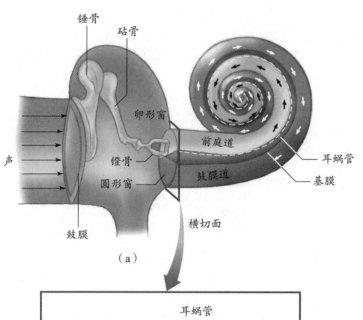

（a）

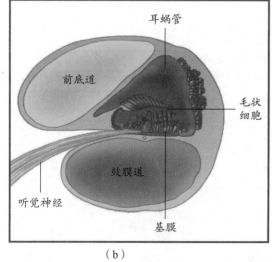

（b）

图4-26 中耳和内耳的简图

（a）耳蜗内液体的流动使基膜变形而刺激作为听觉受体的毛状细胞

（b）为耳蜗的横切面图，显示基膜和毛状细胞受体（取材自John Wiley and Sons, Inc. Sensation and Perception, 3/e, by S. Coren and L. Ward, © 1989.）

第四章　感觉过程　**121**

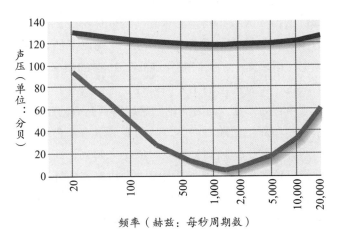

图 4-27　听觉的绝对阈限

下方曲线表示不同频率的绝对阈限强度，在 1,000 赫兹附近最为敏感。上方曲线描述的是痛觉的阈限（本图资料都是近似值，来自各种测定结果）

受到严重的听觉神经损伤，他的遭遇使许多年轻人开始注意避开这个危险。

我们会很自然地假设两耳对某一声音有相同的知觉强度，但事实上其中有微妙的差异。例如，右耳听到源自右侧的声音强度比左耳听到的更大；这是因为头部形成一个"声音遮蔽"，减轻了声音到达远侧耳朵的强度。然而，这并非出于听力的限制，我们反而能利用两耳听觉强度差异来寻找声音的来源："如果声音在我的右耳听起来比左耳强，它必定来自右侧。"同样地，来自我们右侧的声音到达右耳的时间会稍早于到达左耳的时间（反之亦然），我们也可以利用此两耳听觉时间差异来寻找声音的来源。（"假若声音较先到达我的右耳，它必定来自右侧。"）

音频的听觉

声音主要的心理性质之一是音频，即一种依据声音频率而有的感觉。当频率增加时，音频也提升。年轻人可察觉到 20—20,000 赫的音频，且在 100 音频下有 1 赫的最小可觉差，在 10,000 赫下则可将最小可觉差提升到 100 赫。

声音一如光线，我们很少有机会听到纯粹的感觉刺激。回想我们在讨论视觉系统时，我们常见混合各种波长的光线而少有纯刺激（即只有一种波长的光线）——激光是例外。听觉系统也面临同样的情境：我们很少听到纯音，而是常碰到由各种混音

组成的声音。然而，这种光与声的类比在下面的情况下站不住脚。当我们混合不同波长的光线时，我们可以看到崭新的颜色；但是当我们将多种纯音混合时，我们却仍可以分别听到各个声音成分，尤其是当这些声音的频率分布区隔很开时更是如此。频率彼此接近时，即使声音听起来较复杂，但还是不像单一纯音。在视觉方面有一项事实是，通过三类受体将三种光线混合可导致单一颜色的知觉，然而在听觉方面则缺乏此种现象，说明听觉上少有专司不同频率的受体，因此听觉的声音频率受体必然更具连续性。

音频知觉的理论　与色觉类似，听觉方面也有两类理论说明耳朵如何将频率编成音频码。第一类理论在 1886 年由英国物理学家洛德·卢瑟福（Lord Rutherford）提出，他认为声波能引起整个基底膜振动，基底膜振动速率决定听觉神经中的神经纤维冲动速率。因此，1,000 赫声音引起基底膜每秒振动 1,000 次，因而引起听觉神经纤维每秒发动 1,000 次冲动，再由脑部将这种情形解释为某一特定音频。由于此项理论主张音频有赖于声音如何随着时间而改变，故称为**时间理论**（temporal theory）。

人们很快便针对卢瑟福的假说提出质疑：神经纤维冲动已知的最高发动率为大约每秒 1,000 次，那么我们是如何知觉到频率超过 1,000 赫的音频的呢？数十年后，韦弗尔（Weaver，1949）提出一个方法来解决此问题。他主张超过 1,000 赫的频率能被不同组的神经纤维编码，每一组神经纤维发动时间都略有差距。例如，假若一组神经元以每秒 1,000 次冲动发动，1 毫秒后，第二组神经元开始以每秒 1,000 次冲动发动，那么这两组神经元将可达到每秒 2,000 次冲动。这项主张随即获得支持，生物学家们发现，即使个别细胞并未对每一个声波周期做出反应，听觉神经中的神经冲动的模式，仍遵循着刺激音调的波形（Rose，Brugge，Anderson，& Hind，1967）。

虽然很有见地，但此假设仍嫌不足。因为在 4,000 赫左右，神经纤维遵循波形的能力便会下降，但我们仍然能听到较高频率的音频，这意味着必定另有一种音频性质的编码方式，或至少有专门编高频码的方式。而第二种音频知觉理论即可回答此一问

题，它可回溯至 1683 年，法国解剖学家约瑟夫·杰查德·杜佛内（Joseph Guichard Duverney）认为频率可借着**共振**（resonance）自动编码成音频（Green & Wier，1984）。为了理解此项主张，先探讨共振的例子将极有帮助。例如，在钢琴附近敲打音叉，那么钢琴与此音叉同频率的弦也会开始振动。耳朵包含一个功能与弦乐器相同的结构，在此结构中，不同的部位反应不同的频率，因此当频率传至耳朵时，与之对应的结构部位便开始振动。此看法于日后被证实大致正确，而且这个结构也被证明就是基底膜。

在 19 世纪头 10 年，赫尔姆霍茨（还记得他提的色觉论吗）将此共振假说发展成**音频知觉的位置理论**（place theory of pitch perception），此理论认为当基底膜做反应时，膜上的每一特定部位都将引起某一特定音频感觉。而事实上，基底膜上确实有许多部位富含许多不同的音频受体。值得注意的是，部位理论并非指我们是用基底膜来听声音的，而是指基底膜上产生振动的部位对激发神经冲动最具决定性，因而决定我们所听到的音频。这是一个某一种感觉形式性质通过特定神经加以编码的例子。

至于基底膜实际上是如何活动的，一直到 20 世纪 40 年代，盖欧尔格·冯·贝克西（Georg von Békésy）在天竺鼠和人类尸首的耳蜗上钻了一些小洞来测量基底膜的反应后方才确立。冯·贝克西的发现修正了位置理论的看法：基底膜的反应并非像钢琴中的琴弦那般振动，而更像是有人抓住床单的一头抖动。冯·贝克西特别指出整个基底膜对大多数频率都能做反应，但最大反应的部位则视特殊频率而定。高频率的声音引起基模末端的振动，当频率增加时，振动模式会往卵形窗方向移动（Békésy，1960）。冯·贝克西因从事听觉方面的一系列研究而在 1961 年获得诺贝尔奖。

如同时间理论，位置理论能解释许多音频知觉的现象，但并非全部。位置理论的主要难题出现在低频率的声音。当频率低于 50 赫时，基底膜所有部位的振动大致相同，意味着所有受体都受到相等的激发，如此表示我们无法分辨 50 赫以下的各种频率，但事实上，我们能分辨低至 20 赫的频率。总的来说，位置理论的主要困难在于难以解释我们对低频声音的知觉，而时间论则难以解释高频的声音，于是一项新想法随之产生，认为音频具有部位和时间两种模式，低频知觉可以时间论来解释，高频知觉则以位置理论解释。然而哪一种机制在何处开始又在何处结束，则尚不明了。确实，1,000—5,000 赫之间的频率由两种机制共同处理是极有可能的（Coren，Ward，& Enns，1999）。

由于眼睛与耳朵为我们日常生活中重要的器官，因此对那些因这些器官受损而深受其害的人而言，学者发展了不少补救的做法。本章"前沿研究"即报道了一些这方面的努力。

◆小结

听觉刺激是一种压力波的改变（一种声波）。

声波是由外耳与中耳传导，造成基底膜的振动，使得毛状细胞弯曲而引起神经冲动。

音频，是声音最显著的性质，随着声波频率的增加而增加。

音频知觉理论有二：时间理论与位置理论。这些理论并非互斥。时间论说明低频的知觉，而位置理论则解释高频的知觉。

◆关键思考问题

1. 请考虑眼睛与耳朵的关系。两个器官都是由具备不同功能的各种成分所组成的。根据各成分所具备的功能而言，眼睛与耳朵各成分间有何对应之处？

2. 你认为老年人对高频声音的知觉为什么比对中-低频音调差？

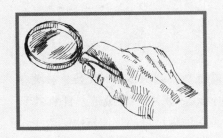

科幻小说中以人造器官来取代有缺陷感觉器官的想象已成为事实。以人造器官（被称为假肢）取代受损眼睛和耳朵的相关研究工作已进行多年。

助听装置的研究主要集中于供给听觉神经电刺激的仪器设备上。此种设备的设计在于帮助那些听觉神经仍然相当完整且具有功能，而毛状细胞已受损的人。大多数设备都是利用电极，将电极插入穿过圆形窗到达耳蜗，刺激基底膜上的神经元，此即耳蜗植入，植入的方式是在耳蜗内的不同部位植入一系列的电极。失聪者戴上一支小麦克风，通过微芯片即可分析频率并发送电信号到耳蜗内的适当部位，此种刺激过程，仿真了移动音波刺激掌管不同频率的毛状细胞的方式（Schindler & Merzenich，1985）。

耳蜗植入目前已造福了超过10,000位重度失聪者，大多数受惠者都能辨别音波（Townshend, Cotter, Van Compernolle & White，1987），而且许多人已能辨识语音，尤其是芯片中含有能过滤某些与语音有关的频率变化的特殊语音处理器（Blamey, Dowell, Brown, Clark, & Seligman，1987）。有趣的是，植入这些装备似乎有"关键期"或最佳时期。在5岁前就进行植入的失聪儿童比之后才植入的患者要更容易学习语言（Tye-Murray, Spencer & Woodworth，1995），就成人而言，以后才聋的人似乎比那些早年即聋的人更能从此装置中获益（Busby,

Tong, & Clark，1993）。幼童占优势的原因，可能是由于其脑部的听觉与语言中枢尚在进行重大的变化、发展，而成年人，聋得越晚，越有更多的机会听过各种语音让他们更便于了解植入器所发出的奇怪的新奇声音。

耳蜗植入最后应该能给此类失聪者一个完全的听觉经验（Miller & Spelman，1990），甚至对那些缺少功能正常的听觉神经的人而言也是有希望的，因为需要更靠近脑部，进行更深入的植入手术，目前已在进行测试了（Shannon & Otto，1990）。

至于为盲人发展的义眼则远不如义耳的发展。问题并不在于视觉影像的获得，因为录像机即可做好这项工作，而是在于将视觉影像信息以大脑能使用的形式转换至视觉系统中，研究都着重于以盲人或正在进行脑部手术的自愿病人为对象，直接在其视觉皮层上做电刺激。如果我们知道当不同皮层部位被电刺激时，人们看到了什么，那么只要控制刺激的部位，就可能随意地引发不同的视觉经验。下一个步骤则是利用电子照相机形成盲人

前方景色的影像，然后在大脑中引起盲人对此景色的经验。

这些实验的结果显示我们仍与义眼的成功发展有一段遥远的距离。当我们以一微弱的电子信号刺激视觉皮层的某一狭小区域，被试会有基本的视觉经验，他们描述这些感觉为由"一粒米大"到"如硬币般大"的细小光点；大部分是白色，但有些是彩色的。如果有一些视觉皮层的部位同时被刺激，则相对应的光点通常会一起被经验到。虽然在视觉皮层上的多重刺激提供了一个相当粗糙的视觉形式（Dobelle, Meadejovsky, & Girvin，1974），但此研究方向是否对受损眼睛的辅助器的制造有所帮助是可质疑的。传递至大脑皮层的神经输入是如此的复杂，以至于人们很难以人工方式做适当的复制。

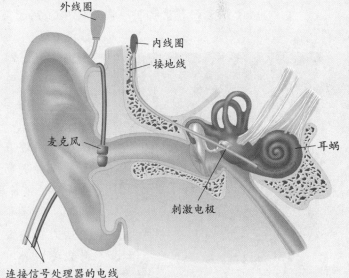

耳蜗植入

本图所描绘的是豪斯及其同事研发的听觉辅助器。声音可被麦克风收集，而后经过戴在身上的信号处理器（未显示出来）过滤。处理器产生的电波形由无线电经由头盖骨传到耳蜗内的电极上

第四节　其他感觉

由于视觉和听觉之外的其他感觉大多缺乏丰富的模式和组织，使得视觉和听觉一般被称为"高级感觉"，但这些其他感觉对生存而言仍相当重要。例如，嗅觉即为最原始与最重要的一种感觉，也许是因为嗅觉到脑部的通路较任何其他感觉更直接：鼻腔内的受体无须神经突触就可和脑部联结。此外，不同于视觉和听觉的受体，嗅觉受体直接暴露在环境中——它们就在鼻腔内且没有受到任何东西的保护（相反的，视觉受体则藏于角膜之后，听觉受体则由外耳和中耳保护）。由于嗅觉是一种重要感觉形式，因此我们在讨论其他感觉时就从它开始。

嗅　觉

嗅觉（smell）有助于人类的生存。侦测腐败食物或逃避毒气都需要嗅觉，嗅觉丧失可能引起食欲不振，对于许多其他动物的生存，嗅觉甚至更为重要。因此，也就无须惊讶其他物种有着比人类更大的皮层嗅觉区。鱼类的嗅觉皮层几乎覆盖了整个脑半球；狗的嗅觉皮层大约占了脑的33%；而人类则大约只占5%。这些差异与物种间的嗅觉敏感性差异有关。美国邮政总局和海关都利用狗优异的嗅觉能力，训练它们寻找包裹中的海洛因，受过训练的警犬甚至能够找出隐藏的爆炸物。

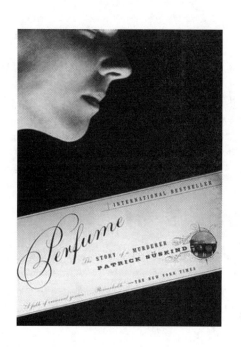

由于嗅觉在其他物种中高度发展，它通常就成为一种主要的沟通方法。昆虫和一些其他动物能分泌**信息素**（pheromone），那是一种飘浮在空气中以吸引同类靠近的化学物质。例如，雌蛾释放的强力费洛蒙能将数英里外的雄蛾吸引过来。所以我们可以很清楚地知道，雄蛾是通过费洛蒙的气味，而不是借着视觉找到雌蛾；即使雌蛾被关在从外面看不见的网状容器中，雄蛾依然能够找到它，但雌蛾若被关在清晰可见的玻璃瓶中，由于气味无法散发出去，雄蛾就不会被吸引过来。一部由帕·聚斯金德（Patrick Süskind）撰写的迷人小说《香水》（Perfume）即叙述一位成长在一个自身没有任何味道的人，对世上所有气味都超乎敏感。对他人而言，他似乎具有超能力，能从气味就预知即将到来的人士。

昆虫利用嗅觉来沟通死亡和"爱"。蚂蚁死亡后，身体腐烂产生的化学物质将刺激其他蚂蚁把尸体搬到巢外的弃置处。若将一只活蚂蚁浸入腐烂的化学物质中再放入蚁巢，其他蚂蚁就会立即将它抬到弃置处，若它再回到巢中，还是会再度被抬出来，这类埋葬过程将一再重复，直到"死亡的气味"逐渐消失为止（Wilson，1963）。

人类是否还保有一些此类原始沟通系统呢？实验结果指出，我们至少能利用嗅觉区分自己和别人，以及分辨男性和女性。在一项研究中，被试穿着贴身内衣持续24小时没有淋浴或使用防臭剂。实验者收集完这些内衣后，拿三件给被试闻：一件是被试自己的内衣，一件是男性的内衣，第三件则是女性的内衣。被试通常能根据内衣上的气味认出自己的内衣，并分辨出哪一件是男性或女性穿过的内衣（Russell，1976；Schleidt，Hold，& Attili，1981）。其他实验则指出，我们可以通过气味沟通更微妙的事情。例如，居住或工作在一起的女人似乎以嗅觉来沟通她们在经期中的时间点，经过一段时间后，这会导致她们的经期有同时开始的倾向（McClintock，1971；Preti et al.，1986；Russell，Switz，& Thompson，1980；Weller & Weller，1993）。然而，切记，这些只是生理上而非行为上的功能，虽说月经规律性与健康的生殖和生育功能有关，但它未必能直接影响人类的行为。事实上，目前许多学者相信，费洛蒙对人类行为的影响较为间接，因为社会与学习因素对我们行为影响相比于其他动物而言强多了（Coren，Ward，& Enns，1999）。

嗅觉系统　物质释放的挥发性分子是嗅觉的刺激物。分子离开物质经过空气而进入鼻腔中（见图4-28）。这些分子必须是脂溶性的，因为嗅觉受体由

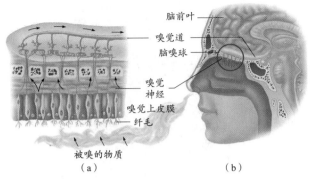

图 4-28 嗅觉受体

（a）受体的细部散布在无数支持细胞之间（b）嗅觉受体在鼻腔中的位置

一层脂肪状物质覆盖。

嗅觉系统（olfactory system）包括鼻腔中的受体、脑部的特定区域，以及互相联结的神经通路。嗅觉受体位于鼻腔顶部，当这些受体的纤毛（毛状组织）接触到气味的分子时，会导致电冲动；此即转换过程（见 Bozza & Mombaerts, 2001）。这个冲动沿着神经纤维运行到达**脑嗅球**（olfactory bulb），脑嗅球正位于额叶下方的脑部区域。脑嗅球与颞叶内侧**嗅觉皮层**（olfactory cortex）相连（有趣的是，脑嗅球与已知涉及长期记忆的皮层部分有直接联结；或许这与特殊味道有助于回忆旧记忆的想法有关）。

感觉强度和性质 人类对气味强度的敏感性视气味所含的物质而定，绝对阈限可能低至空气五百亿分之一分子那么小。如同前文所提，对于气味，我们仍然远较其他物种不敏感。例如，狗能侦测到比人类能侦测到的低上 100 倍的化学浓度（Marshall, Blumer, & Moulton, 1981）。人类对气味相当缺乏敏感性，并非因为嗅觉受体的感觉较不敏锐，而是嗅觉受体较少：人类大约有 1,000 万个受体，而狗则有 10 亿个。

虽然人类对嗅觉的依赖较其他物种为少，但仍能感觉到许多不同性质的气味，至于能感觉到的气味数量多寡则因人而异，一般身体健康的人似乎能分辨 10,000—40,000 种不同气味，且女性优于男性（Cain, 1988）。职业香水师和威士忌混合师甚至更好——或许能分辨 100,000 种气味（Dobb, 1989）。此外，我们已了解嗅觉系统如何在生物层次将气味性质编码的一些相关情形，它与视觉只有三类受体

作颜色编码的情形大相径庭。在嗅觉中似乎包含许多类的受体，证诸研究，估计约有 1,000 类的嗅觉受体并非不合理的推测（Buck & Axel, 1991），而且每一类受体可能对许多不同气味做反应，而非只为某特殊气味编码（Matthews, 1972）。然而，即使在这种富含受体的感觉形式中，部分性质可能仍赖神经活动的组型所编码。

味 觉

通常所说的味道除了味觉经验之外，还包含许多其他感觉经验。我们常说某种食物"尝"起来很好；但当严寒消除了食物的香味，我们的晚餐就会变得无味，而且可能使我们难以嗅觉分辨红酒和醋时，味觉则仍能保持原来的样子——即使在严寒的情形下，我们仍能尝出食物的咸淡。

下文将探讨特殊物质的味觉，但是请注意，这些被品尝的物质并非决定味觉的唯一因素，我们的基因组成与经验也可能影响味觉。例如，人们对糖精和咖啡因的苦味的敏感性因人而异，且这种差异似乎是由基因决定的（Bartoshuk, 1979, 2000）。另一个例子指出经验所扮演的角色，居住在印度卡纳塔卡邦的印度人食用许多酸性食物，并视柠檬酸和奎宁（奎宁水的味道）为美食；而大多数西方人的感觉则正好与他们相反。这种人们之间的特殊差异似乎是经验问题，因为在西方国家长大的印度人可能会觉得柠檬酸和奎宁难以入口（Moskowitz, Kumraich, Sharma, Jacobs, & Sharma, 1975）。

狗的嗅觉比人灵敏得多，因此，它们在"9·11"事件后被用来执行搜寻生还者及炸弹侦测等任务

人类的味觉敏感度有很大不同。有些人，比如这位咖啡品尝师，能够分辨出只在某特定物质味觉上的极小差异

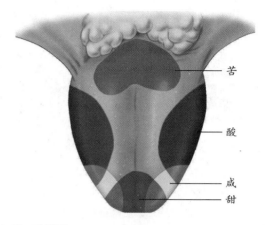

图 4-29　味觉区

虽然任何物质都能在舌头上的任何部位被侦测到（除了舌中央），但舌上不同的区域对不同味道仍有最佳的敏感性。因此，图上标记"甜"的区域表示对甜味最为敏感［资料来源：E. H. Erickson, "Sensory Neural Patterns in Gustation," from Zotterman (ed.) *Olfaction and Taste*,Vol.1,p.205-213. Copyright © 1963,with kind permission of Elsevier Science,Ltd.］

味觉系统　刺激味觉的是可溶于唾液的物质。味觉系统包含位于舌头、喉咙和软腭上的味觉受体；以及部分脑部和互相联结的神经通路。接下来，我们将着重于探讨舌头上的受体，这些受体成群聚集，被称为**味蕾**（taste bud），分布于舌上的隆起处和嘴巴四周。味蕾的末端很短，毛状组织自这些末端延伸出来接触嘴巴中的溶液，这种接触能导致电冲动而形成转换过程。然后，电冲动再运行至脑部。

强度和性质感觉　不同味觉刺激的敏感性随着舌上的部位不同而改变。虽然任何物质几乎都能在舌头的任何部位（除了舌中央）被侦测到，不同的味道还是有其最佳的特定侦测区：舌尖对咸和甜最敏感；舌的两侧对酸最敏感；而舌根对苦最敏感（见图 4-29）。舌中央则是对味道不敏感的区域（你可以在此部分放个难吃的药丸试试看）。虽然味觉的绝对阈限很低，但最小可觉差却相当高（韦伯常数约为 0.2），这意味着，若你要增加食物中的调味料，通常必须加到 20% 以上，否则你将尝不出前后的差异。

近年来的研究指出，如图 4-29 的味觉分布图可能过于简化，因为它们意味着，只要截断通往某区的神经，所有感觉即会丧失。然而，事实并非如此，因为味觉神经会彼此抑制，破坏了某神经，也同时废止了它抑制其他味觉神经的能力。因此，如果你切断某区域的神经，你也减低了它的抑制效果，结果并未对你日常生活的味觉经验造成多大的改变

（Bartoshuk，1993）。

味觉的形容词有公认的语汇，任何味觉都能以甜、酸、咸、苦这 4 种基本味觉性质之一或混合来形容（McBurney，1978）。这 4 种味觉的最佳代表物是蔗糖（甜）、盐酸（酸）、氯化钠（咸）及奎宁（苦）。当被试被要求以 4 种基本味觉来描述各种物质的味道时，他们都不会有问题，即使允许他们可任意选择其他语汇来描述，他们还是倾向使用这 4 种基本味觉（Goldstein，1989）。

味觉系统以被激发的特殊神经纤维和横跨神经纤维的激发组型来对味觉编码。似乎有 4 类神经纤维反应此 4 种基本味觉，然而，每一纤维多少都能对所有基本味觉做反应，但只对其中一种有最佳的反应。因此，将传达咸信息至脑部的纤维称为"咸纤维"显得相当合理。于是，在我们通过触觉主观的味觉经验与其神经编码之间存在明显的一致性。

压力和温度

传统上将触觉视为单一感觉，但今日则认为它包含三种不同的皮肤感觉；一种反应压力，一种反应温度，第三种则反应痛觉。接下来将简单探讨压力和温度，稍后将讨论痛觉。

压力　产生压力感觉的刺激物是皮肤上的物理压力。虽然我们并不能察觉到压在全身的稳定压力

（如大气压力），但我们能分辨出身体表面上的压力变化。唇、鼻和脸颊对压力最灵敏；而大脚趾则最迟钝，这些差异与身体各部位反应刺激的受体数目有密切关联。在敏感的部位中，我们能侦测到施加于一小区域的 5 毫克力量。然而，如同其他的感觉系统，压力系统也显示出含意深远的调适意义。如果你握着朋友的手长达数分钟没有移动，你对这个动作将变得迟钝而不再感觉到朋友那只手的存在。

当我们主动探索环境时，会涉及运动感觉。但是单单借着主动碰触，便能敏锐地辨识类似钱币与钥匙等我们熟悉的物体（Klatzky, Lederman, & Metzger, 1985）。

温度 温度的刺激物是皮肤上的温度。温度的受体是皮肤下的神经元。在转换阶段中，当皮肤温度降低时，使"冷受体"产生神经冲动；而当皮肤温度升高时，使"热受体"产生冲动（Duclaux & Kenshalo, 1980; Hensel, 1973）。因此，不同性质的温度基本上能被激发的特殊受体编码。然而，此特殊神经反应有其限制，冷受体不只对低温反应，还对高温（45 摄氏度或 113 华氏度以上）反应。所以，一个非常热的刺激会同时激发热和冷受体，你可能就有过意外地将脚踏入非常热的浴缸时所产生的冷热交加感觉的经验。

由于维持身体温度对我们的生存非常重要，因此我们必须能够感觉皮肤温度的微小改变。当皮肤处于正常温度时，我们能侦测到只上升 0.4 摄氏度的暖意和只下降 0.15 摄氏度的凉意（Kenshalo, Nafe, & Brooks, 1961）。我们的温度感觉能做完全的调适以缓和温度的变化，因此，几分钟后便觉得不冷不热了。这种调适解释了为何在泳池里泡了一段时间的人，以及刚把脚伸进泳池的人，两者对水温的感觉会有相当大的差异。

痛 觉

在所有的感觉中，没有什么比痛觉更能抓住我们的注意力。我们有时可能会对其他感觉经验感到麻木，但却很难忽略痛觉的经验。虽然它造成不舒适感，但我们若没有痛觉，发生危险的概率便会大增，儿童们将很难学会"不要"去触摸热炉或学会停止咬自己的舌头。事实上，有些人天生就具有一

在游泳池游过一阵子后，我们的温觉会适应这种温度上的改变。但是在我们初次将脚浸入水中时，我们却能察觉出水中较凉的温度

种罕见的先天性痛觉缺失症（congenital insensitivity to pain），使他们痛觉不敏感，因此，他们往往在很年轻时便因无法察觉受伤的组织恶化而死亡。

痛觉系统 任何足以造成组织受损的强度的刺激均为痛觉的刺激，这个刺激可能是压力、温度、电击或刺激性化学药品。此类刺激的影响是引起皮肤中的化学物质释放，然后刺激不同的高阈限受体（转换阶段）。这些受体是末端呈游离状态的神经元，研究者已将其区分成数种不同的类型（Brown & Deffenbacher, 1979）。至于痛觉性质的各种变化，或许最重要的差别是：当我们受伤时所立即感受到的疼痛被称为**阶段性疼痛**（phasic pain）；而当我们在受伤之后才经验的通常较缓和迟钝，但长时间持续的痛感被称为**紧张性疼痛**（tonic pain）。例如，如果你扭伤脚踝，当时会立即感到一阵尖锐的疼痛（阶段性疼痛），但过一阵子，便开始感到脚踝肿起部位引起的稳定疼痛（紧张性疼痛）。这两种痛觉是由两种不同神经通路传递的，而这些通路最后将到达不同的皮层部位（Melzack, 1990）。

痛觉的非刺激性决定因素 相较于任何其他感觉，痛觉的强度和性质还受到立即刺激之外的因素的影响。这些因素包括文化、期望和先前的经验（见 Arntz, Dresson, & DeJong, 1994; Price,

2000）。文化的惊人影响可以借某些非西方社会中的仪式行为为例来说明；这些仪式行为乍看之下似乎是让西方人无法忍受的痛苦，最突出的例子是盛行于印度某些地区的钩摆（hook-swinging）仪式：

此仪式源于一种古代祭典，在此祭典中某社会族群中的一人被选为神力的代表，被选出来的人（或称为"礼"的角色）将在当年中的某一特定时期，庇护一连串邻近村落中的儿童和谷物。仪式中最引人注目的是钢钩，钢钩尾端以坚固绳索吊挂在一辆特殊推车顶端，钩尖则深刺入此人背部两侧的皮肤和肌肉（见图4-30）。这部推车到各村落巡回时，此人通常便由背部中的钢钩悬空吊着摇来晃去，借此为儿童和谷物祈福。令人惊异的是，没有任何证据显示此人在仪式中感觉到任何痛苦；相反地，他似乎处于一种"异常亢奋的状态"。在仪式结束钢钩被取出后，他的伤口除了撒些柴灰外，未经过任何医药治疗，却能迅速愈合，两个星期后，他背上的伤口痕迹就几乎看不见了（Melzack，1973）。

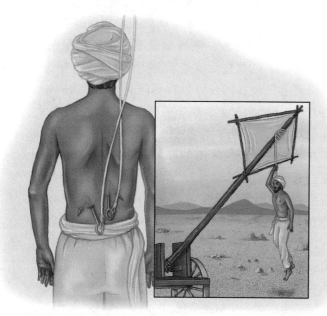

图4-30　文化和痛觉
印度钩摆仪式中，"祭司"背后的两支钢钩。右图：推车带着悬挂着在绳索上的祭司到各村落巡回。当他为村落儿童和谷物祈福时，他借着背上的钢钩摇来晃去［资料来源：D. D. Kosambi (1967) "Living Prehistory in India," from *Scientific American* 215：105. Copyright © 1967 by D.D. Kosambi. Reprinted by permission of Dr. Meera Kosambi and Mr. Jijoy B. Surka.］

显然，痛觉除了是感觉受体的作用，也是心灵的作用。

类似上述的一些现象导致**痛觉闸门控制理论**（gate control theory of pain）的出现（Melzack & Wall，1982，1988）。根据此项理论，疼痛的感觉不只需要皮肤上的痛觉受体受到激发，还需要脊髓中的"神经闸门"打开，并允许痛觉受体的信号通过而直达脑部（当脊髓中重要的纤维被激发时，闸门便关闭）。由于皮肤送出的信息能关闭神经闸门，因此疼痛的知觉强度能被心理状态（如钩摆仪式中的）降低。"神经闸门"究竟是什么？它显然包含被称为**周围导管的灰质**（periaqueductal grey，简称PAG）的中脑区域；PAG中的神经元与其他神经元联结，这些其他神经元中能抑制某些能正常携带痛觉受体中痛觉信息的细胞。因此，当PAG神经元被激发时，闸门便关闭；当PAG神经元未被激发时，闸门便开启。

有趣的是，PAG似乎是强力镇痛剂（如吗啡）影响神经过程的主要部位。众所皆知吗啡增加PAG中的神经活动，而如果依照我们刚才的讨论，这应该可导致神经闸门的关闭。因此，吗啡著名的镇痛效果符合闸门控制理论。此外，我们的身体会产生内啡肽，其作用类似吗啡能减轻疼痛，一般相信这些化学物质即以此类关闭闸门的方式在PAG上作用，而发挥它们的影响力。

刺激引发止痛法（stimulation-produced analgesia）也符合闸门控制理论，在此理论中，PAG的刺激作用如同麻醉剂。研究者只使用刺激PAG当作麻醉剂，便能为老鼠动下腹手术，而老鼠在手术过程中也没有显出感受到疼痛的样子（Reynolds，1969）。我们对此类似现象都相当熟悉：按摩伤处可以减轻疼痛，大概是因为压力刺激关闭了神经闸门。一个与无痛刺激有关的现象是针灸（acupuncture）减轻疼痛。针灸是中国发展出来的一种治疗程序，在此程序中，将细针扎入皮肤上的穴道。有实验报告指出，旋转这些针能够完全消除疼痛，因此，针灸可能能使病人在重大手术中保持清醒（见图4-31）。这些针大概通过刺激神经纤维而导致痛觉闸门的关闭。

然后，在心理学层次方面，有许多证据指出药物、文化信仰和各式各样的偏方都能戏剧性地减轻疼痛，所有的这些因素在生物学层次上都可能有共

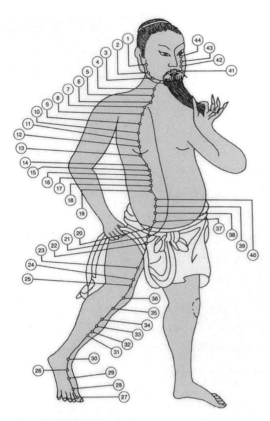

图 4-31　典型的针灸图

图上数字表示可扎针的位置，然后可以旋针式或在针上连接电流或以艾草灸针。针灸在许多案例中都表现出惊人的止痛效果

通的轨迹。此处的例子显示，生物学层次的研究确实可能与在心理学层次的发现合为一体。

在疼痛方面的研究，成功地展现了心理与生物两种研究取向交互影响的情形。正如本章开始所说，或许再也没有任何心理学的领域会像感觉过程、生物与心理取向这样合作无间的情形。我们一再看到，可以用受体的神经事件来解释心理层面的现象。在讨论视觉时，我们发现，属于心理现象的敏感性与敏锐度的变异性，可用连结节细胞的不同受体（杆体细胞与锥体细胞）来加以解释。同样在视觉上的色觉方面，我们指出心理学的色觉论如何引导人们有了生物层次的发现（三种锥体细胞受体）。在听觉方面，频率知觉的位置理论一开始是心理学理论，它却引导生理学者对基底膜进行研究。因此，我们可以说，如果有人想要提出一个交织着心理学与生物学两方面的研究，感觉方面的研究是最佳范例。

◆小结

嗅觉的刺激来自物质所释出的分子，这些分子通过空气运行并激发位于鼻腔上端的嗅觉受体。

味觉的刺激是可溶于唾液的物质，其受体（味蕾）群聚在舌头上。

肤觉有两种：压力与温度。对压力最敏感的部位在唇、鼻与脸颊，而最迟钝的部位在大脚趾。我们对温度非常敏感，能够侦测到小于 1 摄氏度的变化。我们基本上以冷或热受体是否被激发来进行不同温度的编码。

任何足以造成组织受损的强度的刺激即为痛觉的刺激。阶段性的疼痛，其强度通常短暂且快速升降；而紧张性的疼痛，其强度通常持续且稳定。除有害刺激外，疼痛的敏感性受到其他因素影响很大，包括期望与文化信念。

◆关键思考问题

1. 有些人曾描过两种感觉系统间相互交流的经验，我们称之为通感（synesthesia），这种情形可自然发生与经由精神活性药物影响而生。例如，有人曾报告能看到音乐的"色彩"或听到不同气味的"音调"。依照你所拥有感觉编码的知识，你能想出是什么原因引起这种经验？

2. 如果没有痛觉，你的生活会有什么改变？若是没了嗅觉呢？你认为哪种情形比较糟？为什么？

双面论证

应该用阿片类物质作为治疗长期疼痛的药物吗？

阿片类物质是治疗长期疼痛的适当药物

罗伯特·N.贾米森（Robert N. Jamison），哈佛医学院

在美国与世界其他地区，疼痛都是个严重的问题。约有三分之一的美国人，或超过8,000万人口曾因疼痛而受到严重的影响。疼痛是人们就诊的主要原因；事实上，每年有7,000万人口因疼痛而去看医生。长期疼痛可能影响你生活的各个层面，干扰你的睡眠、工作、社会生活与日常活动。长期疼痛的人，经常会觉得忧郁、焦虑、坐立不安、性生活有问题及活力衰退。有限的生活形态造成经济与未来生活的改变。治疗短时间疼痛的方法，通常对已然持续一段长时间的疼痛没什么效用。尽管医学在发展，但对许多人而言，长期性疼痛仍然是种令人衰弱的痼疾（Jamison，1996）。

然而，以阿片类物质治疗长期疼痛仍是项具争议性的议题。许多医师与卫生保健专家，因为顾及药效、副作用、耐药性、扩散转移与上瘾等问题，而反对以阿片类物质治疗长期疼痛。学者曾指出，有些病患在长期使用鸦片剂后，会变成心理依赖；有些医师也相信，以鸦片止痛会导致心理抑郁、疗效不佳、认知损伤，及助长病患对卫生保健系统的依赖。但是尚未有科学文献支持这些疑虑（American Academy of Pain Medicine and American Pain Society，1996）。

罗伯特·N.贾米森

大多数关心以阿片类物质治疗长期疼痛的人均基于立论薄弱的看法：长期使用麻醉剂终会造成伤害。学者与诊所医师总是记得那些比率偏低的滥用与成瘾的病例，而主张对那些病理生理上呈稳定状态的疼痛患者，切莫发展出耐药性（Portenoy，1990）。因为保留功能增进与改善生活质量的可能性，远比冒滥用药物的风险重要。然而学者也指出，长期以阿片类物质治疗可能降低疼痛病患在康复计划中的耗费。

于是我与同人展开了一项对非癌症背痛长期患者阿片类物质疗效的研究（Jamison et al.，1998）。本研究的目的在于，检视随机抽样的背痛患者，在接受长期阿片类物质治疗后的疗效与安全性。所有患者被随机分派到以下三组之一：非麻醉止痛；一天几次短暂麻醉；视需要尽量予以短期或长期麻醉治疗。

患者进行为期一年的疗程后逐渐减除用药。结果显示：阿片类物质治疗对疼痛与心情有疗效。最重要的是，对长期背痛者进行阿片类物质治疗，并无滥用的风险，同时在终止阿片类物质治疗后，这些长期接受治疗的患者都能依从指示，没有药物依赖或上瘾的征兆。

我们的及其他学者的研究结果均指出：有大量的证据显示，以吗啡或其他鸦片剂治疗疼痛时，无论动物还是人，都很少发现上瘾的病例。进一步的研究还有助于我们找出最能从阿片类物质疗法获益的个体。我们对未来研究的突破满怀期待，希望能帮助那些因背痛、头痛、关节炎及癌症而受疼痛折磨的患者。与此同时，数以百万的人，还在持续承受不必要的疼痛，许多要求治疗其非癌症受疼痛折磨的患者，仍被误指为药物滥用者或瘾君子。我们有必要实施再教育，以根绝人们对用麻醉剂止痛者的偏见。我们知道，只要巧妙地运用，阿片类物质就可以有效止痛。国际知名的认知心理学家与研究疼痛的学者罗纳德·梅尔扎克（Ronald Melzack）指出，我们社会应该鼓励用阿片类物质来止痛，以制止此"没有必要的悲剧"（Melzack，1990）。

应该用阿片类物质作为治疗长期疼痛的药物吗？

为何阿片类物质不该用来治疗长期疼痛？

丹尼斯·C. 特克（Dennis C. Turk），华盛顿大学医学院

从公元前 4 世纪开始，就很少有人会质疑以阿片类物质治疗急性疼痛（诸如手术后短期的疼痛）的效用。然而，用阿片类物质长时期治疗长期病痛，意见却左右摆荡，从普遍使用到反对，又回到支持。在 20 世纪六七十年代，关于阿片类物质的医疗用途，有两股相互对峙的潮流。

行为科学家威尔伯特·福代斯（Wilbert Fordyce, 1976）将操作制约原则，扩大应用于长期疼痛上。他认为除了当事人口头报告或行为上显示外，我们无法得知他经历多大的痛苦。他主张，因为这些"疼痛行为"（疼痛、忧郁与苦恼的外显行为表现）是可观察的，所以家人与医生能有所响应。他还主张，阿片类物质药疗可为疼痛的负增强；也就是说，如果患者视阿片类物质药疗为常用的处方，那么为达到减轻疼痛的药效，疼痛行为"必然"要提高。因此，福代斯认为，逐渐减轻阿片类物质药疗，可能为影响疼痛行为削弱的因素。

Turk 与 Okifuji（1997）指出，对那些忧郁、抱怨疼痛严重影响其生活，且表现许多疼痛行为（如愁眉苦脸、虚弱无力）的长期疼痛患者，即使就病理而言，其严重程度实际上与其他患者无异，内科医师还是较倾向于阿片类物质治疗。由此看来，阿片类物质只是一种对情绪忧郁而非针对疼痛或疾病的处方，阿片类物质的增强特性，可能成为患者持续抱怨甚至经验疼痛的原因。

第二个挑战以阿片类物质治疗长期疼痛的，是 20 世纪 70 年代"打击药物滥用"的社会运动（"拒绝药物"）。遗憾的是，这个减少药物不当使用的运动，扩展到医疗领域及以阿片类物质治疗疼痛上，以致适当地使用阿片类物质也受到"滥用"说法的波及。

担心上瘾、耐药性与副作用，已成了众人关注的焦点。强迫性使用药物，会导致用药者身心与社会的伤害，而且无视这些伤害仍持续滥用。身体依赖，是因药物具有突然停止用药或服用拮抗药物后即会发生戒断综合征的特性才得以发展的。事实上，不仅是阿片类物质，持续使用很多药物同样会发展出身体依赖现象。人们关心使用阿片类物质的一个议题是：对治疗长期疼痛的患者而言，是否有必要提高剂量以达到同样疗效？我们有时很难区分，剂量需要提高，是因为疾病随疗程提高了耐药性，还是因为疼痛加剧？

然而，到了 20 世纪 80 年代中期，许多学者（Melzack, 1990; Portenoy & Foley, 1986）开始质疑，阿片类物质疗法的不当，是否被过度泛化了？他们认为，如果因为使用阿片类物质能改善长期疼痛患者的症状，那长期使用阿片类物质即为一个合理的疗法，因此对疼痛患者不采用适当且可行的阿片类物质疗法，是不道德的。

有研究曾对长期疼痛长期使用阿片类物质的疗效进行评估（Turk, 1996），但是其结论有缺陷，因为很少研究有随机指派的控制组（医师与病患都不知道所接受的处方为何）；此外，所谓"长期阿片类物质治疗组"平均只有 6 周。虽说许多以长期阿片类物质治疗长期疼痛的研究，均指出能有效减轻疼痛且没有什么疑虑，但是还是有些研究发现有耐药性副作用与滥用等特定问题（Turk, 1996）；而且即使疼痛减轻了，也没有任何研究指出患者的身体功能有所改善。相反的，有些对长期疼痛患者的研究却发现，在停用阿片类物质后，疼痛的严重程度与身体功能均有改善（Flor, Fydrich, & Turk, 1992）。

再者，有越来越多的学者开始关心，长期使用阿片类物质可能导致神经系统永久性改变的神经毒性问题，这是个似是而非的论点，认为可能使边缘神经的敏感度提升，导致对疼痛知觉的阈限下降，被称作"痛觉过敏"（hyperalgesia）（Mao, Price, & Mayer, 1995）。

这些研究结果引发了关于长期使用阿片类物质的严肃议题：（1）病患与医师双方均不知道处方的，只有短期的研究；（2）只有少数研究发现患者的身体功能有改善；（3）缺乏使用阿片类物质长达数十年经验的患者；（4）有些研究指出有上瘾与副作用问题；（5）长期使用阿片类物质可能导致神经系统的永久性改变，使得患者对疼痛过于敏感；（6）疼痛的临床研究发现减低阿片类物质量可减轻疼痛。

我们首要的问题不在于长期疼痛病人应否接受阿片类物质疗法，而在于长期使用阿片类物质以减轻疼痛、改善身心功能而不会就此衍生严重问题的患者，具有哪些特性。就目前而言，只依据长期使用阿片类物质疗法的一些患者的资料，就建议可以推荐此疗法，似乎是言之过早。

本章摘要

1. 在心理学层次，感觉是与简单刺激有关的经验；在生物学层次，感觉过程包含感觉器官和神经联结通路，并关注获得刺激信息的最初阶段。这些感觉包括视觉、听觉、嗅觉、肤觉（包含压力和温度）、痛觉，以及体觉。

2. 一个可以描述所有感觉的特性是敏感性。强度的敏感性以绝对阈限来测量，绝对阈限指刺激能量能被确实侦测到的最小数值。强度变化的敏感性以差异阈或最小可觉差来测量，它是指两项刺激间能被确实侦测到的最小差异。引起侦测所需的改变数量随着刺激最初强度的上升而增加，且大体上与刺激强度成一定比例（韦伯-费希纳定律）。

3. 另一个有趣的性质是刺激强度与高于阈限之感觉刺激间的关系。此关系被称作史蒂文斯指数律，它认为知觉的刺激强度为物理刺激强度的指数函数。该指数函数的指数因各感觉形式而异。大致而言，声音的强度其指数小于1.0，指其所知觉到相对于物理强度的函数是下凹曲线；至于其他的刺激，如痛觉强度的指数则大于1.0，显示其所知觉到相对于物理强度的函数是上凹曲线。

4. 感觉常被视为一种在噪声中察觉到信号的过程。在某些情况下，即使只有噪声，也可能"侦测"到信号，我们称之为虚报，而能正确地察觉到存在的信号则称之为击中。运用信号检测论，我们得以将刺激察觉过程解构成两个分隔的部分：其一代表观察者对信号的敏感性，其二代表观察者答"是"的偏差倾向。信号检测论不仅是有用的基本科学工具，在实务应用方面，也有其重要性。例如，可用来评估一位放射科医师从充满噪声的 X 光片中察觉到异常现象的能力表现。

5. 每一种感觉形式必须将其物理能量再度编码成神经冲动，此转换过程由受体完成。受体和联结神经通路基本上以神经冲动的速率和组型来编码刺激的强度；它们以刺激涉及的特殊神经纤维和其活动模式来编码刺激的性质。

6. 视觉的刺激是 400—700 纳米的无线电磁波，而其感觉器官为眼睛。每只眼睛都包含一个成像系统（包括角膜、瞳孔和水晶体）和一个将影像转换成电冲动的系统。此转换系统在视网膜上，包含视觉受体，即杆体细胞和锥体细胞。

7. 锥体细胞在高强度时运作，导致彩色的感觉，且只存在于视网膜的中央部位（或中央窝）；杆体细胞则在低强度时运作，导致无色彩的感觉，且满布于视网膜的边缘地带。我们对光线强度的敏感性是由杆体细胞和锥体细胞的性质传达的。杆体细胞比锥体细胞与更多的节细胞联结，因此，以杆体细胞为主的视觉敏感性较大，以锥体细胞为主的视敏度较大。

8. 不同波长的光导致不同颜色的感觉。三种波长相差很远的光适当混合后，几乎可合成任何一种颜色的光。此项事实和其他原因导致三色说的发展。三色说认为颜色的知觉是基于三类受体（锥体细胞）的活动，每一类受体对光谱上某一区域的波长最为敏感。

9. 有4种基本色觉：红、黄、绿、蓝。这些颜色的混合构成我们对颜色的经验，不过我们看不见红-绿和黄-蓝两种混合光，这项事实可以拮抗色觉理论来解释，此项理论假设红-绿和黄-蓝的拮抗过程，每一单位对其两种拮抗颜色的反应方式正好相反。主张它们是在视觉系统的不同神经部位运作，可以将三色说和拮抗色觉理论能成功地整合起来。

10. 听觉的刺激是压力波的改变（声波），听觉的感觉器官是耳朵，耳朵包括外耳（外耳郭和耳道）、中耳（鼓膜和一串听骨）以及内耳。内耳包括耳蜗，是一含有基底膜的螺状管，基底膜上则有作为声音受体的毛状细胞。声波由外耳和中耳传送，引起基底膜振动，使得毛状细胞形成弯曲而引起神经冲动。

11. 音频为声音最显著的性质，随着声波频率的增加而增加。我们能听到同时发生的两种不同声音的音频，这项事实显示可能有许多受体对不同频率做出反应。音频知觉时间论假设我们能听到声音有赖于听觉系统中的神经反应模式，此模式则由声波的时间组型决定。位置理论假设每种频率都能对基底膜上某部位做最大的刺激，而发生最大振动的部分则决定哪种音频被听到。这两项理论间还有一些空间，时间论可解释成我们对低频的知觉，而位置理论则可说明我们对高频的知觉。

12. 嗅觉对其他物种比对人类重要得多，许多动物以特殊气味（信息素）来交流，人类似乎尚存一部分此类系统。嗅觉的刺激是物质所释放的分子，这些分子在空气中运行并激发位于鼻腔高处的嗅觉受体，这些受体有许多种类型（大约 1,000 种）。正常人能分辨 10,000—40,000 不同的气味，女性的分辨能力通常比男性更强。

13. 味觉不只受到物质味道的影响，还受到基因组成和经验的影响。刺激味觉的是可溶于唾液的物质；可激发散布在舌头上的受体（味蕾）。舌头上的敏感性依部位的不同而改变。4 种基本味觉性质是甜、酸、咸、苦，任何味觉都能以其中一种或多种混合来加以描述。不同的味觉性质部分由激发的特殊神经纤维编码（即不同的纤维对不同味觉有最好的反应），且部分由激发的纤维组型编码。

14. 肤觉有两种：压力和温度。对压力最敏感的部位在唇、鼻和脸颊，最迟钝的部位在大脚趾。我们对温度非常敏感，能够侦测到比 1 摄氏度更小的改变。基本上我们以热或冷受体是否被激发来为不同的温度编码。

15. 任何足以造成组织受损的强度的刺激即为痛觉的刺激。有两种由不同神经通路传达的不同类型痛觉：阶段性疼痛，其强度通常短暂且升降迅速；紧张性疼痛，其强度通常持续而稳定。除了毒性刺激，疼痛的敏感性受到其他因素影响很大，包括期望和文化信仰。这些因素似乎以开启或关闭脊髓和中脑中的神经闸门来发挥其影响力；只有当痛觉受体被激发且闸门开启时，才能感到疼痛。

核心概念

反射	感觉编码	色彩配置实验	卵形窗
绝对阈限	转换过程	条件等色	锤骨
心理物理过程	强度	二色视者	砧骨
心理物理函数	性质	单色视者	镫骨
光子	时间模式	三色说	耳蜗
标准	网膜	拮抗色觉理论	基底膜
最小可觉差	瞳孔	丘脑	毛状细胞
韦伯分数	杆体细胞	声波	（声音的）时间理论
阈上情境	锥体细胞	频率	共振
指数函数	中央窝	赫（兹）	音频知觉的位置理论
（指数函数的）指数	暗适应	音调	信息素
信号检测论	暗适应曲线	（声音的）振幅	嗅觉系统
感觉	视敏度	强度	脑嗅球
偏差	斯涅伦敏锐度	响度	嗅觉皮层
信号	对比敏锐度	分贝	味蕾
噪声	色彩恒常性	音质	阶段性疼痛
击中	色调	听觉系统	紧张性疼痛
虚报	明度	外耳	痛觉闸门控制理论
击中率	饱和度	中耳	周围导管的灰质
虚报率	芒塞尔色系	鼓膜	刺激引发止痛法

第五章　知觉

5

在 20 世纪 90 年代初期的一个温暖的周末,两位年轻人,亚历克斯与肯,离开他们的家乡蒙大拿州的波兹曼(Bozeman),进行一天的狩猎。他们沿着一条废弃的伐木道路行进,谈论着与打猎有关的各类话题,但其中谈得最多的是有关熊的。亚历克斯上个周末才见到一只熊,而且他俩都相当清楚熊这种危险的动物。他们知道他俩的来福猎枪是相当有威力的,但是熊同样凶猛。于是两位猎人提高了警觉。

当亚历克斯和肯走在沿着伐木道路回家的路上时,已经接近午夜。天上没有月亮,森林寂静漆黑。两位猎人因白天的辛劳而疲倦困乏。当他们沿着弯道转弯时,突然清楚意识到有一阵低吼声,他们知觉到是来自大约 50 米之遥道路中央一个晦暗不明、缓慢抖动却阴森的庞然大物。他俩吓坏了,举枪就射。那阵低吼

声与抖动戛然而止,不一会儿,显然属于人类的尖叫声划破夜空。当两位猎人认为熊已经被射杀而刚刚松一口气时,接着却是困惑与惊慌。原来那是一个睡有两位露营者的帐篷,其中一人正因枪伤倒毙在地,另一位因恐惧而跪坐在死者身旁、缩成一团。

这不幸事件发生后开始进行调查,结果发现肯的子弹穿过帐篷并未造成伤害,而是亚历克斯的子弹误杀了露营者。因此,亚历克斯出庭应讯,被控过失杀人罪。法庭上,亚历克斯表现出对所发生的悲剧充满了悔意,然而,法庭上对亚历克斯与肯两人宣称当晚他们看到的是一只熊而不是帐篷的说法,却颇有争议。他俩均发誓:"如果我们当时稍微意识到那不是熊,就绝对不会开枪。"检察官认为这种说辞荒诞不经,根本是不足采信的谎言。那顶被子弹贯穿的帐篷被带到法庭中央,接着检察官询问陪审团:"被告怎么可能把一顶长方形的黄色帐篷误认成一只毛茸茸的棕熊呢?"

到底是怎么回事?现场目睹了那顶帐篷后,检察官的疑问似

乎言之成理。对所有在法庭现场的观众来说,那分明是一顶帐篷,怎么看都不像是熊。但是,对知觉现象(本例为视知觉)研究了半世纪的学者却认为:在那种情况下,亚历克斯与肯会把帐篷看成了熊,并非完全不可理解。本章,我们会详述为何会发生这种事,并阐释我们是如何将第四章讨论的原始感觉转译成直接影响我们行为的知觉的。

我们知觉系统的良好运作,会使我们知觉到几乎真实的世界。然而,此系统有时会出现些很夸张的状况。这顶黄色的帐篷怎么可能被错误地知觉成一只具有危险性的熊呢

想真的体会我们的用意吗？请容许我们先举一两个例证。首先，请看图 5-1 的左图。你知道这是什么吗？如果你跟大多数人一样（且过去没见过此例），你的答案是否定的。现在请你看图 5-1 的右图，它写了些什么？如果你也跟正常人一样，且先前没见过此例，你可能会念道："I LOVE PARIS IN THE SPRINGTIME（我爱春天的巴黎）。"这两个例子中你都有了知觉——左图为一些没什么意义的黑白色块，而右边则为常见的陈腔滥调——它们基本上均导源于客观进入你眼睛而被视网膜感受到的光线刺激。然而在此二例中，却呈现出原始数据与知觉经验间有趣且系统性关联的现象。"I LOVE PARIS（我爱巴黎）"那段文字真的只是你认为的那些内容吗？请再看仔细，这次请慢慢地逐字念，你会发现，其实它真正写的是"I LOVE PARIS IN THE THE SPRINGTIME"。而图 5-1 左图的那些黑点呢？请看图 5-38 后再回头看左图，这时它不再是没什么意义的黑白色块了。如果你真的一如多数大众，那么你很难相信它曾经会是张没什么意义的图片。进入你眼中的刺激其实与先前并无二致，然而你却有完全不同的知觉：原先的黑白色块如今组成一幅有意义的物体了。

这些范例告诉我们，虽然进入感官的信息是一些点、块，但我们知觉到的世界并非如此。我们知觉到的世界是一些物体与人们，是整合成一个整体形式呈现在我们眼前的世界，而非以支离破碎杂乱无章的形式，对我们的感官进行轰炸。只有在不寻常的情况下，或者当我们在素描或绘画时，我们才会注意到个别的特征与刺激的某部分。大多数时候，我们都看到三维空间中的物体，听到话语与音乐。

第一节 知觉的作用

任何一个有生命的有机体均需不断解决环境纷至沓来的一系列问题。问题的复杂性与解决方案的精致细密，全依有机体的本性与复杂程度而定。例如，如果你是一株水仙，你需面对的问题就较为简单（相对而言），你必须先盘算好土壤的结构，决定土壤的质地、湿度与养分，以考虑好应植根于何处。此外，你还需视阳光所在以决定生长的方向。

不过这只是有关水仙的事，人类可就复杂多了。就知觉而言，水仙与人类最主要的差别在于：第一，人是动物，我们大都需从环境中找到自己的路，决定我们要实行的可能路径与每条路径需超越的障碍；第二，人类可操控物体——我们会操纵车子的方向盘、拿笔签名、朝本垒板投出棒球。第三，人类会根据一些诸如说或写的文字或象征性的**符号**（symbol）来做出决策；第四，人类会规划与执行一些复杂的计划以处理突如其来的意外事件。在我们瞥见暗巷中手执利刃的影像后会评估我们的选择，逃到对街人潮中以寻求安全庇护。

我们是如何做到这些的？一个可能性在于我们

I
LOVE
PARIS IN THE
THE SPRINGTIME

图 5-1 原始资料与知觉结果
左图：你看到什么有意义的东西了吗（如果需要求助，请看图 5-38）？右图：这短句写些什么

从环境中得到的信息——更精确的说法是，从视网膜中得到的二维表征——使我们得以过着正常生活。心理学家吉布森（J. J. Gibson）提出了**生态光学理论**（theory of ecological optics）专门说明此议题。根据吉布森的看法，世上充满着丰富的视觉信息——因距离变化所产生的纹理质地改变，当你行经一些物体时，它们影像的相对位置会改变等，它们都是解决我们所处真实世界上所有与视觉有关问题的必备信息。

虽然吉布森的理论相当有创意且精致，但是还是被大多数知觉心理学家斥为不够完备，他们认为人类的知觉需要一个持续更新的影像，或在我们脑内形成世界表征且能有意识地加以知觉、决策与行为的一个**环境模式**（model of the environment）。要形成并维护此一模式，得先具备两个要素。首先是要有获取环境原始信息的某些途径，第四章讨论了我们的感官达到此目的的一些过程。然而获得原始数据并不足以建构出一个模式，就如得到一堆木材并不足以盖好一幢房子一样，我们还需要一些将此原始信息组织成某些稳固结构的方法。这些方法需要有关事物间相互关系的假设，即世界是如何被配置在一起——鸟儿通常飞翔在马匹上方；烤炉通常位于冰箱附近；一处场景通常只有一个光源，等等。知觉即是利用这些假设来整合输入的感觉信息，以形成一个世界的模式，我们才能依此做出决定并付诸行动。此过程通常运作得十分有效，例如，环境中的一顶黄色帐篷即产生了一个模式（即一个知觉），在我们心中的一顶黄色帐篷。但有些时候它运作得并不好，环境中的黄色帐篷在我们心中产生了一只熊的知觉，结果朝它开了枪。一般而言，每种感觉形式（视觉、听觉等），都有从环境中获得原始数据的感官，以及将这些信息转换成有组织的知觉的脑部中枢系统两部分。

知觉过程够复杂了，以至于任何一种分类都嫌草率。但是为了组织化的目的，我们还是将它分作五大类。首先，通过注意的过程，我们才能决定哪些信息要做进一步处理，而哪些必须抛弃。（我是要继续偷听左边好像在谈论我配偶的对话，还是该听听右边有关热门股票内幕信息的交谈？）其次，该系统必须能决定感兴趣的对象在哪里。（那个具潜在危险性的目标是在我的左边一步之遥、前方百码之处，还是在哪儿？）第三，知觉系统必须有能力决定：那边到底是什么东西？（我正注视的是帐篷还是一只

熊？）第四，该系统必须能从所辨识的目标物中抽出一些重要特征。（一张皱巴巴歪七扭八的长方形沙发，即使它的形状不再是标准的长方形了，你还是把它知觉且描述成长方形。）这种抽象的能力，与知觉议题的第五个类别——知觉恒常性——有密切的关系。知觉系统必须能维持物体的特定特征（当一扇门的角度已在你视网膜上形成梯形时，你还是知觉它是一扇长方形的门）。

接下来的五节，我们即将探讨此五项议题：注意、定位、辨识、抽象与恒常性。接着，我们会讨论与这些知觉过程有关的一些生物基础，最后再谈谈知觉的发展。整章篇幅中，我们会将重点摆在视知觉上，因为它是被学者们探讨得最多的领域，但是请记住，目标的定位、辨识与恒常性是可以应用到各种感觉形式上的。以辨识为例，我们可应用听觉来辨识出莫扎特的奏鸣曲、用嗅觉来辨识出麦当劳的薯条、用触觉辨识出裤袋里 25 分硬币，以及用体觉来确认我们在黑暗屋子里是站立着的。

◆**小结**

对知觉的研究探讨有机体处理并组织由感官输入的原始信息的课题，有机体借此得以（1）对所处世界形成一个一致的表征或模式；并（2）运用表征来解决自然发生的问题，诸如驾驶、取物与计划。

知觉系统有五个主要的功能：（1）确定要专注感觉环境的哪些部分；（2）定位，或确定物体在哪里；（3）辨识，或确定物体为何物；（4）从物体中抽取主要信息；（5）即使视网膜的像已改变，仍然能知觉到物体的恒定外观。另一方面的研究是探讨知觉能力的发展。

◆**关键思考问题**

1. 假定青蛙一生中只有两件必备的事——捕捉小虫和避开大的掠食者，如此一来，青蛙需维持何种环境模式？要达到此目的，青蛙需要什么性质的知觉系统？

2. 你为什么觉得知觉是不完美的？例如，设计者为何要设计出会将帐篷误认为熊的知觉系统？你认为这种不完美可能有什么目的？

第二节 注意

前章一开始我们就提到一个事实：我们的感官在任何时刻都受到来自环境大量信息的轰炸。当你坐在此处阅读时，请暂停动作并注意涌向你的各种刺激：在你的视野中，可能不只是摊在面前的书本，或许你感受到左脚鞋子有点紧。你听到了什么？空气中飘浮着什么气味？

受到种种信息轰炸的人类同时也想完成一些工作，这工作可能简单到像是喝杯咖啡，也可能复杂到像是进行脑外科手术，或介于二者之间，如想消化本书中的信息。无论什么任务，相关的输入信息均只有一小部分，其他大多数是无关的。此即意味着感官与大脑必须有一些过滤掉输入信息的方法——只允许与当下任务有关信息通过，而滤掉无关的信息。如果这种筛选过程不存在，无关的信息将掩盖掉相关的信息，我们可就什么事都做不成了。

的确，我们在对感官与部分脑部进行检视时，即发现有主要的过滤器，从各种方面筛选输入的信息。总体来说，所有这些过滤器可被统称为"注意"，我们各种过滤器都经过调整，除了让与当前任务所需的有关信息输入外，其他信息均予以过滤。

选择性注意

我们到底是如何注意到感兴趣的物体的？最简单的方法是，调整身体的感觉受体以关照这些物体。就视觉而言，即意味着移动眼睛直到感兴趣的物体落在视网膜最敏感的区域上，正如我们在第四章所知，该区是视网膜最敏感的部位，是专门处理视觉细节信息的区域。

眼球运动　视觉注意的研究通常是对被试注视图片或场景进行观察。如果仔细观察被试注视图片时的眼睛，可明显发现其眼睛并非静止不动。视觉扫描采取一种**注视**（fixation）的形式，它是一种眼睛保持短暂静止的状态，被**眼跳动**（saccade）区隔开，而眼跳动是眼睛从某处快速跳动到另一处的状态。每次定像约持续300毫秒（约一秒的三分之一），而眼跳动相当快速（约为20毫秒）人们是在注视时撷取环境中的信息的，而

图 5-2　注视一幅图片时眼睛的移动路径

右图是对被试在注视左图年轻女孩照片之时所做的眼睛移动记录［资料来源：D. L. Yarbuss (1967) "Eye Movements and Vision," Plenum Publishing Corporation.］

在眼跳动时，视觉事实上是受到压制的。

监控一个人眼睛对某景象注视的形态，可对人们视觉注意过程的序列有清楚的了解。有许多记录眼球运动的方法，但是这些最后都是得到一个被注视场景的录像，以及眼睛对此场景注视点的序列图，正如图5-2所示。一般而言，眼睛的注视点并非是任意的，而是落于最具图画信息或重要特征之处。"信息"的精确定义不在本书范围内（事实上，也超出心理学的范畴），但是在这里，我们只是概指那些最能区别不同场景的区域。例如，在图5-2中，被试扫描一张脸的照片时，许多注视的落点都在眼睛、鼻子和嘴巴等部位——这些通常是分辨面孔最有效的特征。

许多研究者通过展现一张在某些背景中包含一个稀有或常见对象的图片，来证明注视与图画信息之间的关系（Henderson, Weeks, & Hollingworth, 1999；Hollingworth & Henderson, 2000；Loftus & Mackworth, 1978；Pashler, 2001）。例如，某被试可能会观察一张中间有辆拖拉机的农场图片，而另一位被试看到的可能是同一农场但中间却是一只章鱼而非拖拉机。结果发现，不寻常物体（章鱼）出现时与常见物体（拖拉机）出现时相比，注视出现得较早且次数较多。

武器聚焦　这类眼球运动研究有效应用在实务方面的，当数**武器聚焦**（weapon focus）。所谓武

器聚焦，是指在场景中注意到武器的过程。在更特殊的情境中，遭持械伤害的受害者虽能精确地描绘出武器的外观，却对场景的其他部分（例如，持械伤他的歹徒的长相）所知有限，这显示出他的主要注意力当时都聚焦在武器上。实验室研究也证实了这种说法（见 Loftus, Loftus, & Messo, 1987; Steblay, 1992; Pickel, 1998）。例如，在某实验中，在观察一系统幻灯片时记录眼球运动，其中有一张是一个手拿关键性对象的人，该物品不是令人愉快的（如支票簿），就是具威胁性的（一把刀）。结果发现，与场景的其他部分相较，对关键物品的注视，在具威胁性的对象上比令人愉快的对象多。同时，当关键对象具威胁性时，观察者对场景其他部分的辨识能力也比对象令人愉快时差。

　　无疑，实验室研究低估了他们想要探讨在真实生活情境中武器获取注意力的力量。在真实生活与实验室中，武器都是一件不寻常的物品，我们自然预期它会撷取更多的注意力。然而在真实生活情境中还会加入一些元素，亦即武器还拥有一些与威胁到个体当下最重要的议题——生存——有关的重要环境信息。

　　不涉及眼动的直接注意　我们无须移动双眼也可以选择性地注意一些视觉刺激。在验证此种现象的实验中，被试必须侦测物体的出现。每一次测试时，被试凝视屏幕上的空白区，然后看到一个**线索**（cue）快速闪过，再然后是物体闪过。所谓线索是一个类似小箭头的指引方向的刺激，指引被试去注意左边或右边。某物体即呈现在线索所指示的位置或是相对位置。线索与物体呈现的时间间隔非常短暂，使被试来不及移动眼睛。若物体出现在线索出现的位置，会比物体出现在其他位置时能被更快侦测到。可能是因为被试即使不能移动眼睛，他仍正注意着线索的位置（Posner & Raichle, 1994）。

听觉的注意

　　注意是多重感觉形式的。它可以在单一感觉形式中移动，如从某一视觉刺激移到另一视觉刺激；或是在两种感觉刺激间移动（例如，开车时将我们的注意力由注视路况转到收听别人刚打来的电话上）。早期许多注意力的研究都是听觉注意力方面的

虽然在类似鸡尾酒会中听到周遭许多对话，我们却很少记得没注意到的部分。此即所谓选择性倾听

（如 Cherry, 1953）。一个类似切里研究的现象，是在一场人潮拥挤、人声嘈杂的宴会中，许多声音冲击着我们的耳朵，然而，我们仍能纯靠心智方法来选择性地注意自己想要的信息。声音的方向、说话者的嘴唇移动和特殊声音特征（音频和语调）都是我们用来选择的线索，即使缺乏这些线索的任何一个，我们仍然可以（虽然有点困难）根据信息蕴含的意义为基础来做选择。

注意、知觉与记忆

　　通过某些手段（第八章会描述），我们可以发现注意与以后记忆间关系的通则：我们对未曾注意的信息将无法察觉，即使有意识，所能记得的也不多。在听觉方面一种称作双耳分听跟读的程序（重述听到的信息），即用来证实此现象。让被试戴上耳机，在左右两耳内分别播放两段不同的信息，请被试边听边复诵他所听到的信息之一。几分钟后关掉播放的带子，当询问被试有关他未复诵信息的问题时，被试几乎只局限于他未复诵的声音物理特征——此声音是高是低，男声或女声等，对信息的内容也几乎说不出个所以然来，甚至于没能注意到语言已从英语变成法语，随后又改了回来（Moray, 1969）。洛夫特斯（Loftus, 1972）在视觉方面也有类似的发现。他并列呈现两张图片，但要求被试只去注意其中一张（同时监控其眼球运动以确定被试遵守要求），结果发现被试对注意的图片在之后有很好的记忆，但对未注意的图片则什么都记不得。

前沿研究

经由虚拟实境方式分散注意力以减轻严重疼痛

当17岁的马克·鲍尔斯（Mark Powers）与朋友围着篝火畅饮时，被一罐爆炸的瓦斯严重烧伤，强烈的火焰灼伤他的脸、胸、背、腹、大腿与右臂，烧伤面积超过身体的33%。他的颈、胸、背与腹部均需要植皮。

当他躺在病床上动弹不得时，鸦片止痛剂虽然可以减轻他的痛苦，但在处理伤口时却毫无止痛效果。在清洗伤口时，马克和其他烧烫伤病人一样，持续经历极大的痛苦，像是并发了药物多种难受的副作用。为此，来自华盛顿大学人机界面技术实验室（the University of Washington's Human Interface Technology Laboratory）的亨特·霍夫曼（Hunter Hoffman）与来自西雅图港景医院烧伤中心（Seattle's Harborview Hospital Burn Center）的大卫·帕特森（David Patterson）创发了一种新的心理控

制疼痛技术——一种身处虚拟实境（virtual-reality，简称VR）的装置中以分散注意力的方式，以补药物之不足。

分散注意力对烧伤病患的止痛特别有用，因为疼痛知觉含有强大的心理成分在内。正如第四章所述，疼痛虽与其他感觉输入一样，是一种特定的信号，即为自皮肤痛觉受体的神经冲动的传输。然而本章前面曾提道：知觉是对感官输入的解读过程，因此并非全由感官刺激所决定。感觉与知觉二者的不连贯性，在痛觉上尤为显著。同样的痛觉输入的信号，可被解读为很痛或不痛，这要根据病患当时的想法与作为而定。

这种观点常被称作痛觉的闸门控制理论，它涉及诸如注意力分散等较高层次的思维过程，可以引发来自皮层的反馈信号传递到脊髓，而抑制所输入痛觉信号的强度。换

言之，分散注意力除了影响患者对所输入痛觉信号的解读外，还可能降低输入痛觉信号的强度。

疼痛患者在处理伤口时是无法从病床上起身的，而且通常对环境中各种有趣、具吸引力的事物，也无法与之互动。但是，进入到VR后，病患可以不用动身就可进入任何想象世界。戴上特别设计的头盔，患者眼前即出现由病房中VR计算机设备播放到两面小型液晶屏幕上的景象。计算机可监看患者的头部的位置，并将此信息输入计算机中。因此，当患者移动头部时（例如往上看），计算机随即调整人造的环境（即从河流景象改成天空）。这种根据患者实际动作时间同步改变感官输入的设计，提供了置身于计算机所创造环境的幻觉。原则上，一位置身于虚拟实境的人的知觉，有可能完全模拟成真实世界的知觉。一如科幻小说家尼尔·斯蒂芬森（Neal

---

我们无法回忆未被注意到的听觉信息这项事实，最初曾使研究者认为未受注意刺激是被完全过滤掉之故（Broadbent, 1958）。然而，目前的研究证据显示，知觉系统仍对未受注意刺激做了某种程度的处理（视觉和听觉方面皆然）——即使它们甚少在意识中出现。知觉系统对未受注意刺激做部分处理的一项证据是，在一段未受到我们注意的对话中，即使只是轻声提及我们的名字，我们也可能会听到。如果整个未受注意信息已在较低层次的知觉系统中完全被排除，上述情形就不可能发生。因此，"缺乏注意"并非完全堵绝信息，而只是"稀释"它们；就像是将音量控制装置调到较小声的位置，而非关掉（Treisman, 1969）。

◆小结

选择性注意是我们选择某些刺激做进一步处理而忽略其他刺激的过程。

在视觉方面，引导我们注意力的最主要方法是眼睛运动。大多数眼睛注视是定位于场景中较具信息的部分。

听觉也有选择性注意。我们通常凭借声音的方向与说话者声音的特征等线索来选择倾听。

选择性注意力的作用，发生在辨识早期，以及在信息意义已经被决定后的过程中。

Stephenson）在他的小说《雪崩》（*Snow Crash*）中所呈现的景象。

痛觉的输入信号，需要意识的注意才会知觉到疼痛，然而患者一旦被带往另一个能吸引注意力的某种虚拟实境时，自然较没有余力去处理疼痛信息，这是因为一般会聚焦于疼痛的注意力，已被诱导向虚拟实境了。对许多接受虚拟实境治疗的患者而言，疼痛——尤其在清洗处理伤口时的剧痛，变得只像是打扰他们探索虚拟世界的恼人噪声而已。

在一个初期的个案研究中（Hoff-man, Doctor, Patterson, Carrougher, and Furness, 2000），两位严重烧伤的患者进入一个有完整设施的虚拟厨房内，还有一扇可望见部分飘着云朵天空的窗户、地毯及房门。患者还可以实际操作——拿起茶杯、碟子、吐司、植物或煎锅，通过植入的计算机手臂以 3-D 鼠标去点选虚拟对象。病人透过霍夫曼所创造发展的混合真实力量回馈（mixed-reality force feedback）技术，还可以抓起一只有实体与重量感觉、快速移动脚步的蜘蛛。

对那两位初期接受治疗的患者而言，VR 治疗展示了相当大的成功希望。第一位患者在玩任天堂游戏（控制情境）时移走 5 块烧伤皮肤，在 VR 中，则移走 6 块相同的皮肤。他回报与任天堂情境相较，在 VR 情境中疼痛大幅减轻；而第二位患者（前述的马克），即使是严重与大量的烧伤，也得到同样的效果。

霍夫曼、帕特森与克鲁格（2000）也发现了其他支持 VR 可减轻烧伤疼痛的证据。有 12 位严重烧烫伤病报告：在 VR 中接受身体治疗比起传统治疗事实上更能减轻痛苦。除了让患者分心外，VR 还能运用行为治疗的增强技术，激励患者去表现必要但通常会很痛苦的伸展动作。例如，在 VR 室游戏时，他们可以通过松紧接受治疗的手 10 次，可得到其虚拟喷射机的燃料。

在获得保罗·艾伦医学研究基金（Paul Allen Foundation for Medi-cal Research）与国立卫生研究院（National Institutes of Health）的赞助后，霍夫曼与帕特森目前已经发展了好几套专为治疗疼痛所设计、可抓住注意力的、新式的虚拟环境。患者可以飞越一座有一条河流与结冻瀑布的冰河谷，或者向雪人与冰屋投掷雪球（配合动画效果）。这些减轻疼痛的技术随着心理学的发展飞速进步。霍夫曼与华盛顿大学的仪器设计师杰夫·马古拉（Jeff Magula）最近还完成了一套使用光子而非电子的光纤 VR 头盔，如此一来，烧烫伤患者即可坐在注满水的浴缸内进行 VR 治疗。霍夫曼与同僚，对 VR 可作为其他因癌症、生产、拔牙与膝盖手术在身体康复的患者所产生的疼痛的心理控制必要技术，抱持相当乐观的看法。他们的研究计划，彰显了心理学研究与现实世界医疗问题间逐渐成长的跨学科整合关系。关于此项工作更多细节可登录 www.vrpain.com。

◆关键思考问题

1. 注意力显然可通过某人注视之处来调整。如果你假设，即使在眼睛静止不动的状况下，视觉的选择性注意也可以往返于环境中的不同位置。你将如何验证此假设？

2. 选择性注意如何协助我们处理日常生活中的知觉课题？假设我们在一个无人具有选择性注意力的城市中开车，你想会有什么后果？与目前状况相形之下，会较容易发生哪些意外？又有哪些意外较不可能发生？

第三节　定位

前面曾描述过，在必须先解决几个问题中最重要的问题有：（1）导引我们能在经常杂乱不堪的环境中安然穿梭的路径（试想你需要什么才能从床铺走到厨房而不会撞到任何东西）；（2）拿到一件东西（要能平顺地导引你的手指以便拿起你的笔，首先你必须先知道笔在那里）。人类要知道物体在环境中的所在，必须先将该物体从背景中和另一物体彼此分离开来，然后，知觉系统才能决定物体在三维空间世界中的位置，包括它们与我们的距离和它们移动的形态。本节我们将依次讨论这些知觉能力。

物体的分离

投射在视网膜上的影像是一块有着各种亮度和颜色的马赛克，知觉系统将此马赛克组织成凸出于背景之上的一组具体物体，此种类型的组织是格式塔心理学最关注的现象。格式塔心理学是 20 世纪初期崛起于德国的心理学运动。格式塔心理学者强调知觉整体物体或形式的重要性，并提出了许多关于我们如何组织物体的原则。

图形和背景（figure and ground） 假如刺激包含两个或更多可区隔的区域，我们经常只看到刺激的一部分，我们所明显看到的是"图形"，其余则为"背景"。被视为**图形**的区域包含感兴趣的物体——这些物体似乎较背景更有立体感，且似乎凸出于背景之前，而**背景**则似乎在形象的背后（例如，Singh & Hoffman, 2001）。图 5-3（a）显示图形-背景组织（figure-ground organization）是模糊不明的：如果你注视此图几秒钟，你将注意到你看到的图形是一个花瓶或两个对视的侧脸轮廓。以黑色为背景可对照出白色的花瓶，而以白色为背景则可对照出黑色的脸。当你注视图 5-3（b）几分钟后，你会发现两组形象组织在意识中不断互换，证实是在你的心智上有此形象—背景组织，而非存在于刺激上。你也可以注意到，面孔与花瓶是不可能同时呈现的。你知道两个都有可能，但就是不可能同时看到。一般而言，形状或区块越小，就越可能被当作形象，从图 5-3（a）、5-3（b）与 5-3（c）得证：当白色部分越小，你越容易看到花，而黑色部分越小，就越容易看到脸（Weisstein & Wong, 1986）。这些图形-背景的原则并不限于简单刺激上，它们也可以应用到如图 5-4 这种相当复杂的图形上。

虽然视觉是图形-背景关系最重要的来源，我们还是可以在其他感觉中知觉到图形-背景关系。例如，我们能在户外噪音的背景中听到鸟叫声；或在管弦乐团的合奏声中听出小提琴的旋律。

物体的分组（grouping of objects） 我们在背景中不仅能看到物体，还能看到这些物体的特别分组。即使是简单的点状组型的图形，在我们的注视下，也可出现分组。为说明这一点，请注视图 5-5（a）的点状矩阵。这些点上下排列的空间均等，因此它们可以被看成是以行或列甚至是斜线方式成组，因此这也是一个遵循如图 5-3、图 5-4 一样原则的两可图形。我们一次只能看到一个组织，而在某时段间，不同组织会自动互换。

格式塔心理学家提出许多分组的决定因素，例如，如果垂直点间距缩短，如图 5-5（b），我们较容易看到一列一列，这种组群原则为**邻近性**（grouping by proximity）；改变元素的颜色或形状，则会根据**相似性**（similarity）——将相似的作为一组群［图 5-5（c）与图 5-5（d）］；如果我们将点移动成两条交叉的波状线条，我们会根据**连续**（good continuation）来分组［见图 5-5（e）］；如果我们以点状线条封闭好一个空间，会倾向于以**闭合**（closure）分组。以图 5-5（f）为例，我们看到一个夹在两条垂直线段间的菱形，即使该图形有可能是两个熟悉的字母（W 与 M）彼此相送，或是可能为彼此面对面的字母 K（K 与其镜中倒影）。这些例证

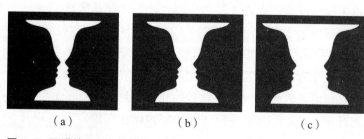

（a）　　　　　（b）　　　　　（c）

图 5-3　可逆的图形与背景

三张图形均为白花瓶或一对黑色面孔。请注意，我们不可能同时看到两个组织，即使你知道两个都有可能被知觉到。当白色区块越小（a），越可能看到花瓶；当黑色区块越小（c），越可能看到面孔

图 5-4　"奴隶市场"一图中隐藏的伏尔泰半身像

此图为达利（Salvador Dali, 1940）的绘画作品，画的中央有一可逆图形，站在拱门下的两个修女也可被看成伏尔泰的半身像

显示了格式塔分组决定因子的强大威力。在任一图形中，这些决定因子可以创造一个最稳定、一致且单纯的形式。

近代关于视觉分组的研究显示出：格式塔决定因子对知觉具有强大的影响力。例如，在一系列的研究中，如果视觉目标物为较大视觉组群的一部分，根据邻近性原则，我们会比该目标物在组群之外较难被察觉到（Banks & Prinzmetal，1976；Prinzmetal，1981）。在另一组实验中，目标物与非目标物在颜色与形状上不像时，会比彼此相像容易察觉（Treisman，1986）。即使在各种非目标物间的相似性也有重要的影响力：非目标物彼此越相似，目标物越容易被发现，目标物像是从背景中蹦出来的形象（Duncan & Humphreys，1989）。最后，有些错觉与格式塔决定因子有关：人们在知觉组群中判断距离时，会比同一距离但在不同组群中所判断的小（Coren & Girgus，1980；Enns & Girgus，1985）。这些研究结果显示我们在组织视觉经验时，知觉分组扮演着重要的角色。

虽然知觉组群的研究主要集中在视知觉，但在听觉方面也有同样的分组决定因子。邻近性显然在听觉上有作用（只不过邻近的是时间而非空间）。例如，有四声鼓声，若第二声与第三声中间有暂停，听起来就像是两组声音。在听取声音或更复杂的刺激时，相似与闭合同样也很重要（Bergman，1990）。

深度知觉

要知道物体在何处，我们必须知道它的距离或"深度"。虽然要知觉物体的深度似乎不太容易，但是我们却能有相当了不起的成就，因为我们并没有能直接探测深度维度的设备。视网膜只是一个二维平面却能投射出三维的世界。视网膜可以直接反映出高与宽，却丧失了深度的信息，因此必须根据一些深度线索来进行重组。所谓**深度线索**（depth cues），是指各种不同的视觉信息，它们在逻辑或数理上能提供有关物体深度的信息。深度线索可区分为单眼与双眼两种。

双眼线索 为什么我们人类与其他动物要配置两只眼睛而非单眼？理由有二。有些动物，比如鱼

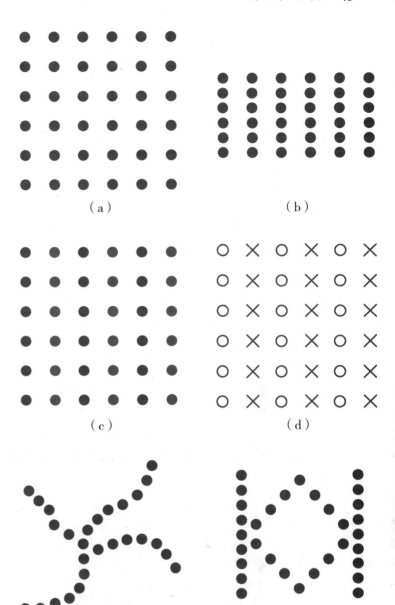

图 5-5 组群的格式塔决定因子

（a）相同间隔的点可被看成行、列、甚至斜线；（b）因接近被组织成列；（c）因颜色相似被组织成列；（d）因形状相似而被组织成列；（e）因好的连续被组织成两条波状曲线；（f）因闭合而成组群

类，头颅两侧各有一眼，可以让它们不必转动脑袋或身体就能看到周遭最大范围的世界。其他动物，包括人类，则两眼都在前面，都指向同一方向。人类虽比任何鱼类所能看到的世界都少，但却能运用双眼得到深度的知觉（试着遮住一眼，坐在开开停停车上的乘客座上，这将会是个很吓人的经验，因为你拥有比平常更少的深度感觉，不太知道前面的车辆与物体离你到底有多近）。

双眼之所以能结合、共同推论出深度知觉，是因为它们是分别位于头部两边，每只眼睛对同一景象所取得的像也略有不同。你很容易就能证明此观点：将右手食指放在近脸处，然后闭上一眼，用单眼检视食指，接着再换另一眼。所谓**双眼像差**（binocular disparity），是指双眼所得视像间的差异。当物体离我们最近时像差最大，而距离越远时，像差越小。在超过 3 至 4 米时，视像间的差异就小到不足以作为深度线索了。但是对日常生活而言，如趋近某物体与穿梭于各种障碍间，像差可是一项相当有用的深度知觉线索。

以人类及其他有双眼视像的动物而言，大脑视觉部分之所以能运用双眼像差将物体归到不同空间位置，所依靠的就是该物体像差的差距的大小。如某物体在两个视野中均在同一部位，大脑会假设该位置即为双眼定像所在。如果视像差异很大，一如前述近脸手指的两个视像，则脑部会推论：物体离我们很近。

除了帮助我们在日常生活中能有深度知觉外，双眼像差有可能愚弄我们的眼睛，让我们看到事实上并不存在的深度知觉。一种被称为立体镜

（stereoscope）的装置就能让两眼分别看到略有差异的图片。在维多利亚时代，这种装置即堂而皇之地展示在中产阶级家庭的客厅内，一如今天宽屏幕的电视一样风光。然而，立体镜并非只是一种稀奇的古董而已，双眼像差的原则到今天还被运用在儿童的景观大师的玩具（View-Master toy）上，尤其是需戴上有色的眼镜或偏光过滤镜的 3D 电影，以及风行一时的三维立体图（Magic Eye poster art）。所有这些错觉背后的原理如图 5-6 所示。

单眼线索　双眼线索只局限在位于近处的物体，那远方物体，像高空的云朵、城市景观或山丘等，又是如何知觉距离的？此时双眼线索已然失效，必须要运用其他被称作单眼线索的机制，此时视觉系统并非直接发挥作用。事实上，视觉系统必须综合运用环境中的所有可用信息以获得结论，就像侦探需搜罗所有证据以找出凶手一样。图 5-7 即指出一些单眼线索。

1. 相对大小（Relative size）。如果一张图中包含

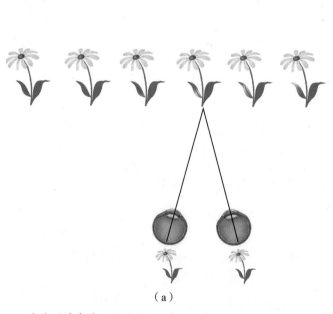

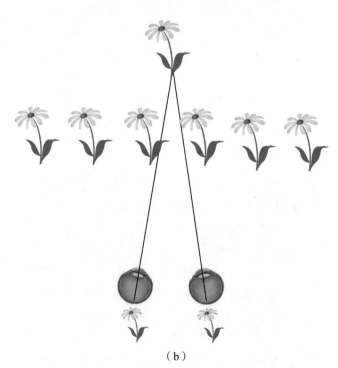

（a）眼睛在看一幅图时的正常运作情形，如图中那一排花，都是将两眼聚合在属于图所在位置。如此一来，两眼均会接收相同且为平面的影像

（b）每张 3D 错觉所用的图形都是以愚弄眼睛为基础的，使它们聚合在不同的空间，如此一来，两眼所接收的像会略有不同，如果脑部被愚弄，误以为两个不同像是属于同一景物，而其间差异为像差，则会被视为物体是处于不同深度位置的，而有立体知觉

图 5-6　3D 立体图的魔幻视觉

了一列相似但大小不一的物体，观察者就会将较小的物体解读为距离较远（见图 5-7 中的路灯）。

2. 重叠（Interposition）。如果某物体遮住其他物体的视线，观察者就会认为被遮的较远（见图 5-7 中的建筑物）。

3. 相对高度（Relative height）。相似的物体间，那些看起来较接近地平面的被知觉为离我们较远（见图 5-7 的烟囱）。

4. 透视（Perspective）。当景物内的并行线似乎在该图中聚合时，会被知觉成消失在远方（见图 5-7 的街道）。

5. 阴影（Shading and shadows）。构图中的阴影部分也为我们提供了有关物体深度知觉的信息。只要场景中的物体表面接收到光源直接照射，就会形成阴影。如果阴影落在遮住光线的物体上，即被称作附属阴影，或简称阴影。如果阴影是落在另一物体的表面，则被称作投影。这两种阴影都是场景深度和知觉的重要线索，它给了我们有关物体形状、间距与场景光源位置的信息（Coren, Ward, & Enns, 1999）。

6. 相对运动（Relative motion）。两物体不同的速度可作为深度线索。你是否曾注意到，如果你快速移动（如坐在疾驶的火车上），近物似乎都快速朝反方向移动，而稍远景物则移动得较慢（虽然还是反方向）？而极远处景物（如月亮）则似乎是静止不动。这种似乎都在移动的物体其速度上的差异（即运动视差）提供了有关它们距离的线索。

文化差异似乎会影响深度线索。例如，在比较了美国与津巴布韦的儿童和大学生后，魏尔与西克莱斯特（Weir & Seacrest, 2000）发现，出现在美国不同年龄者解决重量或距离问题难易上的差异，并没有出现在津巴布韦（依常理应有差异）。这种文化上的差异在讨论错觉时会再次出现。

运动知觉

我们若想在环境中有效率地移动，不仅必须知道静物的位置，还必须知道物体移动的轨道。例如，我们不仅必须知道，从前一个路口朝我们开过来的车子，在我们过马路时还到不了十字路口。也就是说，我们必须能对运动有所知觉。

动景运动 是什么让我们知觉到运动？最简单的想法是物体的影像移动过我们的视网膜，我们便能感受到此物体在运动。这个答案似乎太过简单，因为即使"没有"影像在我们的视网膜上移动，我们仍能看到运动。此现象由韦特海默（Wertheimer）在 1912 年于其动景运动研究中加以验证（见图 5-8）。**动景运动**（stroboscopic motion）是以最简单的方式产生，在黑暗中闪过一道光，数毫秒后，在第一道光出现的位置附近闪过第二道光。此时，光线看来像是从一个地方移到另一个地方，与实际运动的方式毫无差别。

韦特海默证实有动景运动并不仅仅是一个无聊

图 5-7 图画中的单眼距离线索
艺术家运用这些线索的组合来描绘出二维空间表面的深度。所有这些线索都呈现在一张自然风景照上，也同样会在眼睛视网膜上呈现

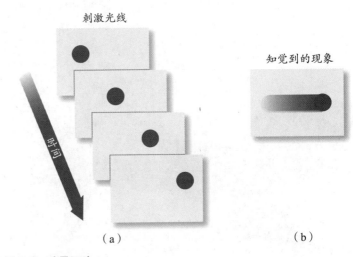

刺激光线 时间 知觉到的现象 （a） （b）

图 5-8 动景运动
（a）图中静态的系列性图片，若以适当的间距呈现，会得到如图（b）的知觉结果。次序性地看到静止画面而产生的持续运动错觉，即为电影、录像与电视画面的基础

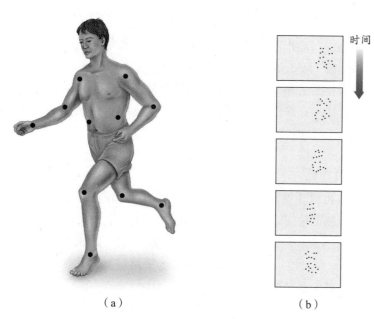

时间

（a）这是一个学者用来展示人类运动模式的例子，图中指出的光点位置在个体身上是固定的；（b）一对舞伴运动的位置序列

图 5-9 人类运动的模式

的学术演练，此现象对当今科技而言是相当重要的发现。最主要的例证即为我们在电影中所知觉到的运动，它是一种动景运动。电影，诚如大多数人所知，只是一系列静止的照片或画面，每一个画面都与前一个略有不同，画面被快速地依序投射在银幕上，结果你就看到阿诺德·施瓦辛格在一场打斗场景中挥拳的连续动作——电影中的动景运动必须确保动作看来与正常连续动作完全一样。

实际运动（real motion） 当然，我们的视觉也对实际运动（即物体移动过空间中所有的点）相当

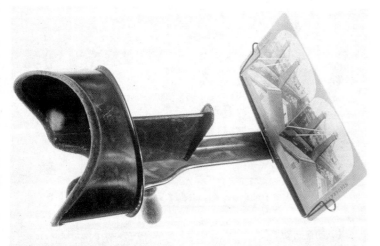

霍姆斯-贝兹（Holmes-Bates）实体镜，是由奥利弗·温德尔·霍姆斯（Oliver Wendell Holmes）于 1861 年发明，由约瑟夫·贝茨（Joseph Bates）制造，此镜可产生生动的深度知觉

敏感。然而，在日常情境中分析此类运动是一项相当复杂的工作。有些在视网膜上物体的运动路线必须归因于眼睛相对于一静止景物的运动（如阅读），其他的运动路线则归因于移动的物体（如飞入我们视野中的小鸟），更甚的是，有些物体在视网膜中虽是静止的但必须被知觉到正在运动（如我们的视线追踪一只正在飞行的小鸟），而有些物体在视网膜上的像虽然在移动，但必须被看成是静止的（当我们的眼睛正追踪一只飞行的小鸟时，其他背景应在视网膜上形成移动的线路）。

我们对运动的分析是相当依靠相对关系的。物体有一结构性背景衬托的情况时（相对运动），比起背景色彩单调且只能看见此移动物体的情况（绝对运动），我们更易于侦测出物体的运动。某些相对运动的形式甚至是形塑与辨识三维物体的重要线索。例如，学者曾发现，如图 5-9 所展示的运动形式，就足以让观察者轻易地辨识出是一个人正在运动，即使事实上只有 12 个光点（甚至更少）彼此相对地移动而已（Johansson，von Hofsten，& Jansson，1980）。其他以这些展示方式进行的研究，也表明观察者能辨识出他的朋友，有的甚至能从这些粘贴在脚踝处的光点移动情形辨识出模特的性别（Cutting，1986）。

研究实际运动的另一个重要现象是**选择性适应**（selective adaptation），是指当我们观看运动时发生的敏感性丧失；此适应是选择性的，我们对观看的运动和类似的运动会丧失敏感性，但对方向或速度显然不同的运动则不会。例如，如果我们注视朝上移动的条纹，就会对朝上运动失去敏感性，但对朝下运动的敏感性则不受影响（Sekuler，1975）。如同其他类型的适应，我们通常不会注意到敏感性丧失，但的确会注意到适应产生的后效。如果我们注视瀑布数分钟后，再注视瀑布旁的峭壁，峭壁看起来像是向上移动。大多数运动都会产生与原运动相对方向的**运动后效**（motion aftereffect）。

脑部如何执行实际运动的知觉呢？实际运动的某些层面性质是由视皮层的特殊细胞所编码的，这些细胞只对某些运动反应，且每一个细胞对运动的某一个方向和速度最敏感。此类细胞存在的最佳证据来自对动物的研究：实验者呈现不同形式的运动刺激给动物，并记录视皮层单一细胞的反应。此类

单一细胞记录研究已发现皮层细胞的反应与特定的移动方向一致。甚至有某些细胞的反应特别适合侦测向头部移动的物体，显然对生存极有帮助（Regan，Beverly，& Cynader，1979）。

这些特殊运动细胞对选择性适应和运动后效提供了一个可能的解释。例如，对一向上运动发生的选择性适应大概是因为专门反应向上运动的皮层细胞已变得疲乏；因为专门反应向下运动的细胞功能如常，它们将主导反应过程而引起向下运动的后效。

然而，实际运动的神经基础不只是特殊细胞的激发。当我们的视线追踪一个在黑暗中移动的发光物体（例如，夜空中的飞机）时，我们能看到运动。眼睛追随物体时，视网膜上的影像几乎是静止的，但是我们所知觉到的是一平顺而连续的运动。为什么？答案似乎是脑前的运动区域将眼睛如何移动的相关信息传送至视皮层，而影响了我们所见到的运动。本质上，视网膜上缺乏规律运动的知觉是由运动系统负责，它先将此缺失通知视觉系统，再由后者加以矫正。在更正常的视觉情况中，包含眼睛移动和大型视网膜影像移动，视觉系统必须将这两项信息来源结合，以决定知觉到的运动。你可以通过轻轻地从下眼皮往上推动眼球以验证此结果，你会看到世界似乎动了，因为世界确实在你视网膜上有移动，但是却缺少来自运动区的正常信号，此时你的脑部能做的唯一解释即是"世界本身动了"。

能接到球并且避开被对方球员抱住、绊倒，橄榄球员必须有精确的运动知觉

◆**关键思考问题**

1. 设想你忽然间无法看得到运动，你的视觉经验会是怎样的情形？换句话说，假如你是以幻灯片而非电影的方式观看发生于周遭的东西。运动知觉如何使你对世界产生连贯的经验，而没有了运动知觉世界为什么会变得不连贯？

2. 请按照重要性由高到低将距离知觉的线索排序。主要答案即反映了你为何相信某些距离线索比其他更为重要。当然，你需要先界定"距离线索的重要性"意义是什么。

◆**小结**

要定位物体，我们必须先将物体从其他物体中区隔出来，然后将它们组织分组。

要定位物体，需要决定其在上下、左右维度上的位置。这并非难事，因为所依赖的部分信息为我们视网膜上的像。

要定位物体，还需要知道它与我们的距离，此种知觉的形式被称为深度知觉。这可就没那么简单了，因为我们无法借助视网膜上的像。我们有各种深度线索，包括单眼与双眼的，好让我们能有深度知觉。

将物体定位有时需要知道移动物体的方向。通过实际的运动或动景运动都会有运动知觉。

第四节　辨识

知觉系统除了需要确定相关物体在场景中的位置外，还需知道是什么物体。此即辨识的过程。一只猫经过眼前时，我们应该能辨识出那是一只猫，而不是臭鼬或呼啦圈。假如我们眼前有一顶帐篷，我们不应该错认为一只危险的熊（然而从进化的观点来看，我们最好是把帐篷误认成熊，不要把熊误认成帐篷。我们的视觉系统可能已经进化成偏向于将物体朝危险去知觉，即使该物体一点都不危险）。

辨识物体隐含有几个次级的问题。首先，我们必须从环境中获得基本或原始的信息并加以适当的整合。例如，我们获知那儿有红色、绿色，以及圆形与方形的东西，我们必须组合成红色圆形与绿色

在辨识的初期，知觉系统运用视网膜的信息以线条与边线等基本的元素来描述物体；稍后，系统会拿这些描述与储存在视觉记忆中的各种物体类别（比如"狗"）进行比对

方形，而不是倒过来。其次，我们必须认出目标物是什么。以前述所举的简单例子来说，我们或许一开始要先认出有个方形的东西存在。而较复杂的作业为，根据看到的线条、角度与形状，我们加以整合成一张人脸。更复杂的作业则是，猜出那张脸应该属于某位特定人物的，比方说是迈克尔·乔丹。

我们从整合的问题开始讨论辨识的各种功能，所谓**整合的问题**（binding problem）是指：对应于诸如颜色、形状等属性的脑部各部位活动是如何结合起来以形成对某物体的稳定知觉。接着，我们会讨论我们实际上是如何辨识出物体的。

整合的问题：前注意与注意过程

注意是从大量输入信息中选择要进一步处理且最后予以意识知觉的过程。注意也是一个概念化的过程，它将输入刺激的种种特征整合起来。所谓**错觉联结**（illusory conjunction）即为最佳范例：它将某物体的两个不同的属性错误地结合在一起。假设一位观察者快速地（如 1/20 秒）看到如图 5-10 中的一个刺激——一个小红圆形、大绿正方形及一个中型蓝三角形——之后，问他看到什么，他通常能回答有三种形状与三种颜色，但有时会把颜色与形状的配对搞混。观察者可能会说方形是红色而非绿

色，即把形状（方形）与颜色（红色）做了错误的知觉联结。人们在阅读时也常常经验到类似现象：他们可能会将文章的某行某字（如 Senate 的前缀 Se）与另一行的另一个字（如 rattled 的字尾 attle）错误地联结，而以为知觉到西雅图（Seattle）一字，即错误地联结了形状与位置的特征。

特征整合论　错觉连结认为来自视野的信息只是依循各个向度进行前注意的编码——如前例，形状与颜色分别编码——接着以整合进入下一个注意处理阶段。此一理念实为特征整合论的核心概念。**特征整合论**（feature-integration theory）最初是由安·特瑞斯曼（Ann Treisman）提出来的，它是理解物体知觉的基石（Treisman, 1986; Treisman & Gelade, 1993）。本理论一般的论点是：首先在前注意阶段，**基本的特征**（primitive features），诸如形状与颜色等性质，被知觉到；在第二阶段，即注意阶段，会集中注意力适当地将各特征"黏合"成统合的整体。错觉连结即发生在刺激呈现时间足够获得基本特征却不足以进行注意黏合的阶段。

一个可以区分基本特征与"黏合特征"的实验过程为视觉搜索（visual search task），观察者的任务即在决定某些目标物是否存在于散置的刺激堆中（Chelazzi, Duncan, Miller, & Desimone, 1998; Palmer, Verghese, & Pavel, 2000）。一个典型的视觉搜索即如图 5-11 所示，要找出绿色的 L。左图较简单，绿色的 L 很快从一堆红色的 T 与 L 中蹦出来；而要从右图中找出同样的绿色 L 就困难得多，因为背景尽是一些红色的 L 与绿色的 T。根据特征整合论的说法，原因在于左图中颜色是基本特征，你可以立即扫描到所有的信息，红色与绿色在知觉上可以区隔，且目标物——绿色 L——的存在

图 5-10　错觉联结
当图像快速闪现，观察者常会将形状与颜色错置。这即为错觉联结

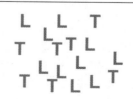

图 5-11　视觉搜寻任务
该任务要求找出绿色 L。就左图而言，是项简单的任务，因为目标会蹦出来；而右图则是困难任务，因为每一刺激均需集中注意力

相当醒目；右图则相反，你很难根据颜色此基本属性就从背景中找到目标物，在可以决定该字母是否为目标物前，你需要去注意每个字母的颜色和形状。

特征整合论的问题 过去几十年来，特征整合论得到不少的研究支持，然而到 20 世纪末却受到来自理论还原论与生物方面研究的攻击。主要的问题在于，在运用视觉搜索与相关的研究过程中，科学家们发现这类研究过程假设了太多的"基本特征"，令人难以置信。其中狄罗罗、川原、苏维克与韦瑟（Di Lollo，Kawahara，Suvic，and Visser，2001）对这些问题有透彻的描述，并提出一个名为**动态控制论**（dynamic control theory）的替代理论，其核心前提为："与其说是有个前期即对少量视觉基本特征敏感的硬件系统，还不如说是有个可调节的系统，它会依不同时间、不同任务的要求实时调整重组其成分以完成工作，与计算机中内建联结各程序的控制台一样，可以动态地重组计算机的工作环境。"本质上来说，该系统会因不同的任务而重新组合，而不是存在多个次级系统以应对各种可能的任务。

决定物体为何

注意与前注意过程都决定着视觉特征是否属于同一物体这一问题，而第二个问题则在运用此结果信息以决定该物体为何物。此时，形状扮演了重要的角色。例如，无论是大是小（大小上的变化）、棕色或白色（颜色的变化）、平滑或粗糙（质地的变化），还是放平或有点歪斜（方位的变化），我们都能辨识出那是一只杯子。相反，我们辨识杯子的能力却深受形状变化的影响。如果杯子的部分形状被遮掩住了，我们就有可能完全认不出来，但是我们只要有保持着各物体形状的简单线条，就跟有了保留有该物体其他属性的详细彩色照片一样，能辨识出这许多物体来（Biederman & Ju，1988）。

在此，我们可将视觉处理过程区分为早期和后期阶段。在早期阶段，知觉系统使用视网膜上的信息，特别是强度的变化，来描述物体的基本构成要素（如线条、边缘和角度）。知觉系统以这些基本构成要素来建构出对物体本身的描绘。在后期阶段，知觉系统将物体的描述与储存于视觉记忆中各类物

体的形状描述相比对，并选出最合适的配对。例如，若辨识一特定物体为字母 B，即表示物体的形状与 B 配对较于其他字母配对好。

行为的神经基础

皮层中的特征觉察器

许多已知的物体基本特征知觉的发现，来自使用其他物种（如猫、猴等）视皮层单一细胞记录的生物研究。这些研究检测不同刺激呈现于视网膜区域时，与视网膜相连的特定皮层神经元的敏感性，此类视网膜区域被称为皮层神经元的**感受野**（receptive field）。

哈贝尔和韦赛尔（Hubel and Wiesel，1968）是从事这些单一细胞研究的先驱，他们也因这些研究在 1981 年共同获得诺贝尔奖。哈贝尔和韦赛尔鉴定出了视皮层中的三类细胞，可依它们反映了哪些特征来加以区分。**简单细胞**（simple cell）是当眼睛暴露于某一特定定向或位置的线条刺激（例如，细束或明暗区域间的垂直边缘）时做出反应的细胞。图 5-12 说明一个简单细胞如何对垂直光束及光束倾斜时做出反应，而且其反应随着光束由垂直到水平间定向的变化而递减。其他简单细胞则对其他的定向和位置做出反应。**复杂细胞**（complex cell）也对某一

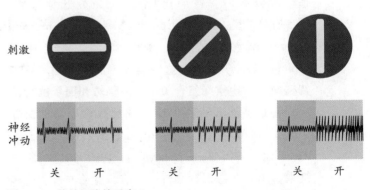

图 5-12 简单细胞的反应

本图说明一个简单皮层细胞对光棒的反应。刺激显示在上列，反应显示在下列，其中每一个垂直尖状波代表一次神经冲动。在没有给予细胞刺激时，实验者只记录到偶发的冲动。控制刺激的开关打开时，细胞不一定会做出反应，而决定于光棒的位置和方向。就此细胞而言，水平光棒不会使其反应改变，倾斜四十五度的光棒可使其反应产生小变化，而垂直光棒则可引起非常大的改变

特定定向的细束或边缘做出反应，但不需刺激其感受野的某一特定地方，其感受野的任何地方一旦受到刺激，它就会做出反应，且在刺激通过感受野后仍继续做出反应。**超复杂细胞**（hypercomplex cell）则需刺激是某一特定定向和特定长度时才做出反应，如果刺激超过此特定长度，超复杂细胞的反应将随之递减且可能完全停止。自哈贝尔和韦塞尔提出最早的报告之后，研究者已发现其他不只对各单一细束和边缘也对形状特征做出反应的细胞，例如，超复杂细胞可对某特殊长度的棱角或角度做出反应（DeValois & DeValois，1980；Shapley & Lennie，1985）。

上述所有细胞都被称为特征觉察器。由于这些侦测器所反应的边缘、细束、棱角和角度等都可用以类推出许多形状，因此特征觉察器被视为构筑形状知觉的基石。正如我们将在稍后看到的，这项主张的正确性似乎在简单形状（如字母）方面比在复杂形状（如桌子和老虎）方面有较高的正确性。

特征间的关系　可用来描述形状的并非只有特征，特征间的关系也可用于形状的叙述，此类关系的重要性可以图 5-13 来说明：例如，直角与对角线的特征必须以特定的方式组合才能构成三角形。同理，Y 形的交叉线也必须与六角形以特定的方式组合才能形成立方体。格式塔心理学者在强调"整体不等于部分的总合"时，心中即存在着这些特征间的各种关系。

整体之所以不同于部分的总和，是因为它创造了光凭着检视各部分无法了解的新知觉特征。图 5-13 即呈现出 4 个此类**涌现特征**（emergent features），它们是因其他特征间的特定组型（configuration）而生。这些涌现特征源自许多基本特征间的特定空间组合关系，但仍然和简单的特征一样，是在诸如目标侦测与视觉搜索等知觉任务中表现出来的（Enns & Prinzmetal，1984；Enns & Rensink，1990；He & Nakayama，1992）。这些研究结果指出，在意识到分析结果前，视觉进行了许多形状方面的复杂分析。

辨识的后期阶段：网络模式

既然我们已对物体如何被描述有一些概念，便

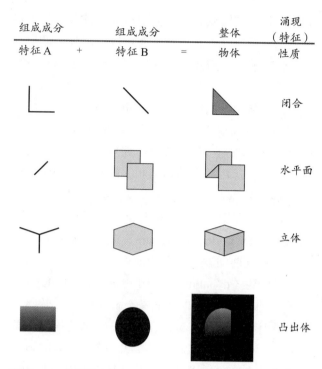

图 5-13　特征间的关系
当我们结合简单的二维特征，如线条、角度与形状等所形成一些图形的型式，主要还是要看这些组成特征之间关系。此外，还会创造新的特征来。这些涌现的特征虽然涉及复杂的空间关系，但仍具有知觉的实际意义

可以探讨这种描述如何与记忆中储存的形状描述比对，以找到最佳的配对。

简单网络（simple networks）　比对阶段的许多研究都使用简单模式，特别是书写体或印刷体的字母或词语。图 5-14 说明一项有关我们如何储存字母形状描述的论点，其基本想法为：字母是以某些特征来描述的，而那些特征符合那些字母的知识，则包含于一张联结的网络中。这种论点被称为**联结者模式**（connectionist model）。在心理学的脉络中，它们素以麦克里兰与鲁姆哈特所出版的一系列的著作著称（McClelland & Rumelhart，1981），而且已推广到如语言（Berent，2001）、工作记忆（Caplan & Waters，2002）、情绪的脸部表情（Mignault，2001）各领域中。联结者模式的有趣之处在于，我们很容易理解这些网络如何能在神经元交错联结的脑部被完成。因此，联结者模式的主张（即联结主义）在心理学和生物学模式间架上了一道桥梁。

例如，在图 5-14 中，网络的下层包含上升斜线、下降斜线、垂直线及右向曲线；上层则包括字

母本身。我们将这些特征和字母的每一个都视为网络中的一个节点（node）。一个特征节点与一个字母节点的联结意味着此特征为此字母的一部分。联结的末端有箭头意味着它们是**兴奋型联结**（excitatory connection）；如果特征被激发，此激发会扩散到字母（以一种类似电冲动在神经网络中扩散的方式）。

要想了解此网络如何能用来辨识（或比对）一个字母，需探讨当字母 K 被呈现时发生什么情形。字母 K 被呈现时将激发上升斜线、下降斜线和垂直线特征，这三个特征再激发 K 结点；其中两个特征——下降斜线和垂直线——将激发 R 结点；其中一个特征——垂直线——将激发 P 结点。而只有在 K 结点的特征全部被激发时，它才能被选为最佳的配对。

由于以上的例子太过简单，因此无法说明许多辨识层面的问题。想要了解此模式的欠缺，需探讨当字母 R 被呈现的情形。字母 R 被呈现时激发下降斜线、垂直线和右向曲线三个特征。因此，R 和 P 两结点的全部特征都被激发，而此模式却无法决定这两种范畴中哪一种能提供较好的配对。此模式在这些范畴间做选择时必须知道的是，下降斜线的存在表示此字母不能是 P。图 5-15 为**扩大的网络**（augmented network），即包括此类否定的知识，它包含 5-14 中的所有内容，但增加了**抑制型联结**（inhibitory connections）（其尾端以实心圆圈表示）。抑制型联结是指字母与其特征以外的其他特征之间的联结。当特征以抑制型联结与字母联结时，此（激发）特征会"减少"字母的激发。当 R 呈现于图 5-15 中的网络时，下降斜线传送抑制给 P 结点，因而减少其整体的激发程度；那么 R 结点便可受到最大的激发而终于被选为最佳的配对。

反馈网络（networks with feedback） 上述我们讨论模式的基本理念——字母必须被它所具有的特征加以描述外，还需要以它所不具有的特征来描述——却不足以解释一个普遍又有趣的发现：字母呈现在单词中比它单独存在时更容易被知觉出来。如图 5-16 中，将单一字母 K 或单词 WORK 快速闪过被试的眼前，然后问他们所看到的最后一个字母是 K 还是 D，他们答对的概率在看到单词的情形下较看到单一字母时更高。

为说明此项结果，特征-字母联结网络必须以

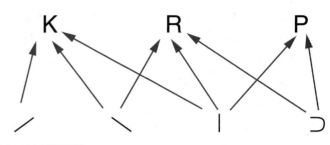

图 5-14　简单网络
图中，下层的网络包含四种特征（上升斜线、下降斜线、垂直线和右向曲线）；上层包含三个字母。特征与字母间的联结表示特征是字母的一部分。由于此联结是激发性的，因此当特征被激发时，此激发会扩散到字母

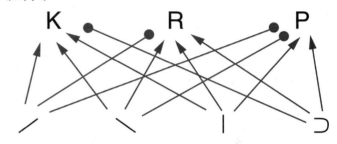

图 5-15　扩大的网络
此网络包括抑制型联结以及兴奋型联结。抑制型联结系字母与其特征以外的其他特征之间的联结

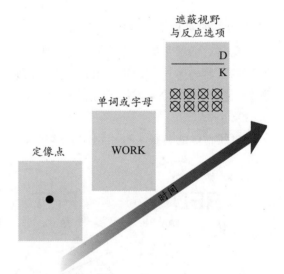

图 5-16　字母知觉和单词知觉
本图说明一实验中的事件次序，比较字母单独呈现和单词脉络关系间的知觉能力。被试首先看到一个定像点，接着一个单词或单一字母快速闪过（只有几毫秒），然后实验者在曾经出现字母的位置呈现一片遮蔽区和两个反应选项，被试的作业是确定这两个选项中的哪一个曾出现在先前的单词或字母中（资料来源：Reicher, 1969）

某些方法加以修改。首先，我们必须在网络上加一层单词，再建立由字母到单词间的兴奋型和抑制型联结（见图 5-17）。此外，也必须增加由单词到字母间的兴奋型联结；这些**自上而下的反馈联结**（top-down feedback connections）——指从较高层级下行到较低层级的联结——可以解释为何一个字母在单词中呈现比其单独呈现较易被知觉。例如，当 R 单独呈现时，激发垂直线、下降斜线和右向曲线三个特征，并且此激发扩散至 R 结点，因为 R 呈现的时间非常短暂，可能无法完全激发全部的特征，而且 R 结点上的激发强度可能不足以产生辨识。相反地，当 R 在单词 RED 中呈现时，不只 R 特征的激发会到达 R 结点，E 和 D 特征的激发也会到达 E 和 D 结点；然后这些各自激发的字母全部各自激发 RED 结点，RED 结点再经由其上下联结反馈给激发它的字母。

此项结果显示当 R 在单词中呈现时，有一额外的激发来源（即来自单词的激发），而这也是在单词中辨识一个字母比字母单独呈现较容易得多的原因。许多有关字母和单词模式的其他研究已被证实支持此联结者模式（McClelland & Rumelhart，1981）。这类模式也被成功地应用于辨识手写与口语的机器上（Coren，Ward，& Enns，1999）。

自然物体的辨识和自上而下加工

我们对字母和单词的辨识已有相当了解，但对更多的自然物体——动物、植物、人物、家具和衣服呢？接下来我们将检视辨识这些物体的过程。

自然物体的特征　自然物体的形状特征远比线

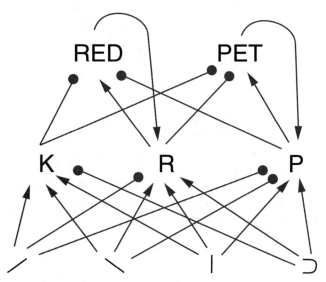

图 5-17　自上而下激发网络
图中网络包含字母和单词间（以及特征和字母间）的刺激和抑制联结，以及某些单词到字母的刺激联结

条和曲线复杂，且更像简单的几何形式。必须是几何形式的特征才能组成任何可以辨识的物体形状（正如线条和曲线能组成任何字母）。物体的特征也必须是可由更多基本特征（如线条和曲线）来决定或建构的，因为如前所述，基本特征是系统在早期辨识阶段唯一可用的有效信息。

有一项论点主张物体的特征包含许多几何形式，如图 5-18（a）所示的圆弧体、圆柱体、圆锥体、立方体和楔形体。这些由毕德曼（Biederman，1987）确认出来的特征称为**几何子**［geons，是将几何离子（geometric ions）简化而成的新词］。毕德曼主张以一套如图 5-18（a）中的 36 个几何子，依照一小套空间关系来互相组合，便足以描述人们可能辨识的所有物体的形状。想要了解此点，须注意只由两个几何子组成的可能物体数目是 $36 \times 36 = 1,296$［你能任意组合两个几何子来组成一可能物体，见图 5-18（b）］；而由三个几何子组成的可能物体数目为 $36 \times 36 \times 36 = 46,656$，两个或三个几何子即足以创造出将近 50,000 个物体，而我们尚未探讨由四个或更多几何子组成的物体。此外，如图 5-18（a）中的几何子可完全以基本特征予以区分。例如，图 5-18（a）中的几何子 2 是立方体，不同于几何子 3 的圆柱体，因为立方体有垂直边缘，而圆柱体有曲线边缘；垂直边缘和曲线边缘都是基本特征。

几何子是特征的证据，来自让被试辨识快速闪过照片中物体的实验。一般发现，物体中几何子若

（a）几何子　　　　（b）物体
图 5-18　自然物体的一套特征（几何子）
（a）楔形体、立方体、圆柱体和圆锥体可能是复杂物体的特征。（b）特征（几何子）组合时可形成自然物体。注意，当弧形体（几何子 5）联结在圆柱体（几何子 3）的一侧时，可形成茶杯；当弧形体联结在圆柱体的顶端时，可形成桶（资料来源：L. Biederman, *Computer Vision, Graphics, and Image Processing*, 32 pp.29-73, © 1985 Academic Press. ）

很容易被认出来，物体的辨识情形便相当良好。有一项研究将物体的部分形状删除，有些形状删除到足以妨碍几何子的还原的程度（见图5-19的右图），有些则不妨碍（见图5-19的中间图）。当几何子的形状没有受到妨碍时，物体的辨识最为良好。

物体的描述通常不只包含其特征，还包含特征间的关系，这可由图5-18（b）证实。当弧形体联结在圆柱体的一侧时，可形成茶杯；联结在圆柱体的顶端时，可形成桶。物体形状的描述一旦建立，便可与储存于记忆中的几何子描述比对，以找出最佳的配对。物体形状描述与储存记忆描述之间的比对过程，类似之前提及的字母和单词间的过程（Hummel & Biederman, 1992）。

背景的重要性 知觉中的主要差异即为自下而上加工和自上而下加工间的差异。**自下而上加工**（bottom-up process）完全由输入（即原始的感觉数据）所驱动，而**自上而下加工**（top-down process）则由一个人的知识、经验、注意与期望所驱动。辨识出物体形状的基础，完全在于其几何子描述，它只涉及自下而上加工；一个人可依此输入的基本特征来决定输入的几何子结构，然后将此输入描述与储存形状描述比对。相反的，辨识出物体是台灯，部分是基于它在床头柜上，涉及某些自上而下加工；个人是受到其他信息而非输入有关形状信息的影响。虽然到目前为止，本章所探讨的大多是自下而上加工，但是自上而下加工也在物体辨识中扮演着重要的角色。

在我们对人和物体的知觉上，背景有极大的影响力，而自上而下加工即为以一种期望形式，发挥此影响力的内在过程。假如你期待每星期二下午三点在化学实验室看到你的实验伙伴莎拉，那么当她在那个时间进入实验室时，你几乎不需要去确定是不是她来了。你先前的知识已形成强力的期望，且辨识时所需的输入也相当的少。但万一在圣诞节假期时，莎拉突然出现在你的家乡，你可能就很难把她认出来，因为她已"离开了背景"。你的期待已经被破坏，而且必须依靠大量的自下而上加工，来分辨是否真的是她（这种经验即所谓"出人意表"）。如同此例显示，在背景合适时（即它预期到输入的物体），它可加强知觉；当它不适当时，则有损知觉。

当刺激物体晦暗不明，即能以一种以上的方式

图5-19 物体辨识和几何子还原

图中物品为物体辨识实验所使用的项目。左栏显示物体原本的形状。中间栏显示物体的形状已遭到部分删除，但其几何子仍可还原。右栏显示物体的部分形状已遭大量删除，且其几何子已无法还原。对中间栏物体的辨识比对右栏的辨识良好（资料来源：L. Biederman, *Computer Vision, Graphics, and Image Processing*, 32. pp.29~73, © 1985 Academic process.）

来知觉时，背景的影响就特别明显。图5-20为一幅模棱两可的人像素描，可视之为老妇人或年轻女人。如果你已先看过一幅清晰的人像素描，其中的人像类似图5-20中的年轻女人（即假若年轻女人是背景），在看到图5-20时，你将倾向先看到年轻女人。这种临时背景（temporal context）的影响可以借助图5-21的另一组画像来加以说明：请你如同看连环漫画般，以由左到右、由上至下的次序一一注视这些画像。中间几幅是模棱两可的图案。如果你依刚才建议的顺序来看，你将把这些图案看成男人的脸谱，如果你依反方向顺序来看，你会将它们看成一位年轻的女人。

在验证背景的影响时，所用的刺激不需要是模棱两可的物体。假设先向被试出示一张场景图像，接着再快速闪过一张清晰物体的图像，让被试指认，如果此物体与该场景相称，则被试的指认会更正确。例如，在注视过厨房的相片之后，被试更易于辨认闪过的面包而非同时闪现的邮箱图样（Palmer, 1975）。

由于是自上而下加工，因此个人动机和欲望可

图 5-20 两可刺激

这是一幅两可图形,既可看成年轻女人,也可看成是老妇人。大多数人会看到老妇人。年轻女人是侧转的,我们看到她左侧的脸,她的下巴是老妇人的鼻子,而她的项链则是老妇人的嘴巴 [资料来源:E. C. Boring (1930) " A New Ambiguous Figure," from *American Journal of Psychology*, 42:444-445.]

图 5-21 时间性脉络关系的影响

此处你所看的图画取决于你看图的顺序。如果你从头开始往后看,中间的图将呈现出男士的面孔。换言之,你会保留最初的知觉 [资料来源:G. H. Fisher (1967) "Perception of Ambiguous Stimulus Materials," from *Perception & Psychophysics*, 2:421-422. Reprinted by permission of the Psychonomic Society.]

能会影响知觉。如果我们非常饥饿,瞥见厨房桌上的红球时,可能会以为那是苹果,对食物的欲望使我们想到食物,而且这些期待与此输入(红色、圆形物体)结合产生苹果的知觉表象。动机亦可能对知觉有负面的影响。例如,如果我们相信一个男人是恋童癖者,他对孩子的单纯接触即可能被我们误解成带有不良的性企图。

背景效应和自上而下加工也会发生在字母和单词辨识上,并且在阅读方面扮演一个重要的角色。

我们对文章的了解程度,以及我们所激发的自上而下加工的数量,都对注视的次数和时间有极大的影响。当我们对文章的材料不熟悉时,自上而下加工过程的数量便非常少。因此,我们几乎读每个词都需注视,除了某些功能词如 a、of、the 等。当材料变得更熟悉时,我们先前知识即能影响自上而下加工过程,注视的间隔就会较大,时间也会较短(Just & Carpenter, 1980; Rayner, 1978)。

如果输入十分稀少或层级很低,那么即使没有背景,自上而下加工也会发生。假设你在朋友的公寓进入她黑暗的厨房时,看到角落有一个短小的黑色物体,你认为该物体可能是朋友的猫,但此知觉输入太低使你难以确定,因此,你会想到猫的某一特定特征,即尾巴,然后选择性地注意该物体的某部位可能包含此特征,以确定该物体是否的确是一只猫(Kosslyn & Koenig, 1992)。这就是自上而下加工,你使用某些特殊知识——猫有尾巴——来产生期待,然后与视觉输入结合。类似的情境在日常生活中很常见。有时候,如果输入层级非常低,我们形成的期待可能会偏离目标,正如我们最后发现厨房中我们原本以为是猫的东西,其实是朋友的皮包。

辨识失败

我们通常理所当然地视辨识物体为一自动且不费力的过程,但是过程有时会崩溃。我们曾见识过正常人在单纯的情境中(如错觉联结)与复杂情境下(如将帐篷误认为熊)偶尔会辨识失败,然而一旦脑部遭到伤害(由于意外或脑卒中等疾病),人们便会一再辨识失败。描述这种辨识异常的一般用语是**失识症**(agnosia)。

有一种特别有趣的失识症是联结失识症,其症状为皮层特别区域受损的病人无法只以视觉来辨识物体。例如,研究者出示一张梳子的相片时,病人可能无法说出它的名称,但让他摸梳子,他就能说出来。这种缺陷可以下面例子来说明:

在医院的前三周,病人无法以视觉辨识一般物体,而且餐盘上有什么食物,他要尝过以后才知道。他能以触摸立即辨识出物体,但在看到听诊器时,他形容它是"尾端有圆形物体的长绳"，并问别人那是不是手表；看到开罐器时，他认为"可能是一把钥匙"；要他说出香烟打火机的名称时，他说"我不知道"；让他看牙刷时，他说"不确定"；要他辨识梳子时，他说"我不知道"；对水管，他说"是某种器具，但我不确定"；呈现钥匙给他看时，他说"我不知道那是什么，或许是锉刀或某种工具"。（Reubens & Benson，1971）

在联结失识症中，物体辨识能力的哪些层面受到损伤了呢？由于这些病人通常在视觉作业中比辨识表现良好（例如，画出物体或决定两张图画中的物体是否配对），其损坏可能是在辨识过程的后期阶段，即在输入物体与储存物体描述比对期间。有一种可能性是，储存的物体描述的部分已经丧失或模糊不清了（Damasio，1985）。

某些联结失识症者只对某些种类的物体难以辨识，对其他则没有问题。这些特定种类缺陷相当有趣，因为它们能使我们对正常辨识工作有更进一步的认识。最常见的特定种类缺陷是只丧失辨识面孔的能力，被称为**面部辨识困难症**（prosopagnosia，我们曾在第一章简单地介绍过此种情形）。此缺陷的发生必定是由于脑部右半球受损，而且通常左半球的对应区也会有某些程度较轻的损伤。此缺陷可通过下面例子来说明：

> 他无法认出照顾他的医护人员："你一定是医生，因为你穿白外套，但我不知道你是哪一位。如果你开口说话，我就会知道了。"妻子在探病时间来看他，他没把她认出来……他无法认出丘吉尔、希特勒和玛丽莲·梦露的相片。面对这类人物照片时，他会以推论的方式寻找可以产生答案的"重要"细节（Pallis，1955）。

第二型种类缺陷是只丧失辨识单词的能力，称为纯失读症（通常是左枕叶受损）。此类病人通常对辨识自然物体或面孔没有困难，他们甚至能认出个别的字母，但无法以视觉辨识单词，看到一个单词时，他们会试图以逐一读出字母的方式来读它。由于采取这种方式，他们辨识一个普通单词费时至少10秒钟。基本上，单词的字母越多，他们

花费的时间也就越多（Bub，Blacks，& Howell，1989）。

还有另一型种类缺陷是丧失辨识大多数活物的能力，诸如动物、植物和食物，偶尔有病人不能辨识非活物，如各种家用器具（Warrington & Shallice，1984）。

就特定种类缺陷所提出的某些解释与正常辨识有密切关系。有一项解释假设正常辨识系统由不同的物类副系统组织而成——一个负责面孔辨识，另一个负责单词，第三个负责动物，等等——而且这些副系统位于脑部的不同区域。如果病人只受到局部性脑伤，就可能丧失一个副系统，而其他副系统则无碍。例如，右脑半球某特殊部位的损伤可能瓦解了面部辨识系统，但其他副系统则完好如初（Damasio，1990；Farah，1990）。

◆ **小结**

辨识物体有赖于将与物体有关的各种特征（如形状与颜色）加以正确地串在一起，这要靠注意力。

辨识物体相当于将它归类，而归类多以形状为主。

比对过程可以用联结者模式或网络模式解释。

自然物体的形状特征比线条更复杂；它们较像简单的几何图形，如圆柱、圆锥、立方体和楔形体。这些形状的特定组合被称作几何子。

由下而上的辨识过程完全由输入信息所驱动，而由上而下的辨识过程则由个人的知识或期望所驱动。

◆ **关键思考问题**

1. 在本章开头，我们描述一个将一个帐篷误认为熊的悲剧。你认为会发生这种错误知觉的原因是什么？猎人如何避免发生这种错误？

2. 你认为辨识一个自然物体，如老鹰与人造物体（如禁止标志）之间，是否有根本上的差别？请说明理由。

第五节　抽象过程

抽象（abstraction）是减少经由我们感觉而来的大量物理世界信息，并使之成为较易管理的有限类别的过程。

要体会上述概念，必须知道我们所谓"对某物体作物理性的描述"，是将能完整再现该物体所必备的所有信息列出来。许多在科学实验室所进行的研究刺激（如一个光点、方形、简单的字母等）都较为单纯，而它们的物理描述也同样较为简单。然而真实生活、自然物体的物理描述可就复杂多了。请看希拉里·克林顿的面孔，存在于其中的视觉细节就几乎不计其数。例如，当你更仔细地观察她的皮肤时，细小的污点与不规则的线条就更为明显了。头上每根发丝都安置妥当。整张脸面上的阴影，虽很细微，却相当复杂。换言之，要完整地描述她的面孔，得花上很长的时间。的确，你所能实行的做法，大概只有创造一个她面孔的图像，然而能否有完整的描绘，还受限于该图像的解析度。

真实生活中，这些限制未必会是个问题，因为你并不需要对你面临的问题进行那么详尽的处理。在常见的事例中，你可能只需知道一些必要的信息以便一开始能辨识出她的脸，接着从她的表情中判断她有着何种心情（讽刺漫画家最擅此道，只要几笔，就能清楚地勾勒出某位人物的神韵与表情）。这种情形并非仅限于人脸，无论你是在观察一个发夹、铅笔刀，还是一张手扶椅，抑或是其他东西，你都很少需要得知所有视觉方面的细节，通常你只要知道足以完成知觉作业的信息即可。

为阐述此点，请看图5-22的两张人脸画。这两张都是计算机画图程序的作品。左图是徒手画成的，而右图为左图的复制品，它只是运用画图程序里的卵圆形与线条等工具画成的。显然，左边的原图似乎包含有较多细节，但是二者均有同样表情——

前任美国第一夫人希拉里·克林顿

一张有点迷惑、不知所措的脸。

当这两个版本存入档案时，左边自由画成的图，需30,720字节（bytes）记忆容量，而右侧"抽象"的版本，只要902字节——节省了约97%！显然以物体抽象过的版本进行知觉与记忆编码，在很多方面都比以物体本身的表征要来得有效率。正如我们前面说过的，物体的辨识工作可以概念化成：以具有基本几何子的画图程序来建构该物体。

一个有关真实生活中物体知觉过程的最佳范例为卡迈克尔、霍根与瓦尔特所报道的研究（Carmichael, Hogan, and Walter, 1932），他们呈现了如图5-23的模糊刺激（中间标示"刺激特征"那一栏），并伴随

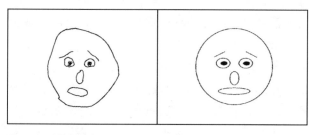

图5-22 抽象的过程

同一张悲哀面孔的两个版本。左图是自由画成的，右图则以诸如椭圆形与线条等"抽象"工具画成的。左图比右图占有磁盘更多的空间，此即表示就包括生物视觉系统在内的任何视觉处理设施而言，抽象的过程是更节省空间的

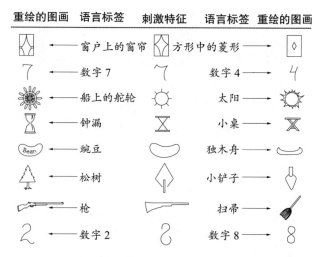

重绘的图画	语言标签	刺激特征	语言标签	重绘的图画
	窗户上的窗帘		方形中的菱形	
	数字7		数字4	
	船上的舵轮		太阳	
	钟漏		小桌	
	豌豆		独木舟	
	松树		小铲子	
	枪		扫帚	
	数字2		数字8	

图5-23 语言标签与抽象的过程

迈克尔、霍根，与瓦尔特（1932）给人们看中间栏的两可刺激，并给观察者呈现在第二与第四栏的两种语言标签之一，稍后被试重新建构他们所见的，结果与标签内容一致，见第一与第五栏。本实验指出：被试记得的，并非完全根据所看到的，而是从中抽取出基本信息

一标题，以指示观察者正在注视的物体为何。例如，当我们看见中间栏最上面的刺激时，有些观察者被告知为"窗户上的窗帘"，而其他观察者被告知为"方形中的菱形"。稍后要求观察者重新画出他们所看到的图，结果呈现在图 5-23 的左、右两栏。如你所见，被试所知觉与储存在记忆中的对象，强烈地受到他们自认为所见物体的影响。

较近期且全然不同的抽象过程研究，为英特劳布与理查德森所提报（Intraub & Richardson，1989）。观察者先看如图 5-24 上边的图，通常发现当观察者稍后重绘图画时（见图 5-24 下层）会放大景物的边缘。本研究结论再度指出：人们是抽象出重要的信息（本例中除了物体本身外，还包括物体所在的情境），而非知觉、储存并稍后记忆再现一个与他们所见没太大出入的影像。

抽象的概念让我们再度想起第四章讨论过颜色的条件等色。颜色的条件等色是指不同的物理刺激（例如，一道纯黄光，与另一道红-绿混色而成的黄色光）结果却导致相同的颜色知觉。该例中，视觉系统完全不管两刺激间有不同的物理性质。抽象过程也有类似的情形：与该刺激的物理描述（即其"图像"）一致的信息已经丧失，所保留的只是所需的关键信息。

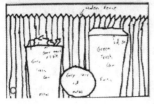

图 5-24 边缘扩大与抽象过程
被试倾向于记得一个更为扩展的景象，而并非像真的照片。例如，当依靠记忆来绘出 A 图的近照特写时，被试会画出其边缘扩大的 C 图来；另一位被试，给他看同一场景的广角镜（图 B），他也画出一个边缘扩大的景象（图 D）[资料来源：Reprinted by permission from Intraub and Richardson (1989)，P.182]

第六节 知觉恒常性

当你走进电影院时发现，所有中间区域的位置都有人，这令你有点气恼。你只好被迫选择坐在很靠左边的座位。然而电影开始，你忘了你座位的所在，在电影声光世界（迷人的角色与惊人的特效）中浑然忘我，电影在所有视觉方面看起来完全正常，尽管事实上并非如此。因为你座位靠边，由于相对于银幕的角度关系，你视网膜上的电影银幕并非长方形，而是有点呈梯形，因此你在银幕上看到的所有视像都相对扭曲，但是它并没有困扰你，因为一切看起来都很正常。怎么会这样？本节我们要描述一个知觉系统相当惊人的能力——维持知觉的**恒常性**（constancy），指即使对这些物体的感觉有极大的改变，脑部仍有维持物体物理特性——如形状、大小或颜色等——知觉的能力。

知觉恒常性使我们能判断出物体距离我们有多远

要了解恒常性的理念，我们必须先了解物体原有的物理特性与知觉系统所运用有关物体信息二者之间的关系和区分。例如，一个电影银幕是长方形的，此即其物理特性，但你视网膜上的像则可能是长方形或梯形，端视你观看的角度而定。一只黑猫在亮光下客观地来说，应该会比白猫在暗中来得更亮（反射更多的光线），然而，不管是什么光，我们还是维持原有的知觉——黑猫实际上还是黑的，而白猫实际上也还是白色的。一头远方的大象在视网膜上的像，比一只特写下的地鼠要小，然而不管距离远近，我们还是会维持"大象比地鼠大"的知觉。一般而言，我们所知觉到的是（听起来有点像是魔术）某物体实际被知觉的样子，而不是根据来自环境的客观物理信息所形成的知觉。

虽然恒常性并不完美，但它却是（且应该是）知觉经验中最突出的部分。然而，大象有时确实比老鼠小，黑猫确实有时比白猫色泽较淡，这只在特殊的情境下才如此。如果只要我们或物体有所移动，该物体的形状与颜色就跟着改变，那我们在辨识早期阶段所建构关于该物体的描述也将跟着改变，则辨识就成了一项"不可能完成的任务"！

颜色和明度恒常性

假设我告诉你，我正在想乘积为 36 的两个数字，然后要你猜出来是哪两个。你合理的答案可能是"缺少足够的信息以回答本问题"：因为答案有可能是 2 与 18、6 与 6、72 与 1/2 等，以及无数个其他可能的配对。

虽说这似乎是项不可能完成的任务，然而事实上，它就是视觉系统在维持明度与颜色恒常时所做的作业。比如说，你正注视着一个物体（如一张红纸），同时被问及它的颜色，那么此时颜色恒常性就反映了一个事实：无论你是在灯火通明的室内——此时光线可能以特定的波长照射这张红纸，还是在室外午间艳阳下（即另一种波长的光线照明）时，你都会宣称它是一张红纸。

我们对那张红纸的知觉，理应根据反射到我们眼中的光波的波长而定。且让我们考虑一下这些光波的来源。首先，纸张被来自某些光源的光源波长照明，它可能是在灯火通明的室内或在户外阳光下。其次，红纸本身即有反射光线的特性，决定这张纸会

较多反射哪些波长的光（它特别会反射波长相当于红色的光线，而较少其他波长的光线）。接着是一个事实上较接近于数理方面的问题：到达眼睛的光波为光源波长与反射光线特性的"乘积"。能了解这一点，就能让我们清楚颜色恒常性的定义，它是一种不论光源波长为何，视觉系统均具有知觉到**反射物特性**（reflectance characteristic，即物体固有的性质）的能力。从这个意义上说，视觉系统看到的是一个"乘积"［即**可用波长**（available wavelength）］而从中推出一个因子，即反射物的性质。室内明亮的灯光或在户外阳光虽向我们提供不同波长的光源——由于红纸此反射物的性质没变——到达我们眼睛的可用波长也有所不同，但是视觉系统却能在这两种情形下，从可用波长中除去各个光源的波长，而得到反射物的正确性质。这过程类似你前面能算出来的数学问题：我心中正想着的第一个数字（类似光源的波长）是 12，此即表示另一个数字（类似反射物的性质）一定是 $\frac{36}{12}$ 或 3。

亮度恒常性与色彩恒常性相似，是指当光源的强度（因此使某一特定物体反射的光线）有明显的改变时，被知觉到的亮度可能几乎没有变化。黑色天鹅绒衬衫在阳光下和阴暗中看起来都是黑色的，即使它直接受到阳光照明时反射的光线多出数千倍。

视觉系统是如何耍这些把戏呢？我们检视一下未能表现出恒常性的情形，即可得到一些线索。若将黑衬衫放在不透明黑幕之后，然后透过黑幕上一个窥视孔来看它，黑幕挡住衬衫周围环境反射的光线，从窥视孔看到的只有确实由衬衫反射的光线。因此在照明之下，黑天鹅绒衬衫看起来是白色的，因为透过小孔直达眼睛的光线比来自黑幕本身的光线强烈。

当我们在自然情境下知觉物体时，经常可看到其他数种物体，色彩与亮度恒常性即依据不同物体所反射的光线强度之间的关系。根据我们过去对物体常见颜色的知识，我们的视觉系统即能校正来自光源照明（光源的强度与波长）的效果，而获得我们所见物体应有的颜色与明度（Gilchrist, 1988; Land, 1977; Maloney & Wandell, 1986）。

形状恒常性

形状恒常性的一例为，不管你坐在电影院的哪

一边都不会影响观影效果。另一例见图 5-25。当一扇门朝我们的方向开启时，它在视网膜上的影像经过一连串的改变：长方形的门变成梯形的影像，而朝向我们的一边似乎比门轴那一边来的宽；然后梯形慢慢变得细长，直接投射在我们视网膜上的门整个变成长条形（等于门的厚度）为止。虽然我们可以辨别这种变化，但在我们的知觉中则是一扇未改变的门正在开启，这种视网膜视像改变而知觉形状恒定的事实即为形状恒常性（shape constancy）的例子。

大小恒常性

　　所有恒常性研究中最多的是大小恒常性（size constancy）研究。无论物体距离我们多远，我们对其形状的知觉维持相当的恒定，此事实即为大小恒常性。当一件物体移动远离我们时，我们一般不认为它缩小了。把一枚 25 分硬币拿在眼前 30 厘米处，并将它移往一只手臂长的距离外，它是否变小了呢？结果显然并非如此。然而，钱币在 8 米开外的视网膜视像是其 4 米开外视像的一半（见图 5-26）。

　　深度线索的依恃关系（dependence on depth cues）移动钱币的例子指出，当我们知觉到一件物体的大小时，除了视网膜视像的大小，我们还考虑了某些情形，此额外情形即为物体被知觉到的距离。早在 1881 年，艾默特（Emmert）就能证明物体大小的判断视距离而定。艾默特独创的研究方法还包括后像大小的判断。

　　艾默特先让被试注视一个影像的中心点约一分钟（见图 5-27，为此类影像的一个例子），然后请他们将视线转移至白色屏幕上，即可看到一个后像，他们要做的是判断此后像的大小。艾默特以被试与屏幕的距离为自变量。由于不管屏幕的距离远近，后像的视网膜视像大小始终相同，因此只能根据其被知觉到的距离来判断后像的任何变化。当屏幕较远时，后像看起来较大；当屏幕较近时，后像也似乎变小了。艾默特的实验简单易行，你可以自行试试看。

　　根据此类实验，艾默特提出主张**大小-距离不变原则**（size-distance invariance principle）：一个物体被知觉到的大小会依物体在视网膜上的成像大小和物体被知觉到的距离而增加。此原则以下列方式解释了大小恒常性：当物体的距离增长时，其视像减

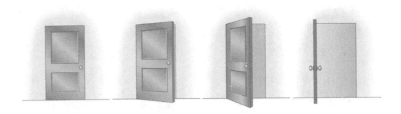

图 5-25　形状恒常性
一扇正开启的门所产生的各种视网膜影成像有相当大的差异，但我们仍然恒常地认为门是长方形的

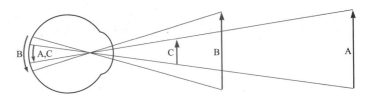

图 5-26　视网膜成像大小
本图说明物体的实际大小与其视网膜成像大小间的几何关系。箭头 A 和 B 代表相同大小的物体。但 A 与眼睛的距离是 B 的两倍。结果 A 的网膜视像大约只有 B 的一半大。箭头 C 代表比 A 小的物体，但位置较接近眼睛，而产生与 A 相同大小的视网膜成像

图 5-27　艾默特的实验
将本书放在良好光线下的正常阅读距离，凝视此图中心点的十字形状大约一分钟，然后注视远处的白墙，你将看到两个图形的后像；而且似乎比原刺激更大。接着将视线转至贴近眼睛的白纸上；你看到的后像似乎比原刺激更小。假如后像消退了，眨眨眼有时可再使其出现

小；但如果距离线索存在，则知觉的距离将会增长。因此，知觉到的大小将大致维持恒定。当一个人走得离你越远，她在你视网膜上的视像也会越小，但她知觉到的距离则会越大；这两项改变彼此互相抵消，因此你对此人大小的知觉也会维持相当的恒定。

错　觉

　　在迪士尼乐园的鬼屋，你紧张地踏入第一回廊，看到墙上有面具式的面孔瞪着你，当你快速地走过，这些面孔好像会跟着转动，一直盯着你。虽然这让你

当月亮靠近地平线时，看起来比它高挂当空时来得大，即使在此两位置时的视网膜成像大小一样

惊慌失措，但你还是会赞叹这种效果，并猜想这些面孔背后一定装有对我们趋近与走动敏感的小马达。

事实上，这些面具是固定的，只是你知觉到它们在动。如是你能开灯并仔细检查这些面具，原本奇怪的事就变得理所当然了。在正常光线下，你可以知道得很清楚：你看到的其实是这些面具的里面而非外观，但在鬼屋这种视况不佳的情境中，你并不知道此情形。你的视觉系统令你假设是一如既往地从外面注视一张面孔，如果是这样，情境的几何现象将会要求你将这些面孔知觉成会随着你相对位置的改变而转动方向。

这点很容易证实。你只要去服装店找到一只便宜的面具——只遮住脸而非从上而下罩住整个脑袋的面具，然后请一位朋友手拿面具穿过房间，并让面具内面朝向你。特别在你闭上一只眼时，你会知觉到那张脸是凸向你而非实际上往内凹。一旦有此知觉，你会发现，随你前行或后退，面孔都会跟着转动。

知觉起来仿佛会跟着转动的面具是一种错觉，而所谓**错觉**（illusion）是指，对某些物体的知觉会系统性地与物理现实有差别。面具的错觉，与其他错觉一样，均源于视觉系统想维持恒常性使然——在本例中，我们是假设这些面孔与大多数面孔一样，都是从外头而非从里面观看的。

恒常性与错觉　我们曾提到，各种恒常性均有一项重要的目的：它们准许我们即使在到达感官（如视网膜）的信息因不同波长与强度的光源、不同距离，或不同视角等而有明显的改变时，仍能知觉到周遭事物的基本性质。无论结果是好是坏，这些恒常性会带给我们许多视觉方面的错觉。

大小—距离不变原则似乎是了解许多大小错觉的基础。大小错觉的最佳例子是月亮错觉：当月亮接近地平线时，看起来比它位于天空顶点时还大 50%，尽管当它在头顶时形成的视像大一些，这是因为在水平时，距离比较远（同样的，直接在头顶上低飞的鸟会比你第一次在水平看到的近一些）。此错觉的一个解释是，水平线的知觉距离被判断得较天顶的距离大；因此，较大的知觉距离导致较大的大小知觉。因为月亮从水平面上升至头顶时，其视角几乎保持不变，因此，视觉系统才会得出结论：月亮在远距离的水平面上，要比距离较近的头顶位置大（Kaufman & Rock，1989）。想降低深度线索造成的水平月亮较远效果，方法之一是倒看月亮：你可以背对月亮，弯下腰来，从两腿之间看月亮。如果你有水平面的月亮照片，只要倒过来看即可（Coren，1992）。

另一个大小错觉的例子是艾姆斯房间［Ames room，依据其发明人阿德尔伯特·艾姆斯（Adelbert Ames）来命名］。图 5-28 显示观察者透过窥视孔观察艾姆斯房间的情形。当男孩在室内右边角落时，似乎比站在左边角落的女孩大很多。然而事实上这个女孩比男孩高！这个例子使大小恒常性瓦解。为什么？其原因在于房间的结构。虽然观察者从窥视孔看到的是一个正常的长方形房间，事实上，房间的左边角落与我们的距离几乎是右边角落的两倍（见图 5-29）。因此，男孩在左边时，实际上比在右边时距离较远，因而产生较小的视网膜视像。

图 5-28　艾姆斯房间

本图是通过窥视孔看到艾姆斯房间的情形。男孩与女孩的大小根据其位于该室的左角落还是右角落而定。该房间设计扭曲了我们的知觉。由于对该房间的知觉，我们对男孩与女孩的相对大小似乎有了不可能存在的差异

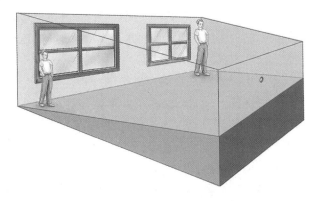

图5-29 艾姆斯房间的真正形状

本图显示艾姆斯房间的真正形状。左边男孩的距离实际上几乎是右边男孩的两倍；然而，透过窥视孔观看房间时并无法发现距离的差异（资料来源：Goldstein, 1984）

但我们在知觉上并未校正此项距离的差异，因为房间的线条已引导我们去相信正在看一个正常的房间，且因此假设两边的男孩与我们的距离都相同。视觉系统再次将那位角落的男孩解释为个子较小，而非因为距离远而较小。在本质上，我们认为房间是正常的假设，阻碍了我们应用大小-距离不变原则，而导致大小恒常性瓦解。

图5-28艾姆斯房间的效果被《魔戒》三部曲的电影导演彼得·杰克逊广加运用。这些电影中有各种不同种族的生物（如霍比特人、矮人、精灵与人类等），依托尔金原著的描绘，在体型上必须看起来有大小的不同（例如，霍比特人通常只有人类一半的身高），虽然这些不同的生物都是由身高相近的演员扮演的。这些视效有些是靠计算机绘图技术达到的，但大部分是靠错觉。例如，阿拉贡，一位人类，就常与佛罗多，一位霍比特人，并肩而行，电影拍摄时，演阿拉贡的维果·莫滕森（Viggo Mortensen）走在靠近摄影机的前面，而演佛罗多的伊利亚·伍德（Elijah Wood）走在约离摄影机与莫滕森间两倍远的距离处。

跨感觉形式的错觉 我们已证明许多错觉是因为感知系统做出了错误假设造成的，相互冲突的信息也同样能产生错觉。例如，因视觉与听觉信息相冲突造成的所谓**麦格克效应**（McGurk effect）

（McGurk & MacDonald，1976）即是。在某种特殊情况下，观察者观看一段视频，其中说话的人嘴型是发"ga-ga"的音同时听到的却是"ba-ba"的声音。这两个冲突的信息来源结合之下，令人讶异的，居然产生"da-da"的知觉。因此，说话者整合了视觉与听觉的信息后，会完全出人意表的产生一个"错觉"的结果。

所有感觉形式的恒常性

虽然我们举的所有恒常性的例子都是视觉的例子，但是在其他感觉中也有恒常性。例如，即使所有音符的频率都提升一倍，我们听到的还是相同的曲子。不管感觉形式为何，恒常性还是依刺激特征间的关系而定——大小恒常性是视网膜像的大小与距离的关系；亮度恒常性是两个相邻区域光线强度间的关系等。

◆小结

知觉系统的另一项主要功能在于达到知觉恒常——不论感官接收的刺激有多大改变，对物体外观仍有相同的知觉。

主要的恒常性有：颜色（和亮度）、形状与大小。

所有知觉形式都有恒常性。

各种错觉均可以知觉系统坚持维持恒常性的观点解释。

◆关键思考问题

1. 颜色与形状恒常性如何影响视觉艺术家的行为？你能想出在哪些方面，知觉有恒常性事实上比没有恒常性更让艺术家的工作难做？

2. 你认为月亮错觉在哪种情况下更为显著？月亮从空无一物的平地还是从城市光影中冉冉升起？假如你正在一艘驶近城市的船上，月亮错觉在你更靠近城市还是远离城市时效果较为明显？

行为的神经基础

第七节　脑部的分工

过去 10 年间，无须动外科手术就能得到脑部的影像，已对知觉的人脑与神经基础带来惊人的研究成果。此领域被称作**大脑成像**（brain imaging），包括事件相关电位（event-related potentials，简称 ERPs）、正电子发射断层扫描（PET）与功能磁共振成像（fMRI）。这些是相当活跃领域——或许是心理学中最活跃的（见 Behrmann & Haimson，1999；Colby & Goldberg，1999；Farah，2000；Kastner，De Weerd，Desimone，& Ungerleider，1998；Kastner & Ungerleider，2000）。

我们已对这些知识有了一些了解。本节将简述人们是怎么发现这些知识的。我们先讨论注意的神经基础，再转到视皮层，一个视觉信息输入的关键中转站。

注意的神经基础

近几年来，我们在注意的神经基础方面，尤其是视觉注意，已有很大的突破，这些研究关注两个问题：一是哪些脑部结构调节我们对物体进行选择性注意的心理活动？二是对注意到的与未注意到的刺激，后续的神经过程有何不同？

注意过程中的两个脑部系统　在调节选择性注意方面，脑部似乎有两个分开的系统。首先是表征所知觉的物体特征，如在空间的位置、形状、颜色等，并依据这些特征与物体的关联性，选定其中一个物体进行处理。学者称之为注意**后部系统**（posterior system），因为它涉及大脑的顶叶、颞叶皮层和一些副皮层结构，它们都位于脑部后面（posterior 意指后面）。另一个注意系统则用来控制这些特征被选择的时机与方式，被称为**前部系统**（anterior system），因为其涉及的结构——前脑皮层和副皮层组织——都位于脑部前面（anterior 意指前面）。简而言之，我们之所以能选择物体来注意而不是专注于它的位置，就是专注于它的形状、颜色等特征，尽管对这些特征进

行选择实际上是发生在脑部后面，但选择的过程却由脑部前面的结构加以引导，因此有些学者将前部系统称为选择性注意的"执行总裁"或 CEO。

有些重要发现来自对正进行选择性注意的人进行的 PET 扫描。如果被试将其注意力从一个位置移到另一个位置，出现血流增加最多的皮层区——从而导致神经活动——是两半球的顶叶（Corbetta，Miezin，Shulman，& Petersen，1993）。此外，让这些区域受损的脑伤病人做注意力任务的测试时发现，他们很难将其注意力从一个位置移到另一个位置（Posner，1988）。因此，完成作业的正常被试脑部活动区域与无法完成作业的病人脑部实际受损区域相同。此外，对非人类灵长动物的单一细胞记录研究显示，在注意力必须从一个位置移到另一个位置时，细胞活动的脑部区域和人脑中的几乎一样（Wurtz，Goldberg，& Robinson，1980）。汇总这些发现，可得知脑部顶叶区的活动调节对位置的注意。有类似的证据支持颞叶区涉及对物体的颜色与形状的注意（Moran & Desimone，1985）。

对注意物体的神经处理过程　物体一旦被选为注意对象，神经过程将会发生什么变化？有一个实验可具体说明这些变化。研究者向被试出示一套彩色的几何物体，要求被试只需注意红色的物体，并指出三角形来。此时除了前部系统将会引导后部系统把注意力转向颜色外，每个刺激的神经过程有何种改变呢？答案是，处理颜色的视皮层区域变得比被试选择注意颜色之前更加活跃。一般而言，与注意属性（颜色、形状、材质、运动等）有关的脑部区域活动将会增强（Posner & Dehaene，1994）。也有某些证据指出，与未受注意属性有关的脑部区域活动将会被抑制（La Berge，1995；Posner & Raichle，1994）。

PET 研究提供了一些与注意属性有关的脑部区域活动会增大的最佳证据。有一项实验（Corbetta，Miezin，Shulman，& Petersen，1991）在被试注意不同颜色形状的移动物体时扫描他们的脑部。在第一种情况下，研究者指示被试侦测物体运动的改变，在另一些情况下则指示他们侦测物体颜色或形状的改变；因此，运动是第一种情况的注意属性，颜色或形状则是第二种情况的注意属性。即使两种情况中的物理刺激相同，已知涉及运动过程的后皮层区

也会在第一种情况中出现较多的活动；而涉及颜色或形状过程的皮层区则在第二种情况中出现较多的活动（见图 5-30）。因此，当注意某属性时，与该

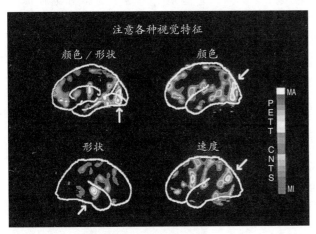

图 5-30　PET 影像显示皮层活动的差异

右上角的影像显示被试注意颜色改变的情形，而下排影像则显示被试注意形状或速度改变的情形（资料来源：The American Association for the Advancement of Science. M. Corbetta, F. M. Miezen, S. Dobmeyer, D. L. Shulman, & Petersen, "Attentional Modulation of Neural Processing of Shape, Color and Velocity in Humans", *Science* V. 248 p.1558,1990）

属性有关的心理与生物活动均有增大的情形。

视皮层

在一般层次上，脑部与视觉有关的部分——**视皮层**（visual cortex）——乃依照分工原则来操作；即并非所有视皮层都参与全面或大多数方面的知觉，视皮层的不同区域负责执行不同的知觉功能（Kosslyn & Koenig, 1992；Zeki, 1993）。皮层有超过一亿个神经元对视觉输入敏感。我们对这些神经元的所有知识，以及它们运作方式的了解，均通过某些技术而得。在以动物进行的研究方面，主要是根据我们在第四章曾讨论过的（以微电极）单细胞电冲动的记录。近年来，进行这类研究的技术大多是由前面提过的哈贝尔与韦赛尔所进行的先驱性研究工作发展出来的。

对人类的研究，许多都是来自我们所谓的"自然实验法"——脑伤与脑部病变方面的研究，使我们洞察到视觉行为与脑部特定区域间的关系。本领域的研究者包括神经学者（脑部专科医生）与神经心理学家（专门进行脑伤人员的治疗与研究工作的心理学家）。本领域中一本很好的入门书是在第一章介绍过的《错把妻子当帽子》。

脑部视觉处理最重要的区域为初级视皮层，或称 V1。它位于脑后部，如图 5-31 所示，是脑皮层中获取与眼睛相连的神经元所传送的信号的第一站。皮层所有其他对视觉敏感的区域（已被发现至少有 30 个），都经由 V1 区与眼睛相连。

由于常被涉及，早在现代记录与大脑成像技术发展之前，V1 的功能已被发现了。当外科医生检视因战争或意外而部分脑伤的病人时，此区域变得相当醒目。如图 5-32 所示，V1 特定部位组织受伤（医学上称作损伤）与视野的特定区域失明（医学上称作盲点）有关。请注意，此种形式的失明并非眼睛或视神经受伤，而完全是肇因于脑皮层部分的损伤。例如，视野的中心——中央小窝——在 V1 极后方受伤时会有盲点；而在 V1 极前端受伤时，视野的边缘会产生盲点。视野的地图仿佛延伸于整个皮层后方，而其中心部位即直接覆盖皮层的最末端。

初级视皮层区的神经元对视像的许多特征，如亮度、色彩、方位与运动，都相当敏感。然而这些神经元最主要的特征在于：它们分别只对影像的一小部分进行分析。在一臂之遥观看，一个影像的中央部分，可能细小到小于一毫米。这些神经元同样只会在很小区域内相互沟通。这样安排的好处在于，能同时对整个视野进行详尽的分析。然而，这种分析的缺失，在于影像上不相邻的部分，其信息之间无法相互协调，即所谓"见树不见林"。

要能完成此项工作，来自 V1 的皮层神经元需将

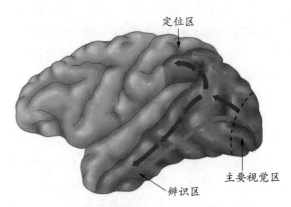

图 5-31　两个皮层视觉系统

由脑后指向顶端的箭头表示定位系统；由脑后指向脑底部的箭头表示辨识系统［资料来源：Mortimer Mishkin, Leslie G. Un-gerleider, & Kathleen A. Macko (1983), "Object Vision and Spatial Vision: Two Cortical Pathways," *Trends in Neuroscience*, 6(10): 414-417.］

伤害	视野缺失

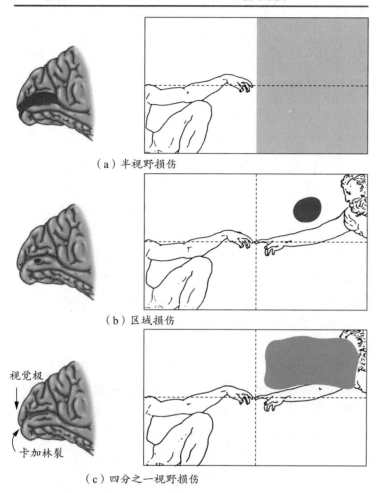

（a）半视野损伤

（b）区域损伤

视觉极

卡加林裂

（c）四分之一视野损伤

图 5-32 主要视皮层（V1）损伤所造成的不同视觉结果

视野的"地图"是上下颠倒且左右相反的

信息传送到脑部许多其他分析视觉信息的区域，而每一区域均专责特定的任务，例如，分析色彩、运动、形状与位置。这些较为专门化的区域都与 V1 经常接触，因此其间的沟通较佳，较像对话而非命令（Damasio，1990；Zeki，1993）。脑部视觉分析中最重要的分工为辨识与定位。

辨识与定位系统

研究发现，指出定位和辨识是由不同的视皮层区来执行的：物体的辨识靠视觉系统的分支，其中包括初级视皮层区，以及靠近大脑皮层底部的区域；相反的，物体的定位则有赖于视觉系统的另一分支，其中包括初级视皮层区和靠近脑部顶端的皮层区域（见图 5-31）。对非人灵长类动物的研究显示，若动物视觉系统的辨识分支受损，它仍能

执行知觉两物体间空间关系（例如，一个在前一个在后）的作业，但它无法执行分辨物体实际形状的任务（例如，分辨立方体和圆柱体）；若动物的定位分支受损，它能执行分辨立方体和圆柱体的任务，但无法指出物体在空间中的相对位置关系（Mishkin，Ungerleider，& Macko，1983）。

近期有更多研究使用脑部显影技术证实人脑中存在辨识和定位物体的系统，使用最广泛的技术是 PET（第二章曾讨论过）。首先将放射性追踪剂注入观察者的血流内，然后将她放置于 PET 扫描仪中，再让她执行各种作业。PET 扫描仪测量脑部不同区域放射能增加的情形。放射能增加表示流过这些区域的血液增加，血流增加最多之处大概就是作业中掌控行动表现的区域。

在一项 PET 研究中，被试执行两项作业，其中之一为面孔辨识的测试，依据物体辨识功能；另一项则是心理旋转的测试，与定位功能有关。在面孔辨识作业中，每次测试被试都看到一张"目标"面孔的照片，在目标面孔下方还有两个"测试"面孔。其中一个测试面孔与目标面孔是同一个人的，但改变了角度和照明；另一测试面孔则为另一个人的。被试的作业是决定哪一个测试面孔与目标面孔相同［见图 5-33（a）］。在从事此项任务时，皮层辨识分支（终止于皮层底部附近）的血流增加，但定位分支（终止于皮层顶部附近）则无血流增加。

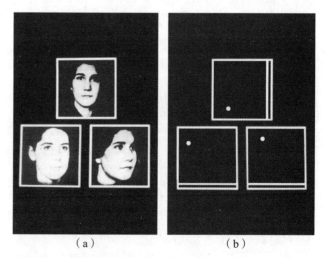

（a）　　　　　　　　（b）

图 5-33 辨识和定位任务

（a）为面孔比对任务的样例；（b）为点的位置比对任务的样例（资料来源：MIT Press, Cambridge, MA. *Journal of Cognitive Neuroscience*, pp.23-24, Fig.5-2, p.30, vol.4: 1, Winter 1992, by permission of the MIT Press, Cambridge, MA）

至于心理旋转任务获致的结果则截然不同，在此项作业中，每次被试都看到一个目标图形，图形的一边有一个点，另一边有一条并行线，目标图形下方还有两个测试图形，其中一个测试图形与目标相同，但是旋转过来的；另一个图形则有不同的点线配置［见图 5-33（b）］。在从事此项任务时，被试的皮层是定位分支出现血流增加，而辨识分支则无。因此，定位和辨识是在完全不同的视皮层区域中执行（Grady et al., 1992; Haxby et al., 1990）。

视皮层的分工并非只限于探讨定位和辨识的区隔，事实上，辨识时皮层辨识分支的不同副区所处理的，似乎是与定位任务（处理眼球运动、运动分析与深度知觉等）不同类型的信息——形状、色彩与质地（Livingstone & Hubel, 1988; Zeki, 1993）。这样的结果显示视皮层是由无数"处理分子"组成的，每一个分子负责某一特定作业。我们对其他感觉形式（和其他心理功能）的神经基础了解得越多，就越能掌握此种分子，或分工导向的理念。

◆ **小结**

似乎有两个不同的脑部系统来调节物体选择性注意的心理过程。后部系统系依物体的位置、形状或颜色来选择；而前部系统则根据目标与当事人的观点来主导此过程。

视皮层是依分工的原则来运作。定位由靠近皮层顶端的部位来调节；而辨识则由近皮层底部的区域来调节。

辨识过程又可进一步细分为颜色、形状与纹理组织三种单元。

◆ **关键思考问题**

1. 脑部似乎通过不同特定区域的分工，解决了不少问题。你认为这种分工方式有何优点？它又可能会造成什么问题？

2. 有学者质疑"以生物观点研究知觉与行为"的价值。说说你从视觉与视觉引导行为的课题中学到了些什么？面对上述质疑你会如何辩护？

第八节　知觉的发展

有关知觉的一个老问题是：我们的知觉能力究竟来自学习还是天生的？这是我们相当熟悉的先天或后天问题。当代心理学家不再相信这是一个"非此即彼"的问题，今日没有人会怀疑遗传和学习影响知觉；而是想要精确标示出此二者对知觉各自的贡献，并详加说明它们之间的交互作用。就现代研究者而言，"知觉必须通过学习吗"这个问题已不再重要，取而代之的是更特殊的问题：（1）婴儿有何识别能力（这可告诉我们一些有关天生能力的信息），以及在正常养育环境下，此识别能力如何随着年龄而改变？（2）如果动物被饲养于限制其学习（被称为控制刺激）的环境中，将对它们日后的识别能力造成什么影响？（3）在控制情境下的养育方式对知觉运动统合有何影响？

婴儿的识别能力

或许欲探究人类知觉能力是否与生俱来的最佳方法，就是观察婴儿拥有那些能力。首先你可能认为这种研究应该只考虑以新生儿为对象，因为如果某项能力是与生俱来的，它在生命的第一天便会呈现出来，但这种想法经证实过于简单。某些天生的能力（如形状知觉）只在其他更基本的能力（如看见细节）充分发展后，才能显现出来；其他天生能力可能需要某类环境输入一段足够的时间才能渐趋成熟。因此，关于天生知觉能力的发展追踪研究，是从生命的第一分钟开始直到儿童早期。

研究婴儿的方法　我们很难了解婴儿知觉到了什么，因为婴儿不会说话或服从指示，而且其行为方式也相当有限。为了研究婴儿的知觉，研究者必须找到婴儿借以表现出他们能够识别的行为形式。如图 5-34 所示，即借其中一种行为：婴儿倾向于注视某些物体而非其他，心理学家即在一种被叫作**视觉偏好法**（preferential looking method）的技术中应用此行为（Teller, 1979）。对婴儿呈现并排的两个刺激，实验者则躲在婴儿的视觉范围之外，透过刺激后面的分隔板来观察婴儿的眼睛，并测量婴儿注视每一项刺激的时间（通常实验者会以电视摄像机记录婴儿注视的形式）。实验者还时常随机调整刺激

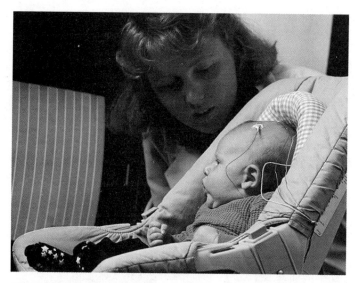

图 5-34　婴儿的视觉偏好测试

的位置。假如婴儿一贯地更多注视两项刺激中的一项，实验者即可断定婴儿能够分辨刺激（辨别刺激间的不同）。

另一相关技术被称为**习惯法**（habituation method）（Frantz，1966；Horowitz，1974）。婴儿虽然会直接注视新奇的物体，但他们很快就会厌倦而停止（他们习惯了）。习惯法即应用这一事实来进行。假设对婴儿呈现一新奇物体，一会儿换上另一个物体。若第二个物体在某种程度上与第一个相同或极为类似，婴儿注视它的时间将较短；相反的，若第二个物体大致上与第一个不同，婴儿将花较长的时间凝视它。通过这些方法，实验者可以决定婴儿是否将两项物理刺激看成相同的。

心理学家使用这些技术研究婴儿的各种知觉能力，其中有些能力必须知觉到形状，因而可使用于辨识任务；有些能力则涉及定位方面的任务，尤其是深度知觉；还有一些能力则涉及与维持知觉物体外观恒定有关的任务。

形状的知觉（perceiving forms）　为了知觉到物体，一个人必须能够辨别此物体与其他物体不同的一部分，此能力被称为视觉敏锐度，敏锐度经常通过改变对比形态（明暗间亮度的差异）与形态的空间频率（在某区间某一组型重复呈现的次数）的任务来加以评估。就任何一种对比的水平而言，都会有些空间频率因为过于细密致使视觉系统无法解决（分辨）；相反地，另一个极端下空间频率因过

于稀疏（经过很长的区间后才有变化），也同样无法被看出。

研究婴儿敏锐度最常见的方法是视觉偏好法，以线条组型和均匀的灰色平面作为两项刺激。起初线条相对宽阔，但婴儿显得较喜欢注视线条形态，而非灰色平面。然后研究者逐渐缩小线条的宽度直到婴儿不再显现偏好性注视。想必是此时婴儿不再能够从背景中辨别出线条，使得线条形态不再是可知觉的部分，而看起来像是均匀的平面。一开始先对一个月大婴儿所做的研究显示，婴儿能看见某些形态，但敏锐度极低。敏锐度在生命的前六个月迅速增加；然后增加的速度会减缓，而于一到两岁之间到达成人的水平（Courage & Adams，1990a，1990b；Teller & Movshon，1986）。

关于婴儿的知觉世界，诸如此类的研究能告诉我们什么呢？婴儿在一个月大时，无法辨别小细节，他们的视觉只能辨别差别相当大的物体。然而，如此的视觉能力便足以知觉到物体的某些粗略特征，包括脸部的某些特征（即产生某些类似明暗线条形态的东西）。图 5-35 显示一个敏感性实验的结果，为一至三个月大婴儿注视 15 厘米前女性面孔时所看到的刺激。婴儿在一个月大时，敏锐度极低，以至于很难知觉到脸部表情（新生儿确实只能看到面孔的外侧轮廓）；到了三个月大时，敏锐度进步到能解读面部表情的程度。难怪婴儿在三个月大时似乎比一个月大时更有社交性反应。

能够识别明暗边缘对形状视觉很重要，但还有哪些能力与物体辨识有关呢？我们对物体某些形状特征的敏感性出现得相当早：当呈现一个三角形时，即使三天大的婴儿也会将眼睛朝向边缘和顶点，而非任意地注意整个形状（Salapatek，1975）。同样，婴儿会发现某些形状更加有趣。如第三章提到的，他们较常倾向于注视类似人脸的形状，这似乎是婴儿偏好某些脸部组成特征（例如，偏好曲线轮廓而非直线轮廓）的原因（Fantz，1970，1961）。在三个月大之前，婴儿就能辨识与母亲面孔有关的东西，甚至是对于相片，婴儿也显现出偏好注视母亲照片，而非陌生女性的照片（Barrera & Maurer，1981）。

深度的知觉（perceiving depth）　深度知觉似乎始于婴儿 3 个月大时，但需直到 6 个月大时才能完全

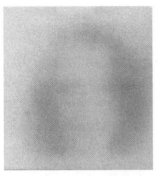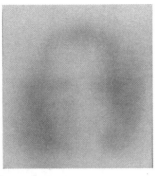

图 5-35 视觉敏锐度与对比敏感性

本图分别表示的是一个月大的婴儿、两个月大的婴儿、三个月大的婴儿，以及成人注视大约 15 厘米前女性面孔时所看到的内容。婴儿知觉刺激的获得首先取决于婴儿的对比敏感性，然后再将此对比敏感性的功能应用到那张照片上（资料来源：*Sensations and perception* by E. Bruce Goldstein, ©1989, 1984, 1980 Wadsworth Publishing Co. ）

建立。因此，在四个月大时，婴儿会借着双眼像差的信号指引爬向两物体中距离较近的一个（Granrud，1986）。一两个月后，他们会根据相对大小、线性透视与阴影线索等单眼深度线索爬向两物体中距离较近的一个（Coren，Ward，& Enns，1999）。

单眼深度知觉发展更进一步的证据来自视觉悬崖（visual cliff）的研究。视觉悬崖（见图 5-36）由上覆一片玻璃的活动板构成，其中包含两个相同样式的表面：一个表面直接位于玻璃下，是为浅侧；另一个则在玻璃下数英尺处，是为深侧（图 5-36 中的深度外观——悬崖——是将纹理递变度做突然改变而成的）。会爬行的婴儿（六至七个月大）被放在活动板上中间处时，她的一只眼睛戴上眼罩以消除

图 5-36 视觉悬崖

"视觉悬崖"是一种仪器，用来说明婴儿和幼小动物能在其四处走动之前即有深度知觉。视觉悬崖由两个表面构成，两者都呈现相同的棋盘样式并覆盖着一片厚玻璃。一个表面直接位于玻璃下；另一个则在玻璃下数英尺之处。将一只幼猫放在深侧和浅侧间的活动板上时，它会拒绝跨过深侧，而敏捷地在浅侧板上四处走动（资料来源：Gibson & Walk，1960）

双眼深度线索。当母亲在浅侧向她呼叫或招手时，婴儿会一直爬向母亲；但当母亲在深侧向她招手时，婴儿将不会爬过"悬崖"。因此，婴儿到了会爬行的年龄时，深度知觉的发展已经相当良好。

知觉的恒常性（perceiving constancies） 如同对形状和深度的知觉，知觉的恒常性在生命的最初几个月就开始发展，尤其是形状和大小恒常性（如 Kellman，1984）。我们能以使用习惯法的大小恒常性实验作为这些主张的例证。实验者先对四个月大的婴儿展示一只泰迪熊，过一会儿，再出示第二只。第二只泰迪熊有两种类型：一是实际大小与第一只完全相同，但放在较远处呈现，使它产生不同大小的视网膜视像；二是实际大小与第一只完全不同。如果这些婴儿有大小恒常性，他们应该会知觉到第一种类型（实际大小相同）与第一只完全相同，因而花较少时间注视它；相较之下，他们应花较多时间注视第二种类型（比第一种类型实际上要大）。而这正是实际发生的情形（Granrud，1986）。

在控制刺激环境下养育

接下来探讨特殊经验如何影响知觉能力的问题。为了回答这个问题，研究者系统地改变幼小有机体所拥有的此类知觉经验，再观察此经验在日后的知觉表现上的影响。

缺乏刺激（absent of stimulation） 最早期的控制刺激实验，试图探究完全缺乏视觉刺激的养育情

境对动物所造成的影响。实验者将刚刚出生的小动物饲养于黑暗中达数月之久，直到它们成熟到足以接受视觉测验。这些实验的理论根据是，假如动物必须借助"学习"才能获得知觉，那么当它们首度暴露于光线下时，将无法表现知觉能力。实验结果正如预期：饲养于黑暗中的黑猩猩在 16 个月大首度面对灯光时，虽能表现出侦测光线的行动，但尚无辨别图形的能力（Riesen, 1947）。然而，后续研究显示，长期饲养于黑暗中不仅妨碍学习，还将导致视觉系统各部分的神经衰退。某一数量的光线刺激显然为维持视觉系统所必需，若缺乏任何光线刺激，视网膜和视皮层上的神经细胞都将开始萎缩（Binns & Salt, 1997; Movshon & Van Sluyters, 1981）。

虽然上述发现并不能告诉我们许多有关学习在知觉发展上所扮演角色的信息，但这些发现本身仍然相当重要。一般而言，动物若在一出生即被剥夺视觉刺激，剥夺的时间越长，造成的缺陷越大。另一方面，对成熟的动物而言（如成年猫），即使一只眼被蒙上一段时间也无损其视力。这些观察引出了天生的视觉能力发展有所谓**关键期**（critical period）的观念（关键期是发展中的一个阶段，在此期间是有机体获得某些能力的最理想时机）。在视觉关键期中缺少刺激将对视觉系统造成永久的伤害（Cynader, Timney, & Mitchell, 1980）。

限制刺激（limited stimulation）　研究者不再剥夺动物的刺激，而以提供双眼刺激（但只限于某一种刺激）的情境来养育动物，从而研究其对动物所造成的影响。研究者让小猫生长于只能看到垂直线条或水平线条的环境中，小猫对没有经验过的线条指向变得盲目。且单一细胞记录研究显示，"水平养育"猫视皮层中的许多细胞对水平刺激有反应，但对垂直刺激则毫无反应；而"垂直养育"猫的研究结果则显示出与"水平养育"猫相反的形式（Blake, 1981; Movshon & Van Sluyters, 1981）。之所以造成此类盲目的原因，似乎是由于视皮层细胞退化的关系。

研究者当然不会剥夺人类的正常视觉刺激，但有时这种情况会自然地发生或在医疗处理后出现。例如，眼科手术后，开刀的眼睛通常必须戴上眼罩。

如果此项手术的对象是一岁幼儿，此眼的敏感性必然大为降低（Awaya et al., 1973）。这些事实表明人类视觉系统发展的早期和动物一样，也有关键期存在。如果刺激在此期间受到限制，视觉系统将不能正常地发展。此外，人类的关键期较动物的长，至少可持续 8 年，且在生命中的前两年，视觉系统最易受到无可弥补的伤害（Aslin & Banks, 1978）。

这些证据均未指出我们需通过学习才能获得知觉，但表明某些类别的刺激对天生知觉能力的维持及发展甚为重要。不过，这并非意味着学习对知觉毫无影响。为了证明此类影响，我们只需考虑我们辨识一般物体的能力即可。对于熟悉的和陌生的物体（如狗和土豚），我们能较敏捷地辨认前者，必然是由于学习的关系。我们若是生长在一个土豚众多而狗稀少的环境中，我们必能更敏捷地辨认土豚而非狗。

主动知觉（active perception）　学习在知觉与运动反应的协调中扮演一个主要的角色。证据来自下述研究中：被试在接收正常的刺激，却无法对该刺激做出正常反应的情境下成长，则其知觉-运动协调即未能发展。

在一项经典研究中，两只饲养于黑暗中的小猫首度在"小猫旋转木马"中接受视觉经验，如图 5-37 所示，"主动小猫"走动时，可移动坐在木马中的"被动小猫"。虽然两只猫所接受的视觉刺激大致相同，但只有主动小猫借其走动产生该刺激，并成功学习到感觉-运动协调；例如，将它们抱起并朝物体移动时，只有主动小猫能学会伸出脚掌以避免碰撞。

对人类的研究也获致类似的结果。在某些实验中，被试戴上可扭曲物体方向的遮目棱镜。一戴上这些棱镜，被试立即变得难以抵达他们的目标，且常会被东西绊倒。但如果被试继续戴着棱镜四处走动，并尝试执行运动作业，一段时间后，他便会学习去调适行为，将自己的移动与物体的实际位置而非呈现位置作协调；反之，如果被试是坐在轮椅中被人推着移动，他就无法适应该棱镜。显然，自发的移动对棱镜适应是必要的（Held, 1965）。

简而言之，有证据表明我们生来便具有相当可观的知觉能力，但某些能力的自然发展可能还是需

图 5-37　自发运动的重要性

两只小猫所接受的刺激大致相同，但只有"主动小猫"借着自己的移动来产生此刺激〔资料来源：R. Held and A. Held（1963）"Movement Produced in the Development of Visually Guided Behavior", from *Journal of Comparative and Physiological Psychology*, 56: 872-876. Copyright © 1963 by the American Psychological Association. Adapted with permission.〕

图 5-38

看完这张图片后，再回头看看图 5-1 左图，现在你看到什么

要好几年来自环境的正常输入。但学习在知觉上的影响也相当明显，当知觉必须与运动行为协调时，该影响尤其显著。

　　本章与前几章一样，皆包含了许多心理学和生物学观点间交互作用的例证。整章内容，都有研究指出心理功能植根于特定的细胞或脑部区域。我们知道有特殊化的细胞用来知觉运动，且不同的脑部区域或细胞用来记录位置、形状与颜色等不同特征。更有一些脑部的区域是用来决定哪些特征可用来控制行为与行动。这些例证均阐明了"生物研究的发现对于心理过程的研究的重要性"。

◆小结

　　知觉发展的研究关注知觉能力与生俱来的程度，以及从经验习得的程度各有多少。

　　为了决定天生的能力，学者以选择性注视与习惯等方法来研究婴儿的识别能力。

　　婴儿早在六个月大时即开始发展知觉恒常性。

　　在黑暗中养育大的动物，视觉会遭到永久性的伤害；而单眼戴上眼罩的动物，成长后会丧失该眼视力。这些结果指出，生命早期有关键期的存在，若缺乏正常的刺激，将导致其天赋知觉能力的缺陷。

◆关键思考问题

　　1. 一般而言，你认为婴儿知觉世界的能力是否优于其父母所预想的？你会如何设计一份测验来回答此问题？

　　2. 你如何运用视觉偏好法，设计一项实验来探究三月大的婴儿能否区别红色与绿色？不过，即使是一个无法区别红色与绿色并将两色都看成灰色的婴儿，也可能将某绿色物体看得比某红色物体更亮些或暗些。如此一来，你设计的实验将会更有挑战性。

双面论证

知觉发展是天生的，还是社会习得的过程？

知觉发展是天生的过程

伊丽莎白·S. 斯佩克（Elizabeth S. Spelke），麻省理工学院

伊丽莎白·S. 斯佩克

人类有彼此学习的惊人能力，这种能力早在一岁小孩身上即可见识到：他们只要观察几次一个词语的使用情形，就能学会一个新词的意义；只要观察别人使用某物体的情形，即可学会一件新物体的功能。这种发生于儿童初期快速与大量的学习现象，表明人类所知所信许多都是经由与他人或其他事物互动而逐渐形成的结果。然而，我们知觉人与事物的能力本身是否为学习的结果呢？抑或知觉是成长过程自然生成的，且其发展与个人所知觉事物的互动过程间是相对独立的？

近两千年来，大多数探讨本问题的思想家比较赞同人类的知觉是习得的，而发展的过程是从毫无意义、没有结构的感觉，进展到意义化、结构化的知觉。然而人类婴儿的研究证据却反对这种论点。例如，我们知道新生儿在捕捉一个实物形状与大小时，具有与成人一样的深度知觉以及运用深度知觉信息的能力。新生儿与成人同样将语言按声音组型分成相同类别，而只特别注意到人类语言使用的对比音组。新生儿能从其他图形中区分出人类的面孔，且其定向反应偏好面孔。最后，新生儿对许多成人用来区别物体的特征相当敏感，而且他们表现出组合这些特征信息的方式与成人并无不同。

新生儿之后的知觉又发生了什么变化？随着发展的过程，婴儿深度、物体与面孔的知觉越来越精确；相较于其他语言而言，他们对于与本身语言有关的对比语音要更为喜好（有趣的是，这种聚焦结果，较会使儿童对外国语言越来越迟钝，而不会对自己的母语越来越敏感）。最后，婴儿对环境中诸如深度的立体信息、物体边界的图形信息，以及将对象定位的新参照架构等新的信息来源越发敏感。这些发展的结果，固然带给婴儿更精确且更丰富的知觉经验，但是，这些经验还是无法将婴儿毫无意义的感觉经验世界，转变成充满意义与结构化的环境。

这些对人类婴儿的研究发现，也得到其他动物知觉发展研究进一步的支持。自从吉普森（Gibson）与沃克（Walk）开创性的研究以来，我们无须测试各种动物的视觉经验，即可知道深度知觉的发展：由于天赋的深度知觉能力，使得初生的山羊不至于跌落悬崖；在黑暗中成长的老鼠与猫咪也不至于撞上迎面来的物体表面。新近的研究也指出，初生的小鸡对物体边缘的知觉力一如成年人，它们甚至能表征出隐藏物体的持续存在。动物脑部发展的研究也指出：基因与内部结构的神经活动对知觉系统的正常发展扮演着关键性的角色，而与所知觉之外在事物的互动就不是那么重要。与人类的婴儿一样，正常的视觉经验会丰富并调整好幼小动物的知觉系统，而异常的视觉经验则会扰乱其功能。与人类的婴儿一样，其他动物并不需要能将其知觉世界由非结构化的感觉转变成有组织的布局的视觉经验。

总而言之，知觉于出生时及其后的持续发展阶段，均展现了相当结构化的形式。这种持续性有助于我们解释为何人类幼童擅长从别人身上学习事物。试想，一位注视着大人一面旋开果酱盖一面说道"我们来打开它"的婴儿，如果他不知道瓶盖与果酱罐是可以旋开与操作的东西，他就无法体会大人行动的意义；如果他无法分辨"打开"与其他字词间的差异，他也无法开始学习这个特定用语的发音；如果他无法知觉到他可以与这位大人一样，只是这个动作的执行者，那么观察到大人的行动并听到他的语言，并无法透露出任何她可以学着去做与说的信息。因此，婴儿惊人的学习能力可能主要是依靠着同样惊人的、非习得的知觉能力。

知觉发展是天生的，还是社会习得的过程？

知觉发展是社会习得的过程

马克·约翰逊（Mark Johnson），伦敦大学

马克·约翰逊

发展科学家目前大多同意，对知觉的正常发展而言，先天与后天都很重要。然而，还是有很多人争论着先天与后天何者为更重要的因素。这种议题的观点不仅是哲学性的思考，还会影响学者所进行的研究类型。我在此主张：将知觉发展的特定层面划分为先天或习得的，只是向我们提供了一个显然较悲观的论点，认为不是基因就是环境在塑造我们发展中的脑部结构。相反的，如果将知觉发展看成是一种同时涉及许多层次先天与后天因素复杂与微妙互动的活动-依赖（activity-dependent）过程，依我之见，应该是较好的观点。

在开始阐述我的观点前，且让我们先考虑新近有关啮齿类动物胎视皮层发展的神经生物研究。这些实验观察的是涉及双眼视觉的神经元。实验发现，胎儿会根据来自主要输入信息乃至视皮层、侧膝核（lateral geniculate nucleus，LGN）与眼睛所产生内在活动电波的反应，开始调整这些神经元（Katz & Shatz，1996）。换言之，这些视皮层神经元的反应特性，是通过一种由脑部其他区域与眼部的细胞产生的"实质环境"来加以模塑的。虽然"先天"一词可以扩大到包括这种发展例证，但是我们同样可以将本过程描述成皮层细胞从来自位于 LGN 与眼睛的表亲所提供的输入信息中"进行学习"。更进一步来看，皮层神经元在出生后仍以相同方式持续进行微调，只是此时的输入信息也反映婴儿体外世界的结构。我们一旦仔细审视发展过程，将很难像某些学者所宣称的，先天的知识与学得的知识根本有别（Spelke，1998）。

知觉发展为活动-依赖过程的另一个例证，来自人们辨识与侦测面孔的能力。由于人类皮层有特定的部位在处理面孔信息，因此有些学者就认为这种能力是天生的。然而，以婴儿进行的实验却显示出，事情没那么简单（Johnson，1997）。新生儿之所以会较倾向于看面孔，是因为基于一种原始的喜好反射系统，该系统会被一种如近似于两眼与嘴巴位置三个高反差点的简单刺激激发。这种简单的偏好，足以让新生儿在生命头一周即较常注视面孔，远超过注视其他物体与图形。此种现象所造成的一种结果，即为发展出脑皮层的视觉辨识回路，使它得到更多与面孔有关的信息输入，因而得以通过这些特定形式的视觉刺激经验，来塑造此一回路。目前我们更可运用新的脑部显影技术来研究此过程。这些研究指出，幼儿的皮层并不像成人的脑部，他们尚未分化出专门处理面孔的部位。直到一岁时，幼儿脑部像成人一样有专门处理面孔的特定区位，届时，他们已经见识人类的面孔有 1,000 个小时了。

另一个例证，是来自婴儿追踪视觉目标物的眼球运动研究。虽说新生儿拥有些原始的反射性眼球运动，但是要到一年后，他们才能表现出成人所具有的多种复杂且精准的眼跳动。其中一种看法是，认为新生儿的能力之所以相当有限，主要在于让他们有机会充分练习与发展新的脑部回路，以为成年后表现眼球运动时，整合复杂的视觉与动作信息之所需获得。经由练习，即使只有四个月大的婴儿，他们已经能做出超过 300 万个眼球运动了。此处似乎再度证明，婴儿会主动为其后续的发展做出贡献。

这些例证，应该会使我们对许多根据四个月大或更大一些的婴儿研究，就宣称知觉能力是天生的看法，提出质疑。事实上，同一项实验如果以更年幼的婴儿为被试时，通常得到相当不同的结果，结果显示出婴儿出生后头几周与几个月间，知觉能力有着惊人的变化（Haith，1998）。婴儿并非被动地被其基因或环境所塑造。知觉发展是一种活动-依赖的过程，在出生后，婴儿在产生后续发展所需的经验上，即扮演着主动的角色。

本章摘要

1. 知觉涉及将来自我们感觉的信息转译成有意义的经验的过程。我们可将知觉视为更新与维持一个我们生活环境的内在模式。通过此模式，我们得以在环境中有效地运作。

2. 注意是用来筛除任何时刻来自环境冲击着我们的大量信息，而只让少量与我们目前所执行作业有关的信息通过。选择性注意是我们决定将哪些信息排除而只让某些刺激做进一步处理的过程。选择性注意可能在我们所有感觉中运作，然而，常见的研究还是视觉（例如，我们可以移动眼睛去注意环境中不同的地方）与听觉方面（例如，你可以选择去注意进入这只或那只耳朵的信息）。

3. 我们必须知道物体离开我们的距离才能将其定位。这种形式的知觉被称为深度知觉，通常被认为是基于深度线索。单眼深度线索包括：相对大小、重叠、相对高度、线性透视、阴影和运动视差。双眼深度线索为双眼视差。视差是由于任何物体在双眼中的影像略微不同。

4. 将物体定位有时需要知道物体运动的方向。运动知觉在物体并未移动经过视网膜时也能产生；此种现象的一个例子是动景运动，是指一连串快速播放的静止画面形成明显的运动；没有移动物体也能产生运动知觉的另一个例子是诱发性运动，是指较大物体的运动引发较小物体看起来像在运动。实际运动（一实物穿越空间运动），可通过选择性适应的单细胞记录研究得知，它是由视觉系统的特殊细胞在脑部中执行的。

5. 辨识物体相当于将它归类，而归类的基准主要是依照物体的形状。在辨识的早期阶段中，视觉系统应用视网膜信息以特征（如线条和角度）来描述物体；侦测此类特征的神经元（特征觉察器）已发现是位于视皮层。在辨识的后期阶段中，系统将物体的描述与储存于记忆中的形状描述相比对，以发现最佳的配对。

6. 比对可以联结者模式或网络来解释。网络的下层包含特征，上层包含字母；特征和字母间的兴奋型联结表示特征是字母的一部分，而抑制型联结则表明特征不是字母的一部分。当字母被呈现时，它会激发网络中的某些特征，这些特征再将它们的激发或抑制传至各字母；受到最大激发的字母即为此输入的最佳配对。此网络可加以延伸，加上一层单词来解释为何字母在单词中呈现比其单独呈现时更容易辨识。

7. 自然物体的形状特征比线条更复杂，较像简单的几何形式如圆柱体、圆锥体、立方体和楔形体。以一套数量有限的几何形式互相结合，可能足以描述人们能够辨识的所有物体形状。

8. 自下而上辨识处理完全由输入所驱动，而自上而下辨识处理则由一个人的知识和期望所驱动。背景对知觉的影响原因是自上而下加工，由于背景建立知觉期待，当期待确定时，辨识所需的输入信息便较平常少。

9. 抽象是忽视所感觉物体有关的特殊性信息（如一张椅子的特定方位）而将该物体归于一般性类别（如"椅子"或"可以坐的物体"）的过程。由于抽象的信息比原样的信息简洁，因此需要较少的储存空间，且处理较有效率。

10. 知觉恒常性是指知觉系统努力去知觉物体固有的物理特征，如大小、形状与色彩——即使对这些物体的感觉表征可能因距离、方位或光源的性质改变而有变化。知觉恒常性是许多错觉的根源，其中包括众所周知的"月亮错觉"。

11. 与许多其他心理过程一样，知觉及其所有属性均由脑部的功能来执行。执行视觉过程的脑部功能可经由单细胞记录与神经成像术等研究技术来进行分类。我们已经知道定位和辨识过程是由不同的脑部区域执行的。

12. 知觉发展的研究关注于知觉能力与生俱来的程度，以及从经验习得的程度各占多少分量。为了决定天生的能力，研究者以选择性注视和习惯等方法来研究婴儿的识别能力。对辨识非常重要的敏感性在生命的前6个月迅速增加，之后就增加得较为缓慢。深度知觉在3个月大时开始出现，但需直到大约6个月大时才能完全建立。知觉恒常性早在6个月大时就开始发展。

13. 被养育在黑暗中的动物会遭受永久性视觉伤害，且有一只眼睛戴上眼罩的动物成长后，这只眼睛将丧失视力。成熟的动物即使被长期剥夺视觉刺激，也不会丧失视力。这些结果指出生命早期存在关键期，在此关键期，若缺乏正常刺激将导致天生知觉能力的异常。如果生命早期的刺激受到控制，以至于缺乏某些类型的刺激，动物或人类都将对被剥夺的刺激变得毫无敏感性；而且这种影响与学习并无关联。然而，知觉—运动协调则必须通过学习。动物和人类都需要自发的移动来发展正常的协调。

核心概念

符号	（深度线索的）双眼像差	感受野	恒常性
生态光学理论	（深度线索的）相对大小	简单细胞	光波的来源
环境模式	（深度线索的）重叠	复杂细胞	反射物特征
注视	（深度线索的）相对高度	超复杂细胞	可用波长
眼跳动	（深度线索的）透视	涌现特征	光源光波的波长
武器聚焦	（深度线索的）投影与	联结者模式	大小-距离不变原则
线索	阴影	兴奋型联结	错觉
多重感觉（形式）注意	（深度线索的）相对运动	扩大的网络	麦格克效应
阴影	动景运动	抑制型联结	大脑成像
格式塔心理学	选择性适应	由上而下的反馈联结	（注意的）后部系统
图形	运动后效	几何子	（注意的）前部系统
背景	整合的问题	自下而上加工	视皮层
图形-背景组织	错觉连结	自上而下加工	视觉偏好法
邻近性	特征整合论	失识症	习惯法
相似性	（主要）基本特征	面部辨识困难症	关键期
连续闭合	视觉搜索	抽象	
深度线索	动态控制论	（物体的）物理描述	

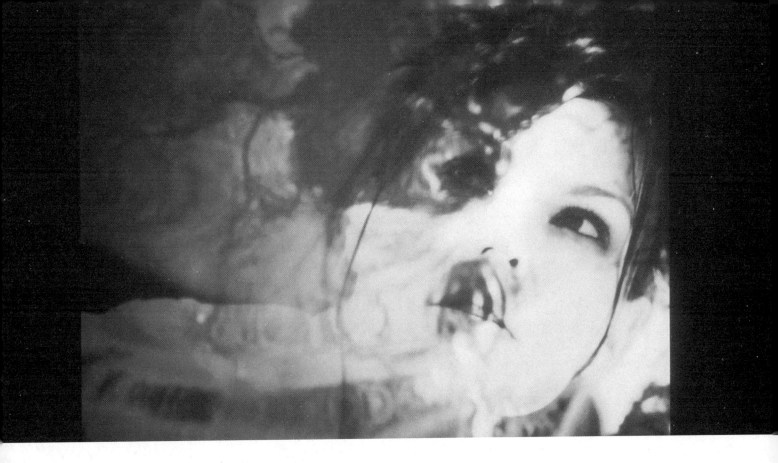

第六章　意识

6

维罗妮卡和她的朋友吉娜正坐在餐厅，倾听吉娜诉说前一天晚上她参加一个宴会的详情。维罗妮卡有一阵子对吉娜的话题颇感兴趣，但是当吉娜开始谈到她们都熟识者的穿着打扮时，维罗妮卡开始觉得无趣，她低头看表，并任思绪飞扬。突然，吉娜厉声说道："维罗妮卡！我说的话你一句都没听进去！"的确，维罗妮卡是没听到吉娜所说的，

而且当她低头看表时才赫然发现，时间已经过去 10 分钟了。

这听起来是不是很熟悉？如果你有过这种感觉，你就和多数人一样。一项随机抽样的调查发现，有超过 80% 的成人承认因心不在焉有过错失部分交谈信息的经验（Ross，1997）。人们认识到的类似的经验还包括：不敢确定是真的做过某件事还是只是考虑要做而已（73%），忆起往事宛若重现般历历在目（60%），未敢确定确实记起某事抑或只是一场梦（55%），在开车时意识到自己记不得这趟旅程的某些片段（48%）。这些经验可能都跟变异的意识状态有关。大多数心

理学者均认为**意识的变化状态**（altered state of consciousness）是存在的。所谓变化的意识状态是指，由心理功能一般形态转变到一个经历此变化者也能感觉出不同的状态。此定义虽然不够精确，但是它反映了一个事实：意识状态是相当个人的，因此也是主观的经验。意识变化状态可从因鲜活生动的白日梦而分心，到因药物迷醉造成混乱与知觉扭曲。本章，我们将介绍每个人都经历过的一些意识状态（睡眠与做梦），还会谈论在特定环境下形成的一些意识状态（冥想、催眠与用药）。

第一节　意识的不同层面

当我们论及知觉、记忆、语言、问题解决及其他课题时，对意识经验本质及意识功能的探讨将不断出现，贯穿本书。有鉴于此，先行呈现意识的一般理论有助于为稍后所要介绍的各项课题提供一个思考的框架。然而，这想法却因缺乏一个为学者普遍认同的理论而不可行；甚至可以说，几乎每个人本身对这个话题都有自己的一套理论。这种情形可能会使某些读者感到沮丧，特别是那些先前投身于事实清晰明确、理论建构完整的科学领域的人们。然而，还有什么比进入未知领域冒险更令人兴奋或具挑战性的呢？许多观察者相信，当神经生理学、进化生物学、遗传学及心理学的各种不同领域获得重大发现时，理应有另一种意识的诠释将呼之欲出（Crick，1994）。但在缺乏一个普遍性理论的情形下，此处我们对意识的探讨，仅限于介绍一些可为稍后章节中出现的课题提供一项观点的名词和概念。

何谓意识？早期心理学者将意识和心灵（mind）视为相同，他们将心理学定义为"对心灵和意识的探究"，并使用内省法（introspective method）来研究意识。诚如第一章所提及，无论以内省作为研究的方法，或以意识作为研究的课题，二者皆由于20世纪初兴起的行为主义（behaviorism）而没落。行为主义创始人华生（Watson）及其追随者相信，如果心理学要成为一门科学，其处理的数据必须是客观且可测量的，而只有行为才可以被公开观察，各

当我们专注时，将无法察觉诸如别人谈话等周围的刺激。这种选择刺激加以注意的能力，使我们避免信息超载

种行为反应才可客观地加以测量；相反地，一个人通过内省法呈现出的私人经验，既无法由他人观察，也不能客观测量。如果心理学处理外显行为，它就要处理公开事件（public events），而非经验者个人才可观察得到的私人事件（private events）。

行为主义者实际上并不需要如其所宣称的那样进行激进的改变，一旦研究需要时，他们仍然会处理私人事件。当针对被试本身经验进行研究时，行为主义者就会接受言语反应（verbal responses）以替代内省，尽管被试私下主观情况我们无法确知，但他说话的内容即为客观数据。此外，仍有许多心理学者相信，当人们说他们注视一道强光之后会感受到一系列有颜色的后像经验时，这些人可能确实连续地看见一些颜色出现；换言之，学者不是只关心人们说了什么，更关注他们的话语所附带提及的某些心理学现象。虽然行为主义者以言语反应的方式处理许多现象，但他们过分关注于可观察行为的做法使他们忽略了一些有趣的心理课题（如做梦、冥想及催眠），因为这些课题包含的主观层面使他们认为与之无关（Ericsson & Simon，1993）。

到了20世纪60年代，心理学者开始了解意识的各个层面的确是相当普遍、重要而不容忽视的，但这并不意味着心理学必须再度被界定为只限于对意识的探究，这只是表示完整的心理学不可忽略对意识的探讨。绝对的行为主义者坚持将心理学范畴局限于可观察的行为研究，实在是过于画地为牢。如果学者对于意识的本质能加以理论化，且该理论对行为也可进行种种能加以验证的预测，则这项理论对心灵运作过程的了解，应是一项有价值的贡献。

意　识

许多教科书仅仅将意识界定为个体目前对外在及内在刺激的觉察，也就是个体对环境事件和身体感觉、记忆及思想的知觉。这个定义只指出了意识的一个面相，但忽略了一个事实，就是当我们试着解决一个问题，或为了响应环境状况及个人目标而审慎选择行动方案时，我们也是处在意识的状态下。因此，不论在我们监控（外在和内在）环境时，还是当我们试着控制自身及外在环境时，我们都是有意识的。简言之，**意识**（consciousness）状态系包括：（1）监控自身及环境以便觉察知觉、记忆及思

想；（2）控制自身及环境以便适时发动和终结行为及认知活动（Kihlstrom，1984）。

监控 处理来自周遭环境的信息是身体感觉系统的主要功能，能使我们对周围事物及身体内部进行的活动有所察觉。然而，我们不可能注意所有触及感官的刺激，因为这将会造成接收信息超载的状况。我们的意识会集中于某些刺激而忽略其他刺激，而被注意到的信息往往是与我们内、外在世界变化有关的信息。当你专注于本段文字时，对周遭无数刺激可能就毫无知觉；但若是发生灯光变弱、空气中开始闻到烟味，或是空调设备的嘈杂声停止等变化，你就会突然察觉这些刺激的存在。

我们的注意力具有选择性，有些事件会优先进入意识之中并引发具体的行动。通常与生存有关的重要事件拥有最高优先权：如果我们肚子饿了，就难以专心用功学习；如果我们突然觉得疼痛，除非身体治愈、痛苦消失，否则意识往往容不下其他想法。

控制 意识的另一项功能是计划、发动及引导我们的行动，无论是简单、易达成的计划（例如，与朋友的午餐约会），还是复杂、长期的计划（例如，为一项职业预做打算），我们的行动均需妥善引导、安排，以便与周遭事物相协调。在计划阶段，尚未发生的事件是以未来的可能性（future possibilities）存在于意识中的，我们可以预拟数种可能方案，然后选择其一，再据以表现适当的行为（Johnson-Laird，1988）。

并非所有行动均由意识决策导引而行，也不是所有问题的解答都源于意识层次。现代心理学的一条信条为：心理事件包括意识过程与无意识过程，而许多决定与行动是完全在意识之外进行的。一项问题的答案可能完全令人出乎意料，而且即使已经提出解答，我们可能也无法经内省对获得解答的过程提出说明。但是尽管对产生于无意识层次的决策行为和问题解决方法有许多例证可引，这并不意味着发生所有这类行为时完全不受意识作用的影响。意识不仅为进行之中的行为的监控者，同时也扮演着指引和控制行为的角色。

前意识记忆

从此刻周围正在进行的所有事物，以及过去事件累积贮存下来的知识和记忆中，我们在一段既定时限内，只能将注意力集中于其中少数刺激。我们一直在忽略、选择及拒绝刺激，所以我们意识的内容也不断地改变。然而，未被注意到的事物仍可能会对意识状态产生若干影响，例如，你可能没有觉察在整点时听到的时钟报时声，但钟响数声后，你突然警醒了，这时你仍可回溯计算那段未知状态下听到的鸣钟报时次数。另一个关于边缘注意（peripheral attention）（或被称为无意识监控作用）的例证是"午餐排队效应"（lunch-line effect，Farthing，1992）。就是当你和朋友一面在自助餐厅排队取餐一面讲话时，若是听到旁人说话提及你的名字，马上会引起你的注意而忽略其他讲话声及一般的嘈杂声。很明显地，如果你没有以某些感官作用监听其他人说话，你将不会在旁人的交谈中侦测到自己的名字；而且除非出现特殊信号捉住你的注意力，你也不会在意识上觉察他人的交谈内容。一项重要的研究指出，我们会记录并评估那些意识上未察觉的刺激（Greenwald，1992；Kihlstrom，1987），这些刺激被认为是**下意识地**（subconsciously）影响我们，或运作于无意识觉知的层次。

许多当时不存在于意识状态中的记忆和思想，在必要时，可被带到意识之中。此刻你可能不会意识到去年暑假的种种回忆，但若你希望提取这些记忆则可取得，而成为意识状态的一部分。这些可被提取而呈现于意识中的记忆，被称为**前意识记忆**（preconscious memories）。前意识记忆包括了个人事件中独特的记忆，以及终生长期累积下来的信息，例如，对文字意义的知识、城市街道的设计，或是某个国家的位置等。此外，前意识记忆也包括习得技术的知识，像驾驶汽车或绑鞋带等连续步骤之程序，这些程序一旦精熟，通常就会在意识察觉状态之外操作；但若是我们留心去回想，也可以描述这些相关步骤。

无意识

最早的意识理论——也是多年来备受批评的，是弗洛伊德（Sigmund Freud）的心理分析论。弗洛伊德及其追随者指出，某些记忆、冲动及欲望无法进入意识状态，而被归入**无意识**（unconscious）中。

弗洛伊德相信：某些引发痛苦情绪的记忆和欲望会被压抑（repressed），并转入无意识，之后即使我们并未觉察其存在，这些记忆和欲望仍可继续影响我们的行动。无法进入意识状态的思想和冲动虽被压抑到无意识，但会以间接或伪装的方式影响我们，如做梦、非理性行为、怪癖和失言等。所谓**弗洛伊德式失语**（Freudian slip）一般是用来指一些被假定为泄露潜在冲动而无意说出的话。譬如当我们要说"我很高兴看到你好转了"，却说成了"我很难过看到你好转了"。

　　弗洛伊德相信无意识欲望和冲动是大多数心理疾病的原因，他发展出心理分析法，其目的就在于将被压抑的经验释放到意识状态，并借由这个过程来治疗个体（见第十六章）。大部分心理学者接受的观念是，许多记忆和心理过程因经由内省仍无法取得，而被称为无意识。然而也有许多学者批评弗洛伊德过度强调无意识中相当情绪性的一面，而忽略其他层面，包括了日常生活中我们一直赖以运作但却并未进入意识知觉的许多无意识心理过程（Kihlstrom, 1987），例如，在知觉过程中，当事人可能觉察到环境中存在两件物体，但对于自己在决定两件物体中何者较近或何者较大，所进行且立即完成的心理估算过程，却毫无意识（见第五章）。虽然我们已经意识到这些心理过程的结果（即对物体的大小及距离有所知觉），但我们却未意识到知觉运作的过程（Velmans, 1991）。

　　一个有关人们对老年人刻板印象（如体弱、迟

"早安，被杀头的（beheaded）……嗯，我是说亲爱的（beloved）。"

缓）的研究即显示出：环境线索如何在我们毫无意识的情况下影响我们的行为。被试先接受所谓"语言测验"，要他们重组一堆杂成一团的句子。给某些被试的句子是包括了诸如健忘、佛罗里达与宾果游戏等研究者相信会下意识引发或促发其心理形成老人刻板印象的字词；而控制组的被试所看到的句子则不含这些字词。在完成"语言测验"后，向每位被试致谢并请他们离开时，一位实验助理——不知哪位被试是属于实验组，哪位属于控制组——带领被试经过40英尺的走廊到达出口，并暗地里测量每位被试所花的时间。研究结果发现，曾被老年人刻板印象字词促发的被试走得比控制组来得慢（"慢"这个字并未出现在句子中）。访谈这些被试，也表示他们并未觉察到这些字词对其行为的影响（Bargh, Chen, & Burrows, 1996）。

自动化与分离

　　意识的重要功能之一是控制我们的行为，然而有些活动会因练习频繁而变成习惯化或自动化。学习开车之初需要高度注意力，我们必须集中心思以协调各种不同的动作（像换挡、放离合器、加速、驾驶等），而且几乎无法去思索其他事情。然而一旦这些动作变成自动化，除非出现任何可能的危机，迅速地吸引我们对操作这部汽车的注意力，否则我们可以一边与人继续交谈或赞美风景，一边在无意识状态下开车。这种一开始需要意识关注而最终反应习惯化的过程被称为**自动化**（automatic）。

　　像驾驶汽车或骑脚踏车等技能一旦熟练就不再需要我们全神贯注，这些技能变成自动化，因此可容许意识清清楚楚地去关注其他事物。不过像这种自动化过程偶尔也可能产生负面结果，例如开车经过时没能记得路旁竖立的路标。

　　行为越趋于自动化，其中所需的意识控制会越少。另一个例子是当技术高超的钢琴师演奏一首熟悉的曲目时，仍可与一位旁观者继续交谈，钢琴师正在控制弹琴与说话两种活动，除非敲错一个琴键，使他转移注意而且暂时中止交谈，否则他已熟练到不用去想音乐这回事。无疑地，你可举出其他有关熟练、自动化、仅需少量意识控制活动的实例，对这个现象的一种解释认为：控制仍然存在（如果我们愿意，就可以注意到自动化过程的内容），但这种

控制已经从意识中分离出来。

法国精神科医师皮埃尔·让内（Pierre Janet, 1889）始创**分离**（dissociation）这个概念。他认为在某些特定情况下，若干思想和行为会与意识的其他部分分裂或分离，且个人无法知觉此功能。分离不同于弗洛伊德所提出的压抑概念，因为分离出的记忆和思想是可进入意识状态的，相反地，被压抑的记忆则不能被带到意识中，而必须借由符号或综合征推断出来（就像失语现象）。

当我们身处一个有压力的情境时，可能会暂时将压力抛诸脑后，以便能有效地继续运作；而当我们觉得无聊时，则可能会神游于幻想或白日梦中，这些都是较温和的分离实例，涉及了部分意识从其他意识中分离出来的状况，更极端的分离例证是分离性身份障碍（dissociative identity disorder）的个案，这些我们将在第十五章详尽讨论。

◆**小结**

在任何时刻，人们的知觉、思想与感受组成了他当时的意识。

意识的变化状态是指当个人经验到心理功能似乎发生了改变，或已非个人正常经验的状态。有些意识状态是每个人都经验过的，像是睡眠、做梦；而其他诸如冥想、催眠或使用药物，则必须在特殊的情况下才会发生。

意识的功能有：（1）监控自己与周遭环境，以察觉体内及环境中发生的事物；（2）控制行动以与外界事件相调和。并非所有影响意识的事情都是当时知觉的重点，个人事件的记忆与所累积的知识，虽可提取，但并非当时意识到的，我们称其为前意识记忆；此外，有些事件我们虽然无法知觉其存在，却影响我们的行为，这些事件就是在无意识地影响我们。

依照心理分析论的看法，某些会引起情绪上的痛苦的记忆与冲动，由于被压抑到无意识，即不会出现在意识状态。即使无意识的思想与冲动只能以间接的方式，通过做梦、非理性的行动及失语等方式出现在意识中，但仍会影响我们的行为。

自动化是指一开始需要意识注意而之后反应会习以为常的现象，譬如说开车。

◆**关键思考问题**

1. 许多业余钢琴家会为演出熟背一首乐谱而一再练习，直到他们无须注意即可自动地弹奏。遗憾的是，他们还是经常在实际演出时忘谱或卡住了；反之，有些职业钢琴家却刻意忘掉钢琴上铭记演出的音乐，使他们的心灵而非指头熟知乐谱。此一现象在自动化与意识控制过程上有何意义？

2. 弗洛伊德认为某些欲望与思想会停留在无意识，是因为它们会使个人意识到焦虑的升高。还有哪些其他可能原因，使得我们的某些欲望与思想，无法进入意识知觉的状态？

第二节　睡眠与梦

我们即将讨论一个看起来与意识相反的状态——睡眠。虽说睡眠似乎与清醒没什么共通之处，然而二者间却仍有许多相似之处。做梦这种现象说明当我们睡觉时我们也在思考，虽然睡梦中的思考类型会以各种不同方式偏离清醒时的思考类型。当我们睡觉时也会形成记忆，正如同我们会记得做梦的内容一样。而且睡眠不仅只是静止不动的状态，有些人还会梦游。睡着的人对周遭环境并非完全没有知觉，父母就会被婴儿的哭声叫醒。另外，睡眠也不是完全没有计划的，有些人决定要在既定时间醒来，就真的能做到。本节，我们将探讨睡眠与梦的一些方面。

 行为的神经基础

睡眠的阶段

有些人很容易从睡眠中醒来，有些人则很难。为了测量睡眠深度并据以判断梦何时会发生，从20世纪30年代起（Loomis, Harvey, & Hobart, 1937）相关研究开始进行，同时发明了较灵敏的侦测技术（Dement & Kleitman, 1957）。这个研究使用的装置，可测量头皮上的电流变化，这些变化与睡眠时自发的脑部活动以及做梦时发生的眼球运动有关。电流变化或脑波的图表记录称为脑电图（electroencephalogram，或 EEG，见图 6-1 及 6-2），脑电图测量位于电极下方、皮层表面的数千个神经元在快速变动时之平均电位。这对皮层活动而言，

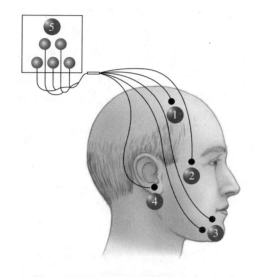

图 6-1　运用电极以记录睡眠的电生理状况
图中所示为典型的睡眠实验时，电极连接被试头部和脸部的方式
①头皮上的电极记录脑波组型
②靠近被试眼部的电极记录眼球运动
③在下颔的电极记录肌肉张力和电活动
④耳朵上的中性电极是经过扩大器所完成电路
⑤扩大器则用以产生各类组型图表记录

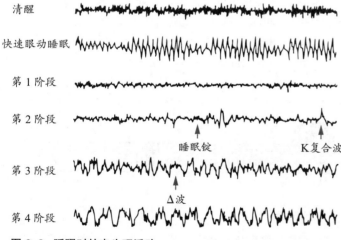

图 6-2　睡眠时的电生理活动
图中呈现的是清醒与各种睡眠阶段时的脑波图纪录，清醒阶段（眼睛闭合并放松心神时）的特征是 α 波（8 至 12 赫），第 1 阶段基本上是从清醒到深度睡眠阶段的过渡期，第 2 阶段以出现睡眠锭（12 至 16 赫的短暂爆发型脑波）和 K 复合波（一种陡升陡降的脑波形式）为准，至于第 3 及第 4 阶段则明显地出现 Δ 波（1 至 2 赫），这两个阶段唯一的差异处是 Δ 波出现数量不同，第 3 阶段在脑波记录上包含了 20% 至 50% 的 Δ 波，而第 4 阶段则超出 50% 或更多

只是一项粗浅的测量，但已被证明在睡眠研究上非常有帮助。

对脑波类型的分析指出，睡眠包括五个阶段，即四个不同的睡眠深度及第五阶段，也就是**快速眼动**（rapid eye movement，或 REM）**睡眠**。当一个人闭上眼睛、松弛身心时，脑波特征上会出现 8—12 赫（hertz，即每秒周期）的规律形式，这就是已知的 α 波（alpha waves）。当个体进入睡眠第 1 阶段时，脑波则会变得较不规则且振幅降低，第 2 阶段则以睡眠锭（spindles）的出现为特征，睡眠锭是指 12—16 赫的短节奏韵律反应，而且这时在脑电图的振幅上偶尔会出现陡升陡降的现象，至于更深的第 3 及第 4 阶段，则以慢波（1—2 赫）为特征，即已知的 Δ 波（delta waves）。一般而言，到了第 3 及第 4 阶段，睡眠者虽然仍可被与本身有关的事情唤醒——如一个熟悉的名字或小孩的哭声，但通常已不易清醒过来，且可能忽略与本身较无关的干扰，如高亢的声音。

睡眠阶段的连接　当成人入睡约一小时左右，睡眠状态就开始了变化，脑电图变得十分活跃（甚至比被试清醒时更盛），但人却仍未醒来。靠近被试眼部的电极则侦察出快速眼动现象，这些眼球运动相当明显，甚至可以看见睡眠者的眼睛正在闭合的眼皮下转动，这个阶段即称为快速眼动睡眠，其他四个阶段则称为**非快速眼动**（non-REM）**睡眠**（或 NREM 睡眠）。

各种不同的睡眠阶段会持续整晚不断转换，睡眠始于非快速眼动阶段，并由数个睡眠周期组成，各个周期则包括了一些快速眼动睡眠与非快速眼动睡眠状态。图 6-3 举例说明一个年轻成人的典型夜间睡眠，如图所见，这个人非常迅速地由清醒进入沉睡（第 4）阶段，大约过了 70 分钟后，第 3 阶段短暂重现，随即立刻出现当夜的第一个快速眼动阶段。值得注意的是，睡得较沉的（第 3 与第 4）阶段出现在这晚的前半段时间，而较多快速眼动睡眠却出现在后半段时间。这是一种典型模式：睡眠较沉的阶段于后半夜时间不易再出现，此时快速眼动睡眠变得较为明显。在 8 小时的夜间睡眠中，全程通常包括 4 或 5 次不同的快速眼动阶段，并在黎明前偶尔会出现短暂的清醒。

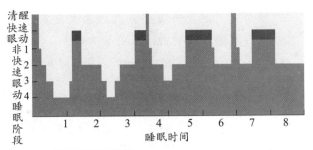

图6-3 睡眠阶段的连接

这张图表举例说明了平常夜间睡觉时，各种睡眠阶段连接的顺序与持续的时间。在第一个小时的睡眠中，被试连续历经第1至第4阶段，然后经由第3阶段，回到快速眼动睡眠状态。在这之后，被试就在非快速眼动睡眠与快速眼动睡眠之间循环，并在入睡后大约第3个半钟头和第6个钟头时短暂清醒两次

睡眠周期的形式随着年龄而改变，例如，新生儿有一半的睡眠时间属于快速眼动睡眠，5岁之后这个比例就降至全部睡眠时间的20%—25%，并相当稳定地持续下来；直到老年时，比例则再降至18%或更低。年龄越长，会越少经历第3及第4睡眠阶段（有时这些睡眠阶段会完全消失），而夜晚清醒的次数则越多、时间越长，当人们年岁渐增时，一种自然的失眠症似乎随之开始出现（Gillin，1985）。

快速眼动睡眠与非快速眼动睡眠的比较 在非快速眼动睡眠阶段，眼球运动实际上未曾发生，心跳和呼吸率明显降低，肌肉逐渐放松，脑部新陈代谢率也比清醒时下降25%—30%。相对地，在快速眼动睡眠阶段，突然会出现非常快速的眼球运动，持续达10—20秒，心跳率增加，脑部新陈代谢率也提高到近似清醒状态的程度。尤有甚者，在快速眼动睡眠阶段中，我们几乎完全处于麻痹状况，只有心脏、横膈膜、眼肌及平滑肌（像是肠和血管的肌肉）得以除外。总而言之，非快速眼动睡眠的特征是非常放松的身体，而快速眼动睡眠的特征则是一个十分清醒的头脑处在实际上已麻痹的身体里。

生理学方面的证据指出，在快速眼动睡眠时，脑部大部分已从其感觉和动作通路中隔离出来，来自身体其他部位的刺激遭遇阻塞而无法进入脑部，脑部也无法发出任何动作指示。虽然如此，在快速眼动睡眠中，由于来自脑干的巨大神经元发挥作用，因此脑部仍自发地启动运作而显得非常活跃。这些神经元延伸至脑部控制眼球运动和动作的部位，所以在快速眼动睡眠中，即使身体本身无法动弹或进

行注视等动作，脑部仍然记录了神经元受到正常激发而传来的正在走路或注视某物的信息（Hobson，1994）。

正值快速眼动睡眠时被唤醒的人，通常几乎都会报告他们正在做梦，但若是在非快速眼动睡眠时被唤醒，则只有大约50%的人提出做梦的报告（Antrobus，1983；Cavallero，Cicogna，Natale，& Occionero，1992；Foulkes & Schmidt，1983）。从快速眼动睡眠中被唤醒的人所叙述的梦境，通常是宛如真实眼见般鲜明生动，而且具有情绪性和不合逻辑的特征，他们重述的这类经验就是我们通常所称的"梦"一词，且在被叫醒前持续快速眼动睡眠阶段越久，则陈述出来的梦也会越长、越详细。相对地，非快速眼动睡眠时做的梦比较像是正常思考，不像快速眼动睡眠的梦境一般，既没有视觉上的效果，也不会充满了情绪性，而与清醒时日常生活发生的事情较有关联。因此，正如梦境报告类型和次数的差异，在快速眼动睡眠与非快速眼动睡眠阶段的心理活动是全然不同的。

睡眠的理论

我们何以在固定时段会醒过来，而在其他时段又会昏昏欲睡？有两位睡眠领域的研究先驱，艾德加（Dale Edgar）与狄蒙（William Dement）（1992），提出**睡眠与清醒对立过程模式**（opponent-process model to sleep and wakefulness）。根据本模式，脑部有主控昏沉入睡与维持清醒两种倾向的对立过程，它们分别为恒定睡眠驱力与时钟–依赖警觉过程。

恒定睡眠驱力（homeostatic sleep drive）是一种

睡眠剥夺是学生表现不佳的常见原因

生理过程，会力求获得足够维持白天一个稳定的警觉水平的睡眠量，它在整个夜间会主动运作，但白天亦然。在整个白天，睡眠需求会持续累积，如果前晚睡眠太少，白天瞌睡的倾向就很明显。

时钟-依赖警觉过程（clock-dependent alerting process）是脑部在每天特定时刻叫醒我们的过程，它是由位于脑部核心的两个微小的被称为生物钟的神经结构控制的。此"时钟"控制了一系列生理与心理变化的过程，它由于差不多每 24 个小时发生一次而被称为**昼夜节律**［circadian rhythms，该词来源于拉丁语 circa（意为"周期"）和 dies（意为"一天"）］，这种生物钟会受日照的影响：日光是停止**分泌褪黑素**（melatonin，一种导致睡眠的荷尔蒙）的信号。

这两种对立过程——恒定睡眠驱力与时钟-依赖警觉过程交互影响，形成了我们每日的睡眠与清醒的周期。在任一时刻我们是睡是醒要看此二过程的相对力量。在白天，时钟-依赖警觉过程通常会胜过睡眠驱力，但在夜间，我们的警觉会衰退而睡眠驱力变强，到了深夜，该生物钟不再活动，我们就入睡了。

睡眠失常

大约 90% 的成人每晚睡 6—9 个小时，其中又以睡眠时间为 7.5—8 个小时为最大多数。有些人只睡 6—7 个小时，这些人大部分在白天时会显出可测得的睡眠征兆，即使他们本身并不自觉。这表示大多数成人需要 8—9 个小时睡眠时间，否则白天会打瞌睡（Kryger, Roth, & Dement, 1994）。凡是无法安稳睡眠时，就是产生了**睡眠失常**（sleep disorder）现象，这会引起日间活动机能的损害或过度嗜睡。我们在本节中会谈谈一些常见的睡眠失常现象。

睡眠剥夺　无论有意还是无意，人们会偶尔或长期地自我剥夺充足的睡眠。且看以下例子：

> 30% 的高中生和大学生每周至少一次在课堂上睡觉。
>
> 31% 司机在开车时至少有一次睡着过。
>
> 疲乏是危害飞行员能力的主要因素。
>
> 切尔诺贝利与三里岛的核能意外都发生

在清晨，当时夜班工作人员因为太过疲倦而疏忽或搞错了控制面板上的警告讯号（Gallup Organization, 1995; Maas, 1998; Pasztor, 1996）。

盖洛普调查发现有 56% 的成人报告有白天昏昏欲睡的困扰。根据一位睡眠研究先驱的看法，这些人已累积经年的"睡眠债"，多年来已成了"行尸走肉"。他指出："一周每天少睡一小时，等于一整夜没睡。"（Maas, 1998, p.53）睡眠剥夺常见的征兆是，无法随时保持能量充沛且警觉状况，尤其是在中午以后。许多人将它归因于吃太饱、喝了点酒，或诸如坐在温暖房间聆听一段无聊的演讲等环境因素。然而，这些因素并不会引起睡眠——它们只是呈现"睡眠债"而已。只要有充分睡眠，正常人就可以整天精神奕奕的，即使他正从事一件平淡无奇、久坐不动的活动。

睡眠研究已证实，人们如果在获得 8 小时的睡眠后，再多睡 2 小时，可以明显地提高其警觉性。虽说大多数人睡足 8 小时后都能正常、满意地运作，但是他们还不是处在"最佳状态"，他们还是缺少足以弥补当睡眠不足时的安全存量。即使少睡一个小时，也可能提高疏忽、错误、病痛与意外的可能性（Maas, 1998）。

即使无法每天睡足 10 小时，你还是可以好好睡上 8—9 小时以免欠下过多的"睡眠债"。表 6-1 列出了一些确保晚间安睡的技巧。

失眠症　失眠症（insomnia）一词是指对睡眠的量或质不满意的综合征有所抱怨。一个人是否患有失眠症通常是一种主观的认定，当许多抱怨失眠的人被带到睡眠实验室进行研究时，会发现他们其实有相当正常的睡眠状态，反而从有些不曾抱怨失眠的人身上会发现其睡眠受干扰的现象（Trinder, 1988）。这并不表示失眠不是真实情况，而是说失眠只是一种主观报告，未必与客观测得的数据相关。

失眠症有一项比较棘手的特征是人们似乎高估了睡眠不足的程度，一项对自认为是失眠症患者睡眠情形进行监视的研究结果发现，只有大约半数的人夜晚实际醒来最多 30 分钟左右（Carskadon,

Mitler, & Dement, 1974）。这个问题的原因可能是人们只记得保持清醒的时候，而由于没有睡眠时的记忆，所以认为自己未曾入睡。表 6-1 提供了一些信息，告诉你如何确保拥有一个充分休息的睡眠。

突发性睡眠症和睡眠呼吸暂停 突发性睡眠症（narcolepsy）和睡眠呼吸暂停是两种相当罕见但十分严重的睡眠失常。突发性睡眠症患者受到反复的、不可抗拒的昏昏欲睡的侵扰，在任何时间都可能坠入梦乡，例如，写信、开车或谈话。当教授讲课时，如果学生打瞌睡，可能还算相当正常，但如果教授在讲课时睡着了，那就显然是突发性睡眠症。在严重的个案中，这些突发状况一天会发生数次，历时由几秒到 30 分钟不等。突发性睡眠症患者难以维持工作，这是由于他们会在白天睡着，而且存在一些潜在危险：像是正在开车或操作机器时，发生昏睡来袭的情形。一千个人当中大概有一个人会罹患这种使人渐渐衰弱的突发性睡眠症，而轻微的、未被确认的个案可能更多。

基本上，突发性睡眠症是由于快速眼动睡眠突发地侵入白昼时段，患者受到侵袭时就快速地进入快速眼动睡眠状态。事实上，其速度之快可能使患者来不及躺下，就因丧失肌肉控制力而突然崩溃倒地。此外，许多人表示在昏睡来袭时，他们产生了幻觉经验，其逼真程度就像是发生自快速眼动睡眠中鲜明生动的梦境。突发性睡眠症会在家族内部传递下去，而且有证据显示一种特殊的基因或基因组合会导致个体易感染突发性睡眠症（Hobson, 1988; Mignot, 1998）。

在著名的睡眠研究学者威廉·狄蒙（William Dement）的实验中，一只患突发性睡眠症的狗突然入睡。约每一千人中就有一人为这类伤身的睡眠失常症所苦

表 6-1 对夜晚如何获得充分睡眠的忠告

研究者和临床医生对于如何避免睡眠问题已有相当一致的看法，这些忠告现已摘述于表内，有些是基于实际研究的成果，有些则绝对是本领域专家的最佳意见[资料来源：G. M. Pion（1991）"Psychologists Wanted: Employment Trends Over the Past Decade," in R. R. Kilbur（ed.）*How to Manager Your Career I Psychology*, copyright © 1991 by the American Psychological Association.]

· 规律的睡眠时间表：建立一套规律的起床及就寝时间表，将闹钟设定在每天早晨一个明确固定的时间点，并且不论前一晚睡得再少，都必须按时起床。对于小憩的习惯力求一致，不是每天午后稍做休息，就是完全不睡。若你偶尔睡个午觉，当晚则可能睡不安稳，周末赖床也会干扰到睡眠周期。

· 酒精与咖啡因：就寝前喝杯烈酒也许有助于入睡，但会扰乱睡眠周期，使你隔天起得更早。此外，在上床时间前数小时内，应远离含咖啡因饮料，例如，咖啡或可乐。即使对那些声称不受咖啡因影响的人，咖啡因的作用就像是兴奋剂一般，而且每一次身体都需要 4—5 个小时才能将血液中咖啡因含量减半。如果睡前实在必须喝点东西，可尝试喝牛奶，现在已有证据支持下述老偏方：就寝时间喝杯热牛奶可使人易于入睡。

· 睡前进食：上床前切勿吃太饱，因为消化系统仍然必须运作好几个小时，如果睡前实在需要吃点什么，可吃些容易消化的点心。

· 运动：规律的运动可帮助你睡得更好，但不可在临睡前从事剧烈运动。

· 安眠药：服用安眠药必须谨慎，各种安眠药都会扰乱睡眠周期，而且长期服用必定会导致失眠症产生。即使在考试前夕，也应避免使用安眠药，一个晚上没睡好还不至于影响第二天的表现，但安眠药在体内的残留物就可能会产生影响。

· 放松：睡前应避免触及带给个人压力的思考，并且从事有助于放松的和缓的活动。每晚就寝前试着依循相同的惯例而行，包括洗热水澡或花几分钟听轻音乐，同时，将室温调至使人舒适的温度并整晚保持室温恒定。

· 当一切失效时：如果你已躺在床上但仍难以入眠，切勿起身，继续躺着并尝试放松，不过若因无法入睡而使你的心情变得紧张，就暂时起床，做一些平静的事情以降低焦虑。至于以俯卧撑或其他类似的运动来消磨精力的方法，并不是一个好主意。

在**睡眠呼吸暂停**（apnea）案例中，个体在睡眠当中会停止呼吸。产生睡眠呼吸暂停的原因有二：一是脑部无法传达"呼吸"信号给横膈膜及其他与呼吸有关的肌肉组织，致使呼吸停止；二是喉咙顶部肌肉因太过松弛，使气管部分闭合，因此只好强迫与呼吸有关的肌肉用力吸进更多空气，而引发呼吸道完全缩陷的情形。在睡眠呼吸暂停的突发状况中，血液中的含氧度急剧地低落，导致因应紧急状况的激素分泌，而这个反应会使睡眠者为了再度开始呼吸而清醒过来。

大多数人一个晚上会发生数次睡眠呼吸暂停，但有严重睡眠问题的人可能每个晚上都会发生数百次睡眠呼吸暂停，每次他们都会为了恢复呼吸而醒来，但因清醒时间非常短暂，所以通常没有人知道曾如此做过。结果受睡眠呼吸暂停困扰的人每晚可能花 12 个小时或更多时间在床上，但隔天仍因昏昏欲睡而无法发挥身体机能，即使在与人交谈时也可能会打瞌睡（Ancoli-Israel，Kripke，& Mason，1987）。睡眠时的睡眠呼吸暂停通常发生在老年人身上。服用安眠药使清醒更为困难，而拉长了每次睡眠呼吸暂停的时间（在这段时间，脑部处于缺氧状态），因此被证实有致命的可能。

梦

做梦（dreaming）是一种意识的变异状态，梦中所呈现的图像故事以记忆和现实关注或影像和幻想为基础。研究者迄今尚不了解人们做梦的原因，更不要说为何人们的所作所为会出现在梦中。然而，现代研究方法已为许多有关做梦的问题提出解答。我们将在此做些探讨。

每个人都做梦吗？ 虽然许多人到了早晨无法想起所做的梦，但快速眼动睡眠的证据显示出，不记得做过梦的人与记得曾经做梦的人，做梦次数一样多。如果你将那些发誓一辈子从来不曾做梦的人带到梦实验研究室，并在快速眼动睡眠时叫醒他们，所得到的梦境回忆在比例上将与其他人不相上下，如果某些人声称"我从来不做梦"，这话的意思应该是"我记不得所做的梦"。

然而，有研究指出，学前儿童不做梦，且小学生做的梦比成人少得多（Foulkes，1999）。此外，有某类脑伤的成年人似乎也不会做梦（Solms，1997）。有些人可能真的没做过梦。

研究者曾经提出几种假设来说明能否回忆梦境的差异，其中一种可能是，不记得做过梦的人比记得的人较难回忆所做的梦；另一种假设则认为，有些人比较容易于正值快速眼动睡眠期间醒来，所以比其他睡得较熟的人记得更多的梦。最为人普遍接受的梦境回忆模式则主张：清醒时的状况是可否回忆梦境的决定性因素。依照这项假设的说法，除非做梦后出现一段完全不分心的短暂清醒时间，否则梦的记忆无法被凝固下来（Hobson，1988；Koulack & Goodenough，1976）。

其他研究则指出，人们回想梦境的动机与对梦的兴趣，为预估其记得梦境能力的良好因子（Blagrove & Akehurst，2000；Tonay，1993）。若在清醒时我们努力去回想所做的梦，还是可以在稍后记起一些梦的内容，否则，梦就会快速褪去。我们可能知道做过梦，但却无法记得内容。如果你有意要记住你的梦，可在床头摆好笔记本与笔，同时告诉自己要在做梦时醒来，一逮到机会，就立即将梦境巨细无遗地记录下来。当你忆梦的功力大增时，你可从中找到做梦的形态。在任何你觉得奇怪的事情下做标记，并告诉自己，下次发生此类事情时，即表示你正在做梦。（当然，如果你如法炮制，将会丧失一些睡眠！）

梦会持续多久？ 有些梦似乎稍纵即逝，当闹钟响起叫醒我们时，脑海中还留着一些突然发生火灾、消防车随着警笛鸣响呼啸而至的复杂记忆，但由于闹钟仍然在响，我们就假定是因闹钟的声音而产生了这个梦。然而研究指出，不管是闹钟铃声还是其他声音，都只是恢复了稍早来自记忆或梦境中的完整影像。类似的经验如，醒着的时候，单一线索可以引出大量而丰富的回忆。有关一般梦的长度，可借由将被试从快速眼动睡眠中唤醒并要求重新表演梦境内容的研究中加以推论（Dement & Wolpert，1958）。他们以哑剧方式重现梦境所花的时间，几乎与快速眼动睡眠阶段历时相同，这意味着梦中发生的事件若存在于真实生活中，通常会持续大约相等的时间。

我们都喜欢有个好梦，但是我们通常很难控制梦的内容

人们知道当时他们正在做梦吗？ 这个问题的答案是"有时知道"。人们可以被训练去辨识出当时他们正在做梦，而且知觉过程不会妨碍梦的自然产生。例如，曾有人训练被试当注意到自己正在做梦之时，就按下一个开关（Salamy，1970）。

有些人会产生**神志清醒的梦**（lucid dreams），梦中的事物似乎相当正常（缺乏大部分梦境中稀奇古怪及不合逻辑的特征），以至于做梦者觉得自己是清醒而且有意识的。神志清醒的做梦者叙述他们在梦中会从事各种"实验"以确定自己究竟是醒着的还是在做梦。他们都报告了一种梦中偶尔产生的"假清醒"现象，例如，一位做着神志清醒的梦的人发现自己正在做梦并决定招一部出租车作为他掌控整个事件的指标，当他将手伸进皮夹时思忖着，如果可以拿出一些零钱付给司机先生，那就是已经醒过来了，然后他发现硬币散落在床边，然而就在此刻，他才真正清醒过来，而且看见自己躺在另一个不同的位置，当然也没有任何硬币存在（Brown，1936）。然而，值得注意的是，只有极少数人能经由一些程序达成此类梦境（Squier & Domhoff，1998）。

人们可以控制梦的内容吗？ 心理学者证明，通过改变人们的环境或睡前阶段向被试提供暗示，之后再就梦的内容加以分析，就可能对梦的内容产生些许控制作用。在一项研究中，研究者故意让被试在睡前几个小时一直戴着红色遮目镜，并测试所带来的影响。虽然研究者不曾提出任何实际的暗示，被试也不了解实验目的，但结果许多被试仍然报告他们视觉可及的梦中世界被笼罩在淡淡的红色中（Roffwarg, Herman, Bowe-Anders, & Tauber, 1978）。另外在一项外显睡前暗示（overt predream suggestion）效果的研究中，要求被试试着去做有关他们希望拥有的人格特征的梦，结果大部分被试至少会在一个梦中表现出所欲拥有的特质（Cartwright，1974）。尽管有这些研究发现，大部分研究还是找不到人们可以实际控制梦境的证据（Domhoff，1985）。

梦的理论

有关做梦睡眠的功能最早的理论之一是由弗洛伊德提出的。在弗洛伊德的著作《梦的解析》（*The Interpretation of Dreams*，1990）中，他认为梦"为

通往心灵无意识活动的知识，提供了一条辉煌的道路"。他也相信，梦是一种企图欲望实现（wish fulfillment）的伪装。基于此，他表示梦能触及个体发现自己无法接受而必须被压抑到无意识里的各种欲望、需求或想法（例如，对异性父母的恋亲渴望）。这些欲望和想法是隐性梦（latent content），弗洛伊德使用"监视者"（censor）为隐喻来说明由隐性梦到显性梦（manifest content）之间的转换作用（其中的特征和事件组成了梦中实际的故事情节）。弗洛伊德认为，监视者可以保护睡眠者，使他们得以用象征性的手法表达出被压抑的冲动，同时避免如果这些冲动不以伪装的形式出现在意识时将会产生的罪恶感或焦虑。

由隐性梦到显性梦的转变是经由"梦工作"（dream work）而完成的，正如弗洛伊德所称，梦工作的功能是使无意识内容以编码及伪装的方式进入意识状态。然而，有时候当梦工作失败时，焦虑就会唤醒睡眠者。基本上梦是为了表达欲望和需求的实现，若在意识中承认这些欲望或需求的存在，就会使人过于痛苦或引起强烈罪恶感（Freud，1933）。

对无意识的后续研究挑战了弗洛伊德理论的这一论点。在调查了许多做梦的研究后，费什与格林伯格（Fish & Greenberg，1977，1996）下此结论：梦境内容是有心理意涵的，但是他们并不支持弗洛伊德所谓隐性与显性梦的分类。虽然大多数学者均同意弗洛伊德认为梦是聚焦于情绪事件的一般论点，但却质疑"梦工作"以及梦是为了实现欲望的概念。

自弗洛伊德以来，许多理论曾被提出以解释睡眠和梦的角色。例如，伊凡斯（Evans，1984）将睡眠——尤其是快速眼动睡眠——视为一段脑部脱离外在世界的时间，并利用这段"脱机"（off-line）时间，仔细筛选白天输入的信息，再将之并入既存记忆中（参阅 Crick & Mitchinson，1983）。我们对于这个发生在快速眼动睡眠的过程毫无意识。然而，在梦中，脑部将暂时回来重新联机（on-line），意识心灵就会观察到发生修改及重组的少量信息样本，脑部会以诠释来自外在世界刺激的同样方式来诠释这些信息，同时引起虚构事件而形成了梦境。因此，依照伊凡斯的说法，梦只是快速眼动睡眠时被扫描及分类之大量信息中，被意识心灵瞬间察觉的小样本，如果当时我们醒来，就会记得正在做梦。伊凡

斯相信梦对于推论快速眼动睡眠过程有所帮助，但这些推论所根据的只是一个极小的样本。

其他学者采取了不同的研究取向。霍布森（Hobson，1997）即注意到做梦具有似真的视觉意象（近似幻觉），只是人、事、地点不连贯（近似失去定向感），且不能回忆（近似失忆症）。因此做梦类似谵妄。有学者认为梦可能具有解决问题的功能（Cartwright，1978，1992，1996），然而此说法受到方法方面的挑战（Antrobus，1993；Foulkes，1993）。此外，梦的内容因文化、性别，以及做梦者的人格而异，显示出梦还是有其心理意涵的（Domhoff，1996；Hobson，1998）。梦境可能反映出个人的冲突，但不必然具有解决这些冲突的功能（Squier & Domhoff，1998）。

只有半数的梦包含与发生在前一天事件有关的元素（Botman & Crovitz，1992；Hartmann，1968；Nielson & Powell，1992）。更甚的是，对梦的内容进行系统性分析后发现，其攻击率远高于友善的互动；事实上，梦中的谋杀率为每10万件有2,226件，远比真实世界中高出许多（Hall & Van de Castle，1996）！此外，梦中也较多消极情绪，因此，我们不能单纯地把梦当作前一天白天活动的延续。就另一方面而言，学者一再发现，人们经年累月所做的梦有相当的一致性。多姆霍夫与施奈德（G. William Domhoff and Adam Schneider，1998）即指出：

我们分析了长期的梦境日记后发现：人们经年累月所做的梦有惊人的一致性，其中包括两则迄今长达四五十年的最长梦境分析。梦境与清醒生活间仍有惊人的连贯性，可从中准确预测做梦者关心与感兴趣的事。这些研究表明，梦还是有意义的。

梦的分析还发现，梦的内容在年龄、性别与跨文化间有其相似与相异性，令某些学者提出做梦为一种认知过程的看法（Antrobus，1991；Domhoff，1996；Foulkes，1985）。本领域的早期研究指出，梦似乎在表现某些概念与兴趣（Hall，1947，1953）。但是做梦还是不同于清醒时的思想，因为它缺少意图与反思（Blagrove，1992，1996；Foulkes，1985），这些论者也不认为做梦有解决问题的功能。做梦只是一种认知的活动，因为它们与清醒时的思想和行为间有连贯性。诚如多姆霍夫所言："人们在梦中所表关切的事情正是他们在清醒生活中所关注的；他们梦到的，也正是他们清醒时所思所为。"（Domhoff，1996，p.8）父母会梦见孩子；30岁以下的人比年长者较常梦到攻击性的梦，而且女性较常为梦中的受害者。这些组型正支持多姆霍夫与其他学者所谓的梦境"连续性理论"，主张做梦是种反映每个人的概念、兴趣与主要情绪的想象过程。

◆ 小结

睡眠是一种意识变异的状态，由于睡眠期过程与深度明显的节奏性，因而引起了学者的研究兴趣。这些节奏可借由脑电图（EEG）进行研究。

脑电波显示出四种睡眠阶段（深度），再加上第五个眼球快速运动（REMs）为特征的阶段。这些阶段整晚不断地交替出现。梦境较常出现在快速眼动睡眠，而较少出现在其他四个阶段（NREM睡眠）。

睡眠对立模式提出睡眠有两种相对的过程——恒定睡眠驱力与时钟-依赖警觉过程——两者交互作用，以决定我们是倾向于睡着还是保持清醒。在任一时刻我们会睡着还是清醒，主要看这两个过程相对力量的消长情形。

存在多种睡眠障碍，包括睡眠剥夺、失眠、突发性睡眠症与睡眠呼吸暂停。

弗洛伊德将做梦归因于心理因素，而区分显性与隐性的梦，并指出梦是伪装的欲望。

其他一些学者将梦视为大脑在睡眠期间进行信息处理过程的一种反映。

晚近一些学者综论道：做梦只是反映出个人概念、关切的事物与情绪关注所在的认知过程。

◆关键思考问题

（1）梦的理论如何解释此例：人们为何会梦到从未预期会真的发生的事件？

（2）你认为什么人格特征会与记得梦境的倾向有关？

第三节 冥想

在**冥想**（meditation）中，一个人可借由执行某些仪式或运动而达到意识的变化状态，这些运动包括控制并调整呼吸、强烈地限制一个人的注意范围、排除外在刺激、采取瑜伽术的身体姿势，以及形成某一事件或符号的心像。冥想的结果能温和、愉悦地改变主观的状态，使人身心均感放松。有些人在广泛运用冥想后，会产生神秘的经验，觉得丧失了自我觉察功能，但获得了一种更加广阔却也相当清晰的意识，这种引起意识状态产生变化的冥想技术可回溯至远古时代，在每一个重要的世界性宗教中都曾出现过，在佛教徒、印度教徒、苏菲派穆斯林、犹太教徒，以及基督教徒中，都有文献描述引发冥想状态的仪式。

传统的冥想形式依循着瑜伽术的实际应用，瑜伽术是一种植根于印度宗教或来自中国及日本佛教禅宗（Zen）的思想系统。冥想有两种常见的技术，一是**开放性冥想**（opening-up meditation），此时个体必须澄清心灵以接受新的经验；另一种是**集中性冥想**（concentrative meditation），这时被试必须积极地专注于某一物体、文字或思想上才能获益，下面是一段关于开放性冥想的代表性叙述：

> 这个步骤始于下定决心不为不思，不勉强自己，完全放松，让心灵与身体自由……摆脱心中变化万千的思绪及情感的潮流，从旁注视它急奔而去但不被淹没；换一种隐喻来说……要注视你的思想、情感及欲望，这些就像一群飞翔在苍穹中的鸟儿，要让它们自由翱翔，只要保持注意，不要让鸟儿将你带入云中（Chauduri, 1965, P.30–31）。

以下还有一段关于集中性冥想的叙述：

> 这些课程的目的是为了学习集中注意力，你的目标就是将注意力集中在这只蓝色花瓶上，所谓的集中，我并不是指分析花瓶的每一个部分，相反地，应该以花瓶本来存在的面目去看待它，不要与任何其他事物扯上关系，排除所有其他的思想、情感、声音或身体的感觉（Deikman, 1963, p.330）。

经过了几节集中性冥想的课程后，被试通常会报告若干效果：一种对花瓶变得更强烈的知觉；时间缩短，尤其是回想时的时间；矛盾的知觉，仿佛看见花瓶时而出现眼前、时而消失；外在刺激效果减低（较不分心，也较不会将刺激记录到意识之中）；将冥想状态视为喜乐及酬赏的印象。

冥想的实验研究，对一个人历经多年进行冥想练习及训练所达到的意识状态变化，只提供了相当

冥想的仪式，包括：调整呼吸、限制个人的注意范围、去除外在的刺激，以及形成某事件或符号的心像等。传统的冥想形式是在瑜伽之后进行的

有限的了解及领悟，布朗（Brown, 1977）在一部流传了数世纪之久的西藏佛教经典研究报告中，曾经描述要熟练掌握这项技术所必须经历的复杂训练，他也提出在不同的冥想阶段中，会产生可预期的认知变化［在这类型冥想中，人们将历经5个阶段以达到一种无思、无觉、无我的状态，即集中心神的禅定（samadhi）］。

冥想可能降低生理激发状态（尤其是容易感受压力的人），因此对那些正受焦虑紧张之苦的人来说很有价值。我们将在第十四章讨论运用冥想以解除与压力有关的心理疾病。有些学者宣称冥想的功效主要来自身体的放松（Holmes, 1984）。的确，一项检视EEG的研究指出，大多数练习超觉静坐的人，在生理睡眠时，大部分时间是处于冥想状态中（Younger, Adriance, & Berger, 1975）。另一些学者则认为，冥想对心理的功效可能在于学会摒弃反复与困扰的思想（Teasdale et al., 2000）。

◆小结

冥想是通过有计划的仪式或运动，例如，瑜伽或禅，来改变意识。

冥想的结果，是个体极端放松并觉得与外在世界分离的一种略为神秘的状态。

（1）每天练习冥想的人常会表示，冥想使他们在度过漫长的一天后变得更平静，更能面对压力。如果当真如此，有什么说法可以解释这些效果呢？

（2）有些证据指出，冥想可以增进身体健康。如果当真如此，可能是什么机制产生了这样的效果？

第四节　催眠

在所有意识的变异状态中，没有比催眠（hypnosis）更能引起争议的了，因为催眠曾经被认为与神秘事物有关，所以就成了严密科学调查研究下的主角，虽然在所有心理研究领域中，仍有无法确定之处，但目前已经建立了许多事实资料。本节即将探讨此一争议的现象。

催眠的诱导

在催眠状态下，一个有意愿且合作的被试（在大多数情况下，也只有这类型的人可以被催眠）会对催眠师放弃一些自身行为的控制权，而接受某种现实扭曲现象，催眠师则使用各种方法来诱发这种情形。例如，被试可能被要求将所有心思集中于一个小目标上（像是一枚在墙上的图钉），同时逐渐放松身心，这时就可产生睡眠的暗示作用，因为催眠如同睡眠一般，也是一种松弛状态，在这种状态下，个人已无法接受正常环境要求。不过睡眠只是一种隐喻，被试会被告知他并非真正睡着，而将继续倾听催眠师说话。

除了松弛之外，还有其他方法可以诱发相同的状态。高度警觉的催眠恍惚，其特征为逐渐增强紧张和警觉，而且所诱发恍惚的过程是动态的：例如，在一项研究中，被试一边骑着固定式脚踏车，一边暗示其用力和保持警觉，这时被试对催眠暗示的反应就如同传统上放松的被试一样（Banyai & Hilgard，1976），这个结果推翻了一般人将催眠视为处于松弛状态的想法，反而与某些伊斯兰戒律，要求教徒不停快步绕圈行走所诱发恍惚状态的做

法相近。

现代的催眠师不再使用权威式命令，只要稍做训练，被试的确就可以自我催眠（Ruch，1975）。当条件符合时，被试即可进入催眠状态，催眠师仅仅是协助设定这些条件，以下是催眠状态特有的改变：

停止规划：深陷催眠状态的被试并不想有任何活动，而宁愿等待催眠师的指示做事。

注意力变得比平时更具选择性：当被试被告知只倾听催眠师的声音时，他会忽略房间里的其他声音。

容易唤醒丰富的幻想：被试可能会发现置身于另一个时空而产生愉快体验。

减少对现实感的测试并接受现实扭曲现象：被试可能不加辨别地接受幻觉经验（例如，与一位认为坐在邻座的想象人物交谈），而不会去查核这个人物是否是真实的。

接受暗示性增强：被试必须接受暗示以便完全被催眠，但是否在催眠状态下会增加接受暗示性则仍然有所争议。谨慎的研究结果发现，在催眠诱导下接受暗示性确有某种程度的增强，虽然其程度不如一般的假设来得高（Ruch，Morgan，& Hilgard，1973）。

一位治疗师正在诱发催眠状况。并非所有的个体对催眠均有同样反应

常常出现催眠后遗忘：当一个高度反应的催眠被试会如催眠师所要求的忘记所有或大部分催眠期间发生的，若预先安排了解除信号，则一旦出现该信号时，记忆就会恢复。

不是所有被试对催眠均有相同反应，如图 6-4 所示，即使由技术高超的催眠师催眠，仍然约有 5%—10% 的人无法被催眠，其他人也显示出不等程度的敏感性。然而，如果一个人在某种情况下被催眠，他就可能在另一种状况中同样容易接受暗示（Hilgard，1965；Piccione，Hilgard，& Zimbardo，1989）。

催眠暗示

对被催眠的被试施予暗示将会造成各种行为与经验：个人的动作控制可能受到影响、新记忆可能丧失或旧记忆可能再次经历、当时的知觉状态也可能被彻底改变。

动作控制　许多被催眠的被试在直接暗示下会反应为无心的动作，例如，若一个人站着，双手平伸，手掌相对，当催眠师暗示被试双手相互吸引时，两只手就会很快合在一起，被试将感到双手被外力驱使着。直接暗示也会抑制动作，如果一个接受暗示的被试被告知其手臂是僵直的（就像一根铁棒或绑着夹板的手臂），然后要求他将手臂弯曲时，手臂将无法弯曲，或需要比平常更大的力气才能使手臂弯曲，这种抑制反应比控制动作通常更少发生。

对于已经从催眠状态中清醒的被试，可使其配合催眠师预先安排的信号做出动作反应，这称为**催眠后反应**（posthypnotic response），即使被试已经忘记暗示是什么，他仍会觉得有一股冲动去完成这些行为，而且就算这股行为表现的冲动非本意驱使，他们可能会尝试为这些行为做合理的辩护。例如，一位年轻人会寻求合理解释来说明为何当催眠师取下眼镜（预先安排的信号）时，他就注意到房间里觉得有点窒闷并打开窗户。

催眠后遗忘　在催眠师的暗示之下，催眠期间发生的事物将被"忘记"，直到催眠师发出信号，被试才能回想起这些事情，这被称为**催眠后遗忘**（posthypnotic amnesia），被试对催眠后遗忘的暗示性

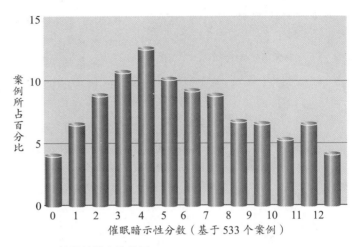

图 6-4　催眠性的个体差异
被试被催眠后，实施 12 个不同的催眠暗示。他们对每个暗示的反应只以"有"或"无"计分，每位被试呈现"有"的总反应数即为催眠性得分，得分从 0（没有反应）到 12（所有暗示都有反应）。大多数人落在中间的范围（资料来源：Hilgard,1965）

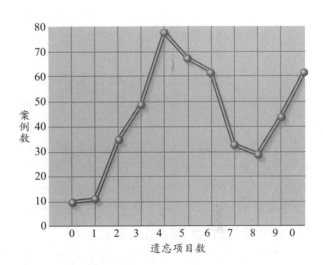

图 6-5　催眠后遗忘的分布情形
当被试处于催眠状态下，让他们表现出 10 项动作，随后施予催眠后遗忘的命令，再要求被试回忆催眠期间发生的状况。被试在无法回忆的动作数量上有所差异，忘记的程度由 0 个项目到 10 个项目，这项实验共包括 491 位被试，图中标注出每一个遗忘程度的被试人数，这些注记显示出双峰分布，且催眠后遗忘的高峰落在 4 个及 10 个遗忘项目上（资料来源：Cooper, 1979）

差异很大，如图 6-5 所示，研究中要求被试回忆 10 项在催眠状态下所表现的动作，少数被试完全记得或只忘记一两个项目，大部分被试忘记四或五项动作；然而，也有为数不少的被试完全不记得所有 10 项动作。这种结果在许多催眠后遗忘的研究中均被发现，显示出两组特质不同的被试：一组回忆量较高的被试人数较多，大致代表一般的催眠反应者；而另一组人数较少，完全忘记 10 项动作的人，被形容为

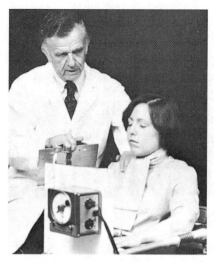

在被试接到知觉麻痹的催眠暗示后，将手放入冰水时，完全不会感觉任何疼痛。然而，当西尔格德博士将手放在被试肩上并释放出"隐藏的观察者"时，被试则表示感受到了疼痛

"催眠通"（hypnotic virtuosos）。

在催眠后暗示下所呈现的两组不同回忆量与记忆能力的差异并无显著相关：一旦催眠师发出预设信号消除被试的失忆状态，则高失忆量被试所能记得的项目与低失忆量被试一样多。有些研究者认为催眠会暂时干扰人们由记忆中提取特定项目的能力，但并不影响真正的记忆贮存量（Kihlstrom，1987）。

正幻觉及负幻觉 有些催眠经验需要具备较高程度的催眠天赋者才能体验，例如，一些鲜明的、使人信以为真的知觉扭曲幻觉就相当罕见。有两种已被证实的暗示性幻觉，包括**正幻觉（positive hallucination）**（即被试看见一个物体或听到一种声音，但这些都未真正出现），以及**负幻觉（negative hallucination）**（即被试无法知觉在正常情形下可以被察觉的事物）。许多幻觉同时包含了正、负幻觉，当被试为了不要看见一个人坐在椅子上（一种负幻觉），就必须透视椅子在正常状态下视线被人阻隔的部分（一种正幻觉）。

幻觉也可能在催眠后暗示的结果中发生，例如，可能告知被试：由催眠状态中清醒时，将会发现自己手握一只需要人抚摸的兔子，而且这只兔子将会问道："现在几点钟了？"对大多数被试而言，看见及抚摸兔子似乎是很自然的，但当他们发现自己说出正确时间之时，满怀惊讶，并试着要为这个举动寻求合理的解释。典型的反应是说："我是真的听到有人在询问时间吗？太可笑了，似乎是只兔子在发问，但兔子并不会说话呀！"

负幻觉可以有效地用来控制疼痛，在许多案例中，即使疼痛的来源仍在持续中，例如，严重烧伤或骨折，催眠仍然可以排除痛苦。不再察觉在正常状态下可被察觉的事物（像是疼痛），就是符合负幻觉的反应。通过催眠以有效纾解疼痛时，并不需完全减除痛苦，只要减少20%的疼痛就可以让病人好过一些。实验研究指出，痛苦量的降低与测得的催眠性程度有着密切相关（Crasilneck & Hall，1985；Hilgard & Hilgard，1975）。

隐藏的观察者

隐藏的观察者（hidden observer）概念源于西尔格德（Hilgard，1986）对许多被催眠的被试所进行的观察。整体而言，有一部分不存在于知觉中的心灵，似乎密切注意着被试的经历，他的研究发现如下所述：

西尔格德发现催眠状态下存在着思想双轨并行的情形，相当戏剧化。那时，他正以一位有经验的被试为全班学生示范催眠作用，在催眠状况下，被试看不见任何东西。接着，西尔格德诱导被试进入耳聋状态，并告诉被试，直到一只手放在他肩上时，他才可以听见，由于被试被阻绝于周遭环境刺激之外，厌烦之余便开始想着其他事情。这时西尔格德向全班学生说明被试对声音及说话如何不加反应，然而当被试被问及是否真如其表现般没有反应时，虽然被试仍处于催眠性耳聋状态下，在众人沉寂噤声中，西尔格德询问被试是否仍有"体内某部分"可以听见，如果真是如此，就请他举起食指。结果，在包括被催眠的被试本身及众人的惊讶之下，被试举起了食指。

这时，被试希望知道发生了什么事情，于是西尔格德将手放在被试的肩上使他得以听见，并承诺被试稍后将向他说明一切缘由，但同时立刻询问被试是否记得什么事。在被试的记忆中，一切事情变得静止不动，烦闷之际，他就开始思考一个统计问题，然后觉得自己的食指举起来了，因此他希望知道为何如此。

在再次指示被催眠的被试不能听见自己所说的话后，西尔格德要求被试"体内先前倾听我说话并且使手指举起的那一部分"提出报告，这时出现了被试知觉的第二部分——可听见一切发生的事并且将之报告出来。西尔格德以一个很贴切的隐喻来形容这个超然的目击者——"隐藏的观察者"（Hebb，1982，p.53）。

因此，隐藏的观察者这个比喻是指一个心理建构，可通过监督所有发生的事情，包括被催眠的被试在意识上无法以知觉察知的事情在内。在许多实验中已证实有隐藏观察者的出现（Kirsch & Lynn，1998）。在解除痛苦的研究中，被试一方面能够以自动书写或口述方式形容痛苦的感觉，但同时其意识系统则接受并响应痛苦解除的催眠暗示。西尔格德及其同事曾经比较这些现象与日常生活经验中，个体将注意力分配于两项作业上的差别，诸如一边驾驶，同时又与人交谈；或是演讲的同时，也评估自己演讲时的表现。

隐藏的观察者实验虽然已在许多实验室及临床机构重复进行，但其方法论的根据仍遭受质疑，怀疑者认为：顺从的暗示性要求可产生同样的结果（例如，见 Spanos，1986；Spanos & Hewitt，1980）。在一项特别设计用以确定顺从角色的实验中，研究者证实真正的催眠反应与单纯的顺从能够加以区别，他们要求已确定为低催眠性的被试伪装催眠状态，同时高催眠性的被试则是自然地表现出催眠行为，实验者并不知道每位被试归类于哪一组别，而伪装者也确实依照暗示要求所期待的方式表现，然而伪装者主观经验的报告却显著不同于真正被催眠的人（Hilgard，Hilgard，MacDonald，Morgan，& Johnson，1978；Zamansky & Bartis，1985）。

催眠作为一种治疗 催眠被用来治疗许多生理与心理疾病（见 Lynn，Kirsch，Barabasz，Cardena，& Patterson，2000；Pinnell & Covino，2000）。医药方面，催眠被用来减轻与医疗、牙科治疗过程、气喘、肠胃疾病等有关的紧张焦虑，因癌症化疗引发的恶心呕吐，以及一般的疼痛管理。在心理治疗方面，曾运用催眠来协助人们克服药瘾。催眠被运用在治疗方面的最大争议在于情绪困扰方面的处理。支持者认为，催眠被运用在治疗上，可让治疗者获知心理问题背后的压抑记忆；反对者则质疑在治疗过程中催眠的此种用法（见 Ofshe & Waters，1994；Loftus & Ketchum，1994），他们主张，催眠只是治疗者将假记忆植入病人的心里，其中还包括根本从未发生过的恐怖虐待经验记忆。我们将在第八章讨论这些反对者所提供的证据。

◆ **小结**

催眠是个人集中注意力于催眠师及其暗示，并对其有所响应的状态。

虽然大多数人多少具有接受暗示性，但有些人比其他人更容易被催眠。

催眠反应的特征包括增加或减少动作控制，通过催眠后遗忘会出现记忆扭曲，以及正、负幻觉。

减轻疼痛是催眠的良性使用方法。

◆ **关键思考问题**

（1）你认为你会是一个容易被催眠的人吗？为什么？

（2）假如催眠只是将虚假的意念植入可接受暗示者的心里，那么这是否意味着催眠现象是不真实的？

第五节　精神药物

除了冥想与催眠外，药物也可用来改变人们的意识状态。自古代起，人们就使用药物来改变意识状态，包括兴奋或松弛、进入梦乡或防止入睡、增进正常知觉或产生幻觉。"药物"一词可被用来指称任何可以通过化学方式改变有机组织的功能的物质（而非食物）。这些可影响行为、意识状态及（或）

虽说烟酒均合法，但它们也算是精神药物，因为它们会影响行为、意识与心境

心情的药物被称为**精神药物**（psychoactive drug）。它们不仅包括街头流行的药物（如海洛因及大麻），还包含了镇静剂、兴奋剂，以及我们相当熟悉的药物（如酒精、尼古丁及咖啡因）。

　　药物合法与否未必即反映出其危险性。例如，咖啡因（咖啡）完全合法，可不受管制；尼古丁（烟草）使用则稍受限，时至今日它尚未被纳入美国药物与食品管理局管制之列；酒类常受管制，但却是合法的；至于大麻则是非法的。然而值得争议的是，上述物质中，尼古丁却是危害最大的，因为它造成每年约 36 万死亡案例。今天，我们甚至可以好好质疑引介与制造尼古丁的合法性。

　　概念摘要表将一般常使用及被滥用的精神药物列出并加以分类。被用来治疗心理异常（见第十六章）的药物也会影响心情和行为，因此，可视之为精神性药物，不过，在此并未将其列入表中，因为它们很少被滥用，且大部分无法立即发挥效果，也不会使人有特别愉悦的经验，唯一的例外是少数可经医师开方治疗焦虑症的轻镇静剂，有时候会被滥用。咖啡因与尼古丁仍被列入表中，虽然两者都是兴奋剂且有害健康，但是却不会造成意识的明显改变，因此本节中不拟讨论。

　　过去 40 年来，美国境内非法物质的泛滥与滥用的普遍情形与日俱增。从 20 世纪 60 年代至今年轻人与其父辈或祖父母辈相比，有越来越多人在其生命中尝试过诸如大麻、可卡因或海洛因等非法物质（见图 6-6），而且大多数在 20 岁前即使用某种非法物质。调查发现，有过半数的青少年在 17 岁之前即尝试过非法物质（包括大麻）（NIDA，2002）。

　　许多青少年与年轻的成年人使用药物，都是一种试验性质。常见的情形是，年轻人只喝过几次酒或吸食大麻甚至是海洛因或可卡因，但长大后并非长期或持续性使用。然而，有些物质可在脑部造成强大的增强效果，使得许多服用过该物质的人，即使是试验性的，也会越来越渴求该物质而难以抗拒。

概念摘要表

一般常使用及被滥用的精神药物

表中各类药物只列举了少数例子，而且依其为人熟知的程度，兼用了属名［例如，磷酰羟基二甲色胺（psilocybin）］或商标名［如名为"克沙拿"（Xanax）的抗焦虑剂，或名为"速可眠"（Seconal）的司可巴比妥］

抑制剂（镇静剂）	兴奋剂
酒精（乙醇）	安非他命
巴比妥钠	苯异丙胺
戊巴比妥钠	右旋苯异丙胺
司可巴比妥	脱氧麻黄碱
轻镇静剂	可卡因
甲丙氨酯	尼古丁
克沙拿	咖啡因
二氮平	
吸入剂	迷幻药
涂剂稀释液（松脂油）	LSD
强力胶	梅斯卡林
	磷酰羟基二甲色胺
	苯基环状物
鸦片剂（麻醉剂）	大麻属
鸦片及其衍生物	大麻
可待因	印度大麻
海洛因	
吗啡	
美沙酮	

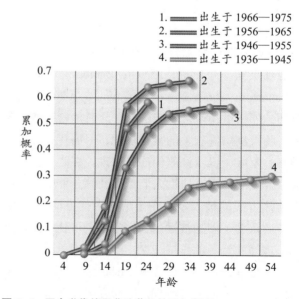

1.——出生于 1966—1975
2.——出生于 1956—1965
3.——出生于 1946—1955
4.——出生于 1936—1945

图 6-6　四个世代使用非法药物的累加概率

近些年出生的人在一生中某时期使用非法药物的或然率，较早些年出生者更高［资料来源：L. A. Warner, R. C. Kessler, M. Hughes, J. C. Anthony, & C. B. Nelson.（1995）. Prevalence and correlates of drug use and dependence in the United States. *Archives of General Psychiatry*, 52,219–229.］

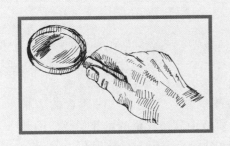

前沿研究

发现吸烟基因

大多数探讨为何有些人会吸烟的研究，都集中在导致人们吸烟的社会压力上。然而，另一些对吸烟的研究，却聚焦在基因对吸烟行为的解释上，以及对尼古丁成瘾风险的影响上（Pomerleau & Kardia，1999）

第一篇指出基因在吸烟中扮演重要角色的研究报告，是由费希尔（Fisher，1958）所提出的，他发现有相同基因组成的同卵双生子，在吸烟行为上的相似性，远比异卵双生子大，而后者基因组成相似性并不比手足间高。后续的一些研究也支持此研究结果。休斯（Hughes，1986）整理了18个双生子吸烟的研究后总结道：吸烟行为的58%变异量可归因于基因成因。

基因影响吸烟行为的可能方式并无所悉，直到先进的基因研究技术被运用到吸烟的研究上。此新的研究是聚焦于神经递质多巴胺上，因为尼古丁之所以具有增强作用性质，可能部分归因于：它可以刺激多巴胺的分泌并抑制其回收，因而导致突触中多巴胺的水平居高不下（Perkins & Stitzer，1998）。多巴胺受体基因（DRD2）与多巴胺传导基因（SLC6A3），可能在遗传上影响突触中多巴胺的量及多巴胺反应的变异性，进而影响尼古丁的增强作用（Pomerleau & Kardia，1999）。拥有特定DRD2或SLC6A3基因多形体的人，其突触有较多的多巴胺，因而比缺少这些多形体者，更不可能成为吸烟者（Lerman et al.，1999）。此外，有SLC6A3多形体的吸烟者会比无此基因者，更可能成功戒烟（Sabol et al.，1999）。

上例只是基因影响吸烟的众多可能途径之一（Pomerleau & Kardia，1999）。例如，有乙酰胆碱尼古丁受体，它们是尼古丁进入中枢神经系统的入口，因而得以调节尼古丁的作用（Picciotto et al.，1998）。目前，在这些人类尼古丁受体的多形体研究中，尚未有基因研究的证据，然而，这似乎是未来研究的良好目标。本领域的研究者期望在对吸烟行为的遗传方面有更清楚的了解后，能带领我们指认出处境危险的人，并发展出包括开发新药在内的多种有助于协助人们戒烟的更好的治疗方式。

此外，有些人体质上有易感性（vulnerability），很容易在身体或心理上"沾染"上这些物质，即便只是尝试性地浅尝小用，也可能带来危险。

列在概念摘要表内的药物，均是假定它们在脑中会以特定的生化运作方式影响行为与意识，个体若一再使用任何一种药物，就会变得很依赖它。**药物依赖**（drug dependence）具有以下特征：（1）**抗药性**（tolerance），即由于持续使用药物，使人必须一次比一次服用更多的药物来达到相同的效果；（2）**戒断**（withdrawal），即如果停止使用药物，个体将体验到极不愉快的身心反应；（3）**强迫用药**（compulsive use），即个体会不由自主地服用比原先意图更多的药物，虽然也试着去控制用量，但却无法做到，而且耗时费力只为将药物拿到手。

各种药物在抗药性发展的程度与戒断综合征的严重性上互有不同，例如，鸦片剂的抗药性发展得十分迅速，而且重剂量使用者一次服用的量就足以使未使用者致命；相对地，大麻烟吸食者就较少形成高度抗药性。在戒断综合征方面，大量持续使用酒精、鸦片剂及镇静剂后的戒断综合征是相似且容易观察到的，但使用兴奋剂的戒断综合征虽也相似却较不明显，而即使多次吸食迷幻剂后也不会存在戒断的综合征（American Psychiatric Association，2000）。

虽然抗药性和戒断综合征是药物依赖的主要特征，它们在诊断中并不重要，但当一个人表现出强迫用药模式却没有抗药性或戒断迹象时——就如同某些吸食大麻者一般，这时仍被视为药物依赖现象。

药物依赖通常有别于**药物滥用**（drug abuse）。后者是指，一个未依赖药物的人（即未显出任何抗药性、戒断综合征或强迫用药渴望的人）虽然已被告知滥用药物的严重后果，但他仍会持续使用药物。

例如，一个过度放纵于酒精并导致重复出现意外事故、旷工或婚姻问题的人（却没有依赖的征兆），可被称为酒精滥用。

本节中，我们将检视几种精神药物及其对使用者可能造成的影响。

抑制剂

抑制中枢神经系统的药物包括镇静剂、巴比妥酸盐（安眠药）、吸入剂（挥发性溶剂与液化气体），以及普通酒精，其中使用最广也最常被滥用的是酒精，因此，酒精是我们讨论**抑制剂**（depressant）时的焦点所在。

酒精及其影响　在许多文化中都有喝酒的风俗。酒类可选的原料：各种不同原料加以酿制，包括谷类（如黑麦、小麦与玉米）、水果（如葡萄、苹果与梅子），以及蔬菜（如马铃薯）等。经过蒸馏过程，发酵后的饮料所含酒精浓度就会增加到烈酒的程度，像威士忌或朗姆酒。

饮用酒中所含的酒精被称作乙醇，是由一种相当小的、很容易立即被吸收进体内的分子构成的。酒一旦被咽下，就会进入胃与小肠，这些地方有密集的微血管，使得乙醇分子得以快速地进入血液。一旦进入血液，即可快速地流遍全身进入体内器官。虽然酒精是平均遍布全身，但脑部最会最快感受到它的影响，因为心脏随时泵出大量的血液流到脑部，而脑部的脂肪组织对酒精的吸收非常好（Kuhn，

Swartzwelder，& Wilson，1998）。

利用酒精检测仪测量人们呼气时所含的酒精量，可得到一项血液中酒精含量的可靠指数，因此可以相当容易地判断血中酒精浓度（blood alcohol concentration，BAC）与行为间的关系。当血中酒精浓度达到0.03%—0.05%时（即每100毫升血液中含有30—50毫克酒精），酒精就会使人产生头昏眼花、松弛、不再自制的现象，人们会以异于平常的方式说话，变得比较友善亲和、心胸开阔，同时自信心增强，动作反应却变得迟缓。结合这两项效果，使得酒后驾车相当危险。

当血液中酒精浓度达到0.10%时，感觉及动作功能开始明显受损，说话会含糊不清，动作协调困难，有些人会变得易怒且具攻击性，有些人则反而沉默忧郁。当血液中酒精浓度达到0.20%时，饮酒者已严重地丧失功能。当血液中酒精浓度达到0.40%程度时，就可能致命。大部分情况中，喝醉酒的法律定义是血液中酒精浓度含量为0.10%。

人们可以喝多少酒才不至于达到法定醉酒的标准？有关血中酒精浓度与饮酒量的关系并不单纯，必须依个人性别、体重及消耗速度而定，此外，年龄、个体新陈代谢及喝酒经验也都是影响因素。虽然饮酒量对形成血中酒精浓度的影响变化很大，但一般平均效果仍如图6-7所示。此外，认为啤酒及葡萄酒不及烈酒那样会使人喝醉的想法是错的，一杯4盎司的葡萄酒、一罐12盎司的啤酒及标准酒精度为80的1.2盎司威士忌酒均有大约相同的酒精含量，也会产生大致相似的效果。

酒精的使用情形　喝酒在许多大学生的眼中是社交生活必需的一环，喝酒可以活跃气氛、放松紧张、解除抑制，也可以增加乐趣。然而社交性饮酒也会带来问题，包括耽误学习（因为喝酒会让人觉得头晕目眩而使人在考试中表现不佳），以及醉酒时与人争吵或发生意外事件。显然，这其中最严重的问题就是意外事件：与酒精相关的交通意外事故是15—24岁年龄段死亡的首要原因。当某些州的法定饮酒年龄由21岁降到18岁时，18—19岁年龄段的交通死亡比例就增加了20%—50%，而自从全美各州的饮酒年龄下限提高后，交通意外事故比例才明显地随之下降。

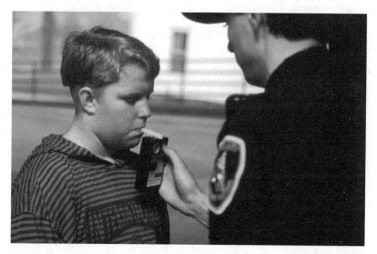

酒精检测仪可用来判定未成年人或驾驶人是否饮酒。它通过测量人们呼出气体中所含的酒精量，作为被测试人血液中所含酒精是否超标的依据

大约三分之二美国成人表示他们喝酒，其中至少有 10% 的人因为使用酒精而引起社会、心理或医学方面的问题，这 10% 的人数中又可能有半数的人是酒精依赖者。大量或长期喝酒将导致严重的健康问题，高血压、脑卒中、溃疡、口腔癌、咽喉癌、胃癌、肝硬化及心情抑郁等都是与固定大量使用酒精有关的症状。

在美国，虽然任何 21 岁以下的人购买含酒精饮料都是违法的，但喝酒经验却几乎遍及了年轻人（51% 的八年级学生、80% 的高中生及 91% 的大学生都喝过酒；NIDA，2002）。更令人困扰的是到处常见的"狂饮现象"（binge drinking）——连续喝上 5 杯或更多酒。在美国中西部的一所大学进行的研究指出，45% 的人表示他们偶尔会狂饮［男性一次喝 5 杯（含）以上，而女性 4 杯（含）以上］（Wahlberg，1999）。狂饮更常见于兄弟会或姊妹会的成员中，有 76% 的人表示他们会狂饮，15% 的人在过去两周内至少狂饮 6 次。耽误学习、旷课、受伤、滥性、上警局等，都是这些狂饮的大学生表示会遇上的问题。由于这些问题，越来越多的大学不再准许学生在校园中喝酒，1989 年美国国会也通过了《学校及校园免于药物法案》（*The Drug Free School and Campuses Act*），要求学校开展酒精教育课程，并为师生提供有效的咨询服务。

酒精也会对发育中的胎儿带来危险，嗜酒的母亲发生重复流产以及产下体重不足婴儿的机会是一般人的二倍。有一种症状被称为**胎儿酒精中毒综合征**（fetal alcohol syndrome），是由于母亲在怀孕期间喝酒所致，其特征为智能不足与颜面及口部多重畸形。目前仍不清楚酒精量达到多少会造成这个症状，只是一般认为，即使一周喝几盎司的少量酒精也足以产生危害（Streissguth et al.，1999）。

酗酒问题的文化差异 饮酒与由酒引发的问题的比例显然有文化差异（见表 6-2）。中国酒醉问题较少，可部分归因于半数亚裔缺少可消除导致醉酒的产物（乙醛）的酶，这些人喝了酒后，会经历脸红与心悸等不舒服的感受，因而常使得他们避免再去喝酒。亚裔少酒醉问题还部分归因于儒家伦理，它不鼓励醉酒行为，饮酒只宜在宴席与庆典场合，而非个人纵欲独酌（Helzer & Canino，1992）。

两小时内的饮酒量
（标准酒精度 80 的 1.2 盎司烈酒或 12 盎司啤酒）

体重（磅）												
100	1	2	3	4	5	6	7	8	9	10	11	12
120	1	2	3	4	5	6	7	8	9	10	11	12
140	1	2	3	4	5	6	7	8	9	10	11	12
160	1	2	3	4	5	6	7	8	9	10	11	12
180	1	2	3	4	5	6	7	8	9	10	11	12
200	1	2	3	4	5	6	7	8	9	10	11	12
220	1	2	3	4	5	6	7	8	9	10	11	12
240	1	2	3	4	5	6	7	8	9	10	11	12

需小心驾驶	驾驶能力受损	切勿驾驶
血中的酒精浓度达 0.05%	0.05%—0.09%	0.10% 以上

图 6-7 血中酒精浓度及饮酒量
表中以血中酒精浓度的近似值作为在两小时内酒精消耗量的函数值，例如，若你的体重为 180 磅，并且在两小时内喝了 4 份啤酒，那么此时你的血中酒精浓度将介于 0.05%—0.09% 之间，而且驾驶能力也严重地受损；相同的两小时内若喝了 6 份啤酒，则将使你的血中酒精浓度超过 0.10%，这就足以作为酒醉程度的证明了（资料来源：National Highway Traffic Safety Administration）

然而到了 90 年代，亚洲商业人士饮酒与有酗酒问题的人数大增。此现象部分解释了韩国的高酗酒率（见表 6-2），他们常在工作结束后喝酒，而且这些夜宴常会拼酒，直到其中有人不省人事需被搀扶回家。

虽说美国未必是世界上酒精依赖率最高的国家，但是酒精依赖与滥用却是美国最常见的异常行为，约有 24% 的人号称在其一生中某些时候曾有足以被诊断为依赖或滥用的征兆（Kessler et al.，1994；表 6-3 只列出一生中酒精依赖的盛行率；只要是因饮酒而导致的长期负面社会影响都可算入酒精滥用之

表 6-2 不同地区文化下个体一生中酒精依赖率

不同文化间酒精依赖率差异很大

文化	百分比
韩国	22.00
新西兰	19.00
加拿大	18.00
德国	13.00
波多黎各	13.00
美国	8.00
中国	0.45

资料来源：Helzer, Bucholz, and Robins, 1992.

表 6-3　美国某些族群的饮酒状态（人口百分比）

重度饮酒者，是指几个月来每周至少一晚习惯性地喝上 7 杯（含）以上，但并未违反法律或社会规范，且无相关药物问题或任何戒酒征兆者。问题饮酒者在生活中至少有一个与酒有关的问题行为，但还不合乎被诊断为酒精滥用或依赖的条件的个体

	滴酒不沾者	社交饮用者	重度饮酒者	问题饮酒者	滥用／依赖者
美国出生墨西哥裔	7	52	3	14	23
墨西哥裔移民	23	44	1	19	13
波多黎各	20	69	7	10	13

资料来源：Canino, Burnam, and Chetano, 1992.

列）。美国的不同种族间的饮酒与酗酒问题有很大差异，由表 6-3 可知，生于美国的墨西哥裔比移民美国者有更高的酒精依赖与滥用的比例。有些学者认为，越是认同美国主流文化的移民，就有越大的心理健康风险，尤其是该文化中常见的心理健康问题（见 Gaw，1993）。同化是指切断移民者与其文化遗产的联结，扩展其社会网络，引导他们去认同一个可能永远不会全然接纳他们的文化。美国出生的墨裔美国人比晚近才移民者更易被同化，这点有助于解释何以他们会有较多的饮酒问题。

在美国，酒精滥用与依赖问题风险最高的团体是美国原住民（Manson, Shore, Baron, Ackerson, & Neligh，1992）。例如，一项以太平洋西北岸保留区成人为对象的研究发现，有 27% 足以诊断成酒精依赖。饮酒致死的原住民为美国一般民众的 5 倍之多（Manson et al.，1992）。医院记录也指出，原住民因酒致病的人数比美国所有人民高三倍，比美国其他少数民族高两倍。美国原住民有较高比例的酒精相关问题，与其高贫穷失业率、低教育水平、高无助与无望感有关。

酒瘾问题的性别与年龄差异　美国一项社区调查发现，72% 成年男性表示过去一年至少喝一次酒，而成年女性相比之下只有 62%（NIDA，2002）；每年达酒精依赖标准的男性有 11%，而女性有 4%（Kessler et al.，1994）。所有文化中男性均较女性更可能喝酒，不过其性别差异程度却依文化而异（Hezler & Canino，1992）。男性与女性在饮酒上有很大差距，得归因于传统的性别角色：准许男性喝酒，女性则不然（Huselid & Cooper，1992）。同理，

美国一些对传统性别角色广泛接受的少数民族，如海地及新近移民的亚裔，在饮酒方面的性别差距比白人大得多，主要是因为这些少数民族的女性有极高比例完全滴酒不沾。

年长者也比其他年龄阶段者较不可能滥用或依赖酒精，其原因如下：首先，年龄越大，肝脏代谢酒精的速度越慢，体液中吸收酒精的比例也会降低，结果年长者更容易喝醉且更快、更严重地感受到醉酒的不良影响；其次，年龄越大，对自己的选择（包括要不要饮酒过量）越见成熟；第三，年龄越大者，在以酗酒为耻、强烈反对饮酒与滥用酒精的社会中成长越久，他们与年轻人相比，其饮酒的程度越低；最后，长期酗酒的人可能在迈入高龄前即已因与酒有关的疾病过世。

晚近以青少年与年轻成人进行的研究发现，他们滥用酒精的情形相当严重，且男性尤甚（Lewinsohn, Rohde, & Seeley，1996；Nelson & Wittchen，1998）。例如，某研究以超过 3,000 名 14—24 岁年轻人为对象，发现 15% 的男性、5% 的女性被诊断为酒精滥用（Nelson & Wittchen，1998）；酒精依赖的比例稍低，合乎诊断的男性占 10%、女性 3%。随时间推移，约半数滥用酒精的青少年与年轻成人会停止滥用，但是他们还比未滥用者最后容易变成酒精依赖。

鸦片剂

鸦片及其衍生物被统称为**鸦片剂**（opiate），是一种借由抑制中枢神经系统而减缓身体感觉及响应刺激能力的药物。"这类药物一般被称为麻醉剂（narcotics），但鸦片剂是更精确的用语；因为学者尚未对麻醉剂有明确定义，而且它还涵盖了多种非法

的药物。"鸦片剂因其解除痛苦的特性而具有医学方面的用途，但由于它可以改变心情及降低焦虑，致使被广泛地非法使用。鸦片是风干的罂粟花汁液，含有一些化学物质，包括吗啡及可待因。可待因是医师处方的止痛药及抑制咳嗽药中常见的成分，其效果（至少在低剂量时）相当温和。至于吗啡及其衍生物海洛因的效力则较强，大多数非法使用鸦片剂的情形都涉及海洛因，因为它纯度较高，而且比吗啡更容易藏匿与走私。

所有鸦片剂均与脑中被称为鸦片受体的分子有关，这些药剂的不同在于达到受体的速度及激发其药效所需量有别。鸦片剂进到体内的速度与服用方式有关：吸食与注射，会在数分钟内到达脑部高峰，药效发生越快，服用过量致死的危险性就越高；由鼻吸入的方式吸收较慢，因为它们需先经过鼻腔黏膜才能进入呼吸道的血管内（Kuhn, Swartzwelder, & Wilson, 1998）。

海洛因的使用情形 海洛因（heroin）可经注射或口鼻吸入体内。一开始，药效会使人产生一种安宁幸福的感觉，有使用经验的人表示，在静脉注射后一至两分钟内，就会体验到一种特殊的刺激或冲动，有些人将其形容成类似性高潮时感受到的强烈的愉悦感受，吸入海洛因的年轻人认为此时已忘却了所有烦恼。在这之后，使用者觉得安定而满足，对饥饿、痛苦或性冲动都没有任何知觉，而且可能持续在昏昏沉沉的状态，当舒服地坐着看电视或读书时，会出现时而清醒时而昏睡的现象。海洛因使用者不像喝醉酒的人，他们仍然可以轻易地对动作的敏捷度及心智测验表现出巧妙熟练的反应，而且也绝少具有攻击性或威胁性。

海洛因引发的意识状态改变并不十分显著，没有令人兴奋的视觉经验或身体被移置他处的感觉，但它会产生安乐感，以及焦虑降低等心情上的转变，而正是这点，促使人们使用这种药物。然而，海洛因相当容易成瘾，即使短时间使用也会造成生理上的依赖，在一个人以抽烟或直接吸入方式使用海洛因一阵子后，抗药性就已形成，此时吸入法不再产生预期的效果，为了再创原先的高潮经验，个体可能进而采取皮下注射（skin popping，即注射于皮下组织），甚至静脉注射（mainlining，即注射于人体

静脉）的方式。一旦使用者开始静脉注射后，便需要一次比一次更大的剂量才能产生高潮经验，而且戒断时引起身体不舒服的感受也逐渐强烈（包括寒战、发汗、胃痉挛、呕吐及头痛）。因此，力求避免生理上的痛苦与不适就成了持续使用药物的附加动机。

使用海洛因的危险非常多，经常使用者的平均死亡年龄是 40 岁（Hser, Anglin, & Powers, 1993）。剂量过大常是死亡的可能原因，因为街头贩卖的海洛因纯度高低变化极大，所以使用者无法确知新购得的粉末功效如何，而死亡则是因脑部呼吸中枢受到抑制而引起的窒息所致。使用海洛因也总是使个人及社会生活严重败坏，因为维持这个嗜好费用庞大，使用者常常必须参与非法活动以获取资金。

此外，使用海洛因的另一项危机还包括感染艾滋病（获得性免疫缺陷综合征）、肝炎及其他与未经消毒的注射有关的感染。共享药物注射针头是一种极易感染艾滋病毒的途径；带病毒的血液会被吸入针头或注射器内，然后直接注射进入下一个使用者的血液中。人们为了注射药物而共享针头及注射器是艾滋病毒散布最迅速的方式。

类鸦片受体 在 20 世纪 70 年代时，研究者对了解鸦片剂成瘾方面有了一项重大突破，发现鸦片剂作用在脑部相当特定的神经感受器上。神经递质游走跨越神经元之间的突触接合处，并且联结于神经受体上，促使接受一方的神经元开始活动（见第二章）。在分子形式上，鸦片剂和一群被称为内啡肽的神经递质相类似。内啡肽会联结至类鸦片受体（opioid receptor），使身体产生愉悦的感觉并降低不适（Julien, 1992），海洛因和吗啡均是借由联结于未结合的类鸦片受体来减轻痛苦（见图 6-8）。重复使用海洛因会使内啡肽制造功能下降，之后身体就需要更多的海洛因来填补未结合的类鸦片受体以减轻痛苦，一旦不再继续使用海洛因，个体就会因为许多类鸦片受体被留下来无法填满（因为正常的内啡肽制造量已经减少），而体验到痛苦的戒断综合征。基本上，海洛因取代了体内本身自然的鸦片剂（Koob and Bloom, 1988）。

这些研究发现带动了新药物的研发，希望可借由调节类鸦片受体以发挥治疗作用。一般来说，药

物滥用的治疗分成两类：激动剂及拮抗药，**激动剂**（agonist）可联结于类鸦片受体上并产生愉快的受体，因此降低了体内对鸦片剂的渴望，但比起鸦片剂，激动剂较不会引起心理及生理方面的伤害。**拮抗药**（antagonist）也是锁定类鸦片受体，但并不刺激它们，拮抗药可以用来"阻断"受体，使鸦片剂无法靠近，因此，实际上并无愉悦的感觉产生，而对鸦片剂的渴望也未获得满足（见图6-8）。

美沙酮　美沙酮（Methadone）是最为人熟知的激动剂，可用来治疗海洛因依赖患者。美沙酮本身的特性仍会使人上瘾，但比起海洛因，所引起的心理伤害较轻，而且也仅有少数生理伤害影响，若采取低剂量口服方式，便可以抑制体内对海洛因的渴望，并防止戒断综合征。**纳曲酮**（Naltrexone）是一种拮抗药，因为对类鸦片受体而言，纳曲酮比海洛因更具吸引力，所以可以阻断海洛因的作用。纳曲酮通常用于医院急诊室，以逆转海洛因吸食过量时产生的影响，但目前尚未经广泛证明纳曲酮可有效地治疗海洛因成瘾。有趣的是，纳曲酮反而确实可降低体内的酒精渴望，酒精会引发内啡肽释放，而纳曲酮经由阻断类鸦片受体，可减少酒精产生的愉快效果，因此也降低了体内对酒精的需求（Winger, Hoffman, & Woods, 1992）。

兴奋剂

相对于抑制剂与鸦片剂，**兴奋剂**（stimulant）是一种可以增进机敏度及普遍激发的药物，它们会增加突触的单胺类神经递质（去甲肾上腺素、肾上腺素、多巴胺与5-羟色胺）的量，其作用有些近似每个神经元都同时分泌单胺类物质一样，结果造成身体的生理激发（心跳加快、血压升高）与心理激发（处于高度警觉状态）（Kuhn, Swartzwelder, & Wilson, 1998）。

安非他命　安非他命（Amphetamines）是一种强效兴奋剂，分别以梅太德林（Methedrine）、右苯丙胺（Dexedrine）及苯丙胺（Benzedrine）等商标名称贩卖，也就是取一般俗语所说"速度""优势"及"幸运儿"的意思。服用这些药物的立即效果是机敏度增加，而且疲劳和厌烦的感觉降低；当人服用安非他命时，一些需要耐力的辛苦活动似乎就变得容易多了。如同其他药物一般，安非他命能够改变心情、提高自信，使其被人们广泛使用。此外，人们还会用它来保持清醒状态。

特定时段服用低剂量安非他命以克服疲劳（例如，晚上驾驶时）似乎相当安全，然而在安非他命的兴奋效果耗尽后，接下来就是一段补偿性的弛缓时间，这时使用者会觉得沮丧、易怒而且疲乏不堪，他们就会希望再次服用安非他命，抗药性将迅速发展，使用者则必须不断地加大剂量以产生预期的效果。然而，大剂量会带来危险的副作用，包括激动、混乱、心悸及血压升高，所以任何含有安非他命成分的药品均应谨慎使用。

一旦抗药性发展到顶点，口服剂将会失效，许多使用者就直接静脉注射安非他命，重剂量的静脉注射确实可产生立即的愉悦经验（迅如闪光或激流一般），但继之而来的却是暴躁与不适，而且只有再一次注射安非他命才得以压制。如果在数天内每隔几个小时就接连重复这个程序，最后将类似受到

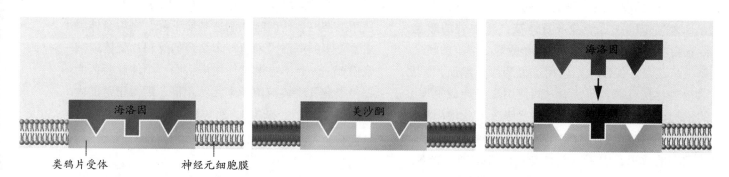

图6-8 药物滥用的治疗

美沙酮与纳曲酮会通过联结于与海洛因相同的神经受体而阻断海洛因的效用

"撞击"（crash）似的突然昏睡过去，醒来后再持续一段冷漠、沮丧的时期。为了从这些不适中寻求解脱，安非他命使用者此时可能会转而使用酒精或海洛因，而终止安非他命的使用。

长期使用安非他命会伴随着身心健康的严重亏损，使用者（或被称为 speed freak，意为"毒瘾很深的人"）可能会出现与急性精神分裂症（见第十五章）患者相类似的症状，这些症状包括迫害妄想（误信人们正在迫害自己或极欲捉住自己）及视幻觉或听幻觉。妄想会导致没来由的暴行，例如，当安非他命在日本流行期间（20 世纪 50 年代初期，当时安非他命未经医师处方就可贩卖，而且刊登广告标榜可以"消除昏睡，使人精神饱满"），两个月内所发生的谋杀案件，50% 都与安非他命的滥用有关（Hemmi，1969）。

可卡因 可卡因（cocaine），或称"古克"（coke），是由古柯树的干叶中提炼而得的物质。就像其他兴奋剂一般，可卡因可以增加精力和自信，让使用者觉得自己富有机智而且非常机敏。20 世纪初，可卡因曾被广泛使用而且容易取得，它曾是早期可口可乐配方中的一种成分。后来可卡因的使用逐渐式微，虽然目前已属于非法药物，但最近又开始有流行的趋势。

可卡因可以鼻吸入或制成溶液后直接注射到静脉中，也可以转变为一种可燃的化合物后以抽烟方式使用，这就是一般所知的"快克"（crack）。对于可卡因效果最早的研究报告之一是由弗洛伊德（1885）提出的，在他亲身使用可卡因的报告中，最初对可卡因抱持高度的肯定并且鼓励使用，然而，在弗洛伊德借助可卡因治疗一位朋友并造成重大伤害后，他便很快地撤回对可卡因毫无保留的支持态度。这位朋友形成了严重的上瘾，需要一再地加重药量，并且逐渐衰弱直到死亡。

就算弗洛伊德很快地提出了与较早的报告相反的观点，指出可卡因是非常容易上瘾的，近年来随着快克的出现，可卡因事实上已成了更具成瘾性及危险性的物质。当人们一再使用可卡因，就会形成抗药性，而其戒断综合征虽不像鸦片剂那样剧烈，却也确实会出现戒断效果：重复使用可卡因时，随着幸福高潮之后出现的是无休止而难以忍耐的暴躁，

可卡因是药效很强的药物，吸食者常通过鼻子吸食或喷入

一股被压抑的极度痛苦感受；这种低潮时的难过程度就如同高潮时的美好经验一样强烈，而只有借由更多的药物才可以缓和下来（见图 6-9）。

重剂量可卡因使用者如同高度安非他命使用者一样，会体验到相同的异常症状。共同的视幻觉是瞬间的光线["似雪般的闪光（snow lights）"]或移动的光线；而较不相同但更令人困扰的是，可卡因使用者会觉得有小虫子爬行在皮肤下，这被称为"古柯虫"（cocaine bugs），这种幻觉可能强烈到使人拿起刀子要切除这些小虫子，而之所以会产生这些经验，是因为可卡因会引起感觉神经元自发性地兴奋作用（Weiss，Mirin，& Bartel，1994）。

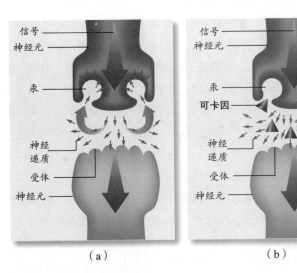

图 6-9 可卡因的分子效应

（a）一次神经冲动会引发神经递质释放出来，并带着信号跨越突触到达接受的神经元，然后某些神经递质会被原先的神经元再摄取回去（被称为再摄取过程），而剩下的就以化学方式分解而不再活动（被称为降级作用过程），这些过程在第二章已经讨论过（b）研究指出，可卡因会阻断三种用来调节心情的神经递质（多巴胺、5-羟色胺及去甲肾上腺素）的再摄取过程

迷幻药

一种主要效果为改变知觉经验的药物被称为**迷幻药**（hallucinogens 或 psychedelic），典型的迷幻药会改变使用者对内在及外在世界的知觉，普通的环境刺激会觉得像新奇的事件——例如，声音和颜色似乎发生戏剧性的变化；时间知觉也变得不同，几分钟就好像几小时一样久；使用者会产生听幻觉、视幻觉和触幻觉状态；此外，也越来越不能将自己与周围事物区分开来。

有些迷幻药来自植物，像麦司卡林（mescaline）来自仙人掌、磷酰羟基二甲色胺（psilocybin）来自蘑菇，另外有些则是在实验室中合成制造，如 LSD（麦角酸二乙酰胺，Lysergic acid diethylamide）及 PCP（苯基环状物，phencyclidine）。

LSD LSD 药物是一种无色、无味的物质，亦被称为"酸"（acid），常常被溶解在方糖或纸片中贩卖，即使在剂量极少时，也可产生幻觉，是一种强效性药物。有些使用者会感觉到鲜明的颜色或声音幻觉；另有一些人则会出现神秘的、半宗教性的经验。就算使用 LSD 可带来许多愉快经验，但每个人都会出现一种不悦的、受惊吓的反应（或称为"坏幻觉"）。LSD 另一种有害的反应是：即使在停用药物数天、数周、数月甚至数年之后，仍可能产生药效幻觉重现现象（flashback）——个体会感受到类似使用药物时的错觉或幻觉经验。然而，LSD 早在服用后 24 小时内就已几乎完全被排出体外，因此药效幻觉重现现象可能只是恢复了先前经验的记忆。

对 LSD 使用者而言，更具威胁性的问题是用药后丧失了现实定向感，这种意识的变化将导致非理性及失去判断的行为，而且通常当事人会觉得自己陷入思想与行为无法控制的惊慌状态，在这种状态下，人们就可能发生从高处跳下致死的事件。LSD 在 20 世纪 60 年代十分流行，但可能由于其严重的药物反应被普遍报道，使用热潮才逐渐衰退，然而现在出现若干征兆显示，人们对 LSD 及其他迷幻药又重新燃起兴趣（Johnston，O'Malley，& Bachman，1995）。

PCP PCP 虽然被当作迷幻药贩卖［在街头俗称为"天使之尘"（angel dust）、"雪人"（Sherman）及"超酸"（superacid）］，在专业上 PCP 却被归类为一种分离麻醉剂，它会引起幻觉，但也可使人觉得被分离或分隔于环境之外。PCP 在 1956 年首度合成制造时是用来作为一般性麻醉剂，它具有解除痛苦又不会产生重度昏迷现象的优点。然而当医生发现许多服用这种药物的病人出现亢奋、幻觉及类精神病等类似精神分裂症的状态后，就不再准许合法制造 PCP。然而，因为 PCP 的成分价格低廉，而且相当容易地在厨房式实验室制造，因此 PCP 被广泛地掺杂在其他更昂贵的街头药物中使用。许多以 THC（这是大麻中一种使人兴奋的成分）名义贩卖的药物实际上就是 PCP。

PCP 可通过液体或药丸形式服用，但人们更常采取吸烟或由鼻喷入的方式。在低剂量情形下，PCP 会产生对痛苦的麻痹作用并使人觉得处于类似微醉状态，就是一种迷糊、抑制解除及心理动作协调功能不良的状态。至于重剂量则会使人失去判断能力，产生类似昏迷的状况。然而与使用 LSD 的经验不同处在于，PCP 使用者无法观察到本身因药物引发的状态，而且通常会失去这段记忆。

大麻属

大麻属（cannabis）是一种可以产生高亢感受但损及认知与动作，且有时会生幻觉的心理活性物质。大麻属的植物自远古时代起就因其心理活动效用而由人类栽种收割，在美国最常使用的形式是干燥的花叶，就是**大麻**（marijuana），然而在中东地区，最普遍使用的则是其凝固的树脂，被称为**印度大麻**（hashish）［或"马铃薯泥"（hash）］。大麻和印度大麻通常是以吸烟方式使用，不过也可以与茶或食物混合后食用。这两种物质中均含有一种令人兴奋的成分，就是 THC（四氢大麻醛，tetrahydrocannabinol）。当人口服少量大麻（5—10 毫克）时，THC 就可制造一次温和的高潮经验，若加重剂量（30—70 毫克），THC 就会产生类似迷幻药的严重及长期性反应，如果混合酒精使用，反应将会出现两个阶段：先是觉得兴奋及安乐，随后则进入安静及沉睡的阶段。

吸食大麻后，THC 会立即吸收进入肺部满布的血液中，肺部的血液直接流到心脏及大脑，在几分钟内即到达高潮。然而，THC 还会在如肝、肾、脾、睾丸等其他器官中累积。THC 到达身体的量视使用

概念摘要表

主要精神药物的作用

酒精	飘飘然、放松、解除禁忌 提升自信 动作反应减缓
海洛因	幸福感 狂喜、高潮感 焦虑降低
安非他命	昏昏欲睡 警觉提升 减轻疲劳与厌烦
可卡因	增加活力与自信 高潮、狂喜 好动、静不下来 高度依赖
LSD	幻觉 神秘经验 跌跌撞撞 记忆闪现
PCP	与环境有失联感 对痛觉迟钝 混乱 失去自制力 动作失去协调
大麻	镇静与睡眠后感到狂喜与充满活力 有幸福感 时空扭曲 改变社会知觉 伤害动作协调性 记忆受干扰

方式而定：吸烟方式会传输 10%—20% 的 THC 量，而吸管方式则高达 40%—50%；而水烟管会憋住烟雾直到你吸入为止，因此是高效率传输 THC 的方式。一旦进入脑部，THC 会占住大麻素受体，它在海马体中数量尤其多。由于海马体与新记忆的形成有关，因此吸食大麻会抑制记忆的形成就不足为奇了（Kuhn，Swartzwelder，& Wilson，1998）。

大麻的固定使用者表示会出现一些感觉及知觉的改变：包括一种普遍的安乐及幸福感，某些时空扭曲现象及社会知觉的改变。然而并非所有使用大麻的经验都令人愉快，16% 的固定使用者曾报告经常会发生焦虑、恐惧及混乱等状态，而且大约三分

之一的人认为偶尔会经历剧烈恐慌、幻觉及身体形象不愉快地扭曲等综合征。固定的大麻使用者（每天或几乎每天使用）经常报告他们有身体及心理上的倦怠感，大约三分之一的人出现温和的沮丧、焦虑或易怒现象（American Psychiatric Association，2000），值得注意的是，大麻烟比一般烟草内含有更大量已知的致癌物（但吸食大麻者比起吸烟者较不常使用且总吸食量也较少）。

大麻会妨碍复杂任务的表现，少量到中等剂量就可使动作协调功能明显受损，对刹车的反应时间及行经曲折弯路的能力也都有不利影响（Institute of Medicine，1982），这些发现清楚地指出在药物影响下驾驶是相当危险的。不过与大麻有关的汽车意外事故数量不易估计，因为大麻不同于酒精，THC 会迅速地从血液中消失，而很快就进入脂肪组织及身体器官中，即使旁观者可以判断此人功能已明显受损，但在服用重剂量大麻的两个小时后进行血液检验时，就不会显示出任何 THC 反应。

大麻的效力可以在主观的幸福感或沉睡作用过去之后再持续一段相当长的时间。一项针对飞行员执行仿真起降任务的研究发现：在吸入内含 19 毫克 THC 的大麻烟后，尽管飞行员报告不曾觉察任何对注意力或表现有影响的后效出现，但行动表现仍明显受损长达约 24 小时之久（Yesavage，Leier，Denari，& Hollister，1985）。这些研究发现引起人们对从事关于公共安全工作者使用大麻情形的关切。

大麻对记忆有两种主要明显的影响（de Wit，Kirk，& Justice，1998）。首先，大麻使短期记忆更容易受到干扰，例如，由于记忆被扰乱，人们可能会在交谈中失去头绪或话说到一半忘了自己在说什么。其次，大麻会中断学习，也就是说，它会干扰新信息由短期记忆转变为长期记忆的过程。这些研究显示：尝试在大麻的影响之下进行学习并非良策，而且对教材的回忆也不佳。

概念摘要表摘述了本节所述主要精神药物的作用。然而，这些只是短期影响，除了尼古丁与酒精以外，大多数药物的长期作用大都未详。不过这两种常见药物的历史应该会提醒我们长期使用任何一种药物都该谨慎小心。

◆**小结**

精神药物长久以来一直被用来改变意识与心情。

抑制剂，如酒精、镇静剂、吸入剂等会压抑中枢神经系统。最常用的抑制剂是酒精。

鸦片剂，如海洛因及吗啡，会减低对痛的知觉，且带来陶醉幸福感，随后有昏沉欲睡的感受。若中毒严重，会导致呼吸困难、失去意识与昏迷。

兴奋剂，如安非他命与可卡因，会激发掌管酬赏或快乐的大脑部位，因而产生幸福感、能量充沛，以及自我肯定感受。戒断兴奋剂会引起抑郁、不安与危险的生理征兆。

迷幻剂，如LSD与PCP，会造成诸如感觉扭曲与幻觉等知觉的改变。

大麻属，如大麻与印度大麻，会产生情绪高涨，但认知与动作却受损，有些人甚至会有幻觉。

重复使用这些药物中的任一种，都可能导致药物依赖，其特性为：有抗药性、戒断与强迫用药。

药物滥用是指未达药物依赖程度，但仍不顾严重后果、持续用药者。

◆**关键思考问题**

1. 法律规定某些精神药物为禁药（如大麻、可卡因），而其他则否（如烟酒），这种规定似乎与药物的实际危险性不合。如果请你只根据目前的科学知识，重新规划美国的药品管制法，你会大力反对（或列为禁药）哪些药？哪些药你最不担心？

2. 针灸是东方行之有年的一套医疗方式，它是将针插入皮肤不同的穴道，以刺激大脑产生内啡肽。这种现象何以能说明为何针灸似乎有助于人们克服对海洛因的依赖？

第六节 超觉现象

意识的探讨，若未考虑某些吸引广泛大众注意、有关心灵奥妙的神秘主张，就显得不够完整，特别引人兴趣的问题是：人类是否可以不经由已知的感官刺激而获得信息，或者可凭借纯粹的心灵方法去影响物理事件。这些是争论**超觉**（psi）是否存在的课题，而超觉即为以目前已知科学观点（换言之，即为已知的身体机制）无法解释的信息及（或）力量互换的过程，超觉现象是**超心理学**（parapsychology）[旁支的心理学（beside or beyond psychology）]的研究主题，包括下列项目。

1. **超感知觉**（Extrasensory perception, ESP）：在没有任何已知的感觉接触下，回应外界刺激。

（1）**心电感应**（Telepathy）：思想在没有任何已知的感觉沟通管道作为媒介下，由一个人传递给另一个人（例如，只凭旁人思索就可以确认纸牌内容）。

（2）**超感视觉**（Clairvoyance）：对没有提供任何已知感觉刺激的物体或事情有所知觉（例如，认出一张确定没有任何人知道的密封纸牌内容）。

（3）**预知**（Precognition）：对无法通过任何已知推理过程能预期的未来事件有所知觉（例如，预知下一次投掷骰子时会出现的特定点数）。

2. **意念制动**（Psychokinesis, PK）：在不涉入任何已知的物理力量下，以心灵影响物理事件（例如，投掷骰子时，以心中意志使某个特定点数出现）。

实验证据

大部分超心理学者自认为是科学家，且运用科学研究的一般法则来研探公认的异常现象，然而超觉的主张却十分特殊，且近似于普遍认定的迷信现象。因此，某些科学家断言超觉是完全不可能发生的事，并拒绝承认超心理学探究的合理或正当性。这种先入为主的判断就科学而言是不适当的，而应该对所提出的实证证据探讨是否能为科学标准所接受。虽然许多科学家不相信学者已证明超觉的存在，但是仍然敞开心胸面对可能会有新的、更具说服力的证据出现。许多超心理学者却相信，最近几项实验过程不是已经提出了证明，就是有可能成为新的证据。我们将检视其中最可靠的一项，即**完场程序**（ganzfeld procedure）。

完场程序是用来测试被试间心电感应的沟通作用，一位被试充当"接收者"，另一位则是"发送者"，接收者被隔离在隔音室，且置身于一种温和的知觉隔离状态中：包括将两个半透明的半个乒乓球固定覆盖在双眼上、戴上耳机、整个房间泛着红光，透过耳机则可以听到杂音（white noise，一种随机混合的音频，近似于收音机转台之间形成的嘶嘶声），类似这种视觉及听觉的环境被称为完场（ganzfeld），这个德文词的意思是"完全的场地"（total field）。

发送者坐在另一个不同的隔音室，并接受视觉的刺激（包括图片、幻灯片或一系列短篇录像带），这些刺激是由一群相似刺激中随机抽选出来以作为这阶段活动的目标物（target）。当发送者集中注意于目标物时，接收者则借由不断进行的心像及自由联想提出口头报告，以试图描绘目标物；直到完成这阶段活动后，向接收者提供 4 种刺激，其中一种是目标物，并要求接收者评定每一种刺激与完场活动时体验到的心像及联想契合的程度。若是接收者给目标物刺激最高分，就可记录为"直接命中"。

自从 1974 年引进这个过程之后，曾经进行的实验超过 90 项，一项典型的实验大约包括 30 个阶段完场活动，每一次活动中，接收者即企图去认出发送者所传递的标的物。一项针对 28 个研究（包括研究者在 10 个不同实验室进行，总数达 835 节的完场活动）的普遍分析显示，被试可选择出正确标的物刺激的次数比例为 38%，因为每位被试必须由 4 种可能性中选出标的物，若在纯属机遇的运作下，可预期的成功率为 25%，这个差异分析结果已达统计上的高显著性，纯因概率发生的可能性低于十亿分之一（Bem & Honorton，1994）。

对证据的辩论

在 1985—1986 年，《超心理学期刊》（*Journal of Parapsychology*）刊载了一段有关广泛审查完场研究的结果，聚焦于雷·海曼（Ray Hyman）及查尔斯·霍诺顿（Charles Honorton）之间的辩论，前者是认知心理学者及超心理学批评家，后者是超心理学者及完场数据库的主要提供者。他们在基本量化结果上意见一致，但诠释的观点则产生分歧（Honorton，1985；Hyman，1994，1985；Hyman & Honorton，1986）。我们将引用其辩论数据来检视超觉主张的评估结果。

重复验证问题　一般就科学而言，除非可由数位研究者重复进行观察，否则无法视为一个已确立的现象。对超心理学最严重的批评在于，无法对超

觉提出一个可由其他研究者去重复进行的可靠证明。即使由同一位研究者多次对同一位被试进行测验，也时而得到统计上的显著结果，时而不能。完场程序也不例外，在进行分析的 28 项争议性研究中，仅不到半数（43%）出现统计显著结果。

超心理学者对这项批评最有力的反驳实际上是来自心理学本身，许多统计学者及心理学者不满于心理学将焦点放在统计显著性（statistical significance），并视之为衡量研究是否成功的唯一标准。他们逐渐采用**元分析**（meta-analysis）技术来作为另一种替代方法。元分析属于一种统计技术，是将某一特殊现象多次累积的研究统合为单一庞大的实验，而其中每一次研究都是一项单独的观察结果。因此，任何一次获得正向结果的研究（即使研究本身未具有统计显著性），对这个现象的整体强度及可信度均有贡献，而非只因为无法重复该现象就将之摒除（Glass，McGaw，& Smith，1981；Rosenthal，1984）。由这个观点来看，完场研究提出了相当显著的可重复验证性，28 项研究中，有 23 项获得正向结果。这种情形纯属概率发生的可能性低于千分之一。另外，应用计算机所进行 11 项重复验证的研究，与原先的 28 项研究的结果相一致（Bem & Honorton，1994）。

对 40 个在 1987—1999 年间完成的完场研究所进行的元分析指出，完场程序应持续推行（Bem，

完场实验中的接收者（左图）与发送者（右图）

Palmer, & Broughton, 2001)。乍看之下，这些近期的研究似乎比过去的结果弱，但进一步分析后，却发现其中 29 个严守标准程序的重复验证研究，得到可以与过去比较的结果，而那些偏离标准的研究（例如，使用选择音乐为标的），则得到较差的结果。此结果既不差劲，也不意外。许多超觉研究者现在已经相信基本程序是必要的，借此可以拓展领域，探索未知的世界，即使在这种无可规避的程序下会产生一些不成功的实验。这些标准重复验证性的研究一旦纳入元分析，我们预料会得到较差的整体结果，此即意味着，今后要进行元分析时，必须考虑程序的标准化，至少别为了亮丽的成绩，就牺牲了完场程序。

为重复验证某一效应而进行特殊实验的作用力，也须视该效应强度以及进行观察的次数而定：如果该效应本身十分微弱，且实验的被试或观察次数太少，即使这个效应确实存在，仍难以达到统计显著水平。在完场状态下，若是效应确实存在并且具有真正的 38% 直接命中率，则在统计上，我们期望 30 个阶段的完场活动研究（上述讨论的 28 项研究中，每项研究的平均活动次数）中，只有大约三分之一是可达到统计显著性的超觉效应（Utts, 1986）。

简言之，要求任何一位称职的研究者，每一次均重复验证任何一种真实存在的效应是不切实际的。重复验证的问题十分复杂，而元分析则经证明可作为处理这类复杂性问题的有效工具。

不严谨的控制　对超心理学的第二个主要批评是许多（虽非绝大部分）实验缺乏严谨的控制及充分的防护。有瑕疵的程序可能让被试以正常感觉方式在无意间或透过有意的欺骗得到交流的信息，这是特别严重的问题，被称为感觉泄露问题（problem of sensory leakage）。此外，不严谨的目标物刺激随机化（随机选择）程序则是另一个共同的问题。

方法论上的不足困扰着所有科学，然而观诸超心理学历史，更是令人困窘地看到许多看似乐观的结果，其程序却通不过严格的查核（Akers, 1984）。一项对超心理学共同的责难是：初步的、控制粗略的研究往往能获得正向结果，但只要采取较佳的控制与防护，这些结果就消失了。

一旦在已完成的实验中发现瑕疵，争执时就难以说服他人相信瑕疵无损于正向结果，唯一的补救之道，只有正确地重做实验。然而，在数个研究的数据库中，元分析可检视：是否控制越粗略的研究真的比控制较严密的研究获得更多正向结果。但如果由这些研究中发现程序上的瑕疵与正向结果间存在相关性，那么就真的有问题了。就完场数据库的分析个案来说，不论是批评家海曼或是超心理学者霍诺顿都一致同意：安全防护性不足以及可能的感觉泄露等瑕疵与正向结果间并无相关存在。海曼曾声称发现随机化瑕疵与正向结果间具有相关性，但霍诺顿以及另外两位非超心理学者所做的分析都反驳海曼的结论（Harris & Rosenthal, 1988; Saunders, 1985）。此外，目前有一系列新近完成的 11 项采取可控制瑕疵实验设计的重复验证研究，其得到的结果与最初的 28 项研究结果一致（Bem & Honorton, 1994）。

档案柜问题　假设现在有 20 位研究者分别决定进行完场研究，即使当中没有任何一项研究出现真正的完场效应，但依据概率合理推测，其中至少会有一项研究纯粹因概率得到统计的显著结果。这位幸运的研究者随后就会发表一篇正式的实验报告，然而，其他 19 位得到无效结果（null result）的研究者，可能在沮丧之余就将他们的数据放进档案柜，并转向其他较有希望成功的研究，结果，科学界只能了解唯一成功的研究，而不知道尚有其他 19 项虚无研究结果被淹没于档案柜中。因此，已知研究的数据库将严重地偏向于正向研究，而以这些数据库进行的元分析也会得出偏颇的结论，这就被称为**档案柜问题**（the file-drawer problem）。

这个问题显得特别复杂，因为明确来说，我们不可能知道到底有多少未知的研究被淹没于某处的档案柜中。虽然如此，超心理学者仍然提出二项说辞，对档案柜问题严重危及数据库的责难进行辩护。首先，超心理学者指出《超心理学杂志》总是主动征求并刊登负向研究结果的报告；此外，因为超心理学者人数相当少，所以大部分研究者都知道全球各个实验室正在进行哪些研究，而从事元分析时，超心理学者也常常在大型会议或通过个人网络，主动探寻未被发表的负向研究。

但超心理学者最主要的辩词仍在统计方面，元分析也再次针对这个问题提供了一种实证的分析取向：借由了解已知数据库的普遍统计显著性，可以去推算存在于档案柜中，会抵消统计显著性的无效结果研究数量。在完场数据库的分析个案中，存在着 400 个以上未经报告的无效结果研究，相当于 12,000 阶段完场活动，用以抵消进行争议时分析的 28 项研究的统计显著性（Honorton，1985）。结果不出所料，分析者一致认为所有完场研究的显著性，并不能纯以档案柜效应作为合理的解释（Hyman & Honorton，1986）。

海曼及霍诺顿已不再继续他们的辩论，二人发表了一份联合公报，公报中除了宣告他们达成一致见解及仍有歧见的范围外，也对未来如何进行完场研究提出了一连串的建议（Hyman & Honorton，1986）。他们的辩论及随后的讨论，为评鉴科学研究中引人争议的范畴提供了一种颇具价值的模式。

轶事类型的证据

在大众心中，超觉的证据主要由个人经验及民间轶闻组成，这种证据在科学上不具说服力，因为它也面临使实验证据变得危险不可信的相同问题，就是无法重复验证、不严谨的控制及档案柜问题。

重复验证问题的严重性在于这些证据大多数来自一次偶尔发生的事件，例如，一个女人声称她在某一天有预感将赢得乐透大奖，而且也真的中奖了；你可能梦到某件不可能的事情，而在数天之后真的发生了；或是有人正确地以心灵预测一位公众人物将遭暗杀等，这些事件可能会引起人们内心相当大的震撼与注意，但却因不能重复验证而无法加以评估。

未能充分控制与安全防护是相当重要而关键性的问题，因为这些事件是在未预期及模糊不清的特定情境下发生，因此没有办法排除巧合（机遇）、错误记忆及有意欺骗等其他可能的解释。

最后，档案柜问题也是相当致命的缺失，乐透得奖者先前所做的预测中奖宣告在新闻中成为显著的报道焦点，但我们不会听到其他数千名具有相同预感的未得奖人的消息，他们已被保留在档案柜中。这个女人中奖的可能性确实非常低，但评估这个事件的决定性效标不在于这个女人一个人得奖的可能性，而是数千名自认为会得奖者中奖的可能性，这样的主观概率就高多了。此外，这个女人也拥有一个私人的档案柜，保存着所有过去她曾产生相似预感却未中奖的例子。

相同的推理可应用于预知梦境（precognitive dreams，即在梦中预测到一件不可能发生的事情，而数天后却真的发生），我们常常忘记做过的梦，除非发生某件事情使我们回想起梦境内容，因此，我们无法评估到底有多少次梦到同样是不可能、实际上也没有发生的事情，我们以正例来充实数据库，却在不知不觉中排除了负向的实例。

或许那些在小报上提出年度预测，被称为通灵者所拥有的档案柜装得最满，因为没有人会记得无效的预言，但每个人却都记得偶尔直接命中的预测。事实上，这些通灵者往往都是错误的（Frazier，1987；Tyler，1977）。

◆小结

超觉（psi）理念是认为人类可以不必经由已知的感官刺激，即能获知外界的信息，或是纯粹凭借心理方法，就能影响物理事件。

超觉现象包括：各种形式（如心电感应、超感视觉、预知）的超感官知觉（ESP）与能以心灵力量移动物体的意念制动。

完场程序是用来测试一个参与者充当"接收者"而另一位充当"发送者"，两者间以心电感应沟通的情形。

超觉现象的可重复验证性以及用来证实此现象的方法，学者们一直有争议。

◆关键思考问题

1. 你有过超感知觉的经验吗？对这些现象你能否提出其他的解释？

2. 在科学中，档案柜问题可说无处不在。你认为为什么有些学者深信，此问题在研究超觉现象时尤其重要？

双面论证

超觉现象是真实存在的吗？

对超觉持怀疑论者绝大部分是毫无根据的

达瑞·贝姆（Daryl Bem），康奈尔大学

如果本教科书中讨论过支持超觉（psi）的一些实验证据似乎令人印象深刻，为何它们并未成为已被建构的科学部分？为什么大多数科学家要持续采怀疑的态度？

非比寻常的主张

大多数科学家相信，需有非比寻常的证据，才可提出非比寻常的主张。某报告指出，越用功的学生分数越高，就算整个研究有严重的瑕疵，但是因为结果与我们对世界运作方式的了解一致，我们还是相信此研究的发现。然而，宣称在完场实验的两位被试确以心电感应方式沟通，则是相当不寻常的说法，它违反了大多数人们对现实的原有信念。因此，我们有权利要求超心理学者提出更高尺度的证据，因为，如果他们所言属实，将会颠覆我们的世界模式——我们对某些事情是不该等闲视之的。由此看来，科学辩证是相当保守的。例如，许多心胸开放的非超心理学家对完场的研究是衷心感佩的，但是在认可超觉的真实性前，他们仍持续要求更多的证据，这是可以理解的。

"不寻常性"只是程度的问题。对我们大多数人而言，心电感应似乎比预知更为寻常，因为我们早已熟知，信息可通过不可见的方式凭空传递出去。我们或许不了解电视画面是如何进到客厅的，但是我们知道事实确实如此。预知则不然，为什么心电感应看起来会比前述事情更神秘？它不是我们熟悉的现象，因为信息不可能逆时间而行。

心理学家多怀疑论者

心理学家是特别多疑的族群。有项调查了超过 1,000 位大学教授的研究发现，约有 66% 相信超感知觉是存在的或具可能性的事实；而大多数抱持赞成观点的有自然科学的（55%）、社会科学（不含心理学）的（66%），以及艺术人文与教育的（77%）。相形之下，心理学家只占了34%（Wagner & Monnet, 1979）。

心理学者之所以多疑的原因如下：

首先，他们较熟知过去有些不寻常主张，最后发现是根据有瑕疵的实验研究所得，或错误推论，甚至是欺瞒与伪造的例证。超心理学的研究史上，有些研究主张最后都被证实基于不实的数据。跟随本领域发展的学者们太容易碰到江湖郎中，其中有些还相当聪明，无怪乎他们会对新的主张持怀疑态度（Gardner, 1981; Randi, 1982）。

其次，心理学者知道，人们对心理学的研究发现常作夸大的解释。例如，人脑左右不对称的伟大发现，已被通俗心理学著作及媒体报道撷取而提出包括左脑型与右脑型的人等不实主张。每天出现在媒体不负责的言论还有意识状态——包括催眠与超觉的报道。因此值得注意的是，本调查中接受访问的教授们被要求提出他们赖以相信超感知觉的资料来源时，他们经常想到的，即为这些报纸与媒体的报道。

再者，与大多数专业的学者一样，学院派的心理学者较熟悉其专业领域的研究，由于目前有关超觉的研究并不常摘录在专业的期刊、手册或教科书里，因此，大多数的心理学者并不清楚本领域的研究近况。事实上，你已经比大多数学院派的心理学者更熟知完场实验了。

最后，认知与社会心理学研究，已将心理学者训练得对人们从日常生活经验中进行有效推论能力方面的偏差与缺失相当敏感（见第十七章）。如此一来，使得他们对超觉的轶事报道特别多疑，因为他们知道人们的判断是容易犯下多种错误的。诚然，心理学者对超觉大多抱持怀疑态度。然而，有些不然，运用完场实验进行的研究，就经过审慎的考虑而经得起严苛的考验。

超觉现象是真实存在的吗？

超觉还是墨菲定律？

雷·海曼（Ray Hyman），俄勒冈大学荣誉退休教授

贝姆教授聚精会神地检视完场实验的资料，以确定超觉的存在性时指出，如果科学家们花费时间来检视来自超过 90 个完场实验的研究结果后，他们将不会再怀疑超觉的存在。我严重质疑这点。我相信，如果科学家（包括心理学家）花时间检视这些证据，他们就会发现我所发掘的同样问题。当贝姆教授与超心理学者从这些研究中找到强有力、一致与可重复验证的证据时，我却只看到薄弱、不一致性及缺乏可重复验证性的数据。

贝姆教授将完场实验的研究结果分成三组数据库：（1）霍诺顿在 1985 年进行元分析的 28 项实验（Honorton，1985）；（2）应用自动完场实验进行的 10 个实验（Bem & Honorton，1994）；（3）40 项较近的实验研究数据库（Bem，Palmer，& Broughton，2001）。

贝姆教授主张后面两个数据库正重复验证了原先 28 个实验的研究发现。例如，在第一个元分析中的平均命中率达 38%，在自动完场实验中达 32%，而在新的 40 项近期实验中命中率达 30%。由于这些结果均与纯粹概率造成的 25% 有显著差异，贝姆教授与超心理学者即宣称得到醒目的可验证性。然而，此说法从几个方面来看是有疑虑的。如果我们假设所有的研究数据发现都是由同一母群体所进行的二项式尝试结果所组成的，则在原先与新近

数据库的结果即可能高估了变量。如此一来，这两组数据库的平均命中率大小，即为一种任意、毫无意义的组合。例如，许多第一笔数据库结果的异质性，即有可能来自各自实验结果显著的歧异性。这些实验有多少次尝试被登录到此数据库中，也是因实验而异。如果某实验持续得到负面效果而依比例被登录到数据库中，则有可能大幅降低了平均命中率；反之，如果某实验持续得到大量的正向效果，则平均有效率将会更高。

假定原先结果与新近的研究数据库是代表来自（界定良好的）母群体的随机样本，是不切实际的。组合这些异质性结果的效果率，作为实际效果的有意义估计值，实在没什么道理。我们反而应该试着去发现这些实验结果会产生变异性的原因。事实上，就每一笔资料而言，超心理学家都宣称找到了与这些变异数有关的人格、态度与刺激变量，然而这些相关组型，并没有在不同的数据库中重复出现。我在 1994 年就已提出：原先的完场实验与自动完场实验数据库间即有数起不一致的例证。米尔顿与怀斯曼（Milton & Wiseman，1999）也指出数例最新近的数据库未能支持早先两个数据库所发现的组型。

贝姆教授与其同事（Bem et al.，2001）不去讨论这些显然未能重复验证的例证，反倒去强调这些效果大小变量间新的可能相关。他

们宣称，与原先完场实验在方法上越相似的研究，越可能得到正向且有显著差异性的效果。此观察结果是根据所谓该实验的"标准度"（standardness）与其效果间不显著且薄弱的相关。因为此微弱相关是仔细观察数据所得到的结果，我们不能引以为真。即便此相关为真，也没什么帮助，因为它只解释了小量百分比的变异数而已。此外，它指出超觉只能在有限且特定的实验安排下才得以证实其存在。这种类推受限的结果，大大削弱了超觉现象的影响力。

大多数科学家对成功重复验证结果的解释，是指重复验证了变量间的相同反应组型。然而，这些组型大多数显然未能在不同的数据库中重复验证。事实上，即便是唯一一致性的发现，似乎也是来自异质性相当大、不同研究的结果。截至目前，超心理学家尚未找出这些资料组型之所以不一致的原因，然而，几乎可以确定的是，造成这种变异性的因素不一而足。我们无法排除像超觉这类现象，本身即可能是造成效果变异性大的许多来源之一。除非等到超心理学者在各独立实验间找到能确实产生一致性且可重复验证的反应组型，否则宣称实验支持所谓超觉现象的说辞，只不过是另一种墨菲定律而已。

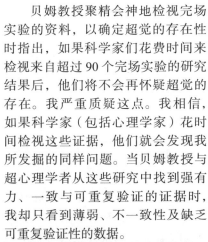

本章摘要

1. 一个人在任何时刻的知觉、思想及情感组成了个人当时的意识，意识的变化状态是指心理功能似乎发生了改变，或已非个人正常经验状态的情形。有些意识的变化状态是每个人都曾经历过的，像是睡眠或做梦，而其他诸如冥想、催眠或药物使用等则必须在特殊情境之下才会发生。

2. 意识的功能是（a）监控本身及周遭环境，以便觉察体内及环境中发生的事物；（b）控制行动使其与外在世界的事件相调和。并非所有影响意识的事情当时都是知觉的重点，个人事件的记忆及终生累积下来的知识，这些虽可提取但并未进入个人当时意识的记忆，被称为前意识记忆。另外，有些事情虽然我们无法知觉其存在，却影响着我们的行为，这些事情就是在下意识地影响我们。

3. 依照心理分析论的主张，某些引起情绪上痛苦的记忆及冲动不会出现于意识状态，因为它们已被压抑，即转入无意识中。即使无意识思想及冲动只能以间接方式，通过做梦、非理性行为及失言出现于意识中，但仍会影响我们的行为。

4. 自动化是指一开始需要意识关注而最终反应习惯化的过程，如开车。

5. 睡眠是一种意识的变化状态，因为其时程及深度明显的节奏性而引起学者的研究兴趣。这些节奏可借助于脑电图（EEG）进行研究，脑波组型显示出四个睡眠阶段（深度），再加上第五个以快速眼动睡眠（REMs）为特征的阶段。这些阶段整晚不断地交替出现。梦境较常出现于快速眼动睡眠，而较少出现于其他四个（非快速眼动睡眠）阶段。

6. 睡眠的对立模式，是指有两个相互对立的过程——恒定睡眠驱力与时钟-依赖警觉过程交互作用，以决定我们是要昏沉入睡还是保持清醒。我们在某时刻是睡是醒，视这两种过程相对作用力而定。有多种睡眠失常，包括睡眠剥夺、失眠、突发性睡眠与睡眠呼吸暂停。

7. 弗洛伊德将做梦归因于心理因素，区别显性梦及隐性梦，并且认为梦是伪装的欲望。其他理论将梦视为在睡眠时脑部信息处理的反映。最近的理论则认为做梦是一种反映个人概念、兴趣与情绪的认知过程。

8. 冥想是借由有计划的仪式或运动（例如，瑜伽或禅）来达到改变意识，其结果是个体极端放松并觉得与外在世界分离的一种略为神秘的状态。

9. 催眠是被试对催眠师集中注意并对其发出的暗示有所响应的状态，虽然大多数人多少具有接受暗示性，但有些人比其他人更容易被催眠。催眠反应的特征包括增加或减少动作控制、通过催眠后遗忘出现记忆扭曲现象，以及正、负幻觉。减轻痛苦是一种负幻觉，也是催眠的一种良性使用方法。

10. 精神药物一直被用以改变意识与心情，包括抑制剂（如酒精、镇静剂及吸入剂）、鸦片剂（如海洛因及吗啡）、兴奋剂（如安非他命及可卡因）、迷幻药（如LSD及PCP），以及大麻属（如大麻及印度大麻）。

11. 重复使用其中任何一种药物都会导致药物依赖现象，其特征为抗药性、戒断及强迫用药。药物滥用则是指一个未达药物依赖程度的人，虽然明知其严重后果，仍持续使用药物。

12. 对于超觉存在着不少争论，超觉理念认为人类可不经由已知的感官刺激而获得外界的信息，或是纯粹凭借心理方法去影响物理事件。超觉现象包括超感知觉（ESP）及其变化形式（心电感应、超感视觉、预知）与意念制动，即以心灵移动物体。

核心概念

意识的变化状态	昼夜节律	精神药物	安非他命
意识	褪黑素	药物依赖	可卡因
下意识	睡眠失常	抗药性	迷幻药
前意识记忆	失眠症	戒断	LSD
无意识	突发性睡眠症	强迫用药	PCP
弗洛伊德式失语	睡眠呼吸暂停	药物滥用	大麻属
自动化	做梦	抑制剂	大麻
分离	神志清醒的梦	胎儿酒精中毒综合征	印度大麻
REM 睡眠	冥想	鸦片剂	超觉
非 REM 睡眠（或 NREM 睡眠）	催眠	海洛因	超心理学
睡眠与清醒对立过程 模式	催眠后反应	激动剂	意会制动
恒定睡眠驱力	催眠后遗忘	拮抗药	完场程序
时钟-依赖警觉过程	正幻觉	美沙酮	元分析
	负幻觉	纳曲酮	档案柜问题
	隐藏的观察者	兴奋剂	

第七章 学习与条件反射作用

7

我们的生活充满了学习。它涉及的不只是熟练一项新的技术或一门学科，还包括情绪发展、社会互动，乃至人格发展。我们学会该怕什么，爱什么，如何举止合宜，如何表现亲密，等等。学习无所不在，我们已讨论过不少学习的例证，如儿童学习知觉周遭世界、认定自己所属的性别、依循成人的标准来控制自己的行为。尽管学习塑造我们多方面的行为，但我们对发生在我们周遭生活中许多的学习往往习而不察。这点你确实可以自行验证，但是你还是需要一位实验对象——不妨就找你的室友吧。

首先，花点时间观察他的行为。在你感觉熟悉他的行为后，从中挑选一项你想提高其出现频率的行为，比如，你的室友喜欢用手指梳头，而你想让他多做此动作（我们假设你的室友是位男性，不过此例也可以用于女性）。当然，要他多梳弄头发最直接的方法是告诉他多做——不过这样要求有点奇怪，而且有违举出无意中学习例证

的初衷。事实上，你是可能在不让他得知其行为已经改变的情况下，使他花更多时间来抚弄头发。只要每当你的室友用手指梳理头发时，就做些让他开心的事。例如，你可以对他微笑，说些话恭维他的外表："嘿！你今天看起来真的很棒！"如果他又动了头发，就再次赞美他，而且只要他一直抚弄头发，你就持续称赞他，你马上就会发现你的室友大大提高了抚弄头发的频率（假设他喜欢你的恭维）。有趣的是，你的室友可能对他行为上的巨大改变浑然不觉。你可以问他为什么常常抚弄头发？他的答案可能十分有趣，而且绝不会归因于你的恭维。

当然，你室友行为上的改变是一种学习。本章，我们会系统地分析学习，而让你对经验改变行为的过程了然于心。你将会了解为何能改变室友的行为，有哪些因素造成此一改变，以及还有哪些其他形式的学习。一开始，且让我们先考虑一些基本的学习原理与条件反射作用。**学习**（learning）可以定义为：因经验而造成行为相对持久性的改变。因成熟使然或有机体暂时性的改变状况（如疲倦或用药）不含在内。然

而，并非所有的学习都是相同的。有两种基本的学习种类：非联想学习与联想学习。**非联想学习**（nonassociative learning）包括学习单一刺激，而它又包括习惯化与敏感化。**习惯化**（habituation）是指对一个单调的刺激逐渐减弱行为反应，为一种非联想学习。例如，当第一次听到号角声时，你可能会大吃一惊，但是号角被反复吹奏一段短时间后，你被号音惊动的程度将逐次递减。相反的，敏感化则是对某强度刺激逐渐增高行为反应，也是非联想学习的一种。**敏感化**（sensitization）典型发生在有机体面对有害或可怕的刺激时。例如，如果在听到号音前你正好步入一条暗巷，对该号角声表现出听觉惊敏反应会强烈强化。习惯化与敏感化二者均只持续短暂时间，只有数分钟到几小时。然而，许多刺激只短暂地呈现，却可能形成长远的学习效果。

虽然这些学习类型很简单，但是它们对有机体调适自己以面对世界显得格外重要。的确，在所有动物身上都可以见证到非联想学习，从草履虫这种单细胞动物到人类，都有这种重要的学习形式。我们在讨论学习与条件反射作用的行为神经基础一节时，会再次谈论非联想学习。

联想学习（associative learning）远比非联想学习复杂，因为它涉及事件间的学习关系。它包括经典条件反射、操作性条件反射、复杂学习及其他。经典的和操作性的条件反射二者都涉及形成联结（association），即学习到一些事件是连在一起的：在经典条件反射中，有机体学习一个事件会接着另一个发生，例如，婴儿看到乳房就知道接下来有奶可以喝；在操作性条件反射中，有机体学习到做出一个行为后便会接着出现一个特别的结果。例如，一个小孩学到，如果打他的兄弟姐妹，接着便是父母的指责。复杂学习则涉及联结之外的一些东西，例如，建构从宿舍到校园电影院路线的心理地图。当然，如果没有记忆就不可能有学习，而记忆将在下一章（第八章）详加讨论。

还有其他形式的学习，例如，印刻、模仿、仿效与替代性学习。在本章中，我们的重点将放在条件反射作用与复杂学习。然而，我们首先还是需要了解如何应用心理学各种观点以进行学习方面的研究。

第一节　学习的各种观点

回忆第一章中我们提到心理学中三个最重要的观点：行为主义、认知观点及生物观点。和许多心理学其他领域一样，有关学习的研究也涵盖这三个观点。

早期有关学习的研究，特别是有关条件反射作用的研究，是从行为主义的观点出发的。研究者研究非人类有机体如何学习刺激间及刺激和反应间的联结，和一般行为主义的意见一致，认为以外在原因了解行为比求诸心理因素好，因此其焦点摆在外在刺激和反应上。有关学习研究的行为主义取向也提出其他重要假设，其一是主张经典的或操作性的条件反射简单联结论是所有学习的建构基础，因此，像语言学习这般复杂的过程便是一件要学会许多联结的事件（Staats，1968）。另一个假设是，不管学习真正的内容或学习者是谁——可能是一只老鼠学跑迷宫或小孩精熟算术，均有相同的基本定律（Skinner，1971，1938）。这些观点使行为主义集中在简单的实验室情境内关注非人类有机体（尤其是老鼠和鸽子）是如何受到奖赏和惩罚影响的。

此类研究有了丰富的发现并揭示了许多现象，继而奠定了许多我们所知有关联想学习的基础。但如我们稍后所示，行为主义的假设仍须按照后续研究进行修正。欲了解条件反射作用，更遑论是复杂学习，必须首先思考：对于刺激和反应间的关系，有机体（即使有机体是一只老鼠或鸽子）所知为何？因而导引出认知观点。在复杂的学习方面，除了考虑联结之外，还需考虑策略与规则等，又再次需要我们采取认知的取向。此外，目前显然没有一套单独的法则可以解释所有有机体的学习情况，尤其是不同的物种似乎包含了不同的学习机制，因而又引进了生物学的观点。因此，有关学习当代研究的结果即包含了该主张三种观点的统合。

◆ 小结

学习是由经验造成行为较持久性的改变。

学习共有 4 种基本类型：（1）习惯化；（2）经典条件反射；（3）操作性条件反射；（4）复杂学习。

◆ 关键思考问题

1. 有关学习常见的议题是：有没有什么行为是与生俱来的？的确，我们是可以主张所有行为都是学来的。你同意此观点吗？为什么？

2. 有几种思想范式影响学习实验的设计与解释，例如，行为论者聚焦在行为随经验而生、可观察的改变；认知论者则研究产生习得行为的心理表征的建构。这些不同的研究取向为什么重要？生物心理学的兴起又如何影响对学习的研究？

第二节　经典条件反射

经典条件反射（classical conditioning）是一种学习历程，在此历程中，经由与某刺激重复配对的历程，一个原为中性的刺激变得与该刺激产生联结。经典条件反射研究始于 20 世纪初的伊万·巴甫洛夫（Ivan Pavlov），他是一位因对消化的研究而获得诺贝尔奖，之后将注意力转向学习的俄国心理学家。在研究消化时，巴甫洛夫注意到一只狗看到一盘食物时会流口水。然而其他的狗则是食物放入嘴巴才会流口水，这只狗学会看到食物和食物味道的联结。巴甫洛夫偶然发现联想学习的例子，而决定观察狗是否可以被教以食物和其他东西的联结，如光或音调。

巴甫洛夫和他的助手

巴甫洛夫的实验

在巴甫洛夫的基本实验中，研究者首先将仪器附在狗的唾腺测量其唾液流量。狗被放在盘子前，肉末粉会自动送过来。研究者在狗面前的窗子打开灯（或者，某些实验中响铃或启动节拍器），数秒之后，一些肉末粉送到盘内，然后关掉灯光。当狗饿了，从记录装置上可得唾液很多记录。流口水是**无条件反应**（unconditioned response，简称 UCR），因为它未涉及学习；同理，肉末粉则称作**无条件刺激**［unconditioned stimulus，简称 UCS（一种无须经过先行条件即能自动引发反应的刺激）］。这个过程重复几次：灯光，然后食物，灯光，然后是食物。之后为了测试狗是否学会灯光和食物的联结，实验者打开灯光但不送肉末粉，假如狗流口水便是学会了联结。此时流口水是一种**条件反应**［conditioned response，简称 CR（一种习得的反应）］，灯光则是**条件刺激**［conditioned stimulus，简称 CS（一种习

得刺激）］。换言之，CR 是由 CS 引发的习得反应，而 CS 成了可以预测 UCS 出现的刺激。概念摘要表将经典条件反射的不同元素整理摘述。虽然光线原为中性刺激（即原本不可能引发流口水反应），但狗经过学习，将光线与食物联结后，对光线产生了流口水反应。巴甫洛夫的实验见图 7-1。

在巴甫洛夫的实验中，CR 的形式常与 UCR 相似——在本例中二者均为流口水。有些学者甚至认为是 CS 取代了 UCS 引发 CR。然而，除了对 CS 流口水外，巴甫洛夫的狗还对光线有其他的反应，如摇尾巴、跳动与吠叫。这些反应与 UCR 并不像，显示狗狗学会的不只是单纯的刺激-反应（光线-流口水）联结而已。事实上，研究证据也指出，动物学

概念摘要表

经典条件反射的刺激与反应

刺激／反应	描述
无条件刺激（UCS）	一个自动引发反应的刺激，典型的例子是通过反射实现，而不需要先前的条件
无条件反应（UCR）	最初由无条件刺激所引发的反应，是对原为中性刺激建立起条件反应的基础
条件刺激（CS）	原为中性刺激，经过与无条件刺激联结后，成了可以引发条件反应的刺激
条件反应（CR）	对一个原先不会引发反应的刺激（即条件刺激）学会或习得对该刺激的反应

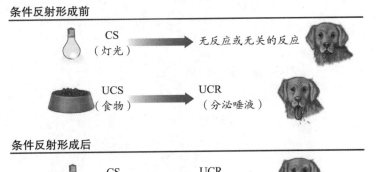

图 7-1 经典条件反射图解

无条件刺激（UCS）和无条件反应（UCR）之间的联结在实验开始时就出现了，是不必学习的。条件刺激（CS）和无条件刺激（UCS）之间的联结则是学习而得的，它是经由条件刺激和无条件刺激的配对而产生的（条件刺激和条件反应间的联结也可被习得）

会的是 CS 与 UCS 间的预测关系，使得 CS 可以产生许多与我们期望 UCS 会引发的不同的行为。

现象与应用

学习曲线：习得与消退　许多年来，心理学家设计了不同于巴甫洛夫的诸多实验。为了解这些不同实验版本的意义，我们必须注意一些关键的观点：每一组条件刺激（CS）出现后再出现无条件刺激称为一次尝试（trial）；这种被试在两个刺激间学习联结的尝试是条件反射的习得阶段（acquisition stage）；在这个阶段，CS（灯光）和 UCS（食物）的重复配对强化了二者的联结，由图 7-2 左半边的曲线中 CR 强度的增加看出。CR 最大的改变出现在最初几次的条件反射尝试中，在训练后期就没多大改变了。假如 UCS 一再缺少、被省略，CR 将逐渐消失，被称为**消退**（extinction），是在图 7-2 曲线的右半边。消退代表学习 CS 不再预测 UCS。消退不能算是没学到原先 CS-UCS 的联结；事实上，消退涉及形成一个 CS——"无 UCS"新的记忆，它会抑制 CS-UCS 联结的表现。消退练习后原先 CS-UCS 联结仍保留的现象，可由**自然恢复**（spontaneous recovery）反映得知，即消退一段时间后，原先的 CR 又会恢复的现象。

不同物种的条件反射　经典条件反射现象在动物界是十分普遍的，即使在如线形虫（一种寄生虫）等原始生物身上也同样会发生。例如，线形虫可学会一种嗅觉的 CS，能预测一种厌恶的醋酸溶液（UCS），而后者会引起退缩（UCR），结果这些虫能表现出习得的退缩反应（CR）。人类许多反应属于经典条件反射，试举一例：癌症患者可以通过接受化学治疗以阻止肿瘤细胞的成长。化学治疗包含对病人注射毒性物质（UCS），此时病人会呕吐（UCR）。经过几次化学治疗后，病人有时在进入治疗室时便会觉得呕吐和不舒服（CR）。重复化学治疗（UCS）和看到治疗室（CS）的配对，使病人对病房和化学治疗产生联结，导致病人甚至在治疗前便经历了胃肠的不舒服。另一相关的例子是在化学治疗前给患癌症的孩子冰激凌。原希望冰激凌在治疗期间可减轻孩子的压力，但冰激凌却受到化学治疗经验的条件反射（现在冰激凌是 CS，化学治疗是 UCS），结果是小孩子即使不在化学治疗情境也较不喜欢冰激凌（Bernstein，1978，1999）。

经典条件反射在诸如恐惧的情绪学习上也扮演着重要的角色。假设有一只老鼠在一个封闭的空间周期性地接受足部电击，每次在电击前，都会响起一个声音。经过声音（CS）与电击（UCS）多次重复配对后，只要单独出现声音就可在老鼠身上看到诸如受惊吓与蜷伏等害怕的反应。此外，其血压也会升高。这只老鼠已形成面对原先中性的刺激也会害怕了的条件反射。人类也一样会经条件反射而有害怕的情绪（Jacob & Nadel，1985；Watson & Reyner，1920）。事实上，恐惧的经典条件反射似乎是诸如创伤后压力症、恐慌症等几种焦虑症的病根（Bouton，Mineka，& Barlow，2001）。

二级条件反射　到目前为止，我们讨论的条件反射，UCS 都是生物性的重要刺激，如食物和电击。然而，其他的刺激借由与另一生物性重要的 UCS 重复一致地配对，也能获得具有 UCS 的能力。记得前面提到一只狗暴露于灯光（CS）下，接着给食物（UCS），灯光便可引发一种条件反应。一旦狗形成条件反射，灯光就具有 UCS 的能力。因此，假如现在在每次实验中，狗都被置于一种声音（CS_2）中，接着给灯光（不是食物），如声音单独出现时，即使从来没有和食物配对出现，最后也会引发条件反应（但其中仍需再次将灯光与食物配对数次，否则灯光和食物的原始条件反射关系将会消失）。在与本身可以预测 UCS 的灯光配对后，声音

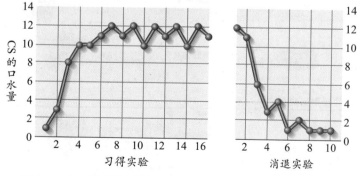

图 7-2　条件反应的习得与消退

曲线左边描述实验的习得阶段。纵轴是条件刺激的口水量，横轴是尝试次数。在 16 次习得尝试后，实验者转为消退，结果如图右所示（资料来源：*Conditioned Reflexes*, by E. P. Pavlov. Copyright © 1972 by Oxford University Press.）

也可以产生CR的能力，称作**二级条件反射**（second-order conditioning）。在二级条件反射中，尽管未曾与UCS配对，一个CS也可以产生CR。

这种二级条件反射的存在，大大地增加了经典条件反射的应用范围，特别是人类，因为其较常受到生物性UCS的影响。就人类而言，发生条件反射所需的是某刺激与另一刺激的配对，而后者先前是与一生物性的重要事件配对。再想想前面化学治疗的例子：假定某个患癌症的孩子已经对冰激凌和化学治疗的副作用（如呕吐，一种重要的生物反应）形成条件反射，如果在给他冰激凌后重复给他呈现其他的刺激（如胡萝卜），他可能会开始只对胡萝卜产生不快的感觉。

泛化作用和辨别作用 当一个条件反应和一特殊的刺激产生关联时，其他相似的刺激也会引起相同的反应。假设一个人与音叉发出的中央C音调形成条件反射而产生轻度的情绪反应［情绪反应由皮肤电反应（galvanic skin response，GSR，在情绪压力发生时皮肤电流活动的一种改变）测量］。即使没有进一步的条件反射，人也会对较高或较低的音调显出GSR（见图7-3），且新刺激和最初的CS越相似，越有可能引起条件反应，这个原则被称为**泛化作用**（generalization），用以解释部分个体对相似的新刺激反应的能力。

泛化作用的一个互补过程是**辨别作用**（discrimination）。泛化作用是对相似做反应，而辨别作用则是对差异做反应。条件反射的辨别作用是经由差别化的条件而来，如图7-4所示。例如，有两个音调（而非一个），较低的音调CS$_1$之后出现食指电击，高音CS$_2$则无。最初，被试对两个音都会出现GSR，然而在形成条件反射的过程中，对CS$_1$的条件反应逐渐强化，则对CS$_2$的反应会减少。借此区别的强化过程被试形成了区辨这两个音调的条件反射。高音CS$_2$变成抑制习得反应的一个信号。

泛化作用和辨别作用常出现在日常生活中。一个小孩子如果学到看到他的宠物狗很高兴，可能开始接近所有的狗。最后经由辨别作用，小孩可能只有对与他的宠物相似的狗才预期会快乐。看到威吓他的狗则会抑制孩子接近狗的反应。

抑制性条件反射 我们讨论过的条件反射例子均为**兴奋性条件反射**（excitatory conditioning），指CS能提升某行为的可能性或强度。经典条件

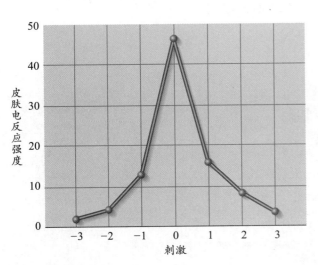

图7-3 泛化梯度

刺激0表示皮肤电反应GSR初试状态下控制的声音，刺激+1、+2、+3表示测试声音加大，刺激-1、-2、-3表示测试声音减小。注意到当测试声音和训练声音的差异增大时，泛化量便会减少（资料来源：Helen Dwight Reid Educational Foundation. "The Sensory Generalization of Conditioned Responses with Varying Frequencies of Tone," from *Journal of General Psychology*, Vol.17, p.125-148, 1937）

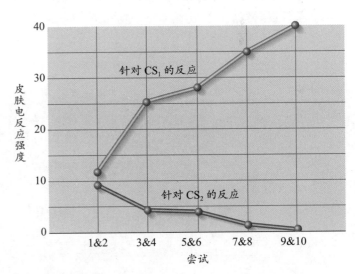

图7-4 条件反射的辨别作用

辨别作用刺激是两个截然不同的声音（CS$_1$=700赫兹，CS$_2$=3500赫兹），无条件刺激——左手食指上的电击，只发生在CS$_1$呈现的时候。条件反应的强度在此为GSR，随着CS$_1$逐渐增加，而随着CS$_2$逐渐减少（Bear & Fucher, 1968）（资料来源：*Science*, vol.150, December 10, 1965, pp.1479-1481. Copyright © 1965 by American Association for the Advancement of Science. "Differential Classical Conditioning: Verbalization of Stimulus Contingencies," by M. J. Fuhrer & P. E. Baer.）

反射中另一种重要的学习形式为**抑制性条件反射**（inhibitory conditioning），指 CS 会降低某行为的可能性与强度。例如，当一个可预测 UCS 出现的 CS 单独呈现（亦即发生消退的情况）时，即发生了抑制性学习。抑制性条件反射在下列情况下也会发生：当一个可以预测 UCS 出现的 CS，在某尝试中与新的 CS 配对，而 UCS 却没有出现时。例如，当一个可以预测食指会被电击的声音与一束光线（一个混合的 CS）配对呈现却没被电击时，光线即成了条件反射的抑制物；亦即，光线可预测不会出现电击。由光线减低了正常状况下会因呈现声音此兴奋性线索（混合）而有的条件反应中，可看出抑制的作用。抑制作用也可由经过抑制性条件反射的练习后，光线（CS）与 UCS 配对出现时，对 CS 条件反射的获得作用速率慢下来的现象中反映出来。抑制性条件反射是个重要的概念，因为它指出联想学习是双向的，可造成行为的增加或是减少。

可预测性和认知因素

到目前为止，我们用外在的或环境事件来分析经典条件反射。一个刺激跟随着另一个刺激，而后有机体即予以联结。虽然这个行为主义者的观点多年来一直占据主导地位，但仍有研究者长期争议着：条件反射背后的关键因素是动物知道（know）了一些事（Bolles，1972；Tolman，1932）。依此认知观点，经典条件反射向有机体提供了两个刺激之间关系的新知识：出现了 CS，有机体便学会期待有 UCS（Rescorla，1988）。接下来我们将思考认知因素在经典条件反射中所扮演的角色。

接近性相对于可预测性　从巴甫洛夫时代开始，研究者便试着找出经典条件反射发生必备的关键因素。巴甫洛夫和其他一些人认为关键因素是 CS 和 UCS 暂时的接近，两个刺激在时间上必须是相邻发生，联结才得以发展。然而，另一种更富认知性的观点认为，CS 必须是 UCS 一个可靠的预测指标（reliable predictor）；换言之，条件反射的发生，必须是 UCS 发生的概率在 CS 呈现时比 CS 不出现时要高，即 UCS 必须可被预测。

雷斯科拉（Rescorla，1968）在一个突破性实验中，比对了接近性和可预测性。实验中，雷斯科拉对老鼠施以电击（UCS），在某些尝试中，电击之前先出现声音（CS）。两个组别的实验过程说明可见图 7-5。声音和电击在时间上的接近配对，两组一样。雷斯科拉可操控的变量是无声时电击的发生。A 组中声音先于所有的电击，在 B 组中，电击前可能有声也可能无声。A 组中的声音对电击有很强的预测性，而在 B 组中则无预测力。

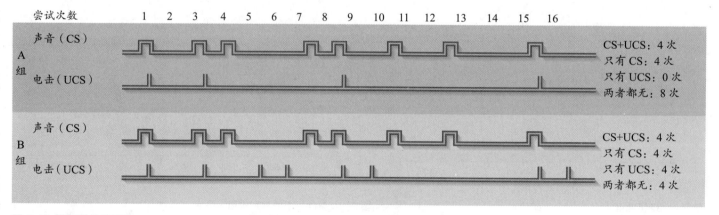

图 7-5　雷斯科拉的实验

每组有 16 次尝试，有些尝试 CS 出现后跟随 UCS（CS +UCS），有些尝试是 CS 或 UCS 单独发生，还有些则是 CS 或 UCS 都未发生。图最右边数字表示这两组的尝试次数。CS+UCS 实验次数二组一样，只有 CS 发生的也是这个次数。二组只有单独发生 UCS 的次数不一样：A 组没有单独出现 UCS，B 组单独出现 UCS 则和其他类型实验次数相同。因此，对 A 组，实验者建立了一个声音是有效用的预测物的情境（但不是完美的），即其后电击会很快接着而来；而 B 组，声音对预测后续的电击是没有价值的。结果 CS 在 A 组发生了条件反射，但在 B 组中一点都没有［资料来源：R. A. Rescorla（1967）"Pavlovian Conditioning & Its Proper Control Procedures," from *Psychological Review*, Vol.74：71-80. Copyright © 1967 by the American Psychological Association.］

声音的预测力被证明是关键性的：A 组中的老鼠对声音（CS）形成条件反射，而 B 组则没有形成（就像老鼠是否对声音产生恐惧反应以躲避电击）。在实验中的另一组（没有显示在图 7-5 中），条件反射的强度直接与能显示 UCS 发生的 CS 预测值有关。后续的实验支持此一结论，即 CS 和 UCS 间预测的关系，比 CS 和 UCS 时间上的接近或配对的次数更重要（Rescorla，1972，1988）。

一只老鼠在前述实验中的作为，与你在日常生活中决定什么事件可预测另一事件发生是可相比拟的。例如，当你走进厨房而发现角落一团糟且非你所为时，你会试图找出可以预测发生这团混乱的事件。你可能曾注意到这场乱象是发生在你的朋友乔与莎莉到过厨房之后。随后几次机缘下，你观察到当莎莉在厨房时很少弄乱；而只要乔进过厨房，里面总是乱七八糟。一如前述实验的老鼠能预测电击一样，你也会试着去预测厨房的乱象，而且老鼠也跟你一样，不会去注意与电击相伴出现的事件（如实验中的各种设施），而只注意仅发生在电击前而其他时候并不出现的事件（因此得以正确地预测电击，一如 A 组中的声音一样）。

可预期性与情绪　可预期性对情绪而言也是很重要的。如果特定的 CS 能可靠地预测疼痛的到来，该 CS 不在，即预测了疼痛不会来，有机体即可放松情绪。因此，该 CS 即成"危险"的信号，而其缺席，反成了"安全"的信号了。这种信号一旦出没无常，有机体就会产生很大的情绪反应。老鼠一旦得知一个可以可靠地预测电击出现的信号时，它们只有在危险信号出现时才会有恐惧反应；反之，如果没有可靠的预测信号时，它们可能会一直处于焦虑状态，甚至可能发展成溃疡（Seligman，1975）。

人类的情绪也有同样的现象，假如一位牙医给了小孩"治疗过程会痛"的危险信号，在整个疗程结束前，小孩都会害怕；反之，如果牙医告诉小孩"不会痛"，而事实上有时会痛，小孩可能不再有危险或安全的信号，而变得每次到牙医处就特别焦虑。成人也一样，我们大多数人都经历过一种焦虑的情境：好像会发生不幸的事，却没有任何可以预测其出现的警讯。根据定义，不幸的事件只是让人不快，但是不可预测的不愉快事件却是全然令人难以忍受

如果医生给孩子一个危险的信号——告诉她这个过程会痛，孩子可能会一直怕到过程结束；反之，如果医生总是告诉孩子"不会痛"而事实上有时会痛，孩子反而因为没有得到安全或危险的信号，变得只要一到医生的诊所就会异常焦虑

的（进一步的讨论可见第十四章）。

生物性限制

本章先前提到不同物种有时会用不同的机制学习相同的事情。这些机制是学者在自然环境中研究动物行为时发现的。他们揭示了有机体的条件反射学习受限于其生物性。

动物行为学取向　动物行为学家，就像行为主义者，关心动物的行为，但动物行为学家认为进化和基因更胜于学习。强调这一重要性，使动物行为学家对学习采取了一种不同的途径，即假设学习是强烈受限于动物基因的本质的，并且不同物种用不同的方法学习不同的事情（早期行为主义者则假设所有物种学习法则都是相同的）。动物行为学家指出，动物学习时必须面对一个基因决定的"行为蓝图"，就如同建筑蓝图对该建筑建构功能的限制，因此行为蓝图预设了基因在有机体身上限制了可能学习的联结种类；也就是说，动物是被"程序化"的以特别的方式学习特别的事。

经典条件反射的限制　经典条件反射受限制的最好证据，有些是来自味觉厌恶的研究。首先试想味觉厌恶的基本现象：在典型的研究中，先让老鼠喝有味道（如香草）的溶液，之后注射会引发呕吐

的氯化锂（LiCl）。老鼠复原后，再出现香草溶液时，老鼠会快速躲开，因为它学到了香草味道和不舒服感觉的联结。有证据显示这种逃避是经典条件反射的一个例子，溶液最初的味道是 CS，感觉不舒服是 UCS，产生条件反射后，味道意味着就要不舒服了。

根据早期行为主义者的概念，灯光或声音也可以扮演着如味道一样的信号角色。也就是说，假如灯光和味道一样有效，灯光和不舒服联结的建立不会比味道和不舒服联结更困难，但事实不然。1966 年，加西亚（Garcia）和科林（Koelling）的实验如表 7-1 所示，在实验的第一阶段，实验组的老鼠吸吮有甜味的试管，再次吸吮就有灯光和咔嗒声出现，老鼠便同时经历三项刺激——甜味、灯光和咔嗒声。在第二阶段，实验组老鼠轻度中毒。问题是：什么刺激（甜味或灯光加咔嗒声）会和不舒服的感觉产生关联呢？要回答这个问题，见最后第三阶段：实验组老鼠再次呈现相同的试管，但有时试管溶液和上次味道一样，但没有灯光或咔嗒声；而其他时候则有灯光或咔嗒声，却没有香味。当动物经历了味道会躲避溶液，但呈现灯光和咔嗒声则不会躲避；因此老鼠只会将味道和不舒服的感觉联结。这些结果不能归因于味道比灯光加上咔嗒声是更有效的 CS，实验控制组的图示在表 7-1 的下端：在第二阶段，电击代替轻度中毒；在研究最后阶段，老鼠只在灯光和咔嗒声出现时会躲避溶液，单独经历味道时不会躲避（Garcia & Koelling, 1966）。

因此，味道对不舒服相较于对电击是更好的信号，而灯光加咔嗒声则为电击（相对于不舒服而言）

较佳的信号。为何会存在这些选择性的联结呢？这与早期行为主义者一样有效的刺激可互相替换的观念不符；因为味道和灯光加咔嗒声二者同为有效的 CS，而生病和被电击同为有效的 UCS，因此任一 CS 应可与任一 UCS 产生关联。相反的，这种联结的选择性，和动物行为观点以及其强调动物在环境中进化适应的观点完全符合：在它们的天然栖息地，老鼠依其味觉选择食物，结果味觉和肠内反应间的关联可能已有一种内建的基因的决定性，这会形成味觉和生病的联结，而不是灯光和生病的联结化；此外，在老鼠生存的自然环境中，从外在因素引起的疼痛，如冷或受伤，会归因于外在刺激，是不太会改变的。因此，外在刺激和"外在疼痛"间可能有一种建立的关系，因此会形成灯光和电击的联结而不是味觉和电击的联结。

假如老鼠学会味觉和生病的联结，是因为这与它们选择食物的自然方法相符，而其他以不同方式选择食物的物种，在学习联结味觉和生病时则应会有困难，结果确实如此。鸟类选择食物是以视觉为基础而不是味觉；它们学到灯光与生病，而非味觉与生病的联结（Wilcoxin, Dragoin & Kral, 1971）。此处即为一个不同物种以不同方式学习相同事物，如什么引起生病的完美例子。简言之，假如我们想要知道什么会与什么形成条件反射，我们不能将 CS 和 UCS 分别考虑，而是必须着重二者之组合，并思考这个组合反映了基因内建关系的程度。这个结论与所有物种和情境其学习法则都是相同的假设有很大的不同。事实上，近年来有许多学者已着手对某行为的进化史进行系统性的分析，以探讨经典条件反射的特性（Fanselow, 1994）。

表 7-1 限制与味觉厌恶的实验

本研究设计指出：相比于电击，味觉是恶心的更好信号；相反，灯光加声音则为电击的更好信号 [资料来源：Garcia & Koelling (1966) *"The Relation of Cue to Consequence in Avoidance Learning"*, Psychonomic Science, 4: 123–124. Reprinted by permission of the Psychonomic Society.]

组别	条件刺激	无条件刺激	结果
毒药组	甜味；光线＋咔嗒声	氯化锂→引起恶心	味道→压制饮酒 光线＋咔嗒声→不压制
电击组	甜味；光线＋咔嗒声	足部电击→恐惧	品尝→不压制饮酒 光线＋咔嗒声→压制

◆ **小结**

在经典条件反射中，条件刺激（CS）一致地在无条件刺激（UCS）之前出现，而可视为 UCS 的信号，并将引发一个通常与无条件反应（UCR）相似的条件反应（CR）。

要发生经典条件反射，CS 必须为 UCS 的可靠预测指标；CS 出现要比 CS 不出现时 UCS 发生的概率较高。

在经典条件反射中，刺激能否被联结受限于生物与进化。

◆关键思考问题

1. 在经典条件反射中，学者通常相信 CS 与 UCS（而非 CS 与 UCR）间的联结为条件反射的要件。你能想出一个可以区辨两者可能性的实验吗？

2. 人类有些焦虑症可能是由经典条件反射调节的。例如，恐慌症的患者通常处在曾经体验过恐慌的情境下，会再发生恐慌。此外，当身体感到恐慌征兆（如因运动而心跳加快）再现时，也会爆发恐慌。你能以经典条件反射的术语描述恐慌发作的历程吗？ CS、UCS、CR、UCR 各是什么？

第三节 操作性条件反射

在经典条件反射中，条件反应常与无条件刺激的正常反应相似，例如，流口水是狗对食物的正常反应。但要教有机体新的事物时（如教狗一项新把戏），你不能使用经典条件反射。什么无条件刺激会使狗站立或打滚？训练狗，你首先必须说服它做完把戏（或者有那个把戏的样子）之后再赞美或用食物奖励它。持续这么做，最后狗才学会这一把戏（事实上，狗学会了该把戏预示着食物或赞赏）。真实生活中很多行为都是这样发生的，我们称其为操作或操作性条件反射。

在**操作性条件反射**（instrumental conditioning）中，某些反应的习得是因为它们操控（operate）或影响了环境。有机体不可能只像经典条件反射一样，只对刺激做出反应，他们也会以一种行为方式来改变环境。也就是说，有机体的行为是具有操作性的，借以得到想要的结果。单独在婴儿床里，小婴儿会自然地踢、扭打、咕噜说话；狗单独在一个房间里也会来回地闻嗅，可能会捡颗球丢出去，和球玩。他们并非针对特定的外在刺激反应，而是设法操控、影响环境，一旦有机体表现出某特定行为，其行为重复的可能性即取决于行为的结果。假如婴儿每次咕噜作声接着便引来父母的注意，他会咕噜得更频繁；假如狗的行为伴随拍拍它或食物的奖赏，它也会更频繁地捡球。假如我们认为婴儿以引起父母注意为目标，狗以得到食物为目标，那么操作性条件

反射即相当于以一种用特定行为来达到特定目标的学习（Rescorla，1987）。与经典条件反射相似，操作性条件反射也同样涉及事件间的关系（如同反应与结果间的关系）。

效果律

操作性条件反射的研究始于 19、20 世纪转换之际桑代克（E. L. Thorndike）的一系列的实验（Thorndike，1898）。桑代克受达尔文进化论的影响很深，试着要证明在动物身上学习具有延续性，就像在人身上一样。下面是一个典型的实验。一只饥饿的猫被放在一个有简易门闩的笼子里，笼外放一条鱼。开始时猫透过栅栏用脚掌去抓取食物。当这个方法失败时，猫改用各种不同的方法移动笼子。有时不经意地碰击到门闩，解放了自己便吃到鱼。研究人员把猫再放回笼子并在笼子外放一条鱼，猫大概又用相同的方法，再次又忽然碰到门闩，这过程一再重复。经过试验，猫减少许多无关的行为，最后有效地打开门闩轻松地吃到鱼。猫已经学会了打开门闩取得食物。

听起来猫像是有智慧地行动，但桑代克认为此处没有什么"智能的"操作。没有一刻看出猫似乎对解决问题有所观察，取而代之的是猫的表现是逐渐经由尝试而改进的。猫显现试错（trial-and-error）的行为，且当酬赏跟着这些行为立即出现时，此行动的学习便被强化。桑代克认为此强化是效果律，即在操作性条件反射中，从一串具有正向结果的随机反应中做选择。这个过程和进化论有些相似，适者生存（survival of the fittest）法则也是从世代中选择出有助于物种生存的基因（Schwartz，1989）。

斯金纳的实验

B. F. 斯金纳（B. F. Skinner）使研究者概念化和研究操作性条件反射的方法有所改变。他研究操作性条件反射的方法比桑代克简单些（例如，一次只检查一个反应），因此广为学者接受。

学习曲线：习得与消退 在斯金纳的实验中，一只饥饿的动物（通常是一只老鼠或鸽子）被放在如图 7-6 的笼子里，这个笼子通常被称为斯金纳箱（Skinner box）或操作舱。箱子里只有一个下附食物盘子的杆子，杆上的小灯可在实验者的判断下打开。

单独留在箱子里的老鼠可以到处跑、探索。偶尔它会侦查并压按杆子。老鼠第一次压杆子的比率是**基线水平**（baseline level）。建立基线水平后，实验者触动箱子外面的食物仓，之后每次老鼠压杆子时就有一个小食物丸进入盘子。老鼠吃到食物且很快地再次压杆子；食物强化压杆子，压杆子的频率显著地增加。假如食物仓被中断，压杆子不再有食物，压杆子的频率就会减少。操作性条件反射反应如果未被强化，一如经典条件反射的反应，即正在消退中。

在操作性条件反射中，出现在行为之后可以提升一反应可能性的即为强化物（常是食物或水）。由于杠杆一直出现在斯金纳箱中，老鼠可以选择要不要常对它反应，因此有机体的反应率即成了工具性学习有用的量度：在给定时距中反应频率越高，学习越强。

在操作性条件反射中，跟随行为后出现的环境事件，可能提升或减低表现该行为的可能性。**强化作用**（reinforcement）即，通过呈现一个可欲的刺激或去除一个厌恶刺激的过程，可以提升某行为的可能性。注意，此处行为与强化作用间可能有积极正向的关系（如压杆可得食物）或负向消极的关系（如压杆以中止或防止电击的发生）。**正强化**（positive reinforcement）指行为产生可欲刺激，而**负强化**（negative reinforcement）则发生于行为防制了某厌恶刺激的发生。例如，如果你的伴侣在你记得给他们送鲜花时会特别心动，则你在情人节当天记得送给情人鲜花的可能性就会增高。同样的，如果你经常与室友争吵，你较可能会避免回到公寓。前一例，可欲的刺激（心动）提升了行为（送花）；而后一例中，去除一个厌恶的刺激（争吵）也增加了行为（避开公寓）。

惩罚（punishment）与强化相反（见本章稍后厌恶条件反射作用），它是经由呈现一个厌恶的刺激或去除一个可欲刺激的过程，以减少某行为的可能性。再提醒你注意，此处行为与强化作用间可能有积极正向的关系（如压杆被电击）或负向消极的关系（如压杆以中止或防止食物供应）。在第一个例证中，行为产生了厌恶的刺激，而第二个例子，也被称作**省略训练**（omission training），指防止一个可欲刺激的出现的行为。例如，如果女朋友曾因你送她巧克

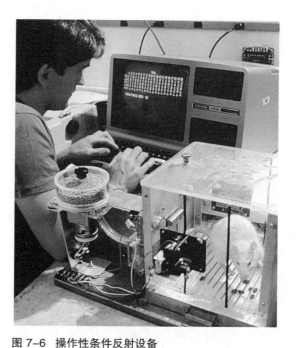

图7-6 操作性条件反射设备
照片显示的是一个带有输送食物颗粒的斯金纳箱。计算机则用于控制实验及记录老鼠的反应

力而大发脾气，则你在情人节送她巧克力的可能性就会降低；同样的，如果与父母争辩后他们晚上就会禁止你出门，则你会与他们争辩的可能性会降低。前一例中，厌恶刺激（生气）减少了行为（送巧克力），而后一例中，移除一个可欲刺激（晚间外出）也可以降低行为（与父母争辩）。强化作用产生了"好的"结果，而惩罚则产生"不好的"结果。如前所述：好的结果可以是得到想要的东西（正性强

斯金纳是一位研究操作性条件反射的先驱

化物）或撤销厌恶的事物（负性强化物）。同样的，"坏"结果可能得到厌恶的事物（惩罚）或撤回想要的东西（省略训练）（见概念摘要表）。

儿童教养的含义　虽然老鼠和鸽子是很好的实验对象，但操作性条件反射亦可应用于许多物种，包括我们人类。实际上，操作性条件反射可以为我们提供儿童教养方面许多好点子。接下来有个特别的例子来说明，一个小男孩如果没有得到父母足够的注意力会发脾气，特别是在就寝时。最后因为父母有所反应，他们的注意力可能强化其发脾气。为减少发脾气，父母应维持其睡眠时间的正常活动，忽略孩子的反抗，虽然其中有些不快。借撤回强化物（注意力），凑巧发生的发脾气行为应会消失。只需要 7 天，孩子在睡眠时间哭泣的时间便从 45 分钟减少到完全不哭（Williams，1959）。此即为省略训练，因为它撤回了男孩想要的（父母的注意）而减少了受到处罚的行为反应（睡前哭泣）。

另一个在教养孩子上所应用的操作性条件反射，集中于反应和强化物时间上的关系。实验室实验证明立即强化物较延宕强化物更有效；操作反应和出现强化物间隔越长，反应强度越小。许多发展心理学家已经注意到延宕强化物在儿童教养上是一个重要因素。假如一个孩子对宠物示好，立即赞美（或奖赏）这个行为要比延宕要好。同样的，假如一个小孩子无端攻击别人，立即被处罚与延宕处罚这个攻击行为相比，前者更易使这个行为消失。

行为的塑造　假如你要用操作性条件反射教你的狗一项把戏，如让它从你家前门门缝中取信，你不可能等它自己自然地去做然后再予以强化，因为你可能永远也等不到。当所欲产生的行为是全新的时候，你必须善用动物天生行为差异的优势产生条件反射。训练狗取信，每次它靠近门你可以用食物强化，每次强化中要求它越来越靠近信件，直到最后狗用嘴叼住信件。这种强化技术只用于那些在反应时背离实验者所预期的方向者，被称为动物**行为的塑造**（shaping）。

动物可借行为的塑造教它精致的把戏和例行事务。两位心理学家和其同事训练数以千计的动物在电视、广告和市集集会上表演（Breland & Breland，

概念摘要表
强化与惩罚的类型

类型	定义	效果	范例
正强化	行为反应后给予快乐或欲求的刺激	增加行为反应的可能性	用功后考试得到高分，将会提升考试前用功的可能性
负强化	行为反应去除不愉快或厌恶刺激	增加行为反应的可能性	离开寝室可躲开吵闹的室友，你远离寝室的时间会增加
惩罚	行为反应呈现不愉快或厌恶刺激	减少行为反应的可能性	教授因你在课堂问问题而让你难堪，将降低你在课堂问问题的可能性
忽除训练	行为反应后去除掉快乐或者欲求的刺激	减少行为反应的可能性	每次你看电视时，你的男/女朋友就不再理你，那么你在电视机前的时间会减少

1966）了一个很有名的节目，名为"卜力西拉，一只挑三拣四的小猪"（Priscilla, the Fastidious Pig）。卜力西拉打开电视，在餐桌上吃早餐，拿脏衣服放入衣篮，用吸尘器吸地板，挑自己喜欢的食物，参加益智节目，在观众中根据闪光灯是或否的指示回答问题。它并非一只特别聪明的猪，事实上猪长得很快，每隔 3—5 个月就得训练一只新的"卜力西拉"。这份聪明不是猪的而是实验者的，他用操作性条件反射塑造行为产生想要的结果。此外，鸽子经过行为塑造训练，可找出海上迷失的人（详见图 7-7），海豚则被训练寻获海底的设备。

重要的是，布鲁兰（Breland）的工作也指出并非所有的行为均可被塑造。例如，他们发现很难训练浣熊将钱币投入猪宝宝存钱罐以得到食物为奖励。浣熊不会投币以得到食物此强化物，反而会不断地擦拭，把钱币投进存钱罐再倒出来，持续擦拭它们。这一行为，与浣熊面对食物时的行为很类似。浣熊费力操弄与食物有关对象的这种行为倾向，降低了以食物为强化物的学习新操作性条件反射的可能性。可见，与经典条件反射一样，操作性条件反射也受到生物的限制。

现象和应用

一系列的现象极大地强化了操作性条件反射的

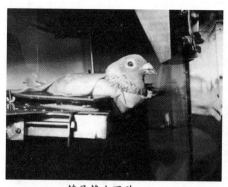 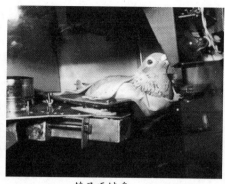 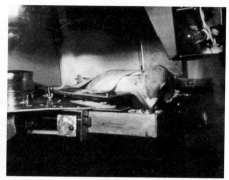

鸽子静止不动　　　　　　　　　鸽子啄键盘　　　　　　　　　鸽子得到酬赏

图 7-7　鸽子搜寻及搜救

海岸保卫队用鸽子搜寻海上迷失的人。鸽子受过训练，用行为塑造的方式侦查橘色标志——国际的救生背心颜色。三只鸽子被放在附于直升机下的塑料挡风玻璃室内。室内隔成三间，每只鸽子可面对不同的方向。当鸽子侦查到橘色物体或其他物体时便啄键盘，以嗡嗡声通知驾驶员。驾驶员循着鸽子所朝方向飞行。在海上侦查东西，鸽子比人的条件更具优势。它们可注视水面很长的时间，而不会感到眼睛疲劳；它们有很优越的色彩视觉，并可聚焦在 60—80 度的范围，而人只能在 2—3 度的范围（Simmons, 1981）

普遍性，并显示出本原理广泛应用到人类行为的情形。此处我们仅对其中一些现象做简要的介绍。

条件强化物　我们讨论的大多数强化物被称为初级的（primary），因为它们满足了基本的驱力。假如操作性条件反射只发生在初级强化物上，则在我们的生活中将不常见到操作性条件反射，因为初级强化物本身并不常见。不过，任何刺激只要经常地与初级强化物配对，就可以变成二级（secondary）或条件强化物（conditioned reinforcer）。

将典型的操作性条件反射实验做些小改变，即可说明条件强化作用如何运作。当一只老鼠在斯金纳箱里压杆子时，有一个声音即时响起，不久就有

食物送到（食物是初级强化物，声音变成条件强化物）。在动物通过这种方式形成条件反射后，实验者开始进行消退过程，故当老鼠在压杆子时，声音和食物都不会出现。动物立即停止压杆。接着再联结声音而非食物。当动物发现压杆会产生声音时，压杆比例明显增加，即使后面没有食物也能克服消退作用。声音经由经典条件反射获得了强化的性质，因为这声音与食物紧密地配对，它代表着食物的信号。

我们的生活中有很丰富的条件强化物。最普遍的两项是金钱和赞美。我们认为，金钱是一种强有力的强化物，因为它经常和初级强化物配对——我们可以购得食物、饮料及舒适的待遇，这些仅是一些显而易见的东西。同样，仅仅只是赞美，即使没有初级强化物，也能让我们持续进行许多活动。

泛化作用和辨别作用　经典条件反射成立的原则，在操作性条件反射中再次成立：有机体能类化他们学到的东西，而此泛化作用可以用辨别训练加以遏止。假设一个小孩因轻拍家里的狗受到父母的强化，他很快会将此抚拍动物之举反映到其他的狗身上，而这可能是有危险的（因为邻居的狗可能是凶恶的）；他的父母会提供孩子一些辨别训练，因此他只在抚摸家里的狗时会被强化而对邻居的狗则不然。

辨别训练对一个（或一组）有区别力的刺激是有效的，此刺激能清楚地区分出哪些反应应予强化

对许多人来说，赞美是一种有效的强化物

而哪些应予抑制。如果父母可以指出狗有哪些行为是友善的表示（如摇摇尾巴），我们的孩子就会比较容易学到什么狗是可以宠爱的。一般而言，一个有区别力的刺激有用，它的出现应可预期该反应会跟着强化物，而缺乏该刺激时则可预期反应后不会跟着强化物（或反之）。就像在经典条件反射中，刺激的可预测性对条件反射而言似乎是关键的。

强化的程式　在实际生活中，行为每次都被强化是少见的。例如，努力工作有时候会受到赞美，但它常是被忽视的。假如操作性条件反射只有在后续跟着强化物时才会发生，则它在我们生活中所扮演的角色便可能是很有限的。然而一旦行为已建立，它只需在部分时间被强化，便可以维持该行为。这种现象被称为部分强化（partial reinforcement），我们可以用实验室的鸽子学会啄键盘得到食物来说明。一旦建立了操作性条件反射，即使只是偶尔得到强化物，鸽子仍会用较高频率继续啄键盘。在一些情况下，鸽子平均每5分钟受赏食物一次（一小时12次），它一个小时内竟然啄键盘达6,000次——每啄500次才得到一次食物！此外，部分强化中维持一个反应之后进行的消退作用，要比连续强化中的消退作用缓慢许多。每5分钟啄一次的鸽子的消退作用需要几天，而持续啄击的鸽子的消退作用只需要几分钟。这种现象是所谓的部分强化效果（partial-reinforcement effect），这很合乎直觉，因为当强化物在维持期间只是部分出现时，消退作用和维持之间的差异较不明显。

当强化只在某些时候发生时，我们需要知道精确的程式——是每隔三次反应一次还是每隔5秒反应？事实证明，强化的程式决定了反应的形态。有4种基本的强化程式（见概念摘要表）。在**比率程式**（ratio schedules）中，因其强化决定于有机体所做反应的数量，很像工厂工人之薪水是论件计酬，其比率可以是固定的或变动的。在**固定比率程式**（fixed ratio schedule，FR）中，反应的数目必须固定于某一特定值，假设数目是5（FR 5），即表示每5次反应强化一次；假如是50（FR 50），则为每50次反应强化一次，依此类推。一般而言，比率越高，有机体反应的比率越高，特别是当有机体最初受训是在一相对较低的比率（假设是FR 5），然后转移到较高

概念摘要表	
4 种强化程式	
程式	过程
比率程式	
固定比率（FR）	在固定的反应次数后给予强化
变动比率（VR）	在某反应数量后给予强化，但该数量不可预期地变动
间隔程式	
固定间隔（FI）	在上次强化作用延迟一段时间后再给予强化
变动间隔（VI）	在上次强化作用延迟一段时间后再给予强化，只是延迟时距不可预期地变动

比率，最后到FR为100。这就像工厂工人，最初每缝5个布边可得5美元，之后比较困难，要100个才有5美元。但或许在FR程式下的行为，最显著的方面是强化物发生后马上停止反应（见图7-8的左侧）。对工厂工人而言，在刚完成足够获得报酬的反应后，他很难又开始一套新的缝制布边反应。

在**变动比率程式**（variable ratio schedule，VR）中，只有在做出一定数目的反应后才会得到强化，但反应数目是变化不可预测的。因此，在VR为5的程式中，强化所需的反应数目有时可能是1，其他时候是10，平均是5。有机体在VR程式下的操

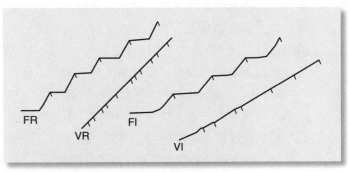

图 7-8　四种基本强化程式的典型反应类型

每一条曲线表示动物累积反应数目的时间函数，曲线斜度表示动物反应速率。左侧的两条曲线是比率程式。请注意在固定比率程式（FR）曲线中的水平线段——这相当于停止（表示在反应累积数目上没有增加）。右侧的两条曲线是间隔程式。在固定间隔程式（FI）中，水平线段也相当于停止（资料来源：Barry Schwartz, *Psychology of Learning and Behavior*, 3/e, with the permission of W. W. Norton & Co.,Inc.）

玩吃角子老虎机的赌客被变动比率程式的报酬强化。此种程式能产生相当高的行为反应率

作，不像在 FR 程式的行为，是没有停止的（见图7-8 左侧），很可能是因为有机体无法侦测还有多久才能得到强化。生活中 VR 程式一个很好的例子是吃角子老虎机，强化（得到结果）所需的反应次数（玩的次数）保持变化，操作者无从预知什么时候会发生强化，VR 程式可以产生非常高的反应率（就像赌场老板所计算出的）。

另外一种时间表称为**间隔程式**（interval schedules），因为强化只在一段特定时间后才可得到，因此，此种时制可以是固定或变动的。在**固定间隔程式**（fixed interval，FI）中，有机体第一次反应的强化是在上一次强化之后的某一段时间，在 FI 是 2（分钟）的程式，强化要在上次强化后的 2 分钟才可得到，在这 2 分钟内所做的反应是没有结果的。FI 一个最明显的方面是强化之后马上停止反应（这个强化后的停止可以比 FR 程式下发生的更长）。FI 另一显著部分是接近间隔末端时，反应的比例会增加（见图7-8 的右侧）。在生活中 FI 一个很好的例子是信件送递，每天只有一次（FI 为 24 小时），在某些地方是一天两次（FI 是 12 小时），因此，在你的信件刚送到时，你就不会再检查信箱（这是你的停止）。然而，当邮件送递间隔接近时，你会开始再查看信箱。

变动间隔程式（variable interval schedule，VI）中，强化仍是决定于一定间隔，但间隔是变动不可预测的。在 VI 是 10（分钟）的程式中，有时关键间隔可能是 2 分钟，有时是 20 分钟，但平均是 10 分钟，依此类推。不像在 FI 程式中发现的反应变化，

当程式是 VI1 时，有机体倾向于作出一致的高比率反应（见图 7-8 右侧）。日常生活中 VI 程式的一个例子是，想象拨一个占线的电话号码，为能得到强化（打通电话），你必须在前一次反应（拨电话）后等些时候，但此等候时间的长度是不可预期的。

厌恶性条件反射

我们所讨论的强化似乎都是正面的（如食物），但负面或厌恶的事件，如电击或痛苦的噪音也常用在操作性条件反射中。有许多不同的厌恶性条件反射决定于此厌恶事件是用来减弱现有反应或学习新的反应。

惩罚 在惩罚训练中，反应接着一项厌恶的刺激或事件，导致反应的减弱或压抑后续的事件。假设一个小孩正学会用蜡笔在墙上画画（这是不符期望的反应），假如他这么做就被打手心（惩罚），他就学到了不可以这么做。同样的，假如一只老鼠在跑迷宫时只要走错路就被电击，它很快就学会逃避前次错误。在这两个例子中，惩罚被用来减少不良行为的可能性。

虽然惩罚可抑制不应有的反应，但有几个缺点。第一，它的效果不像酬赏的那样可预期。酬赏基本上是说"重复你所做的"，而惩罚则说"不要这样做"，但没有给予代替方案。结果，有机体可能是找一项更差的反应代替被惩罚的反应。第二，惩罚的副作用可能是很不好的。惩罚常导致不喜欢或害怕施惩的人（父母，老师或雇主），以及发生惩罚的一些情境（家、学校或办公室）。最后，极端或痛苦的惩罚可能引发比原先不良行为更严重的攻击性行为。

上述这些提醒并不表示惩罚绝对不应使用。假如替代的反应可被酬赏，则将有效地减少不良反应。老鼠在跑迷宫中学会选择较短的途径取得食物，但如在此途径上被电击，它们会很快转到长途径，由惩罚而来的暂时性抑制为老鼠提供了选择较长途径的学习机会。在此例中。惩罚对重新指引行为是有效的，因为它是有信息的。对人类而言，这似乎是答案所在，也是有效的利用惩罚。一个小孩从触碰电器被电击可能会学到接触什么才是安全的，什么是危险的。

惩罚的威胁是一种有效的动机

逃离和回避　厌恶性事件也可用来学习新反应。有机体可以学习反应终止某一进行中的厌恶事件，如一个孩子学习关掉水龙头以阻止热水流进浴缸，这被称为**逃离学习**（escape learning）。有机体也可以学习一开始便阻止厌恶事件之反应，如在红灯前停止以避免意外（和交通罚单），这被称为**回避学习**（avoidance learning）。

逃离学习通常是在回避学习之前，可以借助下面实验来说明：一只老鼠被关在由栅栏分隔为二隔间的箱子中，每次进行尝试时，将动物放在一隔间内，在某些时候会有警告声，5秒后地板通电，为逃避电击，动物必须跳过栅栏进入另一隔间。最初，动物只在电击开始时跳过栅栏，这是逃离学习；但经过练习后，动物一听到警告声便跳，因此完全回避电击，这便是回避学习。

回避学习引起很多学者的研究兴趣，部分是因为它有些非常令人疑惑的地方：真正强化回避学习反应的究竟是什么？在上述研究中，是什么强化了动物跳过栅栏的反应？直觉上，似乎是"没有电击"，但这是"未发生的事件"。一个未曾发生的事件如何成为一个强化物呢？对此疑惑的解答为，该学习分成两个阶段：第一阶段涉及经典条件反射，通过重复警告声（CS）和处罚事件或电击（UCS），动物学会对警告声产生害怕的反应；第二阶段涉及操作性条件反射，动物学到一个特别的反应（跳过栅栏），可去除厌恶事物，即恐惧。简言之，此"未曾发生的事件"正是"恐惧"，我们可以将回避反应视作从恐惧中逃离（Mowrer，1947；Rescorla，& Solomon，1967）。

控制和认知因素

有关操作性条件反射的分析使我们倾向于强调环境因素：一个反应一致地跟着一个强化事件，有机体因而学会联结反应与强化。然而认知理论在我们刚刚讨论的回避上，认为正如经典条件反射一样，认知在操作性条件反射上可能也扮演了一个重要的角色。我们将会看到，认为有机体在操作性条件反射情境中习得有关反应和强化物关系的新知识，通常是有用的观点。

偶然和控制　就像在经典条件反射的情况，我们想探究操作性条件反射发生的关键因素。其中之一是时间上的接近：不论何时，行为后立即强化，该工具行为就成为条件反射（Skinner，1948）。一个更倾向于认知观点的因素是与可预测性有密切关系的控制：只有当有机体将强化阐释成被其反应控制时，工具反应才成为条件反射。梅耳和塞利格曼（1976）的一些重要实验，相较于时间上接近观点而言，为控制观点提供了更多的支持（详见第十五章控制与压力的讨论）。他们基本的实验包括两个阶段。在第一阶段，有些老鼠学习到：是否被电击决定于（受控于）它们的行为，而其他的老鼠则学到它们对电击没有控制力。这些老鼠是配对做测试的，配对的两只有一个限制其行动的装置，而有时施予电击。配对中的"控制"老鼠，可以用鼻子按附近的嵌板关掉电击，配对中的另一只老鼠——"共轭"老鼠，则不能做任何动作来控制电击。每次"控制"老鼠被电击，"共轭"鼠也会，而"控制"鼠关掉电击时，"共轭"鼠的电击也会终止，"共轭"及"控制"的老鼠因而接受相同数量的电击。

为了找出老鼠在第一阶段学到什么，需要进行第二阶段。此时，实验者将两只老鼠放在新的装备中——一个用栅栏分为两个房间的箱子。如同前面做法，每次测试先有一声音，显示动物目前所在的隔间将被电击。为避免电击，动物必须学会一听到警告声就跳跃栅栏进入另一隔间。"控制"鼠很快就学会这反应，而"共轭"鼠则是另一情况：一开始，"共轭"鼠没有跳越栅栏的动作，但随着实验的进行，它们的行为变得越来越被动，终至变得全然无助，为什么？因为在第一阶段，"共轭"鼠学到电击非其所能控制，因此产生无法控制的信念，使得第二阶段形成条件反射成了不可能的任务。假如一个无法控制的信念使得操作性条件反射不可能形成，则可以控制的信念或许即是使条件反射变为可能的原因。很多其他实验也支持此概念：操作性条件反射只有当有机体认为强化是在其控制之下才会发生（Seligman，1975）。详见第十五章对习得性无助的讨论。

偶然学习　我们也可从可能性的角度谈谈前面的结果。我们可以说操作性条件反射只有当有机体知觉到反应和强化间有一种可能性的关系才会发生。前面研究的第一阶段，所谓的可能性是指压嵌板和电击结束之间，知觉到这种"可能性"，相当于确定了压嵌板比不压嵌板结束电击的可能性较大。在研究第一阶段没有知觉到这种可能性关系的狗，也不会在第二阶段寻找任何的可能性。由此种探讨可能性的研究取向可知，操作性条件反射的研究结果显然与经典条件反射中发现的可预测性的重要性的研究相符：知道 CS 可预测 UCS，也可以视为有机体察觉到两个刺激之间的可能性关系的一种阐释。因此，在经典和操作性两种条件反射中，有机体学到的似乎是两个事件间的可能性：经典条件反射中，行为是紧跟在一特定刺激之后；而操作性条件反射中，行为紧跟在特定的反应之后。

由下述三个月大婴儿的实验可知，我们学习"可能性关系"的能力发展很早。实验中，所有的

婴儿都躺在他们的婴儿床中，头枕在枕头上，每一个枕头下是一个开关，当婴儿转头时就关闭开关。可控制组的婴儿每当转头把开关关掉时，婴儿床另一边会有一辆汽车动了起来。对这些婴儿而言，转头和汽车动有一可能性关系，汽车在转头时与不转头时相比更有可能移动。这些婴儿很快学到了转头，并对移动中的汽车反应出愉快的信息（他们发出咯咯的笑声）。实验组的情形完全不同，对这些婴儿而言，汽车被移动的次数和可控制组一样多，但是否移动则非其所能控制，即转头和汽车动没有可能性关系。这些婴儿没有学会更频繁地转头。此外，之后他们也没有对汽车移动表现出愉快的反应。由于对汽车没有控制力，似乎显示出转头已失去了强化的特性。

生物性限制

如同经典条件反射，生物性也对在操作性条件反射中可以学到的事物有所限制（见本章前面行为塑造）。这些限制包括反应和强化物的关系。试想鸽子在两个实验中的情境：其一为酬赏学习（reward learning），动物习得了被食物强化的反应；其二为逃离学习，动物习得借由终止电击所强化的反应。在酬赏的例子中，假如反应是啄键盘，鸽子学得要比反应是拍翅膀快很多；在逃离学习中，刚好相反：假如反应是拍翅膀，鸽子学得反应会比啄键盘快很多（Bolles，1970）。

这结果与"学习法则可用到所有情境的假设"似有不符，但从动物行为观点来看是有意义的。在酬赏例子中，鸽子吃、啄（但不是拍翅膀）是鸟类自然吃的行为的一部分。因此，从基因上决定啄和吃的关联是合理的。同样的，逃离情形涉及一种危险情境，鸽子对危险的自然反应是拍翅膀（而非啄），我们知道鸟类对防卫反应有一些小小的行为库，只有当相关的反应是这些自然的防卫反应的时候，他们才会很快学会逃离。

从刚刚讨论动物行为学的研究中，显示出一个生物与心理学可以相互影响的新方式——动物行为学的概念有助于我们分析过去心理学的研究发现：它们可以解释鸽子在强化学习情境中，如果反应是啄键盘会学得较快；而在逃离学习情境中反而是学习拍翅反应要学得快。

操作性条件反射作用与行为塑造常被用来训练动物表演各种把戏

◆**小结**

　　操作性条件反射中，动物学到了它们的行为是有结果的。例如，一只老鼠可能学会压杆以得到食物的强化。反应律是反应强度的有用量度。在操作性条件反射中，反应的强度与形式由强化的程式决定。

　　强化物可增高反应的概率；而惩罚则会降低行为反应的概率。我们可以针对特定行为后刻意安排强化物或予以惩罚，以形成正向或负向的相关结果。

◆**关键思考问题**

　　1. 假设你在照顾一个其实不懂铺床、不知如何开始进行此工作因而不肯铺床的 8 岁小孩，你会如何运用操作性条件反射的技术来教他铺床？

　　2. 人们有时会莫名其妙地害怕一些中性的物品，如未扣上的纽扣但不知道原因。你如何运用本章提到的原则来解释此现象？

第四节　复杂学习

　　根据认知观点，学习乃至一般智力的关键，在于有机体心智上表征世界的能力，然后根据这些心理表征而非世界本身进行运作。在许多时候，心理上的表征是刺激间或事件间的联结，这些都与经典条件反射和操作性条件反射相符。在其他的情况下，表征的内涵似乎更复杂。它可能是一个人的环境地图或诸如"原因"等抽象概念。另外，心理表征的运作方式远比联结的过程复杂。这些运作可能是心理形式的试误——有机体在其心中尝试不同的可能性；或者这些运作是由多种步骤组成的策略，我们之所以会采取某些心理步骤，只是因为它们使后续的步骤变得可能。因此，特别的策略概念，似乎与"复杂学习是建立在简单联结上"的假设不符。接下来，我们直接讨论那些需要考虑非联结表征和运作的学习现象。有些现象涉及动物，其他则涉及与条件反射相近的人类活动。

认知地图和抽象概念

　　早期倡导认知取向学习的学者是爱德华·托尔曼（Edward Tolman），他研究了有关老鼠在复杂迷宫中学习找到途径的问题（Tolman，1932）。在他看来，老鼠在复杂迷宫中跑来跑去学到的不是一连串右转和左转的反应，而是发展**认知地图**（cognitive map）——一个迷宫布局的心理表征。

　　近来更多的研究为此提供了有力的证据。图 7-9 为迷宫学习认知图。迷宫由 8 条相同辐射状走道组成一中心平台，每次尝试，实验者在每一走道尾端放置食物，老鼠必须学习到达走道末端以取得食物，但不能走回头路，老鼠学得很好，20 次之后，它们可以不再走已走过的路（即使当迷宫以剃须水弄湿以减少走道末端有食物味道的线索，老鼠也能做到）。更重要的是，老鼠很少使用人类的策略——例如总是按明显的顺序（如顺时针）走，而是随机地走，表示它没有学到一种固定反应的顺序。然而，它学到了什么？有可能老鼠已发展了迷宫地图似的表征，确定了走道间的空间关系，而在每次尝试中对走过的走道做了心理记号（Olton，1979，1978）。

　　近来关于复杂心理表征的研究，更多地使用灵长类动物而非老鼠，以提供更强而有力的证据。特别令人讶异的研究是黑猩猩习得了曾被人认为是人

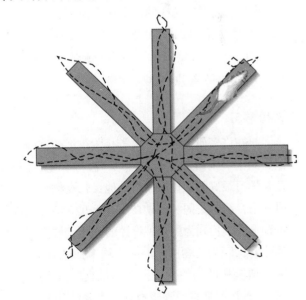

图 7-9　迷宫学习认知图

每一走道尾端放置食物，老鼠的问题是找到食物而不重复路径，此模式完美地展示了学习：老鼠在迷宫的每一走道只走一次，不论发现什么都吃，它从未重回没有食物的走道（资料来源：*Brain, Mind and Behavior* by Bloom and Lazerton. Copyright © 1988 by Educational Broadcasting Corporation. Used with permission of W. H. Freeman and Company.）

运用普雷马克发展的技术，一位研究人员正在观察黑猩猩使用塑料板，用来测试其语言能力

类独有的抽象概念。在典型的研究中，黑猩猩使用不同形状、大小、颜色的塑料代币代表词语。例如，它们可能学到某一个代币表示"苹果"，另一个表示"纸"，代币和表征的对象间并没有具体的相似性。黑猩猩可以学会运用这些"参照物"，表示它们了解像"苹果"和"纸"这样的具体概念。令人印象更深刻的是，它们也具有像"相同的""不同的"和"原因"等抽象概念。因此，当呈现两个"苹果"或"橘子"时，它们会使用"相同的"代币；而呈现一个"苹果"和一个"橘子"时，它们会使用"不同的"代币。同样的，黑猩猩似乎也了解因果关系。当呈现剪过的纸和剪刀时，它们会用"原因"的代币，但如为整张纸和剪刀时则不会（Premack，1985；Premack & Premack，1983）。

顿悟学习

早在许多研究者以和人类相距很远的物种（如老鼠、鸽子）来研究复杂学习时，有些研究者即假设，复杂学习最好的证据应来自其他灵长类物种。在这些研究中，沃尔夫冈·柯勒在20世纪20年代的研究仍特别重要。柯勒为黑猩猩设计的问题给顿悟留下思考的空间，因为问题中所有部分均未加隐藏（相反的，斯金纳箱从动物的角度是看不见食物分配器的运作的）。通常柯勒将黑猩猩放在一个密闭房间中，并在房外放它想要的水果（通常是香蕉），但它无法拿到。为了拿到水果，它需用近处的东西当工具。通常，黑猩猩解决了问题，并且以一种被认为具有顿悟过程的方法。下面是柯勒典型的描述：

苏坦（柯勒最聪明的黑猩猩）坐在栅栏边，用唯一可用的短杆，却拿不到外面的水果。有一根长约两米的杆子放在栅栏外，与栅栏平行。用手虽拿不到，但可用短棒够到（见图7-10，相似的多节棒问题的说明）。苏坦试着用较短的棒子拿水果，没有成功，它撕下笼网突出的一段金属线但仍无效。然后它凝视着自己（在这个实验过程中，出现某些长时间的停顿，其间动物检视整个视觉范围），忽然再次捡起短棒，直接走向长棒对面的方向，用该"辅助物"拿到长棒，再走到目的物（水果）的对面，拿到东西。从其目光落在长棒的那刻起，它的历程便形成了一连续的整体，没有犹豫。虽然用短棒够长棒的行为本身可能是完全独立的，然而从观察中显示：它是忽然出现在犹豫和怀疑一段时间之后，"注视"毫无疑问地和最后的目的有一定关系，且立即显现在达到终极目标的最后行动中（Köhler，1925，pp.174-175）。

这些黑猩猩所表现的，与桑代克的猫或斯金纳的老鼠和鸽子有些地方不同：其一，这个解决方案是突然的而不是逐步的试误过程；其二，一旦黑猩猩解决一个问题之后，它再解决这个问题就不会有多余的动作。这是和斯金纳箱老鼠最大的不同，它会在许多尝试中做无关的反应。此外，柯勒的黑猩猩可以把所学到的东西迁移到一个新的情境。例如，在一个问题中，苏坦没有被关住，但香蕉放得太高，它无法拿到，如图7-11所示。为解决这一问题，苏坦

图7-10　多节棒问题

黑猩猩用较短的棒子可够着长棒，而长棒才能得到食物。黑猩猩学会通过了解棒子和食物的关系解决问题

图 7-11 黑猩猩建平台

为拿到挂在天花板的香蕉，黑猩猩堆箱子做平台

将身边的箱子堆起来，爬到平台上拿到香蕉。在后续问题中，如果水果太高拿不到，苏坦会用别的东西建置一个平台：在有的情况下，苏坦用桌子和梯子；在有的情况下，苏坦拉着柯勒，并用实验者当作平台。

因此，在黑猩猩的解决方案中有三个重要的关键层面问题：它的顿悟，一旦发现后能有效执行及学习迁移能力，这些和桑代克、斯金纳及其学生所发现的学习类型不一样，黑猩猩解决方案反映了"心理的"试误。亦即动物形成一个问题的心理表征，操弄这些表征的成分，直到命中问题，然后应用到实际世界。因此解决方案看似突然，因为研究者未触及黑猩猩的心理历程。解决方案可行是因为一个心理的表征持续了一段时间，而能发生学习迁移，则是因为此表征是以抽象、可涵盖到原来情境以外的形式运作，或具足够的延展性以扩展运用到新的情境。

柯勒的研究指出，复杂学习通常包括两个阶段：在最初阶段，产生一个解决方案来解决问题；第二阶段，将此解决方案储存在记忆中，每次相似的问题情境出现时就提取。因此，复杂学习和记忆及思考有密切关系（下两章的主题）。此外，这个两阶段结构不只表现了黑猩猩学习的特征，还显示了人类许多复杂学习的特征。实际上，此学习历程已整合进仿真人类学习的人工智能程序中（Rosenbloom, Laird, Newell, & McCarl, 1991）。

先前信念

在动物学习研究中，倾向于强调完全可预测的关系。例如，在多数经典条件反射研究中，CS 之后 100% 接着出现 UCS，但在真实生活中，刺激或事件是很少可以完全预测的。已有学者从事较不完全关系的联想学习研究，是以人类为主要对象的。许多这类研究已使用与学习者先前信念没有太大关系、全新的作业。在此情况下，被试对刺激间客观关系的程度便十分敏感（Shanks & Dickinson, 1987; Wasserman, 1990）。但此处我们所关心的，是和学习的先前信念有关系的研究作业。这些研究显示，

"深蓝"，IBM 的下国际象棋的计算机，应用它的人工智能，打败了国际象棋盟主加里·卡斯帕罗夫（Gary Kasparov）。卡斯帕罗夫相信该计算机确实学会了营造策略，而非只是遵循其内建下棋规则

先前信念可以决定个体学到什么，亦即指出学习涉及输入间形成联结之外的东西。

在此类研究中，每次尝试呈现不同的刺激配对，如一个人的图片与对他的描述，被试学习配对间的关系——如高个子的图片和简短描述的联结。先前信念此角色之所以令人讶异的一些证据，客观地来说，来自这些刺激间没有关系，然而被试"学到"这种关系的实验。在一个实验中，被试关注的是精神病者所画的画和包括"怀疑别人"和"在意被照顾"等6种症状之一其间的可能关系。被试的工作，是决定画中是否有任何和症状有关的因素。实际上，这6种症状是随机地和图画配对，因此，画和症状间没有关联。然而被试却一致地认为有这样的关系，而其所陈述的关系可能是参加实验前即已有的信念：例如，大眼睛和怀疑有关，或大嘴巴和想被他人照顾有关。这种不存在但似真的关系被称为假联系（spurious association）（Chapman & Chapman，1969）。

从前面的研究可知，有关刺激的先前信念，决定了"学到"了什么。先前信念既是个人知识的一部分，因此这些结果证实了此类学习具有认知的本质。然而，前述研究对事实上有客观联结要学习时，个体是如何进行学习的却是只字未提。这个议题将在下面研究中加以分析。

每组实验中，呈现给被试两个完全不同的情境以测试其诚实性。例如，有个测试是小男孩在学校抄同学作业的次数，第二个测试是同一男孩在家表现出不诚实指标行为的程度。为人熟知的是，大部分人相信（错误地），这两个方法所测得相同特质（如诚实）间是高度相关的，这是重要的先前信念。事实上，这两个诚实测试客观的相关乃因实验情境不同而异，有些还非常低。被试的工作是预估关系的强度，从0（表示没有相关）到100（完全相关）间做选择。结果显示被试一致地高估相关的强度。他们认为"一个诚实的人，在所有情境中都诚实"的先前信念，使得他们并非依所见事实来了解事情（Jennings，Amabile，& Ross，1982）。

在前述研究中，有时学习者的先前信念和学到的客观联系并不一致，在这些情况下，信念和数据是冲突的。此时，人们很典型地表现出与其先前信念一致的行为。假如人们相信两种测量个体的诚实应是高度相关的，那么即使并没有客观的联结，他

们也可能"指出"有这种相关。然而当数据（客观的联结）渐趋明显时，我们终将放弃先前信念，而学到事实的真相（Alloy & Tabachnik，1984）。

这些研究结果，让我们想起由上而下的知觉历程（详见第五章）。先回忆一下，自上而下过程是指知觉者综合了他可能看到的期望和实际的输入（内容）以产生最后的知觉。在自上而下的学习过程中，学习者结合他对联结的关系的先前信念和该关系的客观输入数据，以产生对该关系强度的最后评估。

在学习中，先前信念的效果对教育而言有很重要的意义，特别是在某一主题的教学（例如，关于生物的消化），人们无法忽略它对该主题的先前信念。学生通常会将新的信息同化到早先的信念中。教育上，倘若他们的先前信念事实上是错误的，最好能除去这些先前信念，保持开放的态度，他们才能面对教学者（Genter & Stevens，1983）。

总而言之，这一连串研究显示先前信念在人类学习中的重要性，因而强化了认知取向的学习观点。然而，这些研究也和学习的动物行为取向有关联。就像老鼠和鸽子受限于只能学习那些在进化上它们已预设好的联结，而人类似乎也受限于学习那些先前信念已准备好的联结。没有某些先前的限制，可能会有太多可能的联结要考虑，如此一来，联结的学习即使并非不可能，也会是一片混乱。

◆小结

根据认知论的观点，学习的关键在于有机体能在心理上表征世界，进而依这些表征而非世界本身进行运作的能力。

刺激间的关系一旦不能完全预测，人们往往就会求助于先前的信念。

◆关键思考问题

1. 你相信学得事实与学习动作技能的方式是不同的吗？如果是，其间有哪些差别？

2. 在一只老鼠学会在T型迷宫中游泳以获得食物后，它会记得食物的方位（比方在T型迷宫的左侧）。若将水放干，那只老鼠也会跑向食物。这一例证显示出发生此学习的本质是什么？

正如本章所述，近来有关脑部解剖与生理的研究，已引导我们洞悉脑部执行诸如学习与记忆等复杂功能的过程。例如，海马体中的神经元对啮齿类及人类的复杂学习而言都是挺重要的。尤其是 N–甲基–D–天冬氨酸受体（NMDA 受体）在长期强化海马体神经元间的沟通上更是重要。我们能借由此知识来构建一个更聪敏的脑部吗？近来由钱卓（Joe Z.Tsien）与普林斯顿大学的同仁所进行的老鼠研究，即告诉我们，我们做得到（Tsien, 2000）。

钱卓与其同仁运用近来发展的分子技术来操控老鼠的基因组成。首先，他们在脑细胞内创造一个足以影响老鼠 NMDA 受体运作方式的变种 DNA。然后把此变种 DNA 植入老鼠新的受精卵。在这个卵发展

为成鼠后，这只老鼠就拥有一些携带着变种 DNA 的细胞。将这些老鼠繁衍数代后，它们就能繁殖出在所有细胞都展现出变种 DNA 的基因传递鼠。钱卓与其同仁发现这些"基因传递"鼠，他们称之为"聪明鼠"，在海马体内展现了与成鼠一样特殊的 NMDA 受体，也使得这些老鼠较容易引发海马体的长时程突触增强（long-term potentiation，简称 LTP），且一旦引发 LTP，其强度也强过一般正常的老鼠。至于海马体的其他神经元，在形态与突触传导上似乎都还正常；可见这些老鼠在强化突触的可塑性上似乎有选择性。

关键在于，这些老鼠在学习及记忆作业上的表现如何？毫不意外的，这些"聪明鼠"在许多任务上的表现均比正常鼠更好，例如，它们比正常鼠更快发现隐藏在水池中的平台，它们也更快地学会害怕一

些预期会对足部产生电击的地点。更有趣的是，在这些电击地点终止电击后，"聪明鼠"更快学会压抑它们对这些地点的害怕反应。由此看来，"聪明鼠"在学会任务中刺激间的预测关系上，远超出基因正常鼠。

此研究发现对人类有何意义？虽说修改人类基因以制造出欲求的特质（例如聪慧）是不道德的，但是对这些老鼠的研究发现，却为我们提供了"人类是可以助长成人的学习与记忆"的信息。例如，借由"聪明鼠"所制造的、可加强海马体 NMDA 受体功能的药剂，即可能被用来治疗学习障碍或阿尔茨海默病的病患。甚至这些药还可以用来加强并无学习障碍者的记忆。无论如何，老鼠研究已为深入了解人类学习与记忆的细胞研究打下了基础。

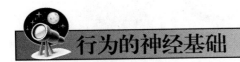

第五节 学习与条件反射

神经元的生物学及其间交互关联，在我们分析感觉和知觉时证明了其重要性，在分析学习时也有关联，尤其是经典条件反射及诸如习惯这种简单的学习形式。

研究者相信，学习的神经基础为神经系统结构的改变，越来越多的人试图寻找神经联结层次的这些改变。为了解他们这些想法，我们必须回顾第二章神经联结的基本结构及其冲动的传导过程。冲动

是由传送者的轴突由一个神经元传导到另一个神经元。因为这些轴突是被突触缝隙（synaptic gap）分开，传送的轴突分泌神经递质，散布在各间隙并刺激接受神经元。更精确地说，当神经冲动送到传送者的轴突，会引起轴突末端释放神经递质，而此神经递质会由接受神经元的受体接收，这整个结构被称为突触（synapse）。关于学习的关键概念是：（1）突触的一些结构改变是学习的神经基础；（2）结构改变的效果是使得突触的传导更有（或没有）效率。

习惯化与敏感化

要了解诸如学习与记忆等复杂心理现象的神经基础，最好先去检视学习与记忆的简单形式。最根本的学习形式或许就是非联想学习，即有机体只学

习单一刺激。习惯化与敏感化即为此类学习的范例。习惯化是指，一个行为反应，如对一陌生声音的定向反应，随着该刺激的持续出现，该行为反应会递减。而敏感化是指，如对一巨响此强烈刺激的行为反应，会随着该刺激的持续出现而增加。这两种学习形式，习得的行为改变会持续数小时到数日之久。

如果在神经层次探讨这些学习历程，一个由诺贝尔奖得主埃里克·坎德尔（Eric Kandel）领导的研究团队选择了一种拥有相当简单的神经系统的有机体加州海兔（Aplysia californica）作为研究对象来展开研究（Kandel, Schwartz, & Jessell, 1991）。海兔曾被证实是研究非联想学习的绝佳范本，因为它的神经系统简单，一目了然。海兔供作学习方面

的研究是测量其鳃退缩反射反应，只要机械性地刺激其鳃或周遭的组织，即能引发该反应。鳃退缩反应是一种保护脆弱的鳃不要受伤的一种防卫反应。

当海兔的鳃被水柱轻射时，鳃就会退缩。如果重复刺激鳃，就会产生越来越弱的退缩反应。学者们发现，此习惯化学习，是伴随着鳃感觉神经元对控制鳃退缩的运动神经元，分泌越来越少的神经递质（见图7-12）。

鳃退缩反射的反应也可展示敏感化。如果先给一个强烈的刺激，例如，对头或尾部施予电击，再轻触鳃，将会引发极大的退缩反应。就跟习惯化一样，敏感化学习也涉及感觉与控制鳃运动的运动神经元间突触的神经递质的变化。在本例中，强烈的

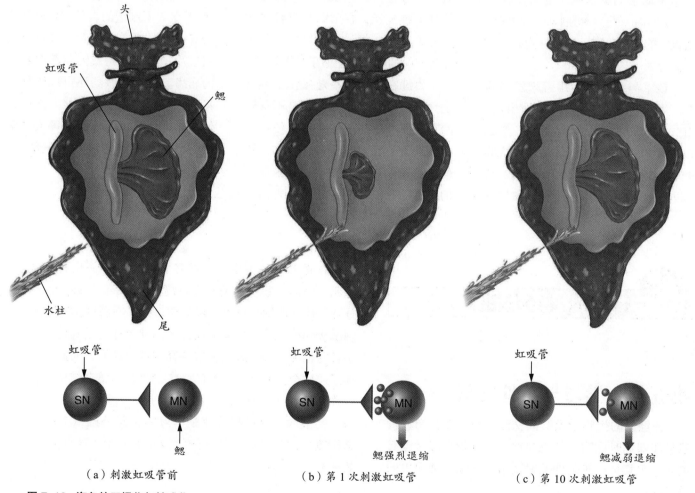

图 7-12　海兔的习惯化与敏感化

（a）在以机械刺激虹吸管前，鳃是伸展的

（b）在习惯化训练时，当水第一次喷射到吸管鳃强烈地退缩。由一个简单的回路调节鳃的退缩：虹吸管的感觉神经元（SN）会形成兴奋性突触联结到运动神经元（MN）

（c）经过10次的虹吸管刺激后，鳃退缩的强度变小了，此即鳃退缩反应已经习惯化了。习惯化是由位于SN-MN突触所释放的前突触神经递质的减少来调节的

刺激会引起感觉神经元分泌神经递质数量的增加。这种量的增加是依赖释出 5-羟色胺到鳃感觉神经元的中间神经元（interneuron）的活动。这些研究发现提出相当直接的证据表明：基本的学习过程是由神经元层次的突触变化来调节的。

经典条件反射

联想学习又如何呢？也跟前述一样是突触的改变调节了经典条件反射吗？事实上，经典条件反射与敏感化相似，都涉及在强烈刺激基础下，对微弱刺激反应的改变，这意味着这两种学习可能有相似的神经基础。事实上，学者们已提出在海兔身上经典条件反射的神经模式与其敏感化相当近似（Hawkins & Kandel，1984）。对包含人类在内的哺乳动物经典条件反射的神经机制的了解，已有了令人难以置信的进展。有两个实验模式运用得非常成功：眨眼条件反射与恐惧条件反射。

眨眼条件反射 当一个刺激，如喷气（UCS）直接刺激眼睛时，它会引起眨眼的反射。这种无条件作用的眨眼反应可以形成条件反射，只要一个 CS，比如一个声音，出现在喷气之前。经过训练后，CS 变得可以引起眨眼此反应，即使当时不再喷气。

由汤姆逊及其同仁对兔子进行脑详细图示（mapping）的研究揭示了这种形式的经典条件反射的神经回路（Thompson & Krupa，1994）。主宰突触可塑性的主要地点就在小脑。小脑受伤的动物无法学得或记得眨眼条件反射（虽说它们还是可以有正常的无条件眨眼反应）。有趣的是，眨眼条件反射与小脑突触传导的改变有关。这种改变被称作**长时程突触抑制**（long-term depression），它与小脑皮质突触的传导长期降低有关。此改变发生在将与 CS 有关的信息传递到小脑皮质神经元的通路中。由于传送到小脑与 CS 有关的信息降低，会导致 CR 行为的表现，因此小脑皮层正常状况下会抑制眨眼条件反射回路中 CR 的产生。

恐惧条件反射 我们在本章稍早曾介绍过，诸如恐惧等情绪是很容易形成条件反射的。以老鼠进行的实验研究已经让我们对这类学习的脑部机制有了重要的洞察。在此模式中，我们将老鼠条件反射成对一个曾与类似电击等厌恶刺激配对的地点或线索有恐惧反应。恐惧通常借惊吓住的行为（例如，当鼠类害怕时会表现出动弹不得的行为）来评估。

正如同眨眼条件反射模式一样，脑部也有一个区域主管恐惧经验的习得与记忆，杏仁核，这个深埋在颞叶内部的边缘系统结构，即为掌管包括恐惧在内的情绪的脑部区域（Klüver & Bucy，1937）。杏仁核接收来自视丘与脑皮质区的感觉信息，结合这些刺激，并将它们转译成由下丘脑、中脑与延脑调节的恐惧反应（见图 7-13）。杏仁核受伤的动物无法习得或记起恐惧记忆（Davis，1997；Fendt & Fanselow，1999；Maren，2001；Maren & Fanselow，1996）。此外，杏仁核中的神经元在新的恐惧学习过程中会呈现许多方面的改变。例如，杏仁核中的神经元对曾与厌恶刺激（UCS）联结的 CS 会提升其活动量，似乎显示杏仁核中发生的学习历程是受到**长时程突触增强**（long-term potentiation，LTP）的调节（详见稍后介绍的学习的细胞基础），它是持续性地增加传递 CS 信息至杏仁核通路中的突触传导（Rogan & LeDoux，1996）。因此在眨眼条件反射与恐惧条件反射中，脑部特定区域的突触传导变化会导致伴随联想学习的行为改变。

有另一项研究也表明，存在于其他哺乳动物中的现象对于人类也成立（Bechara et al.，1995）。本研究涉及一位人类患者，我们且称他为 S. M.，他罹患一种罕见的疾病［皮肤黏膜类脂沉积症（Urbach-Wiethe disease）］，会导致杏仁核功能降级现象。让 S. M. 面对一个恐惧条件反射的情境：在巨响（UCS）后向视觉呈现一个中性的刺

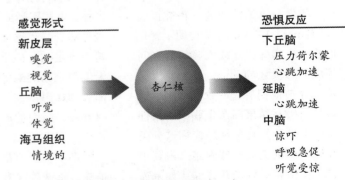

图 7-13 经典条件反射作用的神经回路

杏仁核接收来自许多感觉区域，包括丘脑、新皮层与下丘脑等处的感觉信息，在恐惧条件反射过程中，将这些信息链接，并投射到诸如中脑、下丘脑、延脑等控制各种反应的脑部区域，从而调节所产生的 CR 反应

双面论证

恐惧症是天生的还是条件反射作用形成的？

条件反射使预存的恐惧敏感化了

N. J. 麦金托什（N. J. Mackintosh），剑桥大学

约翰·华生（John Watson）是行为论的创始人，他相信人类婴儿只有少数与生俱来的恐惧，其中主要的两个是害怕巨响与害怕失去支持。他认为所有其他的恐惧都是条件反射的学习结果。为了证实此观点，他和学生罗莎莉·雷纳（Rosalie Rayner）对一个 11 个月大的婴儿小阿尔伯特（Albert B.）展开了恐惧条件反射的研究（Watson & Rayner, 1920）。小阿尔伯特原先很高兴去接近、触摸任何带近他身边的小动物。但是经过对一只白老鼠（CS）进行 7 次条件反射实验后——只要小阿尔伯特靠近白鼠，身后马上就会响起尖锐的金属声（UCS）——小阿尔伯特便开始哭泣，并远离白鼠。对白鼠的条件反射恐惧还类化到其他刺激——兔子、狗和海豹皮外套。从此，数以百计的实验研究均显示出，原为中性的刺激CS与厌恶事件（如电击或巨响）任意配对后，将会建立起对 CS 的条件反射恐惧。

华生与雷纳的研究一再被提起（见 Harris, 1979），作为说明不管是怕蛇，或蜘蛛、开放或封闭的空间等成人恐惧症的例证，认为病因是基于过去他们有过一次（以上）像是蛇与厌恶结果间产生联结的条件反射事件。只是单纯地应用这种条件反射理论仍会有些困难——其中有个很值得关注的现象是（如果需要为华生与雷纳辩护的话），小阿尔伯特即使在老鼠跑向他身上时，最多也只是有些烦躁与退缩，而且即使是这种轻微的恐惧，也很少会类化到其他不同的实验场地。

至于"替代性条件作用"的研究也指出，只是观看到对特定 CS 表现出恐惧反应，似乎就足以像 UCS 般，具有对 CS 恐惧条件作用的强化作用。野生的恒河猴之所以怕蛇，并非与生俱来的，因为实验室出生的小恒河猴并没有害怕的反应。然而只要有一次观察到成猴怕蛇的经验，就足以使幼猴的怕蛇形成条件反应（Mineka, 1987）。由此看来，这可能是父母无意间影响小孩行为的一种途径。

传统行为论者的观点认为，任何可察觉到的刺激，都可以与任一结果产生联结。正式面对此议题时，却又显示出以条件作用解释恐惧症的另一个严重问题，因为到目前为止，常见的恐惧症大都与动物及社会情境有关，而不是一大堆其他更容易与痛苦结果产生联结的物体或事件（电器用品或见到流血）。这是否意味着，恐惧症的倾向其实是由基因决定的？如果这不是表示我们天生都是怕蜘蛛的，就是表示我们都有蜘蛛恐惧症。在发展恐惧症成因方面，我们的确有个别经验上的差异，有人怕蛇，有人怕蜘蛛，有人则都不怕。但是为什么人们只会怕蛇、蜘蛛等？有些条件反射实验对此问题提出了可能的答案。

奥曼（Ohman）与其同仁在一系列的研究中指出，对人们进行 GSR 条件作用，当图片（CS）是蛇或蜘蛛时，会比花或蘑菇图片更难消退（Ohman, 1986）。库克与米内卡（Cook & Mineka, 1990）也提出猴子选择性恐惧的类似证据。幼猴在观看成猴对蛇表现出恐惧反应的视频后，会发展出惧蛇症；但在观赏经过特殊剪辑、表现出成猴看到花卉后发作了恐慌反应的视频后，却仍然不怕花卉。这类研究结果被广泛用来作为证据，说明特定刺激种类与特定结果间的联结有生物的预设倾向。在人类或其他非洲灵长类的进化史中，蛇与蜘蛛具潜在危险性，而花与蘑菇则否。就学习论而言，还有其他未获解答的问题。奥曼的实验只证实了对蛇恐惧比对花卉恐惧消退得较慢，而不是学习得较快；其他实验则显示，蛇的图片与花卉图片都同样容易与安全信号形成联结（McNally & Reiss, 1984）。在库克与米内卡的实验中，幼猴在观察到成猴对花卉而非蛇表现出恐惧反应后，反而对活生生的蛇（而非花卉）表现明显的恐惧反应。这些研究发现，在压力或威胁情况下，对特定刺激种类所预存的恐惧发生了敏感化的作用，而非对恐惧更快速地形成条件反射（Lovibond, Siddle, & Bond, 1993）。

恐惧症是天生的还是条件反射作用形成的？

恐惧症是与生俱来的防卫机制

迈克尔·S. 范斯洛（Michael S. Fanselow），加利福尼亚大学洛杉矶分校

恐惧的情绪经验具有强大的威力。何以至此？原因想必是因为它具有某些重要的生物功能。在面对严重威胁时，恐惧可以使我们组织资源以保护自身，对抗威胁。由此观之，恐惧成了为防卫环境的威胁所进化成的行为系统。对许多物种而言，最严重的威胁之一，即成为其他物种的食物。如果个体无法对抗掠夺者，其将来就不能对基因库有任何贡献，无怪乎物种会进化出许多对抗掠夺者的有效系统。脑部有些区域即为应对此功能而发展的，脑部具有掌管恐惧区域的物种，至少有老鼠、猴子乃至人类。如果恐惧是自然选择的结果，那遗传因素会影响此经验就合乎情理了。

因此，恐惧部分是由生物因素决定的。然而，对行为科学家要有实际意义的话，还需要有其他两方面的意义：引发恐惧的情境必须是特定的，它会进一步开启防卫行为系统；此外，恐惧所造成的行为结果，必然也是特殊的。针对这些问题的解答，已由自然选择说提出：基因对我们与生俱来会怕什么、如何发展这些恐惧，以及恐惧的时机与行为方式，均有编码。

防范掠夺是相当紧急的，你必须快速表现出有效的行为，经由强化作用、缓慢的尝试错误的学习方式是行不通的。对依赖这种学习方式的物种进行研究的，是古生物学者而非心理学家。首先，你必须快速辨识出威胁物体；动物天生即有辨识出天敌的奇特能力。有研究指出，在华盛顿瀑布山区两边均有鹿鼠（deer mice），蛇是东边鹿鼠的天敌而非西边的；反之，西边的鹿鼠则是黄鼠狼的美食。在实验室中养育出一代鹿鼠后，测试此后代对掠夺者与非掠夺者的恐惧反应。虽然这些动物并无实验室以外的经验，且之前从未见过掠夺者，但它们只会针对亲代居处的掠夺者表现出防卫反应，可见这种与生俱来的恐惧，并不会因为自然选择压力减少而消失；更有研究发现，即使是在实验室长大的老鼠，第一次看到猫时也会恐惧。虽然这类实验不可能以人类为对象，但我们其实还是有相同的倾向：与其他刺激相形之下，某些特定刺激往往会比较容易引发恐惧。

然而，这并非表示我们从未学习对环境刺激的恐惧，而是指这类学习受到遗传的限制，且为特殊化的。我们对恐惧的学习是，只要一次的厌恶经验快速学会，即反映出进化上对防卫学习的急迫性。尽管此类学习相当快速，我们学习表现出恐惧的刺激种类也是严重受限。根据麦金托什博士的描述，在众所周知的"小阿尔伯特的研究"中，华生与雷纳借由将白鼠与巨响配对的方式，对一位男婴进行恐惧白鼠的条件反射作用实验。虽说很容易建立起对老鼠的恐惧，但是运用同一方法，却未能对许多刺激形成恐惧条件反射的结果。其他灵长类也发现类似的倾向，诚如麦金托什博士的解释所述，猴子具备怕蛇而非怕花卉的倾向。即使当研究者选择人工养殖的实验鼠为被试，并任选无条件刺激（比如电击），能与之形成联结的刺激还是有选择性，老鼠较容易害怕声音而非灯光，因为它是较为安全的信号。

如果恐惧是为保护我们防范逼近的威胁，我们根本没有机会学习哪些行为有效哪些无效，因为一位试错的学习者注定会灭亡。因此，特定的防卫行为早就内置于该物种中，恐惧一旦激发，即启动该组行为。老鼠首度遇上猫时会僵立不动，而猫是被移动的目标吸引。这是种恐惧反应，老鼠对曾与电击配对的声响也会表现出同样僵立的反应。虽然我们知道老鼠很擅长压杆以获得食物，但是要它们以相同反应来逃避电击时却笨手笨脚，当然，它们的祖先在面临掠夺者时，可能未曾操弄过小东西。同样的，我想，如果引诱我的条件是一瓶美酒而非避开一位武装暴徒，我应该会更乐意去解答一则复杂的微积分题。

激（CS）。尽管重复多次尝试，S. M. 仍无法建立恐惧条件反射，然而他对与恐惧条件反射有关事件的记忆，包括条件与无条件刺激间的关系，却毫无问题。另一位杏仁核完好但脑部主管图像学习的结构受损的病人，能表现出正常的恐惧条件反射，却无法回忆起与该条件反射有关的事件。这两位病人恰好有着相反的问题，显示出杏仁核与恐惧的学习（非一般学习）有关。

学习的细胞基础

我们虽然已知学习会导致蛞蝓与哺乳类动物突触传导的改变，对造成突触传导改变的原因却没有特别的了解。有几种可能性，其一为学习导致由输送神经元分泌的神经递质数量上的增多，也或许是因为分泌该神经递质的轴突末端数量的增加。另一种可能是，传送的神经递质并没增加，而是突触后受体数量增多所致。还有另一种可能是，突触大小改变或建构了全新的突触。凡此种种均为改变了突触可塑性，即改变突触外形与涉及学习和记忆的生理性。的确，学习可能伴随有新神经元的成长（见第二章前沿研究）。

了解记忆的细胞基础有个好处，即发现不同脑区突触在某些情境下可长期地增加其传导性（Berger，1984；Bliss & Lomo，1973）。例如，快速电刺激海马体的突触会提高突触反应的强度长达数天甚至数周之久（见图 7-14）。这种被称作长时程突触增强作用（LTP）的现象，需有特定的神经递质受体——NMDA 受体（Malinow，Otmakhov，Blum，& Lisman，1994；Zalutsky & Nicoll，1990）。NMDA 受体与其他受体不同的是，需满足两条件才能开启。首先，突触前的谷氨酸盐必须紧密地联结到 NMDA 受体；其次，受体的突触后神经元细胞膜需经强烈的去极化。NMDA 受体一旦开放，将允许大量的钙离子进入神经元中。离子的流入即引起神经元细胞膜长期改变，使得它在以后再次面对原有的信息时，会有较多的反应（见图 7-14）。有趣的是，NMDA 受体在经典条件反射期间其活动性会提升，此时单一神经元内会聚集有较弱的 CS 与较强的 UCS 输入，在此情况下，传递 CS 信息的突触会引发 LTP，因为条件反射结果会造成在聚集了 CS 与 UCS 信息的神经元中，突触前的活动（在 CS 呈现时）与突触后的去极化（呈现 UCS 时）两方面的改变（Maren & Fanselow，1996）。

此种机制（两种不同的信号强化一个突触）为两个个别事件在记忆中联结的现象提出一个可能的解释。例如，学习记得某人名字时，你需要将他的长相与名字联结起来，而 LTP 强化突触的效果，会使你一见到对方就立即想起他的姓名。在经典恐惧条件反射历程中，联结是建立在中性的 CS 与厌恶的 UCS 间。因此，NMDA 机制提出一个激发理论——一个目前研究还相当流行的理论，来解释记忆中的事件是如何彼此联结的历程（Maren，1999）。

◆ 小结

习惯化是由突触传导的减少所调节，而敏感化则由渐增的传导调节。突触的退化与生长，也都涉及此种类型的学习。

哺乳类动物脑部的突触与学习时信息的储存有关。提高突触的传导程度，如长时程突触增强作用，即为此类学习的部分历程。

◆ 关键思考问题

1. 引发长时程突触增强作用的可能性，需要突触前的活动与突触后的去极化在时间上同时发生。然而，我们知道经典条件反射不仅需要刺激的同时发生——CS 必须能预测 US。此现象如何影响你接受 LTP 为经典条件反射理论模式的意愿？

2. 在许多动物种类中都发现有相似的学习的细胞机制。例如，海兔与老鼠的学习都由突触传导的改变来调节。这些学习为什么如此相似？

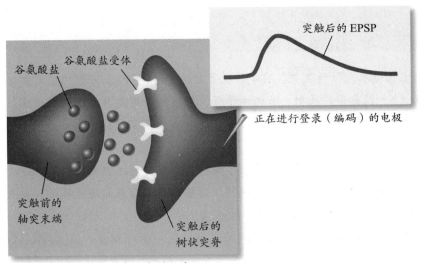

（a）在给予高频率刺激前

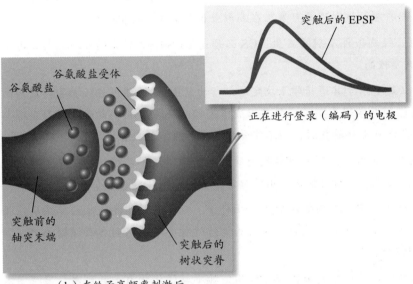

（b）在给予高频率刺激后

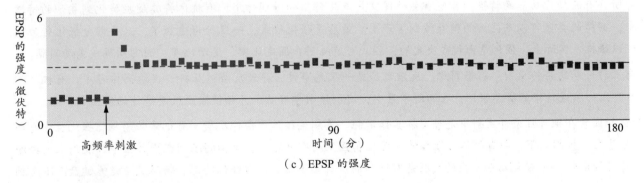

（c）EPSP 的强度

图 7-14 海马体的长时程突触增强作用

（a）在高频率刺激前，突触前释放的谷氨酸盐会活化突触后的谷氨酸盐受体，以产生一个兴奋性突触后电位（excitatory postsynaptic potential，简称 EPSP）

（b）在对前突触神经元进行高频率刺激后，会大大提高突触后神经元的 EPSP。此现象是因为突触前所释出神经递质的增加，以及突触后谷氨酸盐受体数量的增多

（c）图示 EPSP 的强度在给了高频刺激前后的变化。长时程突触增强作用可由 EPSP 强度持续的增加中显示出

本章摘要

1. 学习可以定义为经由练习在行为上产生相对永久性的改变。有 4 种较著名的学习是：（a）习惯化：有机体学会忽略一个熟悉、不太重要的刺激；（b）经典条件反射：有机体学得"某刺激会接着另一个刺激出现"；（c）操作性条件反射：有机体学到"一个反应会导致另一个特别的结果"；（d）复杂学习：学习是涉及了较形成联结更多的过程。

2. 学习的早期研究从行为主义的观点出发，通常它假设从外在原因来了解行为比探讨内在原因好；简单联结是所有学习的基础；学习法则对不同的物种和情境而言都会是相同的。这些假设被后来的研究修正。当代有关学习的分析，除了行为的原则，还包括认知因素和生物限制。

3. 在巴甫洛夫的实验中，假如一个条件刺激（conditioned stimulus，CS）一致地在无条件刺激（unconditioned stimulus，UCS）之前出现，这 CS 可视为 UCS 的一个信号，并将引发一个通常和无条件反应（unconditioned response，UCR）相似的条件反应（conditioned response，CR）。和 CS 相似的刺激，在某种程度上也会引发 CR，虽然泛化作用可以经由辨别训练而抑制，这种现象可发生在扁形虫和人类各种有机体上。

4. 认知因素在条件反射中占有一席之地。经典条件反射的发生，CS 必须是 UCS 一个可靠的预测指标；即当 CS 出现比 CS 不出现时 UCS 发生的概率较高。

5. 依动物行为学家的看法，动物学到什么是受限于其遗传学上决定的"行为蓝图"。此限制在经典条件反射的证据来自厌恶味觉的研究。尽管老鼠已预先学得生病的感觉与溶液味道间的关系，它们却无法学习生病与光线的关联；相反的，鸟类可以学习光线与生病的关联，但不能学习味道和生病的关系。

6. 操作性条件反射是处理对环境进行操作而非由条件刺激所引起的反应的情境。最早系统性研究是由桑代克完成的，他主张动物是从事试误行为，而任何其后有强化作用的行为都会被强化（效果律）。

7. 在斯金纳的实验中，通常是一只老鼠或鸽子学习简单的反应（如压杆子）以取得强化物。反应率是反应强度有用的测量。行为的塑造是当要被试表现出新的反应时所采用的训练过程，它是只对各种稍微偏离实验者意图建立的行为方向的反应予以强化的过程。

8. 有许多现象增加了操作性条件反射的类化性。一个是条件强化作用，其中与强化物有关的刺激，习得了本身所具有的强化功能的特性。其他有关的现象是泛化作用和辨别作用，有机体将其反应类化到相似的情境中，虽然此类化可以在区辨的刺激控制下产生。最后是强化程式，一旦行为建立了，只是部分强化行为也可以维持。实际上，强化是由程式决定的，程式可有 4 种：固定比率、变动比率、固定间隔或变动间隔。

9. 有三种厌恶的条件反射：在惩罚中，反应之后是一厌恶事件，导致反应被压抑；在逃离学习中，有机体学习终止一项进行中的厌恶事件；在回避学习中，有机体则学习从一开始便阻止厌恶事件的发生。

10. 认知因素在操作性条件反射中是可发挥其作用的。要发生操作性条件反射，有机体必须相信强化至少有部分是在其控制之下，即有机体必须知觉到反应和强化间有可能性。生物的限制在操作性条件反射上也扮演着某种角色——强化物和反应的关联是有限制的：对鸽子而言，当强化物是食物而反应是啄键盘而不是拍翅膀时，学得快些；而当强化物是终止电击时，反应是拍翅膀会学得比啄键盘快。

11. 根据认知观点，学习的关键是有机体在心理上表征世界，并且依这些心理表征而非世界本身进行运作的能力。在复杂学习中，心理表征描绘的不只是联结，且可由心理运作形成策略。动物复杂学习的研究指出，老鼠可以发展一个有关环境的认知地图，也能学到如"原因"此种抽象概念。其他研究显示黑猩猩可以顿悟解决问题，并将此解决方案类推到相似的问题上。

12. 当刺激间的关系不是可以完全预测时，人们常会诉诸先前有关此关系的信念。这可能导致人们以为看到了并非客观呈现的关系（非真实的关联）。当该关系客观地呈现时，有先前信念将导致高估该关系的预测强度；当客观关系与先前信念冲突时，学习者仍可能偏好维持先前信念。这些结果正显示学习也有自上而下的加工。

13. 学者曾以海兔等类无脊椎动物研究非联想学习的神经机制。习惯化是因突触传导的降低，而敏感化为传导作用的提升；突触的退化与成长，则分别涉及不同形式的学习历程。

14. 哺乳类动物脑部的突触在学习历程中还扮演储存信息的功能。小脑对动作条件反射特别重要，而杏仁核则对情绪条件反射有重要的影响。提升突触的传导作用，被称为长时程突触增强作用，与这些学习历程有关。

核心概念

学习	消退	正强化	固定间隔程式
非联想学习	自然恢复	负强化	变动间隔程式
习惯化	二级条件反射	惩罚	逃离学习
敏感化	泛化作用	省略训练	回避学习
联想学习	辨别作用	行为的塑造	认知地图
经典条件反射	兴奋性条件反射	条件强化物	长时程突触抑制
无条件反应	抑制性条件反射	比率程式	长时程突触增强
无条件刺激	操作性条件反射	固定比率程式	突触可塑性
条件反应	基线水平	变动比率程式	
条件刺激	强化作用	间隔程式	

第八章 记忆

8

1986年12月，罗纳德·康顿因被指控强暴一个名叫詹妮弗·汤普森的女大学生而到北卡罗来纳州伯灵顿（Burlington, North Carolina）接受审判。汤普森小姐作证道，事件是发生在夜间她漆黑的卧室中。当她身陷绝境时，她仔细端详了强暴者的嘴脸。她在15年后《纽约时报》（New York Times）的专栏中写道："我观察他的发型；找身上的伤疤、刺青及任何有助于我指认他的特征。"根据她自认对强暴者的外表记忆相当深刻的结果，她自信满满地指认康顿先生就是强暴她的人。依据汤普森的指控，尽管康顿先生当晚有强有力的不在场证据，仍旧被阿拉曼斯郡最高法院（Alamance County Superior Court）判决有期徒刑54年。

面对这些说辞，陪审团自认为做了正确的判决：康顿先生的不在场证明没有作用，而汤普森的指认是足以采信的。她描述了有关强暴者的外表的记忆，且最后从一堆警员提供的照片中挑出康顿先生，又将他从警局中列队指认出来。她的证词留给陪审团的印象是，她毫无疑问地相信自己的指控正确无误。诚如她日后所书："我知道就是他，我有十足的把握、我完全确定……如果有死刑的可能，我要亲自按钮、让他伏法。"

岁月流转，康顿不断地从监狱提出上诉，一再坚持他的无辜。后来，一个名叫鲍比·波尔的人被举报他向狱友吹嘘说他犯下康顿先生被指控的强暴罪。为谨慎起见，警方给汤普森看波尔先生的照片，并询问攻击她的有没有可能是波尔先生，而非康顿先生。汤普森仍振振有词、充满自信地宣称："我这辈子从没见过他（波尔），我根本不知道他是谁。"

不过，汤普森小姐在指控康顿先生与拒绝承认波尔才是强暴者这两方面都错了。在坐了11年的牢后，康顿先生因DNA配对科技的兴起获得平反，同时也证实了波尔才是强暴者。汤普森小姐终于相信自己的记忆有误，不过她对事实仍深感惊讶，并成为呼吁人们在根据某人记忆来指控被告时应格外谨慎的提倡者。

在巴里·舍克（Barry Scheck）、彼得·纽菲尔德（Peter Newfeld）与吉姆·德怀尔（Jim Dwyer）合著的具有里程碑意义的《实际无罪》（Actual Innocence）一书中，他们提出一个"昭雪计划"（Innocence Project），致力于以DNA证据为误判者洗刷冤情的工作。在他们对罗纳德·康顿与数十个其他类似案件提出报告时指出："一个由'昭雪计划'进行的DNA平反研究显示，误判案例中至少有84%是部分根据目击者或被害人的错误指认。"同时更进一步指出："这些结果只是戏剧性地证实了一个世纪以来社会科学的研究与法庭事实的发现而已。"此即该研究与本章关切的大部分议题。我们的记忆通常（或多或少）是正确的——如若不然，我们的日子可不好过了。只不过它们犯错的可能，比我们认为的还要频繁，而且错误记忆导致的后果通常都是兹事体大的。

该提醒你，记忆是人类拥有的最重要的心理运作能力，我们几乎根据记忆来进行所有决策。即使是一位被我们视为当然的感觉输入被剥夺者（像海伦·凯勒那样的盲、聋者），也完全可以过同样丰富的生活；然而，一些深受阿尔茨海默病之苦的患者，虽说感觉有正常输入，却因记忆的缺陷而深受其害。

因此，记忆会成为心理学与生物科学研究的重大议题就不足为奇了，本章中，我们会描述本领域一小部分的研究。然而，为了更深刻体认对记忆的科学性研究，我们必须先了解研究者是如何将本领域区分成可处理的单位的。

第一节　三种重要的分类

心理学家今日对记忆有三种重要的分类。第一种是关于记忆的三个阶段：编码、储存和提取。第二种分类是处理储存短期和长期信息的不同记忆。第三种分类是关于用来储存不同信息的不同记忆（例如，储存事实的是一系统，储存技能的是另一个系统）。每种分类都有证据表明，被区分的实体（如工作记忆相对于长期记忆）是由脑中不同的结构调节的。

记忆的三个阶段

假设某天早上你被介绍给一位学生并被告知她的名字是芭芭拉·柯恩。下午你又看到她并且说："你是芭芭拉·柯恩，我们今天早上见过面。"很显然，你记得她的名字，那么你是如何记住的呢？

这种记忆仍可以分为三个阶段（见图 8-1）：首先，当你被介绍时，你会不由自主地将芭芭拉·柯恩的名字放入记忆中，这是**编码阶段**（encoding stage），即将环境的信息转译成有意义的实体并加以储存。你将一个与芭芭拉口语名字相符的物理输入（声波）转译为记忆可接受的编码或表征，并将此表征"放在"记忆中；你也同样将另一些物理输入，如与她的脸相应的光影组型，转译成对她脸孔的记忆，并联结整合这两个表征。其次，在两次见面之间的时段里，你保留（或储存）这个名字与她的脸，这是**储存阶段**（storage stage），即将储存的

记忆有三阶段。阶段一是编码，将事实编排在记忆中，我们学习时就是在此阶段。第二阶段是储存，是将事实保留在记忆中。第三阶段是提取，当事实从储存中又重现——例如，我们在考试的时候

信息保留一段时间。第三，根据你对她脸孔所储存的表征，你在下午辨认出她就是你早上见过的人，而且根据此辨认过程，你从储存中找出她的名字，这是**提取阶段**（retrieval stage），即试图从你过去编码与储存的地方将你记忆的信息摘取出来。

记忆可能在这三个阶段的任何一个阶段失败。假如你无法在第二次见面时叫出芭芭拉·柯恩的名字，这可能反映了在编码（你一开始并没有适当地储存关于她面孔的信息）、储存（你还是忘了她的名字）或提取阶段（你没将她的名字与脸孔联结，以致无法将她的脸孔与名字凑在一起）的失败。很多研究都试着说明记忆三个阶段发生的心理运作，并解释这些运作如何发生错误而导致记忆失败。

有些近来的研究提出，记忆的不同阶段靠脑中不同的结构来维持。最令人惊讶的证据来自脑部扫描研究，他们运用了一些技术：**正电子发射断层扫描**（PET）或**功能型磁共振显影**（fMRI），它们均能记录量化参与作业者的脑部活动。这些实验包括两个部分：首先是编码，例如，被试学习一组口语作业，由类别和不常见的例子配对（家具-餐具架）；其次是提取，被试在以类别名称作为线索时，必须认出或找出该项目。当被试进行这两部分的测试作业时，记录其脑部活动的 PET 测量下来，最令人惊奇的发现是，编码时大多数脑的活动区域在左半脑，而提取阶段则大部分活动区在右半脑（Shallice et al.，1994；Tulving et al.，1994a，

进入记忆	保留于记忆	从记忆中恢复
	存储	提取

图 8-1　记忆的三个阶段

记忆理论将遗忘归因于一个或多个阶段的失败［资料来源：A. W. Melton (1963) "Implication of Short-Term Memory for a General Theory of Memory" from *Journal of Verbal Learning and Verbal Behavior*, 2: 1-21. Adapted by permission of the Academic Press.］

阿根廷钢琴家丹尼尔·巴伦博依姆（Daniel Barenboim）在演奏会上的情形。近来有证据指出，我们用不同于保留事实的长期记忆来储存类似弹钢琴这种技能

1994b）。因此，编码和提取的区分有一个清楚的生物偏向。

三种记忆储存

记忆三个阶段的运作并非在所有情境都是一样的。记忆会依我们需要储存的材料而区分成：（1）储存不超过一秒；（2）储存仅需数秒；（3）储存需较长作业时间，从数分钟到数年之久。

阿特金森－谢夫林理论（The Atkinson-Shiffrin Theory）是依据不同间隔来区分记忆种类的理论。它是由阿特金森与谢夫林在 1968 年提出的，其基本概念如下：

1. 来自环境的信息首先置放于被称作**感觉储存**（sensory store）的地方，它有三个主要特性（Massaro & Loftus, 1996）。首先，感觉储存包含所有来自环境被感官捕捉的信息。其次，感觉储存是瞬时的，表示来自感觉储存的信息在一段时间〔从十分之一秒（视感觉储存）到数秒（听感觉储存）〕后会衰退。再次，只有少部分感觉储存信息会被注意（见第五章），而从感觉储存转送进系统的下一个部分，短期储存。

2. **短期储存**（short-term store），如前所指，是信息下一个贮藏所，为置放来自感觉储存被注意到的信息所在，它有 5 个主要特性：首先，它是意识可以辨认的，即短期记忆储存的信息是你可以意识到的。其次，短期储存的信息是实时可触及的，它们可作为决策或执行一些耗时数秒的任务之基础。第三，如果其他条件均等，短期储存的信息通常约过 20 秒就会衰退（或遗忘）。第四，若加以复述，即可防止信息衰退。所谓**复述**（rehearsal）是指一再重复一些信息（Sperling, 1967）。第五，短期储存的信息还可以以其他方式加以处理，我们通称为精致推敲（例如，将信息转化成适当的视觉影像），借此可将来自短期储存的信息转送到信息的第三个贮藏所，长期储存。

3. **长期储存**（long-term store）是最大的信息贮藏所，我们会将所有经常用到的信息保留下来。长期储存有三个主要特性：首先，如前所述，来自短期储存的信息会通过各种精细化处理方式，进入本系统；其次，当前学者的研究发现，长期记忆储存的容量是无限的；再次，来自长期储存的信息需经由提取历程才能获得，且将它先放回短期储存中，以利我们操作并用来处理当时的作业。

不同信息的不同记忆

直到约 20 年前，心理学家大多仍假设所有数据都是使用相同的记忆系统。例如，相同的长期记忆被假设用来储存一个人祖母葬礼的回忆及骑脚踏车的技能。近来的研究指出这个假设是错误的，尤其是，我们似乎是以不同的长期记忆在储存事实（例如，谁是现任总统）而非保留技能（例如，如何骑脚踏车）。这个差异的证据和往常一样，包括心理学的和生物学的发现，我们将在本章稍后的部分加以详述。

我们最了解的记忆类别是**外显记忆**（explicit memory），指一种某人意识上记得的在特定的时间地点发生的事件。反之，**内隐记忆**（implicit memory），则是指某人无意识记得的各种信息——例如，如何进行一些体能作业，比如投掷棒球。

◆ **小结**

记忆有三个阶段：编码、储存和提取。

有越来越多的生物证据支持这些分类。近年来脑部的扫描研究指出，编码阶段脑部的活动区域大部分在左半球；而提取时，脑部的活动大多数在右半球。

根据时间的特性可将记忆区分成三种：持续几百毫秒（millisecond）的感觉记忆、运作时间达数秒之久的短期记忆（现在称作工作记忆），以及储存运作时间可从数分钟到数年之久的长期记忆。

外显记忆是意识的，而内隐记忆则是无意识的。

◆ **关键思考问题**

1. 如果有朋友向你抱怨"我的记忆力很差"，那么你会问他什么问题或做什么测试，以了解他记忆的哪个层面出了问题才造成他所说的缺陷？

2. 如果记忆不属于意识，你会如何测量？

第二节　感觉记忆

经由感官所获得环境的信息，最初是被置于被称作感觉记忆的短期持续存在的记忆之中的。我们曾简要地描绘过感觉记忆：它可以保留大量的信息，它将进入到感官的感觉信息表征，忠实地瞬间保留。当你看到漆黑的世界被闪电瞬息点亮时，即在经历一个被称作图像记忆的视感觉记忆。

或许各种感觉形式都有相应的感觉记忆，但是，正如感觉与知觉间的关系一样，被学者研究最多的还是视觉（图像记忆）与听觉（声像记忆）。为求简明，我们接下来将集中讨论学者研究最多的感觉记忆——图像记忆。

斯伯林的实验：部分报告实验

1960 年，乔治·斯伯林（George Sperling）发表了一篇以他的哈佛博士学位论文为基础的学术报告。斯伯林起初发现，当我们快速呈现给人们大量的信息时——以三列四栏共呈现 12 个数字时——他们通常只能报告 4—5 个数字。这个可以实时回忆的项目数，被称作**理解广度**（span of apprehension）。

将近一个世纪以来，人们均假设，这就代表了以此信息排列方式人们所能获得的最大信息量。然则，人们凭直觉意识到事情并没有这么简单。首先，因为忘得快，所以人们看到的比他们能报告的多，他们抱怨道："在我们能写下 4 或 5 个数字时，我们就无法再记得列表的其他部分。"第二个直觉是：所保留的影像其实比它实际呈现的时间久。这两种直觉很容易证实：带本书进入一个漆黑的壁橱内，任意翻开其中一页，用闪光相机拍照（照片不重要，重点在闪光），你会发现可以看到书上的许多文字，但大多无法报告出来。此外，虽说闪光只持续数微秒，但你对书本的影像可以持续半秒之久。

如图 8-2 之左图所示，斯伯林为了检测这种直觉采用了一项充满智慧的、被称作**部分报告程序**（partial-report procedure）的实验程序。在此程序中，向被试闪现一组字母一段极短时间——大约二十分之一秒。每组闪现的字母数是变动的，并且以行列方式呈现。图 8-2 的左图即为一个三行四列的字母组。有两种报告的方式：在标准程序，被称作**全部报告情形**（whole-report condition）中，被试只是尽可能报告看到的字母，越多越好；在新的，被称作**部分报告情形**（partial-report condition）中，被试只需报告任意挑选的一行字母。在呈现字母组后立即出现**听觉线索**（auditory cue），以指示被试该报告哪一行：高音指报告最上行；中音表示报告中间行；低音指报告最下行。在部分报告程序中，斯伯林以每次被试能从指定要报告的行中所报告的平均字母数，乘以行数，作为评估被试能记得的（感觉记忆）量。例如，如果一位观察者从指示的行中能报告三个字母，我们就可以推出他必然能从三行中的每一行（由于观察者不知道该报告那一行，直到该组字母消失后）看到三个字母或总共可看到 $3 \times 3 = 9$ 个字母。图 8-2 的中图即显示实验结果：当呈现的字母组数增加时，全部报告字母数约维持在 4.5 个的水平——只是重复了过去的研究结果；然而在部分报告的情形下，报告的字母数量会随着呈现的字母数目持续增加，如此即意味着观察者的第一个直觉是正确的，他们能报告的字母数比传统全部报告情形下的多。

第二个实验，斯伯林将每组呈现的字数维持固定（在本例中是 12），但变动呈现字母与指示部分报告列的听觉线索间延迟时间。诚如我们在图 8-2

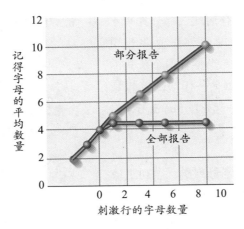
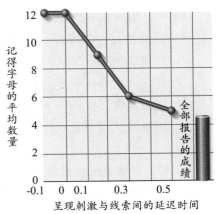

图 8-2　部分报告实验

左图刺激组图：共有 3 行，每行 4 个字母。高、中、低音（线索）信号用来指示观察者要报告上、中、下行。中间与右图为本实验的结果。中间图显示：当呈现的字母数增加时，全部报告成绩表现约维持在 4.5 个字母的水平，然而部分报告的表现却持续增加，由此证明，感觉记忆基本上存在一个很大的记忆容量。右图则显示：随呈现字母行与出现指示声音信号间延迟时间增加，部分报告的表现下降，反映出感觉记忆会快速消退。右图最右边的圆柱表示全部报告的成绩约在 4.5 个字母

之右图所示，结果相当具有戏剧性：当线索延迟时间增加时，评估能记得的字母数，随延迟时间加长到约在 300 毫秒前一路下降，显示图像记忆约过三分之一秒后会逐渐消退。

视觉暂留：时间整合实验

斯伯林的论文发表后没多久，出现了一系列验证图像记忆中视觉重要性的实验。这些实验可以埃里克森与柯林斯（Erikson & Collins，1967）首创并由狄洛洛等人修订（Di Lollo，1980；Hogben & Di Lollo，1974）的范式为例。在狄洛洛的**时间整合范式**（temporal-integration paradigm）修订版中，有 24 个点呈现在想象为 5×5 方格中 25 个方形的 24 个上，观察者的任务是要报告没有点的方格何在 [见图 8-3（a）]。即使图列快速呈现，漏点的方格还是很容易就能被找到；但是如果 24 点刺激是以两个各有 12 点的图框先后分别呈现时，图 8-3（b）即为本实验结果：当两个图框间距短时，漏点方格被找到的可能性高；然而当两个图框时距增加约到 150 毫秒后，任务的表现急剧下降。学者对此的解释为：此时第一个图框的图像记忆依时衰退，使得它越来越看不到，越来越不容易与第二个图框的影像整合在一起。

部分报告、视觉暂留与整合二者的理论

最初，部分报告与时间整合范式——被视为在测量同一事情，然而很快就得到厘清——图像记忆

有两个部分：其一为容许信息被抽取的部分；其二为看得见的部分，即个人可以意识察觉的部分。此

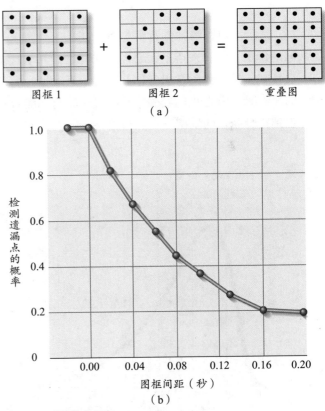

图 8-3　时间整合任务

（a）为刺激图组。两个各有 12 点的图框，可重叠成缺少一个点的 5×5 方格

（b）为本实验结果的图示：当两个图框间距增加时，任务表现下降，这表示视觉暂留会急速消退，而视觉暂留是视觉上整合两个图框的基础

外，得以澄清的还有：图像储存的此二部分具有不同的特性（Coltheart，1980），即两种作业并非单纯地在测同一件事。学者提出一个整合两个范式的理论，就如同在整合感觉与知觉一样，试着将记忆与其他方面的研究整合在一起（Loftus & Irwin，1998），其基本论点如下：

1. 快速呈现视觉刺激（如字母列组、点列组或光束照亮空间等）会发动神经系统中的**感觉反应**（sensory response），此感觉反应可以概念化成或升或降的神经活动，正如图 8-4 所示：当刺激呈现时反应活动升高，且在其后持续升高到一小段时间，最后消退到 0 为止。

2. 该刺激获得的信息量（例如，可作为斯伯林实验中的反应基准量）与该感觉-反应（曲线）函数下的区域（面积）有关。

3. 该刺激的可见性与观察者从刺激获得信息的速率有关。

最后一点，将视觉暂留与信息获得速率画上等号的说法，乍看来还不太奇怪，你有过在开车时做白日梦，然后突然意识到你并没有一直对擦身而逝的所有景物有意识的经验？这种说法，与你能否意识到错身而过的景象——其可见性——乃依你从中获得信息的程度而定是一样的，二者均认为没有信息的获得，即没有视觉经验。

◆小结

感觉记忆有很大的空间，却在很短的时间内消退。在感觉记忆中的信息要传送到下一个记忆，即工作记忆。

视觉暂留是信息维持一种持续的、有意识的视觉表征达数个十分之一秒的时间。

感觉-反应函数是一个整合了感觉记忆与视觉暂留的概念。

◆关键思考问题

1. 斯伯林部分报告实验与教授在课堂测试你学习成果的测验间有什么雷同之处？该实验与考试过程又有何相异之处？

2. 你认为部分报告实验或时间整合实验更能逼近意识内涵的测量吗？请说明你的理由。

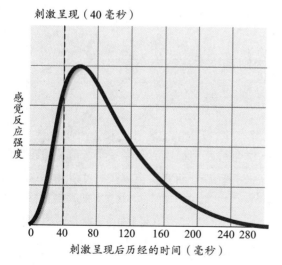

图 8-4　感觉反应强度

当某刺激呈现 40 毫秒后即可产生感觉反应功能。所假定的神经反应强度为该刺激呈现后经过的时间函数。曲线下的区域（面积）决定从该刺激所获得的信息量，而任一点的曲线高度大致即可决定该刺激可见性有多强

第三节　工作记忆

如前所述，感觉记忆包含了大量快速消退的信息，只有被注意到的信息才会从感觉记忆中被转送到下一个记忆储存处。阿特金森与谢夫林称此为短期储存。然而最近，信息被注意到的短期储存，已被更名为**工作记忆**（working memory），而且学者们也发现其复杂程度远比当初提出时的单纯角色超出许多。

工作记忆仍包含有编码、储存和提取三个阶段。且让我们更详尽地来探讨与工作记忆有关的每个阶段。

编　码

为将信息编入工作记忆，我们必须注意到它，因为我们对所注意的事物是有选择性的（详见第五章），我们的工作记忆将只保留经过选择的。这意味着，有很多东西从来不会进入工作记忆，当然，也就无法进行后面的提取。实际上，很多被标注"记忆问题"的困扰，实际上是注意力的失误。例如，

在你买了些日用品之后有人问你收银员眼睛的颜色，你可能无法回答。这不是你的记忆力有问题，而是收银员眼睛的颜色不是你的注意力的首要目标。

听觉编码　当信息被编入记忆时，它是以某种符码或表征进入的。例如，当你看一个电话号码、保留它一直到你拨完电话时，你是以什么形式表征这组数字的？是以**视觉编码**（visual code，该组数字的心像），还是**听觉编码**（phonological code，该组数字的

名称），抑或是根据这些数字一些有意义的**语义编码**（semantic code）？研究指出，我们可以运用这些可能的方式将信息编入工作记忆中，虽然当我们试着用复述（即一次又一次的自我重述）的方法将信息维持在活动状态时，我们较偏好听觉的编码。当信息是由口语的项目组成（如数字、字母或词语）时，复述是一特别常用的策略。因此在试着记忆一电话号码时，我们最可能以数字名称的声音编码，并自己复述直到我们拨此号码为止。

一个经典条件反射的实验提供了听觉编码的证据。研究者快速地向被试展示一张写有6个字母的卡片（如RLBKSJ），当字母被移走时，被试必须按顺序写出这6个字母。虽然全部过程只需一两秒钟，但被试有时仍会弄错。当他们出错的时候，错误字母倾向于和正确字母发音相似。比如，以上述的卡片为例，被试可能写成RLTKSJ，以音相似的T代替B（Conrad，1946）。这个发现支持了被试将每个字母用听觉编码的假设（例如，以"bee"作为B），被试有时遗失了部分码（只有声音"ee"的部分保留），而用另一部分码与保留下来的音码组合成的词（"tee"）来反应。这个假设也说明了，当项目音相似时（如TBCGVE）要比音有差异时（RLTKSJ）更难以正确顺序回忆。

视觉编码 如果需要，我们也能用视觉表征保留语文项目，但会消失得较快。当人们必须储存非语文项目（如难以描述的图画，因而很难转成可以复述的声码）时，视觉码就变得更为重要。虽说我们大多数都能在工作记忆中保留一些视觉影像，但是更有少数人能将影像以近似照片般详尽的形式加以保留。这种能力主要发生在儿童身上。这些儿童可以短暂地注视一张图片，在图片被移开后，他们眼前仍有影像经验，能保留达数分钟之久。当问他们一些问题时，如猫尾巴的条纹数（见图8-5），他们仍能看到丰富的细节，这些小孩似乎直接从一种称作遗觉象（照片式的）中读取细节（Haber，1969）。然则，遗觉象相当罕见，有些研究指出只有5%的人能长时间维持有精微细节的视觉心像。此外，当拥有真正图像似的心像标准更为严苛（如由下而上和由上而下一样轻易地读一页文章）时，即使是在小孩子身上，发生全现心像的可能性也会变得更为稀少（Haber，1979）。此即表示工作记忆的视觉码还是比不上照片。

两个工作记忆系统 由于听觉和视觉两种编码的存在，使得研究人员认为：工作记忆是由两个不同的储存器或是缓冲器（buffer）组成：一个是**声音缓冲器**（phonological buffer），可以很快地以听觉码储存信息；第二个是**视觉-空间模板**（visual-spatial sketchpad），可以很快地以视觉或空间码储存信息（Baddeley，1986）。近来有些关于脑部扫描的研究指出，这两个缓冲器是由脑中不同的结构调节的。

当你关注一个电话号码时，你会一直记到拨完号码后。你是以视觉、声音，还是语义的形式记住的

图8-5 遗觉象实验

将测试图片呈现给小学生约30秒。图片移开后，在遗觉象上有个男孩说他看到猫尾巴约有14条横纹。这幅画是由马乔里·托里（Marjorie Torrey）所画，出现在刘易斯·卡罗尔（Lewis Carroll）的《爱丽斯梦游仙境》，由约瑟夫·弗兰克（Josette Frank）缩写（资料来源：*Alice in Wonderland*, abridged by Josette Frank, Random House, 1955）

在一个实验中，每次被试看到一系列字母，每个项目字母的一致性和位置都不一样（如图8-6）。在一些尝试中，被试只注意字母的一致性，他们的工作是决定呈现的字母与其后三个是否相同；另一组尝试是被试只注意字母的位置，他们的工作是决定每个字母的位置与其后三个字母的位置是否相同（见图8-6）。因此，不同的是被试储存听觉信息（字母一致性）还是视觉信息（字母位置）。假设上，听觉信息保留在听觉缓冲器（acoustic buffer）中，而视觉信息保留在视觉缓冲器中。

在字母一致性和空间位置的尝试中均以PET记录测量脑部活动。这些结果大致指出，这两个缓冲器位于不同的两个半脑。在被试必须储存听觉信息的尝试上（听觉缓冲器），大部分的脑部活动是在左半脑；而被试必须储存视觉信息（视觉-空间缓冲器）的尝试时，脑部活动大半在右半脑。这两个缓冲器似乎是不同的系统（Smith, Jonides, & Koeppe, 1996）。此研究结果并不令人意外，我们在第二章即讨论过，大脑本来就有脑半球分殊化的倾向。

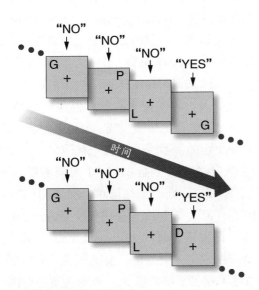

图8-6 听觉和视觉缓冲器实验

被试必须决定每个项目与前三个的项目是否相同。图的上半部是一典型的事件顺序，被试只需依序针对每个项目做出该有的反应，但注意字母的一致性；图的下半部被试同样需要按照顺序针对每个项目做出应有的反应，而注意字母位置的一致性（资料来源：Smith et al., 1995）

储 存

工作记忆最令人惊讶的事实或许是它有一个非常有限的记忆容量。平均而言，其项目限制是7项增减2项（7±2）：有些人只能储存少到5项，另外一些人可多到9项。这似乎是很奇怪的，当记忆能力有很大的个体差异时，却可以用如此精确的数字涵盖所有的人。然而，造成这些差异最根本的原因源于长期记忆。多数正常成人工作记忆的容量是7±2，这个恒常性从最早的实验心理学便为人所知，赫尔曼·艾宾浩斯（Hermann Ebbinghaus）从1885年开始展开记忆的实验研究，声称他自己的极限是7项。大约70年之后，乔治·米勒（George Miller, 1956）对此恒常性感到惊讶并称之为"神奇的数字7"（magic number seven），而现在我们知道这个限制同样适用于非西方和西方文化的人（Yu et al., 1985）。

心理学家以一种被称为**数字广度作业**（digit-span task）的方式来决定此项目数。所谓数字广度作业，是指呈现给被试无相关项目（如数字、字母或单词）的各种顺序，并要求其按顺序回忆项目以决定该数目。项目很快呈现，被试没有时间将之与长期记忆的信息联结，因此，回忆的数目仅能反映工作记忆的储存容量。在开始的实验中，被试只需回忆少数项目。例如，3或4个数字，他们很容易做到；之后数字随着实验推进直到实验者决定被试可以按完整顺序回忆的数量，最大容量（几乎总在5—9之间）即被试的记忆广度（memory span）。这个工作简单到你可以自己试试看。下次当你看到一串名单时（例如，工商目录或大学的建筑物），读一遍然后移走名单，试试看你可以按照顺序回忆几个名称，可能也是5—9个。

组块作用 像我们刚才所提到的，记忆广度的程序会使被试无法从长期记忆中产生与记忆项目的联结，当这种联结是可能的话，在记忆广度任务的表现将会有实质的改变。为说明这种改变，假设呈现给你一个字符串SRUOYYLERECNIS，因为你的记忆广度只有7±2，所以你可能无法重述所有的字母，因为它有14个字母之长。如果你能察觉到这些字母是SINCERELY YOURS的反写顺序，那么记忆工作就会变得比较容易，利用这个知识，你将在工作记忆的项目数量从14个减至为2个（2个词）。但这种拼写知识从何而来？当然是从长期记忆中有关储存词的知识之处。因此，你可以利用长期记忆将新的材料重新编码成为大的有意义的单位，将其储存在短期记忆中。这些单位被称为**组块**（chunk），工作记忆的容量最好以 7±2 组块来表示（Miller，1956）。数字也能加以组块：数字串 149-2177-620-02 超过我们的容量，但 1492-1776-2002 则仍未超过。一般的原则是，我们可以将字母或数字的顺序重新组成可以在长期记忆中被发现的单位来增加我们的工作记忆（Bower & Springston，1970）。

遗忘　我们可以很快地记住 7 个项目，但在大多数的情况下它们又很快地被遗忘了。遗忘的发生是因为项目随着时间而衰退或是因为被新的项目所取代。

信息可以只是单纯地依时衰退。我们可以想象一个项目的表征在几秒内消退的痕迹。这个假设最好的证据之一就是，当词需要比较长时间说出时，我们工作记忆的记忆广度保留得较少。例如，"harpoon" 和 "cyclone" 较长，其记忆广度就比较短的 "bishop" 和 "pewter" 记忆广度要少（试着自己说说这些词看看其间的差异）。之所以会产生这样的效果，是因为我们对自己说这些较长的词需要的

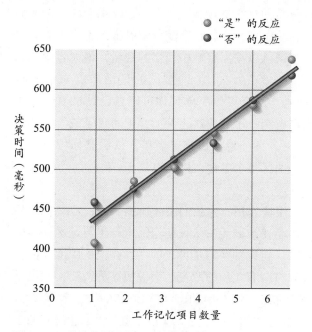

图 8-7　工作记忆提取是一种搜寻过程

决策时间的增加与短期记忆项目数量成直线比例。浅色圆圈表示"是"的反应，深色圆圈表示"否"的反应。两种类型的决策时间都成直线。由于决策时间短暂，学者必须用以毫秒计时的精确设备（资料来源："High Speed Scanning in Human Memory," reprinted with permission from *Science*, vol. 153, August 5, 1966, pp. 652-654 by S. Sternberg. Copyright © 1966 by the American Association for the Advancement of Science.）

时间越多，有些词的痕迹就越有可能在被回忆前就已经衰退了（Baddeley，Thompson & Buchanan，1975）。

工作记忆遗忘的另一个重要原因是，旧的东西被新的东西所取代。取代（displacement）的概念和工作记忆有一固定容量相符。工作记忆可以被看作一种活动的状态，我们想保持活动的项目越多，每个项目的活动量就会比较少。或许只有 7 个项目才能同时保持在一个允许全部项目可以被回忆的活动水平。一旦 7 个项目都被激活，新项目的活动性将会篡取旧的项目，结果早先的项目可能降到回忆所需活动关键的水平之下（Anderson，1983）。

提　取

让我们继续想象：工作记忆的内容就像是在意识中活动，直觉上认为我们可以直接接触此信息；你不必去挖掘，它就在那儿。因此，提取不应取决于在意识中的项目数。但在这个例子中，直觉却是错的。

证据显示，工作记忆的项目越多，提取就变得越慢。这种减缓的证据多数是来自斯滕伯格（Sternberg，1966）所引介的一种被称作**斯滕伯格记忆-扫描任务**（Sternberg memory-scanning task）的实验。在实验中，每次向被试提供一组数字，被称为记忆清单（memory list），被试必须暂存在工作记忆中。对被试来说，在工作记忆中保留这些信息是很容易的，因为每组记忆清单所包含的是 1—6 个数字。记忆清单移走后，呈现一个用来侦测的数字，被试必须决定侦测数字是否在记忆清单上。举例来说，假设记忆清单上是 3、6、1 而侦测数字是 6，被试须答"是"；同一记忆清单，如侦测数字为 2，则须回答"否"。被试在任务中很少弄错，然而令人感兴趣的是决策的时间（decision time），就是侦测一开始与按"是"或"否"按钮间的延迟时间。图 8-7 描述了这类实验的数据，表明决策的时间会随记忆清单的长度而增加。这表示，在工作记忆中每增加一个项目，提取的过程就会增加一个固定时间量——大约是 40 毫秒，即二十五分之一秒。这个结果对项目内容是字母、词、声音或人脸图像都是一样的（Sternberg，1975）。

对这些结果最直接的解释是：提取需要在工作记忆中进行**系列扫描**（serial search）——在此搜寻中，项目逐一被检索。此搜寻中每个项目的运作速率为

"我们可以快点考试吗?我的短期记忆比长期记忆好。"

40毫秒,对人类而言速度快到难以察觉(Sternberg,1966)。然而,如果把工作记忆视为一个活动的状态,则会对此结果有不同的诠释。从工作记忆中提取一个项目决定于该项目是否达到活动的关键水平;也就是说,工作记忆中的侦测词是在此活动的关键水平之上,则可决定此侦测词在工作记忆中,且工作记忆中的项目越多,则每个项目所具活动性越少(Monsell,1979)。这种**活动模式**(activation model)已被证实可以正确地预测工作记忆中有关提取的各方面问题(McElree & Dosher,1989)。

工作记忆与思考

工作记忆在思考中扮演一个重要角色。当有意识地试着解决一个问题时,我们通常使用工作记忆来储存部分问题及从长期记忆取得有关该问题的信息。为方便说明,在你脑中想想35乘以8得多少,你需要用工作记忆储存所给的数目(35和8),操作性质的要求(乘法)及算术的事实如 8×5 = 40 及 8×3 = 24。假如你必须同时记忆一些词或数字,表现自然很明显的会下降;试着在记电话号码745-1739时,从事上述的乘法(Baddeley & Hitch,1974)。由于它在心算中的角色,研究人员经常将"工作记忆"概念化为类似一块可在上面运算,并将部分结果贴附其上以供后续使用的黑板(Baddely,1986)。

其他研究显示工作记忆不仅使用在数字问题,同时也用在解决各种复杂的问题上。这类问题有时被用在测量智力的几何类推上(如 Ravens,1965),例如,图8-8即为几何类推的范例。从解决这个问题中,你可以得到一个直觉性的想法:工作记忆在问题解决上扮演着重要角色。你可能会注意

你需要工作记忆储存(1)所观察各排图形间的异同;(2)用来解释异同及其后用来选择正确答案的规则。结果显示,一个人的工作记忆越大,在问题解决上就会做得越好(虽然人们在工作记忆的容量上没有太大的不同)。此外,当以计算机用程序模仿人在解决如图8-8的问题时也发现,决定计算机表现如何最重要的因素之一,是程序设计者所创造的工作记忆的大小。无疑,许多复杂问题难以解答的部分困难之处,似乎是他们在工作记忆上的负荷量(Carpenter,Just,& Shell,1990)。

工作记忆也在类似接续一段会话或阅读一篇文章等语文处理过程中扮演重要角色。要读懂文章,我们必须有意识地将新句子与先前阅读的材料间联系起来。这种将新事物与旧事物联系起来的历程似乎发生在工作记忆中,因为工作记忆能力越强的人,

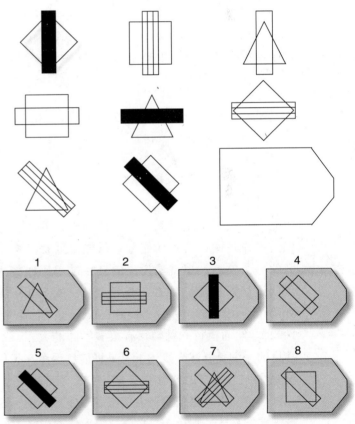

图8-8 几何类推说明

本项任务为检视一个右下角为空白的3×3的图形矩阵,被试需要决定下面给出的8个图形中哪一个应填在矩阵右下角的空白中。要完成这个任务,必须看完每一排,再判断这些图形变化的规则,然后在每一行根据相同规则进行变化[资料来源:P. A. Carpenter, M.A.Just, and P. Shell(1990),"What one intelligence test measures:a theoretical account of the processing in the Raven Progressive Matrices Test," *Psychological Revies*, 97(3):404-431. Adapted by permission of the American Psychological Association.]

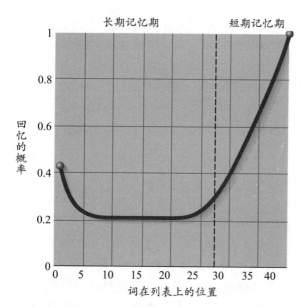

长期记忆期　　　　短期记忆期

回忆的概率

词在列表上的位置

图 8-9　自由回忆的实验结果

回忆的百分比随着词所在的位置而有不同：百分比最高的是最后5个位置，其次是最初几个，回忆的百分比最低的是中间几个。最后几个字的回忆决定于短期记忆，其他的则是决定于长期记忆〔资料来源：B. B. Murdock (1962) "The Serial Position Effect in Free Recall," from *Journal of Experimental Psychology*, 64: 482–488. Copyright © 1962 by the American Psychological Association. Adapted by permission.〕

阅读理解力测验的得分越高（Daneman & Carpenter, 1980; Just & Carpenter, 1992）。

从工作记忆转移到长期记忆

到目前为止我们所看到的，工作记忆有两个功能：它储存了短时间所需要的材料，同时是心算的运作空间；另一功能是它可能是通往长期记忆的一个站点。也就是说，信息在被编码或转入长期记忆时可能停留在工作记忆中（Atkinson & Shiffrin, 1971a, 1971b; Raaijmakers & Shiffrin, 1992）。然而执行此种转移有很多不同的方式，最常见的一种是复述。复述不只是将信息保留在工作记忆中，也能将之转移到长期记忆。所谓保持复述，是指积极地将信息努力保留在工作记忆中；而精细式的复述，则指努力将信息编入长期记忆中。

有关工作记忆具转运站功能的一些最佳证据，来自自由回忆的实验。在一个自由回忆实验（free-recall experiment）中，被试首先看一张约有40个不相关的词的清单。单词被逐一呈现。所有词都被呈现后，被试得以用任何顺序回忆（所以称为

"自由"），此结果显示于图 8-9，正确回忆词的概率被图解为该词在清单上的位置函数。曲线左侧是最先出现的几个词，曲线右侧是最后出现的几个词。

在回忆时后面几个词可能仍在工作记忆中，其他的词则在长期记忆中。因此，我们预期回忆后面几个词的概率比较高，因为在工作记忆提取较容易。图 8-9 显示此一结果。但回忆前几个词的情况也很好。为什么？这就是复述的作用：当前面几个词出现时，它们进入工作记忆，而工作记忆又没什么其他的项目，它们因此经常被复述而可能被转移至长期记忆；当更多的东西呈现时，工作记忆很快装满，复述和转移到长期记忆的机会便减少到较低水平。因此，只有前几个词拥有额外的转移机会，这便是后来它们得以从长期记忆中被回忆起来的原因。

总而言之，工作记忆是一个大约可以听觉或视觉形式保留 7±2 个信息组块的系统。工作记忆中信息丧失的途径为衰退或取代，而从本系统中提取信息，需经由一个在任何时机都能将所有项目维持在活跃状态的历程。最后，工作记忆是用来储存与处理解决问题时所需的信息，因此它对思考有关键性的影响。

 行为的神经基础

工作记忆与长期记忆的脑部分工

工作记忆和长期记忆分由脑中不同结构来完成。特别是海马体，它是一种在皮层之下接近脑中间的脑结构，是长期记忆而非工作记忆的关键。有很多相关的证据来自老鼠和非人类物种的实验。在某实验中，第一组老鼠损害海马体和皮层周围；第二组则损伤另一完全不同的区域——前额皮层。两组老鼠必须完成一项延迟反应（delayed-response）作业：在呈现第一个刺激（如一个方形）后才出现第二个刺激（如一个三角形）。动物只有在第二个刺激和第一个不同时才需反应。动物在这项作业中的表现如何，决定于脑中受损的种类及两个刺激之间延迟的长度。

当延迟较长（15秒或更长）时，海马体受伤的动物表现很差，而前额皮层受伤的动物相对地表现较正常。因为两个刺激间的延宕长，需要长期记忆储存第一个刺激，这些结果与海马体是长期记忆的关键相符。当两个刺激之间的延宕是短暂的（只有数秒），结果就会相反，前额皮层受伤的动物表现很差，而海马体受损的则表现相对地正常。因为刺激间短暂的延宕，需要工作记忆储存第一个刺激，这些结果指出短期记忆涉及前额皮层。因此脑的不同区域分别执行工作记忆与长期记忆（如：Goldman-Rakic，1987；Zola-Morgan & Squire，1985）。

这种区别在人类身上有什么证据吗？脑部某特定区域受伤的病人提供了一个足以探讨本质的实验。特别是有些海马体和皮层附近受伤结果有严重的记忆丧失者，因为海马体位于颞叶的中间，这些病人称为内侧颞叶健忘症（medial-temporal-lobe amnesia）。这类病人在记忆长时段的材料方面有很大的困难，而在数秒内的记忆方面则无任何困难。因此当医生进入病房时，一个内侧颞叶健忘症的病人可能无法认出他的医生——即使这个病人数年来每天看到同一个医生，然而当医生重新被介绍给他时，他可以毫无困难地重复医生的全名（Milner, Corkin, & Teuber，1968）。这种病人的长期记忆受到了严重损伤，但工作记忆则仍正常。

然而其他病人表现出相反的问题。他们甚至无法正确地重复只有三个字母的字符串，但在长期记忆的单词测验中则相对地正常。这种病人的工作记忆受损而长期记忆却是完整的。而其脑受伤部位永远落在颞叶中间（Shallice，1988）以外的地区。因此，人类如其他动物一样，工作记忆和长期记忆是由不同的脑结构所掌管的。

近年来的研究运用脑部扫描技术，结果发现前额叶（恰位于前额后方）的神经元具有保留短时间使用信息（如即将要拨的电话号码）的功能。这些神经元运作的方式近似计算机的随机存取存储（random access memory，简称RAM）芯片，它可以暂时保留实时要运用的数据，并在需要时立即快速转换到其他数据上。这些细胞还能从脑部邻近区域提取信息，并保留至进行特定任务需要之时（Goldman-Rakic，见Goleman，1995）。

◆**小结**

在工作记忆中的信息倾向于使用听觉编码，虽然我们也可以使用视觉编码。

工作记忆最令人惊讶的事实是，它的储存限量为7±2个项目或组块。

当工作记忆的项目数增多时，提取的速度会变慢。

工作记忆被用于解决各种问题，如心算、几何图形模拟，及回答课本的问题。

◆**关键思考问题**

1. 你认为何以声音编码是工作记忆组织信息的主要方式？

2. 你的工作记忆容量大小为何会影响你标准化理解测验（如SAT）的成绩表现？请尝试说明理解的基本过程是如何受影响的？

第四节　长期记忆

长期记忆涉及必须保存短至数分钟（如前面的对话）或长至一生的时间（如成人的儿童期记忆的信息）的信息。在长期记忆的实验中，心理学家通常研究一段时间的遗忘，如数分钟、数小时、数星期，有些则为数年甚至数十年的研究。使用数年时间的实验通常涉及个人经验的回忆［被称为自传回忆（autobiographical memory）］，而不是实验材料的回忆。接下来，还有研究是混合使用两种材料的，因为它们似乎反映了许多相同的原则。

我们在长期记忆方面的讨论，将再次把记忆分为三个阶段——编码、储存和提取。但这次有两个较复杂的地方。首先，长期记忆与工作记忆不同的是，编码和提取之间会发生交互作用。为观察这些交互作用，我们将在讨论编码时考虑提取的一些观点，并将单独讨论编码和提取交互作用。另一复杂之处是，难以确知长期记忆的遗忘是因为储存的遗失还是提取的失败。为处理这个问题，我们将储存延缓到提取之后再进行讨论，如此我们对于有什么研究证据足以说明是储存的遗失，将有一个较清楚的概念。

编 码

意义的编码 就阅读材料而言，最具优势的长期记忆表征不是听觉也非视觉，而是取决于项目的意义。即使项目是单独的词，也可以根据其意义进行编码，而如果项目是句子，其结果更是令人惊奇。在听到一个句子几分钟后，大部分你能回忆或辨认的是句子的意义。假如你听到"作者寄给委员一封长信"，证据显示两分钟之后，无论你随机听到的是那个句子还是有同样意义的另一句子"一封长信被作者寄到委员会"，再认任务的表现并无二致（Sachs，1967）。

意义编码在日常生活记忆情境中到处可见。当人们叙述复杂的社会或政治情境时，也许会记错许多特别的细节（如，谁对谁说了什么，什么时候说的，有什么其他人在那儿），但却能正确地描述事发的基本情境。因此，在20世纪70年代早期，水门事件丑闻的主要政府证人（约翰·迪恩）后来表明，对在该特定情境中谈话内容的记忆有许多错误，但其整体证词大致被认为能正确地描述发生的事件（Neisser，1982）。

虽然意义可能是长期记忆表征阅读材料的重要方法，我们有时也用其他的方法编码。例如，我们可以逐字记住及背诵诗，在此情形，我不仅记住了诗的意义，也记住了正确的字词。在长期记忆中，我们也可以使用听觉码。当你接到电话，对方说"喂"时，你通常可以辨认这个声音。像这种情形，你必须将此人的声音编码到长期记忆；视觉形象、味觉和嗅觉也可以被编码到长期记忆中。总之，长期记忆对语文材料有一种偏好的编码（换言之，意义），但其他的编码也能使用。

增加有意义的联结 通常要记忆的东西是有意义的，但其间的联结则不然。在此情况下，记忆可借由创造项目间真实的或人为的联结来改善。例如，读乐谱时，必须记住EGBDF，尽管这些符号的本身是有意义的（它们属于键盘的音符），但其顺序似乎是随意的。许多学习者是试着将符号转为句子，如"每个好男孩做得很好"（Every Good Boy Does Fine）。每个词的第一个字母代表每一符号，而句子间词的关系即让符号间形成了意义的联结。这些联结有助于记忆，因为他们提供了词间提取的途径，例如，一旦"Good"被提取，便会有一途径或联结到下一个必须被回忆的词"Boy"。

增加联结最好的方法之一，是在编码时推敲材料的意义。越深刻或精细地进行意义编码，记得就越好（Craik & Tulving，1975）。假设你要记住教科书中的一些要点，那么专注于该要点的意义会比只是着重书上叙述要点所使用的正确词句，能有更好的记忆。此外，越深入、彻底地拓展其意义，你会记得越好。

布莱德肖和安德森（Bradshaw & Anderson，1982）的一项实验说明了这些要点。被试阅读后续需要回忆的名人材料，如"在他生命的一个关键时刻，莫扎特从慕尼黑到巴黎旅行"，有些事实用原因或结果仔细推敲，如"莫扎特为避免一项感情的困扰，想要离开慕尼黑"，其他事实则单独呈现。之后被试只是被测验事实（而非推敲的内容）。在精细复述的事实上，被试回忆的比单独呈现的更多。因此，增加原因（或结果）到记忆的表征，被试会以下列方式在原因到目标事实间建立一个提取途径：

莫扎特从慕尼黑到巴黎旅行
莫扎特为躲避一项在慕尼黑的感情纠纷

在回忆时，被试可以直接提取目标事实，或间接地从原因的途径中提取。即使他忘记了全部目标事实，也能从提取的原因中推论出目标事实。

类似上述的结果，在理解和记忆间建立了密切

我们忘掉长期记忆的信息时，并不表示信息本身消失了。如果有事物提醒，还是有可能提取该信息。这就是家庭要保存相册的原因之一

的联结。我们对材料了解越多，越能找出材料各部分间的关联。因为这种关联可以被当作提取的联结，因此，我们了解得越好，便能记得越多。

提 取

很多长期记忆的遗忘情形肇因于失去触接（access）信息的通路，而非信息本身的遗失；也就是说，记忆不佳通常反映的是提取的失败而非储存的失败（注意，这和工作记忆不同，工作记忆是衰退或取代的结果，提取被认为相对地较少发生错误）。试着从长期记忆中提取一个项目，正如同在一间大图书馆中找一本书，找不到书，不一定意味着书不在了，可能只是找错了地方，或是那本书摆错地方了。

提取失败的证据 日常生活的经验可以为提取失败提供相当多的证据。我们每个人都会在某些时刻无法回忆一项事实或一种经验，事后才又想起：有多少次考试时你会忘了某一特殊的名字而在考试后又想起来了？另一个例子是"舌尖现象"的经验：一个特定的词或名字在我们回忆能力之外干着急地待命（Brown & McNeill，1966），我们会感觉非常苦恼直到在记忆中搜寻（四处搜寻然后放弃很近似但非十分正确的词）并最后提取到正确的词。

一个更令人惊讶的提取失败的例子是，在进行心理治疗时先前遗忘的记忆会偶然复原。虽然我们缺乏这些观察的有力证据，但至少显示有些遗忘的记忆并未丧失，它们只是难以提取。

下面的实验为支持提取失败会引起遗忘提供了更有力的证据。被试被要求背诵一串词语，有些是动物名称（如猫、狗、马），有些是水果名（如苹果、梨、橘子），有些是家具名等（见表8-1）。回忆时，被试被分为两组。向其中一组提供提取线索，如"动物""水果"等；另一控制组则没有。结果，有提取线索的组回忆的词较无提取线索的组多。接下来的测验，两组均有提取线索，其回忆的词数则一样多。因此，两组回忆先前的差异一定是因为提取的失败。

总之，提取线索越好，我们的记忆便越好。这个原则解释了为什么我们经常在再认测验中的记忆比回忆测验好：在**再认测验**（recognition test）中，我们被问到的是，以前是否看过某一特定项目（如贝

斯·史密斯是不是你在婚礼上见过的人之一），测验项目本身便是回忆的一个很好的线索；相反，在**回忆测验**（recall test）中，我们必须用最少的提取线索再生记忆的项目（如，回忆你在舞会中见过的女士的名字）。因为再认测验中提取线索通常比在回忆测验中更有用，再认测验（如选择题）的表现往往比回忆测验（如作文）好（Tulving，1974）。

干扰 在会影响提取的因素中，最重要的是**干扰**（interference）。假如我们用相同的线索联结不同的项目，那么当我们试着用那线索提取其中一

表 8-1 提取失败的研究范例

没有得到提取线索的被试回忆的词数比有提取线索的被试少。这个发现表明，在长期记忆提取阶段产生的一些问题是记忆失效的部分原因。[资料来源：E. Tulving and Z. Pearlstone(1976) "Availability and Accessibility," from *Journal of Memory and Language*, 5:381–391. Reprinted by permission of Academic Press.]

记忆字符列表

狗	棉花	油
猫	毛（料）	瓦斯
马	丝	煤
牛	人造丝	木头
苹果	蓝	医生
橘子	红	律师
梨	绿	老师
香蕉	黄	牙医
椅子	刀子	足球
桌子	汤匙	棒球
床	叉子	篮球
沙发	锅	网球
刀子	锤子	衬衫
枪	锯子	袜子
步枪	指甲	裤子
炸弹	螺丝起子	鞋子

提取线索

动物	布料	燃料
水果	色彩	职业
家具	器具	运动
武器	工具	衣服

项（目标项目）时，其他的项目会变得较活跃且干扰了对该目标的回忆。例如，你朋友丹搬家，最后你虽记得他的新电话号码，却发现提取旧号码有困难。为什么？你用"丹的电话号码"线索提取旧号码，但却使新号码活跃，干扰了旧号码的回忆（这被称为倒向干扰）。或者，假设你更换了使用一年的停车场的停车位，刚开始时，你找新的停车位有困难。为什么？你试着用"我的停车位"这个线索与新位置联结，但这线索却提取了旧位置，干扰了对新位置的学习（前向干扰）。在这两个例子中，促发特定目标提取线索的力量（"丹的电话号码"或"我的停车位"）随着其他项目与那些线索联结的数量而减弱：与线索联结项目的数量越多，线索的负荷就越大，而提取也越无效率。

干扰在各种层次都能发生作用，包括对全部事实的回忆。在一个实验中，被试先学习各种事实与专业人员名字的联结。例如，他们学习下列联结：

银行家：（1）被要求面对群众演讲；
　　　　　（2）打破瓶子；
　　　　　（3）不推迟旅行。
律　师：（1）得知接缝线裂开；
　　　　　（2）油漆一座旧谷仓。

职业名称"银行家"和"律师"在此是提取线索。由于银行家和三项事实联结，律师只有两项，因此，银行家在提取的任何一项联结的事实比律师提取任何一项联结的事实相比要差（因为银行家的线索负荷较大）。被试在之后的再认测验中，他们辨识习得的银行家任何一项事实比辨识习得的律师任何一项事实要花更长时间。在此研究中，干扰减缓了提取的速度。其他许多实验也显示：如果目标项目是微弱的或干扰是强烈的，干扰就可能导致提取的彻底失败（Anderson，1983）。事实上，干扰长久以来就被认为是造成长期记忆会随着时间被遗忘的一个主要因素：相关线索的负荷量会随着时间越来越大。

图 8-10 即呈现了由艾宾浩斯提出的第一个探讨遗忘的实验（Ebbinghaus，1885）。艾宾浩斯以自己为被试，重复学习 13 个音节序列直至能连续两次无误地背诵为止。接着在间隔从 20 分钟到 31 天的不同情境下，统计自我测验需多少次的再次学习才能到达原

有的水平；忘的越少，再次学习该序列所需尝试应该就越少。图示为再学习的容易度（称节省分数）与时间的函数：人们在学习后前几个小时忘得最多，但其后的遗忘速率就会慢下来。虽说此曲线代表着对无关的语词材料的记忆，但是不同的学习材料会有不同的曲线（Bahrick & Phelphs，1987）。在所有情况下，干扰均被认为在遗忘会依时改变方面扮演着某种角色。

提取模式　为试着解释干扰效果，研究人员发展了许多提取模式。像短期记忆的提取，有一些长期记忆提取的模式是基于搜寻过程，其他的则是取决于活动过程。

银行家-律师实验的干扰效果，十分符合"从长期记忆的提取是搜寻过程"的概念（例如，Raaijmakers & Shiffrin，1981）。为了说明这个问题，想想前面"银行家打破瓶子"的句子如何被再认（见图 8-11）。"银行家"一词触接它在记忆中的表征时，将搜寻局限在长期记忆中相关的部分；亦即有三个途径必须被搜寻以证明"打破瓶子"是有关银行家习得的事实之一。相反的，如果测验句子是"律师油漆一个旧谷仓"，则只有两个途径被搜寻。因为搜寻时间随着需要考虑途径数量而增加，对"银行家"的提取便比"律师"来得慢。

一个有关提取途径的替代模式是以活动的角度来看。例如，当被试辨识"银行家打破瓶子"时，被试激活银行家的表征，此活动力同时从银行家扩展到三个途径（见图 8-11）。当活动力足够达到

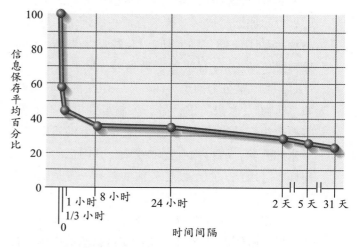

图 8-10　遗忘是时间的函数

该遗忘曲线图显示回忆的衰退，且作为时间的函数。本图为艾宾浩斯所提报的第一张有关遗忘的研究图（1885）

图 8-11　搜寻过程和活动过程的提取

出现"银行家打破瓶子"时，"银行家"这个字触接了长期记忆中银行家的表征，这个表征有三个途径可以搜寻。出现"律师油漆一座旧谷仓"，"律师"触接了律师表征，有两个途径可以搜寻。换言之，"银行家"一词可以使银行家表征活动，然后此活动同时扩展三个途径（律师的例子可类推）

"打破瓶子"时，这个句子便被再认出。干扰产生的原因是，从银行家表征的活动力必须被从银行家引发的途径所细分。因此，与银行家联结的事实越多，每个途径的活动力便越薄弱，为了有足够的活动力，必须花更长时间才能达到任一特定事实。所以，根据活动力扩散的角度来思考提取，也能解释为什么干扰会减缓提取（Anderson，1983）。

遗忘——从储存中丧失信息

提取失败可能是造成某些遗忘的原因，但并非意味着所有遗忘都是因为提取失败。我们学过的每件事似乎不可能都会在记忆中等待正确的提取线索。有些信息几乎可以确定是从储存中丧失的（Loftus & Loftus，1980）。

储存丧失的一些证据，来自接受**电休克疗法**（electroconvulsive therapy）以减缓严重忧郁的人（应用轻度电流在脑中制造短暂的似癫痫的痉挛及暂时性的无意识，详见第十六章）。在此例中，病人失去电击前几个月发生事件的部分记忆，但不是更早

的事件（Squire & Fox，1980）。这些记忆的丧失不可能是提取的失败，因为假设电击打断提取，则所有的记忆应都会受影响，而不是只有最近的一些事。电击更有可能只是打断了凝固（consolidate）数个月或更长时间所得的新记忆的储存过程，而未能凝固的信息便从储存中消失。

大多数长期记忆的储存研究是在生物的层次上，研究者在寻找凝固的神经解剖基础上有实质性的进展。涉及凝固的关键的脑结构似乎包含了海马体（我们在本章开头讨论过）及海马体周围的皮层（包括内鼻、鼻周围的皮层以及海马体侧面皮层，它们涉及海马体和大部分大脑皮层的信息交换）。海马体在凝固中扮演的角色似乎是一个交叉数据系统，联结了分别储存在脑中各部分的某个特殊记忆的信息（Squire，1992）。人类记忆的整体遗失通常只发生在皮层周围和海马体受损时，单独海马体受损会导致严重的记忆干扰。这一事实可由研究显示：从分析特定病人的记忆问题开始（由于冠状动脉搭桥手术并发症引起），至他死后详细的脑解剖为止，研究者发现海马体是脑结构唯一受损的部分（Zola-Morgan，Squire，& Amaral，1989）。

一项以猴子为研究对象的研究为我们提供了有关海马体具有凝固新的记忆功能最好的证据。在此研究中，一组实验的猴子学习辨认 100 组配对的东西，每组配对东西下有食物，猴子如果配对正确便可得到食物。由于所有配对都不同，因此猴子实际上是学习 100 个不同的问题。其中 20 个是在研究人员拿掉猴子海马体前 16 周学的，其他各组的 20 个分别是海马体手术前 12、8、4 或 2 个星期前学的。手术后两个星期，研究人员用单一尝试进行 100 个配对测验来测试猴子的记忆。此重要的研究发现显示：参与实验的猴子在手术前 8、12、16 周学到的区辨记忆和正常的控制组一样，但记忆手术前 2 或 4 周前学得的区辨记忆较控制组差。此外，实验的猴子事实上所记得在手术前 2 或 4 周前学到的区辨任务甚至比更早时学到的还差。这些结果指出记忆过程需要借海马体数星期的时间来巩固，因为只有在这段时间移走海马体，其记忆才会受损。长期记忆的永久性储存几乎确定是落在皮层，特别是解释感觉信息的区域（Squire，1992；Zola-Morgan & Squire，1990）。

编码和提取的交互作用

在描述编码阶段时，我们注意到在编码时进行认知运作（如精细复述），其后提取便容易些。另有两个编码因素也会增加成功提取的机会：（1）编码时组织信息；（2）保证信息编码时和被提取时的情境相似。

组织　我们越能组织编码的材料，便越容易提取。假设你在一个会议上见到各种专业人士——医生、律师和新闻从业者。之后，当你要回忆这些人名时，假如一开始你依各专业来组织信息，你会做得比较好。然后你可以问你自己，你见到的哪些是医生？哪些是律师？当我们将一串人名或单词的信息编码为类别，然后再以每个类别为基准去提取，便会容易许多（Bower, Clark, Winzenz, & Lesgold, 1969）。

情境　在提取某一特别事实或情节时，处在与编码时相同的情境下则会比较容易些（Estes, 1972）。例如，如果能走过小学的走廊，你回忆一、二年级同学名字的能力肯定会有所提高。同样的，你提取与一位亲密友人发生过的情绪事件（例如，与她在餐厅争执）时，如能回到事发现场，你的记忆力会更好。这可以解释为何有时我们拜访早年曾经住过的地方时，会被一种突来的记忆占据。事件被编码时其环境本身可能是一个最有效的提取的线索，有许多实验证据支持此一看法，例如，图 8-12，即为一项具有代表性的研究（Godden & Baddeley, 1975）。在本实验中，整体而言，潜水者是在陆上还是水底学习那份将要背诵的单词是无关紧要的，重要的是潜水者测验时所处的环境：当潜水者被测验时所处环境不同于他们学习单词的环境

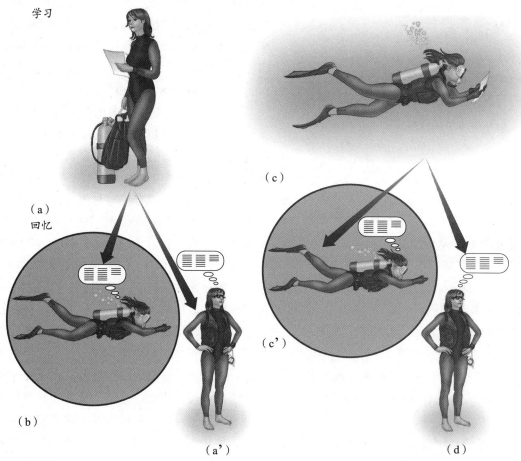

图 8-12　情境影响提取

这是一个揭示情境如何影响提取的实验。一组深海潜水人员在海边学习一串词［图（a）］，另一组在水中 15 英尺处学习［图（c）］。之后，将两组人各分在两种情景下，试着回忆这些词，一种是在与学习时相同的环境［图（a'），图（c'）］，另一种是与学习时不同的环境［图（b）和图（c）］［资料来源：D. Godden and A. D. Baddeley (1975) "Context-Dependent Memory in Two Natural Environments: On Land & Under Water," from *British Journal of Psychology*, 66:325–331.］

时，要比环境相同时回忆起的单词少 40%。重建原先学习情境，会有截然不同的提取效率！

对记忆者而言，背景并非都是外在的。当我们编码信息时在我们内心所发生的（即我们内在的状态）也是背景的一部分。例如，我们在吃刺激性食物的情况下学习一些单词，当我们在相同的情境下会比不吃的情况能回忆出更多的单词，反之亦然（Eich，1980）。这种情形下，记忆部分是依赖学习时的内在状态，被称为心境依赖学习（state-independent learning）。由不同心境引发的感受成了提取在该心境下编码的信息线索。然而心境依赖学习的研究证据仍有争议性，但是它确实说明我们提取时的内在状态和编码阶段相符时，可实际改善记忆（Eich，1980）。

遗忘的情绪因素

到目前为止，我们看待记忆好像是与情绪分开的。但有时我们之所以记得一些东西不就是因为它的情绪内涵吗？有很多关于此问题的研究结果，认为情绪至少以 5 种不同的方式影响了长期记忆：复述、闪光灯记忆、因焦虑干扰提取、情境效应与压抑。

复述 最简单的概念是，相较于中立的情境而言，我们更倾向思考充满情绪的情境，无论是正面的还是负面的。我们复述和组织令人兴奋的记忆会比温和的记忆多。例如，你可能忘记在何处看了某部电影，但假如你在影院时正好发生火灾，这场意外则会占据你的头脑一阵子，你会将此场景一次又一次地向朋友描述；而因为一次又一次地自我回忆此场景，你便得以将它复述和组织。由于我们知道复述和组织可以改进长期记忆的提取，因此，许多研究会发现有情绪的比无情绪的状态能有更好的记忆就不足为奇了（Neisser，1982；Rapaport，1942）。

闪光灯记忆 情绪影响记忆的第二个方法是，情绪可以借由**闪光灯记忆**（flashbulb memory）而影响记忆。闪光灯记忆是对环境生动的和相对永久性的记录，你学到的是充满情绪性、显著的事件。一个例子是 1986 年"挑战者"号（Challenger）航天飞机爆炸，数以百万人在电视中亲眼看见。许多二十几岁的人均记得在何处、何时得知"挑战者"号事件及谁告诉他们这件事——即使细节很快就会被忘记。30 岁以上

许多人都认为自己还记得当他们惊闻戴安娜王妃去世的噩耗时，他们正在什么地方、做什么事

的美国人可能都有 1981 年有关里根（Ronald Reagan）总统遇刺的闪光灯事件记忆，40 几岁以上的人则可能有 20 世纪 60 年代肯尼迪（John F. Kennedy）总统和马丁·路德·金（Martin Luther King Jr.）遇刺的闪光灯记忆。甚至有报告指出，一个世纪前美国人便有林肯总统（Abraham Lincoln）遇刺的闪光灯记忆。当科尔戈洛夫（Colegrove，1899）访问 179 人时，其中 127 人能说出当他们听到林肯遇刺时，他们在哪儿及他们正在做什么的全部细节。

早期研究闪光灯记忆的问题，如科尔戈洛夫所述，在于我们无法评估记忆的对错。例如，某人可以详尽地描述 1960 年智利发生的地震：他记得是在一早被房屋强烈的摇摆震醒，并记得当时他的老爷钟正停在早上 6 点整。数年后，他发现地震是发生在下午：虽说地震是真的，但他对地震发生在早晨、栩栩如生的闪光灯记忆却不然。我们将在稍后讨论会导致如此生动却是错误的记忆的建构过程。目前切记，当学者仔细对照闪光灯记忆与发生事故的真实记录时，闪光灯记忆变得与其他记忆类别一样，容易衰退与受干扰（Curci, Oliver, Finkenauer, & Gisle, 2001；Neisser & Harsch, 1993；Schmock, Buffalo, & Squire, 2000；Sierra & Berrios, 2000）。

因焦虑干扰提取 也有例子表明，负面的情绪会妨碍提取。这是我们的情绪影响记忆的第三种方式。有个许多学生都有过的经验：你正在参加一项

不太有自信的考试。你不大了解第一个问题，更不用说作答了；此时紧张的现象出现了，第二个问题虽然不是真的很难，但前一个问题引起的焦虑扩散到第二题。这个时候，你看第三题，假如只是简单到问你的电话号码，你也没办法回答，因为你此时已经处在一种完全恐慌状态。

这个时候记忆发生了什么事？无法回答第一个问题引起了焦虑，而焦虑通常跟随着无关的想法，例如，"我快被退学了"或"每个人都会认为我很笨"。这些想法充满了我们的意识，并干扰了与问题有关提取信息的尝试，这便导致记忆的失败。根据这个观点，焦虑不会直接造成记忆失败，而是会引起无关的思想联结，这些思想因阻碍提取而造成记忆失败（Holmes，1974）。

情境效应　情绪也会借情境效应影响记忆。我们已注意到，当提取的情境和编码相符时记忆最好。因为我们的情绪状态在学习时是情境的一部分，假如我们学习时的材料让我们感到悲伤，当我们再度感到悲伤时则可能对该项材料有最好的提取。实验人员在实验室显示了这一情绪的情境效果。被试同意记日记一个星期，记录每天的情绪事件，并注意是愉快的还是不愉快的。一星期后交出日记，他们回到实验室并被施以催眠。一半被试被安排在令人愉快的气氛，另一半则在令人不愉快的气氛中。所有被试都被要求回忆他们记录在日记中的事。处于愉快气氛中的被试，大部分回忆所经历的事件都被评为愉快的；而在不愉快气氛中的被试大部分回忆所经历的事件都被评为不愉快的。一如所预期的，当提取时所处的情绪和编码阶段相符时回忆最好（Bower，1981）。

压抑　到目前为止，所有情绪均依已讨论过的原则，换言之，即由复述、干扰和情境效应来影响记忆。第五个情绪和记忆的观点，是弗洛伊德的无意识理论，它带给我们一些新的原则。弗洛伊德假设有些儿童期的情绪经验是具创伤性的，许多年后进入意识中，仍可能导致个体完全被该焦虑淹没。这种创伤的经验被认为是储存在无意识中或被压抑的（repressed），且只有在有关的情绪被排除时才能被提取。压抑因此表征了最终提取的失败，触接目标的记忆已被阻断了。这个活动被阻断的概念，使

得压抑假设（repression hypothesis）和我们前面所谈有关遗忘的观点，有了本质上的不同（对弗洛伊德理论的讨论，详第十三章）。

压抑是一个如此令人惊讶的现象，我们当然想在实验室中进行研究，但这是很困难的。在实验室为引起真正的压抑，实验者必须使被试经历某种非常受伤的感觉，出于道德上的考虑这是不被允许的。研究便只能使被试置身于轻度不舒服的经验。这些研究的证据仍部分地支持了压抑假设。（Baddeley，1990；Erdelyi，1985）

总而言之，长期记忆是一个可将信息保留数日、数年甚至数十年的系统，它通常根据意义来编码，虽然其他码也有可能。从本系统提取信息很容易受到干扰；许多看似储存丧失的情形，事实上只是提取失败。本系统的储存包括凝固，一个由海马体系统调节的历程。情绪可以影响长期记忆的许多方面；这些影响可能反映在选择性复述、提取干扰、情境效应中，或两个特殊的机制：闪光灯记忆与压抑。

◆小结

长期记忆的信息通常根据其意义进行编码。

很多长期记忆遗忘的情形是因为提取失败（信息存在却无法被找到）。

有些长期记忆的遗忘是因为储存丧失，尤其是在凝固新记忆时被干扰。

生物学上涉及凝固的区域，包括海马体及其外围的皮质。最近的研究指出，凝固大约需时数周。

当项目在编码时被组织，且提取的情境和编码时相似时，则较不可能发生长期记忆提取失败的情形。

提取过程也可能因情绪而中断。

◆关键思考问题

1. 我们回顾了情绪影响外显长期记忆的各种观点后，发现其中有些认为情绪可以帮助记忆，有些则认为情绪会破坏记忆。你如何整合这些明显相悖的观点？

2. 如果你致力于协助人们增强储存长期记忆与提取信息的能力，根据本节所得，你会建议采用哪些技术？

第五节 内隐记忆

到目前，我们主要关心的情况是人们记忆个人的事件。在此情况中，记忆是有意识地再收集过去的经验，并外显地表达出来。但是，似乎有另一种记忆，一种常常表现在技能上，且无须有意识地再回忆过去经验以改进在某些知觉的、动作的或认知的作业。例如，我们可借练习稳定地改善再认外语文字的能力，但当我们正在辨认一个词并展示我们的技能时，便不需要有意识去回忆该课程以改善我们的表现。此处，即为内隐地（implicitly）表达记忆（Schacter, 1989）。

失忆症中的记忆

很多有关内隐记忆的知识，是我们从**失忆症**（amnesia）病人那里得知的。失忆症是记忆的部分丧失。它可能是由非常不同的原因所致，包括意外导致脑伤、脑卒中、脑炎、酒精中毒，电击和脑外科手术过程（如割除海马体以降低癫痫）。不管是什么原因，失忆症的主要症状是：完全无法记得每天发生的事，也因此无法获得新事实信息，这被称为**顺行性遗忘**（anterograde amnesia），它可能是很常见的。有一项针对一位被称作 N. A. 的患者的长期研究，他无法进行正常的对话，因为只要稍一分神便会失去思考的方向；另一个被称为 H. M. 的病人，他一次又一次读相同的杂志，且持续需要被一再介绍已为他治疗数十年的医生。

H. M. 是所有失忆症者中最负盛名的个案，他的记忆功能曾被学者大量的研究（Milner, 1970; Squire, 1992）。在他 27 岁时，H. M. 深受严重的癫痫之苦，在借助外科手术切除了脑部两侧的颞叶与边缘系统后，他变得无法形成新的记忆，但他仍可以记得手术前曾经发生的事情。

只要专注在新的信息上，H. M. 就可以保留新信息，然而一旦分心他就忘了，而且以后也无法再回想起来。例如，有一次，他持续以下列记忆术来默记 584 此数字达 15 分钟："5、8、4 加起来是 17。你记得从 17 减掉 8 会余 9。将 9 分开，你会得到 5 和 4，这就是你该记得的——584。"（摘自 Milner, 1970）然而，几分钟后，H. M. 注意力一转移他就无法再记忆该数字及记住数字的方法。

一些像系鞋带等技能的记忆，被称为内隐记忆

失忆症的第二种症状是没有能力记得受伤或生病前发生的事件，这被称为**逆行性遗忘**（retrograde amnesia），其严重程度因人而异。除顺行性遗忘和逆行性遗忘外，典型的失忆症表现相对正常：有正常的词汇量，对世界有平常的知识（至少是失忆症开始前），且智力通常并未丧失。

技能和启动效应 有关失忆症的一个令人惊讶的方面是，并非所有的记忆都被中断。因此，失忆症一般虽是不能记得生命中的旧事实或学习新事物，但对记忆和学习知觉与动作的技能则无困难。这说明了事实和技能有不同的记忆。更普遍地说，（区别编码事实和技能的）外显和内隐记忆分属不同的系统。

在失忆症中仍得以保留的技能包括动作技能（motor skill），例如，系鞋带、骑脚踏车，以及知觉技能（perceptual skill），例如，一般阅读或读反射在镜子中的字（相反的字）。考虑阅读镜中反射字的能力，要做好这项作业需要一些练习（试着拿本书在镜前念念）。失忆症病人借由练习可和正常人获得相同速度的改进，虽然他们可能对前面的练习没有记忆（Cohen & Squire, 1980）。他们对该技能表现出正常的记忆，但实际上对发展这种技能学习的经过没有记忆（后者是事实）。

一个相似的类型出现在下述情境中：先前暴露于某个刺激的情境中，该刺激会加强或启动（prime）后来对该刺激的处理。这个类型很清楚地说明在图 8-2 中的实验摘要。在实验的第一阶段，失忆症和正常人学习一串呈现的字词。第二阶段，呈现在原清单上及不在清单上的词根，并要求被试将其完成（详见表8-2）。正常的被试表现如预期：对清单上的词（比不在清单上的词）完成的较多，这是因为先前接触过这些刺激。这种差异被称为**启动效应**（priming），因为第一阶段呈现的词会加强或启动第二阶段词根完成的任务。重要的是，失忆症者在第二阶段所完成的词，也是以清单上出现的词（比不在清单上的词）较多。事实上，启动的程度对失忆症者和正常人是完全相同的。这个发现指出，当记忆是明显的内隐时，如同启动任务所示，失忆症者表现正常。

在实验的第三阶段，原先出现的词与一些新词同时出现，让被试辨认哪些词是出现在原清单上的。此时失忆症者记得的远较正常人少。因此，当记忆是外显时，如再认任务，失忆者表现远较正常人差。

前述研究有个令人感兴趣的修改版本，进一步强化了该结论。假如在第二阶段，被试被教导着回想先前出现的词，将会有助于词根完成。这个指示使词根的完成变成一项外显记忆任务（因为有意识的回忆被强调）。此时失忆症者比正常人很明显地表现出较少的启动效应（Graf & Mandler，1984）。

童年失忆症　人类记忆的一个最令人惊讶的方面是，每个人都会受到某种特别失忆症的苦恼。实际上没有人能回忆生命中最初几年，虽然这是经验最丰富的时期。这个令人好奇的现象，最早由弗洛伊德（1905）提出，被称为**童年失忆症**（childhood amnesia）。

弗洛伊德观察到他的病人通常无法回忆生命中最初的3—5年的岁月而发现了这个现象。一开始，你可能认为这没什么大不了，因为记忆会随时间减弱，且成人从儿童早期开始便有许多干扰的事。但儿童失忆症不能视之为一种正常的遗忘情形。大多数三十多岁的人可以回忆很多高中时的事物，但18岁的人很少可以告诉你他3岁时的什么事情，这些例子的时间差距其实大致相同（约15年）。

在某些研究中，被试被要求回忆并确定童年记忆的日期。对大多数的被试而言，最初的记忆多始于3岁或3岁之后，有些被试可溯自1岁。这种报告有一个问题：我们永远无法确定"记得的"事情，实际上是否真的发生过（人可能会重建他认为可能发生过的事情）。此问题在一个实验中被克服，被试总共被问到20个儿童期确实发生的事（如弟弟或妹妹的出生），这些细节可由他人证明。这些问题涉及妈妈离家住院发生的事情（如哪天离开家），何时在医院（你去看望她了吗），以及妈妈和婴儿何时回家（她们哪天回家）。这些被试是大学生，在弟弟或妹妹出生时他们的年龄是1到17岁。研究结果如图8-13所示：弟弟或妹妹在3岁之前出生者，他们毫无印象；假如在3岁之后出生，则有关事件发生的时间的记忆会随着年龄增加。这结果证明了人们对

表8-2　失忆症内隐记忆研究的实验过程	
资料来源：Neuropsychologia, Vol. 16. pp. 169-172 W. K. Warring and L. Weiskrantz, "Further Analysis of the Proper Learning Effect in Amnesiac Parents". Copyright © 1978, with permission from Elsevier Science, Ltd.	
第一阶段	**范例**
呈现学习的字符串（单）	MOTEL
第二阶段	
完成呈现在清单及不在清单上的词的词根	MOT
完成在清单的词的数目减去完成不在清单上的词的数目等于启动效应	BLA
第三阶段	
呈现原来清单的词再加上新的词	MOTEL STAND

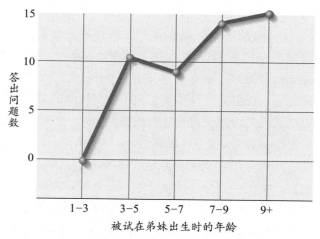

图8-13　早期记忆的回忆

在一个有关童年失忆症的实验中，被试的大学生被问20个有关其弟弟妹妹出生的问题。能答出的问题数是弟弟妹妹出生时被试的年龄的函数。假如弟弟妹妹是在被试出生后的前三年出生，被试记不得任何事；4岁后能回忆的事件随年龄增加（资料来源：Sheingold & Tenney, 1982）

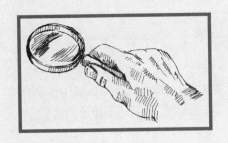

前沿研究

草本疗法可以治疗记忆丧失吗？

草本疗法曾被称为"青春不老药"（the elixir）与"记忆良伴"（memory mate），昔日的术士与当今的科学家均发现其疗效；这些日子以来，它也得到医学期刊与大众出版物的关注与青睐。

这种被广为传颂的物质抽取自通常作为城市行道树的银杏树。中国人数千年来食用银杏果，作为提高性能力与治疗性病乃至肿瘤的药物。现代医学研究者已找到证据，证实银杏萃取物能有效治疗各种疾病，包括气喘、忧郁症、性无能及网膜损伤。其中最重要的，或许要数银杏对因阿尔茨海默病、轻微脑卒中、正常年老导致记忆丧失的潜在疗效。

银杏萃取物对健康益处的许多研究都是在欧洲展开的，因为当地比美国更能接受草药医疗。实验研究发现银杏萃取物可改善脑部功能，且能预防与治疗诸如脑卒中等循环系统疾病。这些疗效主要来自银杏对血液的作用，它能稀释血液的黏稠性、降低血小板的附着性，因而增加血液流向脑部与身体末端的速度。它也能调节血管的弹性。由于具有这些功能，它可以对抗老年人最常见的问题，尤其是脑部血流量的减少，转而影响记忆力、注意力与心智能力。

银杏萃取物对记忆影响效果的实验，通常是以双盲法研究进行的，其中部分被试接受银杏萃取物，而其他则为安慰剂。结果显示，银杏萃取物对短期记忆、阿尔茨海默型退化性痴呆与轻微脑卒中，均有少量但显著性的积极疗效。其中一组研究人员总结道：银杏"对改善身罹痴呆症6个月到1年患者的认知与社会功能而言，在众多案例中，均为一种安全且疗效似乎很稳定的物质"。（Le Bars et al., 1997, p. 1327）

有些专家警告我们对银杏萃取物过度乐观。他们指出，它只有在治疗初期阿尔茨海默病与因脑部血流量不足所导致的痴呆等时有效，因此称银杏萃取物为"青春不老药"显然是言过其实。其他学者也提醒我们，银杏萃取物并未经过临床上的大量检验，同时也未经美国食品药品管理局（Food and Drug Administration，简称FDA）的认可。尽管如此，来自控制研究的证据，已然支持中国古代认为银杏可增进健康与延年益寿的信念。

生命前3年几乎是全部失忆的。然而近来的研究发现，如果给予的线索更多或更特殊，则记忆是可以改善的（Fivush & Hamond，1991）。但是，仍有许多证据指出，我们对生命最初几年的记忆仍应保持怀疑（3—5岁与5—7岁间下降的情形，可能只是数据随机浮动所致）。

引起儿童期失忆症的原因为何？一个较被广泛接受的解释是，由于儿童如何编码经验与成人如何组织其记忆间的巨大差异使然。成人用分类和图式建构其记忆（例如，"她就是那种人"或"就是那种情境"），而儿童对经验编码时，并不修饰或联结到有关事件上。一旦一个儿童开始形成事件间的联结或分类时，早期的经验就丧失了（Schachtel，1982）。

儿童早期的记忆形式何以会转变成成人的形式？原因之一是生物性的发展：海马体，一个凝固记忆的脑结构，直到出生一两年后才成熟。因此，生命中前两年发生的事无法被充分凝固，后来也就无法被回忆。有关转变成成人记忆的其他原因在心理层次较易被了解：包括认知的因素，特别是语言的发展和学校生活的开始。语言和学校强调的思考方式，提供了组织经验的新方法，儿童编码经验可能远比不上这些新方法。有趣的是，语言发展的早期高峰是3岁，而学校教育自5岁开始，因此3—5岁期间似乎是儿童失忆症的结束的时间。

各种记忆系统

基于各种脑受伤病人的研究，研究者提出外显和内隐的记忆有各种形式。此说法见概念摘要表，基本的区分是外显和内隐的记忆（回想一下：外显记忆为有意识地回忆过往；而内隐记忆为意识上不记得上过学习技能的课，但能在技能表现上有进步）。有关内隐记忆的进一步的分类是在知觉和动作技能间，如读镜中相反字词及启动任务（如完成词根）。假设技能和促发可能涉及不同记忆储存的原因

概念摘要表

记忆储存的分类

斯奎尔提出几种不同的记忆系统（Squire，1990）。基本的分类是内隐与外显记忆（也可被称作命题性与非命题性）

外显（命题性）记忆	内隐（非命题性）记忆
情景	技能
语义	促发
	条件反射
	非联结

是，脑伤病人可以正常学习技能但促发学习较正常人差（早期阿尔茨海默病）；相反的，另一类脑伤病人（亨廷顿舞蹈症）则是启动任务正常但学习新动作技能受损（Schacter，1989）。

在概念摘要表中也区分了两种外显的记忆：**情景记忆**（episodic memory），指有关个人经历的记忆；**语义记忆**（semantic memory），指有关一般事实或真理的记忆。有关你高中毕业典礼的记忆是情景记忆，有关昨晚晚餐吃了什么也是。在这些例子中，每一情景编码都与"你"有关（你的毕业典礼、你的晚餐），通常情景编码与一特定的时间和地点有关。语义的事实则相反，如"单身汉"表示未婚男子，9月有30天，这些例子中的记忆和知识的编码和其他知识而非与你本身有关，也无时间和地点的编码（Tulving，1985）。情景和语义的记忆分类符合这一事实：虽然失忆症患者在记忆个人情景上有严重的困难，但他们在一般知识上却似乎是较为正常的。

正常被试的内隐记忆

只含正常被试的研究也表明外显和内隐记忆是分别独立的系统。这两种记忆如何在脑中完成似乎有根本上的不同。重要的证据来自脑扫描实验（PET）。在一项实验中（Squire et al，1992），被试先学 15 个词，然后被放在三种不同的情况中：内隐记忆的情况是词根完成任务，一半的词根是从原先的 15 个中抽出，另一半是新的词，被试被告知用先想到的词完成词根；第二种情况是外显记忆，再次呈现词根，但被试被告知用这些词根去回忆原来清单上的 15 个词；第三种情况是控制组，呈现词根，被试被告知用先想到的词完成，但这些词根没有一

个是从原来的清单中抽出来的。因此，这个控制的情境不需要记忆。在被试完成此三项任务的过程中，扫描他们的大脑。

首先考虑在外显记忆任务时大脑在做什么：从本章第一节所述内容，我们可以预期：（1）会涉及海马体（记住，这个结构对长期记忆的形成是很重要的）；（2）大部分脑的活动会在右半脑（因为这项任务强调提取而长期记忆提取主要涉及右半脑的处理），结果发现正是如此。更特别的是，当比较外显记忆和控制组的脑活动时，右半脑海马体和前区的活动增加。

现在考虑内隐记忆状况。和控制状况相比时，显示其活动性降低而非增加。也就是说，启动任务时会反映出较不寻常的神经活动，好像此处正在"润滑神经轮"。其次，内隐记忆有和外显记忆相反的神经活动结果，这表明这两种记忆在生物学上有差异。

此证据再度显示生物与心理学研究间的交互关联性。事实上，本章通篇都看得到生物证据在解释心理学现象中所扮演的角色；而在许多研究例证中，原先获得的心理学证据，都指出了后续生物研究的方向。例如，约一个世纪前认知研究发表的有关长期与短期记忆分类的论文，到晚近才有验证此种分类的神经基础的生物取向研究。生物研究也对记忆的其他领域有贡献：目前我们已知某些外显长期记忆储存以及短期记忆视觉与听觉缓冲器的生物基础。这些知识不仅本身有其实用性，也可能有助于我们迎战因老化、脑卒中及阿尔茨海默病等疾病所引发的记忆病变。

◆小结

外显记忆是指在意识上追忆过往时，我们明显的再认或回忆起来的记忆类别。内隐记忆则表现在一些知觉、动作或认知任务上的改进，它借由无意识地恢复经验而导致表现改善的一种记忆。

外显记忆（特别是事实的回忆与再认）崩溃造成失忆症时，内隐记忆通常仍完好无伤，这表明外显记忆与内隐记忆可能分属不同的系统。

以正常被试进行的研究也发现，外显与内隐记忆可能分属两个系统。

以正常人进行的脑部扫描研究也发现，外显记忆时，特定区域的神经活动会增加；内隐记忆时，关键区域的神经活动反而会减少。

◆关键思考问题

1. 根据你对外显长期记忆的了解，你会如何准备一项强调事实记忆的考试？

2. 我们知道童年失忆症与海马体的发展有关，还有哪些心理因素可能影响童年失忆症（想想，三岁左右有什么事情发生了剧烈改变）？

第六节 建构的记忆

截至目前，我们对记忆过程的描述可能留给人们这样的印象：在长期储存中创造、保持与运用信息的情形，一如我们以录像带创造、保存与使用数据一样。且考虑其间的对应性：

1. 信息经由感觉、知觉与注意历程获得并存放在记忆中，与通过摄影机将得到的信息置放于录像带采用同一方式。

2. 信息遗忘的方式也与录像带逐渐消磁一样。

3. 无法从长期储存中提取的情形，也与在家庭录像带中找不到特定的场景一样——尤其是该影带上有很多景象且／或从你上次提取或看到那场景至今已过了很长一段时间了。

尽管有上述看似相似之处，若真以录像带作为了解记忆的主要比喻，将犯严重的错误，因为记忆与录像带运作的方式仍有相当重要与根本上的差别。与录像带不同的是，记忆是**建构**（constructive）与**再建构**（reconstructive）的过程。对一事件的记忆与其来源的客观事实在形成当时（经由建构过程）与一段时间后（经由再建构记忆）两方面，均有系统性的差异。此重要差异即导致记忆最为有趣且有违直觉的部分。例如，我们几乎可以确知，这是造成

詹妮弗看似怪异且言之凿凿地错误指控强暴她的人背后的原因。下一节，我们会先重新解释一个可作为记忆的再建构性质的范例，然后从长期记忆提取最初的知觉，以追究记忆的再建构性质。最后，我们会简要讨论再建构记忆与司法体系已然存在的关系。

皮亚杰的童年记忆

著名的瑞士发展心理学家皮亚杰曾描述过他生动的童年记忆：

我最早的记忆之一，如果是真的话，是两岁时的事。我现在还清晰可见下述场景，直到我15岁时还深信不疑。我坐在童车中，由保姆推着走在香榭丽舍大街上。当时，有个男人试图绑架我。我的保姆勇敢地挡在我与盗匪间，我那时全身被一条带子捆得紧紧的。她遭到各种扭抓，至今我还依稀可见她脸上的抓痕。随后路人聚集了过来，还出现一位穿着短斗篷手持警棍的警察，那个盗匪随即逃之夭夭。整个场景至今仍历历在目。

真是个生动的记忆！为何皮亚杰会说"一直到我15岁时前我都相信"？到底发生了什么事？

在我约15岁时，父母接到一封来自我以前保姆的信，她说她现在已皈依救世军了。她想要忏悔过去的错误，尤其是退还她得到作为奖励的手表（因为从绑匪手中救出宝宝）。整个故事都是她编的，脸上的抓痕也是她假造的。因此，我必然在儿时曾听过这个父母深信的故事，并以视觉记忆的形式投射成我的过往。

皮亚杰发现，这个看似生动的记忆只是错误编造的故事。一想到这儿，本轶事所蕴涵的意义可就深远了：至少我们曾经深信不疑的事实有可能只是虚构的。稍后我们会进行讨论，此意涵其实不像乍看之下那么恼人，因为它需要一组特殊的环境才会创造出这么戏剧化的虚假记忆，而且即便创造了这类记忆，对现实世界通常可能也不会造成严重的后果。不过不可否认的是，有些虚构的记忆，如詹妮弗·汤普森的案例，有时还是会带来毁灭性的后果。

这类记忆到底是怎么产生的？答案是，它们来自建构过程的组合，这些建构过程可依时间点一分为二，其一为发生在日后犹待回忆事件的最初编码时机，其二为发生于该回忆事件已形成记忆之后。

记忆编码时的建构过程

记忆编码指建立一些事件长期记忆的表征过程。从建立一个长期记忆表征过程的观点而言，编码有两个阶段：最先的知觉（将信息转送到短期储存中），以及稍后的将储存的信息转送到长期储存的各历程。建构一个虚假的记忆可能发生在这两个阶段（或其中一个阶段）。

建构性的知觉　在第五章我们讨论到，我们未必是以和客观世界相应的系统化方式进行知觉。有许多例证均指出知觉并非只有对原始、客观的感觉数据进行"自下而上"的处理，也受到历史、知识与期望"自上而下"的影响。这对稍后的记忆有何意义呢？知觉的内容形成最初记忆的基础；如果最先知觉的内容与客观世界有系统性的差异，则知觉者对发生了什么事情的最初记忆（或许稍后记忆亦然）可能被扭曲。

要说明这种**建构性的知觉**（constructive perception），我们先介绍另一个个人轶事，它是本书作者之一杰弗里·洛夫特斯（Geoffrey Loftus，简称 GL）的故事。1973 年，GL 拜访一位朋友，他展示了一个边长约 6 英寸（约 15 厘米）半透明的立方体八音盒。这只八音盒连接一个立体音响系统，只要音乐响起，盒内就会以变动的顺序闪起各色灯光。在各色灯光特定组合下，可从盒内清楚看到某些影像。例如，一面有越共士兵，另一面有歌手鲍勃·迪伦，第三面则为披头士乐队的图像。GL 和他的朋友被这些图像激起好奇心，想知道图像是怎么形成的。他们认为剪自杂志的图片被固定在半透明的盒内的一面，只在特定的色光组合下才可见。最后，他们把盒子拆开，令人惊讶的是，他们发现其中除了在半透明各面里有杂乱的喷彩外，其他空无一物。他们看到的影像事实上并不存在，而是他们从一堆杂乱喷彩中建构出来的。因此，即使 GL 与朋友发现他们的知觉只是一项错觉，时至今日，GL 对经由他拙劣的知觉系统所建构出的鲜活的图像仍然记忆犹新。

有个科学实验室进行的研究范例，借由被称作知觉干扰的现象，将建构性知觉历程展现出来。知觉干扰最初是由布鲁那与波特在 1964 年《科学》杂志上发表的论文中被提出（Bruner and Potter, 1964）。他们给被试看一些常见的物品（比如火箭），要被试说出名称。重点在于，物品一开始是失焦的——失焦到难以辨识，然后再慢慢对焦。实验有两种情况：非常失焦（very-out-of-focus，简称 VOF），即物品一开始是严重失焦；以及适度失焦（moderately-out-of-focus，简称 MOF），即物品一开始只是有点失焦。此知觉干扰研究发现，即物品最后被对焦的准确度，VOF 情况下比 MOF 情况下更甚。

何以至此？布鲁那与波特所提的假说为，对任何失焦的物品，观察者都会形成该物品为何的假设（例如，他可能会先假设失焦的火箭是支铅笔）。一旦产生了假设，观察者的知觉就会被它引导。当物品越来越对焦，即使在未曾形成错误期望假设的另一位观察者已能正确地知觉的情况下，观察者仍旧继续保持原有的错误假设。由于 VOF 情况下的观察者比 MOF 下形成错误假设的机会较大，因此最后正确辨认所需的对焦准确程度也会较高。

产生推论　诚如所述，知觉并不是形成某些事件持久性记忆的充分条件。在将信息从短期储存转送到长期储存时，还需借由其他过程。此时即以**推论**（inference）的形式进行建构过程。

且让我们以阅读材料的记忆来说明。即使我们在阅读一个简单的句子时，也时常从中进行推论，并将句子与推论一并储存于长期记忆中。这种倾向在阅读文章时更是强烈，因为常常需要借推论去联结不同的段落。想象呈现给实验被试的下列故事：

1. 普洛沃（Provo）是一个如画般的王国。
2. 柯曼是普洛沃的王位继承人。
3. 他已急不可耐。
4. 他认为砒霜应很有效。

听到这个故事时，被试会得到几个结论。在第 3 点他们认为柯曼想当国王，他们将其与前一点联结。但这不是必然的推论（柯曼可能是等待国王可以接受他）。在第 4 点，被试推论柯曼想要毒死国王，这样才能与前面联结。同样地，这推论也不是必然的（有国王以外的人可能被毒死，也有其他的人使用砒霜）。稍后，当测试被试哪几点是真正呈现过的记忆时，他们难以区分出上述 4 点和我们刚刚所描述的推论；亦即，很难去区别真正呈现过的和我们加进去的部分（Seifert，Robertson & Black，1985）。

事件后的记忆再建构

稍早我们曾反对以录像带模拟记忆的想法，事实上较好的比喻应该是档案柜（无论是实际的档案柜还是计算机的文档均可），它保存一些我们正在处理的复杂工作的材料——比如，正在撰稿的小说材料，包括笔记、章节进度、照片等。每当打开档案夹，档案的内容就会随着我们工作的进展而发生改变，我们也可能在形成记忆时产生一些推论，并将这些推论当作部分记忆，一并存进长期储存库中。我们也可能撤销一些与我们已知事实对照下两相不合理的信息。我们可能添加他人暗示的新信息。所有这些过程，均可统称为**事件后记忆再建构**（post-event memory reconstruction）。

内在产生的推论　有许多方法，人们可用来将推论整合进他们记忆系统。其中的一例是汉尼根与莱恩兹描述的有关视觉记忆的推论实验（Hannigan & Reinitz，2001）。被试在实验中观看一系列日常活动的幻灯片，例如，在超市中购物。在有些系列中，他们会看到一些不寻常的场景（如超市地板上散落一些橘子）。稍后，这些被试却坚称他们看到可能造成此情境的合理画面（如一位妇女在滑倒时推挤一堆橘子的底部）——虽说他们从未看过这样的幻灯片。这些及其他相关的研究结果强烈地表明，观察者会推论出必然发生过的事情，并将此推论结果整合进对该事件的记忆之中。

我们也会根据**图式**（schemas）进行推论。所谓图式，是指对某一类人、物品、事件或情境的心理表征。而刻板印象，我们将暂时聚焦于此，即一种图式，因为它们表征某一类的人（如意大利人、女人、运动员）。图式也可以用来描述我们在某种情境下如何行动的知识。

例如，大多数的成年人都有一个"在餐厅如何用餐"的图式（进入餐厅、找桌子、从侍者那里拿

"典型运动员"这一刻板印象，可能会干扰我们对这些大学生有关信息的编码，因为他们可能拥有完全不同于该刻板印象内涵的特性

份菜单、点菜等）。用图式的角度了解及思考，可使我们快速且较经济地处理大量的信息。我们不用记住所碰见每个新的人、物品或事件的所有细节，我们可以简单地只注意一个已在记忆中的图式，仅依人、事、物的显著特征，即可编码和记忆。然而这个为求"认知经济性"所需付出的代价是，假如我们用来编码的图式不够适当，处理的物品或事件便可能被扭曲。

巴特雷特（Bartlett，1932）可能是第一位系统地研究图式对记忆影响的心理学家。他认为记忆之所以发生扭曲，很像我们把人硬套进刻板印象中一样，是因为我们试着把故事调适到合乎图式。研究已证实巴特雷特的观点。例如，在读完一篇一个人进入餐厅的短篇故事，被试很可能会记起那个人所吃的和所付的钱，即使这些动作从未在故事中提到（Bower，Black & Turner，1979）。

被一个图式启动的记忆情境，似乎与本章前述讨论的简单情境（如记忆彼此毫无关联的单词列表）有很大的差别，它们似乎较多的是由下而上的记忆过程，它们的功能多为保留输入的信息，而非建构新的事物。然而，即使在这种简单的情境中也有建构的层面，即运用想象给输入的信息增添意义的技术。同样的，当我们在阅读以图式为主的活动的有关章节时，仍需保留一些特定部分信息，以确保回忆时能正确无误。由此可知，记忆的这两个层面（保留与建构）可能一直都存在着，只是它们的相对重要性可能要依情境的性质而定。

我们知道，一种重要的图式叫作**社会刻板印象**

（social stereotype）。刻板印象是一组对某一类人人格特质或身体特征的推论。例如，我们对典型的德国人（聪明、谨慎、严肃）或意大利人（艺术的、轻松的、风趣的）的刻板印象。这些描述很少适用于一类人中的大多数人，但却时常误导社会交往。此处我们关心的不是刻板印象在社会交往（详见第十八章讨论）的效果，而是刻板印象在记忆上的效果。

我们在陈述一个人的信息时，有时会刻板化对方（例如，"他就是那种典型的意大利人"），然后将我们的刻板印象并入该信息中。我们对那个人的记忆因此有部分来自刻板印象。我们的刻板印象多多少少并不符合那个人，因而我们的记忆可能被扭曲。一位英国心理学家对此扭曲提供了下面的第一手解释：

> 10月23日，一周的开始，我在大学遇见一个有着明显斯堪的那维亚外表的男学生。这个具北欧维京人外表的人让我记忆深刻——他有金色头发，蓝眼睛和长鼻子。在一些场合中，我以符合斯堪的那维亚的联结记忆他的外表。我被引导并认为他是"完全的维京人"，并将其可视化为乘着长船横越北海去探险。11月23日，当我再次看到他时，我不认得他了，他必须向我进行自我介绍。并不是我忘了他的长相，而是我所记忆的有关他的外表是非常扭曲的。他的样貌和我对他的记忆有很大的差别。他的头发较黑，眼睛不那么蓝，体格不那么强壮，还戴了副眼镜（像他平常的样子）。（Hunter，1974，pp.265-266）

要记起交通意外中发生了什么事时，我们可能会运用一般的知识（像是我们对道路规则或交通标志意义的知识）来建构更详尽的记忆

那位心理学家对斯堪的那维亚人的刻板印象，似乎大大地覆盖了他对那位学生外表实际编码的任何信息，结果成了高度建构的记忆；它和该学生没有多少相似之处，以致不能作为再认的依据。

外在提供的暗示　事件后记忆的再建构，有可能肇因于他人所提供的信息。洛夫特斯与帕尔默的经典实验即说明了此过程（Loftus & Palmer，1974）。本实验中，呈现给被试一部交通意外的片子（一辆车撞向另一辆车），然后问他们一系列关于他们刚看到的意外事故的问题。将被试分成两组，所问问题中除了一个单词不一样外，其他均一致。采用"擦碰"（hit）一词的组被问道："汽车擦碰另一辆车时车速有多快？"而其他的被试被问："汽车冲撞（smashed）进另一辆车时车速是多快？"

本实验出现的第一个结果为："冲撞组"评估的车速比"擦碰组"高（时速10.5英里相较于8英里）。这点很有趣，因为它显示出引导性的问题会影响到答案。与事件后再建构议题有关的是本实验的第二个部分。所有被试在一周后再回来，问他们关于车祸的相同问题，其一为："你看到任何碎玻璃了吗？"事实上影片中呈现的意外事件并没有碎玻璃，被问到"冲撞的"被试比被问到"擦碰的"被试更可能答错。

对本研究结果的解释为，动词"冲撞"构成了事件后信息，在听到这个字眼后，被试重建了意外事件的记忆，以符合车辆彼此"冲撞"的火爆场面。将碎玻璃整合进他们的记忆即为此再建构的一种结果。这就是从未存在的碎玻璃会在一周后出现在那些被试记忆中的原因。

他人建议的信息影响力究竟有多大？本研究和近30年来的上千个重验此基本结果的其他研究均证实了，我们很容易对事实情境的一些细节建构出错误的记忆。然而，有可能建构出一个完全虚构事件的记忆吗？依直觉与常识的观点而言，似乎不太可能，但是在这方面直觉与普通常识却是错误的。

我们一开始先介绍一些近似前面皮亚杰描述的假记忆事件。令人啧啧称奇的是，有人宣称经历过匪夷所思的事件，例如，曾被外星人绑架并接受实验。即使这些人深信曾经的确有过这样的经验，他们也可能依初步证据就建构出整个事件的虚假记忆。但是对这些事件的报道的解释有很多问题，首先，你很难完全排除这类事件发生的可能性；其次，我们无法得知这些证词的真实性，这很重要。我们可以指称，此类故事有不少是以追求知名度的人士刻意虚构出来的，借机引人注意。

更具说服力的证据来自近年来实验室的研究，学者发现在控制情况下可植入整个虚构事件。例如，海曼、哈斯本与毕灵斯报道过一个以大学生为被试的研究（Hyman, Husband, & Billings, 1995），问他们是否记得小时候（约5岁）发生过不寻常与非常戏剧性的事件（例如，参加一个婚礼，意外地将喜酒溅到新娘的父母身上）。一开始，没人记得这类事件，但在两位访者提出此类事件后，相当比例的学生（20%—25%）也非常清楚地汇报出部分或全部事件，许多学生甚至开始记得从未发生过（因此也不可能符合客观事实）的细节。例如，其中一位被试一开始完全不记得婚礼事件，但在第二次访谈时说道："那是个户外婚礼，我想，我们大概在四处追逐而撞翻了一些像是碗盘类的东西，嗯，搞得一团乱，当然也被臭骂一顿。"其他研究（Loftus, Coan & Pickrell, 1996; Loftus & Pickrell, 1995）也有类似的结果，另一个研究（Garry, Manning, Loftus, & Sherman, 1996）指出，这类记忆也可能只是经由人们想象过去的虚构情形而得。

这些研究中，被试似乎只是运用由实验者提供的事件后信息，即能创造出整个从未发生过事件的记忆。此外，想象这些事件的过程自然会引导我们自创一些额外的事件后信息，包括日后会整合进去的一些细节。

值得注意的是，并非所有实验的被试都会记得这些虚假事件。一般而言记得的人约占25%。海曼与其同事的研究报告指出，有些人格与创造虚假记忆相关（1995）。首先是在分离性体验量表上的得分，该量表测量人们记忆与注意力上的瑕疵，或在整合意识、思想，以及记忆上有困难的程度。其次有相关的，是在创造性想象量表上的得分，它测量可催眠性，也可视为自陈的视觉想象鲜活性。

建构记忆与司法体系

诚如我们多次讨论与所举例证所示，建构式记忆在司法体系中尤其重要，因为案件成败（被告是否被判从有期徒刑到死刑）均依据证人对是否发生过的事件的记忆。一个虚假记忆造成的巨大后果的案例为罗纳德·康顿因詹妮弗·汤普森的错误记忆，被指控强奸罪而在狱中委屈经年。然而，很遗憾的，这并非单一事例，而是许多知名案例之一，其他因假记忆造成误判的未知案例还不知有多少。接下来，我们将特别阐述记忆在司法体系中的重要性。

信心与正确性 科学家在科学实验室研究记忆，自可奢望得知被试记忆的正确与否。由于那位科学家创造了要被试记忆的事件，因此得以比较被试的反应与客观事实。然而在现实世界中，尤其是那些证人的证词为司法判例结果关键的案件，无人有能力来客观判定证词的真伪，因为对事件的始末并没有客观的记录（当然有一些例外，如犯罪现场正好被录像，就像在臭名昭著的罗德尼·金案件中）。因此，证词是否正确的主要指标，即为证人对其记忆正确性的信心——一位证人表示"我百分之百确定就是那个人强暴我"时，会比另一位表示"我有75%的把握是那个人强暴我"被判定为真的可能性更大。然而司法体系的关键点在于，证人对证词的信心，真的可以作为证人记忆力好坏的指标吗？常人会以为就是如此，但是科学研究支持吗？

答案是，虽说科学实验室与日常生活都指出高度信心意味着高正确性，但是心理学家也发现，在某些特定情况下——与常识判断相反，这种正常的预测力却消失了。这些情况包括：（1）有些事件的原编码不佳（因为出现时间短暂、光线不好、没有注意或一些其他因素）；（2）有些形成了事件后再建构（如推论或他人提供信息）；（3）有动机与机会重建记忆（Penrod & Cutler 1995; Wells, Ferguson, & Lindsay, 1981）。

在此现象最有名的研究中，有45个实验是测量对某些记忆的信心与检验该记忆正确性之间的关系的。这些研究中几近半数指出，信心与正确性间有正相关，与我们直觉信念一致：高度信心与高度正确性有关。但是另半数研究却指出，信心与正确性之间是没有关系的，甚至有些还是负相关（Deffenbacher, 1980）。

究竟会得到哪种结果，要看形成该记忆时的整体情境。在有利的条件下（如照明佳、没压力且没有事件后再建构），我们期望信心与正确性间有正相关；而在不利情况下，则会导致信心与正确性之间的零相关或负相关。

一位信心十足的目击者对陪审团可能相当具有说服力，但是他有可能从头错到底

原因是当编码情境不佳时，原始的记忆会充满了裂隙。例如，有人经历了一段差点发生车祸的意外事件（比如，差点被另一辆车撞）。因为事件的简短与在压力之下，当事人可能无法记得许多细节——例如，另一辆车的颜色、型号，或当时车上有无乘客。这些可能都是当事人记忆的裂隙。由于该事件相当醒目，当事人会在心中一再重演。在此重演过程中，记忆裂隙会被补满。这种补缀的工作可能是随机的，可能基于期望，也可能根据事件后信息——它可能基于多种事物，但其中只有少数是正确的。这种不正确的重演会造成强烈的记忆，以致最后当事人会对此满怀信心（Leippe，1980）。

我们这些研究可以得到一个重要的实务性的结论。当证人对某些记忆表现极大的信心时（例如，指证被告正是他记得的犯了某些罪行的犯人），陪审团需好好了解导致证人如此自信满满的事件情况，如果形成原始记忆的情况良好，且没有什么导致事件后记忆再建构的原因，陪审团就可以合理地接受"高信心为高记忆正确性的证据"此说法。反之，如果当初形成记忆的情况不佳，且有明显的形成虚假的事件后记忆再建构的可能性，陪审团应该要对"高信心为记忆正确性的指针"此种说法打些折扣。

司法体系终于开始将这些研究结果列入考虑。2001 年 4 月，新泽西州依据前述的研究颁布了指认程序的新指导守则。在附加的备忘录中，新泽西州首席检察官詹姆士·法默指出，指认过程要谨慎行

事，因为证人可能有错误的自信心，他接着说："研究指出，证人表现对指认的信心水平是决定陪审员接受该项指认为正确且可信证据的主要因素。"

暗示的信息与儿童的记忆　年幼的儿童似乎特别容易受到暗示性信息的影响，尤其当他们接受访谈时。塞西与布鲁克即描述了证实此论点的各种研究（Ceci & Bruck，1993）。这个问题之所以特别敏感，是因为接受访谈的儿童，通常是因罪案而由访谈者有意或无意地在访谈过程中提供了大量暗示性信息。

最近一个实验即呈现了这种"肯定式"访谈的技巧，程序如下：首先，提供一张有关当事人参与过事件的事实清单给受过训练的社工人员，这张清单包括事件过程中实际发生的行动以及虚假的行动——指当时并未发生的行动。接着，请社工人员去访谈该儿童有关事件的议题，还特别要求社工人员不要问引导性的问题。

从此过程中得到了一些结果。首先，受访的儿童最后相当有信心地回想起虚假行动，由此可见，访谈者已经以她对事件的预设观点影响了儿童。其次，专业人士也无从辨别儿童所回忆的事情哪些是真实的行动，哪些是被误植的。以本例而言，访谈本身（虽说专业的访谈者设法做到不偏失）显然已经有效地将访谈者预设的偏差传递给儿童，且确实改变了儿童对发生事件的记忆——甚至改变的情形使得其他专业人士无法分辨儿童的记忆中哪些是根据真实经验，而哪些又是依据事后暗示性的信息形成的。

强迫认罪　有越来越多的研究指出，由警方与其他调查人员执行的审讯工作，会对罪行产生虚假记忆（且认罪），而嫌犯在客观情境下是不会承认这些罪行的（Kassin，1997；Leo，1996；Ofshe，1992）。学者已经证实，可借由以下技术让一位无辜者的心理产生虚假记忆，这些技术（非仅限于此）包括：（1）告知对方已有清楚的证据（如指纹）指出他们的罪行；（2）告知对方，当时他们不是喝醉就是受伤了，因而记不得罪行；（3）告知对方，罪行很糟，因而被压抑，如果努力去想，是可以"恢复"这些被压抑的记忆的；（4）他们正受多重人格之苦，而罪行是由另一个人格犯下的。

理查德·欧夫什（Richard Ofshe）提出一个很难反驳、系统性的虚假记忆的案例（Ofshe，1992）。《纽

约客》(*New Yorker*)杂志曾对一个著名的案例进行了系列报道：华盛顿州瑟斯顿郡警察局的高阶警官保罗·英格拉姆，被控多年来在一系列邪恶的宗教仪式中强暴他的两个女儿。英格拉姆一开始辩称无罪，但在接下来警方的长期审讯中，他开始认罪，并对罪行的细节有越来越多鲜明的"记忆"。任职于加州大学伯克利校区、对宗教崇拜仪式有研究的社会学专家欧夫什，被检方邀请在英格拉姆案件中提供咨询。在调查过程中，欧夫什得到以下结论：（1）没有任何可作为指控英格拉姆罪行基础的所谓宗教崇拜仪式证据；（2）英格拉姆先生的许多"记忆"（虽很详尽且英格拉姆先生在证实其有效性时充满信心）在逻辑上不可能存在，反而几乎可以肯定它们是警察与其他权威人士在审讯过程中强烈暗示的结果。为证实其虚假记忆假说，欧夫什展开了一项实验，他指控英格拉姆做了一件其他参与者均同意该事件从未发生过的特殊事件（此虚构事件为英格拉姆成功地要求他儿子与女儿在他旁观下发生性行为）。一开始，英格拉姆报告说不记得有这件事，然而在强烈地思考发生此事件的可能性后，再加上权威人士（欧夫什）的指控，英格拉姆不仅开始"回想起"这件虚构的事件，还制造出事件发生时的细节。英格拉姆最后宣称此记忆对他来说相当真实，即使在所有人员（欧夫什、警方以及其他审讯人员）强烈的努力下，英格拉姆最后还是没被说服相信该事件只是实验一部分而非真有其事，他还是拒绝去停止相信该事件确曾发生。然而，在激烈的审讯终结后，英格拉姆开始怀疑并撤销他原先形成的记忆。在此案例中，我们看到经由审讯过程可能产生最公开性与戏剧性的虚构记忆，而且这并非一件独立的反常事件。

詹妮弗·汤普森的记忆 在结束本节前，我们再回到詹妮弗·汤普森的案例。为什么汤普森小姐误认了康顿却未能指认出真正的强奸犯？虽然我们不敢绝对确信这些问题的答案，但是根据我们对记忆再建构的了解，可以提出一些根据经验提出的可能答案。

首先，发生强暴事件当时的环境，并非汤普森小姐可以好好记住强暴者外貌的适当时机。当时很暗，汤普森小姐又很害怕，她的注意力可能集中在当时最重要的事情上——设法不被强暴且／或者逃走，而非攻击者的长相。因此她的初始记忆应该很差。

为什么汤普森小姐一开始会指认康顿先生呢？这是不清楚的。然而，根据其他证据显示，警方相信他是罪犯，可能在汤普森初次指认时就向她暗示过。一旦她指认过，要再次在包括康顿在内的一列人中指认出罪犯来，其中康顿的照片她见过，而其他五位全陌生，她会从中指认出康顿来就不足为奇了。然而重要的是，在初次指认时她选择了康顿的照片，而在第二次指认时，又从一列人中选出康顿先生，这些已为汤普森提供足够的事件后信息来源——这些信息使得汤普森得以重新建构她的记忆，将原本关于强暴者粗糙的记忆，转变成对康顿先生的鲜明记忆。此种再建构，有三种重要的后果：首先，它形成汤普森在当庭指认康顿先生、证明对方有罪的基础；其次，它制止汤普森正确指认出真正强暴她的鲍比·波尔；最后，它为汤普森好好回忆被强暴当时情境提供基础，注意汤普森如何描述整个历程："我注意他的发线，找他的疤痕、刺青，任何有助于我指认出他来的特征。"但是结果呢？如果诚如其言，为何会指认错误呢？答案可能在于，在指认过程中看过康顿先生后，她已经建构好对康顿先生的绝佳记忆，并持续建构据以形成对方影像的其他记忆。

◆ 小结

记忆不同于录像带，它会根据期望与知识进行建构与再建构，因此，它会系统性地偏离客观事实。

记忆再建构可能发生在形成记忆当时，或其后任一时间点。

记忆再建构为构成记忆的基础，虽然它有系统化的失误，但看起来仍相当真实，人们在描述时仍信心满满。

◆ 关键思考问题

1. 杰森与妻子凯特在结婚 10 周年时谈论起他们的婚礼。杰森边笑边描述凯特的妈妈如何意外地被绊倒在餐桌上且溅洒一瓶香槟时，凯特可没笑得那么厉害，同时宣称发生尴尬事情的，其实是杰森的妈妈。请你用所谓事件序列记忆的建构与再建构来说明，导致双方看法不同的原因。

2. 人们大致同意，记忆的正确性是依时衰退的。请提出两种不同的理由来说明原因（提示：你在上节曾学到其中一个原因，本节中则介绍了另一个原因）。

第七节 改进记忆

考虑过工作记忆和长期记忆的基础后，我们要讨论改进记忆的问题。此处，我们主要讨论外显记忆。我们首先要讨论如何增加工作记忆的广度，然后再谈各种改进长期记忆的方法——提高编码和提取的效率。

组块和记忆广度

我们大多数人工作记忆的广度不会超过 7±2 个组块。然而，我们可以扩大组块的大小而增加记忆广度的数目。我们稍早曾示范过，给出一个 149-2177-620-02 的字符串，假如我们重新编码为 1492-1776-2002，在工作记忆中储存为三个组块。在此例中，我们虽然以较熟悉容易记忆的日期重新编码，但对大多数的数字并无效，因为我们未记忆足够多的有意义的日期。但假如重新编码系统可以实际地发展为任何字符串，数字的工作记忆广度便可显著地改善。

有一个特殊研究者借助一个"通用的重新编码系统"来增加一项研究中被试的记忆广度，可从 7 个增加到 80 个任意数字（见图 8-14）。这个被试被称为 S.F.，是一名记忆力和智力均为一般水平的大学生。他参加一个每星期约 3—5 小时记忆广度的任务达一年半之久。S.F. 是一名长跑健将，在密集的记忆训练中，他设计了将 4 个数字重新编码为跑步时间的策略。例如，S.F. 将 3492 重新编码为"3：49.2，一英里的世界纪录"，对他而言，这是单一组块。因为 S.F. 熟悉很多跑步时间（亦即将他们存储于长期记忆里），他可以很容易地组块大部分的四位数。至于那些他无法重新编码的（如 1771 不可能是跑步时间，因为第二个数字 7 太大），S.F. 试着将四位数编为熟悉的日期或某人的年龄，抑或是其他东西。

使用上述重新编码系统，使 S.F. 将其记忆广度从 7 位数增加至 28 位数（因为 S.F. 的 7 个组块中，每个组块包含四位数字）。然后 S.F. 用阶层式来组织跑步时间，建立了将近 80 位数的记忆广度。因此，在 S.F. 的工作记忆中，一个组块可能有三个跑步时间，回忆时，S.F. 从组块的第一个跑步时间中，产生它的四位数，然后再到组块第二个跑步时间，产生它的四位数，等等。一个组块便有 12 位数。用这种方式，S.F. 有了惊人的记忆广度。由于是增加组块的容量（将东西联结到长期记忆的信息），不是增加工作记忆可以承受的组块的数目，因此当 S.F. 从数字转到字母时，他的记忆广度又回到 7 个，即 7 个字母（Ericsson，Chase，& Faloon，1980）。

有关工作记忆的研究是最近的，至于扩大长期记忆的研究则有较长的历史，本节剩下的部分即以此为焦点。首先，我们看看材料要如何编码才更容易提取，接下来讨论如何改进提取的活动。

心像和编码

我们前面提过在编码时增加有意义的联结，可以改进无关项目的回忆，因为这些联结在后面可以促进提取。**心像**（mental image）在联结无关项目的配对上变得特别有用，因为这个原因，心像为许多记忆术（mnemonic）或辅助记忆系统中的主要成分。

一个著名的记忆术系统称为**位置记忆**（method of loci；loci 是拉丁语"地方，场所"的意思），这个方法对要求依序记得任意项目（如无关联的单词）特别有用。第一步是记下一些地方的顺序。例如，你想到漫步经过你房子的位置：你走进前门穿过门厅，移步到客厅书架，然后是电视、窗帘，等等。一旦你能轻易地使用这个心灵漫步，你便能记忆许

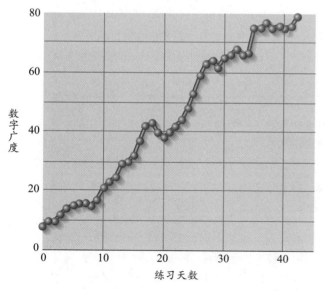

图 8-14 S.F. 的数字回忆

这个被试用组块和阶层组织的方式，大幅增加了他在编码系统中的数字的记忆广度。全部练习时间大约是 215 小时（资料来源："Acquistion of a Memory Skill," reprinted by permission from *Science*, Vol. 208, 1980, pp.1181–1182 by I. A. Ericsson, et al. Copyright © 1980 by American Association for the Advancement of Science.）

多无关的词，就像它们坐落在你路过的那些位置。你形成第一个心像，将第一个词和第一个位置联结，另一个心像将第二个词和第二个位置联结，等等。例如，这些词是在购物单上——面包、鸡蛋、啤酒、牛奶和培根，你可能会想象一片面包钉在前门，鸡蛋悬在门厅灯绳上，一罐啤酒在书架上，电视中牛奶的广告，大条培根做成的窗帘（见图 8-15）。一旦你用这种方法记住这些项目，再次心灵漫步，便能很容易地依序回忆。每个位置提取一个心像，每个心像提取一个词。这个方法明显有效而且是那些专业地表现记忆技艺者所偏好的一个方法。

心像也可被运用于学习外语词汇的关键词法（key word method）（见表 8-3）。假设你要学习西班牙词 caballo，意思是"马"，那么运用关键词法有两个步骤。第一步是找出与外文部分读音相像的一个英文单词。因 caballo 发音大致像"cob-eye-yo"，其中"eye"可被视为关键词。下一步骤是形成一个联结关键词与英文相当的心像，例如，一只大眼睛被马踢（见图 8-16），这样应该可以在西班牙文和英文间建立一个有意义的联结。要回忆"caballo"的意义，你首先要提取关键词"eye"，然后是和"马"联结的储存心像。关键词法听起来可能是复杂的，

表 8-3 关键词法联结		
西班牙和英文关键词的例子。例如西班牙文 Muleta 的部分发音像英文字的"mule"，因此，"mule"可以被用来当关键词，并用形成一只骡子挂着拐杖直立的心像与英文翻译联结。		
西班牙文	**关键词**	**英文**
caballo	（eye）	horse
charco	（charcoal）	puddle
muleta	（mule）	crutch
clavo	（claw）	nail
lagartija	（log）	lizard
payaso	（pie）	clown
hiio	（eel）	thread
tenaza	（tennis）	pliers
jabon	（bone）	soap
carpa	（carp）	tent
pato	（pot）	duck

但研究表明它可以大大地提高外语学习的词汇量（Atkinson，1975；Pressley，Levin & Delaney，1982）。

图 8-15 一个记忆术系统
位置记忆法用物件（此处为一购物单）与一个有序的空间排列进行联结以协助记忆

Caballo ➡ 眼（eye）➡ 马（Horse）

Pato ➡ 锅（pot）➡ 鸭子（Duck）

图 8-16 外语学习
心像可以用来联结西班牙口语和英语单词。本图说明学习西班牙词"马"和"鸭子"可能的心像

精细化和编码

我们已得知精细复述的项目越多，后面能回忆或再认的便越多。产生这个现象是因为我们建立项目的联结越多，可能提取的数目越大。这些发现的实际应用是非常直接的：你如果想记住一些事实，就可以扩大它的意义。假如你读了一篇有关布鲁克林的传染病的报道，卫生官员正试着压制此传染病。扩展这则新闻的方法是自问有关此传染病的原因和结果：这种疾病是由人还是动物携入的？还是由供水系统传播的？为能封锁此传染病，官员截至目前是否阻止外来客到布鲁克林参观？这种疾病可能持续多久？有关事件原因和结果的问题是特别有效的精细化，因为每个问题建立了一个对该事件有意义的联结或提取途径。

情境和提取

由于情境是一个强有力的提取线索，因此我们可以在学习发生时重新储存背景信息来改进我们的记忆。假如你的心理学课都是在同一房间上的，那么在那个房间回忆课堂内容会比在完全不同的建筑物中更好，因为这个房间的环境便是该授课材料的一个提取线索。然而，我们往往不可能真正地回到学习的情境中。举例来说，假如你记住某一高中同学的名字有困难，你不可能回到高中去只为了回想这个名字，但你可以试着再创造心理上的情境。为提取久忘的名字，你可能会想一些不同的课、俱乐部或其他你在高中时的活动，看看是否有什么事情可以让你想起你正在试图提取的名字。当被试在实际实验中用这种方法时，他们通常可以想起之前不记得的名字（Williams & Hollan，1981）。

组　织

我们知道编码阶段的组织可改进后续的提取。这个原则实际上可以大加运用：只要我们加以合理组织，便能储存和提取大量的信息。

一些实验已研究出可利用组织策略来学习许多无关项目。在一个研究中，被试用清单上的词组织成一个故事来背诵清单上无关的词，如图8-17所示。稍后，测验其中的12张清单（共120个词），被试可回忆超过90%。控制组被试未用组织策略，所能回忆少于10%！实验组被试表现出显著的高超

一位**伐木工人飙出**森林，沿着**围篱溜冰**滑过**野鸭**的**屯垦区**。他被一些**家具**绊住了，当他赶向**情妇**所枕的**枕头**时，扯坏了他的**袜子**。

蔬菜对**大专生**而言，可能是有用的**工具**。胡萝卜可用作**围墙**与**船坞**上的**钉子**。而**皇后**的**商人**会**丈量**那片围墙，同时喂**山羊**吃胡萝卜。

有天**晚餐**，我突发**神经**，邀请我的**老师**。当天**洪水**泛滥，而装满雨水的**橡木桶嘎嘎作响**。然而，一艘码头上的**水上飞机**，欲将这位**艺术家**载到我的**城堡**中。

图8-17　组织成一个故事
用一些相互没有关系的词语编成故事的三个例子。粗黑字是出现在列表上的词（资料来源：Bower & Clark, 1969）

记忆技术，但任何人只要使用组织策略也能做到。

在这一点上，你可能承认心理学家已设计了一些精巧的技术以组织无关项目的清单。但你可能会辩论，必须记住的不是清单上无关的项目，而是所说的故事、所听的演讲及像在本章中所读到的文章。这些材料不是已经组织过了吗？这不就表示前面提到的技术，其价值是有限的吗？答案为是，也不是。是的，本章不是一串互不相关的句子，但这就是关键点，任何长度的材料总是有组织上的问题。接着，你可能会想到推敲的意义有助学习，但这可能对短期记忆的听觉编码没有任何意义。这两个主题似乎并不密切相关，但其间还是有些关系——二者都在处理编码现象。了解这个关系最好的方法是注意本章标题和各级小标题，因为它们说明了本章内容是如何组织的。

最有效的学习方法是将此架构放在心里，例如，你可能会将本章的部分组织描绘成如图8-18的层级树状架构，然后无论何时当你要提取有关本章的信息时，可以用此架构引导你进行记忆搜寻。当然，你自己另做本章的架构摘要或许会更有帮助。由记忆者自己做摘要组织对记忆似乎是最有益处的。

提取练习

另一个改善提取的方法是练习，即问你自己一些要学习内容的问题，假如你有两小时去进行一项在30分钟可读完的任务，重复读四次的效果通常会比读一次然后问自己一些问题差。你可以为了澄清第一次提取有困难而重读经过选择的部分，或许仔细推敲这

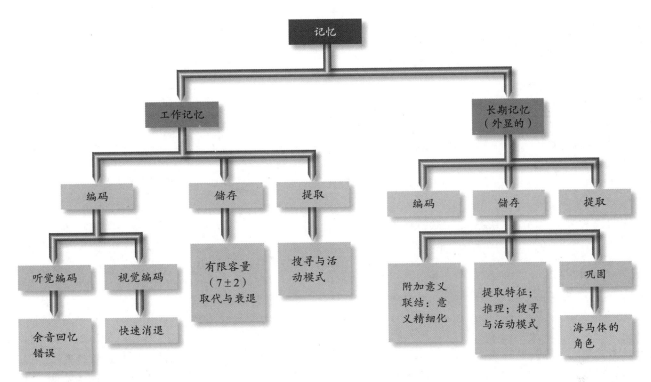

图 8-18　层级结构树

建立教科书章节的层级结构，可以帮助学生提取有关章节的信息。此树状结构表示了本章的部分组织结构

些要点，使它们彼此间以及与任务其他部分的联结特别好。尝试提取是一种很有效率的方法，早就被使用与实际课程相同材料的实验证实（见图 8-19）。

一个类似提取练习的过程在内隐记忆的情境可能是有用的，这个过程被称为心理练习（mental practice），即没有显著身体动作的知觉动作技能想象

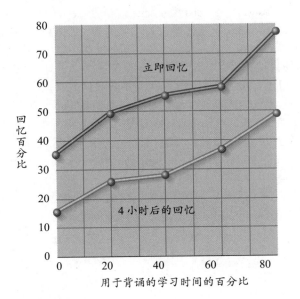

图 8-19　提取练习

花大量时间练习提取，比静默学习更能改善记忆。图中显示的是立即测验和完全学习四小时后的结果

的练习。例如，你可能想象挥网球拍，当挥拍动作似乎是错误的时候，你会做心理上的修正，但不需要真正移动你的手臂。这类心理上的练习可以改善技能的表现，特别是将心理练习与实际的身体练习相结合（Swets & Bjork，1990）。

◆**小结**

虽然我们无法增加工作记忆的容量，但是我们可以运用编码图式来扩充组块的大小，进而增加记忆广度。

改进编码与提取的方法之一是运用想象，它是诸如位置记忆法与关键词法等记忆术的基本原则。

改进编码（以及接下来的提取）的其他方法是，为推敲记忆项目的意义，并在编码时将这些材料加以组织（组成阶层式的组织似乎最适当）。

◆**关键思考问题**

1. 如果有一位演员有一大串台词要记，那么她可以运用什么方法来达到记忆的最佳状况？

2. 从我们所知的背景与提取的关系来看，准备统计学考试的最有效方式是什么？

双面论证

真的有压抑的记忆吗？

压抑记忆是种危险的信念

伊丽莎白·F. 洛夫特斯（Elizabeth F. Loftus），华盛顿大学

在被科学改造的国度里，居住着虚假的科学信念。那是一组狂野、荒诞且危险的信念，给一位在威斯康星州阿普尔顿市（Appleton, Wisconsin）44岁的护士纳迪恩·库（Nadean Cool）带来了严重的问题。纳迪恩在1986年末寻找治疗方法，以改善她因应女儿曾经历创伤事件的反应。治疗期间，她的精神科医生运用了催眠及其他方法来挖掘据称因被虐待而深藏在内心中的记忆。治疗过程中，纳迪恩开始相信自己曾压抑一些记忆，包括参与撒旦崇拜仪式、食婴、被强暴、兽交，以及被迫观看她8岁友人被害的过程。她还相信自己拥有超过120个人格——儿童、成人、天使、甚至是一只鸭子，这全是因为医生告诉她童年曾经历严重的性与肉体的虐待。除了催眠与其他暗示技术外，精神科医师还为纳迪恩举行驱魔仪式，其中一次长达5个小时，还遍洒圣水，大声疾呼要撒旦离开纳迪恩的身体。当纳迪恩意识到她已被植入虚假记忆时，她提出医疗过失的诉讼。她的案件在1997年初审定终结，获判赔偿240万美元（更多类似纳迪恩的案例，可参阅 Loftus & Ketcham, 1994）。

数以百计的人（大多数为女性），均曾在治疗过程中发展出他们宣称曾压抑且相当残酷的记忆，不久却又撤销这些说辞。我们如何得知这些被虐的记忆是不真实的而去撤销呢？线索之一为，这些女性有时发展的记忆，在心理或生理上来说是不可能的，例如，在三个月大时即对被虐有详尽的记忆，或是被迫用衣架堕胎而身体证据却显示还是处女。

人们怎么可能会发展出如此详尽且充满信心的假记忆？20世纪70年代初期，我开始研究这种"误导信息效应"（misinformation effect）。当人们目睹一事件而稍后接受关于该事件新的却为误导性的信息时，常会扭曲其记忆。正因为我们无法察觉其影响力，所以这种错误信息才会像特洛伊木马一样渗透并侵扰我们。

近期的研究更是指出了，暗示性的信息不仅会改变我们对新近经验细节的记忆，更可能在人们的心里植入全然虚假的信念与记忆（Loftus & Pickrell, 1995; Hyman et al., Porter, Yuille & Lehman, 1999）。在有些研究中，约占接受暗示性访谈者半数之多的人最后发展出完全或部分的童年虚假记忆。催眠尤其是喂给人们暗示性材料而使他们接受的最成功的方法。诱导人们简要地想象童年发生的事情，可提高人们相信确实发生过类似他们想象经验中的事件（Garry, Manning, Loftus & Sherman, 1996）。

这些研究并不像治疗界典型的做法，因此好像可以刻意忽略它们。然而，有一些研究费心地模拟出治疗的情境（Mazzoni & Loftus, 1998）：被试在两个区隔的时段中，报告早期的童年经验。在两时段间，有些被试接受临床心理医师解析梦境。不管梦境内容为何，临床医师均暗示性地将梦境解释成他们在三岁前有过特别的经验（诸如，在公共场所走失好长一段时间，或面临生命中的重大危机）。几周后，再度询问被试童年记忆时，其中大多数变得自信满满地宣称自己曾走失过或遭遇过危险。就算原先否认有过此类经验，以及实际上不可能对发生在生命早期经验有如此具体与详细情节记忆者（因童年失忆症），他们的自信程度有时也很高。

当然，只是因为我们能植入假的童年记忆，并不表示经由暗示、想象或梦的解析所产生的记忆必然为假，也不能就此认定数以千计确曾遭逢虐待而在日后回忆此经验的记忆是无效的。我们只需提醒自己：未经进一步证据的确认，即使是最有经验的评鉴人员，也不太能分辨出真实与暗示性植入的记忆。除了澄清引起我们争议十多年的关于压抑记忆的议题外，当代研究还告知我们塑造记忆的重要途径，以及有时区隔记忆与想象之间的薄幕何等脆弱。

真的有压抑的记忆吗？

压抑记忆是真实有效的

凯茜·佩兹德克（Kathy Pezdek），克莱蒙特研究生大学

凯茜·佩兹德克

近年来，许多有关成人对童年经验记忆可信度的关键性问题引起众多关注，其中最核心的看法是，要植入实际上并未发生事件的记忆是相当容易的。

且让我把话说在前头，确实有些性虐待的记忆是虚假的，而且确实有些治疗技术比起其他的更容易助长虚假记忆。此外，也的确很容易找到一些接受暗示性极高的被试，很轻易就让他们相信任何事情。然而，那些主张以可暗示性建构来解释记忆恢复现象的学者，即提出相当强劲的记忆可暗示性建构。事实上，对记忆可暗示性进行研究，结果并未支持可暗示性建构的存在足以充分解释此现象。

认知心理学者如何研究记忆的可暗示性？本文引用洛夫特斯、斯库勒、瓦格纳（Loftus, Schooler & Wagenaar, 1985）的实验为例：如果早先问他们的问题中包括了"撞击"而非"擦撞"，被试较可能认为，他们看到影片中的交通意外有碎玻璃（影片中并无碎玻璃）。此研究是确实存在的，只不过它是涉及

一桩不太重要的事件的一些不太要紧的细节问题，即使如此，运用此范式进行的许多研究中，回答有碎玻璃的反应比例，控制组（擦撞）与误导组（撞击）通常不过是 20% 与 30%。即使真的有可暗示性效应，其间差距也并不大且不够强劲。

有何证据支持"可将从未发生的事情植入记忆"这个结论？其中最经常被人们提到的是洛夫特斯与皮克雷尔（Loftus & Pickrell, 1995）进行的"在购物中心走失"研究。这项研究有 24 位志愿者参与，由他们向子女或弟弟妹妹说出对方幼年时曾在购物中心走失的经历，结果 24 人中有 6 人报告了虚造事件的部分或完整记忆。然而，我们并不期望这些研究结果可以类推到治疗师植入乱伦假记忆的情境中。在购物时走失并非什么大不了的事，儿童经常被警告走失的危险，他们害怕自己会走失，也常常阅读到有关儿童走失的经典故事（如《双生小兄妹》《木偶奇遇记》等），而且，事实上也走失过，即使只有可怕的几分钟。因此，我们可以预期，大多数的儿童心中都预存有走失的脚本，因此在洛夫特斯研究中受到走失案例的暗示时，他们即套用原有的脚本。反之，大多数儿童则很难预存有被乱伦性虐的脚本。

我与我的研究生展开了一项研究，以检验洛夫特斯关于虚假记忆

植入的结果能否类化到较不可信的事情上（Pezdek, Finger, & Hodge, 1997）。在这项研究中，20 位被试向弟弟妹妹或近亲阅读了一篇真实与两篇虚造事件，可信的虚造事件为对方曾在购物时走失过，而较不可信的虚造事件则为对方曾被灌肠。在听完每一事件后，要求对方回忆该事件，结果虚造事件中只有三位记得，而且都是较可信的"购物走失"，而无人采信不可信事件。这种类似亲子乱伦或灌肠事件，由于儿童并未预存有这些脚本，因此不太可能被植入到记忆中。

广义而言，虽说"假记忆的争论"最常见于儿童被性虐待的记忆，但是这只是记忆复原的心因性失忆症者的众多病因之一，有众多文献指出，作战与其他暴力事件也可能导致心因性失忆症（见 Arrigo & Pezdek, 1997）。那些对"因性虐待而压抑事实记忆"抱持怀疑态度的人，还是有必要解释这些因其他形式的创伤事件导致心因性失忆的现象。

总之，对诸如童年被性虐待这类不可信的虚造事件可轻易被植入记忆的说法，并没有得到认知研究的支持。虽说的确可运用一些技术对某些可暗示性高的人植入奇特的假记忆，但并没有证据显示这是普遍存在的现象。

本章摘要

1. 记忆有三个阶段：编码、储存和提取。编码是将信息转化为记忆可以接受的代码或表征；储存是编码信息的保留；提取是从记忆回忆信息的历程。这三个阶段可以在不同情境下操作：有只需数秒钟便能储存材料的（工作记忆），也有需较长时间储存材料的情境（长期记忆）。此外，不同的长期记忆系统分别涉及了储存事实（属外显记忆的部分）及技能（内隐记忆的部分）。

2. 目前上述分类有越来越多的生物学的证据。近来长期记忆的大脑扫描研究指出，编码阶段脑中活动的区域大多在左半脑，而提取阶段脑中活动的区域大多在右半脑。从动物和人大脑受损的研究证据显示，不同大脑区域调节着工作记忆和长期记忆。特别是在人类和其他的哺乳动物那里，海马体系统的伤害会减弱长期记忆的任务表现，但不会影响工作记忆的表现。

3. 有三种在时间特性上不同的记忆类别：感觉记忆只持续几百毫秒；短期储存（现在称为工作记忆）的运作超过数秒；长期储存运作的时间从数分钟到几年。

4. 感觉记忆有很大的容量，但在很短的时间内就会衰退。感觉记忆中被注意到的信息会被传送到下一个记忆，即工作记忆。

5. 工作记忆信息倾向使用听觉编码，尽管我们也可以使用视觉编码。工作记忆最令人惊讶的事实是其储存量限度是 7±2 项或组块。限制我们的只有组块的数目，我们可以用长期记忆的信息将材料重新编码成较大而有意义的单位，来增加一个组块的容量。信息会从工作记忆中丧失或遗忘。遗忘的一个原因是随着时间消退，另一个原因是新的东西取代了旧的。

6. 当工作记忆的项目增加时提取会变慢。有些人将据此结果认为提取包含一个搜寻过程，而有些则将此解释为活动过程。

7. 工作记忆被用来解决问题，例如，进行心算、几何模拟及回答文章的问题。然而工作记忆似乎不包括对简单句子的理解。工作记忆也可被视为长期记忆的一个中转站，在那儿信息可以停留在工作记忆，而后编码进入到长期记忆。

8. 在长期记忆中，信息一般是依其意义编码。假如要记忆的项目是有意义的但项目间的联结并不是，则可借增加有意义的联结以提供提取途径来改进记忆。越精细化其意义，记忆便越好。

9. 很多长期记忆遗忘的情形是因为提取失败（即信息存在但无法被发现）。当项目和相同的提取线索联结有干扰时，提取失败便可能发生。这种干扰作用主张：长期记忆的提取可由一系列的扫描历程或平行扩散的活动历程来完成。

10. 有些长期记忆的遗忘是因为储存的丧失，特别是在凝固新记忆时被打断。生物学上涉及凝固的区域包括海马体及周围皮层。近来研究认为凝固大约需时数星期。

11. 当项目在编码时被组织且提取的情境和编码时相似，则较不可能发生长期记忆提取的失败。提取过程也可能被情绪因素打断。在某些情况下，焦虑思考干扰目标记忆的提取，而有些则是目标记忆会被积极的阻断（压抑）。然而有些情况下反而情绪可以提高记忆，例如闪光灯记忆。

12. 外显记忆是显示在记忆或再认记忆的种类，是我们有意识地回忆过去。内隐记忆则是一些知觉、动作或认知作业的改进，一种无意识地再回想经验而导致表现改善的记忆。但是外显记忆（特别是事实回忆和再认）崩溃成为失忆症时，内隐的记忆通常仍无损伤。这说明了外显的和内隐的记忆可能是不同的储存系统。

13. 对正常被试的研究也主张外显的和内隐的记忆也可能是分别的系统。很多这类研究有赖进行被称为启动任务的一种外显记忆测验（例如，预先显示清单会加强后来完成词根的任务表现）。一些研究显示，一个影响外显记忆的独立变量（相当于编码阶段的精细化程度）并没有启动的效果。而其他的研究则显示，一个影响内隐记忆的变量对外显记忆则没有效果。以正常被试大脑扫描的研究显示：外显记忆随着大脑某一区域的神经活动而增加；而内隐记忆则伴随着该关键区域神经活动反而减少。

14. 与录像带不同，记忆是根据期望与知识进行建构与再建构的过程：它会系统性地偏离它所依循的客观事实。这种再建构发生在记忆形成之初与其后任一时刻。这种再建构所形成的记忆基础，虽有系统性的偏误，看起来却相当逼真，当事人对此记忆的真实性深具信心。

15. 虽然我们不能增加工作记忆的容量，但我们可以用重新编码图式，去扩大组块容量来增加记忆广度。事实的长期记忆可以在编码和提取阶段中得到改善。一个改善编码和提取的方法是使用想象，它是构成记忆术系统的基本原则，例如，位置记忆和关键词法。

16. 改进编码（及后续的提取）的其他方法为，在编码时精细项目的意义和组织材料（阶层似的组织更好一些）。改善提取最好的方法是，在提取时试着重新储存编码情境，及在学习时练习提取信息。

核心概念

编码阶段	内隐记忆	组块（作用）	童年失忆症
储存阶段	理解广度	斯滕伯格记忆-扫描	情景记忆
提取阶段	部分报告程序	作业	语义记忆
正电子发射断层扫	全部报告情形	（记忆）的系列扫描	建构过程
描（PET）	部分报告情形	（记忆搜寻的）活动	再建构过程
功能型磁共振显影	听觉线索	模式	建构性的知觉
（fMRI）	时间整合范式	再认测验	知觉干扰
阿特金森-谢夫林	感觉反应	回忆测验	推论
理论	工作记忆	干扰	事件后记忆再建构
感觉储存	视觉编码	电休克疗法	图式
短期储存	听觉编码	闪光灯记忆	社会刻板印象
复述	语义编码	失忆症	心像
长期储存	声音缓冲器	顺行性遗忘	位置记忆
精细化	视觉-空间模板	逆行性遗忘	
外显记忆	数字广度作业	启动效应	

第九章　语言和思考

9

20 世纪 70 年代，美国人开始了慢跑运动。这些慢跑者有些自称体验了"跑步者的高潮"，一种假设因剧烈运动所产生的强烈快感。造成此结果的原因是什么？约在同时，神经科学家发现了一类体内自生的作用像吗啡、被称作内啡肽的新生化物质。许多科学家归纳道：剧烈的运动导致内啡肽的增加，而内啡肽转而造成跑步者的高潮。这一假说变得人尽皆知，然而进一步的生物研究却挑战跑步者高潮的"内啡肽假说"。虽然血液中的内啡肽含量的确会随着运动而提高，但是所生的内啡肽并未随循环系统进入脑部，因此不可能是引起心情发生改变的原因（Kolata, 2002）。

这是一个科学性思考的极佳范例。首先，有些心情的改变（跑步者的高潮）可简化为身体生化物质的变化（内啡肽的增加），但是进一步的研究却指出，身体生化物质的改变，并没有办法影响到正确的器官上。这整个历程涉及思考与语言的许多层面：引进新的概念（像是内啡肽），并加以论述以衍生假设，接着验证该假设，举凡这些概念、支持与反对的论述，均是以语言的形式展现的。

人类最伟大的成就，即源于我们能从事类似上述事例般复杂的思考、进行沟通，并付诸实践。思考包括了广泛的心智活动：在课堂上试图解决一道难题时会思考，我们等待上课前做白日梦也是在思考，当我们决定要买哪些杂货、规划假期、写信，甚至是为一段出了问题的关系操心时，都在思考。

本章一开始我们讨论语言，它是思考沟通的渠道。接着，我们介绍语言的发展或习得过程。本章剩下的章节，主要讨论命题性思维。我们一开始着重讨论概念，它是建构思考的基石，并讨论运用它们将物体分类的过程。此即概念与分类的研究。接着，我们讨论如何组织思想以达成某结论。接下来，我们转而介绍形象式的思维，最后一节，则讨论行动中的思考——解决问题的研究，并考虑同时运用命题式与形象式思维。

第一节　语言和沟通

语言是我们沟通思想的首要途径，而且它是普遍的方式：人类的每个社会都有各自的语言，且任一智力正常的人都可获得并毫不费力地使用他的母语。这种语言的自然性，有时会让我们认为无须特别说明即可不加思考地使用语言。事实正是如此。有些人可以阅读，有些人不能；有些人可以做算术，有些人不行；有些人会下棋，有些人不行。事实上，每个人都可以掌握并使用一个庞大复杂的语言系统。何以至此，是人类心理学上一个基本的谜。

语言的层次

语言的使用分为两个方面：产生和理解。在**产生语言**（the production of language）时，我们从一个思想开始，将它转换为一个句子，然后以表达该句子的声音结束。在**理解语言**（the comprehension of language）时，我们从听到声音开始，然后以词语的形式给声音赋予意义，结合词语以产生一个句子，再从中抽象出它的意义。因此，语言的使用似乎涉及不同的层次的转移，图 9-1 清楚地说明了这些层次。最高层次是句子单位，包括句子和词组；其次是字词和部分字词所包含的意义（例如，前缀 non 或后缀 er）；最低层次是说话的声音。邻近的层次密切地互相关联着：句子的词组由词语、前缀和后缀组成，而它们又是由说话的声音建构而来的。因此，**语言**（language）是字词和句子单位将思想和话语联结起来的一个多层次系统（Chomsky，1965）。

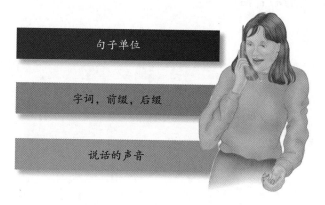

图 9-1　语言的层次

最高层次是句子单位，包括句子和词组；其次是字词和前缀、后缀；最低层次包含说话的声音

每个层次的单位数量有极大差异。所有语言只有一些有限的语音，英语大约有 40 个。但是这些语音的组合规则可能产生及理解数以千计的词（成人有 70,000 个词汇量并非不寻常，见 Bloom，2000）。同样的，词的组合原则可能产生及理解数以千计的句子（假如不是无限大的）。因此，语言具有两个基本属性：第一，它具有在多层次下的结构性；第二，它具有产出性。这些规则可以让我们在某层次中将单位组合为下一层次数量更为庞大的单位。每种人类语言都有这两种属性。

语言单位和过程

让我们考虑每个语言层次的单位和所涉及的过程。在考察相关材料时，我们通常采取一个人理解语言的观点，即听者的观点，虽然他们也偶尔会转换为语言生产者（即说话者）。

说话的声音　假如你只注意某人对你说话的声音，你会听到什么？你不会认为它是一串连续的声音，而是一个序列性的离散言语范畴，我们称之为由**音素**（phoneme）组成的。例如，对应 boy 第一个字母的声音是一个音素符号 /b/（注意，音素也可以与字母类似，但它们是语音，不是字母）。在英文里，我们将所有语音分为 40 个音素。

在语言中，我们善于辨别不同音素的不同声音，但拙于辨别相同音素的不同声音。例如，pin 第一个字母的声音和 spin 第二个字母的声音是相同的音素 /p/（Liberman，Cooper，Shankweiler，& Studdert-Kennedy，1967），虽然有不同的物理特征，但我们听起来是相同的。pin 的 /p/ 伴随着吐气，而 spin 中的 /p/ 不是（当你说这两个字词时，试着把手放在嘴前）。因此，我们的音素的范畴就像过滤器，把连续的话语转换为一系列熟悉的音素。

每种语言都有一套不同的音素，这就是我们学习外语发音时会遇到困难的一个原因。某种语言使用的音素可能在我们的语言中从未出现。即使听出这些新音素也需要一些时间，更何况发音了。例如在印度语中，上述两个不同的 /p/ 声音对应两个不同的音素。别的语言可能不会把我们语言中视为两个音素的两个声音做区分，所以说印度语的人喜欢这种我们没有的区分。例如，在日语中，英文的 r、l

（/r/ 和 /l/）被视为相同的音素。这就导致日本人常常弄混 rice 与 lice 这两个词。

例如，当音素以正确的方式组合时，我们可以将其理解为词语。每一种语言都有它们音素间组合的相关法则。在英文中，作为一个词的开始 /b/ 不能跟着 /p/（试着发 pbet），我们在倾听时可以察觉这些规则的作用。我们对符合规则的一串语音比违反规则的一串语音能够反应得更准确。就一个说话者的角度而言，这些规则的影响力更是令人惊讶。例如，即使对从没听过的没有意义的词语的复数的发音，我们也不会有困难。想象 zuk 和 zug 的复数发音，依一个简单规则，zuk 的复数型就如 hiss 般加个 /s/ 音素。然而在英文中，/s/ 不能跟随在词尾 "g" 之后，因此 zug 的复数必须使用另一个规则——就像 fuzz 一样加一个 /z/ 音素。我们可能不会察觉到这些复数的差异，但也不会有发音的困难。就好像即使我们不是有意识地觉知这些规则，也"了解"音素的组合规则：我们仍能遵守不能用言语表述的规则。

词语单位 交谈时，我们通常所理解的是词语而非音素。与音素不同，词语具有意义。然而词语并非唯一传送意义的较小的语言单位，像后缀 ly 或前缀 un 也能传送意义，它们可以加在词语上形成更复杂的不同意义的词语，例如，un 和 ly 加在 time 上面形成 untimely。任何传送意义的较小的语言单位，被称为**词素**（morpheme）。

多数词素本身便是词语。大多数表示某些特定的内涵，如"房子"（house）或"跑"（run），而有少数的词，主要是使句子合于语法；这类语法词或**语法词素**（grammatical morpheme）也包括一般的冠词和介词，如 a、the、in、of、on 和 at。某些前缀和后缀也扮演重要的语法角色，如 ing 和 ed。

语法词素可用不同于实词的方式来处理。证据之一是有更多形式大脑受损的人，在语法词素使用而非实词的使用上有障碍（Zurif，1995）。我们在后面也将看到：语法词素的习得方法不同于实词的习得方法。

当然，一个词最重要的部分是它的**意义**（meaning）。词语可被视为概念的名称，因此，它的意义便是这个名称的概念。有些词是模棱两可的（ambiguous），因为其名称不只包含一个概念。例如，club 既指一个社团组织，也指用来打击的工具。当我们听到 "He was interested in the club." 这个句子时，有时我们会感受到文字的模糊性。然而在大多数的情况下，句子前后语境会使得有足够清楚的意义，因此，不会有模糊的意识经验——例如："He wanted to join the club." 即使在后面这个例子中，也有证据显示我们会不自觉地短暂地思考了这个模糊词语的双重意义。在一个实验中，呈现句子 "He wanted to join the club." 给被试，并让被试立即尽可能大声地读出来的语词测验。被试在读与 "club" 两个意义之一有关的词（如团体或打击）的速度，比无相关意义的词（如苹果）快。这说明了 club 的两个意义在理解过程中均被激发，而每一意义都能激发相关的语词（Swinney，1979；Tanenhaus，Leiman，& Seidenberg，1979）。

语句单位 作为听者，我们通常能毫不费力地将词组合为**语句单位**（sentence unit），包括句子和词组。这些单位的一个重要属性是，它们符合部分思想或部分命题。这种一致性可使听者从句子中"抽取"命题。

为了解上述一致性，你首先必须了解，任何**命题**（proposition）都可以分为主语（subject）和谓语（predicate）。在命题 "Audrey has curly hair." 中，"Audrey" 是主语，"has curly hair" 是谓语。在命题 "The tailor is asleep." 中，"the tailor" 是主语，"is asleep" 是谓语。在命题 "Teachers work too hard." 中，"teachers" 是主语，"work too hard" 是谓语。也就是说，任何句子都可以用这种方式分成词组，每个词组都符合命题的主语或述语，或整个命题。例如，直觉上我们可以将 "Irene sells insurance." 的简单句子分为 "Irene" 和 "sells insurance" 两个词组。第一个词组被称为**名词词组**（noun phrase），因为它以名词为中心，确定了一个基本命题的主语。第二个词组被称为**动词词组**（verb phrase），给予该命题谓语。另一个较复杂的例子，"The serious scholar reads books." 分为两个词组：名词词组 "the serious scholar" 和动词词组 "reads books"。名词词组表达一个完整命题 "scholars are serious"；动词词组表达另一命题（"scholars read books"）的一部分（谓语）。阅读图 9-2 后再次可知，语句单位和命题

图 9-2 词组和命题

从一个复杂句子抽出命题的第一步骤，是将句子分解为词组。分解是以"任何句子都可以分为一个名词词组和一个动词词组"的原则为基础

单位密切相应，这为语言和思维提供了一种联结。

因此，当听到一个句子时，人们似乎首先将其分为名词词组、动词词组等，然后从这些词组中抽取出命题。有很多关于我们将句子分为词组并视其为单位的证据，有些证据来自记忆的实验。在一个研究里，被试在听到"The poor girl stole a warm coat."这个句子后，立即再给予被试一个摘自句子中的探测词，请他说出在该词之后的词。当探测词和反应词是来自相同的词组（"poor"和"girl"）时，被试的反应会比这两项来自不同的词组（"girl"和"stole"）要快。因此，每个词组在记忆中只是一个单位。当探测词和反应词来自同一词组时，只有一个单位需被提取（Wilkes & Kennedy，1969）。

将句子分析为名词、动词词组，再将其分为更小的单位如名词、形容词、动词，我们称之为句法分析（syntactic analysis）。**句法**（syntax）处理词组和句子里的词语之间的关系。句法主要被用来使句子的各部分形成结构，使我们得知各部分间的关系。例如，一个句子"The green bird ate a red snake."，英文语法告知我们，是鸟在吃而不是蛇，鸟是绿色的而不是蛇，而蛇是红色的而非鸟，等等。又如，"The dogs that man owned were lazy."，语法帮助我们了解到，是人拥有东西（从词序可知）而懒惰的是狗（从词序及复数用语的一致性可知）。找出句子动词与名词词组及其间的关系，我们即能知道句子在表达什么，是谁对谁做了什么事。

在理解一个句子的过程中，我们通常是毫不费力、不自觉地就能完成这种分析。但有时候我们的句法分析会出错，且我们也会感觉到这过程。想想这个句子"The horse raced past the barn fell."，很多人觉得难以理解这句子。为什么？因为第一次读时，我们会假设"The horse"是名词词组，"raced

past the barn"是动词词组，但没有地方放"fell"了。要正确理解这个句子，我们必须重新划分整个句子："The horse raced past the barn"是名词词组，而"fell"是动词词组（也就是说，这个句子只是"The horse who was raced past the barn fell"的缩写）（Garrett，1990；Garrod & Pickering，1999）。

语境对语言理解和产生的影响

图 9-3 呈现了一个语言层次的修正摘要图。这个图表示产生一个句子的顺序与理解一个句子刚好相反。

理解一个句子我们先听到音素，用音素建构一个句子的词素和词组，最后再从语句单位中抽出命题，我们是从最底层往上加工；而产生句子则方向相反：我们从一命题性思维开始，转译为一句子的词组和词素，最后再将词素译为音素。

虽然这个分析描述了句子理解和产生的一些加工过程，但却过度简化了，因为没有考虑到语言过程发生时的语境（context）。通常从语境可以预测将要说的内容。在理解一些词语后，我们跳到我们认为是整句话意思的结论（命题隐藏其后），然后我们用对命题的猜测来帮助理解句子其他部分。在此情况中，了解过程从最高层次往下，同时也从最低层次往上加工（Adams & Collins，1979）。

实际上，有些情形下没有语境几乎是不可能理解语言的（不知主题在谈什么）。为便于说明，试着阅读下面这段：

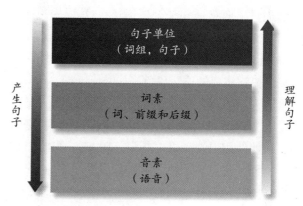

图 9-3 理解及产生句子的层次

产生一个句子，我们将一个命题性思维转译为句子的词组和词素，再将词素转为音素。理解句子时，我们从相反的方向——我们用音素建构句子的词素和词组，并从这些单位抽出基本的命题

这个过程实际上非常简单。首先你把东西分成不同组别。当然，也许一堆就足够了，端视其有多少。假如因为设备不足，你必须到其他地方，这是下一步骤；否则你已准备妥当。重要的是，不过量；也就是说，有些事立刻做会比积很多事再做要好。就短时间而言，这似乎不重要，但很容易就会变得复杂。一个小错误的代价也是昂贵的。首先，全部过程似乎很复杂，但很快地，它只会变成生活的另一面。（Bransford & Johnson，1973）

阅读此段文章，毫无疑问，你很难正确地理解它在说什么。但假如给你"洗衣服"这样的语境，你可以用洗衣服的知识去解释段落所有隐藏的部分：首句中的"过程"是指"洗衣服"，"东西"是"衣服"，"不同的组别"是"不同颜色衣服的组别"，等等。假如你重读一次，你对文章的理解将会好多了。

除了背景知识，语境的另一重要部分是与你交流的人（或人们）。在理解一个句子时，知道音素、词素和词组是不够的，我们也必须了解说话者说特别句子时的意图（speaker's intention）。例如，晚餐时有人向你说："你能把马铃薯递过来吗？"通常你会假设他们的意图不是问你是否有体力可以举起马铃薯，而是要你真的把马铃薯递过去。但是假如你的手臂正吊在悬带里，则相同的问题你可能会假设说者的意图是要判断你的体力。这两种情况下，句子（和命题）是相同的，不同的是说这句话时说者的目的（Grice，1975）。很多证据显示，人们会抽取说话者的意图作为理解过程的一部分（Clark，1984）。

在语言的产生方面，也有相同的结果。假如有人问你"帝国大厦在哪里"，你会视物理上的情况及你对发问者的假设有不同的回答。例如，假如你是在底特律被问此问题，你会说"在纽约"；如果你是在布鲁克林被问，则可能回答"靠近曼哈顿城中"；如果是在曼哈顿被问，则可能说"在34街上"。说话和理解一样，我们必须决定所说的话和语境符合的程度。

行为的神经基础

语　言

回想第二章，大脑皮层左半脑有两个区域是语言的关键区：一个是位于前叶内的布洛卡区（Broca's area），另一个是位于颞叶的威尔尼克区（Wernick's area）。其中任何一区或二者之间的部分受损伤都会导致某种特定的失语症（语言出问题）（Dronkers, Redfern, & Knight, 2000）。

下面的访谈说明一个**布洛卡失语症**（Broca's aphasia，布洛卡区受损者）语言中断的情形。"E"是访谈者，"P"是患者。

E：你是海岸警卫队的吗？
P：不，嗯，是，是……船，马萨诸……诸塞……海岸警卫队……多年。（举两次手，用手指表示19）
E：哦！你在海岸警卫队19年了。
P：哦！天啊，对，对。
E：你为什么在医院？

语言的产出（表达方式）依语境而定。当你向一位游客指引方向时，你的措辞可能与跟一位邻居描述某特定公寓或商店的所在地不同

P:（指着瘫痪的手臂）手臂不好，（指着嘴）说话，不能说……说话，你看。

E：什么原因让你不能说话？

P：头，跌倒，上帝，我不好，撞，撞……哦！上帝……撞到了。

E：你可以告诉我，你在医院做了些什么吗？

P：是的，当然，我走，哦，P.T.九点，说话，两次，读，哦……成熟地，哦，喔，写……练习……变得更好。（Gardner，1975，p.61）

这个谈话非常不顺畅。即使是简单句子，也有很多的停顿和犹豫。这和**威尔尼克失语症**（Wernicke's aphasia，威尔尼克区受损者）的流畅谈话形成对比：

老天，我正在流汗，我非常紧张，你知道，有一次我感冒。我不能提到 tarripoi，一个月前，没多久，我做得很好，另一方面，你知道我的意思，我必须尽情游玩，浏览一下，trebin 和所有这类事（Gardner，1975，p.68）。

除了流畅性外，布洛卡和威尔尼克失语症还有其他显著的不同：布洛卡失语症的谈话主要是由实词组成，少有语法词素和复杂句子，一般有电报式性质，使人想起语言习得的双词句阶段（见本章稍后语言发展一节）；相反的，威尔尼克失语症保留了语法，但很明显地丧失了内容，在寻找正确名词上显然有问题，有时名词是创造出来的（例如，tarripoi 和 trebin 的使用）。这些观察说明了布洛卡失语症存有语法阶段的困扰，而威尔尼克失语症则是词和概念层级的干扰。

这两种失语症的特征有实验支持。在一个测验语法缺陷的研究中，被试先听一个句子，然后从一组图片中选择描述该句子的图片以表示他们理解。其中有些句子不需用太多语法知识便能理解，例如，"The bicycle the boy is holding is broken." 这个句子，只根据我们的概念知识即可得知是脚踏车坏了而不是男孩；其他句子的理解则需要更多的语法分析，如 "The lion that the tiger is chasing is fat." 这个句子，必须依赖语法（词的顺序）决定是狮子胖而不是老虎胖。在不需太多语法分析的句子中，布洛卡失语症患者几乎和常人做的一样好，可达90%的正确性；

但对于需要大量分析的句子，布洛卡失语症则只是在猜测的水平（例如，在狮子和老虎的句子中，他们选择有一只胖狮子和胖老虎图片的可能性相差无几）。相反的，威尔尼克失语症患者的表现则与句子语法的要求无关。因此，部分语法受干扰的似乎是布洛卡失语症而非威尔尼克失语症（Caramazza & Zurif，1976）。然而不是全部受干扰，布洛卡失语症仍可处理某些种类的语法分析（Grodzinsky，1984；Zurif，1995）。

其他实验则验证威尔尼克失语症有概念上的缺陷。在一项研究中，同一时间向被试呈现三个词，然后要求被试从中选出两个意思最相近的。这些词包括动物名词（如狗、鳄鱼）和人的名称（如妈妈、武士）。正常被试以人和动物的区分作为选择的主要基础，如面对"狗、鳄鱼和武士"时，他们会选前两项；而威尔尼克失语症患者会忽略此项基本区别。虽然布洛卡失语症患者的表现和正常人有些差异，但他们的选择至少会顾及人和动物的区别。因此，威尔尼克失语症患者比布洛卡失语症患者在概念上的缺陷更为显著（Zurif, Caramazza, Myerson, & Galvin，1974）。

除了布洛卡和威尔尼克失语症外，还有许多其他的失语症种类（Benson，1985），其中之一被称为**传导性失语症**（conduction aphasia），这种失语症患者在测试语法和概念的能力时都相对较正常，但在重复一个语句时则明显有严重问题。神经学上对此令人好奇的失常所提出的解释是，调节理解和产生的大脑基本结构是完整的，但这些结构间的神经联结则是受损的。因此，患者可以理解说了什么是因为其威尔尼克区是完整的，也可以产生流利的句子是因为其布洛卡区是完整的，但不能转换所理解的东西进入语言中心，因为其这些领域的联结受到了损伤（Geschwind，1972）。

这些研究均假设，每种失语症都是因大脑一个特定区域受损而引起的。这个概念或许太简单，因为调节一种特定语言功能的特殊区域可能因人而异。这种个别差异最好的证据，来自神经外科医生对难以治疗的癫痫症患者准备动手术时的发现。由于神经外科医生在拿走一些脑组织前，需先确定它并非调节如语言等重要功能的区域，因此，手术之前当患者还清醒时，神经外科医生将一股小电流输送到有问题的区域，并观察对患者说出事物名称能力的影响。假如电流刺激会干扰患者说出名字的反应，医生便知道手术中要避开这一区域。

这些位置是学习语言的学生相当关注的地方。就某位病人而言，这些语言位置似乎是高度区域化的。从电流刺激不会干扰语言的位置观之，一个各方向上的语言区域的距离可能都小于一厘米。这正是关键之处：不同的患者必须要刺激大脑不同的位置以确定它不会干扰患者说出名字。例如，一个患者可能用电流刺激大脑前面而不是后部会阻断其说出名字的能力，而另一患者则显出不同的形态（Ojemann，1983）。假如不同人的大脑调节语言是在不同的区域，则与失语症有关的脑部区域应该也是互不相同的。

◆小结

语言组织分为三个层级：语句单位、含有意义的词与词语部分，以及说话语音。

语言的三个层级是相互关联的。语句单位是由词语（与词语部分）建置的，而词语则由语音建构的。

音素是说话声音的范畴。每种语言都有自己的一套音素（即不同的语言有不同的一套音素），以及将它们组织成词语的规则。

词素是语言的最小意义单位。大部分的词素是词语，但其他的则为附加在词语前后的前缀与后缀。

语法规则是用来将词语组合成词组而词组再组合成句子的规则。

脑部调节语言的区域位于左半球，包括布洛卡区与威尔尼克区。

◆关键思考问题

1. 现在你有一些语言层级与单位的观念（如音素、语词、语意、语法等），请应用这些概念来学习第二外语。这些成分中，哪个最容易学？哪个最难？为什么？

2. 背景知识显然对语言的理解很重要。你认为脑部有无特定区域在调节此知识？为什么？

第二节 语言的发展

我们讨论语言时，必须指出，这是儿童面对的巨大任务：他们必须掌握语言的所有层次，不只是正确的语音，还包含语音如何组成数以千计的词，以及将词组成句子以表达思想。实际上很神奇的是，所有文化中所有儿童都在四五岁时便完成了这么多任务。我们首先讨论每个层次中语言习得了什么，再讨论学习的过程——特别是学习和天生因素分别扮演的角色为何。

习得了什么？

语言的三个层次都有所发展。从音素层次开始，进入字词和其他词素，然后再进入语句单位或语法。接下来，我们采取依年龄顺序的观点，探讨儿童语言理解和产生的发展。

音素及音素的组合 成人听者善于分辨他们语言中不同的声音以对应不同音素，却拙于分辨和他们语言中不同声音对应的相同音素。显然，儿童来到世界，均能分辨任何语言中和不同声音对应的不同音素。在生命的第一年，婴儿学会了那些和他们语言有关的音素，但失去了分辨他们语言中对应于相同音素但发音不同的能力（本质上，他们失去了对于理解和产生语言是无用的辨别差异的能力）。这些显著的事实可由当他们吸吮奶嘴时所听到的连续呈现成对的声音的实验证实。由于婴儿在新刺激呈现时吸吮的比在旧刺激呈现时吸吮的多，因此他们

18—30个月大的小孩会学习将词组合成词组与句子

吸吮的速率便可用来说明是否知觉到连续的声音的异同。6个月大的婴儿在连续听到任何语言中对应于不同音素的声音时，吸吮速率均会增加；而一岁大的婴儿只有在他们自己的语言中连续出现对应于不同音素的声音时，才会增加吸吮速率。因此，一个6个月大的日本小孩可以分辨 /l/ 与 /r/，但一岁时则失去了该能力（Eimas，1985）。

虽然儿童在第一年时便学会哪些音素是相关的，却要花好几年的时间来学习音素如何组成字词。当儿童开始讲话时，他们偶尔会说出"不可能存在"的字词，如将 lumber 发成 dlumber，他们并不知道，在英文前缀中 /l/ 是不能跟着 /d/ 的。到4岁时，儿童已学会了大部分他们需要知道的音素组合。

词语和概念　大约到了一岁时，儿童开始说话。一岁儿童对很多事已有概念（包括家庭成员、家中宠物、食物、玩具、身体部分），当他们开始讲话时，会将这些概念和成人使用的词语相对应。所有小孩开始使用的词汇大致相同：一两岁的小孩说话内容主要是人（爸爸、妈妈、宝宝）、动物（狗、猫、鸭子）、交通工具（汽车、卡车、船）、玩具（球、积木、书）、食物（果汁、牛奶、饼干）、身体部分（眼睛、鼻子、嘴巴），以及家庭用品（帽子、袜子、汤匙）。

然而这些词只说出儿童掌握的概念的一部分，绝非全部。因此，儿童在"想要沟通的概念"和"所能运用的词"之间常有距离。为弥补这一空隙，一至两岁半的儿童会**过度延伸**（overextend）他们的词语，即将词语应用到邻近的概念上。例如，一个两岁的小孩可能使用"小狗狗"（doggie）来称呼猫、牛和狗（儿童并非不确定该词的意义，因为假如向他们呈现各种动物图片并要求其指出"小狗狗"，他们会做出正确选择），到了大约两岁半，过度延伸开始消失，这可能是因为儿童的词汇量显著增加，因而消除了许多空隙（Clark，1983；Rescorla，1980）。

之后，词汇量的发展实际上是暴增的。在一岁半时，儿童可能只有25个词汇，到了6岁时大约是15,000个。为达到这种惊人成长，儿童以几乎每天10个词的速度学习新词（Miller & Gildea，1987；Templin，1957）。儿童似乎很适合学习新词，当他们听到一个未知的词时，他们会假设它与他们的

概念中尚未被命名者对应，然后从该词被说出来的情境去找出那个概念（Clark，1983；Markman，1987）。

从简单句到复杂句　从一岁半到两岁半开始，儿童将习得词组和语句单位或语法。儿童开始组合单词成两个词（双词句）的发音，例如，"There cow"（其基本命题是"There's the cow."），"Jimmy bike"（命题是"That's Jimmy's bike."），或"Towel bed"（命题是"The towel's on the bed."）。两个词的语句有电报的（telegraphic）性质。儿童遗漏语法词（如 a、an、the 和 is）及其他的语法词素（如后缀 ing、ed 和 s），只放入有最重要概念的词。尽管简短，但这些语句表达了说话者最基本的意念，如物品位置及描述事件和行动。

儿童很快地从双语词说话进展到更准确地表示命题的复杂句。因此，"Daddy hat"可变成"Daddy wear hat"到最后"Daddy is wearing a hat."。这类动词词组似乎为儿童语言中首先出现的复杂建构。下个步骤是使用连接词，像用 and、so 去形成复合句（"You play with the doll, and I play with the blocks."），并使用语法词素（如过去式 ed）。显然，所有儿童均有相似的语言发展顺序。

学习过程

儿童是如何习得语言的呢？显然，学习必定扮演相当的角色，这便是在说英语的家庭中成长的儿童之所以学会英语，而在说法语的家庭长大者学会法语的原因。先天因素必然也扮演一个角色，这便是所有儿童都能在家学会语言但宠物不会的原因（Gleitman，1986）。接下来我们将讨论学习，稍后再考虑先天因素。两部分的讨论，我们都强调语句单位和语法，因为有关语言习得的重要议题在这个语言层次中说明得最清楚。

模仿和条件反射　有一种可能性是，儿童以模仿成人的方式学习语言。虽然模仿（imitation）在学习词语上有些作用（父母指着电话说"phone"，儿童试着重复），但它不是儿童学习产生及理解句子的主要方法。小孩常常会说出一些成人从未说过的，如"All gone milk"。即使在其双词句阶段模仿大人

较长的句子（例如，"Mr. Miller will try."），他们仍会产生常有的电报式的语句（"Miller try"）。此外，儿童产生的错误（如 "Daddy taked me"），说明儿童不是仅重复所听到的，他们还试着应用规则（Ervin-Tripp，1964）。

第二个可能性是儿童经由条件反射（conditioning）习得语言。成人可能在儿童产生合乎语法的句子时给予奖赏，而在发生错误时予以谴责。要使这样有效，父母需要对儿童语言的所有细节有所反应。然而，布朗、卡兹登和贝鲁奇（Brown, Cazden, & Bellugi，1969）发现，只要陈述是可以理解的，父母就不在意儿童是怎样说某件事的。此外，试图纠正一个小孩（应用条件反射），常会徒劳无功。请看下例（McNeill，1966，p.49）：

儿童：没有人不喜欢我。（Nobody don't like me.）
母亲：不对，应该说"没有人喜欢我"。（Nobody likes me.）
儿童：没有人不喜欢我。（Nobody don't likes me.）
母亲：不对，现在仔细听，说"没有人喜欢我"。（Nobody likes me.）
儿童：哦！没有人不喜欢我。（Nobody don't LIKES me.）

假设检验 模仿和条件反射的问题是，他们集中在特定的说法上。然而，儿童学习的常是一般性的东西，例如，一个规则；他们似乎是形成一个语言的规则假设，测试它，假如有效便加以保留。

想想词素 ed。英文的一般规则是 ed 加在动词现在式之后变成过去式（如 cook-cooked）。但许多动词不是规则的，并不遵守此一规则（如 go-went，break-broke），由于儿童从一开始便使用许多这些不规则动词表达概念，因此儿童在早期便能正确地使用一些不规则动词的过去式（假设他们通过模仿习得）。然后他们学习一些规则动词的过去式，并发现这个假设——"在现在动词后加 ed 变成过去式"。这个假设使他们在许多动词，包括不规则动词词尾加 ed。他们会说出一些以前没听过的，如 "Annie goed home."，或是 "Jackie breaked the cup."。最后会发现有些动词是不规则的，而停止过度类化 ed 的

使用（Pinker，1994）。

儿童如何产生这些假设？有一些操作的原则（operating principle）是所有儿童均用来当作形成假设的指引：一是注意到词尾；二是找出指示意义改变的前缀和后缀。儿童有了这两个原则，便可发现 ed 在词尾表示过去式的假设，因为 ed 结尾和意义的改变有关。第三个操作原则是避免例外，这可解释儿童为何起初将他们的 *ed* 类化到不规则动词的过去式上。表9-1展示了斯洛宾对40种语言的部分研究，似乎支持了此类原则（Slobin，1985）。

近几年，"学习一种语言涉及规则的学习"这一概念受到挑战。有些研究者认为：仅仅以规则形态过度延伸的事实，并不足以保证这些错误均导因于遵循规则，例如，马库斯（Marcus，1996）即相信儿童的语法结构与成人的相近，但是因为他们较少接触到正确的形式，以至于对比如 broke 这样的不规则形式的记忆自然较弱。当他们不记得此形式时，只好加上 ed，因而发生过度延伸的现象。另有一学者认为，看起来像是学习一个单独规则的例子，实际上可能只是一种许多联或关联（connection）的学习。再以儿童学习英文过去式为例：儿童并非学习一个在现在动词后加 ed 的规则，而可能是在学习过去式结尾可以加 ed 的动词和其语音属性（phonetic properties）间的联结。动词的语音属性包括组合动词声音的属性，例如，其结尾是否包含一个 alk 的声音。因此，儿童可能学到（无意识地）以 alk 为结尾的动词（例如，talk, walk, stalk），如同以 ed 作为过去式的结尾。这个说法实际上解释了一部分动词结尾的学习现象，如发现儿童在某一时期甚至将 ed

表9-1 儿童使用的操作原则

许多国家的儿童似乎在学习说话和理解语言时，都是遵守这些原则（Slobin,1971）.［资料来源：Dan I. Slobin（1971）from "Developmental Psycholinguistics," in *A Survey of Linguistic Science*, edited by W. O. Dingwall, pp.298-400.］

· 寻找字词形式的系统变化。
· 寻找可清楚指示意义改变的语法特征。
· 避免例外。
· 注意词的结尾。
· 注意词以及前缀和后缀的顺序。
· 避免中断或重组构成要素（即以句子为单位）。

结尾放在不规则动词后（Rumelhart & McClelland，1987）。

然而，动词结尾的其他方面学习却不能以声音之间的联结来解释。例如，break 和 brake（刹车）声音相同，但前者的过去式是 broke，后者的过去式为 braked。所以儿童必须学习声音联结之外的东西。这额外的知识似乎最好是以规则方式形成。例如，假如动词由名词衍生（如 brake 的例子），则其动词的过去式都是加 ed 的形式。另一个动词结尾涉及规则（就规则动词而言）或对过去式的记忆（就不规则动词而言）的证据，来自对失语症的研究。回想布洛卡失语症是在语言的语法层面上出问题，而且他们在规则动词（依规则而行）上的困扰比不规则者多。此外，**命名性失语症患者**（anomic aphasic）主要问题在于无法提取或辨识单词，他们对不规则动词（需依赖记忆）的困扰比规则动词多（Ullman et al.，1997）。因此，语言学习似乎涉及规则和联结与记忆（Pinker，1991; Pinker & Prince，1988）。

先天因素

如前所述，我们有关语言的一些知识是天赋的，或天生的。但有关这一天生知识的范围和性质，则仍有些争议性的问题。一个问题是其丰富性（richness）。假如我们先天的知识非常丰富或详细，即使在各文化中学习的机会是不同的，不同语言间的习得过程仍应相似。情况是这样吗？第二个问题是关键期，先天行为的一个共同特征是，假如有机体在关键期能面对正确的线索则可更容易地习得此

研究指出：学习句法有关键期。失聪儿童在幼年时即学习美国手语，其效果较佳

行为。语言习得也有这样的关键期吗？语言先天因素关心的第三个问题是独特性（uniqueness）的可能：人类学习语言系统的能力是独有的吗？接下来，我们要依次考虑这三个问题。

先天知识的丰富性 所有的儿童，不管其置身的文化和语言，其语言发展似乎都经历相同的顺序：一岁儿童只能讲几个单独的词；大约到了两岁，能说两至三个词的句子；三岁时，句子变得更合乎语法；四岁时则说得很像成人。因为在为儿童提供向大人学习的机会方面，不同文化间有显著不同（一些文化中父母持续不断地对孩子说话，而另一些文化中的父母则相反），然而，不同文化间顺序一致性的事实则指出了我们语言的先天知识是很丰富的。

实际上，我们先天的语言知识如此丰富，以至于即使没有语言使用者作为典范或老师，儿童也能完成正常的语言习得过程。有组研究人员研究 6 个父母听得到但不愿他们的孩子学手语的失聪儿童。在儿童接受任何唇语阅读和发音的教学前，便开始使用一种被称为自制符号（home sign）的姿势系统。最初自制符号只是某种简单的动作，最后却呈现出语言的属性。例如，它有词素和语法层次的组织，包括个别的和组合的符号。同时这些失聪儿童（本质上会创造自己的语言）完成了与正常儿童相同的发展阶段。失聪儿童最初用姿势一次传达一个符号，之后将手势组合为含两或三个概念的"句子"。这些令人惊讶的结果，证实了我们先天知识的丰富性和细致性（Feldman，Goldin-Meadow，& Gleitman，1978）。

关键期 与其他的先天行为相似，语言学习也有一些关键期，这在习得一种新语言的声音系统上特别显著——即学习新的音素及其组合规则。我们已知不到一岁的婴儿可以辨别任何语言的音素，但在一岁之后便失去了这种能力。因此，生命的最初几个月是磨练母语音素的关键期。习得第二语言的声音系统似乎也有一个关键期，在同样学习第二语言几年后，儿童说话与成人相比没有口音，且在嘈杂的情境中也有较佳的理解（Lenneberg，1967; Snow，1987）。此外，当成人学习第二种语言时，不管他们使用新的语言多少年，仍会保留原有的口

音而很难改掉（想想阿诺德·施瓦辛格的口音）。

近来有更多的研究指出，在语法学习上也有一关键期，证据来自对知道美国手语（简称为 ASL）的失聪儿童的研究，它是一种成熟的语言而非手势系统。研究的兴趣是使用 ASL 达 30 年（及以上）的成人，但他们开始学习的年龄不一。虽然所有被试父母听力都正常，但有些则是从出生便开始接触 ASL 的所谓天生手语者，有些是从 4 到 6 岁在失聪学校开始学 ASL，而有些则直到 12 岁后才接触 ASL（他们的正常父母宁愿他们学口语而不愿其学手语）。假如学习语法有一关键期，则即使是在习得 30 年后，较早学习的人在某些语法方面也应表现得比较晚学习者更为精熟。这正是研究者所发现的。因此，有关以多重词素理解和产生词的方面（例如，untimely 是由 un、time、ly 等词素组合而成），天生手语者比从学校开始学 ASL 的人表现更佳，而后者又比在 12 岁以后才开始学 ASL 的人表现要好（Meier，1991；Newport，1990）。

语言习得有关键期的间接证据，可从经验过极端隔离的儿童个案中得见。一个童年遭到社会隔离的著名案例是金妮（Genie）的个案，她父亲有精神病，母亲是盲人，完全需要仰赖他人的照顾。从出生到 11 岁被儿童福利专家发现时，金妮被绑在她父母家中一间隔离房间的一张怪异椅子上。

在她被发现前，金妮几乎没跟其他人有过接触，也没有语言能力。努力教她说话的结果，成就相当有限：她能认得字，但没有办法学会语法规则，而这些规则对一般更年幼的儿童而言，却是再自然不过的了。虽然测验显示她有很高的智力，但她的语言能力一直没能进步到超过三年级的水平（Curtiss，1977；Rymer，1992a，1992b）。

其他物种可以学习人类的语言吗？　有些专家相信我们学习语言的天赋能力是人类独有的（Chomsky，1972；Pinker，1994）。他们承认其他物种也有沟通系统，但在本质上和我们的不同。想想黑猩猩的沟通系统。这个物种在口语和姿势的数量上是有限的，而其沟通系统的产出能力（productivity）和人类语言相比仍是很低的。人类语言可以用少数音素组合成数以千计的词，再用其组合成无数的句子。

另一差异是，人类语言在一些层次上是有结构的，但黑猩猩则没有。特别的是，人类语言在词或词素层次（其元素是有意义的）和声音层次（其元素是没有意义的）间，有明显的区别；在猩猩之间的沟通中并没有这种结构的二元化（duality of structure），因为其每个符号都带有意义。

还有一项差异是，黑猩猩不会通过改变符号顺序来改变其信息的意义，而我们人类却是如此。例如，我们讲 "Jonah ate the whale." 和 "The whale ate Jonah." 意义完全不同；尚无证据显示黑猩猩在沟通上有这样的差异。

黑猩猩沟通和我们相比虽显贫瘠的事实，并不能 "证明"（prove）它们缺乏更具产出力的系统，它们的系统可能适合其需求。判断黑猩猩是否有和我们相同的天赋能力，必须观察其能否学习我们的语言。

有关教黑猩猩学人类语言的一个最为人知的研究，是心理学家（Gardner & Gardner，1972）教一只名叫华秀（Washoe）的雌猩猩使用美国手语。使用手语是因为黑猩猩缺乏发出人类声音的发声器官。从一岁开始训练华秀，直到它五岁。这段时间华秀的照顾者只用手语和它沟通。首先用行为塑造过程教它手语，在它做出与手语相似的姿势后予以增强。之后华秀只用观察和模仿学习手语。到了四岁时，华秀可以做出 130 种不同的手语，并了解得更多；它也能从一个情境类化到另一情境。例如，它先学会 more 和 more tickling 的联结，然后类化到 more milk。

其他黑猩猩学会了相当数量的词汇。有些研究使用手势而非手语沟通。例如，普雷马克（Premack，1971；1985）教一只名叫莎拉（Sarah）的黑猩猩使用塑料符号当词语，并借助这些符号进行沟通。在一系列相似的研究中，帕特森（Patterson，1978）教一只名叫可可（Koko）的大猩猩从一岁开始学手语，到可可 10 岁时，已学到超过 400 个手语的词汇（Patterson & Linden，1981）。

这些研究证明了猿类可以学习人类语言吗？猿类的符号看似相当于我们的词语，其背后的概念也相当。但这些研究对猿类是否以人类学习将词组为句子的方式，学习语法和符号的组合，则有很大的疑问。例如，人类不仅可以将 man、John、hurt 和 the 等词组合为 "The man hurt John."，也可以通过

左图的黑猩猩已被训练使用字板与人沟通；右图的黑猩猩则学会使用手语，图中它正在做"牙刷"的手语

改变词序从而改变其意义"John hurt the man."。虽然有研究提供了猿类可以将符号顺序组合成为像句子的证据，但却很少有证据证明猿类可以通过改变符号顺序以产生不同的意义（Brown，1986；Slobin，1979）。

虽然猿类可以将符号组合为句子的证据遭到攻击。在早期的研究者所报道的一些例子中，猿类似乎可以产生有意义的符号顺序，如"Gimme flower""Washoe sorry"（Gardner & Gardner，1972）。但随着资料的累积，猿类说话显然不像人类，并常有高度的重复。因此，"You me banana me banana you"是黑猩猩典型的说话方式，但对儿童而言却是非常少见的。在这些例子中，猿类说话之所以较像个句子，可能仅是仿效其人类教师的符号顺序。因此，华秀的一些最像句子的话，是表现在回答问题时。例如，老师做手势问"Washoe eat？"，华秀回答"Washoe eat time."。此处，华秀组合符号可能只是对教师组合的一部分的模仿，这并非人类儿童学习如何组合语词的方式（Terrace，Petitto，Sanders，& Bever，1979）。

到目前，证据支持这个结论：虽然猿类可以发展类似人类的词汇，但它们不能像人类那样以系统的方法学习组合他们的符号。但后来有研究似乎挑战了这个结论（Greenfield and Savage-Rumbaugh，1990），这些研究者用新的被试侏儒黑猩猩，它的行为被认为比研究广为应用的一般黑猩猩更像人类。这个被试7岁，名为坎兹（Kanzi），以操弄代表词语的符号来沟通。不像前述研究，坎兹相对地用较自然的方法学习操弄符号，例如，它倾听照顾者说英语后指认出符号。最重要的是，在几年的语言训练后，坎兹显示出了用改变词序进行意义改变的沟通。例如，假如坎兹要咬它同父异母的妹妹莫莉卡（Mulika）时，它会做"bite Mulika"的符号；但如果是妹妹咬它，它则做"Mulika bite"的符号。坎兹因此似乎有些大约是人类两岁儿童的语法知识。

这些结果令人感兴趣，但仍须很谨慎地阐释。有一点是因为目前为止坎兹是少数显出一些语法能力的黑猩猩，因此，我们可以质疑这个结果有多大普遍性。另一个问题是，虽然坎兹可以有两岁儿童的语言能力，但却需花上比人类实际上更长的时间才能达此程度。或许猿类要发展像人类一样的语言能力会被质疑的主要原因是如乔姆斯基（Chomsky，1991）所说的：

假如某动物在生物上有一种如同语言的优势而迄今未曾使用，那就如同发现一座岛上的人可以学会飞翔一样，将会是进化上的一项奇迹。

◆小结

婴儿似乎有学习音素的预先内置程序，但是他们需要数年去学习组合它们的规则。

在儿童开始说话后，他们首先学习那些命名他们熟悉环境中的概念的词语，然后是句子。他们开始只能说一个单词，后来是两个单词的电报式的句子，然后名词词组和动词词组越来越复杂。

儿童部分是通过假设（通常是无意识的）学习语言，这些假设以一系列操作规则引导，它们吸引儿童注意到话语的关键特性，如词的结尾。

先天因素在语言学习过程中也扮演一个重要角色，有无数的证据支持这一点。一方面，所有文化中的所有儿童似乎都经历着相同的语言学习阶段；另一方面，就如同其他先天行为一样，一些语言能力只有在关键期才能习得。

◆关键思考问题

1. 你认为学习词语意义是否有一个关键期？为什么？

2. 如果家长以研究者教猿类学习人类语言的方式教孩子说话，你认为会发生什么状况？是加速、减缓，还是对语言习得毫无影响？

第三节 概念和分类：建构思维的基石

思维可被视为"心灵的语言"，它可能比语言还要丰富。思维形式之一相当于我们似乎可以听到的一串心灵的语句，被称作**命题性思维**（propositional thought），因为它在表达一个命题或声明。另一种形式，**形象思维**（imaginal thought），相当于表象，尤其是视觉的，我们在心中可以看得见。有关成人思想方面的研究，即偏重这两种形式，尤其是命题性思维。

我们可以想出一个命题作为表现事实主张的一个陈述。"母亲都是辛苦的工作者"是一个命题，"猫是动物"是另一命题。我们很容易看到这样一个思考是由概念组成的（例如，"母亲"和"辛苦工作者"，或"猫"和"动物"），以一种特殊方式组合。要了解命题性思维，首先要了解组成命题的概念。

概念的功能

一个**概念**（concept）代表一整个类别；它是与该类别相关联的一组属性。例如，我们对"猫"的概念包括四只脚和腮须的属性。概念在心理生活中具有几个主要的功能，其中之一是，概念能助成认知的经济性（cognitive economy），将世界划分为可以处理的单位。世界充满各种不同的东西，如果我们对每样东西都当作不同类别来处理，我们很快就会崩溃。例如，如果我们给每样东西一个不同的名字，我们的词汇量就会变得巨大无比，以致不可能沟通（想象假如有 700 万种颜色名字将会是什么情景）。很幸运地，我们并没有把每个东西当成独特的，而是视为概念的一个例子。因此有一些不同的东西是"猫"概念的例子，还有许多东西是"椅子"概念的例子，等等。将不同的东西视为同一概念的成员，降低了我们心理上表征世界的复杂性。

把一项东西分配到某一概念，我们称之为**分类**（categorization）。我们在分类一项东西时会视其为与该概念有许多相关的属性，包括我们没有直接知觉到的。因此，概念的第二个功能是，让我们预测不易知觉的信息。例如，我们对"苹果"概念的相关属性中，有比较难以知觉的（如有籽、可以吃），以及容易看到的属性（如圆的、有明显的颜色、可以在树上找到）。我们可用看得见的属性将某些东西归

类为"苹果"（这种东西是红的、圆的、挂在树上），而推论该物有较不明显的属性（有籽且可吃）。概念因而使我们可以超越直接接收的信息（Anderson，1991；Bruner，1957）。

我们有关于活动的（如"吃"）、状态的（如"老了"）及抽象的（如"事实""正义"），或甚至数字（如"2"）的概念。在每个例子中，我们都知道概念的一些共同属性。此类广泛使用的概念，通常只与一个单词名字联结，如此可使我们快速沟通经常发生的经验。我们也可以组合概念以达成特定的目的。如，你正计划郊游，你会产生"露营要带的东西"的概念。这种目标导引的概念（goal-driven concepts）有促进计划的功能。虽然这类概念相对的较不常用，名称也相对较长，但它们仍可提供一些认知的经济性和预测的能力（Barsalou，1985）。

原 型

与概念有关的属性似乎有两种。一种是组成概念的**原型**（prototype），也就是描述概念最佳例子的那些属性。例如，"祖母／外祖母"概念，你的原型可能包括六十多岁的妇女、有灰头发、喜欢陪伴孩子。当我们想到这个概念时，这个原型经常在我们的心中产生。然而这个原型的属性，对典型祖母而言可能是真实的，但显然并非所有的例子都是如此（想想有个接近 40 岁的妇女，与她女儿一样，在十几岁时就有了一个小孩）。这表示一个概念除了原型外，还有其他的东西，这外加的东西是**核心**（core）

会飞翔与吱吱叫就是鸟吗？你的原型"鸟"可能就包含了这些特征。然而，这些特征并不适用于某些特定的鸟，例如，企鹅

属性，即组成该概念最重要的属性。"祖母"概念的核心属性可能为：一位父亲或母亲的妈妈；该核心属性是成为该概念之一员的要点（Armstrong, Gleitman, & Gleitman, 1983）。

另一例子，想想"鸟"的概念。你的原型可能包括飞翔和啁啾地叫——这是"鸟"的最佳范例，例如，知更鸟和冠蓝鸦，但却不适合其他的例子，如企鹅和鸵鸟。你的核心属性应可能详述鸟类的某些生物学基础——包括某些基因或至少其父母也是鸟类的事实。

在我们"祖母"和"鸟类"的两个例子中，原型属性是很显著的，但非概念成员的完美指针，核心属性才更能诊断概念成员。然而在"祖母"和"鸟"的概念中有个很重要的差别。"祖母"的核心属性是一种"定义"，容易应用。因为任何为人父母者的妈妈必定是"祖母"，较容易判断一个人是否具有这些定义的属性。像这类的概念是意义明确的。一个人或物件是否能归类到意义明确的范畴中取决于它是否有核心或意义明确的属性。相反的，"鸟"的核心属性几乎不是一个定义，例如，我们只知道可能涉及基因——其核心属性是隐而不见的。因此，假如我们偶然看到一只小动物，可能很难看出其基因或调查其血统，我们所能做的只是检查其是否有某些特征，如，能飞和啁啾地叫，然后依据这些信息判断它是不是一只鸟。像"鸟"这样的概念被称为模糊概念（fuzzy concept）。决定一个东西是否为一模糊概念的例子，通常涉及判断其和概念原型的相似性（Smith, 1995）。重要的是，多数自然的概念似乎都是模糊的，他们缺乏真正的定义，因而多依赖原型来分类。

有些模糊概念的例子比其他的例子有更多的原型属性。例如，在鸟类中，知更鸟有飞行的属性而鸵鸟没有。越有原型的属性，人们越会认为它属于该概念的例子。因此就"鸟"而言，人们就认为知更鸟比鸡更属典型的鸟，而鸡比鸵鸟更属典型的鸟；红苹果比绿苹果更像苹果的典型（因为红似乎是"苹果"概念的一种属性），等等。一个例子在典型上的程度在它的分类上有重要效果。当人们被问到一张图画的动物是不是"鸟"时，看到知更鸟可立即产生"是"的反应，而对鸡则需较多决定时间。小孩被问到同样的问题时，知更鸟几乎都能被正确分类，而鸡通常会被认为不是鸟。典型化也决定了

当我们碰到概念的名称时我们想些什么。假设听到这句"有只鸟在你的窗外"，我们比较可能想到的是一只知更鸟而非一只秃鹰。我们心里所想的，会明显地影响我们对句子的解释（Rosch, 1978）。

原型形成的普遍性　原型主要是由文化决定的吗？还是说它是普遍的？有些概念，如"祖母/外祖母"，文化对原型有重要的影响力。但是对较属自然的概念，原型则有惊人的普遍性。

试想"红色"这种颜色概念，它是模糊概念（一般人不知道它的明确属性），但又有很清楚的原型：在美国文化背景下成长的人都会认同哪种色彩是典型的红色，哪些不是。其他文化的人也都会有相同的选择。更令人惊讶的是，这种认同度在那些语言中没有"红色"一词的文化中亦然：当要求使用这种语言的人从一列红色系中选出最佳范例时，他们与美国人有相同的选择。即使在他们可称为"红色"的颜色范例中与美国人的选项有别，但是对典型的红色的想法，却与美国人并无二致（Berlin & Kay, 1969）。

其他的研究，主张达尼人（Dani, 一种新几内亚人）语言虽只有黑白两个基本颜色语词，但对颜色变化的知觉却和讲英语的对颜色有很多词语的人相同。给达尼人被试记忆一组红色嵌板，这嵌板在红色的典型性上有所变化；之后，再呈现给被试一组彩色嵌板，并请他说出哪些是以前看过的。虽然他们没有"红色"这个词，但达尼人辨认典型红色仍比非典型红色更好。这和美国被试在比较的作业上所做的完全一样（Rosch, 1974）。因此颜色的原型似乎是普遍性的。

近来更多的研究认为一些动物的概念也是普遍的。有个实验比较了美国学生和马亚以萨（Maya Itza, 一种远离西方文明在危地马拉雨林中的文化）的参与研究者。美国被试来自密歇根东南部，刚好有一些和在危地马拉雨林发现的哺乳类物种可与之比较。向两组被试呈现这些物种，首先要求将其分为同组，然后再分为相关较高层的组别，直到所有的物种都成为大类（符合"哺乳类"）。这种分组由原型的相似性决定：在第一步，被试只会将看起来相似的物种分为一组，在此方法中，每一被试创造一张树形图，最初的组别在底端，"哺乳类"在顶端，该树形图反映了动物的分类学。

马亚以萨人和美国学生所绘的树形图（或分类）

十分相似。实际上，马亚以萨人和美国人树形图相关约为+60，而且马亚以萨人和美国人的分类和科学的分类也有高度的相关。显然，所有人均以易于观察的属性（整体形状或明显特征如彩色多毛的尾巴，或特殊的运动形态）作为动物概念的基础，而这些相同的属性是物种进化史的指标，也是科学分类的基础（Lopez，Atran，Medin，Cooley，& Smith，1997）。

我们还是可以考虑动物概念的哪些内涵有文化上的差异。如果在某些文化中有很多鸵鸟而很少见到知更鸟，他们的鸟的原型应该与美国文化不同，但这种原型形成的原则——聚焦于该概念常出现的例证所具有的属性上——即可能具有普遍性。

概念阶层

除了知道概念的属性外，我们还知道概念如何联结。例如，"苹果"是较大概念"水果"的成员（或子集）；"知更鸟"是"鸟"的一个子集，而"鸟"是"动物"的子集。这两类知识陈述见图9-4的层级图（概念的属性及概念间的关系）。这个阶层让我们推论一个概念有一特别的属性，即使与该概念并无直接关联。当你弄清楚图9-4时，一件物品可在不同的阶层中被指认出来。一件物品同时是"金冠苹果""一个苹果"与"水果"。然而在任何阶层，有某个层级是基础的或人们较偏爱的分类，这便是我们最先分类的层级。在图9-4的阶层，包含"苹果"和"梨子"是**基础层级**（basic level）。这个主张的证据来自人们被问到"以第一个想到的名字

说出图画东西"的研究。人们比较可能称一张纸上画的黄色苹果是"苹果"而非一个"金冠苹果"或一种"水果"。基本概念也有其他方面的特性，例如，它们也是儿童最先习得、使用得最频繁且名字最短的概念（Mervis & Rosch，1981）。

因此我们似乎首先将世界分为基础层级的概念。我们根据什么来决定哪个层级是基础层级呢？答案表明，基础层级是有最突出的属性（distinctive property）的层级。在图9-4中，"苹果"有其突显的属性——大多为非其他水果共有的（例如，红的和圆的不是"梨"的属性）；相反的，"金冠苹果"只有少数突显的属性，其属性多数只和"旭苹果"共有（见图9-4）。"水果"是图9-4的最高层级，所拥有各种水果的属性并不多。因此我们是在信息最广泛的层级上分类（Murphy & Brownell，1985）。

不同的类别处理

我们在辨识物品、诊断问题（"这是因为电力不足"）时，就是在分类。我们如何运用概念对世界做分类呢？答案视该概念定义是完整还是模糊而定。

就一个定义完整的概念（如"祖母/外祖母"）而言，我们可能看它与原型（"她60多岁，有灰发，因此看起来像祖母"）相似的程度而定。但若是要求精确，我们可能看对方是否具有该概念的定义属性（"她是父亲或母亲的妈妈吗"）。后者运用了一个原则：如果她是父亲或母亲的妈妈，那她就是祖母/外祖母。以这类有原则为基础且为定义完整概念进行的

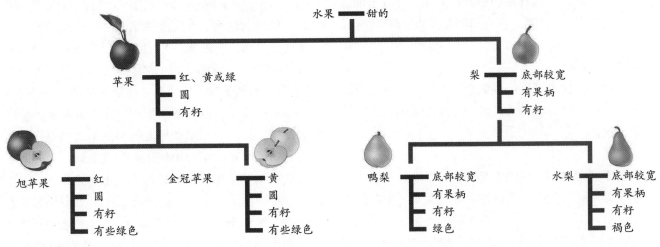

图9-4　概念阶层
左边字词表示概念，右边字词描述概念的属性。浅色线表示概念间的关系，深色线联结属性和概念

研究为数颇多，结果发现，如果原则中所具有属性越多，进行分类时速度越慢且犯错的倾向越高（Bourne，1966）。这可能是因为一次只能处理一个属性。

然而就诸如"鸟"与"椅子"等模糊概念而言，我们并无足够的定义属性以进行原则基础分类，因此只好依靠相似性。诚如前面曾经提过的：我们可以依该物品与概念原型的相似性来决定类别（"这件物品与我们称作椅子的原型之间是否有足够的相似性"）。来自实验的证据指出，人们以这种方式对物品进行分类时会有三个步骤（Smith，1995）：

1. 首先，研究者会先决定属于一个概念的原型属性为何，以及这个概念的各种例子（研究者可能请一群人描述他们椅子原型的属性，以及各种椅子的图样）。

2. 接着，研究者会指出共有的特性，决定每个例子（每张椅子的图样）与原型的相似性，如此一来，每个例子都会得出一个与原型相似性的得分。

3. 最后，研究者发现，与原型相似性的得分，跟被试对这些例子进行分类时的速度与正确性间有高相关。此即表示与原型相似性在分类历程中扮演着相当的角色。

有另一种我们用来为物品分类时计算相似性的方法。我们可借助椅子的例子加以说明。由于我们在长期记忆中储存了一些椅子的特殊例子或范例，因此我们可以借此决定一个物品与我们记忆中储存的椅子的例子是否相似，若是，我们可宣称它就是椅子。因此，我们有两种根据相似性进行分类的方法：与原型的相似性，以及与储存范例的相似性。

概念的获得

我们如何得到这么多概念？有些概念可能是天生的（如"时间"和"空间"），其他概念则是学习得来的。

原型和核心属性的学习　我们可以用不同的方法学习一个概念：接受外在教导有关某种事物的概念，或我们借经验学习。采用的学习方法依学习内容而定：外在的教学可能是学习概念核心的方法，而经验则似乎是获得原型的标准方法。因此，我们

告诉小孩"强盗"是拿了别人的东西而不愿归还（核心属性）的人，然而小孩的经验却让他们预期强盗是不思进取、衣冠不整及危险（原型）的人。

儿童必须认识到"在概念的成分中，核心是比原型更好的指标"，但需要一些时间学习。在一项研究中，给5—10岁的儿童一些东西的描述，然后决定它们是否属于定义完整的概念，我们可用"强盗"概念的研究来说明。有个"强盗"的描述说明一个人符合原型但不符合核心属性：

> 一个臭气熏天又卑微的老人口袋有支枪，到你家拿走电视机，因为你父母说不要了，并告诉他可以拿走。

另一个"强盗"的描述符合核心属性但不符合原型：

> 有个非常友善、愉快的女人给你一个拥抱，但接着拆下你的马桶且未经允许就拿走而无意归还。

小孩通常认为原型的描述比核心属性更像概念的例子。直到10岁，小孩才会清楚地从原型转移到核心，将之当成是最后裁决的决定性概念。（Keil & Batterman，1984）

通过经验学习　通过经验学得一个概念，至少有两种不同的方法。最简单的方法被称为范例策略（exemplar strategy），我们可以用小孩学习"家具"的概念说明。在儿童碰到一个已知的例子或范例时（例如，一张桌子），他储存这个表征。之后当他需决定一个新的东西（例如，一张书桌）是否为"家具"的例子时，他会考虑这新东西和已储存包括桌子的"家具"范例的相似性。这个策略被小孩广为使用，且用典型例子比非典型例子效果更好。因为儿童所学得的第一个例子多为典型的，新的例子和典型例子越相似，则越可能被正确地分类。假如一个小孩脑中"家具"的概念是由最典型的例子组成的（如桌子和椅子），那么他可以正确地分类其他和范例相似的例子（如书桌和沙发），但对和范例不同的例子（如台灯和书架）则较不能正确分类

父母可以教导儿童将东西命名与分类，稍后，当该儿童看到另一件东西时，他会判定它是不是属于原先储存范例的同一类别

（Mervis & Pani，1981）。我们用范例策略保留部分获得概念的知识，有相当的证据显示，成人亦常用此获得新概念（Estes，1994；Nosofsky & Johansen，2000）。

　　然而，在我们长大后，开始使用假设检验（hypothesis testing）的策略，我们检视概念已知的例子，搜寻相对的共同属性（例如，可以发现生活中许多"家具"的例子），并假设这些共同的属性构成本概念的特征。然后我们分析新东西的重要属性，假如导出对新事物正确的分类，则可保留我们的假设；如果错误则修正。因此这个策略集中在抽象层次——找出构成一组概念例子的特征属性，而非单一的例子——而且此策略较适合发现核心属性，因为它们是多数例子共通的属性（Bruner，Goodenow，& Austin，1956）。我们寻找的属性会因为我们拥有该物品本身的特定知识而有偏差。如果一个小孩以为家具通常有个平面，那么此先前知识可能过度限制了他所产生的假设（图 9-5 即为在这种偏差情形下进行假设检验的一个例证）。

行为的神经基础

概念获得的神经基础

　　虽然我们强调定义完整与模糊概念间的差异，在神经层次的研究却指出只有模糊概念间有重要差异，尤其脑部是在不同的神经区域储存动物与人造物品的概念。我们在第五章讨论知觉时曾提过这方

面的证据：有些患者辨识动物图片能力上受损，而在辨识诸如人造工具时则较无问题；而另一些病人则表现出相反的形态。有一些研究发现图片方面有这种现象，文字方面亦然。许多无法说出图片物品的患者，同样不能说出相对应词语的含义。例如，一位无法说出长颈鹿图片的患者，在呈现长颈鹿文字时，他也说不出任何关于长颈鹿的信息。这种图像与文字两方面均有缺陷的事实，似乎表明这种失识症与概念有关：患者已失去"长颈鹿"概念的一部分（McCarthy & Warrington，1990）。有不同于"动物与人造物品储存在脑部不同部位"的另一种说法：动物的概念可能包含较具知觉性的特征（它看起来像什么）而少功能性特征（它可用来做什么），而人造物品的概念则较具功能性特征而

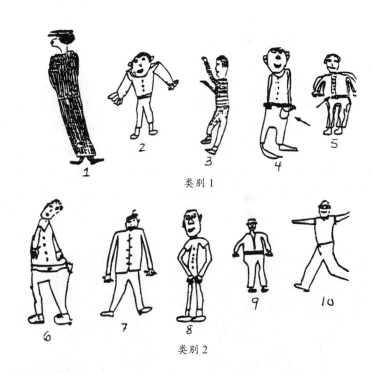

类别 1

类别 2

图 9-5 概念学习的偏差

在一个探讨概念学习的实验中，给两组成人被试呈现儿童的图画。其中一组被告知类别 1 是由有创意的儿童所画，类别 2 则是由一般儿童画的；另一组则被告知类别 1 是由城市儿童所画，类别 2 是由农村儿童所画。这两组被试因此对类别有不同的假设：创意-非创意组，在强调图画细节的两个类别上有更多的描述；相反的，农村-城市组强调画中衣服细节。此外，在同一个特征上（例如，类别 1 第一个人物中箭头所指部分），两组成人的解读不同［资料来源：E. J. Wesniewski and D. L. Nedin (1991) "Harpoons & Logistics: The Interaction of Theory & Similarity in Rule Induction," in Concept Formation: Knowledge & Experience in Unsupervised Learning, ed. by D. Fisher, M. Pazzani, & P. Langley. Copyright © 1991 by Morgan & Kaufman Publishers, Inc. Reprinted by permission of the publisher.］

少知觉性特征。当脑部损伤影响知觉性特征而非功能性特征的区域时，我们预期病人会表现出动物概念而非人造物品概念上的缺陷；当伤害到大脑的功能或运动区域而非知觉区域时，我们预期会有相反的情况（Farah & McClelland，1991）。究竟"知觉-功能假说"与"不同区域-不同概念"二者应如何抉择，仍属争议性的话题（Caramazza，2000；Martin，Ungerleider，& Haxby，2000）。

其他研究则注重分类的历程。有一方面的研究主张：决定某物品与原型概念间相似性较涉及不同脑部区域的议题，而决定某物品与长期储存的该概念范例间相似性则较与脑区域性无关。这类研究背后的逻辑如下：范例处理涉及从长期记忆中提取项目，如我们在第八章所言，这个提取决定于颞叶中间的大脑结构。接着，我们确实发现：这些特定大脑区域受损的病人，虽说在使用原型时可能表现得颇为正常，但在需要使用范例策略时会有困难。

有一研究测试颞叶中间脑受伤者及正常被试在两项不同作业中的表现：其中一项作业是要被试将点的组型分成两类；另一项作业是要被试学会将画分成对应于两位不同的艺术家的两类（见图9-6）。有独立的证据显示：只有绘画作业需要依赖提取范例。患者学习点分类和正常人一样容易，但在绘画概念学习上则差很多。当概念学习取决于范例策略

时，调节长期记忆的脑结构损伤会导致学习受阻（Kolodny，1994）。因此，运用范例策略依赖于调节长期记忆的脑部结构，而在分类时运用原型则必须依赖其他的结构。其他的研究是以不能将新信息送入长期记忆的患者为主（他无法习得新的例子），他们在点的组型分类作业上表现得很正常。依原型分类时，显然不需依赖调节长期记忆的结构（Squire & Knowlton，1995）。

前述讨论表示根据原型和根据储存的范例来进行分类是有不同的神经基础的。那什么是依循规则的分类呢？近期的研究指出，运用规则的分类历程涉及与相似性历程不同的神经回路。要求两组被试对想象的动物进行分类：分别归属金星或土星的动物。第一组学习进行分类的依据，是依循较复杂的规则：来自金星的动物有天线般的耳朵、卷曲的尾巴，以及兽蹄；如果不是，即为来自土星的动物。第二组则主要依赖记忆（第一次看到动物时需先猜测它的类别，而以后就会记得其类别了）。接着两组都被给予新的动物去分类，同时进行脑部扫描。规则组持续运用规则来分类，但记忆组只能从储存的范例中提取最相似的，再选择与该范例有关的类别。

就记忆组而言，脑部活动的区域大部分在脑后的视皮层区，这与被试在提取视觉范例的说法相吻合；规则组的被试也在脑后区有活动，但在某些前额皮层也有活动，这些区域受损者通常在进行与规则有关的作业时会有困扰。由此看来，根据规则与根据相似性来进行分类，是依靠不同的神经回路的（Patalano，Smith，Jonides，& Koeppe，2002）。

此类研究又为我们提供了另一个呈现出生物学与心理学方法在同一现象上相互作用的范例。分类历程在心理层次上早就被认为具有不同的类别（如运用范例与运用规则），而如今也证实它们确实涉及不同的脑部机制。此研究例证同样依循着前面章节多次出现的形态：一开始在心理学层次的区分，后来发现在生物层次上也一样成立。

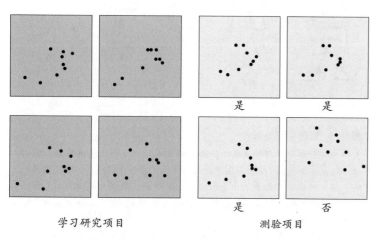

学习研究项目　　　　　　测验项目

图9-6　以点的组型分类作业为例研究失忆症者的分类现象

个体先学习、研究同属一类的所有点的组型，然后再决定每一个测验项目是否属于那个类别。属于该类别的（其下标"是"的项目）并非完全吻合学习的项目，而是与学习项目的原型有充分的相似性——大约为学习项目点的平均位置——足以做出"是"的反应（资料来源：Squire & Knowlton，1995）

◆小结

思维可以命题式与形象形式进行。命题的主要成分是概念，一组我们用来联结某一类别的属性。

概念包括原型（描述最佳范例的属性）与核心属性（概念成员最重要的属性）两种。核心属性在处理诸如"祖母/外祖母"等定义完整的概念上扮演重要角色；而原型属性则支配诸如"鸟类"等模糊概念。

儿童通常用范例策略来学习新概念：一个新的项目假如与概念已知的范例有充分的相似性，则被归为该概念的一例。儿童渐长后，他们也会使用假设验证策略来学习概念。

不同类别的概念可能由不同的神经区域来管理。例如，脑部的知觉区可能较与动物而非人造概念的表征有关，而脑部的功能与动作区则在表征人造概念（相对于动物而言）方面扮演较重要的角色。不同的神经区域可能也涉及不同的分类过程。

◆关键思考问题

1. 我们曾讨论过的某些案例中，原型概念似乎更具普遍性，即不受文化影响。你能想出有哪些原型概念是深受文化影响的？若有，请举出数例。

2. 有研究发现指出，有些神经受损的患者只有动物概念受到影响，而人造概念则否；反之，其他患者则出现相反的形态。除了动物与人造概念在知觉与功能特征上有别外，你能否想出得以说明这些患者差异性结果的其他解释？

第四节　推理

当我们以命题方式思考时，我们思考的顺序是有组织的。这种组织的情形之所以能引起我们的兴趣，是因为它在我们试图进行推理时自然就会出现。因此我们思想序列常以论证的形式呈现，每个命题都会与某个我们想要导出的声明或结论相对应，而剩下的命题则只是该命题的理由或结论的前提而已。

演绎推理

逻辑法则　根据逻辑学家，最强有力的论证为**演绎有效**（deductively validity），它表示假如其前提为真，辩证结论就不可能为伪（Skyrms，1986）。以下是此论证的范例：

1. a. 假如正在下雨，我会带把伞。
   b. 天正在下雨。
   c. 所以，我会带把伞。

一般人是如何形成这个逻辑推理的呢？当被问到判断一个论证是否演绎有效时，人们在判断像上述的简单的论证时是十分准确的。我们如何做此判断呢？有些演绎推理（deductive reasoning）理论假设我们像直觉的逻辑学家一样，使用逻辑法则试着证明论证的结论是从前提而来。考虑以下法则：

假设你有一个若 p 则 q 的命题，而另一个命题 p 成立，你就可以推论出这个命题 q。

假设上，成年人都知道这个法则（可能是无意识的）并用它决定前面的论证是有效的。显然，他们用法则"若 p 则 q"的部分确认第一个前提（"假如正在下雨，我会带把伞"）；用法则 p 的部分确认第二个前提（"天正在下雨"），然后推论出 q（"我会带把伞"）来。

假如我们把论证复杂化，就会变得更有意识去遵循法则。假设，我们评估下面的论证时两次使用了范例法则：

2. a. 假如正在下雨，我会带把伞。
   b. 假如我带了伞，我会弄丢它。
   c. 天正在下雨。
   d. 因此，我丢了我的伞。

在命题 a 和 c 上使用我们的法则，就会推论出"我会带把伞"；命题 b 再应用一次法则，则推论命题会使我们推论出"我丢了我的伞"的结论。人们使用此类法则最好的证据之一是，一个论证所需使用法则的数目是辩证难度的一个良好指标：所需的法则越多人们越可能犯错，他们做正确决定的时间也越长（Rips，1983，1994）。

内容效应　逻辑法则不能涵盖演绎推理的所有方面，只有命题的形式逻辑才能产生这种法则。然而我们评估一个演绎论证的能力，也常取决于命题的内容。我们可以用下面的实验问题来说明此观点。为被试呈现 4 张卡片，问题的一种形式是，每张卡片的一面有一个字母，另一面有一个数字［见图 9-7（a）］。被试要决定翻哪张卡片来判断"假如一张卡片的一面有个元音，则另一面会有一个偶数"

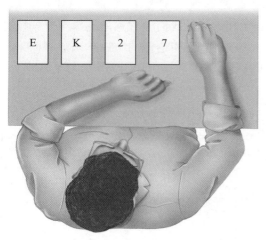

（a）假设：假如一张卡片的一面有元音，则另一面会是偶数

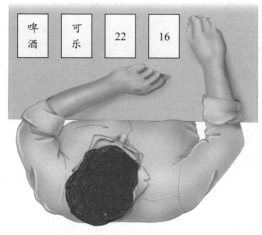

（b）假设：假如一个人在喝啤酒，那么这个人一定超过了 19 岁

图 9-7　演绎推理的内容效应
（a）呈现的问题是要被试决定该翻哪两张卡片才能验证该假设；（b）呈现的问题是被试需要决定该翻哪张卡片才能验证该假设（资料来源：Griggs & Cox,1982；Wason & Johnson -Laird, 1972.）

的论断是否正确。多数的被试都能正确地选择"E"卡片；但不到 10% 的被试也会选择另一个正确的答案"7"卡片（注意卡片"7"是关键的：假如另一面有一元音，该论断则为误）。

然而在上一个问题的另一种形式中，表现则有很大的改进［见图 9-7（b）］。现在被试必须评估的主张是"假如一个人喝啤酒，那么这个人一定超过了 19 岁"，每张卡片的一面是一个人的年龄，另一面是这个人正在喝什么。这个问题在逻辑上相当于前一个问题（特别是"啤酒"相当于"E"，"16"相当于"7"）；但现在多数被试都做了正确的选择（他们翻"啤酒"和"16"的卡片）。因此，命题的内容影响我们的推理。

上面的结果暗示着，当我们面对演绎问题时，并非都是使用逻辑法则，反而有时会使用较少抽象而较多与日常生活有关的法则，它被称为**实用法则**（pragmatic rule）。其中一个例子是允许法则（permission rule），它认为"假如要采取一个特别的行动，通常一个先决条件必须被满足"。多数人知道这个法则，当碰到如图 9-7（b）的饮酒问题时便激发此一法则，即他们会以允许法则考虑这个问题，一旦被激发，这法则会引导人们寻找未能符合相关先决条件的情形（19 岁以下），转而引导其选择"16"这张卡片。相反地，允许法则不会被图 9-7（a）的字母-数字问题引发，所以没有理由选择"7"的卡片。因此，问题的内容会影响实用法则是否被激发，从而影响推论的正确性（Cheng，Holyoak，Nisbett，& Oliver，1986）。

除运用法则外，被试有时会用设定一个情境的具体表征，来解决喝酒的问题，这被称为**心理模型**（mental model）。例如，他们可以想象两个人，每个人背上有一数字，同时手上有瓶饮料。他们可以检查这个心理模型看看会发生什么，例如，背后"16"号的饮酒者手上是否有瓶啤酒。根据这个概念，我们乃用问题内容的心理模型进行推理（Johnson-Laird，1989）。

刚刚陈述的两个过程（应用实用法则和建构心理模型）有一共通性：它们都是由问题的内容来决定的。这和应用逻辑法则相反，它是不应受问题内容的影响的。因此，我们对内容的敏感，常使我们无法像逻辑学家那样进行推理。

归纳推理

逻辑法则 逻辑学家已注意到，即使不是一个演绎有效的论证，也可能是真的。这类论证是**有力的归纳**（inductively strong），它表示假如前提为真，结论就不太可能（improbable）为伪（Skyrms，1986）。下面是有力归纳的范例：

> 3. a. 米奇在大学主修会计。
>   b. 米奇现在在一家会计公司上班。
>   c. 因此，米奇是一名会计师。

此为非演绎有效论证（米奇可能因厌倦会计课程而仅接受一份夜间值班的工作）。因此，归纳强度是一个概率问题，不是确定性的，而且（根据逻辑学家）归纳逻辑应该以概率理论为基础。

我们一直都在进行并评估归纳论证。这样做时，我们是否像逻辑学家或数学家一样地依赖概率理论的法则？一个相关的概率法则是基本比例法则（base-rate rule），它认为某种类成员越多（基本比例越高）则某人属于该类成员的概率也越高（如米奇属于会计师类）。因此，我们对米奇是会计师的论证范例，会被米奇参加了一个90%是会计师俱乐部的前提所强化。

另一相关概率法则是联结法则（conjunction rule）：某命题的或然率不会低于该命题与其他命题联结时的或然率。例如，"米奇是一名会计师"的或然率不会低于"米奇是一名会计师且年薪超过$60,000"的或然率。基本比例法则和联结法则是归纳推理的合理法则——它们有逻辑基础，且大多数的人在规则明显时都会顺从此法则。然而下面我们将会看到，在每天乱七八糟的推理中，人们常常违反这些法则。

启发法 所谓**启发法**（heuristic）是一种人们（解决问题时）很容易采用的快捷方式，而且时常能得到正确的答案，但有时未必如此。人们在日常生活中时常采用启发法，因为很好用。然而从下列的讨论中可知，它们并非一直都是可靠的方法。

特沃斯基和卡尼曼（Tversky & Kahneman，1973，1983；Kahneman & Tversky，1996）在一系列精巧独创的实验中发现：人们在进行归纳判断时会违反一些概率理论的基本原则。违反基本比例法则特别常见。在一个实验中，有组被试被告知有一群心理学家访谈了100个人，包括30名工程师和70名律师，并写下他们的人格描述。在给予这些被试一些描述后，要他们指出所描述的人是工程师的概率有多少。有些描述是工程师的原型（例如，"杰克对政治没有兴趣，他的闲暇都花在木工上"），其他描述是中性的（例如，"迪克是很有能力的人且颇有前途"）。毫不意外地，这些被试评定原型描述为工程师的比中性描述的更多。

另一组被试除了被告知有70名工程师和30名律师（与第一组相反）外，还被给予相同的指导和描述。工程师的基本比例因此在两组上有很大的不同。这个差异实际上并没有影响，第二组被试和第一组所给的评定本质上是相同的。例如，两组都评中性描述为工程师的机会是相同的（而合理的处理应是，评定中性描述可能为某一专业人员应依较高的基本比例）。被试完全忽略基本比例法则的信息（Tversky & Kahneman，1973）。

人们对联结法则也不大在意。在一项研究中，给予被试下列描述：

> 琳达31岁，单身，直率，且非常聪明，她在大学主修哲学……并对性别歧视议题十分关心。

然后被试评估下面两个陈述的概率：

> 4. 琳达是银行出纳员。
> 5. 琳达是银行出纳员且在妇女运动中十分活跃。

陈述5是陈述4和"琳达活跃于妇女运动"命题的联结。在严重违反联结法则下，多数被试评定陈述5比陈述4更为可能。应注意这是一个谬误，因为每个女性主义银行出纳员都是一个银行出纳员，但有些女性银行出纳员并非女性主义者，而琳达可能只是其中之一（Tversky & Kahneman，1983）。

被试在此研究中是以"作为一个银行出纳员，琳达似乎更像是一个女性主义的银行出纳员"的事实为判断基础。虽然被试被要求预估概率，但他们用琳达和"银行出纳员"及"女性主义银行出纳员"概念原型的相似性预估替代。因此，预估相似性被用来当作一种预估概率的启发法。人们之所以采用相似性捷思法是因为**相似性启发法**与概率有关，但更容易计算。使用相似性启发法也可以解释人们为何忽略基本比例法则。在前面工程师-律师的研究中，被试可能只是考虑该描述与"工程师"及"律师"原型的相似性。因此，所给予的描述如同样符合"工程师"和"律师"的原型，则判断他们身为"工程师"和"律师"的概率是相同的。即使是专家依赖相似性启发法也可能导出错误结果。

相似性推理也出现在其他共通的推理情境——我们知道某一类别中有些成员有一种特别的属性，而必须判断其他该类别成员是否也有此属性。在一项研究中，被试需判断哪两个论证更站得住脚：

6. a. 所有的知更鸟都有种子骨。
   b. 因此，所有的麻雀都有种子骨。

vs.

7. a. 所有的知更鸟都有种子骨。
   b. 因此，所有的鸵鸟都有种子骨。

毫不意外，被试判断第一个论证更站得住脚，这可能是因为与鸵鸟相比，知更鸟更像麻雀。这种相似性的使用似是合理的，因为它符合事物已知有许多共同的属性，则可能也有未知的共同属性的观念。但当我们考虑被试在另一组论证上的判断时，合理性的外观便会消退。

7. a. 所有知更鸟都有种子骨。
   b. 因此，所有鸵鸟都有种子骨（同前论证）。

vs.

8. a. 所有的知更鸟都有种子骨。
   b. 因此，所有鸟类都有种子骨。

被试判断第二个论证更站得住脚，因为知更鸟较像鸟的原型而较不像鸵鸟。但此判断是一谬误：同样的证据基础（知更鸟有种子骨），所有鸟类多半不含此属性，而所有鸵鸟有可能含此属性，因为

鸵鸟事实上是鸟类。有时候，我们以相似性为基础的直觉会再度导引错误（Osherson，Smith，Wilkie，Lopez，& Shafir，1990）。

相似性不是我们唯一有力的启发法，另一个是**因果启发法**（causality heuristic），即人们用情境中事件间因果关系的强度来预估情境的概率。例如，人们会做出陈述10比陈述9更有可能的判断：

9. 2004年的某时，加州将会有一场大洪水，有上千人会被淹死。
10. 2004年的某时，加州将会发生大地震，引起一场大洪水，有上千人会被淹死。

判断陈述10比陈述9更有可能是另一种对联结原则的违反（也因此是另一谬误）。这次违反原则的发生是因为在陈述10中，洪水和另一事件地震之间有强烈的因果联结；而陈述9只是单独提及，因此没有因果关联。

因此，依赖启发法常会使我们忽略一些基本的合理原则，包括基本比例法则和联结法则。但我们不应对我们的理性水平太过悲观。一方面，相似性和因果启发法在大多数情形下仍可能导出正确决定。而另外一方面，在正确的情境下，我们可以肯定在特殊问题上某些逻辑法则的关联性，并适当地加以运用（Gigerenzer，1996；Nisbett，Krantz，Jepson，& Kunda，1983）。例如，在阅读及思考这个议题时，你可能会了解到在当前问题中基本比例法则和联结法则的关联性。

 行为的神经基础

推 理

我们知道，许多心理学家都接受逻辑学家将推理分为演绎与归纳两种，但并非全都如此。有些学者相信将演绎推理的心理模型，运用于归纳推理上一样行得通，此结果即显示演绎与归纳推理间并无差异（例如，Johnson-Laird，1997）。是真有两种推

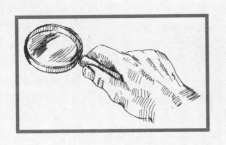

前沿研究

决策与大脑

与推理关系最密切的当数对决策的研究，尤其是人们从几个后果未知的选项中选择时。例如，"我是应该主修医学预科，让我有一半机会进入医学院然后赚大钱，还是应该主修心理学，好让我有更多的机会进入研究所，但收入会较少？"研究决策时，学者将问题设计得较为简易，只包含主要信息，而非各种复杂的选项。例如，你喜欢选项A，有70%的胜算概率得到4美元，但有30%的失败概率而损失2美元；还是选项B，有50%的胜算概率得到4美元但有50%的失败概率而只损失1美元？

这类研究通常只显示人们会选择最大利益（大略而言，即主观认定的金钱价值）。近年来研究指出，脑部额叶某区域受伤的脑伤患者在做此类决策（最大利益）时有困难，即使他们仍保有正常的智力、语言与记忆。所涉及的额叶部分是前额叶底侧皮层（ventro-lateral prefrontal cortex），它包括50年前认为是掌管人格且有时是心理疾病患者额叶切除手术（一种颇具争议如今弃用的外科疗法）的部位。目前，前额叶底侧皮层不再被视作"人格所在"，而被认为与决策有关，对前额叶底侧受伤患者的研究，也开始为我们提供有关决策神经基础的信息。

有些实验采用赌博任务。参与者（含前额叶底侧伤者与控制组）坐在四叠外观相似的纸牌前。首先给他们2,000美元作为赌资，

并告诉他们本游戏需进行一系列的选牌活动，每次只从四堆中任选其一，直到喊停为止。当被试翻牌时，他就可能得到一些钱，每堆的数额都不同。此外，在翻动某些特定的牌后，被试会受罚，并付出罚金，这也是随着每堆及每堆内每一张牌有所改变。研究者告诉被试，本游戏的目的在于赚取最大利润，且可以无限次随时自由变更选择。翻牌时，当翻到A或B时可能得到100美元，而C或D时可能得到50美元；然则在高给付组中（A或B）罚金也较低给付组（C或D）多。事实上，罚款在高给付组比低给付组高出许多，以至于长期看来，一直选低给付组较为划算。也就是说，C与D是较有利的选项，而A与B为较不利的选择。

整个游戏进行100次尝试，由于需要一段时间才估算得出整体而言C和D才是利益较高的选择，因此前20次，几乎所有的被试都选择较不利的牌堆（别忘了，他们每次尝试可得100美元，而罚款只有在一些尝试中发生）。然而接下来的20次，正常的控制组已发展出"臆测"：C与D会是较好的选择。此后，他们的臆测逐渐发展成清晰的假说（不利组的罚金严苛到足以抵消其较高的获利），因而他们对有利组的选择持续增长。前额叶底侧受伤患者与此情形大为不同。超过100次尝试后，他们还是很少发展出关于任务的任何臆测，并持续选择较不利的牌堆，他们无法认识到，高给付反而会导致高损失。这种决策上的缺失，并非仅是因脑伤使然，因为其他脑伤而底侧完好的

患者接受测试时，他们的表现一如正常人（Bechera，2000）。

因此，底侧皮层与决策间有着特殊的关联性。达马西奥（Damasio，1994）认为，底侧皮层是接收来自自主神经系统信号，并形成这些感受与认知状态的联结皮层区——"我觉得选择A会伤害我"。达马西奥称这些联结区为"身体记分员"（somatic marker），并认为底侧皮层受伤者不能形成这些记分员、不能拥有臆测，因而永远认不出哪个才是有利的选择。此外，底侧皮层也会将反馈信号送回给自主神经系统，因此底侧皮层受伤者在预期自主神经反应的能力上也是有缺陷的。

支持后一个观点的，是来自赌博任务时对自主神经系统反应测量的研究（Bechera, Tranel, Damasio, & Damasio, 1996）。所测得的自主反应是皮肤电反应（GSR），借此可间接得知情绪反应。正常控制组与底侧伤者实际得到奖惩时GSR均增高，但二者有个主要差别：正常组熟悉任务后，他们开始在选择某些牌之前，即会增高GSR；而底侧伤者则完全没能发展出此预期性的GSR反应。此外，控制组在选择不利牌堆时，其预期性GSR的反应大于选择有利牌堆时。这种较强的预期性焦虑感，可作为他们做了错误选择的有用线索，而底侧伤者则未能利用这种线索。

显然，我们的情绪与我们对不确定结果的决策有关，而且有助于决策的进行。

理，还是仅有一个基本议题？近年来，学者们也在神经层次上探讨过。虽然学者们进行了许多脑部成像的实验，但我们只聚焦于欧舍森及其同僚的一项研究上（Osherson and colleagues 1998）。

这些研究者在人们进行演绎或归纳推理时运用PET对其脑部活动进行成像。在这两种作业中，被试需评估下列议论：

A. 没有面包师傅下棋。
　　有些象棋选手听歌剧。
　　（因此）有些歌剧迷不是面包师傅。

B. 有些计算机程序设计师弹钢琴。
　　弹钢琴的人没有人看足球赛。
　　（因此）有些计算机程序设计师也会看足球赛。

在演绎作业中，要求被试区分有效的论证（如果前提为真，结论必为真的训练）与无效论证（即使前提为真，结论也可能为伪）。被试先接受一些区分有效-无效论证的训练。在这些训练中，A为有效论证，B为无效论证。这项作业并不容易，研究者要能确定被试的推理能力已全力投入。在归纳作业中，询问被试若前提为真，则该结论为真的概率是否大于结论为伪。就论证A而言，答案应为"是"——因为该论证为演绎有效者；而就论证B而言，答案可就难说了。不过重点在于，这两种作业中，被试均以"有多少概率为真"的方式进行推理，换言之，他们都是在推论概率（而不管其计算方式为何）。

进行演绎时脑部有许多区域在活动，而在归纳时则不然，甚至有些区域还呈现相反的形态。这些结果与演绎和归纳推理由不同的机制在调节的假设一致。说得更精确些，只有在演绎推理时，右半球才有许多区域在活动，而其中有些还指向脑部后方。这些活动可能反映出被试在回答困难的有效性论证问题时，正在运用空间表征（如文氏图）。反之，当进行归纳推理时，脑部主要的活动在左半球的前额皮层区，该区通常被认为与评估问题有关（如，在加州有多少骆驼？），评估通常涉及概率的粗估（如，中型城市拥有动物园的概率为何？）。

其他演绎与归纳推理的成像研究，也指出二

者有不同的区域（Goel，Gold，Kapur，& Houle，1998），尽管发现的区域与前面的研究发现并不相同。这些活动区域之所以不同，可能为使用材料不同的反映，然而这两类实验均指出，演绎与归纳推理有不同的神经活动模式，支持了这两种推理涉及不同机制的理念。这些研究也为我们提供了一个初步了解推理历程的神经层次的机会。

◆小结

　　推理时，有些论证是演绎有效，即假如前提为真则结论为伪是不可能的。在评估这种论证时，我们有时会用逻辑法则，而其他时候则使用启发法——一种粗估法则，根据命题内容而非其逻辑形式运思。

　　其他论证则为有力的归纳，即假如前提为真则结论就不太可能为伪。在评估此类论证时，我们通常会忽略概率理论的原则，而依赖相似性与因果启发法。

　　关于推理的神经基础方面的研究支持演绎与归纳推理的分类。当提供相同的论证分别让被试进行演绎有效或有力归纳的推理时，活动的脑部部位并不相同。

◆关键思考问题

　　1. 谈到演绎推理，有哪些练习可以使他们在进行日常生活推理时，增加基本比例法则与联结法则的运用？

　　2. 你如何运用脑部扫描实验来观察形式推理（逻辑法则、概率法则）与启发法在神经方面是否有别？

第五节　形象思维

我们在前面便曾讲过，除命题性思维外，我们也可以用表象的模式思考，特别是用视觉的表象。本节我们将对视觉思考做更仔细的探讨。

许多人感觉到我们有些思考是可视化的，我们似乎是时常提取过去的知觉或部分的知觉，然后加以运作以产生近似实际的知觉经验的。为体会此项观点，可试着回答下面三个问题：

1. 德国牧羊犬的耳朵是什么形状？
2. 大写印刷体N旋转90度后会变成什么新字母？
3. 你父母的起居室有几扇窗？

回答第一个问题时，多数人说他们先是在脑中形成德国牧羊犬头部的视觉影像，再"看"耳朵以决定它们的形状。回答第二个问题时，人们先形成大写N的影像，然后在脑中"旋转"90度，再"看"以决定新字母为何。回答第三个问题时，人们先想象起居室，然后在数窗户时"检视"该影像（Kosslyn，1983；Shepard & Cooper，1982）。

上面的例子依靠主观的印象，但它们和其他的证据都显示，表象与知觉使用相同的表征和过程（Finke，1985）。我们对物体和场所的表象有视觉细节：我们用"心灵的眼睛"看德国牧羊犬，字母N或父母的起居室；而且，我们执行这些表象的心理运作似乎和执行真实视觉物体的操作方式相似：我们可以用很像检视一个真实房间的方法去检视父母的房间；以旋转实物的方式旋转N的表象。

表象操作

我们已注意到，在表象中执行心理运作和执行实物视觉运作似乎是类似的。许多的实验为这些主观的印象提供了客观的证据。

一个被广泛研究的运作是**心理旋转**（mental rotation）。有一个典型的实验：被试在每次实验中都看到大写R，以正写或反写及一般垂直旋转或各种角度的旋转方式呈现（见图9-8）。被试需要判断字母是正写或反写。从垂直方向的旋转角度越大，被试判断的时间便越长（见图9-9）。这个发现说明了被试是以字母表象做心理旋转，直到其垂直后，再检查是正写或反写来做决定的。

另一个表象和知觉相似的表象运作是扫描一件物体或一列物体。在一个扫描表象的实验中，被试首先学习有7个重要地点的虚构岛屿地图。然后移

开地图，要求被试形成表象地图，并固定在一特定位置（例如，树在岛南部的位置上，详见图9-10），

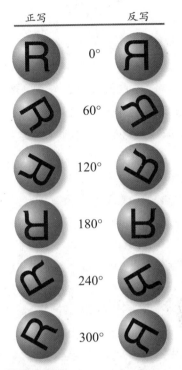

图9-8　心理旋转的研究

图为呈现给进行心理旋转研究被试的一些字母范例。每次呈现时，被试需要判断该字母是正写或反写。数字表示偏离垂直的度数（资料来源：L. A. Cooper & R. N. Shepard，"Chronometric Studies of the Rotation of Mental Images,"in *Visual Information Processing*, ed. © 1973 by W. G.Chase. Adapted by permission of Academic Press. ）

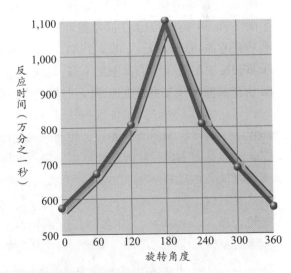

图9-9　心理旋转研究中的反应时间

当字母旋转到180°，即上下颠倒时判断该字母是正向还是反向所需时间最长（资料来源：L.A. Cooper & R.N.Shepard，"Chronometric Studies of the Rotation of Mental Images," in *Visual Information Processing*, ed. © 1973 by W. G. Chase. Adapted by permission of Academic Press. ）

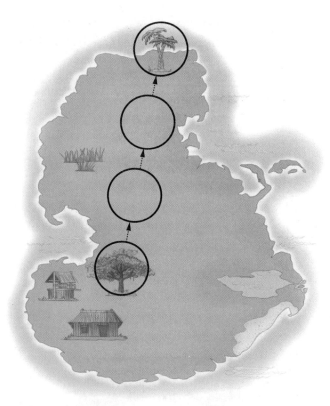

图 9-10　扫描表象

被试从南往北扫描岛的表象，寻找提到名字的位置。被试的表象就像是一张真实的地图，且假如扫描的距离越长，则扫描表象的时间也越长［资料来源：S. M. Kosslyn, et al., （1978）"Scanning Mental Images," from "Visual Images Preserve Metric Spatial Information: Evidence from Studies of Image Scanning," in *Journal of Experimental Psychology*, 4: 47-60. Copyright © 1978 by the American Psychological Association. Adapted by permission.］

然后实验者再说出另一位置（例如，树在岛屿北部顶端的位置上）。被试从固定的位置开始，扫描其表象，直到发现最后提到的位置，并按一个"抵达"的按钮。结果表明，固定位置和最后提到位置的距离越远，被试反应的时间越长。的确，被试扫描影像的时间乃与表象距离成线性增加关系，这说明被试扫描表象和扫描实物的方式是很像的。

表象和知觉过程的另一共同性是两者都受限于**颗粒大小**（grain size）。例如，在电视屏幕上，影像管的颗粒大小决定了图像中能保持可知觉的细节可以有多小。虽然大脑中没有真实的屏幕，但我们可以想象表象是在一心理媒介（mental medium）上发生的，而媒介颗粒大小限制了我们侦测表象细节的数量。假如颗粒大小是固定的，则表象越小就越难侦测。有很多证据支持这个主张。在一个实验

中，被试先形成一个熟悉动物的表象（例如，猫），然后被要求决定该表象是否有特别的属性。被试对较大的属性（如头部）比较小的属性（如爪）决定速度要快。在另一研究中，被试被要求做不同大小动物的表象（如小、中或大），然后决定其表象是否有特殊的属性。他们对较大表象的决定都比小的快。因此，表象一如知觉，表象越大我们能看到物体的细节越多。（Kosslyn，1980）

行为的神经基础

表　象

或许表象和知觉相像最具说服力的证据是，两者都是由相同的大脑结构来调节的。近年来，各项研究累积了相当多的此类证据。

有些关于脑伤患者的研究，结果表明患者有视觉知觉的任何问题，都典型地伴随有一个视觉表象的平行问题（Farah，Hammond，& Levine，1988）。一个特别令人惊讶的例子是，顶叶右半部受伤的患者会发生视野左边的**视觉忽略**（visual neglect）结果；虽然不是失明，但患者忽视了所有在其视野左侧的东西。有个男患者可能忽略了该刮他左半边脸的胡子。意大利神经学者比夏克（Bisiach & Luzzatti，1978）研究发现，这种忽略会延伸到表象。比夏克要求视觉忽略的患者想象置身于家乡熟悉的米兰广场中，如站在广场中面向教堂。患者陈述了右边大部分的东西，却很少顾及左边。当要求其站在教堂前面向广场外看去，即从相反的方向想象景象时，患者便忽略了前面陈述的东西（这次那些东西在表象的左边）。因此，这些患者在表象上显示了和其在知觉上相同类型的忽略，这说明了调节表象与调节知觉的大脑结构是相同的。

一些使用正常被试进行大脑扫描的研究显示，涉及知觉的大脑部分，同时也涉及表象。在一项实验中，被试需要完成一项心算作业（从50每次减3往下数）和一项视觉表象作业（以可视化方式，从你家大门分别左右转散步，经过邻近地区）。当被试

做各项作业时，测量其大脑皮层各部分的血流量。当被试进行表象作业时，其视觉皮层的血流量比做心算作业时多；而且在做表象作业时发现的血流类型和在做知觉作业时发现的通常是相似的（Roland & Friberg，1985）。

科斯林等人（Kosslyn et al., 1993）的一项 PET 实验为学者提供了一项涉及知觉和表象的大脑结构惊人的对比数据。在扫描大脑时，被试进行知觉和表象两种不同的作业。在知觉作业中，首先在格子板上呈现一个大写字母，再把 X 呈现在格子板中的一格里，被试要尽快地决定 X 是否落在大写字母的一部分上（见图 9-11）。在表象作业中，格子背景再次出现，但没有大写字母。在格子板下是一个小写铅字字母，要求被试产生这个小写铅字的大写字母的表象，然后投射在格子板上。之后再将 X 呈现在格子板中的一格里，被试要尽快决定 X 是否落在大写字母表象的一部分上（见图 9-11）。知觉作业会导致视觉皮层神经活动的加强，表象作业也是如此。实际上，表象作业所引起的活动增加的大脑结构部分，位于已知接收视觉信息的大脑皮层第一区域部分之中。

因此，从皮层运作过程的早期阶段来看，表象和知觉相像。而且，直接比较两项作业的神经活动时，发现在表象上的活动比在知觉上"更多"，因此

这似乎反映了表象作业比知觉作业需要更多的"知觉工作"的事实。由这些结果可知，表象和知觉由相同的神经机制调节，是毋庸置疑的。此处再次看到，生物学研究可为原先为心理学层次提出的假设提供支持的证据。

◆ 小结

以视觉表象方式呈现的思考，还包括知觉历程中发现的视觉细节。

心理运作（例如，扫描或旋转）是以表象进行的，它们执行的方式就像知觉一样。

表象类似知觉，因为二者都是由大脑相同部位所调节。脑部扫描的实验指出，涉及表象作业的特定区域与知觉作业所涉及的区域相同。

◆ 关键思考问题

1. 本节中我们讨论了视觉表象。依此类推，如何找出听觉意象的证据？

2. 你如何运用脑部扫描实验来判断，表象能力上的个别差异与神经方面的差异有关？

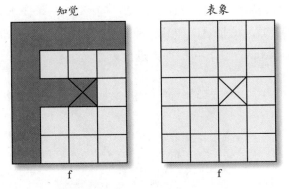

图 9-11　表象和知觉
该任务用来确定视觉表象是否涉及与视觉相同的大脑结构。在知觉任务中，被试必须判断 X 是否落在大写字体的一部分上。在表象任务中，被试先产生大写字体的影像，然后判断 X 是否落在该大写字体影像的一部分上。被试知道该想象哪个字母，因为该字的小写铅字体呈现在格子下（小写铅字也被呈现在知觉任务中，用于比较，Kosslyn, et al., 1993）（资料来源：Robert J. Sternberg, Beyond IQ: *A Triarchic Theory of Human Intelligence*, © 1985 by Robert J. Sternberg. Reprinted by permission of Cambridge University Press. ）

第六节　行动中的思维：解决问题

对许多人来说，解决问题是思维本身的一个缩影。在解决问题时，我们努力朝向一个目标但并无现成的方法可达成。我们必须把目标分成次目标甚至是进一步分为更小的次目标，直到我们有方法可达到一个水平（Anderson，1990）。

我们可以将这些要点用一个简单的问题说明。假如你要找出一个不熟悉的门锁号码组合，且你只知道是四位数，每当你找到一个正确号码，你就会听到一个"咔哒"声。你的总目标是找到这个组合。大多数的人并非随机地尝试，而是将此总目标分解为四个次目标，每个次目标相当于找出四个号码中的其中一个。你的第一个次目标是找出第一个号码，也就是说你有一个完成它的

过程，慢慢地转锁直到听到"咔哒"声。第二个次目标是找出第二个号码，必须使用相同程序，其他次目标也是。

人们将目标分解为次目标的策略是研究问题解决的主要议题。另一个议题是，人们如何以心理表征问题，因为这也会影响我们是否已准备妥当来解决问题。以下是有关此两个议题的讨论。

问题解决策略

我们知道许多有关分解目标的策略，是从纽威尔和西蒙的研究中衍生而来的（Newell and Simon，1972）。典型的方法是，研究者要被试大声说出在解决问题时所做的尝试，然后他们分析被试的口语反应，作为其基本策略。特别是研究者运用这些口语反应，作为设计解决此类问题的计算机程序的指标。我们可以比较其输出与人们在此类作业上的表现（例如，动作的步骤），以看看二者是否相符。如果符合，就说明此计算机程序即提供了一个解决问题的策略。有许多解决一般性问题的策略，即经由此种方法被确认的。

有一个策略是减少问题情境的现状（current state）和获得解答的目标状况（goal state）间的差距。再想想门锁号码的组合问题：最初，我们的现状为对任何号码均无所知，而目标状况则是知道全部四个号码。因此，我们为减少这两个状况的差异，设定完成第一个号码为次目标；我们的现状为知道第一个号码，和目标状况仍有差异，我们可以确定第二个号码来减少此差异，第三和第四个号码也是

如此。因此，**差异缩减法**（difference reduction）背后的关键概念是，我们设定次目标，在达到次目标后，把我们推向较靠近目标的状态。

另一个相似但较复杂的策略是**手段-目的分析**（means-ends analysis）。我们比较现状和目标状态以便找出其间最主要的差异，消除这个差异变成我们主要的次目标。然后我们寻求一个方法或过程来达到这个次目标。假如我们找到一个过程但发现目前状态下有东西阻挠我们去实施，便会引进另一新的次目标来消除这个障碍。许多常识性的问题解决情境便包括这个策略。以下为例：

> 我想送我儿子去幼儿园。我所有的和我需要的〔最重要〕差异是什么？其中一个是距离；有什么〔方式〕可以改变距离呢？我的汽车；我的汽车无法开动，需要什么才能使它发动？新电池；哪儿有新电池？汽车修理店。（Newell & Simon，1972，引自 Anderson，1990，p.232）

手段-目的分析比差异缩减更复杂，因为它允许我们去采取会导致现状与目标状态相似性暂时减少的行动。在上面的例子中，汽车修理店也许在幼儿园相反的方向，因此去修车店暂时增加了与目标的距离，但此步骤对解决该问题而言是很重要的。

另一个策略是从目标倒推法，这对解决数学问题特别有用，如图9-12。问题是：有长方形ABCD，试证 AD 和 BC 等长。在**倒推法**（working backward）中，可能如下进行：

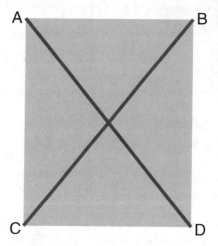

图 9-12　几何问题说明
已知 ABCD 是一长方形，证明对角线 AD 和 BC 等长

辅助教学工具有助于学生将数学问题可视化

如何证明 AD 和 BC 等长？假如我能证明
三角形 ACD 和 BDC 是一样的，则能证明 AD
和 BC 等长；假如我能证明两边和其夹角相
等，则能证明三角形 ACD 和 BDC 是相同的。
（Anderson，1990，p.238）

我们从目标往次目标（证明三角形是相同的）
推理，再从次目标到另一次目标（证明边及角是相
等的），如此类推，直到我们达到手头有解决方法的
次目标。

我们考虑到的三种策略（差异缩减法、手段-
目的分析法和倒推法）非常普遍，实际上可以应用
到任何问题上。这些策略并不需要依赖特殊的知
识，甚至可能是天生的，经常被称为弱方法（weak
method）。人们在第一次学习某一领域及解决不熟悉
的内容问题上，可能特别依赖这些弱方法。我们很
快地会看到，人们在某一领域得到专门知识后，会
发展出该领域更有力的特定历程（和表征），而压过
了弱方法（Anderson，1987）。这些弱方法解决问题
的步骤整理如表 9-2。

表 9-2 解决问题的步骤

1. 以命题或视觉形式表征问题。
2. 决定目标。
3. 将目标分成几个次目标。
4. 选择一个解决问题的策略，并运用它来达到每个次
   目标。

表征问题

要解决一个问题不仅有赖于分解的策略，还有
赖于我们表征问题的方式。有时命题表征最有效，
有时则以视觉表征或表象较有效。以下面的例子来
说明：

一天早晨，太阳刚升起时，一个和尚开始
爬山。有条大约一两步宽的窄径，沿着山蜿蜒
而上到山顶的庙宇。和尚以不同的速度上山，
沿途停驻多次休息，终于在日落前抵达寺庙。
在庙里待了几天后，他沿着同一路径往回走，
日出启程，同样用不同的速度并停驻多次休息。
当然，他下山的平均速度要快于上山的速度。

试证：沿途存在一个他刚好在一天中同一时间
上下山旅途中都会经过的特定地点。（Adams，
1974，p.4）

在尝试解决此问题时，许多人会以命题表征开
始。他们甚至试着写一组方程式，但很快自己就迷
糊了。当这个问题以视觉表征时便简单多了。你要
做的是将和尚上山旅程可视化并重叠在下山旅程之
上：想象有两个和尚，一个从山上往下走，另一个
从山下往上走。不论他们的速度快慢，沿途一定有
某个时间、某个地点他们两个会碰面。因此，一定
在沿途中有一个点是和尚在两次旅程中刚好都会经
过的（注意，问题并没有叫你此定点在何处）。

有些问题可以轻易地以命题或表象表征方式解
决。我们可以用下面这个简单问题来说明："艾德跑
得比戴维快但比丹慢，那么这三个人谁跑得最慢？"
以命题解决此问题，我们可以用"戴维"为主语，
"跑得比艾德慢"为谓语的命题表征此问题的第一部
分；用"艾德"为主语，"跑得比丹慢"为谓语的命
题表征此问题的第二部分。我们可以推论戴维比丹
慢，由此而得出戴维跑得最慢。用表象解决此问题，
我们可以想象此三人的速度为一条线上的点，如下：

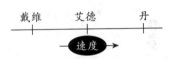

我们便能直接从表象简单地"读出"问题的答
案。显然，有些人偏好以命题表征这样的问题，而有
些人则倾向于用视觉表征（Johnson-Laird，1985）。

除了命题相对于表象的议题外，还有一些关于
表征"内容"（what）的问题。我们之所以对某问题
有困难，往往是因为我们无法表征关键的东西，或
是因为表征的"不是"（not）问题的重要部分。我
们可以用一个实验来说明：给一组被试呈现"如何
将蜡烛支在门上"的问题，但仅提供了图 9-13 所展
示的材料。解决方案是将盒子钉在门上，再用盒子
当作烛台。大多数的被试在这个问题上有困难可能
是因为他们将盒子视为一容器而不是一平台［这种
难题常被称作**功能固着**（functional fixedness）]。另
一组除了移走盒子内的东西外，给予相同的问题，

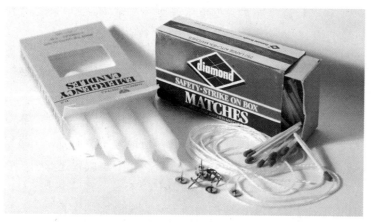

图 9-13 蜡烛问题的材料

给出图中所展现的材料，你如何将蜡烛支在门上？答案在下一页（资料来源：Glucksberg & Weisberg，1966）

这些被试解决此问题较为成功，可能是因为他们较不可能将盒子是容器的属性纳入表征，而较可能在表征中涵盖了盒子的支撑属性。这类研究提供了一些暗示：为何专家相信得到解决问题有用的表征，便已解决了一半的问题。

专家相对于新手

在特定内容的领域中（如物理、地理、下棋），专家解决问题和新手有本质上的差异。之所以会存在这些差异，是因为专家和新手使用的表征和策略不同。专家在记忆中存有许多与问题有关的特定表征，例如，一位下棋高手可注视一张超过 20 个棋子结构复杂的棋盘 5 秒钟后，完全地复制下来；新手在此情境中只能复制一般 7±2 个项目（详见第八章）。专家有此记忆绝技，是因为经过多年的练

蜡烛问题的解答

习，他们已发展出许多可能的棋盘结构表征；这些表征让他们得以借助少数的组块将复杂的结构予以编码。此外，这些表征可能也是其高超棋艺的基础。一位高手可以储存 50,000 个结构，并且习得当每一个结构出现时应如何应对。因此，高手下棋可以从本质上"看到"可能的棋步，他们不用像新手一样去思考出各种方案（Chase & Simon，1973；Simon & Gilmartin，1973）。

即使面对新的问题，专家的表征也和新手不同。这点在物理学的问题解决研究上有很好的说明。一个专家（如物理学教授）用解决方案所需的物理原则表征问题（例如，"这是每一种运动都会有一力量相等但方向相反的运动的问题"）。相反的，一个新手（如第一次接触物理学的学生）倾向于以其表面特征表征问题（例如，"这是一个倾斜面问题"）（Chi，Feltovich，& Glaser，1982）。

当新手以模拟法解决问题时，也较倾向于只看到问题的表面特征。当我们对某一特别领域不熟悉，又必须解决该领域问题时，我们常会以模拟方式，从过去曾经验过的表面上相似的问题中去思考。对此现象所进行的一个研究范例为，人们学习用新的计算机编辑方式来处理文章（Ross，1984）。在学习处理词组时，人们时常会想到与过去用来编辑文章的方式之间表面的相似性，并借

专家与新手在解决问题上有质上的差异。象棋专家可能在记忆中已储存了许多特定的表征，当遇到问题时，可以加以提取

此想到该如何进行当前的编辑工作。例如，人们学会以两种不同的方式在文章中插入一个词，一种方法为处理购物清单的增删，另一种方法为处理美食报道的文章。稍后，当他们要在另一张购物清单或美食报道的文章中插入词时，可能会选用处理类似文章的方法（如果是购物清单，就会沿用原先处理购物清单的插入法）。在学习初期，我们会依问题表面的相似性来选择解决问题的方法。

专家和新手所使用的策略也不同。在解决物理学问题上，专家通常在产生方程式前尝试形成解决问题的计划，而新手则是典型的从写方程式开始，而心中却无一般的计划（Larkin，McDermott，Simon & Simon，1980）。另一差异是，专家倾向于从"给定的问题"朝"解决方案"推理，新手则刚好相反（倒推策略）。这个推理方向的差异，也在医生如何解决问题的研究上获得证实。专家医生倾向于前进导向的推理（从症状到可能的疾病），而一般医生则倾向于以倒推方向推理（从可能的疾病到症状）（Patel & Groen，1986）。

我们所讨论的专业知识的特征（表征的多样性，根据表征原则、行动前有计划，及倒推方式）组成了一些稍早讨论过的会压过弱方法的特定领域的问题解决历程。

◆ **小结**

问题解决需要将目标分解成较易达成的次级目标。

将目标分解成次级目标的策略包括：减少目前状态与目标状态的差距；手段-目的分析（消除现状与目标状态最重要的差异）；倒推法。

有些问题容易用视觉表征解决，有些问题较适合用命题表征来解决，而许多问题则用视觉或命题表征解决都同样好。

专家与新手在 4 个方面有别：他们对问题有较多的表征；他们以解决问题的原则而非表面特征来表征新的问题；他们行动前先有计划；他们倾向于前进式而非倒推式的推理。

◆ **关键思考问题**

1. 想想看，从某些活动（如某学科课题、游戏、运动或嗜好）中你能学到一些专门技能。你将如何描述造成你进步的这些变化的特征？你如何将这些变化与本章所描述的内容相提并论？

2. 如何将我们在解决问题上有关专门技能方面的发现，应用到教导人们在专业技能上的学习（例如，教医科学生新的专门医学类别）？

双面论证

是语言引导思维还是思维指引语言？

语言如何引导思维

丹·I. 斯洛宾（Dan I. Slobin），加利福尼亚大学伯克利分校

丹·I. 斯洛宾

没有人会质疑此说法：语言与思考在很多重要方面之间有交互作用。然而，若说每种语言都有其影响使用该语言者的思考与行动的独特方式，则存在很大争议。一方面，任何懂得一种以上语言者，常因不同语言的用法不同而一时语塞；另一方面，我们又认为各国人士经验世界的方式均大同小异。

此处有两个议题：语言相对性与语言决定性。相对性较容易证实，当你使用任何一种语言时，均会留意该语言中语法上的意义。例如，你必须注意英语动词的时态，以指明发生你所陈述事件的时间："正在下雨（it's raining）""下过雨（it rained）"等依此类推。土耳其语与许多美洲原住民语言一样，不止有一种过去式，还会依信息来源而有两种过去式：一种是个人的直接经验，而另一种只是听来或推论而得。如果你昨晚外出时下雨，你会说"昨晚下雨了"，所使用的时态表示你直接见证到下雨；但是如果你是早上起床后发现街道与花园是湿的，

则你应该用另一种过去式，表示你本身并未亲眼看见下雨。

长久以来，这类差异性令语言学者与人类学者相当着迷，他们也曾提出数以百计的关于外来奇特用语的实例，例如，"握住"此动词的形式即可能因所握物品的形状而异（Navajo）。然而，我们仍须指出，非外来语也有奇特之处。例如，我们不能用英文说"尼克松曾在华盛顿工作（has worked）"，但可以说"克林顿曾在华盛顿工作"。为什么？因为英文严格限制现在完成式的用法，它只能用在还活着的人身上。这真是奇特！

语言决定论者认为，这些语言上的差异会影响人们思考的方式——甚至整个文化的组织方式。其中最强的论点为本杰明·李·沃尔夫（Benjamin Lee Whorf）与他的老师爱德华·萨丕尔（Edward Sapir）在 20 世纪前半期所提出的"萨丕尔-沃尔夫假设"（Sapir-Whorf hypothesis），即语言相对和决定论。该如何证实这种大胆的假说？如果要认真看待此假说，就表示土耳其人对证据比美国人更为敏感；而美国人则比土耳其人更在意死亡。显然，此假说不能以这种广泛的层次来加以证实，而是依靠实验心理学者与认知人类学者找出使用各种语言者在控制作业上的小小差异。

结果是混淆的。大多数情况下，人类的思想与行动是由一系列原因共同决定的，因此语言的结构可能并未扮演关键性的因果角色。语言决定论的说法，在语言作为将人的注意力吸引到经验的层面上的核心方式的情况下能得到最好的证明。证实语言决定论最具说服力的实证研究，是在史蒂芬·C. 莱文森（Stephen C. Levinson）的指导下进行的。例如，史蒂芬与其同事区分了"以身体描述空间关系的语言（如英文的前 / 后 / 左 / 右）"及"以环境中的定点区分方位的语言（如澳洲土著方言中的北 / 南 / 东 / 西）"。以第二种语言形式为例，某人可能会说"你北边的肩膀"或"桌子的西端"；当要陈述一件往事时，你必须经常记得你的行动相对于方位中的位置，使用这种形式语言者，无论你是否正在说话，你都必须知道你相对于方位中的位置。史蒂芬的研究小组在许多跨语言与跨文化的研究中均发现如此情况。

虽然我们还需要进行更多的研究，不过确有证据指出语言只是塑造人类思想与行动的因素之一。由于语言运用广泛，且我们经常必须在交谈时做出认知决策——语言决定论假说将持续吸引科学界的关注（关于此议题的相关争论，可参考 Gumperz & Levinson, 1996）。

是语言引导思维还是思维指引语言？

思维如何影响语言

爱莉娜·罗施（Eleanor Rosch），加利福尼亚大学伯克利分校

爱莉娜·罗施

我们是否受限于语言而只能以特定的方式知觉世界？根据语言决定论这一最具戏剧性的假说（Whorf，1956），每种语言的语法均蕴涵着一种形而上学（一种世界观），例如，英文有名词与动词，而努特卡语（Nootka）只有动词，而霍皮人（Hopi）将世界二分成显性与非显性。沃尔夫宣称这种语言上的差异，会将使用语言者的心理模塑成互相无法理解的思维方式。

我们有何证据证实语言差异性对思考的作用？在世界观层次，沃尔夫以奇特的语音将美国原住民的语言进行逐字翻译。然而对任何一种语言进行逐字翻译，即使是我们较熟悉的法语或德语，听起来还是怪怪的。就整个社会层次而言，语言、文化与思想是不能以实验方式加以分割的。即使是在被证实世界观确有差异的情况中，如强调沉思的东方传统，也指出人们了解这些传统的能力，是依靠实践而非他

们所使用或学得的语言（Rosch，1997）。

一个较委婉的沃尔夫式说法为，语法的分类形式（如英文中的名词与动词或纳瓦霍（Navajo）的形状分类词）会影响分类或记忆等层面的思考。我们可以进行实验，只是结果大多是否定性的。例如，语法分类并不像语意分类（如动物或植物等意义单位）一样有助于记忆。再说，使用以形状词分类的语言者，并不一定比较喜欢以形状而非颜色来对对象分类。或许是因为语法形式的分类已进入自动化加工过程，对说话者而言已经失去语意的功能；抑或特别就语言而论，思考有其独立的程序，没有必要与意义系统的其他部分产生互动（Slobin，1996）。

大多数对语言与思考的研究都还局限在词汇层次。因纽特（Inuit）人确实有许多用来描述雪的词汇，这些词语，而非雪本身，真会影响他们的思想？然而，即使只是词汇，我们也很难将它们与其他因素区隔开来。各种语言均用名称来指称环境中的事物（如微芯片），而用词语来标定重要的社会与文化区别（如用来区隔年纪较长的哥哥与年轻的弟弟的区分用语），表示区别也并不只有语汇的方式（如滑雪者对不同种类的雪可以有许多不同的区分方

式），以及改变语汇来表示社会关系的变化（如英文中已消失了"你"的敬语 thou 而改为熟悉的 you）。颜色一度被视为词汇研究最理想的素材，因为我们可以分别测量各种语言中的颜色（运用光的物理属性）与思想（如颜色记忆）二者。然而研究结果却指出，颜色词汇与认知二者大多数为人类视觉系统决定，而语言只扮演着次要的角色（Hardin & Maffi，1997；Rosch，1974）。就算如斯洛宾所言，方位（location）词是语言对思想最具影响力的词汇类别，但是别忘了，这只是有限的一类词汇，而且方位（找寻物品或个人位置）是可充分借由各种系统加以传达的实际概念。

从以上种种中我们能得知什么信息？诚然，语言的差异是有趣且重要的，但是它们并非单独存在的。科学的议题通常以极端二元对立的形式呈现，立论人必须像在法庭或政治辩论中采取相互敌对的立场，这可能只是我们文化上的偏好（Peng & Nisbett，1999；Tannen，1998），而非能带来亘古不变知识的良好科学的条件。我们除了该学习思考语言与思想的关系外，也该以有趣但复杂而相互决定的观点，来思考心理学其他对立的论述。

本章摘要

1. 语言是我们沟通思想的主要方法，组织为三个层级：最高的层次是语句单位，包括与思想和命题有关的词组；第二个含有意义的层次是词语或词语部分；最低的层次是说话的声音。句子是由词语（及词语部分）建构的，而词语本身则是由说话的声音建构的。

2. 音素是说话的声音的范畴。每种语言都有一套由自己的音素和规则组成的词语。词素是意义的最小单位。大多数的词素是词语；其他的是加在词上的前缀和后缀。语言也有组成词组和句子的句法规则。理解句子不仅需要分析音素、词素和词组，还要使用语境和了解说话者的意图。主管语言的脑部区域位于左半球，包括布洛卡区（额叶皮层）与威尔尼克区（颞叶皮层）。

3. 语言发展发生在三个不同的层次。婴儿一出生即学会音素，但需几年时间才学会组合的规则；当儿童开始说话时，他们学习称呼熟悉概念的字词；学习产生句子时，儿童开始用一个词说话，再进展到两个词电报式语言，然后精细化其名词和动词词组。

4. 儿童对语言的学习至少有部分是依检验假设进行的。儿童的假设是由一组操作原则指引的，这是儿童注意到说话的重要特征，例如，词的结尾。先天因素在语言获得上也扮演了重要角色。

5. 我们先天的语言知识，似乎是非常丰富和详尽的。所有儿童在获得语言的过程中似乎均经历相同阶段的事实足以说明，就像其他的先天行为，有些语言能力只有在某关键期中方可习得。学习语言的先天能力是否为人类所独有是一个有争议的问题。许多研究暗示黑猩猩和大猩猩可以学习相当于我们词语的符号，但学习像人类一样以系统的方式（或句法）组合词语则有困难。

6. 思考以不同的形式出现，包括命题的、表象的。一个命题的基本要素是一个概念，我们用来联结某一类别的一组属性。概念为我们提供认知的经济性，让我们用相同概念的例子来编码许多不同的东西，也使我们可以预测不能马上察觉的信息。

7. 一个概念包括原型（即形容最佳范例的属性）和核心属性（即概念成员最重要的属性）。核心属性在定义完整的概念中扮演重要角色（如"祖母"）；原型属性支配模糊概念（如"鸟类"）。多数自然的概念是模糊的。概念有时是阶层式的组织，在此情况下，阶层的某个层级是分类的基础或较合宜的层次。

8. 儿童通常是用范例策略学习概念的原型。用此方法，一个新的项目假如与概念已知的范例充分地相似则被分类为该概念的一个例子。儿童渐长之后，他们使用假设验证为概念学习的另一策略。不同的分类历程涉及不同的大脑机制。

9. 推理时我们将命题组织为论证。有些论证是演绎有效：假如前提为真则论证为伪是不可能的。评估演绎论证，有时我们用逻辑法则，证明结论是由前提而来的，而有时则使用启发法（粗估法则）操作命题内容而非其逻辑形式。

10. 有些论证是有力的归纳：假如前提为真则结论就不太可能为伪。产生及评估此论证时，我们通常忽略了一些概率理论的原则，而依赖相似性或因果关系的启发法。

11. 不是所有的思考都以命题表达，有些是以视觉表象。这种表象还包含知觉中发现的视觉细节。表象与知觉相似，因为它们都是由大脑相同部位所调节的。因此，大脑受伤会导致某种知觉问题——视觉忽略，也会导致表象产生类似的问题。此外，大脑扫描技术的实验也指出表象作业和知觉作业所涉及特定的大脑区域相同。

12. 问题解决需要将目标分解为较易达到的次目标。分解的策略涉及减少目前状态和目标状态间的差距，手段-目的分析（消除现状和目标状态最重要的差异）及倒推法。有些问题容易用命题表征解决，其他问题则以视觉表征效果最好。

13. 专家和新手有 4 种基本的不同：他们对问题有更多的表征；他们以解决方案的角度而非表面特征来表征新的问题；行动之前先有计划；倾向前进式而非倒推的推理。

核心概念

产生语言	动词词组	原型	效用
理解语言	句法	核心属性	心理旋转
语言	布洛卡失语症	基础层级	颗粒大小
音素	威尔尼克失语症	演绎有效	视觉忽略
词素	过度延伸	实用法则	差异缩减法
语法词素	命名性失识症	心理模型	手段-目的分析法
意义	命题性思维	有力的归纳	倒推法
语句单位	形象思维	启发法	功能固着
命题	概念	相似性启发法	
名词词组	分类	因果启发法	

第十章　动机

10

你正行驶在高速公路上，想及时赶上一次重要的求职面谈。早晨你起晚了，因此没吃早餐，现在你可是饥肠辘辘，似乎高速公路上所有的广告牌都是食品的广告——火腿蛋与松饼、满是肉汁的汉堡、冰凉甜美的果汁。你的胃正咕咕作响，而你试着忽略它，但是根本不可能。你每走一段路，就觉得饿得更厉害了。当你盯着比萨的广告牌时，差一点撞上前车的屁股。简言之，你已经被饥饿的动机状态冲昏头了。

动机（motivation）是一种赋予行为能量并指引其方向的状态。它与意识欲望一样，是主观经验到的——如对食物、饮水、性爱的欲求。我们大多数人都能选择是否要满足自己的欲望。我们可以强迫自己去追求我们所欲求的，也可以强迫自己去做我们不太愿意做的事，甚至可以刻意避免去想那些我们拒绝去追求的欲望。我们很难甚至不可能去直接控制我们的动机。饥饿时，我们很难不要食物；又热又渴时，我们无法拒绝一杯冰凉的啤酒或冷饮。

意识的选择似乎成了动机状态的结果而非成因。如果不是理性的选择，控制动机的又会是什么？

动机的成因包括发生在脑部与身体上的生理事件，还包括我们的文化和我们周遭人士的社会互动。本章，我们将探讨诸如渴、饥饿与性等基本动机的控制。这类动机大多源自我们的生物遗传，且展现了动机与酬赏引导行为的一般原则；本章稍后将讨论社会赞许与文化对动机的影响。

就基本动机（如饥饿、渴与性等）而言，心理学者传统上区分出两种动机理论，其间差异主要在于动机的来源、成因，以及动机如何控制行为。理论之一为驱力论（drive theory），强调动机内在因素的角色。与某些诸如饥、渴有关的内在驱力，曾被认为反映了基本的生理需求；而诸如性与攻击等动机，其驱力因素则较

不被认为与生理需求有绝对的关联性。毕竟，我们对攻击别人的需求，会像在饮食需求上那般必要与刻不容缓吗？不过，性与攻击还是有驱力层面的作用，它们都受诸如荷尔蒙状态等时而重要的内在因素影响，且可能由最初的那种为满足祖先的基本需求进化而来。

另一个理论为诱因论（incentive theory），强调外在事件或欲求外物的动机角色。举凡食物、饮料、性伴侣、攻击对象、人际关系、尊重、金钱，乃至成功的酬赏，都是诱因。诱因是动机的目标，我们的动机毕竟不是在真空中运作的——当我们有需求时，我们是要某件东西，该对象的性质吸引着我们往某方向或另一方向前进。该目标可能是可口的食物、可以饮用的水，与你互动的伙伴、驱逐一位侵入者，或拥有

动机的成因种类繁多，从口渴这样的生理事件，到产生出想超越他人需求的社会抱负与文化影响等，都属于动机

声望。许多诱因也可当作酬赏物，它们可以带来快乐，并强化带来这些酬赏的行为。

有些诱因是**一级强化物**（primary reinforcer），不需学习即具酬赏性，例如，一种甜的味道和性的感觉在第一次经验时可能便是愉快的；其他诱因是**二级强化物**（secondary reinforcer），它们至少需借由与其他事件进行有关的学习（learning）才具酬赏性。例如，基于我们的文化经验及其所代表的意义，金钱和好成绩是很有效的诱因。对于动物，与食物配对的条件刺激可以作为有效的酬赏。在各种情况中，学习对二级强化物的形成都是重要的。学习对某些一级强化物虽然较不重要，但也具有一部分调节功能，例如，当你出生时可能是饥饿的，但在出生时，你对现在喜欢的食物并没有任何概念，动机诱因理论特别着重学习和动机控制经验的关系。

诱因理论和驱力理论提供了关于动机控制不同的观点，但这两个理论观点的分歧主要只是关于论点而非实质，二者之间并无实际的冲突。众所周知，这两种形态的过程几乎存在于每一种动机中（Toates，1986）。但在转向另一类型理论之前专注于一种类型理论并完全理解它是更容易的，因此，我们在第一节先考虑诱因过程再于第二节讨论驱力过程。第三节，我们将整合这两种观点，因为诱因与驱力因素在我们真实生活中一起运作，而且其间常有交互作用（见图10-1）。再考虑一下本章开头的例子，一个驱力因素（你的饥饿）强化了诱因的动机效应（食物的广告牌）。事实上，大多数人饥饿时，食物吃起来特别美味，而吃饱时，就不再那么可口了（Cabanac，1979）。你曾经为了好好享用晚餐而不吃午饭吗？或者曾因吃零食而被责怪会坏了晚餐的胃口吗？相反的，诱因可以唤醒驱力状态。你曾在走过面包店或餐厅时，闻到浓郁香味而顿时意识到你肚子饿了吗？

第一节　酬赏与诱因动机

动机通常引导行为朝向一个能产生愉快或减少不快状态的特殊诱因：食物、饮料、性等。换言之，**诱因性动机**（incentive motivation）——或想要某事物（通常是与情绪）或喜欢该事物有关联的。精确地说，"**情绪**"（affect）一词是指包括快乐与不快乐的意识经验。然而在讨论动机与酬赏时，我们都会强调快乐一边，即与"喜欢"有关的部分。情绪在我们的生活经验中是无所不在的，以致有人主张快乐已进化成为一种基本具有心理功能的角色（Cabanac，1992），这个角色作为反映我们每个行动价值的心理"通用货币"来影响行为。快乐趋向于与提高我们及我们后代生存的能力有关，包括好吃的食物、新鲜的饮料，以及以生殖为目的的性行为；痛苦或挫折则与威胁我们生存的事件有关（如身体的伤害、生病或失去

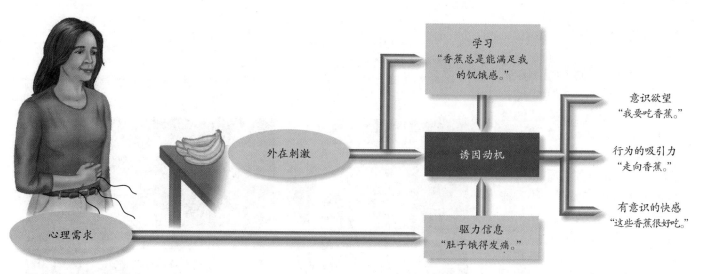

图 10-1　基本动机模式

个体接收到一个外在刺激，例如，看到食物，和它过去酬赏进行对比；同时，饥饿和饱食的生理信息也会调节此刻刺激的内在意义。这两种信息最后整合并产生外在刺激的诱因动机，此动机过程体现在行为和意识的经验中（资料来源：Toates，1986）

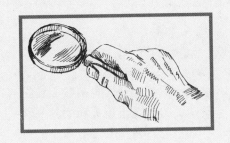

前沿研究

想要与喜欢

如果过去你"喜欢"某件事，这几乎就表示你将来还"想要"它，学者如何确知脑部的多巴胺系统是在解释"想要"而非"喜欢"？学者曾经很难区分二者，事实上，在早期的研究中，这两个概念（想要与喜欢）是以更简单的酬赏观点混杂使用的。早在20世纪50年代，学者就发现，电击脑部某部位（即下丘脑）为有力的酬赏，因为人与动物会为了一再得到电击而工作（Olds，1956），人与动物显然想要且热切地追求脑部刺激，或与脑部刺激配对的其他自然酬赏（如食物与性），此研究发现被视为刺激脑特定部位本身即为带给个体快乐（喜欢）且为个体欲求（想要）的酬赏物的证据，许多人还称该部位为"快乐中枢"。同时，由于多巴胺神经元似乎为该"快乐中枢"内的主要联结（Valenstein，1976），科学家们在几十年里乃至今天已经将多巴胺与快乐情绪两者间加以联结起来了（Isen，2002）。

学者区分喜欢与想要的唯一方法，是分别使用不同的测量。不断追求重复的经验与"想要"的概念较接近。我们如何以有别于"想要"的方式来标示"喜欢"？别忘了，喜欢（或快乐情绪）是你在进行而非

期望一件事情时的经验，常常可以从面部与肢体的动作显示出来。试想，人们（即使是婴儿）在享用美食时，我们可以看出他们是否喜欢食物的味道。当感到食物可口时，他们会微笑和舔嘴巴；当感到食物难吃时，他们会张口撅嘴蹙眉。非人类的灵长类与包括老鼠等其他动物，对食物好坏都有这些相近的面部表情（Steiner，Glaser，Hawilo，& Berridge，2001，见图）。

如果脑部刺激的酬赏确实会带来快乐，它应该可以提高对快乐的追求与表现。最近，研究者分别对"想要"与"喜欢"进行测量的研究即试着验证此命题。他们发现电击脑部多巴胺系统可激发动物去寻找像食物类酬赏物的动机，尽管实际上已经饱足了，但它们还是索然无味地增加对食物的搜寻（Berridge & Valenstein，1991）。如果我们对脑部多巴胺系统注射药物（如安非他命），也可以发现同样的结果（Wyvell & Berridge，2000）。这两个实验，均为"想要"而非"喜欢"的例证。

反之，学者也证实了"喜欢"而非"想要"的效果。研究人员对选择性地只破坏脑部多巴胺系统神经元而其他部分完好的麻醉老鼠注射特定的神经生化毒素，一旦它们

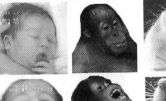

人类和动物在表示喜欢时的相似性。这些照片展示了人类婴儿、灵长类动物和鼠类对甜味和苦味的脸部表情反应。表示"喜欢"的表情包括向甜味突出舌头（上排）。表示"不喜欢"的表情包括目瞪口呆（下排）

从手术中复原后，不再对食物、水或任何其他的酬赏物有兴趣，它们甚至宁愿饿死，除非以流管强迫喂食。此时多巴胺神经元连带"想要"均被破坏，但是"喜欢"则否，如果将甜味或苦味注入动物的口内，它们也会表现出与健康老鼠同样的脸部表情与肢体动作（Berridge & Robinson，1998）。

因此，仔细观察实验室老鼠的快乐与不快乐的脸部表情，你就可以弄清楚想要与喜欢间紧密联结的关系。从这种新的研究中，我们可得出结论：脑部多巴胺系统可解释个体对各式各样天然与人为诱因的"想要"；而其他脑部系统（如鸦片系统）则为"喜欢"的生物基础（Berrindge，1999）。

资源）。换句话说，行动的酬赏或情感结果，通常反映了行动是否值得重复。

引导未来的行为，我们需要去学习、记得暂时的快乐与不快乐，并将它归因于相关的事物上，使这些事物能染上**诱因显著性**（incentive salience），即指这些事物变得与预期的情绪相联结，会攫取注意力，并鼓动追究探索的行为。因此，在我们所经验到的意识生活中，诱因性的动机与带来快乐的酬赏间有着密不可分的关系，但并不表示**"想要"**（wanting）与**"喜欢"**（liking）是同一回事（Berridge，1999）。诚如你在"前沿研究"与药物成瘾一节中所见，在某些情境下，它们二者是有区

别的。其中一个区别在于时间点：想要是处于渴望状态，预期得到快乐（像你预想将要吃顿美味的大餐时的经验）；而喜欢则相反，是你经验当下的感受（你开始用餐时）。过去曾"喜欢"某事，通常会让你未来"想要"它，这种情形也可能发生于很短的时段内。例如，吃了点开胃菜，会让你胃口大开。经由此历程，情感上的酬赏（喜欢）可为诱因性动机（想要）添加燃料。

"想要"可以进化成为将过去行动结果的好坏在脑中形成记忆轨迹，以指引未来的行动。假如快乐是各种事件价值的一项"通用货币"，则大脑应可将不同"快乐"换算成与它们等值的货币单位。有证据显示，大脑可能自己有酬赏的神经性通用货币，所有的诱因之所以具酬赏性，甚至可能正是因为它们激活了大脑相同的酬赏系统。这个神经的货币与脑部**多巴胺系统**（dopamine system）的活动水平有关（见图10-2）。这个系统的神经元位于脑干上方并将其轴突通过伏核送至脑前方。诚如其名所示，这些神经元都是利用神经递质多巴胺来传送信息的。

大脑的多巴胺系统活动是由不同的自然酬赏或初级强化物激发的，如好吃的食物、饮料或渴望的性伴侣。相同的神经元也可由发现对许多人和动物具有酬赏性的药物激活，如可卡因、安非他命和海洛因。实际上，每种酬赏，无论是自然的还是人为

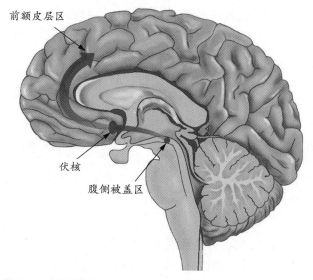

前额皮层区
伏核
腹侧被盖区

图10-2　诱因性动机所激发的多巴胺通路
脑部多巴胺系统是由酬赏刺激所激发的，且似乎为诱因性动机或"想要"某事物的感受的基础。神经递质传递的通路为沿着腹侧被盖区（ventral tegmental area，VTA）经伏质多巴胺核（nucleus accumbens），然后到达前额皮层区（资料来源：NIDA，2001）

的，本质上都能引发神经活动，这使得某些心理学家结论道：这个神经系统的活动组成大脑中具酬赏功能的"通用货币"（Wise，1982）。请记住，虽说脑部多巴胺系统的功能可能与诱因动机（或想要）有关，但是它并非每次都会产生愉快或喜欢的感受，其主要活动，似乎在促使个人"想要"去重复会引发多巴胺分泌的事件，而不管事件会产生快乐还是不愉快。"前沿研究"一栏所描述的开创性的研究，即支持了这种区分的说法。

药物成瘾与酬赏

成瘾（addiction）对某些人而言是很强的动机，对某些药物如镇静剂（如海洛因或吗啡）、兴奋剂（如安非他命或可卡因），或这些药物合成的"街头药物"及一些其他药物（如酒精、尼古丁），会变得无法抗拒（Leshner，1997）。沉溺于这些药物，会使他们牺牲工作、家庭生活和关系、家庭甚至自由，只为获得药物。

只吃一次或偶尔吃药并不会成瘾。许多美国人曾至少试过一种药但没有上瘾。即使经常使用（例如，经常晚餐喝点酒）也不会导致成瘾。只有当强迫性与破坏性的服用药物（compulsive and destructive drug-taking）行为出现时，才算药物成瘾，此时人们会渴望得到药物。导致一个人从尝试性用药或社会性或休闲地使用转变为成瘾的原因何在？

有些药物上瘾的力量特别强。有三个主要的因素一起运作使得药物比其他诱因更易成瘾，即使当成瘾出现时也并非同时具备三个因素。第一个因素是，大多数成瘾性的药物使大脑酬赏的系统过度活动。因为药物直接作用于大脑神经，它们令多巴胺系统产生的活动水平可以远超过自然诱因所产生的。陶醉性的药物会同时促动大脑酬赏的快乐（喜欢）和动机的（想要）系统，或许是因为它们同时促动鸦片镇定和多巴胺的酬赏神经系统。一旦有过经验，这种强烈的愉快记忆就是一种想要一再取得的强有力诱因。

假如不是有其他的因素，至少对大多数人而言，愉快记忆本身并不足以产生上瘾。第二个因素是假如重复地服用，成瘾性药物会产生不愉快的戒断综合征。当一种药物被重复地服用，该药物所启动大脑愉快系统可能会变得很难激发，以

成瘾性药物会永久改变脑部的多巴胺系统，而产生对药物的强烈渴求。这就是为什么与药物有关的物品与事件对成瘾个体具有强大的诱因性与渴求性的原因，即使个体不再用药而且已戒除药瘾

致难以再次达到正常的恒定状态。这部分是**抗药性**（tolerance）的原因（需要更大的药量以达到相同的陶醉感），此外，重复使用药物后，大脑可能会激发一些与该药物结果正好相拮抗的（opposite）过程。这些过程可以在服药时帮助大脑保持平衡，但其本身是不愉快的。假如上瘾者停止服药，缺少抗拒愉悦系统的活动和会产生不愉悦的药物——拮抗过程，会产生戒断反应，即一种停止用药后产生的强烈的厌恶反应。这种令人厌恶的状态，使成瘾者至少在戒断状态持续期间——一般约数星期，产生另一个动机而重新开始服药。

最后一项因素是，即使在戒断结束后，成瘾药物也可能会造成引起渴望的大脑酬赏系统永久性变化。重复使用促动多巴胺系统的药物（如可卡因、海洛因或安非他命），会使神经变得过度活动或敏感化（sensitized）。**神经敏感化**（neural sensitization）可能是永久的，它表示这些神经受到药物和药物相关刺激时，会有更大的活动。因为大脑的多巴胺系统所调节酬赏（想要）的动机属性，多过令人愉快的（喜欢）属性，成瘾者的过度活动可能引起对药物渴望的过分扩大，即使药物体验已不再有效（Robinson & Berridge，2001）。神经敏感化持续时间比戒断反应更久。这可能是成瘾复原者即使在完成戒毒课程后，仍可能有复发再服用药物危险的原因之一。

这些因素综合说明了为什么药物比其他诱因更易上瘾。药物直接将大脑的愉快机制激活到不相称的水平，产生了使正复原中的成瘾者回头服药的戒

断症状，并且可能长久地使引起渴求药物酬赏的大脑多巴胺系统保持高度活动。这种组合结果是令人很难抗拒的。

◆小结

动机状态指引并启动我们的行为。它们有两个来源：内在驱力因素与外在诱因因素。

诱因动机（想要某物）经常与快乐情绪（喜欢某物）有关。虽然有些诱因（如饥饿时的甜食）本身即为有力的激发因素，但大多数的诱因是经由学习而建立的。

脑部的多巴胺系统似乎为诱因性动机的基础，或"想要"某物的经验的生物基础。以药物或电击脑部方式人为激活这些神经元，会增加个体对这些天然与人为诱因的动机；而通过重复服用可激活这些系统的药物以改变这些系统时，可能会部分导致强迫性药瘾。

◆关键思考问题

1. 研究指出，想要与喜欢为两种心理系统，回想在你自己生命中只经历过想要而非喜欢的经验（或许与食物有关系）。这二者主要分野点是什么？

2. 许多会上瘾的药物会改变脑部多巴胺系统，使这些神经元过度活动或敏感化。由于没有可以逆转这些改变的已知方法，因此认为这种脑部上瘾为永久性改变的假设是合理的。既然如此，如何使一位已经恢复过来的瘾君子不再复发？你会如何设计有效预防复发的治疗课程？

第二节　内稳态和驱力

我们的生命有赖于某些事物保持恒常：假如大脑温度改变几度，你会很快失去意识；假如体内水分的比例升高或下降超过一定的百分比，你的大脑和身体可能无法运作甚至会有死亡危险。人类和动物像是走在生理极限间的钢索上以维持平衡。就像精细的调音器，除非是我们内在环境保持平衡，否

则无法运作。但与大多数机器不同的是，我们自己可以保持这个平衡，即使外在的环境改变了，我们内在的状态也仍可维持相对的稳定。

有许多基本的动机就是直接帮助我们维持内在平衡的。为了使我们的内在世界处在足以维持生存的范围狭窄的生理条件中，我们有主动的控制过程来维持**内稳态**（homeostasis）。内稳态的意思是保持稳定的内部状态（homeo 意思是"相等"，stasis 意思是"保持静止或恒定的"）。一个内稳态控制过程即为一个维持恒定状态的运作系统。

内稳态控制过程可以是心理的、生理的或机械性的。一个熟悉的例子是壁炉或空调的自动调温器。自动调温器用来维持温度的恒定状态，当你将自动调温器设在某一个特定温度时，那个温度便是一个目标值（goal value），或称**设定值**（set point）。设定值是恒定系统要予以维持的。假如冬天房间温度低于你所设定的，自动调温器便会启动：目标值和实际温度的差异让其启动壁炉。夏天房间温度高于设定值，为了凉快，自动调温器便启动空调。自动调温器与壁炉和空调的联结使得在任何季节都能使房间维持在一个稳定的温度。我们有很多心理运作过程和自动调温器相似，这些过程能启动协助维持恒定状态的动机。

温度和内稳态

假如你的脑温下降 10 摄氏度，你就会失去知觉。更糟的是，假如脑温上升超过正常值 10 摄氏度，你可能会死亡。你可以在很热或很冷的天气里生存，但你的大脑大部分会保持在一个温度区间内。内稳态控制的心理和生理系统，是维持此恒定性的原因。

流汗、发抖等生理反应是大脑温度能维持恒常的部分原因——这些生理反应提供蒸发时的冷却和肌肉活动时的热度。心理反应在你开始觉得太热时也有同样的作用，你会发现自己想要脱衣服、喝冷饮，或找个阴凉处。但启动生理和心理反应的机制是什么呢？

当你在大太阳下，全身开始变得很热；相反的，假如你长久暴露在严寒中，你的体温会下降（太冷）。但只有在你脑内可以真正地侦测出温度的变化。在脑内几个特定区域的神经元，特别是大脑底部下丘脑的前区的神经元，是重要的神经

自动调温器（Satinoff，1983），当温度改变时便开始进行不同的运作。这些神经元即在你体内扮演着温度计和内稳态设定值的角色。当温度偏离正常水平时，它们的新陈代谢也跟着改变，改变其活动或启动形态，即出现生理反应（如出汗、发抖）以协助校正你的温度。此外，这启动你太热或太冷意识感觉的最终结果，是让你想寻找阴凉处或加件外套，这是针对相同问题表现的行为解决方案。

太热时，凉风会使你觉得舒爽；同样的，太冷时洗个热水澡会让你觉得愉快。但当你自己的内在温度改变时，你对外在事件的知觉也会改变。虽然通常在环境使你觉得很热或很冷时你全身温度会改变一两度，但这只是由于你的大脑温度的轻微改变而引起的。大脑也可以通过改变下丘脑中一些很少的神经元的温度受到"愚弄"，产生冷或热的感觉。例如，用无痛输送冷却液体经过一条外科植入下丘脑中的回路管子，单独冷却下丘脑，即可使老鼠压按一个杆子开电灯以使皮肤温暖——虽然其整体体温并未下降（Satinoff，1964），但下丘脑神经元已侦测到它们自己偏离正常设定值的温度变化。

我们大多数人都经验过温度设定值的变化。生病都会使大脑暂时性较正常值升高几度，当"搜寻"到的温度变高，即形成发烧现象，体温上升的生理反应因而产生。此时你会发抖，然后温度开始高于正常值。虽然是体温上升，你可能仍觉得冷——即使是在温暖的房间里，直到你的下丘脑神经元一路升高到它们的设定值为止。

口渴的内稳态过程

满足渴的需求，是一项重要的内稳态过程。**口渴**（thirst）表示我们心理上对水的需要，这对生存至关重要。然而，控制我们口渴需要水的机制是什么呢？

长时间不喝水或剧烈地运动，我们的身体开始因出汗、呼吸或排尿而逐渐地耗竭了人体的两种"贮水库"。第一种贮水库由体内细胞的水组成，这水分混合了蛋白质、脂肪、碳水化合物分子，是构成细胞结构和内容的成分。这种细胞内的水，即你的"细胞内贮水库"（intracellular reservoir）。第二种贮水库是由在任何细胞之外的水所组成的，包含血液及其他形式的体液，被称为"细胞外贮水库"（extracellular reservoir）。

　　细胞外引起的口渴（extracellular thirst）是因我们不喝水或剧烈运动导致的身体失水。水从我们的肾脏以尿排出，从皮肤以汗腺排泄或由肺呼吸蒸发，大多数可直接从血液中获得补充这种"细胞外的液体"。流失会减少细胞外所保留的液体量，然后血液流失会产生血压下降。你不会明显地感到血压的轻微变化，然而，你的肾脏、心脏和主要血管内的压力受体，会侦测出血压的轻微下降，并传送一个信号给大脑。下丘脑神经元接着传送一个神经冲动给脑下垂体，以释放抗利尿激素（antidiuretic hormone，ADH）到血液里。ADH使肾脏在过滤时从血液中保留水分。肾脏将其送回血液中而不让它变为尿。只要超过数小时不喝水，就会发生这种机制。例如，你可能会注意到在这种时间尿的颜色变浓（如在一夜睡眠后起床时）。此外，大脑会传送一个神经信号给肾脏，要其释放出自己的激素——肾素。肾素和血液中的一种物质起化学交互作用而产生另一种激素——血管紧缩素（angiotensin），它使大脑深处的神经元活动而产生想喝水的欲望。

　　你可能记得所有这些的连锁反应都是因脱水引起血压降低所引发的。其他引起血压大幅下降的现象也会产生口渴。例如，战场上受伤的士兵、大量流血受伤的人都会觉得十分口渴。他们口渴的原因是压力受体的活动，它们的活动则会引起肾素和血压紧缩素的产生，这会导致口渴的经验（Fitzsismons，1990）。

　　细胞内引起的口渴（intracellular thirst）是由渗透作用引起的，所谓渗透作用是指，水有从充满水的区域流往水分相对较少区域的倾向，这个机制主要靠钠、氯及钾等"盐"离子来决定水分是否足够。一旦身体失去水分，血液浓度就会开始上升，血液变得较咸。血液浓度较高使身体细胞——包括神经元内的水分从浓度相对较低的地方流到血液中。像是用纸巾从水坑中把水吸出的过程，水分从神经元和其他细胞中被吸出。当高浓度血液将水分从下丘脑内神经元中抽走时，它们就会变成脱水状态，并开始活动。它们的活动产生"渗透作用"或细胞内引起的口渴，而再次导致喝水的欲望。饮料代替水分到血液中，减少盐的浓度，让水分得以回到神经元和其他细胞中。这便是人们在吃了咸的食物后，即使没有流失水分也会变得口渴的原因。

大多数酒吧业主都知道，含盐食品可激发渗透的或细胞内引起的口渴，因此能使顾客多喝些饮料

◆ **小结**

　　驱力因素倾向于促成内稳态，即维持内在状态的恒常。

　　内稳态包括：（1）设定理想内在状态的设定值或目标值；（2）测量实际内在状态的感觉信号；（3）设定值与实际内在状态的比较；（4）使实际内在状态更接近设定值目标的反应。

　　我们对温度的调节，即为恒定作用的例子。调节的变量为血液的温度，以及位于身体各部位、包括下丘脑在内的感应器。调整的方式不是自主生理反应（如发抖），就是自愿行为反应（如加件毛衣）。

　　渴是另一种通过两个调节变量（细胞外与细胞内液体）运作的内稳态动机。侦测细胞外液体流失的，是血压感应器，那是对血压下降产生反应的大静脉与器官的神经元；而细胞内液体的流失，则由渗透感应器所侦测，那是下丘脑内对脱水产生反应的神经元。

◆ **关键思考问题**

　　1. 我们讨论过两种内在因素——细胞外引起的口渴与细胞内引起的口渴，推动口渴的动机。还有哪些因素也可能推动口渴的动机？你认为社会与文化因素对推动口渴的动机有多少影响力？

　　2. 现在你已经知道动机的驱力与诱因观点了，请比较二者的异同。你能分开独立拟想诱因或驱力的运作方式吗？为什么可以或不行？

第三节 饥饿

饥饿的控制涉及和口渴相同的许多内稳态概念，但进食比饮水复杂许多。当我们口渴时，我们通常只需要水，口渴会直接指向可以提供水分的任何东西。但可以吃的食物却有许多种：我们需要不同的食物（蛋白质、碳水化合物、脂肪、矿物质）以维持健康，我们必须适当选择包括这些东西的平衡食物。进化使我们的大脑有办法协助我们选择需要的食物，并避免吃到可能有害的东西。有些办法涉及天生的基本口味偏好，其他则涉及学习特定食物偏好及讨厌其他食物的机制。

口味是食物偏好最重要的因素。口味包括味觉和气味成分，而味觉在人类进化中是最重要的。人类生来就被"程序化"地喜欢或不喜欢某些味觉。例如，即使是婴儿，对甜味的反应也是咂动嘴唇、脸部表现愉悦神情（Steiner，1979）；而他们对苦味则是转头并表现厌恶的表情。猿类、猴子和一些动物物种也有相同反应。现代食物制造商利用我们天生的"嗜甜"，设计出许多甜食使许多人过量食用。

为什么我们发现甜食如此吸引人呢？进化论的心理学家主张是因为"甜"是一个很好的"标签"，告诉我们的祖先从不知名的植物中搜寻食物，即有丰富糖分、可以消化的碳水化合物的特定食物或浆果。吃甜食是获得热量（卡路里）很好的方法，而热量在我们过去的进化中并未过剩。我们可以提出

进化心理学家认为甜食，比如图上这些糕点，令我们无法抗拒的原因在于，对我们祖先而言，"甜"即意味着该特定食物充满了糖分与热量。当然，糖分，就我们祖先当时生活的环境而言，远比今日的我们来说稀罕多了

一个相似的标签解释来说明我们不喜欢苦味：在某些会使人中毒的植物中会产生天然苦味的化合物。换句话说，苦味是一种经常发生自然形态中毒的标签。懂得避免食用苦味植物的祖先们，或许更能成功地避免中毒（Rozin & Schulkin，1990）。

发展食物偏好的第二种方法是经由个体的学习和社会学习的机制。其中一个偏好是有赖口味消化后的结果。食物滋养结果的经验，使我们借着实际上像经典条件反射的形式，而逐渐喜欢它的味觉（Booth，1991）。味觉结果配对的经验形式也是发展其他最初不是很喜欢的味觉偏好的基础，如酒精或含咖啡因的咖啡。换句话说，积极的心理或生理反应会促使我们对一开始并不喜欢其味道的食物产生偏爱。相反地，相同的过程可以从相反的方向产生对某种食物强烈的厌恶。假如第一次尝试某种口味的食物或饮料时即跟随着恶心和呕吐，你会发现下次再吃时，一点也不可口了。食物并没改变，但你改变了，因为你新产生的相关记忆会使该食物与后续不愉快经验联结。这种历程被称作**条件性厌恶**（conditioned aversion）。

内稳态与诱因的交互作用

不管我们选择什么特定的食物，确定的是我们必须吃下去以维持身体能量的恒定。身体细胞燃烧燃料以制造完成工作所需的能量，当然，身体运动会让肌肉细胞燃烧额外的燃料以符合新陈代谢充分活动的需求。为燃烧更多燃料，它们从已储存为身体脂肪或其他形式的"储存能量"中撷取热量。当你读到此时，你脑中神经元也燃烧燃料，以便满足它们发动电脉冲、产生和释放神经递质的新陈代谢需求。脑神经元使用的主要燃料是葡萄糖（glucose），它是一种单糖。没有燃料，神经元就无法运作。很不幸地，你努力地思考"运动"你的大脑时也不会耗用更多的葡萄糖。这些神经元总是活动的，不论你是否努力地思考，总是在消耗葡萄糖。专注地思考或其他心理活动也许可以些微改变葡萄糖的使用模式，但不能改变总量。

葡萄糖存在于许多水果和其他的食物中，也可以轻易地在肝脏中由其他糖类或碳水化合物制造而成。一旦你吃了一顿饭，很多葡萄糖便在消化过程中吸收到血液中。当其转化为其他形式的养分时，

你的肝脏也会制造更多。以这种方式，一餐饭补充了你脑神经元和身体其他细胞所需的燃料。

因为我们的细胞需要燃料，所以我们可能期望饥饿是完全由维持可用能量来源的充分需求来控制的内稳态动机。实际上，内稳态是饥饿控制的重要运作机制：可用燃料的不足会引起饥饿，而补充后则可以抑止它。虽然内稳态对了解饥饿的控制是重要的，但诱因因素也同等重要。事实上，直到我们能看到内稳态和诱因的交互作用，我们才能了解饥饿。

米勒和凯森（Miller & Kessen，1952）的经典实验已经证实了内稳态的驱力减弱和味觉及其他食物刺激交互作用的重要性。他们用训练老鼠跑一条短径取得牛奶为酬赏来探讨这个问题。在一种情形中，老鼠以平常的方法取得牛奶为酬赏，它们喝了它；在另一种情形下，老鼠得到完全相同量的牛奶，但用更直接的方法——牛奶直接经过一条人工通入胃中的管子或数星期前植入的瘘管，缓慢地灌入胃中。这两种酬赏提供完全相同的热量，二者都减少了老鼠燃料不足相同的程度。但学习跑步以得到牛奶为酬赏的老鼠，在被允许喝牛奶时的情况表现要好得多。牛奶直接送入胃中不是一个有力的动机，虽然它减轻饥饿情形和通入口中一样。它们同时需要味觉与酬赏，并借以减轻饥饿。

口腔诱因和减轻饥饿驱力间交互作用的重要性，从最初的实验以来，已被学者用很多方式证明了（Toates，1986）。回避正常途径以非自愿的品尝和吞咽食物的方式，对动物或人类而言都不会是一种强烈的动机。例如，完全用静脉注射或灌胃注入营养物的人，常常会发现这些"餐食"都不令人满意。他们可能会感到强烈地想吃一些可以放入嘴巴的食物——即使让他们咀嚼后再吐出来。口腔刺激的强烈欲望（超过热量需求的满足）在我们广泛使用的不提供热量的甜食中也得到了反映。食物诱因，以吃可口的食物和饮料的感官经验的形式，对食欲和热量驱力减少是同等重要的。

学习过程是影响生理饥饿信号与控制你食欲感觉的诱因刺激间交互作用的重要部分。在动物身上可以看到戏剧性的范例：进食的行为会由植入胃中的可填充或排空食物的瘘管改变，偏离正常的行为方式。假如移除瘘管帽，不管吃了什么都会经由瘘管掉出来而不会被消化，这被称为**虚假喂食**（sham feeding），因为食物是虚假的，并没有提供热量。虚假喂食动物在此情况下一开始吃正常的量然后就停止进食。为何它们停止而不继续进食呢？假如观察在后续进餐中食物的摄取情形，答案便很清楚：当它们知道食物传送的热量较以前少，便会逐渐增加吃的量（Van Vort & Smith，1987）。假如瘘管帽又装回去，所有吃的东西会被正常地消化，则后面几餐动物仍会吃过量，但逐渐地，当它们再次得知食物很明显具有足够的热量，它们进餐的量便会降到正常的水平。这些观察引出**条件性饱食**（conditioned satiety）的假设——进餐后我们感觉满足，至少一部分是学习的产物（Booth，1987）。

人类也能形成条件性饱食。在一个实验中，要求被试吃几种明显有丰富热量及其他低热量的食物。之后，当再次给予被试这两类食物时，虽然外表和前次一样，但这次有相同的热量，被试仍坚持寻找原本有较高热量、更能使人饱食的食物（Booth，1990）。

最后一种食物诱因和内稳态驱力的交互作用现象被称为**饥饿效应**（alliesthesia）（Cabanac，1979），即食物（尤其是甜食）在人饥饿时特别好吃。更一般性的说法是，任何因改善了内在状况而有愉快经验的外在刺激均可被称为饥饿效应。例如，要人们在刚进餐之后或数小时未进食状态下评定甜饮料的可口等级，对相同的饮料，他们饥饿时所给的等级都较刚进食后高。

饥饿的生理线索

你可能注意到当你饥饿时，你的胃有时会"咕咕叫"。这个时候你的胃壁会进行肌肉收缩，有时会产生可以听到的"咕噜咕噜"的声音。当你饥饿并可能感觉到胃是空的时候，胃收缩得最频繁。这些收缩与你饥饿感觉的联结，让早期研究者产生了假设：胃里的压力受体侦查到空胃，并引发收缩和饥饿的心理经验。后来的心理学及生理学家发现，这真的只是一个巧合。胃收缩的感觉并不是饥饿的真正原因。事实上，因为医疗原因而进行胃摘除手术的人，食物直接进入肠子，仍有强烈的饥饿感。

胃真的有对饥饿的改变而言相当重要的受体，但这些受体主要是化学性的。这些化学受体更多地与饱食感而不是饥饿感有关。它们是由糖和胃内其他营养物质所启动的，并传送神经信号给大脑。

饥饿的生理信号与神经元和其他细胞热量的真正来源——身体内葡萄糖和其他营养物质的水平，有更直接的关系，大脑则是其本身可用热量不足的感应器。你也许记得大脑神经元以葡萄糖为它的主要能量来源。位于大脑特殊部位中的神经元，特别是脑干和下丘脑中的，对葡萄糖的水平特别敏感。当水平降得太低时，这些神经元的活动便会中断，此信息传至大脑其他部分，即产生饥饿感。这种饥饿可以人为的方式于实验室中在动物身上产生，即使它们刚刚吃饱。假如将阻止神经元将葡萄糖当燃料燃烧的化学物品注入动物的大脑，动物会忽然开始寻找食物，此时，它的大脑被骗而感觉到缺乏葡萄糖，即使事实并非如此，但其神经元已被"葡萄糖水平低"的信息阻断了。

外围信号　就某种程度而言，饥饿即我们没有饱食的感觉。只要有含热量的食物在肠胃内，或热量储存是高的，我们就会相对地感到饱食。当这些下降时，饥饿便会产生。因此，饥饿的控制便与饱食控制相反。

我们许多生理系统与进餐之后的饱食感有关。第一个系统是我们的身体首先处理食物的部分——胃和肠。胃本身的延展性和食物内的化学物质二者启动胃壁的受体，这些受体借迷走神经传送信号给大脑，迷走神经也从身体其他器官携带信息。第二个饱食信息来自十二指肠，它直接从胃那里接受食物。在食物到达十二指肠后，它会让这个组织释放一种激素（胆囊收缩素，或CCK）到血液中。CCK帮助促进生理的消化，但它也有心理的效果。CCK行经血液到达大脑中，被特别的受体侦测到而产生饱食的感觉。假如极微量的CCK在动物开始进食不久后即注入大脑，饥饿的动物就会被误导而产生饱食感（Smith & Gibbs，1994）。

或许你会感到惊讶，大脑所接收到的最敏感的营养信号是来自与大脑和食物无关的肝脏内的神经受体（Friedman，1990）。肝中的受体对消化后血液中营养的改变极端地敏感，这些信号也经迷走神经传送到大脑。一只饥饿的动物在微量血液的营养补充物直接送到肝脏后，几乎是立即停止进食。

为什么大脑依赖的营养信号来自肝脏而非它自己

的侦测器呢？答案可能是，肝脏可以更正确地测量到身体使用的各种营养类型。大脑主要是侦察葡萄糖，但其他形式的营养（如复杂的碳水化合物、蛋白质和脂肪）则可由肝脏测量、储存，有时还可转换为其他营养。它的角色是一个共通的营养"货币兑换站"，可以让肝脏对身体可用的总能量储存做最好的评估。

行为的神经基础

饥饿信号的整合

饥饿和饱食信号是由大脑分两阶段处理以产生进食的动机的。首先，信号从大脑本身饥饿受体而来，饱食信号从胃和肝脏传入，在脑干中整合以侦察整体的需求水平（Grill & Kaplan，1990）。这个"整合的饥饿评估"也与脑干中处理味觉的感官神经系统联结。脑干的味觉神经在饥饿和饱食的某些形式中可以改变它们的反应（Scott & Mark，1986），这可能是我们饥饿时食物味道更为可口的部分原因。

为了变成我们所感知为饥饿的意识经验，也为了刺激寻求食物，脑干的饥饿信号必须进一步在前脑处理。处理饥饿的一个主要位置是下丘脑（见图10-3）。饥饿受到以迥然不同方式运作的两个下丘脑部位的影响：下丘脑外侧（每边）和下丘脑腹内侧（腹内侧表示较低和中间的部分）。破坏下丘脑外侧会产生明显的完全缺失饥饿感，至少直到大

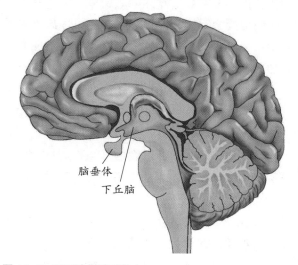

脑垂体
下丘脑

图10-3　下丘脑与脑垂体

脑其他部分补充这个功能（Teitelbaum & Epstein，1962）。这个现象被称为**下丘脑外侧综合征**（lateral hypothalamic syndrome）。动物下丘脑外侧小的伤害可能只是使它们忽略食物，它们甚至会拒绝食物，仿佛它们尝起来很糟糕（例如，它们可能会做个鬼脸再用力地吐出来）。除非它们被人为喂食，否则会饿死。与之几乎完全相反的行为类型是由下丘脑腹内侧伤害造成的**下丘脑腹内侧综合征**（ventromedial hypothalamic syndrome）：动物会狼吞虎咽地消耗大量食物，特别是当食物美味可口时。毫不令人意外，这些动物体重增加并变得肥胖（详见右侧照片）。

对大脑其他部位的操作也能导致饥饿的改变。例如，以电流刺激下丘脑外侧会产生过度进食，这与下丘脑外侧伤害正好相反（与下丘脑腹内侧伤害的结果相同）；下丘脑外侧遭电流刺激的动物会开始寻找食物，且刺激一开始便开始进食，一旦电流停止便停止进食。下丘脑腹内侧受刺激则相反，饥饿的动物会停止正常的进食。

下丘脑受神经化学的刺激也有相似的反应。例如某些化合物，像神经肽Y或如吗啡这样的鸦片剂，当它们被注入下丘脑腹内侧时可以刺激进食。这些药物可以暂时地刺激饥饿或使食物更好吃；其他药物，如安非他命，注入下丘脑外侧时会停止进食。许多节食药方在化学成分上近似安非他命，这类药物作用于下丘脑的神经元来有效抑制一个人的食欲。

1960年左右，人们发现了下丘脑外侧和下丘脑腹内侧对饥饿的重要性，心理学家倾向于将此位置简单地视为饥饿或饱食中心。之后很显然地，有许多理由说明"饥饿中心"或"饱食中心"这样的概念过于简单了。其一为这些位置并不是大脑内唯一的饥饿或饱食中心，它们与许多其他大脑系统交互作用才能产生效果。实际上，有些相同的效果可借操作有关的大脑系统产生，而不需通过下丘脑。例如，操作下丘脑外侧所产生的许多效果，可由操作仅仅是通过下丘脑的多巴胺系统代替。仅仅伤害包含多巴胺的轴突束即可减少进食，其效果与外侧下丘脑受伤相似。实际上，许多早期下丘脑外侧伤害的研究事实上是破坏多巴胺系统和下丘脑外侧本身的神经元两项。相反的，用电流刺激和许多药物激发进食，也部分与脑部多巴胺系统的活动有关。由此可知，有机体不止有一或两个中心，许多神经解

下丘脑腹内侧的伤害引起过度进食及肥胖

剖和神经传导系统都涉及食欲和饱食。

食欲涉及许多神经系统的一个结果是，只破坏一个位置是不可能消除进食的。即使是下丘脑外侧受伤的动物，食欲终究还是会恢复的。假如老鼠受伤后被人为地喂食数周或数个月，它们就会再开始进食，但它们只吃足以维持其低体重的量。它们似乎在一个较低的设定点便可达到恒定状态。事实上，老鼠假如在受伤前就处在减轻体重的节食状态中，它们是可以被"保护"的，免于下丘脑外侧伤害之后所出现的一般丧失进食的现象（见图10-4）。这

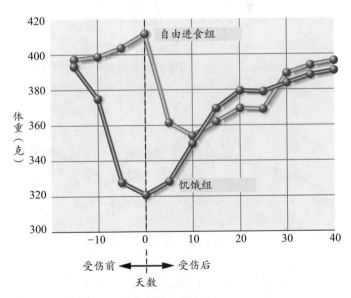

图10-4 体重和下丘脑外侧状况的关系

下丘脑外侧受伤前，一组老鼠是饥饿组另一组被允许自由进食。手术后，饥饿的动物增加食物摄取及增加体重，而自由进食组减轻体重。两组体重的水平很稳定（资料来源：Powley & Keesey, 1970）

指出下丘脑的伤害实际上不会破坏饥饿，而是可以提高或降低一般控制饥饿体重的内稳态设定值。改变设定值就像重新设定自动调温器：系统尝试达到新的体重。下丘脑腹内侧伤害效果也遵从这个概念。有这类伤害的动物不会无限地增加体重，最终它们会停在一个新的肥胖的体重。在这个点上，它们只吃足以维持新设定点的食物。但假如它们节食并降到该设定点之下，当最后给予机会时，它们会重新过度进食以再增加体重（见图 10-5）。一旦它们再回到肥胖水平便会再度停止。

肥胖症

我们强调饥饿的内稳态的过程，但我们的进食行为却显示与内稳态相背驰。有些人的体重并不如内稳态观点般恒定。偏离内稳态规则最常见的（至少是人类）是肥胖症（obesity）。肥胖（obese）的定义为超过一个人适当体重的 30% 时的情形。目前在美国，肥胖症被视为一种流行病，大约有 27% 的美国人达到此标准，这个百分比在过去 20 年来翻了一倍。肥胖症的普遍性也会因团体而异。两性发生身体肥胖的概率大约相等，但女性较常在心理上自觉肥胖。超过 50% 的美国女性认为自己是超重的，而男性只有 35%（Brownell & Rodin, 1994; Horm & Anderson, 1993）。在美国，肥胖症在地位低的社会经济团体比地位高的社会经济团体更为普遍；然而在发展中国家正好相反，社会经济地位高的人较可能肥胖（Logue, 1991; Stunkard, 1996）。

肥胖症是一种主要的健康危机——它较易引发糖尿病、高血压和心脏疾病。即使不是那么糟

糕，在美国文化中，肥胖也是一种社会性的耻辱，因为肥胖的人通常被认为较放纵逸乐且缺乏意志力（Crandall, 1994; Crocker, Cornwell, & Major, 1993）。这种未经证实的说法，诚如我们所见，可能是最不公平的，因为在许多情况下，一个人的肥胖是因为遗传因素而不是吃得太多。在所有与肥胖有关的问题中，最不足为奇的是，每年有数百万人花费数十亿美元以节食和借助药物来减肥。

多数研究者同意，肥胖是一个复杂的问题，涉及了新陈代谢、营养的、心理的和社会层面的因素。肥胖可能不是一种单一的失调，但对所有肥胖的人而言，则是他们主要的失调症状（Rodin, 1981）。问一个人是如何变得肥胖的，就像问一个人如何到达匹兹堡——有很多方法，而你的"选择"取决于你来自何处（Offir, 1982）。接下来，我们把体重增加的原因分为两个种类：遗传性的和热量摄取（过度进食）。大略而言，人会变胖，是因为遗传上他们易将营养新陈代谢为脂肪，即使他们吃得不比别人多（新陈代谢原因）或是因为吃得太多（心理或社会的原因）。有些肥胖情形可能两种因素都涉及，但在其他的情形中，则可能只是因为遗传基因或过度进食。

肥胖的遗传基因因素　肥胖症会在家族中发展是已久为人知的。家族中如果父母都不胖，只有 10% 的小孩会肥胖，假如父母有一人肥胖，约 40% 的小孩也会肥胖；而假如父母两个都是肥胖，则有将近 70% 的小孩会肥胖（Gurney, 1936）。这些统计说明肥胖的生物基础，但其他的解释也是可能的——或许小孩只是单纯地模仿父母的进食习惯。然而，最近的发现强烈支持肥胖的遗传基础。

双生子研究　取得基因在肥胖中扮演角色的证据的方法之一是，研究同卵的双生子。因为同卵双生子有相同的基因，而基因被认为在体重增加上扮演重要角色，同卵双生子在体重增加的类型上应是相似的。

在一项实验中，12 对同卵双生子（全都是男生）同意在大学宿舍住宿 100 天。实验目的是让双生子增加体重。每个人每天多吃 1,000 卡热量的食物。同时限制其身体活动，不准运动，取而代之的是，花很多时间阅读、坐着玩游戏和看电视。100 天结

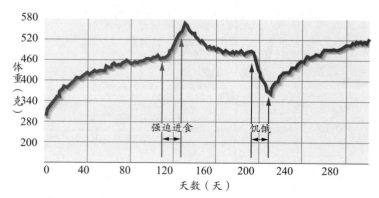

图 10-5　VMH 伤害的老鼠强迫喂食和饥饿的效果

腹内侧下丘脑受伤之后，老鼠过度进食并增加体重，直到到达新的肥胖的水平为止。强迫喂食或饥饿改变体重水平只是暂时性的，老鼠仍会恢复其稳定的水平（资料来源：Hoebel & Teitelbaum, 1966）

束后，所有的人都增加重量，但增加的量有很大不同，从 9 磅到 30 磅。然而这便是关键点，同一组双生子的增加量几乎没有差异（变异量出现在不同组的双生子之间），换句话说，同一组双生子几乎是相同的量，而且同卵双生子重量的增加也倾向在同一个地方，即假如双生子之一是在腹部增加重量，另一个也是；假如另一对双生子中的一员是在臀部和大腿增加重量，则另一个也是（Bouchard, Lykken, McGue, Segal, & Tellegen, 1990）。

上述结果很清楚地说明：热量的摄取和遗传是体重增加的原因。研究中所有人都增加体重的事实，表明增加的热量转变为增加的体重（一点都不令人惊讶）；而体重的增加在不同组双生子间有差异而在同组双生子间无差异的事实，则表明当我们增加热量的摄取时，基因决定了我们会增加多少重量。

上述结果也清楚说明，为何我们不应该假设肥胖的人必定吃的比不胖的人多。虽然吃大约相同的量（多 1,000 卡热量的食物），体重的增加在双生子组间是有差异的。双生子组间的差异，似乎源自他们的身体如何新陈代谢这多余的热量。不管吃了多少，有些人的身体倾向于将一大部分热量转化成脂肪储存起来，而有些则是用不同的新陈代谢过程燃烧相同的热量（Ravussin et al., 1988）。

评论者可能反对学者进行了太多上述双生子的研究。同卵双生子不仅有相同的基因还有相似的环境，而或许环境因素才是同卵双生子增加相似体重的原因。我们必须研究同卵双生子在分开养育的情况下，其体重增加的相似程度。随后不久，瑞典也完成了此类研究（Stunkard et al., 1990）。研究者研究 93 对分开养育的同卵双生子和 153 对一起养育的同卵双生子。分开养育的双生子被发现在体重上有显著的相似；实际上，他们的体重和一起养育的双生子是相似的。很明显，基因是导致体重及体重增加的一个主要的决定因素。

脂肪细胞　基因在体重增加上占有一席之地，我们现在想要知道相关细节，特别是受基因影响调节体重增加的消化和新陈代谢过程是什么。有个答案是脂肪细胞，它是身体所有脂肪的储存所。多数正常成人体内约有 300 亿到 400 亿个脂肪细胞，但美国成年人通常超重 25%—33%。这额外的变量更

多的是来自脂肪细胞的容量，而不是数量：一个人吃的热量越多而无法燃烧时，现有的脂肪细胞就会变得较大。

有一项研究指出，肥胖被试的脂肪细胞是正常被试数量的三倍（Knittle & Hirsch, 1968）。其他的研究则显示，脂肪细胞数量是一般状况两倍的老鼠，其体重倾向为正常控制组老鼠的两倍大。而当研究者从小老鼠身上取出一些脂肪细胞，使得其脂肪细胞只有它同胎老鼠一半时，动过手术的老鼠也只会长到其他同伴的一半大（Faust, 1984; Hirsch & Batchelor, 1976）。因此，基因和脂肪细胞数量有关系，而脂肪细胞数量和肥胖症有关，借着此联结，基因就和肥胖症有关。

节食和设定值　在人们服用节食药物时，会发生很多状况：药物可能会直接地抑制食欲，这可以减少饥饿感；某些药物可能抑制设定值（该值为体重的设定值，身体会努力去维持），而不是直接抑制食欲。例如，芬氟拉明节食药物被认为有此效果（Stunkard, 1982）。此等效果和只要体重高于较低的设定值便直接压抑食欲的效果是相当的。一旦体重落到较低水平，食欲便会回到只需维持该体重的程度。当一个人停止服药，设定值会回到较高水平，这个人便会再次增加其所失去的体重。最后，有些药物（像尼古丁）可以用提高细胞新陈代谢速度的方式减轻体重，使它们比平常燃烧更多的热量。

设定值的假设在心理学家间变得较为流行的原因之一是，肥胖的成年人类和动物在节食停止后，会有很强的倾向回到原来的体重。和前述小老鼠相反，即使用抽脂法手术移去成鼠脂肪堆积物，结果仍表明这并非永久性的减重的方法——成鼠会在别处重新增加脂肪。针对多脂体质的肥胖成人展开的研究，也得到同样的结果（Vogt & Belluscio, 1987）。

有些研究者主张，一旦脂肪细胞组织达到成人水平，它们便保持在那个水平，因此大脑可以侦察身体脂肪水平的改变而影响饥饿（Weigle, 1994）。例如，研究者在老鼠身上发现一个"肥胖基因"，可以控制脂肪细胞产生一个化学"饱食信号"的能力（Zhang et al., 1994），缺少此基因的老鼠会变得肥胖。通常身体脂肪越多，便会向血液中释放越多的

"饱食信号"。人类肥胖是否涉及这一饱食因素或基因的破坏尚不可知。但脂肪储存水平保持恒定的可能性有助于说明，为何有些肥胖的人发现他们借节食减去的体重很容易又恢复的现象。

总之，基因通过许多途径造成体重过重，包括数量多和体积大的脂肪细胞，高的设定值及较低的新陈代谢速度。

过度饮食　虽然如脂肪调节和新陈代谢速度等生理因素是体重的重要决定因素，但毫无疑问，饮食过量也会引发肥胖。形成过度饮食的心理因素，包含了意识限制的破坏与情绪的激发。

意识限制的破坏　有些人节食后因暴饮暴食而仍然肥胖。一个肥胖的人可以打断两天的节食，然后过度进食，最后消耗了比他不节食时所需更多的热量。因为节食是一种意识限制，破坏控制是增加热量摄取的原因之一。

为详细了解意识限制的角色，研究者设计了一份有关饮食、体重史及有关进食的调查问卷（例如，你多久节食一次？你在别人面前吃得很谨慎，但独自一人时会过度饮食吗？）。调查结果显示，几乎每个人（不论是瘦、中等或过重者）都可以分为两个类别：有意识地限制饮食者和未限制饮食者。此外，不管他们实际的重量如何，限制饮食者的饮食行为比未限制饮食者更接近肥胖者的行为（Herman & Polivy, 1980; Ruderman, 1986）。

一项研究表明了在限制被移走后会发生些什么。研究人员要求限制者和未限制者（二者均为正常体重）吃两杯奶昔、一杯奶昔或不吃，然后取几种口味的冰激凌，鼓励被试尽可能地进食（Herman & Mack, 1975）。要求未限制者吃越多的奶昔，之后他们吃的冰激凌越少；相反，限制饮食者先前已吃过两杯奶昔，以及比吃一杯或未吃奶昔者吃了更多的冰激凌。因此，想要限制饮食，忽略他们平常想多吃冲动的人，可能也会忽略了通常可以阻止他们进食欲望的"饱食感"。讽刺的是，此即意识上努力节食者之所以时常反弹的原因。

情绪激发　过重的人经常会说他们紧张或焦虑时吃得较多，实验也支持此说法：肥胖的被试在高焦虑的情境中比在低焦虑情境中吃得多，而体重正常者则在低焦虑情境中吃得较多（McKenna, 1972）。其他研究指出，对某些肥胖的人而言，任何情绪的激发似乎都会增加食物的摄取。在一项研究中，肥胖和正常被试看四段不同的影片，有三段激发不同的情绪——一个是悲伤的、一个是好笑的、一个是性激发的，第四个是无聊的旅行见闻。看完后，要求被试品尝及评鉴不同的饼干。肥胖被试看完任何情绪激发的影片吃的饼干都显著比看完旅行见闻影片后吃得多；正常体重的被试则不管看哪个影片都吃得一样多（White, 1977）。

情绪压力引起进食的能力也可以在其他动物中观察得到。这可能表明，压力可以启动基本的大脑系统，在某些情况下会导致过度饮食（Rowland & Antelman, 1976）。

节食和体重控制　虽然基因的因素可以限制我们轻松地减掉重量，但是肥胖的人仍然可以借体重控制项目来减少体重。然而一个项目要能成功，必然包括极端节食以外的其他做法。

节食的限度　很不幸地，多数节食者并不成功，那些成功减肥者体重经常又会反弹回去。这种状况似乎部分是因为人类对食物暂时剥夺的两种深度反应（这便是所谓的节食）。第一个反应是，剥夺本身可以导致后续的过度进食。在一些实验中，老鼠先被剥夺食物4天，然后允许其回到平常体重，最后允许其尽可能地吃。这些曾被剥夺的老鼠吃得比没有剥夺历史控制组的老鼠多。因此，先前的剥夺导致后续的过度进食，即使剥夺后体重已经恢复（Coscina & Dixon, 1983）。

第二个相关的反应是，剥夺降低新陈代谢的速度。你也许记得新陈代谢速度越低，消耗的热量越少，体重就越重。因此，节食期间热量的减少，部分已由较低的新陈代谢抵消，而使节食者难以达成其目标。节食的新陈代谢速度减缓，也可以解释为何很多人发现在后续的节食中越来越难减少体重——身体用减少新陈代谢速度来"反应"节食（Brownell, 1988）。

两种节食的反应——大肆进食和减低新陈代谢速度，是可以用进化论来理解的。人类历史直到最近几十年，每当人类因为环境中缺乏食物而经历剥夺时，对饥饿的一个适应反应，便是在有得吃时尽可能地多吃并储存在身体里。自然选择便选择了剥夺之后过度进食的能力，这解释了过度进食的反应。对饥馑的第二个适应反应是，组织降低了速率以消耗其有限的热量，因此自然选择便选择当被剥夺时就降低其新陈代谢速度的能力，这说明了第二种反应。数千年来，这两种反应让我们物种在饥荒时十分适应，但一旦饥荒不成问题时——就像今日大多数发达国家而言，这些反应就会让肥胖的节食者体重永远难以减轻（Polivy & Herman，1985）。

体重控制项目 为了减肥并保持下去，肥胖者似乎需要建立一套新的长久性的饮食习惯（和暂时性的节食相反）并参加运动项目。和各种处理肥胖的方法比较，接下来的研究支持这项结论（Craighead，Stunkard，& O'Brien，1981；Wadden et al.，1997）。

肥胖者选择下列三种食物治疗法之一达6个月之久：（1）改变进食和运动的行为习惯；（2）使用食欲抑制（芬氟拉明）药物治疗；（3）结合行为改变和药物治疗。给予三种治疗团体的被试有关运动和广泛的营养咨询信息，包括每天不超过1,200卡的食物。行为改变团体的被试被教导注意促进过度进食的情境，改变与其过度进食有关的情境，酬赏自己适当的进食行为，并发展适当的运动养生法。三组治疗团体外，另有两组控制组：一组是等着参加研究的被试，另一组是咨询医生做传统的体重问题治疗。

表10-1呈现了研究结果。三组治疗组的被试均较控制组体重减少许多，行为改变和药物治疗结合组的被试减少最多，而行为改变组的被试减少最少。但治疗后的一年内，令人惊讶的相反情形发生了：只有行为改变组比其他两组治疗组体重增加的少，这些被试在一年结束时维持减少平均近20磅的体重，而只有药物治疗及合并治疗组体重大约恢复到约为当初减去体重的三分之二。

是什么因素造成了相反的结果？自我效能或自我控制意识的增加可能是一个原因。接受只有行为改变治疗的被试，可以将其体重减少归因于自己的努力，因而加强其在治疗结束后继续控制体重的决

表 10-1 不同的治疗方式减肥结果

治疗后6个月的体重减少（磅）及一年后的追踪。第二组控制组一年后的资料无法取得。（资料来源：L.W.Craighead, A.J.Stankard, & R. M. O'Brien, 1981, "Behavior Therapy and Pharmoctherapy for Obesity," in *Archives of General Psychiatry*, 38:763–768. Copyright © 1981 by the American Medical Association.）

	治疗后体重减少	一年后体重减少
治疗组		
只有行为改变	24.0	19.8
只有药物治疗	31.9	13.8
结合治疗	33.7	10.1
控制组		
等待组	2.9（增加）	—
看医生组	13.2	—

心；接受食欲抑制的被试可能将其体重减少归因于药物，故未能发展出一种自我控制的意识。另一个可能的原因是，药物治疗减少了被试饥饿感，或暂时地降低其设定值，因此只有药物治疗组和结合治疗组的被试，尚未充分地准备好处理当药物治疗停止时增加饥饿感的事实。

厌食症与贪食症

虽说肥胖是我们最常见的饮食问题，相反的问题也以神经性厌食症和贪食症的形式浮现，两种失调都源于不想增加体重的病态欲望，而且女性占极大的比例。

神经性厌食症（anorexia nervosa）是种自己强求体重极端减轻的一种饮食失调疾病——至少减少了个人最低正常体重的15%。有些厌食者体重低于正常值的50%。尽管体重极端丧失，且形成了困扰，但是典型的厌食症者却否认这些问题，且拒绝增加体重。事实上，厌食症者常觉得自己太胖了。女性被诊断为厌食者，除了体重减少外，还必须包括月经停止。体重减少会引起一些危险的副作用，包括瘦弱、易受传染及其他营养不足的症状。在极端的情形下，这些副作用会导致死亡。

厌食症相对较少，在美国其指数大约是1%（Fairburn, Welch, & Hay, 1993）。然而这个指数自

20 世纪 60 年代后已翻倍，且其比例可能仍在上升（McHugh，1990）。女性发生厌食症的可能性是男性的 20 倍，特别是在青春期和 30 多岁。厌食者的注意力完全集中在食物上，小心地计算他们可能吃到的任何东西的热量。这种关注有时候会达到一种强迫性质，厌食者会对其治疗者评论说："当然，我吃了早餐，我吃我的'cheerio'（加油）。"另一厌食者可能说："我不想舔邮票——没有人知道它有多少热量。"（Bruch，1973）这种对食物和可能增加体重的强迫观念，会导致有些厌食者变成强迫的运动者，有时一天精力旺盛地运动好几小时（Logue，1991）。

贪食症（bulimia）是一种饮食失调的疾病，具有暴食（binge eating）的特征（在不连续时间内消耗大量的食物），接着是用呕吐和泻药的方式，试着清除这些多余的饮食。这种大肆进食可以是频繁且极端的。一项对贪食症女性的调查发现，多数女性每天至少大吃特吃一次（通常在晚上），每次平均吃了 4,800 卡（通常是甜或咸的碳水化合物食物），而因大吃特吃之后的清除，一个贪食者的体重仍可相对地保持正常，这便使得贪食者隐藏了他们饮食的失调现象。但贪食者的行为是有很大的生理代价的，呕吐和使用泻药会瓦解体内钾电解质的平衡，而造成像脱水、心律不齐和尿道感

染等问题。

一如厌食症，贪食症主要折磨年轻的女性。贪食症较厌食症更为常见，大约 5% 至 10% 的美国女性均多多少少受到影响，在美国的大学校园中，更高达 20%。不只限于上层社会，贪食症在美国社会的所有种族、民族和社会经济团体中都可能发现。

学者指出，有许多原因与厌食症及贪食症有关，包括社会、生物及人格或家庭因素。但是任何人要发展成饮食失调的疾病，可能均需要这几个因素同时发生。

社会文化因素 许多社会科学家主张社会因素在厌食症和贪食症中扮演一个主要的角色，因为美国社会特别强调苗条的女性。这种强调在过去 40 年显著地增加，这和那段时间饮食失调影响范围也增加的主张相符。社会改变的指标之一是人们所认为"理想的女性形象"的改变。下图中包括一张珍妮·曼斯菲尔德的照片，她是 20 世纪 50 年代普遍认为的理想的形象；另一张是女艺人珍妮弗·洛佩兹，她是当代的典型。洛佩兹显然比曼斯菲尔德苗条许多，尤其是臀部与大腿，那是大多数女性自觉不满意的身体部位。

但是媒体传递的理想的女性身体形象，究竟是如何深入人心并解释如此高的饮食失调率呢？**物化理论**（objectification theory）对此历程提出一个看法，它是以社会文化观点讨论文化如何产生对女性身体予以性物化（不仅在视觉传媒方面，且发生在实际人际交往上），并根本地改变了女性自我观点与自我幸福感（Fredrickson & Roberts，1997）。人们一旦开始将某人身体的价值主要定位成他人的性（消费）对象时，即发生了性物化。性客体化是人际间去人性化的一种形式，它将目标人物的人性完全袪除，而将之置于以观看者利益为主的物质身份地位上。

依此观点，将女性身体重复暴露于性物质化的文化中所造成的第一个心理冲击为，女性学会将物化的观看者观点加以内化，成为她们对自己身体的看法。这种过度专注于身体外表的现象被称作自我物化（见概念摘要表）。简言之，**自我物化**（self-objectification）是指，人们较容易以第三人称的观点考虑自己身体的价值，而且着重在可见的属性上（如"我看起来怎么样"），而非以第一人称的观点聚

珍妮·曼斯菲尔德（Jane Mansfield，左图）代表 20 世纪 50 年代的完美女性，而珍妮弗·洛佩兹（Jennifer Lopez，右图）则代表当代的完美女性

焦于个人特有的，或非可见的身体属性上（如"我觉得怎么样"）。自我物化同时是一个相当稳定的特质（有些女性较其他人更为自我物化）与暂时性状态（有些情境会使人们更为自我物化）的概念。

物化理论宣称，自我物化会造成许多心理与情绪反应。首先且最为重要的，自我物化会导致一种特别警觉地监控自己身体外观的自我意识形态。这种过分关注自己外表会干扰自己的意识状态，因而限制可以从事其他活动的心智资源。它也会产生一组可以预期的情绪反应——包括提升羞愧与焦虑而降低积极情绪与性欢愉。长此以往，这些情绪可以累积并复合增长，这可以解释为什么女性因特定身体与心理健康问题而受苦的比例高出男性许多。在这些问题中，主要为包括厌食症与贪食症以及更常见的节食问题在内的各种饮食失调问题。然而本理论不仅限于此，它还解释了两性在忧郁症与性功能失调方面的差异（见概念摘要表）。

这三方面的危机——饮食失调、忧郁症与性功能失调，不仅与性别差异一致，也与年龄差异相符。

概念摘要表

物化理论

本表依物化理论的成因、特征、自我物化的结果陈述。自我物化定义为特别专注警觉地监控自己身体外观的现象（资料来源：Fredrickson et al.,1998）

理论概要	理论要素
成因	文化在传播媒体
	与人际应对中
	出现了性物化
特征	内化了第三者对自我的观点
	警觉地监控自己外表
	干扰了心智活动资源
结果	心理方面经验到
	羞愧的提升
	焦虑的提升
	积极情绪的降低
	对身体线索的迟钝
	造成身体与心理健康的危机
	饮食失调
	忧郁症
	性功能失调

令人惊奇的是，这些危机改变也与女性在生命历程上可见的身体变化步调一致：她们初次出现在女生的青少年早期，而在步入中年后期逐年减弱。物化理论指出，女性在有生殖能力时最容易成为性物化的目标，并依此观点来解释她们在生命历程中的危机改变。

初次以大学女性为对象进行的调查即指出，自我物化、对自己身体觉得羞愧与饮食失调间彼此确有关联（Noll & Fredrickson, 1998）。然而这些只是相关，我们如何得知自我物化为饮食失调的成因，而不只是结果或症状而已？一系列巧妙的实验研究为我们提供了必要的证据。在这些研究中的被试男女大学生，都相信自己在参与一项消费者决策行为的研究。在此引导下，他们从许多产品中取样，并评估这些产品给他们的感受。当他们开始在试衣间试穿时，被试被随机分派去穿一件庞大的毛衣或泳装（有各种大小尺寸）。无论男女，当其试穿泳装时，均较容易产生自我物化的自我意识状态，但二者的相似到此为止。稍后，两性均进行困难的数学作业（视为与本研究同时进行的另一项研究）时，男性无论何种穿着，在数学作业上的表现均一样；但是女性的成绩却与衣着的布料多寡成正比——穿得越少，表现越差，正与自我物化会造成心智活动资源受到干扰的说法一致。接着，再进行一项口味测试：在穿回自己的衣着后，请被试品尝并评估一支棒棒糖。不管刚刚穿过什么衣服，男生大多把棒棒糖吃光，而女生吃棒棒糖的状况，则大大地受到穿着泳装的影响，诚如概念摘要表理论模式所预测的，曾穿着泳装的女生因有过自我物化的经验，故对自己目前的身体也有羞愧的经验，此羞愧的情绪反应更转而预测了她的节食行为，或许可借此纠正因自己身体与文化上过分强调纤体的理想身材间的落差所带来的羞愧感（Fredrickson, Roberts, Noll, Quinn, & Twenge, 1998）。这些研究结果提供了一个支持物化理论的因果证据，有助于我们详细说明：个体接触过物化信息后，如何深入影响其心理与情绪历程，并造成饮食失调的现象。

生物因素 显然，并非每位接触过性物化文化信息的人都会发展出饮食失调的症状，某些生理上的弱点可能提高了发展出饮食失调的倾向。有个假设认为，脑部协助调节饮食的下丘脑的功能失调可能为造成厌食症的成因。厌食症者的下丘脑功能不调，而且对下丘脑功能而言相当重要的几种神经化学物质也异常（Fava, Copeland, Schweiger, & Herzog 1989）。至于贪食症，可能是在心情调节与食欲两方面均扮演重要角色的神经递质（5-羟色胺）不足造成的（Mitchell & deZwann，1993）。

家庭因素　人格与家庭因素在厌食与贪食症方面可能也扮演着重要角色。许多饮食失调的年轻女性是来自要求完美且极端自我控制的家庭，她们不被允许表达出温情与冲突（Bruch, 1973；Minuchin, Rosman, & Baker, 1978）。有些年轻女性可能借控制其饮食习惯以获得一些来自父母的掌控权以及父母的关心，最后发展成厌食症；而其他人可能在情绪失控时大吃大喝或深受低自尊之苦（Polivy & Herman，1993）。

用来协助饮食失调者重获健康的饮食习惯以及他们所面临情绪问题之治疗方法，学者们已经证明其实用效果（Agras, 1993；Fairburn & Hay, 1992）。用来调节5-羟色胺水平的药物，也被证实对贪食症者特别有疗效（Mitchell & deZwann，1993）。厌食症与贪食症都是严重的失调，但是有这种疾病的人却常常持续罹患此病达数年之久。

◆小结

人类对食物的好恶有来自天生与习得的两方面，它们会引导我们对食物的选择。当身体诸如葡萄糖等含卡路里燃料下降时，会出现内稳态的饥饿信号；而食欲的产生，部分是因个人知觉到食物诱因更加诱人且更令人愉快。

饥饿大部分是由内稳态不足与饱食信号所控制。某些脑部的神经元，特别是在脑干与下丘脑的，可侦测葡萄糖的短缺量而引起饥饿。其他营养侦测器，尤其是肝脏中的，能侦测能量的存量以引起饱足感。饱食感的信号，是一种胆囊调节激素，由小肠分泌以停止饥饿和进食。

脑部有两个与饥饿有关的重要区域——下丘脑外侧与下丘脑腹内侧。破坏下丘脑外侧，会导致进食不足；破坏下丘脑腹内侧，则会导致过食。

人们变肥胖主要是因为他们有过重的遗传体质，或他们（因心理原因）饮食过量。基因的影响力，是通过它们对脂肪细胞、新陈代谢率与体重设定值的作用来调节；而过度饮食与肥胖症，是因为肥胖者在打破节食计划时饮食过量、当情绪激发时多吃，而且比正常人对外在饥饿线索更有反应导致。

在肥胖症治疗中，极端节食并无效，因为剥夺会导致后续的过度进食，并降低新陈代谢率。最有效的似乎是建立一套新的、永久性饮食习惯及参与运动项目。

神经性厌食症的特征是极端、自我强迫减肥；而贪食症的特征是重复出现大肆进食、接着试图用呕吐和泻药方式清除多余的食物。造成这些饮食异常的可能原因，包括诸如低自尊等人格因素、文化中强调苗条与充斥着物化女性身体信息等的社会因素，以及诸如低5-羟色胺等生物因素。

◆关键思考问题

1. 一种潜在的消极情绪，例如以自己的身体为耻，可能同时影响饮食过量、肥胖症，以及饮食不足及各种饮食失调。为什么会这样？请描述造成这些偏离正常饮食的每种途径。你认为决定这些途径的因素为何？

2. 本章描述了许多与节食或限制饮食有关的问题。为何节食还是一直很风行？社会文化因素在此处扮演了什么角色？

第四节　性别与性欲

就像口渴和饥饿，性欲也是一个强大的动机。然而，性和温度、口渴和饥饿间有些重要的差异：性是一种社会性的（social）动机（它涉及另一个人），而生存性的动机则只关注个体本身；此外，口渴和饥饿的动机来自组织需求，而性不为有机体生存必需的加以调节和补足的内在需求。所以，社会性动机不会自己进行内稳态的分析。

至于性，应记住两个重要的特性：第一个是，虽然我们的性到青春期才成熟，但性认同的基础在子宫中就已建立了，因此我们区分成人的性欲（以青春期的变化为开始）和早期的性发展；第二个是，决定性行为和感受的生物因素与环境因素间的区别。性发展和成人的性在许多方面的一个基本问题是，在讨论性行为或感受那些受生物（特别是激素）或环境和学习（早期经验和文化规范）或两者的交互作用影响程度为何。

早期性发展

为了成人社会生活和性经验的满足，多数人必须发展适当的**性别认同**（gender identity），即男人认为自己是男人，女人认为自己是女人。这个发展十分复杂而且从出生前便已开始。受精后的头几个月，只有人类胚胎的染色体可表明将发育为男孩还是女孩。在此阶段，两性在外貌上是相同的，并有最后发展为睾丸或卵巢的组织及一个会变成阴茎或阴核的生殖结节；到了第二、第三个月，假如胚胎在基因上是男性，则原始的性腺（或生殖腺）发展为睾丸，假如胚胎在基因上是女性则发展为卵巢（详见第二章）。一旦睾丸或卵巢长成，它们便产生性激素，然后控制内部生殖结构和外部生殖器的发展。性激素对出生前的发展甚至比后来成人的性的表现更为重要。

对生殖器发展而言最关键的激素是雄性激素（男性荷尔蒙）。假如胚胎的性腺制造足够的雄性激素，婴儿就会有男性生殖器；假如雄性激素不足，即使其基因上是男性（XY），也会有女性生殖器。相反地，假如人为地增加雄性激素，即使在基因上是女性（XX），婴儿也将会有男性生殖器。换言之，男性染色体（Y）是否会对性的正常发展产生影响，只取决于胚胎是否分泌雄性激素，而女性胚胎在解剖学上的发展，并不要求要有雌性激素，只要缺乏雄性激素即可。简言之，除非有雄性激素干扰，否则胚胎可以自然发展成雌性。

雄性激素的影响，被称为**雄性激素化作用**（androgenization），其影响远超过解剖学上的限制。在塑成生殖器后，雄性激素开始在脑细胞中运作。对老鼠的研究提供的直接证据指出，出生前的雄性激素会改变胎儿下丘脑细胞的数量和结构细节，而下丘脑同样是调节人类和老鼠动机的器官（Money，

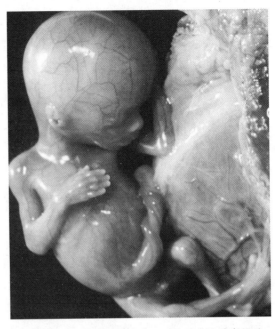

假如胚胎的性腺产生足够的雄性激素，胎儿就会发展成男性。图中所示即为一位受孕后 4 个月大的男性胎儿

1989）。这些雄性激素本质上会影响大脑使之男性化，可能因而决定了出生后数个月或数年的一些男性特征和行为，如更高水平的攻击性。

在一系列的实验中，怀孕的猴子被注射雄性激素，并仔细观察其雌性的后代。这些雌性后代出现一些解剖学上的改变（以阴茎代替了阴核）且在行为上和正常雌性不同。它们在游戏时较具攻击性，性游戏中比较雄性化，与同伴接近时也比较不亲密（Goy，1968；Phoenix，Goy & Resko，1968）。这些发现表明，有些性别典型行为（如雄性更有攻击性）在非人类动物中部分是由激素决定的。

早期激素异常也会引起相反的结果——雄性后来的性行为被"雌性化"。有一惊人的例子是"母亲的压力"：其母亲在怀孕期间经历很大情绪压力的雄性老鼠会改变其性行为（Ward，1992）。面临高水平压力的怀孕老鼠会导致雄性胚胎睾丸产生的雄性激素量减少，结果使传达到发展中的大脑的雄性激素降低。下丘脑和其他大脑区域在这种胚胎上会显示不同的发展：在这些雄鼠长大后，会出现较少雄性的性行为，甚至假如与其他雄性交配，还会显出雌性的交配动作。

我们并不知道在人类的大脑发展和行为上是否会发生类似的影响，虽然有些人相信这些实验提供了了解人类异性恋和同性恋倾向的基础，但动物模

式和人类间还是有差异的。例如，由受压力的母亲所生的雄性老鼠倾向于显出比任何一般雄鼠较少的性行为，但同性恋男性相对于异性恋男性来说并非如此。不过，这些例子说明早期激素环境对非人类动物后来性行为的重要性，也提高了"出生前激素对人类性动机也很重要"的可能性。

荷尔蒙与环境

在人类中，很多有关出生前的激素和早期环境的影响已由以人为对象的研究中发现：基于各种原因，这些研究对象常态地暴露于某种性别的早期激素中，却以相反性别的社会角色被抚养长大。在大多数这类案例中，个体抚养时被分配标记和性别角色所认同的性别，比个体的基因和激素有更大的影响力。

例如，数以千计生在暴露于抗流产药物已烯雌酚的20世纪50和60年代的女性，不期然地对其大脑发展造成了类似激素的效果。通常由雄性胚胎睾丸分泌的睾酮（主要的雄性激素），会在胚胎脑内转变为类似已烯雌酚的物质，而服用此药的怀孕妇女并不知道其胎儿暴露在类似一般雄性大脑发展的化学环境中。对雄性胎儿少有影响，因为他们的大脑早已暴露在男性形态的化学刺激中，但雌性胎儿却在其母亲服药的期间暴露在相反性别或类似男性的化学刺激中。对绝大多数这种女孩，出生前的暴露经验并没有造成可察觉的影响：多数出生前暴露于已烯雌酚的女性会继续成长为女孩，并和出生前经验正常的女性没有区别。换言之，对这些女性而言，社会环境比出生前的激素在决定性和性别的发展上有更大的影响力。

另一方面，并不是说出生前的化学环境绝对没有影响。最近的研究已发现暴露于已烯雌酚的女性会有一些细微的差异特征，例如，这些女性体现出更高比例的同性／双性恋倾向。性取向和性别认同并不相同，出生前激素的轻微影响可能都会反映在二者上（性取向稍后将仔细讨论）。同样地，这些女性在"当母亲的兴趣"的一些测量上（如觉得婴儿吸引人），也做出了较低的评价。不过在其他亲职的、两性的或社会行为及态度的测量上则和其他女性并无差别（Ehrhardt, et al., 1989）。这些研究指出，虽然出生前的激素对后来的性和社会发展有轻

微的影响，但他们对人类的影响远较对非人类动物的影响降低了许多。相对地，社会和文化的因素对人类则较具支配性（Money, 1980）。

然而也有研究指向相反的结论。多年前发生在多米尼加共和国的一座偏僻村庄的例子最为著名。有18个人在基因上是男性，但由于雄性激素不足，出生时内在器官明显是男性，但外在生殖器（包括一个像阴核的性器官）则接近女性。雄性激素虽不足，生殖腺睾丸仍正常发展，并开始分泌睾酮和其他雄性激素。然而，在由循环的雄性激素启动的受体系统中，至少缺了通常在生命早期由雄性激素予以男性化的身体组织。虽然雄性激素出现在男孩的血液里，但这并不会形成男性生殖器并影响身体的形态。这18人均被当成女孩抚养，这和基因及出生前的激素环境均不符合。他们到了青春期时，因男性激素剧增而产生了一般的身体变化，并将像阴核的性器官转变为像阴茎的器官。大多数这种以女孩抚养的男孩很快变为男性，他们似乎在调整为男性认同上少有困难，他们去做矿工、木工，有些还找到女性伴侣。在这个例子中，生物因素战胜了环境（Imperato-McGinley, Peterson, Gautier, & Sturla, 1979）。

然而，针对这些表面是女孩的多米尼加男孩的研究仍有争议，他们似乎并非以一般女孩的方式被养育着（毫不奇怪，因为他们有不明确的生殖器），他们似乎是一半男孩一半女孩似的被对待，这使他们后续转变为男性时较容易些（Money, 1987）。

在其他的案例中，出生前激素与社会养育间孰重孰轻的冲突结果较不明确。最明显的一个例子是有完全相同的出生前环境的同卵双生子，他们在8个月时，发生了一个悲剧性的错误：其中一个男孩的阴茎在例行性的割礼中被完全切断。10个月后，父母求助于外科手术移除其睾丸并给予其一个初具形式的阴道，将这个孩子变为一个小女孩。这个小孩被给予雌性激素，并当成女孩养育。几年之后，这小孩似乎产生了女性性别认同：他比其双生子兄弟更喜欢女性服装、玩具及活动。这个小孩在很多方面显示出一个正常女孩的样子，所以大多数早期研究者归结这是一个社会环境战胜的例子。

但在孩子步入青春期后，却透露了更复杂的结果（Diamond, 1982）。青春期的他不快乐，并为其

性欲感到特别冲突，尽管此时他仍未被告知自己原来的性别和变性手术。在访谈时，他拒绝画女生的图，只愿画男生；在"身体语言"方面，如走路的步伐、姿态和动作在外表上也显出男性化；社会性方面，比一般女生更难建立与同伴的关系。

本个案近期的追踪研究发现，他最后拒绝了女性的角色，并以男性的角色成功地生活着（Diamond & Sigmundson，1997）。尝试经由社会化过程来控制其性别认同，并抚养他成为一位正常女孩的企图终告失败。我们很难得知他在青春期经历了情绪与社会适应困难的正确原因，可能的解释包括他早期脑部以男性角色发展，因而限制了他日后认同女性性别时的适应力。有关性别认同，我们能得到什么结论？显然，出生前的激素和环境是性别认同的两项决定因素，通常二者也都能和谐运作。当二者冲突时，就像对某些个体的影响，多数专家相信环境仍将占优势。但这是一个有争议的领域，而专家的意见可能随着数据的增加而有所改变。

成人的性欲

身体激素系统在青春期（11—14岁）开始发生变化（见图10-6）。下丘脑开始分泌促性腺激素释放因子（gonadotropin releasing factors）的化学物质，它会刺激直接位于下丘脑下方的脑垂体。脑垂体的功能是分泌性激素到血液中，所分泌的性激素叫促性腺激素（gonadotropin），它经由身体运送到生殖腺——女性卵巢和男性的睾丸，产生卵子或精子细胞的地方。促性腺激素使生殖腺活动，使它们分泌自己的性激素到血液里。

女性下丘脑释放其促性腺激素释放因子是每月一次循环，约每28天起始和结束一次。刺激女性脑垂体分泌两种促性腺激素——促卵泡激素（follicle-stimulating hormone，FSH）和黄体生成素（luteinizing hormone，LH），也是每月一次循环。这些激素促使卵巢活动。促卵泡激素刺激卵巢产生卵泡，卵巢内的细胞丛集可使有繁殖力的卵子发育。

一旦卵泡产生便开始分泌雌激素（estrogen）。雌激素被释放到血液里会影响身体的性发育，在许多动物物种中，会促动大脑的性动机。第二种促性腺激素——黄体生成素，是由脑垂体释放的，只比促

卵泡激素稍为晚些。黄体生成素引发排卵，从卵泡中释放有生殖力的成熟卵细胞。当卵泡释放卵子时，也分泌了第二种雌性激素黄体酮（progesterone），让子宫准备植入一个受精卵，在某些动物中也使大脑性动机活动。

男性方面，下丘脑分泌促性腺激素释放因子是经常性的而非每月循环的。这使男性脑下垂体常常释放名为促间质细胞激素（interstitial cell stimulating hormone，ICSH）的促性腺激素到血液里。ICSH使男性睾丸制造成熟精细胞，并显著地大量分泌雄性激素，特别是睾酮。睾酮和其他的雄性激素刺激男性身体特征的发育，在大多数动物中，也会在大脑中活动以促动性欲。

激素在性欲和激发上的影响 许多物种中，激发与荷尔蒙（激素）水平有密切关系。然而在人类中，激素的作用较小。评估激素对性激发贡献的一个方法是，研究除去生殖腺（卵巢或睾丸）后的影响，这个被称为性腺切除术（gonadectomy）（男性除去睾丸称为阉割，castration）的手术是以较低等的物种（如老鼠和天竺鼠）而展开的实验。阉割会

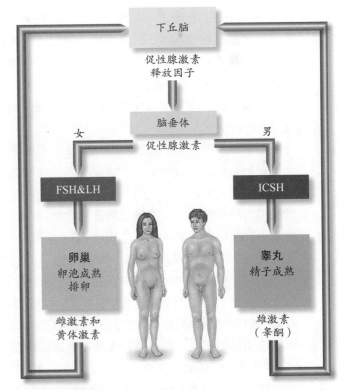

图 10-6 性激素系统
通过激素，下丘脑指挥脑垂体，而脑垂体指挥生殖器以分泌性激素

导致性活动快速下降终至消失。当然在人类没有控制的实验，心理学家用以代替的是观察因严重疾病（如睾丸癌）进行化学阉割（chemical castration，注射合成的激素以抑制或阻隔性激素作用）的男性。这些研究显示有些男人失去对性的兴趣，而有些则持续正常的性生活（Money，Weideking，Walker，& Gain，1976;Walker，1978）。显然，激素只是在某些情况中会成为性欲的原因。

另一个评估激素对男性性激发和性欲的作用的方法是找出激素波动和性兴趣的关系。例如，当男人的睾酮水平较高时，是否比较可能感觉到性激发？结果是睾酮水平对交配功能（copulatory function）——如勃起的能力——没影响，但会增加欲望，如性幻想（Davidson，1988）。男人性欲最主要的决定因素似乎是情绪因素；因此，对男性（女性亦然）而言，因配偶间性欲低而寻求性治疗最常见的原因是婚姻冲突（Goleman，1988）。

女性性欲决定于激素的程度甚至更低，这与雌性性行为高度依赖性激素的非灵长类正好相反。所有其他动物摘除卵巢会导致性活动中断，被阉割的雌性停止接受雄性，并经常抗拒性接近，而人类女性是主要的例外——停经后（卵巢停止功能）大多数女性的性欲并未消失。有些停经后的女性甚至会表示出对性兴趣的增加，可能是因为她们不再担心会怀孕。有证据指出，女性的性欲由血液中性激素的量促发（Sherwin，1988a），但其所需量很低，以致大多数女性的激素量通常都超出，因此在性欲的改变上不扮演重要角色。

观察停经前女性激素波动和性激发关系的研究也能得出类似结论：激素正常改变对其他动物性激发的控制有实质的影响，而人类则不然。在雌性哺乳类中，激素的波动和生殖力的改变有循环性的搭配关系。在哺乳动物的第一个循环部分（卵子正准备受精），卵巢分泌雌性激素，准备子宫植入并激发性兴趣；排卵后，分泌黄体激素和雌激素。这个生殖力或雌激素循环现象在多数哺乳类动物中会伴随性动机的变化。多数雌性动物只有在排卵期间会接受雄性动物的接近，即雌激素水平在循环的最高点（即"发情"）。然而，灵长类的性活动较少受生殖循环影响。猴子、猿类和黑猩猩在整个循环中都会交配。人类女性似乎更少受到生殖循环的影响，而较

受社会和情绪因素的影响。

总之，激素控制成人性行为的程度，比其他动物要低。然而，即使是人类也会受一些激素的控制，由男性睾酮和性欲的关系中可得证。

行为的神经基础

神经控制 就某种意义而言，最主要的性器官是大脑。大脑是性欲起源和性行为被控制之处。人类大脑的性功能，可扩展至控制性思考、想象、幻想。大脑里的性激素，可以影响成人个体的神经功能。其次，我们也讨论过性激素也会影响所有哺乳类（包括人类）生命早期及至少某些物种的成人期身体实际的成长及神经的联结形态（Breedlove，1994）。

神经系统在许多层次均受到性激素的影响。在脊髓层次中，存在有控制交配动作的神经回路，男性包括阴茎勃起、骨盆的运动和射精等动作。在脊髓严重受伤且身体无意识知觉的男性身上，所有这些动作也可以以反射形式引发；女性也类似，脊髓受伤女性的临床研究指出，由生殖器刺激引起的阴道分泌和骨盆运动，也受脊髓内神经反射回路的控制（Offir，1982）。

大脑较高的层次，特别是下丘脑，则包括对更复杂性行为而言是重要的神经系统。例如，用电流

雪猴间的性游戏。在灵长类中正常的异性性行为，并非只靠荷尔蒙及特定性反应的发展，还有赖于与另一性别成员间的情感联系

刺激下丘脑区域，可以引起许多雄、雌性物种的性追求和交配行为。即使是人类，也有报道指出：刺激靠近下丘脑的大脑区域，可以引起较强烈的性感觉和欲望（Heath，1972）；相反地，下丘脑受伤，则会减少包括人类在内的许多物种的性行为。

早期经验 环境对成人的性行为也有很大的影响，其中一类决定因素是早期经验。早期经验对许多哺乳类动物而言是一个主要的决定因素，并可以促发特殊的性反应。例如，小猴子在游戏中便出现了后来交配所需的许多姿势。与同伴摔跤时，小公猴表现出构成成猴性行为要素的抓及冲刺后腿与臀部的反应。小母猴在受到小公猴的威胁和攻击时，会用交配中支撑公猴重量所需类似姿势，坚挺地站着来应对。这些前性反应大约在 60 天大时出现，并在成熟时变得频繁和纯熟。这些行为的早期表现，显示它们是针对特定刺激的天生反应，并在成人性形态发展中借着学习经验，修正及精熟这些反应。

经验也影响性的人际方面。被部分隔离养育的猴子（被钢丝笼子分开，它们可以看到其他猴子但不能接触），在成熟后通常无法交配，公猴可以完成性的机制：它们通过手淫射精的频率大约和正常猴子相同，但当面对性接受的母猴时，它们似乎不知道在交配中如何采取正确的姿势。它们有性激发，但漫无目的地摸索母猴或它们自己的身体。它们的问题不只是特定反应的不足，这些曾被隔离的猴子还有社会的或情感的问题：即使在与性无关的情境中，它们也不能与其他猴子建立关系，常表现出害怕、逃跑或极端的攻击性。显然，灵长类正常的异性恋行为不只有赖于激素和特定性反应的发展，还依赖两性间的情感联结。这种联结从早期与母亲和同伴的交互作用中即开始发展，小猴子借此学习信赖，表露脆弱的部分而不怕被伤害，接受并享受和他人的身体接触，并产生寻找与他人交往的动机（Harlow，1971）。

虽然我们在以对猴子的发现去推论人类的性发育上必须谨慎，但对人类婴儿的临床观察仍显示某些相似结果：人类婴儿借与母亲或最初照顾者温暖和爱的关系，发展第一次信任的感觉（见第三章）。这个基本的信任是与同伴满意的交互作用的必要条件；而与其他两性年幼者的情感关系，则是成人性关系中必要的亲密关系的基础。

文化影响 文化同样影响性欲的表达。与其他灵长类不同，人类性行为受文化的强烈影响。例如，每个社会都会对性行为设立一些限制。乱伦（家人间的性关系）几乎被所有文化禁止。其他方面的性行为——儿童间的性活动、同性恋、手淫、婚前性行为，在不同社会则有不同程度的许可。人类学家的史前文化研究发现，各文化对可接受的性行为有极大的差异。有些非常随意自由的社会，鼓励儿童的自体享乐活动和性游戏，并允许其观看成人的性活动。例如，非洲的齐瓦人相信，假如不允许儿童自己练习性活动，他们以后就不能生殖后代；新几内亚的桑比亚有制度式的双性性行为：从青春期到结婚，男孩与其他男性同住并参与同性恋的练习（Herdt，1984）。

相反的，非常严格的社会则想要控制青春期前的性行为，并防止小孩接触性。南美的古纳人认为小孩应完全忽视性，直到他们结婚，他们甚至不准小孩看动物生产。

虽然研究文化差异最明显的方法是在不同国家进行实证调查，但也能在同一个国家中观察文化的变迁。这种改变发生在 20 世纪 40 年代和 70 年代的美国和其他西方国家。20 世纪四五十年代，美国和多数其他西方社会在性方面可被归类为严格的：传统上，青春期前的性行为是被忽略或否定的；婚姻中的性被认为是唯一合法的性宣泄方式，其他形式的性表达（同性恋活动、婚前和婚外性行为）通常会被谴责并为法律所禁止。当然，从事此类活动的社会成员很多，但常有羞愧感。

经过许多年后，性活动变得较不那么严格。婚前性行为变得较为人接受及频繁。在 20 世纪 40 年代接受访谈的美国大学生中，有 27% 的女生及 49% 的男生在 21 岁时，即有过婚前性行为（Kinsey, Pomeroy, & Martin, 1948; Kinsey, Pomeroy, Martin, & Gebhard, 1953）。相比之下，许多美国 20 世纪 70 年代大学生的调查报道显示，男女的百分比都已从 40% 到超过 80%（Hunt, 1974;Tavris & Sadd, 1977）。过去数十年，第一次性行为的年龄越来越小，已是一个逐渐发展的趋势，有约 50% 的男女指出，他们的性行为约开始于 16 与 17 岁间（Laumann，Gagnon，Michael，& Michaels，1994）。图 10-7 报道了跨度为 35 年之久的婚前性行为的研究数据，可知女性性行为的变化比男性大，且最大的变化发生在 20 世纪 60 年代末期。这些改变，使 20 世纪 70 年代许多社会观察家总结道：这是一项"性革命"。

今天，性革命似乎是因恐惧性病，尤其获得性免疫缺乏综合征（AIDS）的传播而受到阻碍。此外，性革命更多是在行为上而非感受上。20 世纪 70 年代受访的美国大学恋人中，只有 20% 的人认为偶然相逢的性行为是完全可以接受的（Peplau，Rubin，& Hill，1977）。同样，尽管女性在对待性行为上与男性更为趋同，她们在对待婚前有关性的一些重要态度上，仍与男性有所不同。多数有婚前性行为的女性只与一两个与他们情感投入的伴侣如此做；男性则相反，他们比较可能寻找很多的伴侣（Laumann et al.，1994）。然而，在 5 年的期间内，多数的男女只有一个性伴侣（Laumann et al.，1994）。

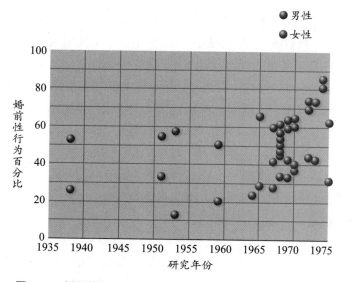

图 10-7　婚前性交的报道
每个点代表一个大学男女生婚前性行为的研究结果。从图中可知，20 世纪 60 年代开始数据有显著的增加［资料来源：J.R. Hopkins (1977) "sexual Behavior in Adolescence," in *Journal of Social Issues*, Vol.33 (2) :67-85. Adapted with permission the Society for the Psychological Study of Social Issues.］

性别差异　异性恋研究指出，年轻女性和男性在性的态度上有所不同，女性比男性更可能把性视为一种爱的关系。与此相关的是，男女两性在最可能引发性嫉妒的事件上有本质形态上的差异：情感的背叛或性的背叛。不论是自陈式还是如测心跳的自主反应的测量，女性对情感的背叛（即伴侣和他人建立情感关系）反应较强烈，而不管其背叛的伴侣是否真的发生性行为；男性相反，他们对性背叛反应较强烈，而不管其伴侣通奸是否涉及情感（Buss，Larsen，Western，& Semmelroth，1992）。

这些性别差别同时适用在性行为和态度上——女性假如有婚前性行为，其性伴侣可能较男性少。不论性取向为何，男女两性的性行为类型的差异持续存在，例如，女同性恋恋人比异性恋人有较少的性行为，而男同性恋恋人则比异性恋人有更多的性行为。这种差异可被视为一种反映典型女性和典型男性特征的连续体（Buss，1994）。

性取向

个人的**性取向**（sexual orientation），是指一个人受异性或同性吸引的程度。与 20 世纪 40 年代的性研究先驱阿尔弗雷德·金赛（Alfred Kinsey）一样，多数行为学家视性取向为一个连续体——从完全同性恋到完全异性恋。例如，在金赛自己的七级量表中，只被异性吸引并只与此类人有性行为者是在异性恋类别（类别 0），而只被同性吸引同时只与此类人有性行为者，则在连续体上处于同性恋的一端（类别 6）。类别 2 至 4 的人通常被界定为双性恋者。

然而这种分类仍过于简化，因为性取向包括一些不同的组成要素。如性爱的吸引力或性欲、性行为、爱情吸引力，以及自我认定为异性恋、同性恋或双性恋，在不同要素上个体会落在本量表不同点上是很正常的。例如，许多人被同性吸引，但从来没有任何同性恋性行为；而许多常有同性恋遭遇的人，并不认为自己是同性或双性恋者。更复杂的是，个体可能在经过一些时间后，在一种或多种组成要素上有所改变。

不同性取向的比例　美国的一项性调查显示，全国 10.1% 的成人男性和 8.6% 的成人女性的随机样本中，至少有下列一项：（1）目前"大部分"或"只"被同性吸引；（2）与"有点"或"非常有"吸引力的同性有性关系；（3）从 18 岁开始与同性有性行为（Laumann et al.，1994）。以自我认定观之，

2.8% 的男人和 1.4% 的女人认为自己是同性恋（男同性恋或女同性恋）或双性恋。要理解这种吸引和自我认定的普遍程度，你可以将之与左撇子的人数比例（约 8%）做比较。

诚如该调查者承认，该百分比必须被视为低估，因为许多人不愿承认被某些人视为不道德或病态的欲望或行为。这个问题在调查中特别尖锐，因为访谈是在受访者家中进行，超过 20% 的受访者在访谈时有其他家庭成员（甚至是小孩）也在家里，虽然未必是在进行访谈的屋子中。

性取向的成因　我们最常见的问题"同性恋的成因为何"在科学上是个错误的概念，因为它并不意味着异性恋不需要解释，就意味着该成因是不辩自明的。有这种想法的人，可能会得出这样的结论：因为只有异性恋行为才会繁衍后代，所以它必然为进化的"自然"结果，而其他偏离异性恋的行为（如同性恋）才是科学上需要解决的谜团。弗洛伊德本身即不同意这种说法："异性恋也是需要去澄清的问题，而非基于化学本质所产生吸引力、不辩自明的事实。"（1905/1962，pp.11-12）正因为我们同意弗洛伊德的观点，本节标题才叫作"性取向"，而非"同性恋"。

再一次地，此议题是我们曾在第一章介绍，而在发展一章（第三章）讨论过，且将在个体差异一章（第十二章）会再加以探讨的"先天-后天"问题：成人性取向有多大的成分是由早期生活经验或诸如激素、基因等先天的生物因素决定的？

能证实早期生活经验有所影响的最好的数据，来自一项对住在旧金山海湾区的将近 1,000 个同性恋和 500 个异性恋男女展开的访谈研究（Bell, Weinberg, & Hammersmith, 1981a）。研究发现，唯一能预测成人男女同性恋倾向的一个主要因素是儿童期性别不协调。如表 10-2，当被问到儿童期他们喜欢或不喜欢哪些游戏活动时，同性恋男女陈述他们比异性恋男女较不喜欢与其性别相符的活动，而喜欢与其性别不相符的活动。同性恋男女也比异性恋男女在儿童时较少男性化（男性）或女性化（女性）。除性别不协调外，同性恋男女有比较多的异性朋友。

表 10-2 有两项特征是值得注意的。首先，这些发现对男女而言均十分有力且相似：男女同性恋者约有 63% 在儿童期并不喜欢与其性别相符的活动，而异性恋者则只有 10% 到 15%。其次，女性显然比男性在童年时更能享受异性类型的活动，且有更多的异性玩伴。事实上，本研究中的女同性恋者与异性恋者大多数是所谓的"假小子"（tomboy），即童年时对男孩的活动颇能自得其乐。对男女同性恋取向的预测上，不喜欢与性别相符的活动，似乎是成年期同性恋的最佳预测指标。一般而言，以儿童期性别不协调来预测成人同性恋结果的发现，已在其他研究中被肯定（Bailey & Zucker, 1995），包括数个以性别不协调的男孩为对象并追踪到青春期和成人期并评估其性取向的研究（Green, 1987; Zucker, 1990）。

表 10-2　儿童期性别不协调

一项大规模访谈研究显示，同性恋男女比异性恋男女更可能在儿童期时产生性别不协调现象。（A. P. Bell, M. A. Weinberg, & S.K. Hammerstein, *Sexual Preference: Its Development in Men & Women.*）

性别不协调的偏好与行为	男性		女性	
	同性恋者（%）	异性恋者（%）	同性恋者（%）	异性恋者（%）
不喜欢与性别相符的活动	63	10	63	15
喜欢与性别不相符的活动	48	11	81	61
表现与性别不相符的行为（男性化／女性化）	56	8	80	24
童年玩伴中大多数是异性	42	13	60	40

除了性别不协调的发现外，旧金山研究也有许多重要的不定性的发现，因为它们不支持一般理论有关同性恋倾向的成因的说法。例如：

1. 个体在成长中对异性父母的认同，对其是否变为同性恋或异性恋没有显著影响。这和弗洛伊德的心理分析理论（第十三章讨论）及其他基于儿童期家庭经验所建立的动力理论不符。

2. 男同性恋和女同性恋不会比异性恋的伴侣更倾向于报告与同性有过的第一次性接触。他们甚至缺少儿童期和青春期异性恋经验，也不觉得这种异性恋经验不愉快。

3. 一个人的性取向通常决定于青春期，虽然还没有积极地从事性的活动。男同性恋者和女同性恋者一般在参与任何与同性发生"进一步"性活动的前三年，即经历过同性的吸引。

后面这两组发现共同指出，同性感觉而非同性恋活动，是成人同性恋倾向的重要先决条件。因此，其与任何性倾向简单的行为学习理论不符，包括外行人常见的观点：个体受到同性"引诱"或有位爱慕的老师、父亲或神职人员是公开的男同性恋者，个体就会变成男同性恋者。跨文化的资料与本研究结论是一致的。例如，新几内亚的桑比亚文化中，从青春期前到晚期所有男孩都参与同性恋行为，但是，所有的人最终也都结婚并成为纯粹的异性恋者（Herdt，1984）。

最后，从所有的研究中能够很清楚地看出，一个人的性取向并不只是简单的个人选择问题。男同性恋者和女同性恋者选择对同性的性欲情感，与异性恋者选择与异性的性欲情感没什么差别。从"双面论证"的文章可知，行为科学家不同意先天-后天的问题，即性取向主要决定因素是根源于先天生物或后天经验因素。但公众经常将此问题曲解成，性取向是取决于超出个人控制的变量还是自由选择的。事实上，二者不是同一个问题。

由于旧金山研究结果实际上与所有基于儿童和青少年经验的同性恋理论不符，研究者推测儿童期性别的不协调和成人同性恋倾向二者的原因，可能均隐于个体的基因或出生前的激素等生物因素。在"双面论证"中，即提出了当前两种相反的生物研究证据。其中之一，显然较重视先天，强调基因与激素（荷尔蒙）在导致儿童期性别不协调与成同性恋取向方面的角色。而另一种观点，则相对地提出先天加后天（nature and nurture）的取向（见第一章），它提出一个新的理论——**怪异转成性欲理论**（exotic-becomes-erotic），指出在决定性取向时一个重要的观点，尽管这一观点对生物角色有较多限制。它认为先天因素的影响力率先发挥作用：基因与激素先造成童年时气质与人格特质上的个体差异，使得有些儿童不喜欢与性别相符的活动，反而喜欢上不合乎性别的活动。接下来是后天的影响：由于从事不合性别的活动，使得这些儿童成了异性（而非同性）的同伴，因而自视为与其性别相同。日后，当成年性欲苏醒时，这个理论认为这些人会对那些看起来跟他们不一样（奇特）的人最具性吸引力（性欲），而那些人却是他们的同性。

综合先天加后天取向的较一般性的论点是，某行为不会因为可能在生殖上占优势，就必然是进化内置于物种之中的（只有纯先天的作用）。一个结合了先天加后天取向的相似例证为**印刻效应**（imprinting）：早期的快速学习使得新生（或新孵化）的动物得以发展出对母亲的依恋行为（见第七章）。许多物种的幼儿，在生命的头几个小时中，都已被"规划好"要学会与最亲近的社会性人物（通常是母亲）建立起情感上的依附关系，但是如果触目所及的第一个移动的对象是人类或会动的玩具，印刻过程即可产生甚至能跨越物种界限的依恋作用了。印刻效应被证明对日后的性行为也有所影响，因为性伴侣的选择也遵循着对母亲产生印刻效应的原则。印刻的本能是由基因决定的（先天的），而且只要环境（后天）支持，或足以促进生殖上占优势的行为，依恋与生殖行为并不需要完全内置到基因里面。就如同小鸭大多数时间最容易碰到母鸭一样，人类社会也最常确保男性与女性会各自将对方视为异类，如此才能使得人类此物种不至于从地球上消失。

经由本章，我们见识到在控制人类的许多动机上，心理学和生物学的因素是如此紧密地纠缠在一起，实际上已合而为一、难以区隔了。不仅是生物的因素可以控制如口渴、饥饿等心理的动机，心理的过程和经验也控制了动机，并会控制生理的反应。

例如，重复使用某成瘾药物会永久性地改变特定的大脑系统。更常见的是，我们想要选择的食物和饮料，大多是由学习而建立的，甚至由酒足饭饱产生饱食的程度，也是受到先前经验的影响。我们的社会依恋，大半是由早期与特定个体的社会交互作用结果所决定的。谈到许多动机的过程，生物学和心理学并非各自独立的领域，而是双方面持续交互作用而指引了动机的过程。

◆ **小结**

出生前的激素（荷尔蒙）影响性发育。如果胚胎的性腺产生足够的雄性激素，胚胎将会拥有男性的生殖器及脑部的发育。倘若雄性激素太少或缺乏，则胚胎将会拥有女性的生殖器及脑部的发育。

对非人类的动物而言，出生前激素似乎是成年性行为的强大决定因素。但对人类而言，出生前激素在决定成人性行为上似乎并没有出生后的社会性别角色重要。

雌性激素（雌激素和黄体激素）与雄性激素（睾酮）负责青春期身体的变化，但与其他动物相反的是，在人类性激发上却扮演有限的角色。灵长类和人类早期与父母及同辈的社会经验，对成年的性事有很大的影响，就人类而言，文化规范也有其影响力。

近来的研究强烈地主张，生物的、基因的、激素的或神经因素，可能部分决定个体是异性恋或是同性恋，但证据并非结论性的。生物因素是直接影响性取向还是只是影响诸如性别协调等其他特质，进而间接影响到性取向的发展，则尚未可知。

◆ **关键思考问题**

1. 性别认同与性取向有何差别？

2. 虽说证据上显示人类的性欲望与性活动并没受到荷尔蒙（激素）的强烈影响，但是为什么许多人还是这样深信不疑？

双面论证

性取向是天生的还是由社会决定的？

性别认同可能是天生的

J.迈克尔·贝利（J. Michael Bailey），西北大学

J.迈克尔·贝利

多年来，大多数心理学者都假设同性恋是后天的产物，是由病态的亲子关系或非典型的条件反应经验造成的。然而探讨这些可能性的科学研究并未获得支持（如 Bell, Weinberg, & Ha-mmersmith, 1981）。同性恋者的父母与异性恋者的父母并没有很大差别（即使有别，其因果方向也不是很清楚）。大多数同性恋者，早在可能带给他不寻常的条件反射的任何同性恋经验前，已经有了同性恋欲望。在科学家解除了社会对同性恋错误解释的魔咒后，他们的注意力开始转向强调当事人内在性取向源头的理论上。

与成年同性恋最有相关性的，是童年的性别不协调（Bailey & Zucker, 1995）。平均而言，男同性恋者曾是女性化的男童，而女同性恋者则曾是男性化的女童。尽管面对了社会压力，儿童性别的不协调似乎在童年早期即已出现。事实上，极端女性化的男孩，通常都会成为男同性恋者（Green, 1987），他们常因非典型行为而受苦。这种童年性别不协调与同性恋间有关联性的情形，似乎是跨文化的现象

（Whitam & Mathy, 1986；Whitam & Mathy, 1991）。虽然我们不知童年性别不协调的成因，但整体而言，似乎意味着它是先天的而非学习得来的。

较直接的证据来自包括双生子在内的手足研究。与男异性恋者相较，男同性恋者有较多的同性恋的兄弟；而与女异性恋者相较，女同性恋者有较多的同性恋的姐妹（Bailey & Pillard, 1995）。另一方面，同卵双生子之一为同性恋时，另一位至少有一半概率为异性恋者。虽说在性取向的发展上，环境也扮演了相当重要的角色，然而环境的影响却不必然是社会性的，且生物因素也能导致双生子间的差异（Martin, Boomsma, & Machen, 1997）。若为性取向不同的同卵双生子，他们都记得早在童年阶段彼此就不一样了，这似乎意味着早期环境因素起了作用，只不过真正产生影响的环境性质为何，则尚待厘清。

遗传影响的更直接的证据，来自对 DNA 进行实际检测的相关研究（Hamer et al., 1993）。成对的同性恋兄弟更倾向于遗传有相同的 X 染色体，Xq28。此研究发现说明，该区域的基因影响了男性性取向。与此可能性相呼应的是，异性恋男性则倾向于没遗传到与他同性恋兄弟相同的 Xq28 染色体（Hu et al., 1995）。

最具影响力的理论为，假设脑

部有影响性取向的区域，而此性取向中枢的发展主要受到荷尔蒙的早期影响（Levay, 1996）。因此，根据本理论，男同性恋者有女性取向中枢；而女同性恋者则有男性中枢。两则因早年阴茎意外受损而被当作女生带大的男孩案例，也是有关的研究。在长大成人后，两个个体主要还是受到女性的吸引，亦即与其胎儿期的生物因素而非出生后的养育方式一致（Bradley, Oliver, Chernick, & Zuckner, 1998；Diamond & Sigmundson, 1996）。有研究实际比较了男同性恋与异性恋者及女性的脑部，结果发现，男异性恋者有一个神经细胞核（相关细胞的丛集）要比男同性恋者大，而后者看起来较近似女异性恋者的神经细胞核（LeVay, 1991）。这个神经细胞核位于已知与性行为有重要关系的下丘脑。人类的下丘脑可能发展得很早，因此男同性恋与异性恋间的差异，不太可能是因不同经验造成的。

性取向的源头可能尚有争议，我们还需进行许多研究。许多最重要的发现（如 Hamet et al., 1993；LeVay, 1991）尚待重复验证。虽说少有实证研究支持社会环境的角色，相形之下，科学研究却得到许多支持天生来源观点的研究发现，然而值此阶段，社会环境的因素还不容排除。

性取向是天生的还是由社会决定的？

性取向可能是由社会决定的

达里尔·J. 贝姆（Daryl J. Bem），康奈尔大学

贝利博士与我都同意，研究证据显示出生物变量与性取向间有所关联或相关。但是我还是要提出生物证据的另一种解释——性取向的怪异转成性欲说（Exotic-Becomes-Erotic，简称EBE论）（Bem，1996）。本理论的路径图见右图所示。

A → B 本理论首先主张，基因、荷尔蒙与其他可能的生物因素本身，并非直接影响成人的性取向，而是影响儿童的气质与人格特质。许多人格特质，包括像攻击性与活动水平等童年的气质，都有强劲的基因或遗传成分。

B → C 这些气质，使得小孩较倾向于从某些活动中得到乐趣：一位较具攻击性或好动的小孩较喜欢玩混战扭打的游戏（男孩型的活动）；而另一种人则喜欢安静地玩社会化的游戏（女孩型的活动）。因此，根据孩子的性别，他／她在遗传上即有与性别协调或不协调的倾向。如表 10-2 所示，儿童也倾向于与兴趣相同者为友。例如，无论男童女童，如果逃避竞争性的团队活动，他／她将会避免与男孩玩而找女生为伴。

C → D 如前所述，性别协调的小孩会觉得与异性儿童有较多的差异；而性别不协调的儿童则会觉得他们与同性的小孩较不相同，会认为对方比异性更为"奇特"。

D → E 这种不同的感受会产生较高的唤醒状态。就典型的男孩而言，在女生面前他们会觉得厌恶或轻蔑（"女生令人厌恶"）；而对典型的女生而言，在面对男生时则会觉得胆怯或焦虑。然而，对大多数儿童来说，这种唤醒感受未必能被意识觉察到。

E → F 这种唤醒状态日后转换成性激发或性吸引力，即"怪异转成性欲"。最后阶段的证据部分来自对异性恋男性的研究，当他们在生理上（非性方面）唤醒时，会比生理未唤醒时，更觉得被一位女性的性魅力吸引。换言之，一般的生理唤醒经验，可被随后解读成或实际转换成性的唤醒。

宣称"儿童期性别不协调因素影响了生物变量与性取向"的证据，事实上还是来自贝利博士主张二者之间有关联的相同研究。例如，双生子研究即发现，在童年期性别不协调方面，同卵双生子间的相似性大于异卵双生子；相同的，DNA 的研究也发现，一对拥有相同 X 性染色体的男同性恋兄弟间，其性别不协调的相似情形比性染色体不同者大。一组来自澳洲大规模的双生子研究更直接指出，童年的性别不协调，确实影响了基因与性取向间的关系（Bem，2000）。简言之，这些研究显示出生物变量与成人同性恋取向间有关联，与 EBE 理论的主张一致，该理论认为，生物因素首先导致童年的性别不协调的偏好与兴趣，接下来，才会导致成人的同性恋取向。然而，这些研究并无法证明本理论是正确的，因此有待进一步的研究。

最后，应该注意的是，EBE 理论可同时用来解释异性恋与同性恋。

由于大多数社会均强调男性与女性的差别，因此大部分男孩与女孩长大后，都会觉得与异性伙伴有很大的不同，因此日后都会受到异性性方面的吸引。这就是异性恋长久以来在各种文化中都是最普遍的性取向的原因。

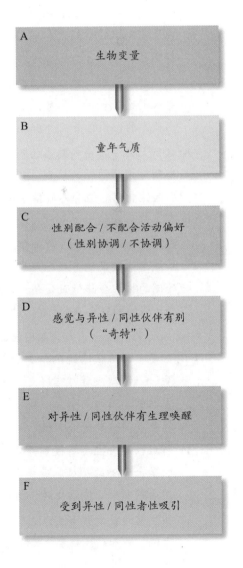

A	生物变量
B	童年气质
C	性别配合／不配合活动偏好（性别协调／不协调）
D	感觉与异性／同性伙伴有别（"奇特"）
E	对异性／同性伙伴有生理唤醒
F	受到异性／同性者性吸引

本章摘要

1. 动机状态指引及启动我们的行为。它们有两个来源：内在驱力因素和外在诱因因素。

2. 诱因因素是外在世界的目标，如食物、水、性伴侣和药物。诱因是动机行为的目标，且通常一旦达成便得酬赏。虽然有些诱因（如饥饿时的甜食）本身是很强的动机，但大部分的诱因是经由学习而建立的。

3. 虽然许多不同形式的自然酬赏都可以启动脑部的多巴胺系统，神经元的活动可以组成所有诱因"想要"的神经基础。借药物或电流脑刺激的人工活动，会增加对自然与人工诱因的动机。因重复使用药物促成系统的改变，会在一定程度上造成强迫性上瘾现象。

4. 驱力因素倾向于促成内稳态，即维持一种内在状态的恒常。内稳态包括一些组成要素：一个目标值或设定值、一个测量实际内在状态的知觉信号、一个目标值和知觉信号间的对比，以及一个导致实际内在状态更接近目标值的反应。

5. 我们对温度的调节是内稳态的一个例子。调节的变量是血液的温度及位于身体许多区域的传感器，包括下丘脑。调节方法包括自然的生理反应（如发抖）或非自主的行为反应（如加穿毛衣）。

6. 口渴是另一个内稳态的动机。有两个调节变量，细胞内液体和细胞外液体。细胞内液体的流失是由下丘脑内反应脱水的神经元——渗透感应器所侦察的；细胞外液体的流失则是由血压传感器所侦察的，那是在大静脉和身体器官中反应压力下降的神经元。细胞内液体和细胞外液体信号共同作用产生口渴。

7. 饥饿让我们可以选择许多营养物质。人类有天生的口味偏好（如甜味），及天生的嫌恶（如苦味），这些引导人们选择食物。此外，我们也可以习得各种偏好与嫌恶口味。当我们身体含热量燃料（如葡萄糖）低时，内稳态的饥饿信号便会出现，以引起个体知觉到食物诱因更具吸引力和令人愉快从而产生食欲。

8. 饥饿大部分是由内稳态的不足和饱食信号控制的。某些大脑中的神经元，特别是脑干中和下丘脑中的，侦察到可用葡萄糖的缺乏，并引起饥饿；其他营养物侦察器，特别是肝脏，侦察到能量储存水平的上升，并引起饱食感。饱食感的信号是一种由小肠释放的胆囊收缩素激素，以用来停止饥饿和进食。

9. 下丘脑外侧和下丘脑腹内侧是大脑内有关饥饿的两个重要区域。破坏下丘脑外侧会导致进食不足，破坏下丘脑腹内侧则导致过度进食。虽然这些区域本来被认为是饥饿和饱食的中心，但饥饿不会被任何伤害破坏。造成这些效果的另一种解释是，下丘脑外侧和下丘脑腹内侧在体重均衡的设定值上有交互的效应：下丘脑外侧的伤害会降低设定值；下丘脑腹内侧伤害则会升高设定值。改变食欲的节食药物是借影响下丘脑的这些区域的神经元来起作用。

10. 人变肥胖主要是因为基因的影响使他们过重，或过度进食（出于心理因素）。基因的影响力是借其在脂肪细胞、新陈代谢速率和设定值上的调节。就过度进食和肥胖症而言，在肥胖者中断节食后，倾向于过度进食，当情绪唤醒时吃得更多，比体重正常者对外在饥饿线索的反应更强烈。在治疗肥胖症上，极端节食并无效果，因为剥夺会导致后续的过度进食，并降低新陈代谢速率。最有效的似乎是建立一套新的、永久性饮食习惯及参与运动项目。

11. 神经性厌食症具有极端的自我强迫减肥的特征。贪食症具有重复暴饮暴食接着再试着用呕吐和泻药方式清除多余食物的特征。造成饮食失调的可能原因同样包括人格特质（如低自尊）、文化强调苗条以及普遍充斥着将女性身体物化的信息等社会因素和生物学因素（如神经递质5-羟色胺的不足）。

12. 出生前的激素影响性的发育。假如胚胎的性腺制造足够的雄性激素，胚胎将会发育出一男性形态的生殖器和大脑。假如雄性激素低或缺乏，胚胎则会发育出女性形态的生殖器和大脑。对于非人类动物，出生前激素似乎是成年性行为的强大因素。对于人类，出生前的激素显得不那么重要，虽然他们对后来的性行为影响上仍占有一席之地。假如暴露于胚胎期的激素为某种性别，但出生后的社会角色和性别却又是相反的性别（因为激素不平衡、胚胎期的药物或出生后的意外），那么个体所发展的似乎和出生后的社会性别较为符合。

13. 雌性激素（雌激素和黄体激素）和雄性激素（睾酮）引起青春期身体的变化，但在人类性的激发上却只扮演有限的角色。相反，在其他物种的性方面则有大量激素控制。在灵长类和人类中，与父母和同辈早期的社会经验对成人性欲有很大的影响。人类成人的性受包括文化规范等其他环境因素决定。虽然西方社会在过去几十年中，男女两性的性别角色已变得更加有弹性，但男人和女人在他们对待性及关系的态度上仍是不同的。

14. 近来研究主张，生物的、基因的、激素的或神经的因素，可以部分决定个体是异性恋或同性恋，但证据并非结论性的。生物因素是会直接影响性取向，还是只是间接影响性取向发展的其他特质（如性别协调），则尚不可知。

核心概念

动机	喜欢	细胞外引起的口渴	神经性厌食症
驱力论	脑部多巴胺系统	细胞内引起的口渴	贪食症
诱因论	成瘾	条件性厌恶	物化理论
一级强化物	抗药性	虚假喂食	自我物化
二级强化物	戒断	条件性饱食	性别认同
诱因性动机	神经敏感化	饥饿效应	雄性激素化
情感	内稳态	下丘脑外侧综合征	性取向
诱因显著性	设定值	下丘脑腹内侧综合征	怪异转成性欲
想要	口渴	肥胖	印刻效应

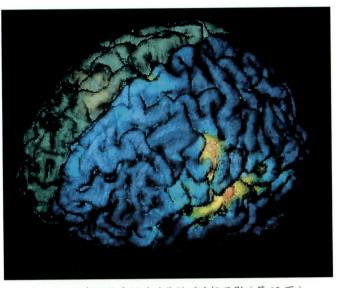

聆听演讲时脑部三维空间的功能性磁共振显影（第 12 页）

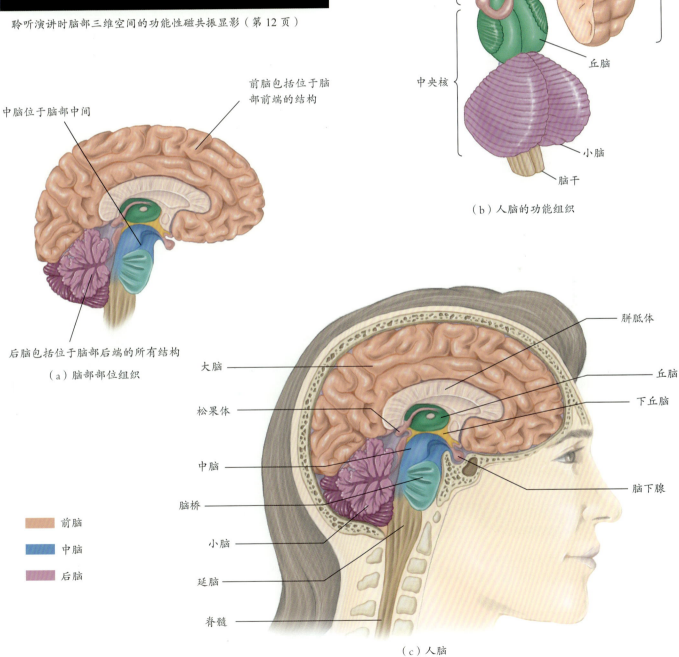

前脑包括位于脑部前端的结构

中脑位于脑部中间

后脑包括位于脑部后端的所有结构

（a）脑部部位组织

前脑
中脑
后脑

大脑

脑皮层

边缘系统

中央核

丘脑

小脑

脑干

（b）人脑的功能组织

胼胝体

丘脑

下丘脑

脑下腺

大脑

松果体

中脑

脑桥

小脑

延脑

脊髓

（c）人脑

图 2-8

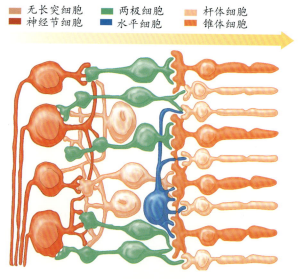

无长突细胞　两极细胞　杆体细胞
神经节细胞　水平细胞　锥体细胞

图 4-10　网膜结构图

将光线分解成不同波长光的三棱镜（第 114 页）

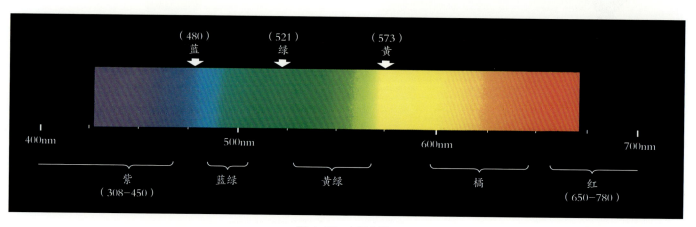

图 4-17　太阳光谱

图 4-18　色立体

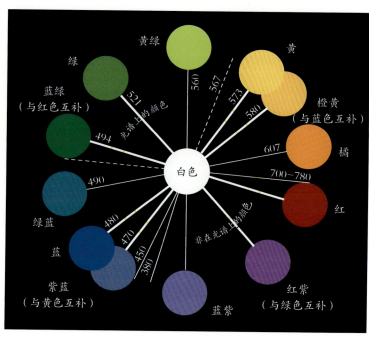

图 4-19　色环

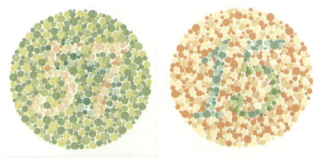

图 4-20 检验色盲

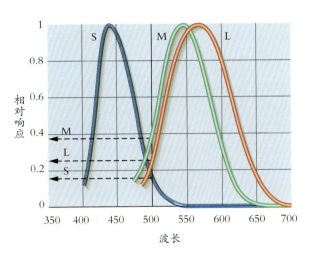

图 4-21 三色说

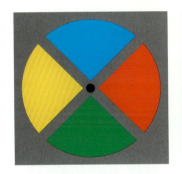 

图 4-22 补色后像

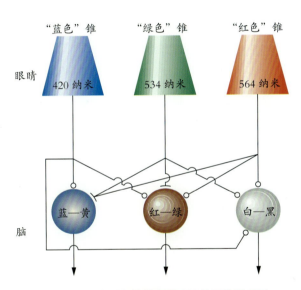

图 4-23 三色说与拮抗色觉理论的可能关系图

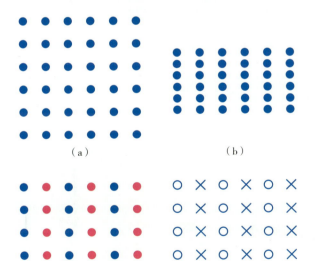

（a）　　　　　（b）

（c）　　　　　（d）

图 5-10 错觉连结

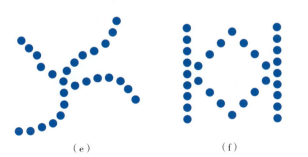

（e）　　　　　（f）

图 5-5 组群的完形决定因子

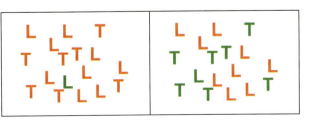

图 5-11 视觉搜寻任务

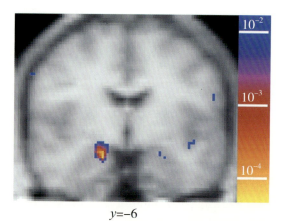

图 11-3 在无意识评估中杏仁核的活动

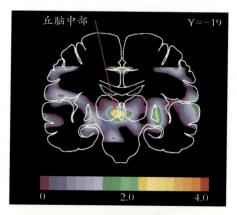

图 15-10 抑郁障碍患者的脑功能

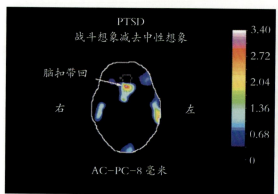
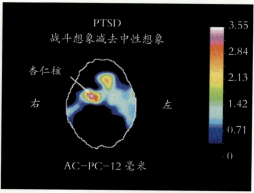

图 14-5
PTSD 与脑部的血流

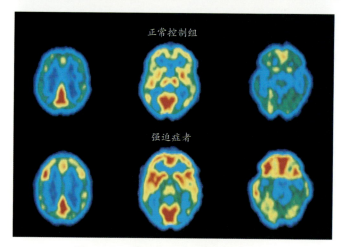

图 15-5 正常人的脑与强迫障碍者的脑

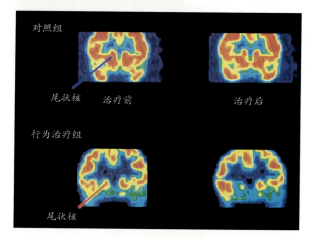

图 15-6 强迫症者治疗前与治疗后对照

图 17-1 斯特鲁普任务的例题

第十一章　情绪

11

20世纪70年代，泰德·班迪（Ted Bundy）引诱一位女性发生性行为，并杀了她。随后，他重复犯这种罪行多达30次。他的欲望为拥有一位没有生命形式的女性（昏迷或死亡）。在1989年伏法前，他向刑警承认，他会让有些受害者处在这种状态之中长达数小时到几天之后才处理尸体。他甚至还在他住的西雅图公寓中拍下受害者的照片，并留下头颅作纪念。班迪解释道："当你用心做好一件事情时，你不会想忘掉它。"

班迪对他违反人类行为标准并不感到后悔、罪恶或羞愧，他反而引以为傲。稍后，在他面对有关自己谋杀案的审讯并可能被判死刑时，进行检测的精神病医师更进一步发现，他有不寻常的情绪反应。他描述班迪对此还是兴高采烈、快快乐乐的，虽然班迪清清楚楚地知道整个案件对他不利，但"他还是没有表现出像是正面临死亡判决的人。他表现得像是对世间毫不留恋"。班迪甚至还不顾他法律顾问的强烈反对，选择自己当自己的辩护律师。诚如他的精神病医师所言："其实

班迪并不是想要自救，而是被想要成为整个秀场中的明星的需求所推动……他是一出戏的导演，而他正在这出戏中扮演要角。辩护与未来对他来说，都是次要的问题。"泰德·班迪根本不担心未来的结果。

这说明情绪在人类经验与成功的社会际遇中占据很重要的部分，因此我们会认为那些看起来似乎没有情绪的人（例如，不会感到羞愧与害怕的连续杀人犯）是没有人性的，我们称这些人为冷血动物。这种称谓倒也贴切，因为虽说人类与冷血爬行动物拥有相同的饮食与性等基本动机，但是人类似乎只与其他温血哺乳类动物拥有共同的情绪（Parksepp，1998）。

像泰德·班迪这种人，被认为具有特殊的生物与社会认知缺陷。他们被称作反社会人格障碍（antisocial personality disorder）（有时也被称为心理病态或社会病态），即一种在正常情绪反应方面，特别是在羞耻、罪恶感与恐惧，以及对他人情绪的共情方面有缺陷的异常人格（Hare，1999）。不过，像泰德·班迪这种人并不是全然了无情绪，而是"他们似乎正为限制了他们感受的广度与深度的一种情绪匮乏状况所苦。尽管有时他们似乎相当冷血与无情无绪，事实上他们只是倾向于浅表地表达短暂的感受……许多临床医师曾认为，心

理病态者的情绪太过肤浅，只能称得上是'情绪原型'———一种对当下需求的原始反应"（Hare，1999，p52）。本章我们将探讨似乎是泰德·班迪所缺少的完整且意义丰富的人类情绪。

情绪与动机（第十章讨论过）有密切的关联性。情绪与基本动机一样，可激发并指引行为。它们还可以伴随着动机性行为，例如，性不仅为有力的动机，也是快乐的源泉。尽管有这些相似点，但我们还是有必要区隔动机与情绪。二者差异之一为，情绪是由外在激发引起的，而动机则由内在推动。也就是说，情绪通常是由外在情境引发，且情绪反应指向这些情境；反之，动机则经常由内在情境（如内稳态的不平衡）引起，且自然指向环境中的特定物品（如食物、水或伴侣）。动机与情绪的另一个差别是，动机经常由特定的需求引起，而情绪却可由各式各样的刺激（试想让你生气或快乐的所有事物）来引发。

这些区隔并非绝对的。一个外在的来源也可以驱动一个动机，例如，当你看到食物时会触动饥饿的动机；而因内稳态失衡（如极端饥饿）所引起的不舒服，也会引发情绪。由于动机与情绪在来源、主观体验及对行为的影响上都有足够的差异性，因此应该加以分开对待。

第一节　情绪的成分

情绪（emotion）是一种复杂的、多成分的情景，它会让人产生一种行动的准备。一种强烈的情绪至少有 6 个成分（Frijda，1986；Lazarus，1991b）。最典型的情绪，是以**认知评估**（cognitive appraisal）开始，指人们对当前状态的个人评估（见图 11-1）。此评估过程常被视为情绪的第一个成分。认知评估会转而触动一系列代表情绪其他成分、彼此较无关联的反应。我们最常辨识的情绪成分是情绪的**主观体验**（subjective experience），即情绪带来的情感状态和感受。第三个有密切关系的成分包括**思想-行动倾向**（thought and action tendencies），即想以特定方式去思考与行动的冲动。例如，当有些事物引起你的兴趣，使你想要探询以知之更详时，或者某人触怒你而你可能准备采取身体或语言攻击时。第四个成分包括身体的内在反应，尤其是那些**自主神经系统**（autonomic nervous system），即控制心脏及其他平滑肌的周围神经系统之一（见第二章）的反应。例如，当你害怕时你的心脏可能会冲撞你胸口、而手心会出汗。情绪的第五个成分中包括**面部表情**（facial expression），即面部特定肌肉以特定方式运动。例如，当你觉得厌恶时，你会皱眉、眼睛半闭、微扬起你的上唇，仿佛是对惹你厌恶的事物封锁了嗅觉与视觉。最后的成分包括对**情绪的反应**（responses to emotion），指人们应对自己情绪或引发情绪的情境的反应。概念摘要表即将对这些成分予

以摘述。

这些成分没有一项本身即为一种情绪，而将所有这些情绪成分加以组合即可产生某一特定的情绪。将情绪看成一个复杂的系统，有助于我们区别几种关系密切的状态，如心情。情绪与心情在许多方面有差别。首先，情绪通常有个清楚的成因，它们常是与某人或某事有关的（Oatley & Jenkins，1996），如你在生你姐妹的气，你对大峡谷的景物叹为观止。而**心情**（mood）则反之，它只是一种自由漂浮没特定目标且混杂不清的情绪状态（Russell & Feldman Barrett，1999）：你毫无缘故地整天坐立不安，而第二天却又神采奕奕。此处显示了第二个差异：情绪通常较短暂，只持续数秒或数分钟；而心情则持续较久，长达数小时，甚至数天之久。第三个差异在于：情绪通常含有如前所述的多重成分；心情可能只有主观体验上的显著特性（Rosenberg，1998；Russell & Feldman Barrett，1999）。最后一点：情绪通常可以概念化以适合用抽象范畴归类，如恐惧、愤怒、快乐和关切；心情则通常依据快乐维度与激发程度区分成不同的类型（Russell & Feldman Barrett，1999），这点曾引起热烈的争议，其中之一例，可见本章的双面论证。

许多情绪理论家以系统的观念来讨论情绪，即表示各情绪成分间是相互影响的。换言之，每种成分均会影响另一种成分，图 11-1 即展示出情绪进展的典型过程［通过认知评估（Reisenzein，1983）］。实验研究已指出，先呈现其他成分（如生理唤醒或

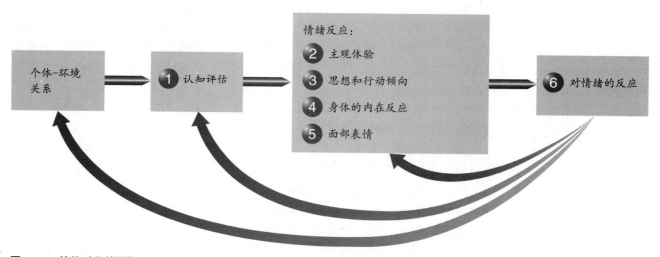

图 11-1　情绪过程的图解

由特定的个体-环境关系情境中引发的情绪的 6 个成分（资料来源：Lazarus，1991b；Rosenberg，1998.）

概念摘要表

情绪过程的 6 个成分	
认知评估	人们对他当前状态的个人的评估
情绪的主观体验	个人私下感受的情绪基调或状态
思想-行动倾向	想以特定方式去思考与行动的冲动
身体的内在反应	特别是那些涉及自主神经系统，诸如心跳、汗腺活动等生理反应
面部表情	收缩那些会改变脸部表情的肌肉（例如，脸颊、嘴唇、鼻子与眉毛）以形成特定的组合
对情绪的反应	人们调节、反应，或应对其自身的情绪或针对引发情绪的情境所表现的反应

面部表情）可能触动整个多成分的情绪过程。例如，你飞快地爬上 4 层楼到达你的宿舍而心脏怦怦直跳，此时你正处于生理唤醒的状态，可能会对室友的模糊反应（如对你说头发不赖）评估为他在讥讽你因而对他突然动怒。当代情绪研究关心的重要问题是，每个成分详细的性质及成分互相影响的特殊机制。例如，有一组课题即关注每种成分的功能：情绪为何会使主观体验染上色彩？它们为何会引起身体变化？它们何以会显现在脸上？另一组课题则关心各成分反应对情绪经验强度的影响：当你感受到更多的自主唤醒状态时，是否觉得更生气？假如没有发生自主唤醒状态，你是否会觉得生气？同样的，你生气的强度是否依你有某种思考或某种面部表情而定？和这些情绪强度问题相反的是，哪些情绪成分决定了个人在不同的情绪中感受会有所不同？为了了解情绪强度和分化问题的差异，想想自主唤醒状态虽可大大增加我们情绪的强度，但生理唤醒的模式在某些情绪上却是大致相同的。因此，自主唤醒状态不能区辨出各种情绪。

这些问题在我们分别考虑认知评估、主观体验、身体变化和面部表情时会再次指引我们；我们也将考虑人们对自己的情绪的反应以及管理自己的情绪经验的努力。接着，我们会讨论情绪的性别与文化差异。在本章最后的部分，我们将转而探讨攻击，它是一种

强烈的情绪，且相当具有社会重要性的议题。我们整章主要只关注于强烈、典型的情感状态——像愤怒、恐惧、悲伤和厌恶等消极情绪，以及如快乐、关切与满意等积极情绪。然而，在我们讨论中会出现的概念和原则其实和各式各样的情绪都是有关系的。

◆小结

情绪是一种复杂、多成分的情节，可产生行动的准备状态。

情绪有 6 种成分：认知评估、情绪的主观体验、思想-行动倾向、身体的内在反应、面部表情，以及对情绪的反应。

情绪与心情在几个方面有所区别。例如，情绪有清楚的成因、较为短暂且含有多重成分。

◆关键思考问题

1. 图 11-1 描述了情绪过程的 6 个成分。你认为 6 个成分均必须存在才会引起特定的情绪经验吗？为什么？你认为情绪反应应该被涵括为情绪的第六成分吗？为什么？

2. 以你日常生活经验为例，你能区分情绪与心情的差别吗？情绪与心情在主观感受上不一样吗？

第二节　认知评估与情绪

图 11-1 的模式第一个方格中提到的**个体-环境关系**（person-environment relationship），指人们发现自己所处的客观环境——她在世界中所处的情境，或与他人的关系。例如，受到侮辱，或是面对绚烂的落日。这些个体-环境关系本身并非情绪成分，因为它们并非直接或经常引发情绪反应。要使它们能引发我们的情绪，就必须先将它们解释成与我们个人目标或福祉有关的事件，这种解释的过程即认知评估。例如，你可能会将受侮辱解释成威胁到个人的荣誉，如果是这样，你就会感到愤怒；你也可能将同样的侮辱解释成疯子毫无意义的狂言而觉得没什么情绪反应。同理，如果你是一位充满灵性的人，就会将落日视作上帝能力与艺术创作的见证，而体

验到混合着敬畏的感激之情；而在另一个傍晚，你可能因为日间徒步旅行（没带照明设备）担心无法在天黑前赶回营区，而对逐渐暗淡的日光感到惊慌。我们正是经由此评估过程，才能得知当前的个体-环境关系对我们的目标或福祉有何影响。只有这样，客观的情境才能经由评估过程被解读成具有个人的意义；此个人意义进而决定了我们所经验的情绪类型与强度（Lazarus 1991b）。

认知评估对区分情绪也有很大的作用。事实上，当我们描述情绪的本质时也常强调认知评估。我们会说"我觉得生气是因为她不公平"或"我觉得害怕，因为我被弃置不顾"，"不公平"和"抛弃"这样的抽象信念很显然是从认知过程而来的。这些观察说明认知评估经常足以确定情绪经验的性质。

评估的发现

认知成分在情绪中的重要性被首度曝光于20世纪60年代早期数个有名的研究。沙赫特与辛格（Schachter & Singer，1962）指出，如果人们可以在正常情况下产生一般的自主唤醒状态，则情绪的性质主要可由对情境的评估来决定［见图11-2（a）］，此即情绪二因素理论（two-factor theory）。根据本理论，情绪是两个因素结合的结果——未予解释的最初唤醒状态，加上对该唤醒状态的认知解释（或评估）。本章稍后，我们会讨论詹姆斯-朗格理论与面部回馈假说（包含在图11-2（a）中）。

给被试注射肾上腺素，会引起自主性激发，例如，心跳和呼吸速度加快，肌肉颤动及一种战战兢兢的感觉，然后实验者告诉被试有关肾上腺素作用的信息：有些被试被正确地告知药物的激发效果（心跳加

速、肌肉颤动等）；有些则未被告知其药物有关的生理效果。被告知的（informed）被试对其激发有所解释，未被告知的（uninformed）的被试则无。沙赫特和辛格预测未被告知的被试如何解释其"症状"是决定于他们所处的情境的。被试与另一个假装是被试其实是实验者同谋的人留在等候室，这个同谋制造快乐的情境（玩纸飞机、用纸团玩打篮球等）或愤怒的情境（抱怨实验、撕破问卷等）。研究结果显示，未被告知的被试在快乐的情境比被告知者更快乐；在愤怒的情境，尽管数据还不是那么清晰，沙赫特和辛格声称未被告知的被试也比被告知者更愤怒。换言之，对其激发有生理解释的被试比没有生理解释的被试，较少受到他们对情境主观状态的影响。

沙赫特和辛格的实验在接下来的20年间非常具有影响力，但其影响力可能尚未被证实（Reisenzein，1983）。研究结果的组型并未强烈支持实验者的假设，一些重要组别的差异未达显著统计水平，而控制组亦未表现出与假设一致的行为反应。此外，自主性激发在愤怒和快乐情境中是不同的，当然也不是中性的。追踪的实验发现被试对其经验的评估比情境负面（较不快乐或更为愤怒），显示肾上腺素引起的生理的激发多少是不愉快的。这些追踪实验有时也难以重复验证沙赫特和辛格的结果（Marshall & Zimbardo，1979；Maslach，1979；Mezzacappa, Katkin, & Palmer，1999）。因此，我们需要进一步证据证明完全中性的唤醒可能被错误地归因于特别的情绪。

另一项研究补充此项证据。被试先参加剧烈的体能运动，然后参加一项由实验同谋激起挑衅的任务。这项运动引发了中性的生理唤醒状态并持续到被试被挑衅；此时唤醒状态应兼有任何被激怒引

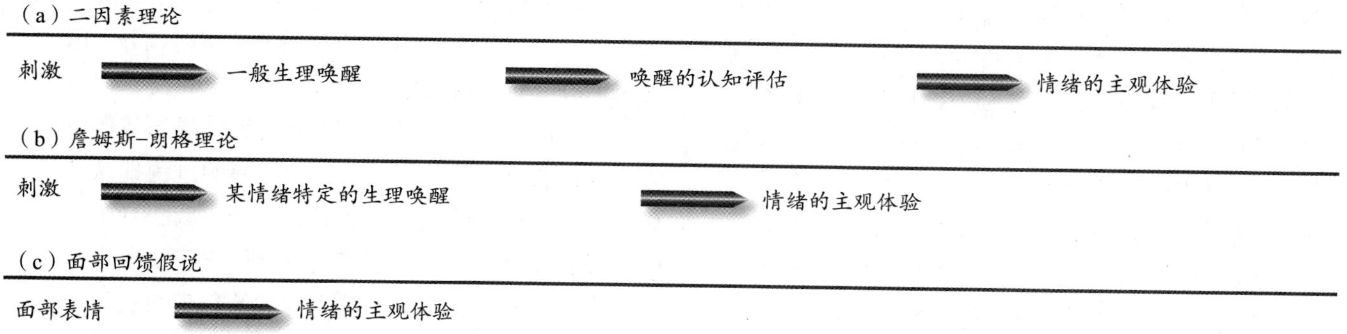

（a）二因素理论

刺激　➡️　一般生理唤醒　➡️　唤醒的认知评估　➡️　情绪的主观体验

（b）詹姆斯-朗格理论

刺激　➡️　某情绪特定的生理唤醒　➡️　情绪的主观体验

（c）面部回馈假说

面部表情　➡️　情绪的主观体验

图 11-2　情绪的古典理论
早期的情绪理论提出情绪成分间的不同关系

起的反应，因此才能产生更强烈的愤怒体验。事实上，先运动的被试比未运动的被试对挑衅表现出更具攻击性的反应（Zillmann & Bryant，1974）。虽然这些研究结果并不支持两因素论，但它们支持一个较有限的效应——**唤醒状态的错误归因**（misattribution of arousal），意为持续一段时间的生理唤醒（例如，爬上4层楼）可能被错误归因于后续发生的情境（如模糊不明的评语"头发不赖哦"）而强化了对那些情境的情绪反应。以前述的例子而言，持续的唤醒状态可能为愤怒提供了一些燃料。此效应已被许多研究重复验证过。

沙赫特和辛格两人的著名研究，以及其后有关错误归因效应的研究，均有其重要性，因为这些研究创造了认知评估在情绪过程中的核心角色，但即便如此，二因素理论对实验室以外情绪的开展过程却未提出解释（Reisenzein，1983）。原因在于，二因素理论中第一个难以解释的生理因素在真实生活中可能很难发生。试想你最近一次感到真正恐惧的情形：你身在何处？发生了什么事？当你将该经验可视化时，试着找出你体验到"难以解释的唤醒状态"的时刻。假设你是在潜水时看到一只鲨鱼而体验到恐惧，虽然你确实感受到肾上腺素的冲击，但该唤醒状态一直都不是难以解释的，鲨鱼就是解释！或者说得更清楚：鲨鱼危害到你，就是解释。

与沙赫特和辛格两人不同的是，大多数当代认知评估论者会将认知成分置于生理唤醒成分之前而非之后。但是，沙赫特和辛格两人认为，知觉到唤醒与认知评估经验二者并非是独立的，而是将唤醒归因到认知评估——"我之所以心跳加速是因为玛丽所说的话"。因此，唤醒与认知评估均对所体验的强度有影响，并且有时单靠认知评估即能决定经验的性质。

评估的主题与维度

图11-1呈现的情绪模式与许多情绪的评估理论相一致。所有评估理论均很相似：它们均强调人们对情境的评估（并不是对生理唤醒状态的评估），会引导情绪的主观体验、与之有关的唤醒及其他情绪反应成分。然而，各种评估理论在将其评估过程概念化方面仍有差异，我们可以将这些理论区分成：（1）**极小化评估理论**（minimalist appraisal theories），

它们通常根据几个基本的情绪主题，将评估维度减至最低；（2）**维度评估理论**（dimensional appraisal theories），它们认为只要找出各种评估维度，即足以解释情绪间的差异性。

依极小化评估理论者的观点，人类有些基本情境可产生特定的情绪。某评估论者（Lazarus，1991b）即将这些基本的情境视为**核心关系主题**（core relational theme），即代表人们对特定的个体-环境关系所进行特定评估组型，因而产生的个人意义。此理论可更进一步精炼出认知过程的本质。表11-1呈现了几种情绪（如悲伤）与引发这些情绪的核心关系主题（如不可挽回的损失即造成悲伤），这些基本的主题与它们相关的情绪，普现于人类各种文化中，其中有些情境人们几乎都做相同的评估。例如，大多数人（甚至是动物）在面对吐信巨蛇时，

表11-1 情绪与其认知成因

15个情绪与其相关的核心关系主题（认知模式）（资料来源：Lazarus，1991b）

情绪	核心关系主题
愤怒	言行举止触犯到我
焦虑	面对不明确、生存性的威胁
害怕	面对实时、具体且来势汹汹的身体方面的危险
罪恶感	有违道德戒律
羞愧	未能达到理想目标
悲伤	经历了无法挽回的损失
羡慕	想拥有他人所有的
嫉妒	因第三者而丧失或威胁到另一人的情爱而怀恨在心
厌恶	置身于或过于靠近令人难受的物体或理念（比喻性的说法）
快乐	不断朝向实现目标的方向进展
骄傲	因得到有价值的物品或成就而强化了自我认同，而该有价值的物品可能属本身或我们所认同的某人或团体
放心	偏离目标的悲苦情境获得改善或全然消除
希望	虽担心着最糟的情况，却渴望有所改善
爱	想要或实际投入一段情感，通常但非必然为双向互动的
同情	因他人受苦而感动想要提供协助

都会评估为备受威胁。我们将引起各种评估模式的情境类型表列于表 11-1，即使如此，其间仍可能有文化差异，下一节，我们会再就这点加以讨论。

维度评估理论则专注于评估的各种维度，以及这些维度所形成的情绪结果。表 11-2 即为其中一例：维度之一为预期事件的期望程度，另一维度为事件发生与否。在我们合并这两个维度后，可得到 4 种可能的评估类别，而每一类似乎正可产生一种情绪（为求简便，我们只以 4 种情绪为例）。当发生一件可欲事时（如谈恋爱），我们经验到喜悦；当可欲事件没有发生时（当爱上一位并不爱我们的对象），我们会经验到遗憾；一旦发生了不可欲事件（如考试考砸了），我们经验到沮丧；而一旦不可欲的事件并未发生（考试并没考砸），我们会经验到放松。

前述这些例子只运用了两种维度，然而大多数的评估维度论者均主张，评估涉及多重维度。例如，有学者发现，要描述 15 个不同的情绪（如愤怒、愧疚与悲伤等），至少需有 6 个维度（Smith & Ellsworth，1985，1987）。这些维度包括：（1）情境的期望程度（愉快或不快）；（2）人们为该情境付出的努力的程度；（3）情境的确定性；（4）人们希望投注在该情境的注意力；（5）人们自觉对情境可控制的程度；（6）人们将控制归因于情境中非人为因素的程度。为说明后两个维度如何运作，可举例阐明：愤怒与由他人引起的不愉快的情境有关；愧疚与由自己所带来的不愉快情境有关；悲伤则与外在情境所控制的不愉快有关。因此，如果你与朋友错过了一场你们期盼已久的音乐会，如果是因为你的朋友粗心地弄丢了入场券，你会愤慨；如果是因为你弄丢的，你会有罪恶感；如果演出因为表演者生病而取消，你会觉得悲伤。此种研究取向的长处即在于详细地区分评估过程，以解释许多状况下的情绪经验。

表 11-2　评估的基本维度与结果		
合并了两个评估维度及其有关的情绪（资料来源：Roseman，1984）		
	发生	未发生
期望	喜悦	遗憾
非期望	沮丧	安心

尽管情绪的评估理论广为学者们接受，但是这些理论早期的大多数证据均为自陈情绪与自陈评估间的相关性研究，因此，并未建立起评估的因果关系（Parkinson & Manstead，1992）。近期的实验研究即提供了此缺陷部分的证据。被试先完成一项任务：将一些中性事件（如检查信件或等公交车）归因于自己（内在归因）或他人（外在归因），并借此创造出类似下列的 20 个句子，如"我检查信件""我等公交车"等；或其他 20 句，如"他检查信件""他等公交车"等。接下来，他们面对一些模糊的负向情境：被另一位实验者要求到另一房屋去继续完成本实验。当他打开房门时，另一位实验者从房内大叫："出去！你没看到门外的告示吗？你打扰到我的实验了！快到外面等。"人们对这种突发事件的反应是什么？他们是感到愤怒还是愧疚？别忘了，愧疚与因自己带来的不快有关，而愤怒与因他人引起的不快有关。本实验结果显示，原先被促发而做内在归因的被试较会表现出愧疚而道歉；而先促发外在归因的被试，则较可能表现出愤怒而怪罪其他实验者（Neumann，2000）。这些研究发现证实了先有认知评估，随后才引起其他的情绪成分。

意识与无意识的评估

情境理论者之间的很多争议集中于，评估过程是否必然发生在有意识及刻意处理的状态下。有学者指出，即使在没有任何意识与思想状态下，仍可能发生情绪（Zajonc，1984）。以常见的恐惧症者为对象而展开的实验即验证了此观点。研究者呈现蜘蛛或蛇的图片给下列被试（Ohman，2000）：（1）怕蛇者；（2）怕蜘蛛者；（3）无恐惧症者。在某情境下，这些图片呈现时间够长，能让被试有意识地辨认出物体来；而在另一情境中，以一种被称作**逆向掩蔽**（backward masking）的程序进行：先将图片呈现 30 毫秒，然后改为另一幅中性图片呈现给被试，这样被试将意识不到图片的内容。恐惧症者无论是否意识到看到了他们所害怕的物体（蜘蛛或蛇），他们都有几乎一样的生理反应——汗腺活动增加。这些研究指出，对具威胁性物体的评估，可在无意识的层次中进行，因此可知，人们可在不知原委的状况下体验到情绪。

大多数的当代的评估理论者均认识到，认知评估可在意识知觉之外自动发生，尽管还不断有学者为有多少的评估过程可在无意识状态下进行而心存质疑。近年来的一个建议为，只有最基本的价值评估（"这些情境对我来说是好还是不好？"）与紧急的评估（"我该多快做出反应？"）才属知觉外的。反之，较复杂的评估，如谁该负责（"该怪罪谁？"），则来自意识的信息处理过程（Robinson，1998）。

简言之，情绪的认知评估与其他的认知形式相近，它们都是部分来自意识之外的自动处理过程，部分来自我们能觉察到的控制化过程（见第六章与十八章中提到的二元过程观）。为说明起见，兹举一例：你从眼角瞥见形状像蛇的物体时，一个自动化且为无意识的评估过程即让你在进行控制化、更进一步的评估以决定该物体为何之前，即马上跳开，即便最后发现那只是一段无害的绳索。

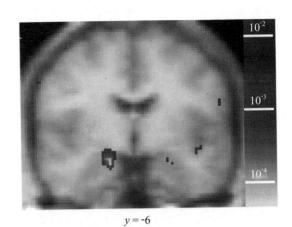

$y = -6$

图 11-3 在无意识评估中杏仁核的活动

本显像图为脑部的顶顶切片，用避免意识觉知的逆向掩蔽程序分别向被试呈现快乐与恐惧的面孔。图片高亮的部分表示在用恐惧面孔进行逆向掩蔽过程时，杏仁核有较大的活动。这些研究指出，杏仁核在情绪相关刺激的无意识评估中可能扮演着重要角色（资料来源：Whalen 等人，1998 的研究）

行为的神经基础

脑部的评估

涉及情绪过程的脑部回路研究也支持评估有意识与无意识两种的观点。在情绪回路中扮演重要角色的一个脑部结构为杏仁核，它是位于脑底部杏仁状的组织，已知与情绪反应的登录调节有关。有段时间，杏仁核因接收来自脑皮层输入信息，而被学者认为其输入的信息通常涉及意识评估；但是以老鼠进行的研究却指出，感觉通路与杏仁核间有联结，而且杏仁核并非直接通往脑皮层，这些通路反而可能是无意识评估的生物基础（LeDoux & Phelps，2000）。杏仁核可以在皮层反应前即对警觉情境做出反应，这就是我们有时会在得知发生什么事情之前即经验到情绪的原因。

最早探讨杏仁核在自主情绪中角色的研究以老鼠为主，因其神经通路似乎与人类相近。以人类进行脑部显影的研究（见第二章）也证实了杏仁核在情绪中的确扮演着关键性角色（见图 11-3）。学者以前述逆向掩蔽程序进行研究：先向被试呈现 30 毫

秒的面部恐惧表情后，再出现同一张面孔的中性表情，纵使被试未能意识到他曾看到恐惧的面孔，脑部显像仍显示杏仁核有活动（Whalen et al.，1998）。此结果表明杏仁核乃以自动化、非意识的层次监控着引发情绪的刺激。有趣的是，如本章一开始提到的泰德·邦迪这种反社会人格的犯罪者，在其情绪过程中，杏仁核的活动比普通非犯罪者弱（Kiehl et al.，2001），也提供了这些人在情绪方面有缺陷的神经研究证据。

◆小结

认知评估是对导致情绪的特定情境（或个体-环境关系）意义进行个人解读的过程。此评估会影响情绪的强度与性质。

古典的情绪二因素说预测，当人们被诱导进入未予分化的情绪状态时，其情绪经验的性质将受到他们对该情境评估的影响。此理论虽说很流行，却未得到研究的支持。另一个相关的作用，被称作唤醒的错误归因，则得到实证研究较多的支持。该论点主张，任何滞留不去的生理唤醒，都可能被错误归因于后续的情境，因而强化了我们对该情境的情绪反应。

一个主要的极小化评估理论强调情绪核心关系主题的重要性，如冒犯的行为会导致生气（见表11-1）。而维度评估理论，则聚焦于找出情绪认知评估的维度，如确定性或控制性的程度。

认知评估可能在意识之外进行，而脑部的研究也指出杏仁核与自动化评估有关。

◆关键思考问题

1. 个体–环境关系与认知评估（即图11-1的前两方格）间的关联性为何？你能想到曾经在某次引发你情绪经验而另一次则否的特定个体–环境关系吗？

2. 假如评估过程可以在意识外进行，我们就可能有情绪经验却不知其所以然。我们如何区辨此类情绪与同样不知缘由的心情？

第三节　主观体验与情绪

虽说最初的评估过程可能发生于意识知觉之外，但是依据定义，情绪的主观体验（即情绪的情感成分）却是在意识知觉内的。回想恐惧症者经由防止其意识察觉的逆向掩蔽程序面对他们害怕的物体的图片（如蜘蛛、蛇）的研究，他们面对看不见的恐惧物体不仅会出现身体反应（汗腺活动增加），也自陈有厌恶、生理唤醒与缺乏控制的感受，这些反应均与害怕的主观体验一致。因此，评估过程的结果之一即改变个人的主观体验：就嫌恶而言，我们可能感到愤怒、害怕、悲伤、厌恶，或者综合这些感受；就愉快而言，我们可能会感到兴奋、愉悦、平静、满足、有兴致且投入，或者充满敬畏或感激等一些其他愉悦感受。

这些内在感受的功能是什么？一个主要的观点为，这些感受为个人与当时情境间关系的反馈。当我们觉得有消极情绪时，像是害怕或是愤怒，这些不愉快的情绪可作为我们环境中存在具威胁性事物的线索，因此我们必须快速保护自己。当我们感受到积极情绪时，像是愉悦或有趣时，这种积极情绪正象征着我们是安全且满意的，我们可以自在地去玩乐或探索。更普遍的说法是，情绪的感受成分可用来指引行为、决策，以及信息处理（Clore, Gasper, & Garvin, 2001）。

思想–行动倾向

情绪引导行为与信息处理的途径之一为伴随着情绪的各种冲动，这些冲动被称作思想–行动倾向（Fredrickson, 1998），或有时只是行动倾向（Frijda, 1986; Lazarus, 1991b）。表11-3即为几种情绪与它们可能引发的思想–行动倾向。在消极情绪中，人们的思想–行动倾向变得窄化与特殊化。例如，在恐惧时，我们只想逃离危险。相反，在积极情绪中，人们的思想—行动倾向变得更为宽广且开放。例如，在喜悦时，我们一般会觉得兴趣盎然（见前沿研究中对积极情绪的相关益处的讨论）。

可以确定的是，人们不会毫无变动地表现出伴随其情绪的冲动，别忘了，这些只是思想–行动的"倾向"，既非思想，亦非行动，它们可能只是描绘人们可能采取的行动想法，而且这些想法可能只局限于特定的行动冲动，比如在消极情绪时；或者放宽到包括各种行为可能性，比如在积极情绪时。冲动是否能成为行动，取决于冲动控制、文化规范，以及其他因素交互作用的结果。即便如此，许多情

表11-3　情绪与相关的思想–行动倾向

12种情绪以及它们引发的冲动(资料来源：Fredrickson, 1998, 2002; Fredrickson & Branigan, 2001; Frijda, 1986; Lazarus, 1991b)。

情绪	思想–行动倾向
愤怒	攻击
恐惧	逃离
厌恶	驱逐
罪恶感	补偿
羞愧	消失不见
悲伤	退缩
喜悦	玩乐
有趣	探索
满足	享受与统合
骄傲	更大的梦想
感激	更多亲社会行为
得意	成为更理想的人

绪学者仍然主张，随时拥有特定的想法与行动倾向，将有助于情绪适应性的进化：以消极情绪而言，特定的思想-行动倾向被视为代表着这些行动在带领我们祖先避开生死攸关情境上具最佳效能（Levenson，1994；Tooby & Cosmides，1990）；就积极情绪而言，宽广的思想-行动倾向被视为可建立持久的个人资源（如健康、乐观与社会支持等），这些也可能为造成我们祖先存亡差别的原因（Fredrickson，1998，2001）。

心情对注意力与学习的影响

我们较倾向于注意到合乎我们当下感受的事件，结果使我们较多地学习与我们心情一致的事件。描述这些现象的实验包括三个阶段。第一个阶段，被试被催眠和引导到一个快乐或悲伤的心情。第二阶段，被催眠的被试阅读两个男人相遇的一篇简短故事——一个快乐及一个悲伤的角色。故事生动地描述这两个男人的生命和情绪反应。读完故事后问被试，他们认为哪个是主要人物及他们像哪一个角色。被引导至快乐心情的被试认为自己较像快乐的角色，并认为故事中较多描述该人物；被引导至悲伤心情的被试则认为自己较像悲伤的角色，也认为故事描述该角色较多。这些结果显示被试对与其心情一致的角色和事件，比不一致者赋予较多的注意力（Bower，1981）。更近期的实验证实：当下的心情会自动引导个体对与心情一致的事件有较快的反应（Derryberry & Tucker，1994）。

被试从心情一致的事件中学到比与心情不一致的事件更多的证据，来自催眠实验的第三阶段。读完故事后的一天，被试在一种中性的心情中回到实验室。要求被试回忆故事，被试回忆其所认同的角色较多：之前快乐的被试所回忆内容的 55% 是有关快乐者的角色；之前悲伤的被试所回忆的内容有 80% 是有关悲伤的角色（Bower，1981）。

心情与某些新材料间的一致性如何真正地影响对该材料的学习呢？假如我们可以把新材料与记忆中已有的信息联结，就可以学得更好。学习中一个人的心情，可以增进符合该心情的记忆效应，而此记忆也较易与符合该心情的新材料联结。假设你听到一个学生被学校退学的故事，假如你听到故事时心情不好，一些失败经验的记忆（尤其是学业上的失败）较易取得，且有人退学这项新事实与这些记

忆的相似性，也使其较易联结；相反地，假如听到故事时你心情很好，你最易取得的记忆与学校失败经验太不相似，以致无法在旧经验与新事实间形成一种关系。所以，我们的心情决定了什么记忆易于取得；而这些记忆又决定了在当时我们容易学习到什么（Bower，1981；Isen，1985）。

心情对评价和判断的影响

我们的心情可以影响我们对他人的评价。日常生活经验可提供各种范例。例如，当我们心情好时，一个朋友不断注视他在镜中模样的习惯，可能被我们认为那只是一种特质；但心情不好时，我们便可能强调朋友是多么爱慕虚荣。我们的心情也影响我们对无生命事物的评价，在一项实验中，要求被试评估他们的主要财产：刚得到一个小礼物的被试属好心情情境，在评估其电视和汽车时，比中性心情的控制组被试更为积极（Isen，Shalker，Clark，& Karp，1978）。

我们的心情也影响我们对这世界各种危险频率的判断。有学者主张，这种影响可归因于情绪会激发再次进行产生原先情绪的相同认知评估的倾向（Lerner & Keltner，2001；Siemer，2001）。例如，感到害怕会引导我们将接下来的情境评估成不确定与不可控制的，从而使得我们对未来的风险性有较高的评估。反之，如果觉得生气或快乐，虽说是不同的效价，但都会使我们对后续的情境评估较确定且可控，因此使我们对未来风险性评估较低（Johnson & Tversky，1983；Lerner & Keltner，2001）。有一实验验证了本观点，先让被试生动地回顾曾令他们害怕或愤怒的情境，使他们处于害怕或愤怒的感受中，接着请他们评估他们认为某些情境是否在他们的控制下以及情境的确定性如何。最后请被试评估他们实际经历各种正向与负向生活事件的机会有多大，这些事件包括：与有钱人结婚、染上性病等。结果见图 11-4。害怕与愤怒在认知评估与风险性评估上完全相反：害怕的人会将情境评估成不确定与不可控制，而这些评估进而预期他们对风险性的评估较为悲观；相反的，那些愤怒的人将情境评估得较确定且可控制，因而预期未来风险性的评估则较为乐观（Lerner & Keltner，2001）。

我们的心情也会影响其他类型的判断。在另一个实验中，被试借想象他们正经历一件悲伤或愤怒的事件，而使其处在悲伤或愤怒的心情中，然后请

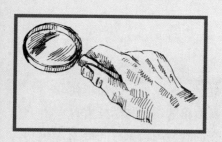

前沿研究

积极情绪的益处

积极情绪有何益处？这个问题的答案似乎相当明显——积极情绪让人感觉很爽。光凭这点就令人觉得它们是值得的，且是有价值的经验。然而，这就是答案吗？

不幸的是，多年来这似乎就是仅有的答案。任何回顾情绪科学文献的学者都会发现，几乎都只是对消极情绪（如恐惧、愤怒、厌恶与羞愧）的探讨，而只有极少数聚焦于积极情绪（如愉悦、满意、喜欢与爱）。虽然有人会对托马斯·杰斐逊的美国《独立宣言》所指出的"快乐是值得追求的目标"有意见，但是一直到最近还是很少有人对积极情绪开展科学性的研究。

目前情势已经改观。最近有许多标杆性的研究，如晨钟暮鼓般地唤醒我们关注积极情绪可能带给我们的奥妙益处。这是一项针对180位不仅将生命奉献给上帝也捐献给科学的天主教修女的研究（见右图表），她们是一个较大规模、探讨阿尔茨海默病老人的研究计划的成员，她们愿将其研究成果与医疗记录（甚至亡故时捐献脑部）提供给科学家进行分析。这些数据包括在20世纪三四十年代所撰写的自传，当时她们20岁出头，正准备做最后宣誓。研究人员就这些文章的情绪内容进行量化评分，记录积极情绪（如快乐、喜欢、爱与希望），以及消极情绪（如悲哀、恐惧与兴趣缺乏）的事例。结果发现，消极情绪内容与死亡率之间没有关系，或许是因为在这些文章中较少论及这方面的议题；而积极情绪与死亡率则有强烈的倒转关系：那些表现最积极的修女们，比那些积极情绪最少者，多活了10年之久（Danner，Snowdon，& Friesen，2001，见图表）。借由积极情绪对寿命所增益的期望值，要比你戒烟所增长的寿命多出许多！试想，如果你同时戒烟又强化你的积极情绪，你会活多久？

关于修女的此项研究虽然引人瞩目，但它并未指出积极情绪是如何带来益处的。近年来探讨积极情绪的形式与功能的所谓**扩大与建立理论**（broaden-and-build theory），即对可能的途径提出一些有力的观点（Fredrickson，1998，2001）。

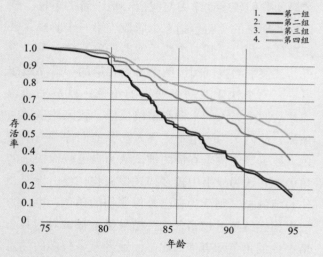

积极情绪与寿命

根据45位修女早年写在自传里的积极情绪句子数量，她们被排序分成4组。接着计算每组在晚年的存活率，并将存活率以曲线呈现［注意：第一组与第二组（代表那些表现最少积极情绪的修女）其存活率曲线有重叠］［资料来源：D. D. Danner, D. A. Snowden, W. V. Friesen（2001）. Positive emotions in early life and longevity: Finding from the nun study. *Journal of Personality and Social Psychology*, 80: 804-813. Copyright © 2000 by the American Psychological Association. Reprinted with permission.］

积极情绪扩大了我们的思维与行动

消极情绪的性质之一，即在于有强大的驱使你采取特定行动的力量：如愤怒时攻击，恐惧时逃开，或厌恶时吐口水（Lazarus，1991b），也就是说，消极情绪会窄化思维与行动。而积极情绪则有补充的效果，它们扩充了我们的思维与行动：喜悦时会有玩乐的冲动，喜爱时会想去探索，满意时会想去品尝，而爱会推动彼此表达爱意的良性循环。积极情绪在此处所具有的性质，即在将我们常见的思维方式，扩大到整个世界，并驱使我们表现得更富创意、更好奇、更关心他人（Fredrickson，1998；Isen，2002）。有一项实验支持了积极与消极情绪间有基本差异的论点。被试观看五部各自会引发两种积极情绪（喜悦或满足）、两种消极情绪（恐惧或愤怒）与中性情绪（控制组）的任一部短片。当处于某情绪状态时，请他们写下所有马上想做的事。与没有情绪经验者相比，经历恐惧或愤怒情绪的被试列出马上想做的事情较少，且与表 11-3 所列特定的活动倾向相一致（如，感觉愤怒时想要攻击）。反之，与没有情绪经验者相比，经历喜悦或满足情绪的被试，所列马上想做的事情较多，且与范畴广泛的思想-行动类目相一致（Fredrickson，& Branigan，2002）。

积极情绪可能扩大了我们对生命的期望

积极情绪建立了我们个人的资源

虽然情绪本身很短暂，它们对我们却可能产生长远的影响。借由暂时扩大我们的思维与行动，积极情绪可以促进新理念、创意行动与社会关系的开发，例如，游乐即可建构我们身体与社会的资源，探索可以衍生知识，而品尝食物有助于我们设定生活的优先秩序。更重要的是，通常在最初的情绪消逝后，这些结果还可持续一段长时间。借由此过程，积极情绪得以建构我们的资源库，以便在遭逢困扰时及时脱身，这些资源包括：身体方面（如健康与有效率的身体功能）、心智资源（如寻找路径的认知地图）、心理资源（如乐观的看法）与社会资源（如可以求助的人士）。

因此，感觉美好对我们的益处，可能远比我们向来所知的还多。扩大与建立理论认为"积极情绪扩大了我们思维与行动固有的方式，并转而建构我们持久性的个人资源"，使我们成为更具弹性且更为繁复的人。下次你与朋友谈笑、追逐嗜好，或享受在公园散步的乐趣时，请记住，你不仅是在获得好情绪，还可能在厚植你的各种资源，也可能为你长期的健康与幸福奠下最强固的基础（Fredrickson，2000，2002）。

被试评估假设性事件，如错过航班或弄丢钱的可能原因。处在愤怒心情中的被试，倾向于将假设性事件归因于他人，而悲伤心情的被试则倾向于归因于情境（例如，交通状况不好是错过班机的原因）。因此，愤怒的被试对负面事件较容易责备他人，而悲伤的被试则较愿意承认"不幸的情境可能会引起这类事件"（Keltner，Ellsworth，& Edwards，1993）。

感到害怕，就把世界看成充满危险的，这样的知觉又增强了恐惧心情。此外，如前所述，坏心情使我们选择性地注意和学习负面状态的事实，也会增强坏心情。相似的分析也可应用于好心情：好心情拓宽了我们的思维定式，使得我们对后续的情境较可能找到正面的意义，因而体验到更进一步的积极情绪。因此，主观体验的认知结果，似乎可延续个人的情绪状态：不是往下继续产生消极情绪，就是往上带来更多的积极情绪（Fredrickson & Joiner，2002）。

◆小结

　　情绪或感受的主观体验会指引行为、决策与判断。

　　不同的情绪会推动个体以特定的方式思考与行动，称为思维-行动倾向（见表11-3摘要）。

　　根据扩大与建立理论，积极情绪会暂时扩充人们思维与行动的类目，并转而建构个人生存所需要的持久性资源。

　　主观体验也会引导记忆、学习与风险评估。

◆关键思考问题

　　1. 有些学者主张思想-行动倾向（见表11-3）是进化的结果。为什么有这样的可能？

　　2. 特定情绪可能一直都存在的认知过程有哪些？

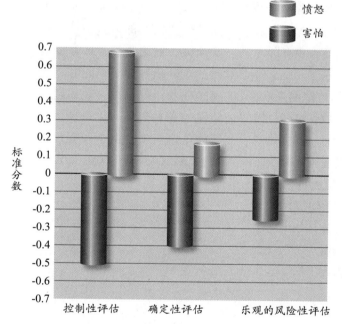

图 11-4　害怕、愤怒与风险性

在认知评估与风险性评量方面，害怕与愤怒具有相反的效果。效果大小以标准分数呈现，使得认知评估与风险性评量在同一量尺上进行。从比较害怕（深色柱）与愤怒（浅色柱）的被试对情境的评估可知，害怕的被试认为情境较不为他们所控制（左边）、较不确定（中间），且对未来发生风险性的评估较悲观（右边）。接下来的分析支持了情绪对危险性评估的效应（资料来源：J. S. Lerner and D. Keltner，"Fear, Anger, and Risk," in *Journal of Personality and Social Psychology*, 81: 146–159. Copyright © 2001 by the American Psychological Association.Reprinted with permission.）

第四节　身体变化与情绪

当我们经历一种紧张的情绪（如恐惧或生气）时，我们会察觉到身体的一些变化——包括心跳加速，呼吸急促，喉咙、嘴巴干燥，出汗，发抖和胃部无力感（见表11-4）。这些情绪所唤醒的生理变化，是来自自主神经系统为身体面对紧急行动时所备妥的交感神经活动（见第二章）。**交感神经系统**（sympathetic nervous system）负责下列的变化（这些变化不需同时发生）：

1. 血压和心跳的增加；
2. 呼吸加速；
3. 瞳孔放大；
4. 汗液增加而唾液及黏液分泌减少；
5. 血糖增加以供给更多能量；
6. 受伤时血凝结加速；
7. 血液从胃和肠流向大脑和骨骼肌；
8. 皮肤毛发竖起，引起鸡皮疙瘩。

交感神经系统促使有机体能量输出。当情绪平息时，**副交感神经系统**（parasympathetic nervous

表 11-4 战斗飞行的恐惧症状			
此表格来自第二次世界大战战斗机飞行员的报告（资料来源：Shafer, 1947 "Symptoms of Fear in Combat Flying," in *Journal of Consulting Psychology*, 11: 137–143.）			
在战斗任务中你觉得……？	有时（%）	经常（%）	总计（%）
心跳加速，脉搏加快	56	30	86
肌肉十分紧张	53	30	83
易激动或愤怒	58	22	80
口和喉咙干燥	50	30	80
神经性出汗或冷汗	53	26	79
恶心、呕吐	53	23	76
不真实感——即对你是不可能的	49	20	69
尿频	40	25	65
发抖	53	11	64
混乱或慌乱	50	3	53
虚弱或昏厥	37	4	41
任务结束后无法记住发生的细节	34	5	39
胃不舒服	33	5	38
无法集中注意力	32	3	35
尿湿或弄脏裤子	4	1	5

system）——能量保存系统——取代并将有机体恢复到正常状态。

这些自主神经系统是由大脑某些重要区域的活动所引起的，包括下丘脑（在上一章，我们看到它在许多生理动机中占主要角色）及杏仁核。这些部位发出的冲动传送到控制自主神经系统功能的脑干神经核，然后自主神经系统直接作用于肌肉和内部器官以产生一些前述的身体变化，并间接地借刺激肾上腺激素产生其他的身体变化。

注意这些强烈的生理唤醒是消极情绪状态的特征，例如，生气和恐惧，此时有机体必须伴随着需要实际身体能量的特定行动准备——战斗或逃跑（在有威胁或压力情境下，战或逃反应的角色，于第十四章详述）。的确，许多情绪论者均有一核心理念：思想-行动倾向涉及身体与心智两方面。因此，当你感到害怕而经验到想逃的冲动时，你的身体也会自动启动适当的自主神经系统，以支持可能的逃走反应。依此观点，在这些潜在的消极情绪期间，

生理上的变化正是为了让身体准备好进行特定的行动（Levenson，1994）。

积极情绪产生的身体变化较少，有学者认为，这是因为与之有关的思想-行动倾向范围较为宽广而非特定性的反应，因此，此时并非出现可支持特定行动的高度生理唤醒，积极情绪可能更适合帮助人们从随消极情绪而来的残留唤醒状态中恢复过来，这种理念被称作**积极情绪的化解效应**（undoing effect of positive emotion）。最近的实验验证此理念：先要求被试在有限的时间压力下准备就"为什么你算是一位好朋友"演讲，同时告知他们，演讲会被录像，再播放给同事看。此演讲任务主要是为产生焦虑的感受，同时伴随有心跳与血压的升高。结果这些生理变化会残存一段时间，即使在告知被试其演讲录像根本没播出时还是一样。此时，被试从两个积极情绪（愉悦与满足）与一个消极情绪（悲伤）或没有情绪的影片中随机点选其一，结果如图11-5所示：将注意力转到积极情绪的两组被试恢复到身心血管活动基本水平的速度，比观看中性或悲伤影片的快（Fredrickson，Mancuso，Branigan，& Tugade，2000）。因此，培养积极情绪似乎是对抗因消极情绪带来的生理后效特别有效的方法。

情绪的强度

强烈的生理唤醒和情绪的主观体验是什么关系？特别是我们对自己生理唤醒的知觉，即**内脏感觉**（visceral perception），是否为情绪体验的成分之一？为

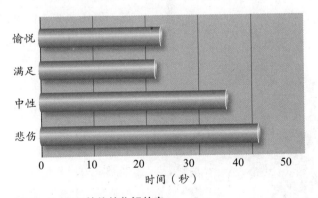

图 11-5　积极情绪的化解效应

愉悦与满足比中性与悲伤情绪能更快速地使人们从残留的消极情绪激发中回复正常的心血管活动（资料来源：B.L. Fredrickson, R. A. Mancuso, C. Branigan & M. M. Tugade, "The Undoing Effect of Positive Emotions," in *Motivation and Emotion*, 24: 237–258. © 2000, Kluwer Academic/Plenum Publishers.）

回答此问题，研究者研究脊髓受伤者的情绪生活。当脊髓折断或受伤时，损伤点以下的感觉无法传送到大脑。因为某些感觉是从交感神经系统而来，受伤会降低感觉情绪自主性激发的作用。

在一项研究中，脊髓受伤的退伍军人根据脊髓受伤的位置被分为五组。一组受伤位置靠近脖子（在颈部），交感神经系统的反馈无法传至大脑；另一组受伤位置在脊髓基部（在骶骨部），有部分交感神经系统的反馈能传至大脑；其余三组在这两组间。这五组代表一个身体感觉的连续：受伤位置在脊髓越高处，自主神经系统输向大脑的反馈越少（Hohmann，1962）。

被试在受访时确定其在恐惧、愤怒、悲伤和性兴奋情境的感受。每个被试回忆他们在受伤前的一次情绪唤醒和受伤后相当的事件，并比较二者情绪经验的强度。恐惧和愤怒状态的数据显示在图11-6中。脊髓受伤位置越高（即自主神经系统的反馈越少），受伤后的情绪性减少越多；性兴奋和悲伤状态也有相同的关系。自主性激发的减少导致所体验到的情绪强度降低。

脊髓最高位置受伤的老兵评论说，他们对激发的情境可以有情绪性反应，但他们不能真正地感受到情绪，例如："那是一种冷漠的愤怒。有时当我看到一些不公平事件时我会愤怒，我会叫喊、咒骂和大吵大闹，因为如果有时你不这么做，我知道人们会占你便宜，但它不像过去那么强烈了；那只是一种心理上的愤怒。"又如："我说我害怕，就像要去学校参加一次非常困难的考试，但我不是像以前那样真的感到害怕，既不紧张，胃也没有空虚感而发抖。"

本研究是重要的，但并非完全客观——因为情绪的引发情境是因人而异的，且被试是根据自己的经验做事后描述。近期的研究则以未受伤的被试为对象，进行更好的实验控制。将健康的被试分成擅长内脏感觉

生理的唤醒可能强化愤怒的感受

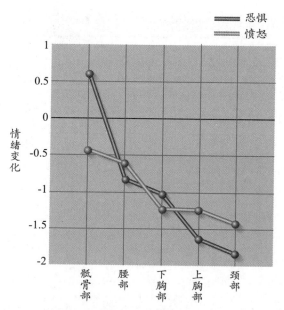

图11-6　脊髓受伤和情绪性的关系

比较被试脊髓受伤前后的情绪。他们的报告根据情绪改变程度编码：0表示无变化；轻微变化（"我估计变少了"），降低记为 -1，增加记为 +1；强烈变化（"我感觉少多了"）记为 -2 或 +2。值得注意的是，受伤位置越高，受伤后的情绪性降低越多（资料来源：G. W. Hohmann, "The effect of dysfunctions of the autonomic nervous system on experienced feelings and emotions," Paper read at the New School for Social Research, New York, October 1962.）

（例如，能察觉到自己心跳）及不擅长者两组。如果内脏感觉会影响情绪强度，则自认善于察觉心跳的被试应该会自陈有较强烈的情绪主观体验，且表现较强烈的面部表情。一项以善于察觉心跳与不擅长此道的两组被试，点选可引发有趣、愤怒与害怕情绪的影片后发现：善于察觉心跳者在各情绪上均有较强的经验（Wiens, Mezzacappa, & Katkin, 2000）。一个相关的研究也发现，善于察觉心跳者对情绪性图片也表现出较强烈的面部表情（Ferguson & Katkin, 1996）。综合这些与脊髓受伤者的研究，可以说明内脏感觉在情绪经验强度上扮演着重要角色（Schachter, 1964）。

情绪的区分

很显然，自主性的激发影响情绪经验的强度。但是它能否依生理活动模式将情绪区分成是属于愉快、愤怒，还是恐惧等？这个问题要回溯到威廉·詹姆斯（Williams James），他于1890年出版了第一本心理学教材。他提出了"我们对身体变化的知觉即为一种情绪的主观体验"的看法，二者互相依存："我们觉得悲

伤是因为我们哭，生气是因为我们攻击他人，害怕是因为我们在发抖，而不是因为我们悲伤、生气或害怕才会哭、攻击或发抖。"（James，1890，950，p.450）丹麦心理学家卡尔·朗格（Carl Lange）约在同时提出了相似的看法，所以该理论合而称为詹姆斯–朗格理论（James-Lange theory），它主张：因为知觉到自主性激发（和其他可能的身体变化），才形成某种情绪的经验；也因为不同的情绪感受不同，所以每种情绪必定有不同模式的自主性活动。詹姆斯–朗格理论因而主张自主性激发可区分情绪的看法［见图11–2（b）］。

此理论在20世纪20年代受到强烈的抨击（特别是自主性激发的部分），是由生理学家沃尔特·坎农（Walter Cannon，1927）所领导的，他提出三项主要的批评：

1. 因为内部器官相对地是比较不敏感的结构且神经细胞不多，所以内部变化很慢不足以成为情绪感受的来源。

2. 人为地导致与情绪有关的身体变化（例如，注射肾上腺素药物）并不会产生真正情绪经验。充其量，它只会产生"近似"的情绪，如接受注射的人会说"我觉得我好像在害怕"。

3. 在不同情绪状态间，自主性激发的模式没有什么不同，例如，愤怒会使心跳加速，看见恋人时也会如此。

第三项争议很明确地否定了可以依自主性激发模式来区分情绪。

心理学家试着反驳坎农的第三项论点并快速地发展更精确测量自主性激发副成分的方法。虽然有一些实验在20世纪50年代报道称，不同情绪有不同的生理模式（Ax，1953；Funkenstein，1955），但到了90年代大多数在此主题中的研究很少有证据支持不同的情绪与不同的生理唤醒模式有关。然而，列文森、艾克曼和弗莱森（1990）的一项研究反而提供不同情绪有不同自主性模式的强有力证据。借教导特定的面部肌肉收缩，被试制造6种情绪的情绪表达——惊讶、厌恶、悲伤、愤怒、恐惧和快乐。他们维持一个情绪表达10秒钟，研究人员测量他们的心跳速度、皮肤温度和其他自主性激发的指标。这些测量透露了情绪间的一些差异（见图11–7）。愤怒、恐

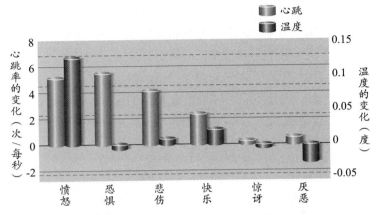

图 11–7　不同情绪唤醒的差异

图标纵轴表示心跳与右手指温度的变化。就心跳而言，在愤怒、恐惧与悲伤等情绪上的变化，都显著地比快乐、惊讶与厌恶大；就指温变化而言，愤怒的改变显然与其他情绪的变化有别（资料来源：P.Ekman,et al., "Autonomic Nervous System Activity Distinguishes Among Emotions," from Science, Vol.221,pp. 1208–1210,September 16,1983. Copyright © 1983 American Association for the Advancement of Science.）

惧和悲伤等消极情绪的心跳比快乐、惊讶和厌恶快；前三项本身又可部分由皮肤温度区分，愤怒比恐惧或悲伤高。因此，虽然愤怒和看到恋人都会使人心跳加速，但只有愤怒会加速许多；而且虽然愤怒和恐惧有很多相似之处，但愤怒是热的，而恐惧是冷的（怪不得人们总是描述愤怒是"血脉偾张"，而恐惧是"冰寒透骨"或"手脚冰凉"）。

其他研究认为唤醒模式的不同可能是普遍性的。列文森与艾克曼和其同僚研究了西苏门答腊的米南卡布文化（一种和西方非常不同的文化）。同样的，被试做各种情绪的面部表情——恐惧、愤怒、悲伤和厌恶，再测量其心跳、皮肤温度和其他激发指针。虽然苏门答腊人生理变化范围比前述美国人小，但不同情绪激发的模式是相同的：愤怒、恐惧和悲伤的心跳比厌恶快，愤怒的皮肤温度最高（Levenson, Ekman, Heider, & Friesen，1992）。

这些结果是重要的，但尚未能作为詹姆斯–朗格理论或"自主性激发是唯一能区分情绪成分"此主张的一种明确证据。上述研究所显示的是不同情绪间有一些生理的差异（虽说有些学者对此质疑，如Cacioppo, Berntson, Larsen, Poehlmann, & Ito, 2000），但这些差异所被知觉或体验到的，并非情绪间本质上的不同。即使自主性激发真的有助于人们区分某些情绪，也不可能区分所有的情绪，例如，满足和感激即很难发现其自主反应的差异。此外，

坎农批评詹姆斯–朗格理论的前两点意见仍站得住脚：自主性激发太缓慢以致无法区分情绪经验，及人为导致的唤醒状态并不能产生真正的情绪。基于这些原因，许多心理学家仍然相信除了自主性激发外，必定有某些东西涉及情绪的区分。诚如我们前面的讨论：所谓某些东西（或其中一部分）即通常被认为是一个人对情境的认知评估。

◆ 小结

强烈的消极情绪涉及归因于自主神经系统中交感神经活动所引起的生理唤醒。

积极情绪似乎可以解除消极情绪激发所带来残留的影响力。

脊髓受伤的患者，因来自自主神经系统的反馈有限，其自陈所经验的情绪强度也较弱。其他研究也指出：内脏感觉也会影响情绪的强度。

詹姆斯–朗格理论主张自主性激发能区分出不同的情绪，最近的研究指出，唤醒的模式（如心跳、皮肤温度）多少可以区辨不同的情绪。

◆ 关键思考问题

1. 回想您个人有过的愤怒或恐惧的情绪经验，您知觉到的身体变化会影响您对情绪强度的判断吗？

2. 詹姆斯–朗格的情绪理论与沙赫特–辛格的二因素说之间有何相似之处？又有何不同？

第五节　面部表情与情绪

伴随情绪的面部表情显然可用来沟通情绪。自从达尔文 1872 年发表经典之作《人类和动物的表情》（*The Expression of Emotion in Man and Animals*），心理学家把情绪的沟通当作一个重要的功能，对物种具有生存性的价值。因此，受到惊吓的样子可能警告他人出现危险了；而知觉到某人在生气也告诉我们他将可能会有攻击性的行动。其他研究也指出，除了沟通的功能之外，情绪表达也与评估及身体变

化一样，对主观情绪经验有所贡献。面部表情有时甚至会触发整个情绪过程。

情绪可经由面部表情进行沟通

不管养育个体的文化是什么，某些面部表情似乎有普遍性的意义。例如，愤怒的共同表情包括脸红、眉头皱在一起、鼻孔张大、龇牙咧嘴。来自 5 个不同国家（美国、巴西、智利、阿根廷和日本）的人观看了表明快乐、愤怒、悲伤、厌恶、害怕和惊讶面部表情的照片，他们在确认每个表情传达的情绪方面均无困难，甚至是未曾接触西方文化的偏远部落的成员（如新几内亚的佛尔和丹尼人）也能正确地判断西方文化人类的面部表达；观看佛尔（Fore）原住民情绪表达录像带的美国大学生，同样可以正确地判断情绪，虽然他们有时会把害怕和惊奇混淆（Ekman，1982）。

某些情绪表达的普遍性，支持了达尔文主张情绪表达是具有进化历史的天生反应的说法。根据达尔文，我们表达情绪的许多方式是原本具有某些生存价值的遗传组型，例如，厌恶或拒绝的情绪表达方式，是基于有机体想试着除去本身已经消化的某种令人不舒服的东西。达尔文曾说（1872）：

> "厌恶"一词，就其最简单的意思是，某种令人讨厌的味道。但因为厌恶也会引起烦恼，

面部表情所传达的情绪具有跨文化一致性。照片中，来自新几内亚与美国的人所示范的面部表情，都传达着相同的特定情绪。此处所呈现的，由左而右依次为快乐、悲伤与厌恶

它通常伴随皱眉，也常出现像要推开或摆出要防止讨厌的东西侵袭的姿势。极端厌恶的表达是嘴巴周围的动作好像准备要呕吐。嘴巴张得大大的，上唇强烈地收缩，眼睛半闭，转开眼睛或全部身体，像是极度不屑。这些动作似乎表明讨厌的人不值得一看或令人生厌。吐口水似乎是全球共通的轻蔑或厌恶表示，而吐口水很显然即表示了嘴巴对任何作呕东西的拒绝。

研究已证实了情绪的面部表情沟通着重要的信息，尤其是当其中一人的表情变化改变了另一人的行为时，情绪表情的影响力更大。此类证据来自婴儿与母亲互动的研究。在一个研究中，刚开始爬行的幼儿被放在被称作视崖（visual cliff）的场地中（见第五章，图 5-36 所示），此处悬崖的深度并不像深度知觉中所使用的那么深，只是普通阶梯般的高度，这样看起来较不清楚摔落的危险性如何。当幼儿爬向悬崖边缘时，他们会望着母亲。状况之一，要求母亲表现出害怕的表情，而另一情况则要求母亲笑逐颜开。母亲的表情解决了幼儿对情境危险性的不确定：母亲表现害怕的幼儿从未爬过悬崖，而母亲微笑的幼儿中则有 74% 爬过了悬崖（Sorce, Emde, Campos, & Klinnert, 1985）。

虽说某些面部表情和姿势似乎与天生特殊的情绪有关，但有些则是从文化中习得的。

例如，每种文化都有它自己的一套情绪**表达规则**（display rule），这些规则界定了在某种情境下人们应经验到的情绪模式及合乎情绪的行为，像是某些文化期望失去所爱的人感到悲伤，并以公开哭泣和呼唤所爱者归来来表达；在有的文化中，死别者则被期望唱歌、跳舞和快乐。在欧洲，两个男人在街上相遇可能拥抱亲吻，但在美国这些表达情感的姿势对男人而言则是禁忌的。一项研究比较了来自日本与美国的被试，证实了情绪表达规则除了有文化差异外，也有相似性。来自两个文化的被试单独或者在权威人士前观看令人厌恶的影片。虽说在单独观赏时，他们均表现出相似的面部表情，但在权威人士面前，日本被试常以微笑掩饰其厌恶表情（Ekman, 1972）。因此，看来是普遍的基本情绪表达，其实只是世俗的表达形式——一种在某一文化内可被其他人了解的情绪语言，但常被其他文化的人误解。

面部反馈假说

面部表情除了具有沟通的功能外，也影响我们对情绪的经验之概念，有时被称为**面部反馈假说**（facial feedback hypothesis）（Tomkins, 1962）。此假说与詹姆斯-朗格理论有相似之处：均会接收到来自自主激发的反馈，以及来自面部表情的反馈，而此反馈会引发或强化情绪经验。此假说可由图 11-2（c）阐明。你可试着验证此假说：你让自己微笑并保持几秒钟，你会开始觉得更快乐吗？假如你皱眉头，你会觉得紧张和愤怒吗？

以实验法验证面部反馈假说，可要比做做面部表情后自陈感受严谨多了。实验需要除去被试是依据"那种表情是配合那种情绪（如微笑表示快乐）"的常识进行自陈报告的可能性，办法即在于使被试在不知不觉中做出微笑的表情。这类实验之一，为要求被试以齿咬或唇含一支笔然后评估卡通片的有趣性。齿间咬笔会强迫你的脸展现微笑，而唇间含笔则会使你笑不出来（试试看）。结果与面部反馈假说一致——齿间咬笔的被试比唇间含笔者将卡通片评估得更为有趣（Strack, Martin, & Stepper, 1988）。

除了这些直接探讨表情与情绪经验间关联性的研究外，其他实验则指出面部表情可借提升自主激发而间接影响情绪经验。此种效应在前述借表达特定情绪以导致心跳与肤温变化的研究中即可见（Levenson, Ekman, & Friesen, 1990）。因此，我们需要将情绪表达列为可引发情绪的因素之一。即使如此，知道借面部表情即可触动情绪并不意味着这是情绪展现的典型方式，如图 11-1 所示，日常生活中，评估我们的情境仍是最可能触发情绪的方式。只不过，当面对苦难时，面部反馈假说的知识可能启示我们可以"忍泪含笑"，因为研究告诉我们，可以借此尽速启动生理恢复过程（Fredrickson & Levenson, 1998）。

◆小结

伴随各种情绪而生的面部表情有普遍性的意义：不同文化的人对某特定照片中人物所表达的情绪看法一致。

面部表情的沟通力量可从亲子间的互动中得证。母亲面部表现出的恐惧或喜悦表情，可戏剧性地改变婴儿的行为。

不同的文化，在引起某种情绪的因素，以及应该体验和表达特定情绪的规范上会有不同。

除了具有沟通的功能外，情绪表达也可能影响情绪的主观体验（面部回馈假说）。

◆ 关键思考问题

1. 你的微笑对别人有何影响？对你自己又有何作用？

2. 面部反馈说与沙赫特-辛格的古典研究间有何关联？请就图11-1所示的情绪模式说明。

第六节　情绪的反应：情绪的调节

情绪的调节（emotion regulation），或是人们对情绪的反应，仍为情绪过程的成分之一，因为人们（至少到儿童中期后）几乎都会对其情绪有反应，且会设定好目标：要在何时、如何表达或感受某种情绪。人们有时有"要维持或强化某情绪（无论积极或消极）"的目标：例如，你有时可能会想要尽情享受且延长与爱人在一起的愉悦感受；有时可能也想在向厂商抱怨商品前累积你的愤怒。有些时候，人们可能有弱化或去除某种情绪的目标，同样的，包含积极、消极情绪。想象自己因个人的成就（如被大学录取）而感到

志得意满时，却碰见一位连番落榜的好友，你难道不会想要暂时弱化你骄傲的表现吗？或许最常见的，应是弱化如悲伤或愤怒等消极情绪，以借此提振士气，避免别人与自己再受到你消极情绪的感染。

因此，情绪与人们努力调节情绪二者已成为一体，以至于我们很难只谈论其一而不论及其他。的确，社会化过程中有大部分都在教导儿童调节情绪的时机与方法。父母会以直接或示范方式，教导子女表达某种情绪的适当时机。例如，从祖母手中收到一份令人失望的礼物（比如说，一件很丑的毛衣）时，可以向祖母表现出你的失望吗？父母期望你不要这样，最后你就学会不表现出来。这点为什么那么重要？证据指出，一般而言，学会如此调节情绪的儿童将可预期他们在社会上较为成功（Eisenberg, Cumberland, & Spinrad, 1998）。例如，实验者在实验室中给学前儿童失望礼物后得知，儿童控制其表达消极情绪的能力，与其稍后表现破坏性问题行为的风险性间呈负相关（Cole, Zahn-Waxler, & Smith, 1994）。

人们以许多方式调解或控制其情绪，近期学者将人们用来改善其消极情绪的各种策略加以分类，如，认知或行为的，以及分心或专注的策略（Parkinson & Totterdell, 1999）。表11-5列出了各种策略。假设你与室友打了一架，且怒气未消，但你想让自己好过些，因此你可能完全借助于一些心灵活动来转移你的怒气，例如：脑袋放空，什么都不想；或者做些有趣或需要专注的事情（如弹奏吉他，做微积分作业）以自我分心。你也可以借助专注的策略正视你的感受或处境：你可能以不同于你过去的观点重新评估你的处境——如果室友脾气不好另有原因，你就没有必要

表11-5　情绪调节策略的分类

人们运用各种认知与行为策略让自己有更好的感受（资料来源：Parkinson & Totterdell, 1999）

	认知	行为
分心		
转移注意力	避免想到问题	避开问题情境
分散注意力	试想有趣或让你专注的事情	进行某些有趣或让你专注的事情
专注		
情感导向	重新评估	发泄情绪；寻找舒适
情境导向	设法解决问题	采取解决问题的行动

认为他是针对你了；或者你可以试着与室友商量，以解决潜在的问题。这些策略并不互斥，你可以先分心以平息你的火气，当你脑袋冷静下来时，再与室友讨论潜在的问题。此外，这些策略并非经深思熟虑后的抉择，与其他认知与行为一样，经由重复使用，它们已成了意识知觉之外的自动化反应。

人们对情绪的反应——无论是深思熟虑的调节策略或是自动化反应，都能直接或间接影响到情绪的其他成分，此即何以图 11-1 右区情绪反应会有反馈到前行各方块箭头的原因。此影响也强调了情绪是一个过程——会依时开展与变化的过程，而非在短时间即描述清楚的简单状态。例如，假设初次见到赛车手被汽车撞倒的车祸现场，你可能注意到赛车手的腿已骨折，因为它呈现出相当不自然的弯曲姿态，此时，你原先恶心的情绪，可能因你重新评估此为受伤的车手需要你帮助的情境，快速地转为同情。如此一来，你在该情境的情绪已依时变迁，部分导因于你对自己情绪的反应（我不能对一位受害者表现出厌恶的情绪），部分则因为情境本身已有改变（例如，救护车来了，你顿觉安心）。

这涉及你运用了哪些策略？再以丑毛衣为例，你说服祖母你喜欢礼物的方式之一，是努力专注于脸上的表情，你可以很快压制你脸上任何生气或失望的符号，取而代之的是让自己微笑，并给祖母一个拥抱。另一种策略为专注于对情境的解读，重新对情境予以更好的评估：你可能告诉自己（就如父母常做的事）"心意最重要"，转而注意祖母在选购或编织该毛衣时所投入的爱与心血，这样一来，你自然还是会微笑并给祖母一个拥抱。虽然这两种处理丑毛衣的策略可能同样取信于祖母，但是压抑面部表情可能会引起生理的激发的提升，有趣的是，这对压抑者（Gross & Levenson，1997）以及与压抑者互动的人（Gross，2001）而言均然。相反的，再评估则似乎与生理无涉，因为它们是改变情绪，而非阻碍其表现。

此外，还有研究指出，努力压制面部表情也会损及认知功能（Muraven, Tice, & Baumeister, 1998；Richards & Gross, 2000）。在某研究中，给被试看伤者最近的或过去伤口的幻灯片，其中有些相当严重，因此看起来很恶心。在被试观看时，可以听到有关伤者的姓名、职业，以及造成意外的种类。其中一组（压抑组），要求被试控制其面部表情保持中性并平静；另一组（再评估组），则要求他们以"医学专业、疏离的观点看待这些幻灯片，并尽量客观思考，不要有任何感受"。为了比较，加上第三组，只是告知被试要仔细观看幻灯片。结果显示，压抑组对伤者背景数据的记忆比单纯观赏组来得差，而再评估组，则无这种记忆损害的现象（Richards & Gross, 2000）。本研究结果指出，借压抑面部表情以保持镇静会损害人们应对社会生活的能力。例如，一位听过长篇大论的热门议题与另一位无此经验者，他们对谁说了什么，可能最后会有不同的记忆，因而也影响到他们的人际关系。

因此，再评估与压抑面部表情相比，是较佳的情绪调节策略。其他研究也显示出，至少短期而言，分心技术（如打篮球或阅读一本吸引人的小说）要比沉思技术（如反复思考你之所以悲伤或生气的原因与后果）好。沉思会强化消极情绪，而分心则会弱化它，但是由于评估与判断对情绪有其效应（如前所述），一旦消极情绪有所减轻，解决潜在问题最终会成为较成功的策略（Nolen-Hoeksema & Larson, 1999）。我们在第十四章讨论抑郁与焦虑时，会再回来讨论沉思的效果。

◆小结

人们几乎经常借强化或弱化情绪，并预测因而能在社会情境中的成功表现，以此调节其情绪反应。

情绪调节策略可区分成认知或行为，以及分心或专注两个维度（见表 11-5）。

情绪反应会影响情绪的其他成分。此即为何在图 11-1 中，有来自"情绪反应"指向所有前行方格中的反馈箭头。

人们用来调节情绪的策略可具有不可预料的反转效应，例如，压制面部表情会增加自主唤醒状态并损及记忆。

◆关键思考问题

1. 请举出并描述你生活中曾刻意去调节某情绪的经验。你是如何做的？你的调节策略有改变情绪过程的其他成分吗？改变了哪些？

2. 研究发现，如果你只是与某位抑制自己情绪的人互动，都可能因而提高你的生理唤醒。为什么会发生此现象？

第七节 情绪、性别与文化

目前为止，在我们有关情绪过程的讨论中，我们都在强调这些过程是通用的，但事实上，情绪的情境常带出人际以及不同团体间的差异性问题。有时，这些差异性反映了人格与个性（见第十二与十三两章），而这些差异性有时反映出不同的社会化过程史，它会随性别与文化形成差异。在我们转而探讨情绪中性别与文化议题时，可别忘了社会化的差异性与生物的相似性，均同样在情绪过程中扮演着关键性的角色。诚如第一章所述，它不是"先天或后天"的问题，而是"先天和后天"的问题。

再回顾图 11-1，情绪过程始于个人对所处情境的评估，而止于对自己情绪的反应。想在情绪中区分出两性与文化间的差异性时，方法之一是辨别"前段"或"后段"之分。前段差异，指的是开始或前行的评估过程，例如，在我们讨论物化理论时（第十章），女性面对一个强调其体重与外貌重要性的情境，她们可能因而比男性经验到一些更多的情绪（如羞愧）及情绪结果（如抑郁或饮食失调）。反之，后段差异指的是那些与情绪有关的反应。例如，在有些文化中，人们较少表达情绪，看起来像是不形于色；而在有些文化中，则表情丰富，且洋溢着情感。依此观点，该过程的中段——主观体验的情绪反应、思想-行动倾向、身体的变化，以及面部表情，相对而言就较少受到性别与文化差异的影响。这当然是一种过于简化的分类，例如，我们才讨论

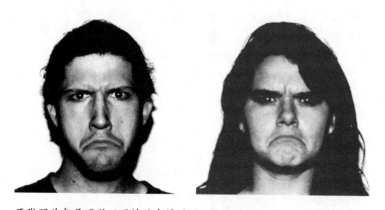

两张照片都是两种不同情绪表情的同一组合。当眉毛下降挤在一起时是愤怒的表情，而嘴角下撇则为悲伤的表情。研究显示，当呈现出这些及其他混杂愤怒-悲伤表情的男性脸部照片时，人们较常将此两可表情看成愤怒；但若是呈现同一混杂情绪的女性脸部照片时，人们较常将其看成悲伤（Plant et al., 2000）。这些研究显示出，性别的刻板印象会影响知觉者对脸部表情的解释

过，情绪的反应本身即可逐一影响情绪过程的其他成分，因此，因性别与文化而造成的任何差异，自然也会在这些中段成分中形成差异。即便如此，这些中段成分的差异，可能只是影响前段或后段过程成分的差异性的次要因素。

性别差异

首先，人们——无论哪种性别的人们，均有相当强烈的信念：两性在情绪上有差异。在刻板印象上，女性较情绪化，较常体验且表现情绪。愤怒与骄傲是例外，它们是少数被视为男性较常体验且表现的情绪（Plant, Hyde, Keltner, & Devine, 2000）。这些刻板印象符合现实的情形如何？综合了许多研究后，心理学家已知，两性在情绪表达方面的差异（无论是面部表情或是语言）均比情绪主观体验多（Fischer, 2000）。一旦自陈情绪的主观体验两性有别时，通常都可以追溯到两性的刻板印象差异。例如，某研究指出，最被认可的两性情绪差异是，女性会自陈有强烈的情绪，而男性则自陈情绪反应较弱（Grossman & Wood, 1993）。此即意味着，性别的刻板印象已影响到人们对本身经验的自我报告，为它染上色彩。男性可能会想："我是男性，而男性是较不情绪化的，因此，我是不情绪化的。"而女性可能想："我是女性，女性是情绪化的，因此，我必然是情绪化的。"研究指出，在以通论方式（如"你隔多久会感到一次抑郁或悲伤"）或事后（如"上周考试期间你有多焦虑"）自我报告时，最常染上刻板印象的色彩。然而在报告他们当下的情绪感受体验时（"你现在感到多焦虑"），两性差异即不存在，可能是因为当时人们聚焦于他们的特定状态与感受，而非他们觉得顺从其性别信念时的感受（Feldman Barrett, Robin, Pietromonaco, & Eyssell, 1998）。

这些研究指出，情绪可能是一种媒介，借由它，男性与女性（男孩与女孩）得以扮演两性角色——以合乎性别的方式行为。因此，女性借注意她们的外表与饮食表现其女性化，也可能借由悲伤与恐惧等女性化情绪，以及避免表现出像愤怒与骄傲等男性化情绪，来彰显其女性化。同样的，男性也可能借由相反的行为模式（"男儿有泪不轻弹""男人无所惧"）。为支持此观点，某研究想找到证据，以证

实两性在情绪表达上的差异与其情绪调节目标有关联：女性较会表达悲伤与恐惧，且较常调节其情绪以维护其人际关系；而男性则相反，较常表现生气，且较常调节其情绪以维护或宣示其权力（Timmers, Fischer, & Manstead, 1998）。

两性与权力间的联结，已使得某些心理学者提出性别阶层的观点，认为女性比男性拥有较少的权力与地位，这会影响两性在情绪上明显的差异。女性地位较低，因此表现的是些"柔弱无力"的情绪，像是悲伤、焦虑与恐惧等（用来表现出弱小与无助的情绪），而男性因具有较高的地位，表现的多为"强而有力"的情绪，像是愤怒、骄傲与轻蔑（用来维护控制与支配权的情绪）（Fischer, 2000）。此处区分的又是着重在情绪的表现而非情绪体验。一项关于两性与愤怒的研究指出，女性经验的愤怒其实不亚于男性——尤其在人际关系方面更可能有过之而无不及。即使如此，男性似乎比女性更愤怒，因为他们的表现方式是合乎愤怒原型的，即表现出肢体与语言方面的攻击；而女性则相反，她们以眼泪表达愤怒，可能因而使人忽略了她们的愤怒之情或误以为是伤心（Kring, 2000）。女性也较多表示在表现愤怒时没有男性那么自在。在表达愤怒情绪方面的两性差异，可能进一步强化男性成为"强而有力"而女性为"柔弱无力"的形象。性别的刻板印象也会发挥作用：在某近期的研究中，被试对一位表现出混有愤怒与悲伤模糊情绪的对象，判断其愤怒或悲伤的程度。当该混合表情出现在一张男性面孔上时，它较常被认为是愤怒；当该表情出现在女性面孔上时，则较常被认为是悲伤（Plant et al., 2000）。

总而言之，两性在情绪方面的差异，主要可能根源于情绪过程的后段——男性、女性表现与调节其情绪的方式。这些差异，大部分来自男性与女性社会化（经由双亲与文化）的结果，可能转而遵从了两性的刻板印象。的确，有研究指出，父母对学龄前儿童谈论情绪的方式，会因男女而有别。例如，与男孩相比，父母较会对女儿强调悲伤情绪（Fivush & Buckner, 2000）。这些差异可能为日后情绪调节习惯的两性差异奠定基础。换言之，这种学习合乎特定性别的情绪调节课程，可能成为男、女生学会男性化或女性化，有力与无力的一种途径。

文化差异

心理学家研究情绪的文化差异时，大多聚焦于集体主义与个人主义如何影响情绪经验。回顾第一章我们提到**集体主义**（collectivism）时，强调的是人与人之间基本的联结与互依性的文化，而**个人主义**（individualism），则是强调个体基本上是独立与分离的文化。许多东亚、拉丁美洲与非洲国家都被认为是集体主义的文化；而美国、加拿大、澳大利亚，以及许多西欧国家，则被视为个人主义的文化。当然，并非所有这些国家的人民都是集体主义者或个人主义者，因性别、社会阶层与种族而有变异是常见的。即便如此，在了解情绪的文化差异方面而言，人们在集体主义与个人主义维度上的差异性，似乎仍是关键性的问题。

为了解何以至此，我们必须了解集体主义与个人主义的差异性如何影响人们看待自己（Markus & Kitayama, 1991）。在集体主义的文化背景下，人们自认为生活在各种关系中，个人的许多目标都反映出此特点，包括个人想要处在甚至创造出人际和谐的情境。在个人主义的背景下则相反，人们自觉自我是有界限的，或认为与亲近的他人间还是有所区隔的，从个人的许多目标也都反映出了个人想要独立且与众不同的特性。持续前述的分析框架，个人目标上所呈现的文化差异，可经由情绪的前段过程的不同，造成情绪方面的文化差异性。也就是说，如果是不同文化的人，由于个人的目标方面（尤其是在人际关系方面）而有所差别，将使他

在个人主义文化中，快乐与个人成就间有密切的关系，而在集体主义文化中，快乐则与良好人际关系有密切关联

们在评估当前情境的个人意义时（即使这些情境相当相近）产生差异性。某研究探讨人们在众人共同计划发生错误（如错过预定的会议或聚会）后的情绪反应，意大利人为集体主义的代表，而英语语系的加拿大人则代表个人主义。正如集体主义文化的预期，意大利人比加拿大人更看重关系。当计划出错时，意大利人体验到更多的悲伤，而加拿大人则体验较多的愤怒（Grazzani-Gavazzi & Oatley，1999）。在该情境中，悲伤反映出集体主义，因为错误代表的是共同的损失，而愤怒则反映出个人主义，因为错误被认为是属于个人所处理的问题。在此，由于人际关系的重要性，对集体与个人主义文化的人有不同的意义，同样的情境（错失计划）也就产生了不同的情绪。

另举一例，学者发现产生"美好感受"的情境会因文化而异。日本具有较为集体主义的文化，感到美好的情境常伴随着人际活动，如他们常感到友善；美国具有较为个人主义的文化，他们感到美好的情境常与人际无关，而是自觉优异或骄傲（Kitayama，Markus，& Kurokawa，2000）。此证据指出，人们的快乐来源，依其文化对关系与社会价值的评价而定。此处又再次假定，这是因为人们的自我观念与个人目标反映了集体主义与个人主义。

目前为止，我们在讨论情绪过程前段的文化差异问题，即产生情绪的情境差异性，与评估的个人意义差异性。然而，集体主义与个人主义借由规范各种情绪表达的方式与时机，还影响了情绪过程的后段。我们前面在讨论面部表情的表达规则时曾举过一例，与美国人相比，日本人在他人在场时更会以微笑来掩饰厌恶的感受经验。相关的研究也发现，在个人主义的文化中，骄傲的表达较被接受（相较于集体主义文化而言）（Fischer，Manstead，& Mosquera，1999）。

除了前段的评估与后段情绪反应方面的差异外，近期有关文化与情绪的调查研究也指出，人们对情绪的基本信念，在集体主义与个人主义文化背景中有其差别（Mesquita，2001）。例如，在个人主义文化中，情绪是用来反映个人内在世界的，而且被视为属于特定对象的（如"马克生气了"）；而在集体主义文化中，情绪被视为一种客观现实的反映，而被认为属于一种关系（如"我们生气了"）。因此，

就如我们曾说过的，情绪是一种媒介，人们借以扮演两性角色，以合乎性别的方式行为。情绪也可能会强化且维护某些文化主题：情绪在集体主义文化中将人们结合在一起；而在个人主义文化中，则界定个人的独特性。

◆ 小结

情绪会因性别与文化而异，或许最明显的是在整个情绪过程的前段（如个体-环境关系以及认知评估）与后段（如情绪反应）。

许多性别方面的差异可能与情绪的性别刻板印象有所关联：将"柔弱无力"的情绪（如悲伤与恐惧）归之于女性；而将"强而有力"的情绪（如愤怒或骄傲）归于男性。

在个人主义与集体主义方面的文化差异，也会造成情绪方面的差异性：集体主义者较重视影响评估过程及调节策略的人际关系上。

◆ 关键思考问题

1. 请回顾图 11-1，并解释情绪过程的"前段"与"后段"在文化与性别上的差异性。

2. 情绪过程中有没有不因性别与文化而变异的部分？为什么？

第八节　攻击

如表 11-3 所示，与愤怒有关的行动倾向是攻击。具此冲动的人，会变得在肢体或语言方面具攻击性。在这些与情绪有关的各种思想-行动倾向中，心理学家特别注意并密集研究的是攻击。之所以特别注意，部分是因为攻击的社会意义。就社会的层次而言，在核武器仍广为可行的时代，一次攻击性行动就会造成大灾难；就个人的层次而言，许多人经常能体验到攻击性的思想和冲动，而如何处理这些思想，对他们的健康和人际关系有很重要的影响。心理学家集中焦点研究攻击的另一个原因是，两种社会行为的主要理论在攻击的本质上有相当不同的假设：弗洛伊德的心理分析认为攻击是一

种驱力，而社会学习理论则认为它是学习而来的。对攻击的研究有助于我们评估这两种理论的优劣。

接下来的讨论，我们首先描述相关研究的不同观点，然后思考这些观点在大众媒体对攻击影响有何不同的看法。在此我们所谓**攻击**（aggression）是指"故意地"伤害他人（身体或语言上）或破坏财物。此定义的关键概念是"意图"。假如有人在拥挤的电梯中不小心踩你一脚后马上道歉，你就不会认为该行为是攻击性的；但假如有人在你坐在书桌旁时走近你并踩你一脚，你就会毫不犹豫地认为其行为是攻击性的。

攻击是一种驱力还是一种习得的反应

攻击是一种驱力

根据弗洛伊德早期的心理分析理论，我们许多行为由本能决定，特别是性的本能。当这些本能的表达受挫折时，便会引起攻击。之后的心理分析理论家将之扩展成**挫折-攻击假说**（frustration-aggression hypothesis），有下列的主张：不论何时，一个人为达到任何目标的努力受阻碍时，便会引起一种攻击的驱力，从而驱使个体表现出伤害引起挫折的障碍（人或事物）的行为（Dollard, Doob, Miller, Mowrer, & Sears, 1939）。这个假设有两个重要的部分：引起攻击的原因通常是挫折；另一个是，攻击有一种基本驱力的属性——是能量（energy）的一种形式，持续到目标完成为止，它也是一种天生的（inborn）反应（类似饥饿、性）。诚如我们所见，驱力是挫折-攻击假说最引人争议的部分。

假如攻击真的像饥饿一样是一种基本驱力，我们就会期望在其他哺乳类物种中，也显示和我们相似的攻击模式（就像它们展示了和我们饥饿类似的行为模式）。此议题的证据近年已有所改变。20世纪60年代，动物行为学的早期研究指出，人类和其他物种有一个主要的差异，即动物有进化出的机制去控制它们的攻击本能，但人类没有（Ardrey, 1966; Lorenz, 1966）。然而，后续的研究认为，动物并不比我们更不具攻击性。动物间的谋杀、强暴和杀婴，比我们想象的要多许多。

黑猩猩间为争夺领土而发生的战争是谋杀的一种（Goodall, 1978），坦桑尼亚的刚比河国家公园是一个考证甚佳的例子：一群由五只黑猩猩组成的集团保卫领土，抵抗任何闯入范围的雄猩猩。假如这群黑猩猩碰到的是两只以上的陌生者，它们的反应是发出沙哑声但不会要了对方的命；但假如只有一个入侵者时，这群黑猩猩就会有一只抓它的手臂，一只抓脚，另一只强力地将它打击致死；或者几只黑猩猩拖着入侵者越过岩石，直到它死掉。20世纪70年代，在另一次对黑猩猩领土战的观察中，有一个约15只黑猩猩的部落，以杀光雄性猩猩来摧毁一个较小的邻近团体。更进一步，至少是灵长类动物，雌性参与的攻击性行为和雄性一样多，尽管她们的遭遇战较少是致死的，因为她们的牙齿较短也较不犀利（Smuts, 1986）。

尽管这种观察使动物的攻击性和人类的攻击性更为相似，但它们还是有很多的不同。例如，人类能够展开大规模的战争。

动物攻击的生物基础研究发现，提供了至少在某些物种中有攻击驱力的证据。有些研究显示，用轻微电流刺激动物下丘脑某一特定区域，会产生攻击甚至致命的行为。一只猫的下丘脑被植入的电极刺激时，会发出嘶吼声，毛发竖立、瞳孔放大、打击关在它笼子里的老鼠或其他东西；而刺激下丘脑不同的部位则会产生完全不同的行为，猫冷静地尾随一只老鼠并杀死它，而未显出任何愤怒的反应。

同样的技术在老鼠身上也能产生攻击性。在实验室中饲养、从未杀过任何老鼠或看过野鼠杀死同类的老鼠，可以很和平地在笼子里与老鼠共处；但假如它的下丘脑被刺激，它就会强烈打击笼内同伴，用和野鼠完全相同的反应杀死老鼠（猛咬住脖子致伤害脊髓），这个刺激似乎会引起潜伏的天生谋杀反应。相反的，假如将化学神经阻塞剂注射到大脑相同的部位，导致它在一看到老鼠便自然地杀掉它们，老鼠就会暂时变得平和（Smith，King & Hoebel，1970）。在这些实例中，攻击具有驱力的一些属性，因为它涉及了天生的反应。

在高等的哺乳类动物中，这种攻击本能的模式由皮层控制，因此较受经验的影响。群居的猴子建立一种支配的阶层架构：一两只公猴成为领导者，其他的是不同层次的从属关系。当一只支配的猴子下丘脑被电流刺激时，这只猴子会攻击从属的公猴而不是母猴；而一只低阶猴子同样被刺激时，则畏缩并表现出顺从（见图 11-8）。因此，猴子的攻击行为并非因下丘脑受刺激而自动地引起，而是受猴子的环境和过去扮演角色经验的影响。人类也是相似的，虽然我们具备与攻击有关的神经机制，但这些机制的活动通常是受前额叶皮层的控制，这是被认为与情绪调节有关的脑部区域。近期有研究支持此观点：前额叶受损的个体，对暴力行为较为冲动（Davidson，Putnam，& Larson，2000）。大多数脑部并无异常的个体，其攻击行为表达的频率、形式及表现的情境，大部分由经验和社会影响决定。

攻击是一种习得的反应

社会学习理论（social-learning theory）虽关心人类的社会交互行为，但其渊源在于对动物学习的行为研究（就像第七章所讨论的）。社会学习理论着重人对环境偶发事件反应所发展的行为模式。有些社会行为可能被酬赏，有些则会产生不利的结果；借由区分性增强过程，人们最后会选择较成功的行为模式。虽然与行为论者均有增强原则，**社会学习理论和严格的行为论**不同，它强调认知过程的重要性。因为人们能用心理表征情境，可以预知行为可能的后果，并据以改变其行为。

社会学习理论进一步和严格的行为论不同的是，它强调**替代学习**（vicarious learning）或**观察学习**（learning by observation）的重要性。许多行为模式的习得是借由观察他人的行动和行为结果。儿童观察其兄妹在牙医椅子上痛苦的表情时，他第一次去看牙齿时可能也会害怕。社会学习理论强调榜样（model）在传递特殊行为和情绪反应的角色。它强调这样的问题：何种类型的榜样最有效；什么因素决定习得榜样的行为会真正地表现出来（Bandura，1973，1986）。

因为强调学习，无怪乎社会学习理论会驳斥"攻击是因挫折而产生的驱力"的概念；此理论代之提出攻击是类似于其他习得的反应。攻击可以借观察或模仿学习，且越常被增强，则越可能产生。人们因目标受阻产生挫折或因压力事件干扰会经历不愉快的情绪。这个情绪引起的反应，会因个体习得用来应对压力情境反应的类别而不同。受挫的个体可能寻求他人协助、攻击、退缩、更加努力克服障碍，或用酒精或药物麻醉自己。所选择的反应，会是过去解除挫折最为成功的。根据此一观点，挫折主要在学会对恶劣情境采取攻击行为反应的人身上，才会引发攻击（Bandura，1977）。

图 11-9 显示社会学习理论和心理分析理论（挫折-攻击假设）在攻击概念上的差异。社会学习理论假设：（1）攻击只是面对挫折厌恶经验的诸多反应之一；（2）攻击是无驱力属性的一种反应，并受行为预期结果影响。

社会学习理论的证据来源之一，是研究显示攻击就像其他任何反应，是可以经由模仿学习的。幼儿园儿童在观察成人对一个大的充气娃娃表示各种形式的攻击后，模仿了许多包括一些不寻常的成人动作（见图 11-10）。这项实验扩展到包括模仿攻击榜样的两部影片（一部显示成人攻击洋娃娃，另一部由卡通人物表现相同的攻击行为）。结果同样地令人惊讶：观看任一部影片的儿童，对洋娃娃攻击的

图 11-8　大脑刺激和攻击
通过无线电遥控器，将轻度电流传送到植入猴子下丘脑的电极。猴子的反应（战斗或逃跑）取决于其在群体阶层的地位

驱力理论

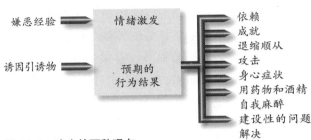

挫折 ⟹ 攻击驱力 ⟹ 攻击行为

社会学习理论

嫌恶经验 ⟹ 情绪激发　预期的行为结果 ⟹ 依赖　成就　退缩顺从　攻击　身心症状　用药物和酒精　自我麻醉　建设性的问题解决

诱因引诱物 ⟹

图 11-9　攻击的两种观点

图示为心理分析理论（挫折—攻击假设）和社会学习理论对攻击决定因素的看法。根据社会学习理论观点，被不愉快经验引起的情绪唤醒，会导致许多不同的行为，这些行为取决于过去被强化的行为

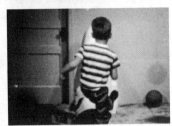

图 11-10　儿童模仿成人的攻击

幼儿园儿童观察成人对洋娃娃的各种攻击行为。观看成人之后，男孩和女孩对洋娃娃的攻击行为，表现出很多成人表现的攻击细节行为，包括举起娃娃再丢出去，或用锤子锤、用脚踢

行为，和观察真实榜样表现攻击的儿童是一样的。图 11-11 呈现每组儿童和另两组观察无榜样或无攻击性榜样控制组攻击性行为的测量。本研究得出的结论是，观察真实或影片榜样的攻击，会增加观看者攻击的可能性。这可能便是何以被父母严厉惩罚的孩子，较一般儿童更具攻击性的部分原因——因为父母提供了榜样（Eron，1987）。

　　社会学习理论证据的另一个来源是，攻击对其他以相同方式习得反应增强的接近性是敏感的。有些研究显示，儿童在这些攻击行动被增强或当他们观察的攻击榜样被增强时，比较容易表现出所观察攻击榜样的攻击反应。在一项研究中，研究者观察儿童 10 周，记录攻击及随后的事件，例如，攻击的正强化（受害者畏缩或哭泣）、攻击的惩罚（受害者反击）或中性反应（受害者忽视攻击者）。表现出最高整体攻击水平的儿童，对其攻击行为最常见的反应是正强化；而最低攻击水平的儿童，惩罚是常见的反应；最初没有攻击性的儿童，则偶尔的反击虽可以成功阻止攻击，但逐渐会开始表现出他们自己的攻击（他们的攻击被正强化）。很显然，攻击的结果扮演着行为塑造中一个重要的角色（Patterson，Littman，& Bricker，1967）。

攻击的表达和宣泄

　　试着区分攻击是一种驱力还是习得反应的研

1. 模仿攻击反应
2. 总计攻击反应

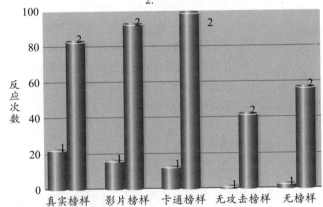

反应次数（纵轴：0、20、40、60、80、100）

真实榜样　影片榜样　卡通榜样　无攻击榜样　无榜样

图 11-11　攻击的模仿

观察攻击的榜样（真实或影片）相对于观察完全无攻击榜样或无榜样，儿童表现出大幅增加攻击行为的量。真实榜样的观察导致更多特殊攻击行为的模仿，而影片（真实生活或卡通）模仿观察也引发更多的攻击反应（资料来源：A. Bandura, et al., "Imitation of Film-Mediated Aggressive Models," in *Journal of Abnormal Psychology*, 66:8. Copyright © 1963 by the American Psychological Association. Adapted by permission.）

究，经常集中在**宣泄**（catharsis，通过密集地经验一种情绪而除去它）上。假如攻击是一种驱力，则攻击的表达应是宣泄的，导致攻击的感觉和行动的减少（类似进食减少饥饿感觉和行动）；另一方面，假如攻击是一种习得的反应，则攻击的表现会导致增加该项行为（假如攻击被强化）。目前证据较支持习得反应观点。

心理学家已进行许多实验室研究，判断是否攻击一旦部分表达后便会减少。儿童研究指出，参与攻击性的活动，不是增加攻击性行为就是维持相同的水平；成人实验得到类似结果。有机会重复电击别人时（别人不能报复），大学生会变得越来越具惩罚性。愤怒的被试比不愤怒的被试在连续的攻击上，甚至变得更具惩罚性的。假如攻击是宣泄的，愤怒的被试就会因攻击性的行动而减少攻击的驱力，且越攻击越不具惩罚性（Berkowitz，1965）。

有些宣泄的证据也来自真实生活。在一项研究中，被解雇的加州航空工作者先接受他们对公司和上司的看法的访谈，然后再写下他们的感受。假如攻击是宣泄的，则在访谈时表达许多愤怒的人，在书面报告中应表现相对较少的愤怒。然而结果不然，在谈话中表达愤怒的人，在书面报告中甚至表现更多的愤怒。另一个研究观察一个国家（面对的邻国）的好战态度（与邻国相比）和其从事运动种类的关系，发现越好战的文化从事越具战斗性的游戏。本研究再次指出，攻击似乎激活了更多的攻击而非驱除了攻击（Ebbesen，Duncan & Konecni，1975）。

这些结果和"攻击是种宣泄"的看法相反。然而在有些情况中，攻击表现是可以减少其概率的。例如，攻击行为会唤醒攻击者的焦虑而抑制进一步的攻击，特别是他们观察到其行为会导致伤害。但在这些例子中，攻击行为的效果无须采用攻击驱力被减弱的解释。虽然表达敌对的感觉通常不会减少攻击，但会使人觉得舒服些。这可能是因为人们觉得更有权势、更有控制权，而非因为攻击驱力减弱使然。

我们讨论的大部分研究是关于直接表达攻击的结果，而借看电影或电视或玩暴力视频游戏间接地或代替地表达攻击的效果又是什么呢？观看暴力或玩暴力游戏宣泄，是否即为攻击驱力提供一个幻想的出口呢？抑或模仿暴力行为反而会引发攻击呢？我们已经看到儿童在实验情境中会模仿真实或影片的攻击行为，但在自然情况下他们的反应如何呢？儿童日益暴露于更多的媒体暴力即成为一个重要问题。

有些实验研究控制儿童观看电视的行为：一组每天观看一定量的暴力卡通，另一组看等量的无暴力卡通。儿童在每天活动中表现出攻击的数量被仔细记录。观看暴力卡通的儿童在与同伴的交互作用

中，变得比较有攻击性；而看无暴力卡通的儿童在人际攻击上并无改变（Steuer，Applefield & Smith，1971）。

上述研究包括一实验组和控制组。然而多数研究与儿童观看习惯相关，他们判断电视暴力的暴露量和儿童使用攻击行为以解决人际冲突程度的关系。这个相关是非常明确的（Singer&Singer，1981），即使暴露于暴力节目有限的芬兰儿童亦然（Lagerspetz，Viemero & Akademi，1986）。但相关并不表示因果关系，也可能是有攻击性的儿童喜欢看暴力节目——也就是说，暴力天性导致人爱看暴力节目，而非相反的结果。

为评估此替代的假设，有一项研究以800多个八九岁的儿童为被试，追踪他们超过10年的电视观看习惯。研究者收集有关每个儿童喜欢看的节目和攻击性（由同学评定）的信息。发现喜欢看很多暴力节目的男生与不怎么看暴力节目的男生相比，前者在他们的人际关系中有更多的攻击性。至目前为止，证据和前述研究的结果相符。10年后，一半以上的被试在访谈中谈论了他们喜欢的电视节目，并接受了一项犯罪倾向和同伴评定攻击性的测验。图11-12显示了这些被试9岁时高暴露于暴力电视和19岁时的攻击性呈正相关。更重要的是，即使使用控制儿童时期攻击程度的统计方法，以减少初始攻击水平决定儿童期观看偏好和成人攻击性的可能性时，其相关仍是显著的。

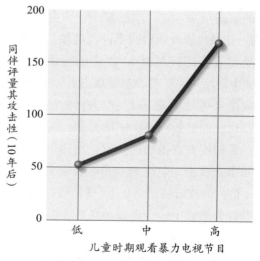

图11-12　儿童时期观看暴力电视节目和成人后攻击性的关系

男孩9岁时喜欢看暴力电视节目和其19岁时的攻击行为呈正相关（资料来源：Eron，Huesmann，Lefkowitz，& Walder，1972）

有趣的是，此结果中女孩在各个年龄观看电视的习惯和其攻击行为间并无一致的关系。这和其他研究结果一致，指出女孩倾向模仿攻击行为显然较男孩少，除非特别予以强化。在美国社会中较不可能强化女孩的攻击行为，同时，也因为电视上的攻击角色都是男性，所以女性较不可能找到模仿的对象。然而对男孩而言，大部分研究指出，观看暴力节目确实会增加攻击行为，特别是小孩子。实际上，这个结论已获得了 28 个此项议题的研究的支持（Wood，Wong，& Chachere，1991）。此结论反驳了"攻击是宣泄"及"攻击是驱力"的观点。

尽管观看电视与电影中的暴力节目会提升攻击性有相当有力的科学证据，但视觉媒体却变得越来越暴力且多样化，现在还多了像视频游戏等交互式的传媒。大众对暴力视频游戏的关注，在发生了肯塔基的帕杜卡（Paducah）、阿肯色州的琼斯波罗（Jonesboro），以及科罗拉多的力特尔顿（Littleton）等校园枪击事件后，已有戏剧性的增加。犯下这些恶行的青少年都曾经习惯性地玩那些最大胆且暴力的视频游戏。由于儿童、青少年、大学生（大多为男性）都在暴力视频游戏上花费了大量的时间，因此心理学家也开始对"玩这些暴力视频游戏的人是否在真实世界也会增加暴力行为"感兴趣。学者对 54 篇近期的研究进行元分析后发现：确实如此——玩这些暴力视频游戏还会提升暴力思想、感受与激发，并减少亲社会的助人行为（Anderson & Bushman，2001）。

研究媒体暴力的结果，为我们为减少儿童传媒的暴力信息量所做的努力，提供了强有力的支持力量，它们也为为人父母者提供了一则信息：父母不仅有责任监控儿童观看的电视节目与所玩的视频游戏，还应该避免鼓励自己小孩乃至电视节目中角色的攻击行为。他们同时必须留意自己在塑造行为上所扮演的权威性角色，如果他们本身行为就很暴力，他的小孩就很可能有相同的暴力行为。

我们对攻击的考察是不可能考虑到所有可能的原因的。愤怒和攻击的一般原因，包括失去自尊及感到别人不公平的行为（Averill，1983），这两个因素都没有在我们讨论"攻击是一种驱力"及"攻击是一种习得的反应"中显现出来。许多社会的因素也能激起对攻击的煽动：贫穷、过度拥挤的状

儿童常模仿电视上看到的内容

况、权威者（如警察）的行动及文化价值等。以上只是列举出来一些，这些社会影响力有一些在第十七章会讨论。总而言之，当一个人受挫折时，攻击可能经常发生，但它不是总随着挫折而来，有许多社会的状况和线索会增加或减少攻击行为的倾向（Berkowitz，1981）。

对攻击的研究清楚阐明了，情绪反应是复杂的事件。同样的，每个我们考虑的情绪成分——认知的评估，主观的体验，身体的变化，面部的表情，以及对情绪的反应，本身均为一个包含生理与心理方面许多因素的复杂事件。事实上，本章所描述的每个情绪理论，都强调情绪的生物成分（如生理的唤醒和面部的普遍表情）和心理成分（如认知评估）在情绪过程中是如何交互作用的。综合看来，本章所整理的研究大致指出，在大多数情况下，情绪的生物与心理成分是在动态过程中，依时进化、相互影响的。某情境可能一开始只是引发一个微弱的情绪，然而经过某人对该情境更深入评估后，情绪可能被强化，且其生理唤醒状态也得以提升。在他记忆中过去类似事件的情绪以及对事件的评估，都可能进一步强化他的情绪经验。接着，过了一段时间后，某情绪的生物与心理成分间的反馈回路，也会进一步影响该情绪的发展。我们将在第十四章讨论压力与第十五、十六章讨论情绪失调时，再回来探讨情绪的生物与心理成分间的反馈。

◆小结

心理分析理论认为攻击是一种基本驱力的假设，已从一些发现攻击有生物基础的研究中得到支持。有些动物的攻击行为，是由位于下丘脑的一种神经机制所控制的。刺激老鼠或猫的下丘脑会引发激怒或杀戮行为。在人类与其他哺乳类动物中，攻击行为大多受皮层控制，因此受到过去经验与社会影响。

根据社会学习论的看法，攻击反应可借模仿习得，且被正强化时，会强化其频率。儿童在攻击反应得到强化时会比受到惩罚时更容易表现出该行动。

有证据表明，与宣泄说正好相反，攻击会增加后续的攻击行为或至少保持在相同水平。当有机会重复电击他人但别人无法报复时，人们会变得越来越具惩罚性。

间接或代替性的表现攻击也发现没有宣泄的效果：儿童收看暴力节目的数量与其攻击行为程度间呈正相关。

◆关键思考问题

1. 情绪的反应（或试图控制情绪）在攻击行为的生物与心理上有何意涵？

2. 提出暴力节目在增加攻击行为上扮演因果性角色的研究，属于哪种类型的研究？

双面论证

情绪的基础结构

情绪的维度结构

彼得·J. 朗（Peter J. Lang），佛罗里达大学

所有语言都有数以千计的词汇用来描述情绪经验。当心理学开始发展成一门科学时，其首要目标即为阐明人类的意识经验，而各式各样的情绪词汇，即意味着我们有许多不同的感受状态。本研究领域的伟大先驱威廉·冯特，在遭逢混淆过量的情绪词汇后，主张情绪体验仅由少数几种维度即可决定，而这些维度可由训练有素的内省观察者独立分析出来。例如，所有情绪反应都具有愉悦感（pleasantness）这项重要特性，一种可由非常积极变化到非常消极的情绪；另一个维度为界定感受的活动或兴奋程度，可从镇静递增到高度激发。冯特提出一种意识化学作用的观点：此二情绪维度组合了感觉的元素，而元素不同的组合则决定了构成人类情绪的许多感受状态（Wundt，1896）。

20世纪，心理学家发展出了内省法以外的测量与统计分析方法，学者再度检视情绪维度的观念。学者借因素分析的方法，以决定我们所使用的情绪语言是否存在隐含着内在结构的共同性。他们假设，虽然情绪用语不同，但它们还是分享着背后共同的音乐与隐而未现的模式。因素分析即为界定这种共同变异量（潜在的关联性）的一种相关方法。例如，快乐、愉悦、有趣、自在、放松、温馨与同情等评估性的用语，即享有共同的变异量，而被认为分享着共同的意涵——好的、愉快的。

数十年来，学者已经重复检视了情绪用语的模式，而一致发现了出现在许多情绪报告中两个重要、独立的因素：（1）情绪价值，隐含在报告中的愉快或不快的程度；（2）经验到的活动或激发的程度，可由平静到极为兴奋。不论用来描述感受的情绪用语为何，都可以依此二简单维度加以评量计分，以攫取任何情绪报告的实质意义（Mehrabian & Russell，1974；Osgood，Suci，& Tannenbaum，1975；Russell，1980）。

最近，这些因素被视为对情绪测量比评估性语言更有意义。这是因为被我们称为"情绪"的复杂现象涉及行动的改变（如我们会如何延迟、趋近或避开某一行动，我们任务完成得如何等），以及我们的生理的改变（调节我们的心跳率，其他内脏活动、肌肉紧张与身体反射等）。当参与者对激发其情绪的刺激有所反应时，我们即记录这些伴随着情绪判断而来的许多反应事件，如他们花多少时间观看此刺激（测量其兴趣）、汗腺的活动、脑波的变化、面部表情，以及心跳率。有趣的是，将这些各式各样数据进行因素分析时，再次发现支撑这些统计量数的两种主要因素：情绪正负价与激发量——分别以生理与行为量数作为两种因素的指标（Cuthbert，Schupp，Bradley，Birbaumer，&Lang，2000；Lang，Greenwald，Bradley，& Hamm，1993）。

为何如此？究竟情绪正负价与激发此二因素维度有何基本特性才会经常出现？

多种动物对情境反应的相似性使我们考虑，情绪可能为进化的产物。例如，所有哺乳动物（包括人类）在预期即将发生一件危险或痛苦事件时，其行为与生理反射性变化几乎如出一辙，深植于所有复杂有机体脑部内的神经网络，基本上都很近似，因而共同配合表现出这些反应。此种回路构筑成一种防卫系统，历经进化而能确保个体与种属的生存。与养育、性爱、教养幼儿有关的正向欲求反应，均有类似的回路组织。简言之，历经进化的大脑似乎已有两种主要动机系统——其一用来防御，另一系统与满足欲求有关，二者分别发展出不同的反射深植反应、身体与内脏反应模式（Davis & Lang，2002）。

1967年，杰泽·科诺尔斯基（Jerzy Konorski）即主张，愉快的情绪由欲求系统推动，而防御系统则主管不愉快的情绪。依此一般性的观点，情绪价因素为动机状态的反映，而基本上欲求性或防御性则为快乐与否的评价判断因素。情绪激发反映了动机涉入的力量，即报告愉快与否的情绪经验强度。例如，远距离的威胁涉及的防卫可能促使警觉性的增加，而只有中度的激发；而随着时空的逼近，危险的可能性会升高，报告使用的情绪字眼也会越发强烈，同时身体为行动所做的动员准备也大幅提升（Lang，Bradley，& Cuthbert，1997）。

总而言之，情绪正负价与激发两维度为组织情绪反应有用的方式，因为它们攫取到了有机体基本的动机策略——方向与强度，并且为测量提供了一个稳定的背景，它们也找出了脑部的神经回路与情绪反射生理间的紧密关系。

情绪的基础结构

一个有关情绪个别性的论述

罗伯特·W. 莱文森（Robert W. Levenson），加利福尼亚大学伯克利分校

就我们情绪的进化而言，有一些在人类生存与发展上隐约扮演着重要角色的基本挑战与问题：与他人的关联、面对威胁的方式、处理失落、捍卫自己的权益、避开毒害物质、宽慰自我与他人等，这些整合了人类的各种状况。这些无所不在的重要问题，已然使人类创建出许多得以解决这些问题与挑战的方案，并发展出能为个人与社会团体带来最大利益可能性的解决方案。情绪即为这些解决方案：它们搭配着动作行为，借面部与声音的表情传递信号，改变注意力、知觉与信息处理过程，调节生理以便于迅速有效的动员，不常受到意识的干扰。依此观点，情绪当可称为对无时无刻、无所不在问题经过时间检验的有效解决方案。

这组问题与挑战以及相关的情绪解决方案，在人类经验的风貌上，并非均衡分配，处理腐烂食物（厌恶）、丧失所爱（悲伤），或被人掠夺（愤怒）等问题的情绪解决方案，属于种类与组合模式而非程度上的差异，因此，基本上不可能找到一个单一维度或双维度的结构，来将常见的情绪（如愤怒、轻视、厌恶、恐惧、快乐、悲伤、惊讶）加以排序。试考虑"积极-消极"此普遍性的维度，虽说"快乐"显然比本组中的任一情绪都要积极，接下来的排序立即发生问题："厌恶"比"恐惧"还消极吗？"恐惧"比"愤怒"

更消极吗？或者考虑另一个经常被提及的维度——"趋-避"，虽说"厌恶"可以很快地被摆在该量尺的"避开"一端，但是情绪的位置可就不是那么清楚。例如，"悲伤"有时让我们朝向他人，有时却又驱使我们离开（它同样有使得他人靠近或远离我们的双向作用）。

就个人情绪的反应成分的层次而言，也有相同的问题。面部情绪表情的变化，很难套用在常见的维度基模上（Ekman, 1972）。试想将眉头的变化依积极-消极的维度加以排列：低锁眉头为消极情绪（愤怒），但是扬起眉毛却未必是积极情绪（快乐）表现的一部分，它可能表示惊讶（如果眉毛内侧、外侧均扬起的话），一种既不属于积极也非消极的情绪，或者悲伤（如果只有眉毛内侧扬起时），一种显然为消极的情绪。试图根据此维度再将嘴唇运动排列，同样产生类似的问题。两唇角上扬表示正处于积极情绪（快乐），而往下则表示处于消极情绪（悲伤），但是它也可以单侧扬起来表示消极情绪（轻视），而往两侧平伸则为另一种消极情绪（恐惧）。自主神经系统反应也面临同样的难题：处于两种消极情绪（愤怒与恐惧）时心跳会加速，但第三种消极情绪则不然（厌恶）（Levenson, 1992）。这两种在心跳方面一致的消极情绪，却在温度变化上有别（愤怒时会升高，而恐惧时会降低），这

种差异，在情绪的生理方面与以隐喻方式说话的研究上都有所发现（Lakoff, 1987）。

这种以维度观点的研究所带来的问题，令我不得不下此结论：组织情绪的方式，还是个别性最适宜。此观点主张，各种情绪有其独特的行为、表情与生理的组型，分别表征着一些常规问题与挑战的原则性解决方案。尽管如此，人类还是可以以维度的方式来谈论、思考情绪方面的课题。当别人问我们"今天感觉如何"这种暧昧不明的问题时，我们被引发的反应还是维度结构中的"很好"或"很糟（坏）"，即使在这种相当习常的场合中"很糟"的反应，也会引起对方进一步追问我们是悲伤、愤怒还是恐惧（或是另一种不一样的情绪）。

我们用哪种更加确定的方式可以确实解决"个别性"与"维度性"间的争议？唯有靠脑部成像术，才能将与特定的个别性情绪或特定维度有关的特定脑切面视像化。个别性与维度性观点间的争战，更可能会持续到以更低层次的科技工具相互较量。依当前的知识而言，人们似乎可同时以个别性及维度性的方式来思索与处理情绪课题。然而，我们发现越多有关情绪的结构与功能，它就越难应用维度的规程，而变得越合乎个别性的模式。

本章摘要

1. 情绪成分包括：认知评估、情绪的主观体验、思想–行动倾向、身体的内在反应、面部表情、情绪反应。

2. 认知评估是对导致情绪的情境提出个人意义的解释。此评估会影响情绪的性质与强度。当人们被诱导进入一种不明的唤醒状态时，其情绪经验的性质即受到他们对该情境认知评估的影响。认知评估也可以在意识觉知之外进行，而脑部研究已指出杏仁核与这种自主性评估有关。

3. 情绪或感受的主观体验会引导行为、决策与判断。不同的情绪会使人们有以特定方式思想与行动的冲动，称作思想–行动倾向。情绪感受也会激起人们回忆、学习与进行风险评估。

4. 强烈的消极情绪通常涉及由自主神经系统交感神经活动引起的生理唤醒；而积极的情绪则具有化解消极情绪残留激发的效应。脊髓受伤的人（其自主神经系统反馈受限）报告情绪的经验较不强烈。自主性激发也能协助区分情绪，因为不同的情绪其唤醒模式（例如，心跳、皮肤温度）也不同。

5. 伴随原始情绪的面部表情有普遍性的意义：不同文化的人对某特定照片中所表达的是什么情绪，仍有一致看法。不同文化，在引起某种情绪的因素及表达适当情绪的规则上有所不同。除了具沟通功能外，情绪表达也对情绪的主观体验有所影响（面部反馈假说）。

6. 人们几乎常以夸大或减少其情绪反应来调节或对情绪做出反应，而这种能力可用来预测其社会成就。人们用来调节情绪的策略会有出乎预料的后果，例如，压抑面部表情会提升自主性激发且损害记忆。

7. 情绪会因性别与文化而异。许多两性差异都与情绪之性别刻板印象有关：将"柔弱无力"的情绪（如悲伤、恐惧等）归之于女性，而将"强而有力"的情绪（如愤怒、骄傲等）归之于男性。在集体主义与个人主义之间的文化差异，也造成了情绪的差异性：集体主义较注重人际关系，因而影响到评估过程与调节策略。

8. 根据心理分析的假说，攻击是一种基本驱力，已从显示攻击的生物基础的研究中得到支持。在某些动物中，攻击是受下丘脑的神经机制所控制，刺激老鼠或猫的下丘脑会引起激怒或杀戮反应。在人类和其他高等哺乳动物中，攻击行为大多受大脑皮层的控制，因此更受过去经验和社会影响力的影响。

9. 根据社会学习理论，攻击是一种经由模仿习得的反应，可因正强化而增加其频率。儿童的攻击行为被强化时比该行为被惩罚时更容易表现攻击性的反应。

10. 有证据表明，攻击会增加后续的攻击行为或至少保持在相同的水平。因此有机会重复电击别人但别人不能报复时，人们会变得越来越具惩罚性。间接或替代的表达攻击也有类似的结果：儿童暴露于暴力节目的量和其攻击性的行为的程度有正相关。

核心概念

反社会人格障碍	个体–环境关系	副交感神经系统	攻击
情绪	二因素理论	积极情绪的化解效应	挫折–攻击假说
认知评估	唤醒状态的错误归因	内脏感觉	社会学习理论
主观体验	极小化评估理论	詹姆斯–朗格理论	替代学习
思想–行动倾向	维度评估理论	表达规则	观察学习
自主神经系统	核心关系主题	面部反馈假说	宣泄
面部表情	逆向掩蔽	情绪的调节	
情绪的反应	扩大与建立理论	集体主义	
心情	交感神经系统	个人主义	

第十二章　智力

12

汤米（Tommy）生于 1856 年 12 月，母亲是珍妮特·伍德罗（Janet Woodrow），是一位圣公会牧师的女儿，父亲约瑟夫·鲁格尔斯·威尔逊（Joseph Ruggles Wilson），是圣公会牧师，最后成为美国南方圣公会的领导者。汤米的父母是有学识教养的人士，他们相当看重学习。然而，当汤米还是个孩子时，就有严重的阅读障碍。他就读于特教学校，到了约 10 岁时才会了阅读。在下了一番苦功后，他终于获准入学就读后来成为普林斯顿（Princeton）大学的新泽西学院（College of New Jersey）。然而，就算在学院就读，汤米的功课还是不太出色。

根据所述，你可能会预测汤米日后只有中等成功的机会，时

至今日，我们甚至仍会说："他实在不怎么样。"然而，我们对汤米未来的预测，结果证实是项错误。汤米即美国总统托马斯·伍德罗·威尔逊（Thomas Woodrow Wilson）。在他从普林斯顿大学毕业后，又获得弗吉尼亚（Virginia）大学的法律学位及约翰霍普金斯（Johns Hopkins）大学政治学博士。

当威尔逊任教于布林茅尔学院（College of Bryn Mawr）、卫斯理（Wesleyan）大学、普林斯顿大学时，他完成了 9 本著作，并成为一位享有盛名的散文作家。他在 1902 年被提名普林斯顿大学校长，而在 1910 年以压倒性胜利赢得新泽西州长的选举。1912 年，他竞选美国总统，打败在任的总统威廉·霍华德·塔夫脱（William Howard Taft），而成为美国第 28 任总统。在他任公职的 8 年间，威尔逊带领美国历经第一次世界大战，且孜孜不息地为欧陆构建出饶富意义的长远和平。1919 年，他因致力于国际联

盟的创立而赢得诺贝尔和平奖。

以他一生的成就，大多数人会认为托马斯·伍德罗·威尔逊是一位有智慧的人，但是如果他在儿童期接受智力测验或其他倾向测验时，他可能不会落于智力型那一区段。威尔逊的故事引起我们去质疑：我们所谓的智力到底是指什么？

智力一直是心理学史上最具争议性的问题，时至今日，仍然如此。即使只是给它下个定义，也是相当困难，因为你的定义即反映出你的智力理论对它的看法，而智力理论五花八门、彼此迥然不同，我们稍后会加以讨论。有些学者认为智力（intelligence）并非实际存在的实体，只是智力测验测量所得的一种简单称谓。其他学者认为智力应该包涵更广，它涉及从经验中学习、抽象思考与有效处理其环境的能力。本章，我们将考虑智力的各种概念与理论，不过我们首先来谈论智力的测量方法。

第一节　心智能力的测量

许多工业化的社会均相当依赖客观的认知与心智能力的评量。小学经常以此类测验表现作为划分教学组别的基础。倾向和能力测验是许多大学和多数专业及研究所入学许可过程的一部分；此外，许多企业和政府机构，也以测验分类作为甄选工作申请者、安置或升迁员工的基准。除了这些实际的考虑外，评量的方法对智力的理论与研究的发展而言更是重要。

由于测验和其他的评量工具扮演实务上和科学的角色，因此，它们是否能正确地测量到它们想要测量的东西，就显得益发重要。明确地说，它们必须有信度和效度。它们也必须标准化，也就是说，对所有接受测验的人而言，进行测验的情况应该都一样。例如，伴随测验而来的指示语对每个人来说都必须相同。

信　度

假如一个测验或评量方法具有好的**信度**（reliability），它便可以产生一致与可重制的结果。假如一个测验在不同的时间施测或由不同人评分而得出不同的结果，此测验就是不可靠的。一个简单的模拟是橡皮尺：假如我们每次拉长去测量时却不知道其长度，则不论每次测量时有多小心，结果都是不可靠的。

信度是由两组分数的相关性来评定的。例如，相同测验对同一组人测验两次，假如测验是可靠的，则第一次测验的成绩和第二次会有很高的相关。假如确实如此，便说此测验有重测信度（test-retest

心理测验常用来评估应征者

reliability）或时间稳定度（temporal stability）。

当然，实际情况是我们并不希望对相同一组人实施两次相同的测验，而是将许多情形先后施予相同测验的不同复本。例如，高中高年级学生想参加一次以上的学术能力评估测试（SAT），为确定同一测验的两种题目会产生相同的分数，同一组人须接受两种题目的测验，再求两种题目的相关。假如相关很高，则说此测验有**复本信度**（alternate form reliability）。SAT有些题目并不被计入学生的成绩，但会在统计上加以评量，以便将来用作测验的复本。

测评信度的另一个常用方法是**内部一致性**（internal consistency）：测验中个别的问题或题目都是在测验同一件事的程度。这可从一群人在每个题目及测验总分的相关求得，任何与总分没有相关的题目都是不可靠的，无法测验所要测量的东西。舍弃不可靠的题目，可以增加测验内部一致性而"纯化"一个测验；一个测验中可靠的题目增加，其测验总分的信度也会增加。

多数测验和评量工具通常是用计算机客观计分，但有时必须主观地评量智力表现或社会行为。一个熟悉的例子是论文式考试。评量这类主观判断的信度，乃由独立的裁判进行两组以上的等级评量，再求其相关。例如，两个观察者独立评定幼儿园儿童的攻击行为，或要求两个或更多的裁判阅读过去美国总统的就职演说，再评定其乐观主义，或计算对伊拉克的负面指示。假如评分者或裁判间相关很高，这个方法便有**评分者间的一致性**（internal agreement）或**评分者信度**（interjudge reliability）。

一般而言，一个结构良好、评分客观的测验，其信度应为0.90或更高。但是，有时人格测验和主观判断信度系数就研究目的而言，为0.70也能令人满意，不过在针对特定的个人进行推论时，必须特别的谨慎。如上所述，当可靠的题目增加时，测验总分的信度也会增加。我们可以以此相同的推理应用在主观判断上：增加更多的裁判、评分者或观察者来提高信度。例如，假如两个观察者的信度只有0.50，那么研究者可增加第三个观察提高评分者信度到0.75，增加第四个评分者则信度会提高到0.80。

效　度

信度是评量一个测验测得某种东西的程度，但高信度并不保证测验能测量到所想要的东西，也就是说，它不保证测验有**效度**（validity）。例如，心理学期末考试有特别难的词汇或有陷阱的题目，它可能是在测验你的口语能力或测验复杂度，而非课程学到的内容。这样的测验可能是可靠的（reliable），即学生重测时会得到相同的分数，个别的题目都是在测量相同的东西，但对课程学习而言，还算不上是一个有效的（valid）测验。

测验的效度有些时候可以由测验分数和某些外在效标的相关来评估，这种相关被称为效度系数（validity coefficient），这种效度被称为**效标或实证效度**（criterion or empirical validity）。例如，SAT 成绩和大学一年级成绩有高的正相关，即表示该测验有合理的效度。由于种族和性别歧视的敏感性，法院逐渐要求公司或政府机构在使用测验做人事甄选时，须提供该测验与工作表现相关的证据，即要有效标或实证效度。

智力某些层面的外在效标应该为何，可能并不明确。例如，研究者如何评估一个成就动机测验的效度？我们可以考虑一些可能性：可以把测验给企业主管看看是否和其薪水相关；或许该测验与老师对其学生抱负的评量相关。问题是，没有一个单一的效标，研究者愿意视其为最后"真正的"答案。假如测验与主管的薪水有相关，我们只是再次确信测验的效度；假如无相关，研究者仍不愿判断测验是无效的，这就是**测量的效标问题**（criterion problem in assessment）：没有可供测量的"事实"（即效度标准）来对照出测验的有效性。据此，研究者试着建立其建构效度以取代之。所谓**结构效度**（construct validity），是用来显示该测验的分数与理论预测应有结果之间的相关性。

结构效度系通过研究过程的本身来完成。研究者利用其理论的同时建构测验并从理论产生预测，再使用测验进行研究来验证该项理论预测。倘若几个聚合研究的结果支持理论预测，则理论和测验二者同时是有效的。多数时候经常得到混合的结果，因而建议理论和测验都须修正。例如，麦克利兰（McClelland，1987）提出成就动机论，认为可以找出并解释在任何活动中都具有野心且高度追求成就的人。当时设计了一个可测量成就动机并用来验证该理论预测结果的测验。研究结果指出，男性的企业性活动可支持本理论，但是女性或个人涉及其他类别的活动（比如学术研究）则不然。因此，该理论得到修正以主要应用于企业性的成就活动，同时也将测验修改成对女性更为有效。

早期的智力测验

第一个尝试发展智力测验的是一个世纪前的高尔顿爵士（Sir Francis Galton）。身为自然学家和数学家，高尔顿从表兄达尔文的进化论发展出研究个别差异的兴趣。高尔顿相信某些家族在生物学上是较为优秀的——较强壮也较聪明。他推论智力是一种特殊的感觉和知觉技能，会从一代传到下一代，因为所有的信息都是从感官获得的，个体的知觉机构越敏感、正确，就会越聪明（高尔顿对智力遗传性的信念，使他主张人类各种族的心智能力可经由优生学或选择交配方式予以强化。所幸，人们较记得他将统计学应用于智力的研究，而非他对优生学的鼓吹）。

在 1884 年的伦敦展览会上，高尔顿对 9,000 多位访客实施一组测验（测量头部大小、反应时间、视觉敏锐度、听觉阈限及视觉形式的记忆）。他非常失望地发现，英国杰出的科学家和一般百姓的头颅大小并无不同，而像反应速度的测量和其他智力测验也无特别的关系。虽然高登的测验不太具有实用性，但他发明的相关系数则在心理学上占有重要的一席之地。

第一个类似近代智力测验的是由法国心理学家阿尔弗雷德·比奈（Alfred Binet）设计的。1881 年，法国政府通过了一项强迫所有儿童入学的法律。在这之前，学习迟缓的儿童通常被留在家里，但自此时起，老师则要面对个体差异性更大的学童。法国政府请比奈设计一种可以侦测儿童因太迟缓以致无法从正规的学校受益的测验。

比奈假设测量智力的问题作业应是需要推理和问题解决能力，而非知觉-动作技能。他与另一位法国心理学家西奥菲勒·西蒙（Théophile Simon）合作，于 1905 年出版一个量表，1908 年修订，1911 年再修订。

比奈推论，一个迟缓或笨拙的儿童就像正常儿童迟滞了心智的发展。在测验中，发展迟滞的儿童表现得像年龄较小的正常儿童；而较聪明的儿童心智能力则是较大儿童的特征。比奈设计了一个测验难度逐题增加的量表，其难度通常反映出与较大儿童成长有关的智力改变。一个小孩在量表上答对的

斯坦福–比奈智力量表的测验材料

越多，他的心理年龄（mental age，MA）也较高。心理年龄的概念在比奈的方法中是很重要的，我们可以比较儿童的 MA 与由出生日期决定的实足年龄（chronological age，CA）。

斯坦福–比奈智力量表

比奈原始发展的测验题被美国斯坦福大学的刘易斯·推孟（Lewis Terman）加以修改以应用于美国学童。他将测验的实施标准化并用数千儿童来发展年龄常模。1916 年，他出版了比奈测验的斯坦福版本，即现在简称的**斯坦福–比奈量表**（Stanford-Binet Intelligence Scale，简称斯–比量表），曾先后在 1937、1960、1972 年修订，最近一次是在 1986 年。不管年代多久，斯坦福–比奈量表仍是目前使用最广的心理测验之一。

推孟保留了心理年龄的概念。每个题目以实际上大多数某年龄层儿童通过作为评定该心理年龄的水平。儿童的心理年龄可以由总计其在每个水平通过的题目数取得。此外，推孟采用德国心理学家威廉·斯特恩（William Stern）所建立的较方便的智力指标。这个指标是**智力商数**，即**智商**（intelligence quotient）即一般所说的 IQ。它表示智力心理年龄和实足年龄的比例：

$$IQ = MA/CA \times 100$$

100 用来当乘数，是为了省去小数。当 MA 和 CA 相等时，IQ 会是 100。假如 MA 比 CA 小，则 IQ 会小于 100，假如 MA 大于 CA，则 IQ 会大于 100。

最新的斯–比量表使用标准年龄分数代替智商分数，也可用百分位数来解释，显示被试的得分数是落在标准化团体中某个百分比之位置上（Thorndike，Hagen，& Sattler，1986）。虽然 IQ 仍然在智力测验中使用，但已不再是原来的计算公式，取而代之的是用测验原始分数转换为每个年龄层平均得分相当于 100 的标准分数。

IQ 分数倾向落在一个钟形曲线中，大多数人的分数在 100 附近，但有些人会比 100 高或低很多。图 12–1 即提供了落在不同 IQ 分数范围的母群体百分比。

目前的智力观点主张智力为一种不同能力的混合体，因此 1986 年的版本，即将测验分为 4 个大的智力领域：语文推理（verbal reasoning）、抽象／视觉推理（abstract/visual reasoning）、数量推理（quantitative reasoning），以及短时记忆（short-term memory）（Sattler，1988）。每个部分都有单独的分数，表 12–1 是每个部分的一些例题。

韦氏智力量表

1939 年，大卫·韦克斯勒（David Wechsler）发展了一个新的测验，因为他认为斯–比量表太着重语文能力，且不适用于成人。**韦氏成人智力量表**（Wechsler Adult Intelligence Scale），或简称 WAIS（1939，1955，1981）分为言语（verbal）量表和操

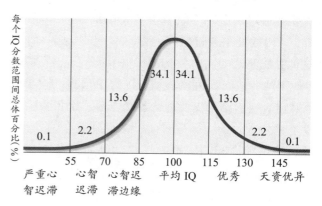

图 12–1　IQ 分数的次数分布

IQ 得分形成常态分布，只有少数分数在高低分数的两极端，而大多数得分落在 100 附近（资料来源：Anastasia & Urbina, *Psychological Testing*, 7/e, 1997, Prentice-Hall.）

表 12-1 斯坦福-比奈智力量表

1986 年斯坦福-比奈智力量表（从 6 到 8 岁）的例题

测验	简述
语文推理	
词汇	定义"元"和"信封"
理解	回答问题，如"人在哪里买食物""为何人梳头发"
不合理	确认照片中"好笑的"部分，如一个女孩在湖中骑马或秃发的人梳头
语文关系	说明前三个相似而与第四个不同之处，如围巾、领带、头巾、衬衫
数量推理	
数量	完成一个简单的数学作业，如找一个六点的骰子，因为六点是二点和四点骰子之和
数列	写出数列接下来的两个数字 20、16、12、8、___、___
写出方程式	利用下列数字与符号排列完成一方程式，如 2、3、5、+、=，正确答案之一是 2 + 3 = 5
抽象／视觉推理	
组型分析	用积木复制一个简单设计
复制	复制测验者示范的几何图形，如长方形被两条对角线分割
短时记忆	
小珠子记忆	先展示一张不同形状珠子堆积在木片上的照片。复制小珠子在木片上的顺序
句子记忆	重复测验者的句子，如"睡觉时间到了"，"肯为母亲的生日画一幅画"
数字记忆	重复测验者的一系列数字，如 5-7-8-3，正念和倒念
事物记忆	同时展示单独事物的照片，如闹钟、大象。然后在一张包括无关项目如公共汽车、小丑、象、蛋和闹钟的照片中确认之前展示照片中出现的事物的正确顺序

作（performance）量表，可分别得到两个单独的分数及总量表 IQ。测验题目见表 12-2。之后他又发展了一个类似的儿童测验，韦氏儿童智力量表（简称 WISC，1958，1974，1991）。

操作量表需要操作或排列积木、图片或其他东西。韦氏量表也可求得每个分测验的分数，施测者可以清楚地知道个体的长处与弱点。例如，由言语和操作分数间的差距，即可发现施测者特殊的学习问题，如缺乏阅读能力或有语言障碍。

斯坦福-比奈量表和韦氏量表都有很好的信度和效度。再测信度约 0.90，二者对学业成绩普遍具预测力，效度系数约 0.50（Sattler，1988）。

团体能力测验

斯坦福-比奈量表和韦氏量表是个体能力测验，即由经过特殊训练的测验人员对个别的人施测。相反的，团体能力测验可由一个测验者对一大群人实施，且通常是纸笔测验形式。

学术能力评估测试（Scholastic Assessment Test，SAT）和美国大学入学考试（American College Test，ACT），二者都是团体施测的例子，可能是多数美国大学生熟悉的一般能力测验。实际上，所有四年制的大学都要求申请者参加其中一个测验，以为来自不同课程和评分标准的高中生设定一个共同标准。SAT 根据批评意见已经做出大幅修订，并且有计划在未来的版本中包含短文写作等一些变化。这些改变就像 ACT 新近版本，是对目前高中课程强调更复杂的阅读、写作和数学技能趋势的响应。

SAT 分数和大学一年级平均成绩的相关各学科不同，和 SAT 语文部分相关中数约 0.38，数学部分为 0.34（Linn，1982）。当这些相关因排除了许多未完成大学学业的低分数学生（因此不能列入效

表 12-2　韦氏成人智力量表

韦氏儿童智力量表与成人智力量表相似，在后者的基础上做了一些修改

测验	简述
言语量表	
常识	一般的常识，如意大利的首都是哪里
理解	测验实用常识和评估过去经验的能力，例如，我们为什么在寄信时要贴一张邮票
算术	测验算术推理的言语问题
类同	某些概念或事物（如蛋和种子）在哪些地方是相似的，测量相似抽象思考
记忆广度	用听觉呈现一系列数字（如 7-5-6-3-8），正向或逆向的重复，测验注意力和背诵记忆。
词汇	测验词汇知识
字母数字系列	必须重新组织并重复原先以口头方式混杂呈现的字母与数字，先将数字按照由低到高的顺序重现，再将字母依字母序重现；测验工作记忆
操作量表	
符号替代	数字必须以各种形状符号取代固定数字的限时编码作业，测验学习速度和写作
图画补充	发现并说出不完整图片中缺失的部分，测验视觉敏锐性和视觉记忆
图形设计	必须以积木复制图形，测验知觉和分析组型的能力
连环图系	一串连环漫画须依故事正确顺序排列，测验对社会情境的了解
图形推理	完成一个完整的拼图，测验处理部分全体关系的能力
物形配置	从一组可供选择的几何图形中挑出与样本图形在某方面相似的图形；测验知觉组织
符号搜寻	呈现一系列配对的符号群组，包括一对目标符号与一群搜寻配对组。被试必须分析在搜寻组中是否存在有目标符号组；测验信息处理速度

度相关系数的计算）而经过校正后，相关的结果约 0.50。这表示在 SAT 分数分布前 5% 的学生中约有 44% 也在大学一年级平均成绩名列前 5%，而 SAT 分布于后 5% 学生，其大一成绩只有 4% 的学生在前 5%。因此，SAT 分数已大幅改进其预测力，但也很清楚大学一年级成绩与 SAT 分数间仍有很大差异。

因素研究取向

有些心理学家认为智力是一种理解和推理的一般能力，可经由各种方式测得。这就是比奈的假设，虽然他的测验包含许多种题目，但他观察到聪明的儿童在所有的题目中得分都比愚笨的儿童高。因此，他假设即使是不同的作业也都检测同一基本潜在能力。同样的，虽然 WAIS 包含不同的分量表，韦克斯勒也相信"智力是个体有目的地行动、合理地思考，即有效处理其环境的一种集合或整体的能力"（Wechsler, 1958）。

然而，其他的心理学家质疑是否真的有"一般

智力"这么一种东西。他们相信智力测验所取样的心理能力是相对地互相独立的。**因素分析**（factor analysis）为决定表现于智力测验中有关能力种类的一种较精确方法。这个数学方法是决定可用来解释不同测验所观察到相关组型的最少因素（factor）或能力的数目。其基本概念是假如两个测验彼此的相关非常高，则很可能是在测量相同的潜在能力。因素分析的目标在于，找出足以解释一组不同测验分数间相关组型的最少因素或能力。

查尔斯·斯皮尔曼（Charles Spearman, 1904）是因素分析真正的创始者，他首先提出所有个体都拥有不同数量的**一般智力因素**（general intelligence factor，又被称为 g 因素）。一个人被描述为聪明或愚笨，取决于他拥有的 g 因素数量。根据斯皮尔曼的描述，g 因素是智力测验表现主要的决定因素。此外，特殊因素，又被称为 s 因素，是特殊能力或测验所特有的。例如，算术与空间关系测验各自会有一个独立的 s 因素，而测验个体的智力即反映了他

学术能力评估测试（SAT）的分数常被用来作为预测大学学业成绩的指标，大一新生在 SAT 得分与大一平均 GPA 的相关约为 0.50

一般能力的数量加上各种特殊因素的大小。一个人在数学上的表现即为其一般智力与数学倾向的函数。

后来的研究者路易斯·瑟斯顿（Louis Thurstone，1938）反对斯皮尔曼强调一般智力的看法，认为可以用因素分析法将智力分为几个主要的能力。经过几次施测，因素分析其结果，再将量表纯净化后施测，瑟斯顿找出了 7 个因素用来建构他所谓的基本心智能力测验（Test of Primary Mental Abilities）。

他的修订版本仍被广为使用，但其预测力比不上如韦氏量表等一般智力测验。瑟斯顿借因素分析以发现智力的基本要素的期望，由于下列原因而未被完全实现：（1）主要能力并非是完全独立的，实际上，这些主要能力间有显著的相关反而支持了"各种特殊能力下存有一个一般智力因素"的概念；（2）用因素分析确认的基本能力数目要根据测验题目的性质而定，其他研究者使用不同测验题目和不同的因素分析方法，发现可代表智力能力的范围可以多到 20—150 个因素（Ekstrom，French，& Harman，1979；Ekstrom，French，Harman，& Derman，1976；Guilford，1982）。

虽然学者因缺乏因素数目和种类的一致性而产生对因素研究取向价值的质疑，然而，因素分析仍是研究智力表现的主要技术（Lubinski，2000），我们将在第十三章讨论人格特质时再进行探讨。

文化考虑

智力测验近几年来备受抨击，主要是因为它偏向中上阶层的欧裔美国人，而不利于文化弱势的成员（Helmes，1992）。受教育的欧裔美国人参与这些智力测验时会较为自在，因为他们熟悉智力测验中的推理类型，这与设计题目者多是欧裔美国人有关。

相反的，美国的其他文化者以及其他国家的人，则可能因强调不同形式的推理而对这种智力测验的情境觉得不太自在。

一个经典的范例是，智力测验中的逻辑问题经常涉及的有关三段论的阐释。一个典型的三段论如下："北方的熊都是白色的，我的朋友在北方看到一只熊，那只熊是什么颜色？"根据智力测验，正确的答案是"熊是白色的"。一个能推论出熊是白色的被试，即代表他具有演绎推理能力。

当研究者请一位中亚的农夫解答这些三段论问题时，发现这种推理形式违反了当地的社会规范——不可述说非亲身经历过的事情（Luria，1976，pp.108-109）：

实验者：在遥远的北方有雪，当地所有的熊都是白色的。新地岛就位于遥远的北方，当地总是下雪，那边的熊是什么颜色？

反应者：我们通常只讲自己亲眼所见的，而不去谈论从未见过的事情。

实验者：但是，能从我的话里得到什么呢？（再重述该三段论。）

反应者：嗯，应该这样说，我们跟你们不同，你们也跟我们不一样。你说的话只可以由住在那里的人来回答，如果一个人不住在那里，他就不能根据你说的来回答任何问题。

实验者：但是根据我说的——在北方，当地总是下雪，熊都是白色的，你能从新地岛当地找到什么颜色的熊？

反应者：假如一位六七十甚至八十岁的人见过白熊并谈到这件事，他所说的话是可以相信的，但是我从没见过，因此我不能说。就是这样，别再说了。

根据该测验的规则，反应者可能会被解释成没有智慧，但是实际上，他在回答实验者问题时，只是遵循他文化的社会习俗而已。对智力测验的批评，即主张只要当事人不是设计该测验、且受过教育的强势文化的成员，将会以更微妙的方式发生同样文化冲击的情形。所谓"文化公平测验"就必须包括那些所有团体都同样适用的题目，或那些每个文化虽有不同但对受测者而言却有同等心理意涵的题目。此类测验的范

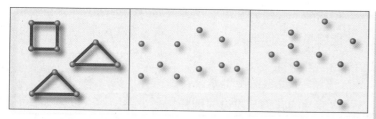

图 12-2　来自学习潜能测定法（Learning Potential Assessment Device，LPAD）的任务

LPAD 是一种在所有文化中都可以进行的测验。题目的任务是要求被试，利用图上各点连接出一个方形及两个三角形，每个点只能使用一次

例之一可见图 12-2。一般而言，尽管人们努力试着让测验做到文化公平，但结果通常是令人失望的。

◆ **小结**

　　智力有许多不同的定义。有些学者认为智力只是智力测验所测得的量数，其他学者则认为它是一组普通能力，包括从经验中学习、抽象思考，以及有效处理个人环境的能力。

　　一个好的智力测验必须是可靠的——它可以得到可复制与一致的结果。复本信度以某测验的两种题本间彼此有高相关来表示。一个具有良好内部一致性的测验是指，该测验的各个项目与其他项目间彼此有高相关。一旦使用较主观的评鉴法，而由评分者评估反应者的得分时，学者希望能得知评分者一致性或评分者信度。

　　如果一个测验能测得它意图测量的东西时，我们即称它具有良好的效度。所谓效标或实证效度是指，测验得分与另一个测同一建构的测验得分间有高度相关。结构效度则以下列方式表示：测验预期得分即为学者理论上所预期应有的结果。

　　第一个成功的智力测验，是由提出心理年龄概念的法国心理学家比奈发展出来的。聪明孩子的心理年龄会超出其实足年龄；而迟滞小孩的心理年龄则低于其实足年龄。所谓智力商数（即智商，IQ），是由斯坦福-比奈修订版所创的，它是心理年龄与实足年龄的比例（乘以 100）。许多智力测验的分数仍以智商来表示，但是实际已经不是依循上述公式计算出来的。

　　比奈与发展韦氏成人智力测验（Wechsler Adult Intelligence Scale，WAIS）的学者韦克斯勒，均假设智力是一种普通的推理能力。

　　同样，斯皮尔曼也提出，有一种影响各种测验项目表现、被称为普通因素（g 因素）的基本因素。透过因素分析，我们可以决定影响智力测验表现的能力类别。

◆ **关键思考问题**

　　1. 许多大学已经停止使用诸如 SAT 或 ACT 等标准化的测验来评量申请入学的学生，因为它们不太能预测这些学生在大学或整个生涯的成就。你认为在入学程序中不使用标准化测验的优缺点为何？

　　2. 你认为有可能制成一种文化公平的智力测验吗？

第二节　当前的智力理论

　　直到 20 世纪 60 年代，智力的研究仍是因素取向占优势。然而由于认知心理学的发展及其强调信息加工模式（见第九章），出现了一种新的取向。不同的研究者对这种取向的定义有些不同，但其基本的概念均是试图由我们从事智力活动时的认知历程来了解智力（Sternberg & Kaufman，1998）。信息加工取向的问题是：

　　1. 各种智力测验包括哪些心智历程？

　　2. 这些历程进行时的速度和正确性如何？

　　3. 这些历程作用时的信息心理表征是什么类型？

　　这个取向尝试确认构成基本智能行为的心理历程而非其因素来解释智力。信息加工取向假设，在一作业上的个别差异取决于不同个体带入的特殊历程，以及该特殊历程的速度与准确性。其目标是运用信息处理模式，以确认一个特殊作业的组成的适当测量历程。这些测量可以简单如选择题或包括被试的反应速度，或和反应有关的眼球运动；其理念是利用所需的任何信息来预估每个组成历程的效用。

加德纳多元智能理论

霍华德·加德纳（Howard Gardner, 1993a）发展的多元智能理论，直接挑战了视智力为一种思考能力的传统观点。加德纳对成人在不同文化中的各种角色甚感惊讶，这些角色需依靠各种技能。在这些文化中要有成功表现，这些角色均同等重要。他的观察得到一个结论：并非只有单一基本的心智能力，或 g 因素，而是有多元的智能结合运作。他将智能界定为："一种解决问题的能力，或是在特定的文化或社群情境结果下的时兴产物。"（1993b, p.15）。它是一种使人们得以扮演诸如物理学家、农夫、巫师与舞者多种角色的多元智能（Gardner, 1993a）

加德纳很快即指出，智力不是一件存在于脑中的物品，而是"存在一种准许人们对特定的内容进行适当形式思考的潜力"（Kornhaber & Gardner, 1991, p.155）。根据**加德纳多元智能理论**（Gardner's theory of multiple intelligence），最初提出有 7 种①各自独立的智能，每种智能均在脑部根据自己的规则运作，而为一独立系统（或模式）。它们分别是：（1）语言智能；（2）音乐智能；（3）逻辑-数学智能；（4）空间智能；（5）身体-动觉智能；（6）自我认知智能；（7）人际智能。表 12-3 即为这些智力更详细的内涵。

加德纳从几个观点来分析每种智能：所涉及的认知运作、天才和特殊个体的外观，大脑受伤的案例，不同文化的风貌，进化发展可能的历程等。例如，某类脑伤会伤害某类智能但对其他的智能则无影响。他注意到，不同文化中的成人能力，即代表着各种智能的不同组合。虽说所有正常人多少都能运用这些智能，但是每个个体的能力也都是这些智能不同强弱的独特组合（Walters & Gardner, 1985），这也解释了个体差异的原因。

如我们注意到的，传统 IQ 测验对大学成绩有很好的预测力，但对预测后来的工作或生涯升迁则较无效。其他能力的测量，如人际智能，可以协助解释何以大学成绩优秀者却在后来的职场生涯中惨败，而成绩较差者却成为有魅力的领导者（Kornhaber, Krechevsky & Gardner, 1990）。因此，加德纳与其

---

① 加德纳在 1995 年补充了自然探索智能，并在后续的著作《多元智能新视野》（multiple Intelligences）中，提出了存在智能，又被称为"大问题的智能"。——编者注

表 12-3　加德纳的 7 种智能

（资料来源：Gardner, Kornhaber, & Wake, 1996）

智能类型	描述内涵
语言智能	说话的能力，与音韵（话语声音）、语法（文法）、语意（意义）以及实用（在不同情境应用语言）等机制有关
音乐智能	创造、沟通与了解声音意义的能力，与音调、音频及音质（声音的质量）等机制有关
逻辑-数学智能	对行动或对象有、无其间关系的理解与运用能力，即进行抽象思考的能力
空间智能	知觉、改变视觉或空间信息、同时不需参照原刺激即能再造视觉影像的能力，包括建构三维空间影像且移动、旋转这些影像的潜力
身体-动觉智能	运用全部或部分身体以解决问题或生产物品的能力，包括控制精细或粗略行动，以操弄外物的能力
自我认知智能	辨明自己的感受、意向与动机的能力
人际智能	识别并区分他人感受、意向与动机的能力

根据加德纳的多元智能理论，图中三个人各自表现出不同的智能：逻辑-数学智能、音乐智能和空间智能

前沿研究

情 商

《纽约时报》作家丹尼尔·戈尔曼（Daniel Goleman）于1995年在著作中提出了广为流传的名词——情商（emotional intelligence）。他主张健康与成功生活的最重要关键，在于对自己情绪的了解与控制。戈尔曼的著作主要是根据彼得·沙洛维（Peter Salovey）、约翰·梅尔（John Mayer）与鲁文·巴奥恩（Reuven Bar-On）等心理学家新近的重要研究结果论述而成的。他表示，那些情绪敏锐的人确实比情绪迟钝者略胜一筹。

梅尔与沙洛维（1997；Mayer, Salovey, & Caruso, 2000）认为，情商有4个成分。首先是正确知觉与表达情绪。能够了解他人的情绪，使你得以预知他人可能对你造成的威胁。例如，试想你与一位脾气火爆的同事正在争论，如果你能精确得知那位同事正要开始抓狂，你就会知道可能此时该是偃旗息鼓的时候，并容他日再议。倘若你未能切实知道同事的愤怒水平，最后可能会鼻青脸肿地终止这次争论。正确知觉与表达情绪也有助于你理解他人的立场，转而修正你对他人的反应，或更具说服力地去陈述你的论点，或让对方感受到你相当体谅他们。如此一来，你将成为他们的最佳调解人与值得信赖的朋友。

正确知觉与表达你的情绪，是适当因应情绪反应的第一步，人们如果未能理解到自己正处于焦虑状态时，就会置身于长期的生理唤醒状态，伤心劳神，终至损害其健康（见第十四章）；人们如果未能理解到自己正处于悲伤状态，可能就不会采取必要措施以改变其悲伤的来源；人们如果未能理解到自己正处于愤怒状态，可能会感觉失控、冲动地攻击他人。

情商的第二个成分是，具有以解决问题与思考方式探勘与产生（access and generate）情绪的能力。我们常扪心自问"我对这件事有什么感受"，以尝试做类似该就读何校、选读哪一科等重要决策。如果我们能清楚触及当下对某议题的情绪或预料未来的感受，我们就可以下定决心，因为这些情绪感受为我们提供应该如何做决策的重要信息。

情商的第三个成分是，了解情绪与情绪的意涵。我们可能正确知觉到自己正在焦虑，但是却束手无策。我们经常对情绪做错误的归因，结果导致我们采取了不明智的措施。例如，试想你几周以来经常熬夜做作业，翌日又早起上课，最后终于开始觉得悲哀、倦怠且意兴阑珊。你可能认为，之所以会觉得悲哀、意兴阑珊，是因为选错科系，甚至是选错大学。然而，之所以觉得悲哀，可能只是因为睡眠剥夺，它会引发类似忧郁的症状（见第六章）。像这样将你悲哀的原因错误地归因于选错校、系，而不是正确地归因于睡眠不足，可能会使你做出错误的决策。

情商最后一个成分是情绪调节——能适当地管理与调节你的情绪。它并非指完全控制住你所感受与表达的情绪，事实上，这种过度控制情绪的做法是不健康的。最明显的例子就是愤怒：我们有时会感到愤怒，但是我们都知道不可以随时任意地表达愤怒（起码我们不可能用这种方式摆脱掉愤怒的情绪）。我们发泄怒气的方式，其实关系到我们与他人的关系及自己的健康。一个完全压抑愤怒的人，可能常被别人欺压占便宜；而一个经常以敌意方式表达愤怒的人，可能很快就会失去朋友。反之，如果能以别人听得见且能接受的方式表达个人生气的原因，则较可能维护友谊且避免被人欺负。此外，我们在第十四章也会回顾相关的研究，显示出不会适当发泄愤怒情绪的人，较可能罹患心脏疾病，这可能是因为其冠状动脉系统长期过度激发与过度活动的缘故。

情商可以学习吗？许多学校都开有教导年轻学生如何辨识并有效管理愤怒的课程，希望借此减少校园暴力。对这些课程的某些教学评鉴已指出，它确实可以教导年轻人控制脾气（Graczyk et al., 2000；Topping, Holmes, & Bremner, 2000）。许多暴戾的公司经理也加入情绪训练课程，学习如何更能理解员工，并培养一颗更宽容的心，这些课程显然相当成功（Cherniss, 2000）。许多心理治疗也开始着重于帮助人们更能了解、正确辨识标示并管理其情绪，而许多研究也指出心理治疗在解除各种心理异常上有其功效（见第十六章）。这些相同的治疗技术，有时也被用来帮助心脏病患者，让他们好好控制其愤怒及压力，以改善他们的健康状况（见第十四章）。因此，有越来越多的证据指出，情商对成功与健康而言确实是相当重要的，而且值得庆幸的是，我们越常受到情绪的挑战，就越有智慧。针对情商的研究目前尚在初步阶段，然而，未来几年，我们相信会获得更多更丰富的相关知识（Mayer et al., 2000）。

同僚才主张有必要在学校使用"智能公平"测量，使儿童得以凭借纸-笔以外的测验方式，例如，组合齿轮以测空间技能，来展现其能力。

安德森智力与认知发展理论

学者对加德纳理论的批评之一在于，各种智能中，任一智能水平高，通常与其他智能也都有很高的相关，并没有与其他智能截然无关的特殊心智能力（Messick，1992；Scarr，1985）。此外，心理学家迈克·安德森（Mike Anderson）指出，加德纳对多元智能的定义有问题——它们"有时是指行为，有时是认知历程，有时又是脑部的结构"（1992，p.67）。因此，安德森根据瑟斯顿及其他学者的一般智力观点，试图发展出新理论。

安德森的智力理论（Anderson's theory of intelligence）主张，智力是有个体差异的，智力因发展而改变的情形，可由不同机制加以解释。智力方面的差异，乃源于形成思想的基本处理机制有别，此机制会进而再形成知识。个体间会在进行此基本处理机制时的速度上有所差别。一位在基本处理机制上速度较慢者，相较于速度快者而言，在获得知识上较困难。换言之，基本处理机制较慢者，会有较低的一般智力。

然而安德森提到，还是有些认知机制是没有个体差异的。例如，唐氏综合征者可能不会 2 加 2，但是他们还是能体认到：别人有其信念，且可以按此信念来行动（Anderson，1992）。那些提供普遍性能力的机制被称作"分子"，每个分子的功能都是各自独立的，并以复杂的表达式进行组合。这些分子是不受基本处理历程的影响的，本质上是自动化的。根据安德森的看法，发展历程中某种能力的增加，就是用来解释该能力的新分子逐渐成熟。例如，语言分子的成熟，即可解释人们逐渐发展好说出完整句子的能力。

根据安德森的理论，除了分子外，智力还包括两种特别的能力，其一为处理命题式思想（以数理形式表达言语），以及处理视觉与空间功能。有别于分子在执行相当特殊的功能，每种处理机制都包含广泛的问题与知识。与分子另一个不同之处在于，这些特别处理机制会受基本处理机制的影响。一个基本处理机制快速的人，在运用特殊处理机制时会更有效率，因此测验得分较高，在现实世界也较有成就。

因此，安德森的智力理论认为，有两种获得知识的途径。第一种与基本处理历程有关，它借由特殊的处理机制来获得知识。依安德森的观点，这就是被我们称为思考的途径，它可以解释智力上的个体差异（他认为，这就是相当于人们在知识方面的差异）。其次，是运用分子以获得知识。以分子为本的知识，如对三度空间的知觉，如果这些分子发展够成熟，这些知识即浑然天成，可以解释智力的发展。

安德森的理论可以借助下述范例加以说明。一位被称为 MA 的 21 岁男性，他童年时受到惊吓而被诊断为孤独症。虽身为成年人，他却不会说话，且在心理计量测验上得分很低。但是学者却发现他智商高达 128，且在侦测质数作业上有杰出的表现，其精确性甚至比一位拥有数理方面学位的科学家都高（Anderson，1992）。安德森依此得出结论，MA 的基本处理历程是完好无缺的，使得他可以进行抽象思考，但他的语言分子受损，妨碍他日常生活知识的获得，以及和他人沟通。

斯滕伯格三元论

与安德森的理论相反，**斯滕伯格的三元论**（Sternberg's triarchic theory）主张：经验与情境也是基本的信息处理机制（Sternberg，1996）。他的理论有三部分或称三个亚理论：与思考历程有关的组成论；探讨经验对智力影响的经验论；认为个体情境与文化会影响智力的情境论。其中发展得最完备的是组成论。

组成论探讨思考的成分，斯滕伯格指出的组成成分有三：

1. 元成分是指在解决问题时的计划、控制、监控与评估历程。斯滕伯格（1996）曾将这些重新命名为各种分析能力。例如，假如你要烹煮感恩节的晚餐，就必须先计划好菜单，监控你的进度以获得所有的材料，煮好每道菜，同时确保会在同一时间内搞定一切。

2. 操作成分是指执行解决问题的策略。斯滕伯格（1996）称之为创造能力。训练有素的有机体运用其创造能力去构思各种事情，像是修理一辆抛锚的车。

3. 知识获得成分是指在解决问题过程中的编码、组合并比对信息。斯滕伯格（1996）称之为实用能力。当你在阅读本章并决定要将哪些信息纳入记忆系统时，即为运用你的知识获得或实用能力。

这些成分相互交织，在解决问题时都会发挥作用，没有哪一个要素能独立运作。斯滕伯格以模拟题目为例，说明这些成分的功能：

　　律师之于委托人就像医生之于 ＿＿＿＿＿＿
　　（a）药（b）病人

一系列这类问题让斯滕伯格归结关键的成分是编码历程（encoding process）和比较历程（comparison process）。被试用形成心理表征来编码模拟中的每个词——在这种情况下，该词的一串属性会从长期记忆中被提取。例如，"律师"一词的心理表征可能包括下列属性——大学教育、精通法律程序、在法庭上代表委托人，等等。一旦被试形成该模拟中所有词的心理表征，就能比较历程扫描表征以寻找符合的属性并解决问题。

模拟作业中也涉及其他历程，但斯滕伯格认为此作业上表现的个体差异，主要决定于编码和比较历程的效率。实验证据表明，在模拟问题分数高的人（高手）比分数低的人（生手）花较多的时间去编码并形成正确的心理表征；反之，在比较阶段，高手则比生手比对属性时更快，但二者的正确性相当。因此，对高手而言，较佳的测验分数决定于他们的编码过程，但他们解决问题所需的时间却是低编码速度和快速比较的复杂混合（Galotti，1989；Pellegrino，1985）。

组成论的亚理论本身并未对智力的个体差异提出完整的解释；经验论的亚理论也必须解释经验在智力表现中所扮演的角色。依斯滕伯格的观点，经验的不同会影响解决问题的能力。一个未曾学过某特定概念（如数学公式或模拟问题）的人，在运用这些概念解决问题时，会比运用过这些概念的人更为困难，因此，人们在某作业或问题上的经验，即可以一个连续过程来描述：从完全生疏到已能全然自动化（即为长期经验累积而对作业完全熟悉的结果）。

当然，人们面对某特定概念的情形，大部分要看当时的情境，此即情境亚理论的寓意所在。此亚理论强调，认知活动必须契合特定的背景情境（Sternberg，1985；Sternberg，Castejon，Prieto，Hautamaeki，& Grigorenko，2001）。它聚焦于三个心理历程：适应、选择与塑造真实世界的情境。依斯滕伯格的看法，个人先寻求适应或使自己契合到情境的方法；如果不可能适应，个人会试着选择不同的环境，或塑造既存的环境使个人能更好地契合。在一段不快乐的婚姻关系中的配偶，可能无法适应当时的情境，因此，他/她可能选择一个不同的环境（比如分居或离婚），或试图塑造既存的环境（比如寻求咨询）（Sternberg，1985）。

塞西的生物生态学理论

有些学者批评斯滕伯格的智力说有许多不一致的地方（Richardson，1986）；其他学者认为该理论并未说明如何在日常生活情境中解决问题；还有学者指出它几乎忽略了智力的生物层面。斯蒂芬·J. 塞西（Stephen J. Ceci，1990，1996）试图借由强调情境以及其对解决问题的影响来阐述这些议题，以重建理论。

塞西的生物生态学理论（Ceci's bioecological theory）主张有所谓的"多重认知潜能"，而非单一基本的普通智力，或 g 因素。这些多元智能或智力是有其生物基础的，且对心智历程有所限制，它们的产生会受到个体所处环境或情境中的机会与挑战的模塑。

依塞西的观点，情境就认知能力的展现而言是很重要的。他所谓的"情境"，是指知识的范畴，包括人格、动机与教育等因素。情境可以是心智的、社会的或物理的（Ceci & Roazzi，1994）。某特定的个人或群体可能缺少某种特定的心智能力，然而给对方提供一个更有趣且具激励性的情境，他（们）还是可以有高水平的表现。试举一例，由推孟所进行的著名的高智商儿童纵向研究（Terman & Oden，1959）指出，高智商与高成就有相关，但是仔细检视这些结果后却表明，来自高收入家庭的儿童与低收入家庭者相比，有更成功的成年。此外，在"大萧条"时期成年的

概念摘要表

智力理论的比较

4种智力理论定义智力概念的差异性

理论	描述
加德纳的多元智能理论	智能是一种在特定文化中解决问题或创造出有价值产物的能力
安德森的智力与认知发展理论	智力是一种基本加工机制，以及一些处理命题式思考与视觉、空间功能的特定机制
斯滕伯格的三元说	它由三个亚理论组成：组成论（成分论）注重内在信息的加工机制；经验论将个人对任务或情境经验纳入考虑；情境论探讨外在环境与个人智力关系
塞西的生物生态学理论	智力涉及具生物基础的多重认知潜能，然其表现却依个人在特定领域所具有的知识而定

人，与那些稍后成长而有较多工作机会的成人相比，最后较多抑郁不得志。按照塞西的说法："从根本上说……生长环境是否提供了包括个人与历史的发展位置，比起智商来说，才是决定个人事业与经济成就更具影响力的因素。"（1990，p.62）

塞西也反对传统认为的智力与抽象思考能力有关，而与主观领域无关的观点。他相信，进行复杂思考的能力必然与得自特定情境或领域的知识有关。智力水平高的人，并非抽象能力较强，而是对特定的领域拥有足够的知识，从而能够在该领域中进行较复杂的思考（Ceci，1990）。在进行特定领域的工作（例如，计算机程序设计）时，个人的基本知识能有所长进，其知识系统也得以更好地组织。经过一段时间后，个人因此才可能有更聪慧的表现（例如，设计更有效的程序）。

总之，根据塞西的观点，日常生活或真实世界的智力表现，无法单凭智商或一般智力的某些生物因素而加以解释，而是有赖于丰富、组织完备的知识做基础的多重认知潜能间的交互作用。例如，一个与生俱来地拥有强大认知潜能的儿童，如果在智能极端贫乏的环境中养育成人，她可能从未发展这些潜能。一项纵向研究即指出了环境对智商的影响。萨默罗夫等人在考察儿童早期所处的环境与其4岁

与13岁时智商的关系时发现，儿童面对的环境有越多的风险因素［如缺乏教育或母亲有心理疾病、属弱势团体（意味着低生活水平与学校差），且家庭人口众多］，该儿童的智商越低（Sameroff et al., 1993）（见图12-3）。

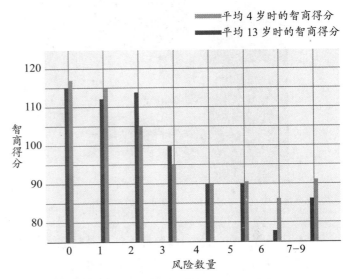

图12-3 环境对智商的影响
研究指出，儿童面临的风险因素越多，其智商越容易偏低（资料来源：Sameroff）

智力理论的比较

本节所讨论的4种智力理论在很多方面存在差异（见概念摘要表）。加德纳试图解释不同文化中成人的各种角色，他相信这种歧异性是无法单凭基本智力来解释的，因而提出了7种不同的智能，个体的能力即这些智能的不同组合。在加德纳看来，智能是一种在某特定文化中解决问题或创造出有价值产物的能力。依此观点，一位擅长观星航海的波利尼西亚渔夫，一位能成功表演阿克塞尔三周跳的花样滑冰选手，以及一位激励多数从员的有超凡魅力的领导者，都跟科学家、数学家或工程师一样充满智慧。

安德森的理论试图解释智力的各个层面——不仅是个体差异，还想说明随发展而渐增的认知能力、造成个体差异性的特定能力，以及诸如以三维空间方式看物体等众人皆有的一般能力。为解释这些层面，他主张在处理特定的命题式思考与视觉、空间功能的能力外，还有一个相当于斯皮尔曼的一般智力因素或g因素的基本处理机制。此一般性的智力

被科技丰富化的学习环境可能是成功的重要因素

乃以"分子"的理念加以解释,认为其功能依个体的成熟度而定。

斯滕伯格的三元论源自"早期的智力理论并无错误,只是不够完备"的信念。它由三个亚理论组成:专注于内在信息加工机制的组成(成分)论;考虑个人对某任务或情境经验的经验论;探讨外在环境与个人智力关系的情境论。

塞西的生物生态学理论,是将斯滕伯格的理论中情境的角色加以更深入的探讨,他反对"智力是单一抽象解决问题的普遍性能力"的观点,而主张智力是由多重认知潜能所决定的。这些潜能有生物基础,然而其表现却视个人是否具有某特定领域的知识而定。以塞西的观点而言,知识才是智力的关键。

尽管存在差异,但两种理论仍有些共同的层面:它们都试图将智力的生物基础纳入考虑,均认为智力为一基本的处理机制或为一组多重的智能、分子或认知潜能。此外,三个理论都特别重视个人所处的情境,这是影响智力的情境因素。因此,今日心理学在智力方面的核心研究议题,才会持续关注生物与环境因素间复杂的交互作用。

智力的跨文化观点

讨论至目前为止,智力的理论所反映的仍大多属于北美与欧洲文化的观点。然而,这些观点并非所有文化所共有。有些文化特别重视社会智力(Sternberg & Kaufman,2001)。例如,有几个非洲文化很重视家庭参与的责任、合作及服从,并视之为智力的重要表现。在津巴布韦,"智力"一词指的是谨慎、小心,尤其是在社会关系方面(Sternberg,2000)。同样的,对中国的研究指出,根据这些文化中公民的看法,社交能力与自我认知能力,是智力的重要成分(Yang & Sternberg,1997)。重要的是,我们也需知道,非洲与亚洲的文化并非独尊社会智力,他们同时也承认认知能力的重要。

◆**小结**

加德纳的多元智能理论认为有7种各自独立的智能类别,在脑部分别有其系统(或单元),而依自己的规则进行运作。它们是:(1)语言智能;(2)音乐智能;(3)逻辑-数学智能;(4)空间智能;(5)身体-动觉智能;(6)自我认知智能;(7)人际智能。

安德森的智力与认知发展理论认为,智力之所以存在个体差异,主要是因为进行思考的"基本加工机制"有别,而此思考机制则会进一步产生知识。

斯滕伯格的三元论主张智力有三个部分或亚理论:组成论是有关思维历程的论述;经验论是处理经验对智力的影响议题;而情境论则考虑个人环境与文化的影响。依组成的看法,智力有三个关键性的思考成分:元成分或分析能力、操作成分或创造能力、知识获得成分或实用能力。

根据塞西的生物生态学智力理论,日常生活或真实世界的智力表现,是无法单独以智商或其他一般智力的生物观点来加以阐明的,而有赖于多重认知潜力与丰沛、组织完备的知识基础之间的交互作用。

其他文化比欧陆与北美更重视社会智力。

◆**关键思考问题**

1.根据你的观察,你认为哪种技术或能力是智力最重要的成分?

2.你认为存在适用于全世界的智力理论吗?或许智力本来就应该因不同的文化要求而有不同的定义?

第三节 遗传学与智力

关于智力最激烈的争论在于，遗传对个人或团体的智力水平有多大的决定性影响。推动某特定的政治论点或社会政策，常常涉及支持或反对"智力是遗传的"这一理念（例如，Herrnstein & Murray，1994）。由于这些争论正好透露出广大群众对实证研究的误解，因此我们在此将对行为科学家用来测量遗传与环境因素对包括智力方面的个体差异影响，所进行的推理与研究方法，做详尽的描述。

我们以表12-4呈现两组各6名学生在假设性测验中的得分（由高至低排列）来开始本议题：最后一排表示两组内每位学生的平均分数均为82.0，但A组分数的分布较开，即比B组有更大的变异性。换言之，A组的学生比B组学生彼此差异性较大。诚如附录中所述，某组得分上的差异性与另一组的比较，可用数学中被称为方差的量数来表示。

现在想想A组的分数，为何他们人人各异？为何有人好有人差？有什么原因可以解释我们观察到的变异？一个明显的可能性是，有些学生比另外的学生准备考试准备得较久。为发现此可能性是否为真或有多大可能，我们可以进行一次假设的考试，要求所有的学生只能研读3个小时，不多也不少地来"控制"研读时间这个变量。假如研读时间真的会影响学生的分数，那么学生分数的变异数会发生什么变化？

首先，研读超过3小时并得到好成绩者现在会表现较差，例如，如果艾丽丝（她可能因为读了6小时而得到满分100）现在只被允许读3小时，她的成绩可能会更接近葛利塔的89分。其次，有些研读没超过3小时的学生而表现不佳的，现在可能好一些，例如，弗雷德——原先只是为考试而小读片刻的学生，如果读3小时，有可能得到高于58的分数，就像李昂一样，起码可得到75分。换言之，如果我们控制了A组的研读时间，这个班学生的分数会彼此更为接近，而更像B组的得分情形——组别分数的方差会降低。如果真如此展开实验，我们得到A组的方差会减小，比如60%，我们即可宣称研读时间可以解释该组原先分数方差的60%。在此假设性的例子中，A组学生彼此得分之所以有如此大的差异性，主要原因就在于他们花在研读上的时间不同。

理论上来说，我们可以以相同方式验证方差的

表 12-4　两组学生在假设性测验的得分

A组		B组	
艾丽丝	100	葛利塔	89
鲍勃	95	哈罗德	88
卡洛尔	89	艾尼	83
丹	83	约翰	80
艾米利	67	卡伦	77
弗雷德	58	李昂	75
平均	82.0	平均	82.0

其他可能来源。假设我们认为，好的早餐会影响学生的得分，就可能得让所有学生都吃相同的早餐（或所有学生都不吃早餐），看看分数的变异量有无降低。一般而言，只要让任一导致变异性的变量维持恒常，均可能降低分数的方差。在极端状况下，如果我们将所有有关的变量均保持恒常，变异数就可能变为0，即所有学生均得同分。

然而，我们还是无法得知，在我们控制某变量，使它维持恒常后，对平均数会有什么影响？例如，A组的学生原先平均只研读2小时，现在要求都读3小时，我们可能会提升其班级平均分；反之，如果原先他们平均研读了4小时，现在只准他们研读3小时，我们将会降低其班级平均分。

遗传率

现在我们准备问"遗传的"问题：基因上比其他人好的学生在考试时会好到什么程度？更技术的说法是，学生考试分数有多少比例的变异可由基因解释？通常，一群个体间由基因差异解释任何特质变异的比例，我们称之为**遗传率**（heritability），个人在某特质差异性越归因于遗传上的差异，其遗传率越接近100%。例如，身高受基因的影响很大，不同的研究遗传率大约是85%—95%。

然而，我们现在面临一个实际的困难。我们不能像以先前学生研读时间的方式的研究，以实验判断在考试分数的变异上学生基因的差异可以解释多少，因为需要维持基因变量的一致——除非所有学生做基因复制。但我们可以采用不需复制基因的同卵双生子为研究对象。同卵双生子比异卵双生子在特质上更相

双生子的研究均指出 IQ 部分是遗传性的

像，我们可以依此推论，这特质有基因或遗传的成分（假设可以排除其他因素，如不同的父母对待）。

在许多双生子智力遗传率的研究中（由智力测验测得），其评估值均为 60%—80%（Lubinski，2000）。对双生子研究结果解释的困难之一是，同卵双生可能比异卵双生得到更相似的对待，这可以解释他们为何有更多的人格相似性。这也就是明尼苏达大学决定要对分开长大的双生子进行研究的原因之一（Bouchard，1994）。

参与明尼苏达双生子分别抚养研究的被试，接受许多能力与人格测量，此外，他们也接受长时间的访问，询问他们诸如儿时的经验、害怕什么、嗜好、音乐偏好、社会态度，以及性方面的兴趣等议题。这些研究结果表明，分别抚养的双生子和一起抚养的双生子在很多能力上是相似的（见图 12-4），这个结果让我们较有信心将同卵双生子比异卵双生子在人格特征上更为相像的原因更多地归结为基因相似（Bouchard，Lykken，McGue，Segal，& Tellegen，1990；Lykken，1982；Tellegen et al.，1988）。

对遗传率的误解 再次公开辩论的先天后天问题透露了对遗传率的广泛误解。因此有必要澄清下面几点：

1. 遗传率指涉的是对总体，而非一个人的测量。特质的遗传率是指一群人个体间的差异，而不是个体内特质的比例。说身高的遗传率是 90%，不是指你的身高有 90% 来自基因，10% 来自环境，而是表示，在一特定总体所观察到身高的个别差异，有 90% 归之于这些个体间的遗传差异。

2. 特质的遗传率不是单一、固定的数字。遗传率是指在特定的时间点—特定人群特质的一种属性。如果一群人特质的变异性发生变化，那么特质遗传率也会改变。例如，假如社会忽然给每个人相同的教育机会，在社会上智力表现的变异量就会降低，每个人在测验智力的标准测验上分数会更相似（这就是在我们假设性实验中要求每位学生研读相同时间准备考试所发生的情形）。因为遗传率是因个体遗传的不同而产生差异的百分比（percentage），所以遗传率会因重要的环境因素、教育等变异比例降低而升高（increase）。

3. 遗传率不会告诉我们团体间平均数差异的来源。在美国社会最有争议且备受重视的一项辩论是，不同种族在标准化能力和智力测验上分数的平均差异，是不是因为团体间基因差异而造成的。这项争议起自 20 世纪初期，来自匈牙利、意大利和犹太的移民，在他们抵达美国时接受测验，呈现了低 IQ 分数，这些团体的测验分数似乎暗示他们大部分是"低能的"（Kamin，1974）。今天这项辩论则涉及得分较低的非洲裔美国人与西班牙裔美国人、美国白人的比较（Herrnstein & Murray，1994）。在这类辩论中 IQ 遗传率经常被挑起，以支持基因的论点。但这是一种逻辑的谬误，可用下面的"假想实验"来说明：

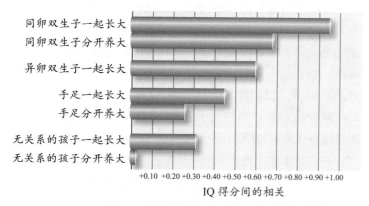

同卵双生子一起长大
同卵双生子分开养大
异卵双生子一起长大
手足一起长大
手足分开养大
无关系的孩子一起长大
无关系的孩子分开养大

+0.10 +0.20 +0.30 +0.40 +0.50 +0.60 +0.70 +0.80 +0.90 +1.00
IQ 得分间的相关

图 12-4 双生子 IQ 研究的数据资料

即使被分开养大，同卵双生子也比异卵双生子或手足倾向于拥有更相似的 IQ（资料来源："Familiar Studies of Intelligence: A Review," T. Bouchard, et al, *Science*, Vol.212, #4498, p1055-9, 29 May 1981. Copyright © 1981 American for the Advancement of Science, Used by permission of Thomas Bouchard.）

我们将不同基因的玉米种子混合后装进一个白袋和一个黑袋，我们可以肯定每个袋子每种种子的比例是相同的。然后，我们把白袋子中的种子种在沃土 A 中，将黑袋子中的种子种在瘠土 B 中。我们会观察到 A 土中和 B 土中玉米单株的高度都有很大的不同，这个变异大部分是因为基因的因素（种子不同）。然而，我们也会观察到 A 土中植物的平均高度比 B 土中的高，这个差异则完全是因为环境因素（土壤不同）。在 IQ 分数上也是如此：各种不同人群 IQ 的平均分数可能完全是因为环境的不同，即使每个团体内所有的变异都是因为基因差异所致！（Eysenck & Kamin，1981，p.97）

4. 遗传率不会告诉我们环境改变对特质平均数的影响的效果。有时候在公开场合辩论中所表达的另一个有关遗传率的错误主张是，高遗传的特质不会因环境改变而改变。例如，人们有时会争辩，以学前介入方案协助弱势儿童以提高其智力是徒劳无功的，因为这些能力是具高遗传性的。但在1946 至 1982 年间，日本年轻男性成人的身高增加了 8.4 厘米，主要是在这段时间改善了日本人的营养（Angoff，1988）。然而，我们都知道，在过去和现在，身高是最具遗传性的，日本人高的父母比矮的父母所生子女要高。同样的，许多文化在过去一个世纪来，其 IQ 平均分数均有显著的增加（Flynn，1999）。总之，遗传率与变异量有关，而与平均水平无关。

◆ 小结

行为科学家通常会计算所得分数的变异数，以量化一个团体成员在某特质或能力上的彼此差异程度；而团体内的个体差异性越大，其变异数就越高。此时，学者即可决定，肇因于各种成因的变异数各有多少？某特质的变异数可由遗传个体差异加以解释（或归因于遗传）的比率，即称作该特质的遗传率。

可从比较同卵双生子（共享所有基因）的相关与异卵双生子（平均只分享一半的基因）的相关得到遗传率的估计值。假如在某特质上同卵双生子的相似性大于异卵双生子，则该特质可能具有遗传成分。遗传率也可以从分开养成于不同环境的同卵双生子间相关估计而得。任何上述相关必然均归因于其遗传的相似性。

遗传率是有关个体间的差异性，而不是指个体的某项特质有多少比率是归因于遗传，它并非特质的固定属性：如果发生了一些会改变某特质在团体内变异性的事件时，遗传率也会有所变动。遗传率是团体内变异数的指标，而非两个团体间差异性的来源。不过遗传率确实可以反映出，环境的变化造成某特质在某总体中平均数改变的可能性。

◆关键思考问题

1. 宣称智力大部分归因于遗传因素，会有何政治与社会政策上的意涵？

2. 个人对"智力水平归因于遗传"的信念，如何影响其在学业或事业上的决策？

双面论证

智力测验真的能反映出才能吗？

SAT 与 GRE 为智力真实的量数

道格拉斯·K. 戴特曼（Douglas K. Detterman），凯斯西储大学

你如何得知两个量数是在测量相同的东西？你会计算统计上被称作相关的量数（从 0 到 1.0），数值越高，代表两组量数越相似。在心理测验中，被称作倾向、成就、智力与认知能力的测验，彼此相关很高，因此专家学者都相信它们确实都很近似。任何心理测验的名称，都较可能因社会大众都接受而非该测验确实测量的内涵来命名。因此，这些测验，从比奈量表到最近计算机施测的 GRE，其间会有高相关，就不足为奇了，因为它们都是为了预测学业成就而设计的。

测验不过是一组希望借以预测未来行为的行为样本。测验所能预测的最简单的事物，不外乎为日后在同一个测验上的行为，此即所谓测验信度。智力、倾向与成就测验为所有心理测验中信度最高的，同一个体智力测验前后测的相关超过 0.90。1932 年曾对每位苏格兰学童进行团体施测，最近又对同一群人进行相同测验，结果两次施测间隔 66 年的相关高达 0.74（Deary et al.），相形之下，其他各种测量（如身高、体重、在医院所量的血压等）的平均信度只有 0.6，大多数人格、心理疾病或动机的心理测验的再测信度，最好也不过在 0.4 到 0.8 之间。

测验真能预测一些有用的事物吗？当然可以！安格霍夫（Anghoff）与约翰逊（Johnson）求得超过 20,000 名先后进行 SAT 与 GRE 测验的学生两种成绩间的相关，结果为 0.86；若进一步考虑性别与主修，相关更是提高到了 0.93 以上，至于所属院校则较无关系。因此，为大学教育砸下巨款，并没有办法帮你升上研究所，至少在有测验分数作为参考时。这些测验也可以预测其他诸如年级或班级排名等学业效标，只不过效果较差，因为年级与班级排名本身就不是很可靠。心理能力测验在许多真实世界的效标上从驾驶喷射战斗机到成为一位成功的律师或音乐家，都有很高的预测力。那些拥有最高平均 IQ 的职业，通常也最为社会所称道。最重要的是，心理测验可预测学业成就，而学业成就通常就是通往成功的途径。

既然如此，这些测验为何给人许多不好的印象？首先，它们常被误用。虽然几乎所有的美国大学都要求入学测验，但是约有 80% 的学校承认只要申请都准予入学。既然如此，为什么还要测验？我想，它们还是想让人觉得学校是有选择性的。即使是那些表明有经过选择的 20% 的大学，在决定取舍时，还是会考虑测验分数以外的其他因素。假设有两位测验分数相同的学生，其中最有机会获准入学的，可能具有以下特性：少数民族、运动员、私立高中毕业、家庭年收入超过 70,000 美元、父／母受过大学教育、父／母为校友、父母捐赠巨款给学校（Bowen & Bok，1998）。在测验之前，这些因素是获准入学的唯一考虑因素。因此，我认为，只有测验分数才是获准入学较公平的方法。

人们对测验印象不佳的第二个原因是：在有些测验场合，人们无法预测其成绩。一旦主要靠 IQ 来决定申请入学者的取舍时，他们的 IQ 会相当相近，因而无法从 IQ 来预估其表现。美国教育体系多依赖 IQ 进行筛选，且每一阶段都要求有较高的学业成就。你可能会注意到，大学的要求比高中更难，这是有原因的，大学生的平均 IQ 超过 110，而能够完成专业或研究所教育的平均 IQ 则超过 120。因此，智力对医学院或研究所成绩的贡献就不是那么大，因为每个人都很聪明，像用功或人格等条件，才是决定成绩好坏的因素。要玩篮球，你必须长得高，NBA 选择球员会看身高，因此 NBA 球员的身高比一般人都高出许多，因此 NBA 球员身高与得分间的相关可能接近于 0。我们不能因此就说智力与医学院或研究所的成绩无关，就如同我们说身高与篮球无关，是毫无道理的。

像 SAT 与 GRE 等是测量智力的主要测验，它们比任何已知在预测真实世界行为的工具都更为可靠。然而，测验有时被误用，因而失去了测量人类行为的基本价值。若能被适当运用，它们就可以使决策更为公平，且更为精确，而有助于莘莘学子规划其未来教育。

智力测验真的能反映出才能吗?

IQ、SAT 与 GRE 并非一般智力的量数

斯蒂芬·J. 塞西 (Stephen J. Ceci),康奈尔大学

有个关于某位男士等公交车的有趣故事。当一位女士推着一辆躺着她小孩的婴儿车到站时,男士窥视车内说道:

男士: 你的宝宝好可爱!

女士: 快别这么说——你该看看她的照片!

我们都知道,人们似乎对照片比对事实有兴趣,就像智力测验的得分(照片)要比它们所要预测的对象(婴儿)更受重视。

数以千计的"效度"研究指出,一般智力测验可以预测各式各样的行为,虽不完善,但总是比我们所能测得的其他量数更好:如 IQ 得分对大一成绩的预测力比高中年级或推荐信好,它们对研究生一年级成绩的预测力也比大学成绩与推荐信为佳。不过,IQ(SAT 或 GRE)的预测力只有中等程度,且根据此得分预测申请者的在学等级会有很大的差异性。然而运用测验的人还是认为,即使只有中等的预测力,与不用测验相比,行政官员还是可以借此进行较佳的决策(Hunt,1996)。

多年来,我主持了研究生入学委员会,其间最令人伤感的体会就是发现我们过度重视诸如 GRE 等测验分数。我承认,当两位申请人的 GRE 得分与等级相近时,是有区分二人的其他考虑的,但是,除非学校为了财务理由要补足缺额外,测验得分极低者不予录取是项通则。

曾担任过入学委员会的委员都可以说上一些故事——关于得分高的申请入学者,最后却成为没有创意且功课又差的失败者;或者有关一位测验低分却努力争取入学,最后跌破专家眼镜成为佼佼者。我并不认为像 GRE、IQ 分数、SAT 等一般智力量数是没有价值的,但是它们也不是尽善尽美的。精通这些测验的申请入学者,只是代表他们是在这方面很在行的一类人而已,而其他类型的申请人(比如,具备现实世界各种技能者、人际关系强者、很有创意者等)则可能有系统地被淘汰出局。

然而对一般智力测验我最严厉的抱怨是,它们不再是对一般智力的测量,而只是与数学或历史成就测验无异的测验。与其他成就测验一样,GRE、IQ 分数、SAT 很容易受到外在因素影响,包括演练、曾就读学校的素质、父母的学历和收入。即使控制了最初的数学倾向,"在校时的数学等级是 SAT 数学分数的预测指针"这一研究发现应该是不足为奇的,意即,就算数学分数加入了预测大学或研究所成绩等级的行列,它们也不是在测天赋的数学能力,而像是在测量一位进入不教俄文学校的学生其精通俄文程度的测验得分一样。因此,我将智力测验视为只不过是种成就测验而已,只是测得一个人获得多少知识的指针,它们并没有办法告知我们不同

斯蒂芬·J. 塞西

情境下个人实际具有的能力,尤其是那些不同于回答正确答案的测验情境下的能力。此外,这些测验并没有为我们提供关于一些有潜在价值却没有被测量的天赋能力的信息,如创造力、实践智力、组织力、动机,以及管理自我与他人的能力——这些与俗称智力测验似乎无关,而且被证实可预测重要教育成果的智能。

最近有大量的研究探讨 SAT 与 GRE 的预测效度,而且就算这些测验可以预测大一的成绩,它们的预测力也会逐年衰退。更有一篇研究甚至指出,GRE 对大一以后的成绩,不管是大二、大三还是大四,完全没有预测力,也不能预测创造力或博士研究资格(Sternberg & William,1997),虽然不可能有所谓"睡眠者效应",但是我们也不可能终止智力测验得分对日后职业成就与收入的预测工作。虽说成就测验还是有很多实际有效的用途,但是,在它们还未能触及各种能力与成就前就当"一般智力测验"来用,是相当不明智的。因此,在其预测力尚不够完备前,我们还是别将"照片"与宝宝本人混为一谈。

本章摘要

1. 智力有很多不同的定义。有些学者单纯地主张，智力就是智力测验所测得的分数。其他学者视之为一组普通能力，包括从经验中学习、以抽象术语进行思考，以及有效处理个人环境等能力。

2. 一个好的智力测验必须是可靠的——它必须能产生一致和可重复的结果。复本信度展现在同一测验的两种形式间彼此有高相关。一个具有良好内部一致性的测验在于，该测验的不同项目间彼此有高相关。当我们使用较为主观性的评量，而由评分者评定反应者的答案时，研究者会希望得知评分者间的信度。

3. 具有好的效度的测验，指它们能测量到所要测量的东西。效标或实证效度的展现，在于该测验与另一个也是测量同一建构的测验得分间有高相关。结构效度的展现，在于该测验得分能合乎学者理论上建议理应呈现的预期方向。

4. 第一个成功的智力测验是由法国心理学家比奈发展出来的，他提出心理年龄的概念。聪明孩子的心理年龄会在其实际年龄之上；心智迟滞的小孩心理年龄会在实际年龄之下。智力商数概念，为心理年龄和实际年龄的比率（乘以100），被引用于斯坦福-比奈量表中。许多智力测验分数仍以IQ表示，但它们实际上已不再根据这个公式来计算。

5. 比奈和发展韦氏成人智力量表的韦克斯勒均假设，智力是一种普通的推理能力。

6. 同样地，斯皮尔曼也提出一种构成不同测验项目的普通能力（g因素）。决定构成智力测验表现能力类别的一个方法，是因素分析。

7. 加德纳的多元智能说最初主张有7种相互独立的智能，各自依循其规则在脑部独立系统（或分子）中运作。这些智能是：（1）语言智能；（2）音乐智能；（3）逻辑-数学智能；（4）空间智能；（5）身体-动觉智能；（6）自我认知智能；（7）人际智能。

8. 安德森的智力与认知发展理论，主张智力的个体差异肇因于基本处理机制的不同，它可以形成思想，并进而产生知识。

9. 斯腾伯格的三元论主张智力由三个亚理论组成：组成（成分）论——探讨思考历程；经验论——探讨经验对智力的影响；情境论——考虑个人所处外在环境与文化对智力的作用。根据其组成论，思想有三种关键性的成分：元成分或分析能力、操作要素或创造能力，以及知识获得成分或实用能力。

10. 依塞西的生物生态学智力理论，日常生活或真实世界的智力表现，无法单由IQ或普通智力的某些生物观点即可加以解释，而是有赖具丰沛、组织完备知识基础的多重认知潜能间的交互作用。

11. 其他文化比北美与欧洲文化更强调社会智力。

12. 行为科学家通常计算分数的方差来量化一组人彼此在某一特质或能力上的差异程度。团体彼此差异越大，方差便越高。研究者因此可以判断有多少变异数是来自不同的原因。用来解释个体间某特质遗传变异的比例，被称为该特质的遗传率。

13. 遗传率的估计可从比较同卵双生子（共享所有基因）的相关及异卵双生子（平均共享一半的基因）的相关得到。假如，同卵双生子比异卵双生在某一特质上更相像，则该特质可能会有遗传的成分。遗传率也可以经由在不同环境分开养成的同卵双生子间相关的评估而得。像这类配对间的任何相关必然都可归之于遗传的相似性。

14. 遗传率是有关个体间的差异，不会指出某特质在个体身上有多少比例是基因所造成的。它不是特质的固定属性：一个群体中假如某一特质的变异性发生改变，遗传率也会改变。遗传率指的是团体内的变异量，而非团体间差异的来源。遗传率可能显示出，环境改变可能改变一总体的特质平均水平。

核心概念

智力	效度	韦氏成人智力量表	一般智力因素（g因素）
信度	效标或实证效度	学术能力评估测试	加德纳的多元智能理论
复本信度	测量的效标问题	（SAT）	安德森的智力理论
内部一致性	结构效度	美国大学入学考试	斯滕伯格的三元论
评分者间的一致性	斯坦福-比奈智力量表	（ACT）	塞西的生物生态学理论
评分者信度	智商（IQ）	因素分析	遗传率

第十三章　人格

13

奥斯卡·斯托尔（Oskar Stohr）与杰克·尤菲（Jack Yufe）是出生在特立尼达岛并于产后不久即被分开的同卵双生子。他们的母亲把奥斯卡带到德国，而由他的外祖母抚养成一个天主教徒与纳粹党员；杰克则与犹太父亲留在特立尼达，被抚养成犹太教徒，且在青少年阶段有部分时间在以色列集体农场度过。这两家从未联系过。

当他们接近 50 岁时，借由明尼苏达大学双生子分开抚养研究而聚首时，虽说之前他们只见过一面，但是却表现出惊人的相似性：他们都留了胡须、戴着金属框眼镜，以及穿着蓝色双环肩章套装。他们的态度与气质也很相似，而且拥有共同的癖好：都喜欢辣食、甜饮料，会心不在焉，厕前先冲水，喜欢将奶油吐司浸在咖啡中，也喜欢在电梯内打喷嚏吓人取乐。

明尼苏达大学双生子研究中还有很多组双生子也展现出相似性，如照片中的双生子，他们在出生后即分开，直到 31 岁时才

又团聚，当时两人都是救火队员。是什么原因造成了这种相似性？当然不会有所谓的救火基因或浸泡吐司基因，抑或是电梯内打喷嚏吓人的基因，但是这些相似性表明，较基本的人格特征还是有遗传成分。个体间的相似与相异性，确实带给心理学一些挑战。

人与人之间，在很多方面会与他人有相似之处，本书所讨论的生物与心理历程，发展、意识、知觉、学习、记忆、思考、动机与情绪，对于我们所有人而言都是一样的，但是人与人之间还是在某些方面存在差异：我们每人都有独特的能力、信念、态度、动机、情绪与人格特质模式，使我们得以与众不同。

本章我们研讨在 20 世纪主导人格心理学的 4 种理论取向：心理分析、行为主义、人本主义与认知理论。我们也将探讨进化论，它是近 20 年来才被运用来了解人格的理论。在回顾这些理论时，我们还提出一些至今尚未有满意答案的问题：我们的信念、情绪与行动有多大的自由空间？它们是如何被控制力以外的因素决定的？我们本性是善良、中性还是邪恶的？是固定不变的还是可改变的？在主宰我们命运上是主动还是被动的？构成心理健康或缺少健康的因素为何？这些并非实

这对双胞胎出生时就分开，在 31 岁时再次碰面，却在兴趣与习性上呈现惊人的相似性

证性的议题，人格理论也不需明白回答这些问题，但是各种人格理论却都隐含有这些问题的答案——一组有关人性的独特的基本假设。从历史上来看，这些较属于哲学性的因素在提出争议性议题与赢得有关人格解释争议方面，其重要性不在实证性研究资料之下。

我们还要重回第三章的重要议题上：先天与后天的交互作用。在第三章，我们探讨了与生俱来的生物因素与个人环境事件如何交互作用以决定发展历程，并特别聚焦于使我们相像的因素上。例如，我们会考虑成熟此先天决定因素，如何使环境互异的所有儿童均历经相同的发展阶段与顺序。本章中，我们则讨论使我们彼此殊异的生物与环境因素——换言之，就是探讨那些创造出个体差异性的因素。不过，首先还是让我们来谈谈人格测量的方法。

第一节　人格测量

人格（personality）可以被界定为个体与物理和社会环境交互作用的个人风格，具有独特和有特性的思考、情绪和行为的特有模式。当我们被要求描述日常生活中一个人的人格时，可能会使用人格特质的用词——如"外向的""正直严谨的"等形容词。长久以来，人格心理学家一直在尝试设计一套正式的方法，以我们日常生活的用词，系统地描述和测量人格。他们还特地尝试用三种方法以超越我们日常人格特质的限制。首先，他们试图将特质用词减少到一个足以处理而仍包含人格多样性的数量。其次，他们试着确定他们测量人格的工具是可靠、有效的。最后，他们做实证研究以探讨特质间及特质与特殊行为间的关系。

找出一个范围广泛又可处理的特质数量方法之一是查字典，其假设是，经过语言的进化，语言会编码日常生活中形成个体间最重要差异的特性。语言蕴含着文化累积的经验，而完整的字典便是该经验的书面记载。在20世纪30年代，两位人格心理学家查完整本字典实际地推进了该项工作。他们发现了近18,000个有关行为特征的字词——大约是英文字典的5%。接着，他们删减词义不清和同义词，将字词减到约4,500词。最后，将词单组织为有心理学意义的小组（Allport & Odbert，1936）。

后继的研究者应用这些特质用词，进行个体的人格测量。他们要求了解个体的同伴评价他/她在量表上的每个特质。例如，评分者可能被要求用一个七点量表评量一个人友善的特质，从"一点也不友善"到"非常友善"。通常此类量表会标注两个相反特质，例如，"支配的-服从的"或"诚实的-不可靠的"。此外，还要求个人在量表上评量自己。

例如，雷蒙德·卡特尔（Raymond Cattell，1957；1966）首先将奥尔波特-奥德波特（Allport-Odbert）量表的词单浓缩到200个词以下，然后取得同伴和自我的评量。接着，他用因素分析的方法判断有多少构成人格因素可以解释特质评量间组型的关系。他的因素分析产生了16个因素。相似的程序由英国心理学家汉斯·艾森克（Hans Eysenck）采用，而产生两个人格因素：内向-外向及情绪的不稳定性-稳定性，他称之为神经质（Eysenck，1953），此外，艾森克还提出第三个维度。**内向-外向**（introversion-extraversion）是指一个人的基本取向指向自己或外在世界的程度。在量表上，内向的一端是害羞的，喜欢独自工作，倾向于退缩到自己的世界，特别是在情绪紧张或面对冲突时。处于外向一端的个体是善交际的，喜欢与别人一起工作的职业，有压力时，他们会寻求同伴。**神经质**（neuroticism）是（不稳定性-稳定性）情绪的一个面向，易怒的、焦虑的、心情不定的、适应不良的在神经质的或不稳定的一端；冷静、适应良好的在另一端。图13-1显示这两个因素如何组成一些与因素相关的次特质。

有多少基本的人格因素呢？即使用像因素分析这么严谨的分析过程，也尚未有定论。因此卡特尔得到16个而艾森克得到2（或3）个，其他研究者得到的仍是不同的数目。在此，我们碰到类似先前我们定义智力概念的因素数目时的状况：可能是一个（斯皮尔曼的普通智力因素，即g因素）、7个（瑟斯顿的基本心理能力），或多到150个（Guilford，1982）。

有些差异的产生，是因为放入分析的特质不同，有些是因为放入分析的数据形态不同（例如，同伴评

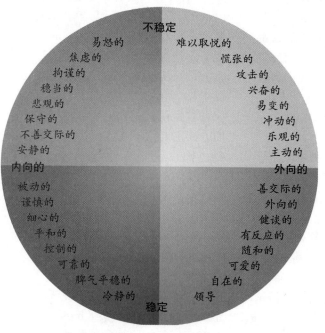

图13-1　艾森克人格因素

本图显示艾森克和其他人以因素分析研究特质间交互相关的两个主要因素。稳定-不稳定轴，定义神经质因素；内向-外向轴，定义外向性因素。围绕圆周其他的用词只是与此二因素有关的其他特质（资料来源：H. J. Eysenck & S.Rachman, *The Causes and Cures of Neurosis*, by H. J. Eysenck. Copyright © 1965 by H. J. EysenckandS. Rachman. Reprinted by permission of EdiTS.）

外向者并不担心自己成为注意的焦点

概念摘要表

大五特质因素

本表显示从各种评量工具因素分析后所出现五个可信的特质因素。配对的形容词是构成特质量表每个因素的范例（McCrae & Costa, 1987）

特质因素	代表的特质量表
开放性（O）	因袭的—原创的
	不冒险的—胆大的
	保守的—自由的
责任心（C）	不在意的—谨慎的
	不可靠的—可靠的
	忽略的—严谨的
外倾性（E）	退却的—交际的
	安静的—健谈的
	抑制的—自发的
宜人性（A）	易怒的—好脾气的
	残忍的—软心肠的
	自私的—无私的
神经质（N）	冷静的—焦虑的
	坚强的—脆弱的
	安全的—不安全的

量对自我评量）；有些则是因为使用不同的因素分析方法。但大部分的不一致是因为个人偏好。偏好差异性大或条理详尽人格描述的研究者，会设定较低的效标而接受较多的因素，并认为如果因素进一步合并会导致差异性的流失；其他的研究者如艾森克，则偏好合并几个较低层级的因素成为概化性更大的因素，主张这样的因素更稳定（更可能在其他分析中再合并）。例如，当卡特尔的 16 个因素本身被因素分析，即出现了艾森克的两个更高层级的因素。我们因此可以这样认为：一个特质的阶层组织中较广泛、一般性的特质，是由数个从属的、较狭窄的特质所组成的。

然而，先不管这些差异，许多特质研究者之间出现了一致性，认为 5 个特质维度是最好的组合（Ozer & Reise，1994）。虽然这 5 个因素——现在被称为**"大五"特质**（Big Five），最初是从奥尔波特–奥德波特特质清单的因素分析中确认出来的（Norman，1963），目前从许多人格测验中也出现了相同的 5 个因素（McCrae & Costa，1999）。虽然学者对如何命名和解释因素仍不一致，但一个合理的概述方法是，以各自首字母拼成 OCEAN：**开放性**（openness）、**责任性**（conscientiousness）、**外倾性**（extroversion）、**宜人性**（agreeableness）、神经质（neuroticism）。概念摘要表列出一些构成这 5 个因素特质量表的一些代表性范例。许多人格心理学家认为，"大五"的发现和效度验证是近代人格心理学一个重要的突破。支持五大特质的学者认为，这些核心特质组成了比其他学者所讨论过更为凝练的大量人格特征（McCrae & Costa，1999）。换言之，他们认为所有层面的人格都包含在五大特质之中。

人格量表

大多数人格测验并不真正地要求个体直接地在人格特质维度上评量自己，而是问一些在某些情境下他们如何反应。例如，他们可能被要求指出同意或不同意诸如"我经常尝试新的和外国食物"或"我真的喜欢大多数我碰到的人"这样的问题。这类衡量人格的问卷被称为**人格量表**（personality inventories），类似问每个人同样问题的结构式访谈，而答案通常是容易计分的形式，且往往是计算机计分。人格量表的每个题目均代表某一特殊人格特质的描述句，类似题目的分测验总计为每个特质量表的分数。例如，"我经常尝试新的和外国食物"是设计用来测量"大五"之中开放性的题目；"我真的喜欢大多数我碰到的人"，是外倾性量表中的题目。

人格量表大多数的题目最初是根据每个发展者的特质理论编成的，然后依据他们与同一量表中其他题目是否有相关来决定保留或删除。通常有许多预试的题目被放在最初的量表中，对一大群人施测。然后将他们的作答反应进行因素分析以决定哪些题组是彼此相关的，以及这些题组是否真正属于他们原先设计的特质量表。

明尼苏达多向人格量表（MMPI）有一个迥然不同的测验建构方式被称为效标关联法（criterion-keyed method），或称实证建构法（empirical construction），是从人格量表中最为流行的**明尼苏达多向人格量表**（Minnesota Multiphasic Personality Inventory，MMPI）发展的方式。原始的 MMPI 是一个精神病治疗中晤谈用的纸笔测验版本（Hathaway & McKinley，1943）。它包括关于态度、情绪反应、身体和心理的症状及经验等 550 多个陈述。被试用"是""否""不清楚"来回答每个陈述。下面是 4 个范例：

1. 我从来没有为了寻求刺激而做过任何危险的事情；
2. 我很少做白日梦；
3. 我的父母经常命令我服从；即使我觉得那是不合理的；
4. 有时我的思考跑得比我说话还快。

MMPI 不是以理论为基础来编制题目，而是把诸如上述数百种题目于许多团体中施测，每个团体在特殊效标上都与常模不同。例如，设计区别妄想症和正常人的量表题目时，即给这两个团体的被试相同的题目：效标组由被诊断为妄想症的患者组成；控制组则在年龄、性别、社会经济地位和其他重要变量方面类似，但从来没有精神上的毛病。只有能区分精神病组和控制组的题目才予以保留。表面上似乎可以区分正常人与偏执妄想者的题目（例如，"我认为多数人为了要出头而说谎"），在实证测验时未必有效。实际上，被诊断为偏执妄想的患者比正常人可能很少对此问题回答"是"。最后测验时，每个题目的反应得分乃根据他们与效标组答案的一致性来评分。

MMPI 是第一个除了考虑内容量表外，还使用一些效度量表的重要量表。这些量表是为了试着判断被试是否很谨慎地、很诚实地回答问题。假如个体在此类量表分数太高，则他在内容量表的分数解释必须特别谨慎或完全弃置不用。这些量表虽有些帮助但尚未能成功地侦察出无效分数。表 13-1 列出了经常在 MMPI 计分的三个效度量表和十个内容量表。

因为 MMPI 是从效标和控制组的差异衍生而来的，所以被试所说是否为真就不重要了，重要的是他"说"的事实；假如在"我妈妈从来不爱我"的叙述中，精神分裂者回答"是"，控制组回答"否"，那么不管他们的母亲实际上是否真的如此，此题的答案都是可以区别二者的。这是效标关键法相对于测验建构者假设某些答案指出特殊人格特质之测验而言的优点；然而其缺点则是，我们对测验反应和所确认的人格特质间的关联，无法有实际理论上的了解。

MMPI 以 1939 年开始的研究为基础，于 1943 年出版。现在 MMPI 有超过 8,000 个出版的研究，最少被翻译成 150 种语言。甚至有私人公司提供量表的计算机评分和解释。

多年以来，MMPI 被批评有些量表的信度和效度不强。显然，原量表已过时并应修订。不过，由于原始版本巨量的现存资料，多数研究者对此工作望而却步。尽管如此，修订的工作还是完成了。MMPI-2 于 1989 年出版，它并入一些很重要的版本且仍保留原始版的基本特征，包括一些原始的题目。

总之，MMPI 大致上在区别正常和不正常人方面最有价值，且能用来评量特殊个体的整体困扰严重性（Meehl & Dahlstrom，1960）。然而，在更精细地区别不同形式的精神病患方面，它则较不成功。

然而，还是有很多针对 MMPI 运用于不同文化样本时的批评（Dana，1998）。MMPI 的原始常模——那些视为"健康"的分数，是根据美国样本而得的，并不能代表各种族、宗教背景、年龄，以及社会阶层的人。针对本问题，MMPI 的出版者已根据全美各社团（区）的代表性样本，建立了各种新的常模。但是还是有人关心 MMPI 的常模未能反映出正常与否的跨文化变异性。此外，MMPI 译本用词的正确性，以及这些译本与英文本的可比较性，均受到了质疑（Dana，1998）。

虽然 MMPI 最初的设计是用来确认严重的人格紊乱者，但也被广泛用于对正常人的研究。因为

表 13-1 MMPI 量表

前三个是"效度"量表，协助判断被试回答问题时是否很谨慎、很诚实。例如，F（Frequency）量表测量罕见或非典型答案的程度。如果这个量表分数高，则通常表示个体在回答时是不仔细的或混淆的（然而，F 量表分数高，经常伴随高精神分裂症量表得分，该量表测量奇怪的思考）。所保留的"临床"量表，是从原量表中精神病失调类别来命名的，但现在的解释则强调人格特质而不是诊断的类别。

量表名称	量表缩写	高分数的解释
说谎	L	否认一般人共同的弱点
诈病	F	人格侧面图无效
校正	K	防御的、推托的
疑病	Hs	强调身体的不适
抑郁	D	不快乐、压抑的
癔症	Hy	用否认问题来反应压力
精神病态	Pd	缺乏社会从众，经常有法律问题
男性化－女性化	Mf	男性女性化倾向，女性男性化倾向
偏执狂	Pa	怀疑
精神衰弱	Pt	忧虑、不安
精神分裂	Sc	退缩、怪诞的思考
轻躁狂	Ma	冲动、兴奋的
社会内向－外向	Si	内省的、害羞的

MMPI 并未适当地取样一些描述正常人格的特质，所以研究者又发展了加州心理调查表（CPI），它采用许多相同的题目设计。CPI 量表测量像支配性、社会性、自我接纳、责任和社会化的特质。有些量表的比较组别是来自高中生和大学生认为在某特质量表上会被评为高分或低分的同学所组成的。如在支配量表上，效标组由被同伴描述为高支配性的（攻击的、自信的、自我信赖的）学生组成，控制组则由被同伴描述为低支配性的（退缩、缺乏自信、抑制的）学生组成，显示效标组和控制组得分上有统计显著差异的题目被汇编为支配性量表。CPI 目前仍然是测量正常人最为有效的人格量表之一（Megargee，1972）。

Q 分类法 一个测量人格特质的特别方法是 Q 分类法（Q-sort，字母 Q 是任意的选择，没有特别的意义）。借助这个方法，评分者或分类者可以对将近 100 张卡片分类成堆，来描述一个人的人格。每张卡片包含一个人格描述（例如，"有广泛的兴趣"或"是自我挫败的"）。评分者将卡片分为 9 堆，将描述最少的卡片放在左边，描述最多的放在右边，其他卡

片放在中间。那些似乎是又似乎不是人格特征的放在最中间的那堆（左起第 5 堆）。因此，每个 Q 题目分数从 1 到 9，数字越大表示个体越具有该项特征（有些 Q 分类少或多于 9 堆，但原理是一样的）。

乍看之下，要求评分者在一组特质中评定个体，和用一个九点量表似乎并无不同。实际上，假如研究者愿意，我们就可以借助这种方法得到题目的分数。在填写评定量表时，评分者会在内心对个体与其他个体进行比较（例如，评分"非常友善地"，即暗示与他人相较，个体非常友善）。然而在执行 Q 分类时，评分者显然是对同一个体内（within）每个特质与其他特质间进行比较（例如，将"友善地"放在第 9 堆暗示与其他特质比较，友善是个体特别显著的特征）。

此外，两个 Q 分类可以计算其间的相关，并做量化的比较，因此可以评估两个个体在其整体人格结构上相似的程度。假如两个 Q 分类是先后对相同个体两次施测所得，则该相关是评估 Q 分类的再测信度或是个体在一段时间中整体人格剖图的连续性。假如两个 Q 分类是单一个体由两个评分者的描述，则相关便是评估 Q 分类评分者间的信度或两个人用相同的方法知觉同一个人（例如，在婚姻咨询中，

有助于评估配偶彼此知觉满意或不满意程度）。最后，假如其中一个 Q 分类是对一些假设性人格类型的描述，则个体 Q 分类和假设性分类相关是评估受评者和该人格类型相似的程度。例如，研究者有临床心理学家建构的假设性"最佳适应人格"Q 分类，则一个人 Q 分类和假设分类的关系便可以直接地解释为适应分数（Block，1961，1978）。

特质取向本身就不是一个人格理论，而是一种研究取向，以及评量适合评量个体稳定特征的一套方法。人格特质本身无法告知我们人格功能的动态历程，试图发展此人格理论的特质心理学家，就必须从其他取向，找寻足以探讨人格心理学次要任务的一些概念，以整合影响个体和物理、社会环境交互作用的许多历程（如生物、发育、学习、思想、情绪、动机，以及社会互动），使之成为一个对完整个人提出整合性解释的理论模式。

◆ 小结

为取得一个范围广泛但可处理的人格特质数目以便评估个体，学者首先从字典中搜集所有人格特质的词汇（约 18,000 个），再将其减少到较少的数量。将个体在这些词汇的评量值进行因素分析，以确定足以解释这些评量间相关所需的基本维度数。

虽然不同的学者求得不同的因素数，但目前大多数学者相信 5 个因素是最佳的整合。这些因素被称作"大五特质"，各因素的首字母可以组成"OCEAN"：开放性（openness）、责任性（conscientiousness）、外倾性（extraversion）、宜人性（agreeableness），与神经质（neuroticism）。

人格量表是个体回答他们在特定情境的感受或反应的问卷。每组项目反应的分数总和为调查表内各分量表或因素分数。

虽然大部分调查表的题目是以理论为基础所编成或选择的，它们也可以根据外在的效标相关作为选择的基础——被称为测验建构的效标关键法，最负盛名的是明尼苏达多向人格量表（MMPI），它是用来找出心理异常者的。

Q 分类法是一种评量人格的方式，评价者将描述人格的卡片分成 9 堆，把最不适合描述当事人的卡片置于最左边的第 1 堆，而最能描述的置于右边第 9 堆。

◆ 关键思考问题

1. 在大五人格特质的某些得分上体现出了性别差异。你预期在哪些特质上会存在性别差异，差异的方向为何？

2. 你如何评量你的大五人格特质？你认为可以用这种方式正确描绘出你的人格吗？有什么重要的人格层面似乎无法以这种方式描绘出？如果你和你的密友（或家人）一起描述你的人格，你认为在哪些特性方面你们可能会有不同意见？为什么？你认为在描述自己的人格时，是否有哪些特质是别人实际上可能比你更能正确描绘的？如果有，那是为什么？

第二节　心理分析理论

心理分析理论的创始者弗洛伊德，是 20 世纪极具智慧的人物之一。**心理分析理论**（psychoanalytic theory）的基本前提为，我们所思所行有许多是由无意识历程所推动的。就科学理论而言，不论心理分析理论的缺点为何，人格的心理分析观点，仍是有史以来最广泛且具影响力的人格理论，所造成的冲击甚至延伸至心理学领域之外，普遍地影响社会科学、人文学科、艺术及社会。虽然今日心理分析理论不再像几十年前那样居于心理学界的中心地位，但其许多理念仍被纳入心理学思潮的主流中。即使父母们只是偶尔遵照精神科医师本杰明·斯波克（Benjamin Spock）最畅销的著作《斯波克育儿经》（Baby and Child Care）一书中的指引来养育子女，他们已不自觉地俨然成为一位弗洛伊德派的心理学者。

弗洛伊德以神经科医师身份开始其科学生涯，当时他使用传统医学疗程治疗各种"神经"异常患者，由于治疗经常失败，他也曾使用催眠术，但随即放弃，最后，弗洛伊德发现了**自由联想**（free association）法，指导患者将心中所有不论显得多么琐碎或令人困窘的想法全部倾诉出来，弗洛伊德经由仔细聆听这些口语叙述的联想，发现一致的主题，他认为这是无意识欲望及恐惧的表现，而弗洛伊德也在梦的回想及早年儿童期记忆中发现相似的主题。

弗洛伊德将人心喻为冰山（见图13-2），浮现在水面上的一小部分是意识及前意识。**意识**（conscious）是指现在的知觉，**前意识**（preconscious）则是指目前不在心中，但若经由回想即可将之带入意识状况的所有信息（例如，美国总统的姓名）。这座冰山沉在水面下的绝大部分代表着**无意识**（unconscious），其中贮藏了影响思想及行为的冲动、欲望与无法触及的记忆。他并非第一位发现无意识心理影响的学者，莎士比亚早已将这些影响写入其戏剧之中，但他却是首先彰显无意识在日常生活的正常人格运作中的重要性的学者。

与弗洛伊德重视无意识历程关系密切的观点是，他对人类行为的决定论信念。**心理决定论**（psychological determinism）主张所有思想、情绪及行动均有缘由，弗洛伊德进一步认为，不仅所有心理事件其来有自，而且大部分心理事件皆导因于未获得满足的驱力及无意识欲望。在弗洛伊德最早期的著作《日常生活的心理病理学》（*The Psychopathology of Everyday Life*，1901）一书中，他认为梦、幽默、遗忘以及失言（弗洛伊德式失语）都是为了满足被禁止的冲动或无法实现的欲望而得以释放心理的紧张。

弗洛伊德共完成了24部著作，其中首部重要力作《梦的解析》（*The Interpretation of Dreams*）出版于1900年，最后一篇论文《心理分析大纲》（*An Outline of Psychoanalysis*）则于弗洛伊德逝世后一年，即1940年出版，我们此处所能呈现的仅是弗洛伊德人格理论中最浅显的轮廓。

人格结构

由于弗洛伊德发现自己所提出的冰山模式（iceberg model）过于简略，无法用以描述人格，因此进一步发展其结构模式，将人格区分为三个彼此互动以控制人类行为的主要系统：本我、自我与超我。

本我 本我（id）是人格中最原始的部分，自我与超我日后均由本我中发展出来。本我早在新生婴儿身上已然存在，是由基本生物冲动（或驱力）所组成：包括饮食、排泄、避免痛苦，以及获得性（感官）快乐等需求。弗洛伊德相信攻击也是一种基本的生物驱力。事实上，他相信性及攻击驱力是人

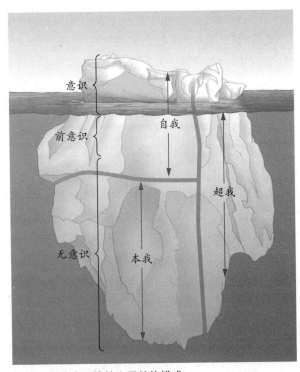

图13-2 弗洛伊德的心灵结构模式

在弗洛伊德的心灵"冰山"模式中，所有本我及大部分的自我与超我被淹没于无意识中，小部分的自我与超我则存在于意识或前意识状态

们终其一生决定人格的最重要本能性因素。本我就像稚龄幼童，在寻求这些冲动的立即满足。本我奉行唯乐原则（pleasure principle）：不论外在环境如何，本我都努力去获得快乐、逃避痛苦。

自我 儿童很快地便了解到冲动总是无法立即获得满足：肚子饿的时候等人喂食、排泄大小便的压力必须延迟到厕所里才能解放、某些冲动（如玩弄生殖器或攻击别人）则可能遭到父母惩罚。因此，当儿童了解应考虑现实需求时，一个人格的新部分——**自我**（ego），便发展出来了。自我服从现实原则（reality principle），即冲动必须延宕到适当的情境时才可获得满足。自我基本上是人格的管理者：它决定何种行动才算适当，也决定那些本我冲动将以何种方式获得满足。自我在本我的需求、外在世界的现实性以及超我的要求间居中调解。

超我 超我（superego）是人格的第三个部分，可判断行为是对是错。更广泛来说，超我是社会价值及道德的内化象征，包含了个体的良心及个人对道德的理想意象〔被称为自我理想（ego ideal）〕。

超我是在响应父母的赏罚过程中发展出来的。父母最初直接以奖赏或惩罚来控制儿童的行为，之后儿童将父母的标准纳入超我中，并自己控制行为表现。儿童不再需要任何人来告诉他们偷窃是不对的，超我自然会提醒他们。违反了超我的标准，抑或只是有如此做的冲动时，将会产生焦虑，而此焦虑则源于儿童担心失去双亲之爱。依照弗洛伊德的看法，这种焦虑大部分是属于无意识的，但也可能使人感受到罪恶感。如果父母亲的标准过于严苛，个体可能就会受制于罪恶感，进而抑制所有攻击或性冲动。相对地，一个人的言行若无法符合社会标准而被人接受，其行为将缺乏约束，可能会过度自我放纵或有犯罪的行为，我们称这样的人拥有一个薄弱的超我。

人格的三个组成部分时常处于对立的状态：自我延缓了本我想要立即获得的满足，超我则因行为时常未达到其所代表的道德律而与本我和自我相抗争。在一个整合良好的人格中，自我虽力保稳定但仍能弹性地掌控，依循着现实原则来管理。以弗洛伊德早期的冰山模式而言，他认为所有本我及大部分的自我与超我均被淹没于无意识中，小部分的自我与超我则存在于意识或前意识状态（见图13-2）。

人格动力

能量守恒　19世纪时物理科学获得了显著的成果，弗洛伊德深受德国物理学家赫尔曼·冯·亥姆霍茨影响，认为在物理学界成果卓著的相同原则也可以用来解释生理事件。弗洛伊德对能量守恒（conservation of energy）原则的印象特别深刻。能量守恒原则是指能量可以变化为各种不同的形式，但既不能再产生，也不会被消灭——他假定人类也是一个封闭的能量系统，每一个人都有固定的心理能量，弗洛伊德称此能量为**力比多**［libido，拉丁文原意是指"欲望"（lust）］，这反映出弗洛伊德以性驱力为重的观点。

依能量守恒原则的推论，假若抑制一个被禁止的行为或冲动，其能量将于系统中寻求另外一个出路，而且可能以伪装的形式出现。因此包含着心理能量的本我欲望必须以某些方式表达，抑制其表达并不能消灭这些欲望。例如，攻击的冲动可以借由赛车、下棋或讽刺的幽默感来替代，梦和神经质症状也会出现于

"很好，让我为你介绍。自我，来见见本我。现在你可以回去工作了"

心理能量受到阻碍而无法直接表达之时。

焦虑与防御　当个体怀着一股冲动亟欲从事一些被禁止的事情时，就会觉得焦虑，降低焦虑的方式之一是以伪装的形式表达冲动，这样可避免受到来自社会或代表社会内在象征的超我的惩罚。弗洛伊德和女儿安娜曾描述数种**防御机制**（defense mechanisms），或可供个体用以防止或减少焦虑的策略，概念摘要表列出了其中几项。

所有人皆会偶尔运用防御机制，防御机制可帮助我们渡过难关，直到我们可更直接地面对压力情境。只有当防御机制变成响应问题的主要模式时，才会显示出人格适应不良的现象。此处，我们将讨论几种较常使用的防御机制。

压抑　弗洛伊德认为**压抑**（repression）是基本且最重要的防御机制，在压抑作用中，使人觉得过于威胁或痛苦的冲动及记忆均被排除在意识状态之外；会唤醒羞耻、罪恶感或自我反对的记忆通常也受到压抑。弗洛伊德相信人们普遍存在着对若干儿童期冲动的压抑现象，在后来的生活中，个体则可能压抑与自我概念不一致并因而引起焦虑的情感及记忆，对所爱的人产生敌意及失败的经验，也都会被驱逐出意识记忆范围之外。

压抑不同于抑制（suppression），抑制是有意的自我控制过程，使冲动及欲望在自己的掌控中（也许表面上否定冲动及欲望，但私底下仍保有它们），

或是暂时将痛苦的记忆推到一旁。个体可觉察到被抑制的思想，但对被压抑的冲动或记忆则大多无法察知。

弗洛伊德相信，压抑作用很少能完全成功。当被压抑的冲动威胁着将突破无意识而进入意识状态时，个体会变得焦虑（虽然不知道理由何在），并运用其他数种防御机制以阻止部分的压抑冲动进入意识中。

合理化　当《伊索寓言》中的狐狸以酸葡萄为由而拒斥这些摘不到的葡萄时，狐狸的反应正可说明**合理化**（rationalization）的防御机制。所谓合理化，并非指一般所谓的"合理的行动"，而是将合乎逻辑或社会期望的动机加诸我们所做的事上，使我们看来似乎采取了合理的行动。合理化有两项目的：当我们无法达成目标时，可减轻我们的失望（"反正我也不想要"）；如果我们冲动行事，或所表现的行为是基于连自己都不希望承认的动机时，就会合理化自己所做的事，以较有利的观点来界定我们的行为。

在寻求好理由而非真实理由的过程中，人们制造了许多借口，这些借口通常是看似合理的，它们只是没有说出所有的真相，例如，"我的室友没有叫醒我"或"我有太多其他事要做"可能都是事实，但也许并非此人未履行正在谈论的行为之真正原因，这些人真正应关切的事，是设定闹钟或找出时间。

一项有关催眠后暗示（见第六章）的经典实验可证明合理化历程。催眠师在催眠过程中指示被试，在他由恍惚状态醒来后会注意催眠师的举动，而且当催眠师摘下眼镜时，被试会去打开窗户，但他不会记得这是催眠师告知他去做的。在被试由恍惚状态清醒后，虽仍觉得有点昏沉，但很快就会环视房内四周的人，并继续与人正常交谈，且不时偷瞄地注意着催眠师。当催眠师无意间移去眼镜时，被试就觉得产生了一种想要开窗的冲动，他向窗户的方向踏出一步，但犹豫不前，无意识之下，他改变了自己是一个行事合理的人的期望，于是开始为自己的开窗冲动寻求理由，接着他说："这里不是有点闷吗？"找到了必需的借口后，他打开窗户并觉得舒服多了（Hilgard，1965）。

反向作用　有时人们会借着强烈表达相反的动机而隐藏自己真正的动机，这种倾向被称为**反向作用**（reaction formation）。一位不想要孩子而深觉有罪恶感的母亲，会变得过度溺爱及过度保护孩子，以保证对孩子的爱并确保自己是一位好母亲。在一个案例中，母亲希望为女儿做任何事，但却不了解为何孩子如此不知感激。这位母亲送女儿去上昂贵的钢琴课，每天花大量时间陪伴孩子练琴。虽然母亲自认为态度非常和善，但事实上她却十分苛求——真正的原因是满怀敌意。母亲虽未觉察自己的敌意，但直到面对敌意时，母亲才承认自己小时候非常痛恨钢琴课，于是在和善的意识伪装下，她无意识地对女儿表现出残酷的态度，而女儿已隐约地感觉到所发生的事情，并形成需要心理治疗的症状。

投射　所有人都拥有一些不想要的特质，有的是连我们自己都不知道其存在的特质，一项无意识机制——**投射**（projection），会将这些不想要的特质以夸大的程度加诸旁人身上，以保护自己免于察觉本身也拥有这些特质。如果你对别人有好批评或不友善的倾向，但若承认具有这种倾向将让你讨厌自己，那么要是你相信周围都是冷酷而不和善的人，则你对他们的无情态度就不再是源于自己的坏特质——你只是让他们"罪有应得"罢了；如果你让自己相信学校考试时其他人都在作弊，那么在你不愿承认的倾向下，打小抄的行为似乎也就不那么严重了。投射实际上是一种合理化作用，但由于普遍存在于我们的文化中，因此需要单独将之提出来讨论。

理性作用　理性作用（intellectualization）是企图借由抽象及理智的方式处理压力情境，而使自己得以从中解离。这是每日在工作上必须面临生死攸关问题的人经常需要的防御方式：医生常不断地面对生病受苦的患者，所以他们无法以情绪化的态度对待每一位病人，事实上，保持适当的情绪抽离对医生胜任其工作而言是基本而必需的。只有在理性作用成为一种普遍的生活形态，使人们将自己与所有情绪体验隔绝时，这种理性作用才会造成问题。

否认　当外在现实引起过多不愉快感受而使个体不愿面对时，他可能就否定其存在：生命垂危病重患者的父母即使已被充分告知诊断及预期的结果，仍

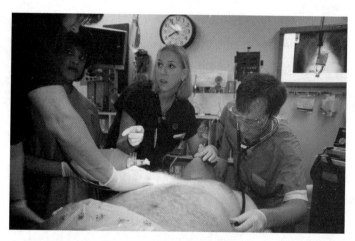

急诊室的医师可能需要发展出许多种防御机制以应对其高压力的工作

会拒绝承认孩子身上出现任何严重的毛病，因为他们无法忍受承认事实所带来的痛苦，于是就求助于**否认**（denial）的防御机制。此外，其他较不极端的否认现象则如：一个人持续地忽略批评、不去察觉别人对他的怒气；或无视于暗示枕边人可能另结新欢的各种线索等。

有时候否认现实也许比面对现实好。在严重的危机中，否认可为人争取时间而以渐进的步调来面对冷酷的现实，例如，若是脑卒中或脊髓受伤的患者完全清楚自己状况的严重性，他们可能会心灰意冷，但痊愈的希望则可激励他们继续尝试。军人常必须面对战斗或被俘虏的状况，他们表示，否认死亡的可能性有助于自己继续发挥能力。在这些情境中，否认显然具有适应的价值。然而另一方面，当人们延迟寻求医疗协助时，否认的负面影响就相当明显。例如，一位不愿承认乳房肿块是恶性肿瘤的妇女，会因此而拖延就

医，终致情况变得危害到生命。

替代 当不被接受的动机获得部分满足时，我们所讨论的最后一项防御机制就发挥了其功能（即降低焦虑的功能）。通过**替代**（displacement）的机制，无法以某种方式被满足的动机就会指向新的通路。我们曾在讨论愤怒时提到一个替代的实例，即当愤怒的情绪无法向挫折来源宣泄时，就会转向另一较不具威胁性的对象。弗洛伊德认为，替代是应付攻击及性冲动时最可使人满足的方式。虽然基本的驱力并未改变，但我们可改变驱力指向的对象。例如，对双亲的性冲动无法安全地获得满足，但此冲动可被替代至另一更合适的爱恋对象；不能直接表达的好色冲动，则可经由创作活动间接地表现，譬如艺术、诗词及音乐；敌意冲动亦可借着参与身体接触的运动而寻求社会可接受的表达方式。

替代似乎不可能真正地排除受挫的冲动，但替代性活动确实有助于减少当基本驱力受阻时产生的紧张。例如，照顾他人或寻求友谊等活动，可帮助人们降低与未获得满足的性需求有关的紧张。

概念摘要表

主要防御机制	
压抑	将过于威胁或痛苦的冲动及记忆均排除在意识状态之外
合理化	将合乎逻辑或社会期望的动机加诸我们所做的事上，使我们看来似乎采取了合理的行动
反向作用	借着强烈表达相反的动机而隐藏自己真正的动机
投射	将我们不想要的特质，夸张地加诸旁人身上
理性作用	企图通过抽象及理智的方式处理压力情境，而使自己得以从中解脱
否认	否认一个不愉快事实的存在
替代	将无法以某种方式被满足的动机转向另外一种渠道

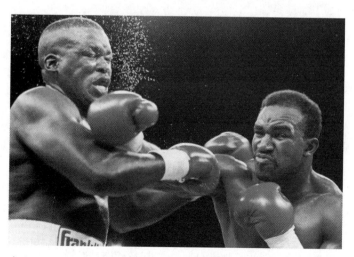

有些人可能通过从事攻击性运动来转移其攻击冲动

人格发展

弗洛伊德相信，在生命的前 5 年，个体将历经

影响人格的数个发展阶段，他运用广义的性，将这些阶段称为**性心理发展期**（psychosexual stage）。每一个阶段中，本我寻求快乐的冲动将专注于身体的特定部位，以及与此部位有关的活动上。

弗洛伊德称生命的第一年为性心理发展的**口腔期**（oral stage），在这个阶段中，婴儿由吃奶及吸吮获得快乐，并且开始将伸手可及的任何东西放入口中。接着，弗洛伊德称生命的第二年开始进入**肛门期**（anal stage），并认为这段时期的儿童会在保留及排出排泄物中发现快乐，且这些快乐将由于父母试图训练儿童大小便而产生冲突，这是儿童第一次被要求须加以控制的经验。大约从3—6岁是**性器期**（phallic stage），儿童开始借着抚弄生殖器以获得快乐，他们观察到男性与女性之间的差异，并且开始将觉醒的性冲动指向异性双亲。

当男孩到了五六岁时，其性冲动指向母亲，这使他察觉自己的父亲是争夺母亲情感的敌手，弗洛伊德将此情形称为**俄狄浦斯冲突**（Oedipal conflict），取材自古希腊神话剧中俄狄浦斯王（Oedipus Rex）在不知情之下杀死了自己的父亲并娶母亲为妻。按照弗洛伊德的看法，男孩也恐惧父亲为了这些性冲动而以阉割他作为报复，弗洛伊德将这种恐惧称为**阉割焦虑**（castration anxiety），并认为这是后来所有因被禁止的内在欲望而引起的焦虑的原型。在一个正常的发展情况下，男孩会借由认同（identify）他的父亲以降低焦虑，同时使他对母亲的情感也获得了替代的满足。认同是指将代表父亲的态度与价值的理想化知觉予以内化。在女孩身上也有相同的历程——她们终将认同自己的母亲，这是一个类似但更复杂的过程。

当俄狄浦斯冲突获得解决时，即表示性器期已终止，接着是**潜伏期**（latency period），约在7—12岁间。在这段性的静止期，儿童不再如此关切自己的身体，而将注意力转向应对环境所需的技能。最后，到了青少年及青春期时，则开始进入**生殖期**（genital stage），即成人性机能的成熟阶段。

弗洛伊德觉得在每一个阶段中均存在若干特殊问题会阻碍［或固着（fixate）］发展，并且对人格造成长远的影响。力比多将附随在每一阶段专属的活动中，因此，若一个人因断奶太早而没有获得足够的吸吮快乐，将可能变成固着于口腔期，长大后，这个人会极度依赖他人并且过于喜好诸如吃、喝或吸烟等口腔乐趣，这样的人将具有口腔人格（oral personality）。当个人固着于性心理发展阶段的肛门期，则可能异常地关注清洁、整齐和节俭，并倾向于抗拒外界的压力，这就是肛门人格（anal personality）。至于俄狄浦斯冲突未获得充分解决时，则会导致道德感薄弱，难以与权威人物相处，并会带来许多其他的问题。

对弗洛伊德理论的修正

弗洛伊德终其一生不断地修正自己的理论，就像一位优秀的科学家那样，他对新数据保持开放的态度，当新的观察资料累积至原理论无法兼容之时，弗洛伊德即修正早先的观点。例如，当他到了晚年，仍将其焦虑理论做了全盘的修正。弗洛伊德的学说由其女儿安娜进一步发扬光大。安娜在澄清防御机制作用方面扮演了非常重要的角色（1946，1967），并且将心理分析理论应用于儿童精神医学实务中（1958）。

虽然弗洛伊德对新资料持开放的态度，但他坚决排拒异议，尤其是对自己的同事及学生，特别坚持不允许他们对力比多理论及以性动机为中心的人格运作论点提出质疑，这种独断主义迫使弗洛伊德与许多最出色同伴间的关系出现裂痕，其中若干人继续发展与弗洛伊德学说对立的理论，更加强调性以外的动机历程，这些昔日的同伴包括卡尔·荣格（Carl Jung）、阿尔弗雷德·阿德勒（Alfred Adler），以及较晚期的学者诸如卡伦·霍妮（Karen Horney）、

根据心理分析论的观点，儿童通过认同其同性双亲来解决俄狄浦斯情结带来的冲突

儿童必须发展出能控制他们对父母亲的复杂感情的方法

哈里·斯塔克·沙利文（Harry Stack Sullivan）与艾瑞克·弗洛姆（Erich Fromm）。

这些与弗洛伊德决裂的人士中，最负盛名的或许当数荣格，他是弗氏最早的信众之一，最后因相当不同意弗氏理论的某些论述而创建了自己的心理学派，自称为分析心理学。荣格相信除了弗氏所描述的个人无意识外，还有**集体无意识**（collective unconscious），此为所有人类共有的心灵部分，是由我们祖先递延而来最原始的意象或原型所组成。这些原型中有母亲、父亲、太阳、英雄、上帝，以及死神等。为搜集这些原型存在的证据，荣格检视了梦境、神话，以及其他文化的产物，他注意到有特定意象（比如贪婪者）会经常出现在梦境，以及一些做梦者根本不熟悉的宗教文书与神话中。虽说荣格同意弗洛伊德有无意识存在的观点，但是他相信弗洛伊德的理论未能解释所有人类无意识心灵中所共有的意象与原型的存在。

另一位著名的"新弗洛伊德学派"的学者，是美国心理学家沙利文。沙利文是基于他身为心理分析学者的经验发展他自己的人格理论的。他重视人际关系，认为人格"不可能从个人生活与存在的复杂人际关系中被隔离开来"（Sullivan, 1953, p.10）。依据他的观点，人们对人际关系的反应会引起他们发展出人格意象（personification），即形成自己与他人的意象。个人自我的意象可分成三类："好我""坏我"，以及"非我"的意象。最后一类意象，是包含那些对个人构成威胁而从自我系统解离并保留在无意识的自我层面，此概念有点像弗洛伊德的压抑——人们需要不断努力才能让这些自我的层面停留在无意识中。

与弗洛伊德一样，沙利文相信儿童早期经验对人格发展的重要性，然而他相信，人格在儿童期后仍持续发展。他指出人格发展的 7 个阶段——婴儿期、儿童期、青少年期、前青年期、青年早期、青年晚期，以及成年期，而且每一阶段大多由社会所决定。虽说人们可能因某些生物因素而发展到某阶段，但主要的影响因素还是在于该年龄阶段所经历的典型情境。可知，沙利文的发展观不同于弗洛伊德以生物为基础的理论。

这些异议人士及其他更近代的心理分析论者都较强调自我的角色，他们相信自我是与生俱来、独立于本我而发展的，且其功能并非只表现在以现实方式来满足本我的冲动。自我的功能在于学习如何应对环境及了解经验。满足自我的方式包括探索、操控以及能力上的表现，这种取向使自我的概念与认知过程的关系更加密切。

此新的研究取向中有一重要观点被称为**客体关系论**（object relations theory），讨论的重点是个人在一生之中对他人的情感依恋与关系，客体关系论者并未否定本我概念或生物驱力在激发行为上的重要性，但是他们同样关注下列课题：与双亲心理分离的程度、只偏执于自我相对于依恋及涉入他人的程度，以及个体对自尊及能力的感受强度等。

虽然我们并未认定埃里克森的发展阶段论（我们已在第三章讨论过）是修正心理分析理论的实例，但埃里克森本人曾受教于安娜·弗洛伊德，成为一位心理分析师，而且他也了解自己的观点只是扩充而非改变了弗洛伊德的理论。不过，埃里克森不再以性心理功能的观点来看待发展阶段，而代之以涵盖重要自我历程的心理社会阶段。对埃里克森而言，生命第一年的重要特征并非专注于口腔的满足，而是学习信任（或不信任）环境；生命第二年的重要特征也并非强调像是训练儿童大小便等对肛门的关注，而是儿童正在学习自主，大小便的训练碰巧只是经常发生的冲突；这时儿童努力于自律自主，而与服从父母亲的命令之间发生冲突。此外，埃里克森的理论也增加了更多阶段以便涵盖整个人生。

投射测验

追随弗洛伊德心理分析传统的人格心理学家，特别重视对无意识愿望、动机与冲突的评量。因此，他们偏好一种与弗洛伊德的自由联想技术相似的测验，受测者可以自由说出闪过心中的任何事物。因此，他们发展了**投射测验**（projective tests）。投射测验呈现一个模糊不明确的刺激而受测者可随意反应。因为刺激是模糊的、不明确的且不要求特定的反应，所以假设个体会在该刺激上投射他的人格而透露了自己的一些事。投射测验除了可应用于心理分析理论，在人格领域也是很有用的。两个最广为使用的投射测验是罗夏墨迹测验和主题统觉测验（TAT）。

罗夏墨迹测验 罗夏墨迹测验（Rorschach Test）是由 20 世纪 20 年代瑞士心理学家罗夏（Hermann Rorschach）发展的，包括 10 张卡片，每张展示略为复杂的墨迹图。如图 13-3 所示，有些墨迹是彩色的，有些是黑白的。指导被试一次看一张卡片并说出像墨迹的每件事。被试完成 10 张卡片后，施测者通常会仔细检查每个反应，要求被试澄清一些反应并指出哪一个墨迹给他们特别的印象。

被试的反应可以用许多方式评分，其中三个主要的类别是：区位（反应是包括全部墨迹或只有一部分）、决定因素（被试是否反应墨迹的形状、颜色、结构和阴影的差异）、内容（反应代表什么）。多数测验者也根据发生的频率评分，例如，假如许多人在同一墨迹上选定某种反应，表示该反应是"很普遍的"。

有些较精密的评分系统根据此类别设计，但这些系统大多被证明其预测价值是有限的。结果，许多心理学家是根据反应纪录进行的印象评估并以被试在测验情境的一般反应（例如，个体是否是防御的、开放的、竞争的、合作的，等等）作为其解释的基础。

1974 年，出现了一个试着萃取和结合所有评分系统有效部分为一完整的系统，此系统已经进行密集的修订，现在更由计算机评分和微电脑软件予以补充（Exner & Weiner, 1995）。该系统目前已被大量运用在临床及法庭场合（Lillienfield, Wood, & Garb, 2000）。

主题统觉测验 另一个普遍的投射测验是**主题统觉测验**（Thematic Apperception Test，TAT），由美国哈佛大学的莫瑞（Henry Murray）于 20 世纪 30 年代发展。测试时，给被试 20 张模糊不明的图片（类似图 13-4），然后要求被试就每张图片编撰一个故事。测验的目的是要显露一个人在回忆想象产品时的基本主题（统觉是一种以过去经验为基础、准备用某些方式进行知觉的状态）。人们解释图片时，是根据他们的统觉，并以反映出个人幻想偏好的情节或主题来将故事精细化。假如有特殊的问题困扰着被试，就会在许多个故事上突显出来，或在一两个故事上与一般的主题表现出很大的差异。当显示如图 13-4 类似的照片时，一个 21 岁男子说了下面的故事：

> 她整理好房间等待某人的到来，正开门做最后的巡视。她可能是在等儿子回家。她试着

图 13-3　罗夏墨迹测验
要求被试说出在墨迹中看到什么。被试可以从各种角度观察墨迹

图 13-4　主题统觉测验
本图与主题统觉测验用图类似。这类图片通常包含模糊不明的成分，使被试得以将个人的经验或幻想"读进"这些图片中

把每样东西摆在他离开时的位置。她看起来似乎有着非常专制的个性。她主导她儿子的生活，而当她儿子回家时，她似乎要再次接管——这只是她管制的开始，她儿子也绝对会被她专制的态度震慑住而退回到她所设定、井然有序的生活方式中。他拖着沉重的步伐循着她为他设置的轨迹。所有这些，代表了她对他（儿子）生活的完全支配，一直到她老死方休。（Arnold，1949 p.100）

虽然这张原始的照片只是一个女人站在开着的门口往房内看，被试与他母亲关系的状态，引导他把这张图片说成是一个女人支配她儿子的故事。由后来得知的事实证实了临床医师的解释：这故事反映了被试自己的问题。

在分析主题统觉测验卡片时，心理学家寻找可能透露个体需求、动机，或处理人际关系特征方式一再重复出现的主题。

投射测验的问题

自从艾克斯纳（Exner）的罗夏计分系统被广泛采用以来，数以百计的研究依此计分系统验证此测验结果的信度与效度（见 Lillienfield et al.，2000）。不幸的是，艾克斯纳系统对提升罗夏成为完善的心理计量测验来说，似乎没有太大帮助。该系统有时错将正常人归入异常，尤其是对那些属于美国少数民族或来自不同文化团体的人而言更甚。罗夏墨迹测验的信度一般并不佳，因为由两个受过训练的施测者评量同样的测验，可能得到完全不同的结果。此外，以罗夏墨迹预测行为或区分团体的能力，也未能获得成功。

TAT 已经过改善（Lillienfield et al.，2000）。当使用特殊的评分系统（例如，测量成就动机，或攻击性的主题）时，评分者间的信度就很不错。TAT 的分数也被证实对预测某些特定行为来说，有其实用性。例如，由 TAT 反应所评量的权力欲，即能有效地预测重要的生活结果，比如，对女大学生进行两学期的研究发现，高分者选择较能影响别人的生活（Winter，John，Stewart，Klohnen，& Duncan，1998）。

学者也设计过许多其他的投射测验：有些要求被试画人、房子、树等；其他则包括完成句子，如，"我经常希望……""我妈妈……""我觉得想辞职，当他们……"等。事实上，任何刺激以个别的方式反应都可以被认为是一个投射测验的基础。不过，大部分的投射测验都尚未被认为已有足够的研究得以奠定其运用于评估人格上的基础，而那些被学者研究过的也尚未被一致地证实有强有力的信度与效度（Lillienfield et al.，2000）。

心理分析的人性观

本章开头，我们提到每一种人格理论均内含人性观：我们可以自由抉择或被决定的程度有多大？人性本善、中性还是本恶？人性是不变的还是可修正的？是主动的还是被动的？构成心理健康的成分是什么？从我们对弗洛伊德理论的描述中，已经暗示了他对这些问题的许多观点。弗洛伊德常被比为哥白尼及达尔文，就像这两位先知先觉者一般，弗洛伊德也因诋毁人类的地位与尊严而受到责难。天文学家哥白尼将地球由宇宙中心的地位降为绕行次要星球的数颗行星之一；达尔文将人种降格为猿猴的后代；弗洛伊德步其后尘，强调人类行为是由本身控制之外的力量所决定，因此，剥夺了我们的自由意志及心理自由。由于强调动机的无意识状态，弗洛伊德使人类不再拥有理性，同时，更因重视这些动机的性与攻击本质，他对人类尊严更予以最后一击。

心理分析论也描绘了人性的黑暗面，认为人性本恶。如果没有社会的约束力量及其内化的表征，也就是超我，人类将自我毁灭。弗洛伊德是一位极度悲观的人，当纳粹军队于 1938 年入侵维也纳时，他被迫逃亡，并于 1939 年 9 月逝世，当月即为第二次世界大战开战之时。弗洛伊德将这些事件视为人类攻击驱力无法控制时的自然结果。

依心理分析理论的主张，人格也是相当固定的，我们的人格基本上是由与生俱来的驱力及生命前五年的环境事件所决定。深度的心理分析只能消弭若干早期经验的负面结果，而且也只能以相当有限的方式进行。就心理分析理论而言，人类也是相当被动的生物，虽然自我主动地在本我及超我间努力奋斗，但在无意识演出的这出戏中，我们只能扮演十分无助、被动的小角色。最后，就弗洛伊德的看法，心理健康是由稳定但具有弹性的自我所构成，可控制本我的冲动，正如弗洛伊德所言，心理分析的目标在于确保"本我所在之处，自我亦应存在"（1933 年）。

对心理分析理论的评价

心理分析理论的范围十分广泛，因此无法简单地宣判其理论内容的真伪，但不论心理分析理论个别的部分内容是正确或错误，实际上都无关乎其对文化的普遍影响及若干科学贡献的价值。例如，弗洛伊德的自由联想法，开启了以往未曾系统探索过的全新观察数据库；其次，他指出我们的行为通常反映出欲望及恐惧间的妥协结果，并以之说明人类行为许多明显的矛盾之处，这点为任何其他人格理论所不能企及；第三点，弗洛伊德认为无意识历程对许多行为表现影响深远的见解几乎已被普遍接受——只不过这些历程现在通常以学习理论或信息处理的说法重新加以诠释（Funder，2001）。

然而，就科学的理论而言，心理分析理论不断地被批判为不够严谨（例如，Grünbaum，1984），最主要的批评之一是心理分析理论的许多概念模糊不清，难以客观地界定或测量；此外，心理分析理论假定差异甚大的行为可能反映出相同的潜在动机，例如，一个憎恨孩子的母亲可能虐待这个孩子，或为了否定自己的敌意冲动而变得过于关心及保护孩子。因此，当相反的行为被认为是出自相同的潜在动机时，就很难确定动机存在与否，或进行可经实证证明的预测。

一项更为严重的批评是有关弗洛伊德经由心理分析过程所获得观察资料的效度问题。批评者指出在患者过去的生活事件中，通常无法辨清哪些是弗洛伊德的患者自发性的告白，哪些可能是弗洛伊德灌输于病患心中的想法，以及哪些只是弗洛伊德的推论。例如，弗洛伊德报告出许多患者回忆其孩童时期曾遭诱奸或性骚扰，起初他相信信者所言，但后来又决定这些报告并非真正的事实，只是反映出患者本身早期的性幻想。弗洛伊德认为这项观点是他理论的主要顿悟之一，但是一位作家认为弗洛伊德原先所相信的诱奸真实性可能更为正确，根据我们察觉到儿童性虐待事件渐增的观点来看，更提高了此论点的合理性（Masson，1984）。

弗洛伊德认为纳粹的兴起与第二次世界大战的爆发是人性攻击驱力未被控制的自然后果

其他的批评走得更远，并且认为由于弗洛伊德不断地用引导性的问题和建议向患者提问，导致患者重构了并未发生过的有关受到诱奸的记忆——这是弗洛伊德考虑过但否认了的假设（Powell & Boer，1994）。其他人认为在很多案例中，弗洛伊德只是简单地猜想发生过诱奸，尽管患者从未报告过此类事件，但他实际上是将他的理论预期当成了实际数据。

在弗洛伊德的理论被进行实证研究后，其结果也是相当混乱（Westen，1998）。他那些试图将成人的某些人格特质归结于儿童时期性心理相关事件的研究，大致上得到否定的结果（Sears，Maccoby，& Levin，1957；Sewell & Mussen，1952）；即使相关的人格特质得到确认时，却又发现这些特质与其父母类似的人格特质显然有关（Beloff，1957；Hetherington & Brackbill，1963）。因此，即使发现大小便训练与成人时期人格特质间存在相关性，也可能是因为两者都与父母对清洁与整齐的重视有关而产生了相关。这类案例若以简单的学习理论来解释成人特质成因（即父母的强化作用与儿童对父母亲的模仿）与心理分析假设相比，似乎是更为精简的说明。

这项结果也提醒了我们，弗洛伊德将其理论奠基于对一群范围十分狭窄的人们所进行的观察数据上——主要是维多利亚女王时代、维也纳中上阶层罹患精神官能症的男女。学者们后来也才发觉，弗洛伊德有许多现在看来十分明显的文化偏见，特别是有关妇女的观点。例如，弗洛伊德对女性性心理发展理论大部分依"阴茎妒羡"（penis envy）观念而建立。阴茎妒羡是指女孩因没有阴茎所产生的不足感，这项理论反映出弗洛伊德及其所处的时代背景的性偏见，目前几乎普遍被否定。即便在维多利亚时代，塑造小女孩人格发展的更关键因素无疑的是她察觉到自己比兄弟更缺乏独立、权力及社会地位，而非妒羡兄弟拥有阴茎。

尽管有这些批评，弗洛伊德理论中最了不起的特点是其致力于超越狭隘观察基础所获致的成果。例如，许多在迥异于弗洛伊德当初发展理论时的情境中所进行的防御机制与冲突反应实验研究结果，仍然支持这项理论（Blum，1953；Erdelyi，1985；Holmes，1974；Sears，1943，1944）。弗洛伊德的结构理论（包括自我、本我及超我）、性心理发展论以及能量概念，多年来未有良好的发展，即使是一些心理分析学者，也打算放弃或彻底修正这些理论（Kline，1972；Schafer，1976）；另一方面，弗洛伊德的动力论（即其焦虑论与防御机制）则仍经得起时间、研究及观察资料的考验。一些心理分析理论的心理学家与精神科医师对弗洛伊德引介之初颇有争议，这些争议目前也都广泛地出现一致性的看法，其中包括：儿童早期经验对塑造成人的重要性，人类心灵生活中冲突与无意识二者的重要性（Westen，1998）。

弗洛伊德的人格发展理论主张，个体会历经各种性心理阶段，而且必须解决俄狄浦斯冲突，此即年幼的儿童视同性的家长为异性家长的情感竞争敌手。多年来，弗洛伊德的焦虑与防御机制理论已较其结构及发展理论更完备。

心理分析理论已由其他学者加以修正，如著名的荣格与沙利文。荣格主张，除了弗洛伊德描述的个人无意识外，还有集体无意识，它是所有人类共有的心灵部分。沙利文主张，人们对人际关系经验的反应，会引发他们发展出人格意象，即形成自己与他人的心像。

采取心理分析取向的心理学家，会使用如罗夏测验与主题统觉测验（TAT）等投射测验，因为测验刺激是模糊不清的，而假设人们会在这些刺激上投射出个人人格，因而透露了无意识的愿望与动机。

◆关键思考问题

1. 本节中详尽讨论了弗洛伊德对心理学的冲击与价值。你对弗洛伊德论述的价值有何意见？

2. 不管过去认同与否，你是否能找出自己根据弗洛伊德理论所建立、有关别人的某些假设？

◆小结

弗洛伊德的心理分析理论主张，许多行为是由无意识动机所引起的。人格主要是由性与攻击的生物动机及发生于生命前5年的经验所决定的。

弗洛伊德的人格结构论认为，人格由本我、自我及超我组成。本我依唯乐原则运作，追求生物冲动的立即满足。自我服从于现实原则，将满足延迟至可依社会接受方式获得为止。超我（良心）将道德标准加诸个人身上。在一个统整良好的人格中，自我保持稳定但可弹性地控制本我及超我，而依现实原则统辖一切的状态。

弗洛伊德的人格动力论主张，每个人都有固定的心理能量（力比多），如果抑制某项被禁止的行动或冲动，能量将以其他形式寻找出路，譬如做梦或神经质症状。本理论主张，不被接受的本我冲动会引发焦虑，而必须借由防御机制以降低。

第三节 行为主义理论

相对于人格的心理动力理论，**行为主义理论**（behaviorist approach）强调行为的环境或情境决定因素的重要性。行为是个人变量与环境变量间不断交互作用的结果，通过学习，周遭情境可塑造人们的行为；反过来说，个人行为也会塑造环境。个人与情境间彼此相互影响，为了预测人们的行为，我们必须了解个人与情境特征间如何交互作用（Bandura，1986，2001）。

社会学习与条件反射

操作性条件反射 他人行为的效应（即他人所施予的酬赏及惩罚）是个体行为的重要影响因素，因此，社会学习理论最基本的原则之一是**操作性条件反射**（operant conditioning），即我们习得行为与

"暂停"是根据行为主义原理而设计的一种游戏

某些结果间联结关系的一种学习形式。这种行为主义的基本信念，主张人们以可能产生强化作用的方式表现其行为，而且个体的行为差异主要导因于个人在成长过程中遭遇的学习经验类型有别。

虽然个体经由以某种方式表现行为而被赏罚的直接经验，学习了许多行为模式，但他们通过**观察学习**（observational learning）也可习得许多反应。人们可以借由观察他人的行动并注意行动的结果而学习，如果我们所有的行为都必须以直接强化行为反应才可习得，则确实会是一个十分缓慢而缺乏效率的过程。同样的，控制习得行为表现的强化作用也可能是直接的强化（包括实质的报酬、社会赞许或反对，或是减缓厌恶的情境）、替代的强化（观察他人采取与本身相似行为时获得的是奖赏或惩罚），或是自我调节的强化（评鉴自己的表现后给予自我称赞或自我责备）。

因为大部分社会行为并非在所有情境中均一致地获得奖赏，人们于是学会辨别有些行为适合于该情境，有些则不适合，直到相同的行为反应在许多不同的情境中均获得奖赏，以确定可在各种情境中表现出同一行为，此即发生了所谓类化作用（generalization）。若是一个男孩的身体攻击行为在家中、学校及游戏中均被强化，就可能会发展出普遍性的攻击人格。不过通常攻击行为不会获得一致的酬赏，人们因而学会辨别可以表现攻击行为的情境（例如，在足球场上的攻击可被接受，但在教室的攻击则不行）。基于这个原因，行为论者质疑以诸如"具有攻击性"这类特质名词来描述人们特征的效用，他们认为这类名词模糊了行为可在多种情境中的变异性。

经典条件反射 应用操作性条件反射及其相关过程来解释行为，是行为主义取向的主要焦点所在，但为了兼顾情绪或情感，行为论者在人格理念中增加了**经典条件反射**（classical conditioning）——特定情境变得与特定结果间发生联结的一种学习形式（见第七章）。例如，当儿童因从事某项被禁止的活动而遭到父母责罚时，惩罚会引发与罪恶感或焦虑相关的生理反应，而日后儿童的行为本身就可自行引出相同的反应；即当他（或她）从事被禁止行为的同时也会觉得有罪恶感。依经典条件反射的术语来说，被禁止的行为变成一种条件刺激（conditioned stimulus），与其配对出现的无条件刺激（unconditioned stimulus）是惩罚，焦虑则成了条件反应（conditioned response）。对行为论者而言，经典条件反射正是弗洛伊德所称的超我，也是产生焦虑的内化来源。

个体差异 我们在稍早曾提到，人格心理学希望阐明个体异于他人的变量以及人格运作的一般历程。特质取向将焦点置于前一项任务上，详尽地描绘人格差异所在，然而对人格运作的一般动态过程却几乎未曾提及；心理分析理论尝试着同时处理这两项问题；相对地，行为主义理论则主要将重心放在过程方面，对个体差异的描述只约略留意而已。因为该理论将每一个人的人格视为特定强化作用历程下的独特产物，并且强调行为在各种情境下变异的程度，所以从未试图将人分门别类或依特质评定他们。

行为主义的人性观

如同心理分析理论一般，行为主义的人格理论也非常具有决定论的色彩，然而，相对于心理分析理论，行为主义理论不重视行为的生物决定因素，而只重视环境的决定因素。行为主义理论也深受达尔文理念的影响，如同进化经由天择而塑造物种使其适应所处的生态一般，学习过程（尤其是操作性条件反射）也会塑造个人行为模式以适应所处环境。我们生来是无善无恶的，但极易因个人成长史以及当时情境的环境经验而改变，诚如我们在第三章所言，美国行为主义运动的创始者华生宣称，不论一个婴儿的"天资、爱好、倾向、能力、职业适当性及其祖先的人种为何"，他均可将这个婴儿养育成任何一种人。今日只有少数行为论者抱持如此极端的想法。尽管如此，行为主义对于借着改变环境进而改变人类行为的能力，怀着强烈的乐观主义。

即使行为主义理论的观点认为人格是可改变的，但其中仍包含着被动的性质，我们似乎主要仍受到非本身能控制的力量所影响。但是，当社会学习理论（本章稍后介绍）逐渐强调个体在选择及改变环境的主动角色，而取代了传统的行为主义理论时，已允许个人成为决定自己生活的因果力量所在。然而，如同我们将在稍后所见，对人本论者而言，社会学习理论仍未将人视为完全的主动，尤其是他们不相信只要乐观地适应环境就称得上是心理健康。

对行为主义理论的评价

行为主义对临床心理学及人格理论的主要贡献是，该理论强调并指出引发特定行为的环境变量。它引导我们将人类行动视为对特定环境的反应，而且帮助我们注意环境控制行为的方式，以及如何改变环境以调整行为。正如我们将在第十六章所见，学习原则的系统化应用已被证明可成功地改变许多适应不良的行为。

行为论者因过度强调情境影响行为的重要性而遭到批评（Carlson，1971），不过由社会学习论者引发的跨情境人格一致性争议，也使其他人格心理学者重新检视其基本的假设。总结来看，人格心理学者已经对人与情境间的交互作用有更清楚的认识，也益发重视对每一个人的个别性。我们将在下一节看到认知学者介入行为论中，而以一种完全不同的方式来看待人格。

> ### ◆小结
>
> 根据行为论，行为的个体差异主要乃归因于人们在成长过程中，遭逢不同的学习经验。
>
> 经由操作性条件反射过程，人们学会联结特定行为与奖惩结果；也可以借由观察学习学会这些联结。
>
> 经由经典条件反射，人们学会特定情境与特定结果（如焦虑）间的联结。

> ### ◆关键思考问题
>
> 1. 试想你自己在友善与不友善方面的倾向，其中主要由情境所决定（友善水平）的成分有多大？在你过去的生活中，有过哪些奖惩经验可能会影响你的友善性倾向？
>
> 2. 行为论者认为，人类所有的行为都是可塑造和修改的。你能想到有什么行为是不可修改的吗？为什么？

第四节　认知理论

当今大多数心理学家都不会自认为"纯粹"只信奉前述任一理论，同时这些理论间的差异性也不再像过去那么壁垒分明。这是因为当今大多数人格心理学家，都掺入了其他领域的心理学者，而变得较为认知取向了。事实上，大多数当今的人格心理学方面的实验研究都是从认知方面开始的。认知理论，实际上并不像其他理论是一种"哲学"，而是一种一般的实证研究取向，探讨人们如何在自我与世界之间进行信息加工的一组议题。

就认知论者而言，人格的差异乃源于个体内在心理表征信息的方式不同。

社会学习理论

社会学习理论虽根源于早期的行为主义理论，但在初露身形时已和行为主义有根本的区别。社会学习理论的观点可以用阿尔伯特·班杜拉（Albert Bandura）的论述来概括（1986，p. 20）："如果只能从尝试—错误的结果来学习的话，我们可以预期，存活者势必都是瘦骨嶙峋的。人们教儿童游泳、青少年开车，以及新手医生动手术，均非让学习者自行从成败的结果中发现必备的行为。"**依社会学习论者**（social-learning theorist）的观点，观察别人的行为与行为所发生的情境，和内在认知历程一样，都会影响行为。

早在 1954 年，朱利安·罗特尔（Julian Rotter）将认知变量引进行为主义理论时（1954，1982），就提出了"行为潜能"（potential）的概念，指在某特

发展社会认知理论的班杜拉

定情境发生某特定行为的可能性——例如，整晚开夜车准备考试。行为潜能的强度由两个变量决定：期望值与强化值。以"开夜车"的行为为例，如果学生期望借此可得到较高成绩的结果时，他"开夜车"的可能性会较高。此期望值要根据上次类似情境中所产生的结果而定。如果上次"开夜车"得了高分，他就会期望这次有同样的结果。换言之，他越常因"开夜车"而得到强化，就越会期望将来该行为同样会得到强化。就强化值而言，则视我们对强化物偏好的程度而定。假设一个学生认为睡眠胜于好成绩，他会整晚"开夜车"的可能性会降低。

在本领域居领导地位的当代学者之一班杜拉，进一步发展了该理论，并称此理论为**社会认知论**（social-cognitive theory）（1986，2000）。班杜拉的理论强调交互决定论（reciprocal determinism），主张行为的外在决定因素（如奖赏及惩罚）与内在决定因素（如信念、思想及期望）是互动影响系统（system of interacting influences）中的一部分，二者均影响行为及系统的其他部分（Bandura，1986）。在他的模式中，不仅环境会影响行为，行为也可以影响环境。事实上，环境与行为间是相互影响的关系：环境先影响我们的行为，接着行为影响我们所处的环境，随即它又影响我们的行为，如此循环下去。

班杜拉注意到人们会运用符号或事先设想以决定如何采取行动，遇到新问题时，他们会设想可能的结果，并考虑每种可能性；接着会设定目标并发展达到目标的策略。这种方式与通过奖惩形成条件

反射有很大的差异。当然，个人过去的奖惩经验也会影响他对未来行为的决策。班杜拉还指出，大多数行为均发生在缺乏外在奖惩的情况下，且多根源于自我调节的内在历程。诚如他所言："任何企图将一位和平主义者转变成侵略者，或将虔诚的教徒变成无神论者的人，很快就会体认到，人们内在是存在行为控制资源的。"（1977，pp.128-129）

个人这种内在控制资源是如何形成的？依班杜拉与社会学习论者的观点，我们是经由观察他人行为，或阅读或听到这些行为而学会的。我们并不需要实际表现出所观察的行为，只要注意到这些行为是否得到奖惩，并将这些信息储存在记忆中即可。当新的情形发生时，我们的行为会根据我们观察模型所累积的期望值而定。

由此可知，班杜拉的社会认知论超越了传统的行为主义，它不只是注意到环境对行为的影响，还探讨了环境、行为与个人认知间的交互作用。除了考虑诸如奖惩等外在的影响外，它还考虑期望等内在的因素；它不用简单的条件反射来解释行为，而强调观察学习角色的重要性。另一位重要的社会学习论者米歇尔（Walter Mischel）曾试着借由引进下列认知变量，以期将个别差异纳入社会学习论中（取材自 Mischel，1973，1993）：

1. 能力：你可以做什么？能力包括心智能力、社会及身体技能以及其他特殊才能。

2. 编码策略：你如何看待事物？人们在选择性地注意信息、将事件编码（表征事件），以及将信息分类归入有意义的范畴时，运用的方式各有不同，一个人所知觉到具有威胁性的事件，可能在旁人看来却是富有挑战性的事情。

3. 期望：将会发生什么？对不同行为结果的期望会引导人们去选择行为。如果你考试时作弊被捉到，你预期结果为何？如果你告诉朋友说你真的非常想念他 / 她，你们之间的关系会有什么变化？对于我们本身能力的期望也将会影响行为，我们可能预期某种行为的结果却没有实际付诸行动，因为我们不确定自己是否拥有实践行为的能力。

4. 主观的价值：它的价值为何？人们即使抱持相同的期望，却可能选择采取不同的行为，因为他们对结果赋予不等的价值。两个学生可能都预期某

件行为可以讨好他们的教授，然而，这个结果对其中一位学生而言可能相当重要，对另一位学生则并非如此。

5. 自我调节系统及计划：你如何达成它？人们为了调节行为而采取的标准及规则均不相同（包括成功或失败时自我加诸的奖赏或惩罚），而且拟订实际计划以达成目标的能力也有所差异。

上述所有个人变量（有时也被称为认知的社会学习个人变量）都会与特定情境条件进行交互作用，以决定个体在此情境中将如何表现。

凯利的个人建构论

乔治·凯利（George Kelly，1905—1966）是首位在个体运作中赋予认知过程以中心角色的心理学者。虽然人本心理学者关切个体如何感受自己及其个人价值，但凯利的个人建立对个人现象学采取了较偏认知的研究取向。凯利反对典型的人格心理学者以他们自己建构的维度来描写个体，他相信研究目标应该是发现个体本身用以诠释或分析自己及所处社会环境的维度，这些维度是个体本身的**个人建构**（personal construct），它们也是凯利理论中分析的基本单位（1955）。

更进一步地，凯利相信每个人都应被视为直觉的科学家，就像正式的科学家一般，人们观察世界，陈述并考验有关周遭世事的假设而对之形成理论，被试也对自身及所处世界加以分类、诠释、命名并形成判断。此外，人们也如同科学家一样，可能抱持着无效的理论，在日常生活中，这些信念隐藏于个体背后，并导致人们对人及事、包括对他们本身的诠释都产生偏差。

就像科学家试图预知事件，人们也想要了解世界，以便能预估会发生什么事。凯利认为每人都有独特的一套解释与预测事件的个人建构，这些建构倾向以"全或无"的形式呈现：新认识的朋友，不是友善就是不友善的、不是聪明就是不聪明的、不是有趣的就是很无趣的，等等。因此两人对同一对象可能会用不同的建构来评估——某人视其为友善且聪明的，另一人可能将之看成是不友善又愚蠢的。这些差异会导致行为的差别——某人对这位新朋友给予正向的对待，而另一人则可能避之唯恐不及。这些行为上的差异即造成人格上的不同。

因为典型的人格特质测验无法符合凯利的基本准则，即个体必须以自己的措辞来评估自身，于是他设计了自己的测验，并称之为角色建构测验（Role Construct Repertory Test，Rep Test），用来测量一个人的个人建构。在这个测验中，被试或来访者必须填写一份如图 13-5 所示的矩阵或方格表。沿着方格的上方是一系列对个体而言相当重要的人物

依凯利的看法，个人建构采取的是一种"全或无"的形式。你结识的友人不是友善的就是不友善的；不是聪明的就是不聪明的；不是有趣的就是无趣的

图 13-5　角色建构测验

每一排中，被试首先比较方格顶端列出的三种人物，将两个最相似的人物画上"×"记号，然后描述他们如何相似并填写于建构栏中，最后，被试形容第三个人如何不同于其他两个人，并将之写在对比栏中。被试指出，他认为自己与母亲都是诙谐的，而不同于他最好的朋友，因为他看来缺乏幽默感，这个过程在矩阵表的每一排中重复进行

名单，这些名单可由评价者或被试填上，但通常都会包括"自己"，有时候则包括"理想的自我"，评价者在方格表每一行的细格内画三个圆圈。例如，在表中的第一排，评价者在标注为"自己""母亲"及"最好的朋友"三栏细格内画圆圈，接下来则要求被试考虑这三个人物，并针对其中两个最相似且异于第三者的人物画上"×"。如同第一排所示，这位（男性）被试认为自己与母亲是最相似的一对，然后再问被试："你和你的母亲在哪一方面相似但不同于你最好的朋友？"在这个案例中，被试指出他及自己的母亲都是诙谐的，这项描述称为他的建构（construct），其次，又问被试："你最好的朋友在哪一方面不同于你和你的母亲？"被试回答说他最好的朋友是没有幽默感的，这项描述被称为他的对比（contrast），于是，对这位被试而言，诙谐-无幽默感的维度是他用来解释或分析其人际环境的个人建构之一。

要注意的是建构-对比配对不需要由合乎逻辑的反意词语组成。例如，被试可能称自己及母亲为诙谐的，却称他最好的朋友是严肃的、内省的或比较喜欢听笑话但不喜欢主动说笑话等。这就是凯利想了解被试是如何建构这样统一维度中的两个极端的。角色建构测验正是用来评量个体的建构，而不是心理学者的建构。

这个过程可以运用其他三个一组的组合重复进行数次，通过测量整体组合状况，研究者或治疗师将会发现若干主题似乎可用以描述个体对世界的建构。例如，通过这个过程，有些个体会显露出他们以权威的方式看待整个世界，他们在某些维度如强壮-懦弱、有力量的-缺乏力量的等类似说法可能重复出现。或是一个人可能总是将自己与男性配对置于各维度的建构极，而将其他女性置于对比极。

角色建构测验是一项运用十分广泛的程序，且不拘泥于建构人物。譬如，要求个体考虑三个一组的情境或事件（例如，下列哪两者相似而不同于第三者？参加考试、相亲、遇到一只蜘蛛），这项技术已被证实对研究人们的建构及进行咨询都相当有价值。

自我图式

图式（schema）是一种有助于我们知觉、组织、处理与运用信息的认知结构（Markus，1999）。使用图式，个体得以发展出一套系统来辨识环境中的重要事物并在同时忽略其他不重要的事物。另外，图式还提供我们组织处理信息的结构。例如，人们大多已发展出一个关于母亲的图式。如果要求人们描绘母亲，那么这对他们来说很容易，因为相关信息已被组织成一个相当完备的认知系统。因此，要人们描绘自己母亲时，会比要他们描述一位从未见过的女士容易得多。

图式有相当的稳定性，因此人们都以稳定的方式知觉与运用信息。此外，图式会因人而异，使得人们处理信息的方式有所差别，行为也会各不相同，这些都可用来说明人格上的差异性。

最重要的图式或许是**自我图式**（self-schema），它是由"源自过去经验、有关自我的整体性认知，它组织且引导与自我有关信息的处理"（Markus，1977，p.64）。在生命早期，我们即发展了自我的认知表征，最后由我们最重要的行为部分组成了自我图式，并在我们处理信息及与周遭世界互动时扮演着重要角色。例如，有两个人都喜欢慢跑与文学。对其中一个人而言，运动是他图式重要的部分，而另一人的图式则较偏重文学阅读；那么前者会花较多时间在慢跑而非阅读上，而后者则可能相反。

自我图式的核心，即是诸如个人姓名、身体外貌与重要人物关系等一些基本信息，但是形成个人独特性较重要的指针性特征，就属于自我图式中的一些特定特征（Markus & Sentis，1982；Markus & Smith，1981）。例如，对一位自我图式包括重视运动的人来说，运动就是他的一部分，是他每周或每日例行活动；而对那些喜欢慢跑却不认为它很重要的人来说，偶尔去公园跑一圈可能就够了。由此可知，自我图式不同，产生的行为也就不同。

自我图式不仅引导人们知觉与信息处理，还提供一个组织及储存信息的架构。以我们之前提过的母亲图式为例，我们期望一个拥有强大的"母亲"图式者，会较容易提取与母亲有关的信息。此假设曾在以大学生为对象的研究中被验证过：以录像的方式问大学生40个系统性问题（Rogers，Kuiper，& Kirker，1977），要求被试快速按下"是"与"否"的按钮，逐一回答各问题。其中30个问题因为没有涉及自我而比较容易回答，包括：某一个词语字母是否为大写、是否与另一字词同韵，或是否为另一字词的同义词等。另外10题则需要被试判断该字词

你的休闲活动反映了你的自我图式

是否可用来描述自己。学者假设，这些问题的信息处理需要经过自我图式。

稍后要求被试尽可能回忆这 40 个问题。结果显示：当被试所回答的问题涉及自我图式时，他们稍后可能记得那些信息。学者得出结论：被试经由自我图式处理这些信息。因为在自我图式中的信息较容易触及（获得），所以与自我有关的字词会比以其他方式处理的字词更容易被回忆。在后续的研究中，询问被试某词是否适合描述实验者（Kuiper & Rogers，1979）或某位名人（Lord，1980）时，他们对这些字词回忆的情形，可就比不上那些用来自我描述的字词了。总之，关于自我的信息似乎经过较好的组织且较易触及，使得经过自我图式处理过的信息，会比以其他方式处理的信息更容易触及（提取）（Karylowski，1990；Klein & Loftus，& Burton，1989）。

自我图式会因文化而有很大的差异，以至于有些学者主张"人格即文化的产物"（Cross & Markus，1999）。例如，在北美，我们假设自我是自主的，独立于他人及环境之外，对我们的行动与信念都有个人的选择权。因此，在北美的自我概念，是由个人的愿望、欲望、兴趣与能力所组成；我们有权力与责任创造出我们想要的自我，而非让外在影响力来模塑自我概念。相反的，在某些亚洲文化中，自我并非与他人完全无关，而是与个人对他人的责任与关系有着夹缠纠结的情形，其自我发展的核心议题，不在于发现、表现自我的愿望、欲望、兴趣与能力，而在于决定个体该如何契合社会团体并塑造自我，从而为社会团体提供最佳的服务。

对认知取向的评价

认知理论有其优点，也有些缺失。该取向的优点之一在于，它是以实证研究为基础而建构的。正如前面描述的实验，许多认知建构都曾进行过大量的实验室控制性研究。认知论另一个优于特质论的地方在于，它对人格特征的解释。认知论不在于指认出特质，而在于运用认知结构来解释行为方面的个别差异性。

就另一方面而言，认知取向最常遇到的批评在于，它使用模糊不清的概念。我们很难清楚地陈述某人的建构，或确知某图式正被引用，我们也无法厘清个人建构与图式间的差异，或者这些认知结构如何与记忆及其他信息处理过程发生关联。此外，行为论者可能会质疑是否真有必要使用这些概念，或许无须用到这些概念，同样可以将人格解释得很好。

◆ **小结**

人格的认知取向根源于这样的理念：人格的个别差异源于人们心理表征信息的方式不同。

班杜拉发展了社会认知论，该理论主张内在认知过程结合环境压力共同影响行为，同时认知过程与环境彼此也有交互作用。

米歇尔已经找出许多会影响人们对环境反应与行为的个人认知变量。

凯利的个人建构论将注意点放在人们用来解释自己与其社会世界的建构上。

有许多研究探讨自我图式，而所谓自我图式是一组关于个人最重要行为的组合。实验发现，人们对与其自我图式有关的信息会较容易知觉且有较好的回忆。

◆ **关键思考问题**

1. 有些学者主张，我们有关自己与他人最重要的图式通常是无意识的——甚至不知道我们拥有它们，一旦被询问时还可能会否认。你能想到一些可能探索人们无意识图式的方法吗？

2. 你认为影响个人所发展的自我图式类型最重要的发展过程或事件有哪些？

第五节 人本主义理论

在 20 世纪上半叶，心理学领域最具影响力的是心理分析及行为主义取向。到了 1962 年，一群心理学者建立了人本心理学协会，他们提出了一系列明显不同于另外两种取向特质的假设与关注重点，即为人本心理学，并称之为心理学的"第三势力"。为了界定其宗旨，该协会采取了以下四项原则。

1. 以体验中的个人为主要研究兴趣所在：人类不仅仅是研究的对象，还必须以他们本身对世界的主观认识、对自我的知觉，以及对自尊的感受等观点加以描绘及了解。每一个人都必须面对"我是谁"这一核心问题。为了了解个体如何尝试回答这个问题，心理学者必须成为个体探求存在意义时的同伴。

2. 人类的选择、创造性及自我实现是研究较偏好的主题：人本心理学排斥心理分析取向，认为如果心理学是奠基于残缺的人格，则只能产生残缺的心理学；他们也排斥行为主义，认为这是缺乏意识状态的且主要来自较低等有机体研究的心理学。人们不仅只由基本驱力激发，例如，性、攻击或像是饥渴等生理需求。人类具有发展潜能与能力的需求。心理健康的指标应该是成长及自我实现，而非只是自我控制或适应环境。

3. 在选择研究问题时应以意义性优于客观性：人本心理学者相信心理学研究常常受到方法的有效性的牵引，而非研究问题的重要性。他们认为即使有时候采取的是较不严密的研究法，但仍应该研究重要的人类及社会问题。虽然心理学者应致力于搜集和解释观察资料的客观性，但在选择研究主题时，则应该以价值为依据。从这个意义上说，研究并非完全价值中立的。

4. 最终价值在于人类尊严：人性本善，心理学的目标在于了解，而非预测或控制人类。

认同上述价值观的心理学者来自各种不同的理论背景，例如，特质论者奥尔波特也是一位人本心理学者，此外我们已经提过的特质心理分析家，如荣格、阿德勒及埃里克森等也持有着不同于弗洛伊德的人本动机观点，不过处于人本运动中心地位的则是卡尔·罗杰斯（Carl Rogers，1902—1987）及亚伯拉罕·马斯洛（Abraham Maslow，1908—1970）的理论。

罗杰斯

就像弗洛伊德一般，罗杰斯也是从他在对病患或客户的治疗工作中发展出自己的理论的（Rogers，1951，1959，1963，1970）。罗杰斯对于他所见到的人们与生俱来的倾向于成长、成熟以及积极改变的印象相当深刻，于是他相信人类有机体的基本动机力量是**自我实现的倾向**（actualizing tendency），即一种朝向发挥或实现有机体内所有能力的倾向。成长中的个体会寻求在遗传极限内开发其所有潜能。一个人可能并非能经常清楚地察觉何种行动引导成长，何种行动又趋于退化。一旦方向清晰，个体将选择成长而非退化，罗杰斯并没有否定其他需求，包括有些生物性的需求，但他将其他需求视为有机体自我增进动机的助力。

罗杰斯非常看重个体的自我实现，这种理念形成了非指导性或当事人中心治疗法（nondirective or client-centered therapy）的基础。这项心理治疗法假设每个人都拥有改变的动机及能力，而个体正是最具资格决定自己应朝何种方向改变的人。治疗师的角色是充当个体探究及分析其问题时的共鸣器。这种取向不同于心理分析治疗法，进行心理分析治疗时，是由治疗师分析病史以确定患者的问题所在，然后设计一套行动疗程（见第十六章有关各种心理治疗取向的讨论）。

自我 罗杰斯人格理论的中心概念是**自我**（self），不论是自我还是自我概念（self-concept）（罗杰斯经常交替使用这些名词），都是其理论的基础。自我涵盖了所有可被用以描述主体我（I）或客体我（me）的理念、知觉及价值；自我还包括了对"我是谁"及"我能做什么"的意识。反过来说，个人所理解的自我也将影响他对世界以及本身行为的知觉。例如，一位觉得自己强壮能干的女性对世界的知觉及行为，都会不同于自认为虚弱无用的女性。自我概念并不必然会反映现实：一个人可能非常成功并备受推崇，但仍视自己为一个失败者。

根据罗杰斯的观点，个体会评估每一个与自我

罗杰斯相信个体天生具有朝向成长、成熟与积极改变的倾向，他称之为自我实现的倾向

概念相关的经验，人们希望以符合其自我形象的方式表现行为，而不一致的经验与感受将威胁到个人，并可能被排斥于意识之外。虽然罗杰斯认为这种压抑作用既不必要也不会持久，但基本上这就是弗洛伊德提出的"压抑"概念（不过弗洛伊德认为压抑作用是不可避免的，并且个人经验的某些层面总会被保留在无意识中）。

　　一个人因其与自我概念不一致而加以否定的经验越多，则自我与现实间的鸿沟就越宽，而适应不良的可能性也会越高。当一个人的自我概念与个人感受及经验不协调时，因为不协调的真相将引发焦虑，所以必须对真相加以自我防御；但如果不协调的情况过于严重，防御将会崩溃，导致强烈焦虑或其他形式的情绪困扰。相对地，一个适应良好的人拥有与思想、经验及行为相符合的自我概念，其自我并非僵化不变而是具有弹性，并且可同化新的经验与理念而有所改变。

　　在罗杰斯的理论中，另一个自我是理想自我（ideal self）。我们都拥有期望成为某一类人的概念。理想自我与真实自我越接近，个体会越满足与快乐。当理想自我与真实自我间差距过大时，个体会变成一个不快乐、不满足的人。

　　因此，个体可能发展出两种不协调的状况：一是自我与现实经验间的不协调，另外则是自我与理想自我间的不协调。罗杰斯曾对这些不协调可能如何发展而成提出了若干假设。罗杰斯特别相信人们如果可以在**无条件的积极关注**（unconditional positive regard）的环境中养育成人，就可能会更充分地发挥效能。这意味着，即使本身的感受、态度及行为与理想间有差距，他们也会觉得在父母亲及其他人眼中，自己仍是有价值的。如果父母亲所给予的是有条件的积极关注，即只有当儿童表现出正确的行为、思想或感受时，才给予肯定，那么儿童可能就会扭曲本身的自我概念。例如，儿童对年幼弟弟妹妹产生竞争感和敌意是很自然的事，但父母亲不允许儿童攻击年幼的弟弟妹妹并且常常处罚这种行为。于是儿童必须设法将这种经验纳入自我概念中，他们可能会自认为是坏孩子，并因此觉得羞耻；他们也可能认为父母亲不喜欢他们，所以觉得被拒绝；或是可能否定自己的感受，而决定不要再打弟弟妹妹。上述每种态度都隐含着对真实的扭曲。第三种选择是儿童最容易接受的方案，但与此同时，他们否定了自己的真实感受，而使其转变为无意识。人们越强迫自己否定本身的感受而接受别人的价值观，他们就越会觉得不舒服。因此，罗杰斯建议父母们，最好的方法是在向儿童解释攻击行为无法被接受的理由时，仍然承认儿童的感受是正常的。

　　测量真实-理想间的自我协调　早期，有一种称为Q分类技术的测量方法。该方法实施时分发给每位评定者或分类者一组卡片，每张卡片包括一项人格叙述（例如，"迷人的"），并且要求评定者将卡片分类成堆来描述一个人的人格。评定者会将最不具描述性的陈述放在左边一堆，而将最具有描述性的陈述放在右边一堆，其他的叙述句放在中间。然后依照每一个Q项目所在的类别赋予一个分数，两种Q分类可通过计算项目分数间的相关性而相互比较，然后评估这两种分类间相似的程度。

　　罗杰斯首先使用Q分类作为测量自我概念的工具。他的Q组合包含了诸如"我对自己感到满意""我与他人间拥有温暖的情感关系"及"我不信任自己的情绪"等叙述句。在罗杰斯施测的过程中，个体首先以其真实的自己（即他们的真实自我）做分类，然后再以其希望成为的模样（即其理想自我）做分类。两种分类间的相关性可指出真实自我与理想自我间的矛盾之处。低相关或负相关就表示真实与理想间存有极大的差距，意味着低自尊与个人价值缺乏的感受。

在治疗的过程中，罗杰斯可通过重复数次上述程序而评估治疗的效果。在一项研究中，一群寻求治疗者在开始进行治疗之初，其真实自我与理想自我的 Q 分类间相关值平均为 −0.01，但在治疗之后，相关值增加到 +0.34，而另一未接受治疗的对等控制组，其相关值则没有改变（Butler & Haigh，1954）。换言之，治疗已明显地降低这群人在真实自我及其理想自我间的矛盾知觉，需留意的是这可能以两种方式产生：一是个体可能改变真实自我的概念使其与理想自我更接近；二是改变理想自我的概念使其更加实际。治疗可产生这两种方式的改变。

心理学者托里·希金斯发现，罗杰斯所指的自我不协调性与严重的抑郁以及焦虑有关（Tory Higgins，1987）。

马斯洛

在许多方面，马斯洛的心理学理论与罗杰斯的理论十分类似。马斯洛最初受到行为主义吸引并进行灵长类动物性能力与支配性的研究，但当他的第一个孩子出生时，他已偏离了行为主义。后来马斯洛认为，任何人在观察婴儿时，都无法成为行为主义者。马斯洛也受到心理分析论的影响，但最终却质疑心理分析的动机理论，并发展自己的动机论，特别是他所提出的**需求层次论**（hierarchy of needs），即由基本的生物需求提升至更复杂的心理动机，而且只有在基本需求被满足后，心理动机才会变得重要（见图13-6）。一个层次的需求必须至少部分地满足后，下一个层次的需求才可能成为重要动机。比如，当食物与安全难以获得时，对这些需要的寻求将会支配个体的行动，而较高层次的动机这时却毫无意义。只有基本需求可以轻易地得到满足时，个体才有时间与精力投入美学及智力中去。因此，在人人必须为食物、遮蔽所及安全挣扎的社会中，艺术与科学无法兴盛。而最高的动机——自我实现，只有在所有其他需求均满足后才可能获得实践。

马斯洛决定研究自我实现者（self-actualizer），即特别充分运用潜能的个体。他从显赫历史人物的

图 13-6　马斯洛的需求层次模型

低层次的需求必须至少部分满足后，较高层次的需求才可能成为重要的动机来源（资料来源：Abraham H.Maslow, "Hierarchy of Needs," from *Motivation and Personality*. Copyright © 1954 by Harper and Row Publishers, Inc. Pearson Education,Inc., Upper Saddle River, NJ. ）

日常生活着手进行研究，例如，斯宾诺莎、杰斐逊、林肯、亚当斯、爱因斯坦，以及罗斯福夫人等人。通过这个方式，马斯洛可创造出自我实现者统合的形象，这些人物的辨识特征已被列在表13-2中，马斯洛相信依循其中若干行为可以达到自我实现。

马斯洛将其研究延伸至一群大学生。他从中选择出符合其自我实现者定义的学生，并发现这群学生是总体中最健康的百分之一。这些学生没有任何适应不良的征兆，并且充分发挥其天赋与才能（Maslow，1970）。

许多人曾经在片刻间体验到自我实现，这是马斯洛所称的**高峰体验**（peak experience），其特征是快乐与满足——一种暂时的、非刻意的、非自我中心的目标完美达成状态。高峰体验可能以不同的强度出现在各种情境中，包括创造性活动、欣赏自然、与他人的亲密关系、为人父母的体验、美感知觉或参与运动竞赛等。在马斯洛要求许多大学生描述任何接近高峰体验的感受后，他试图归纳这些响应。学生们提到了整体感、完美、活跃、独特性、轻松自在、自满自信，以及真、善、美的价值观。

人本主义理论的人性观

原则上，人本心理学者在其人格取向背后的价

表13-2 自我实现
表中所列是马斯洛发现的堪称"自我实现者"的个人特质，以及他认为发展自我实现的重要行为［资料来源：A.H. Maslow, *"Self-actualization and beyond."* In *Challenges of Humanistic Psychology*, J. F. T. Bugenthal（ed.）. Copyright © 1967 by Abraham H. Maslow. Used with permission of McGraw-Hill Publishers.］
自我实现者的特征
有效率地察觉现实并能忍受不确定性
接受自己及他人的原貌
自发地进行思考及表现行为
以问题为中心而非以自我为中心
拥有充分的幽默感
高创造性
虽非有意地反传统，但不依习俗而行
关心人类的福祉
能够深切重视基本的生活经验
与少数人，而非许多人建立亲密、满足的人际关系
能够从客观的角度看待生命
导向自我实现的行为
以全神贯注及专心的态度，如同儿童般地体验生活
尝试新事物，而非固守着无害及安全的方式
倾听本身评估经验时的感受，而非听从传统、权威或多数人的吩咐
表现诚实；避免伪装或"游戏"的态度
若自己的观点与多数人的观点不同，则要做好不从众的心理准备
富有责任心
不论何时，只要下定决心就开始努力工作
试着确认自己的防御机制，并鼓起勇气将之去除

值观相当地清楚明白。由我们前面曾摘述的人本心理学协会所宣布的四项原则中，可发现在人本主义的人格观点与心理分析及行为主义取向的观点间存在着尖锐的对立。

大多数人本心理学者并不反驳生物及情境变量可以影响行为，但是他们强调个体自身在界定及创造自己命运时的角色，因此，他们不重视其他取向特有的决定论，主张人性本善，并努力朝向成长及自我现实发展。人们也是可改变及积极主动的。人本心理学者对心理健康设定了一个特别高的标准，仅仅自我控制或适应环境是不足的，只有个体朝着自我现实成长才可被称为心理健康，换言之，心理健康是一个过程而不是一种终止的状态。

这种哲学观也富有政治上的含义。从人本主义的人性观而言，任何阻碍个人潜能实现（也就是妨碍任何人成就自己）的事物都应受到挑战。如果20世纪50年代的妇女是快乐的，且对传统性别角色适应良好，那就已经达到行为主义所定义的心理健康的标准，然而以人本主义的观点来看，绝不希望赋予所有妇女相同的角色——不论这项角色可能多么适合某些妇女，因为如此将阻碍许多妇女发挥其最大的潜能。难怪解放运动的论调（比如妇女和同性恋的解放运动）都附和着人本主义的说辞。

对人本主义理论的评价

人本主义取向通过着重个体对事件独特的知觉和诠释，将个人经验带回人格的研究中。罗杰斯和马斯洛的理论均注重完整、健康的个人，并强调积极、乐观的人格观点，这点远胜于我们曾讨论过的其他理论。人本论者尤其强调，即使并不总是有非常严密的研究方法，他们仍坚持研究重要的问题。他们的观点为，只因为有一种方便的研究方法，便去研究琐碎的问题，对增进心理科学并没有帮助。甚至，人本心理学者多年来在设计新方法以测量自我概念方面日渐精巧，而且从事研究时将个体视为研究事业中地位平等的同伴。然而，批评者对支持人本主义主张的证据质量仍有所质疑，例如：自我实现者的特征必须达到何种程度，才可以被称为自我实现的心理过程产生的结果？自我实现者的特征在多大程度上仅仅是罗杰斯与马斯洛所持有的特殊价值体系的反映？马斯洛的需求层次证据何在？

爱因斯坦和罗斯福夫人是马斯洛认为属于自我实现个体中的两位代表人物

人本心理学者也受到批评，因为他们都以相当健康的人观察所得数据来建立其理论，因此，他们的理论最适用于机能健全的人，只有这些人才有闲暇担心马斯洛需求层次中的顶端需求。这些理论对严重功能失常的患者，或社会、文化、经济上处于不利地位的人而言，应用性并不明显。

最后，有些人甚至批评人本主义论者所采取的价值观。许多观察家相信，美国已经对个人投注过多的关切而太少关心大社会的福祉。一种将个人自我满足及实现提升到价值层次顶点的心理学，与美国人的意识形态太过契合，有些批评家相信这甚至为自私提供了心理学上的认可（Wallach & Wallach，1983）。虽然马斯洛在自我实现者的特征上列出了"关心人类的福祉"一项（见表13-2），而且有些经马斯洛确认的自我实现者（如罗斯福夫人）也非常明确地拥有这项特征，但很显然，居于马斯洛正式理论核心地位的需求层次中并未包括这项特质。

◆小结

人本取向关心个人的主观经验。人本心理学建立了心理分析与行为论取向以外的另一种选择。

罗杰斯主张人类有机体的基本动机力量为自我实现倾向——一种想要完成或实现自我所有可能性的倾向。自我的需求一旦被否定，将会导致严重的焦虑。儿童经由来自照顾者无条件的积极关注的经验，而得以发展一个实现的自我。

马斯洛主张需求有层次性，从最基本的生物需求到最复杂的心理动机，而只有在基本动机得到满足后，心理需求才会变得重要。某层次的需求必须至少部分地得到满足，下一层次的需求才会成为行动的重要动机。

◆关键思考问题

1. 有些学者认为，亚洲文化的人们不像美国人那么关心个人主义，而是更关心其家庭或社群的集体福祉。你认为这种观点与人格人本观之间有多大的差异？

2. 你认为给孩子无条件的积极关注完全是一种好的理念吗？为什么？

第六节 进化论

在人格中，最新且最具争议性的理论之一，其事实是应用了一个古老的理论。进化论是由达尔文（Darwin，1859）所提的，在生物学中扮演重要角色长达一个世纪以上。达尔文虽曾提出一些观点，指出人类行为有进化基础，然而现代进化心理学的领域，则是由威尔森在其著作《社会生物学》（*Sociobiology*）中首创的（Wilson，1975）。社会生物学，即后期的**进化心理学**（evolutionary psychology），其基本前提为：凡是能提升有机体生存机会且能传递给后代的行为，即可能通过进化过程的选择，最后成为人类人格的一部分。

进化心理学应用于人格心理方面的研究，理所当然地，相当多的研究是关于求偶方面的。求偶涉及竞争：在异性恋中，男性与男性竞争、女性与女性竞争。不一样的是两性竞争的项目不同，因为男性与女性在生殖方面扮演着不同的角色（Trivers，1972）。由于女性需怀胎9个月，而且在产后哺育和照顾婴儿，她们对每个后代都投注相当大的心力，且在其生命中能生产的远比男性少。因此，对与她共同繁衍后代的男性而言，女性成了他征逐

进化论为"何以年长的男性常追求比他们小很多的女性"提出了解释

对遗传基因能有贡献的奖品，也是他帮助照顾其后代的能力与意愿的象征。反之，对男性而言，生殖的最佳策略为尽可能地繁衍，因此他们的首要任务，即寻觅可能且具生产力的女性。

戴维·巴斯（David Buss）、道格拉斯·肯里克（Douglas Kenrick），与其他进化心理学家在调查了两性间人格的差异后提出此假说：这些人格差异是由两性不同的生殖策略造成的（Buss，1999；Kenrick，2001；Schmitt & Buss，1996）。他们推论道：女性在求偶时，应强调自己的年轻与美貌，因为这些是她们具生产力的象征，而且她们在择偶上会比男性更挑剔。相反地，男性在求偶时应强调其抚养后代的能力，且在选择配偶时，没有女性那么挑。许多研究都支持此假设。试问：为吸引异性，你会做些什么？女性表示，会通过化妆、衣着、首饰、发型来让自己变得更具姿色，她们也确实为此花了不少心血；男性则会吹嘘他们的成就与赚钱能力，展现出他们的财力与肌肉（Buss，1989）。其他研究也指出，男性比女性对性更有兴趣（Buss & Schmitt，1993），且对选择一夜情的条件较为宽松（Kenrick，Broth，Trost，& Sadalla，1993）。

生产力的象征之一是年轻，而具经济资源的象征之一则是年长。因此，进化论者提出，男性求偶时对年轻的女性较感兴趣，而女性则较热衷于结交年长的男性。在 37 个文化中均呈现出两性在这些择偶偏好上的差异（Buss，1989）。肯里克与基佛甚至还在报纸单身求偶专栏中发现：男性年龄越大，越偏好年轻的女性；而女性则无论年龄大小，都倾向于偏好年长的男性（Kenrick & Keefe，1992）。

有些学者将进化心理学扩展到求偶偏好以外的课题上，他们认为，男性比女性更为个人主义、具支配性，及倾向于解决问题，因为这些人格特性增加了男性的生产力，因而在进化过程中被选择、留存了下来（Gray，1992；Tannen，1990）。相反，女性则较男性更具包容性、愿分享且重视公众关系，这些人格特征可增加其后代的存活机会，因而被选择留下来。

进化心理学者在一些较具争议性的研究中主张：由于两性在求偶策略上有性别差异，因此在性的表现、性的忠贞与妒忌来源方面，也存在性别差异。男性想时常求爱，使得他们比女性更要求忠贞。他

们会在意资源是否都投注在一个非他骨肉的后代身上，因而较关心其女性伴侣在性方面的贞洁问题。这表示，男性比女性更可能欺骗其伴侣，且更会因伴侣欺骗他而醋劲大发。有许多研究支持这些假设（Buss，Larsen，Westen，& Semmerlroth，1992）。

当男性间对女性的竞争到达白热化时，就可能引发暴力，尤其是那些拥有较少资源可以竞争的男性（比如失业男士）。威尔逊与戴利发现：非亲属间杀人事件最常见于年轻男士间（Wilson & Daly，1985，1990），他们常为了身份地位以及面子而起争端。两位学者更进一步发现，家庭中的最常见的凶案是丈夫杀妻，因而认为这些杀戮代表了男性企图控制女性伴侣的贞洁。

进化论的人性观

进化论对人性的看法可能会显得有点严谨。我们之所以长成这样，是因为人类适应发展而成的，任何与我们人格及社会行为有关的事物，都已在我们的遗传基因中完成编码，因此留给我们朝着正向改变的空间似乎不多。然而，进化论者却是最先强调改变的，进化即改变——一旦环境变迁，就只有能适应这些改变的有机体才能得以存活，并繁衍后代。只是这种改变的速度远比我们希望的要慢得多。

对进化论的评价

进化论取向受到大众颇多关注是不足为奇的。有些重大的社会与政治议题即引用这些学者的论点与研究发现。有些批评称，进化心理学只是为当今不公平的社会状况与偏见提供了一套薄弱的辩解。如果女性在经济与政治上臣服于男性，就辩称这是物种进化的结果；男性如果殴打他的妻子且有了婚外情，又说这是天性使然，他们无力抗拒；如果某个种族在社会上拥有权力与财富，则表明这是长期进化、选择的结果，他们的遗传基因更优秀。

进化论者也引起科学界的关注。早期社会生物学论点因为没有根基于严谨的资料而备受质疑，有些学者更批评其研究假设都不可证伪或检验。在近几十年来，却有大量的研究企图严格验证人类行为的进化观点。有些学者则避开诸如两性在人格与能力上差异的争议性课题，转而探究进化在塑造脑部

认知结构上的角色（Cosmides，1989；Cosmides & Tooby，1989）。

　　是否有必要以进化论来解释一些发现——人类在某些行为或结构上是有性别差异，还是人类共通的——还是一个问题。要发展出取代进化论将大多数研究发现归之于生殖策略的解释并不困难（Eagly & Wood，1999）。例如，两性在人格上的差异即可归因于体型与身高（男性因体型高大而使得他们比女性更具支配性；而女性比男性友善，可能只是因为她们设法不被男性殴打）。对行为所提的大多数替代性解释都比进化论的理由更贴切——它们无须依靠宣称已存在了百万年的事情，而只需诉诸最近的事情。许多被进化论者认为与进化史一致的研究结果，却很难进一步通过实验来帮助我们选择哪一种解释，是进化论解释还是近期成因的替代性解释。

　　然而，进化论本身因为能解释的行为很广泛而相当有吸引力。自从行为论提出以来，心理学还没有更新的框架来解释人类大多数的行为。许多进化论者努力寻求更严谨且更具说服力的实证研究来验证其假设。显然，进化心理学在未来数年对人格理论将有重大的影响。

◆小结

　　进化心理学试着以某些特性有利于人类生存与繁衍发展的适应观点，来解释人类的行为与人格。

　　进化理论的论点与学者观察到有关人类追求配偶的某些性别差异相一致。

　　然而，它却是一个颇具争议性的理论，一方面在于它的社会含义，一方面在于它难以解决同样由它所衍生出来的对立论点。

◆关键思考问题

　　1. 你认为心理学理论应该涉入多大程度的政治含义？

　　2. 你认为进化心理学能够预测人类行为在接下来几世纪将发生什么改变吗？

第七节　人格的遗传

　　我们刚结束了另一个具有争议性且较新发展、探讨人格源起的研究取向——主张人格特质大多由与生俱来的遗传基因决定。其中指出遗传基因在人格方面扮演重要角色的最佳的证据，是来自第十二章所述的明尼苏达双生子分开抚养研究，且在本章一开始就有摘述。回想第十二章中所讲的内容，参与该研究的被试接受了许多能力与人格的测量，此外，他们还在测验时加入了关于童年经历、恐惧、嗜好、音乐偏好、社会态度，以及对性的兴趣等课题的访谈，结果发现了许多惊人的相似之处。其中成长背景差异最大的是本章开篇介绍的斯托尔与尤菲。另一对背景迥异的是都生长于英国家庭的双生子，他俩于第二次世界大战时分开，由不同社会经济地位的家庭养大。两位之前未曾谋面的双生子在抵达访谈场所时，他们的手上都戴着 7 枚戒指。

　　这些研究表明，即使是分开抚养的双生子，他们人格特征上的众多相似性，并不亚于一起长大的双生子，因而让我们更有信心得出这样的结论：同卵双生子比异卵双生子在人格上更相近，主要是因为他们在遗传上更为相似（Bouchard et al.，1990；Lykken，1982；Tellegen et al.，1988）。

　　明尼苏达研究中大多数的发现，都与其他许多双生子的研究结果一致。一般而言，遗传率最高的为能力与智力方面的测验（60%—70%），其次为人格方面的测验（约 50%）；最低的是宗教与政治信念，以及职业兴趣测验（30%—40%）。

　　有以类似方法检视人格特质遗传率的研究，例如，某研究即发现害羞与易怒倾向的遗传率约为 30%—50%（Bouchard et al.，1990；Newman，Tellegen，& Bouchard，1998）。

人格与环境的交互作用

　　基因型与环境相关　从出生的那一刻起，基因和环境的影响力便互相纠结地塑造个体的人格（MaGuffin，Riley，& Plomin，2001）。首先，可能需要通过某些环境因素，才能引发特定基因的作用（Gottlieb，2000）。例如，一位有酗酒倾向遗传基因的孩子，只要从未接触过酒精，他就不可能酗酒。其次，父母赋予子女基因及一个家的环境，两者都

前沿研究

一颗药丸就可以改变你的人格吗？

遗传影响人格的途径之一可能是通过影响脑部与身体的神经化学。神经系统的功能受到神经递质数量的影响，这些神经递质的数量在任一时刻都变化万端。人们在这些神经递质的平均水平上似乎也有差异，而这些差异似乎又与特定的人格特质有关。

多巴胺在控制身体运动方面扮演着重要角色，且涉及引发人们趋近具吸引力的物体或人物的脑部系统，因此被认为会影响人们的社会性与一般活动水平。有些学者还认为多巴胺与外向性和冲动性有关（Depue & Collins，1999）。

另一种重要的神经递质是5-羟色胺，也与冲动性有关，而且涉及诸如焦虑与忧郁等心情。最常见的抗郁药百忧解（Prozac）就是一种萃取过的5-羟色胺回收抑制剂，其功效在于提升5-羟色胺的水平。依据《神奇百忧解》（Listening to Prozac）作者彼得·克拉玛（Peter Kramer）的说法，此药物可以真正地赋予人们新的人格。它可以防止人们产生无谓的忧虑、对小压力过度反应，因而让他们以更积极、愉悦的心态来看待生命。那些曾服用百忧解的人士时常报告说，他们觉得整个人焕然一新，变得更加美好——完成更多的工作、对异性更具吸引力。

我们真的可以通过服用诸如百忧解这种药物改变人格吗？研究者让26位健康、无抑郁症之苦的志愿者服用类似百忧解的百喜［Paxil，即帕罗西汀（paroxetine）］长达4周。他们选择百喜是因为它比其他同类药物更有效，且为较特定的5-羟色胺回收抑制剂。研究人员也给另一群健康的志愿者服用4周安慰剂。不论是研究员还是志愿者，均不知各个志愿者所服用的是哪种药剂。在研究开展1周与4周时，都对被试进行人格与社会行为衡鉴，要被试完成各种问卷，并观察他们与其他人共同完成解谜任务的表现。

那些服用百喜的被试与那些服用安慰剂者相比，较不会焦躁、对他人有敌意，而且在完成解谜任务的过程中也有更多积极参与的社会行为。此外，4周来随着被试血液中百喜的含量越高，其焦躁与敌意也降得越多，也表现出更多积极社会行为（Knutson et al.，1998）。

这些结果似乎表明百喜真的改变了健康志愿者的人格，而且在很大程度上是通过改变其心情达到的。服用百喜的志愿者明显降低了消极的情绪，这充分说明了人格与社会行为的改变。这结果显示百喜可能不是直接影响人格，而是间接消除了志愿者可能经历过的消极情绪。

此种说法与主张人格的基础是心情或气质的论点不谋而合，而所谓气质，会影响个人趋近或躲开一些新挑战的意愿（Cloninger，Svrakic & Przybeck，1993；Gray，1994）。根据这些理论，所有人格特质均源于个人的基本气质、环境对气质的反应（例如，当你焦虑时，父母是处罚还是支持你去克服焦虑），以及你的气质如何引导你进行生命中的重要抉择。

有关人格生物成因的研究正在迅速发展，同时也有一些关于这些研究发现的社会含义，可以总结为：我们是否与社会一样，愿意通过药物来改变我们的人格？

是父母自己基因的作用。结果，在孩子的遗传特征（基因型）和抚养的环境间便建立了一种相关。例如，因为一般智力部分来自遗传，高智力的父母亲比较可能有高智力的子女；高智力的父母也可能提供一个具智力刺激的环境给孩子——两者本身的交互作用，以及可能通过家庭生活一部分诸如书、音乐课、博物馆之旅和其他智识经验的影响。因为孩子的基因型和环境以这种方式有正相关，他便拥有智力的双重优势。同样地，低智力父母生下的孩子也较可能碰到一个劣势的家庭环境，破坏了他们直接来自遗传上的智力。

第三，有些父母可能刻意地建构与孩子基因类型呈负相关的环境。例如，内向的父母会鼓励孩子参加社交活动以中和孩子自己可能的内向——"我们努力邀请客人来，因为我们不希望克里斯长大后像我们一样害羞"；非常活跃的父母可能试着提供更有趣、安静的活动。但不论相关是正的还是负的，关键点是，孩子的基因型和环境两者都不是形成儿童人格的独立来源，两者会有相加的效果。最后，除了与环境相关外，儿童的基因型也塑造环境本身（Bouchard et al., 1990; Plomin, DeFries, & Loehlin, 1977; Scarr, 1996），特别是环境可能经由三种交互作用形式而影响儿童人格：反应性的（reactive）、引发性的（evocative），以及主动性的（proactive）。

反应性的交互作用　不同的个体即使暴露在相同的环境中，其解释、体验与反应也不尽相同——这称之为**反应性交互作用**（reactive interaction）的过程。一个焦虑、敏感的孩子对严厉父母的反应会和冷静、愉快的孩子有所不同；严厉的声调会引起敏感的孩子哭泣，他的妹妹却可能未予注意；外向的孩子会参与其周围的人、事活动，而内向的兄弟可能会加以忽略；相比于不开朗的孩子，开朗的孩子容易被了解。换言之，每个孩子的人格会从客观的周遭事物中形成主观的心理环境，而此一主观的环境进一步塑造后续的人格发展。即使父母提供给所有的孩子完全相同的环境（通常不会），在心理上也不会是全然相等的。在整个生命中都会发生反应性的交互作用。一个将伤害的行动解释为敌意的故意结果的人，和一个将其解释为无意识的非故意结果的人，在反应上会非常不同。

引发性的交互作用　每个人的人格所引发的反应与他人不同，我们称之为**引发性的交互作用**（evocative interaction）。被抱时坐立不安焦躁的婴儿比喜欢被拥抱爱抚的婴儿，从父母身上引发较少的关爱；温顺的孩子比攻击性的孩子从父母处引发较少的控制育儿模式。缘此，我们不能简单地假设父母的育儿方式和其儿童人格间的相关反映了一种简单的因果关系；反之，是儿童的人格塑成了父母的育儿模式，再转而塑造其人格。引发性的交互作用也在整个生命中发生：和蔼的人引发和善的环境，有敌意的人引起有敌意的环境。

主动性的交互作用　当儿童长大到可以超越父母设定的环境时，他们开始选择和建构自己的环境。

外向和害羞的小孩会引发成人不同的行为

这些环境再转而塑造他们的人格。此过程被称为**主动性的交互作用**（proactive interaction）。一个善交际的孩子会选择和朋友看电影，而不愿一个人在家看电视；他善交际的人格促使他选择进一步强化其社交性的环境。他不能选择时便会建构环境：假如没人邀他去看电影，他自己会策划、完成这件事。正如名字所暗示的，主动性的交互作用是个体在他们的人格发展中变成一个主动行为者的过程。

在整个发展的过程中，这几种人格-环境交互作用方式的相对重要性会有所转移（Scarr, 1996; Scarr & McCartney, 1983）。儿童基因型和其环境间的相关在小的时候以及几乎完全待在家庭环境时，最为强烈；当儿童渐渐长大并开始选择、建构自己的环境时，原来的相关会降低而主动性的交互作用影响力会增加。诚如所述，反应性的和引发性的交互作用在整个生命中仍有其重要性。

一些未解决的疑惑　双生子研究产生的一些令人疑惑的模式，仍然没有被完全理解。例如，我们较早注意到的，人格遗传率的预估，在同卵双生子分开抚养与同卵和异卵双生子共同抚养的比较中高出许多。此外，同卵双生子令人惊讶的相似性似乎不会因时间或分别抚养的环境而消失。相反，异卵双生子（和非双生兄弟姊妹）的相似性从儿童期便消失，经过青少年时期，即使他们是被共同抚养的，他们在同一个家庭中共同生活得越久，反而变得越不相似（Scarr, 1996; Scarr & McCartney, 1983）。

假如基因本身与其他基因交互作用而产生某些特质模式，那么此类型出现在共同继承了所有基因的个体（像同卵双生子）中比只继承一半基因的个体中（如异卵双生子和非双生兄弟姊妹）多出一倍。假如该特质取决于基因一种特定的组合，则可能发生上述情形。例如，考虑有蓝眼睛（为了突出重点，此处简述）的特质：假设父母亲中一个有蓝眼睛基因一个有褐眼睛基因，如此他们其中一个孩子若是蓝眼睛，他必须从父亲那儿继承一个蓝（眼睛）基因且同时也从母亲那儿继承一个蓝色基因。至于其他三种组合（褐-褐；褐-蓝；蓝-褐），只会有褐眼睛。换言之，他们的孩子有四分之一的机会是蓝眼睛。因为同卵双生子继承父母相同的基因，假如一个是蓝眼睛，另一个也会是蓝眼睛；相反，异卵双生子一个从父母双方继承蓝色基因，另一个双生子的蓝眼睛的机会仍是四分之一，而非二分之一。因此，共同继承所有的基因比只继承一半基因效果要超过两倍以上。有证据支持此类基因交互作用对一些人格特质的影响，特别是外向性（Lykken, McGue, Tellegen, & Bouchard, 1992; Pedersen, Plomin, McClearn & Friberg, 1988）。但人格-环境交互作用也可以是造成这些模式的部分原因。

现在考虑同卵双生子。因为他们有相同的基因组型，而且也以相同的方法反应情境（反应性的交互作用），并引发别人相似的反应（引发性的交互作用），同时，他们相似的、基因主导的才能、兴趣和动机，引导他们寻求、建构相似的环境（主动性的交互作用）。重点是，这些历程不论双生子是被一起还是被分开抚养，都会运作。例如，两个同卵双生子即使在出生时就被分开，仍然会被其他人以相同方式对待，因为他们会独立地引发他人相似的反应。

主动性的交互作用以相同的方式运作。每个双生子的人格，会促使他选择与另一个双生子所选择相似的朋友和环境；而相似的朋友和环境则以相似的方式对待两个双生子。因为双生子有相同的基因组型人格，所有人格-环境交互作用的历程，会一起作用促成且维持他们的相似性——即使他们自出生后就没见过面。

相反，异卵双生子和非双生兄弟姊妹随着年长，环境会增加彼此相异性，即使在相同的家庭中成长也是如此。在儿童早期，父母会设置共同相似的环境（虽然兄弟姊妹彼此的反应不同，从父母那里引发的反应也不同）；但当他们开始选择和建构家庭以外的环境时，他们不同的才能、兴趣和动机会逐渐加大他们行动方式的差异性，因而造成人格变异的增加。

共享和未共享的环境 双生子的研究使研究者不但可以预估个体间的差异有多少是由于基因的变异，还可以预估与环境有关的变异中，哪些是家庭成员共享的（如家庭社会经济地位），哪些是未能共享的（如家庭外的朋友）。令人惊讶的是，因为共享环境的差异似乎无法解释环境的变异，在他们基因的相似被排除后，同一家庭的两个人似乎不比从人口中随机选出的两个孩子更相像（Rowe, 1997; Scarr, 1992）。这暗示了心理学家通常研究的变量类别（如儿童养育方式，家庭社会经济地位，父母教育等）事实上对人格的个别差异没有帮助。为何会这样呢？

一个可能的解释是，反应性的、引发性的和主动性的过程减少了环境的差异——只要这些环境允许有反应的弹性存在。一个来自被忽略或贫穷家庭的聪明孩子比不聪明的孩子更能从电视节目中吸收

由于同卵双生子有完全相同的基因，即使成长于不同的环境下，人格与环境的交互作用过程会共同作用，长期强化与保留此相似性

信息（反应性的交互作用），会吸引有同情心老师的注意力（引发性的交互作用），自己也会主动去图书馆（主动性的交互作用）。这个孩子的基因类型中和、削弱了家庭环境潜在的影响，而有不同于较不聪明的兄弟姊妹的发展。只有在环境严格的限制下，这些人格-环境的作用过程才会被阻碍（Scarr，1996；Scarr & McCartney，1983）。这个解释得到一个研究发现的支持：被分开抚养的同卵双生子中最不相像的是，其中一个被抚养在限制非常严格的环境中。

虽然这个解释似乎是可接受的，但并没有直接证据证实其为真。近几年来，许多心理学者已指出，探讨个别差异的遗传率研究有方法上的问题，因为它也可解释为环境缺乏影响力（Turkheimer，1998）。例如，这类研究的资料几乎都来自自陈量表，然而这些量表的效度（尤其是对来自同一家庭的不同儿童的环境测量上）很有问题。此外，参与本研究的家庭在人口统计变量上相当近似——都并不来自极端好与差的环境，如此一来，降低了环境因素对儿童能力与人格可能有的影响力。

无论如何，研究似乎必须从一般来自不同家庭儿童的比较，转移到来自相同家庭的比较——尤其是同一家庭中人格与环境的交互作用。同样，也应关注家庭以外的影响力。一位学者指出，同伴团体对儿童人格差异性的影响力，远在家庭之上（Harris，1995）。

◆小结

双生子的研究证据指出，遗传因素对人格特质的确有影响。

在塑造人格时，遗传与环境并非分别独立发挥影响力，而是自出生开始，就互相纠缠在一起产生作用。因为儿童的人格与其家庭环境都是父母基因的函数，所以儿童的基因型（遗传的人格特征）与所处的环境间有着内在的相关性。

人格与环境间交互作用有三个动态过程：（1）反应性的交互作用——不同的个体处在相同的环境中，会有不同的经验、解释与反应；（2）引发性的交互作用——个体的人格也会引发他人不同的反应；（3）主动性的交互作用——个体选择或建构他们自己的环境。随着儿童逐渐长大，主动性交互作用的影响力愈发重要。

双生子的研究产生了一些令人困惑的模式：由同卵双生子分开抚养的研究中估计所得的遗传率，比以同卵双生子和异卵双生子间比较为基准所得的要高出许多；分开抚养的同卵双生子和共同抚养的同卵双生子一样相像，但异卵双生子与非双生的手足间的相似性会随着岁月而变得越来越不相像——即使他们一块长大。

这些模式可能部分归因于基因间的交互作用，因此共同拥有全部基因的效应是只共有半数基因的两倍以上。这种类型也可能部分归因于人格-环境的三种交互作用（反应性的、引发性的和主动性的）。

在基因的相似性被排除后，来自同一个家庭的孩子，并不比从人口中随机取样的孩子更相像。这似乎意味着心理学家通常研究的变量类别（如育儿方式，与家庭的社会经济地位）对个体人格差异实际上并无贡献。

◆关键思考问题

1. 你的人格与能力的发展，有哪些方面可能会受到反应性的、引发性的与主动性的交互作用影响？

2. 如果你有兄弟姐妹，你认为最能解释自己与他们相似性与相异性的说法是什么？

双面论证

弗洛伊德对心理学的影响还存在吗?

弗洛伊德对心理学的影响仍然存在,且生趣盎然

乔尔·温伯格(Joel Weinberger),阿德菲大学

弗洛伊德还活着吗?当然,他已过世了,他在 1939 年 9 月 23 日去世的。没有人会问牛顿(Isaac Newton)或詹姆斯(William James)是否还在世,但是基于某些原因,我们会为弗洛伊德保留这个问题。如果问题是心理分析论,那么弗洛伊德首创的心理学派,是否已过气了?答案显然是否定的,心理分析不仅活在弗洛伊德的年代,至今仍然生趣盎然。美国心理学会中心理分析学派是学会第二大支系。目前心理分析学派还有几支门类是弗洛伊德本身都不曾见过的。对一支创始人已过世 60 年的派系充其量也只能如此期望了。

弗洛伊德的理念已过气了吗?当然不是!它已打进了美国的文化,且对美国文化促成了永久性的改变。试想这些本我、自我、超我、失语等日常用语,以及许多心理分析的作家、历史学家、精神医学家,当然还有心理学家。我想这个问题真正想问的是:弗洛伊德的理念是否依然有效?答案是:有些是,有些则否。但是就当前心理学界而言,仍然有相当惊人的数量是有效甚至可说是重要的,后面会一一阐述。

让我们先看看仍跟得上当代心理学潮流的某些弗洛伊德主要论点。弗洛伊德说过,人类所有的动机都可追溯到生物来源,尤其是性与攻击。目前心理学领域中,被称作进化(evolutionary)心理学(Buss,1994)、社会生物学(sociobiology)(Wilson,1975)与生态学(ethology)(Hinde,1982)的新支派,它们都强调生物因素对行为的重要性,而且都得到了支持其论点的研究数据,足见弗洛伊德这方面的论点并未过时。至于他强调的性与攻击的重要性呢?环视您周遭叫座的书籍、电影与电视节目,它们都有些什么共同性质?性与暴力而已。好莱坞与书商似乎都是弗洛伊德的信徒,就连那些读者观众也都是。弗洛伊德另一个在当时引起相当大争议的论点是,儿童有性感受,目前,这已是众所周知的常识了。

心理分析论长久以来一直强调,影响心理治疗有效性的主要因素是治疗关系。多年来,此论点并未被接受,尤其是行为学派(Emmelkamp,1994),现在我们知道它是治疗有效的关键因素(Weinberger,1996)。早年关系的表征会盘踞在我们脑海中的说法、由客体关系论(心理分析支派)所延伸而出的理念,以及依恋理论(由心理分析学者鲍比所创发)等,都为当前心理学界普遍接受的观点。

无意识过程的重要性是最常被归于弗洛伊德的主要理念。根据弗洛伊德的看法,大多数时候我们都没有注意到在做什么,为什么做。主流心理学曾在一段很长的时间内排斥过此种观点,现在似乎又被弗洛伊德说中了,当代学者相信无意识过程确实重要,且能解释我们大多数的行为。现在公然探讨无意识的研究,已经涉及记忆(Graf & Masson,1993)、社会心理学(Bargh,1997)、认知心理学(Baars,1988)等领域,事实上,它俨然成了心理学的主要思潮。

其他有关弗洛伊德更特定的理念(如防御机制等),也得到实证研究的支持(Shedler,Mayman,& Manis,1993;D. Weinberger,1990)。其他关于无意识幻想的一些理念也是如此(Siegel & Weinberger,1997)。现在甚至还有一些研究正在验证弗洛伊德的移情作用等概念(Anderson & Glassman,1996;Crits-Christoph,Cooper,& Luborsky,1990)。

弗洛伊德当然有许多特定的想法是过时或被证明有误,毕竟没有哪位思想家在辞世 60 多年后还能保有其理念的完备无误、没有丝毫更动,然而广义言之,弗洛伊德的理念不仅幸存至今,甚至还生趣盎然,我们或许应该多检验这些理念。现在如果还有人因为弗洛伊德有些论点有误就认为应该忽略他,可真够不智的,就像倒换洗澡水却把宝宝也一并倒出去一样因噎废食,更何况弗洛伊德的作品读起来相当有趣!

弗洛伊德对心理学的影响还存在吗？

弗洛伊德在心理学上已失去影响力

约翰·F. 凯尔斯壮（John F. Kihlstrom），加利福尼亚大学伯克利分校

若说 20 世纪是美国的世纪，那它也是弗洛伊德的世纪（Roth，1998），因为弗洛伊德改变了美国人的自我意象。哥白尼指出地球并非宇宙的中心，而达尔文指出人类是低等动物的后代，弗洛伊德却更进一步宣称人类的思想、经验与行动，都不是我们能意识的理性，而是由超越我们觉知与控制的非理性力量所决定——这种力量只有靠被称作心理分析的治疗过程才能理解与控制。

弗洛伊德也改变了我们了解自我与他人的词汇。即使在你尚未翻阅本书前，也已经知道有关本我与超我、阴茎嫉妒与阴茎象征、阉割焦虑与俄狄浦斯情结。在通俗文化中，心理治疗已然等同于心理分析。弗洛伊德的理论聚焦于模糊事件的阐释，为诸如解构主义等后现代的文学批评取向奠下了基础。与其他学者相较，弗洛伊德对当代文化的影响堪称既深入且久远。

弗洛伊德的文化影响，至少应立基于理论科学有效的前提下。然而从科学观点看来，无论作为心理的理论还是治疗的模式，古典的弗洛伊德心理分析论已然名存实亡了（Crews，1998；Macmillian，1996）。没有任何实证研究支持心理分析论的任一论点，无论是发育要经历口腔期、肛门期、性器期和生殖期，还是小男生会追求母亲而对父亲又恨又怕的看法；也没有任何实证研究指出，心理分析比其他系统脱敏或自我肯定训练等心理治疗来得有效；更没有任何实证研究指出，心理分析之所以有效，是一些诸如移情与宣泄作用等机制所造成——如理论所预期那样。

当然，弗洛伊德活在一个特殊的年代，也许有人会认为他的理论应用于当时的欧洲文化是有效的，但是即便如此，时至今日，它已经不再适用了。然而，近年来的历史分析研究指出，弗洛伊德对个案材料的解释，也受到其无意识冲突与婴儿式性欲论点的系统性扭曲，使得他对呈现在眼前的科学证据予以曲解、误植。弗洛伊德的理论不仅是时代的产物，当这些理论出版时，已经充满了误导与谬用。

德鲁·韦斯顿虽然同意弗洛伊德的理论已过时且该作废，但是仍认为还是有许多广为科学家所接受的论点：无意识心理历程的存在、行为的冲突与暧昧层面的重要性、成人人格源于童年、心理表征可调节社会行为，以及心理发展的阶段说（Drew Westen，1988）。不过这些论点中，有些还是值得讨论的，例如，并无证据指出童年的教养训练方式对人格有长远的影响。更重要的是，韦斯顿并没质疑弗洛伊德理论的正确性。主张无意识在主宰行为上扮演重要角色是一回事，而认为我们日常的思想行动都是由被压抑的性与攻击冲动所推动又是另一回事；小男孩对异性双亲拥有性欲感受是一回事，认为因为将父亲视为竞争母亲感情的敌手而对他满怀敌意又是另一回事。这些都是弗洛伊德的信念，因此，我们可以说弗洛伊德在这些方面是错误的。例如，在自动化与隐式记忆实验中所显现的无意识心理，与心理分析论中的无意识心理并不相同（Kihlstrom，1998）。

韦斯顿还指出，心理分析论本身从弗洛伊德至今已经过进化，因此硬把弗洛伊德的压抑、儿时的性与攻击冲动论点紧扣在心理分析论上，是不公平的。的确，从心理学史看来，所谓的"自我心理学"有助于我们在很大程度上保留极端行为论"黑暗时期"心理学界的那些有趣的课题（Kihlstrom，1994），但是此论点又再度避开了弗洛伊德理论正确与否的争议。此外，所谓"新心理分析学派"（neo-Freudian）是否真的比古典的弗洛伊德观点有效或者更好，仍然未有定论。例如，埃里克森的心理社会发展论是否比弗洛伊德的观点更有效，仍是混沌一片，未有清楚的结论。

尽管弗洛伊德对 20 世纪的文化有着众多的冲击与影响，但是就 20 世纪的心理学而言，他已是过时的了。韦斯顿撰写的有关弗洛伊德的广阔主题，早在弗洛伊德前已经存在于心理学界了，只是晚近又被挑起，与弗洛伊德并无关系。充其量，弗洛伊德只是心理学史中有趣的心理学家而已，与其说他是科学家，倒不如说他是作家，心理学者没有他也还能过得去。

本章摘要

1. 虽然研究者认为人格因素的数量不一致，但最近研究者的共识是五个因素，可以提出各家的折中最好看法，称为"大五"，前缀简写为OCEAN，分别是：开放性、责任心、外倾性、宜人性、神经质。

   虽然大部分量表的题目是以理论为基础编成或选择的，它们也可以用外在的效标相关作为选择的基础——以效标关联法来建构测验。最广为人知的是明尼苏达多向人格量表（MMPI），是用来找出心理异常者的。

2. Q分类法是一种衡量人格的方法，评分者将人格形容词卡片分成9堆，将最不适合用来形容个人者放在最左的第一堆，而将最适合的形容词放在最右的第9堆。

3. 弗洛伊德的心理分析论主张许多行为是由无意识动机引起的，人格主要决定于性及攻击的生物驱力，以及发生于生命期前5年的童年经验。弗洛伊德的人格结构理论认为人格由本我、自我及超我组成，彼此间经常处于冲突状态。本我遵循享乐的原则，寻求生物冲动的立即满足；自我服从于现实原则，将满足延迟至可依社会接受的方式获得为止；超我（良心）将道德标准加诸个人身上。在一个统合良好的人格中，自我保持稳定但可弹性地控制本我及超我，遵循现实原则进行管理。

4. 弗洛伊德的人格发展理论主张人们会经历性心理发展期，而且必须解决俄狄浦斯冲突，即年幼的儿童视同性双亲为异性双亲情感的竞争敌手。多年来，弗洛伊德的焦虑及防御机制理论发展较为蓬勃，相比之下，其结构及发展理论则不然。

5. 心理分析论也已经由他人加以修正，较知名的有荣格与沙利文。荣格主张，除了弗洛伊德所描述的个体无意识外，还有集体无意识，它是所有人类共有的部分心灵。沙利文认为，人们对人际经验的反应，会造成他们发展出意象化，即对自己与他人的心像。

6. 采取心理分析取向的心理学家有时会使用投射测验，例如罗夏墨迹测验和主题统觉测验（TAT）。因为测验刺激是不明确的，它假设个体因此对刺激会投射出他的人格，所以透露了无意识的愿望和动机。

7. 行为主义取向认为，人格差异导因于学习经验的不同。通过操作性条件反射，人们学会特定行为与奖惩间的关系。他们也可以通过观察学习学得这些联结。通过经典条件反射，人们学会特定情境与某些结果间的联结，比如焦虑。

8. 人格的认知取向的理念为，人格的差异性源于个体心理表征信息的方式有别。班杜拉发展了社会学习论，主张内在认知历程结合环境压力以影响行为，且认知历程与环境间彼此有交互作用。米歇尔已找出几种影响个体对环境反应，以及其在环境中行为的个人认知变量。

   凯利的个人建构论着重在人们用来解释自我及所处社会世界的一些概念。有许多研究关注自我图式，即个体行为上最为重要的层面。实验显示，人们对与自我图式有关的信息会知觉得较为快速，且回忆也更好。

9. 人本心理学取向关心个体的主观经验，被建立为心理学界心理分析及行为主义取向以外的另一种主张。罗杰斯认为人类有机体的基本动机为自我实现的倾向——一种朝向实现或完成自我潜能的倾向。自我的需求一旦被否定，就会造成焦虑。经由得自其照顾者无条件的积极关注，儿童才得以发展其实现的自我。马斯洛提出需求层次论：从基本的生物需求提升到较复杂的心理动机，在生物动机获得满足后，心理动机才变得较为重要。某层次的需求至少得到部分满足后，下一个层次的需求才会显得重要。

10. 进化心理学试图用某些能提升有机体生存机会且能传递后代的特性而得以存活的适应观点，来解释人类行为与人格。进化论观点与观察到两性在择偶偏好上的差异有一致性。然而，它却是个颇具争议性的理论，一方面是它的社会含义，一方面是它很难从中推导出可加以反驳的论题。

11. 双生子的研究证据指出，遗传基因的确会影响人格特质。在塑造人格时，基因和环境的影响力不会独立地发生作用，而是从出生的那刻起便互相纠结影响。因为一个孩子的人格是父母基因的作用，孩子的基因型（继承人格特征）和其环境有一种内在的相关。

12. 三种人格与环境交互作用的动态过程是：（1）反应性的交互作用，即不同的个体放在相同的环境，会有不同的经验、解释和反应；（2）引发性的反应，即个体的人格会引发他人不同的反应；（3）主动性的交互作用，即个体选择和建构他们自己的环境。在孩子逐渐长大后，主动性的交互作用影响力逐渐变得重要。

13. 双生子的研究产生一些令人疑惑的类型：由同卵双生子分开抚养研究中所估计的遗传率，比以同卵双生子和异卵双生子间的比较为基准所得的要高出许多；同卵双生子无论是被分开抚养还是共同抚养一样相像，但异卵双生子和非双生兄弟姊妹却随时间变得越来越不相像，即使他们是一起长大的。这些类型一部分可能是基因间的交互作用，所以共同享有全部基因的效应是只共有一半基因的两倍以上。这种类型也可能一部分是因为三种人格–环境交互作用的过程（反应性的、引发性的和主动性的）所致。

14. 在基因的相似性被排除后，来自同一家庭的孩子不见得比人口随机取样的孩子更相像。这个令人惊讶的发现，暗示了心理学家通常研究的变量类别（如育儿方式和家庭的社会经济地位）对个体人格的差异实际上并无贡献。

核心概念

人格	自我	俄狄浦斯冲突	个人建构
内向–外向	超我	潜伏期	图式
神经质	力比多	生殖期	自我图式
"大五"特质	防御机制	集体无意识	自我实现的倾向
人格量表	压抑	客体关系理论	自我
明尼苏达多向人格	合理化	投射测验	无条件的积极关注
量表	反向作用	罗夏墨迹测验	需求层次论
Q 分类	投射	主题统觉测验	高峰体验
心理分析理论	理性作用	行为主义理论	进化心理学
自由联想	否认	操作性条件反射	反应性的交互作用
意识	替代	观察学习	引发性的交互作用
前意识	性心理（发展）阶段	经典条件反射	主动性的交互作用
无意识	口腔期	认知取向	
心理决定论	肛门期	社会学习论	
本我	性器期	社会认知论	

第十四章　压力、健康及应对

14

珍妮整天必须忍受纷至沓来的琐事，觉得自己已经精疲力竭了。吃早餐的时候，她不小心打翻了橘子汁，弄脏了唯一一件干净的罩衫。当她到达办公室时，发现有 32 封电子邮件及 15 个电话需要处理。下午，老板要她准备好第二天早上 9 点董事会所需的财务报告，但她的计算机却崩溃了，没有办法取得部门的财务数据。当她身心俱疲地回到家，她向母亲寻求支持和帮助，却又得知父亲因胸口疼痛而住院的消息。珍妮挂上电话时，只感到茫无头绪，心跳急促，还伴随着偏头痛。

珍妮所经历的压力对我们大多数人来说并不陌生——小小的错误、颐指气使的老板、人际关系……都会带来压力。我们面对

压力会导致诸如焦虑或抑郁等痛苦的情绪，它也会引发身体或轻或重的疾病。

然而，人们对压力事件的反应可说是南辕北辙：有人会因为压力事件发展出严重的心理或身体的疾病，但有些人在面对同样压力时却没有问题，甚至可能会觉得压力事件具有挑战性而且跃跃欲试。本章，我们将讨论压力的概念及压力对我们身体与心理的影响。我们也关注人们思考与应对压力方式的不同，以及这些差异如何影响适应。

压力是一个热门的话题，媒体常常将异常的行为或疾病归因于压力所造成的耗竭或神经崩溃。例如，当某位名人企图自杀，报道中常常说是这位名人因为没有办法承受身为公众人物的压力而身心耗竭。在大学校园里，经常可以听到"我压力大到快崩溃了"这样的话。然而，到底什么是压力（stress）？最普遍性的说法是，压力是经历到一些会危害个人身心健康的事件。这

些事件通常被称作应激源或压力源（stressor），人们对这些事件的反应被称作应激反应（stress response）。

有一些压力事件是大多数人都会经历到的。我们会对这些事件的特性加以描述，并描绘身体对这些事件的自然反应。如果这些反应能使个体逃开或攻击应激源，即称之为适应性反应；然而，一旦该应激源长期存在或无法控制，则称之为不适应。压力对健康既有直接影响也有间接影响。

探讨压力及其他社会、心理和生物因素如何共同作用从而影响身心疾病的学科被称为行为医学（behavioral medicine）或健康心理学（Taylor, 1999）。本章，我们将会回顾相关研究，探讨心理社会因素与生物性弱点是如何交互作用，共同影响心血管疾病与免疫系统功能的。最后，我们会详述管理压力从而改善健康的方法。

第一节 压力事件的特征

造成压力的事件不计其数，有些事件是同时影响一大批人的巨大改变——譬如，战争、核灾害及地震等事件；有些则是个人生活中的重要变化——例如，移居到新地区、换工作、结婚、失去好友或患了严重疾病等；日常的小困扰也会使人感受到压力——例如，遗失钱包、堵车、与指导教授争辩等；有些应激源是突发的，它们的持续时间很短——例如，你要参加一个重要的面试，路上却堵车了；还有一些应激源是长期的，它们会持续一段时间，甚至是无限期的——例如，你被纠缠在糟糕的婚姻中；压力也可能源于人们的内心，以冲突的动机或欲望的形式出现。

可以知觉到的压力事件，通常可归入以下一个或几个类别中：超乎人们日常经验范围之外的创伤事件、无法控制和无法预期的事件、象征着生活环境巨大改变的事件，或是人们的内在冲突。本节，我们将逐一简单介绍这些事件。

创伤事件

最明显的应激源是**创伤事件**（traumatic event），即超乎人们日常经验范围之外的极端危险的情境，包括：地震及洪水等天然灾害；战争及核事件等人为灾害；车祸或飞机失事等突发的大规模灾祸；身体遭到强暴或意图谋杀等攻击。

许多人在遭遇创伤事件后会出现一系列的心理反应（Horowitz, 1986）：首先，幸存者会显得惊愕、恍惚、无法觉察到他们所遭到的伤害或危险。由于他们可能迷失在茫然无措的状态中，因而会使自己置身于潜在的危机中。例如，地震生还者可能无视明显的危险，徘徊在快要倒塌的建筑物旁。接下来，幸存者仍处于被动状态，无法开始简单的工作，但他们已经可以听从指示行事，例如，一位强暴受害者在遭受攻击的数天后，可能连食物都还无法下咽，但如果亲密的好友要求并坚持她必须进食，她将会顺从行事。在第三个阶段中，幸存者会变得焦躁而忧虑，难以集中注意力，并可能一而再地重复陈述整个不幸发生的经过。例如，当车祸幸存者靠近汽车时，可能会变得极度神经紧张，还可能会因为不能集中注意力而无法继续工作，也将会不断向朋友重述车祸的细节。

在美国社会常见的一类创伤事件为性侵害。强暴或其他形式的性暴力对受害者的情绪和身体健康都会造成很大影响（Koss & Boeschen, 1998）。有研究指出，遭受强暴或其他侵害的人，无论是男性还是女性，在前6个月均表现出高度的抑郁、焦虑、惊慌，以及很多情绪悲苦的症状（Duncan, Saunders, Kilpatrick, Hanson, & Resnick, 1996; Kessler, Davis, Kendler, 1997）。对某些人而言，这些情绪悲痛的情形会随时间慢慢消逝，然而有些人的悲痛情绪会伴随一生。

在某研究中，伯纳姆和他的同事发现，受害者在遭性侵犯后一段时间内被诊断为抑郁、焦虑或药物滥用的概率是其他人的两倍（Burnam et al., 1988），尤其是在童年遭受到性侵犯的个体，更容易发展出这些疾病。事实上，童年曾被侵害的个体，在其一生中都有很大的可能出现心理异常。

幸好，大多数人并没有经历过这类创伤事件。然而，有很多常见的事件也会导致应激反应。这些事件会使人产生压力主要是因为具备以下4种特征：事件的可控制性、可预测性、生活中的巨大改变，以及个体的内部冲突。当然，每一事件造成的压力程度因人而异，也就是说，人们评估同一事件是否可控制、可预测，以及是否对本身能力及自我概念构成挑战的程度不一样，而这些评估结果将极大地影响人们对事件所感受到的压力程度（Lazarus & Folkman, 1984）。

可控制性

事件的**可控制性**（controllability）是指，我们

压力原因因人而异。在某人看来是压力的事件，可能对另一人而言是一件令人兴奋与具挑战性的事

在多大程度上可以终止或使它发生。它会影响我们对事件压力的知觉。一件事情越让人觉得无法控制，就越会使人感受到压力（见第七章）。无法控制的重大事件包括所爱的人亡故、工作解雇，或患上严重的疾病；稍轻微的无法控制的事件如朋友拒绝接受你（为自己的某些恶行）的道歉，或由于航空公司超售机票而使你的机位被挤掉等。无法控制的事件之所以会带来压力，一个明显理由在于，如果我们无法控制这些事情，就无法阻止事情发生。

然而，正如前面所讲，就评估事件的压力性而言，与这些事件实际的可控制性同等重要的是我们对事件可控制性的觉知。让我们参考下述研究：研究者让被试观看因暴力造成横死的受害者的彩色照片，其中实验组可以压下按钮停止放映照片；控制组在这段时间内与实验组观看相同照片，但无法终止放映照片，而是由实验组决定何时终止观看（控制组观看照片的时间由实验组观看的时间而定）。两组都通过皮肤电反应（galvanic skin response，GSR）测量唤醒或焦虑的程度。皮肤电反应是指皮肤电阻下降的程度，被广泛使用作为自主性唤醒的指标。结果显示，即使这两组被试观看照片的时间相同，实验组也会比控制组表现出更低的焦虑（Geer & Maisel，1973）。

相信自己可以控制事件的信念能够降低事件的影响，即使我们实际上并没有进行控制。这一点已经被研究证明。研究中两组被试都身处响亮且令人极度不愉快的噪声中。研究者告诉其中一组被试可以压下按钮终止这个声音，但同时也力劝他们除非绝对必要，否则尽量不要压下按钮；另一组被试则对声音没有控制权。因为第一组实际上并没有被试压下控制按钮，所以两组被试都身处于等量的噪声中。然而，在随后进行的问题解决任务表现上，无控制权的被试成绩明显低于另一组，这表明他们比另一组拥有控制可能性的被试更受到噪声的干扰。（Glass & Singer，1972）

可预测性

能够预测压力事件是否出现，即**可预测性**（predictability）——指我们知道该事件是否会发生或者何时会发生的程度——也会影响事件引发的压力。如果事件是可以预期发生的，那么即使个体无

一些天灾（像是飓风与暴风雨）的受害者常在受灾当时被惊慑住，也会感到迷惘，虽说事后还是会变得较有反应，但仍可能不太积极主动，即使只是进行一些简单的活动，也会有些困难。他们可能在灾难之后好久仍然感到焦虑与纷乱

法控制该事件，通常也可降低压力的严重性。正如第七章所讨论的，有实验表明，不论是人类还是动物，都更喜欢可预测的厌恶事件，而不喜欢无法预测的厌恶事件。在一项研究中，老鼠可以在下述两种电击中选择一种：有预备信号的电击和无预备信号的电击。假如老鼠在一系列电击开始就压下横杆，那么每一次电击之前都会出现警示声；假如老鼠没有压下横杆，那么在这一系列的测试中将不会出现警示声。结果，所有老鼠都快速地学会了压杆，这表明老鼠偏好可预测的电击（Abbott，Schoen，& Badia，1984）。一般而言，人类也会选择可预测的电击而不是无法预测的电击。当人们等待可预测的电击出现时，情绪也较少激动，而且较少表示忧虑。相比于那些无法预测的电击，他们还觉得相同强度的可预测的电击没那么厌恶（Katz & Wykes，1985）。

我们应如何解释这些研究结果？可能性之一是，在厌恶事件前的预备信号引起了人或动物的某种准备过程，这个过程可以减轻有害刺激的作用。在动物接收到即将出现电击的信号后，会用变换四肢触地的方式来降低电击的感受。当一个人知道他将在诊所接受注射时，会尝试使自己注意力分散来减轻痛苦。一位妇女听到暴风雨即将逼近的警告信息时，会用木板包裹住窗户来防止房屋受到损害。

另一种可能性是无法预测的电击表示没有安全的时刻，如果电击是可预测的，那么直到信号预示电击即将出现之前，被试（人类或动物）可

以放松一段时间（Seligman & Binik，1977）。有关安全信号出现的实际生活例证是，当一位雇员的老板离开小镇外出洽谈公事时，由于这位老板常常当众批评他，因此老板的离开对雇员而言是一种安全的、可放松的信号；然而，若是雇员的老板从未离开这个小镇，而且常在一整天中毫无预兆地批评他，那么雇员将无法得到安全信号，并可能长期地觉得有压力。

有些职业充满了不可预测性，并被认为是具有高度压力的工作，像是救火和急诊室的医疗工作。另外，重大疾病通常也是无法预测的。接受治疗的癌症患者所面临的主要问题之一是，他们多年后仍无法确认自己是否已痊愈，他们每一天都必须面对死亡可能到来的不确定性。即使是一个极大痛苦磨难性事件，也会受到个体对此事件的可预测程度的影响。相比于那些认为苦难是完全无法预测的个体，一位能预测即将面临磨难的类型和时间的受害者，一旦从中脱困，恢复的情况就会更好（Basoglu & Mineka，1992）。

生活情境的重大改变

两位压力研究的先驱，赫尔姆斯及瑞赫（Holmes and Rahe，1967）认为，生活中任何需要很多工夫再去适应的改变，都会使人感受到压力。为了试图测量生活变化的影响，他们发展出如表 14-1 所示的生活事件量表（Life Events Scale）。在表中，生活事件以最有压力的项目（配偶亡故）依次排列至最不具压力的项目（轻微违法）。为了完成这个量表，研究者研究了上千份访谈记录和医学病历，以确定人们感受到压力的事件种类。由于结婚显然对大多数人而言是一件重要的事情，因此将它放在了量表中间，并主观地赋予其 50 这个数值，然后研究者要求大约 400 位不同年龄、背景及婚姻状况的男女，将若干生活事件与结婚相比较。受访者被询问的问题是："这个事件是否比结婚需要更多或较少的工夫来重新适应？"然后再要求受访者以事件的严重性及所需重新调适的时间为评鉴基准，赋予每个事件一个值，这些评定结果即用以建构如表 14-1 的量表。

呈现在表 14-1 中的赫尔姆斯与瑞赫的量表对压力研究有重大的影响，但是也受到了一些批评。虽然正面事件通常也需要调适，有时仍会显得有压力，然而大多数研究指出，负面事件比正面事件

表 14-1 生活事件量表

这份量表也被称为赫尔姆斯及瑞赫社会再适应评定量表（Holmes and Rahe Social Readjustment Rating Scale），是以生活变化的观点测量压力（资料来源：T. H. Holmes & R. H. Rahe "The Social Readjustment Rating Scale," in the *Journal of Psychosomatic Research*，Vol.11，No.2，pp.213-218. Copyright © 1967 Elsevier Science. ）

生活事件	数值
配偶亡故	100
离婚	73
分居	65
牢狱之灾	63
近亲亡故	63
个人受伤或罹患疾病	53
结婚	50
失业	47
复婚	45
退休	45
家人生病	44
怀孕	40
性功能障碍	39
增加新的家庭成员	39
事业重新调适	39
财务状况改变	38
密友亡故	37
工作调动	36
取消赎回抵押品	30
改变职务	29
子女离家独立生活	29
姻亲纠纷	29
获得杰出的个人成就	28
配偶参加或停止工作	26
入学或毕业	26
改变生活条件	25
个人习惯的改变	24
与上司不和	23
迁居	20
转学	20
休闲娱乐的改变	19
教会活动的改变	19
社交活动的改变	18
睡眠习惯的改变	16
饮食习惯的改变	15
度假	13
过圣诞节	12
轻微违法	11

虽说婚姻是件愉快的事，但也可能充满压力

对我们身心健康的影响要大得多。此外，赫尔姆斯与瑞赫量表假设所有人对任一事件的反应方式都相同。但是事实上，人们受到事件影响的程度差异很大，有些差异与年龄及文化背景有关（Masuda & Holmes，1978）。而且，有些人并不认为生活主要变化或压力情境会对自己形成压力，他们觉得这些情境具有挑战性而且因此受到激励。稍后我们将讨论那些影响人们是否将情境视作应激源或挑战的个人特征。

内在冲突

截至目前，我们只讨论了一些外在事件，在这些事件中，某些事或人破坏了我们的美好生活。然而，压力也可能从**内在冲突**（internal conflict）中产生——如意识或潜意识中未获得解决的冲突。当一个人必须在对立或互斥的行动目标或方针中进行选择时，就会发生冲突。许多人们希望的事情是不可兼得的。例如，你想要参加大学排球队，但无法同时在排球上投入所需时间的情况下，仍然能够获得足够的学分申请研究所；你想要参加朋友的比萨派对，却又担心如果没有留在家里用功，第二天的考试会不及格；再譬如你不想去叔叔家吃晚餐，但如果拒绝，又会听到父母的抱怨。在这些例子中，目标都是不可兼得的，因为实现其中一个目标所需的行动，将自然地阻碍另一个目标的达成。

即使两个目标都同样地吸引人——例如，你获得两个不错的工作录用通知，你可能会苦恼于如何做决定，并在做了选择后又觉得后悔。如果你只被一项工作录取，就不会产生这种压力。

冲突也可能发生在两种内在需求或动机相互对立的时候。在美国的社会中，最普遍并难以解决的冲突通常出现在下列动机间：

独立对依赖。当我们面临困难情境时，可能特别希望别人来照顾自己并为我们解决问题，但我们却又被教导必须自立自强并扛起责任；而有些时候我们则可能希望独立自主，但环境或旁人却迫使我们维持依赖状态。

亲密对孤立。"想亲近别人并分享内心深处思想及情绪"的念头，可能与"如果我们过于表露自我，也许会被伤害或拒绝"的恐惧相冲突。

合作对竞争。我们的社会过于强调竞争与成功。竞争开始于儿童早期的手足关系，求学期间也不曾停止，在事业和专业竞争中达到最高点；但同时，我们也被要求与人合作并帮助他人。

表达冲动对道德标准。在所有社会中，冲动都需要受到某种程度的节制。我们曾在第三章提到，儿童时期学习的重点包括内化文化约束，这种文化约束要求压制个体的冲动。性和攻击是两种经常与道德标准相冲突的冲动，违反这些标准时，会使人产生罪恶感。

上述四方面是最可能出现严重冲突的。人们在相对立的动机间找出一种可行的折中方案，会造成相当大的压力。

◆小结

压力是指经历了一些被认为会危害身心健康的事件。这些事件常被称作应激源，人们对这些事件的反应被称作应激反应。

创伤事件是指个人经验到超乎正常范围之外、极度悲痛性的事件。创伤事件，比如遭到强暴，即可能导致各种情绪与身体方面的问题。

情境的可控制性也会影响压力的感受。我们知觉到的可控制性，其实与实际上对情境的控制性同样重要。

不可预测的事件通常会让人觉知到压力。

有些学者主张，任何重大改变都有压力。

内在冲突（即在意识与潜意识中未能解决的问题）可能引起压力。

第二节 压力的心理反应

压力情境会引发从亢奋（当面对过度要求却仍然可以处理的事件时）到常见的焦虑、愤怒、沮丧及抑郁等各种情绪反应（见概念摘要表）。若是压力情境一直持续，我们的情绪则可能在上述情绪间起伏不定，这取决于自己应对的各种努力是否达到效果。让我们更进一步地探讨一些较常见的压力情绪反应。

焦 虑

最常见的应激反应是焦虑。当人们经历超乎人类正常承受范围的事件时（例如，天灾、强暴、绑架），有时会形成一组严重的焦虑相关的症状，称为**创伤后应激障碍**（post-traumatic stress disorder, PTSD）。

PTSD 有 4 组病征。首先是对日常生活有极大的疏离感。有 PTSD 的人声称对世界感到麻木，对任何事物都没有情绪反应，并且感觉与他人疏离，甚至仿佛自己不再与亲朋好友们有任何关系。他们也会丧失对以往活动的兴趣，有时可能会呆坐在屋里，似乎凝视着空泛无物的前方。第二组病征为一再重复体验创伤历程。人们可能每晚都梦到创伤经历而且变得不敢入睡，甚至在清醒时也可能在心里重新生动地体验创伤经历，以至于他们表现出当时在场的行为。一位曾历经战斗的士兵，当听到附近低空飞过的喷射机声时，可能会抱头扑倒在地，仿佛又回到了战斗现场；一位强暴幸存者可能一再重现创伤场景，而在其他人身上看到侵犯者的嘴脸。第三组病征为，出现睡眠障碍（sleep disturbance），难以集中注意，并且过度警觉。创伤幸存者可能会一直对再次发生创伤的征兆过于敏感，他们会觉得对任何事情——包括工作、与人对话，甚至开车，都无法专注。即使不是经常做噩梦，他们夜间也睡不安宁，醒来时常常觉得筋疲力尽。PTSD 的另一项不在上述三组核心病征中的特点为罪恶感——有些人会为自己生还而其他人却遭遇不幸而觉得愧疚，即使当时他们也是无能为力。

创伤后应激障碍可能在灾祸发生后立即形成，也可能经由长达数周、数月甚至数年较轻微的压力后发展而成，且持续相当长的时间。一项针对 1972 年发生在西维吉尼亚水牛湾小区（Buffalo Creek）洪水的受害者所进行的研究发现：在水灾后不久，有 63% 的生还者出现了 PTSD 的症状；14 年后，仍有 25% 的生还者经历 PTSD 的困扰（Green, Lindy, Grace, & Leonard, 1992）。同样，一项针对 1992 年安德鲁飓风对佛罗里达州儿童生还者影响的研究也指出，在风灾 1 年后，有 20% 的生还者仍出现 PTSD（LaGreca, Silverman, Vernberg, & Prinstein, 1996）。另一个以 1993 年南卡罗来纳州雨果飓风幸存儿童为对象的研究也发现：在风灾 3 年后，仍有三分之一的儿童仍然拥有疏离感，逃避和飓风有关的念头或感受；有 25% 的儿童常常紧张不安且易怒，有 20% 正遭遇着长期性的生理唤醒（Garrison et al., 1995）。

由人为引起的创伤，如性或身体侵害、恐怖攻击与战争，可能比自然灾难更容易造成 PTSD。至少有两种原因可以解释上述现象：首先，这些创伤挑战了我们对生命与他人美善的信念，这些信念一旦被撼动，就比较可能发生 PTSD（Janoff-Bulman, 1992）；其次，人为的创伤通常只打击某个体而非整个社区，单独承受创伤似乎提高了产生 PTSD 的风险。

以强暴受害者为对象所进行的研究指出，约有 95% 的人体验到严重的 PTSD，在被强暴后的前两周的严重程度甚至足以被诊断为心理异常（见图 14-1），约有 50% 的受害者在事发 3 个月后仍然符合该诊断标准，而有 25% 的受害者在 4—5 年后仍然受到 PTSD 的折磨（Foa & Riggs, 1995; Resnick, Kilpatrick, Dansky, & Sanders, 1993）。

越战退伍军人所体验到的问题，使得创伤后应激障碍已被广泛地被接受为一种诊断类别。虽然憎恶战争的应激反应在较早的战争中也曾经引起注意［第一次世界大战时，它被称为"弹震症"（shell shock）、第二次世界大战时它被称为"战斗衰竭"

（combat fatigue）］，但越战退伍军人似乎特别容易形成上述的长期症状。美国越战退伍军人再适应调查研究发现，近50万人在退伍15年后仍然深受PTSD之苦，其中西班牙裔退役军人患病率最高，非洲裔患者次高，欧洲裔最低（见图14-2；Schlenger et al.，1992）；另一项以美国原住民越战退伍军人为对象展开的研究则发现：在战争结束数十年后仍有高达70%的人有PTSD症状（Manson et al.，1996）。少数民族的退伍军人较多患有PTSD的原因可能是他们面临的双重危机：一是参与战争的压力，二是回国时被差别对待造成的压力。

药物滥用、暴力及人际关系问题通常与PTSD有关。有一项针对曾在越战服役的713名男性而展开的研究发现，16%的人表示有酗酒引发的各种问题，像是在学校或工作场所惹麻烦，与朋友不和，以及烂醉如泥等。另外也有16%的人曾经至少一次因故被警察逮捕。而44%的人则表示，他们仍然保有着战争的记忆，这些记忆是他们自己尝试要忘记的（Yager，Laufer，& Gallops，1984）。这些士兵参与越战时相当年轻（平均年龄为19岁），且这次战争的情况非常特殊：对前线的范围缺乏明确界定、在浓密丛林中可能遭遇到无预警的袭击、难以辨别越南盟军及敌人，以及缺乏后方对战争的支持等。时至今日，有些越战退伍军人仍在记忆中或梦境中再次体验曾经发生在他们身上的创伤事件，正如一位老兵所写的："历史上战争已经结束，但它从未在我心中终止。"（Marbly，1987，p.193）

然而，战争与冲突所造成的PTSD，在军人与普通人身上都可以发现。例如，有项研究指出，参与过1991年波斯湾战争的退伍军人中有13%在战后患有PTSD（Sutker，Davis，Uddo，& Ditta，1995）。

20世纪90年代，在南斯拉夫爆发的被称为"种族灭绝"的战争中，数以千计的南斯拉夫人遭到凌虐与屠杀，数百万人沦为难民。这是史上最残酷的事件之一，产生了许多暴行、集中营、有组织的轮暴，以及邻居相残的事情。以下这位妇女的故事算是这场战争中最平常不过的了（Weine et al.，1995，p.540）：

个案研究：一位40多岁的农妇一直在自家的农场中工作，战争开始后不久，村庄大部分

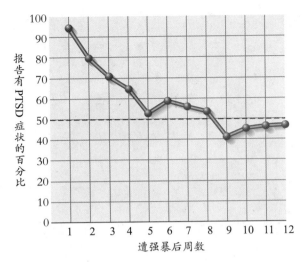

图14-1　强暴的创伤后症状
曾遭强暴的妇女在前一两周几乎均表现出严重的创伤后压力症状，而被诊断为PTSD。强暴后三个月持续呈现出PTSD的百分比有下降趋势，但仍有近半数个体持续被诊断为PTSD（资料来源：Foa & Riggs，1995）

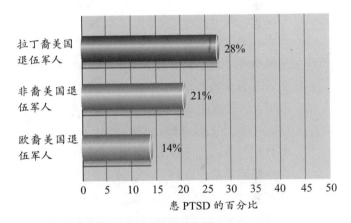

图14-2　越战退伍军人患PTSD的比例
一项以越战退伍军人为对象的大规模研究指出，有色人种退伍军人比白种人的退伍军人患PTSD的概率更高（资料来源：W. E. Schlenger, R. A. Kulka, J. A. Fairbank, & R. L. Hough, 1992 "The Prevalence of Post-Traumatic Stree Disorder in the Vietnam Generation: A Multi-Method, Multi-Source Assessment of Psychiatric Disorders"，from *Journal of Traumatic Stress*, 5, 333–363.）

房舍被迫击炮轰成废墟。数月前，她和丈夫将儿子送到住在斯洛文尼亚的亲戚家。炮轰当天早上，切特尼克军（Chetniks，塞尔维亚民族主义者）侵入村庄并要求所有人立即离家，这位农妇眼睁睁地看着许多邻居与亲戚被枪杀。她和丈夫被迫签字放弃房舍、汽车与银行存款的所有权，并目睹这场掠夺。掠夺者中还包括一位曾经是他们朋友的邻居。几天后，他们从穆斯林聚集区回来给牲畜喂食。有一天，她与丈

创伤后应激障碍影响了约六分之一的越战退伍军人

夫在圈圈中被切特尼克军逮捕,丈夫和一群男性被带走。接下来的 6 个月,她不知丈夫的生死,在没有食物与水的货运火车上颠簸数日,许多人在她的身旁窒息而死。在这段强迫行进的途中,她必须踏过亲友的尸骸前行。有一次,她和一群人在越过一座桥梁时,沿线有切特尼克军机枪手向她们任意扫射,并要求她们将身上所有值钱的东西掷向两边的篮子内。她与一群妇女儿童在一顶随时可听到啜泣声的大帐篷内,处于严重剥夺的状态下度过了数周之久。当她发现自己止不住哭泣时,她以为自己脑袋出问题疯掉了。直到今天,她说:"我再也快乐不起来了。"每当独处,这些往事就会浮现在她的脑海中。只有当她与他人相处或忙着杂务时,她才可以暂时忘记。"虽说我内心受到创伤,但我还是可以凑合着过日子。"每晚,她只有借助一种仪式才能安睡:"我躺下来,细数我在波斯尼亚家中的一草一木——马厩、毛毯、马匹、门扉……所有他们劫掠的物品。我仿佛再次见到了所有这些宝贝。"

一项针对刚在美国安顿好的波斯尼亚难民所展开的研究指出,其中 65% 的人患有 PTSD,而年长者比年轻者更容易患上 PTSD(Weine et al., 1995;Cardozo, Vergara, Agani, Cotway, 2000)。一年后对这批难民进行追踪研究发现,仍有 44% 的个体在遭受 PTSD 之苦(Weine et al., 1998)。

许多来自波斯尼亚及其他战乱国家的难民都曾在逃离祖国前遭受酷刑,这种酷刑的经历显然会增加他们发展出 PTSD 的可能(Basoglu & Mineka, 1998;Shretha et al., 1998)。但那些热心投入政治活动的酷刑幸存者,比那些不热衷政治活动的个体较少发展出 PTSD(Basoglu et al., 1997)。这可能是因为那些热心投入政治活动的个体较有受刑的心理准备,而且过去也常有过受刑经验,同时因为拥有一种信念系统,而将受刑看作一种压制思想的工具。

愤怒及攻击

面临压力情境时的另一个常见的反应是愤怒,并可能导致攻击行为。有研究发现,有些动物在对待各种应激源时会采取攻击行为,这些应激源包括过度拥挤、电击,以及未能得到预期的食物奖赏等。如果有两只动物在无法逃脱的笼子里被施加电击,当电击开始时它们就会立刻互相攻击,而电击停止后,它们也会停止打斗。

当儿童遭受挫折时,通常也会变得愤怒并表现出攻击行为。正如我们在第十一章所提及的挫折-攻击假说:不论何时,当一个努力要达到目标的人遭到阻碍时,会引发攻击驱力,并会对导致挫折的目标物体(或个体)实施伤害行为。虽然已有研究显示,攻击并非面对挫折时必定会发生的反应,但确实是受挫的常见反应之一。当一个儿童从另一个儿童手上拿走玩具时,后者可能会攻击前者来取回玩具。20 世纪 80 年代晚期,在酷热的洛杉矶高速公路上,有些人因为遇上冗长的交通堵塞而觉得挫折,就开始拿枪互相扫射。幸运的是,成年人通常以口语方式表达愤怒而不是以身体行动,他们较可能相互辱骂而不是互相殴打。

直接攻击挫折来源有时是不可能或不明智的。有时候,来源模糊不清或者抽象无实体,人们不知道要攻击的对象在哪里,但是因为感到愤怒而会寻求对象以宣泄怒气。有时人们对挫折的反弹力量相当强烈,使得攻击可能会造成危险。因此,当环境阻碍人们直接向引发挫折的原因发起攻击时,攻击就可能以替代方式出现,即攻击行动可能会指向无辜的人或物,而不是造成挫折的真正原因。一个在工作时遭到训斥的人,会将这些无法表达的愤恨向家人发泄;当一个学生为指导教授给的不公平成绩而生气时,可能会对室友发脾气;一个孩子在学校

许多难民深受 PTSD 之苦，其中年长者比年轻者更易患 PTSD

遭受挫折，也可能会转而破坏学校的公物。

冷漠及抑郁

虽然主动攻击是面对挫折的常见反应，但相反的退缩及冷漠反应也十分常见。如果压力情境长期持续而个体无法成功地加以应对时，冷漠（apathy）就会加重，形成抑郁（depression）。

习得性无助（learned helplessness）理论（Seligman，1975）解释了个体经历了厌恶但无法控制的事件会如何导致冷漠和抑郁（亦见第七章）。一系列的实验显示，将狗放入可往返移动的笼（一种用栅栏隔成两个隔间的装置）中时，小狗很快就学会跳到另一隔间以逃避透过地上铁网传至脚上的温和电击。假如在铁网通电前数秒先亮警示灯，小狗就会习得当亮灯信号出现时，它就跳到安全的隔间以完全避免电击。然而，如果小狗先前已经在另一个笼子里经历过无法避免和逃开的电击（在那里无论小狗做任何动作都无法终止电击），那么这只小狗在新的情境中将很难再去学会逃避电击。即使只要轻松地跳到另一隔间就可消除不舒服的感觉，小狗也只会坐在笼子中忍受着电击，甚至在实验者带小狗跨过栅栏来示范正确的程序后，有些小狗还是学不会逃离电击。实验者的结论是，动物会因为过去无法避免电击的经验而习得无助，因此即使后来处于新情境中也会放弃逃避。对动物而言，这种习得性无助是难以克服的（Overmeier & Seligman，1967）。

有些人在应对无法控制的事件时也会形成习得性无助，其特征为冷漠、退缩，以及静止不动。然而，并非所有人都如此，因此，最初的习得性无助理论得以改进，并考虑到个体差异：有些人在无法控制的事件发生后变得无助，但其他人却因把这些事件的出现视为挑战而被鼓舞（Wortman & Brehm，1975）。这项改进的新理论将在人格类型的那一章中再予讨论。

然而，最初的习得性无助理论还是可以帮助我们了解，为何有些人在面临困难事件时似乎总是要放弃。例如，这个理论可用以解释为何纳粹集中营内的囚犯通常不再反叛掳掠他们的人：因为他们相信做任何事都不会改变他们的境况，所以也不再尝试逃亡。同样，遭受丈夫暴力的妇女通常不会试着逃离，她们觉得自己对情况所做的任何努力都没有帮助，因为她们害怕试图离开时丈夫采取的行动，或者她们没有任何经济来源来维持自己和孩子的生计。

认知损伤

除了我们曾讨论的压力情绪反应外，当人们面对严重的应激源时，认知上通常也会出现实际的损伤，他们发现自己难以集中注意力，难以合理地组织自己的思想。结果，他们在完成任务时的表现变得更加糟糕，特别是复杂的任务。

认知损伤有两种可能的来源：一是，高度情绪唤醒状态会干扰信息处理的过程，所以我们在面对应激源后越觉得焦虑、愤怒或抑郁，就越可能体验到认知的损伤；二是，当我们面临应激源时，闪过脑部的思想也会因为分心导致认知损伤。我们会考虑可能采取的行动、担心行动的结果，以及责怪自己没有将情境处理得更好等。例如，处于考试焦虑状态的学生在应试时，容易担忧可能的失败并担心自己的准备不够充分，他们会因这些消极的想法而分心，以致未能遵从试题所提供的作答说明，疏忽或误解题意。而且当焦虑增加时，他们将难以提取已经习得的知识内容。

认知损伤常使人们僵化地固守某些行为类型，因为他们无法考虑其他选择方案。例如，人们曾经因为不断地试图推开原本设计向内拉开的逃生门而身陷着火的大楼；在惊慌的状态下，这些人忽略了另一种逃跑的可能性。有些人则是采取早年的、孩子似的且不适合于情境的行为。谨慎的人可能变得更加小心，甚至完全退缩；而具有攻击倾向的人则可能失去控制，并胡乱地向所有方向挥拳攻击。

概念摘要表

应激反应

心理反应

焦虑
愤怒与攻击
冷漠与抑郁
认知损伤

生理反应

增加新陈代谢率
心跳加快
瞳孔放大
血压升高
呼吸加快
肌肉紧绷
分泌内啡肽与 ACTH
从肝脏中额外释放糖类

◆**小结**

　　焦虑是一种常见的应激反应。有些人会发展成一种被称作创伤后应激障碍的严重焦虑症。

　　有些人对压力的反应是愤怒，甚至可能变得具有攻击性。

　　压力可能造成退缩、冷漠与抑郁。有些人会发展成习得性无助，其特征为被动与没有反应，而且不能发现自己控制环境的机会。

　　有些人在面对压力时会出现认知损伤，变得不能清楚地思考。

◆**关键思考问题**

　　1. 对待曾经遭受创伤的幸存者，亲人与朋友可以做些什么事情帮助其应对心理的创伤？

　　2. 你是否认为有些人在遭受创伤后特别容易发展成 PTSD？如果是，他们较为脆弱的可能的原因是什么？

行为的神经基础

第三节　压力的生理反应

　　当人体面对应激源时，会引发一系列复杂的反应。如果威胁迅速获得解决，那么这些紧急的反应也将消退，使我们的生理状态回归正常；但是如果压力情境不断持续，那么当我们尝试去适应长期的应激源时，会产生另一系列完全不同的内在反应。本节我们将详细探讨这些生理反应。

战斗或逃跑反应

　　无论你是掉入冰河中、遇到一个挥刀乱砍的攻击者，还是因初次跳伞而害怕，你的身体都会以类似的方式反应。不管应激源是什么，身体都会主动地准备去处理紧急状态。回顾第十一章可知，我们将其称为**战斗或逃跑反应**（fight-or-flight response）——身体会快速动员去攻击或逃离一个具有威胁的情境。此时必须快速补充能量，所以肝脏将释出额外的糖类（葡萄糖）用来提供肌肉所需的燃料，而身体也会释放激素将脂肪及蛋白质转变为糖类；身体的新陈代谢会加速，包括心跳加快、血压升高、呼吸变快、肌肉紧绷，以准备身体活动所需消耗的能量，同时会减少若干非基本的活动，如消化作用。为了增加进入肺部的空气量，唾液与黏液停止分泌，因此，压力的初期征兆是口干，并开始分泌身体的天然解痛剂内啡肽，而表皮血管则收缩以便在受伤时减少血流量，脾脏也释出更多红细胞来协助运送氧气，同时骨髓制造更多的白细胞以对抗感染。

　　这些生理变化大部分是由下丘脑所控制的两种神经内分泌系统唤醒而来，包括交感神经系统（sympathetic system）和肾上腺皮质系统（adrenal-cortical system）。下丘脑因具有两项紧急功能而被称为脑部的压力中枢。第一种功能是唤醒自主神经系统的交感神经区（见第二章）。下丘脑传送神经冲动至脑干细胞核中，这些脑干细胞主要是用来控制自主神经系统。这样，自主神经系统的交感神经区直接作用于平滑肌和体内的器官，产生了上述身体的若干变化——例如，心跳加快、血压升高、瞳孔扩张等。另外，交感神经也刺激肾上腺内核（肾上腺髓质）释放肾上腺素（epinephrine）及去甲肾上腺素（norepinephrine）等激素到血液里。肾上腺素可产生类似交感神经系统对肌肉及器官产生的效应（例如，增加心跳率及血压），从而保持身体的唤醒状态；去甲肾上腺素则通过作用于脑垂体，间接促进额外的糖类从肝脏释放出来（见图14-3）。

下丘脑所发挥的第二种功能（激发肾上腺皮质系统）是传送信号至位于其下方的脑垂体，以分泌促肾上腺皮质激素（adrenocorticotropic hormone，ACTH），这是身体的"主要压力激素"（见第二章）。促肾上腺皮质激素可刺激肾上腺外层（肾上腺皮质），使其释放一系列激素（主要为皮质醇）来调节血液中葡萄糖及某些矿物质的浓度，因此血液或尿液检体中的皮质醇含量通常用来作为压力的指标。促肾上腺皮质激素也对其他内分泌系统发出信号，让后者释放出大约30种激素，每一种激素对身体适应紧急情况都有相当重要的作用。

塞利（Selye）将上述这种生理改变描述成一

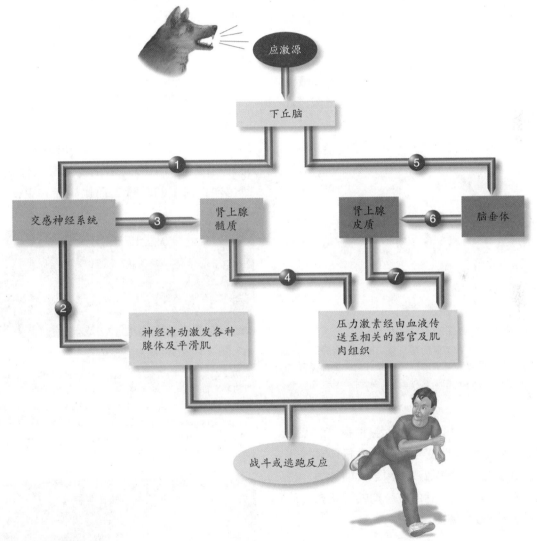

图 14-3　战斗或逃跑反应

压力情境将刺激下丘脑，接着，下丘脑则控制两种神经内分泌系统：交感神经系统及肾上腺皮质系统。交感神经系统为了响应下丘脑所传来的神经冲动（①），会在神经冲动的控制之下激发各种器官及平滑肌（②），例如，增加心跳率及扩张瞳孔。交感神经系统也会向肾上腺髓质发出信号（③），以释放肾上腺素及去甲肾上腺素至血液中（④）。当下丘脑分泌一种化学物质（即促肾上腺皮质激素释放因子）以作用于位在下丘脑正下方的脑垂体时（⑤），肾上腺皮质系统就会被激发。接着，脑垂体分泌促肾上腺皮质激素，并经由血液将之传送到肾上腺皮质（⑥），肾上腺皮质即刺激释放一群激素（⑦），包括皮质醇在内，以调节血液中葡萄糖的浓度。促肾上腺皮质激素也向其他内分泌系统发出信号，以释出大约30种激素。经由血液传送的各种压力激素的混合效果，加上自主神经系统的交感神经区神经活动，组成了战斗或逃跑反应般适应综合征的部分反应（Selye，1978）。所谓**一般适应综合征**（general adaptation syndrome，GAS）是指所有有机体在面临压力时都会表现出的一组反应。它有三个阶段（见图14-4）：第一阶段为警戒期，通过激活交感神经系统活动动员身体来应对威胁；第二阶段为对抗期，有机体试图以逃跑或攻击来应对威胁；第三阶段为衰竭期，发生在以下情况中——当有机体未能逃离或者对抗威胁，就会在应对过程中消耗所有的生理资源。

塞利认为，各式各样的生理和心理应激源都会引起这种反应模式。他也认为因为长期面对应激源而无法逃离或对抗时，一再或长期消耗生理资源，是造成一系列被称作适应性疾病（disease of adaptation）的生理疾病的主要原因。他进行实验室的动物研究，让它们长期暴露于如酷寒或极端疲惫等应激源，结果发现，无论什么性质的应激源，都

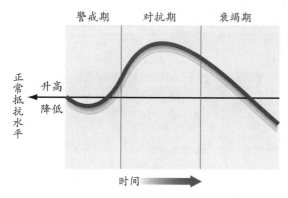

图 14-4 一般适应综合征

依据塞利的看法，身体压力源的反应分三阶段。阶段一，称警戒期，身体会动员以应对威胁，它会暂时消耗资源并降低抵抗；在对抗期，身体会积极应对威胁，此时抵抗升高；如果威胁持续，身体开始进入衰竭期

必然产生某些身体上的变化：肾上腺扩张、淋巴结萎缩，以及胃溃疡。这些变化降低了有机体对抗其他应激源（包括感染和其他致病因子）的能力，正如我们后面的内容将要讲到的，长期唤醒状态会使动物及人类容易受到疾病感染。

PTSD 的生理学

在讨论 PTSD 时，我们强调了创伤事件的心理影响。近期对 PTSD 的研究，也关注了经历过创伤的幸存者的生理变化。

正如前面内容提到的，PTSD 患者对那些能

让他们回忆起创伤经验的情境会产生生理反应（Southwick，Yehuda，& Wang，1998）。这些活动包括改变与战斗逃离反应有关的某些神经递质与激素。此外，借助 PET 进行的研究发现，PTSD 患者与控制组被试在涉及情绪调节与战斗或逃离反应的脑部活动水平有所不同（Charney et al.，1994）。在想象战斗场景时，患有 PTSD 的退伍军人的脑扣带回前端与杏仁核（脑部在情绪与记忆方面可能均扮演着重要角色的部位）的血流量均有所增加；反之，没有 PTSD 的退伍军人在想象战斗场景时，这些部位的血流量并没有增加（见图14-5；Shin et al.，1997）。也有研究指出，在 PTSD 患者中，有些个体的海马体已经退化（见图14-6；Bremner，1998）。海马体与记忆有关，此区域退化，可能会造成 PTSD 患者记忆方面的问题。

我们尚不清楚患者神经生物上的异常是导致 PTSD 的原因还是后果。海马体的退化有可能是在创伤时皮质醇水平太高的结果（Bremner，1998）。然而有趣的是，PTSD 患者的皮质醇在休息时（没有回忆创伤时）的含量反而比一般人更低（Yehuda，

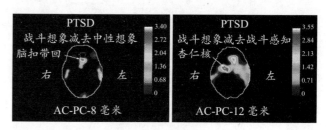

图 14-5 PTSD 与脑部的血流

借助 PET 进行的研究指出，患 PTSD 的越战退伍军人比无 PTSD 者的脑扣带回前端与杏仁核血流量较大［资料来源：Shin, Kosslyn, Alpert, Rauch, Macklin, &Pitman, （1997）"Visual Imagery and Perception in posttraumatic Stress Disorder: A Position Emission Tomographic Investigation." © *Archives of General Psychiatry*, 54，233-241.］

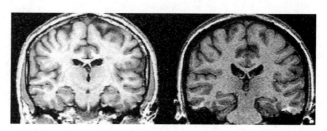

图 14-6 PTSD 与海马体

借助 MRI 进行的研究指出，PTSD 患者（右扫描图）与没有患上 PTSD 的个体（左扫描图）相比，其海马体有退化现象（资料来源：Bremner，1998）

2000）。由于皮质醇可能在压力后关闭交感神经系统的运作，PTSD 患者皮质醇较低，使他们在压力后交感神经活动可能长期持续活动下去，从而很容易对与创伤有关的刺激发展出条件性恐惧反应（conditioned fear），最终形成 PTSD。有一项纵向研究测量了被试的皮质醇含量，这些被试在一至两个小时前曾因交通事故受伤（Yehuda, McFarlane, & Salev, 1998）。6 个月后，再次评估这些人是否仍然患有 PTSD。那些仍有 PTSD 的患者在创伤后当时测量的皮质醇含量显著低于那些未发展出 PTSD 的个体。以被强暴者为对象的研究也有同样的发现（Resnick et al., 1995）。这些数据指出，那些发展成 PTSD 患者的个体在经历创伤事件前可能立刻拥有较低水平的皮质醇，而这种异常低的皮质醇水平，可能导致 PTSD 的产生。

压力如何影响健康

试图适应不断出现的应激源，可能会耗尽体内的资源，并使人容易受到疾病的侵袭。长期压力会导致溃疡、高血压和心脏病等身体疾病，也会损害免疫系统，降低身体对抗细菌和病毒入侵的能力。确实，医师估计在所有医学问题中，半数以上与情绪压力关系密切。

身心疾病（psychophysiological disorder）是一种身体疾病，但一般认为情绪是发病的主要原因。对身心疾病常见的误解是，认为患者并非真正生病，因此也不需要药物治疗；相反地，身心疾病的症状表现出生理失衡，并伴随着身体组织的破坏和疼痛。因压力引起的胃溃疡与无关压力因素所引起的溃疡（例如，长期大量服用阿司匹林等），并无分别。

传统上，心理生理学的研究重点是哮喘、高血压、溃疡、结肠炎及类风湿性关节炎等疾病，研究者试图找出特定疾病与面对压力生活事件时所持有态度或应对方式之间的关系。例如，有人说高血压患者会觉得生命受到威胁，因此必须时刻保持警惕；结肠炎患者则认为即使生气也不能表达愤怒。然而，大多数研究指出，特殊态度与特定疾病间有所关联的说法，并无法重复获得证实（Overmier & Murison, 1998）。因此，有关人们以相同方式面对压力，则容易患上相同疾病的假设并没有获得证实。但有一项重要的例外是关于冠心病与 A 型人格行为

模式的研究，这点我们将稍后讨论。

冠心病　因长期面对应激源而造成过度唤醒，有可能导致冠心病。**冠心病**（coronary heart disease, CHD）是指，补充心肌养分的血管变窄或者堵塞［由一种被称为纤维片（plaque）的坚实、脂状物质逐渐累积而成］，而阻碍运送到心脏的氧气和养分时，就会发生冠心病，并进而导致心绞痛，这时疼痛将延伸至胸部及手臂。当心脏所需的氧气完全被断绝时，将会引发心肌梗死或心脏病发作。

在美国，冠心病是造成死亡和慢性病的首要原因，美国每年将近半数的死亡病例是由冠心病导致的，而且许多人在 65 岁前死亡。冠心病似乎与遗传因素有关：家族病史中有患冠心病的人，本身也很容易患有冠心病。冠心病也与高血压、高血清胆固醇、糖尿病、抽烟和肥胖症等息息相关。

从事高度压力工作的人也更加容易患冠心病，特别是高要求（在工作量、责任及角色冲突等方面）低控制（工作者对工作进度、性质及条件几乎没有控制权）的工作（Schneiderman, Antoni, Saab, & Ironson, 2001）。这类工作的典型例子之一是装配生产线，生产线上的工作要求是快速生产高质量的产品，但是却由机器控制工作节奏而不是工作者本身。

在一项研究中，研究者追踪观察 900 名中年男女长达 10 年时间，并检验其心脏病发展的情况。研究者根据两种独立因素——职业名称和被试对本身工作感受的自陈报告，将工作者按照工作要求和工作控制等维度分类。研究结果显示：不论男女，其职业分类为"高度紧张组"（高要求低控制）的人，患有冠心病的概率高出其他职业的工作者 1.5 倍（Karasek Baker, Marxer, Ahlbom, & Theorell, 1981; Karasek, Theorell, Schwartz, Pieper, & Alfredsson, 1982; Pickering et al., 1996）。

除了有压力的工作外，高要求的家庭对妇女的心血管的健康也会产生不利的影响。一般而言，职业妇女患有冠心病的概率并不会高于家庭主妇。然而，在外工作的母亲则较可能形成心脏病，而且患有心脏病的可能性随着职业妇女的子女数的增加而增加，但家庭主妇并无这种情形（Haynes & Feinleib, 1980）。不过，工作有弹性、有控制感，而且收入丰厚而有能力雇人清理房子与照料小孩的妇女，并不会因为角色负担过重而有上述的身心疾

病（Lennon & Rosenfield，1992；Taylor，1999）。

低收入非裔美国人是一群长期生活在压力情境中且发生高血压比率特别高的人群。他们通常没有足够的财力满足日常生计，也可能由于教育程度低而无法找到好工作，或者是居住于经常发生暴力事件的小区，所有这些因素都与高血压有关（William，1995）。

由动物实验研究发现，社会环境的瓦解会引起类似冠心病的病变（Manuck，Kaplan，& Matthews，1986；Sapolsky，1990）。其中有些实验是以一种猕猴为研究对象。它们的社会组织包括建立稳定的社会支配阶层，即在一群特定的猕猴中，可以通过它们的社会行为分辨出支配者和服从者。如果是将陌生的猴子置于一群已经建立好社会组织的猕猴中，则会形成应激源，并导致攻击行为增加，因为猴群试图重新建立新的社会支配阶层（Manuck，Kaplan，& Matthews，1986）。

在这些研究中，有些猴群以固定的成员维持稳定状态，有些猴群则因不断加入新成员而产生压力。这种情境大约持续两年后，在不稳定的社会情境下，处于高阶级或高支配的雄性猕猴比从属的雄性猕猴，更多地出现动脉硬化（纤维片累积于动脉壁）的症状（Sapolsky，1990）。

免疫系统　与行为医学相关的一项新研究领域，被称为**心理神经免疫学**（psychoneuroimmunology），其研究重点在探讨身体免疫系统如何受到压力及其他心理因素的影响（Ader，2001）。由被称为淋巴细胞（lymphocyte）的特殊细胞所形成的免疫系统，可保护身体免受引发疾病的微生物的侵袭。免疫系统影响人体是否容易患上传染性疾病、过敏、癌症和自体免疫系统异常（即为免疫细胞攻击人体正常组织的疾病，类风湿性关节炎即属于此类病症）等病痛的程度。目前并无单一的指标可用来表示个体免疫功能的性质［或称为免疫力（immunocompetence）］。免疫系统相当复杂，其中存在许多交互作用的成分，各个研究者会选择系统内不同的成分作为研究的重点。

来自若干研究领域的证据显示，压力会影响免疫系统保护人体的能力（Schneiderman et al.，2001）。一项研究指出，"处于压力下较容易患上感冒"的常见说法可能是正确的（Cohen，Tyrel，&Smith，1991），

研究者让 400 位健康的被试接触一种含有 5 项感冒病毒之一的洗鼻剂，或是无害的盐水溶液；另外，每一位被试必须回答下列问题：在过去一年中所经历的压力事件数量、他们觉得自己可以应付日常要求的程度，以及愤怒及抑郁等消极情绪发生的次数。基于这些数据，赋予每位被试一个范围，从 3（最低压力）至 12（最高压力）的压力值，并每天检查被试的感冒症状，以及上呼吸道分泌物中感冒病毒或特定病毒抗体出现的情形。

大多数接触病毒的被试都出现了感染的征兆，但只有大约三分之一的被试真正形成感冒，而且病毒性感染和真正感冒症状出现的比率，随着被试自陈压力的程度的增加而增加；与最低压力组相比，感受到最高压力的被试明显有更大感染感冒病毒的可能性，而且形成感冒的概率几乎是其他组的两倍（见图 14-7）。即使将其他可能影响免疫功能的变量（如年龄、过敏性、抽烟、喝酒、运动及饮食等），运用统计方法加以控制后，研究结果仍然保持一致。不过，以本研究中用来测量免疫力的两项指标作为压力结果变量时，却没有显现出任何特定的变化。因此，压力到底是如何降低身体对感冒病毒抵抗力的？这一点有待确定。

这项研究有如下特殊之处：让被试置于病毒

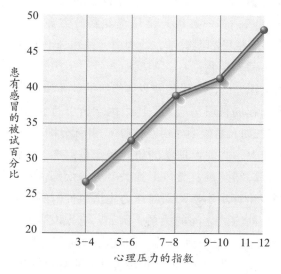

图 14-7　压力与感冒

此图显示出被试接触病毒后形成感冒的百分比与自陈压力程度间的函数关系［资料来源：After S. Cohen, D. A. J. Tyrrell, and A. P. Smith（1991）"Psychological Stress and Susceptibility to the Common Cold", *The New England Journal of Medicine*, 325:606-612. Used with permission from S. Cohen.］

中，并在接触病毒前后数日内，都住进靠近实验室的特定住所，接受仔细的监督。这种研究压力对健康的影响所设计的控制情境，通常不易实行。因此，大部分研究是探讨经历特殊压力事件（譬如课业压力、亲人亡故或婚姻破裂等）的个体，并运用各种指标评估其免疫能力（Cohen，1996）。例如，一项研究发现，在1992年安德鲁飓风期间经历过家毁或者生命受到过威胁的幸存者，他们的免疫系统功能比身家性命安全的个体更差（Ironson et al.，1997）。同样，1994年洛杉矶地区发生的北岭（Northridge）地震中，相比于压力较小的个体，生活受到严重干扰的个体的免疫功能表现出更多降低的趋势（Soloman, Segerstrom, Grohr, Kemeny, & Fahey，1997）。那些更担心地震对自己的生活造成影响的个体，更容易损害体内的一种号称"自然杀手"的T细胞，这种细胞是一种淋巴细胞，能够发现并通过分泌化学物质毁灭感染到病毒的细胞（Segerstrom, Soloman, Kemeny, & Fahey，1998）。人们的免疫系统并非只受到自然灾难的影响。一项针对感到牙痛的学生而展开的研究发现：与暑假期间牙痛的学生相比，在重大考试前牙痛学生的痊愈速度慢了40%（Marucha et al.，1998）。在考试期间伤痛愈合较慢的原因与免疫系统功能较差有关。

影响免疫系统能力的一项十分重要的因素是，个体可以控制压力的程度。还记得本章曾提到过，控制性是决定压力严重程度的变量之一吗？一系列的动物实验已经证明，无法控制的电击比可控制的电击对免疫系统的影响大得多（Laudenslager, Ryan, Drugan, Hyson, & Maier，1983；Visintainer, Volpicelli, &Seligman，1982）。在这些实验中，老鼠被施加电击，但其中一组老鼠可压下横杆停止电击，而以共轭控制法相连的另一组老鼠，虽然接受完全相同的电击，但是它面前的横杆是无效的（见图14-8）。在一项运用这种程序进行的研究中，研究者观察老鼠遭受电击时T细胞的增生速度。研究者发现，可控制电击的老鼠的体内T细胞的增生速度比没有受到电击的老鼠快得多；相对地，当老鼠面对无法控制的电击时，其T细胞繁殖力相当弱。因此，电击（压力）只干扰无法控制电击的老鼠的免疫反应（Laudenslager et al.，1983）。

在另一项研究中，实验者将肿瘤细胞移植到老鼠体内，并施加电击，然后记录这些老鼠的天然免疫屏障是排斥这些肿瘤细胞，还是任其发展成肿瘤。结果在无法控制电击的老鼠中，只有27%排斥肿瘤的形成；但在可以自己终止电击的老鼠中，却有63%排斥肿瘤形成——即使这些老鼠接受完全相同的电击量（Visintainer, et al.，1982）。

对控制的知觉，显然也能够调节压力对人体免疫系统的影响。一项关于分居和离婚影响免疫功能的研究表明，提出分开的一方（对情境较多控制的一方）比起非提议的一方，表现出较少的悲伤、更好的健康状态和更加健全的免疫系统功能（Kiecolt-Glaser et al.，1988）。同样地，一项针对患有乳癌妇女的研究发现，持有悲观态度的妇女（也就是觉得对周遭事件有较少控制权的人）是最可能在5年内形成新肿瘤的人群。即使将她们已患病的病情严重性纳入考虑之后，也得到了相同的结果（Levy & Heiden，1991；Watson et al.，1999）。

压力会影响免疫系统的最佳证据，是来自这

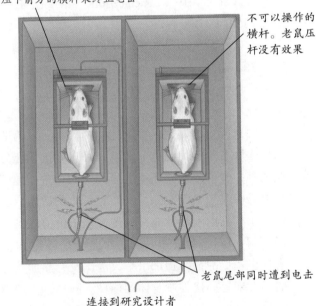

可操作的横杆。老鼠可以通过压下前方的横杆来终止电击

不可以操作的横杆。老鼠压杆没有效果

老鼠尾部同时遭到电击

连接到研究设计者

图 14-8　压力实验的共轭控制法

给老鼠施予预先设计的一连串电击，电击可同时传送到两只雄性老鼠尾巴上。当电击出现时，左边的老鼠可压下前方的横杆以终止电击，而右边的老鼠则没有情境控制权（其面前的横杆是无效的），但它与前一只老鼠连接在一起；也就是说，当左边的老鼠遭到电击时，右边相连接的老鼠也同时会遭到相同强度的电击，并持续到左边的老鼠压下横杆为止。右边老鼠面前的横杆无法终止对两只老鼠的串联电击

样一些研究：这些研究的结果表明，至少某些心理支持的加入能够减缓癌症病情的恶化（Baum & Posluszny，1999）。例如，数年前，研究者大卫·施比格（David Spiegel）和他的同事将乳癌已经扩散转移的妇女随机分配到两组中，一组是每周给予系统性支持的团体组（有支持组），另一组是没有获得支持的小组（无支持组）。所有妇女均接受标准的医疗照顾。这些小组关注的重点是面对死亡，并学习尽情度过余生。研究人员并不试图干预病程，也不认为这些做法能有疗效，他们只想提高这些妇女的生活质量。

研究进行了 48 个月后，令这些研究人员颇为讶异的是，没有获得支持的组别中所有妇女均已身故，而支持组中有三分之一的人还活着（Spiegel，Bloom，Kraemer，& Gotteil，1989）。这些妇女（从研究开始算起）平均活了 40 个月，而未获支持组平均只活 19 个月。除了每周参与的支持团体外，两组在开始计划时病情严重的程度、所接受的治疗方式及其他可能影响生存时间的变量等方面，均无任何差别，这些研究人员只得做此结论：他们的干预确实提高了支持团体妇女的生存月数（类似的研究见 Helgeson et al.，1998；Richardson，Shelton，Krailo，& Levine，1990）。

这些干预措施是如何影响妇女的癌症病情的？我们并不清楚，只知道这些妇女从支持团体中获得了巨大的情绪性与支持性的心理力量。成员彼此谈论对死亡的恐惧，共同拜访医院中的其他患者，有成员去世时一起默哀，参加他们的葬礼，并为朋友的失去和各种能力的丧失表示哀悼。除了彼此分担悲伤外，她们相互间还衍生出惊人的力量：她们觉得自己像是生命的专家，有面对死亡的智慧。她们选择了崭新的生活计划，从传授孩子价值观到写作诗集等（Spiegel，1991）。除此之外，该组妇女还表现出较低的情绪抑郁水平，也比没有参加支持组的妇女知道如何控制身体的疼痛。同样，心理干预也显著地影响了人们从重大手术中复原的时间（见 Kiecolt-Glaser，McGuire，Robles，& Glaser，2002）。如果人们在手术前就知道应该对手术有何期望，以及手术后有哪些方法可以减轻痛苦，他们手术后就会复原得更快，也更不需要止痛，住院时间更短，而且也较少有手术后并发症。

免疫系统的复杂性令人难以想象，它运用数种不同的防御机制彼此互动来保护人体健康。学者对免疫系统的研究，以及它与神经系统间的关系仍不断有新的发现。科学家曾经相信，免疫系统的运作是与其他生理系统相隔离且十分独立的，然而目前越来越多的研究发现，免疫系统和神经系统间存在着无数解剖学和生理学上的相关性。例如，研究者发现淋巴细胞上有可接收许多不同神经递质的受体；也就是说，这些免疫系统细胞上已经具备了接收来自神经系统信号的装置，并且可能因此改变其作用方式。相信神经递质和免疫系统间有重要联结的理由之一是，消极情绪状态（如焦虑或抑郁）会影响神经递质的浓度。

总而言之，当心理神经免疫学研究能带来更多有关神经和免疫系统间联结的知识时，我们将更加清晰地了解态度是如何影响健康的。

与健康有关的行为 某些与健康有关的行为也会大幅提高人们对疾病的易感性。吸烟是引发心血管疾病与肺气肿的主要原因之一。高脂肪饮食除了影响心血管疾病外，还是引发各种癌症的原因。没有规律性从事适量运动的人，有更高的概率患上心脏疾病而且容易早逝（Baum & Posluzny，1999）。饮酒过量会导致肝脏与心血管疾病，也可能引起某些癌症。性行为时没有使用安全套的个体感染到

面对压力时，我们常做出不健康的行为

HIV 的概率会显著增高。科学家估计在工业化国家，人们所患有的大多数疾病都受到与健康有关行为的密切影响（Taylor，1999）。

当我们感受到压力时，通常会更少从事与健康有关的行为。备考的学生会熬夜读书，而且通常一连好几个晚上都这样，他们会忽略正餐而只吃一些垃圾食品充饥；许多妻子亡故的男性不知道如何为自己烹调食物，因此可能吃得很少或者几乎不吃；有些痛失亲人的男性，由于悲伤而大量喝酒和抽烟。另外，处于压力下的人们常常会停止正常的运动习惯而变得久坐不动。因此，压力会通过"减少正面健康行为并且增加负面行为"，而间接影响身体健康。

从事不健康的行为也可能提高了人们感受到的主观压力。饮酒过量通常都会干扰到认知功能：饮酒过量者通常无法像未过量者一样进行清晰与快速的思考；饮酒过量也可能导致昏睡、疲惫和轻微的抑郁，以致难以克服压力情境，或者无法应对日常生活的要求。

同样，睡眠不足者在记忆、学习、逻辑推理、算术、复杂语言加工甚至决策上都会受到损害。连续两晚只睡 5 小时可能显著降低人们在数学问题和创造性思维任务上的成绩。因此，熬夜备战实际上反而降低了考生考试的成绩（Dinges & Broughton，1989）。

对那些已经患有严重疾病（诸如心血管疾病或癌症）的患者而言，压力会减弱他们从事一些有助身体康复或者延长生命的关键性行为动机或能力（Schneiderman et al.，2001）。例如，他们可能会错过与医师诊疗的约会或者漏掉服用必要的药物；他们也可能不遵循影响健康的饮食要求，例如，糖尿病患者可能没有控制对糖类的摄取。对感染 HIV 疾病的患者所进行的研究指出，他们感到压力越大，就越可能从事无防卫措施的性行为或药物静脉注射（Fishbein et al.，1998）。

反之，拥有健康的生活方式的个体（吃低脂食物、饮酒适量、睡眠充足、规律运动），往往会更多地汇报压力事件是可以处理的，而且感觉对自己的生活控制感更强。因此，从事健康的行为有助于减轻生活中的压力，也可以降低许多疾病的风险或者延缓疾病的恶化。

◆ **小结**

身体对压力会有战斗或逃跑反应。交感神经系统会引起心跳加快、血压升高、瞳孔放大、肝脏释出多余血糖。肾上腺皮质系统会导致促肾上腺皮质激素（ACTH）的释放，进而刺激皮质醇释放到血液中。

这些反应是所有有机体面对压力时均会表现的一组所谓一般适应综合征的一部分。此综合征有三个阶段：警戒期、对抗期和衰竭期。

身心疾病是一种身体疾病，学者相信情绪对此疾病有着重要的作用。例如，压力会影响冠心病。

心理神经免疫学是探讨心理因素如何影响免疫系统的学科。压力可能损害免疫的功能，而增加了患上与免疫有关疾病的风险。

压力通过影响自主神经系统中的交感神经或肾上腺皮质系统长期过度唤醒，或损害免疫系统而直接影响健康。人们在压力下可能不去从事有益健康的行为，从而也可能引发疾病。

◆ **关键思考问题**

1. 我们如何帮助那些患有诸如癌症等重病的个体，让他们能够减缓疾病的恶化，而且不再因为患病而自怨自艾？

2. 你有哪些不健康的行为？是什么原因阻碍了你，让你不去改变这些行为？

第四节　心理因素与应激反应

正如前文曾提到的，无法控制、不可预测，或挑战我们对自己的看法的事件，都容易使人感受到压力。有些人显然比别人更可能采取上述方式来评估事情，并因此对这些事情产生应激反应。目前有 4 种基本理论对"为何有些人倾向于将事件评估为具有压力"的问题做出解释：心理分析理论、行为主义理论、认知论，以及人格论。

心理分析理论

心理分析理论者将焦虑分为**客观性焦虑**（objective anxiety）和**神经性焦虑**（neurotic anxiety）。前者是指个体对危险情境的合理反应，后者则指个体产生与实际危险不成比例的高焦虑。弗洛伊德相信，神经性焦虑是由个体无意识冲突发展而成的，这种冲突来自无法被接受的冲动与现实之间的限制抵触（见第十三章）。许多冲动因为与个人或社会的价值观相矛盾，所以威胁到了个体。例如，一位妇女可能并没有在意识层面上察觉自己对母亲怀着强烈的敌意，因为这种感觉与她相信子女应该深爱着父母的信念有所冲突；如果这位妇女承认自己真实的感受，就会摧毁了她是一个"爱母亲的女儿"的自我概念，并且会使自己陷入失去母亲的爱与支持的危险中。因此，当她开始对母亲生气时，所引起的焦虑反应就成为潜在危险的信号。这样一来，即使这位妇女与母亲间发生轻微的冲突，例如，全家该到哪里去度假或者晚餐该吃什么等问题上意见不合，也会成为主要的应激源。反之，如果一位妇女对母亲的感受并非如此冲突，她就会认为这个应激源不太严重。

根据心理分析论的观点，所有人都存在某些无意识冲突。然而，对某些人来说，这些冲突显得更严重，发生次数更多。因此，这些人也会将更多生活事件视为有压力的事情。

行为主义理论

当弗洛伊德将无意识冲突视为应激反应的内在来源时，行为论者则将重点放在个体学习的方式上，这种学习是个体将应激反应与特定情境相联结的学习。人们会以恐惧和焦虑作为特定情境的反应，这是因为这些情境在过去曾经伤害过他们或者令他们感受到压力。有些恐怖症就是通过这种经典条件反射作用（见第七章）而形成的。例如，如果某个人的车子最近曾在陡峭的山边滑落到路旁，那么现在每次只要她站在高处就会感到焦虑；或是一位学生曾在某间特别的教室参加期末考试失败，那么第二年当他再踏进这间教室上其他课程时，仍然会觉得焦虑。

有时恐惧是难以消除的。如果你面对产生焦虑情境时的第一反应是避开或逃离现场，你就无法判断什么时候这个情境就不再危险了。例如，一个小女孩过去曾因为武断的行为而受到惩罚，可能因此永远都不会知道在另一新情境中表达愿望是可以被接受的，因为她再也不会尝试。因此，人们会持续地对特定情境产生恐惧，因为他们长期避免接触这些情境，因此也从未挑战自己的恐惧。

认知论

艾布拉姆森及其同事所提出的新习得性无助理论强调人们对重要事件所做出的归因和因果解释的作用（Abramson et al., 1978）。研究者主张，当人们将负面事件归因于本身内在的原因（"这是我的错"）、长期稳定的持续的原因（"这将会永远持续下去"），以及对生活许多方面都造成影响的原因（"这将对我所做的所有事情造成冲击"）时，他们最可能对负面事件表现出无助和抑郁的反应。例如，一个妻子离他而去的人，如果将其婚姻破裂归因于自己的"不好的"人格（一种内在、稳定和全面的归因），那么他将可能丧失自尊并且预期未来的关系也一样会失败。反过来，此人会显现出更低的动机、被动和悲伤。与此相反，假如他做出一个不那么悲观的归因，例如将婚姻失败归因于只是自己与妻子间不合罢了，他就会倾向于保持住自尊和对未来的动力。

艾布拉姆森及其同事认为，人们有一致性的**归因风格**（attributional style），或对生活事件所进行归因的风格偏好，而这些不同类型的归因风格会影响人们看待压力事件的程度，以及对困难事件产生无助、抑郁反应的程度。有大量的研究支持这项理论（Peterson & Bossio, 2001）。在一项研究中，研究者在参加期中考试前几周测量了学生的归因风格，随后在考试前夕，他们再次询问学生：什么样的成

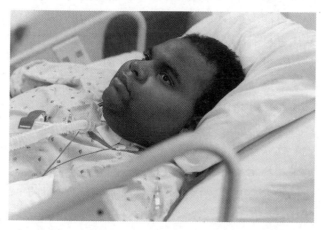

悲观者从疾病或手术中复原的情形不像乐观者那么快速

绩意味着失败，什么样的成绩会让自己高兴。在学生知道考试成绩后，再测量学生悲伤和抑郁的程度。结果显示，在成绩不如预期般理想的学生中，拥有悲观的归因风格的学生，明显比拥有乐观的归因风格的学生更加抑郁（Metalsky, Halberstadt, & Abramson, 1987）。

悲观也与身体疾病有关（Taylor, Kemeny, Reed, Bower, & Gruenewald, 2000）。拥有较悲观的归因风格的学生与拥有较乐观的归因风格的学生相比，更容易生病，到健康中心求诊的次数也更多。在一项以哈佛大学 1939 年至 1940 年的同届毕业男性为对象且长达 35 年的研究中发现，25 岁时拥有悲观归因风格的人，与拥有较乐观归因风格的人相比，前者更可能患有身体疾病（Peterson, Seligman, & Vaillant, 1988）。其他研究也发现，悲观者比乐观者在冠状动脉分流术后恢复得更慢，且有较严重的心绞痛（Scheier et al., 1989）。

悲观究竟如何影响身体健康呢？悲观者倾向于将事件评估得更具压力，而这种较强烈的压力感受可能通过引发身体长期的战斗或逃跑反应，导致前面讨论过的一种生理损伤而影响身体健康。有许多研究证据支持此观点，以一项研究为例：对悲观者与乐观者的血压进行为期三天的监控，结果发现悲观者在这三天的血压长期地高于乐观者的血压水平（Raikkonen et al., 1999）。

这种悲观导致的长期生理唤醒也与免疫系统功能降低有关。例如，有研究指出，悲观老人的免疫系统功能比乐观老人的免疫系统功能更差（Kamen-Siegel, Rodin, & Seligman, 1991）。一项以 HIV 阳性的同性恋男子为对象的研究发现，相对于不自责的个体，对负面事件自责的个体的免疫系统功能在 18 个月间衰退的情况更严重（Segerstrom, Taylor, Kemeny, Reed, & Visscher, 1996）。另一项针对男同性恋展开的研究发现，不论是 HIV 阳性还是 HIV 阴性的被试，越是悲观和宿命论倾向的人，越不可能从事健康的活动，例如，维持适当饮食、保持充足睡眠，以及运动（Taylor et.al., 1992）。这点对 HIV 阳性男子特别重要，因为从事这些健康行为可以降低患上艾滋病的概率。因此，悲观的世界观可能会降低免疫系统功能而直接影响身体健康，或者间接地通过降低人们参与促进健康的行为的意愿而

影响身体健康。

坚强 另一种研究思路的重点是，研究对压力最具有抵抗力的人——这些人即使面临主要压力事件也不会形成身体上或情绪上的损害（Kobasa, 1979; Kobasa, Maddi, & Kahn, 1982）。这种性格被称作**坚强**（hardiness）。在一项研究中，发放检查表给同一公司超过 600 位担任经理或管理者角色的男性，并要求他们描述所有前三年曾经历过的压力事件和疾病，然后从中选取两组做比较：第一组在压力事件及疾病的分数上均高于平均数，第二组在压力事件分数上与第一组一样高，但在疾病的分数上则低于平均数。接着，让两组被试均填写详细的人格问卷。结果经分析后指出：高压力 / 低疾病的人与处于压力下容易患有疾病的人，在以下三个主要方面上有所差异：他们更主动投入工作和社交生活；他们更能适应挑战和变化；他们觉得能更好地掌握自己生活上的事情（Kobasa, 1979）。

然而，这些人格上的差异可能是疾病的结果而非原因。例如，当人们生病时，难以全心投入工作和社交活动。因此，研究者又展开了一项纵向研究，首先考虑业务经理在生病前的人格特质，然后在两年内，观察其生活压力与病情发展的程度。结果显示，那些对生活的态度被评定为高投入、高控制感和对变化有正面反应的个体，比起在这些维度上分数低的个体，长期以来都更为健康（Kobasa, Maddi, & Kahn, 1982）。其中最重要的因素显然是个人的控制感，以及对个人目标的投入（Cohen & Edwards, 1989）。其他的关于女性被试（Wiebe & McCallum, 1986）和有 HIV 病状的个体（Farber, Sc-hwartz, Schaper, Moonen, & McDaniel, 2000）的研究，也发现了坚强的性格可以预测出更好的身心健康状况。

压力抗拒者或者坚强者的特点为"认定目标""力求控制"以及"迎接挑战"。这些特性与我们曾讨论过的影响知觉压力严重性的因素密切关联。例如，对生活事件的控制感反映出一个人的胜任感，也影响他对压力事件的评估；挑战也包含认知方面的评估，即相信变化是生活中的常态，并将它视为成长的契机而不是安全的威胁。

找出意义　在相关的系列性研究中，学者曾经研究了一个令人惊讶但又令人感动的现象：许多遭遇重大创伤事件的人说过，因为这些创伤性事件，他们的生活反而朝更正面的方向发展。针对丧失亲友的个体，患有癌症、冠状动脉栓塞和骨髓移植的病人，脑卒中患者和他们的看护人员，以及 HIV 检验为阳性的男性等所进行的研究都表明，他们遭遇这些经历的结果，反而让他们更觉得生命是有意义的，而且朝着更重要的方向成长（Tennen & Affleck, 1999）。以下引述了一位刚丧失至亲不久的妇女的说法：

> 我通常会将发生在生命中的所有事物，均看作上天赐予的礼物，不管它们发生的原因是什么或者过程怎么样。它们未必是令人喜悦的礼物，但是所发生的任何事情……都有其意义。我一生中虽受过许多苦……但是我也从中学到很多。虽然我不愿再回到从前再经历一次，但对这些事件，我是充满感激的，因为它们造就了现在的我。所有这些悲欢离合，都丰富了我的生命。
> （Alicia 所述，取材自 Nolen-Hoeksema & Larson, 1999, p.143）

人们常说，经历过一些事情以后，他们觉得自己的性格更加成熟了，并能发现自己未知的力量。人们也常说，他们对生命中什么才是重要的有了更健康的人生观，并根据这种新观点在生活中做了重大的改变。许多人认为他们同友人与家人的关系如今变得更加深厚、更加有意义。

反过来看，在创伤事件中找出蕴含的意义或者正面的成长，似乎有助于人们在身体上和心理上的适应。许多研究发现，那些从创伤事件中找到意义或因创伤事件而成长的人，在事件过后会比其他人表现出较少的焦虑和抑郁。例如，一个针对刚刚丧失亲人的个体所展开的研究指出，在丧失亲人 18 个月后，那些从丧亲中找到意义或因此而成长的个体，比起其他人，表现出较少的抑郁和 PTSD 症状。无论寻求的意义和成长的类型是什么，只要他们觉得在此经验中找到某些意义或者有所成长，就会有助于个体的心理健康。

有些研究指出，寻找意义也与生理疾病的发展有关。例如，阿弗莱克及其同事发现，犯过心脏病且因此认为个人有所成长（如改变了人生观或价值观）的男性，接下来 8 年内其心脏病更少再发作，而且较少患有心脏病（Affleck, Tennen, Croog, & Levine, 1987）。以 HIV 阳性的男性为对象的研究也指出，虽然他们的朋友或者伴侣因为 AIDS 病故了，但是那些能够从丧失中寻找到意义的个体，能够维持更好的免疫系统功能（根据 CD4 辅助 T 细胞的指标中得知），而且在两到三年的随访期内病发致死的可能性较低（Bower, Kemeny, Taylor, & Fahey, 1998）。

为什么有些人能从创伤中找到意义或者从创伤中成长，但有些人却不能？乐观似乎起到了重要角色。乐观主义者在压力事件后更多地表示，他们得到了正向的改变、益处和成长（见 Taylor et al., 2000）。同样，坚强性格的人也从压力事件中感受到更多的好处。以参加过波斯尼亚维和任务的美国军人为对象的研究也指出，那些在军队部署期间测得坚强上得分高的个体比得分低的个体，更相信他们可以从波斯尼亚任务中获益（如获得个人成长）（Britt, Adler, & Bartone, 2001）。

A 型人格

有一种受到许多关注的行为模式或人格类型被称为 A 型人格（Type A pattern）。多年来，医生们注意到心脏病患者常常满怀敌意、具有攻击性、不耐烦，且对自己的工作过度投入。在 20 世纪 50 年代时，两位心脏病专家将一组行为模式定义为 A 型

从失去中寻找意义将有助于人们应对它

人格，并认为这些行为可以作为冠心病患者的特征（Friedman & Rosenman，1974）。表现 A 型人格行为的人竞争心非常强而且以成就为导向，他们有一种时间急迫感，难以放松自己，当面对拖拉的个体或者与他们认为没有能力的人相处时，会变得不耐烦和暴躁。虽然这些人表面上充满自信，事实上却常常因自我怀疑而备受折磨；他们迫使自己在越来越少的时间内实现更多成就。A 型人格常见的行为已被列在表 14-2 内。

B 型人格则是指不会表现出表中列出的 A 型人格特征的人。B 型人格的人能够放松自己而不觉得有罪恶感，工作时不会激动难安；他们缺乏急迫感和伴随而来的不耐烦，并且不容易被激怒。

为了探讨 A 型人格行为与冠心病间的关系，研究者用结构式访谈的方法评定了 3,000 多名健康的中年男性，并刻意将访谈设计为容易使人激怒的情境。访谈者先让被试等待而不提出解释，然后发出一系列充满竞争和敌意的问题，并催促被试回答，例如："你是否曾经觉得紧迫或者处于压力下？""你吃东西是否很快？""你会将自己形容成有野心且努力奋斗，还是轻松而懒散度日的？""你是否痛恨有人迟到？"访谈者会打断被试的回答，以挑衅的态度发问，并且胡乱丢出不合逻辑的推论。这项访谈大多是根据被试回答问题的行为方式，而不是根据答案的内容来评分。例如，极端 A 型人格者会以暴躁的态度大声作答，自顾自地继续对访谈者讲话以避免被打断，表现出明显的紧张和双唇紧闭，并且怀着强烈的情绪描述充满敌意的事件。而典型 B 型人格者则会以轻松的态度坐下，说话缓慢而轻柔，不介意回答被打断，并经常保持微笑。

研究者将被试分类为 A 型人格或 B 型人格后，对他们展开了长达八年半的研究。在此期间，A 型人格个体心脏病发作或患有其他冠心病的人数是 B 型人格者的两倍，即使将饮食、年龄、抽烟和其他变量考虑之后，研究结果仍然保持一致（Rosenman et al.，1976）。其他研究也证实了这种两倍的危险性，并且不论男女，A 型人格与心脏病的确有关联（Kornitzer et al.，1982；Haynes，Feinleib，& Kannel，1980）。此外，当进行验尸或在用 X 光进行的研究中确认冠状血管内部时，发现

表 14-2 A 型人格行为

以下是一些可用以描述容易患有冠心病者的行为特征（资料来源：*Type A Behavior and Your Heart* by Meyer Friedman and R. N. Rosenman，copyright © 1974 by Meyer Friedman. Used by permission of Alfred A. Knopf，a division of Random House，Inc.）

同时思考或进行两件事情

将越来越多活动排入时间越来越少的行程表里

对周遭环境或美丽的事物未予注意或不感兴趣

催促旁人的谈话

当被迫排队等候或随行于一辆你认为速度太慢的汽车后面时，会变得过度烦躁

相信必须亲自动手才能将事情做好

讲话时加上动作以表达意思

经常抖动膝盖或迅速轻敲手指

讲话方式暴躁或经常使用猥亵言语

盲目执着于凡事皆应准时

很难静坐而不做任何事

几乎参加任何游戏都希望获胜，即使与儿童玩游戏也是如此

以数字评量自己及他人的成就（例如，看诊病人数、撰写文章数等）

说话时嘴唇喷喷作声、不断点头、拳头紧握、敲击桌面或不停地吸入空气

当看着别人做某些你自认为可以做得更好更快的事情时，会变得不耐烦

快速眨眼或颜面抽搐似的扬起眉毛

A 型人格行为与冠状动脉闭塞的严重程度也有相关（Friedman et al.，1968；Williams et al.，1988）。

1981 年，美国心脏协会决定将 A 型人格行为列为冠心病的危险因子。然而，随后有两项研究并没有发现 A 型人格行为与心脏病间有所关联（Case，Heller，Case & Moss，1985；Shekelle et al.，1983），有些研究者将研究失败归因于研究中评估 A 型人格个体的方式，而其他学者则相信是因为 A 型人格行为的定义在最初界定时就太过宽泛且模糊。他们认为时间急迫感和竞争性并非最重要的成分，关键的变量也许是敌意。

几项研究已经发现，一个人的敌意程度比他的一般 A 型人格行为程度，能更好地预测心脏病。因此，有些研究使用人格测验代替访谈来测量敌意程度。例如，有一项针对 118 位男性律师且长达 25 年展开的研究发现，那些大学期间人格测验在敌意

A 型人格者脾气很容易失控

特质项目上得高分的人，在 50 岁前死亡的可能性是其他同学的 5 倍（Barefoot et al., 1989）；而另一项针对医师展开的类似的追踪研究也发现，对其测量的敌意分数可以预测日后冠心病发病率，以及所有因素导致的死亡事件（Barefoot, Williams, & Dahlstrom, 1983）。在上述两项研究中，结果的相关性都已经排除了抽烟、年龄和高血压等效应的影响。另外有些研究证据显示，当愤怒被抑制或忍耐时，对心脏造成的损害，甚至会大过表达愤怒时造成的伤害（Spielberger et al., 1985; Wright, 1988）。

A 型人格和敌意特质到底是如何导致冠心病形成的？一种似乎相当合理的生物机制说法认为，这是个体内交感神经系统对压力的反应方式所致。当被试面对有压力的实验情境时（例如，当面对失败的威胁、干扰，或者有竞争性的任务要求时），大多数被试表示觉得愤怒、烦躁和紧张。然而，相比于低敌意分数的被试，在敌意特质维度得高分的被试的血压、心跳率和压力相关激素分泌的程度上，都明显更高（Raeikkoenen, Matthews, Flory, & Owens, 1999; Suarez, Kuhn, Schanberg, Williams & Zimmerman, 1998）。以 A 型人格被试与 B 型人格被试匹配比较时，也发现了相同的结果：充满敌意者和（或）A 型人格者的交感神经系统似乎会对压力情境反应过度，而所有这些生理变化都会损害心脏及血管。

相比于其他人，具有敌意的人有较高的人际冲突和较少的社会支持是不足为奇的（Benotsch et al., 1997）。社会支持的减少对健康的许多主观指标和客观指标，都有直接的负面影响（见

Uchino, Uno, & Holt-Lunstad, 1999）。因此，敌意对心血管疾病的影响既体现在增加其长期唤醒的直接影响上，又体现在减少个体的社会支持而间接影响病情上。

有关 A 型人格行为模式的好消息是，这种行为可以通过完善的治疗计划加以矫正，而当人们减少其 A 型人格行为时，也能降低患上冠心病的危险。稍后我们将讨论这项疗法。

◆ 小结

心理分析论认为，会引起无意识冲突的事件就是压力事件。

行为论者认为，人们对过去曾经造成伤害或备感压力的特定情境会有恐惧与焦虑的反应。

认知论者认为，人们的归因或因果解释会影响应激反应。那些倾向于将不幸事件做内在、稳定与全面性归因的个体，在经历过这类事件后，较可能发展出习得性无助，而成为一种病态。

坚强性格的个体倾向于将压力事件视为挑战，而且拥有较强的个人控制感；这些性格可能让个体在面对压力时防止疾病的发展。

能在创伤事件中找到意义的人，不容易发展成情绪困扰。

A 型人格者更容易成为具有敌意、攻击性，以及没有耐性的人，他们会过于投入工作。对男女被试展开的研究发现，表现出这种特性的人，患冠心病的风险较高。

◆ 关键思考问题

1. 就具有 A 型人格的人而言，这些 A 型行为可能会有哪些益处？

2. 是什么导致了某些文化比起其他文化更容易形成与压力有关的健康问题？

第五节 应对技巧

由压力情境所造成的情绪和生理唤醒状态，令人相当不适，而且它会促使个体从事某些行为来减轻这种不适。一个人试图管理压力需求的过程被称为**应对**（coping），它包括两种主要形式：如果一个

人将注意力集中于特定问题或发生问题的情境，并试图寻求未来可加以改变或避免的方式，就被称为**问题取向应对方式**（problem-focused coping）；如果情境本身无法加以改变，一个人可以将注意力集中于减缓与压力情境相关的情绪，这个过程则被称为**情绪取向应对方式**（emotion-focused coping）（Lazarus & Folkman，1984）。大多数人在面临压力情境时，常同时采用问题取向和情绪取向两种应对方式。

问题取向应对方式

解决问题的策略有许多种。首先，你必须界定问题；接着，根据成本和效益权衡各种解决方案；最后，你必须从中进行选择，并执行所选择的方案。问题取向策略也可以指向个体内部：你可以改变和你自己有关的事物而不是改变环境。你可以改变目标、寻求替代性的满足来源，或学习指向内部（inward-directed）的新策略。个体如何技巧性地运用这些策略，取决于其经验范围以及自我控制的能力。

假如你接到一个通知，得知有一门毕业所需必修课可能无法通过时，你也许会找授课老师讨论，设计一份作业日程表以完成课程要求，并执行该日程表；或是判断出无法在毕业前完成该课程的要求，决定申请暑期重修该课程。这两种行动都属于问题取向的应对方式。

在压力情境下倾向于采取问题取向应对方式的人，不论是在处于压力情境之中或之后，所表现的抑郁程度通常都较低（Billings & Moos，1984）。当然，较不忧郁的人也会发现，运用问题取向应对方式比较容易。然而，许多纵向研究发现，即使已经考虑了人们先前的抑郁程度，问题取向应对方式仍然会导致更短的抑郁。此外，指导抑郁者运用问题取向应对方式的治疗法，可以有效地帮助他们克服抑郁情绪和对应激源表现出更适当的反应（Nezu，Nezu，& Perri，1989）。

情绪取向应对方式

人们会采取情绪取向应对方式来防止被消极情绪压垮，但是这样会导致他们无法采取行动来解决问题。此外，当问题无法控制时，人们也会利用情绪取向的方式来应对。

我们会尝试许多方法来应对消极的情绪。有些研究者将这些方法分为行为策略和认知策略两类（Moos，1988）。行为策略（behavioral strategy）包括，从事身体运动、喝酒或者服用其他药物、发泄怒气、向朋友寻求情感的支持等。认知策略（cognitive strategy）则包括，暂时将问题搁置一旁不去想它（例如，"我认为这件事不值得去担忧"），以及改变情境的意义来降低其威胁（例如，"我认为和她之间的友谊对我而言并没有那么重要"）。认知策略通常是对情境的再评估。很明显，我们也会预期某些行为和认知策略是合适的，但也知道有些策略只会引发更大的压力（比如酗酒）。

有一项应对消极情绪的策略，显然可以帮助人们在面对应激源时做好情绪和身体方面的调适，那就是向他人寻求情绪的支持。莱维（Levy）和同事（1990）在一项针对刚接受过乳癌手术妇女的研究中发现，主动向他人寻求社会支持的妇女，体内天然灭菌细胞更加活跃，这意味着其免疫系统更能积极地攻击体内的恶性肿瘤。彭尼贝克（Pennebaker，1990）发现，愿意向支持者透露个人创伤（比如遭强暴或配偶自杀）的人，不论在创伤发生不久还是长远来看，都更容易表现出更好的身体健康状态。

然而，一个历经创伤的人从他人身上获得的社会支持的质量，很大程度上影响了社会支持对健康的影响（Rook，1984）。当你背负压力的时候，有些亲友只会造成负担而不是带来安慰。如果某个个体的社会关系中存在着高度冲突，那么他在历经主要应激源（如痛失亲人）后，身体和情绪健康会更差（Windholz，Marmar，Horowitz，1985）。充满冲突的社会关系会通过免疫系统影响身体健康。科克尔特-

与支持你的朋友谈谈你的问题，是一种具有适应性的应对策略

格雷西和同事（Kiecolt-Glaser Glaser, Cacioppo, and Malarkey et al., 1998）发现，新婚夫妇如果在讨论婚姻问题时变得彼此敌对和相互否定，与同样讨论婚姻问题但保持平静且不具敌意的夫妇相比，其体内免疫系统功能中的4项指标降低更快；与不具有敌意的夫妇相比，在讨论问题时充满敌意的夫妇的血压上升的时间也更长。

有些人在应对消极情绪时会采取适应不良的应对方式：他们只是一味否认自己有任何消极情绪，将这些情绪赶出自己的意识范围。这类应对方式被称作压抑性的应对（repressive coping）。在面对应激源时，进行压抑性应对的人更容易表现出较多的自主神经活动（如心跳次数较高）（Bower et al., 1996; Weinberg, Schwartz, & Davidson, 1979）。将情绪逐出意识外可能真的需要体力，结果造成长期的过度唤醒，从而带来生理疾病。

压抑个人身份的重要方面，也可能损害个人的健康。一项有趣的研究指出，隐瞒其同性恋身份的男性较可能有健康方面的困扰（Cole et al., 1996），他们在5年内得到癌症或感染传染性疾病（如肺炎、支气管炎、鼻窦炎、肺结核）的概率，约为公开其同性恋身份者的三倍之多（见图14-9）。这些被试均

属HIV阴性者。这些学者的另一项研究则以HIV阳性的男同性恋者为对象，结果发现，相比公开同性恋身份的个体，隐瞒其同性恋身份的个体病情恶化得更快（Cole et al., 1995）。而公开与隐瞒的个体在健康行为方面（如抽烟、运动）并没有差异。因此，可能的原因在于，就像长期压抑情绪一样，对自己身份的长期压抑会直接影响健康。

反之，公开谈论自己的消极情绪与生命中的重大课题，对健康似乎有积极的作用。在一项大规模的研究中，彭尼贝克（Pennebaker, 1990）发现：鼓励当事人将个人的创伤事件写成日记或短文，将有助于当事人健康的改善。某研究将50位健康的大学生随机分派到两组，连续4天，每天20分钟，请一组写下他们生命中最具创伤性与情绪最受困扰的事件，另一组则描述细微琐碎的事情。在写作前一天、写作的最后一天与6周后，分别取得被试的血液样本，以检查几个反映免疫系统功能的指标。研究者比较写作6周后学生到学校健康中心求诊的次数和他们在进行本研究前的记录（见图14-10）。与控制组相比，写出个人创伤事件的学生的免疫系统功能更好，到健康中心求诊的次数也更少（Pennebaker, Kiecolt-Glaser, & Glaser, 1988）。反之，描述琐事的被试，到健康中心的求诊的次数稍多，而且其淋巴细胞反应降低，原因不明。彭尼贝克（Pennebaker, 1997）相信，写作之所以有益，是因为它帮助人们从事件中找到意义，从而有助于对事件的理解。找出意义与理解事件可以降低人们对事件的负面感受，从而减少生理的负担，切断与消极情绪的联结（见 Bower et al., 1998）。

正面的社会支持帮助人们在面对压力时能得到更好的情绪适应，从而使人们避免沉溺（rumination）于应激源（Nolen-Hoeksema, 1991）。沉溺于压力的现象包括：自我孤立并认为感觉糟透了、担心压力事件或情绪状态的后果，以及重复诉说事态如何严重但却没有采取任何行动去改变。一项针对恸失亲人的个体所进行的纵向研究发现，沉溺于悲伤反应的个体表现出更长期的抑郁现象（Nolen-Hoeksema & Larson, 1999）；此外，社交上显得较为孤立或社会网络中充满许多冲突关系的人，最可能出现沉溺现象。

另一项纵向研究是在相当偶然的情形下进行的。1989年，一群斯坦福大学研究者恰好在大地震袭击旧金山海湾区的前2周，测量了一大群学生在情绪

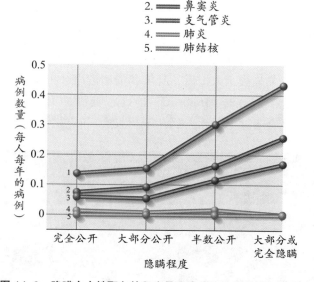

图14-9　隐瞒个人性取向的程度是感染传染性疾病的函数

隐瞒性取向的男同性恋者较易感染到这些传染病〔取材自 S. W. Cole, M. E. Kemeny, S. E. Taylor, & B. R. Visscher, (1996), "Elevated Physical Health Risk Among Gay Men Who Conceal Their Homosexual Identity" *Health Psychology*, 15, pp.243-251.Copyright © 1996 by the American Psychological Association. Reprinted with permission.〕

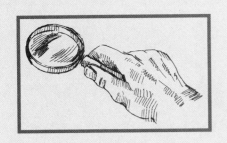

前沿研究

宗教有助于个体的健康吗？

心理学家与宗教有着暧昧的关系。然而，如今已有越来越多的研究指出，平均而言，有宗教信仰的个体比没有宗教信仰的个体，更加快乐和健康（见 Ellison & Levin, 1998）。活跃的宗教徒比无宗教信仰的个体，在多种疾病上都表现出更低的死亡率（Oman & Reed, 1998），而且总体来说，他们身体也更健康（Koenig, et al., 1997）。宗教信仰之所以可能影响健康，是因为它们会影响人们健康的行为。许多宗教禁止不健康的行为，像是酗酒、用药、抽烟等。有宗教信仰的个体，的确比没有宗教信仰的人更少接触烟酒（Koenig et al., 1997）。此外，社会支持也与健康有关，而

宗教团体为教友们提供了社会支持。

探讨宗教与心理健康间关系的研究可说由来已久。过去，许多心理学者认为宗教对健康有害，主张宗教信仰没有办法帮助人们应对逆境，因为它们使人们将逆境看作上帝的旨意，而不会设法克服困境。还认为某些研究中说有宗教信仰者心理看起来较健康，只是因为他们倾向于否认自己心理方面的问题，或者这些研究本身就偏向于找出宗教与心理健康间的正向关系。

事实上，多年来，许多探讨宗教与心理健康之间关系的研究，都是由那些对结果早有预期的人所进行的，这些人不是想要找出正向关系的宗教人士，就是想否定两者关系的非宗教人士。然而，心理科学

已越来越强大和完备。已有一致的结果指出，有强烈宗教信仰且积极从事宗教社团活动的个体，在遭遇创伤事件时，比无信仰的个体心理恢复更好（Ellison & Levin, 1998）。例如，针对有婴儿夭折的父母而展开的研究发现：那些积极参与所属教堂活动的个体，更能应对丧失骨肉之痛（McIntosh, Silver, & Wortman, 1993）。

如今，我们对宗教如何影响身心健康大多仍一无所知（Ellison & Levin, 1998）。此外，大多数的研究也都以信奉基督或犹太教的个体为被试，而很少涉及其他宗教信仰的个体。然而，主张宗教信仰有害健康、是一个无效的防卫机制的旧有假说，已被认为宗教信仰有益身心的开放的新观点取代了。

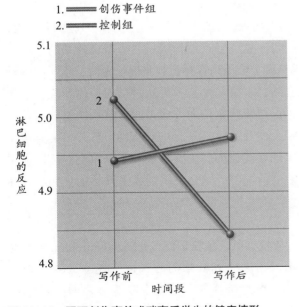

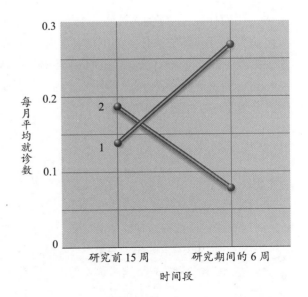

图 14-10　写下创伤事件或琐事后学生的健康情形

在一系列写作中，透露出个人创伤事件的学生，比那些撰写生活琐事者，其免疫系统功能较强，且较少求诊（资料来源：Pennebaker, Kiecolt-Glaser, & Glaser, 1988）

取向应对方式的倾向，以及抑郁和焦虑的程度。研究者在地震发生的 10 天及 7 周后，分别再次测量学生们的抑郁和焦虑的程度，以及地震结果给学生们造成的环境压力程度（即，对他们本身、朋友或家人，以及他们的家园所造成的伤害）。研究结果显示，地震前就在情绪应对方式上显出沉溺形态的学生，在地震后 10 天甚至 7 周后仍然是最可能出现抑郁和焦虑的人。即使已经将学生们在地震前的抑郁及焦虑程度考虑后，此结果仍然成立（Nolen-Hoeksema，& Morrow，1991）。从事危险活动（比如酗酒行为）来逃避消极情绪的学生，也倾向于持续地表现出抑郁和焦虑；相反地，以愉快的活动改善情绪和重新获得控制感的学生，只出现了短暂而轻微的抑郁和焦虑现象。

你可能会质疑当人们采取沉溺于压力的应对方式时，是否会对自己的感受更加敏锐因而更可能解决问题。根据每天进行的记录数据来看，答案是否定的。采取沉溺于压力的应对方式的人，也是比较不可能在应激源发生之后主动着手解决问题的人；相反地，以愉快的活动让自己的心情舒缓片刻的人，才更可能是转而主动解决问题以处理应激源的人（Nolen-Hoeksema，& Larson，1999；Nolen-Hoeksema & Morrow，1991）。此外，当采取沉溺于压力的应对方式的个体试图要解决问题时，实际表现较差。两项实验室研究结果显示，花 10 分钟沉溺于压力后，接着进行一项问题解决任务的抑郁的个体，比同样花 10 分钟将注意力转移至其他事物后再试着进行问题解决任务的抑郁者，解决问题的表现更差（Lyubomirsky & Nolen-Hoeksema，1995；Nolen-Hoeksema & Morrow，1991）。因此，沉溺于压力会阻碍良好的问题解决能力。

◆小结

应对策略可分问题取向与情绪取向两种策略。

采取积极步骤解决问题的人，更少体验到抑郁，且在生命中发生消极事件后更不可能患上疾病。

在负面事件后，以沉溺或逃避策略应对消极情绪的人，比寻求社会支持或重新评估事件的个体，表现出更久且更严重的抑郁反应。

◆关键思考问题

1. 儿童应对策略的发展可能会受到教养环境中哪些方面的影响？

2. 在那些否认或者压抑抑郁情绪的个体，和事实上没有遭受抑郁情绪的个体之间，你如何分辨？

第六节　压力管理

有压力的时候，不仅可以寻求正向的社会支持，还可以通过学习其他技术来降低压力对身心的负面影响。在本节中，我们将讨论几种有助于人们减轻压力的行为和认知技术，然后再详细探讨这些技术是如何用来减少 A 型人格行为和冠心病的。

行为技术

有助于人们控制生理反应的行为技术包括：生理反馈、放松训练、冥想，以及有氧运动。

生理反馈　在**生理反馈**（biofeedback）训练中，人们会接收到生理状态方面的信号（反馈），然后再试图改变这种状态。例如，在一项学习控制紧张性头痛的程序中，将电极连接于被试的前额。这样，前额肌肉的任何动作都可以通过电信号检测和放大，然后以听觉信号反馈给被试。当肌肉收缩时，信号（或声调）会提高音调；当肌肉松弛时，信号的音频也会随之下降。参与者可通过学习控制音频，学会一种保持肌肉放松的方式（通常前额肌肉放松就可确定头皮及颈部肌肉也处于松弛状态）。经过 4 至 8 周生理反馈训练后，参与者就可以在没有机器提供反馈的情况下，学会去识别紧张开始的征兆，并降低个体的紧张程度（Thorpe & Olson，1997）。

放松训练　**放松训练**（relaxation training）是要教导人们深度放松他们的肌肉、逐渐放慢步调并专注于思想的技术。传统上认为，由自主神经系统掌控的生理过程，比如心率和血压，是自主性而不受意志控制的。然而实验室研究却证明：人

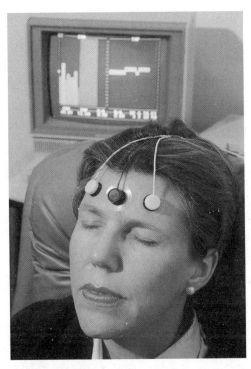

生理反馈已被证实能够有效减轻某些慢性疾病

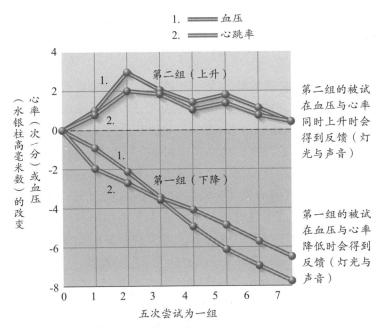

图 14-11　**血压及心率的操作性条件作用**

在单一信号操作性作用期间，被试对血压及心率已能明显同时加以控制。当两种功能降低时给予强化的组别（第一组），在持续测试过程中不断地增加控制程度；反之，当两种功能上升时给予强化的组别，其测试结果则较不一致〔资料来源：G.E. Schwartz（1975）"Biofeedback, Self-Regulation, and the Patterning of Physiological Processes", in *American Scientist*, 63:316. Reprinted by permission of The Scientific Research Society.〕

们可以学着去改变心率及血压（见图 14-11）。这些研究结果已经发展出治疗高血压病的新方法。其中一种治疗方法是监督患者的血压，并将血压图呈现在病患面前，然后指导患者放松不同的肌肉群。这时患者先紧绷肌肉（例如，紧握拳头或收缩小腹），再释放紧张，并注意这两种感觉的差异。先从脚和踝部肌肉开始，经过身体，上升到控制颈部和面部的肌肉，患者循序学习去改变肌肉的紧张度。这种结合生理反馈和放松训练的方法，已经被证明可以有效地降低一些人的血压（Mukhopadhyay & Turner，1997）。

　　回顾许多运用生理反馈和放松训练来控制头痛与高血压的研究后，可以总结出最重要的变量为"学习如何去放松"（Thorpe & Olson，1997）。有些人可能在接收生理反馈时，学习放松的速度较快；有些人则可能在没有任何特定生理反馈下接受肌肉放松训练时，也同样能学习放松，而且有同样效果。放松训练的有效性也因人而异，有些不严格按指示服药来降低血压的人，放松训练的效果更好；而有些借着放松训练来学习控制血压的人，最后却因发现这项训练过于耗时而停止训练程序。

　　冥想　冥想（meditation）是引发放松和降低生理唤醒的有效技术。几乎探讨此现象的所有研究都指出，进入冥想状态的个体呼吸率显著降低、耗氧率下降、二氧化碳排量减少、心率降低、血流稳定、血中乳酸盐浓度下降（Dillbeck & Orme-Johnson，1987）。此外，EEG 脑波活动也指出，在冥想时皮质区的唤醒状态会降低，反映出冥想可以减低心理活动水平（Fenwick，1987）。冥想也有助于改善人们长期面对焦虑的感受、改善自尊，及减少复发严重抑郁反应的倾向（Snaith，1998）。一项针对癌症患者的研究指出，学会冥想的患者与未曾学习冥想的患者相比，有更少的抑郁和愤怒，更少的焦虑，也较少出现心肺与胃肠方面的症状（Speca，Carlson，Goodey，& Angen，2000）。

　　然而，本领域的一位学术带头人却指出，这些效果只要休息即可达到。其在详细阅读这类研究证据后指出：在心率、呼吸率、耗氧量、血流量，以及其他生理指标上，冥想者与休息者间并没有同等的差别（Holmes，1984，1985a，1985b）。因此，仅仅休息就可能达到近似冥想的效果，从而降低压力。

有氧运动　另一项控制压力的重要因素是身体健康的程度。与其他人相比，定期从事**有氧运动**（aerobic exercise，即任何可增加心率和氧气消耗量的持续性活动，例如慢跑、游泳或骑脚踏车）的人，在应对压力情境时，其心率和血压明显更低（Taylor，1999）。布朗（Brown，1991）发现，身体健康者在压力事件后患上身体疾病的可能性远低于身体不健康者。由于这些研究发现，许多压力管理计划也强调身体健康的重要性。

认知技术

能够在实验室中通过生理反馈和放松训练来控制自己的生理或情绪反应的人，在面对实际的压力情境，尤其在他们仍然用紧张的方式与外界互动时，却很难表现出实验室中的行为。因此，另一种压力管理方式的重点在于改变人们对压力情境的认知反应。**认知行为疗法**（cognitive behavior therapy）即试图帮助人们确认造成生理或情绪症状的压力情境种类，并改变他们应对这些情境的方式。例如，要求紧张性头痛患者连续记录症状发生的时间，并评估每一次头痛的严重程度以及症状发生时的周围环境；接着，教患者如何监督个人对压力事件的反应，并要求患者将压力事件发生前、发生时和发生后的感受、思想及行为记录下来。经过一段自我监督期后，有关情境变量（例如，遭到上司或同事批评）、思想（"我无法将任何事做好"），以及情绪、行为与生理上的反应（抑郁、退缩及头痛），三者间的特定关系通常会逐渐变得清晰。

下一步是试着去找出或许能解释头痛反应（例如，"我希望完美地达成每一件事，所以即使是最轻微的批评都使我觉得苦恼"或"由于我严苛地自我评判，因此变得抑郁，并最后出现头痛症状"）的期望或信念。最后也是最困难的步骤是，尝试去改变压力情境的事物、个人对压力情境的思考方式，或者个人的行为。可选择的方案包括：寻找一份比较没有压力的工作、意识到表现完美的需求将会导致错误和不必要的痛苦，或者学习在互动时表现出较自我肯定而非退缩的行为。

生理反馈、放松训练、运动，以及认知疗法都已被证实可有效地帮助人们控制其生理和情绪上的应激反应。有些研究指出，结合认知和行为疗法，可以使人们所获得的改善更能长期维持下去（Holroyd，Appel，& Andrasik，1983）。这项发现不足为奇，因为人们在日常生活中所面临的各种复杂要求，通常需要弹性的应对技巧；放松在某些生活压力上也许并不是有效的应对方法。因此压力管理计划经常将生理反馈、放松训练、运动和认知改变技术结合在一起加以运用。

矫正 A 型人格行为

认知及行为技术的结合能够有效地减少 A 型人格行为（Friedman et al.，1994）。有一项研究，以 1,000 多名至少经历过一次心脏病发的患者为被试。研究中运用排队的方法来帮助治疗组被试降低时间急迫感（排队是 A 型人格者觉得极端烦躁的情境）。利用这个机会让被试思考他们在正常情况下没有时间去思考的事情，或让他们观察别人，甚至与陌生人交谈。治疗也包括学习温和地向别人表达自己的想法和改变某些特定的行为（比如，打断别人的谈话，快速地讲话和用餐）；此外，治疗师协助被试重新评估会驱使 A 型人格个体表现出许多急迫和敌意行为的基本理念（例如，"成功乃视工作绩效而定"的观念）；最后，请被试设法减少家庭及工作环境的压力（比如，减少不必要的社交活动次数）。

这项研究中关键性的因变量为，心脏病是否再一次发作。直到研究结束时（即 4 年半之后），实验组的心脏病复发率大概是控制组的一半，而控制组并没有学习过如何改变其生活方式。学习矫正 A 型人格行为，显然有益于这些被试的健康状况（Friedman et al.，1994）。

在本章中所描述的研究，都是在"心灵与身体是相互影响的"这一前提下进行的。有关压力如何影响健康的简单模式，已经被生理、心理和社会因素间如何彼此联系来解释疾病或健康成因的复杂模式所取代。正如前文所讲，身体对压力会产生特殊的生理反应。对于已经具有生理易感性的个体，比如具有心脏病遗传倾向的个体，这些面对压力时的生理反应将有损健康。然而，个体对压力的知觉取决于环境中的事件特征、自己的个人经验、对事件的评估结果，以及应对的类型。因此，个体生理和心理上的易感性，以及对抗情境的力量决定了个体面对潜在的压力情境时所感受到的心理压力或健康损害的程度。

◆小结

生理反馈与放松训练均试图使人们辨识出个人的紧张状态，并通过学习肌肉的深度放松及专注来降低它，以控制自己的生理反应。

运动有助于人们应对长期面对的压力。

认知行为疗法试图协助人们辨识并修正对压力的认知与行为反应。

A 型人格行为可通过行为与认知技术加以改变，如此可减少个体罹患冠心病的风险。

◆关键思考问题

1. 有人宣称自己已经有"压力瘾头"了，如果真有此事，它的含义为何？

2. 你认为改变一个 A 型人格者行为的最大挑战是什么？

双面论证

不切实际的乐观对健康有益吗？

不切实际的乐观可能不利于健康

尼尔·D. 温斯坦（Neil D. Weinstein），罗格斯大学

尼尔·D. 温斯坦

你是否比心理学课堂上其他人更容易（或不容易）酗酒？你染上性病（sexually transmitted disease, STD）或有一天心脏病发作的概率有多大？当人们被询问这些问题时，很少有人会承认自己有高于平均数的风险。一个团体中约有50%—70%的人会认为其风险是低于平均水平的，只有30%—50%的人会表示他们的风险处于均值水平，而认为概率高于平均的个体不到10%。

这显然是错误的，或许你个人患有心脏疾病的风险真的低于平均数，但做此声明的人数未免过多。所谓平均，从定义上讲，是指人们患病的"平均"风险。因此，一旦宣称风险低于平均的人数远高于自称高于平均数时，这种风险判断就一定是出了问题。

研究数据显示，个人的行动、家族史或环境都会导致个人比别人更容易患上心脏病，只是他们可能没有意识到或者不愿承认患病的高风险性。通常，我们将这发现总结

为"对未来的风险有着不切实际的乐观"。这种不切实际的乐观在一些风险评估上尤其强烈：那些在某些程度上可以受到个人控制的疾病（如酗酒、肺癌与STD）。显然，我们都自信满满地以为在这类问题上，我们比同类人能更好地避开。

这种不切实际的乐观，证实了当我们遇到健康风险有关的信息时，并不是以不偏不倚的、开放的心态来面对。虽说我们往往想得到充分的信息，并进行最佳的决策，但是我们也希望自己的生活方式已经足够健康而没有必要改变，而且不需要担心。不幸的是，这种乐观的想法会让我们身陷困境——如果万事都如意，我们就没有从事任何预防措施的必要了：我们可以继续和朋友喝个烂醉，尽情地吃比萨、薯条与汉堡，只与我们知道性关系很乱的性伴侣（奇怪的是我们很少这样地认定）交欢时才用安全套。虽说大多数时候，我们并不会因为高风险行为而惹出什么麻烦来，但是这样惹上麻烦的机会确实较高。每年上百万美国大学生感染上性病，或是因喝了太多啤酒而发生车祸。这些都是高风险性的行为明知故犯的最佳例证。但是，他们还自认为对他们而言，这些行为是无伤大雅的。这不是无知，而是一种不切实际的

乐观。

其中最恼人的例子是，大多数吸烟的大学生，他们拥有各种幻觉让他们放心：他们只会抽上一两年然后戒掉（也许别人会上瘾，但不会是他们）；他们的烟是低焦油的，或者他们不会吸进去；他们常运动，可以抵消抽烟的坏处。吸烟者不会承认烟害，他们认定自己不会受到烟害。他们典型的想法为，自己患上心脏病、肺炎、肺气肿的风险远低于其他吸烟者，而只比一般人的平均概率高出一点点。

乐观确实是有好处的。人们一旦已经患上了诸如癌症或AIDS等严重疾病而需要去应对时，保持乐观是很重要的。它会让人们撑过难受的治疗，愉悦的心情本身也有助于增进身体抵抗疾病的能力。即使对未来过度乐观，也不至于让人们在面对威胁到生命的疾病时，装作若无其事而停止各种治疗。然而，不切实际的乐观之所以危险性较大，在于自认为可以避免灾难的发生。如果你以为可以在晚间酒后驾车，或是所有与你约会的人都没有STD病毒，抑或是你与同学不同，随时可根据自己的需要而戒烟，那么你这种不切实际的乐观就可能造成健康问题，让你后悔莫及。

不切实际的乐观对健康有益吗？

不切实际的乐观可能有益于健康

谢利·E. 泰勒（Shelley E. Taylor），加州大学洛杉矶分校

谢利·E. 泰勒

不切实际的乐观有碍健康吗？乍看之下，似乎如此。毕竟，如果人们自以为可免于各种病痛（从蛀牙到心脏病），那么从逻辑上讲，似乎就没有养成良好健康行为习惯的必要了。有大量的研究证据指出，人们确实对自己的健康有不切实际的乐观。然而，即便如此，这种不切实际的乐观仍然对健康有益。

试想想以下这些健康习惯：系上安全带、运动、避开诸如香烟与酒精等有害的物质等。不切实际的乐观未必会破坏这些健康习惯，反倒可能使人们养成更好的健康习惯。学者发现，对自己的健康有着乐观看法的人，会比悲观者更常注意与个人风险有关的信号。显然，人们可以通过这些信号采取行动以预防这些风险的发生（Aspinwall & Brunhart, 1996）。对自己的健康比较乐观的个体会比悲观者更精确掌握其健康情形，因为他们比悲观者形成了更好的健康习惯（Armor & Taylor, 1998）。

针对携带 HIV 病原体的男同性恋者的研究，可能是有关不切实际的乐观对健康有利的最具说服力的证据。研究之一指出，相比于不乐观的个体，认为自己有免于 AIDS 病毒能力这种不切实际乐观看法的男性（例如，相信抖动他们的身体可将病原体甩出体外）更常进行增进健康的行为（Taylor, Kemeny, Aspinwall, Schn-eider, Roderiguez, & Herbert, 1992）。另有学者发现，被诊断为 AIDS 的男性中，抱有不切实际乐观期盼的人，比较实际的个体多活了 9 个月（Reed, Kemeny, Taylor, Wang, & Visscher, 1994）。相近的研究也发现，悲观的癌症患者也比乐观者较早病逝（Schulz, Bookwala, Knapp, Scheier, & Williamson, 1996）。

乐观者似乎也从疾病中复原得较快。学者发现，对心脏移植满怀乐观期待的患者，心情更好，生活质量更佳，对疾病的适应也更好（Leedham, Meyerowitz, Muirhead, & Frist, 1995）。希切尔等人（Scheier et.al., 1989）在以接受冠状动脉导管手术的患者术后适应情形所进行的研究也有同样的发现。这些研究结果该如何解释？

乐观除了与良好的健康习惯有关，也与良好的应对策略有关。乐观的人是试图解决问题的积极应对者，而不是逃避者（如 Scheier & Caver, 1992），他们在人际方面也是成功者，因此在吸引社会支持上可能表现较好。社会支持可以减少患病的可能，也会加速身体康复，因此，乐观者可能善用这种资源来应对压力与疾病。

科学家如今已然得知，乐观可能创造出与健康或能从疾病中快速复原有关的身体状态。学者曾以法律学校第一学期面临沉重课业压力的法律系学生为对象展开了研究（Segerstrom, Taylor, Kemeny, & Fahey, 1998），发现乐观的法律系学生呈现出一种免疫方面的形貌（指他们对疾病与传染病有较强的抵抗力）。其他研究也有类似的发现（Bower, Kemeny, Taylor, & Fahey, 1998）。

为何有人会认为乐观对健康有害呢？曾有学者指出，不切实际的乐观被视为提高健康风险的罪人是一种没有凭据的观点。例如，虽然抽烟者似乎都低估了他们罹患肺癌的风险，但是并没有证据显示，这些人的不切实际的乐观导致他们抽烟或为他们持续抽烟找到借口。事实上，抽烟者本身很清楚，他们比不吸烟者更容易患肺部方面的疾病。

这样是否表示不切实际的乐观对健康必然有益或对所有人都有好处？有学者指出，大多数的乐观者是"行动乐观者"，他们会积极从事保健与安全的活动；而只有少数乐观者是"天真的乐观者"，他们深信自己不需做任何努力事事就都能得以好转（Epstein & Meier, 1989）。如果说乐观者会有不利于健康的风险，可能就是对这群少数的逃避应对者而言。

在你将不切实际的乐观贬抑为一种使人们无视于现实危险的心态前，请审视它的益处：它会让人们更快乐、更健康，且更可能从疾病中复原。

本章摘要

1. 当个人经验到被认为会危害到个人身心健康的事件时，即为压力。这些事件常被称作应激源，人们对它们的反应则被称作应激反应。创伤事件就跟那些无法控制与预期的事件一样，通常被认为是具有压力的。有些学者相信，任何重大的改变以及内在的冲突都是具有压力的。

2. 有些人对压力的反应为愤怒，且可能变得具攻击性。压力也可能造成退缩、冷漠与抑郁。有些人会发展成习得性无助，是指被动、无行动力，且不能了解到个人有控制环境的能力。面对压力时，有些人可能发展成认知损伤，无法进行清晰的思考。

3. 身体以战斗或逃跑反应来响应压力，交感神经系统会引起心率增加、血压上升、瞳孔扩张，以及肝脏释出额外的糖类等反应；肾上腺皮质系统则会使促肾上腺皮质激素（ACTH）释出，而刺激皮质醇释放至血液中。

4. 这些反应均属一般适应综合征（GAS）的一部分，是所有有机体面对压力所表现的一组反应，此症候群包括了三个阶段：警戒、对抗与衰竭。

5. 压力会借着长期过度唤醒交感神经系统或肾上腺皮质系统，或是损害免疫系统等方式，直接影响身体健康；而处于压力下的人们也会因不从事正向、与健康有关的行为而间接导致疾病的发生。身心疾病是身体的病痛，但一般都认为情绪在其中扮演了关键角色。例如，压力可能影响冠心病。心理神经免疫学在研究心理因素对免疫系统的影响。压力可能损及免疫系统的功能，因而提高了罹患免疫有关疾病的风险。

6. 心理分析论认为当事件会引发个体无意识的冲突时，即为压力事件。行为论者认为，人们对过去曾遭受伤害或备感压力的特定情境会产生恐惧与焦虑的反应。认知论者认为，人们的归因或因果解释影响了他们的应激反应。倾向于以内在、稳定及全面的原因来解释负面事件的人，较可能在坏事发生后形成习得性无助而罹患疾病。

7. 坚强的人倾向于将压力事件视为挑战，且有相当强烈的个人控制感，这些特性可能使他们在面临压力时得以对抗疾病的发展。能从创伤事件中找出意义的人较不可能生出情绪方面的问题。

8. A型人格行为者是具有充满敌意、好攻击、不耐烦且过度投入工作倾向的人。不论研究对象为男性还是女性，其结果皆显示，具备这种性格的人将增加罹患冠心病的危险。

9. 应对策略区分为问题取向策略及情绪取向策略两种。采取主动步骤解决问题的人，在负面生活事件发生后出现抑郁与疾病的可能性较低，而运用沉溺或逃避策略以应对消极情绪的人，其事后所表现的悲伤程度与持续时间，会较寻求社会支持或以重新评估事件来应对其情绪者严重得多。

10. 生理反馈与放松训练旨在教人们辨识出个人的紧张状态，并通过学习肌肉的深度放松及专注来减低之，以控制自己的生理反应。

11. 运动有助于人们应对长期面对的压力。

12. 认知行为疗法试图协助人们辨识并修正对压力的认知与行为反应。

13. A型人格行为可通过行为与认知技术加以改变，如此将降低罹患冠心病的风险。

核心概念

压力

应激源

应激反应

行为医学

创伤事件

可控制性

可预测性

内在冲突

焦虑

创伤后应激障碍

习得性无助

战斗或逃跑反应

一般适应综合征

身心疾病

冠心病

心理神经免疫学

客观性焦虑

神经性焦虑

归因风格

坚强

A 型人格

应对

问题取向应对方式

情绪取向应对方式

生理反馈

放松训练

冥想

认知行为疗法

第十五章　心理疾病

15

32岁的迈克是位忧心忡忡的父亲。开车时，他常常会没来由地觉得需要停车检查是否碾压到人；冲马桶时，他会仔细检查马桶以确定没有活着的昆虫掉落其中——因为他不想杀害任何生物。此外，他还反复检查屋里的门窗、炉火、电灯，确认它们都关好了，不会因他不尽责而惹来使家人受到伤害的事情（诸如火灾或盗窃等）。他尤其担心他15个月大的小女儿，反复查看地下室的大门，以确定已上好锁。他不会抱着小女儿在水泥地上走动，以防意外地将她掉落地上而送了命。迈克每天平均约花4个小时来检查这些事情（取材自Foa & Steketee，1989，p. 189）。

我们大多数人会担心一些事情，但没有迈克的担心那么极端。有些人可能认为他们过于极端而成了变态甚至发疯。本章将探讨变态的概念。我们将发现，正常与变态的界线有时十分清楚，但是大多数时候，两者之间是模糊的。我们将仔细探讨几种特定的变态类型和理论来解释为什么有些人会发展出心理障碍而其他人则没有。

在进行这些论述前先提出一些警语似乎是合适的。对学习变态心理学的学生而言，大多数人是首次诊断自己的心理状态，他们可能会跟医学院学生一样：每次读到一种新的疾病时，就会诊断自己是否也患有这种疾病。因为我们大多数人或多或少都拥有疾病所描述的一些症状，只不过这并不值得你大惊小怪。然而，如果你已经因为这些痛苦的情绪困扰多时，就应该寻找别人谈论这些事情——这些人或许是你学校的学生辅导人员或卫生中心的咨询人员。

第一节 变态的定义

何谓"变态"行为？我们将其与"常态"行为加以区分的标准是什么？在这个科技急速进步的年代，你可能以为会借助客观的测验（如血液的测试或脑部扫描）来确定某人是否有心理障碍。然而，目前并无此类测验，因此我们必须依靠一些信号或症状，以及决定这些症状是否构成变态的主观标准。以下即为几种界定变态的标准。

偏离文化规范

每个文化针对可接受的行为都有其特定的标准和规范，明显偏离这些规范的行为即被视为变态行为。持**文化相对观**（cultural relativist perspective）的人，主张我们应该尊重每个文化对其成员变态行为的定义。因此，我们不会以某文化的标准来判断另一文化的行为。然而，持反对意见者则指出这样做会带来许多危险（Szasz, 1971）。纵观历史，社会将那些人视作变态是为了管制他们或者剥夺他们的发言权，就像希特勒为了大屠杀而将犹太人视为变态。另一个问题在于，同一文化中的变态概念也会随着时间的不同而不同。40多年前，大多数美国人会认为男生戴耳环是变态行为，而时至今日，这种行为只被视作生活方式的差异，而非变态。因此，正常与变态的理念因时因地而异：不同的社会定义不一样，同一个社会不同时间的定义也不一样。

偏离统计常模

变态（abnormal）一词意指偏离常模。就群体加

时尚因时而异——变态的定义也是如此

以测量时，许多人类特征（如身高、体重及智力）都会落在一段数值区间内。例如，大多数人的身高会落入中间的范围，而只有少数人非常高或非常矮。变态的定义之一是基于个体对常模的统计变异而来，即变态行为是发生次数较少的或偏离常模。然而根据这个定义，智力超高或特别快乐的人也会被归类为变态，因此，在界定变态行为上，我们不能只考虑统计次数。

行为适应不良

许多社会科学家相信，界定变态行为最重要的标准，并非在于偏离统计常模或社会规范，而在于行为如何影响个人或社会群体的幸福。依此标准，若是**适应不良**（maladaptiveness）的行为，也就是对个人或社会产生不利影响的行为，都应被视为变态行为。某些偏离行为会影响到个人的幸福（譬如，一个人因为对人群极端恐惧而无法乘公交车上班；一个人因过度饮酒而无法进行工作；或一个企图自杀的妇女），也有其他形式的偏离行为会危害社会（例如，一个会突然爆发出暴力攻击行为的青少年，或是一个密谋刺杀国家元首的妄想症患者），倘若我们运用适应不良的标准来看，上述所有行为都可以被视为变态行为。

个人的痛苦

第四种标准是根据个人主观的痛苦感受而非个人行为来定义变态，大多数经诊断具有心理障碍的人，都有深刻悲痛（distress）的感受，他们会出现焦虑、抑郁或情绪混乱的现象，其中许多人也会患有失眠症、丧失食欲或是产生诸多疼痛与痛苦。大多数被诊断为心理障碍的个体都会感觉到巨大的悲伤。有时候个人的悲痛也许是变态的唯一症状，因为个体的行为在非专业的旁观者眼中也许显得相当正常。

上述定义均未对变态行为提供出一项完全令人满意的描述，在大部分案例中，诊断变态的时候都会考虑上述所有指标：统计次数、社会偏离、适应不良行为，以及个人的悲痛。

何谓常态

常态（normality）比变态更难加以定义，但是

大部分心理学者都同意下列特性可用来表示情绪的健康〔请注意，这些特征并没有明显区分心理健康的个体与心理障碍的个体，只是代表常态者（没有被诊断为异常者）所拥有较高程度的特性〕。

对现实的有效知觉 正常人在评价自己的反应与能力以及诠释周遭世界发生的事情时相当实际：他们不会一直对旁人所言所行毫无知觉；不会持续地高估自己的能力来应付远超过自己所能完成的事情；他们也不会低估自己的能力而逃避困难的任务。

自主控制行为的能力 正常人对于控制自己行为的能力相当有自信，他们偶尔会表现出冲动的行为，但在必要时则能够约束自己的性和攻击的驱力；他们或许未能顺应社会规范，但当时的行为抉择是出于自由意志而非源于无法控制的冲动。

自尊及接纳 适应良好的人对自我价值有某种程度的认可，并觉得被周围的人接纳；他们与他人相处自在，在社会情境中，能够自然而然地做出反应；同时，他们并不觉得有必要为了团体而压制自己的意见。至于无价值感、疏离，以及不被接纳等现象，则是普遍出现在被诊断为异常的人身上。

形成亲密关系的能力 正常人与他人间能够建立亲密与满意的关系。他们对别人的感受相当敏锐，而且不对旁人提出过分的要求来满足自己的需要。通常，心理受到困扰的人由于过度保护自己的安全，变得极端自我中心。被自己的情绪及挣扎占据，所以尽管他们寻求情感却无法得到回报。有时则因为过去的人际关系曾遭到破坏，导致他们害怕再建立亲密关系。

具有生产力 适应良好的人能够将自己的能力引导至生产活动上。他们对生活满怀激情，而且不需为了配合日常的需求而驱赶自己。长期缺乏活力和极度疲乏的感受，通常是未解决的问题引发心理紧张而产生的症状。

变态行为的分类

许多行为被归类为变态行为，有些是急性而短暂的行为，起因于特殊的压力事件；而有些则是长期并终生持续的行为。每个个体的行为和情绪问题都是独特的，没有哪两个人会表现出完全相同的行

适应良好的人能够将自己的能力引导至生产活动上

为方式或者拥有相同的生活经验。然而，种种案例中仍然存在着足够的相似性，心理健康专家可以将其归类。

一个好的分类系统会有许多优点。如果各种变态行为均有不同的原因，我们就会希望依照行为相似性先将个体加以分类，然后再寻找人们在其他方面可能的相似点，来发掘变态行为的原因。此外，诊断标签也可供相关工作者更加快速和准确地沟通信息。例如，如果某个体被诊断为精神分裂症，那么这就已经指出了此人的许多行为特性。当我们知道某一个人的症状与其他病患的症状相似时，将会有助于了解如何治疗这位病人。然而，若是过度执着于遵循诊断用语，分类系统就会产生弊端。贴标签（labeling）会使我们忽略每个个案的独特性，并期望人们符合分类系统；我们也会忘记：对适应不良行为的标签并不是这项行为的原因。分类无法告诉我们行为如何产生，也不会告诉我们人们持续出现该行为的原因。

在美国，大部分心理健康专家使用的心理障碍分类为《**精神疾病诊断与统计手册（第4版）**》（*Diagnostic and Statistical Manual of Mental Disorders, 4th edition*，简称 *DSM-IV*）。其内容与世界卫生组织制定的国际化系统相当。*DSM-IV* 所区分的主要心理障碍种类已列于概念摘要表中，*DSM-IV* 在每项标题下又提供了广泛的子类别目录，以及应用于诊断时必须出现的症状描述。

你可能听过神经症（neurosis）与精神病（psychosis）这样的专有名词，而搞不清楚应该摆在心理障碍概念摘要表中的哪个位置。这些专有名词是传

概念摘要表

心理障碍的类型

以下所列为 DSM-IV 中的主要诊断类型，每一类型又包括各种次类别（资料来源：Diagnostic and Statistical Manual of Mental Disorder, *Fourth Edition*, *Washington*, *DC: American Psychiatric Association*，1994.）

1. 通常首次出现于婴儿、儿童或青少年的障碍
包括心智迟滞、孤独症、注意力缺陷多动障碍、分离焦虑、语言失常，以及其他偏离正常发展的现象

2. 妄想、痴呆、失忆以及其他认知障碍
已知脑部功能受损的病症，不是属于长期性就是短暂性的异常，可能是导因于年龄渐长、神经系统退化的疾病（例如，梅毒或阿尔茨海默病），或因摄取了有毒的物质所致（例如，铅中毒或药物中毒）的疾病

3. 精神药物使用有关的障碍
包括过度使用酒精、巴比妥酸盐、安非他命、可卡因及其他改变行为的药物。大麻及烟草也被归入此类，但仍在争论中

4. 精神分裂症及相关障碍
一组特征包括：与现实脱节、思想及知觉明显地受到干扰以及出现古怪行为的异常现象。在某些阶段，几乎总会出现妄想及幻觉

5. 心境障碍
正常心情受到干扰；个体也许会出现极端抑郁、反常的兴奋，或在焦躁期与抑郁期之间来回改变

6. 焦虑障碍
包括：以焦虑为主要症状（广泛性焦虑症或恐怖症）；除非个体避开害怕的情境，否则将感受到焦虑（恐怖症）；表现出特定的仪式化行为或思考固执的念头以对抗焦虑（强迫障碍）等病症。创伤后应激障碍也包括在内

7. 躯体化症
出现身体方面的病症，但却没有发现组织器官上的致病基础，而且显然以心理因素为主，包括：转化障碍（例如，一位必须照顾病弱母亲而心怀怨恨的妇女，会突然发生手臂麻痹现象）以及疑病症（在没有任何需要担心的理由而仍然极端注意健康并害怕生病），本类型并不包括有器官上致病基础的身心疾病（见第十四章）

8. 分离障碍
由于情绪问题而使意识、记忆或认同功能发生暂时的变化，包括：失忆症（个体在创伤经验后无法回忆有关自己的任何事情）以及分离性身份障碍（最为人熟知的是多重人格异常，即在同一个人身上存在着两种或更多独立的人格系统）

9. 性与性别角色障碍
包括性别认同问题（例如，变性）、性表现问题（譬如，性无能、早泄及性冷感）与性目标问题（例如，恋童癖、性虐待狂与性被虐狂）

10. 饮食障碍
包括自我引发的饥饿（厌食症），或在自行引发的腹泻后再发类似的进食（贪食症）等类型

11. 睡眠障碍
包括长期失眠、过度睡眠、窒息性失眠、梦游及突发性睡眠症

12. 伪病症
有意地制造或伴装身体或心理上的病症，不同于装病，因其缺乏任何明显目标——如无力还债或逃避兵役。有关此类病症的最佳研究模式被称为假装急病求治癖，即由于个体出现假性身体症状而导致经常入院治疗

13. 冲动控制障碍
包括偷窃癖（强迫性地偷窃个人不需使用或不在意其金钱价值的物品）、病态嗜赌及纵火癖（为了一时高兴或因此得以纾解紧张而放火）

14. 人格障碍
长期的适应不良行为类型，造成了不成熟及不适切的应对压力或解决问题方式，例如反社会人格障碍以及自恋型人格障碍

15. 其他成为临床注意焦点的状况
本类型包括许多人们寻求帮助的问题，譬如婚姻问题、亲子难题，以及课业或职业问题

统上用来诊断的主要类别。**神经症性障碍**（neuroses）包括一组焦虑、不快乐，以及适应不良行为等特征，但很少严重到需要住院治疗。个体的社会功能虽说并不完全，但是通常还能正常运作。**精神病性障碍**（psychoses）则属于较严重的心理障碍，个人的行为与思考过程已经受到干扰，导致脱离现实，因此无法应对日常生活的种种要求，通常需住院治疗。

神经症与精神病都没有出现在 DSM-IV 类别中。目前分类之所以与传统的分类有差别，最主要原因在于诊断精确性。上述两种类别都过于宽松，包括

了许多种不同症状的心理障碍，这使得心理健康专家对同一个案的诊断很难取得一致。DSM-IV 则试图根据非常特定的行为症状来将心理障碍分类，而完全不涉及心理障碍的起源或者治疗方法，从而达成更大的共识。其目的是对有心理问题的个体进行观察描述，以确保心理健康专家能依此进行精确的沟通。因此，DSM-IV 才会比过去的版本包括更多的类别。

虽然精神病已不再是主要类别，DSM-IV 还是将人们诊断为精神分裂症、妄想症，还有一些在发病

阶段出现精神病行为的心境障碍。这些人对现实的思考与知觉都受到严重的干扰，而且都可能有幻觉（虚假的感觉经验，比如听到声音或看到奇特的景象）和／或妄想（虚幻的信念，比如深信人们所有的思想都被外星人控制）。稍后，当我们详细探讨概念摘要表中的某些心理障碍时，这些观点会更为清晰。我们将会探讨焦虑障碍、心境障碍、精神分裂症和两种人格障碍。酗酒与药物成瘾（两者均属精神药物使用导致的心理障碍）在第六章介绍过。

表 15-1 指出了个体一生中患有各种主要心理障碍的可能性。本表所依据的研究数据显示，心理障碍较常发生于 45 岁以下。虽说男女在心理障碍上的整体概率没有差异，然而在特定的疾病上却有性别差异。例如，男性在酒精或其他药物滥用上是女性的两倍，在反社会人格上，男性也是女性的三倍，但是有较多的女性被心境障碍和焦虑障碍所苦。

许多文化下判定的心理障碍与 DSM-IV 内列出的任何病症都不相符（见表 15-2），其中有些异常可能与 DSM-IV 认可的特定病症因相同的原因所致，但在其他文化中以不同的症状表现；另外也有些心理障碍也许真的是该文化下产生的独特现象。这种受限于文化的症状说明了这些在 DSM-IV 中列出来的心理障碍代表的是出现在主流美国文化下的心理障碍，而不是全球所有人类都会产生的心理障碍。这也支持了在定义变态的时候必须考虑特定的文化

因素的观点。

心理障碍的各种视角

当我们试图了解心理障碍的原因时，一般会归入第一章所提到的心理学三种流派视角之一。**生物学观点**（biological perspective）也被称为医学或疾病模式，强调脑部疾病导致心理障碍。运用这种观点的研究者会寻找使人形成特殊心理障碍的基因的不规则现象，他们也探索脑部特定区域的异常、神经传导的缺陷及自主神经系统功能的问题，这种观点的支持者主要使用药物来治疗心理障碍。

有许多**心理学观点**（psychological perspective）认为，心理障碍是因为心智功能产生问题造成的。**心理分析观点**（psychoanalytic perspective）强调无意识冲突的重要性，认为无意识冲突通常源于儿童

表 15-1　某些心理障碍的终生普遍率

表中所列为美国人一生中曾经历过这些心理障碍之一的人数比率，这些比率是根据遍布全美各城市，年龄介于 18 岁至 54 岁，样本数为 8,098 位被试的访谈数据建立的 [资料来源：R. C. Kessler, K. A. McGonagle, S. Zhao, and C.B.Nelson（1994），"Lifetime and 12-month prevalence of DSM-III-R psychiatric disorders in the United States:Results from the National Comorbidity Study", *Archives of General Psychiatry*, 51 (1)：8-19. Copyright © 1994 by the American Medical Association.]

心理障碍	比率
焦虑障碍	24.9
心境障碍	19.3
精神分裂症及相关障碍	0.7
反社会人格障碍	3.5
药物滥用	26.6

表 15-2　文化相关症状

有些文化存在其特有的症状或心理障碍，并且与 DSM-IV 所包含的任何类型均不相符（资料来源：APA, 2000.）

症状	发现的文化	表现
发狂	马来西亚、老挝、菲律宾、巴布亚新几内亚、波多黎各、纳瓦霍人	在暴力行为后出现抑郁、被迫害念头、失忆症、疲惫。男性比女性更常见
歇斯底里发作	拉丁美洲	无法控制地呐喊、尖叫、颤抖，胸口发热而上升至头部，口语或身体的攻击行为，夺取他人财物，昏厥
鬼魂纠缠	美国印第安人	梦魇，虚弱，感觉危机，丧失食欲，昏厥，晕眩，幻觉，失去意识，窒息感
缩阳症（koro）	马来西亚、中国、泰国	对阴茎（男性）或外阴及乳头（女性）将缩回体内并会致命一事感到突发而强烈的焦虑
拉塔病（latah）	东亚	对突发的惊吓过度敏感，行为恍惚，最常见于中年妇女
失魂（susto）	墨西哥、中美洲	经历一件可怕的事情后所出现的食欲不振、睡眠障碍、忧愁、缺乏动机，以及自我价值低落，患者相信其灵魂已脱离身体
拮抗恐惧（taijin kyofusho）	日本	对自己身体的不适、局促不安感到强烈恐惧，或攻击他人

期早期，并主张运用防御机制来应对那些由于冲动和情绪抑制而产生的焦虑。如果将无意识冲突和情绪带入意识状态中，就可以消除防御机制，使病情得到缓和。

行为观点（behavioral perspective）是研究在特定情境下，恐惧为什么会减少，以及强化作用在不当行为的产生和维持上的作用。本取向以学习理论的观点来看待心理障碍，并假设适应不良行为是习得的。

认知观点（cognitive perspective）认为有些心理障碍是由不正常的认知过程发展而成，并且可通过改变这些错误认知来减轻异常状态。他们强调意识的心理历程，而不是隐藏的动机、情绪和冲突。我们思考自我的方式、评价压力情境的方式，以及应对压力情境的策略都相互关联。

文化（cultural）或**社会学观点**（sociological perspective）则主张心理障碍并非源于个体的脑部或心智，而在于个人所处的社会情境。持此观点者将注意力集中在会干扰个体机能的物理和社会环境的压力，比如贫穷或歧视。他们还关注文化如何塑造了人们最容易患上的心理障碍类型，以及人们如何表达痛苦。

上述摘要所提到的理念在我们讨论有关的特定心理障碍时，会显得更为清楚明确，每一种取向对心理障碍都有若干论点，但都没有提出完整的答案。有些心理障碍（如精神分裂症）的生物影响成分较其他方面更为强烈，但心理和环境因素也有其重要性。**易感性-压力模式**（vulnerability-stress model）是统和这些因素的途径之一，该模式认为使个体容易被侵袭而形成疾病的倾向，与他所遭遇的压力情境条件间存在着交互作用：就生物层面而言，易感性可能来自遗传，以下我们将讨论的若干心理障碍中，如果有近亲患有某一病症，则会增加个体产生同一病症的危险性；另外，就心理层面而言，长期的绝望与丧失感也会使一个人容易形成抑郁障碍。具有易受疾病侵袭的易感性，并不保证此人一定会形成该疾病，易感性是否导致真正患有疾病，通常由个体遭遇何种应激源而定，应激源包括贫穷、营养不足、挫折、冲突及创伤性生活事件等。

易感性-压力模式的关键点在于，易感性与压力二者必须兼具，这点有助于解释为何有些人只面对轻微压力就形成心理障碍，而另有些人则不论其生活如何困难都仍维持健康的状态。

◆**小结**

变态行为根据社会规范、统计次数、行为的适应性，与个人的痛苦等进行诊断。

良好的心理健康状况的特性包括对现实的有效知觉、能控制行为、自尊、能形成亲密关系、具有生产力。

DSM-IV 是依据特定的行为症状将心理障碍分类。此分类系统有助于信息的沟通，并提供研究的基础。然而，每个个案都是独特的，而用诊断来贴标签不应该只是将个案分门别类而已。

有如下理论可以解释心理障碍原因和提供建议的治疗方法：着重在脑部其他生物因素的观点；着重在心智方面的，包括心理分析、行为与认知等观点；以及那些偏重社会文化与环境因素的观点。

易感性-压力模式强调使人们易于患上某特定疾病的（生物与／或心理的）内在倾向和个人所遭遇到的环境压力之间的交互作用。

◆**关键思考问题**

1. 只依靠诸多理论中的一个理论观点研究心理障碍，会导致研究者只偏重寻求疾病的单一成因，而忽略了其他因素。然而，我们有可能采用非理论的观点（即不假设可能的原因而去探究问题）来研究心理障碍吗？如果可能，为什么？如果不可能，又为什么？

2. 被诊断为某种心理障碍的个体常表示，因为对他们的痛苦贴上了标签，反倒使他们松了一口气。为什么会这样？

第二节　焦虑障碍

大多数人面对具有威胁或有压力的情境时会觉得焦虑和紧张，这种感受是对压力的正常反应。如果一个情境，大多数人都可以轻松应付，而你却表现为焦虑，这才被视为不正常。**焦虑障碍**（anxiety disorder）包括一组心理障碍现象，有的是以焦虑为主要症状（广泛性焦虑障碍与惊恐障碍），有的则是当个体试图控制特定的适应不良行为（恐怖症及强迫障碍）时会感受到焦虑（创伤后应激障碍是创伤事件发生后所产生的焦虑现象，在第十四章已经讨论过）。以下短文即描述焦虑障碍者的受苦情形：

> 有一天，黑兹尔（Hazel）走在回家的路上，身体突然被一阵强烈的恐惧所袭。她整个身体僵直起来、开始冒汗、心跳加速、觉得昏沉、失去方向感。她想："我一定是心脏病发作！我撑不住了！惨了！我快要死了。"黑兹尔就这样僵立在路中，直到有人停下来帮助她。

焦虑障碍有 4 种主要的症状，而黑兹尔全都体验到了。首先，她有生理或身体上的症状：心跳加速、冒汗、呼吸急促，以及肌肉紧绷；你可能会意识到这些症状是十四章提到的战斗或逃跑反应的一部分，这是身体对具有挑战性情境的自然反应。战斗或逃跑反应的生理变化是为对抗威胁或从中逃离时身体所做的准备。

其次，黑兹尔有焦虑的认知症状：她确信自己心脏病发，就快死了。第三，她有焦虑的行为症状：她僵住、动弹不得，直到有人帮助。第四，她有害怕与恐惧感，构成了焦虑情绪症状。上述症状便成了不适应行为。

当我们面对实际威胁（如史前时期碰到有刺刀般锐利牙齿的老虎或是现在遇上抢匪）时，这些症状都具有高度的适应性。然而，一旦没有实际威胁需要抵抗或逃离（如上例，黑兹尔的症状并非由危机所引发，而是来自心情的郁闷）时，那么即使这些症状是针对某些威胁而产生的反应，但是反应太过或在威胁过后还在持续，也都属于适应不良的行为。对大多数人来说比较温和的情景，许多患有焦虑障碍的个体似乎也会将其视为高度威胁性的情景。他们甚至会担心一些不太可能发生的情境。例如，有社交恐怖症的个体因为担心自己在公众场合出丑，怕得手足无措，因而长时间地避开社交情境。

广泛性焦虑障碍（generalized anxiety disorder）是焦虑障碍的一类，患者每天生活在高度紧张的状态中，大部分的时间会感受到莫名的压力或忧虑，即使面对轻微压力也倾向于过度反应。最常见的生理问题包括无法放松、睡眠干扰、疲乏、头痛、晕眩及心悸。此外，个体会一直担心潜在的问题，并

难以集中注意力或做决定。在个体最终做出决定后，反而会变成进一步忧虑的来源（"我是否已经预料到所有可能的结果？"），表 15-3 列出一些长期高度焦虑患者的自我描述。其他的焦虑障碍，如惊恐障碍、恐怖症、强迫障碍等，都以焦虑为焦点，本节其他部分会做更详尽的讨论。

表 15-3 广泛性焦虑障碍

列于表中的叙述句是由长期处于高度焦虑状态者所进行的自我描述（资料来源：*Abnormal Psychology* "The Problem of Maladaptive Behavior", 7/e, by I. G. Sarason & B.R. Sarason. Copyright © 1993 by I. G..Sarason and B. R. Sarason.Adapted by permission of Prentice-Hall, Upper Saddle River, NJ.）

我常因心脏砰砰作响而烦扰
轻微的烦恼也会令我紧张、烦躁
我经常毫无原因地突然变得害怕
我不断地担忧以致心情沮丧
我经常宛如被诅咒般地觉得身心俱疲
我似乎常梦到一些事情
我总是觉得紧张且敏感
我经常觉得无法克服困难
我觉得一直处于压力下

惊恐障碍

黑兹尔的症状表明，她在遭遇**惊恐发作**（panic attack）——一种突然出现急性且压倒性的忧虑或恐惧的现象。当惊恐发作时，患者会觉得有某件可怕的事情即将发生，这种感受通常伴随着心跳急速、呼吸短促、冒汗、肌肉颤抖、昏厥及反胃等症状。这些症状由于自主神经系统的交感神经兴奋所致（见第二章），与个体受到极端威胁时所体验的反应相同。在严重的惊恐发作期间，个体会害怕自己即将死去。

美国有 40% 的年轻人偶尔会有惊恐发作，尤其是在压力下（King, Gullone, Tonge, & Ollendick, 1993）。对这些人而言，大多数会觉得惊恐发作虽然是件恼人的事，但是属于独立的社会事件，不会改变他们的生活。惊恐发作的情形一旦成了经常性，个人就会开始担心会不会又要发作，这时，就会被诊断为**惊恐障碍**（panic disorder）。相对而言，惊恐障碍较为罕见——大约只有 1.5% 到 3.5% 的人会发

展成惊恐障碍（美国精神医学会，2000）。惊恐障碍通常出现在青年晚期到30多岁的中期，如果没有治疗，惊恐障碍就会容易变成长期慢性疾病（Weiss & Last，2001）。

类似惊恐的症状，在不同文化中会有不同的形式：来自拉丁文化（特别是加勒比海）中的人，有时会经验到突如其来的被俗称为**歇斯底里发作**（ataque de nervios）的焦虑症状，包括颤抖、失控、号啕大哭、失控地尖叫、身体与言语攻击，有时还会突然昏厥一段时间并做出自残行为（Lopez & Guarnaccia，2000）。一旦歇斯底里发作，人们就常会将之归因到日常的压力或一些神灵因素。一项以遭遇1985年大洪水的波多黎各受害者为对象的研究发现：有16%的人有过歇斯底里发作的经历（Guarnaccia Canino, Rubio-Stipec，&Bravo，1993）。

有惊恐障碍的人，会认为他们患上了一种会威胁到性命的疾病，诸如心脏病或脑卒中，即使在医学检查后将这类疾病排除在外，他们也还是对此深信不疑。为了能够诊断出那些疾病，他们会不断地更换医生。他们也可能相信自己"快疯了"或"快失控了"，如果这些症状得不到治疗，他们就可能变得抑郁且意志消沉。

惊恐障碍者中约有三分之一到半数的人也会发展成广场恐怖症（美国精神医学会，2000），患者通常恐惧一些地方，他们害怕一旦陷入，也许就没有人可以在紧急的时候给予帮助。而他们最害怕的紧急情境是惊恐发作。**广场恐怖症**（agoraphobia）的原文源自古希腊字，意思是"害怕市场"。广场恐怖症者害怕置身在忙乱、拥挤像是大卖场之类的场所，他们也害怕在封闭、难以逃离像是公交车、电梯或地铁等场所，或者一些开放的空间（如草原或无人的海滩等）。广场恐怖症者之所以害怕这些地方，是因为怕一旦惊恐发作或其他紧急事故发生，他们认为自己将难以逃离或者求救；他们可能也担心惊恐发作时让别人看到会很尴尬，即使别人也未必能辨别出是否为惊恐发作。

广场恐怖症者会避开所有令他们害怕的地方，他们通常将活动只限定在少数"安全"的场所，像是离家不远的区域。如果有可以信赖的朋友或家人陪伴，他们有时会到"不安全"的地方探险。在进入"不安全"场所之前，即使是出于自己的意愿，

他们仍然可能体验到相当的焦虑，而在不安全场所时也会惊恐发作。本章曾介绍过的黑兹尔女士就提供了一个例证：

> 黑兹尔每隔几天就会惊恐发作，有时是在第一次发作的同条街上，但是越来越多的是在过去从未发作过的地方。她似乎在许多人伫立在四周时尤其容易发作，而且好像变得为一旦惊恐发作时如何从人群中逃离而迷惑。唯一从未有过惊恐发作的地方是她的公寓。她开始花越来越多的时间待在公寓，而拒绝前往过去她曾惊恐发作的场所。几个月后，她因为常常生病旷工而被解雇。最后，黑兹尔几乎完全无法离开她的公寓，她请杂货店将货品递送到家，这样一来，她就可以足不出户了。她只在朋友到她公寓的情况下才与她们见面。黑兹尔最后用尽了积蓄，因为她已经失业了。她开始找一些可以在公寓里进行的工作。

虽说没有惊恐发作就不可能发展出广场恐怖症，但是大多数有广场恐怖症的患者，在社交情境中都有过惊恐发作或类似的症状（Craske & Barlow，2001）。有过惊恐发作的患者，通常在一年内会发展为广场恐怖症。显然，广场恐怖症的症状会严重干扰日常生活，因此广场恐怖症的患者常会转向酒精与其他药物来应对其症状。幸运的是，近几年来，关于惊恐障碍与广场恐怖症的成因，我们已经了解了不少。

了解惊恐障碍与广场恐怖症

许多发展出惊恐障碍的人可能都有遗传或其他生物上的易感性。惊恐障碍虽有家族性（Foley et al.，2001；van den Heuvel，van den Wetering，Veltman，& Pauls，2000），但这并不表示它完全是遗传的，因为家人也生活在相同的环境中。然而，双生子的研究结果为惊恐障碍的遗传倾向提出了较为有力的证据。还记得同卵双生子拥有相同的遗传因子吗？因此，如果某异常行为完全是由基因遗传的，那么其中一个双生子患有此疾病，另一个因此疾病而受苦的可能性应该相当大。反之，异卵双生子的基因相似性不比手足间高，因此，如果其中一个患病，那么另一个患有同一疾病的风险不一定会增加。双生子的研究已指出，同

卵双生子其中一个患有惊恐障碍，另一个也患有此疾病的可能性是异卵双生子的两倍（Kendler, Neale, Kessler, & Heath, 1992, 1993; van den Heuvel et al., 2000）。

易患有惊恐障碍的个体可能遗传有"战斗或逃跑过度反应"这种特质（McNally, 2001）。这种人如果从事会唤醒战斗或逃跑反应的生理变化的活动，就可能很容易引发惊恐障碍的发作。例如，惊恐障碍的个体如果刻意用力吸气，或吸入少量的二氧化碳，他们主观上就会感到焦虑的增加，许多人就会再发作惊恐障碍（见图15-1; Bourin, Baker, & Bradwejn, 1998; Craske & Barlow, 2001）。反之，没有惊恐障碍病史者在进行这些活动时，可能只是感到有些不适，而很少会惊恐发作。

这种战斗或逃跑的过度反应，可能是因为脑部调节此反应的区域功能受损，尤其是边缘系统（Deakin & Graeff, 1991; Gray, 1982; Reiman, Lane, Ahern, Schwartz, & Davidson, 2000）。有研究指出，惊恐障碍患者在边缘系统和其他涉及战斗或逃跑的脑部回路的5-羟色胺神经递质水平较低（Bell & Nutt, 1998）。5-羟色胺的不足导致脑部这些部位长期过度反应，使个体大部分时间都处于惊恐发作的边缘。

然而，战斗或逃跑反应的过度并不足以产生全然的惊恐障碍。认知行为论者指出，易惊恐发作的个体倾向于只关注自己身体的感觉，且将身体的感觉进行消极的解释，并以灾难性的方式思考（Bouton, Mineka, & Barlow, 2001; Clark, 1988; Craske & Barlow, 2001）。在前文黑兹尔的个案中，她一旦觉得肌肉紧绷就开始想道："我心脏病要发作了！我快死了！"这些想法无疑会增加她的焦虑症状，更进一步恶化生理症状——她的心跳更快、肌肉更紧。对这些生理变化采用悲惨性的方式解释，最终导致惊恐障碍的全然发作。在发作间隔中，黑兹尔是高度警觉的，她对身体的任何感觉都非常关注。她持续性的警觉使得自主神经系统长期唤醒，从而更容易引起另一波惊恐发作。

惊恐障碍如何发展成广场恐怖症？根据认知行为论的看法，惊恐障碍患者会清楚地记得疾病发作的地方；他们相当害怕这些场所，甚至是所有与这些场所相似的地方。他们避开这些场所来减低焦虑，因此他们会产生越来越多的逃避的行为。他们也发现在某些特定地方（比如在自己的家里），他们很少体验到焦虑，这种焦虑的减少也有非常大的力量，让他们将自己局限在那些"安全"的地方。因此，经由经典和操作性条件反射，他们的行为就被塑造成广场恐怖症。

有什么证据支持这个理论？几个实验室研究支持了如下观点：认知在惊恐发作中起到重要的作用，而且广场恐怖症受习得的经验的条件作用（McNally, 2001）。在某研究中，研究者要求两组惊恐障碍患者戴上面罩，这种面罩会使被试吸入少量二氧化碳。两组被试都被告知：虽然吸入少量二氧化碳并不会危害个人健康，但是会引发惊恐障碍。

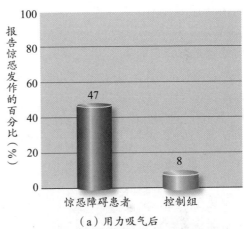

（a）用力吸气后

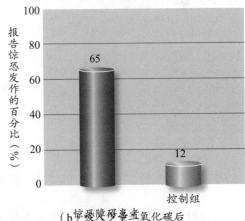

（b）惊恐障碍患者吸二氧化碳后

图15-1　患者与控制组惊恐发作情形

在用力吸气或在实验室内吸入少量二氧化碳时，惊恐障碍患者比没有惊恐障碍病史者更可能惊恐发作〔资料来源：R. M. Rapee, T. A. Brown, M. M. Anthony, & D. H. Barlow (1992), "Response to hyperventilation and inhalation of 5.5% carbon-dioxide-enriched air across the DSM-III-R anxiety disorders," Journal of Abnormal Psychology, 101, 538–552. Copyright © 1992 by the American Psychological Association. Adapted with permission.〕

然后告诉其中一组：他们无法控制来自面罩的二氧化碳量；告诉另一组：他们可以通过转动按钮来调整进入的二氧化碳量。事实上，两组均无法控制他们吸入的二氧化碳量，而且两组所吸入的量相等。结果，相信无法控制组80%的个体都惊恐发作，而相信有能力控制二氧化碳组的个体中只有20%惊恐发作。这些结果强力地指出，控制惊恐障碍症状的信念对是否惊恐发作非常重要（Sanderson, Rapee, & Barlow, 1989）。

在一个以广场恐怖症为主的研究中，学者想探讨患者们即使吸入了二氧化碳后，只要有"安全人士"在场，能否让他们避开惊恐发作。结果发现，患者同样暴露于二氧化碳中，有"安全人士"在场的个体比没有者更不容易在情绪、认知与生理方面出现惊恐障碍症状（见图15-2; Carter, Hollon, Caron, & Shelton, 1995）。这些结果表明，惊恐障碍症状是与特定的情境相联结的，比如，因为减少了惊恐障碍的症状，患者更加执着于与"安全人士"黏在一起这样的行为。

因此，惊恐障碍与广场恐怖症的生物和认知-行为论可以都整合成一个模式：易感性-压力模式（Craske & Barlow, 2001; 见图15-3）。发展成惊恐障碍的个体可能具有过度的战斗或逃跑反应的遗传或生物易感性，因此即使在轻微的刺激引发下，身体也能体验到该反应的全部的生理症状。然而，要发展完整的惊恐障碍，还需要这些人容易将这些症

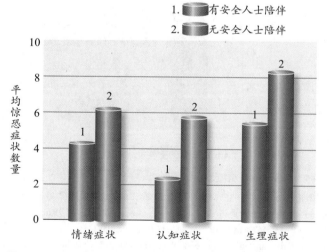

图15-2 惊恐障碍患者在有无安全人士陪伴下所呈现的惊恐症状

没有安全人士在场时，恐怖症者较可能出现惊恐症状（资料来源：Carter, Hollon, Caron, & Shelton, 1995.）

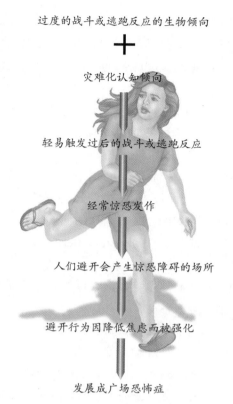

图15-3 惊恐障碍与广场恐怖症的易感性-压力模式

有过度的战斗或逃跑反应这种生物上的易感性，加上灾难化认知倾向，可能启动一个导致惊恐障碍与广场恐怖症的连锁过程

状视为灾难而且过度担心再发作。这些认知会进一步增强生理反应，仿佛又将体验到战斗或逃跑反应。一旦人们开始避开与其惊恐发作有关的场所，而将自己局限在他们较少焦虑的地方时，即发展成广场恐怖症。这种易感性-压力模式，是惊恐障碍与广场恐怖症治疗方面的惊人突破，这点我们将在第十六章加以讨论。

恐怖症

对大多数人并不认为特别危险的刺激或情境会产生强烈恐惧反应的人，可被称为患有**恐怖症**（phobia），个体通常了解自己的害怕是非理性的，但仍然觉得焦虑（焦虑的程度从强烈不安到惊恐），只有避开害怕的对象或情境才能缓和焦虑。

许多人都会不理智地害怕一两种物体——常见的包括蛇、昆虫以及恐高等。但是，除非这种恐惧对个人日常生活产生了相当程度的干扰，否则通常不会被诊断为恐怖症。例如，害怕密闭场所的妇女不敢进入电梯，害怕人群的男士拒绝进入戏院或者

一般人对蛇有共同的恐惧

拒绝走在拥挤的人行道上，这样才会视为恐怖症。

DSM-IV 将恐怖症区分为三大类，包括单纯恐怖症、社交恐怖症以及广场恐怖症。**单纯恐怖症**（simple phobia）是针对一种特定对象、动物或情境产生恐惧，例如，非理性地害怕蛇类、病菌、密闭场所，以及黑暗等，有些单纯恐怖症患者在其他方面相当正常。但在较严重的个案中，个体可能患有多种恐怖症，生活的许多方面都会受到干扰，而且恐怖症可能会与成瘾或强迫行为纠结在一起。**社交恐怖症**（social phobia）患者处于社交情境时，会极度缺乏安全感，并产生局促不安的夸大恐惧。他们通常害怕自己会因为双手颤抖、脸色潮红或声音震颤等表现出焦虑情绪，然而这些恐惧通常是不切实际的：害怕自己会发抖的人其实并不会发抖；害怕自己讲话会结巴或颤抖的人实际说话时相当正常。社交恐怖症患者最常见的抱怨是害怕公开演讲或在公共场所用餐。

社交恐怖症患者会尽可能地避开可能遭人评论的场合，也许可能选择单独工作而且与人隔绝的行业来避开人群。一旦发现自己身处于可怕的情境中，他们就会开始颤抖与冒汗，感到迷惑与昏眩、心悸，最后惊恐发作。他们深信别人已经发现了自己的神经质，而且会认为自己口齿不清、懦弱、愚蠢，甚至是"发疯"的。

社交恐怖症比较常见，美国约有 8% 的成人在一生中有过 12 个月符合此诊断标准，而且 8 个人中即有一个人有过这种经历（Kessler et al, 1998；Schneider et al., 1992）。社交恐怖症通常开始于青少年时期（Blazer, George, & Hughes, 1991），如果没有加以治疗，则可能发展成长期、慢性的疾病（Kessler et al., 1998）。

了解恐怖症

从心理学史上看，恐怖症一直是心理动力理论与行为论二者间冲突的主要话题。弗洛伊德有关恐怖症发展的理论是他最有名也是最受争议的论点。弗洛伊德认为，当个体将焦虑和无意识动机和欲望转移到这些动机和欲望的象征物上的时候，恐怖症就产生了。最经典的案例是小汉斯的个案，他是一个 5 岁的儿童，对马有强烈恐惧。弗洛伊德借着下列分析，以恋母恐惧的角度（见第十三章）解释这个男孩的恐怖症：汉斯对母亲产生爱恋，并妒恨自己的父亲，而希望能取代父亲（即俄狄浦斯冲突），然而他又害怕父亲以阉割他作为报复，因为这项冲突所产生的焦虑相当强烈，所以这些欲望无法被男孩的意识所接受，于是焦虑就被另一无辜的对象替代（即汉斯曾经看见的一匹倒在路上并猛烈翻滚的大马）。

弗洛伊德有关汉斯对马恐怖症的解释的证据，包括汉斯对一系列带有引导性的、关于他"真正"害怕什么等问题的回答，以及与弗洛伊德谈话后汉斯似乎不再怕马的事实。弗洛伊德认为汉斯已经深刻意识到了恐怖症的真正来源，而此顿悟治愈了恐怖症。然而批评者指出，汉斯从未提出过自发性或直接的证据，表示他真正在意的是他父亲而不是马。他们还指出，汉斯的恐怖症并非在得到顿悟后就突然消失了，而是渐渐痊愈的。

对弗洛伊德恐怖症的分析批评得最厉害的当属一些行为论者（Watson & Raynor, 1920）。他们主张恐怖症并非发展自无意识冲突，而是来自经典条件反射与操作性条件反射。许多恐怖症开始于创伤性经验之后——一个小孩因差点淹死而发展成恐惧水；一个被狗咬而发展成怕狗；一个因在班里演讲结巴被同学取笑的青少年发展成害怕公开发言。在这些案例中，一个原本中性的刺激（水或狗或公众前讲演）

因为与引发焦虑的创伤性事件（差点淹死、被咬或出丑）——对应，通过经典条件反射，这些原为中性的刺激可以引发焦虑反应。此外，许多有这类恐惧的个体因为避开了这些恐惧对象而降低了焦虑水平，因此操作条件反射将这种恐惧行为一直维持下去。

虽说有些恐怖症源自实际的恐怖经验，但是也有恐怖症是通过观察而替代性习得的（Bandura, 1969; Mineka, Davidson, Cook, & Keir, 1984）。恐惧的父母容易培养出与他们有相同恐惧的子女：一个观察到父母对许多情境有害怕反应的小孩，可能对这些情境也会产生相同的反应。事实上，研究发现恐怖症是家族性的（Kessler et al., 1998; Fyer, Mannuzza, Chapman, & Liebowitz, 1993）。然而，子女主要是从父母那里习得的恐怖症还是部分来自恐怖症的遗传基因，至今还不是很清楚。恐怖症患者的直系亲属患病的可能性是其他亲人的三到四倍，双生子的研究也指出，这种疾病至少部分是来自遗传基因（Hettema et al., 2001），而且所遗传的，可能是容易恐惧的气质，而非各种恐怖症本身（Hudson & Rapee, 2000）。

行为理论对恐怖症的治疗相当成功，因此更进一步支持了他们的论点。反之，根据心理分析理论对恐怖症的治疗却不太有效。目前的药物治疗只能短期解除恐怖症状。

强迫障碍

一位男子每天晚上会多次起床检查所有门窗，确定门窗都已经锁好，回到床上时仍然满脑子还在想是不是可能有一处遗漏没有检查；另外一位男子则连续沐浴三四次，每次都以特制的消毒剂彻底擦洗身体，生怕可能受到细菌污染；有一位妇女脑中一再浮现刺伤自己小宝宝的想法，而且每当她手握剪刀或刀子时，就觉得一阵惊恐发作；还有一个十几岁的女孩上学常迟到，因为她觉得自己被迫重复许多动作若干次（如把梳子放回梳妆台原处、将上学用具放入书包、跨过卧室房门口），而且通常是4的某个倍数。

这些人都出现了**强迫障碍**（obsessive-compulsive disorder）的症状，他们的生活被令人厌烦的重复动作或念头所支配。**强迫思维**（obsession）是指被不喜欢的思想、想象或冲动强加侵入，并引发焦虑感；

强迫行为（compulsion）则是一股无法抵抗的冲动并因而表现某些行为或仪式以降低焦虑。强迫思维通常会与强迫行为联结（例如，餐具上潜藏着细菌的念头会导致人们在用餐前强迫自己重复清洗餐具许多次）。不论重复的因素是思想（强迫思维）还是动作（强迫行为），这种心理障碍的主要特征是主观经验到丧失自主的控制感。患者努力挣扎着去除这些的念头或者抗拒表现出重复的动作，但是无法做到。

我们有时候也会不断地重复出现某些想法（"我是否没有关好煤气？"），而且有表现仪式化行为的冲动（开始写作业前必定依准确的次序将用具排列到书桌上），但对强迫障碍患者而言，这种想法及行为占据他们太多时间，以致严重地干扰到日常生活。患者知道他们的思想是非理性的且令人厌烦的，但却无法忽略或抑制这些念头。他们也了解自己的强迫行为毫无意义，但当他们试图抗拒强迫行为时，会变得十分焦虑，而一旦进行这些动作时就觉得紧张状态获得了缓解。

强迫思维涵盖了许多不同的话题，但最常见的是这些想法：对自己或他人造成危害、害怕赃物，以及怀疑整件工作是否圆满地完成（Hewlett, 2000; Rachman & Hodgson, 1980）。相当有趣的是，强迫思维的内容会随着时代而改变，早年对宗教和性的强迫思维最常见。例如，由于有亵渎的思想或冲动而在教堂中喊叫淫秽的言语，或在公开场合暴露生殖器官，现在这些已不常见；以往有关污秽的强迫思维主题曾经集中于梅毒上，但现在艾滋病已经变成许多污秽恐惧的对象（Rapaport, 1989）。

有些强迫障碍患者虽有挥之不去的想法，却未公开地重复表现某些行动。然而，大多数有强迫思维的个体也表现出强迫行为（Akhtar, Wig, Varma, Pershard, & Verma, 1975），强迫行为有很多种形式，最常见的两种是清洗和检查（Foa & Steketee, 1989）。"清洗者"是指，当他们接触某些物体或者有某些思想时就觉得受到污染，而必须花数小时完成清洗及清洁仪式的人。"检查者"是指，重复10次、20次甚至100次去检查门窗、电灯、炉具，以及完成一件工作的正确性，或是一再重复仪式化行为的人。他们都相信，通过这些行动可避免未来发生"灾祸"或者惩罚，有时候这些仪式与引发焦虑的强迫思维直接相关

（例如，一再检查炉具是否已关闭，以避免引起可能的火灾），也有其他的仪式化行为与强迫思维间并无逻辑关系（例如，以穿脱衣服来避免丈夫发生意外事故），在所有这些重复行为背后的共同主题均为"怀疑"：强迫障碍患者不信任自己的感觉或判断，他们不信任自己看见没有任何脏乱的眼睛，也不相信门窗已确实锁上。

强迫障碍与恐怖症两者间的相关在于两者均包含了严重的焦虑，并可能出现在同一患者身上，然而，其中仍然存在重要的差异：恐怖症患者很少不断地沉溺于恐惧中，也不会表现出仪式化的强迫行为；此外，引起这两种障碍的刺激源也不相同，肮脏、细菌，以及危害他人是常见于强迫障碍的先入为主的思想，但很少成为恐怖症患者的主要问题。

开始出现强迫障碍的年龄通常很小（Foa & Franklin, 2001），如果没有给予治疗，将转为长期性的。强迫思维十分烦人，从事强迫行为也要耗掉许多时间，且这些行为都是适应不良的（例如，太常洗手以至于流血）。因此患有这种症状的个体的心理是受伤的。约有1%—3%的人在一生中曾发展出强迫障碍（Hewlett, 2000）。强迫障碍的普遍率，在研究的许多国家中，包括美国、加拿大、墨西哥、英国、挪威、印度、埃及、日本与韩国等，似乎没有太大差异（Escobar, 1993; Insel, 1984; Kim, 1993）。

了解强迫障碍

相当多的研究指出，导致强迫障碍可能有生物上的原因。有些家族研究认为，在决定谁易患有强迫障碍上，疾病基因扮演了重要角色（Hettema et al., 2001; Nestadt et al., 2000）。然而，大多数探讨强迫障碍生物性的研究都聚焦在脑部的重要神经回路上。强迫障碍患者，可能是因为脑部区域的神经递质5-羟色胺不足，以至于无法调节诸如性、暴力，以及清洁等原始冲动，而这些冲动通常是强迫障碍者所关注的焦点（Baxter, Schwartz, Bergman, & Szuba1992: Rapaport, 1990; Swedo, Pietrini & Leonard, 1992）。这似乎与一条源自额叶且结构复杂的回路有关（见图15-4）。来自此处的冲动会通往尾状核（caudate nucleus）的基底神经节，最强有力的冲动会抵达丘脑并可能产生作用，结果此原始的冲动可能冲

进意识层面，因而启动了强迫障碍患者（非一般常人）常表现的刻板化行动。

在对原始回路的脑部PET扫描中发现，强迫障碍患者比其他人有更多脑区的活动（Baxter, Schwartz, Guze, & Bergman, 1990）（见图15-5; Saxena et al., 1998）。此外，强迫障碍者在服用药物调节5-羟色胺后，症状通常会得以减轻（Rapaport, 1991）。最后，对这些药物反应良好的患者比反应不佳者，在脑部这些区域的活动率也降低得更多（Baxter et al., 1992; Swedo et al., 1992）。有趣的是，行为治疗有效果的强迫障碍患者的尾状核与丘脑的活动也有

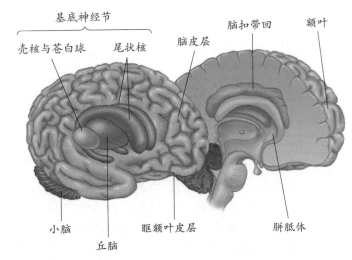

图 15-4 人脑与强迫障碍

人脑的三维图中呈现了与强迫障碍有关的区域位置——眶额叶皮层区与基底神经节。基底神经节的结构中有尾状核，它会过滤掉会激发眶额叶皮层区活动的强大冲动，因而只有最强的冲动才会到达丘脑

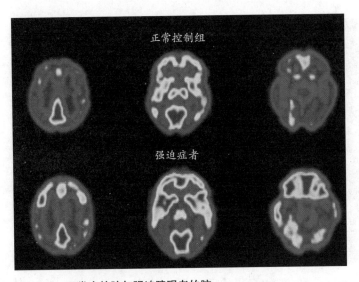

图 15-5 正常人的脑与强迫障碍者的脑

此PET扫描图显示出强迫障碍者与正常人在脑部同一区域新陈代谢的差异

减少的趋势（见图 15-6; Schwartz, Snidman, & Kagan, 1996）。

然而与惊恐障碍一样，要完全发展出强迫障碍，除了生物上的易感性外，还须有某些认知和行为方面的易感性。认知与行为论者认为，强迫障碍患者因为更容易进行严谨和道德性思考，所以不太容易"关掉"挥之不去的想法（Rachman, 1993; Salkovskis, 1989）。他们更容易认为消极的、侵入的思想不容易接受，因而对这些想法更焦虑而且更有罪恶感（Clark & de Silva, 1985）。强迫障碍患者也可能相信他们应该有能力控制所有的思想，而且无法接受人们偶尔有负面想法的事实（Clark & Purdon, 1993; Freeston, Ladouceur, Thibodeau, & Gagnon, 1992）。他们倾向于相信，有这些想法就表示他们快疯了，或者有这些想法就等同于实际上从事了这些行为（"如果我想要伤害我的孩子，就如同我实际上伤害他们一样有罪"）。因此，当他们有了这些想法，由于很难消除，只会让他们更为焦虑。

当强迫障碍患者发现某些行为能够暂时减轻强迫思维和焦虑时，就可能发展出强迫行为。焦虑的减轻强化了这种行为，这样强迫行为就产生了：人们只要一有强迫障状，就觉得有必要被迫执行一些行为以减轻焦虑。

我们再次发现，根据认知与行为论观点对强迫障碍患者所进行的治疗相当有效，这是支持认知与行为论观点的最佳证据。这些我们将在第十六章加以讨

论。反之，对强迫障碍采用心理动力学理论观，却无法带来很好的疗效。根据心理动力学理论，强迫障碍是一些不被接受的冲动（如敌意、破坏性、不适宜的性欲）被压抑后再以伪装的方式出现，个人会觉得有这些冲动不属于自己，因而可能从事一些强迫性的行动来化解或调节这些感受。例如，一位母亲一直因为自己想谋杀孩子而苦恼，可能就会强迫性地检查好多次以确认宝宝安然无恙。强迫行为的仪式也能将威胁性的冲动逐出个体的意识之外：一个忙碌的人就不太有机会想到不好的念头或做出不当的行为。依据心理动力的观点，将无意识的冲突带往意识层次而得到顿悟，对强迫障碍有效果。然而，很少有检验该理论的研究，而且在大多数的案例中，顿悟取向（insight-oriented）的治疗方法并没有效果。

总之，许多焦虑障碍的成因，可能均为生物与心理因素共同作用。许多罹患这类症者，对焦虑可能都有遗传、神经或生物方面的易感性。然而他们可能也拥有将事件灾难化的想法，并从事可减低焦虑的不适应逃避行为的倾向，如此才能发展出完整的焦虑障碍。

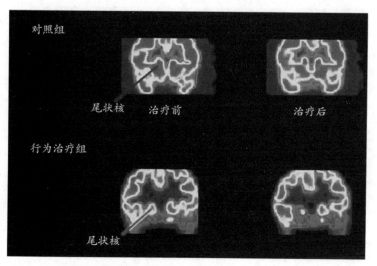

图 15-6　强迫症者治疗前与治疗后对照

PET 扫描显示出强迫症者在行为治疗后其尾状核新陈代谢活动会降低（资料来源：Schwartz, Stoessel, Baxter, Martin, & Phelps, 1996）

◆小结

焦虑障碍包括广泛性焦虑症（经常性的担心与紧张）、惊恐障碍（突然爆发强大的焦虑）、恐怖症（对特定目标或情境有非理性的害怕），以及强迫障碍（持续有个人不想要的想法或强迫思维，有时伴随有进行某些特定行动的冲动或强迫行为）。

焦虑障碍的生物论认为是遗传或有生物或神经方面的异常导致。大多数的焦虑障碍是家族性的，而双生子的研究更强力的指出，惊恐障碍与强迫障碍的确有遗传的成分。

因为惊恐发作而受苦的个体，可能是因为他们边缘系统的 5-羟色胺不足，使得他们有过度的战斗或逃跑反应。

强迫障碍者可能在调节原始冲动的脑部区域的 5-羟色胺不足。

认知与行为论者主张焦虑障碍者容易将事件灾难化，而且容易采用严谨、道德化思维模式。当个人发现逃避或强迫思维等不适应行为能够减低焦虑时，通过操作性条件反射开始出现这些行为。恐怖症可能通过经典条件反射生成。

心理动力论将焦虑障碍归因于无意识冲突，这些冲突伪装成恐怖症、强迫思维或者强迫行为。

◆ **关键思考问题**

1. 女性比男性更容易患上焦虑障碍（强迫障碍除外）。你能对这种性别差异提出一些假设吗？

2. 相比于那些更具危险性的枪支或其他现代武器，人类对蛇和蜘蛛更容易发展出恐怖症。你能用进化论的观点来解释吗？

第三节　心境障碍

患有**心境障碍**（mood disorder）的个体也许会产生严重抑郁或躁狂（极度兴奋），或同时经历抑郁期和躁狂期。心境障碍分为**抑郁障碍**（depressive disorder）及**双相障碍**（bipolar disorder），前者指个体出现一次或多次抑郁期，之间不会产生短暂的躁狂现象；后者指抑郁期和躁狂期交替出现，并通常在两个极端之间会回到正常的情绪状态。然而，持续地躁狂但不出现抑郁阶段的个体非常少见。

抑郁障碍

> 从清晨醒来到晚上睡觉，我一直都有一种无法承受的悲痛，没有任何愉悦或热情可言。任何事物——无论是思考、说话或行动，我都需要很努力。过去曾经绚烂的事物，现在看来都很平淡。我觉得自己仿佛是一个迟钝、烦人、无能、愚昧、不灵光、冷淡、冷血和麻木不仁的人。我非常怀疑自己是否能做好任何事情。我的心智能量好像已经到了被耗尽、减缓至全然无用的地步。我那可怜、扭曲、乱成一团的灰质细胞所能发挥的功能，似乎只能以可怕的祷文不断地折磨我的无能与性格上的缺憾，我完全没有能力挣脱。（Jamison，1995，p.110）

大多数人都曾经有过悲伤、懒散、对任何活动都不感兴趣的时刻，即使是非常快乐的人也不例外。

轻微的抑郁是对许多生活压力的正常反应，尤其是对生活中的重大丧失。当抑郁症状严重到干扰日常生活功能，而且持续数周之久的时候，就被称为障碍。抑郁障碍是相当普遍的，约有17%的个体在生活中曾有过上述的那种严重的抑郁期（Kessler et al.，1994），而女性发展成抑郁障碍的可能性为男性的两倍（Nolen-Hoeksema，2002）。

虽然抑郁是一种心情障碍，但实际上是整个人的异常，不仅影响情绪，还影响身体的功能、个人的行为与思想（见图15-7）。一个人并不需要满足所有的4个特征才被诊断为抑郁障碍，但是出现的症状越多、抑郁的程度越严重，我们也更能确定此人患有抑郁障碍。

抑郁障碍的情绪上的特征，并不是我们经常体验到的日常忧愁，而是一种巨大的痛苦与绝望。患者这样描述：即使在最快乐的场合中，也没有了喜悦，一种所谓**快感缺失**（anhedonia）的症状。他们没有发现家人互动、工作或者兴趣爱好能够带来快乐。

抑郁障碍所包含的认知症状最主要是消极思想，包括无价值感、罪恶感、无望感，甚至会自杀。抑郁时的动机也处于低潮：他们倾向于被动而难以主动发起活动。下面是一位患者和治疗师的对话，这段话是这种消极思想的例证。这位男士在自杀未遂后被送入医院治疗，但他整日静止不动地坐在沙发上，于是他的治疗师决定试着鼓励他从事某些活动。

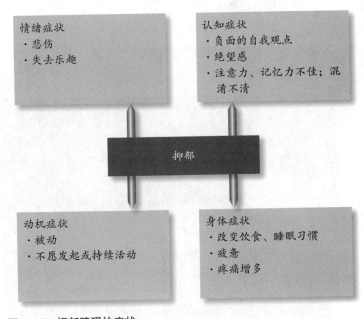

图 15-7　抑郁障碍的症状

抑郁障碍包含了情绪、认知、动机与身体上的症状

治疗师： 据我所知，你整天大部分的时间都坐在沙发上，真的吗？

患　者： 是的，安静带给我心灵所需的平静。

治疗师： 当你坐在这里时，心情如何？

患　者： 我一直觉得糟透了，只希望可以掉到某个洞穴中，然后死去。

治疗师： 你觉得连续坐着两三个钟头后会好些吗？

患　者： 不，还是一样。

治疗师： 所以你坐在这里希望获得心灵的平静，但听起来你的抑郁并没什么改善。

患　者： 我觉得很厌烦。

治疗师： 你可以考虑更活跃些吗？有很多理由让我觉得增加你的活动会有帮助。

患　者： 这里没有什么事好做的。

治疗师： 如果我列出一份清单，你可以考虑尝试一些活动吗？

患　者： 如果你认为这样做有帮助的话。但是我觉得你在浪费自己的时间，我一点兴趣都没有。（Beck, Rush, Shaw, & Emery, 1979, p.200）

抑郁障碍的身体症状包括食欲改变、睡眠干扰、疲惫，以及缺乏活力。因为抑郁者的思想专注于自己内心而非外在事件，所以他会夸大疼痛和痛苦，并担忧自己的健康状况。

如同我们从抑郁症状的描述中所看到的一样，抑郁障碍是一种会使人衰弱的疾病，而且不幸的

有些人因抑郁障碍而受苦多年

是，严重的抑郁障碍通常会持续很长时间。一项针对特别严重的抑郁障碍患者所进行的研究发现，只有27%的人在长达9年期间完全不再表现出抑郁障碍症状（Judd et al., 1998）。即使从某次抑郁发作中恢复过来，也有很高的复发风险。然而，令人欣慰的是，抑郁障碍的病程已经能够大幅缩短，而且通过药物或心理治疗，也能预防其复发。我们将在第十六章加以讨论。

双相障碍

大部分抑郁障碍发生时并未伴随躁狂现象，但约有5%—10%的心境障碍同时包括心情的两个极端，并被归类为双相障碍，也称为躁郁症（manic-depression），患者会在抑郁与极度兴奋的状态间变化。在某些个案中，抑郁期与躁狂期的变化循环间会出现短暂地回归正常的状况。

当人们处于**躁狂期**（manic episode）时，表面上会表现出与抑郁完全相反的行为方式，在温和的躁狂期间，个体活力充沛、满腔热忱，而且充满自信；他不停地说话，从一项活动快速地投入到另一项活动中，几乎不需要睡眠，并制订宏大崇高的计划，但不考虑计划的可行性。以下是贾米森的描述（Jamison, 1995, pp.36-37）：

我第一次发作是在高中。一开始，我觉得所有的事情都轻而易举，像只疯狂乱窜的鼬鼠，吹嘘着各种计划和我为之狂热的嗜好；我投身于各种运动中，日复一日地通宵熬夜，与朋友外出，翻阅各式书籍却定不下来读哪一本，在手稿上填满诗词与名剧片段，并为未来制订华而不实的计划。整个世界充满了乐趣与希望；我觉得棒极了！不只是棒，而是真的觉得太棒了！我觉得自己无所不能，任何事都难不倒我。我的心智相当清明、非常专注，还能凭直觉跳出我曾经深陷的困惑中。然而事实上，我仍然身陷其中。当时，不仅所有事情都让我觉得太完美了，它们还彼此搭配得恰到好处。我深为大自然的法则着迷，觉得飘飘欲仙，我发现我强拉着朋友向他们述说这一切的美妙。然而，他们都对我滔滔不绝地热切漫谈印象深刻，而对我编排的那套"宇宙之美"的谬论觉得不知

所云：你讲得太快了，慢慢来，你把我累坏了，讲慢点。虽然当时他们没有说出口，但我能从他们的眼神中读到：老天，你能不能讲慢点。

这种充满活力、自信与热忱可能确实很吸引你，许多正值躁狂期的患者并不愿意摆脱这些症状。然而，躁狂症状有时会跨越底线：从热情洋溢变成具有敌意的激动。如果他们的活动受到干预，他们就会动怒，并开始谩骂。他们会立即以行动或言辞表达冲动（包括性冲动在内）。这些人表现出混乱、茫然，而且会对巨富、成就或力量产生妄想。最后，大多数躁狂者会转向抑郁阶段，甚至是重度忧郁。

双相障碍相当少见，在美国，约有 21% 的成年女性及 13% 的成年男性曾经在生命中的某段时期经历过抑郁障碍，而只有少于 2% 的成人曾患有双相障碍，而且两性似乎并无差别（Kessler et al., 1994）。与其他心境障碍不同，双相障碍容易发生在年轻人身上，而且更可能有家族遗传，它会对不同的治疗性药物产生反应；除非加以治疗，否则在大多数情况下都会复发。

了解心境障碍

与焦虑障碍一样，综合考虑生物与心理的模型，可能是解释心境障碍的最佳方法。大多数发展出抑郁障碍——特别是双相障碍患者，可能都有患该病症的生物上的易感性，但是经历过特定类型的生活事件、倾向将事件作消极思考，都明显提高了发展出这类症状的可能性。

行为的神经基础

生物观　发展成心境障碍（尤其是双相障碍）的倾向，似乎是遗传的（Wallace, Schneider, & McGuffin, 2002）。双相障碍患者的家族史研究发现：他们的直系亲属（亲子与兄弟姐妹）间患有双相障碍与抑郁障碍的概率，是那些正常个体的亲属患有该病概率的两至三倍（Wallace et al., 2002; MacKinnon, Jamison, & De Paulo, 1997）。事实上，近年来的许多研究发现：同卵双生子间的同患率（若其中一人患病，

另一人也患有该病的可能性）约为 50%—100%（Stoll, Renshaw, Yurgelun-Todd, & Cohen, 2000）。

有越来越多的研究指出，抑郁障碍——特别是复发性的抑郁，也具有遗传性。家族史的研究发现，抑郁障碍者的直系亲属患病率是其他人的两到四倍（Sullivan, Neale, & Kendler, 2000）。有趣的是，抑郁障碍患者的亲人发展出双相障碍的概率，并不比那些没有患上心境障碍的亲人高。这也意味着，双相障碍患者与抑郁障碍患者有不同的遗传基础。双生子的研究也指出，抑郁障碍虽有遗传性，但比双相障碍程度低（Sullivan et al., 2000）。

遗传因素在心境障碍中究竟扮演着何种角色，至今尚未清楚，但是好像涉及了生化方面的异常。学者都认为去甲肾上腺素与 5-羟色胺等神经递质在心境障碍上扮演着重要角色。记得第二章提到，神经递质与受体间有如锁与钥匙的关系（见图 15-8），每种神经递质在其细胞膜上有其特定型号的受体，如果数量不对，或受体对该神经递质敏感性太强或不足，该神经元就不能有效获得足量的神经递质。研究指出，抑郁障碍或双相障碍患者，可能在

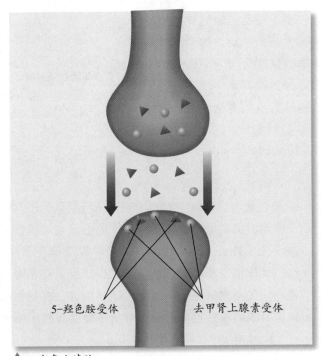

▲ 5-羟色血清胺
● 去甲肾上腺素

图 15-8　抑郁症者的神经传导

抑郁症者的去甲肾上腺素与 5-羟色血清胺神经受体可能未能有效运作，以致某神经元所释放的去甲肾上腺与 5-羟色血清胺，未能与另一神经元的受体相契合

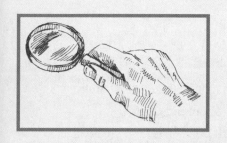

前沿研究

自杀的生物学

抑郁障碍最不幸的后果是自杀。并非所有尝试或者已经自杀的个体都是抑郁患者，然而自杀的想法和行为已普遍得令人忧心。在美国，几乎有半数的青少年表示他们知道有认识的人曾经企图自杀（见右图），有20%的人承认试图或缜密地计划过自杀（National Institute of Mental Health，2000）。自杀是美国第九大死因，而在15—24岁个体中，是第三大死因（NIMH，2000）。死于自杀的人数比死于他杀的人数更多。

女性企图自杀的人数大约多于男性的三倍，但男性自杀成功的人数则通常多于女性。女性企图自杀的人数较多，可能与她们受抑郁障碍影响较大有关，而男性企图自杀的成功率较高则可能与所选择的方法有关。直到最近，女性多倾向于利用致命性较低的方法，譬如割腕

或服用过量安眠药；而男性较可能使用枪支、一氧化碳毒气或上吊等方式自杀（Crosby, Cheltenham, & Sacks, 1999）。然而，随着女性拥有枪支人数明显增加，现在以枪械自杀也成为女性自杀方法的第一选择，因此，女性自杀的致命率正在

改变（当使用枪械的方法被纳入统计时，企图自杀的成功率高达80%，而使用药物或服毒只有10%的人会致命——因此，导致了家中不应保存枪械的强烈争议）。

在美国，不同种族自杀率有显著的不同（McIntosh，1991；NIMH，

你知道同龄中有人曾企图自杀吗？

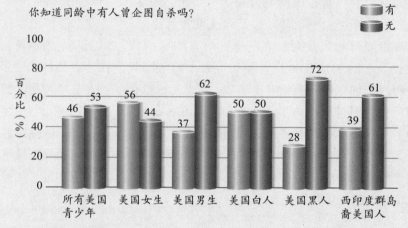

注意：西印度群岛裔美国人有可能属于任何种族。有极少数亚裔另计。此结果根据全美13—17岁青少年样本所得。最近一次调查为1999年10月11日至14日，1,038位青少年。未答者没有表示。

青少年的自杀经验

针对"你知道同龄中有人曾企图自杀吗？"问题答"有"与"无"的青少年百分比（资料来源：New York Times, October 20, 1999, page 1）

5-羟色胺与去甲肾上腺素的受体（特别是位于与调节情绪有关的脑部，如下丘脑）的数量或敏感性异常导致（Thase et al.，2002）。在多数抑郁患者中，这些受体似乎不够敏感或数量太少。至于双相障碍者则仍然不太清楚，不过很可能是因为，在与情绪转换有关的神经递质的受体对情绪转换时机不够敏感（Kujawa & Nemeroff，2000）。

心境障碍患者的脑部结构与功能似乎也有变化。计算机断层扫描（CT）与核磁共振成像（MRI）的相关研究也发现，重度抑郁障碍或双相障碍患者的前额叶受损（Drevets，2000；Liotti & Mayberg，2001），这点与正电子发射断层扫描技术（PET）研究所发现

的"脑部该区域新陈代谢异常"有关（见图15-9；Buchsbaum et al.，1997）。前额叶与许多认知功能和情绪调节都有关，而且与丘脑、下丘脑、杏仁核和海马体等都有联结。这些脑部区域是用于压力反应、睡眠、饮食、性驱力、动机与记忆的调节。心境障碍患者在脑部这些区域的新陈代谢也异常（见图15-10；Drevets et al.，1992）。脑部这些结构和功能的异常，可能是心境障碍的前兆和成因，也可能是患者生物化学过程对脑部造成伤害的结果。虽说我们目前还不清楚这些异常的精确意义，相信未来在神经成像技术快速发展下，必然能提供我们更新的线索。

认知观点 认知论主要关注抑郁障碍。根据该

2000）。白人自杀率比美国原住民（原住民自杀率是全美平均数的两倍以上）以外的其他团体均较高。不同国家间自杀率也有差异，匈牙利、德国、奥地利、丹麦与日本较高，而埃及、墨西哥、希腊与西班牙较低（WHO，1992），而美、加、英，则落在两个极端间。

企图自杀者最常见的理由是抑郁、寂寞、健康状况不佳、婚姻问题，以及财务或工作上的困难（Jamison，1999；NIMH，1999）。

除了抑郁外，造成自杀的另一项心理问题是药物滥用。例如，一项前瞻性的研究指出，企图自杀者中有33%为酗酒者，而无此企图者只有不到3%。当酗酒者同时又抑郁，其自杀的风险会特别高（Waller，Lyons，& Constantini-Ferrando，1999）。酒精会减少人们对冲动行为的抑制，即使是自杀这类自我毁灭性的行动也一样。

关于自杀风险的理论有许多种。但近年来大多数研究着重关注在对生物成因的探讨，其中有些证据证明了自杀是家族性的（Tsuang，1983），虽说这可能并不表示自杀有特定的遗传风险，而只是有抑郁或其他心理问题的遗传风险而已。一项双生子研究发现，同卵双生子间的自杀的同患率为23%，而异卵双生子间则为0（Statham et al.，1998），为遗传风险性提出了有力的证据。

有些研究将自杀与低水平的5-羟色胺两者联系在一起（Mann，Brent & Arango，2001）。例如，对自杀者进行验尸发现，其脑部的5-羟色胺含量较低（Gross-Isseroff，Biegon，Voet，& Weizman，1998）。企图自杀者中，低5-羟色胺的个体再次自杀的概率，是高5-羟色胺的个体再次自杀概率的10倍（Roy，1992）。即使是非抑郁型的自杀者，也与低水平的5-羟色胺有关，这意味着自杀与5-羟色胺间的关系，并非完全归因于抑郁这种共同因素。5-羟色胺可能常常与冲动及攻击性行为有关（Linnoila & Virkkunen，1992）。低水平的5—羟色胺与冲动且暴力性的自杀有最大的关系。

一项颇具争议性的研究指出，低胆固醇与自杀有关（Brunner，Parhofer，Schwandt，& Bronisch，2002）。根据医学和死亡统计，与胆固醇高的个体相比，胆固醇含量较低的个体的自杀率更高，较低胆固醇可能会由于饮食、治疗、较常运动，甚至只是天生胆固醇较低导致（Ellison & Morrison，2001；Jamison，1999；Kaplan & Kaufmann，1993）。最初，学者认为低胆固醇与自杀间的关系可能是种谬误，因为二者都与抑郁有关。由于抑郁者吃得少，可能导致胆固醇含量低，而且抑郁者较可能自杀。然而即使研究控制了抑郁与自杀间的关系，仍然发现了低胆固醇与自杀间的关联性（Fawcett，Busch，Jacobs，Kravitz，& Fogg，1997）。

低胆固醇如何影响自杀？学者将注意力聚焦于胆固醇与5-羟色胺间的关系。喂猴子低脂食物会导致其身体暴力的增多（Kaplan，Muldoon，Manuck，& Mann，1997）。学者发现，降低胆固醇会降低5-羟色胺，从而增加了冲动、暴力行为，其中可能包括自杀行为。虽然还需要关于本理论和其他自杀理论的大量的研究，但是理解自我毁灭行为显然是未来重要的研究目标。

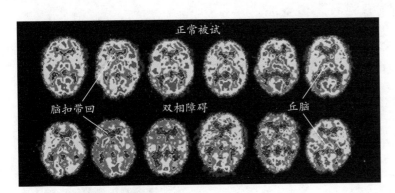

图 15-9　双相障碍者的 PET 扫描
6 位控制组被试与 6 位双相障碍者的 PET 扫描。请注意 6 位双相障碍者在脑扣带回（cingulate gyrus）与丘脑的新陈代谢率均降低（资料来源：Courtesy of Monte S.Buschbaum, M.D., Mt.Sinai School of Medicine, New York.）

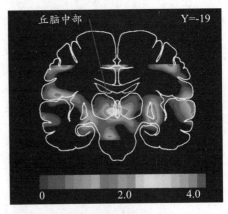

图 15-10　抑郁障碍患者的脑功能
此脑部成像显示，抑郁障碍患者的丘脑中部的新陈代谢与非抑郁者相比之下有增加的情形［资料来源：Drevets, W. C. (2000). Neuroimaging studies of mood disorders. Biological Psychiatry, 48, 813-829.］

理论，人们之所以成为抑郁障碍患者，是因为他们倾向于以悲观、绝望的思维方式来解释生活中的事件（Abramson，Metalsky，& Alloy，1989；Beck et al.，1979；Peterson & Seligman，1984）。其中最具影响力的学者是阿伦·贝克（Aaron Beck），他将抑郁患者的消极思想分为三大类，称之为认知三角：对自己、当前经验和未来的消极思想。对自己的消极思想包括抑郁者深信自己是无价值和无能力的信念；对未来消极思想是一种绝望；抑郁者认为，自己的无能和缺点，阻碍了他们改变现状。

贝克认为抑郁者对自己的消极思想（"我一无是处"；"我什么事都做不好"），形成于童年与青少年阶段，由于经历过诸如失去亲人、被同伴拒绝、被家长和老师批评或者一系列的悲剧。一旦所面临的新情境在某些方面与个体习得信念的情境有相似之处（即使只是极少部分），就会激活这些消极信念，从而造成抑郁。然而，根据贝克的看法，抑郁者在思考方面有些系统化的谬误，导致他们曲解现实，以致形成对自己的消极信念。这些认知扭曲被列于表15-4中。

抑郁障碍的另一种认知取向，将重点集中在人们对不幸事件的归因和因果解释上。这些曾经在第十四章讨论过。该理论认为，与那些拥有较不悲观的归因风格的个体相比，容易将负性事件归因于内在的（"这是我的错"）、稳定的（"一直会这样"），与影响的范围遍及生活许多层面的原因的个体，更容易患有抑郁障碍（Abramson，Metalsky，& Alloy，1989；Peterson & Seligman，1984）。

对抑郁障碍采取认知观点也存在一些批评，他们认为那些负面认知其实是抑郁的症状的结果而非成因。虽然抑郁患者的确拥有消极认知，但很少有证据指出，抑郁发作前，先有这些消极认知风格，然后导致抑郁（Haaga，Dyck，& Ernst，1991）。同时，也有证据指出，抑郁障碍者可能比正常人对现实的知觉更精确。请他们估计对实际上无法控制的情境有多少控制力时，抑郁障碍者的估计十分精确；反之，无抑郁障碍者对控制力会高估许多，尤其对正性事件更是如此（Alloy & Abramson，1979）。

一篇追踪大学生涯的研究提出有力的证据指出，负面认知风格的确发生在抑郁之前，而且能预测抑郁。研究者在大一先测得学生作消极思考风格的倾向，并追踪数年。与其他人相比，那些拥有负面认知三角或悲观归因风格的学生，在大学时更容易经历抑郁时期。即使这些人在进入大学前未曾有过抑郁（Abramson et al.，1999；Alloy，Abramson，Safford，& Gibb；Alloy et al.，1999）。

心理分析观点　心理分析论认为抑郁障碍是对"丧失（loss）"的反应（见图15-11），不论丧失了什么（例如，被所爱的人拒绝、失去工作），由于这种情景将个体带回了童年早期丧失的恐惧中（例

表 15-4　抑郁时的认知扭曲	
根据贝克的理论，抑郁者的特点是思考中存在着主要谬误	
过度概括	以单一事件为基础引出总括性的结论。例如，一个学生根据某一天在一堂课上的不佳表现，就归纳出自己是笨拙而愚蠢的结论
选择性提取	将注意力集中于无关紧要的细节，而忽略情境中更重要的特征。例如，一位秘书在上司对她的工作表现全面加以赞扬的对话中，只记得一项可说是相当不重要的批评
夸大及贬低	在评估表现时，夸大不重要的坏事而贬抑重要的好事。例如，一位妇女在汽车的挡泥板上弄出了一个小凹痕，就视之为一件极大的灾祸（夸大）；而有关她在班上获得杰出表现的事实却对提升其自尊毫无帮助（贬低）
个人化	错误地为周遭环境发生的坏事负起责任。例如，当下雨影响到户外餐会的气氛时，主人归咎于自己而非天气
主观推论	以少量的支持证据归纳出结论。例如，一位男士从妻子所表现的悲伤情绪中，推论出她对自己感到失望；但假若他仔细了解情境，将会发现妻子是因为朋友生病而觉得悲伤

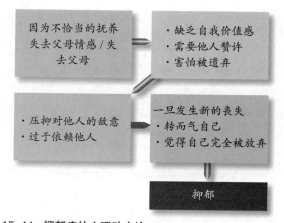

图 15-11　抑郁症的心理动力论

心理动力论指出，抑郁者童年未曾获得双亲足够的情感，以致在成年后发生的丧失会触发被拒与无价值的感受

如，失去双亲情感的恐惧），因此抑郁者对丧失表现出强烈的反应。抑郁者在儿童期的情感需求和照顾需求没有得到满足，于是后来生活上的丧失，导致他退回到最初产生丧失的无助、依赖状态中，因此，抑郁者的一部分行为代表着对爱的迫切需求——表现出一种无助以及对情感与安全的渴望（Bibring，1953；Blatt，1974）。

丧失反应会因为对遗弃者的愤怒情绪而变得更复杂。心理分析论的根本假设是，具有抑郁倾向的人已经学会抑制自己的敌对情绪，因为他们害怕与自己可以获得支持的对象疏离。当事态变糟时，他们会将愤怒指向自己内部并归咎于自己。例如，一位妇女对解雇她的雇主有强烈的敌意，但因为她的愤怒引发焦虑，于是她内化了自己的感受——她并没有生气，而是别人对她生气；她认为雇主有理由拒绝她，因为她没有能力也没有价值。

心理分析论认为，抑郁者的低自尊和无价值感起源于儿童期对双亲的赞许需求。幼儿的自尊来自父母亲的赞许与喜爱，但是对一个成人而言，价值感也应该从自己的成就感与效能感中获得。但一个抑郁倾向者的自尊却主要依赖外在来源——他人的赞许与支持，当这些支持不存在时，这个人就会陷入抑郁状态中。

因此，心理分析论对抑郁障碍的主要论点在丧失、过度依赖外在赞许以及愤怒的内化，这似乎为抑郁者表现的某些行为提出了一个合理的解释，但这些论点却难以证明或反驳。

◆小结

心境障碍可分为抑郁障碍（个体只经历了抑郁的心情），以及双相障碍（或称躁郁症，个体经历了抑郁与躁狂两种心情）。

生物理论认为心境障碍归因于，遗传和在调节5-羟色胺与去甲肾上腺素方面的问题。

认知论认为抑郁障碍的归因于，对自我、对世界和对未来的悲观看法，以及适应不良的归因风格。

心理动力论认为，抑郁障碍是一种依赖外在赞许而且倾向将怒气转向内部的个体，因为丧失亲情的反应重被激起而造成的。

◆关键思考问题

1. 有证据指出，与较早年代（20世纪初）的人相比，最近几代人（20世纪50年代以后）中抑郁障碍更为普遍。你能对这种历史趋势提出一些假设吗？

2. 许多著名的艺术家和作家都深受抑郁障碍或双相障碍之苦，包括作曲家罗伯特·舒曼（Robert Schumann）、作家西尔维娅·普拉斯（Sylvia Plath）、威廉·斯泰伦（William Styron），以及喜剧演员德鲁·凯利（Drew Carey）。心境障碍与创造力有关吗？如果有关，两者是如何联系的？

第四节　精神分裂症

精神分裂症对我而言意味着什么？它意味着疲惫与混乱；它意味着要努力区分出每件事情的真假，而不能只是偶尔看清楚现实与非现实间重叠的边界；它意味着当有无数体验让你困惑时，你的思想不断地从脑海中被吸空，导致你在会议中支吾其词、尴尬万分的时候，你需要保持头脑清醒。它意味着有时你会感觉在自己的脑袋中，看见自己在脑袋里漫步，或者看到另一个女孩穿着你的衣服，执行着你想做的动作；它意味着你知道有人一直在监视你，而且制定的所有法规都与你对立而让你一生一事无成，你意识到自己的终结毁灭之日已经不远了。（引自Rollin，1980，p.162）

这位女士所描述的某些感受与经验，你可能会觉得听起来很熟悉——很难想清楚事情、觉得自己好像正在监看自己的行动、不知道该如何解释发生的事件。**精神分裂症**（schizophrenia）患者，很难区分现实与非现实、很难追寻自己的思路，而且也不容易处理日常生活中的事件，他们常常会变得静止不动。精神分裂症会发生于所有不同的文化中，即使是远离工业化文明压力的个体也不例外，而且好像已折磨人类至少200年之久。这项心理障碍的发生率约占人口数的1%，男性与女性发病率没有显著差异。精神分裂症者的确会消耗个人与其所属家庭或社区相当大的资源，精神分裂症患者必须寻求经常接受精神医学与药物的治疗，而单在美国，每年耗费在直接医疗上的费用即高达两百亿美元（Torrey，1995）。精神分裂症通常出现于青少年晚期或成年早期，这时恰好是个人开始创业和组织家庭时。不幸的是，精神分裂症却是名声最差的疾患，患有此疾病的个人与家庭，通常遭受着惨痛的屈辱。

精神分裂症的特征

有时精神分裂症会缓慢发展，患者的离群和不适宜行为会慢慢增加；有时精神分裂症又是突发性的，伴随着明显的混乱和情绪上的骚动，这类急性的案例通常还是常常离群索居的个人，历经一段时间的压力、沉溺于自己的世界与不安全感后渐渐形成的。不管是慢慢发展而来的还是突然发作的，精神分裂症的症状是多种多样的。精神分裂症的主要特征可归纳为下列标题，不过并非每一个经诊断患有精神分裂症的人都会表现出下列所有症状。

思想与注意力的混乱　精神分裂症患者在思考过程及思想内容两方面都可能出现异常，下列一位患者的文章摘录可以说明精神分裂症患者的思想如何让人难以理解。

假如事情以农耕轮栽的方式转换，或在考虑与配合所有事情的水平上运作，我是指先前的文章，当时我针对可以验证的事实提出一些理论，另有一些意见是关于我的女儿，她的右耳有个耳垂，名字叫作玛莉，在这些牛奶制品中的糖浆或其他食品中，许多提取物没有加以说明或做到，这是由于经济、差异、津贴、破产、工具、建筑物、债券、公有股票、基金赌博、气候、贸易、破损赔偿程度的管理，以及电子学的结合，全部也都已经成为先前状态并且不需要实际存在。（Maher，1966，p.395）

就文章内容而言，这些文字与词组均具有意义，但连在一起后就成为无意义的内容。将毫无关联的文字及词组并列，以及将个别的文字相联结［有时

候称之为**文字沙拉**（word salad）］，是精神分裂症患者写作和讲话的特征。这些内容反映出**联想松弛**（loosening of association）的现象，这时个体的思想由一项主题转换到另一个不相干的主题上；甚至，精神分裂症患者的思想似乎常常受到文字的发音的影响，而不是文字的意义。下列是一位精神分裂症患者在回答医生询问时的思想，正可说明这种以押韵字形成联结，也归之为声音联结的倾向。

医　　　生：服药后的感觉如何？你是否仍持续服用哈多（Haldol，一种抗精神病药物）？

病患的思想："肮脏的墙壁"（Foul Wall）。（她点点头但未回答。）

医　　　生：那么服用维生素（vitamins）后的感觉如何？

病患的思想："七宗罪"（Seven sins），曾经觉得。（她点点头。）

医　　　生：我不认为你已服用了所有应该使用的药（taking all your meds）。

病患的思想：铅笔芯（Pencil leads）。（North，1987，p.261）

混乱的思考过程是精神分裂症特有的现象，这似乎是因为患者在集中注意力，以及过滤无关刺激上发生普遍的困难。大多数人都可选择性地集中自

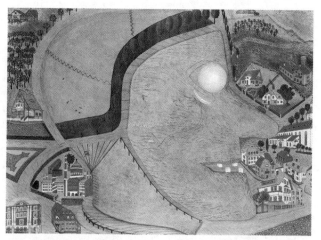

德国精神科医师汉斯·普维桑（Hans Privizhorn）曾搜集了大量的精神病患者艺术作品。此图为奥古斯特·内特尔（August Neter）的画作，展示出许多精神分裂患者所体验到的幻觉与妄想式幻想

己的注意力，能够从大量输入的感觉信息中选择与手边正在进行的任务有关的刺激，而忽略其他刺激；但精神分裂症患者会同时在知觉上接收许多刺激，而且难以理解输入的大量信息。由下列一位精神分裂症患者的叙述即可说明：

> 我无法专心，注意力分散的现象困扰着我，我会接收到不同的对话，并且就像发报机一样，声音由我脑中穿过，但我觉得心中无法应付任何事情，我难以专注于任何一种声音（McGhie & Chapman，1961，p.104）。

无法控制自己的注意力并专注于自己思想的感觉，是精神分裂症的主要体验。

精神分裂症患者不仅思维过程紊乱，而且还会体验到思维内容的混乱。大部分精神分裂症患者表现出缺乏理解力（lack of insight）。当被问及他们到底出了什么问题或为何必须入院治疗时，精神分裂症患者似乎对自己的状况一无所知，也不太了解自己的行为异于常人，他们也常受制于**妄想**（delusion），抱持着被大多数人视为对现实产生错误诠释的信念。最常见的妄想是，相信有外来的力量试着要控制自己的思想与行动，这些支配妄想（delusion of influence）包括：一个人的思想可被传播到世界各地方使其他人听到的信念，或陌生的思想（不属于自己的）会嵌入自己心灵的信念或某些外来力量会强加情感与行动在自己身上的信念。另外，相信某些人或某些团体正威胁或密谋不利于自己［迫害妄想（delusions of persecution）］也经常发生。较少见的是相信自己是强大有力而且重要［夸大妄想（delusions of grandeur）］。

有迫害妄想的人则称其患有**偏执型**（paranoid）**精神分裂症**，他会对亲戚朋友变得疑神疑鬼，会害怕遭到毒害，或抱怨被人监视、跟踪，以及被人谈论。所谓无动机的犯罪是指，一个人在没有任何明显原因攻击或杀害别人，有时在事后诊断凶手时，就发现他们患有偏执型精神分裂症。然而，这些案例相当罕见，大多数精神分裂症患者不会危害他人，倒是他们的混乱可能为自己带来危险。

精神分裂症患者妄想的特殊内容可能因文化而异（Tateyama, Asai, Hashimoto, Bartels, & Kasper, 1998）。例如，迫害妄想通常集中在威权文化中。因此，迫害妄想的美国人，可能多为害怕中央情报局（CIA）要缉捕他，而非洲与加勒比海地区的人则可能相信有人会用毒咒谋害他（Westermeyer，1993）。在日本，精神分裂症者可能妄想被诽谤造谣，而罹患精神分裂症的西欧人则较可能有宗教方面的妄想，认为犯了罪。这些妄想内容的差异性，可能正反映出权威结构与文化信仰体系上的差别。

知觉的歪曲 在急性精神分裂症发作期间，人们通常表示周遭世界对他们而言似乎完全不同（声音似乎更响亮；颜色也更加强烈），自己的身体也不再相同（他们的手看起来似乎太大或太小；腿也太长；眼睛不在脸上）；有些患者在镜前无法认出自己，或看见自己在镜中的反射呈现三重影像。最戏剧化的知觉歪曲被称为**幻觉**（hallucinations），即在缺乏相关或充分的外界刺激下产生感觉经验。听幻觉（通常是听见有声音指示自己进行某些事情，或评论自己的行为）是最常见的幻觉，视幻觉（例如，看见奇怪的生物或天神）则略少发生，至于其他的幻觉（例如，从一个人身上发出恶臭、在食物中尝到毒药，以及被针刺到的感觉）则不常出现。

幻觉通常都很吓人，甚至是恐怖，如下列所述：

> 有时，我会注视我的工作伙伴，他们的脸会开始扭曲，他们的牙齿变成一副要吞噬我的獠牙。大多数时候，因为害怕被吞噬，我都不太敢注视任何人。我无时无刻不受到疾病的折磨。甚至在睡觉时，魔鬼也会吵醒我，因此，我有时会在屋里咆哮着，搜寻魔鬼的行踪。我不管是在清醒时还是昏昏欲睡时，身体各方面都在消耗，而我觉得消耗我的正是魔鬼。（Long，1996）

就某些方面而言，幻觉与日常经验间并无太大差别。我们都知道，视幻觉都很相近，因为它们都曾出现在梦境中，只不过大多数人的梦境只出现在睡眠时。因此可能是某种神经递质中介过程，会在人类处于清醒状况时抑制梦境出现，然而对于产生幻觉的精神分裂症患者，这个过程却失去了作用（Assad & Shapiro，1986）。

听幻觉也许源于正常的思想。例如，我们通

常会进行内在的对话，评论自己的行动，或与想象中的另一个人交谈，我们甚至偶尔会大声地跟自己讲话。精神分裂症患者所听到的声音，包括以辱骂他们或指示他们去进行某种行为，类似于内在的对话，只是听幻觉的患者不相信这些声音是源于自我，或不相信自己可以控制这些声音。无法分辨外界与内在、现实与想象，是精神分裂症患者的主要体验。

情绪表达的干扰　精神分裂症患者通常无法表现出正常的情绪反应，在应该悲伤或快乐的情境中，他们常常是退缩而木然的。例如，当患者知道自己的女儿患有癌症时，他可能毫无情绪反应；然而，这种情绪表达上的迟钝会隐藏住内心的混乱，而且患者可能会以一股怒气爆发其情绪。

有时候精神分裂症患者所表达的情绪不适合相关的情境，或者与表达的思想内容间不契合（例如，病患会在谈论悲伤的事情时微笑）。由于我们的情绪受到认知过程影响，混乱的思想与知觉会伴有情绪反应的变化。以下这位精神分裂症患者的陈述可以说明此点：

> 在同一时刻，我会以一半时间谈论某件事情，但另一半时间用以思考其他许多事情。当我为某件事大笑但又与正在谈论的事情无关时，别人看来一定十分古怪，然而他们不知道我内心的状况，以及脑海中盘旋的诸多念头。在你眼中的我也许正与你谈论着十分严肃的事情，然而同时又有其他有趣而使我发笑的事情进入脑海中。如果我可以在同一时刻只专注于一件事，我就不会看起来如此地近乎愚蠢（McGhie & Chapman, 1961, p.104）。

行为表现以及由现实退缩

精神分裂症患者时常表现出古怪的行动，他们会扮鬼脸或做出奇怪的脸部表情，也会运用手指、手部及手臂的特殊连续动作重复运动；有些人会如同处于躁狂状态般变得非常激动并不断地活动；而另一种极端的人则可能会完全无反应且静止不动，他们采取一种少见的姿势并长时间保持同一姿势。

例如，患者可能会像一尊雕像般站着，伸出一只腿，而一只手臂则指向天花板，并维持这种僵直型静止（catatonic immobility）状态达数小时。这些个体好像已经完全从现实中退缩，或许此时正在对内在的思想及幻想做出反应。

功能的退化　除了我们前述的特定症状外，精神分裂症患者也丧失了进行规律的日常生活的能力。如果这种心理障碍发生于青少年，按摩患者应付课业的能力会退化，而且只有有限的社会技巧，朋友很少。精神分裂症的成年患者则通常无法成功地谋得或维持一份工作，个人卫生与清洁习惯变坏，并逐渐疏离与逃避别人的陪伴。精神分裂症的征兆多种多样，由于有些症状是直接因心理障碍而引发，但其他症状却可能是对精神病院生活的反应，或药物的效应所致，这样使得我们不太容易了解各种症状的意义。

文化与精神分裂症的进程

总体来说，与其他心理障碍相比，精神分裂症属长期慢性疾病而且会使人逐渐衰弱。曾经住院治疗的精神分裂症患者，约有50%—80%的个体在一生中会再次入院（Eaton et al., 1992）。然而，并非所有精神分裂症者都有功能逐渐退化的病程，接受治疗的精神分裂症患者从病发后10—20年间有20%—30%的个体完全康复（Eaton et al., 1998; Jablensky, 2000）。

在精神分裂症的病程中，文化似乎扮演着重要的角色。在发展中国家（诸如印度、尼日利亚与哥伦比亚等）患有精神分裂症的个体，比身处发达国家（诸如美国、英国与丹麦）的患者，更不容易因病长期丧失能力（见图15-12; Jablensky, 1989）。原因是什么？可能部分归因于各种族文化所遗传精神分裂症基因的差异（Jablensky, 2000）。另外，各文化对待精神分裂症者的不同方式，可能也扮演着重要角色。在发展中国家中，精神分裂症者较可能留在家中受到照顾，因而个人拥有可分担责任的、宽广的亲友网络（Karno & Jenkins, 1993）。反之，在发达国家中，患有精神分裂症者较不可能与家人同住，或者近亲可就近分摊照顾的责任。照顾一个患有精神分裂症的家人是一项沉重的负担，一旦这

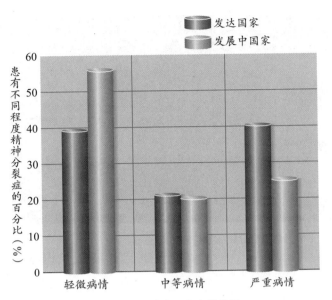

图 15-12 **精神分裂症者病情在文化上的差异**
发展中国家比发达国家有更多的轻微病情的精神分裂症患者，而发达国家则较可能比发展中国家有更多的严重病情的精神分裂症患者〔资料来源：A. Jablensky (1989). "Epidemiology and cross-cultural aspects of schizophrenia," in *Psychiatric Annals*, 19, 516–524. Reprinted by permission of SLACK, Inc.〕

样的重任只由少数亲人承担，就会在家庭中引起严重的冲突，从而加重精神分裂症者的症状。

了解精神分裂症

精神分裂症可能有强大的生物基础，只是环境可能会迫使体质容易患上精神分裂症的个体，发展到较严重的疾病或精神病复发。

行为的神经基础

生物观

家族研究指出，精神分裂症有遗传的倾向。亲人有精神分裂症史的个体，比没有精神分裂症的个体更容易发展出此疾病（Cardno, O'Donovan, & Owen, 2000；Lichtermann, Karbe, & Maier, 2000）。从图 15-13 可以看出，一生中发展成精神分裂症的风险，是个体与被诊断为精神分裂症者遗传上亲近程度的函数：精神分裂症者的同卵双生子发展成精神分裂症的概率，是异卵双生子的 3 倍，是没有血缘关系者的 46

同卵四胞胎同时患有精神分裂症的机会为两千万分之一——然而这组四胞胎，杰奈齐亚姐妹，都患有精神分裂症，自高中以后，即前后多次住院

倍。然而，同卵双生子有精神分裂症者，虽说他们拥有相同的基因，但是发展成精神分裂症的概率却不到一半，这项事实也证明了非遗传变量的重要性。

精神分裂症倾向者的遗传的异常是如何影响脑部功能的呢？近年来的研究集中在两方面：脑部结构和生物化学。精神分裂症者的脑部被发现有两种缺陷。第一，有此疾病个体的前额叶的皮层比无

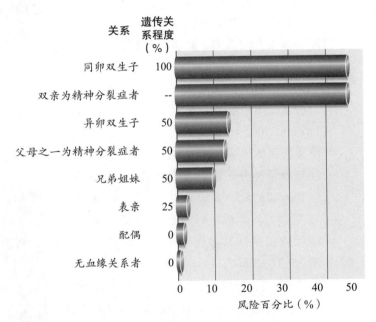

图 15-13 **精神分裂症与遗传的关系**
一生中发展成精神分裂症的风险，是个人与被诊断为精神分裂症者血缘上接近程度的函数，而不是彼此享有共同环境程度的函数。双亲都为精神分裂症一生中发展成精神分裂症者，其患有精神分裂症的关联性无法以百分比呈现，不过这种人"遗传"的回归值为100%，与同卵双生子的数值一样（资料来源：*Schizophrenia: The Epigenetic Puzzle*, by I.I.Gottesman & J. Shields. Copyright © 1992 Cambridge University Press.）

病者更小，且活动更少（Adreasen, 2001; Buchsbaum, Haier, Potkin, & Nuechterlein, 1992; Vance et al.vv, 2000; 见图 15-14 ）。额叶皮层为人类最大的脑区，约占整个脑皮层的 30%，它同时与其他皮层区都有联结，甚至还联结到管理情绪与认知的边缘系统，以及与运动有关的基底神经节。额叶在语言、情绪表达、规划并产生意念，以及调节社会互动等方面，都扮演着重要角色。因此，某人的前额叶如果比一般人小，且不太活动，即可能表现出与精神分裂症者在认知、情绪与社会互动上同样的缺失。

第二，精神分裂症者有扩张的脑室和充满液体的脑部空间（见图 15-15; Eyler Zorrilla et al., 1997; Galderisi et al., 2000）。出现扩大的脑室，表明有其他脑部组织萎缩或退化了。由于脑部特定区域退化所造成的脑室扩张，可能导致精神分裂症者的不同外在表现（Breier, Schreiber, Dyer & Pickar, 1992）。

虽然心境障碍的神经生物论关注去甲肾上腺素与 5-羟色胺，而精神分裂症者的生化问题则被认为是多巴胺。精神分裂症者的早期多巴胺说认为：此病归因于脑部关键区域的多巴胺含量过高。现在认为这种说法过于简化。有一种说法为，脑部不同区域的多巴胺含量出现复杂的不平衡状态（Conklin & Iacono, 2002）。首先，与认知与情绪有关、下皮质区的边缘系统的多巴胺过于活跃，因而导致精神分裂症患者出现阳性（positive）症状，如幻觉、妄想与思考紊乱等；其次，与注意力、动机、行为组织性有关的脑部额叶皮层区，其多巴胺的活动量较低（见图 15-16; Taber, Lewis, & Hurley, 2001）。额叶皮层的多巴胺活动少可能导致精神分裂症者出现阴性（negative）症状，如缺少动机、不能照顾自己、不适宜的情绪表达。

如前所述，脑部结构与神经生化功能的异常可能归因于遗传，但是也可能因为在胚胎或幼童时脑部被损害。研究发现，精神分裂症者较可能有难产、分娩时脑伤、婴儿期中枢神经系统受到感染（如脑膜炎）等病史，以及

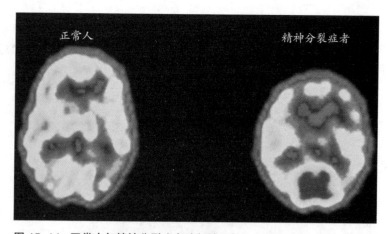

图 15-14　正常人与精神分裂症者脑部的比较

正电子发射断层扫描摄影（PET）显示出正常人与精神分裂者在脑部前额叶皮层此同一区域新陈代谢的差异

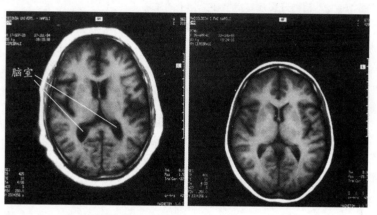

图 15-15　精神分裂症者的脑部功能

核磁共振成像显示出左侧精神分裂症者的脑室与右侧正常人相比，有扩张的现象 [资料来源：Courtesy of Silvana Galderisi, from Galderisi, Vita, Rossi, Stratta, Leonardi and Invernizzi, (2000) "Qualitative MRI findings in with schizophrenia", *Psychiatry Research: Neuroimaging Section* 98: 117–126.]

图 15-16　常人与精神分裂症者前额叶皮质区多巴胺轴突的照片

左图为非精神分裂症者额叶皮层区的多巴胺轴突网络照片，显示出比右图精神分裂症者浓密（右图横杠代表 0.5 厘米）

母体在怀孕时感冒或其他并发症（Jablensky，2000）。这些原因，每一种都可能在怀孕时伤害到胎儿或幼童的中枢神经系统，从而提高患上精神分裂的风险。

社会与心理观点

虽说光凭压力事件是不足以使人发展出完整的精神分裂症的症状，但是社会心理因素却决定着人们在生物基础上最终患上此疾病的严重程度，以及病情是否复发。家庭压力是近年来得到较多关注的压力种类。情绪高度表达的家庭成员，彼此过于干涉，他们对有问题的成员会过度保护，却也在同时对问题成员有更多的批评、敌对与憎恨（Brown，Birley，& Wing，1972；Vaughn & Leff，1976）。精神分裂症患者的家人如果是情绪高度表达者，重新经历精神病发作的可能性，是那些家人情绪表达低患者的 3 到 4 倍（Brown，Birley，& Wing，1972；Leff & Vaughn，1981；Mintz，Lieberman，Miklowitz，& Mintz，1987）。置身于情绪表达水平较高的家庭中可能产生巨大的压力，而这些压力是精神分裂症患者无法应对的，还会触发精神病的重新发作。

情绪表达与精神分裂复发间的关联性，可能有助于解释此疾病在诊断上的文化差异性。某项研究指出，同样是家中成员患有精神分裂症，但是墨西哥和印度的个体的情绪表达得分，低于欧洲和美国的个体的得分（见图 15-7；Karno et al.，1987；Karno & Jenkins，1993）。

对情绪表达研究的批评在于，在有精神分裂症患者的家庭中所观察到的敌对与干扰，可能是问题成员表现症状所导致的结果，而不是造成该疾病的成因（Parker，Johnston，& Hayward，1988）。虽说家人常会谅解患者的阳性症状（诸如幻想等），将其看作不可控制的因素，但是却对患者的阴性症状（诸如缺乏动机等）难以容忍（Brewin，McCarthy，Duda，& Vaughn，1991；Hooley，Richters，Weintraub，& Neal，1987；Lopez & Guarnaccia，2000）。具有这些症状的患者更容易引发他人的消极情绪，因而更可能再次发作。

对情绪表达与复发间关联性的另一种解释：有证据指出，家中成员情绪表达越高涨的人，越可能表现出某些心理病态症状（Goldstein，Talvoic，Nuechterlein，& Fogelson，1992）。在这类家庭中，

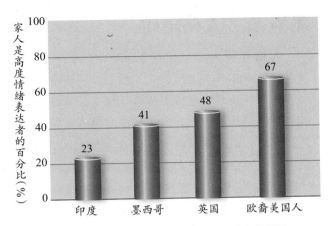

图 15-17 精神分裂症者家人情绪表达普及率的文化差异

来自发展中国家的罹患精神分裂症者其家人情绪表达水平比来自发达国家者更低。此即可能为发展中国家精神分裂症复发率比发达国家更低的原因之一［资料来源：M.Karno & J. H. Jenkins，(1993) "Cross-Cultural Issues in the Course and Treatment of Schizophrenia." *Psychiatric Clinics of North America*，16，339−350. Reprinted by permission of W. B. Saunders Co.］

精神分裂症患者可能有较高的复发率，因为他们遗传上拥有较高的心理病态倾向，有证据指出其家人也呈现出心理病态症状，而非家人表达过高的情绪。或许有关情绪表达确会影响精神分裂症复发的最佳证据，应为"治疗时减少情绪表达的确会降低罹精神分裂症家人的复发率"的研究。

◆ **小结**

精神分裂症的特征为思考受到歪曲，包括思维过程的紊乱、妄想，以及缺乏理解力。

其他的症状包括：知觉的歪曲（如幻觉）、不适当的情绪表达、古怪的行为举止、退缩，以及功能损伤。

精神分裂症已被证实可以遗传。

精神分裂症患者也有多巴胺的调节问题。

精神分裂症患者也会出现脑部的两类异常：额叶较小且不活跃，以及脑室会扩大。

困扰的环境虽说可能不至于引起精神分裂症，但是却可能使病情恶化，也会导致病情复发。

◆ **关键思考问题**

1. 生活在情绪高度表达的家庭中，精神分裂症患者病情再次发作的机制可能是什么？

2. 有证据指出，精神分裂症者较可能生于春冬两季。你能想出一些假设来解释原因吗？

第五节　人格障碍

人格障碍（personality disorders）是一种长期持续的适应不良行为的模式，在第十三章中，我们形容人格特质是知觉或与环境互动，以及思考自我的一种较持久的方式。当人格特质变得十分僵化并适应不良，以致明显地损害个体功能时，即称为人格障碍。人格障碍患者会体验到高度自我挫败，和（或）日常生活的功能的损害。这些经验通常始于童年或青少年早期，并会持续到成人阶段，且影响到生活的各个层面。不同人格障碍类型的个体，所体验的这类特殊的情绪、思考与行为不同。

人格障碍患者应对压力或解决问题的方式是不成熟和不适当的。他们通常在青少年早期就表现出异常，而且可能终其一生都如此。人格障碍患者与同样涉及适应不良行为的心境障碍或焦虑障碍患者不同之处在于：他们通常不为此感到苦恼或焦虑，也没有改变自己行为的动机；他们也不像精神分裂症患者那样脱离现实，或表现出明显的行为混乱。

《精神疾病诊断与统计手册（第4版）》（DSM-IV）中（见概念摘要表）列出了几种人格障碍。由于各种人格障碍的特征有重叠，因此在对人们进行分类时难以达成一致的共识。甚至很难说什么时候一个人的行为明显与他人不同，或者什么时候行为已经严重到可成为诊断的证据。目前进行研究最多且诊断结果最可靠的人格障碍是反社会人格障碍（正式的名称为心理病态人格，有时也被称为社会病态）。我们将在本节加以讨论，同时也谈谈近几年颇受关注、具争议性的人格障碍——边缘型人格障碍。

反社会人格

具有**反社会人格障碍**（antisocial personality disorder）的人似乎很少有责任心、道德感或是对别人的关怀，他们的行为几乎完全由自己的需求决定；换言之，他们缺乏良心（conscience）。一般人在幼年时就能意识到要对某些行为进行约束，也知道有时必须考虑他人的需求而延迟快乐的获得。然而，反社会人格患者很少考虑除了自己之外的其他任何欲望。他们表现出冲动行为，寻求自身需求的立即满足，而且无法忍受挫折。这种类型的极端例证，当数伍

概念摘要表

人格障碍的类型

DSM-IV 所示几种人格障碍

诊断	描述
反社会人格障碍	基于对他人的不尊重与缺乏对社会规范的尊重而有冲动、无情的行为
边缘型人格障碍	心境、关系与自我知觉长期的不稳定；有自我伤害的冲动
表演型人格障碍	通过夸张、戏剧化的行为、诱惑与依赖，以长期强烈追求满足其对他人注意与赞许的需要
自恋型人格障碍	长期忽视、虚应他人需求；自大，利用剥削他人
迫害妄想型人格障碍	长期且普遍地不信任、防备他人
分裂样人格障碍	对人际关系长期缺乏兴趣；情绪冷漠
分裂型人格障碍	长期压抑或不当地表现情绪与社会行为；异乎寻常的认知；言语紊乱
回避型人格障碍	逃避社会互动；因长期担心被批评而局限与他人的互动
依赖型人格障碍	自私，需要被照顾，害怕被拒绝
强迫型人格障碍	限制个人的活动与人际关系；极端完美主义

迪·哈里森（Woody Harrelson）在《天生杀人狂》（*Natural Born Killers*）中以及安东尼·霍金斯（Anthony Hopkins）在《沉默的羔羊》（*The Silence of the Lambs*）中所扮演的角色。

反社会行为由许多原因所致，比如：成为违法帮派或犯罪亚文化群体的成员、寻求关注或对地位的需求，与现实脱节，以及失去控制冲动的能力等。然而，大多数少年犯及成年罪犯表现出对他人的一些关怀（例如，对家人或帮派伙伴），也信守某些道德行为规律（例如，不可出卖朋友）。但相对地，反社会人格者除了自己之外，对任何人几乎没有感情，而且不论他们的行为导致别人多么大的痛苦，似乎都不会觉得歉疚或懊悔。反社会人格（简称社会病态）的其他特征包括对说谎相当老练、一味追求刺

激与兴奋而不在乎可能造成的伤害，以及无法因惩罚而改变行为。这些人通常是有魅力、理智，而且迷人的。可相当轻易地操纵别人——换句话说，他们是高明的欺诈者。反社会人格者干练和诚挚的外表能为他们赢得有前途的工作，但他们绝少持之以恒，好动及冲动将很快地使他们逃离工作的羁绊，这正显示出他们的本性。他们累积债务、抛弃家人、浪费公款或者违法乱纪。当他们被逮捕时，由于其悔恨的表白令人十分信服，使得他们常常能逃避惩罚并再次获得机会。但反社会人格者很少履行这些悔改的承诺，他们的言论和感受与行为间几乎没有关系。善于欺骗即界定"反社会人格"的主要特征之一（Kraus & Reynolds，2001）。

所幸，很少出现完整的反社会人格症状，且男性比女性多，一生中，约有3%的男性与1%的女性有此障碍（Kraus & Reynolds，2001）。

了解反社会人格

究竟哪些因素会促进反社会人格的发展？目前的研究集中在生物决定因素、亲子关系的特质，以及促进反社会行为的思考方式。

行为的神经基础

生物因素 遗传因素似乎在反社会行为的发展上扮演着重要角色。双生子研究发现，同卵双生子中有一个个体具有反社会人格特征，另一位同患率约为50%；反之，异卵双生子反社会人格的同患率仅有20%（Carey & Goldman，1997；Rutter et al.，1990）。收养研究也发现，被收养的儿子的犯罪记录，与他们亲生父亲的记录相似，而与养父较不相同（Cloninger & Gottesman，1987；Mednick，Reznick，Hocevar，& Baker，1987）。

反社会人格的主要特征为冲动性（Rutter，1997）。许多动物与某些人类的研究都指出，冲动性与攻击性均与5-羟色胺这种神经递质的含量低有关（Berman，Kavoussi，& Coccaro，1997；Ferris & de Vries，1997；Moffitt et al，1998）。那么，5-羟色胺含量低即为反社会人格的成因之一吗？我们目前还

不清楚。

反社会人格者在持续集中注意力、抽象思考、概念形成、规划与遂行目标、自我校正与自我觉知，以及将不适应行为模式改变为较适应行为方式等方面，都有不足（Henry，& Moffitt 1997）。整体而言，这些均为执行功能，其控制区大部分位于大脑的颞叶与额叶。接着，又有些研究发现，反社会人格的成年人（通常为狱中犯人）与一般人在脑部这些区域的结构或功能上有所差异（Blake，Pincus & Buckner，1995）。这些脑部的异常可能源于婴幼儿时受到医药、疾病和毒素的侵害，或者遗传基因上的异常：这两种情形，反社会者均都比控制组（一般人）更多。无论什么原因，缺乏执行功能可能造成他们很难控制冲动，也很难预期到自己行为的后果。

许多研究指出，反社会人格的唤醒水平偏低，因而使他们会通过冲动和危险行为来寻求刺激和感觉（Raine，1997）。例如，一项针对少年法庭拘留所选出的两组青少年男性罪犯进行比较的研究中，其中一组被试经诊断确定为反社会人格障碍，而另一组被试则只是对负面生活事件表现出适应的反应。实验者测量被试处于压力下的皮肤电反应（见第十一章）。实验进行时，将模型电极连接于每位被试的腿部，并告知被试将在10分钟内对其施予十分强烈但不具有危害性的电击，每位被试视线内可看见一座大时钟，以便确切知道何时电击将会出现——事实上，实验者并未对被试施以任何电击。两组被试在休息或是对听觉或视觉刺激做出反应时，皮肤电测量反应并未出现差异，然而，在预期电击出现的10分钟内，适应反应组被试明显地表现得比反社会人格组更紧张，且当时钟指出电击即将出现的一刻，大多数适应反应被试的肤电反应会因焦虑而出现陡增的现象；但反社会人格被试却没有任何一个人显示出这种反应（Lippert & Senter，1966）。因此，对引发焦虑的刺激呈现出低激发性，可能使得反社会人格障碍者难以从惩罚经验中学到教训，因为他们无法体会大多数人对惩罚的厌恶体验，而且在预期惩罚发生时也不会产生焦虑。

社会因素 虽然发展成反社会人格的儿童可能有生物上的基础，但是研究指出，除非他们也接触

到有利于反社会行为发展的环境，否则不太可能发展成这种人格障碍（Dishion & Patterson, 1997; Kraus & Renolds, 2001）。反社会人格的儿童的父母通常对小孩同时表现出忽视和敌意，这些儿童常常有一大段时间没有人监管。这些父母通常都没有参与到孩子的日常生活中，不知道他们的去处与朋友。然而一旦与孩子互动，就常会表现出敌意、肢体暴力和讥嘲（Patterson, DeBaryshe, & Ramsey, 1989）。此描述未必与这些儿童的所有父母都吻合，但是如果已知父母未涉入儿童的生活及对孩子的敌意，就能够很好预测儿童具有发展成反社会人格的倾向。

生物与双亲因素对反社会人格的作用常是相互呼应的。行为上反社会的儿童，常有因母亲用药、产前营养不良、生产前后接触到有毒的物质、被虐待、难产，以及出生时体重过轻等所造成的神经心理方面问题（Moffitt, 1993）。有这类神经心理问题的儿童，通常较为不安、冲动、笨拙、反应过度与粗心大意，也比同龄人学习缓慢。这些情形使他们较不讨人喜欢，从而增加了被虐与被忽略的风险。此外，这些儿童的父母更有可能自己就是未成年人，或自己有心理问题，因而在教养孩子方面较无效、严厉或不一致。因此，这些儿童的偏差、反社会生物基础，可能结合了会影响这类行为的亲子教养方式。莫菲特（Moffitt, 1990）在一项以536个男孩为被试而展开的研究中发现，同时具备神经心理缺陷以及不利的家庭环境的男孩，与没有前两项情形的男孩相比，在攻击量表上的得分高出4倍。

人格因素 反社会人格障碍儿童处理有关社会互动的信息时，会倾向于使用那些助长攻击性的反应（Crick & Dodge, 1994）。他们假设其他儿童将攻击自己，并且借助符合这些假设的观点，而不是运用他们实际面对的特定情境的线索来解释同伴的行为。此外，反社会人格障碍儿童倾向于认为同伴对他们采取的任何负面行动（例如，拿走他们最喜爱的铅笔）是有意而非无心的，当知觉到由同伴引起的愤怒并决定采取何种行为反应时，这些儿童思维局限在几种狭隘的反应中，而且通常包括攻击行为。当这些儿童被迫考虑攻击以外的反应时，他们会出现无效或含糊的反应，也就是说，除了攻击之外，他所考虑的其他反应通常是无用或不具吸引力的。

以上述方式思考其社会互动的儿童，可能会对他人采取攻击行为，然后他们会遭到报复：其他儿童将攻击他们、父母和老师将惩罚他们、其他人对他们也将抱着更加负面的看法。于是，这些行为会符合儿童的假设，即世界都与他作对，并误解别人未来的行为，如此将建立起一个维持并鼓励儿童表现攻击与反社会行为的互动循环。

边缘型人格障碍

边缘型人格障碍（borderline personality disorder）的特征是终其一生都在心境、关系与自我知觉方面，有剧烈的变化。在近几十年间，这已成为流行刊物、心理学临床及研究著作中备受瞩目的焦点。边缘型人格障碍的诊断在1980年被纳入《精神疾病诊断与统计手册（第3版）》中，然而，临床医师长期以来一直使用"边缘"这个名称，用以表示似乎摇摆于严重的神经症性障碍特质（譬如，情绪不稳定）与精神病性障碍发作间的患者（见Millon, 1981）。

不稳定是边缘型人格障碍的关键特征。边缘型人格障碍患者的心情相当不稳定，并似乎经常无正当理由地爆发严重抑郁、焦虑或愤怒等情绪。这些人的自我概念也不稳定，时而出现极端自我怀疑，又时而产生虚浮的自夸现象。边缘型人格障碍患者的人际关系更是十分不稳定，他们会忽而将别人理想化，在别人并没有激怒他们时，忽而又对他人表示轻蔑。由格伦·克洛斯（Glenn Close）出演的《致命诱惑》（Fatal Attraction）是一部描绘边缘型人格的经典影片。边缘型人格障碍患者经常感受到绝望的空虚，并会主动依附于一位初识的人或治疗师，希望这个人可填补自己内心可怕的空虚感。然而，他们对抛弃的执着几乎已达到妄想的程度，并会将其他人无辜的行为误解为抛弃或拒绝。例如，倘若治疗师因身体不适要取消预订的约会，边缘型人格障碍患者就会认为被治疗师拒绝，并变得极度抑郁或愤怒。边缘型人格障碍患者依循着心境、自我概念及人际关系的不稳定状态，将逐渐发展出冲动的自我伤害行为倾向，包括自残行为及自杀行为。自残行为通常采取自焚或砍伤自己的方式，最后，边缘型人格障碍患者则倾向于出现短暂的脱离现实、丧失时间感甚至忘记自己是谁的状态。下述的个案即描写了一位边缘型人格障碍患者的情况（McGlashan，1983，pp.87–88）。

Q 小姐是一位 28 岁的白种单身女性，当时她故意住进医院（精神病院）……在青少年晚期，Q 小姐对感情充满幻想并与一位年轻艺术家发生性关系。但当他对 Q 小姐表示，她在他生命中"只是另一个女人罢了"时，Q 小姐变得忧郁及阴沉。她开始在电影屏幕及报纸上对他的面容产生幻觉。不久后，邻家一位小男孩发生溺水身亡的意外事件，Q 小姐开始对小男孩的死亡深怀罪恶感，并害怕警方将对她采取逮捕行动。在一项后来被形容为"操纵举动"（manipulative gesture）的行为中，Q 小姐服用过量的安眠药，并被立刻送入医院救治。

在往后的 5 年中，Q 小姐间断地进入大学就读。她经常变换各种生活方式，包括独居在旅馆或宿舍，或是与已离婚的双亲之一同住。她常因与他人产生口角而搬家。虽然 Q 小姐很少独自生活，但她的社会关系非常表面化。她所结交的极少数的女性朋友都较为年长。她经常会变得非常依恋自己的父母，并以"mama""papa"亲昵地称呼他们。在性方面，Q 小姐曾有三或四次热恋，每一次都无法维持 6 个月以上，并皆因一方拒绝结婚而痛苦地结束恋情。Q 小姐在所有亲友的眼中，是一个好操纵、依赖性强、好受虐、充满敌意，以及好诽谤他人的人。

Q 小姐每周的心情都徘徊于愤怒与消沉之间，有时甚至每天都如此摆荡。她经常酗酒并滥用巴比妥盐，而且多次制造操纵的自杀威胁，并曾因此而不止两次被立即送医治（入院时间接近一个月）……

在 Q 小姐 25 岁左右时，她加入了武装服务队。在经过最初的蜜月期后，Q 小姐的表现显得十分可怜，她"守着打字机哭泣达数小时之久，并待在房中不肯进食"。10 个月之后，Q 小姐接到一份"神经精神病症的"医疗免职令。然后她又开始不安定的生活，尝试过各种工作，每份工作均无法持续数天，这时 Q 小姐变得更加疏离，即使与同事间也如此。

Q 小姐从 26 岁开始，进行了两年密集的心理治疗（每周达 4 次），在治疗师所做的记录中，形容她"非常努力尝试表现出生病的样子"，并且"在她情绪不佳的时候，会借着惹恼每个人"，企图"与每一个她不喜欢的人制造冲突"。

Q 小姐之所以入院（精神病院）治疗，起因于有一次拜访母亲家。当时她觉得有些受到轻视，首先，母亲的欢迎似乎不再显得"热情洋溢"；其次，当母亲的男友让她观看一本描述精神病患住院治疗设备的小册子时，Q 小姐觉得受到侮辱；再次，她发现家族中有若干上好的不动产，经遗嘱赠予她最不喜欢的兄弟姐妹。Q 小姐觉得受到排斥，于是服用了过量的阿司匹林，并随后立刻被送到医院（精神病院）。

边缘型人格障碍患者也常被诊断作某种急性异常的，包括药物滥用、抑郁障碍与一般焦虑障碍、单纯恐怖症与广场恐怖症、创伤后应激障碍、惊恐障碍等（Kraus & Reynolds，2001）。针对边缘型人格障碍患者的纵向研究结果指出，大约 10% 的患者死于自杀，而有 75% 企图自杀（Kraus & Reynolds，2001；Perry，1993）。自杀的最大危险期出现在被确诊为边缘型人格障碍患者后的一两年内。这或许是由于直到某种危机使患者接受治疗后，通常才会诊断确认患者罹患了边缘型人格障碍。

流行病学的研究认为，边缘型人格障碍的终生普及率为 1%—2%（Weissman，1993），其中经诊断确认患有边缘型人格障碍的女性，通常显著多于男性（Fabrega，Ulrich，Pilkonis，& Mezzich，1991；Swartz，Blazer，George，& Winfield，1990）。边缘型人格障碍患者比一般人更倾向于暴力的婚姻关系，职业困难更多，而且身体伤残的比率也更高。

了解边缘型人格障碍

心理分析学派已对边缘型人格障碍患者提出了最完整的解释，他们认为虽然边缘型人格障碍患者可以通过现实的考验，并在现实世界站稳一个立足点，但当他们对抗冲突时，仍然依赖原始的防御机制（如否认作用），而不是较进步的防御机制（Kernberg，1979）。此外，由于边缘型人格障碍患者早年与照顾者的关系不良，因此对自我和他人的观点发展得非常不健全。至于边缘型人格障碍病患的照顾者，借着儿童早年对他们的依赖来获得许多满足。因此，他们不鼓励儿童发展自我独立感，并且当儿童企图追求个性或独立时加以责罚。结果，儿童从未学会充分辨别对自我和对他人的观点。这使得他们对别人提出意见以及别人可能的抛弃非常敏感。一旦他们遭到别人拒绝，便也会拒绝自己并可能采取自我惩罚或自残行为。

边缘型人格障碍患者也无法将有关自我或他人概念的正向的或负向的性质统和在一起，他们倾向于以不是"全好"就是"全坏"的观点看待自己与别人，并常在这两种观点间摇摆不定，这是一种"分裂的"（splitting）过程。边缘型人格障碍患者的情绪和人际关系不稳定现象起源于这种分裂作用，即他们的情绪及对人际关系的观点，反映出他们对自我或他人的观点，即在"全好"及"全坏"之间摇摆不定。

其他研究指出，许多边缘型人格障碍患者在童年时期曾遭受身体暴力或性虐待（Perry，1993），而许多理论者指出这点正是边缘型人格障碍的核心。此外，一个儿童的父母亲若时而虐待孩子时而疼爱孩子，这种变化就会使儿童对他人形成基本的不信任感，并发展出一种以全好或全坏的观点看待他人的倾向。

◆ 小结

人格障碍是长期不适应行为模式，使得个人以不成熟与不当的方式来应对压力或解决问题。

反社会人格障碍者冲动，很少有罪恶感、只关心自己的需求，而且经常违法。

反社会人格障碍常有遗传与生物根源，忽略与敌意的亲子教养关系也会造就成此疾患。

边缘型人格障碍患者在心境、人际关系与自我概念方面不稳定。心理动力论者认为，此疾患的照顾者（父母）要求孩子高度依赖，且其表现常在极端的爱与敌意间转换。

◆ 关键思考问题

1. 人格障碍者只是拥有极端的正常人格特质，还是在性质上存在着与正常人格特质不同的特性？

2. 你认为反社会人格障碍与边缘型人格障碍有哪些相同点？

第六节　多重人格障碍

多重人格障碍（multiple personality disorder）又称分离性身份障碍，是指在一个人体内存在两个或更多不同的身份或人格，轮流地控制个体的行为，通常每个人格有专属的姓名、年龄，以及一组特有的记忆及特征行为。在许多案例中，原始身份代表着个体真实的姓名，而且常是消极、依赖和沮丧的；交互出现的身份则与原始身份具有典型的相反的特征（例如，满怀敌意、好支配，以及自我毁灭）（American Psychiatric Association，2000）。有些个案中，各种人格甚至连笔迹、艺术或运动能力，以及外语知识等特征都不相同。原始身份通常不会觉察其他身份的经验。有些无法解释的一段时间的失忆（每周丧失记忆数小时甚至数天）则可作为出现多重人格障碍的一种线索。

我们应该弄清楚，多重人格障碍不应该归于人格障碍的一类（比如反社会人格或边缘型人格障碍等），而应属于分离性障碍，因为此异常的核心问题在于有长期的分离倾向——个人的自我概念、记忆或意识被分裂成不同的层面。

多重人格障碍最有名的案例之一是克里斯·西兹莫尔（Chris Sizemore）的个案，她具备了三个交互出现的人格，分别是白夏娃、黑夏娃和简，这个故事曾被搬上电影银幕，名为《三面夏娃》（*The Three Faces of Eve*）（Thigpen & Cleckley，1957）。后来在她的自传《我是夏娃》（*I'm Eve*）（Sizemore & Pittillo，1977）中又做了更广泛、详尽的描述。另外一个曾被仔细研究的个案叫作乔纳（Jonah），一名17岁的男子，他住进医院，抱怨在严重的头痛后常伴随着记忆丧失现象，医院看护人员在数日内注意到他人格惊人的变化，而精神科医师也发现在他身上存在三个不同的次级身份，这些相当稳定出现的人格结构如图15-18所示，其中各种人格特征叙述如下：

- 乔纳：原始人格，羞怯、退缩、彬彬有礼，并且非常保守，他被指派担任"正直者"的身份。因为乔纳在晤谈时，有时会显得害怕和混乱，所以他并未发觉其他人格的存在。

- 萨米：拥有最完整的记忆，他可与乔纳

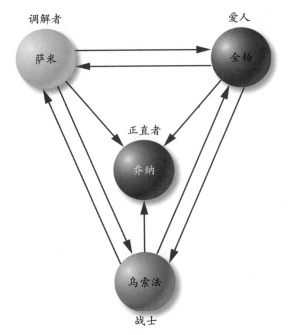

图 15-18 乔纳的 4 种组成人格

外国的三种人格彼此之间只有粗浅的认识，但对乔纳都是亲密和熟悉的，虽然乔纳完全不知道他们［资料来源：A. M. Ludwig, J. M. Brandsma, C.B. Wilbur, F. Benfeldt & D.H. Jameson (1972), "The Objective Study of a Multiple Personality" in *Archives of Genera Psychiatry*, 26:298–310. Copyright © 1972 by the American Medical Association.］

共存或将乔纳取代。当乔纳需要忠告或陷入困境时，萨米就准备以"调解者"的身份出现。萨米的记忆始于 6 岁，当时乔纳的母亲刺伤了他的继父，于是萨米出面劝导父母，不要在孩子面前争吵。

● 金杨：当乔纳六七岁时，母亲有时在家会让乔纳穿上女孩子的衣服，使得乔纳在学校分不清男女生的名字，于是金杨便出现矫正乔纳的性别认同，从此照料他的性兴趣，因此金杨担任"爱人"的身份，他对于其他人格只略知一二。

● 乌索法·阿卜杜拉：一个冷漠、好战且易怒的人，他能忽略疼痛并发誓注意和保护乔纳，因此被指派为"战士"的身份。乌索法出现于乔纳 9 岁或 10 岁时，当时一群男孩无故攻击乔纳，在无助的情况下，乌索法挺身而出并狠狠地痛击对方，他对其他人格也知之甚少。

当这 4 种人格接受测验时，对于与情绪方面相关的题目，评量结果都大不相同，但对于与情绪或

个人冲突无关的测验（像智力或词汇测验），其所得分数基本上是相似的。

多重人格障碍反映出个体无法整合所认同身份、记忆和意识的各种层面。分离的彻底程度很像许多不同的人格同时住在同一个身体里，观察者注意到，从一个人格转换为另一人格的时候，经常伴随着身体姿态或声调的细微改变。新人格在说话、走路和姿势方面均有不同，甚至可能连一些生理历程（如血压和脑部活动）都产生变化（Putnam，1991）。

多重人格障碍患者常报告他们在童年时曾经历身体虐待和性虐待（Ellason et al.，1996）。这种报告的正确性相当引人争议，因为童年记忆很容易被扭曲，而且有多重人格障碍的人本身极易受到暗示的影响。虽然如此，很多学派认为，这些障碍是作为童年创伤经验的防御机制而产生的。儿童通过创造另一个人格来应对痛苦的冲击（Ross，1997）。在乔纳的案例中，萨米（调解者）就是出现在乔纳必须面对母亲攻击继父的时候。

儿童可能学习通过将记忆从意识中分离出来，以保护自己免受被虐的痛苦。如果这个儿童是受到严重而且多次的虐待，那么随着时间的推移，这种防御方法将形成一个或两个次人格，只有这些人格拥有被虐的记忆，其他人格则对痛苦毫无记忆。就孩童而言，保持人格分离是他们适应生活的方法，可以使"其他的自己"察觉不到受到虐待。通过这个方式，当儿童不需面对虐待情境时（例如，在学校或和朋友一起玩游戏），受虐的情绪和记忆将不再继续充斥在意识之中（Braun，1986）。

另一个多重人格障碍的发展因素是自我催眠的高感受性。所谓自我催眠是指，个体能够以意志将自己置身于一种具神志恍惚特征的催眠状态（本章稍后将对催眠展开讨论）。多重人格障碍患者常常是绝佳的催眠对象，他们所报告的神志恍惚体验与先前回溯记录的童年时期经验丝毫不差（Kihlstrom, Glisky, & Angiulo, 1994）。有一位患者以其多重人格之一的身份讲述："她停止脑海中所有想法、心理放松、努力集中注意，并且不断期望，这样就创造出多种人格来。"（Bliss, 1980, p.1392）

一旦个体发现创造另一个身份可为他们舒缓情绪上的痛苦，那么在未来只要面临情绪方面的难题，他们可能就去创造其他人格来应对。因此，当

10 岁的乔纳被一群男孩攻击时，他就创造出另一个人格——乌索法·阿布都拉——来处理这个问题。有些多重人格障碍患者遭遇困境时，已经习惯于通过改变多种人格作为防御机制，并在整个成人期都持续这种过程，不断地创造出新的人格以应对新的问题，因此，他们最后可能会形成更多不同的人格（Putnam，1991）。

多重人格障碍的个案通常会引人注目但却是相当罕见的。然而，近年来在美国报告出的案例数急速增多，有些人相信这种增加反映出心理健康专家对这个病症的了解已渐渐提升，因此以前未诊断出的个案已获得确认。还有一些人则认为，这个病症在那些较易受暗示影响的人身上，反而被过度诊断（American Psychiatric Association，2000）。多重人格障碍较常在美国被诊断出，而在欧洲、印度或日本较少（Ross，1989）。在美国，拉丁裔者很少被诊断为多重人格障碍（Martinez-Taboas，1989）。有些学者发现，拉丁民族在遭逢创伤性应激源时，较可能发展出前面描述过的歇斯底里发作（ataque de nervios），而非多重人格障碍。

◆ **小结**

在多重人格障碍中，同一个人中会有发展良好的两个或更多个人格在相互替换。许多学者将这种疾患归因于童年受虐。

自我催眠的能力可能也是发展成多重人格障碍的关键因素。

多重人格障碍相当罕见，虽说近数十年来这类的诊断与日俱增，在美国尤为如此。

◆ **关键思考问题**

1. 童年如果长期受虐最可能造成多重人格障碍。你能想出当代儿童生活中还有哪些创伤事件可能促成多重人格障碍吗？

2. 大多数人都体验过轻微的分离，像是突然发现自己置身某处却不知如何到的，或者变得过于投入某件幻想中而难辨虚实，尤其是在人们非常疲倦、有压力，或酗酒、用药时。你还可以指出其他常见的分离经验及其可能的来源吗？

第七节　以心智丧失作为一种法律辩护

在结束心理障碍这篇前，让我们简要探讨心智丧失这个颇具争议性的议题。法律应如何对待一位犯下攻击罪行的心智混乱者？心智能力受损的患者是否应为其行为负责？这些问题受到行为及社会科学家、法律专业团体成员，以及从事罪犯相关工作者的关注。

数个世纪以来，西方法律中有一项重要概念：一个文明社会不应惩罚心智上不能控制自己行为的人。1724 年，英国法庭主张，倘若一个人"不知道自己的所作所为，与一头狂暴的野兽无异"，就无须为其行为负责，然而，现代的法律责任界定标准是根据 1843 年的南顿判决（M'Naghten decision）。依**南顿法则**（M'Naghten Rule）的内容叙述：只有当被告因严重混乱以至于不知道自己当时所为何事时，或是他虽确定知道自己所为何事，但不知道这是错误的事时，被告才能够以神志不清为由判定无罪。

南顿法则沿用至美国，一世纪以来，可否分辨是非一直是大多数判决对被告是否已达法定心智丧失的判断基础。有些州另将"无法抗拒的冲动"条文增至本州的法令中，这是因关注到若干心理障碍患者被问及一项特定行为在道德上是对是错时，虽可正确地回答，但却无法控制自己的行为。

在 20 世纪 70 年代，许多州立及联邦法院接受**美国法律研究法规**（American Law Institute Rule）的提议，对心智丧失采取一种更广泛的法律定义，其内容叙述如下：当一个人犯罪时，如果这种行为是心理障碍或缺陷的结果，而此人缺乏实质能力去察觉错误行为，或表现出顺从法律要求的行为时，则不必为罪行负责。所谓的"实质"一词是指，任何无能为力下的犯罪行为，都不足以成为逃避犯罪责任的理由，而完全丧失理智还是需要负担犯罪责任；而以"察觉"一词取代"知道"，则意味着心智上的是非意识仍不足够：在人们可负起犯罪责任之前，必须对自己的行为在道德或法律上产生的后果有某种程度的了解。

1981 年，约翰·辛克利（John Hinckley，Jr.'s）企图刺杀里根总统，却因心智丧失的理由被判不起诉，使得心理障碍患者案件中的法律责任问题成为逐渐扩大的争议话题。许多美国人被这项判决触怒，并觉得以心智丧失作为辩护是一种法律漏洞，而允许太多有罪者逍遥法外。为了回应民情，国会制定了《精神失常辩护修正案》（*Insanity Defense Reform Act*，1984），其中包括了若干条款，使被告更难免除法律责任。例如，这项法案变更了美国法律研究所提出的"缺乏实质能力……去察觉"等用词，而改为"无法察觉"；法案中规定心理障碍或缺陷必须是"严重的"（其意义在于排除非精神病症，如反社会人格）；而且法案将举证的责任由原告移转至被告（原告不再需要证明被告于犯罪时处于毋庸置疑的神志清楚状态，而被告则必须证明自己当时精神错乱，且必须提出"明确而使人信服的证据"），这项法律适用于联邦法院及大约半数州立法院的所有审判案件。

另一项试图厘清心智丧失的法律定义的判决是**"有罪但也有心理障碍"**（guilty but mentally ill），最初由密歇根州提出，目前已有 11 个州沿用这项判决（在这些州中，有些以这项判决替代因心智丧失理由而无罪的判决，其他州则以这项判决作为附加的选择）。当发现被告具有实质的思想或情感性异常，引起其犯罪时的痛苦，并且明显地损害被告的判断、行为、了解现实的能力或应对生活正常需求的能力时，法律通常会允许做出有罪但也有心理障碍的判决。然而，这项心理障碍的效果仍然未达到法律上定义的神志不清。有罪但也有心理障碍的判决使陪审团在察觉被告具有危险性时，得以将被告定罪，同时也企图确保被告将接受心理治疗。罪犯可在狱中接受治疗，或在精神病院接受治疗，而在被认为适合履行判决后，再回狱中服刑。

大众担心以神志不清为辩护理由，将成为刑法的主要漏洞，但是这种担心绝大部分是毫无根据的。这种辩词很少被使用，而以神志不清为由的真实案件更少，陪审团似乎迟迟不愿相信人们无法为其行为负起道德责任，而律师也知道以神志不清作为抗辩容易失败，因此倾向于把它作为最后的手段。在因严重犯罪而被控告的被告中，以神志不清为由而被判无罪的比率低于 1%。

◆ 小结

虽说以神志不清作为一种法律辩护是一种相当有争议性的议题，但这种辩护实际上很少被使用，成功的案例更如凤毛麟角。

南顿法则提道：被告因严重混乱而不知道自己当时所为何事时，或是他虽确定知道自己所为何事，但不知道这是错误的事时，他能够以神志不清为由被判无罪。

美国法律学会的法则指出：当一个人犯罪时，如果这种行为是心理障碍或缺陷的结果，而此人缺乏实质能力去察觉错误行为，或表现出顺从法律要求的行为时，则不必为罪行负责。

目前，美国法庭上只会在下列情形下，才将罪行视为心理疾患：被告的思想或心情方面有实质的失常，使得他们在犯罪当时深受其苦，以致显然伤及其判断、行为，与辨识现实的能力，或者危害了其应对生活中正常要求的能力。

◆ 关键思考问题

1. 大多数被判有罪的心理疾病患者都未能在监狱中得到足够的精神医疗。你认为这个理由足以将神志不清之外的判决视为无效吗？为什么？

2. 为什么你会认为大多数人相信许多犯人会通过神志不清来脱罪？

双面论证

注意力缺陷多动障碍（ADHD）被过度诊断了吗？

ADHD 被过度诊断

卡琳·L. 卡尔森（Caryn L. Carlson），得克萨斯大学奥斯汀分校

卡琳·L. 卡尔森

ADHD 在这几十年逐渐受众人关注，也日益引起立法部门的关注，因而需要展开更多研究。然而，既然知道 ADHD 的诊断全部依靠分类系统的严谨性和统整性，所以我们应该注意，不能将诊断的钟摆过度摆动。

我们有理由相信，当前在美国某些地区 ADHD 正在被过度诊断。几乎只用于 ADHD 的兴奋剂处方可被视为该疾患诊断率的指标，并为我们提供检视特定时间与地区的变化趋势。美国使用哌醋甲脂（methylphenidate）的量早已高出世界各地的标准（Inter-national Narcotics Control Board, 1998）。在 20 世纪 90 年代初期陡增，在 1990—1995 年间呈倍数增加（Safer, Zito, & Fine, 1996），其后仍持续增加。各年龄层的使用率都增加，其中以青少年和成年人增加最多。以某地区学生为例，高校生使用兴奋剂的比率，在 1991—1995 年间增加了三倍（Safer, Zito, & Fine, 1996）。事实上，ADHD 的普及率并未呈此比率增加，虽然此药物的增加无疑在一定程度上反映了现在可以诊断但在过去没有辨识的 ADHD。

不过，有些研究却指出，即使时至今日，仍有许多 ADHD 的儿童未被诊断出并加以治疗（Wolraich, Hannah, Baumgaertel, & Feurer, 1998），但目前平均比率还是居高不下（Safer, Zito, & Fine, 1996）。

造成目前这种比率戏剧化增加的部分原因，可能正反映了过度诊断的现象，特别在考虑到全美各地区间有相当大的差异性。1995 年，在弗吉尼亚每人平均哌醋甲脂的耗用率为邻州——西弗吉尼亚的 2.4 倍，而比加州高出将近 4 倍（Spanos, 1996）。更麻烦的是，即使在同州的不同县内，都有相当大的差距。例如，1991 年间，虽然全纽约州 6—12 岁间男性该药物的耗用率为 4.1%，但 10 个县间却有很大的差距，最高甚至高达 14%（Kaufman, 1995）。

究竟有哪些因素可能导致 ADHD 的过度诊断？流行病学的研究指出，当仅凭单一来源的评价指标所获的普及率，就超乎常理的高［如：男学童高达 23%（Wolraich, Hannah, Baumgaertel, & Feurer, 1998）］，一旦考虑完整的诊断标准——包括 7 岁前初次发病、出现在各种场合，且证实受损——比率就会大减。各地诊断率有如此大的变动，可能意味着临床工作者所采用的诊断标准是不一样的。有些工作者并未考虑所有的标准，而且常常只依靠双亲的报告。因而发生某些地区高估，而其他地区低估的现象。

何以高估现象最容易发生呢？因为 ADHD 的诊断已成为个人经历到负面生活事件（如学校表现不佳或失业）时的一种流行说法，而且他们也有将问题归因到疾病、自己不必承担个人责任的倾向。这种倾向在个体感到厌烦与缺乏动机的竞争场合中尤其明显，如："真是松了一口气——我在瑞典制图史这门课中无法专心上课并不是我的错，因为我得了 ADHD。"

避免诊断错误的一项安全措施是当前所提出的标准：ADHD 的初次发病一定在 7 岁前。就算我们都同意此疾患是在早期发作的，但是要多早？该用什么方法来侦测呢？既然目前用来确认 ADHD 的客观测量不可用于婴幼儿，那么我们只好依据他人所提供的症状报告。设定 7 岁是因为意识到，5 岁左右的正常行为模式与 ADHD 症状可能很相似，此后这类"正常活动"逐渐减少，而注意力增强（ADHD 的儿童则不然）。此外，在课堂外的情境可能也不会显示出受到损伤的情形。如果有人早年没有这种疾患，日后才因生活压力等各种原因发展而成，则本诊断标准似乎无法适用。难道我们不必考虑这类问题吗？当然有必要。他们不需接受治疗吗？当然需要。我们可以教导他们组织与行为管理策略，甚至接受一些医疗。但重要的问题在于，生活不同于疾病，如此乱贴标签，只会妨碍我们所进行的 ADHD 流行病学研究。

注意力缺陷多动障碍（ADHD）被过度诊断了吗？

ADHD 没被过度诊断，也没被高估

威廉·巴尔（William Pelham），纽约州立大学布法罗分校

由于 ADHD 是儿童心理疾患中最普遍被诊断的，也是 20 世纪 90 年代治疗数呈指数增加的疾患，以致在许多群体中成了流行，尤其在教育界，因此有学者指出，它有被过度诊断而最终过度治疗的现象。然而，除了一些夸大的争论外，并没有可靠的证据指出 ADHD 被过度诊断或高估。

首先，我们来看有关 ADHD 的指控，认为 ADHD 只是近年来的现象。正好相反，过去此诊断常被采用，只是相对于其他诊断而言，属于次要的。例如，早期探讨治疗行为异常儿童的主要研究之一（Patterson，1974）指出，有超过三分之二的男童有多动（hyperkinesis）现象，此即 ADHD 的早期说法。因此，相较于过去几十年而言，ADHD 目前较常被诊断出来可能只是因为能有更适当的诊断，而赢得了它应有的盛名。

尤其重要的是，1991 年 ADHD 改变了它在主管全美特殊教育的《残障者教育法案》（*Individuals with Disabilities Education Act*，*IDEA*）中的地位，因而造成了 20 世纪 90 年代 ADHD 诊断率的增加。这里所说的改变，还包括将 ADHD 视为一种残障身份。此外，美国教育部发送一份备忘录给全美教育人员，指示他们要将 ADHD 视为符合特殊教育的条件。结果，全美各学区首次被要求建构一套识别与诊断 ADHD 的程序。由此看来，ADHD 诊断率的增加，并非只是教育界的一项争论或重大的冲击，抑或仅为当前父母养儿育女方法的一个公案，而只是主管美国教育的联邦法律改变的副产品而已。

我们该如何解释另一项批评——ADHD 在北美内乃至世界各地的诊断率变异性大？解释为：各州与各学区执行 IDEA 修正案的程度有相当大的差异。此外，即使采取了相似的诊断标准，北美收集所得的，事实上也存在着包括了意大利、西班牙、南非、以色列、阿根廷与越南等国歧异性极大的群体数据，其诊断率自然呈现相对的变异性。

其实判断某心理障碍是否被过度诊断的最重要因素，应该是被诊断者是否在日常生活功能上受损，足以说明他的确患有该疾患。ADHD 正是典型的例子，因为罹患此症者正经受着与同伴、双亲、老师与手足间关系的严重缺失，在课堂行为与学业成就方面也是如此。根据临床资料，ADHD 的儿童中有 96% 在社会关系提名作业中（sociometric nomination）被同伴拒绝，比率远高于班上的平均数（Pelham & Bender，1982）。在儿童心理病理学领域中，在小学班级，个人得到同班同学负向提名数，被学者广泛视为童年是否受过严重损伤，以及成年期表现不好的最佳指标。因此这种负向的高提名率，正强调了 ADHD 儿童在同伴中所受到的伤害。

本议题的另一项推论为：许多儿童正因被不当地诊断为 ADHD 而遭到不当的治疗——通常是指医疗方面的。事实上，文献显示，只有少数被诊断为 ADHD 的儿童（或者所有因误诊为有心理疾患儿童）接受了治疗——医疗的或其他的。我们应当为该疾患接受治疗的比率逐渐增加感到欣慰，这种接受 ADHD 治疗的比率急剧的攀升——从药物或其他角度而言，显然是归因于诊断率的增加，而这又根源于前述 IDEA 上的修正案。值得注意的是，其中有一篇支持上述论点，认为单凭老师的评价即加以指认而接受治疗，是造成被人批评为过度诊断的主要原因（Wolraich et al.，1998）。

总而言之，ADHD 为最常见的儿童心理健康问题，同时也是最具伤害性且难治疗的疾病，而且也无法长期预测。目前本疾患的诊断率是与科学上对其本质的观点是相当一致的。即便有任何疑虑，我们仍需要精确地指认出更多患有 ADHD 的儿童，并提供他们有研究证据基础的、必要的治疗——包括药物与行为两方面。

本章摘要

1. 变态行为的诊断是基于统计次数、社会规范、行为适应性，以及个人的痛苦而定，用以表示良好心理健康的特征则包括对现实的有效知觉、行为的控制、自尊、形成亲密关系的能力，以及具有生产力。

2. 《精神疾病诊断与统计手册（第 4 版）》依特定的行为症状对心理障碍进行分类，这种分类系统有助于沟通信息并提供研究的基础。然而，每项个案都有独特性，诊断时用语不应将患者分类贴标签。

3. 有关心理障碍成因及治疗方案的理论可根据下列观点加以分类：生物学观点、心理分析观点、行为观点及认知观点，易感性-压力模式则强调使个体易形成心理障碍的（生物及／或心理）倾向，与个体所遭遇的压力情境间产生交互作用。

4. 焦虑障碍包括广泛性焦虑障碍（不断地忧虑与紧张）、惊恐障碍（突然受到压倒性的忧虑侵袭）、恐怖症（对特定对象或情境出现非理性的恐惧），以及强迫障碍［持续出现不必要的思想与冲动结合（或称强迫思维与强迫行动的结合）而使人表现出特定的行为］。

5. 焦虑障碍的生物论将疾病归因于遗传倾向、生化或神经方面的异常。大多数焦虑障碍都有家族性，双生子的研究更强力指出，惊恐障碍与强迫障碍有遗传成分。惊恐障碍患者有过度的战斗或逃跑反应，或许是因为其边缘系统的 5-羟色胺不足所致；而强迫障碍患者则可能在调节原始冲动的脑皮层的 5-羟色胺有所不足。

6. 认知与行为论者主张焦虑障碍者倾向于将事件灾难化，且进行严格、道德性思考，诸如逃避与强迫等不适应行为。个体发现这些行为可降低焦虑，因而经由操作性条件反射学得。恐怖症可能通过经典条件反射产生。心理分析论将焦虑障碍归因于伪装成恐怖症或强迫障碍的无意识冲突。

7. 心境障碍可区分为抑郁障碍（个体出现一段或更多抑郁期），以及双相障碍（个体不断地在抑郁期及兴奋期或躁狂期之间来回变化），抑郁障碍的主要症状是悲伤、丧失生活喜悦、消极思考，以及缺乏动机。

8. 生物论者将心境障碍归因于遗传因素，以及 5-羟色胺与去甲肾上腺素等神经递质调节方面出现了问题。认知论将抑郁障碍归因于对自己、世界与未来都持有的悲观心态，以及不适应的归因风格。心理分析论认为，对一个依赖外在赞许并倾向于将愤怒转向自己内心的人而言，当他对双亲情感的丧失再度被唤醒时就会产生抑郁。

9. 精神分裂症的特征为思维混乱（包括由于难以过滤无关刺激而产生混乱的思考过程，妄想，以及缺乏理解力），其他的症状包括知觉的干扰（如幻觉）、不适当的情绪、古怪的行为举止、退缩，以及功能损伤。

10. 精神分裂症显然可以遗传。患有精神分裂症者也有多巴胺的调节问题，以及脑部的两种异常：额叶较小且不活跃，以及脑室扩大。另外，困扰的环境虽说可能不至于引起精神分裂症，但是却可能使病情恶化或者使此病情复发。

11. 人格障碍是一种长期持续的适应不良行为模式，并造就成了不成熟及不适切的应对压力或解决问题的方式。被归为反社会人格障碍的个体是冲动的且几乎毫无罪恶感，只关切自己的需求，而且经常触犯法律。反社会人格者可能有遗传与生物基础，但忽视和敌意的亲子教养方式也可能影响此疾病的形成。

12. 边缘型人格障碍者则在心境、自我概念以及人际关系上显得十分不稳定。心理分析论者认为，患有此病的照顾者会要求小孩高度依赖他们，而且其表现会在极端的爱与敌意上转换。

13. 多重人格障碍者会有两个或更多个发展完全的人格在同一个体内交替出现。许多学者将此疾病归因于童年受虐。

14. 虽说以神志不清作为被告法律辩护的理由还是一个颇具争议性的话题，但是实际上很少人运用这一点来辩护，成功的案例更是少之又少。

核心概念

文化相对观

变态

适应不良

悲痛

常态

《精神疾病诊断与统
　计手册（第4版）》

神经症性障碍

精神病性障碍

生物学观点

心理学观点

心理分析观点

行为观点

认知观点

文化或社会学观点

易感性-压力模式

焦虑障碍

广泛性焦虑障碍

惊恐发作

惊恐障碍

歇斯底里发作

广场恐怖症

恐怖症

单纯恐怖症

社交恐怖症

强迫障碍

强迫思维

强迫行为

心境障碍

抑郁障碍

双相障碍

快感缺失

躁狂期

精神分裂症

文字沙拉

联想松弛

妄想

偏执型精神分裂症

幻觉

人格障碍

反社会人格障碍

边缘型人格障碍

多重人格障碍

南顿法则

美国法律研究法规

有罪但有心理障碍

第十六章　心理异常的治疗

16

史蒂夫有妄想型精神分裂症，他经常听到有声音谴责、咒骂他做的错事。他相信脑内已被植入发送器，他通过发送器接收到这些信息。当他接受药物治疗时，声音终止了，妄想的症状也逐渐变轻。

5 年来，史蒂夫曾住院三次，每次都在他停止用药后，其中有两次是他相信已经痊愈，而有一次纯粹是因为自己已经厌烦了整个治疗。在两次住院间隔期间，他曾接受日间治疗计划，有时还到学院上课。他仍然在判定真实与虚幻之间挣扎，但是他已经从治疗中学会向他信任的人查核，主要是他的继母、兄弟与父亲。史蒂夫与一位每周在诊所见一次面的心理学者发展出了长期的关系（除此之外，他也会与精神科医师查核用药情况）。他们两人共同面对了疾病的种种挑战，以及随之而来的耻辱。他的父母通过所参与的双亲支持团体，学会了同样的做法（取材自 Bernheim, 1997, pp.126-130）。

史蒂夫与父母运用了许多种治疗方法来控制他的妄想型精神分裂症：服用药物只是以生物疗法处理心理异常的方式之一；他也去见心理治疗师来学习应对疾患的新方法；他的父母也正在运用以小区为基础的资源，以了解史蒂夫的问题。

我们将在本章认识各种治疗变态行为的方法，其中最常用的方法列在概念摘要表上。这里的每一种方法都与特定的理论对心理异常成因的看法有关。当我们在本章讨论这些理论，在讨论对这些疾患的治疗时，将可见识到医疗史的变迁。

概念摘要表

治疗方法

治疗方式	例证	描述
心理动力疗法	传统心理分析	通过自由联想、梦的解析与移情作用等，试图发现来访者当前问题的无意识基础，从而以更现实的方式处理这些问题
	当代心理动力治疗（如，人际疗法）	传统心理分析更有结构且短期；强调当前来访者与他人互动的方式
行为疗法	系统脱敏法	训练来访者放松，然后呈现会产生焦虑的阶层化情境，并要求来访者在想象每一情境时放松
	实景暴露法	与系统脱敏法相近，但是让来访者实际去经历每一情境
	洪水法	实景暴露法的一种，让恐怖症者暴露在他最害怕的物体或情境中一段时间，而没有逃离的机会
	选择性强化	强化特定的行为，通常会通过可以折价换取奖赏物的代币进行
	模仿	来访者通过观察与仿效他人的过程以学会行为；通常要搭配行为演练（例如，自我肯定训练）
认知行为疗法		治疗方法虽是运用行为改变术，但是同时会融入为改变不适应信念所设计的过程
人本疗法（如，当事人中心疗法）		在共情、温暖与真诚的氛围中，治疗者试图帮助来访者找出解决自身问题的方法
生物疗法	精神药物	运用药物来改变心情与行为。
	电休克疗法	以轻微的电流通过脑部以产生痉挛作用。

第一节 历史背景

根据一种最古老的信仰，出现异常行为的人是遭到恶灵附身。这些恶魔必须通过祈祷、咒语、魔法等技术加以驱除。如果这些处置仍然没有见效，那么就会确定此人的身体是令人厌恶的恶灵栖身之处，从而采取更极端的方法。此时经常使用的处置方式包括鞭笞、饥饿、焚烧以及使个体大量流血等。

早期有关心理疾病患者的一些典籍来自中国人的论述，他们认为身体包含来自阴阳两种力量。如果阴阳不能调和，就可能导致包括心神丧失在内的各种疾病。古时的中国人还相信，情绪可能因为内在的气流至体内特定器官而生。例如，气流入肺部即生悲伤，流入肝脏则生愤怒，而忧愁是因为气流入脾脏所致。

在西方世界里，对心理异常的了解约始于希波克拉底（Hippocrates，约为公元前460年至前377年），他拒绝接受恶魔论，并且主张人们的异常行为是因体液平衡受到干扰所致。希波克拉底以及追随他的希腊、罗马医师要求对心理疾病患者施予更人道的治疗，他们强调愉悦的环境、运动、适当的饮食、按摩，以及舒缓的沐浴等的重要性，但也包含了一些较不可取的治疗方式，譬如通肠和以机械装置给予监禁。虽然在当时并无任何专为心理疾病所设置的机构，但许多人在供奉希腊及罗马诸神的神殿中，得到医师十分仁慈的照顾。

然而，这种对心理疾病的进步观念并未持续流传，中世纪时，古老的迷信和恶魔论的信仰再度盛行，认为心理疾病与撒旦有关，并认为患者拥有可

引起洪水、瘟疫以及对他人的伤害的超自然能力。于是人们残酷地对待严重心理混乱的人：他们相信对心理病患施以重击、饥饿及拷打，就是在惩罚恶魔。这类残酷行为在15—17世纪的巫术审判中达到顶点，当时有数千人被宣判死刑，其中许多人是心理病患。

早期的收容所

在中世纪晚期时，城市开始设置收容所以应付心理病患。这些收容所如同监狱：将被收容者用铁链锁在黑暗而污秽的笼中，所遭受的待遇更像对待动物而非对待人，直到1792年，菲利普·皮内尔（Philippe Pinel）被派管理巴黎的一间收容所，才实施了一些改进措施。皮内尔以进行实验的心态将限制被收容者的铁链移除，在认为皮内尔如此疯狂竟不将这些"野兽"牢牢锁住的怀疑者大感惊异之下，这项实验获得了成功。当许多人由限制中得到解放、被安置于清洁明亮的房间，并获得和善的对待时，这些多年来被认为无可救药的精神错乱者，竟可改善其病情，并且好转的程度足以使他们能离开收容所。

从20世纪开始，医学及心理学领域获得了长足的进展。1905年，学者发现了被称为**一般性梅毒麻痹**（general paresis）的心理异常存在的生理病因，即在心理异常症状出现的许多年前，病患已感染了梅毒。一般性梅毒麻痹的特征为心理及身体功能逐渐衰退、人格显著改变并出现妄想及幻觉，若不加以治疗，几年内就会死亡。即使在最初的生殖器感染现象消失后，梅毒螺旋菌仍会留存在体内，并逐渐破坏神经系统。曾经有一段时期，报告显示一般性梅毒麻痹患者人数超过所有精神病院容纳量的10%，所幸由于使用盘尼西林治疗梅毒的功效所致，如今只存在极少数的病例（Dale，1975）。

由于一般性梅毒麻痹导致疾病的这项发现，使相信心理疾病源于生物异常的学者受到鼓舞。但对20世纪初期的社会大众而言，仍无法了解心理疾病而以害怕及恐怖的眼光看待精神病院及其收容者。于是克利福德·比尔斯（Clifford Beers）着手开展教育大众认识心理健康的工作。比尔斯年轻时曾患有双相心境障碍，并有三年时间被监禁于数所私立及州立医院。虽然医院中早已弃置不用铁链及其他拷打方法，但仍广泛使用紧身衣以约束激动的病患。由于缺乏经费，

皮内尔在萨彼里埃医院庭院中

使得一般州立精神病院成为一个令人极不愉快的生活场所——归因于过度拥挤的病房、贫乏的食物，以及没有同情心的照顾者。在比尔斯痊愈后，他将自己的亲身经历陈述于一部十分著名的书籍《一颗找回自我的心》（*A Mind That Found Itself*，1908）之中，这部著作引起社会大众相当大的兴趣。比尔斯不停地致力于教育社会大众认识心理疾病，并帮助筹组国家心理卫生基金会。这波心理卫生运动在刺激儿童辅导诊所及社区心理健康中心的设立上，扮演了无可估量的重要角色，这些机构均有助于心理异常的预防及治疗。

现代的治疗设备

从比尔斯的时代起，精神病院的质量已明显地提升，但仍有许多待改进之处。最好的精神病院是一个舒适且经营完善的场所，并为病患提供一些治疗活动，包括个别与团体心理治疗、休闲、职业治疗（包括教导技能与提供松弛等设计），以及帮助病患为出院后谋职做准备的教育课程；最差的精神病院则主要是监视的机构，院中的病患在健康不佳的状况下过着厌倦的生活，病房过度拥挤，而且除了药物之外，患者几乎没有接受任何其他的治疗。大部分精神病院介于这两个极端之间。

从20世纪60年代初期开始，有人强调应将在医院接受治疗的心理异常者，转移到他们自己的社区接受治疗。发起这项"**走出医疗机构运动**"（deinstitutionalization）的部分原因在于，人们发现不论医院的设施多么完善，住院治疗本身仍存在若干不利之处：医院使人们脱离于家庭及朋友的社会支持以及患者本身的日常生活形态之外，而且医院使人倾向于觉得自己有病且无法应对周遭世界，并鼓励患者形成依赖，而且入院治疗也十分昂贵。

在20世纪50年代期间，精神药物（本章稍后将作讨论）被发现可纾解抑郁及焦虑，并且减少精神病症行为。到了20世纪60年代，当这些药物为人广泛使用之时，许多住院治疗的患者就可能准许出院回家，而以门诊方式接受治疗。1963年的《社区心理健康中心法案》（Community Mental Health Centers Act）即运用联邦经费设立社区治疗中心，这些社区心理健康中心是设计用以提供门诊病患所需的治疗，以及许多包括短期住院及部分住院的其他

"拘禁床"（crib）是1882年一所纽约精神机构用以限制病患的设备

服务项目。部分住院比传统的住院治疗方式更具有弹性：人们可在白天到中心接受治疗晚上回家；或是白天工作，晚上则至中心接受治疗。这种将住院的心理病患解放到以社区医疗服务为主的运动，即以走出医疗机构运动为名。

如图16-1所示，过去35年来，在州立及郡立精神病院接受治疗的患者人数急剧减少，对于一些继续工作的走出医疗机构病患而言，心理健康中心所提供的服务与私人照顾的临床医生，在患者家人以及使用精神药物的共同帮助下，已使患者得以重新开始满意的生活。然而对于其他病患而言，走出医疗机构却产生了不幸的后果，大部分原因在于多数社区的设施严重不足。

许多因住院治疗而获得改善，并可在医院帮助下妥善管理自己的人，却因采取门诊治疗的方式而未能得到充分的后续照顾，或是在寻求朋友、住所以及工作上无法获得帮助，结果，他们只好过着旋转门似的生活——在未能持续成功地自行应对下，多次进出医院。所有由州立医院出院的患者中，约

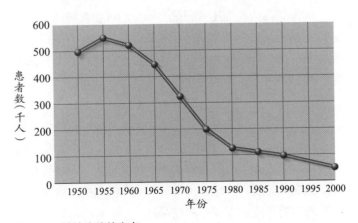

图16-1 精神病院的患者

自从1955年以来，美国州立与郡立精神病院接受病患者数大幅度减少（资料来源：Lamb, 2001）

有半数在一年内会再次入院治疗。

有些出院病患由于能力过于退化，甚至无法尝试自我支持，或在无人监督的照顾下发挥功能，结果他们只好生活于肮脏、过于拥挤的房舍，或在街头流浪。一个衣着凌乱地伫立于街角自言自语，并且语无伦次地狂叫的人，或许正是"走出医疗机构运动"的受害者；而一位将全部家当放入购物袋，并且在办公大楼门廊度过一夜而隔天又在地铁车站过夜的妇人，则可能是另一位受害者。至少三分之一的街头流浪者患有某种心理障碍（Rossi，1990）。

尤其是在大都市中，眼见出现越来越多无家可归的心理病患，于是唤醒了社会大众的关切，并激发改变走出医疗机构的声浪。然而，这又涉及一项重要的道德问题，即如果这些病患无法重新适应社会时，难道他们就应在非出于本意之下被交付到精神病院吗？民主社会中一项最珍贵的公民权即为自由的权利，基本上，任何交付程序都应保护这项权利。

有些专家相信，只有当一个人对他人具有潜在危害性时，法律行动才具有正当性。当一位心理病患由于精神病症发作而攻击无辜的旁观者时，这种罕见但引人高度注意的事件就会产生大众对安全的恐惧，然而，这种危险性是难以预测的（Monahan，2001）。近期的研究指出，有严重心理困扰与滥用药物（如酗酒）者，的确会比心理健康者犯下更多的暴力罪行（Steadman et al.，1998）。图 16-2 呈现的是一项大型研究的资料，该研究集中比较社区里的心理疾病患者与心理健康者。药物滥用的心理疾病患者比社区相对应团体者或无药物滥用的心理疾病患者，更可能犯下严重的暴力行动，此外，无药物滥用的心理疾病患者也比健康且无药物滥用者犯暴力罪行的可能性稍高。虽说本研究说明药物滥用是预测暴力罪行的有力指标，但是专家们普遍认为，就此认定心理疾病患者会犯暴力罪是一种不正确的看法，尤其是以长期而论，更是谬误（Gardner, Lidz, Mulvey, & Shaw，1996）。

甚至，我们所设计的法律系统是保护人们免于防范性的监禁——直到法院证明一个人有罪之前，均假设此人是无辜的。即使统计数据显示，大多数罪犯会再次犯案，但他们仍将从监狱获得释放，精神病患难道就不应拥有相同的权利吗？至于有些显然会自我毁灭，对自己比对他人更加危险的人又该如何？他们应该被交付到医院吗？这些复杂的问题尚待解决。

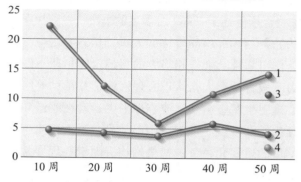

1. 有 SA 的患者
2. 无 SA 的患者
3. SA 患者的对应团体
4. 无 SA 的对应团体

图 16-2　暴力犯罪的可能性

图中显示的是有／无药物滥用的心理疾患与社区中相对应的团体，在过去 10 周犯下暴力罪行的百分比。注意，社区对应团体只评估一次——在当天结束时。图中 SA 指药物滥用〔资料来源：H. J. Steadman, E.P. Mulvey, J. Monahan, P. C. Robbins, P. S. Applebaum, T. Grisso, L. Roth, & E.Silver (1998). Violence by people discharged from acute psychiatric inpatient facilities and by others in the same neighborhoods. *Archives of General Psychiatry*, 55,393–401. © 1998 American Medical Association.〕

撇开法律问题不谈，对心理病患提供照顾的问题仍然存在，社会应该愿意为心理异常患者的适当照顾投诸经费，许多病患也许会主动寻求治疗，却因为他们无法付费进行良好治疗而作罢。约有 40% 严重的心理疾病患者只得到极少甚至完全没有规律性的照顾（Torrey，1997）。

提供心理治疗的专业人士

不论一个人在医院、社区心理健康中心，还是私人诊所接受治疗，皆可能接触到数种不同的专业人员。

精神科医师（psychiatrist）必须拥有医学博士（M.D.）学位，以及（从医学院毕业后）在心理健康机构担任三年住院医师的经历，期间他将在变态行为诊断、药物疗法，以及心理疗法等方面接受督导。由于具有医师身份，精神科医师可以为病人开立药方，在美国大部分的州，他也可以让病患住院治疗。

心理分析师（psychoanalyst）一词专指曾在心理分析机构接受特殊训练并学习源于弗洛伊德的方法及理论的人。心理分析课程通常持续数年，期间受训者必须经历自身的心理分析，以及在督导下以心理分析方法治疗数次案例。

从事治疗师工作的心理学家必须在临床、咨询或学校心理学等方面获得研究所程度的训练，他们通常拥有哲学博士（Ph.D.）或心理学博士（Psy.D.）学位。哲学博士强调研究兼诊断与治疗的训练，心理学博士则更注重应用，主要强调诊断与治疗。这两种学位均需四五年的研究所进修，加上一年或以上的实习医生经历。此外，大部分的州要求心理学家必须通过执照或证书考试。

临床心理学家（clinical psychologist）的工作对象是大范围的心理异常患者；咨询心理学家（counseling psychologist）则更重视适应的问题，而且通常专注于特定领域，如学生、婚姻或家庭咨询；至于学校心理学家（school psychologist）则关心产生学业困难的年轻人。

精神科社工人员（psychiatric social worker）必须完成两年的硕士学位课程（M.S.W.），课程内容包括访谈、治疗，以及将治疗程序延伸至家庭与社区的训练。精神科社工人员通常会进行拜访，以收集有关病患家庭状况的资料，并帮助病患获得社区资源的帮助（如医院、诊所及社会机构）等。

有时这些专家会组成小组共同工作，由精神科医师开立心理治疗药物处方并监督其功效；由心理学家以个别或团体心理疗法会见同一位案例；由社工人员监督其家庭环境，并为来访者充当与社区机构间的桥梁；在精神病院也需第四种专业人员，即精神科护理人员（psychiatric nurse），精神科护理是隶属于护理专业中的子领域，需要具备心理异常的了解与治疗的特殊训练。当我们讨论心理治疗技术时，将不再指明心理治疗师的专业，我们将假定他们是这些专业中任何一项经过训练而且胜任的专业人员。

◆小结

心理疾病的治疗，已从古代将变态行为看作邪灵附身而需加以鞭笞，到在收容所中被监管，再到现代的精神病院与社区健康中心接受治疗。

"走出医疗机构运动"是企图将住院的心理疾病患者移到社区，让他们接受门诊治疗。

"走出医疗机构运动"一直没有足够的经费，尽管立意良善，却增加了心理疾病患者成为游民的人数，而引起了有关公民权与完善照顾的问题。

有各种对心理疾病患者提出医疗服务的专业人士，包括精神科医师、心理学家、精神科社会工作人员及精神科护理人员。

◆关键思考问题

1. 你认为社会对严重心理疾病患者有什么义务？需推行什么法律来保障这些人的权益？

2. 社会有什么权力或义务去监督有严重心理疾病的儿童接受治疗，即使其父母不同意？

第二节 心理治疗技术

心理治疗（psychotherapy）是指通过心理学的（而非物理或生物的）方法对心理异常进行治疗。这个名词涵盖各种不同的技术，而所有的技术均意图帮助情绪困扰者修正其行为、思想及情绪，使他们得以在处理压力及面对旁人时发展出更有用的方式。有些心理治疗师相信，行为的改变要依靠个体对自己无意识动机与冲突的了解（例如，心理分析师），另有其他心理治疗师则将重点置于改变惯常的思考及行为类型，而非强调无意识冲突（例如，行为治疗师及认知行为治疗师）。虽然所运用的技术不同，但大部分心理治疗方法具有若干共同的基本特征，包括来访者（患者）与治疗师间的助人关系，并鼓励来访者自由地讨论切身的关注事项、情绪及经验，而无须害怕被治疗师论断或担心被信任的人出卖，相对地，治疗师则提供同情与了解、使来访者产生信任，并试图帮助来访者在处理自己的问题上发展出更有效的方式。

心理动力疗法

心理动力疗法（psychodynamic therapy）的关键性假设为：如果未能了解当事人早期与父母、手足关系的无意识基础，就无法成功解决其当前问题。这些治疗目标即在将冲突（压抑的情绪与动机）带回意识，使人们能以更理性与合乎现实的方式加以处理。心理动力治疗包括传统的弗洛伊德心理分析与以它为基础的近代治疗方法（见 Vakoch & Strupp，2000）。

心理动力治疗师使无意识冲突重现的主要技术之一是**自由联想**（free association），鼓励来访者释放对思想及情感的限制，并且将任何出现于内心的念头不加编修或检查地表达出来。然而，这并不容易做到。

"先做一两个梦，明天早上再给我电话"

当我们进行交谈时，通常会试图保持一个贯穿谈话的联结脉络并排除无关的念头；此外，大多数人终其一生都学着在说话前认真思考，凡是我们心中所想到的不适应、愚蠢或羞耻的想法，通常都会保留不说出来。不过，经过练习及心理分析师的鼓励，自由联想会变得较为容易。然而，即使人们尽心竭力地试图消除对其思想的限制，偶尔仍然会发现受到阻碍，当患者保持沉默、突然改变话题或无法回想起事件的细节时，分析师会假设患者正在抗拒若干思想或情感的记忆。弗洛伊德相信这种阻碍或抗拒（resistance）是由于个体的无意识控制着一些敏感的区域，而这些敏感区域正是应该探索的地方。

另一项传统心理分析治疗经常使用的技术是**梦的分析**（dream analysis），它借着谈论个人梦的内容，然后就该内容进行自由联想。弗洛伊德相信梦是"通往无意识的辉煌道路"，梦会以伪装的形式表现出无意识欲望或恐惧，他将梦区分为显性（或外显、意识的）梦（manifest content）及隐性（或隐藏、无意识的）梦（latent content）。治疗师及来访者试图通过谈论显性梦的内容，然后针对梦进行自由联想，以洞悉其背后的无意识意义。

当治疗师与来访者在治疗中互动时，来访者常会表现出似乎夸张或不适当的方式。来访者能在治疗师想更改约会时表示愤怒，或对治疗师过于顺从。这种来访者将治疗师视为情绪反应对象的倾向称为**移情作用**（transference），来访者对治疗师表达的态度，即他对现在或曾经是生命中其他重要人物的真实感受。治疗师通过向来访者指出他们如何响应治

疗师，来帮助患者对他们如何响应他人的方式获得更透彻的了解。下述摘录即体现分析师采用移情作用之后，接着就运用自由联想技术。

来访者：我不了解为何你迟迟隐瞒不告诉我，对我此刻的生活而言，这一步是不是正确的抉择。

治疗师：这种情形以前就出现过了，当你采取一些行动之前，你总要得到我的赞同，目前发生的情形似乎就是你与尊夫人之间的冲突之一，也就是当你决定做任何事之前，总试着得到她的赞同，现在，这项冲突正出现在我们之间。

来访者：我想就是这样，其他人的认可对我而言总是非常重要。

治疗师：让我们在此暂停几分钟，你可以从要得到其他人赞同的念头中自由联想到什么吗？你让这些联想自发地出现，不需强迫去联想。

（取材自 Woody & Robertson，1988，p.129）

传统的心理分析是冗长、密集且昂贵的过程。来访者与分析师通常一周需进行每次 50 分钟的面谈至少一年，而常常得花上好几年。虽然许多人觉得在传统的心理分析过程中进行自我探索是有价值的，但对有些人来说却支付不起。此外，对那些急性抑郁、焦虑或精神病者而言，他们就是无法忍受传统心理分析这种没有结构的方式，而需要实时从其症状中解脱出来。

为应对这些需求，以及自从弗洛伊德以来心理分析论的改变，新一辈的心理动力治疗师即倾向于比用传统心理分析更具结构性的和短期的方式，其中一种治疗被称作**人际治疗**（interpersonal therapy）（Klerman，Weissman，Rounsavlle，& Chevron，1984），它安排的疗程次数较少，通常一周一次；也较不重视对童年经验的完整重建，而着重在个人现阶段与他人互动所产生的问题上。对重要议题则以直接讨论取代自由联想，且治疗师可能更直接提出问题，而不是等着来访者来提。虽说移情作用仍被视为治疗过程中的主要部分，只是治疗师会刻意控制移情过程的强度。研究指出，人际治疗在抑郁、

焦虑、药物滥用，与饮食异常者等方面有其疗效（Markowitz & Weissman，1995）。

然而，心理分析治疗师的中心信念仍在于，无意识的动机与恐惧是大多数情绪问题的核心，而顿悟对治愈而言是重要的（Auld & Hyman，1991）。我们将在下节看到，行为治疗师并不同意这些观点。

行为疗法

行为疗法（behavior therapy）包括许多以学习及条件作用原则为基础所发展的治疗方法（见第七章）。行为治疗师假定适应不良的行为是应对压力时习得的行为方式，而且可利用某些由学习实验研究中发展出来的技术，以更适切的反应替代适应不良的反应（Follette & Hayes，2000）。心理分析关注于了解个体过去的冲突如何影响其行为，而行为疗法则将焦点更直接地集中于行为本身。

行为治疗师指出，虽然获得领悟是一项具有价值的目标，但这并不能确保行为的改变，我们通常了解为何在特定情境中我们会以某种方式表现行为，但却无法改变自己当时的行为。例如，如果你对于在班上演讲表现出异常的胆怯反应，也许你可以由过去事件中追溯出恐惧的原因（譬如，每当你表达意见时遭到父亲批评，母亲总坚持纠正你的语法，高中时由于害怕别人将自己与担任辩论队队长的哥哥相比较，而几乎没有公开演讲的经验等），然而，了解隐藏于恐惧背后的原因，并不必然会让你更自在地参与班级讨论。

相对于企图改变个体人格某些层面的心理动力疗法，行为疗法则倾向于强调调整特定情境中的适应不良行为。在疗程开始之初，行为治疗师会仔细聆听来访者对问题的陈述，了解到底何者是来访者要改变的确切对象？是害怕飞行或是恐惧公开演讲？是无法控制自己饮食的问题吗？是无力及无助的感受吗？还是无法集中注意力完成工作呢？第一步是清楚地界定问题，并将问题细分为一组特定的治疗目标。例如，如果来访者抱怨自己出现普遍的无力感，则治疗师将试图使来访者更明确地描述这些感受，即精确说明产生无力感的各种情境，以及与无力感有关的行为类型——做什么事时觉得有无力感？在班上或社交场合发言吗？准时完成作业吗？控制饮食吗？一旦指明需要改变的行为后，治疗师及来访者就会运用若干我们下文将提到的程序以实施治疗计划，而且治疗师会就特定问题选择适当的治疗方法。

系统脱敏法及实景暴露法 系统脱敏法（systematic desensitization）是一种通过以与焦虑对立的反应（也就是松弛）取代焦虑——我们很难在放松同时还焦虑。首先训练来访者深度放松，方式之一是逐步放松各种肌肉群，例如，由脚部与脚踝开始，然后渐渐上升至身体的颈部与面部肌肉，患者必须学习当肌肉真正放松时的感受，以及如何辨别各种紧张的强度，有时候也会利用药物及催眠来帮助在有些情况下无法松弛的人。

下一步是建立一个引起焦虑情境的阶段，将情境按照产生最少焦虑至引发最大恐惧的顺序排列。在系统脱敏法中，接着要求来访者由阶层中产生最少焦虑的情境开始，放松并想象阶层中的每一个情境，而在**实景暴露法**（in vivo exposure）（与系统脱敏法相似，但是需要来访者去实际体验会引发焦虑的情境）。实景暴露法是一种比只有单纯想象引起焦虑情境更有效的程序，但是有些来访者必须由想象开始，最后才能进而体验令其害怕的情境。

列举实例会更清楚地说明这些程序：假设一位来访者是患有蛇类恐怖症的女士，由于她的恐怖症相当严重，使她因为害怕遇到一条蛇而不敢走入自家后院，更害怕在乡间小路散步或到森林小屋度假。她的焦虑阶段可能由书中一张蛇的图片开始，而在焦虑阶层中层阶段所列的可能就是观看动物园玻璃蛇笼里的蛇，至于阶层表顶端的项目即为实际握住一条大蛇。在这位女士学会放松并建立焦虑阶层之后，治疗师就开始带领她逐步通过焦虑项目表，在系统脱敏法中，让来访者闭上眼睛坐在一张舒适的椅子上，而治疗师则向她描述产生最少焦虑的情境，假如来访者自我想象这个情境时不会产生任何肌肉紧张程度提高的现象，则治疗师将继续焦虑表上的下一个项目；而如果这位女士在想象一个景象时表示出任何焦虑感受，则让她集中注意专心地放松，并持续直到想象同一景象时不再产生任何焦虑为止。在一系列疗程中不断地持续这项过程，直到原先引发最大焦虑的情境终于被松弛取代为止，这时，这位女士经由强化与焦虑对立的松弛反应，而系统地将她对引发焦虑情境的敏感度逐步减弱。

在进行实景暴露法时，这位女士将真实体验焦虑表中的每一个情境，并在治疗师的指导下，由最不害怕的项目开始。而在来访者自己实际握住一条蛇之前，治疗师可以毫不恐惧地先握住一条蛇进行示范，即治疗师表现出充满信心且无任何焦虑地当面在来访者眼前握住蛇；最后，这位女士在运用放松技术以控制自己的焦虑之下，能够自己握住这条蛇，并让蛇在她身上爬行。这类实景暴露疗法已被证明对治疗恐怖症有极大的功效（Bandura, Blanchard, & Ritter, 1969）。

这种特定的学习过程及实景暴露也许是消退现象（extinction），而不是对抗条件作用：将自己暴露于一项引起恐惧的刺激中却发现并没有任何坏事发生时，将会消除条件反射而来的恐惧反应，放松也许只是鼓励来访者面对恐惧事物的一种有效方式。确实，如果恐怖症患者可强迫自己长期停留在令其害怕的情境中（例如，让一位幽闭恐怖症患者连续数小时坐在柜子里，或让某一个害怕肮脏的人长达数日不去清洗），则最初的恐怖将逐渐消退，让恐怖症患者有一段格外长的时间暴露于最令其害怕的情境或对象中，使他没有机会逃脱，这种程序被称为**洪水法**（flooding），此法经证明治疗广场恐怖症，以及强迫症特别有效（Thorpe & Olson, 1997）。

选择性强化　系统脱敏法及实景暴露法都是根据经典条件作用的原则。至于**选择性强化作用**（selective reinforcement）则是奠基于操作性条件作用原则以强化特定的期望行为，经证明也为一种有效的行为改变方法，尤其对儿童最有效。

选择性强化作用的程序可用一个三年级学生的个案为例加以说明。这个学生在学校时不能专心，拒绝完成作业或参与班级活动，大部分时间都在做白日梦。此外，因其社会技巧不佳而使她几乎没有朋友。现在将必须强化的行为定义为"任务"（on-task）行为，包括专心于学校功课或教师的教学、完成阅读作业，以及参与班级讨论等，而强化作用则是可作为代币的豆子，豆子可以交换这个学生重视的特权，譬如，站在队伍的第一个位置（三颗豆子）或放学后留下来帮助教师的特殊计划（九颗豆子）。教师无论在何时只要观察到这位学生表现出任务行为，就将一颗豆子放在瓶中。

在最初的三个月治疗期间，这个学生完成了12个作业单元，相较于强化作用规则还未开始之前的三个月，当时她的作业单元仅为0。在最后的三个月期间，她完成了36个作业单元，而且与班上其他学生表现出相同的水平。第二年的追踪研究显示，这名学生仍然维持其学业表现，她在社会技巧方面也明显地改善，并更加被其他儿童所接受（Walker, Hedberg, Clement, & Wright, 1981）。这是一项普遍的发现，即生活中某一方面的行为改善时，通常会产生额外的收益（Kazdin, 1982）。

增强期望反应同时也会消退不希望出现的反应。例如，对一个习惯用吼叫来吸引母亲注意的小男孩，当他表现这种行为时就予以忽视，并且只有当小男孩走近母亲并以日常交谈的声调向母亲说话时，母亲才加以注意给予强化。

操作性条件作用程序包括对期望出现的反应给予奖赏，而对不希望出现的反应则不给奖励，这项程序可成功地处理许多儿童期的问题，包括尿床、攻击、发脾气、破坏性的班级行为、学校表现不佳及社会退缩等，相同的程序也被用于自闭儿童、心理障碍的成人，以及严重的心理障碍患者。

模仿　另一种改变行为的有效手段是我们先前曾简略提到的模仿（modeling）。模仿是利用观察学习，由于观察其他榜样是人类学习的一种主要方法，观看他人表现出适当行为可使出现适应不良反应的

恐怖症的行为治疗需要人们去面对他们所恐惧的物体

人学会更好的应对策略。观察榜样的行为（不论是实地观察或观看录像带）被证明可有效地减少恐惧以及教导新技巧。例如，观察一位治疗师握着一条蛇，是可以减轻蛇类恐惧症患者对蛇的恐惧，使得他最后也有把玩蛇的可能。

由于模仿使人有机会观察别人在不受伤害下渡过引发焦虑的情境，因此可有效地克服恐惧与焦虑。经证明，观看榜样愉快地与牙医会面或经历各种医疗程序的录像带，可成功地帮助患者克服类似经验的恐惧，不论对儿童还是成人而言都是如此（Melamed & Siegel，1975；Shaw & Thoresen，1974）。

行为演练 在治疗过程中，模仿通常与角色扮演或行为演练（behavioral rehearsal）结合使用，治疗师会帮助患者预演或练习更适当的行为。在下列的摘录中，治疗师将帮助一位年轻男子克服他向女性提出约会要求的焦虑。这位年轻人假装通过电话与一位女子交谈，并完成约会的要求。

> **来访者：** 嗯，我想你不愿在星期六晚上出来约会或做任何事情，对吧？
>
> **治疗师：** 好，这是一个起点，你可否想出其他听起来更积极一点及更有信心的说话方式，要求她出来约会？例如："星期六晚上我想去看一场音乐会，如果你有空，我非常乐意有你同行。"
>
> **来访者：** 这听起来很棒！
>
> **治疗师：** 好，你来试试看。
>
> **来访者：** 嗯，我有两张星期六晚上音乐会的门票，如果你没有其他事情要处理，你也许想一起去看吧。
>
> **治疗师：** 已经好多了，再试一次看看，但这次试着向她传达出你实在非常乐意与她同行的意思。
>
> **来访者：** 我有两张星期六音乐会的门票，如果你不忙，如果你愿意与我一起去观赏就太好了。
>
> **治疗师：** 好极了！只要再练习两三次，你就可以准备拿起电话筒了。

这个例子说明如何将行为演练运用于自我肯定

训练（assertiveness training）中。如同上述案例中的年轻人一样，许多人难以要求自己所希望的事物或拒绝让他人占便宜，通过自我肯定反应的练习（首先与治疗师进行角色扮演，然后再在真实生活情境中练习），人们不但可降低焦虑，还可以发展出更有效的应对技术。治疗师须先确定患者出现消极反应的情境种类，然后再帮助患者思考及练习若干可能有效的自我肯定反应。经过一段连续治疗时期后，下列情境或许可获得解决：

- 有人在你前面插队
- 朋友要求你去做某件你不想做的事
- 老板不公平地批评你
- 你将瑕疵商品退还给商店
- 看电影时因后排观众交谈而受到干扰
- 你的汽车送修时，修理工未妥善完成修车工作

大多数人不喜欢应付这些情境，但有些人因过于害怕维护自己的权益，使得他们没有任何表达反而累积了愤恨和无力的感受。在自我肯定训练中，来访者与治疗师一起排练对这些情境进行有效的反应，并逐渐尝试将这些反应运用于真实的生活中。治疗师企图教导来访者以坦率及有力，而不是具敌意或威胁性的方式表达自己的需求（见表16-1）。

表 16-1 自我肯定的若干要素

- 决定自己所要表达的内容并坚持它，而不让他人有反驳你的时间。例如，当店员说你不能退还瑕疵商品时，你就重复地说："这是一件瑕疵品，我要退还。"直到店员准许你退还商品或至少打电话给经理为止，然后坚持告诉经理说："这是一件瑕疵品，我要退还。"直到你拿回所付款项为止。
- 对情境或他人的行为要求小规模、特定的改变，而非全面性的改变。例如，不要说"我要你付出更多的爱"，而是说"当我说话时，我要你专心聆听"。
- 当你与别人讨论一项困难的情境时，不要使用责难的语句，而用与"我"有关的词组。下列四句与"我"有关的语句包括：

  我觉得……

  当你……

  因为……

  我所要的是…

  例如："当你爽约时，我觉得十分生气，因为这会浪费我的时间；我所要的是，当你认为自己无法如约前来时，你必须打电话给我以取消我们的约会。"

自我调节　因为来访者与治疗师每周会面的次数很少超过一次，所以来访者必须学会控制或调节自己的行为，使治疗时获得的进步扩及治疗以外的时间。甚至，如果人们觉得应该为自己的改善负责，那么他们更可能去保持已获得的改善。**自我调节**（self-regulation）包括监督或观察自己的行为，并且利用各种技术去改变适应不良的行为，即自我强化、自我惩罚、刺激条件的控制，以及对立反应的形成等技术。来访者可经由详尽记录引发不良行为的各种情境，以及与不良行为相对立的各种反应，来监督自己的行为。一个关心自己酗酒状况的人可记录在什么情境中自己最忍不住想去喝酒，并试着控制这些情境或设法产生与喝酒对立的反应（见马尔拉特的双面论证）；当一个人发现自己中午很难不加入同事的喝酒聚会时，可以计划留在办公室吃中餐，借着控制所处的环境以控制自己的喝酒行为；如果下班回家途中忍不住想去喝酒放松，他可以通过打网球或到街头散步等方法舒缓紧张。上述二者皆为与喝酒对立的活动。

自我强化是在达成一项特定目标后立即奖赏自己——也许是自我赞许、观看一部喜爱的电视节目、打电话给朋友、吃一顿美味的食物。自我惩罚则是在目标未能达成时，安排某些厌恶的后果，譬如，剥夺自己喜欢的东西（例如，禁止自己观赏喜爱的电视节目），或让自己执行一件不喜欢的工作（例如，打扫房间）。各种自我强化、自我惩罚或刺激与反应的控制都可以混合运用，可根据来访者所要改变的行为种类而定。表16-2则略述一项自我调节饮食的计划。

许多行为治疗技术常常一起使用来治疗较严重的心理疾病。行为治疗已被证明对几种焦虑异常有用，包括惊恐障碍、恐怖症与强迫症（Fals-Stewart & Allen，1993；Lindsay，Crino，& Andrews，1997；Ollendick & King，1998，2000）；对抑郁症（Jacobson & Hollon，1996）、性功能失常（Rosen & Leiblum，1995），以及一些儿童疾患（Thorpe & Olson，1997）也被证实有疗效。

认知行为疗法

迄今所讨论的行为治疗程序，都专注于直接

表 16-2　饮食的自我调节

这项计划举例说明运用学习原则来帮助控制食物的摄取（资料来源：Stuart & Davis,1972;O'Leary & Wilson, 1975.）

自我监督

日志：对你入口的每样食物加以详尽记录，注明摄入量、食物种类及其卡路里、用餐时间，以及进食的环境。这项纪录将可勾勒出维持你目前体重的卡路里摄取量，也会有助于确认那些引诱并强化你的饮食行为的刺激。

体重图：决定自己要减轻多少体重并设定体重减轻的一周目标，你的周目标必须切合实际（大约介于一至二磅）。每天以方格纸记录体重，除了显示出体重随着食物摄取量的变化情形之外，这项呈现眼前的记录会在你注意到朝向目标进步时，强化你的节食努力。

控制刺激条件

利用下列程序以缩减与饮食有关的刺激范围：
1. 只在预定的时间于特定餐桌旁用餐，并且吃饭时使用特定的坐垫、餐巾、餐具等，绝不在其他时间或其他场所用餐（例如，当你站在厨房时）。
2. 用餐时绝不同时进行其他活动，比如阅读或看电视。
3. 家中只准备节食时所允许的食物。
4. 只在用完正餐后才逛街购买食物；而且只购买先前预备的购物单上的项目。

改变实际的饮食行为

利用下列程序打破使人自动进食的连锁反应：

1. 进食速度放到最慢，并细细品味食物。
2. 在夹起更多食物之前，必须完成口中咀嚼及吞咽的动作。
3. 固定于一段时间后放下餐具，并于继续用餐前暂时休息。

形成对立反应

当你在特定时间之外偶然禁不住想吃东西时，可寻找一项与饮食对立的替代性活动。例如，随着音乐运动、散步、找朋友聊天（最好是知道你正在节食的人）、研究节食计划及体重图、记录自己减轻了多少体重。

自我强化

当你一天都保持适当的饮食行为时，可安排自己喜欢的活动作为奖赏（例如，看电视、阅读、设计新衣服、拜访朋友等），当体重减轻到指定的量时，为自己计划一个更大的奖励（例如，买自己想要的东西）；因为不论如何，节食总是一件十分压抑自己的事情，所以自我惩罚（除了放弃奖赏之外）可能比较没有效用，但是为了减少暴饮暴食的次数，你可以立即重复提醒自己这样做会产生厌恶的后果，或看看自己穿着泳装时不美观的照片。

改变行为，但几乎不曾留意对于个体的思考及推理过程。最初，行为治疗师不太相信认知的重要性，而较偏好完全的刺激—反应取向，他们认为任何有关信念和态度的考虑，都属退回到华生在 20 世纪初所排斥的那种不科学的内省法。然而，因为有研究证据指出，认知因素（包括个体的思想、期望，以及对事件的解释）是人类行为重要决定因素，许多行为治疗师已将认知的重点纳入治疗中（Bandura, 1986）。

认知行为疗法（cognitive behavior therapy）是一项概括性名词，是指利用行为改变技术的同时，也采用专供改变适应不良信念程序的治疗方法（A. T. Beck, Rush, Shaw, & Emery, 1979; J.S.Beck, 1995）。治疗师教导来访者以更有效方式解释及思考自身经验，试图通过帮助来访者控制混乱的情绪反应（如焦虑及抑郁等）。譬如，当我们在讨论贝克对抑郁症的认知理论（见第十五章）时曾提道：抑郁者倾向于从负面及自我批评的观点评价事件，他们预期失败而非成功；在评估自己的表现时倾向于夸大失败并忽视成功。治疗抑郁症时，认知行为治疗师将会试图帮助来访者了解其思考扭曲之处，并改变其思考使之更合乎现实。下述对话即举例说明治疗师如何通过谨慎的引导性发问，使来访者察觉自己信念中不切实际的本质。

> **治疗师**：你为何想要结束自己的生命？
>
> **来访者**：失去雷蒙德，我就毫无价值……没有雷蒙德我就不能快乐……但是我无法挽救我们的婚姻。
>
> **治疗师**：你的婚姻状况如何？
>
> **来访者**：从一开始就已十分悲惨……雷蒙德总是不忠实……在过去的 5 年中，我几乎难得见到他。
>
> **治疗师**：你说没有雷蒙德你就无法快乐……而当你与雷蒙德在一起的时候发现自己快乐吗？
>
> **来访者**：不，我们一直在争吵，而我的情绪变得更糟。
>
> **治疗师**：你说失去雷蒙德你就毫无价值，那么在你遇见雷蒙德之前，你觉得自己毫无价值吗？
>
> **来访者**：不，我觉得自己是个重要人物。

> **治疗师**：如果在你遇见雷蒙德之前就已经是一个重要人物，那么现在为何需要他以使你成为一个重要的人呢？
>
> **来访者**：（困惑）嗯……
>
> **治疗师**：如果你摆脱婚姻，你认为男士们会因为知道你是可追求的对象而对你感兴趣吗？
>
> **来访者**：我猜想他们也许会吧。
>
> **治疗师**：你认为是否可能发现另一位比雷蒙德更忠贞的男士呢？
>
> **来访者**：我不知道……我猜这是有可能的……
>
> **治疗师**：那么如果你结束这场婚姻，你实际上会失去什么呢？
>
> **来访者**：我不知道。
>
> **治疗师**：如果你结束这段婚姻，是否可能将会过得更好？
>
> **来访者**：这完全无法保证。
>
> **治疗师**：你拥有的是真实的婚姻吗？
>
> **来访者**：我想没有。
>
> **治疗师**：如果你拥有的不是真实的婚姻，那么如果你决定要结束这场婚姻，到底会失去什么呢？
>
> **来访者**：（毫不犹豫）我想没有什么可失去的。
>
> （资料来源：Beck, 1976, p.280-291）

当治疗师鼓励来访者以不同方式看待自己身处的情境，然后检验隐含于其中的意义时，就是在运用治疗的行为成分。例如，要求上述对话中的妇女定期记录自己的心情，然后注意自己的抑郁情绪与自尊感受如何因她所从事的行为随之起伏。如果她发现与丈夫互动之后的感受，比自己独处或与其他人互动时的感受更糟糕，这种信息就将可用以挑战她所抱持"没有雷蒙德就无法快乐"的信念。

一项帮助患者克服广场恐怖症的认知行为计划会包括积极思考的训练，并配合运用实景暴露法（例如，结伴出游使患者远离家中）。治疗师将教导来访者以积极的自我教育（"镇静些，我不是孤独一人，即使惊恐障碍发作我也可以应付"），来替代自我攻击的内心对话（"我好紧张，我知道只要我一离开家马上就会晕倒"）。表 16-3 所述为一项抑郁症的治疗计划，其中包括调整行为及改变态度的技术。

表16-3　应对抑郁症
这是一项结合行为与认知技术的抑郁症治疗计划。表中所列的是小团体中用以治疗抑郁症患者的12节疗程内容的摘述（资料来源：The Coping With Depression Course: Psychoeducational Intervention for Unipolar Depression, by P.M. Lewnsohn, D.O. Antonucio, J.L. Skinmetz, & L. Teri. Copyright © 1984 by Castalia Publishing Company. All rights reserved.）
自我改变技术的介绍
锁定目标行为并记录其发生的基准率；发现目标行为出现前的事件或情境，以及目标行为发生后的结果（不论正向或负向结果）；设定改变目标并选择强化物。
放松训练
学习循序渐进地放松肌肉以应付通常伴随着抑郁出现的焦虑情绪；监督每日所处情境的紧张程度并应用放松技术。
增加愉快事件
监督愉悦活动的发生次数，并计划每周的日程表使每一天都处于负面／中性活动及愉快活动间的平衡状态。
认知策略
学习增加积极思考及减少消极思考的方法；确认不合理的思想并挑战其存在；运用自我教育以帮助处理问题情境。
自我肯定训练
确认无法自我肯定并会有抑郁感受的情境；通过模仿及角色扮演，学习更有信心地掌控社会互动。
增加社会互动
确认促使社会互动减少的因素（例如，习惯独自行事或由于缺乏社会技巧而产生不舒服的感受）；决定必须增加或减少的活动（前者如打电话约朋友聚会，后者如观看电视）以增进产生愉快社会互动的层次。

认知行为治疗师一致同意：为了使行为带来持久的改变，转变一个人的信念是相当重要的。大多数人赞同在影响认知过程时，行为程序比完全采口语的方式更有效力，例如，若要克服在班上演讲的焦虑，尽管采取积极思考将会有所帮助："我对内容已滚瓜烂熟，而且我确定可有效地陈述自己的理念"或者"主题十分有趣，其他同学将会喜欢我所说的内容"，但是先在一位室友面前成功地演讲，然后再对一群朋友重复相同的表现，对降低焦虑可能更有效用。成功的表现会增加我们的熟练感。事实上，曾经有人指出，所有产生效果的治疗程序会给人们带来熟练感或自我效能（self-efficacy）：观察他人如何应对并获得成功、开口说服自己能处理困难的情境以及由内在线索判断自己仍然轻松自在并掌握情况，这些过程都可以促进我们的自我效能感。然

而最大的效能感来自实际的表现，即来自个人的精熟经验，基本上，没有什么事比成功本身更像成功（Bandura，1995）。

认知行为治疗已被证实对一系列非精神病的病况（包括抑郁、焦虑症、饮食异常、药物与酒精依赖与性功能失常等）都极有疗效（Chambless & Ollendick，2001；Fairburn et al.，1995；Jacobson & Hollon，1996；Margraf, Barlow, Clark, & Telch, 1993；Marlatt, Larimer, Baer, & Quigley, 1993；Rosen & Lieblum，1995；见图16-3）。这些治疗不仅有助于人们克服困扰的思想、感受与行为，还能防止治疗结束后问题的复发。

人本疗法

人本疗法（humanistic therapies）是基于第十三章曾讨论过的人格的现象学取向而来。虽然存在着各种不同的人本疗法，但全都强调个体朝向成长及自我实现的本能倾向，并假定：当环境或其他人（如双亲、教师或配偶）企图根据他们可接受的方向导引个体的发展时，会阻碍个人发挥潜能的过程，即引发了心理障碍。这时个体开始否定自己真正的欲望，他对自己独特性的意识将变得窄化，而成长的潜能也将减少。人本治疗师希望帮助人们接触其真实自我，并对自己的生活及行为进行认真的抉择，而不是任由外在事件左右其行为。

如同心理分析师一般，人本治疗师试图增加个

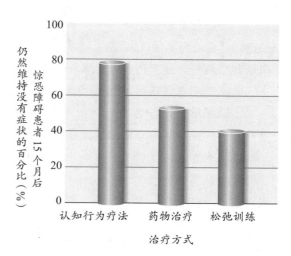

图16-3　在15个月后惊恐障碍者仍维持没有症状的百分比

惊恐障碍患者在接受认知行为治疗后15个月，相比于接受药物治疗或松弛训练者，更可能维持不再有症状的情况（资料来源：Clark et al.，1994。）

体对其根本情绪与动机的觉察，但他们所强调的是个体此时此地的经验，而非过去的经验。人本治疗师并不去解释个体的行为（心理分析师则这么做）或试着改变这些行为（行为治疗师则这么做），因为这些动作会使治疗师自己的想法强加于患者身上。人本治疗师的目标是促进个体探索自己的思想及感受，并帮助个体获得自己的解答。当我们探讨人本疗法中最重要的一项当事人中心疗法 [client-centered therapy，亦称为非指导式疗法（nondirective therapy）] 时，就可使上述观点更为清楚。

当事人中心疗法（client-centered therapy）是罗杰斯晚年于 20 世纪 40 年代发展而成，其基本假设认为，个体是自己最好的专家。人们都具备可为自己的问题寻得解答的能力，治疗师的任务仅是促进完成此过程，而不是提出侦测性的问题、进行解释或是建议行动方向。事实上，罗杰斯偏好以"促进者"一词替代治疗师，而且他称工作的对象为来访者而非患者，因为他并不将情绪困扰视为需要治疗的疾病指标。

治疗师为了帮助来访者澄清其感受，通过向来访者重述他听到来访者所说有关其需求与情绪的内容，以促进来访者获得领悟。罗杰斯相信一位治疗师必须具备的最重要特质是共情、温暖及真诚。共情（empathy）意指：了解来访者试图表达的情感，以及向来访者传达这份了解的能力；治疗师必须采取来访者的参考架构，并努力以来访者看待问题的角度来审视该问题。至于温暖（warmth），罗杰斯认为是充分接受个体的本来面目，包括坚信个体具备积极处理自己的问题的能力。而真诚（genuine）的治疗师，则表现得开放、诚实，并且不装模作样或隐藏于专业面貌下进行工作，人们通常迟迟不愿向他们觉得不诚实的人吐露心声。罗杰斯相信，一位具备上述特性的治疗师会促进来访者的成长及自我探索（Rogers，1970）。

罗杰斯是最先在治疗时间进行录音的人，并允许录音内容被研究与分析，因此罗杰斯及其同事对心理治疗研究领域贡献良多。然而，来访者中心疗法仍存在若干限制，如同心理分析一样，当事人中心疗法显然只有对于能够口述自己的问题，并具有动机，愿意讨论这些问题的人最有效；而对于不主动寻求帮助或处于情绪严重混乱而无法讨论自己感受的人而言，通常必须采取更直接的方法进行治疗。此外，由于来访者中心的治疗师只以来访者的自陈报告作为治疗效果的唯一测量工具，因此会忽略来访者于治疗时间之外的行为表现。在人际关系上觉得不安全或无效能的人，通常需要更具结构性的帮助，以改变其行为。

社会文化取向的治疗

社会文化取向的治疗观，是将个人视为整个巨大关系系统的一部分，他受到社会力量与文化的影响，同时相信在进行治疗时，整个较大的系统都要考虑。

团体疗法 许多情绪问题涉及个体与他人的困难关系，包括孤立、排斥与寂寞的感受，以及无法形成有意义的关系等。虽然治疗师可以帮助个体解决上述某些问题，但最终的考验仍然在于患者如何有效地在日常生活关系上应用治疗时学会的态度与反应。**团体疗法**（group therapy）则允许来访者在他人面前解决自己的问题，观察其他人对自己的行为有何反应，并且当旧的反应方式已证明无法令人满意时，可尝试新的反应方法（Forsyth & Corazzin，2000）。团体治疗通常用以补充个别心理治疗的不足。

各种取向（包括心理分析、人本，以及认知行为主义）的治疗师都修改自己的技术来适用于团体治疗。团体疗法可用于各种情境：举例来说，包括医院病房及精神病门诊诊所，对象则可能是情绪困扰儿童的父母及矫正机构的青少年。一般而言，团体是由少数（6—8 人被认为最理想）产生相同问题的人组成，治疗师通常退居一旁，让成员们彼此交换经验、互相评论行为，并讨论他们自己及其他成员的问题。然而，有些团体中的治疗师则相当主动，例如，在一个团体系统脱敏治疗时间中，具有相同恐怖症的患者（例如，害怕飞行或有考试焦虑的人）会被一起引导经历相同的系统脱敏阶层；或在训练社会技巧的疗程中，一群羞怯而无信心的人可在治疗师的指导下进入一系列角色扮演情境。

团体疗法有数项优于个别疗法的地方：由于一位治疗师可同时帮助数名患者，因此团体疗法可更有效率地运用治疗师的资源；且个体可通过观察其他有相同问题，或许是问题更严重的人，而得到安慰与支持；另外，个体可通过观看他人的行为方式以产生替代性学习，而且在与各种不同人的互动过程中探索态度与反应，而非仅限于与治疗师之间的互动。当团体为参与者提供机会，使其经由模仿而获得新的社会技巧，并且将这些技巧实际运用于团体时，团体治疗将特别有效。

大多数团体会由一位经过训练的治疗师加以引导。然而，目前有各种不同的**自助团体**（self-help groups），即没有专业治疗师带领的团体，正逐渐增加中。自助团体是自愿成立的组织，成员间定期聚会交换信息，并彼此支持为克服共同问题而努力，"匿名酗酒者团体"（Alcoholics Anonymous）是最著名的自助团体（见 Humphrey 在双面论证中对 AA 的讨论）。其他团体也帮助人们应对各种特定的压力情境如丧亲、离婚及单亲等。表 16-4 中则列出了各种自助团体。

婚姻与家庭疗法　在婚姻及家庭生活的亲密关系中，有关沟通情感、满足需求，以及适当满足他人的需要与要求等问题，常变得更加严重。到了这种程度时，问题就不仅涉及一位来访者，而更应重视人际间的关系。**婚姻疗法**（marital therapy，此时结婚的伴侣一起接受治疗）与**家庭疗法**（family therapy，整个家人一起接受治疗）可视为团体疗法中的一种特殊形式。

由于高离婚率以及从介入夫妻关系的难题寻求帮助的夫妇人数增多，使得婚姻治疗或夫妇治疗成为一个逐渐成长的领域。根据研究结果显示，在解决婚姻问题上，夫妻两人共同参与治疗比只有一人进行个别治疗更具成效（Baucom, Epstein, & Gordon, 2000），当其中一人有心理疾病而其症状或结果已经干扰到整个婚姻时，婚姻治疗可能更有帮助。

婚姻疗法有许多治疗取向，但最重要的是帮助伴侣间沟通情感、对彼此的需求形成更多了解与感受性，并以更有效的方式处理冲突。有些配偶怀着对丈夫或妻子角色上差异极大的期望，也通常是不切实际的期望而结婚，这会破坏夫妻间的关系。因此，治疗师将帮助他们弄清自己的期望，并努力获致一个相互同意的协议。有时候，夫妻间会商订行

表 16-4　自助团体实例
以下所列为大型社区中可供利用的若干自助团体（资料来源：San Diego Mental Health Association, 1989）。
AIDS 咨询计划
AIRS（青少年化学物质依赖团体）
成人—儿童酗酒团体
儿童期受干扰的成人团体
心境障碍团体
Al-Anon（酗酒者家庭团体）
Ala-Teen（青少年酗酒团体）
匿名酗酒者团体
阿尔茨海默病家庭支持团体
关节炎支持团体
受虐妇女支持团体
双相心境障碍（躁狂症）支持团体
CREATE（心理疾病复原中的大学生团体）
匿名的情绪健康团体
癫痫症支持团体
男同性恋出柜团体
祖母支持团体（即青少年母亲的母亲）
女同性恋支持团体
失落支持团体（悲伤复原团体）
创造今日价值团体（乳癌支持团体）
PMS 协会（月经前综合征团体）
父母亲协助团体（遭受子女虐待危险的父母）
父母亲联盟（性虐待团体）
帕金森症支持团体
Pre Ala-Teen（儿童酗酒团体）
回归计划（复原中的心理病患团体）
增进复原团体
恐怖症基金会
单亲父母支持团体
自杀生还者团体
青少年母亲支持团体
谋杀受难者团体（被谋杀者的家人或所爱者团体）
呐喊团体（精神分裂症支持团体）

为契约，同意双方为了创造一个更满意的关系而自愿改变行为方式，并写明为了确保这些改变而可施于彼此的赏罚。

家庭疗法涵盖婚姻治疗在内，但其原因略有不同。家庭疗法的形成是由于发现许多人在远离家人时（通常是住进治疗机构中）个别治疗获得改善；但在他们回到家中后，病情就会复发。这些人显然来自一个混乱的家庭背景，而如果要维持患者的复原状况，则家庭本身需要改变，尤其是当出现心理问题的患者是儿童时，因为儿童完全依赖其家人，所以家庭接受治疗更显得重要。

家庭疗法的基本前提是，病情经确认的患者所显示出来的问题是整个家庭不对劲的征兆，即家族系统并非适当地运作中，其中的难题或许在于家人间的不良沟通，或是一些家族成员彼此联合排斥其他人。举例来说，一个母亲由于不满意自己与丈夫间的关系，可能就将其全部注意力放在儿子身上；结果，丈夫与女儿觉得被忽视，儿子则因苦恼于母亲的紧迫盯视，以及来自父亲与姐妹对他的愤恨，而在学校出现问题。这个男孩在学校的困难固然是寻求治疗的理由，但很明显，这些困难只是反映了更基本的家庭问题的综合征。

在家庭疗法中，家人定期与一位或两位治疗师会面（通常是一位男性及一位女性治疗师）。治疗师在观察家人互动情形之后，会试图帮助每位家庭成员更加察觉自己与其他家人的关联方式，也更了解自己的行为如何促成家庭的问题。有时候会回放录下的录像带使家庭成员了解彼此如何互动。也有些时候由治疗师到家中拜访家人，以观察他们在自然情境中所发生的冲突及言语互动。问题行为通常显然会因家人的反应而受到强化，例如，一个幼童脾气暴躁或另一个青少年的饮食问题，或许是无意间因其引发父母的注意而受到强化。治疗师将教导父母监督自己及孩子的行为，确定父母的反应如何强化孩子的问题行为，然后改变这种强化作用的可能性。

家庭疗法的一项重要应用，是在教导精神分裂症患者的家人，以更积极及明确的方式彼此沟通（Goldstein, 1987）。当精神分裂症患者置身于冲突及以有害方式表达敌意且家人间过分干涉彼此生活的家庭时，其病情复发的次数通常高于其他生活在以更平静的方式表达冲突与敌意且家人尊重彼此独立性的家庭的精神分裂症患者。因此，以训练计划增进家人表达消极情绪及积极互动的技巧，可降低精神分裂症患者的复发率。

以社区为基础的计划 为了满足不同群体的心理需求，各种社区资源逐渐发展形成，其中之一是**中途之家**（halfway house），曾经接受过住院治疗的患者可在此暂住，以度过回到社区独立生活之前的过渡期。住宿中心（residential center）也为正逐渐由酗酒及药物问题复原的人、罪犯或逃家的年轻人，以及受虐妇女提供帮助。另外，在 rap 中心（rap center），处于困境的青少年可彼此互相讨论，也可与有共情力的咨询者一起讨论他们的问题，因此它在许多社区中扮演相当重要的角色，而青年中心（youth center）则提供工作咨询、补救教育，以及帮助处理家庭与个人的问题。

危机干预（crisis intervention）可以为正经历着强大压力的个人及家庭提供即时的帮助。在突发的情绪混乱之时，人们常觉得有被压垮的感觉，而且没有能力应付周围情境；他们可能无法等待至约定的治疗时间，或他们并不知道向何处求助。一种危机干预的方式就是提供 24 小时、无须预约即可进行的服务，通常设置于社区心理健康中心，在此患者可接受立即的处理，由治疗师帮助来访者澄清问题、提供信心重建、建议行动计划，并动员其他机构或家人的支持。这种治疗通常是短期性（治疗时段为五或六次）并提供人们应付眼前危机所需的支持，这类短期干预常可预防患者产生必须住院治疗的需求。

另一项危机干预的方式是电话热线（telephone hot line）。电话危机中心通常是由志愿者在心理健康专家的指导下进行工作，有些电话热线特别专为自杀预防而设，其他则属于较一般性并帮助忧虑的来电者寻求其所需的特别帮助。志愿者所接受的训练通常强调专心倾听、评估自杀的可能性、传达共情与了解、提供社区资源的信息、给予希望并重建信心以及在来电者挂断电话前记录其姓名和电话号码，以便专家可追踪其问题。在美国许多主要城市都设有若干电话热线，以帮助正处于严重压力时期的人们；另外，也设有处理儿童暴力、强暴、妇女受虐以及逃亡者等问题的专用热线。电话号码则广布周知，希望传送到需要帮助者的手中。

我们所讨论的大多数社区计划如果没有助理人员帮助则无法发挥其功能。由于心理服务的需求超出合格治疗师的补充量，因此热心的国民可发挥其价值，所有年龄及背景的人都可经训练而在社区心理健康领域工作：大学生可陪伴住院患者；曾经成功建立家庭的老人则可被训练成为心理健康咨询者，为社区诊所的青少年提供帮助与家中有行为问题的儿童及青少年的父母进行咨询，并帮助精神分裂症儿童；凡是以往曾患有心理疾病的人、已痊愈的药物成瘾者，以及从前曾被判刑的人，都可经过训练后帮助那些面临与自己曾历经相同问题的人。

许多居民区的心理健康计划是在熟练的治疗师咨询之下，由辅助人员加以实施的。一个著名的实例是在堪萨斯州进行的成就村（Achievement Place）。这是一个采取家庭形态的机构，由数对夫妻充当一群儿童及青少年的父母，这些儿童和青少年因犯罪行为而被法庭裁定送至此处。他们利用行为治疗方法以消除儿童及青少年的攻击行为，并使其获得社会技巧。后续数据显示，由成就村毕业的年轻人，比起同样犯罪而被处以缓刑或送进传统犯罪拘留所的年轻人，较少再接触法院及警察，并获得略佳的成绩（Fixsen，Phillips，Phillips，& Wolf，1976）。如今，全美各地有许多仿效原创的堪萨斯州机构而设立的成就村。

具有文化特殊性的疗法 许多文化团体（包括当代工业化与开发中的国家），都有它们自己的一套治疗病痛的方式。美国原住民的治疗集中在宗教活动、个人的身体与心理的健康上（LaFromboise，Trimble，& Mohatt，1998）。他们鼓励有病痛者将自己当作社区的一分子，代表着社区。他们的家人和朋友与他们共同参与诸如祈祷、歌唱、舞蹈等仪式，表示对文化遗产的重视，以及将个人整合入文化网络。此外，个体可能会被要求服用已有数百年历史的草药。

在美国西南部与墨西哥的拉丁裔可能会求助于诸如巫医（curanderos）或女巫医（curanderas）的民俗疗法（Koss-Chioino，1995；Martinez，1993）。

家庭疗法寻求整个家庭的集体治疗

有些美国原住民对心理疾病患者有自己的治疗仪式

巫医以宗教仪式为主，克服被认为会引发心理与身体问题的民俗病痛，而这些病痛又被认定为对当事人施咒的结果。治疗仪式包括祈祷、以冬青叶施法与除咒。巫医可能还倾向于使用包括抹油膏及服用草药等方法。

折中取向

除了我们在此讨论的心理疗法之外，还有许多不同的治疗方法，有些被列于表 16-5 中。大多数心理治疗师并不坚持完全采用任何单一的方法。相反地，他们采取折中取向（eclectic approach），从各种不同的技术中选择出他们认为最适用于来访者的人格及其特殊症状的方法。尽管治疗师的理论取向可能偏向于某一特定的方法或学派（例如，较偏好心理分析论而非行为论），折中的心理治疗师可自由地摒除他们认为并无特别帮助的概念，并从其他学派中选用技术。此外，许多心理治疗师在治疗问题非常严重的来访者时，常同时兼用心理治疗技术及药物治疗（当心理治疗师不具备医师资格时，则将与精神科医师共同工作，由精神科医师为他们的病患开立药方）。

例如，在治疗高度焦虑患者时，折中的心理治疗师可能首先开出镇静剂处方或以放松训练来帮助患者降低焦虑（然而，大多数心理分析师并不采用这种方式，因为他们相信在激发来访者探索自己的

表 16-5　其他心理疗法

表中所列为文中没有讨论的其他几种心理疗法

名称	治疗重点	主要方法
格式塔疗法	通过努力解决尚待解答的冲突及发掘个体未曾意识到的层面，了解完整的人格。强调个人此刻感受及行为的强烈自觉	在团体情境中治疗，但治疗师一次只处理一个人。以发掘幻想、梦境或造成冲突两面的方法，来增进觉悟。此方法结合强调解决内在冲突的心理分析、主张察觉自身行为的行为主义，以及关注自我实现的人本主义
现实疗法	澄清个人的价值并评估与这些价值有关的目前行为及未来计划，迫使个人接受现实性	治疗师协助个人知觉可能的行动方向结果，并确立一项切合实际的解决方案或目标。一旦择定行动计划，来访者也许须签署契约以同意依计划执行
合理情绪疗法	以更实际的理念替代某些不合理的念头（例如：基本上，任何时刻都应该被所有人疼爱或敬佩；我应该胜任各方面的要求；人们几乎不能控制自己的悲伤与不幸），假定认知的改变将产生情绪的改变	治疗师对患者的理念提出攻击与反驳（有时是暗示性，有时则直接提出），试图说服来访者对情境采取更合理的看法。此治疗法类似贝克的认知疗法，但治疗师将以更直接及对质性的方式进行治疗
交流分析法	了解来访者沟通背后的目的，排除借口及谎言以使来访者正确地诠释自己的行为	在团体情境中治疗。已婚夫妇或团体成员间的交流，将以人格中发言者的观点〔即"父母""儿童"或"成人"（类似于弗洛伊德的超我、本我及自我）〕，以及信息的目的进行分析。被破坏的社会互动或游戏规则，将会以其原来的面目被揭露出来
催眠疗法	通过协助患者摆脱现实并积极地运用想象力，以减轻症状并强化自我过程	治疗师运用各种催眠程序，试图锁定患者注意力，以降低冲突及怀疑，并通过直接暗示或替代作用改变症状，同时强化患者的应对能力

冲突时，产生焦虑是必要的）；为了帮助来访者了解自身问题的原因，折中的治疗师可能会与来访者讨论其成长背景的若干层面，但认为不须如心理分析师要求的程度一般发掘其童年经验；治疗师也会运用教育的技术，譬如提供有关性及生殖方面的信息，以帮助一位对自己的性冲动觉得有罪恶感的青少年男孩舒缓焦虑，或是解说自主神经系统的功能，让一位焦虑的女性再度确定其若干症状，如心悸及手颤抖等，并非疾病的指标。

由于治疗师认识到，通常并无任何单一治疗取向可成功地处理一项问题的所有层面，因此越来越多的治疗师专精于某些特定的问题。例如，有些临床医师专精于性功能不良的问题。他们竭尽所能地学习有关导致性高潮的生理过程、药物在性行为表现方面的影响（如酒精、镇静剂与其他药物），以及焦虑、性创伤与伴侣间的不良沟通等促成性功能不良的因素，是以何种方式运作的。一旦性功能治疗师了解所有已知涉及正常及异常的性功能变量时，

他们就检视各种治疗系统，来发掘可应用于此特定问题的技术。虽然性功能治疗师可能运用所有我们曾讨论过的治疗取向，但最常用于治疗性功能不良的是生物方法及认知行为疗法。

其他治疗师会专精于焦虑、抑郁、酗酒，以及婚姻问题等。另外，有些治疗师则注意特定的年龄群，他们会尽其所能地希望学习有关儿童、青少年或老人的问题。在治疗师的专业领域中，他们普遍使用折中或统合的治疗取向。

治疗儿童所面临的特殊议题

每种疗法或多或少都提到可用来处理儿童与青少年的心理疾病患者，而探讨心理与生物疗效的研究也大致指出，接受治疗的儿童与青少年比未接受治疗者有更好的结果（Roberts, Vernberg, & Jackson, 2000）。然而，特定方法的疗效可能还是要根据该儿童或青少年所患的疾病类型而定。

要专为儿童与青少年设计并运用有效的疗法，

由于涉及许多因素，因此变得有些棘手。首先，疗法必须配合该儿童的发展阶段。儿童必须能了解治疗师的言辞并参与治疗来从中获得帮助，超过其理解范围的疗法对当事人是没什么好处的。其次，儿童生活在家庭中，因此整个家庭连同该儿童须一起接受治疗。然而，有时家人会拒绝，或认为他们与这个儿童的问题没有关系。最后，儿童与青少年很少是自动前来接受治疗，而最常由父母或其他成人带来，如此一来，将会减弱他们参与治疗的动机。

不幸的是，大多数能从治疗中获益的儿童并未得到这些待遇，美国许多地方都没有儿童问题的专属治疗机构。约50%的心理异常儿童只能从他们未曾受过心理疾病评估与治疗的家庭医生中得到一些建议或医药（Tuma，1989），而儿童福利系统只将这些儿童当作受虐与被忽视的受害者，于是有越来越多的这类儿童被长期安置在寄养家庭中，而不是让他们接受特定的心理疗法；许多儿童反而在儿童司法体系中继续承受心理障碍的痛苦，却极少有人接受集中的治疗（Tuma，1989）。由此看来，我们对心理异常儿童提供的服务还有相当大的努力空间。

心理治疗的效果

心理治疗的成效如何？哪一种方法最有效？一项美国公开的调查指出，大多数接受心理治疗者都认为确有帮助（见图16-4；Seligman，1995）。在描述各种心理疗法时，我们会介绍一些讨论这些疗效的研究。在本段落中，我们会简要地探讨这些研究是如何进行的（见Haaga & Stiles，2000）。

"我运用了来自弗洛伊德、荣格及我那聪明的马蒂伯父的绝招"

评估心理疗法 由于许多变量必须加以考虑，使心理治疗成效的评鉴成为一件困难的工作，例如，有些产生心理问题的人在没有任何专业治疗之下自行好转，这种现象被称为自发性减轻（spontaneous remission）。某些心理异常确实仅仅随着时间的流逝而自行改善——很像是常见的感冒，但在更多情况中，病情虽未经由治疗而出现改善，但也不是自发性的改善，而是外在事件的结果。这通常是患者的生活情境发生变化或受到其他人的帮助导致的。

许多情绪产生困扰的人并未寻求专业帮助，但能借着一位非专业人员的帮助而得到改善，如朋友、师长或宗教的导师。我们并不认为这类痊愈是自发性的，但既然复原并非由心理治疗所致，因此这类情形仍被归入自发性减轻的比率中。自发性减轻的比率约由30%—60%，根据研究所针对的特殊心理障碍而定（Haaga & Stiles，2000），由于考虑到这些未经治疗而获得改善的案例，因此任何心理疗法的评鉴都必须以一个未接受治疗的控制组与治疗组相比较。假如来访者接受治疗后的改善程度，比同时期未接受治疗者所出现的任何改善程度更高，则可判断这种心理疗法是有效的。研究中通常以"等候名单中的患者"组成控制组，以解决"放任病患不施予治疗"的道德问题。研究之初，即对等候名单中的控制组患者进行访谈，以收集基本数据，但直

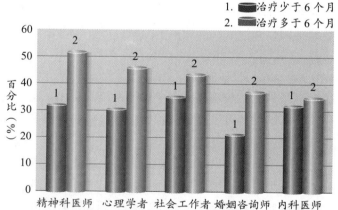

1. ■ 治疗少于6个月
2. ■ 治疗多于6个月

图 16-4 由《消费者报道》（*Consumer Report*）杂志研究所示：声称治疗后"情况已有所改善"的个体人数百分比（1995）

一项由《消费者报道》杂志所进行的新研究，询问曾接受一些疗法以处理其心理症状的个体，他们自认为该疗法是否有所帮助 [资料来源：M. E P. Seligman（1995）. The effectiveness of psychotherapy: The Consumer Reports study. *American Psychologist*, 50, 965-974. Copyright © 1995 by the American Psychological Association. Reprinted with permission.]

到研究结束之前他们将不接受任何治疗。然而不幸的是，研究时间越长（研究时需要测量患者的改善程度，尤其是领悟式的疗法），就越难将患者保留于等候名册中。

评估心理疗法的第二个重要的问题是结果的测量：我们如何确定患者是否经由治疗而得到帮助？我们不能总是依赖患者的自我评估，有些人声称自己觉得有所改善只是为了取悦治疗师，或是为了使自己相信医疗费用付得有价值。而治疗师对治疗获得成效的评估，也无法一直被认为是一项客观的标准，因为治疗师在宣称来访者的改善上有既定的影响力，而且有时候治疗师在治疗期间所观察到的变化并无法延续至真实生活情境中。因此，改善的评估应该至少包括三种独立测量值：来访者对病情有所进展的衡量、治疗师的评估，以及第三者（如家人及朋友，或未参与治疗的临床医生等）的判断。

虽然存在着上述问题，研究者仍然从事许多心理疗法的评估研究。1952年，著名的英国心理学家汉斯·艾森克（Hans Eysenck）在回顾整理了评估心理治疗效果的文献后得出了震惊学界的结论：心理治疗没有功效。接受心理治疗的人并不比那些未受治疗或仍列在等候名单者更好。由于1952年前评价心理治疗的质与量都有限，因此汉斯·艾森克的研究也激发了后续许多新的研究。

过去5年来，这方面的几项研究已大致得到结论：心理治疗确有疗效，其效果比所有施以各种安慰剂者更好（Lambert & Bergin, 1994; Luborsky, Singer, & Luborsky, 1975; Smith, Glass, & Miller, 1980; Wampold et al., 1997）。例如，在1980年，一群研究人员锁定了475篇已发表的研究，这些研究均至少比较了一组治疗组与未经治疗的控制组，然后利用一项被称为元分析（见第六章）的统计程序处理研究结果，以治疗时产生的平均变化（譬如，自尊、焦虑，以及在工作及学校的成就等测量值）与控制组相比较，来确定每项研究的成效大小。他们得到的结论是：接受治疗者比未接受治疗者改善更多，一般心理治疗患者比80%的未治疗控制组患者，显示出更大的改善程度（Smith, Glass, & Miller, 1980）。后来一项分析新研究样本的评论，也发现了相似的结果（Shapiro & Shapiro, 1982）。

比较各种心理疗法 虽然接受心理治疗比未经治疗可以产生更大的改善，但是否不同的心理治疗取向都有相同的效果？当我们比较许多分析不同心理疗法效果研究的评论时发现（例如，Bergin & Lambert, 1979; Rachman & Wilson, 1980; Smith, Glass, & Miller, 1980）：大部分评论认为，各种疗法（通常包括行为疗法、认知行为疗法，有时还包括当事人中心疗法）间的效果几乎没有差异。为何这些采取截然不同方式的疗法会产生如此相似的结果？曾有无数可能的解释被提出来（见 Stiles, Shapiro, & Elliott, 1986），我们将仅述其中两项。

或许某些疗法只对某些问题或心理异常有效，而对其他问题则相当无效。当特殊的疗法被用于治疗广泛的心理异常时，这些治疗对若干个案将有所帮助，但对其他个案则没有功效。因此，就所有个案的平均结果而言，可能就会隐藏了这项特殊疗法的特别效力。所以，我们必须知道何种疗法对何种问题可产生效用（Chambless & Hollon, 1998）。在几个控制研究中，学者比较了不同类型的心理疗法与药物治疗或未受治疗者，这些研究清楚地指出：治疗抑郁症、焦虑症、饮食困难症、药物滥用与数种儿童异常等，各自有特定的最有效的疗法（De Rubeis & Crits-Cristoph, 1998; Kazdin & Weisz, 1998; Roth et al., 1996）。心理治疗也可以帮助减轻孤独症与精神分裂症的症状，并减少精神分裂症复发的风险性（Hogarty, 1986; Kazdin & Weisz, 1998）。

然而，并非所有的心理疗法都经过实证研究的严格检验。一般而言，支持行为与认知取向的学者较热衷于验证其疗效，因而有许多研究是集中探讨这些疗法的。反之，主张心理动力与人本治疗的学者，较不关心其疗效的实证验证（De Rubeis & Crits-Cristoph, 1998）。

另一项说明"为何不同的心理疗法可能在帮助来访者时产生相同效果"的理由是，由于这些疗法都共同具有某些因素。也许就是这些共同的因素促进了积极的改变，而非疗法中运用的特殊治疗技术所致。

各种心理疗法的共同因素

尽管一种治疗学派强调领悟，另一派强调模仿与强化作用，而还有其他强调理性认知的一派存在，然而，或许这些变量都不是关键性的因素，反而是大部分心理疗法共同具有的其他因素，或许才更为重要（Garfield，1994；Orlinsky & Howard，1987；Snyder，Ilardi，Michael，& Cheavens，2000）。它们包括了治疗师与来访者间一种强力的结盟关系、恢复信心与支持、去敏感化、适应行为的增强，以及领悟。

一种温暖与信任的人际关系　不管治疗师所提供的治疗类型为何，在良好的治疗关系中，来访者与治疗师会相互尊重并彼此关怀，来访者必须相信治疗师了解且关心他的问题。一位了解来访者的问题并相信来访者可将之解决的治疗师，将会赢得来访者的信任。这点可增强来访者的胜任感，以及来访者终将成功的信心。

来访者的问题对自身而言似乎是难以克服且独一无二的，但与一位以寻常眼光看待并接受来访者的难题，并指出这些困难可以获得解决的专家进行讨论时，可令来访者恢复信心。在一个人愿意帮助来访者处理无法独自解决的问题时，也为来访者提供支持感及希望与充满希望的感受，而怀抱希望可能即为从心理问题中恢复过来的关键所在（Snyder et al.，2000）。事实上，不管治疗师所运用的心理治疗方法为何，最成功的治疗师都可以与来访者形成一种帮助与支持的关系（Luborsky，McLellan，Woody，O'Brien，& Auerbach，1985）。

去敏感化　我们已经讨论过系统脱敏法这种特殊的行为治疗技术，其目标是在帮助个体去除对某些对象或情境的恐惧。然而，有许多心理治疗类型都鼓励更广泛地应用去敏感法，当我们在治疗时段的接纳气氛中讨论困扰着我们的事件及情绪时，这些事件或情绪就会逐渐丧失其威胁性质，即当我们独自担忧问题时就会将它夸大，但当他人分享我们的问题时通常就会降低问题的严重性。数种其他的假设也可解释去敏感法如何在心理治疗过程中发生作用，例如，将烦扰的事件口述出来可帮助我们以更切合实际的态度重新评估该情境；由学习理论的观点来看，在治疗情境的保护下重复讨论悲痛的经验，即可能逐渐去除与这些经验有关的焦虑。不论去敏感化的过程为何，这显然是许多心理治疗类型的共同因素。

适当反应的强化　行为治疗师运用增强作为强化正向态度及行为的技术，但任何受来访者信赖并寄予信心的治疗师都具有强化媒介者的功能；也就是说，治疗师倾向于对认为有益于较佳适应的行为或态度表达赞许，而对适应不良的态度或反应加以忽视或表达不赞同的意见。至于应强化何种反应，则要根据治疗师的定位与治疗目标而定。强化作用的运用也许是有意的，也可能是无意的。在某些案例中，治疗师可能并未察觉自己对来访者的特殊行为正在予以强化或未加强化，例如，来访者中心治疗师相信，应让来访者决定治疗时段中讨论的话题，而且不希望自己影响来访者谈话内容的方向；然而，强化作用相当微妙，紧接在来访者某些叙述之后出现的微笑、点头或是简单的"嗯，嗯"都会增加这些叙述重复出现的可能性。

由于所有心理疗法的目标均在于使来访者的态度及行为产生改变，因此治疗过程中必须产生某种学习作用，治疗师必须察觉自己会通过强化作用而影响来访者的角色，并应有意地利用这项认知，促进期望出现的改变。

了解或领悟　前文曾经讨论过的所有心理疗法都对来访者的困难提出一种解释——包括困难如何产生、为何持续出现，以及如何才能加以改变等（Frank & Frank，1991）。对于心理分析的患者而言，这项解释可能采取的说法是：来访者逐渐了解被压抑的童年恐惧，以及这些无意识感受促成了眼前的问题；而行为治疗师则会告诉来访者，现在的恐惧是先前条件作用的结果，并可通过学习与目前恐惧相对立的反应以克服恐惧；至于向认知行为治疗师就诊的来访者则会听到治疗师告诉他，困难源于来访者认为"一个人必须被任何人喜欢或疼爱"的不合理信念。

上述所有差异巨大的解释为什么都会产生积极结果？或许治疗师所提供的领悟及了解的正确性一点都不重要，更重要的是，为来访者提供一项解释，说明他的行为或觉得相当悲痛的感受，并且呈现一组治疗师及来访者双方都相信有益于减轻悲痛的活动（例如，自由联想或放松训练）。当一个人正经历着混乱的综合征，并且不确知这些综合征的原因及严重性如何时，接触一位似乎知道问题所在并可提供解决方法的专家，可使患者觉得重新恢复信心；知道改变有可能发生的这份认识，将带给患者希望；而希望则是促进改变的重要变量。

有关心理疗法共同因素的探讨，并不在于试图否定某些特殊治疗方法的价值。或许最具效能的治疗师在于能了解共同因素的重要性，并以有计划的方式将之运用于所有患者身上，不过他也为每项个案选择一种最适当的特殊程序。

◆小结

心理治疗是以心理学的方法治疗心理障碍者。心理治疗的方式之一是心理分析，它是由弗洛伊德所发展的。自由联想、梦的分析与移情作用是用来帮助来访者从问题中获得领悟的。当代的心理动力疗法比传统心理分析简短，且较强调来访者当前的人际关系问题。

行为疗法是运用以学习原则为基础所发展的方法来修正来访者的行为，包括系统脱敏法、实景暴露、适应行为的强化、适当行为的模仿与演练，以及行为的自我调节技术。

认知行为疗法不仅使用行为改变技术，还纳入了改变适应不良信念的程序。治疗师帮助个体对事件以更实际的解释替代不合理的解释。

人本疗法是在治疗师干预最少的情况下，帮助个体了解其真实自我并解决自己的问题。发展来访者中心心理疗法的罗杰斯相信，治疗师在帮助来访者成长及自我探索时必备的特质是共情、温暖及真诚。

社会文化取向的观点，将个人视为整个较大社会体系（包括家庭与社会）中的一部分。以社区为基础的治疗计划，是试图将患有心理疾病患者的个体整合回到可提供治疗的社区中。许多文化根据其宗教与文化信仰，有属于该文化所特有的治疗方法。

心理疗法的效果，由于难以界定成功结果及控制自发性减轻而不易评估。各种心理疗法的共同因素——一种温暖与信任的人际关系、恢复信心与获得支持、去敏感化、领悟，以及适当反应的强化，对产生正向改变的影响，也许比特殊的治疗方法更重要。

◆关键思考问题

1. 心理治疗师如何选择本节中所描述的治疗方法来帮助一位精神分裂症者？你认为哪种疗法对罹患精神分裂症者会有帮助？哪些疗法可能无效？

2. 目前医疗保险存在一项主要的争议：保险项目是否应该包括心理治疗的费用？你认为应不应该？你立论的依据是什么？

 行为的神经基础

第三节　生物疗法

变态行为的生物取向假定：心理障碍如同身体疾病一般，是由脑部生化或生理功能不良所致。生物疗法包括药物及电击的使用。

心理治疗药物

最成功的生理疗法是利用药物改变心情及行为（见概念摘要表的整理）。20世纪50年代初期发现了若干减轻精神分裂症症状的药物，这项发现象征着在重度心理异常患者的治疗上，已获得了重大突破：强烈焦躁不安的患者不再用紧身衣施予身体上的束缚，大部分时间产生幻觉及表现古怪行为的患者也变得更有反应，而且有运作能力。结果，精神病房的管理状况获得改善，患者也可更快出院。数年后，可减轻严重抑郁症药物的研制成功，对医院管理及住院人数也产生相似的良好效果。我们可从图16-1中看到，随着抗精神病药物及抗郁剂的引进，精神病院住院人数呈下降趋势。大约同时，舒缓焦虑的药物也正在发展中。

抗精神病药物　最早研制出的药物是用来减轻精神分裂症的症状、属于**硫代二苯胺**（phenothiazine）的一种，例如，托拉（Thorazine，盐酸氯丙嗪）及

概念摘要表

心理障碍的药物治疗

这些是用来治疗几种心理障碍的主要药物类别

药物类别	目的	运作的模式
抗精神病药物（如托拉酶）	减轻精神病症状（丧失现实感、幻觉、妄想）	阻断多巴胺受体
抗郁剂（如爱拉微、百忧解）	减轻抑郁症状	提升5-羟色胺与去甲肾上腺素含量
锂盐	减轻双相障碍的症状（躁狂与抑郁）	调节5-羟色胺、去甲肾上腺素与其他神经递质的含量
抗焦虑剂（如瓦利锭、克沙拿）	减轻焦虑症状	抑制中枢神经系统
兴奋剂（如哌甲酯）	提高注意力与专注	可能通过多巴胺量的提高

普利辛（Prolixin，盐酸氟奋乃静），这些药物被称为主要镇静剂（major tranquilizers），然而这个名词并不十分适切，因为这些药物不像巴比妥酸盐或抗焦虑剂一样对神经系统产生作用，虽可引起一些昏睡及倦怠感，但即使大量服用后也不会引发深度睡眠（服用者可轻易地被唤醒）。另外，抗精神病药物也很少制造出与低剂量抗焦虑剂有关的愉悦及轻微安乐感。事实上，当正常人被施予抗精神病药物后，其心理效应通常是不愉快的，因此，抗精神病药物很少被滥用。

在第十五章中，我们讨论到有关精神分裂症是起因于神经递质多巴胺过度活动的理论，抗精神病药物则会阻断多巴胺受体，因为这些药物的分子在结构上与多巴胺分子相似，药物会联结于多巴胺神经元的后突触受体，因而阻断多巴胺接近其受体（抗精神病药物本身并不会激发受体）。每个单一突触上均有许多受体分子，如果所有受体均被阻断，则突触的传导将会失效；而如果只有部分受体被阻断，传导则将变弱。抗精神病药物的临床功效与其对多巴胺受体的竞争力直接相关。

抗精神病药物能有效地减轻幻觉与混乱状态，并可有效地重建合理的思考过程。不过这些药物无法治愈精神分裂症，大多数患者必须于出院后持续服用固定的剂量来发挥运作功能，许多精神分裂症特有的症状（如情绪迟钝、疏离、难以维持注意力等）仍然存在。然而，抗精神病药物可缩短患者必须住院治疗的时间，而且阻止病情复发。一项针对生活于社区中的精神分裂症患者所进行的研究发现，服用硫代二苯胺药物之一的患者，其复发率基本上仅为服用安慰剂患者复发率的一半（Hogarty et al.，1979）。

不幸的是，抗精神病药物无法帮助所有精神分裂症患者，此外，这些药物会带来不愉快的副作用——包括口干舌燥、视线模糊、难以专心，而且有时候也产生神经方面的症状，这使得许多患者停止用药。最严重的副作用之一，是被称作**迟发性运动障碍**（tardive dyskinesia）的神经疾病，患者嘴巴与下颌发生非意志控制的肌肉运动异常现象，他们会不由自主且再三地咂唇作响、发出吸吮声、伸舌头、鼓动双颊，或做出其他可笑的动作。这种迟发性运动障碍通常是无可救药的，长期服用抗精神病药物者超过20%有此副作用（Morgenstern & Glazer，1993）。

近年来，人们发现一些**非典型抗精神病药物**（atypical antipsychotics）可以减轻精神分裂症的症状且没有太多副作用（Wilson & Clausen，1995），这些药物包括氯扎平（clozapine）与利培酮（risperidone），它们与其他药物相比，似乎只固定作用在不同形态的多巴胺受体上，虽然它们也会影响包括5-羟色胺在内的其他几种神经递质。

抗郁剂　抗郁剂（antidepressant drugs）可帮助抑郁者提升心情，这些药物通过增加两种神经递质（去甲肾上腺素与5-羟色胺）的效用，而明显地使人有活力而非镇静。在一些抑郁症案例中，即发现了患者缺乏这两种神经递质（见第十五章）。抗郁剂以各种不同的方式作用而增加神经递质的浓度，**单胺氧化酶（MAO）抑制剂递质**〔Monoamine oxidase（MAO）inhibitors〕会阻断一种破坏去甲肾上腺素与5-羟色胺的酵素活动，因而增加脑中这两种神经递质的浓度；而**三环抗郁剂**（tricyclic antidepressants）则防止5-羟色胺及去甲肾上腺素的再摄取作用（所谓再摄取是指释放神经递质的神经末梢将其再收回的过程），故而延长这些神经递质作用的持久性，上述两种药物已被证实可有效地减轻抑郁症。

然而，如同抗精神病药物一样，抗郁剂也会产生一些让人不喜欢的副作用，最普遍的包括口干舌燥、视线模糊、便秘和糖尿病，患者站立时也会引起严重的血压低落，以及心跳率和心跳节奏的变化。由于抑郁患者可能因严重忧郁而自杀，如果因而服用过量三环抗郁剂则可能致命。单胺氧化酶抑制剂也会与某些食物发生交互作用而造成严重的心脏问题，如奶酪、巧克力，以及红酒等。

在过去几十年间，寻找更有疗效且副作用又少的药物之行动正强力地急速展开，几乎每天都有新的药品问市。**5-羟色胺再摄取抑制剂**（serotonin reuptake inhibitors）可通过阻断5-羟色胺的再摄取而选择性地增加其含量，如百忧解（Prozac，或称 fluoxetine）、帕罗西汀、左乐夫（Zoloft，或称 sertraline）都是。更近期的药物也在提升5-羟色胺与去甲肾上腺素的可用性（如 Remeron）。除了解除忧虑外，这些药物被证实对包括强迫症与惊恐障碍的焦虑症患者都有帮助（Schatzberg, 2000）。虽然还是会引起抑制性高潮、恶心、腹泻、晕眩与神经质等现象，但仍比其他抗郁剂所产生的副作用少。

双相障碍者除了常服用一种可控制抑郁的抗郁剂外，还必须服用另一种药剂来控制其狂躁反应。而**锂盐**（lithium）会降低极端的情绪起伏，并使患者恢复到较正常的情绪平衡状态。这种药物能稳定包括5-羟色胺、多巴胺以及麸氨酸在内的多种神经递质（Thase et al., 2002）。服用锂盐的双相障碍者就算急性躁症没有发作也必须继续服用，否则会有80%的概率会复发，进入另一个新的抑郁或狂躁期（Maj, Pirozzi, Magliano, & Bartoli, 1998）。

不幸的是，有30%—50%的双相障碍者对锂盐有反应（Bowden, 2000；Thase et al., 2002），此外，它也有严重的副作用，包括腹痛、恶心、呕吐、腹泻、颤动与抽搐（Jamison, 1995），患者还会抱怨视线模糊、无法集中注意力，以致干扰到工作的能力。锂盐会导致肾功能失常、难产，若孕妇在前三个月服用，还可能导致糖尿病。

抗痉挛药（如 Tegretol、Valproate，与 Depakote）现在也被用来治疗双相障碍。这些药对严重与急性的狂躁症者非常有疗效，但不像长期以锂盐治疗双相心境障碍者那般有效（Post et al., 1998）。抗痉挛剂的副作用包括晕眩、发疹、恶心与困倦。抗精神病药物也可能被用来治疗重度狂躁症者（Post et al., 1998）。

抗焦虑剂　几种传统上用来治疗焦虑症的物质大多属于**苯骈二氮类**（Benzodiazepines），即为人们熟知且常见的镇静剂，并以瓦利锭（Valium，氯甲苯基苯并二氮酮）、氯氮卓（Librium，甲氯二氮）及克沙拿（Xanax，三氮二氮平）等商标名在市面贩卖。抗焦虑剂（antianxiety drug）可缓解紧张并引发昏睡，如同酒精与巴比妥酸盐一样，抗焦虑剂会抑制中枢神经系统作用。家庭医师常常开镇静剂药方来帮助病人渡过生命的困难阶段。这些药物也被用于治疗焦虑症、酒精戒除的综合征，以及与压力有关的身体异常状况，例如，抗焦虑剂可与系统脱敏法合并使用以治疗恐怖症，帮助患者在面对害怕情境时放松。

虽然镇静剂可短期地使用，但其普遍的益处尚有争议，而且这些药物已明显地被过度使用及误用。直到20世纪末（即若干危险明朗化之前），瓦利锭及氯氮卓成为美国最广泛使用的两种处方药物（Julien, 1992）。镇静剂过度使用有数种危险，依赖药物舒缓焦虑会使人们不再探索焦虑的原因，而且不再学习应对紧张的更有效方式。更重要的是，长期使用镇静剂将导致身体的依赖或成瘾（见第六章），虽然镇静剂不像巴比妥酸盐般容易上瘾，但重复使用确实会形成抗药性，而且如果个体不再继续使用，也将体验到严重的戒除综合征。此外，镇静剂会损害注意力，包括开车的能力，并且如果与酒精混用，将会导致死亡。

近年来，研究者发现某些原先被认为是抗郁剂的药物，亦可减轻焦虑症状，尤其是前面讨论过的5-羟色胺再摄取抑郁剂特别明显。由于这些药物对常见于焦虑及抑郁的生化干扰产生影响，因而可同时减轻焦虑及抑郁。

兴奋剂　兴奋剂（stimulant drug）被用来治疗注意力缺陷多动障碍（ADHD），其中最常被服用

前沿研究

一般草药可以治疗心理疾病吗？

你可曾听过圣约翰（St. John）的麦芽汁、卡瓦汁（kava）、缬草根（一种镇静剂）、银杏果等只有过去一些反文明的村夫愚妇才会使用的草药？这些草药目前已成了营业额高达40亿美元的工业，且有评估指出，每三位美国人中就有一位服用草药（Brevoort，1998）。草药最常被应用于诸如抑郁与焦虑等心理症状的治疗，但是它们有效吗？安全吗？

几世纪来，草药在欧洲与亚洲确为治疗心理问题的主流。原产在欧洲的圣约翰麦芽与多年生的芳香植物，在亚洲、美洲与南美部分地区都有野生，它们比起制药工厂所生产的标准抗郁剂更常被用来治疗抑郁症（Beaubrun & Gray，2000）。许多研究（其中大多数在德国进行的）都指出，圣约翰麦芽汁对轻度抑郁症有疗效，但是对重度抑郁则可能较不具效力（Linde et al.，1996）。然而，有学者批评这些研究的方法上有问题，美国国家健康机构展开了大规模的研究，以比较圣约翰麦芽汁与安慰剂对重度抑郁者的疗效（Shelton et al.，2001），结果发现圣约翰麦芽汁并没有比安慰剂更有效。

人们之所以会期望圣约翰麦芽汁对抑郁症有帮助，原因之一为其副作用没有抗郁剂的副作用严重。研究指出，服用圣约翰麦芽汁的人有任何副作用经验的，不足3%（Woelk，Burkard，& Grunwald，1994）。最常见的副作用有，胃肠不适、过敏反应、口干、镇静、头痛、对光线敏感。

然而，过去这几年，圣约翰麦芽汁的安全性受到质疑，有证据指出它会与人们用来治病的药物起交互作用。例如，有几篇报告指出，圣约翰麦芽汁会干扰因器官移植所服用药物的效应，导致对器官的排斥；此外，它还会干扰治疗心脏病及某些癌症药物的疗效（见网站 http://www.nimh.nih.gov/events/stjohnwort.cfm）。因此，人们开始关心圣约翰麦芽汁广泛使用的问题，因为人们可能会为了减轻轻微的抑郁症状这个小小的理由，却让自己面临药物与药物间产生交互作用的潜在危险。

有两样产品被用来治疗焦虑——卡瓦汁与缬草根，它们同样受到了科学的严格检验。卡瓦在波利尼西亚、密克罗尼西亚、美兰尼西亚被广泛应用于庆典与镇定，而在欧美则用来治疗焦虑与失眠症（Beaubrun & Gray，2000；Fugh-Berman & Cott，1999）。若微量饮用，卡瓦汁似乎不会有什么副作用，尽管有人会胃肠疼痛或过敏。缬草根是欧亚大陆多年生的植物，有研究指出它能治疗失眠症，但并非所有研究均显示出它的疗效优于安慰剂（Beaubrun & Gray，2000）。人们再次发现缬根草的副作用很少，但还是会有人胃肠不适、过敏、头痛与失眠。卡瓦汁与缬根草均能强化其他镇静剂的功效，导致严重的副作用，因此不能与苯骈二氮卓类及其他抗焦虑处方或酒类并用。

尤其在婴儿潮年代出生的人们迈入老年阶段，宣称银杏果可改善记忆的说法，曾引起媒体大量的关注（第八章有更多这方面的信息）。银杏果是一种抗氧剂，在中国被用来治疗哮喘已有2000年的历史，在美国也发表了不少的研究，指出银杏果能强化罹患阿尔茨海默病及其他痴呆症者的认知功能（Le Bars et al.，1997）。虽然银杏果常有副作用（包括胃肠不适、过敏与头痛），但它的确有抗凝固的作用，只不过很少有因此造成严重流血的案例，特别是对那些已服用了其他抗凝剂的人而言。

草药风行所带来最大的危机在于，许多人没有在医师的督导下即自行服用，它们在超市与药房里唾手可得，而且许多服用这些草药者同时还服用了医师开具的其他可能与草药产生交互作用的处方。即使目前已有证据指出圣约翰麦芽汁既不安全又无疗效，但是仍有数十亿人尝试草药，我们将发现这些药物会造成更大的危害。

此外，美国对这些草药的管制并不像德国那么严格，相关产品的作用有很大的差异，全视所采用的原料及最后产品的用途而定（Beaubrun & Gray，2000）。一项对10种不同品牌的圣约翰麦芽汁所进行的分析指出，它们标示有不同的金丝桃素（hypericin，一种圣约翰麦芽汁成分，常用来评鉴其质量）含量为20%—140%，其中有半数含量不到80%，而有两种所标示的含量超过120%（Monmaney，1998）。

虽然人们以为草药是天然的，因此安全无虞，然而它们仍需被当作药物来看待。

的兴奋剂名叫哌甲酯。虽说给多动儿童服用兴奋剂有点奇怪，但是有 ADHD 的儿童中有 60%—90% 服用后，的确能降低其干扰行为，并提高注意力（Gadow，1992）。兴奋剂的功能可能在于提高脑部突触的多巴胺含量。

服用哌甲酯是项争议性的话题，因为有太多学校与医生太轻率地做出 ADHD 的诊断，而给孩子开出哌甲酯的处方（Hinshaw，1994）。兴奋剂有严重的副作用，包括失眠、头痛、抽搐与恶心（Gadow，1991，1992）。在给儿童兴奋剂处方前，必须精确地诊断其为 ADHD。

总之，药物疗法可减轻几种心理异常的严重性，许多原本需要住院治疗的患者，可以靠这些药物的帮助而在社区中恢复功能。但相对地，药物疗法的应用也有其限制，所有治疗性的药物均会产生不希望出现的副作用。许多有医疗问题的人，以及正值怀孕或哺乳期的妇女，通常不能服用精神药物。此外，许多心理学家觉得由于这些药物使患者在不需要面对其个人的问题之下减轻症状，然而这些问题也许是促成心理障碍的原因，或是由心理障碍所导致的结果（例如，由惊恐障碍患者的行为引发的婚姻问题）。

电休克疗法

电休克疗法（electroconvulsive therapy，ECT），也被称为电击治疗（electroshock therapy），是一种运用一股温和的电流通过脑部以产生类似癫痫性痉挛的作用的疗法。1940—1960 年，在广泛利用抗精神病药物及抗郁剂之前，电休克疗法是一种普遍的治疗方法。现在，电休克疗法主要用于患者对药物疗法毫无反应的严重抑郁症个案。

电休克疗法曾经是诸多争论与大众忧虑的焦点，其原因有几种。有一段时期，精神病院中曾经一视同仁地运用电休克疗法来治疗如酗酒及精神分裂症等心理障碍，但并未出现有益的结果，而且在更精确的程序形成之前，电休克疗法对病患而言是一种可怕的经验：患者在接受治疗时通常仍然清醒，直到电流引发癫痫并产生片刻失去意识的状态为止。此外，患者事后也经常苦恼于混乱及记忆丧失等现象，而且肌肉痉挛的强度连同脑部癫痫作用，偶尔也会导致身体的伤害。

今日，电休克疗法几乎不会产生不适的感受，患者将被施予短效的麻醉，事后则注射肌肉松弛剂，治疗时以一股短暂、非常微弱的电流通过脑部，通常是连接在非支配性大脑半球一侧的太阳穴上。由于是癫痫作用本身（而非电流）具有治疗性，故只需施加可产生脑部癫痫作用的最小电流量即可。肌肉松弛剂则是防止身体肌肉发生痉挛及可能的伤害，患者会在数分钟后清醒且不会记得任何有关治疗过程的事，在数周的期间内通常施加 4—6 次治疗。

电休克疗法最麻烦的副作用是记忆丧失。有些患者表示对发生于接受电休克疗法前 6 个月以上的事件会出现记忆空白现象，而且在治疗后大约一或二个月内则产生保留新信息能力受损的问题。然而，如果只使用非常少量的电流（对每位患者所施予的电流量都经过谨慎测定，以确认其恰可足够产生癫痫作用），并且只将电极置于非支配性脑部的一侧，则极少会发生记忆问题（Schwartz，1995）。

无人知道电流如何引发癫痫作用以减轻抑郁，但脑部癫痫作用确实会产生若干神经递质的大量释放，包括正肾上腺及 5-羟色胺在内，而缺乏这两种神经递质可能是发生某些抑郁症案例的重要因素

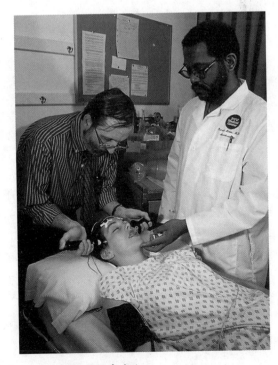

电休克疗法对抑郁症较有疗效

（见第十五章）。目前研究者正试图就电休克疗法及抗郁剂在影响神经递质方式的观点上，比较两者之间的相似性及差异性。然而，电休克疗法的确可有效地引导人们脱离严重而完全无进展的抑郁状态，而且比药物疗法的效果更迅速。

生物与心理疗法的结合

本章虽然分为心理与生物疗法，时至今日，有股趋势在推动生物与心理疗法两者的结合。就抑郁症与焦虑症患者而言，两者受到疾病的影响下，常在生化以及社交与职业场合中的功能方面出问题，因此同时提供生物与心理社会层次的治疗将有所帮助。即使像精神分裂症，其主要的病因是生物性的，患者也会经验到社交技巧与工作能力的丧失。在提供抗精神病药物外，同时辅以帮助患者应对因精神分裂症所带来后果的心理治疗，将有很大的帮助。

同时考虑心理与生物疗法对某些异常（尤其是抑郁症）有疗效的事实指出：介入个人生物-心理-社会系统中任一层面，可以影响该系统的所有层面。例如，介入个人的心理层面，可能引起患者生化与社会行为改变。之所以会有这种变化，是因为我们的生化、人格、思考历程，与社会行为完全纠结在一起，彼此都可能对其他部分产生积极与消极的影响。

◆ 小结

生物疗法包括电休克疗法（ECT）以及服用心理治疗药物。两者相较，药物的使用广泛得多。

抗精神病药物会改变多巴胺的含量水平，已被证实对精神分裂症有疗效。

抗郁剂通过影响 5-羟色胺与去甲肾上腺素等神经递质的水平，有利于提升抑郁患者的心情。锂盐则对双相障碍患者有疗效。

抗焦虑剂会抑制中枢神经系统的活动，被用来减轻重度的焦虑，以帮助患者应对生活中的危机。

兴奋剂被用来治疗有注意力缺陷多动障碍的儿童。

◆ 关键思考问题

1. 许多人并非因为患重度的心境障碍而只是因为日常生活压力就经常服用药物，特别是 5-羟色胺再摄取抑制剂。你认为这种服用药物的方式妥当吗？为什么？

2. 你认为应该强迫心理疾病患者服药以控制病情吗？你的答案会因对方症状的类别的不同而不同吗？

第四节　文化与性别对治疗的影响

文化与性别会影响心理治疗的许多阶段（Gray-Little & Kaplan，2000）。一个人的文化背景与性别会影响他面对症状时所下的诊断类别，也会影响人们寻求心理治疗以及持续接受心理治疗的意愿。文化与性别也影响个人觉得合适的治疗方式。

例如，以标准化的效标进行精神科诊断的研究发现，在美国，非洲裔、白人与拉丁裔中，患重度心境障碍与精神分裂症的比率都很相近（Robins et al.，1984）（而美国原住民与亚裔在这方面疾患的比率则无法得知）。然而，非裔美国人却比白人更常被误诊为精神分裂症（Mukherjee，Shukla，Woodle，Rosen，& Olarte，1983）。由于此种诊断常要患者住院治疗，可能因此得以解释非裔美国人因心理疾病住院的人数过多的现象。

男女两性因心理疾病而住院的比率虽然相近（Narrow，Regier，Rae，Manderscheid，& Locke，1993），但住院的疾病类型有很大的差异。男性比女性较常因药物滥用而住院治疗，女性比男性较常因心境障碍而住院。至于精神分裂症住院率则没有性别上的差异。

大多数因心理异常而寻求治疗的人并不住院就诊，他们更可能接受来自私人营业的心理学家、精神科医师或一般全科医师的治疗。事实上，一项大型研究发现，美国人向他们的全科医师寻求情绪或心理问题帮助的可能性，是向心理健康专家求助可能性的两倍（见图16-5；Narrow et al.，1993）。这项研究也发现，女性向她们的全科医师谈论心理及

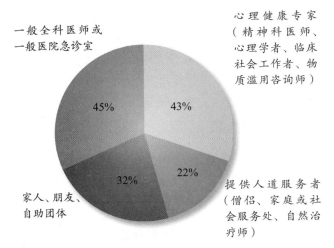

图 16-5 心理健康中心心理异常者的资源

在心理健康中心接受治疗的人，除了接受心理健康专家治疗外，还有其他的资源（资料来源：Narrow，Regier，Rae，Maundersheid, & Locke，1993.）

有时，来自不同背景的治疗师与患者必须努力来了解彼此

情绪问题的可能性比男性高出许多。

相比于美国境内的非拉丁美洲白种人而言，拉丁美洲人及亚裔美国人显然较可能在家中照顾患有重大心理异常的家人（Gaw，1993；Gray-Little & Kaplan，2000）。这些趋势可能是由于他们强调家庭是问题解决中心的观念，以及与耻于寻求专业心理健康照顾二者所造成。相对地，非裔美国人则比其他族群倾向于在症状发作后，更迅速地寻求心理健康的治疗。

数名跨文化理论学家曾介绍了最为特定族群接受的心理治疗类型（见 Sue & Sue，1999 年所做的整理）：例如，行为疗法或认知行为疗法等较具结构性及行动导向的治疗方法，相较其他非结构疗法而言，会受到拉丁美洲人、非裔美国人及亚裔美国人的欢迎（Apointe，Rivers，& Wohl，1995；Atkinson & Hackett，1998），虽然有些临床医师指出，女性在强调人际关系及情感表达的疗法，比其他种类的疗法更符合需要且有所帮助，但几乎没有证据支持或反对这项论断（Garfield，1994）。例如，一项探讨抑郁症者治疗的大型研究即发现，患者与治疗师同性别的案例痊愈的情形并不比患者与治疗师为异性者快或完备（Zlotnick，Elkin & Shea，1998）。

不论治疗师所使用的疗法为何，他向来访者显示的特殊疗法形式也许与文化及性别感受性并无如此大的关系。在美国，来自少数民族的人们放弃心理社会治疗的可能性比白种人高得多（Atkinson & Hackett，1998）。虽然医界做了许多努力来选拔少数民族的人成为心理治疗师，但是大多数的治疗师仍为白人。少数民族来访者通常可能会发现治疗师的建议十分奇怪且没有帮助。

然而事实发现，与来访者来自相同族群背景的治疗师，并不能确保两者间共享相同的价值体系。例如，一位第四代日裔美国人已完全采取美国的竞争及个人主义价值观，他可能会与另一位最近由日本移民到美国的人发生严重冲突。因为后者仍归属于日本文化的自我牺牲及团体导向价值观；相同地，一位怀有强烈女性主义价值观的女性治疗师，也会与抱持传统性别角色期望的女性来访者发生冲突。这些来自相同民族或相同性别者间的价值差异，可解释为何研究显示将治疗师与来访者根据民族或性别配对后，不是都会对来访者产生更好的结果（Sue & Sue，1999）。

有些来访者非常在乎需要一位相同民族或性别的治疗师，但有些来访者也许只信任符合自己对"医师"刻板印象的治疗师，还有些来访者对治疗师的民族或性别都无特殊偏好。对希望搭配同民族或同性别治疗师的来访者而言，这项配对在来访者信任治疗师及对治疗保持信心上都有必要，而且正如我们稍早所言，来访者与治疗师之间的关系，以及来访者对治疗的可能效果所抱持的信念，会强烈影响来访者是否全力配合治疗，以及治疗的效果。

◆ 小结

治疗求助行为之所以有种族差异，可能是由于对住院的态度以及非专业资源可用性有差别造成。此外，非裔美国人可能被过度诊断为精神分裂症，因而使得他们的住院率也偏高。

男女两性因心理障碍而在住院寻求心理健康专业治疗的可能性大约相等，但男性较女性常因物质滥用，而女性较男性常因心境障碍而求助。女性也较男性常与一般全科医师谈论她的心理健康问题。

有些来访者会希望治疗师与他属于同一文化或性别，但是治疗师与来访者这方面的匹配是否为治疗有效的必要条件则尚不清楚。

治疗师能清楚文化与性别影响来访者对治疗态度及采取解决问题方法的情形是很重要的。

◆ 关键思考问题

1. 我们应该赞助社会去研究基于特殊的文化信仰所发展的各种治疗方法吗？为什么？

2. 为什么非裔美国人比欧裔美国人更可能常被误诊为精神分裂症？

第五节　增进心理健康

除了寻求专业帮助之外，我们每个人都可通过许多方式积极地影响自身的心理健康：通过监督自己的感受与行为，我们可确定什么行动与情境会导致痛苦，或使我们陷入困境；相对地，也可确定何者最可使我们获益；通过试图分析自己的动机与能力后，我们可借以增进主动为生活做抉择的能力，而非被动地接受所发生的事物。人们面对的问题千变万化，并无一项普遍的指导方针可用以保持心理健康。然而，从治疗师的经验中，仍然可提出若干一般性的建议方案。

接受你的感受　生气、悲伤、恐惧，以及未达成理想或目标的感受都是令人不愉快的情绪。我们可能会否定这些感受从而试图逃避焦虑，有时候则以没有情绪反应的方式面对情境来避免焦虑，但这将导致一种错误的分离或冷漠状态，甚至可能具有毁灭性。我们也可能会试着压抑所有情绪，因而对于我们与他人有关的部分喜悦与悲伤情绪，失去了将这些情绪视为正常并且接受这些情绪的能力。

不愉快的情绪在许多情境中是正常的反应，我们没有理由因为觉得想家、学习滑雪时觉得害怕或因别人使我们失望而发怒等就产生羞愧。这些情绪相当自然，而且最好去了解它们而不是否定它们。当情绪无法直接表达时（例如，责骂老板也许是不明智的），寻求其他发泄紧张的出路将有所帮助——走一段长路散散步、用力击打网球或是与朋友讨论，都有助于驱散怒气。只要你接受自己感受情绪的权利，当直接表达的通路受阻时，你就可利用间接或替代的方式加以表达。

知道你的弱点　发掘使你苦恼或导致过度反应的情境种类，将有助于保护自己对抗压力。或许某些人会使你受到烦扰，则你可以避开他们，或试图了解究竟何种因素使他们让你觉得烦扰，也许由于他们似乎相当泰然自若且充满信心的态度令你觉得不安全。试着瞄准引发不舒服感受的原因，会帮助你以崭新的观点看待情境。当你在班上演讲或发表论文时，或许会变得非常焦虑，同样地，你可以试图避开这些情境，或是通过参加公开演讲的课程而获得信心（许多大学提供专门以学习控制演讲焦虑为目标的课程）；此外，你也可以重新解释情境，不再想着"每一个人正等着一旦我开口说话时批评我"，而是告诉你自己："同学们将对我所说的内容感兴趣，即使发生一些错误，我也不会因此而难过。"

许多人在身处压力之时觉得特别焦虑，小心计划并切分工作任务可帮助你避免觉得在最后一刻被击溃。上课或赴约时故意留下比原先认为所需更多的时间，这项策略是消除压力的来源之一。

发展你的天赋与兴趣　厌烦与不快乐的人很少拥有许多兴趣。今日的大学与社区计划为所有年龄层的人们提供了几乎无限制的机会去探索他们在各方面的天赋，包括运动、学术兴趣、音乐、艺术、戏剧及手工等。通常你对一项主题了解越多，这项主题（或生活）就会变得越有趣。此外，从发展技能中获得的胜任感也非常有益于维持自尊。

参加与他人互动的活动　孤立与寂寞的感受形成了大多数情绪障碍的核心。我们是社会的动物，需要由他人提供支持、安慰及信心的恢复。当你将所有注意力集中于本身的问题时，会导致对自己形成一种不健康的先入为主偏见；而与他人分享你所关切的问题时，则通常有助于以一种更清晰的观点看待自己的忧虑，而且当你关怀他人的福利时，也可强化自己的自我价值感。

知道何时该寻求帮助　虽然上述建议有助于促进情绪的稳定，但自我了解与自我帮助毕竟有其限度。有些问题难以独立解决，我们的自欺倾向将使自己更难以客观的角度审视问题，而且我们也可能不知道所有可行的解决方法。当你觉得自己在掌控问题上几乎没有进展时，就是向咨询或临床心理学家、精神科医师或其他训练有素的治疗师寻求专业帮助的时刻。求助的意愿是情绪成熟的表现而非懦弱的象征，不要等到觉得自己已经被击溃时才对外求救，必要时获得心理上的帮助应该如同因医疗问题向医师就诊的习惯般被人接受。

◆小结

有效应对感受的第一步，就是接受它们。

知道你的弱点，能避免引爆问题，并寻求克服这些弱点的助力。

发展你的天赋，给了你自尊与快乐的多重来源。

往外求助是应对问题的一项好策略，而帮助他人同样可以增进个人的自尊。

并非所有问题均可独自处理；需要时能寻求帮助是很重要的。

◆关键思考问题

1. 在何种情况下自助的书籍才有帮助，而何种情况下则可能没用？

2. 有些人似乎从未被压力所困，而几乎能掌控任何事。你认为是什么原因使他们能这么有弹性、有活力？

双面论证

匿名戒酒会对酒类滥用者是一项有效的介入措施吗？

AA 有助于酗酒者

基思·汉弗瑞（Keith Humphreys），斯坦福大学，帕洛阿尔托退伍军人事务保健系统

基思·汉弗莱斯

匿名戒酒会（AA）在全世界拥有近 200 万有意永久戒除酒精依赖的互助会员，他们还希望变得更为诚实、谦和、热忱，且心灵安详。有超过 50 个国家的 AA 会员即在此规范基础下于互助团体中聚会，他们实行 AA 的原则（如 12 个步骤），以及其他个人的"经验、力量与希望"来推展戒酒活动。在美国，AA 是最常被饮酒问题者寻求的资源（Weisner, Greenfield, & Room, 1995），且远超过所有其他专业介入机构的总合。AA 在大多数治疗专业中也都享有盛名。然而，同时也有一些临床医师与学者质疑 AA 的疗效（Ogborne, 1993），认为该组织只提供了松散的监管，以及主要基于会员经验与精神外观的非标准化的计划，而非以源自客观、科学化研究所建构的标准化专业治疗。AA 还试图改变会员许多生活层面的问题，因而令人质疑是否在各方面都能发挥其功能？此处，我

且聚焦在 AA 的帮助之一——戒酒，而详述晚近一些提供了 AA 帮助酗酒者停止喝酒的研究证据。

例如，克罗斯及其同事（Cross, Morgan, Martin, & Rafter, 1990）追踪研究了接受治疗后的 158 位酒精依赖者长达 10 年，以判断具有预测长期戒酒的因素有哪些（如，问题严重性、年龄、性别等）。在所有的变量被检视后，只有涉及 AA 的变量能增加戒酒可能性。这些发现支持了 AA 的疗效，且被一项由不同研究团体以 628 位酒精滥用者为样本所进行长达 8 年的追踪研究重复验证（Humphreys, Moos, & Cohen, 1997）。虽然并非每个 AA 的研究都如此，但是一个名为匹配计划（Project Match）的团体，将所有临床尝试加以随机处理后的研究（Project Match Research Group, 1997）发现：咨询强化了 AA 在减少饮酒上的疗效，正如对酒精依赖者有疗效的其他心理治疗方法一样。

由于加入 AA 是免费的，该机构可能成了戒酒者最具成本-效益的途径。一项以 201 位滥用酒精者为对象的研究即说明了这点：其中 135 位原先即选择参加 AA，而 66 位选择寻求专业性的门诊治疗（Humphreys & Moos, 1996）。尽管这些被试并

非随机分配到各情境，然而基本上，两个团体在人口变量、酗酒问题或心理病态方面都没显著差异。经过三年的追踪后，参加 AA 者平均减少日常饮酒量达 75%，也减少了他们酒精依赖的症状（例如，突然失去知觉）达 71%。至于接受专业治疗者也有同样的改善，只不过三年来与酗酒有关的健康照顾花费，在 AA 组平均每人比治疗组少了 45%（每人 1826 美元）。因此 AA 组不仅戒酒有效，相较于正式健康照料体系实质上所造成的负担而言，它算是一种具有成本效应的方式。

近年来，参加 AA 的效益虽然已有实质上的改善，但是仍有相当大的成长空间。如果有更多含有比较团体的纵贯研究，以及使用生物测试或其附属的数据来源来证实自陈的戒酒报告，人们对 AA 的疗效将更有信心。此外，即使是设计完善的研究，也无法显示 AA 对所有参与者都有功效或都有实质的帮助，不过我们对酒精依赖者所进行的各种专业化治疗也有同样的问题。因此，特别是就 AA 的可行性与费用的经济而言，它确实是社会上帮助酒精依赖者复原的重要资源之一。

匿名戒酒会对酒类滥用者是一项有效的介入措施吗？

AA 并非唯一的方式

G. 艾伦·马尔拉特（G. Alan Marlatt），华盛顿大学

虽说对很多从酗酒中恢复正常的人而言，AA 是最负盛名的自助团体，然而它并非帮助人们戒酒的唯一途径，甚至对某些有酗酒问题的人而言，AA 还可能是阻碍治疗成功的障碍。研究指出，每两个首次参加 AA 聚会者，只有一位会再次回到 AA 或参与后续的活动。

AA 为什么对某些人有引力而对其他则否？虽然 AA 自称为"心灵伙伴"，但是并未认同任何特定的宗教团体，许多初次参会者都因"必须承认个人对酗酒是无能为力的，而只有将自己的掌控权交到更高层次的权力中才可能恢复正常"此一条件而推诿了一段时间。还有其他人则被 AA 的教条弄得信心全失：酗酒基本是一种无可救药的身体疾病，除非你终此一生完全戒绝任何酒类。对那些信奉此疾病模式的人而言，包括大多数 AA 的成员，将来是不可能自行调节或控制饮酒的。根据 AA 的信条，一旦破戒喝了酒，将永远是个酒鬼。

有研究试图找出：是否有与 AA 有关的特殊教义（理论），或者聚会时的团体支持，使得它在帮助人们改变习惯上最为有效。近来有证据指出，后者即为 AA 之所以成功的主要原因，由此可知，即使是其他

对酗酒有着不同理论或信念的团体，也是同样有疗效。近年来，已有几种新的酗酒者自助团体有其效用，包括：（1）"理性恢复团体"，是根据行为改变的理性原则，不需要求助于"更高层次的权力"，即可维持戒酒的行为；（2）"自我管理与恢复训练（SMART）团体"，是根据认知行为治疗中诸如防制复发与社交技巧训练等技术的原则；（3）"女性节制饮酒团体"，让那些在许多以男性为主体的 AA 聚会中会有困扰的女性，能与许多女性饮酒者分享、畅谈其酗酒问题。

AA 的另一种形式为"节制管理"的自助团体。奥德丽·凯希琳（Audrey Kishline，1994）在几次尝试求助于 AA 团体失败后，开始发展出"节制管理"，一种近年来已成为许多自助团体实行的节制饮酒计划（包括一些在网络聚会的团体）。

节制或控制饮酒计划也运用在治疗成瘾，例如，"减少伤害"取向的活动。减少伤害计划（如节制酗酒、对无法完全戒烟者推行的取代尼古丁治疗等）的目标，在于减少药物问题对个人、家庭以及社区的伤害。虽说戒除药瘾仍被当作一个理想的目标，然而只要朝向减少伤害的目标前进，都被认为是迈向

增进健康、防治疾病此正确方向的一步。

减少伤害计划已成功地教导高风险性的大学生采取较安全饮酒活动。减少酒类伤害计划教导那些新手一些喝酒和辨识醉酒程度的技巧。最近以高风险性的大一新生为对象的研究发现，参与本计划者，相较于未接受此训练计划的控制组学生而言，显然减少了狂饮、醉倒、严重宿醉以及任意破坏的行动。因此，对那些选择喝酒又有经历严重喝酒问题的高风险学生来说，减少伤害计划提供了一个戒酒以外的另一项实际有用的选择［见我在 1988 年秋季的《咨询与临床心理学期刊》（*Journal of Consulting Psychology*）论文］。

在 AA，人们如果无法接受完全戒酒的要求，他可能会被驱逐出境，而且别再回来，除非有了必死的决心——换言之，除非经历过因酗酒所带来的沉痛后果而发现除了 AA 别无选择而决定要完全戒除时。但是对那些即使经历严重、惨痛的后果却仍没有必死决心的饮酒者而言，我们能做什么？减少伤害计划为这种团体提供各式各样的帮助策略，让他们能重新迈向康复的道路。

本章摘要

1. 心理疾病的治疗从古代认为变态行为是因为恶灵附身且必须加以惩罚的观念，发展至对病患加以严密监视并设置隔离的收容所，然后进步到现代的精神病院及社区心理健康中心。走出医疗机构的政策（尽管其用意良好）制造出精神病患无家可归的问题，以及引发对其公民权与充分照顾的关切。

2. 心理治疗是指，通过心理学的方法对心理障碍进行治疗。心理疗法的种类之一为心理分析，由弗洛伊德发展而成，他相信无意识冲突是大部分心理障碍的成因；无意识冲突源于本我的攻击及性冲动，与自我及超我所施加的限制间的冲突；通过自由联想与梦的解析的方法，被压抑的思想及情感会被带到患者的意识中。在解释这些梦境与联想的过程中，分析师帮助患者对本身的问题获得领悟。移情作用，即来访者向分析师表达他对生命中重要他人的情感的倾向，也可提供另一种解释来源。

3. 心理动力疗法奠基于弗洛伊德的概念，但比心理分析更简略，并且更强调患者目前的人际问题（相对于心理分析强调童年经验的完整重建）。

4. 行为疗法运用基于学习原则的方法以改变个体的行为。这些方法包括系统脱敏法（个体在先前产生焦虑的情境中学习放松）、适应行为的强化作用、适当行为的模仿及演练，以及行为的自我调节技术。

5. 认知行为疗法不仅使用行为改变技术，还纳入了改变适应不良信念的程序。治疗师帮助个体对事件以更实际的解释替代不合理的解释。

6. 人本疗法是在治疗师干预最少的情况下，帮助个体了解其真实自我并解决自己的问题。倡导来访者中心疗法的罗杰斯相信，治疗师在帮助来访者成长及自我探索时必备的三项特质是共情、温暖及真诚。

7. 社会文化取向，是将个人视为置身于较大的社会系统（包括家庭与社会）里。团体治疗即通过与具有相同问题者互动，而提供来访者探索其态度与行为的机会。婚姻治疗与家庭疗法是团体治疗的特殊形式，可帮助夫妇或亲子形成彼此关系更有效的方式，并处理他们的问题。以社区为基础的计划试图将心理障碍者整合进社区中并提供治疗。有些文化有基于本身的宗教与文化信仰所发展出的属该文化的特殊疗法。

8. 许多治疗师并不坚持固着于某种单一治疗方法，而采取折中的取向。他会由各种不同技术中选择出最适用于特定来访者的技术。有些治疗师则专精于治疗特殊问题，例如，酗酒、性功能不良或抑郁等。

9. 心理疗法的效果，由于难以定义成功结果，及控制自发性减轻而不易评估。研究结果指出，心理治疗对患者的确有帮助，但不同的心理治疗取向在效果上却差异不多。各种心理疗法的共同因素——一种温暖与信任的人际关系、恢复信心与获得支持、去敏感化、领悟，以及适当反应的增强，对产生积极改变的影响，也许比特殊的治疗方法更重要。

10. 生物疗法包括电休克疗法（ECT）及心理治疗药物的使用。两者之中，药物疗法是远胜于其他而运用最广泛的方法。抗精神病药物则经证明可有效地治疗精神分裂症，抗郁剂可帮助抑郁症患者提升心情，而锂盐则可成功地治疗双相障碍。抗焦虑剂用以减轻严重焦虑并帮助患者应对生活危机。

11. 非裔美国人及美国原住民比美国境内其他族群更可能因心理异常而住院治疗，或为了心理问题而去心理健康服务中心寻求门诊治疗；拉丁美洲人的住院比率与白种人相似，但亚裔美国人因心理问题而住院治疗的可能性，则明显少于其他民族。这些种族差异也许是因为各民族对住院治疗的态度有别，而且可资利用的非专业照顾来源也不同（例如，在家中照顾病人）。此外，非裔美国人或许被过度诊断为精神分裂症患者，而导致他们与其他民族相比，更常住院接受治疗。

　　男性及女性因心理问题而住院治疗或寻求心理健康专家帮助的可能性相似，但男性比女性更常因药物滥用而寻求照顾，女性则比男性较常因心境障碍而寻求照顾，女性向她们的全科医师谈论有关心理健康问题的可能性也比男性高。

12. 有些来访者会希望与相同文化或性别的治疗师一起进行治疗，但对于治疗的效果而言，目前仍不清楚是否将治疗师与来访者按照此方式配对是必需的措施。敏锐地察觉文化与性别在来访者对治疗的态度，以及来访者对各种问题解决方式接受程度上的影响，对治疗师来说相当重要。

核心概念

一般性梅毒麻痹	系统脱敏法	自助团体	单胺氧化酶（MAO）
走出医疗机构运动	实景暴露法	婚姻疗法	抑制剂
心理治疗	选择性强化作用	家庭疗法	三环抗郁剂
心理动力疗法	行为演练	中途之家	5-羟色胺再摄取抑制剂
自由联想	自我调节	硫代二苯胺	锂盐
梦的分析	认知行为疗法	迟发性运动障碍	苯骈二氮类
移情作用	人本疗法	非典型抗精神病药物	兴奋剂
人际治疗	当事人中心疗法	抗郁剂	电休克疗法（ECT）
行为疗法	团体疗法		

第十七章 社会影响

17

有时人们的行动相当难以理解——或看起来不明所以。报章杂志与史书中也都是这类例证。

1933—1945 年，数以百万的无辜群众（大部分为犹太人）被强迫生活在纳粹德国的集中营中。第二次世界大战后，人们才知道这些集中营事实上是有系统地屠杀了超过 800 万人的高效率死亡"工厂"。这种种族灭绝的事情是怎么发生的？什么样的人会设计与运作这些死亡工厂？纳粹政府的这些行动似乎令人费解。

1978 年 11 月 18 日，美国国会议员利奥·雷恩（Leo Ryan）访问了琼斯镇（Jonestown），一个南美圭亚那（Guyana）人民殿堂（前身为圣弗朗西斯科教派）的居住地。雷恩造访琼斯镇是因为有报道传回美国，说是人们被迫困在当地。当雷恩上机离开圭亚那时，他和另外四人被人民殿堂的枪手枪杀。在此同时，吉姆·琼斯（Jim Jones），人民殿堂的领袖，则集合了近 1,000 名琼斯镇的居民，要求他们喝下有草莓口味的毒药自杀。他们都顺从了。怎么会发生这种事？什么

样的人会在别人的要求下自杀？人民殿堂成员的行动似乎也是令人难以置信。

2001 年 9 月 11 日，四架美国飞机遭劫，其中两架撞进纽约市世贸中心双子塔，一架撞进华盛顿特区外的美国五角大楼的国防部，而第四架撞毁在宾州，错失了它要攻击的目标。除了数百位机上与五角大楼的人员外，有近 3,000 人在世贸中心双塔因撞击而坍塌时还留在里面以致丧命。怎么会发生这种事？是什么样的人会夺走这么多无辜者，还有自己的生命？这些自杀劫机者的行动，似乎也是匪夷所思的。

为了对这些似乎难以理解的人类恐怖行动寻找合理的解答，我们对这些邪恶（或疯狂）行动的第一个反应，常指向邪恶（或疯狂）的个体。"自杀的

劫机者是邪恶的恐怖分子。""吉姆·琼斯的信徒都疯了。""希特勒是邪恶的种族主义者。"这类解释在某种程度上给予我们一些心理安慰，它们将我们这些"好人""正常人"和那些"坏人"与"疯子"远远地区隔开来。的确，这类将恶行归咎于恶人的解释，还真有些许真实性。例如，本·拉登、吉姆·琼斯、希特勒可能都算是邪恶的领导者。即便如此，社会心理学者还是认为将这种行动全然归之于某人的人格，常常是种错误——因为太常出错，社会心理学者即指出这类解释实为基本归因错误（fundamental attribution error）的例证。所谓基本归因错误是指，人们在解释他人行动时，有高估人格或性格的影响力，且低估情境或环境影响力的倾向。此外，

世上恐怖事件似乎常常完全令人难以理解。怎会有人对自己和别人做出这些事？社会心理学家认为，只将其归因于人格或性格特质的答案，忽略了社会情境在塑造人类行为时的强大影响力

人们不仅在试图解释这些难以理解的恐怖事件会运用基本归因错误，对室友、同学与其他人一般日常生活中的行动提出说明时，也会出现这样的现象。

社会心理学（social psychology）对人们行为与心理过程受到真实或想象的他人塑造的方式，进行科学的研究。社会心理学家一开始是对人的行为进行基本的观察，认为行为是人与环境的函数，每个人面对情境固然会有一组个人独特属性，使得不同的人在同一环境中会有不同的行动方式；不同情境对个人也有不同的影响力，使得他在不同的情境中也会有方式不同的行动。这些研究一再地说明，情境对行为决定性的影响力远超过我们直觉上所相信的。因此，社会心理学最大的贡献就是使我们了解到，情境在塑造我们行为与心理过程的影响力上有多强大。接下来两章我们将讨论社会心理学，本章即先聚焦在情境的影响上。

然而，人们并非单纯地针对情境的客观特性而是依个人主观的解释来反应。诚如我们在第十一章讨论情绪时提到，将冒犯行动解释成敌意产物的个体，他的反应会与将同一行动解释为心理障碍产物者有别。我们将在第十八章讨论主观解释与人们塑造其思想、感受、社会行为的思考模式，这个主题素以社会认知为名。此处，我们还是先将焦点放在社会影响与情境本身的力量上。

第一节　他人在场

社会助长与社会抑制作用

1898 年，心理学家诺曼·特里普利特（Norman Triplett）在检查自由车竞速者的速度纪录时注意到，

1898 年，心理学家特里普利特注意到，自行车选手在与其他选手竞争时的成绩优于与时钟竞争的成绩。这项发现促使他开始研究社会助长的现象

许多自行车选手在彼此竞速时，获得的成绩比只与时钟竞速更好，这点使他开始进行一项社会心理学最早的实验室实验研究。他让儿童在固定时间内尽可能地快速卷动钓鱼线轴，有时候两个儿童在同一个房间中同时进行，每一个儿童都有自己的线轴，有时候则让他们独自进行工作。特里普利特报告说许多儿童在**共同行动**（coaction），即当另一个儿童在场进行相同工作之时，速度比他们单独工作时更快。

在这项实验之后的 100 多年来，许多研究已证实人类及动物被试在共同行动时均会产生助长效应，例如，成群工蚁中的每只工蚁掘沙量是单独一只工蚁的三倍（Chen，1937）；许多动物在其他同类在场时会吃下更多食物（Platt，Yaksh，& Darby，1967）；而且大学生在共同行动时完成的乘法运算多于独自一人时（F. H. Allport，1920，1924）。

在特里普利特对共同行动进行实验后不久，心理学家又发现：当一位被动的旁观者（只是一位观众而非共同行动者）在场时，也会助长表现。例如，观众在场对学生的乘法表现同样会产生先前在共同行动中发现的助长效应（Dashiell，1930），这些共同行动与观众的提升效应被称为**社会助长**（social facilitation）。

然而，即使是这类简单的社会影响案例也会变得比社会心理学家最初的想法更为复杂，例如，研究者发现当被试处于共同行动或有观众在场的情况下，在乘法问题的表现上会比独自一人时出现更多错误（Dashiell，1930），换言之，虽然表现的速度加快了，正确率却降低了，然而，在其他研究中，却发现当共同行动者或观众在场时，表现的速度与正确率都降低。**社会抑制**（social inhibition）这一术语即指共同行动与观众有时会造成妨碍的效应。

我们如何预测他人在场——无论是共同行动或只是旁观，是会助长还是会损害我们的表现？本问题的解答在 20 世纪 60 年代首度出现（Zajonc，1965），并于 20 年后在一篇包括 241 篇研究的元分析中得到具体的答案（Bond & Titus，1983）。基本的发现为，共同行为者与观众在场将提高简单或学习良好任务的速度与正确率，还会有损复杂或学得很差的任务的速度与正确率。

因此，社会助长发生在简单的任务上，而社会抑制则发生在复杂的任务上。尽管有此实用的一般

性概述，这种结果仍有待进一步说明：为什么会产生这样的结果？社会心理学家提出两种相互竞争的解释。

第一个解释是由罗伯特·扎荣茨（Robert Zajonc，1965）提出的，属动机的驱力论（见第十章），认为高度驱力或激发会使有机体倾向于产生优势反应。如果只要在另一同类面前就会引起有机体的普遍激发或驱力程度，将助长优势反应。对于简单或已学会的行为而言，优势反应最可能是正确的反应，因而这类表现将被助长。然而，对于复杂或刚学会的行为而言，优势的或最可能出现的反应则为错误反应，如前述的乘法问题中，会产生许多错误反应，但只有一项正确反应，因此会损及这种复杂任务上的正确表现。

许多实验已经证实这些预测，例如，当有观众在场时，被试将比独自一人时更快学会简单的迷宫或轻松的词汇表，但却比单独一人学习复杂的迷宫或困难的词汇表时速度更慢（Cottrell, Rittle, & Wack, 1967; Hunt & Hillery, 1973）。一项以蟑螂为对象的研究也发现：当蟑螂独自逃跑而没有其他蟑螂在场的时候，会比有其他蟑螂在旁边注视它们（或与它们一起跑）时，在躲避灯光的简单路线上跑得更快，但在困难路线上则跑得更慢（Zajonc, Heingartner, & Herman, 1969）。

社会助长与社会抑制作用的第二种解释是归因于注意因素（Baron, 1986; Huguet, Galvaing, Monteil, & Dumas, 1999）。其核心的理念是，因为他人在场常令人分心，会使人心智超载，造成注意焦点窄化。此观点同样可以解释简单与复杂任务的效应：当任务简单而只需要我们聚焦于少数主要线索时应该会产生社会助长作用；而在任务复杂且需要我们注意到大范围的线索时，应该会发生社会抑制作用。

哪种解释正确？在大多数情境中两者有同样的预测力，因此难分高下。有一项研究解决了这个问题，它设定了一项两种观点会有不同预期的任务（Huguet et al., 1999）。斯特鲁普任务（MacLeod, 1991; Stroop, 1935）是一种只涉及少许关键性刺激却复杂、学得不好的任务。在本任务中，要求被试说出某词或符号（如＋＋＋）的印刷墨汁颜色（见图 17-1 的例子）。人们在进行符号任务时表现较快而对文字，尤其是不一致［如以黄色印出红（red）字］时，表现得特别慢。这种现象称作**斯特鲁普干扰**（Stroop interference），导因于对擅长阅读者而言，说出该"字"为一强势、自动化的反应，因此很难遵照指示去忽略印刷的"字"而只说出字的墨色。由于斯特鲁普任务复杂且其自动化反应是念出该字（而非墨色），依强势-反应观点的预测，他人在场，应该会妨害任务表现，从而产生社会抑制作用。同时，斯特鲁普任务只涉及两个关键性刺激——字与墨色。只要窄化注意焦点，就可以减少对不必要信息（该字）的注意。因此，依注意观点，可相反地预测他人在场应可增进任务表现，产生社会助长作用。

来自操弄观众或共同行动者是否在场来进行斯特鲁普任务的几项实验数据，显然支持了注意观点而未能支持强势-反应观：被试于他人在场时进行斯特鲁普任务表现得较好（Huguet et al., 1999）。这些研究以及其他的研究也同时指出社会助长作用的两个关键性限制。首先，只有他人在场并不能产生太多的社会助长作用，例如，如果现场观众正在看书或蒙眼，社会助长作用会大大地减低（Cottrell, Wack, Sekerak, & Rittle, 1968; Huguet et al., 1999）。其次，与共同行动者的竞争与社会比较似乎也是一个关键。如果共同行动者表现比参与的被试差很多，即两人没什么好比的，那么社会助长作用也会大幅降低（Dashiell, 1930; Huguet et al., 1999）。

有关社会助长与社会抑制作用的一系列研究，开始传达出情境的影响力。你可能会认为你的体育方面的表现（如投篮）或学业成绩（如考微积分）只反映出了你的能力，但是上述研究却告诉你，你

图 17-1 斯特鲁普任务的例题

大声说出你在上一排所看到的墨色。接着，以同样的方法说出下一排。请注意你在念出字的墨色时与念符号的墨色时相比慢了多少。此即所谓斯特鲁普干扰。研究发现，人们于他人在场时完成斯特鲁普任务的表现较佳，此一研究发现支持了社会助长的注意力解释

进行表现的情境是否有他人在场以及他们在做什么（对你评头论足或与你竞争），都是决定你表现水平的关键因素。然而，他人在场对你的表现是有益还是有害，要看当时的任务对你而言的难易而定。一位职篮选手与一位精通微积分基本原理的学生，在有他人在场的情境下可能表现较佳。对他们来说，该任务简单，因为已学得很精熟。反之，对一位篮球新手及一位不用功的学生而言，该情境只会使表现更糟。

去个体化

　　大约在特里普利特完成社会助长作用的实验室实验同时，另一位人类行为观察者古斯塔夫·勒庞（Gustave LeBon），则对团体的共同行动提出一项较不理性的看法。勒庞在其著作《乌合之众》（*The Crowd*）（1895）中不满地表示："群众在理智上总是不如单独的个人……群众是多变、轻信而且偏执的，并表现出人类原始本质中的暴力与凶残……女人、儿童、野蛮人，以及较低阶层的人民……做事是不经过大脑的。"勒庞相信，执行私刑的群众所表现的攻击与邪恶行为（依他的观点，也包括法国革命分子在内），是如同疾病一般通过众人的传染而散布的，同时会破坏一个

人的道德感与自我控制，导致群众做出一些任何单独的个人都不会从事的毁灭性行动。

　　虽然勒庞存有明显的偏见，但他的观察也有一些正确性，与其理论相呼应的现代说法则以**去个体化**（deindividuation）的概念为基础。这个概念由费斯汀格、佩皮东（Pepitone）以及纽科姆（Newcomb）等人（1952）首度提出，并在随后数十年间［20世纪60年代的津巴多（Zimbardo，1969）、70年代的戴尼尔（Diener，1977，1980）、80年代的普伦蒂斯丹与罗杰斯（Prentice-Dunn & Rogers，1982，1989），以及90年代的波斯姆斯与斯皮尔斯（Postmes & Spears，1998）持续加以修订］。虽然对该现象的解释数十年来已有改变，但是去个体化的核心理念仍是，某些团体情境会将个人的身份认同降至最低，减少他们的公众责任感，因而表现出攻击或不寻常的行为（见以60篇研究为基础所进行的元分析，Postmes & Spears，1998）。会造成去个体化的两个团体关键特性为团体的大小与匿名性。早期对去个体化效应的解释为，在降低了个人的公众责任感后，会减弱抗拒冲动与非法行为的克制力（Diener，1980；Festinger et al.，1952；Zimbardo，1969）。

　　在一项著名的去个体化研究中，要求参与研究的大学女生每四人一组，对另一名她们以为正在进行学习实验的女性施予电击，并通过让她们觉得自己已被匿名的方式，使其中半数大学女生去个体化：她们穿着庞大的实验室外套及隐藏面孔的头罩，实验者只以团体方式对她们说话，而绝不指出她们之

观众对行为表现的效应，视该任务对他们而言属难或易，以及当事人觉得他被评估的程度而定

人们在群众中与独自一人时的行为常有不同。有些学者相信，在类似暴动的情境中，个体经验到了去个体化——一种觉得自己丧失个人身份，匿迹并融入群众中的感受

中任何一个人的名字（见图 17-2）；至于其他的大学女生则让她们保留自己原来的衣着，并佩戴大型的辨识标签，以突显个人，此外，第二组大学女生向彼此介绍自己的姓名。实验中，每位被试面前有一个当学习者犯错时必须按下的电击按钮，按下按钮显然就会对学习者电击。实验结果显示，去个体化的女生给予学习者电击的次数是个人突显组的两倍（Zimbardo，1969）。

另一项的研究于万圣节时在一个小区的数个家庭中同时进行：外出参加恶作剧或请客活动（trick-or-treating）的儿童在门口受到一位妇女的欢迎，她要求每个儿童只能拿走一块糖果，然后这位妇女暂时回到屋内，而给予儿童们拿走更多糖果的机会，其中有些儿童被问及各自的姓名，而有些儿童则仍然保持匿名状态。结果，团体前往或维持匿名的儿童所偷取的糖果，多于单独前往或曾将自己的名字告知大人的儿童（Diener, Fraser, Beaman, & Kelem，1976）。

然而，这些实验的结果仍有待商榷。例如，从图 17-2 可见，在第一项研究中的实验室外套及头罩类似于三 K 党的装备，与此相似的是，万圣节的服装通常是装扮成巫婆、巨兽或鬼怪，这些全都传达出攻击或负面的暗示。因此，也许是服装不仅提供了匿名性，还激活了鼓励攻击的社会规范。所谓**社会规范**（social norm）是指，能被接受的明文或暗示的行为与信念规则。为了考验是规范而非匿名性造成了攻击行为，电击实验又被重复进行，但这次每位被试穿着三种装备之一：三 K 党类型服装、护士的制服或是被试自己的衣服。这项经过修订的实验并未重现原先研究的结果：穿着三 K 党类型服装的被试对学习者电击的程度较多（但未达显著水平）；穿着护士制服的人比穿着自己原来衣服的控制组较少施予电击，这意味着制服鼓励一个人扮演其所暗示的角色。这项研究结果显示，匿名性并不必然导致攻击性增加（Johnson & Downing，1979）。

研究发现，对引发社会规范情境的特定线索（如护士制服）会引导匿名性团体稍后转变其心理过程成为去个体化。本观点认为，减低公众责任感的情境（如大团体与匿名性）并不只是降低个人身份认同的显著性，同时还会强化个人对团体的认同（如扮演一位护士，或是一位人民殿堂的信徒）。此

图 17-2 匿名产生去个体化

当这些女生通过伪装使她们觉得自己已匿名时，她们会比未经伪装的被试对另一名被试施予更多电击

外，使团体认同明显化的团体情境也会激化该团体的规范行为（如果你是扮演护士，就会降低自己的攻击性）。因此，去个体化是因为团体与匿名性撤离了人们对非法行为的正常克制力只是先前的解释，近年来的解释更指出这些相同的团体特性也会激化人们表现出合乎该特定团体社会规范的从众行为（Lea, Spears, & de Groot, 2001；Postmes & Spears, 1998）。

去个体化的研究再度展现出情境对人们行为的决定性影响力。因此，下次如果发现自己置身于有匿名感的大团体时（在大学校园并不少见），你可以借机自我观察是否被团体行为所感染到。如果该团体主要为和平性的活动（如为恐怖攻击行动的死难者点烛哀悼），你可能表现得比你独自一人时更为悲愤与虔敬。反之，如果团体主要活动是较粗暴的（如掠夺或骚扰他人），请小心！

旁观者介入

在前面几章中，我们注意到人们并非只对情境的客观特征加以响应，也对本身的主观情境解释有所反应。本章中，我们则看到即使如社会助长作用这种古老的社会影响，部分也有赖于个体对他人的行为及思考内容的诠释而定。但是诚如我们现在将看到的内容所述，定义或诠释情境通常正是人们借以相互影响的机制。

1964 年时，基蒂·吉诺维斯（Kitty Genovese）于深夜在纽约市自家门外遭人杀害，由于她的反击，

虽然许多路过的人都注意到有人躺在人行道上，但是却没人停下来帮忙看看他是睡着、生病、酒醉，还是死了。学者发现，如果没其他旁观者在场，人们更可能伸出援手

整个谋杀过程历时超过半小时。这期间至少有 38 位邻居听到她求救的尖叫声，但没有任何人前来协助，甚至没有人报警。

这个事件震惊了美国社会大众，而社会心理学家也开始研究这项起初被称为**旁观者效应**（by-stander effect）现象的原因。所谓旁观者效应，是指人们在有他人在场时较不愿意帮忙。你可能会假设：如果你在紧急事件中需要帮助，在许多人目击该事故时较容易得到协助，因为在人多的人群中应该会增加找到愿意助人者的机会。不幸的是，事实不然。旁观者效应的研究结果恰好相反：常常是因为有他人在场，反而妨碍了我们采取助人的行动。20 世纪 80 年代，有 50 篇关于旁观者效应的论文，且其中大多显示，他人在场会减低我们助人的行动（Lataré Nida, & Wilson, 1981）。拉塔内与达利（Lataré & Darley, 1970）认为，他人在场会经由两方面妨碍个人的助人行动：（1）由于人众无知而将情境界定成非紧急事故；（2）采取行动的责任分散。

情境的界定 许多紧急事故的开端显得模糊不明：这位步履蹒跚的男士到底是因为生病还是仅仅由喝醉酒所致？这位妇女是受到陌生人的威胁还是与丈夫发生争执？飘出的烟是因失火引起还是窗户冒出的蒸汽？当人们处理这类两难情境时，常见的方式是延缓行动，表现出如同一切正常般的动作，并环视周遭其他人如何反应。当然，你可能会发现其他人也因相同的理由表现得好像一切都没有问题，

这形成了一种**人众无知**（pluralistic ignorance）的状态，即团体中每一个人都误导其他人将情境定义为非紧急事故。我们也都听说过由于群众中每一个人皆导致其他人过度反应而引起群众的恐慌，但与之相反的情形（即由于身处人群而使人们安静地不加反应）也许更为常见，数项实验证实了这种效应的存在。

一项实验邀请了一些男大学生接受访谈。当他们坐在一间小型等候室时，一股浓烟从墙上的通风口涌出。当发生这种状况时，有些被试是单独一人，有些被试则是三人一起在等候室中。实验者透过单向窗观察被试的反应，并等候 6 分钟来观察是否有任何人采取行动或出来报告情况。结果，在单独受测的被试中，75% 的人在两分钟内报告了冒烟的情形；以团体方式受测的被试中，则在 6 分钟的等待时间内，即使房间已布满了烟雾，但只有不到 13% 的人提出冒烟的报告。这些未对冒烟情况提出报告的被试后来表示，他们认为这必定是水蒸气、空调设备的蒸汽或是烟雾——总之，几乎是除了真正的火灾或紧急事故之外的任何情况。因此，这项实验结果显示，旁观者会彼此将情境定义为非紧急事故（Latané & Darley, 1968）。

然而，或许这些被试只是怕自己的表现显得胆怯懦弱才会如此。研究者为了查核这种假设，又设计了类似的研究，使研究中的"紧急事故"不涉及个人的危险，被试在施测的房间中会听到隔壁办公室的女性实验者为了够到书架上方而爬上梯子但跌落到地板上，并大声喊叫着："噢，我的天——我的脚……我不能动了……噢……我的脚踝……我搬不开这个东西……"她持续呻吟长达一分多钟，而整件意外事故则持续达两分钟。不论是单独还是两人一组的被试，他们等候的施测室都与这位妇女的办公室之间只隔着一层布幕。这项研究结果证实了前述烟雾研究的发现：在单独一人的被试中，70% 的人会对这位妇女伸出援手；但在两人一组的被试中，则只有 40% 的人会提供协助。这些没有介入意外事故的被试后来再次宣称他们无法确定发生什么事情，但都觉得这个情况并不严重（Latane & Rodin, 1969）。在这些实验中，他人在场会造成人众无知的现象，每一个人都观察其他人的冷静，并通过判断没有任何紧急事故的存在而化解了情境中的模糊两可之处。

人众无知似乎主导了一则骇人听闻的旁观者效应案例。1993 年，靠近英国利物浦（Liverpool），两岁大的詹姆斯·布格（James Bulger）在当地的大卖场被两名十岁大的男孩绑架。他们带着蹒跚学步的布格离开人行道，沿路残酷地凌虐他，最后将他打死。当天至少有 38 位成人从这三个小孩身旁经过，稍后这些旁观者的证词却透露出：他们以为（或被告知）那三位小孩是亲兄弟（Levine，1999），他们将攻击行动解释成"家人的争执"，似乎将该情境界定成非紧急事故。这种说辞更有问题：难道这些男孩有亲属关系，成年人就没什么必要去干预恐吓与伤害一位蹒跚学步幼童的行为吗？同样的，如果一位女性被男友或丈夫威胁与被陌生人威吓相比，会没关系吗？犯罪统计并不持这种看法。

大卖场的监视器拍到两岁的詹姆斯·布格被绑架他的两名十岁男孩之一带走。这位蹒跚学步的幼儿被凌虐至死。当天，有许多成人目睹这些男孩在一起，甚至在幼儿的头被割伤并出现瘀血，脸上也伤痕累累时，也无人出面干预。这又是另一件人众无知所造成的悲剧

责任分散 人众无知现象会导引人们将情境定义为非紧急事故，但这项过程无法解释如同吉诺维斯谋杀案的这类事件：当时已十分明确地属于一项紧急事件，而吉诺维斯的邻居甚至无法自自家装了窗帘的窗户后观察到其他邻居的动向，因此也无从辨识其他人是处于镇静或是惊慌的状态，此时具决定性的重要过程应是**责任分散**（diffusion of responsibility），即当每个人都知道有许多其他人在场时，责任的负担就不再单独落在自己身上了，每个人都会认为"其他的某个人此刻必定会采取某种行动；其他人会有所介入"。

为了检验这项假设，实验者将被试安排在个别的小隔间内，并告知他们将参与一项团体讨论，探讨大学生面对的个人问题。为了避免困窘，这项讨论将通过对讲机进行，每个人有两分钟可发表意见，而只有发表意见者的麦克风是开启的，且实验者无法听到讲话内容。事实上，除了被试之外，所有其他参与者的声音都经由录音带预先录好。在第一轮意见发表时，其中一位录音的参与者提及自己患有癫痫症，到了发表第二轮意见时，这个人听来似乎真的癫痫发作并哀求援助。这时实验者则等待看看被试是否会离开小隔间前来报告这项紧急事故，以及他们多久之后会采取行动。其中需留意的是：（1）这种紧急状况非常明确；（2）被试无法得知其他小隔间的旁观者如何反应；（3）被试知道实验者不会听到这件紧急事故。实验时并使一些被试相信讨论团体只由他们本人与这位

癫痫患者组成，另外有些被试则被告知他们是三人一组的团体成员之一，至于对其他被试则改称他们是六人一组的团体成员之一。

在认为只有他们自己一人知道癫痫患者病情发作的被试中，85% 的人会出来报告这件事故；而在认为自己属于三人一组团体成员的被试中，62% 的人会报告此人癫痫发作；至于在自认为属于六人一组团体成员的被试中，则只有 31% 的人提出报告（见图 17-3）。后续的访谈结果显示，所有被试都知觉到这是一件真正的紧急事故，大多数人会对继续

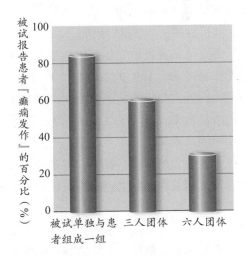

图 17-3 责任分散

被试报告癫痫患者病情发作的百分比，会随着被试认为在他参与的讨论团体中其他成员人数的增加而降低 [资料来源：M. M. Darley & B.Latane (1968), "Bystander Intervention in Emergencies:Diffusion of Responsibility," in *Journal of Personality and Social Psychology*, 8: 377–383. Copyright © 1968 by the American Psychological Association. Adapted with permission.]x

让患者痛苦还是赶往援助间产生的冲突感到苦恼。事实上，未曾对外提出癫痫发作事故的被试显然比提出报告的被试更加烦恼，我们显然不能将这些人的不介入解释为冷漠或不重视；相反地，应该是他人在场分散了采取行动的责任（Darley & Latané，1968；Latané & Darley，1968）。

如果将人众无知现象及责任分散的程度减至最低，人们会对他人提供援助吗？为了寻求答案，三位心理学家利用纽约市地铁系统作为他们的实验室（Piliavin, Rodin, & Piliavin，1969）。在实验中，两位男性及两位女性实验者分别登上一节地铁车厢，女性实验者坐下并记录实验的结果，而男性实验者则仍然站着。当地铁车厢移动时，其中一位男性实验者无法站稳并向前倒下，身体倾斜，两眼瞪视着天花板，直到获得救助为止。如果没有人伸出援手，另一位男性实验者最后会帮忙将他扶起来。研究者在这项研究中也尝试着数种不同的变化形式：这位跌倒在地的人不是带着一只手杖（显示他"病人"的身份），就是闻起来满身酒味（明显表示他喝醉了酒）；而且这位受难者有时是白人有时是黑人。当他旁边有拐杖时，情况完全没有模棱两可之处，这位跌倒在地者很明确地显示出他需要协助，由于每位旁观者都无法继续假定其他人已介入其中而使责任分散的程度降至最低，因此，如果人众无知与责任分散是妨碍人们提供协助的主要障碍，人们应该会对这种持有拐杖的情境伸出援手。

研究结果支持原先乐观的期望：带着手杖的倒地者在超过95%以上的实验中，平均于5秒钟之内即可获得人们自发的协助；而喝醉酒的倒地者也在半数的尝试中，平均于2分钟内得到援助，且带着手杖的倒地者无论是黑人还是白人，都受到了黑人及白人旁观者的协助；此外，旁观者人数与援助速度间并无相关存在，这点指出责任分散的程度确实已被减至最低。

助人榜样的角色 在地铁研究中，只要有一个人伸出援手，其他许多人就会跟进，这表示正如人们以其他人为榜样而将情境定义成非紧急事故一般（人众无知现象），他们也利用其他人作为模仿对象，以显示何时必须提供帮助。为了考验这项可能性，研究者计算多少驾驶人会停下来协助一位车胎漏气而将汽车停靠于路旁的妇女。结果发现，如果驾驶人约在250米前看见另一位汽车故障的妇女获得援助，则他们之中显然会有更多人停下来帮助这位妇女；相同地，如果人们观察到其他人为请求者的慈善布施捐款时，他们也更可能提供捐款（Bryan & Test，1967；Macaulay，1970）。这些实验结果指出，其他人不只有助于我们决定是否在一项紧急事故中采取行动，也可为我们提供榜样以告诉我们，如何以及何时应该扮演一位热心的援助者。

即使是电视中的角色榜样，也可增进援助行为。在一项研究中，让6岁儿童观看一部莱西影集，内容描述一个儿童从矿坑通道中解救了一只莱西的幼犬。至于其他两组控制组儿童，有的观看没有出现解救镜头的莱西影集，有的则观赏另一部《妙家庭》（The Brady Bunch）影集的画面。随后，当儿童们玩可赢得奖品的游戏时，他们会碰到一些不快乐且发出低声哀鸣的幼犬。即使帮助这些幼犬会降低赢得奖品的机会，曾经观看过解救影集的儿童仍会比观赏控制组影集的儿童花费更多时间去安慰这些幼犬（Sprafkin, Liebert, &Poulous，1975）。另一项研究则发现，观赏《罗杰斯先生的邻居》（Mister Rogers' Neighborhood）或《芝麻街》等节目的儿童，比未曾接触过这些节目儿童更可能表现出施与行为（Forge & Phemister，1987）。这些研究结果一再重述电视形塑年轻人行为的强力角色（请回顾第十一章关于媒体与攻击的讨论）。

信息的角色 现在你已经了解了阻碍旁观者介入紧急事件的因素，那么在这类情境中，你是否更可能会主动采取行动呢？一项在蒙大拿大学进行的实验结果表明，你将会这么做。研究者以本节所探讨的内容为基础，给大学生讲课或是播放一部相关的影片。两周后，每位大学生与另一个人（实验的同谋者）同行时，会遇到一件由实验者设计的紧急事故：一位男性罹难者四肢摊开躺在走廊的地板上。面对这个情境，同谋者不加反应，而曾经听过讲课或看过影片的被试则明显地比其他人更可能提供援助（Beaman, Barnes, Klentz, & McQuirk，1978）。本研究带来了一线曙光：只要学习社会心理现象——如同你目前正在做的，即可弱化情境造就出不受欢迎行为（至少是干预紧急事故表现）的影响力。

◆小结

情境的力量对塑造行为具有巨大的影响力，尽管这些影响力常常隐而未现。人们常错引对方的人格来解释其行为，称之为基本归因错误。

有共同行动者或观众在场时，人们进行简单任务表现较佳，而复杂任务则较差。这种社会助长与社会抑制效应之所以发生，是因他人在场窄化了人们的注意力。

有时候，人们所表现出无法抑制的攻击行动或许是去个体化的结果。在去个体化中，人们觉得他们丧失了个人身份并隐没于团体中，匿名性与团体大小都有助于去个体化。去个体化会提高对与该团体有关的特定情境规范的敏感性。如果该团体的规范具攻击性就会增加攻击，反之，若团体规范为亲切待人时则会降低其攻击。

紧急事故中的旁观者若是身处群体，则其介入或援助的可能性将比独自一人时更低。阻碍介入的两项主要因素是情境界定及责任分散：由于旁观者试图让自己显得冷静，因此他们会将情境定义为非紧急事故，并因而造成人众无知现象；他人在场也会分散责任，使得没有任何人觉得必须采取行动。

◆关键思考问题

1. 他人在场不仅会改变人们的行为，还会改变其心理过程或思考模式。请描述下列三项研究：（1）社会助长作用；（2）去个体化；（3）旁观者效应，因他人在场的不同情境所改变的特定心理过程。

2. 请考虑在本章开始介绍的琼斯镇集体自杀案例。我们对这群人民殿堂成员唯一得知的是：他们都献身于"教义"——由吉姆·琼斯所描绘的社会公平、种族融洽的乌托邦愿景，他们为"教义"迁徙到圭亚那的丛林，并签署放弃世间的所有财产、放弃对他们小孩的法定监护权，还与配偶分居，凡此种种，均为了"教义"。试着想象一下这群徒众在琼斯要求他们喝下毒药时的情形，请你描述去个体化在这群顺从琼斯要求的人身上可能扮演的角色。

第二节　顺从与服从

顺从多数人

当我们处于团体中时，或许会发现自己在某项问题上属于少数派，这是我们大多数人经常会遇到的生活真实面。如果我们判断大多数人的信息来源比我们自己的经验更为正确，我们就会改变自己的主张并顺从多数人的意见。不过，你可以想象一种情况：当你相当确定自己的意见正确而团体的主张错误时，你会屈服于社会压力并顺从于这些境遇吗？这种从众现象就是社会心理学家所罗门·阿希（Solomon Asch）决定对其展开的一系列经典性研究（1952，1955，1958）。

在阿希的标准程序中，安排单独一位被试与其他7—9人（他们都为实验的同谋者）一起围着桌子坐下，然后向团体展示三条长度不一的垂直线，并要求团体成员判断哪一条线的长度与另一幅展示图中所画的标准直线相同（见图17-4）。每个人依次发表自己的结论（被试被安排在倒数第二个位置）。每次实验的正确判断都相当明显，在大部分的实验中，每个人都会出现相同的反应，但是在若干预先决定的关键实验中，同谋者事先已受到指示而提出错误的答案，于是阿希观察这项程序诱使被试表现从众行为的次数。

研究结果十分惊人：即使正确答案非常明显，

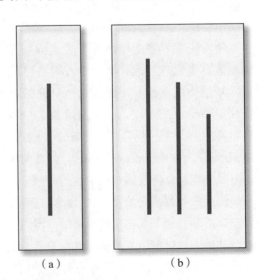

图 17-4　阿希研究中的刺激样本

被试看过（a）图的展示后，需要从（b）图中择定一条与前者相似的直线。在此展示的图片的正确答案通常都非常明显（资料来源：Asch, 1958）

在一个对多数人意见从众的研究中（上图），除了左数第6位外，其他都为实验同谋者，要求他们在18次尝试中的12次一致地答错。第6位，被告知参与一项视觉判断的实验，却发现自己成了答对答案的异议人士（左下图）。这位被试一再坚持表现出不同于多数人的反应，却焦虑地倾身向前注视着所呈现的问题（右下图）。这位特别的被试坚持自己的意见，说道："我看到什么，就说什么。"（资料来源：Asch, Study of the Resistance of Majority Opinion, from *Scientific American*, November 1995, Vol.193 No.5, by Solomon E. Asch）

但被试顺从于错误的团体共识次数平均约为三分之一，且75%的被试至少曾出现过一次从众行为，甚至即使不是大型团体也出现了这类从众反应。阿希在对团体人数做2—16人的变化调整时发现：包含3或4位同谋者的团体，所产生的从众效力与更大的团体相同（Asch, 1958）。

为何正确答案的明显性无法支持个人独立于团体多数意见之外？为什么一个人对自己进行简单感觉判断能力的自信，不足以对抗从众的强大力量？依照一项论点的观点，正因为阿希实验中正确答案的明显性，才产生了趋向从众的强大压力（Ross, Bierbrauer, & Hoffman, 1976）。在真实的生活中，不一致的意见常涉及困难或主观的判断，例如，什么才最能降低通货膨胀的经济政策，或是两幅图画中何者较合美学要求等。在这些案例中，我们预期自己偶尔会与他人意见不一，甚至知道处于不同意见的少数团体虽然不舒服，但却是合理而可能发生的。

阿希创造的情境则非常极端：在此，个人面对的是团体在一件简单的物理事实上共同产生与自己不一致的意见，这是一种古怪而空前的状况，显然没有

任何合理的解释。这时被试会表现出明显的迷惑及紧张，他们怀疑地揉着自己的双眼，并跳起来靠近去检视这些直线，他们局促不安，喃喃自语，有时困窘地笑一笑，并且以搜寻的眼光窥视其他团体成员来为这种神秘事件找出若干端倪。在经过自我实验之后，被试会对自己提出一些犹豫不决的假设，包括视觉的幻象，或（相当适切地）认为，也许是在第一个人偶尔犯了错误后，后续的每一个人都由于从众压力而相继做出相同的判断（Asch, 1952）。

且让我们考虑在这些与多数人持不同意见情况下所代表的意义，就如同被试不了解团体的判断一样，被试相信他所持的异议也不会被团体所了解，团体成员必定会判定被试没有胜任能力，即使这并非事实；相同地，如果被试一再地提出不同的意见，这似乎将对团体的能力构成直接的挑战，而当一个人的知觉能力莫名其妙地突然被人怀疑时，敢于挑战团体是需要极大的勇气的，因为这种挑战违反了侮辱他人的强烈社会规范。在阿希制造的情境中，对于下列想法的恐惧会抑制被试提出异议，并产生从众的强大压力："他们将会对我存有什么看法？""他们将如何认定我对他们的想法？"

如果阿希的从众情境不同于真实生活的大多数情境，那么为什么他要采取这种正确答案如此明显的任务？原因在于，他就是要研究顺从（compliance），纯粹是公开地从众，没有被参与者真正改变其正确答案的心态之可能性所影响。几个调整了阿希做法的研究采用了更困难或主观判断的任务，或许它们忠实反映了真实生活中的从众，但当我们确信自己虽为少数但判断正确时，我们就无法评估出纯粹因多数人压力而从众的效应（Ross et al., 1976）。

阿希与其后从众研究最重要的发现在于，当团体意见不一致时，从众压力就会减轻许多。即使只有一位同谋者打破多数人的一致性，被试在实验中表现的从众行为数量也会由原先的32%降低至6%。事实上，在只有一位异议者的八人团体中，所产生的从众性仍少于有三位意见一致的多数者的团体（Allen & Levine, 1969; Asch, 1958）。令人惊讶的是，异议者甚至不需要提出正确的答案，即使异议者的答案比多数人的意见更离谱，但他们的影响在于打破一致，并使被试更倾向于发表自己正确的判断（Asch, 1955）。此外，不论提出异议者

是谁，都会产生同样的效果。在一个近乎荒诞的情境中，即使被试认为异议者因视觉障碍而无法看到刺激时，从众行为仍会明显减少（Allen & Levine, 1971），这似乎清楚地表示，只要有另一位偏离正轨的成员与自己共同面对团体可能表现的否定与嘲笑，就可使被试在不觉得完全被孤立的情况下提出不同的意见。

这里，我们再次见识到情境塑造行为的力量：我们面对一个大多数人一致性反应的情境即产生从众的压力；反之，如果情境稍有改变（比如只是破坏了一致性），即可让我们"忠于自己"。既然是否为大多数一致性的情境是造成从众的主要情境特性，那么从众率的高低或许就要根据情境特性而定，这种说法就不足为奇了。情境中其他更微妙的特性呢？比如，你刚看过的报纸标题，或者房间角落的电视正在播什么？近年来，变动阿希实验作法的研究正在探讨这类似乎微不足道的情境因素的影响。例如，探究只是看到一些字词与图片是否足以使我们从众。关键在于，这些字词与图片是促发（或激起）我们从众还是不从众的念头。在一项实验中，有些被试看到像是"归顺""顺从""从众"等字词，而其他被试则看到类似"挑战""迎战""偏离"等字词（Epley & Gilovich, 1999）。另一个研究，实验者让某些被试看一张照片"诺曼，一位会计师"以启动从众，而让其他被试看照片"诺曼，一位朋克摇滚歌手"以启动不顺从（Pendry & Carrick, 2001）。这两个实验都发现，先前看过只是促发从众念头的被试，在稍后遇到一致性多数时，确实比较会表现出从众。此证据显示，我们的行为极度受情境因素影响，即使这些情境因素是属于背景（即在我们觉知的意识之外），也同样可以施展迫使我们从众的力量。

让我们确定一下我们顺从他人行为的几个理由。我们有时是因为发现自己置身于不知该如何行动的模糊情境中。例如，初次在一家高级餐厅中用餐而不知该如何使用几副刀叉时，你怎么办？你会看看别人怎么做，然后从众。这类从众被称作**信息的社会影响力**（informational social influence）。在这种情境中，我们之所以从众，是因为我们相信别人比我们对模糊情境的解释更正确。在其他情境中，我们只是希望自己能融入群众并被团体接受。当你开始过大学生活或转到一所新高中时，或许就会产生这种想法。这

只是图片就能启动从众或不从众的概念；一旦被启动，这些概念就会影响人们的行为。学者发现，看到左图"诺曼，一位会计师"者，会比看到右图"诺曼，一位朋克摇滚乐手"者更为从众（资料来源：Pendry & Carrick, 2001）

种从众被称作**规范的社会影响力**（normative social influence）。在这些情境中，我们顺从团体的社会规范或其典型的行为，是为了被喜欢与被接纳。我们有样学样而得以类聚。由于在阿希的实验中，正确线段的长度并非模糊不清，因此我们可以确知是规范性社会影响将阿希的被试逼向从众。所幸，年龄在从众上扮演着重要角色。虽说信息性社会影响对老年人持续发挥影响力（表现为人到了晚年还是尊重其他专家），但想要迎合与被喜欢这种因规范性社会影响所产生的压力，却似乎因年龄渐长而递减（Pasupathi, 1999）。

我们有时因为从团体的行为中即可清楚地得知团体的规范，这点对阿希的研究来说也成立。然而在真实生活中，可能很难辨识出团体的规范。在这种情境中，人众无知可能会助长人们去顺从一个想象中的而非真实的社会规范。回想发生人众无知的情境，此时团体成员都误以为他们知道别人在想什么；再看旁观者效应的案例，人们也误以为其他旁观者知道该情境是非紧急事故。在了解到人众无知的概念是如何加强了从众，还同样可以用来减低从众的压力后，我们在"前沿研究"中将会得知普林斯顿大学如何运用此社会心理学的概念来降低校园里的饮酒量。

少数人的影响

一些欧洲学者曾对在北美洲进行的社会心理学

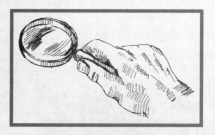

前沿研究

人众无知与大学中的饮酒问题

一点知识，可能就很有力量。知识有时甚至还可以对抗情境的力量，减少它们对行为造成的冲击。稍早在讨论旁观者效应中信息的角色时，我们即见证到知识的胜利。这篇来自蒙大拿（Montana）大学的研究证实了：仅仅只学到妨碍旁观者出面干预的社会心理因素，即可使人们愿意提供更多的帮助。

在旁观者效应的诸多研究中，我们所获得有关社会影响的一项关键性领悟为人众无知的概念（Schanck，1932）。当我们并非完全知道在一个复杂或混乱的情境下该怎么做时，我们会延迟行动而从周围的人那里搜集信息。然而，我们却很少会直接去询问别人他们的想法或感受。取而代之的是，保持冷静的态度——基本上装作我们知道在做什么，然后狡黠地查核他人的作为。假如所有人都有相同的反应呢？你所看到的是一群似乎知道他们正在做什么的人，但每个人私底下却都是一团慌乱、混淆与不确定。此即所谓"人众无知"的现象。每个人——这些"众人"——都不知道别人真正的感受。

此一团体层次的现象，描绘出旁观者在面对许多紧急事件时的反应特征，你和你的同学在大班级的课程中可能就曾有过无数次的经验了。你们的教授在呈现出一些新颖且复杂的教材后，问同学们有没有什么问题时，你会举手吗？可能不会。为什么你不肯坦诚你的疑虑呢？你只是不想成为众所周知问了个蠢问题的人。你班上的同学有举手吗？也没有。他们显然知道那份教材，因此最好还是闭嘴不问。你是否见识到人众无知的现象了？你

和班上的同学都一个样子——静坐在一旁，一言不发。即使你面对了此众人一致的行为，通常还是会自我解释为：自己私下的感受是与他人不同的——只有你一个人在困惑，而其他人则都信心满满。在这个例子中，人众无知会让学生觉得与同学有疏离感。想想看，如果你邻座的同学靠过来并低声说"我搞不清楚老师在说什么"，那么这将会使你感到轻松多了。或许你就会有勇气举手问出你的问题了！

上述情况跟大学生喝酒有什么关系？我想你应该对全美大学校长与家长相当关心的大学生饮酒问题了然于心。与饮酒有关的意外事件是美国大学生的第一大死因，而且饮酒与低学业成就、高破坏行为率有关。经由调查，有90%的大学生表示喝过酒，而有25%呈现出类似狂饮等问题。虽然我们已知同伴对学生饮酒有很大的影响力，但是问题在于"如何产生影响"？是同伴相互劝酒而越喝越多吗？不错，有时的确是这样。然而，有时则是"人众无知"又发挥了作用。假如有90%的大学生都在喝酒，则看起来每个人似乎都自得其乐。尽管本研究显示许多学生对喝酒都有疑虑，或许你曾照顾一位醉酒的室友，听说过一件最近发生的纵酒丧生事件，或自己因宿醉而考砸了。即使你在宴会中会小饮一两杯，但是对你在校园中所饮用的酒量还是可能觉得不舒服。

这又是一种"人众无知"：每个人的行为看起来基本上都一样——他们在喝酒时都觉得很惬意。然而，即使握着倒满啤酒的塑料杯，许多学生在私下都对喝酒充满了疑虑，但却假设团体常模是

当每人都假设校园中同伴们对所喝的酒量都觉得很舒适时，一段时间后，人众无知将会提高对酒的消费。所幸，"人众无知会削弱从众压力"的知识，可以减少对酒类的消费

不在意喝酒的。对团体常模产生错误知觉的结果会是什么呢？从众吧——因而加多了酒量！在普林斯顿大学所进行的一系列研究记录了此一充满问题的结果（Prentice & Miller，1993）。

然而，正如我们所知道的，社会心理学的知识可作为强大的工具。普林斯顿大学也开发、验证了一套新的饮酒教育课程。大一新生不是加入以宿舍为单位所进行关于饮酒信息（包括人众无知）的同伴讨论，就是进行以个体为主，着重在饮酒情境的决策论。4—6个月后，习得"人众无知"概念的学生自陈减少了饮酒。一点知识就具有这么大的威力！此外，本研究也指出，这个社会心理原则对学生的团体常模知觉并没有多大的改变，却削弱了常模所引发从众的压力（Schroeder & Prentice，1998）。

下次，你在宴会场合被满不在乎的酒客包围而决定该不该喝酒（或再喝一杯）时，请依据你自己的臆测而非依循你对同伴表面的信念来做决定。虽说社会情境会对从众行为发挥巨大的压力，但你还是可以用知识的力量加以迎头痛击！

研究提出批评，原因是这些研究先入为主，只着重于从众性及多数人对少数人的影响方面。诚如他们正确地指出，心智变革、社会变化，以及政治革命通常是因一群见闻广博而且能言善道的少数团体开始改变其他人的观点而发生的（Moscovici，1976）。因此，我们为何不就少数人改革而影响多数人的现象加以研究呢？

为了证实他们的观点，这群欧洲学者创造了一种与阿希的从众情境几乎完全相同的实验室情境，审慎地开始他们的实验工作。被试同样必须在一群一致地提出错误答案的同谋者面前，对一系列简单的知觉问题进行判断。不过，与阿希将单独一位被试安排在数位同谋者中不同的是，这些研究者将两位一致地提出错误反应的同谋者安排于四位真正的被试之中。结果实验者发现，少数人影响了大约32%的被试，使其至少出现一次错误判断。然而，若要出现这种效果，这些少数人必须在整个实验过程都保持一致的态度，如果他们犹豫不决或在判断上表现出任何不一致，他们就无法影响多数人（Moscovici，Lage，& Naffrechoux，1969）。

自从这项少数人影响力的原创实验证明出现后，在欧洲及北美洲两地已进行过90余项相关研究，其中若干要求团体就社会及政治问题加以讨论，而非进行简单知觉判断的研究在内（Wood，Lundgren，Ouellette，Busceme，& Blackstone，1994）。**少数人的影响**（minority influence）的一般研究发现，若是少数人表现出一致的立场，而且不显得僵化、武断或傲慢自大时，少数团体可使大多数人转向支持他们的立场；这类少数团体让人觉得较有自信，偶尔也显得比大多数人更具能力（Maass & Clark，1984）；假如少数团体所主张的立场与更大的社会中正在发展的社会规范相一致，他们就会更有影响力。例如，在两项探讨女性主义问题的实验中，与反对新社会规范的少数团体（即反女性主义者）相比，被试更易受到与最近的社会规范立场一致的少数团体（即女性主义者）的影响，而明显地改变自己的意见（Paicheler，1977）。

然而，在这项研究中最有趣的发现在于，研究中的多数团体成员表现出私下态度的改变（即内化），而非只是阿希从众实验中发现的公开从众。事实上，有时候少数团体即使无法获得大多数人公开的赞同，仍会使他们私下的态度发生改变。

一位研究者指出，由于少数团体可引导多数人重新思考这些问题，因此能使多数人的态度发生改变。即使少数团体无法说服多数团体，他们仍然放宽了可接纳意见的范围；相对地，意见一致的多数团体则很少会实时审慎思考自己的立场（Nemeth，1986）。

另一项观点指出，之所以会产生少数人的影响，部分是因为多数团体的成员相信他们不会被少数人影响，而只是出于礼貌听听他们的说法。换言之，只是表现他们开放的胸襟——多数人团体可能会仔细考虑少数人的意见，但别指望会因而改变他们的心意。然而讽刺的是，这些人的看法确实发生了改变，因为仔细考虑的结果重组了相关信念系统，从而更可能改变观点。此过程反映出被心理学家称为看待弱势团体成员的**隐性宽容合约**（implicit leniency contract），它是指只是为表现公平，多数团体的成员会容许少数团体的成员畅所欲言，却因而开启了受少数人影响的大门（Crano & Chen，1998）。

这些研究发现使我们了解到，世上的多数团体基本上都拥有赞同或否定、接纳或拒绝的社会权力；而正是这种力量促成了公开的顺从或从众行为。相对地，少数团体极少拥有这类社会权力，但是如果他们具有可靠性，就也能拥有使人产生真正改变态度的力量，并因此产生改革、社会变迁以及革命的力量。

社会改革（如南非终止种族隔离政策）有时是少数人有意去说服大多数人，而发挥了改变态度的力量

服从权威

本章一开始就呈现了一些让人不寒而栗的人性恐怖层面——或许其中没有一个比得上第二次世界大战中德国纳粹系统性的种族灭绝那样发人深省。请再回顾2001年9月11日美国遭恐怖分子袭击所丧失的所有生命（与流下的眼泪），就算乘上2500倍，仍然低于纳粹集中营内死难的人数。这项恐怖行动的元凶——希特勒，可能是一个精神错乱的恶魔，但他并非独自一人完成这件事，而所有逐日执行这些工作、建造烤炉及毒气室使之塞满人类、计算尸体，以及处理必要文书工作的人又如何？他们也全部都是恶魔吗？

社会哲学家汉娜·阿伦特（Hannah Arendt，1963）的看法并非如此，她对一位纳粹战犯阿道夫·艾希曼（Adolf Eichmann）的审判结果提出辩护。艾希曼是以谋杀数百万犹太人为由而被判有罪并处以死刑的，但阿伦特形容艾希曼是一个迟钝而普通的官僚，并将自己视为大机器上的一枚小齿轮。就艾希曼审判前讯问的部分内容所发行的抄本也支持阿伦特的看法。有些精神科医师发现，艾希曼的神志相当清楚，他个人的关系也十分正常。事实上，艾希曼相信犹太人应可被准许移居至隔离区，并且他在负责希特勒的安全职务任内主张这项立场，艾希曼甚至有一位犹太裔秘密情妇（这对党卫军而言是一项罪行），以

米尔格拉姆服从实验中所使用的电击发电器（上图左）。"学生"被固定在"电击椅"上（上图右）。被试在进行"教师任务"前先试着接受电击（下图左）。被试拒绝继续进行实验（下图右）。大多数被试，无论是留下来持续完成实验还是在中途拒绝继续，都因被要求扮演的角色而深以为苦（资料来源：*Obedience*, distributed by New York University Film Library, Copyright © 1965 by Stanley Milgram, Reprinted by permission of Alexandra Milgram.）

及一位犹太裔远房亲戚。战争期间他对他们均安排了妥善的保护（Von Lang & Sibyll，1983）。

阿伦特在她探讨艾希曼的著作中采用"一份关于平庸的恶的报道"（"A Report on the Banality of Evil"）作为副标题，得出的结论为：在希特勒第三帝国中，大多数"邪恶的人"只是依循着长官指令而行的普通人，这点指出我们所有人都可能如此邪恶。纳粹德国的残暴事件迥异于人类正常状态的程度，并非匪夷所思，如同阿伦特所言："在一定的情况中，最正常的普通人也会变成罪犯。"只因相信恐怖的恶行只有残酷之人才做得出来会让人心里比较舒坦，这项结论才不易为人所接受。事实上，我们依附于这项邪恶解释论点的强烈情绪，从人们攻击阿伦特及其结论的强度中已经表露无遗。

服从权威的问题于1968年的越战中再次被挑起，当时一群美国士兵声称他们只是遵照指示杀害了美莱（My Lai）小区中的一群平民。于是社会大众被迫再次深思普通人会愿意服从权威而违背自己道德良心的可能性。

这项问题在斯坦利·米尔格拉姆（Stanley Milgram，1963，1974）于耶鲁大学所进行的一连串重要并引起争议的研究中进行了实证地探讨。研究者通过在报纸上刊登广告，招募了一群普通男女，并提供每小时4美元作为报酬请他们参与一项"记忆研究"。当被试抵达实验室时，与另一位被试（事实上为实验同谋）碰面，被试被告知其中一位扮演教师的角色，而另一位则为学习者。接着两人从帽中抽出纸条，真被试发现自己将扮演教师。该角色需要对学习者朗读一连串配对词，接着读出每项配对的第一个词，要求学习者从四个选项中选出正确的第二个词，以测验学习者的记忆力，每当学习者犯错时，被试就必须压下杠杆向学习者施予电击。

当学习者被人用皮带绑在椅子上并将电极连接于他的手腕时，被试则在一旁观看，然后被试坐在邻室，前面有一部电击器，机器正面镶板上包括30个水平排开的杠杆开关，每一个开关均标示出其电压等级，范围依序由15—450伏特；而相邻接的各组开关则以叙述的方式加以标示，范围由"轻微电击"升高到标示"×××"的"危险：剧烈电击"。每当开关压下时，电子蜂鸣器就会发出响声，灯光也开始闪烁，同时电压表上的指针会转向右方。为

了向被试举例说明电击如何运作，被试也被施予45伏特的样本电击。在实验程序开始后，实验者告诉被试，在学习者每次出现连续的错误后，就必须提高一阶电击产生的程度（见图17-5）。

事实上，学习者并未受到任何电击，他是一位47岁、态度和善并曾为这项角色接受过特别训练的男性。当他开始犯错而电击程度也随之升高时，通过相邻的墙壁可听到他抗议的声音；当电击变得更强烈时，他开始喊叫及咒骂；当电击到了300伏特时，学习者开始踢打墙壁；而在下一档电击中（标示着"危险，剧烈电击"），他就不再回答问题或发出任何声音。如同你所预料的一般，许多被试开始抗议这项施予酷刑的程序，并恳求实验者命令停止，但是实验者以一连串的督促加以响应，运用相同的必要理由促使被试继续进行，如"请继续""实验要求你继续进行""你继续进行是绝对必要的"，以及"你别无选择——必须继续进行"，然后根据被试拒绝继续进行实验前所施予的最大电击量测量其对权威的服从性。

当大学生初次得知米尔格拉姆实验的细节后被问到"在学习者敲打墙壁后，他们会不会持续电击"时，约有99%的人表示不会（Aronson，1995）。而米尔格拉姆在教学医院调查精神科医师时，他们预测大多数被试在达到150伏特后会拒绝持续下去，只有4%会持续到300伏特，而一路持续到450伏特的将不到1%。

米尔格拉姆的实验有什么发现？65%的被试自始至终都一直服从命令，持续进行直到一系列电击的最末端（标示"×××"的450伏特），而且没有任何被试在施予300伏特之前停止实验，也就是学习者开始踢打墙壁之前（见图17-6）。

是什么原因使我们不能明了米尔格拉姆研究中这种高度服从的证据呢？答案再次与本章开篇介绍的基本归因错误有关。我们假定：人们的行为反映出其内在特性——他们的需求与人格，而低估（甚至完全忽略）周遭影响我们的情境力量。因此，我们将米尔格拉姆的实验过程与认为人们大多数都不愿加害无辜的他人的常识相互结合而得到很少人会服从的结论。的确，很少人愿意服从，大多数人都声明对施予电击会觉得痛苦而较保留。然而，他们还是持续电击，他们"不愿伤害他人"的意愿（即使已声明在先）还是无法主宰行为。假设人们的意

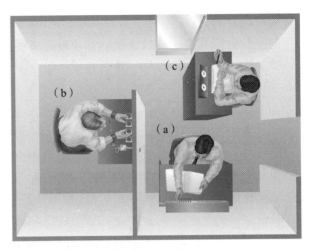

图17-5 米尔格拉姆的服从实验

"教师"（a）被告知在每次错误后要给予"学习者"（b）更强的电击。假如"教师"拒绝，实验者（c）就会坚持必须继续下去（资料来源：Obedience to Authority: An Experimental View by Stanley Milgram. Copyright © 1974 by Stanley Milgram.）

图真能指引行为，那么我们应见识不到情境的微妙特性如何强力影响人们使他们服从。

我们如何得知情境此时发挥了什么作用？或许真有人特别具有攻击性或为无脊椎动物？或者米尔格拉姆释放了弗洛伊德所说的无意识攻击驱力？

我们知道的确是情境在起作用，因为米尔格拉姆进行了许多变化标准任务程序的实验，且将被试

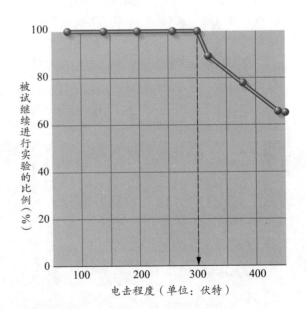

图17-6 服从权威

直到电击强度达300伏特（危险程度）之后，被试愿意施予惩罚性电击的比例才开始降低［资料来源：Alexandra Milgram. "Table 2 Distribution of Breakoff Points" in S. Milgram (1963), "Behavioral Study of Obedience", from *Journal of Abnormal and Social Psychology*, 67, p.376. Used by permission of Alexandra Milgram.］

随机地分派到各实验中。各种实验情境都得到不同的变化的服从率。这些情境包括4个重要的特性：（1）监视；（2）缓冲；（3）角色榜样在场；（4）不断变化的情境。

监视 一项变动的情境因素是实验者监视被试的程度。当实验者离开房间并以电话传送指示时，服从比例就会由65%降至21%（Milgram，1974），几位继续处于实验者不在场情况的被试，甚至施予较低强度的电击而非原本应传送的强度以欺骗实验者。因此，实验者不断出现或监督是迫使被试服从的一个情境因素。

缓冲 另一项变动的情境因素是实验者与被试接近的程度。在标准的程序中，学习者被安排在隔壁房间，在视线之外而只能通过墙壁听到声音。如果学习者与被试在同一个房间，则服从比例将由65%降至40%；如果被试为了必须亲自确认而握住学习者的手并将其按在电击板上，服从比例则会滑落至30%。反之，如果学习者从隔壁从未提供语言的回馈，则服从率陡升为100%。因此，迫使服从的第二个情境变量为缓冲。米尔格拉姆的被试相信自己正在做出暴力行为，但是有几项缓冲作用可遮蔽这项事实或冲淡实验的直接性。被试与受害者的经验越直接（即个人与其行为结果间的缓冲越少），则这个人服从的程度就越低。

在类似战争的情境中，最常见的缓冲是个人与其暴行的最后一幕之间存在着的遥远距离。因此，艾希曼辩称自己无须为屠杀犹太人直接负责，他只是间接

现代战争使个人得以与实际杀戮保持距离，如此一来，会使他们觉得无须为敌人的死亡负责

地安排处死他们。米尔格拉姆曾进行类似于这种"链中-环"角色的研究，他要求被试只需拉一个开关就可由另一位教师（研究的同谋者之一）向学习者传送电击，在这种情况下，服从的程度也将提高——足足有93%的被试继续将电击程度提升到最高。在这种情形中，被试可将责任转移至实际施予电击者的身上。

电击器本身也可作为一种缓冲，即为一个实际传送电击但非人的机械代理者。我们可以想象，如果要求被试以自己的拳头猛击学习者时，服从现象就会减弱。在现实生活中，我们已拥有类似的科技可使我们以遥控的方式毁灭远距离的人类，而因此使我们不必亲眼看见这些人的遇难过程。虽然我们或许都同意按下按钮发射导弹去杀害数千人比拿石头砸死一个人更不可取，但按下按钮时，心理上仍然较为轻松，这就是缓冲的效果。

角色榜样 米尔格拉姆实验之所以得到如此高的服从率，原因之一在于，指向一位孤独被试的社会压力。如果被试不是单独一人，那么他是否较不会服从？已有一些研究数据支持此看法：在阿希从众情境中的被试如果至少有另外一位持异议者存在，被试即较不会迎合团体的错误判断。

米尔格拉姆的服从实验也发生了同样的情况。在一项变动程序的实验中多加入了两位同谋，被介绍为同样扮演老师的角色，1号老师需大声念出配对的单词列表，而2号老师告知学生对错，3号老师（即被试）给电击。同谋在150伏特前都顺从指示，但此时1号老师告诉实验者他不干了。尽管实验者坚持，他还是起身坐到房间的另一角落。到了210伏特后，2号老师也不干了，实验者此时面向被试，命令他单独继续。在这种情况下，结果只有10%的被试愿意持续到完成整个系列。在第二种变动程序的实验中，则有两位实验者而非两位额外的老师。在电击几次后，两人开始争执，其中一位表示应该终止实验，另一位则坚持继续。在此情境下没有被试会持续，而不管2号实验者的命令（Milgram，1974）。

因此，一位不服从的榜样让被试得以遵循良知行事，然而在我们表扬这些面对社会压力仍能自主的被试之前，仔细考虑一下这些研究发现所隐含的意义。这些研究指出，被试并非在服从与自主间，

而是在服从与从众间做出选择：是顺从实验者的要求，还是遵从规范而不服从？

服从或从众，可能不会冲击到你进行英雄式的选择，但这些过程却为人类种属提供了社会黏合剂。一位社会历史学者曾提道："当人们不是因为犯罪动机，而是因道路、宗教，或政治上的动机而不服从时，常为一种集体式行动，且因集体所拥有的价值及其成员的相互投入，而为不服从行动找到正当理由。"（Walzer，1970，p.4）

不断变化的情境　截至目前，我们已讨论了情境的力量，只不过是以大笔涂抹的方式来描绘情境。例如，我们讨论过持一致性意见的团体比只有一位持异议者的团体会产生较大的社会压力。这种粗糙的描绘模糊了任一情境的意义会随着时间推演而改变的这一事实。一个原本平静的团体可能演变成恐怖的情况。不过这种情境演变的本质（一如情境的一般影响力一样）常令我们困惑。

例如，许多人在听到米尔格拉姆的研究时都怀疑为什么会有人同意施加第一次电击？大多数人都宣称他们不会这样做。其实这是因为人们倾向于聚焦于故事的结局——此实验情境结束得多暴力！被试居然给一位好像失去意识的人超过"×××"这种程度的强烈电击。我们所关注的，其实只有开始的情境，而未能注意情境演变。

该情境一开始是无伤的，被试应广告的招募并且同意参与耶鲁大学的研究，因此他们自愿地应允了一项内隐的契约：同意与实验者合作、遵循负责掌控者的指示，以及完成这项工作。这是一种非常强烈的社会规范，而且我们常常低估打破这项协议、收回我们表示合作的承诺的困难程度。当被试到达时，他们发现自己显然是处于学习实验的情境中，他们可能会自忖道："学习这些简单的单词配对列表会有多难？""我打赌电击的威胁会提高学习的速度。"

此外，实验一开始只有 15 伏特——或许根本都感觉不到，且每次只增加 15 伏特。虽说施予 450 伏特的电击显然不是一件好事，但是从无害到难以想象的强度之间的变化并不是那么清楚。被试一旦给了第一个电击，就很难有可以自然喊停的时间点，当他们想要终止时，才发现自己身陷其中无法跳脱。情境不断演变的本质只是随时间慢慢展现出来。

更糟的是，为了中途停止，被试必须承担了解自己一开始就已错误的罪恶感及困窘状态，而且他们离开的时间拖延越久，就越难以在实验已经进行这么久之后才承认自己判断错误，继续进行不当行为反而比承认错误更容易。

最重要的或许是，米尔格拉姆的被试根本没时间反省，他们没时间去思考当前所处的怪异情境，他们的意识也无暇监控，这样一来，即可有效地防制他们自我解读情境的意义（如："恐怖的情境"），被试反而被两种矛盾的情境意义所撕裂——一为权威的意义"实验需要你持续下去"，一为受害者的意义"让我离开吧！我的心脏已经受不了了"。在这种急剧演变的情境中，被试最常见的行为在于反映他人对情境的定义：不是实验者提供强迫服从的意义，就是同伴提出想要终止而不服从命令的意义。被试本人的意愿与想法（即使已经表明）并不能启动其行为。试想想，如果在 300 伏特后小歇 15 分钟，服从的情形会减少多少！

意识形态的辩护　上述所有造就服从的情境因素（见概念摘要表）都为社会因素。米尔格拉姆认为，服从权威的潜质是人类进行社区生活的必要条件，因而可能已经由进化进入到人类物种中了。社会中的分工需要人们有时愿意限制其独立行动来达到更大社会组织的目标。通过父母、学校系统，甚至生意场合提醒人们遵从"见多识广者"的指示而行是件重要的事，可助长这种顺从意愿。因此，要想了解某特定情境中服从的情形，就必须了解使个人觉得听从代表权威者的指示是合法与合理的**意识形态**（ideology）——一组信念与态度。例如，

概念摘要表

服从权威的情境特性

特性	米尔格拉姆研究中的实验证据
监视	实验者不在场时服从率会下降
缓冲	受害者越靠近被试，服从率越下降，而当听不见受害者的声音时服从率增加
角色榜样	当某位"老师"或第二位实验者拒绝合作时，服从率下降
不断演变的情境	服从率似乎依研究一开始时的无害、电击强度的微幅改变、被试无暇反思等因素而定

"9·11"事件劫机自杀的伊斯兰教极端分子即深信听从奥萨马·本·拉登的命令而成为烈士后将可进入永生的天国。同样的,人民殿堂的信徒相信,只要喝下毒药,他们就能一如吉姆·琼斯"教义"中所宣示的,可"跨越进入天堂"。意识形态不仅指引了宗教极端分子的怪异行为,也引导军事组织的日常活动。纳粹军官相信德国至上,因而以国家名义执行命令是天经地义的。同样的,听命杀害越南敌方居民也是服从了"严格执行军事命令是保障国家安全"这样的前提。

在米尔格拉姆的实验中,"科学的重要性"即为一种意识形态,使得就算相当异常的要求也可视为合法正当。有些批评家认为米尔格拉姆的实验失真,他借着科学实验之名使人毫不质疑地服从所参与的可疑程序;然而在现实生活中,人们绝对不会做出这种事情(Baumrind,1964)。的确,当米尔格拉姆利用破烂的办公室设备,并将情境中任何与耶鲁大学有关的事物移除,然后重复进行实验时,服从的比例就由65%滑落至48%(Milgram,1974)。

但是这项批评忽略了一个重点,即"科学的威望"并非一件与本研究无关的变量,而是米尔格拉姆实验证明的主要部分。科学在这项实验中所扮演的合法角色,就如同德国在纳粹德军心中的角色,以及国家安全对战时屠杀行为的角色一般。正由于人们相信科学研究的重要性,促使他们让个人的道德自主性与独立性,受制于声称为了科学利益而为的人。

道德伦理议题 米尔格拉姆的实验有许多方面被批评。首先,批评指出米尔格拉姆的实验程序本身创造了被试难以承受的压力水平。为支持此声明,

学者引用密氏本人的描述:

> 观察到〔被试有〕流汗、颤抖、结巴、咬唇、呻吟,以及指甲掐进肉里。这已经是本实验的特征而非实验中少数例外的反应……紧张的征兆之一为规律性地出现神经质的笑声……还有一次我们观察到癫痫发作且其痉挛十分猛烈,使我们必须下令停止实验。(Milgram,1963,p.375)

其次,学者的批评在于对被试得知他们会被人们施予致命性电击后所形成的长期心理效应。第三,被试一旦被告知实验真相,可能就会产生"被愚弄"与自己是"笨蛋"的感受,因而使得他们较不信任心理学者,而且通常也较不信任权威。

面对这些及其他批评,米尔格拉姆指出,在实验后他进行了严谨的**事后解释程序**(debriefing),即解释实验过程的原因,并重建与被试的正性关系,包括与被试认为被他电击的"受害者"恢复关系的交谈。在完成系列实验后,被试还得到一份有关本实验目的与结果的完整报告。米尔格拉姆接着进行了一项调查,结果显示有84%的被试表示很荣幸能参与此研究;15%提出中性的感受;而有1%对参与本研究感到遗憾。这些百分比大约与服从及拒绝进行本实验的比率相当。此外,有74%指出他们从本研究结果中获得有关个人的重要信息。

米尔格拉姆还聘了一位精神科医师访谈了一位本实验的被试,以确定本研究未对他们造成任何伤害。此追踪研究并没有显示出任何长期抑郁或创伤性反应(Milgram,1964)。

我们在第一章介绍了美国政府所颁行的研究指南,以及美国心理学会所强调的两项原则:最低的风险与被试同意。米尔格拉姆的研究早在20世纪60年代即进行,远在这些指南生效之前,尽管米尔格拉姆的研究有其重要性,且他已做了谨慎的处理,但可能的话,似乎大多数审查委员会都会同意联邦研究基金会审查计划的看法——不会允许在今日进行这类实验。

日常生活中的服从 因为有人批评米尔格拉姆的实验过于失真(Orne & Holland,1968),所以我们最好来看一项在较普通的情境下所进行的服从

军人服从命令,是因为相信国家安全需要他们如此作为。这种想法提供了他们对服从的意识形态辩护

权威研究实例。研究者以公立及私立医院的护士作为被试，调查她们是否会服从一项违反医院规定及专业训练的指示（Hofling，Brotzman，Dalrymple，Graves，& Pierce，1966），当被试（一位护士）定期值班时，她会接到一个来自医师的电话。被试虽然知道对方是医院的医师，但素未谋面。这位医师表示："我是史密斯医师，现在从精神科拨电话过来，今天早上我去看过琼斯先生的病情了，而且晚上也将会再去看他一次。在我到达病房之时，我希望琼斯先生事先服用过一些药物，因此可否请你检查药物柜，看看是否有一些亚托田？就是 A-S-T-R-O-T-E-N。"当护士检查药物柜时，看到一盒药丸标示着：

ASTROTEN（亚托田）
每粒胶囊 5 毫克装
使用剂量：5 毫克
每日最大使用剂量：10 毫克

在这位护士向医师报告已发现药丸后，医师继续说："现在请你给琼斯先生服用一剂 20 毫克的亚托田，我将在 10 分钟内赶到，然后会在处方笺上签字，但我希望那时药物已经开始发挥作用了。"实验进行时，会有一位医院的精神科医师谨慎地驻留在附近，不论是当护士开始倒出药丸（事实上这是一种无害的安慰剂）时，还是拒绝接受医师的指示或试图联系其他专业人员时，这位精神科医师都将对被试说明实情，以终止这项试验。

这项指示违反了几项规定，包括：用药明显过量、不允许通过电话传达用药指示，况且这种药物仍未经公认许可——也就是说，这种药物并未列入病房现有药品单且清楚标明了使用方式；最后，这项指示来自一位不熟悉的人。然而，虽然存在上述种种违反情况，仍有 95% 的护士做出给药的动作，更甚的是，电话的叙述都十分简短，而护士们却几乎没有表示拒绝之意。虽然有数名护士再度要求医师保证会实时地赶到病房，但没有一位护士坚持必须有书面的用药指示。在实验后的访谈中，所有护士都表示过去曾接到过这类指示，而且当护士拒绝时，医师会变得相当不悦。

这些结果不仅令我们震惊，同样让专业人员感到讶异。当向未参与本研究的护理人员描述完整情境后，询问他们会怎么办时，83% 表示不会给药，

而且大多数人都认为绝大多数的护理人员也会拒绝。而询问了 21 位护理实习生同一问题，所有人都宣称不会按照指示给药。

此处再次描绘出情境影响力的强大威力，以及我们不愿见到此压力的心理。我们有项错误的假设：个人的行为反映了其性格与意向。我们再次犯了基本归因错误。

◆ 小结

在阿希的从众经典实验中发现，一致性团体会对个人顺从团体判断产生强大压力——即使那些判断显然错误。即使只有一位与该团体意见不一，从众也会大大降低。

大团体中的弱势团体只要维持一致的异议立场而没有显示出僵化、独断与傲慢，即可影响大团体朝他们的观点移动，此过程即所谓"少数人的影响"。少数人有时还可能使多数人团体成员中获致私下态度的改变，而非仅止于公开的顺从。学者认为这点是通过宽容的隐性合约而生：多数人团体成员允许弱势团体成员畅所欲言却期望不受他们影响。

米尔格拉姆服从权威的经典实验显示出一般人会服从实验者的命令对一位无辜的受害者施予强力的电击。会激发人们产生高服从率的情境因素包括：（1）实验者的监督；（2）防止人们获悉其行动结果的缓冲距离；（3）角色榜样；（4）不断变化的情境。肯定科学重要性的意识形态也有助于人们辩护其对实验者的服从。

虽说米尔格拉姆的研究毋庸置疑有其重要性，但他的实验所衍生的伦理问题曾引发激烈的争论。今日能否再进行类似的研究仍是未知数。

◆ 关键思考问题

1. 关于一般人如何受征召而成为自杀的恐怖分子的一种说法为：一位魅力型领导者会快速训练一群人，若他们有疑虑，会逐步要求他们为了"教义"而成为烈士。此说法如何套用了人众无知的概念？

2. 且考虑米尔格拉姆研究所透露的无解信息：只要情境安排妥当且有意识形态的信念支持，一般人（如同你我）即可能表现出自认为会受到道德谴责的行动。生活中你该如何抗拒这种情境影响力？是否有其他情境有助于你遵循自己的良知行事？

第三节 内化

大部分有关从众及服从研究，都注重人们是否公开地顺从于外在的影响力。然而，在日常生活中，企图影响我们的人通常希望改变我们私下的态度，而不只是公开的行为，并希望即使他们不再出现，达成的改变仍将持续存在。正如我们在本章引言所提及，这种改变被称为**内化**（internalization）。无疑地，父母、教育者、牧师、政治家，以及刊登广告者的主要目标，不只是顺从而是内化。本节我们开始检视说服而非强制顺从的社会影响。

自我辩护

在讨论米尔格拉姆的实验被试发现自己置身于不断演变的情境时，我们得出这样的结论：持续错误的行为有时会比自承错误容易。为什么会这样？当我们站出来明白声称"我改变主意了，我不再认为这样做是对的"为什么这么艰难？部分答案（至少在西方文化中）为：人们讨厌前后不一致。要求一致性的压力有时强到常使人们通过形成或调整其私下信念以支持过去的行为，而达到自圆其说——或合理化。

有一项验证要求一致性的社会影响力经典性研究。为使你获知该实验的感受，请先想象你去敲社区中一户住宅的门，自称是"社区公共安全委员会"的成员，要求应门者："是否可以在您的前院草地上竖起一块公共事务性的广告牌？"当然，你想让对方清楚感受到该广告牌的样子，因此你展示出一张在一户吸引人的家庭近旁竖立了一座写上"安全驾驶"字迹模糊的巨大告示牌的相片。人们会同意吗？不会太多。在20世纪60年代，有个研究团队发现只有17%的人同意（Freeman & Fraser, 1966）。虽说很少人会质疑推动安全驾驶的使命，只是此要求太过分了，大概没有人会为此或其他任何理由就交出自家前院草地的使用权。或者，真有人会如此？

假使你的同事在几个星期前曾到过这些住家而提出较小的要求："能否请您在客厅窗户上贴上此标语？"然后展示一张三英寸见方、写着"安全驾驶"字样的小标语。由于立意良善且所求不多，因此几乎所有人都会同意。这样一来，虽说屋主的行动微不足道，但效果却是相当惊人的，而且持续了很久。在接下来的几周，这些人只要看到自家窗户，即面

对一个强烈的提醒：他们相当关心安全驾驶，才使得他们采取了此一行动。每当有访客询问该标语，就会发现他们在解释安全驾驶对他们而言是何等重要，所以他们必须为此尽一份心力。两周后，你再次造访，提出大告示牌的要求，在这种情境下会有何结果？此研究完成于20世纪60年代，发现有高达76%的人答应要求（Freeman & Fraser, 1966）。想想看，要这些可怜的屋主拒绝要求会有多困难！毕竟他们已被社区及自己称为关心安全驾驶、而会对此采取即便有所牺牲行动的人士。

此研究为一种被称为**登门槛效应**（foot-in-the-door technique）的社会影响手段的范例：要使人们同意一项一般人不会同意的要求时，方法之一就是先提出一个很少人会拒绝的小要求。理想上来说，此小要求应为你早已成竹在胸之大要求的缩小版。人们一旦公开顺从这一简单的小要求，他们就会重新检查他们的角色与立场。此结果将使他们私下的态度更强势地移往与其公开行为一致的方向，而更难拒绝较大的要求。

认知失调论 登门槛的技巧也彰显了人们通过行为来影响其态度的方法。如果你能使某人表现出符合你想要他采取态度的行动方式，那么最后他们将通过追随态度的过程使其行为合理化。对于这些事件最具影响力的理论是利昂·费斯汀格（Leon Festinger）的**认知失调论**（cognitive dissonance theory）。认知失调论假定存在着一股驱力推动着认知的一致性：*两种彼此不一致的认知将产生不舒服的感觉，并促使个人排除不一致而将认知带进和谐的状态。*这种由不一致所产生的不适感被称为认知失调（Festinger, 1957）。

虽然认知失调论说明了许多不一致的现象，但其中最引人注意的是，预测当人们从事与自己态度相反的行为时所产生的失调压力，会改变态度以使态度与行为达成一致。我们称这种态度与行为间不一致性为伪善。例如，对一位经常前往脱衣酒吧的基本教义派牧师，我们会说他伪善。这种负面的称谓正好让我们领略到言行不一致所引起的不适。认知失调论的核心理念为，一旦态度与行为相左，我们就会采取最容易的路径来排除失调所造成的不快。也就是说，我们会改变态度以达到和谐或一致，毕

竟发生过的行为覆水难收。想将已进行的行动改弦易辙（例如，米尔格拉姆实验中想停止电击或戒烟），会造成更大的失调，因为它意味着你最初的判断很糟糕，而这想法与你向来肯定自己的观点不一致，只好通过改变或加入新的和谐认知元素以维持或辩护既有行为。**合理化**（rationalization）即这种自我辩护过程的另一种说法。在米尔格拉姆实验中的某些被试自我安慰道："至少我有遵循指示，不像那个家伙不肯好好学这些配对词单。"假设你抽烟，你可能会告诉自己类似的话以降低失调："我知道吸烟有碍健康，但它能让我好好地放松，这对我来说更为重要"。

认知失调最早且最著名的研究之一，是检验诱发性顺从的效应。一些大学男生有一次参加一项实验，他们被要求做一项枯燥无味、单调重复的工作：不断重复地在一块木钉板上转动木钉。完成这件无聊的工作后，实验者请被试帮个忙，告诉他们说本研究实际在探讨人们的期望如何影响表现，因此扮演实验同谋者通常会告诉被试一些并不会出现的期望。在这种伪装下，有些被试得到1美元而对下一位被试表示这是充满乐趣而吸引人的工作；有的被试则会获得20美元，并被要求也做相同的事情。所有被试均对这项要求表示顺从，随后当他们被问及自己对这项工作的喜欢程度时，如图17-7所示，只获得1美元的被试表示他们实际上的确喜欢这件工作，然而获得20美元的被试则并未比控制组被试更明显更喜欢这项工作，而控制组被试没有向其他被试表示过工作性质（Festinger & Carlsmith, 1959）。因此，为顺从于实验要求而接受的小诱因（而非大诱因）反而使人们相信他们自己所说的话，为何会产生这种现象呢？

依认知失调论的看法，得到20美元的被试对顺从实验者的要求告诉等待被试那番话，有个非常清楚与和谐的理由，因此并不会体验到失调。个人的行为（告诉下一位被试任务有趣）与他对该任务的态度（任务很无聊）两者间的不一致性，已被顺从指示和为了一大笔钱的诱惑而顺从两者间较大的一致性所淹没（别忘了，本研究是在20世纪50年代进行的，当时20美元相当今天的100美元）。因此，领到20美元的被试没有改变其态度。而那些拿到1美元者，他们没有顺从指示的明显或和谐的理由，

因此，他们经历了失调，为了减低失调，只好相信他们真的喜欢该任务。总括的结论是，在诱导-顺从的情境中，不论以奖赏还是惩罚的方式，当行为被最少量的压力所诱导时，引起失调的行为就会导致态度的改变。

针对儿童所进行的实验，证实了上述有关"最少惩罚"的预测：如果儿童服从一项非常温和的要求而不去玩一个具有吸引力的玩具，他们就会相信这个玩具并不如自己一开始所想象的这么有吸引力——这是一种与观察自己未去玩这个玩具一致的信念；但如果儿童是在一种严厉惩罚的威胁下而被制止去玩这个玩具时，他们就不会改变自己对这个玩具的喜爱程度（Aronson & Carlsmith, 1963；Freedman, 1965）。

其他认知失调传统的研究着重在，人们如何通过强化所选择路径的价值以辩护他们过去所做的努力。每年发生在大学校园里的即是最佳范例：学生通常得经过烦琐的仪式（有时甚至是痛苦且危险的尝试）才能加入校园的兄弟会或姊妹会。有关认知失调的研究实验提出了一些能解释为什么这些仪式还经久不衰的线索。一些历经更多努力才进入某团体的人，最后会比那些轻松入会者更看重该团体（Aronson & Mills, 1959）。我们也以同样方式为我们过去的决策辩护（Brehm, 1956）。在决策前，许多选择看起来似乎都同样很吸引人，你或许必须决定要选择加入哪一个。毋庸置疑的，这些选择各有

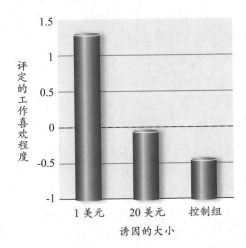

图 17-7　诱导-顺从实验

提供较小诱因让被试认同这是有趣的工作，将使他们推论自己的确真的喜欢这些工作，而较大的诱因反而无此效果（资料来源：Festinger & Carlsmith, 1959.）

其优点，但是，你当然只能选择其中一个。一旦做出决定，认知失调论就会预测：只是单纯的一个选择行动，就可能在你身上造成失调，因为该行动与其他未被选中者之间的优点不一致。为降低这种不愉快的状态，本理论预期你会通过贬抑你未选中者的优点并夸大你所选者的优点，来辩护你所做的决定。此预测与你的经验相吻合吗？

自我知觉论　数年来，学者提出了解释认知失调论一些研究发现的另类说法。例如，社会心理学家达瑞·贝姆（Daryl Bem）提出了一种被他称为自我知觉论（self-perception theory）的简单理论，以解释认知失调经典实验的所有结果，而不需借助于任何内在苦恼或失调的说法。简言之，自我知觉论认为个人通过观察自己的行为与当时情境以推论出自己的态度、情绪与内在状态。**自我知觉论**（self-perception theory）主张：个人内在的线索越微弱、越模糊或无法解释，个人就越需要像旁观者一样依赖外在线索以推出个人的内在状态（Bem，1972）。自我知觉论最常见的范例为："这已经是我的第二份三明治了，我想我是比我想象中还要饿！"此例中，说话者乃通过观察自己的行为来推断自己的内在状态；"我整天都在咬指甲，一定有什么事情困扰我"即根据一位朋友在做了相同外在观察后可能有的同一套说辞："你整天都在咬指甲，一定有什么心事。"

我们且用此一另类解释，重新考虑在木钉板上转动木钉的经典研究（Festinger & Carlsmith，1959）。请回想被试被诱导告诉另一位等待实验的被试：实际上很无聊的转钉任务有趣且吸引人，那些获得20美元报酬且做此声明者并没有改变其态度，而那些只得1美元者开始相信该任务实际上很好玩。自我知觉论认为这项实验中的被试如同一位旁观者想了解他人行为成因一样，也会检视自己的行为（告诉另一位被试说这是有趣的工作），并暗地里扪心自问"我为什么做这件事"；该理论更进一步指出被试是以与外界观察者相同的方式来寻求这项问题的解答，即试图确定是否应采个人倾向归因（他是因为真的确实喜欢这些工作而向另一位被试说这工作是有趣的）或情境归因（他是因为金钱而如此做）。当被试只收到1美元作为报酬时，观察者较可能会做出个人倾向归因："他不可能只为了1美元而

这么说，所以他必定是真的喜欢这些工作。"如果付给被试20美元，观察者则更可能做出情境归因："任何人都会为了20美元而说这些话，所以我无法基于他的陈述判定他对这些工作的态度。"如果被试如同这位假设的，观察者一般依循相同的推论过程，则收到1美元的被试将对自己的行为做出个人倾向归因："我一定是认为这些工作相当令人愉快，否则，我不会这么说。"但是被付给20美元的被试则将自己的行为归因于金钱，因此对这些工作所表现的态度就如同未曾对其他被试做这些陈述的控制组被试一样。

重要的是，在转钉研究的所有被试都愿意告诉下一位被试那项任务很好玩——即使是只拿到1美元的被试也是，只不过被试本人并不知道。因此，当拿到1美元的被试推论出他必然认为任务有趣，要不然他不会这么说，事实上，他们错了。他们应该推论出是因为得了1美元才会对下位被试说那些话。换言之，他们也犯了基本归因错误：他们高估了人的因素，并低估了情境成因。

也可能发生相反的情形：人们可能高估了情境，并低估了人的因素。我们再回头看第一章提到的，为奖励儿童达到每月阅读目标而奖励比萨所产生意想不到的效应，儿童确实因而多阅读以赢得比萨。但是他们得到阅读的乐趣吗？一旦比萨计划告终，他们会持续阅读吗？数十个根据自我知觉原理所进行的研究指出，奖励会损及内诱性的兴趣与动机。此现象之所以会发生，是因为人们一旦看见自己的行为是由某些外在、情境因素（比如免费比萨）所引起的，他们会对任何内在、个人的因素（像是自己本身就喜欢该活动）的成因大打折扣。因此，当儿童自问为何阅读时，他们会说，是因为比萨。一旦没了比萨，他们就找不到阅读的其他动力来源了。我们称奖励这种损害性的效应为**过度辩护效应**（overjustification effect），指人们对自己的行为解释，会过度强调某些显著的情境因素，而对个人的成因不够重视。

哪个理论得胜呢？是认知失调论还是自我知觉论更为适合解释我们改变态度以为行动辩护的倾向？一般而言，每种理论都有支持其论点而其他理论却无法解释的研究数据。有些研究发现，被试在面对与其信念立场不一致的论点时，确实体验

到唤醒与不适，此结果与认知失调论一致而和自我知觉论不一致（Elliot & Devine，1994；Elkin & Leippe，1986）。其他学者则总结道：两个理论可能都正确——只是情境稍有不同，因此研究必须先厘清适用于各个理论的特定时机与场合（Baumeister & Tice，1984；Fazio，Zanna，& Cooper，1977；Paulhus，1982）。最近的实验实际上已对这两种理论提出了挑战。一项重复验证了经典的自我辩护实验范式的研究，即分别选用失忆症或处于认知超载的被试（让他同时进行多项任务因而损害其注意力与工作记忆）。结果显示，即便被试不记得他们新态度所刚刚辩护的行为为何，其原有态度也已发生了改变！（Lieberman，Ochsner，Gilbert，& Schacter，2001）这些研究指出，行为所诱发的态度改变可以自动产生，不需要意识思考。因此，虽说认知失调与自我知觉论都主张人们会通过改变态度来"合理化"其过去的行动，然而实际上可能根本未涉及此二理论所假设的"努力追求和谐"或"寻求意义"的过程。

这些对自我辩护的不同观点，描绘了种种社会影响技术的心理结果。通过本章，我们可以一再见到社会心理学中的一个核心课题：情境具有强大的影响力。在社会心理学中的另一个核心课题为，这些强大的社会影响力常常是隐藏的。每当有某种形式的社会影响力迫使我们以某种方式行动时，我们通常浑然未觉；等到需要找出我们行动的意义时，就会有意或无意地改变我们的态度以符合我们的外在行为。就此观点而言，这些经典的自我辩护实验都可视为对行动的社会影响技术。

对琼斯镇事件的自我辩护 知道自我辩护过程如何引导人们通过改变其态度以合理化自己的行动后，再回头想想本章一开始所介绍的琼斯镇事件。当人们首度听到此集体自杀事件时，再次出现了基本归因错误：吉姆·琼斯的徒众一定是疯了或是意志薄弱，否则还有谁会应他人要求而奉献出自己的生命？稍后的新闻报道挑战了这种论点，它将人民殿堂成员的异质性做了一番摘述：虽说成员中有穷人与未受教育者，或许也比大多数人容易受骗，但还是有许多受教育的专业人士。回想在基本归因错误中所提出的观点：人们会低估情境的影响力，将其牢记在心，再来对琼斯镇的悲剧进行社会心理分析，以检查其徒众对琼斯镇信仰的心路过程及吉姆·琼斯所采取的影响策略（Osherow，1984）。

说来也够诡异的，由于吉姆·琼斯坚持大多数活动（包括最后的自杀行动）都要录音存证，因此我们有一个可以观察其日常生活作息的窗口。还有来自人民殿堂前会员的报告，也有助于我们拼凑出完整的图像。我们从这些证据中可以清楚得知，吉姆·琼斯很擅长于运用"登门槛"效应。琼斯并未一开始即要求预备加入的会员"奉献你的所有积蓄与子女，跟随我迁徙到丛林里"，而是先使准会员顺从一些小要求后，再逐步提升奉献承诺的层次。他们记得吉姆·琼斯有一幅描绘社会平等种族和谐、被简单地视为"教义"（the Cause）象征的乌托邦图画。首先，只请求会员们为教义奉献一些时间，接着，献出他们的金钱，接下来是他们的事业、子女的法定监护权，等等。渐渐地，会员的权利越来越受限，他们变得需逐步地设法解释或辩护他们过往一再支持"教义"的行为，因此，最容易的出路就是越来越狂热地为"教义"奉献。

珍妮·米尔斯（Jeanne Mills）在迁往圭亚那前即反对人民殿堂，她成了批评该团体的发言人（日后却被谋杀）。在她的著作《与神共处六年》（*Six Years With God*，1979）中她描述了自我辩护的作用力：

> 我们必须面对残酷现实：我们所有的积蓄都不翼而飞，吉姆要求我们卖掉寿险，而将所得捐给教堂，因此我们真的是一无所有，我们所有的身家性命都被掠夺一空……我们认为当我们向双亲告别而远离家国时，即与亲人切断了一切关系，就连留在照顾中心〔由别人在教堂中看顾〕的小孩，也公然对我们表现出敌意。吉姆在很短的时间内就完成了这一切手段！我们所拥有的，就只有吉姆与"教义"，因此我们只能下定决心将所有的心力为这两项目标卖命。（Mills，1979，见 Osherow，1984）

由此可知，吉姆琼斯有意无意地运用了隐晦未明的社会影响技术来促使信徒表现出顺从行为，该策略利用了人们自我辩护的倾向而导致成员更进一步强化他们对吉姆琼斯与"教义"的信仰，从而将他们对成为会员所付出代价与害处的评估降至最低。

吉姆·琼斯巧妙地利用了人们自我辩护的倾向

到了圭亚那后，琼斯借灌输"最后仪式"或"进化性自杀"的理念，持续提升成员的承诺奉献层次。他将该事件名为"白夜"，实际上就是自杀排演。琼斯会将酒传递下去给众人饮用，稍后即宣称这些酒已下毒，而大家即将丧命。为测试其信徒的信心，琼斯会问他们是否准备好为"教义"献身？有一次，他还要信徒们投票以决定其命运。到了夜间稍晚时，琼斯会宣布："这是很好的一课，我看你们都没死。"一位前会员详述了"白夜"对他及其他信众的影响：

> 〔琼斯〕的这一套说法，好像我们需要30分钟来进行非常强烈的反省性思考，此时，大家都有强烈、奉献出一切的感受，觉得相当自豪……〔琼斯〕教导我们：为自己的信仰牺牲性命是无上的恩典。（Winfrey，1979，见Osherow，1984）

对此事件进行简单的社会心理分析，可以让我们体认到：琼斯镇的集体自杀事件即为一种对人们的行动展现了社会影响力的例证，它让我们得以窥知情境影响力如何改变了吉姆·琼斯信徒们已然内化的意识形态。

参照团体与认同

我们所隶属的团体，几乎都拥有一组内隐或外显且自认为正确的信念、态度，以及行为。任何团体成员若游荡于这些社会规范之外，就是冒着被孤立或遭到社会否定的危险。因此，通过社会赏罚，可使我们顺从所隶属的团体。此外，团体也可能使我们对它产生**认同**（identification）：如果我们尊敬或钦佩其他人或其他团体，则为了让我们与他们相像并参与他们，我们会服从他们的规范并实行其信念、态度及行为。

我们所认同的团体被称为**参照团体**（reference groups），因为我们会参考他们以便评估及调整自己的意见与行动。参照团体也可作为一项参考架构，不仅借此为我们提供特殊的信念与态度，还为我们提供了一种用以看待周遭世事的普遍观点，即一种意识形态或一组对社会问题及事件的现成解释。如果最后我们实行这些观点，并将团体的意识形态统合整理并融入自己的价值体系，参照团体就会产生内化作用。因此，认同过程可作为顺从及内化间的桥梁。

一个人不需要成为参照团体的成员也能受到该团体价值观所影响。例如，中低阶级人士通常利用中产阶级作为参照团体；一位满怀抱负的年轻运动员会利用专业运动员作为参照团体。

假如我们每个人只认同于一个参照团体，生活就会单纯许多。但是，大多数人会认同数个参照团体，并常常为自己带来冲突的压力。例如，我们在第十七章曾提到的犹太商人，因其族群参照团体总是比事业参照团体抱持着更自由的政治立场，所以这个犹太商人会感受到交互的压力。人们置身于相互竞争的参照团体中，历时最久的或许是许多年轻人在家庭参照团体与学校或同伴参照团体间感受到的冲突。针对这类冲突而进行范围最广泛的研究为西奥多·纽科姆（Theodore Newcomb）经典的本宁顿研究（classic Bennington Study）——该研究调查了本宁顿学院中所有人员的政治态度。本宁顿学院位于佛蒙特州，是一所小型且政治风气自由的学院。本研究的进行时间（1935—1939）恰好可让人明白：本研究并非一种时新的现象。

今日，本宁顿学院倾向于吸引主张自由主义的学生，但在1935年，大多数学生来自富裕而保守的家庭（今日该校虽然是男女合校而以女生居多，但在1935年时，这是一所女子学院），且三分之二以上的本宁顿学院学生家长加入共和党。因此在20世纪30年代，虽然本宁顿学院小区风气相当自由，但这并非大多数女孩子们选择这所学院的原因。

纽科姆的主要研究发现为，本宁顿学院的学生会一年比一年偏离父母的政治态度，而逐年接近学院社区的政治态度，例如，1936年举行总统大选时，大约66%的学生家长偏好共和党候选人兰登，远胜于民主党候选人罗斯福；而虽说兰登在本宁顿学院中受到62%的大一新生及43%的大二学生支持，但只有15%的大三及大四学生支持兰登。

对大多数女学生而言，渐增的自由主义反映出她们在这两种互有争执的参照团体间所进行的慎思抉择。两位女学生谈到她们为何做这样的选择：

> 在我所有的生活中，已经对女家庭教师及双亲的保护感到厌恶。当我在学校时，就可以摆脱这项保护；或许我想应该是说，我改变这项保护并希望得到教师及更卓越的同学对我在智能上的赞许。我发现你不可能既受到保护又在智能上受人推崇。

> 成为激进分子就表示是为自己而思考，并且——举例来说——还会受到家人的嘲弄。这也意味着，我将得到最希望与效法的教授及同学们在智能上的认同。（Newcomb，1943，pp.134，131）

值得注意的是，在第二位学生的叙述中，使用了我们曾经提及的"认同"一词，我们也应留意这些女学生如何描述两种改变相互混杂的情形；即包括由社会赏罚所造成的改变（顺从），以及受到自己相当钦慕且努力效法的团体所吸引而产生的改变（认同）。

从认同到内化 如同前文所述，参照团体也可作为参考架构，从而提供团体成员对周遭世事的新观点。本宁顿小区——尤其是学院的教授——会提供学生关于20世纪30年代的经济萧条，以及第二次世界大战的威胁等的见解，这些是学生们富裕而保守的家庭环境中所欠缺的，而且这些见解也开始让学生们从认同转向内化：

> 我很快地就了解到自由主义态度具有声望价值……一开始，我是因为其声望价值而成为自由主义者，但现在则由于围绕在我的自由主义核心周围的问题相当重要，使我持续保留这项态度。目前我所希望的是有效地解决问题。

> 声望与认可对我而言十分重要……但我现在非常努力地试图诚实面对自己，而结果是，我已真正知道自己所希望的态度为何，也了解这些态度会在我自己的生活中将造成哪些后果。（Newcomb，1943，pp.136-137）

对我们而言，许多最重要的信念与态度最初可能奠基于认同作用。不论何时，当我们开始认同一个新的参照团体时，我们就处于"试用"这个团体所指定的一组新信念与态度的过程中，而我们"真正相信"的事物总是不断地在改变，甚至可能每天不同。大学第一年通常会对学生造成这种效应，也就是学生们从家庭参照团体带来的许多观念，会受到完全不同背景与不同信念的同学及教授的挑战，学生们也常以高度热情及强烈信心"试用"新的信念。当原本的信念无法完全适用时，学生们就会抛弃这组信念而接受更新的信念，这是一种自然的成长过程。虽然对于向新经验始终保持开放态度的人而言，这项过程永无止境，但在一个人以较缓慢且持重的方式形成永久信念的核心前，大学时期的成长过程会明显地加速进行。大学的真正功课是从所试验的各种信念及态度中，发展出统合的意识形态，从而由认同转变为内化。

如同前文所述，内化优于顺从的一项特点是，所产生的改变会自我维持，影响的原始来源不需要监督个体来保持已有的改变。因此内化的考验在于被诱发的信念、态度及行为可否保持长期稳定性。本宁顿学院的女学生们因认同而诱发的自由主义是否在她们回到"真实世界"时仍可维持？答案是肯定的，两项追踪本宁顿学院女学生们的研究分别在25年及50年后均发现，这些学生仍然保持自由主义的态度。例如，1984年举行总统大选时，73%的本宁顿学院校友偏好民主党候选人蒙代尔，而非共和党候选人里根；相较之下，同年龄及相同教育程度的女性支持蒙代尔的比例则少于26%，甚至，大约60%的本宁顿学院校友活跃于政坛，其中大部分（66%）加入民主党（Alwin，Cohen，& Newcomb，1991；Newcomb，et al.，1967）。

然而，我们并未因年龄增长而摆脱对支持性参照团体的认同需求。本宁顿学院学生的政治态度之所以维持稳定，部分原因是她们在毕业后挑选了新的参照团体，即朋友或丈夫，而新参照团体也支持她们在学院所发展出的态度；反之，其中嫁给较保守男性的人，在日后的生活中也较可能在政治上采取保守的立场。正如纽科姆所言，我们所挑选的参照团体通常是由于他们分享我们的态度，然后相对地，这些参照团体也帮助我们发展及维持自己的态度。这是循环性的关系，虽然区分认同与内化可助于我们了解社会影响，但实际上是不可能将二者完全分开的。

◆小结

认知失调论认为，当人们的行动一旦与其态度冲突，就会产生一种不舒适的紧张感，而驱使人们改变态度以更能符合其行动。它可以为合理化或自我辩护过程提出一种解释。

自我知觉论挑战认知失调论，认为没有必要发生内在的不快。就算内在的线索微弱、模糊不明或难以解释，人们还是可能从他们过去的行为轻易地推论出其态度。

在认同的过程中，我们会服从规范，而实行我们所尊崇与景仰团体的信念、态度与行为。我们会运用这些参照团体来评估且调整我们的意见与行动，而参照团体可通过施行社会奖惩或提供一个参考架构（一种对事件或社会议题已有的说法），以调解我们的态度与行为。

大多数人都会认同一个以上的参考团体，因而使得我们在信念、态度与行为上会有相互冲突的压力。大学生常常会从以家庭为参考架构的观点，转变到以大学为参考团体的观点。这些新的观点通常会持续到生命后期，这是因为：（1）它们内化了；（2）大学毕业后，我们倾向于选择与我们理念相同的新参考团体。

◆关键思考问题

1. 许多文化中普遍都有年轻人需要通过的仪式或入会仪式。请解释这些仪式如何使人们展现出自我辩护的倾向？这种自我辩护过程的结果是什么？对本过程的解释，认知失调与自我知觉论的解释有何差异？

2. 你能说出因接触到新的参考团体后，造成你在信念与态度方面的任何改变吗？

第四节　团体互动

截至目前，我们对社会影响力与情境力量的讨论，都只着重在这些力量对单一个体的作用。在我们所探讨的问题中，包括他人在场如何与为何会影响个体的行为表现？个人公开的行为为何被团体一致性的表现所模塑？个人私下的态度如何与为何遵循社会影响而改变？本节中，我们将焦点由个人转向团体，我们将探讨团体一般的互动情形，以了解团体过程的动力状态与结果。

体制化规范

团体互动常受到体制化规范的管制。**体制化规范**（institutional norm）就像社会规范——对可接受行为与信念的一些明文或隐性的规定，不过它们只适用于整个同形态的机构或组织中，像是学校、监狱、政府或其他行业。团体在这些场所中的互动形式常常已被"体制化"了，即团体期待身为某个角色（如雇主或老板、政治人物或军官）的行为已被指定好。在这些情境下，行为更容易受到特定角色期望而非身居该角色的个人性格的影响。换言之，体制化的场合是影响人类行为的另一项情境力量。

展现出体制化规范所具有影响力的一项著名研究，为菲利浦·津巴多（Philip Zimbardo）领导的斯坦福监狱实验（Stanford Prison Experiment）。津巴多与其同僚对扮演犯人与狱警的角色所涉及的心理过程感兴趣，他们在斯坦福大学心理系地下室创设了一所模拟监狱，而在当地报纸刊登广告，征求自愿参与心理实验的被试，并会给予他们酬劳。从应征该广告的人员中，挑选了24位来自"美加地区中产阶层家庭，成熟、情绪稳定、正常、有智慧的白人男性大学生"。这些人都没前科，且在价值观上都很相似。依据丢铜板的结果，半数被试为犯人，半数被试为狱警。

研究人员向"狱警"说明其权责，并请他们注意情境的危险性且有必要自我保护。"犯人"则毫无预期地由一部假警车从其住家中被带离，并铐上手铐、蒙住眼睛，带往模拟监狱，在那里，他们被搜身、净身、按指纹、分得号码，与另两位犯人一起被关进"牢房"。

所有被试为了领取酬劳签了名，且均预期将进行约两周的实验。然而在第六天结束时，研究者不得不放弃该实验，因为结果太恐怖了，他们无法继续。津巴多也曾解释道：

> 对大多数的被试〔甚至我们〕而言，现实结束与开始扮演角色之间的界线不再清晰可辨，大多数人都成了狱警或犯人，所扮演的角色与自己不再有清楚的区别。他们在行为、思想与感受等各方面都有戏剧化的实质改变，在短短不到一周时间的监狱实验中，就〔暂时〕抵消了一辈子的学习所得；人类的价值受到质疑，自我概念受到挑战，展现出人性最丑陋、最低劣与病态的一面。我们备受惊吓，因为我们目睹有些男性〔狱警〕对待他人的方式好像对方只是低贱的动物，以残酷为乐；而其他男性〔犯人〕则变得十分卑微，像是只想逃逸求得活命，与对狱警满怀怨恨、失去人性的机器人。（1972，p.243）

"实验变成事实"的快速与彻底的情形，远超出研究者想象的可能。

斯坦福监狱实验即为情境非比寻常影响力的范例，它也展现出监狱情境中体制化规范的威力。别忘了，被试是被随机分派到犯人或狱警的角色的，因此，其背景或性格均无法解释其行为。此外，即使扮演犯人或狱警角色的被试可以全依自己的意愿自由互动，该团体的互动方式还是倾向于以负向、带有敌意、不合人性，一种与实际监狱中互动情形极为相似的形式。这些发现指出，情境本身（监狱这一机构）是一种病态的情境，它会将一个正常人的行为加以改变与扭曲。

自从斯坦福实验进行至今已超过 30 年，美国监狱政策从中获益了吗？美国监狱内的体制化规范与实务工作得到改善了吗？很不幸，答案是否定的。事实上，津巴多与他最早的同僚之一曾指出，美国犯罪司法政策对他们在监狱情境影响力方面的著名实验都视若无睹（Haney & Zimbardo，1998）。例如，他们提醒全美有成立"超级"（Supermax）监狱的狱政趋势，在此超级安全监狱中，最具暴力性与破坏性的囚犯与其他犯人完全隔离，而在情境刺激相当受限、一举一动均受严格控制的环境中受到极

这些是名噪一时的斯坦福监狱实验中被试的照片。实验结果证实了团体互动过程常被强大的体制化规范所塑造。此处，我们看到监狱的规范促使狱卒做出去人性化的暴力行为，犯人则表现出奴性的消沉行为

端的社会隔离。这种对所谓问题囚犯实行超级监狱的措施，忽略了造成囚犯问题行为的情境根源。来自斯坦福监狱实验的教训警告我们：即使在"问题囚犯"从典型的狱所中被移出时，监狱持续存在的病态环境仍会衍生出新的角色，以取代这些囚犯刚被剥夺的角色。此即体制化规范的影响力。

团体决策

在日常生活中，许多决策并非由个人而是由团体所决定。例如，家人共同决定度假地点、陪审团判定被告有罪、市议会表决提高所得税或总统与参谋首长联席会议决定派遣军队到发生国际冲突的地区等。这类决策如何与单一决定者所做出的决策相比较？团体决策究竟较佳还是较差，较危险还是较谨慎，较有谋虑还是较鲁莽？这些是本节中我们关注的问题。

团体极化 在 20 世纪 50 年代，大家普遍相信团体所做出的决定基本上是谨慎而保守的。例如，有人主张，因为商业决策逐渐转由委员会所决定，因此如安德鲁·卡内基（Andrew Carnegie）等大胆、革新、采取冒险之举的企业家已成为过去式（Whyte，1956）。于是当时仍是麻省理工学院商业研究所学生的詹姆斯·斯托纳（James Stoner）决定考验这项假设（1961）。

在斯托纳的研究中，他要求被试考虑一些假设性的两难问题，在一项两难问题中，一位电机工程师必须决定是否继续留在目前薪资中等但仍足供花费的工作上，或是从事另一项工作，而这项新的冒险事业如果成功，必定会赚更多钱并得到可能的合伙机会，不过却没有任何长期的安全保障。在另一个两难问题中，一位严重心脏病患者必须大幅度地

陪审团中常发生团体极化现象，尤其在他们必须达成一致性决议时

限制其习惯的生活方式，或者他可以选择接受治疗手术，但这项手术不是使他完全治愈就是会让他丧命。研究者要求被试在劝说两难问题中的人物尝试较冒险的行动方向前，先决定行动成功的可能性有多高。譬如，如果新冒险事业的成功概率是五成、三成或只有一成时，被试会劝这位电机工程师转而从事这项比较冒险的工作。斯通纳通过诸如此类利用数字表现可能性的方式，得以量化、比较不同决策的危险性。

被试先独自一人做出决定，然后聚合成团体并为每个两难问题得出一项团体决策。在经过团体讨论之后，再次让被试私下个别地考虑这些两难问题。当斯托纳将团体决策与个人在团体讨论前所做决定的平均值相比较时发现，团体的决策比个人原先的决策更为冒险，这种转变甚至反映出部分团体成员真正的意见改变，而非只是对团体决策所表现的公开从众行为：这些人经过团体讨论后私下做出的个人决定，明显地比自己原先的决定更为冒险。

这些研究发现后来由其他研究者重复验证，甚至在向被试呈现真实冒险事件而非假设性冒险事件的情境中也是如此（Bem, Wallach, & Kogan, 1965; Wallach, Kogan, & Bem, 1962, 1964），这种现象起初被称为**风险转移效应**（risky shift effect）。然而，这项研究结果的描述并不正确，即使在早期的研究中，团体决策虽倾向于轻微偏移，但在一或两个假设性两难的问题中，却是一致地朝谨慎的方向偏移（Wallach, Kogan, & Bem, 1962）。这种现象现在被称为**团体极化效应**（group polarization effect），因为在经过更多研究之后，研究者才清楚地发现，团体讨论

所得出的决策并不必然比个人决定更具冒险性，但却更为极端。在一个特殊的两难问题中，如果团体成员原先就倾向于冒险，则团体决策将变得更具冒险性，但如果团体成员原先倾向于谨慎，则团体决策也将变得更为谨慎（Myers & Lamm, 1976）。

目前有关团体极化效应的研究已超过300项以上，同时也出现一大群令人眼花缭乱的变化形式。例如，在一项近期的研究中，让行动敏捷的窃贼真实地去窥探住家，然后由他们针对到每户人家行窃的轻易程度，提出个人及团体评估。结果团体评估比个人评估更为保守，也就是说，团体评估认为较难以成功地潜入这些住家中（Cromwell, Marks, Olson, & Avary, 1991）。

团体极化效应不只限于产生冒险及谨慎的态度。例如，团体讨论会使法国学生原本对该国国务总理的正向态度变得更为正面，而原本对美国的负向态度也变得更趋于负面（Moscovici & Zavalloni, 1969）。陪审团的决策也会受到类似的影响，而导致出现更极端的判决（Isozaki, 1984），陪审团的极化现象较可能发生在与价值及意见有关的判决上（例如，对一位有罪的被告决定其适当的刑罚为何），而较不会出现于与事实有关的判决（例如，被告的罪行），同时，当陪审团需要达成意见一致的决定时——他们通常必须如此，最可能显示出极化现象（Kaplan & Miller, 1987）。

多年来学者曾提出许多有关团体极化效应的解释，但经过多重考验后仍然存在的两项最佳说法则是信息影响（informational influence），以及规范影响（normative influence）（Isenberg, 1986）。当人们在讨论的情况下了解并听到有关决策的新信息以及新奇的论点时，就会产生信息影响作用。例如，当人们讨论上述电机工程师是否应转而从事另一项新的冒险事业时——这项决定几乎总是朝冒险的方式偏移；常可见到团体中某一个人主张，由于电机工程师总是可以觅得好工作，所以这项冒险性已获得担保。另外，在窃贼研究中，当团体内的一位成员提及，接近下午三点时是儿童们即将放学回来并在附近玩耍的时间后，团体的决策就会朝着保守的方向转移。

在讨论中提出越多有利于某项立场的论点时，团体就越可能转而支持这项立场，而且偏差也在此处介入决策；即团体成员最可能表达有利于他们原

先所支持立场的观点，而且他们也很可能会重复地讨论自己已经拥有的信息（Stasser, Taylor, & Hanna, 1989; Stasser & Titus, 1985）。因此，讨论将产生偏颇并有利于团体原先支持的立场。此外团体也倾向于支持较多成员信服的立场。然而，有趣的是，即使实验开始前，每一个人都接到一份列满广泛论点的列表时，仍会发生极化效应——这项研究发现使一些人对此效应的信息解释产生疑虑（Zuber, Crott, & Werner, 1992）。

你应该还记得，当人们将自己的看法与团体规范加以比较时，就会形成规范影响作用。在讨论的过程中，人们会知晓他人是否与自己抱持着类似的态度，或甚至怀着比自己更为极端的看法。如果人们的动机是希望团体以正面角度看待他们，则他们就会服从于团体的立场，或甚至表达出比团体更为极端的立场。诚如一位研究者所述："要成为忠贞分子……就必须与卑鄙者有所不同——包括方向及程度上都要有适切的表示。"（Brown, 1974, p.469）

但是规范影响并不只是从众的压力，团体通常会为其成员提供参考架构，处于这种情境时，成员会再次评估自己原先的立场。这可以通过一项有趣并且经常发生于团体极化实验中的事项加以说明。例如，在团体中，一位被试开始针对电机工程师所面临的两难问题自信地发表其意见："我觉得这个家伙此时应该真的愿意冒一次险，即使成功的概率只有五成，他仍然应该转赴这项新工作。"但另一位团体成员怀疑地说："你认为五成是冒险吗？如果他有胆量，那么即使成功的概率只有1%，他还是应该放手一搏，我的意思是，他又会有什么真的损失呢？"此时，前一个人因极欲重建他身为冒险者的印象，便迅速地朝冒险方向更进一步地转移自己的立场，也由于对"冒险"一词重新定义。因此不论团体本身的决策或其成员在讨论后的态度，均进一步地移向量表中冒险的一端（Wallach, Kogan, & Bem, 1962；取材自作者的私人摘记）。

如同前例所述，信息及规范影响两者会同时出现于团体讨论中，且一些研究已企图解决其中混杂之处。有些研究显示，即使被试只是听到团体的论点，但不知道团体中其他成员真正的立场时，极化效应仍会产生（Burnstein & Vinokur, 1973, 1977），这项研究结果证明信息影响本身已足以产生极化现象；但是其他研究则指出，当人们明白他人的立场，却并未听到任何支持性的论点时，极化效应也会出现，这点又证明规范影响本身也有足够的效力（Goethals & Zanna, 1979; Sanders & Baron, 1977）。然而基本上，信息的效力大于规范的效力（Isenberg, 1986）。

群体思维 "我们怎么会如此愚蠢？"这句话是1961年肯尼迪总统政府企图入侵古巴的猪湾以推翻卡斯特罗政权，但却造成重大损伤的挫败时所产生的反应。这项计划在许多方面的构想都相当拙劣：例如，如果入侵部队一开始未能成功地登陆，则料想他们应该会撤退到山区，但是计划团体中却没有任何一人充分详尽地研究过地图，并了解没有任何军队可穿越隔开山区及登陆区域间80英里长的沼泽，而且即使这点可做到，也已无关紧要，因为其他估计错误之处使得入侵部队早在撤退开始进行前，就已被完全消灭。

这项入侵行动是由总统及其一小群顾问进行构思和规划的。4年后，其中一位顾问——历史学家小阿瑟·施莱辛格（Arthur Schlesinger, Jr.,）自责地描述如下：

> 虽然由于我知道表示反对除了使自己惹人讨厌之外，几乎无法被采纳，因此使得我的罪恶感稍有缓和，但对于我在内阁室的重要讨论时刻保持相当沉默一事，我只能说因为讨论的情境，使得自己实在无法公开指出这项举动的无意义，进而解释为何我除了胆怯地提出少量的质疑之外别无他法。（1965, p.255）

导致团体依循这项造成重大损伤行动方案的这些"讨论的情境"应如何称呼？社会心理学家欧文·贾尼斯（Irving Janis）在阅读过施莱辛格的报告之后，提出了**群体思维**（groupthink）的理论。群体思维是指，引导团体成员将自己的异议压抑于团体共识的喜好之下的现象（Janis, 1982）。贾尼斯分析其他数项外交决策之后，发表了一个概略性的理论以描述群体思维的成因与后果。

依据贾尼斯的理论，群体思维是由以下几方面原因而形成的：（1）一个具凝聚力的决策者团体；（2）隔离外界影响的团体；（3）缺乏系统性程序以考虑赞成与反对各种不同行动方案的理由;(4)明显偏好一项特殊行动方案的指挥型领导者;(5)高度压力——通常源于外在的威胁、最近的失败、道德上的两难问题以及明显缺乏其他可能产生的选择方案等。理论指出,这些条件均会助长人们产生达成并维持团体共识,以及避免因异议而"坏事"的强烈愿望。

贾尼斯认为群体思维的后果及特征包括:(1)共同享有团体无懈可击、伦理道德,以及全体一致性的错觉;(2)对异议者直接施压;(3)自我检查(self-censorship)(施莱辛格的说法);(4)团体成员花费在将决策合理化的时间,比切实地检查决策优缺点的时间更多;(5)团体通常会出现自我指定的思想守卫(self-appointed mindguard),这些团体成员会主动地企图使团体避免考虑挑战其决策效果或道德性的信息。例如,司法部部长(即肯尼迪总统的兄弟罗伯特)曾私下警告施莱辛格说:"总统已下定决心,不要再企图改变现状了。"而国务卿则对团体封锁情报专家所提供的信息,因他们警告不应入侵古巴(Janis,1982)。贾尼斯指出,这些群体思维的特征共同损及决策过程(例如,信息搜寻不全以致未能发展出周全的计划),转而导致团体做出了不良的决策。

贾尼斯的理论在社会心理学界、社会科学界乃至整个文化界,均具有非凡的影响力(Turner & Pratkanis,1998b),虽说它也遭到严厉的批评(如Fuller & Aldag,1998):首先,它大多依据所选择案件做史料分析,而非根据实验室的实验研究,此外,十来个以实验法验证本理论的研究都只获得混乱、有限的支持(Callaway,Marriott,& Esser,1985;Courtright,1978;Flowers,1977;Longley & Pruitt,1980;McCauley,1989;Turner,Pratkanis,Probasco,& Lever,1992)。例如,贾尼斯认为具凝聚力的团体最容易发生群体思维就未获得证实。有凝聚力的团体事实上可能提供成员心理安全感,而使团体得以改善其学习与表现(Edmondson,1999)。本理论稍后的一个修订版指出,凝聚力团体只在团体正面自我形象受威胁时才会产生不良的决策,这一点得到实验数据的支持。团体成员在面临此威胁时,会窄化其注意力,只想保障目标的达成与维持团体的良好形象,这种聚焦的结果常会牺牲决策的有效性(Turner & Pratkanis,1998a)。

本理论的另一个修订版则指出,是否会产生群体思维,要看团体社会规范的特定内涵。还记得社会规范吗?它是指对可接受信念与行为的明文与隐性的规定。在某些个案中,团体规范支持维护团体共识,此时,即会出现群体思维的负面效应,团体决策应该会有很糟的质量。一项晚近的实验研究即验证了这些观点(Postmes,Spears,& Cihangir,2001)。本研究中,研究人员通过随机分派数个团体(每个团体有4名大学生),去参与强调寻求共识规范(一起制作一张海报)或者批判性思考规范(讨论一项不孚众望的政治议题)的任务。接下来,所有团体均参与一项无关的团体决策任务。被试研究人员在团体讨论前后都评估了决策质量,结果见图17-8。由图17-8可知,当团体规范强调共识时,团体讨论无助于决策质量的改善;然而,当团体规范强调批判思考时,团体讨论可大大改善决策质量。你可能已注意到,此群体思维修订版本正响应了前面提过的去个体化的修订版:在两个理论中,引导行为的是属于情境特殊性的社会规范,而非像团体凝聚力或个人匿名性等团体的一般特性。

这项有关团体规范的研究为我们指引了一条降低群体思维损害性效应的途径:强调批判性思考的规范(此即大学教育的宗旨)应可产生较佳的团体

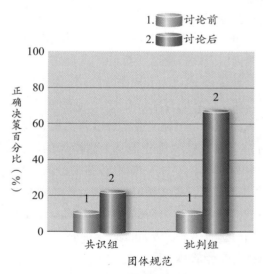

图17-8 团体规范与团体决策的有效性

团体规范会影响团体的决策质量。本实验中,由强调达成共识规范的团体所做的决策,并未从团体讨论中获益,而强调批判性思考规范的团体则可以从团体讨论中获益[资料来源:Postmes, Spears,& Cihangir (2001), Figure 1 on p.923, "Quality of decision making and group norms," in *Journal of Personality and Social Psychology*, 80, 918-930.Copyright © 2001 by American Psychological Association. Adapted with permission.]

研究证据指出：大学校园的种族的多样化能有效预测智力水平，以及助长有利于民主发展的技术

决策。其他改善团体决策的方法包括：为团体提供一位鼓励充分分享意见，且以团体讨论而非个人私下方式产生意见的训练有素的助长者（facilitator）。另外一种有益的策略为，由异质性的成员来混合组成团体，因为异质性的团体比同构型者更能产生广泛的想法（Paulus，1998）。团体歧异性大还有其他好处。对全美大学生所进行的调查研究发现，有各种种族背景（欧裔美国人、非裔美国人、亚裔美国人，以及拉丁裔美国人）的大学学生，在课堂上与各式人种相处，课外又与不同种族的同伴非正式的互动，会达到较高的智能方面的能力与活动层次。此外，校园的种族多样性能帮助人们拓宽视野及助长其他有利民主发展的技术（Gurin，Dey，Hurtado，& Gurin，付梓中）。然而，尽管有证据指出，种族多样化有助于个人与团体的运作结果，不过保障行动政策的价值仍然是学者们争论不休的热门议题。我们在本章末尾双面论证中即呈现了社会心理学者两方面的观点。这些论述中所衍生的许多理念（比如，我们如何决定自己与他人的成败原因，以及偏差的刻板印象具有自我预言实现的本质）均将在第十八章中做进一步论述。

◆ **小结**

机构有规范、能强力管制，在机构中占有重要角色者的行为。机构规范如何模塑团体互动的过程，可从斯坦福监狱实验例证中看出。在该实验中，正常的年轻男士被随机分派到模拟监狱情境中去扮演"犯人"和"狱警"的角色。

团体决策时常表现出团体极化：团体决策的方向与团体成员最初的决策立场一致，只是较其平均立场更趋于极端。这并非只是公然从众，团体成员的私下态度通常也会移往团体讨论的方向。

团体极化效应的成因，部分归因于信息的社会影响，此时团体成员从讨论中获知新信息且听到与决策有关的新论点。团体极化也由规范的社会影响所造成，此时人们会拿自己原有的观点与团体规范相比，他们可能因而调整其立场以迎合大多数人。

对美国外交政策的惨痛决策进行分析后得到一项建议：具凝聚力团体的决策者可能会掉入群体思维的陷阱中。此时团体成员会为达团体共识而抑制本身的不同意见。稍后研究指出，团体凝聚力并不是问题，反而是对团体正向认同与追求共识的团体规范构成威胁才是问题所在。研究证据指出，强调批判性思考的规范与提高团体的异质性，是可以改善团体活动结果的两种途径。

◆ **关键思考问题**

1. 像斯坦福监狱实验中发挥功能的体制化规范，要如何向机构的新成员引介？让新成员顺从体制化规范的过程中，规范与信息的社会影响力，以及人众无知的心理过程，可能扮演何种角色？

2. 请讨论在陪审团讨论的过程中，信息与规范的社会影响力如何可能会造成团体极化？你能想到有什么特别案例，这些现象在其中正好发挥了作用？

第五节 要点重述：社会心理学对一些似乎难以解释的事件的崭新观点

本章一开始就介绍了几则令人不寒而栗的例证——分别来自近代与史料中的事件，都描绘了似乎难以解释、恐怖的人类行为。怎么会有劫机者将飞机撞进举世闻名的摩天大楼，不仅残害了同机旅客与自己，还杀戮了数千名在该栋大楼工作及到访的人员？为什么宗教信徒会为"教义"而决定要饮下致命的毒药？为何一位军官会调配执行，且忽视数

双面论证

保障行动具有正向还是负向效应?

保障行动的负性层面

马德琳·E.海尔曼（Madeline E. Heilman），纽约大学

马德琳·E.海尔曼

大多数人会说，应该论功行赏。然而，人们却不是因为他的事功，而是其身份或所属团体而得到奖赏，这是怎么了？许多人（或许包括你自己）对此会不以为然。

这就是保障行动两难的核心所在。为了确保妇女与弱势团体不会受到差别待遇，即有了不只是一种选择偏好或未论功行赏的保障行动（Kravitz & Platania, 1993）。当然，这件事可能未必透露了什么真相，然而就是这种保障行为的知觉引发了许多的争议。下列即为一些不好的后果。

首先，保障行动会污名化所要保护的受益者，而让他人推断对方是没有能力的。如果你相信某人只因选择偏好而不是根据绩效而得到奖赏，即可能低估对方的素质。事实上，你已经假设对方如果没有得到保障行动的帮助是不可能获选的。

有研究指出保障行动与没有能力的推断间是有关联的（Garcia, Erskine, Hawn, & Casmay, 1981;

Heilman, Block & Lucas, 1992）。在实验研究中已得到结论：人们在实地检视员工的获奖记录并评估此同工作单位伙伴时，没有能力的推断与目标人物是否为女性或弱势种族团体成员，以及与该研究被试的性别、身份（学生或工人）都有关系（Heilman, Block, & Stathatos, 1997）。

保障行动的第二项负性后果与非受益者有关。一旦妇女及弱势团体被认为因偏好而被选定时，那些传统上会被选上该项职务者，常自觉他们事实上才是更适当的人选，最后却不被考虑（Nacoste, 1987）。这点曾被引为激烈反对保障行动的主要理由。

有证据指出，自觉被保障行动忽略的感受，确有不好的副作用。在一项研究中，男性与女性被试配对，最后女性因其性别而被偏好地选任较受欢迎的任务角色（Heilman, McCullough, & Gilbert, 1996），那些自认比女性更具相关技能（甚至只是不相上下）的男性，比那些被告知"女性在该任务上更具技能因而更能胜任"的男性，呈现出动机较弱、易怒与不满。

保障行动的第三项负性后果，关系到对保障受益者日后的影响。人们一旦相信自己之所以被选中是基于与不相干的标准而被错爱，则

可能会产生对自我观感的"泼冷水效应"（chilling effect），使保障行动反而伤害到意图要帮助的对象。

一系列关于依事功或性别来选定被试担任受欢迎角色（领导者）的实验室研究结果，强有力地支持"偏好选择会触动对自我的负面观感"的看法。在重复验证性的研究中发现，被偏好选上的女性（而非男性）对其工作表现评估较负向、自觉在领导能力上有较多缺失、对众所期望的领导者角色更愿让贤，而且会推掉具要求与挑战性的工作（见 Heilman, 1994，对这类研究所作的回顾整理）。

基于这些研究结果，保障行动，以当前的了解看来，似乎并未达到其目标，保障行动有关的污名，与其说是削弱、还不如说是助长了刻板想法与偏见态度，它剥夺了人们因其事功所获致成就而来的满足感与自豪，反而侵害、减低了自我效能感，并助长自觉无能的感受。此外，这种自觉因人口变量身份不合而未能享有任用机会、被不公平对待而来的挫折感，可能会加剧职场的紧张与团体间的敌意。因此，尽管保障行动能成功地提高女性与弱势团体受雇机会，却可能进一步形成那些会造成它原意想弥补问题的情况和条件。

保障行动具有正向还是负向效应?

保障行动的好处

费伊·J. 克罗斯比(Faye J. Crosby),圣克拉拉大学

费伊·J. 克罗斯比

要评估保障行动的效应,必先了解何谓保障行动,而何者不为保障行动。根据美国心理学会(APA)的定义:保障行动是指某机构运用能量以确保在聘用及教育人员上没有差别待遇,而存在着机会均等(APA,1995,p5)。保障行动并非一项被动地支持公理正义的反应性政策,而是在推行法案前须先静待问题发生。保障行动需要资源与警觉性,它并不必然支持或需要保障名额,而牺牲分配的标准或整个取代论功行赏的做法(Turner & Pratkanis,1994)。

在人事聘用方面,于1965年开始认真推行保障行动法律(Holloway,1989)。时至今日,所有政府机构以及与政府合作的大部分组织都实行保障行动。其概率为,如果你或你所知的某人因保障行动而受雇于某雇主,则每四个美国人中就会有一个是如此(Crosby & Cordova,1996)!推行保障行动的雇主会自我监督,以确保从"目标团体"中雇用了一定比率可用的合格人选。通过联邦合约顺从计划办公室(the Office of Federal Contract Compliance Programs)的协助,任何一个机构都可以轻易获得已建构妥当计算可用人数的方法。

此系统是如何运作的呢?以你们学校所聘请的老师为例,设若社会科学领域的教授中有10%是女性(使用率10%),而可用率大多是根据社会科学领域的女性博士比率而得。如果社会科学的女博士有30%,为什么教授只有10%?一定出了什么问题!找出来的问题则一定得加以纠正过来。补救的做法可包含弹性的目标(非固定配额)与具体可行的时间表。

保障行动在聘雇人员上有何效用?经验学者指出,因保障行动而受雇于某雇主的白种妇女与有色人种,在聘用、保留、薪俸与升迁上都能得到好处(Kravitz et al.,1997)。有色人种的男性与白人女性会因保障行动而觉得被污名化吗?一般而言是不会。白种男性会因而怀恨或担心吗?有些人会,尤其是那些性别主义或种族主义者,或者是将保障行动视同配额保障的人(Golden,Hinkle,& Croby,1998);然而,事实上,大多数都不会。实际上,有75%的美国人是支持保障行动的(Tomasson,Crosby,& Herzberger,1996)。

许多白人妇女(包括那些大公司的总裁)基于经济现实考虑都支持保障行动。这种办法一旦开放给白种妇女与少数民族时,也同样对过去没有门路而有天赋的白种男性大开方便之门。施行保障行动的公司似乎比其他公司获利更多(Reskin,1998)。如同有效率的救火队一样,小个子钻进狭窄的空间救人,身材高大的则操作大型的仪器设备,许多行业的团体似乎都能享受这种竞相较劲的气氛(Leonard,1986)。

教育方面,也同样通过监测与补救两个步骤进行保障行动。例如,假设监测出拉丁美洲裔(Hispanics)中大学肄业的比率低于来自高中毕业生的期望比值时,可能开始启动补救措施(例如,超越计划)。在教育方面的保障行动并不一定要降格以求;但是必然得慎重地(有时也会令人为难)检视下列三个问题:(1)我们首先看重个人的特质是什么?(2)如何正确地评估这些特质?(3)我们想将这些个体组成何种团队?

有一项误解认为白种女性与有色人种的学生可能自觉是保障行动的受害人。因为没有人喜欢被告知,自己是因不公正的(包括保障名额等)措施,而非因个人的事功,才得晋身(Heilman,1994)。所幸,大多数因保障行动而受益者不会把保障行动与保障名额混为一谈(Truax,Wood,Wright,Cordova & Crosby,1998),特别是那些对自己所属种族的身份能欣然接受者(Schmermund,Sellers,Mueller,& Crosby,1998)。

一项由前哈佛与普林斯顿大学校长所进行的里程碑研究,被大量地引述为在大学入学时考虑种族因素而得到正性效应的例证。鲍恩与伯克(Bowen & Bok,1998)查看了在1951、1976与1989年因保障行动而得以进入24所精英学院的数百位黑人大学生的长期观察结果,这些黑人大学生从学校毕业且继续深造得到研究所以上学历的比率,与白种学生不相上下。比白种人更优的是,这些黑人毕业生都成了领袖人物——回馈养育他们的社会!

因此,在教育方面好好推行保障行动的整体效应怎么样呢?可说是棒极了!所有人都受益!

百万计无辜民众的死亡?

虽说我们从检视涉案人员的性格或人格特质的研究中已窥见这些谜样行动的源头,但是社会心理学给我们最重要的教训就是告诉我们,这种层次的研究是一种应该停止的错误,它犯了所谓的基本归因错误。想对任何形式的社会行为(从异常到日常生活的行为)有更完整的了解,我们还需要探索社会情境力量的一些线索。

在2001年9月11日后的岁月中,全世界(包括许多社会心理学家)都努力地想更了解当天悲剧事件的成因与后果。基于社会心理学者在发生了琼斯镇屠杀事件与第二次世界大战中大屠杀后对这些事件的论述,你大概也会期望很快就能看到社会心理学者对"9·11"事件的分析报道。

无疑地,这些社会心理学者的观点会指向情境与社会影响力对人们行为的塑造上。一如你所见,社会心理学者详细分析情境,以找出社会影响力发挥功能的特定"工具",这些工具包括:具情境特殊性的社会规范、人众无知、信息与规范的社会影响力、突出的角色榜样、内化的意识形态、团体极化,以及其他。了解这些社会心理学及其他概念如何运作,将有助于我们解释那些乍看之下难以解说的行为。事实上,许多人类的行动光凭人格心理学的观点是难以厘清的,而社会心理学只是开启了另一个不同的窗口,与人格心理学者共同来洞见这些人类的行动。

在第十八章中,我们将更详细探讨人们在对周遭的社会世界意义化过程中的一些主观运作过程。届时,你将会接触到一些有关社会认知的概念与议题。

◆关键思考问题

1. 现在你已经熟悉了从社会心理学观点解释人类行为的某些社会影响力类型,若要解释2001年9月11日发生于美国的那些劫机者行为,你会去搜寻哪些特定的情境线索?

2. 从你个人经验中想出一个例子,说明你曾为了说明某人行为的成因而犯了基本归因错误。你原先的解释是认为该行为是基于何种人格或性格?如果从情境影响力的观点来看,可能的解释又是什么?

本章摘要

1. 社会心理学中最重要的课题是，情境的力量在模塑人类行为上具有巨大的影响力，而社会心理学另一个相关的课题是，这些强而有力的情境常是隐而未见的，我们通常会错用人格或性格的观点来解释人类行为。这类错误通常被社会心理学者称为基本归因错误。

2. 人类与动物在有同种属的成员在场时会反应较快速。此一社会助长效应不论在有进行同样工作者（共同行动者）或纯粹在旁观看者（观众）在场时都会发生。他人在场似乎窄化了人们的注意力。此效应会校正简单反应的表现，却妨碍了复杂任务的表现。就人类而言，诸如与评估有关的认知因素也扮演着重要角色。

3. 暴民与群众有时无法抑制其攻击行动可能是去个体化的结果，在去个体化中，人们觉得他们丧失了个人身份并隐没于团体中，匿名性与团体大小都有助于去个体化。去个体化会提高对与该团体有关的特定情境规范的敏感性。如果该团体的规范具攻击性的话，会增加攻击，反之，若团体规范为亲切待人时，则会降低其攻击。

4. 紧急事故中的旁观者若是身处群体，则其介入或援助的可能性，将比独自一人时更低。阻碍介入的两项主要因素是情境界定及责任分散。由于旁观者试图让自己显得冷静，于是他们会彼此将情境定义为非紧急事故，并因而造成人众无知现象；他人在场也会分散责任，使得没有任何一人觉得必须采取行动。当这些因素降低时，旁观者较可能出面干预，尤其是至少已有人开始提供协助时。

5. 阿希的一系列从众经典实验表明，一致性团体会对个人顺从团体判断产生强大压力——即使那些判断显然错误。哪怕只有一位与该团体意见不一，从众也会大大降低。

6. 大团体中的弱势团体只要维持一致的异议立场而没有显示出僵化、独断与傲慢，即可影响大团体朝他们的观点移动。少数人有时还可能使多数人团体成员中获得私下态度的改变，而非仅止于公开的顺从。

7. 在一系列米尔格拉姆服从权威的经典实验显示出，一般人会服从实验者的命令对一位无辜的受害者施予强力的电击。能激发人们产生高服从率的情境因素包括：实验者的监督，防止人们获悉其行动结果的缓冲距离，不断演变的情境，以及科学角色的合法性，都会使得人们放弃自主而顺从实验者。实验本身的伦理问题曾引发激烈的争论。

8. 人们内化其态度与信念的方式之一，是通过自我辩护过程使它们与行动一致。认知失调论认为，当人们的行动一旦与其态度冲突时，会产生一种不舒适的紧张感，而驱使人们改变态度以更能符合其行动。自我知觉论挑战认知失调论，认为没有必要发生内在的不快。就算内在的线索微弱、模糊不明或难以解释，人们还是可能从他们过去的行为轻易地推论出其态度。

9. 在认同的过程中，我们会服从规范，而实行我们所尊崇与景仰团体的信念、态度与行为。我们会运用这些参照团体来评估且调整我们的意见与行动，而参照团体可通过施行社会奖惩或提供一个参考架构（即一种对事件或社会议题已有的说法）以调解我们的态度与行为。

10. 大多数人都会认同一个以上的参考团体，因而使得我们在信念、态度与行为上会有相互冲突的压力。大学生常常会从以家庭为参考架构的观点，转变到以大学为参考团体的观点。这些新的观点通常会持续到生命后期，这不仅是因为它被内化了，还因为大学毕业后，我们倾向于选择与我们理念相同的新参考团体。

11. 团体决策时常表现出团体极化：团体决策的方向与团体成员最初的决策立场一致，只是较成员的平均立场来得更趋极端。这并非只是公然从众，团体成员的私下态度通常也会移往团体讨论的方向。此效应的成因，部分归因于信息的社会影响，此时团体成员从讨论中获知新信息且听到与决策有关的新论点。团体极化也由规范的社会影响造成，此时人们会拿自己原有的观点与团体规范相比，他们可能因而调整其立场以迎合大多数人。

12. 对美国外交政策的惨痛决策进行分析后得到一项建议：具凝聚力团体的决策者可能会掉入群体思维的陷阱中，此时团体成员会为达团体共识而抑制本身的不同意见。稍后研究指出，团体凝聚力并不是问题，反而是对团体正向认同与追求共识的团体规范构成威胁才是问题所在。研究证据指出，强调批判性思考的规范与提高团体的异质性，是可以改善团体活动结果的两种途径。

核心概念

基本归因错误	旁观者效应	意识形态	认同
社会心理学	人众无知	事后简报	参照团体
共同工作	责任分散	内化	体制化规范
社会助长	顺从	登门槛效应	风险转移效应
社会抑制	信息的社会影响力	认知失调论	团体极化效应
斯特鲁普干扰	规范的社会影响力	合理化	群体思维
去个体化	少数人的影响	自我知觉论	
社会规范	隐性宽容合约	过度辩护效应	

第十八章　社会认知

18

人们无时无地不在考虑与判断他人。例如，当你偶尔参加一个民防团聚会时，你可能会推测那一群人是足球运动员，另一群人是妇女会，还有一群人是自由派的。你认出一个你的小学挚友，你对他颔首致意。此外，许多人——不分男女——都相信女性天生比男性情绪化。我们更可以从近几年的史料中找到一些令人不寒而栗的社会认知事件：奥萨马·本·拉登（Osama bin Laden）2001年在接受电视访问时说道：所有美国人都是穆斯林——或异教徒——的敌人，因此，所有美国人都应成为攻击的目标。在2001年9月11日，美国遭到恐怖袭击后，世界各地的人们开始留意他们出生于阿拉伯的邻居，怀疑他们是否与本·拉登及其信徒一样拥有反美的态度。

我们考虑并判断他人，并不只是单纯地帮我们消磨时间，这

么做也会造成一些后果。例如，你将大学同学分类的结果，决定了你是否与他们互动以及如何互动，且进一步决定他们是否会成为朋友或敌手。正如我们在第十一章所述，吸纳了女性比男性更容易情绪化的刻板印象，即可能影响你对自己与他人情绪的知觉。而本·拉登与其信徒形成"所有美国人都是敌人"的概观，便在2001年9月11日造成了数以千计无辜的美国人丧生，且进一步令人怀疑起出生于阿拉伯的邻人，在某些情况下，助长了偏见与种族仇恨引发的犯罪事件。

还记得社会心理学在关心人类的行为与心理过程如何受到真实或想象中存在的他人的影响吗？在第十七章，我们探讨了社会心理学最重要的课题：社会情境（诸如他人在场、一致性的大多数、权威的要求、社会规范与团体互动）对人们行为、思想、感受等都会产生相当大的影响，而且这种力量还常未被察觉。本章，我们将介绍社会心理学的另一个核心课题：为了对人类行为能有更完整的了解，我们的确有"一窥脑袋究竟"的必要，社会认知（social cognition）方面的

研究即迎合了此需要，它探讨人们对其社会经验的主观解释，以及对社会世界的思考模式。

社会心理学家在窥探人们脑内乾坤、寻找可能解释人们社会行为的线索时，发现存在两种不同思考模式的证据：一种是较为自动化与非意图性的，常在意识觉知之外运作；另一种则较为控制与刻意，我们对其运作方式了如指掌。这种两个思考模式的理念你应该会觉得似曾相识，在第十一章，我们就知道人们的认知评估（即对引发情绪的当下情境的解释）可能发生于意识以及无意识的两个层次。如果评估是无意识的，人们就会有莫名其妙的情绪感受。社会认知同样的情形更为普遍：思考有时是自动与非意图的，而有时则是在我们的意识控制下。这是一项重大的发现，因为如果思考为自动化或控制的，就会影响到足以对社会行为与社会反应产生作用的心理内涵其发挥影响的方式与时机（Chaiken & Trope，1999）。我们在探讨印象形成、态度与人际吸引等过程时，将会见识到这两种不同的思考模式是如何运作的。

第一节 印象形成

当你邂逅某位新朋友时，你是如何认识他或她的？你如何形成对他人的印象？他们皮肤的颜色或所表现的年龄有影响吗？体型与身材呢？换言之，在形成对新朋友的印象时，你会视其种族、年龄与性别而定吗？你的动机会有影响吗？只是在街上偶遇还是在找室友，抑或期望能在一项重大研究计划中与他们合作等，会有关系吗？本节有关印象形成的讨论，即以这些及其他议题为主。

刻板印象

像许多人一样，社会心理学家也会研究社会正义，即对所有人都一视同仁。这就是为什么在社会认知中会投入惊人的能量来研究刻板印象的原因。社会心理学家认为，如果我们能掌握刻板印象运作的原因、时机与过程，就可以在限制其不良效应上有更好的准备，从而以更公平的方式对待人们。

关于刻板印象所进行的数十年研究告诉我们，不论喜欢与否，我们对他人的初始印象都因预存的期望而有所偏差。正如我们前几章所见，在知觉方面通常更是如此。只要我们对任一物体或事件进行知觉，就会在无意间对其加以归类，将输入的数据与我们过去所遇到相似物体与事件的记忆相比对。前几章提过，我们的记忆通常并非像照片般重现原始的刺激，而是再现我们简化过的最初知觉。在第八章中即指出，我们称这类表征或记忆结构为**图式**（schema）；它们是关于人们、物体、事件或情境的组织化信念与知识。从记忆中搜寻与输入数据最为一致的图式的过程被称作**图式加工过程**（schematic processing），或由上而下的思考。图式与图式加工过程让我们得以有效处理大量甚至可能超载的信息，通过这种机制，我们无须对每一新物体或事件的所有细节进行知觉与记忆，而只要单纯地注意到它与我们既存的某图式相似，只需对其进行编码或回想起该图式最重要的特性即可。例如，通过图式处理过程，可以让我们准备好将食品依照食物或饮料分类，而分别将它们摆在盘中与杯内。

我们对碰到的人物，与处理物体与事件相似，以图式及图式加工过程来进行分类。例如，我们会根据明显的身体属性（如种族、性别或年龄）或他们与我们自己的社会身份的关系（如"我们或他们"）将人分成几类。我们也可以以更狭义的方式来界定图式：当有人告诉你，你将会与一位好交际的人会面时，你可能会对这位即将谋面的人士提取出"外向"的图式。外向的图式包括彼此相关联的一组特质——像是善交际、温和，以及可能有点大嗓门与冲动。我们在第八章曾提过，**刻板印象**（stereotype）是对人员加以分类的种类或类型。一位外向者、一位竞争学校的学生，或一位非裔美国人，都是有关"那些特质或行为与其他特质或行为会一起出现"的小型理论。我们之所以会在本节中聚焦于刻板印象，主要是因为它们是一种对印象形成结果有着深远影响且与人物有关的图式。你应该牢记在心，除了有对人物分类的图式外，我们也有对特定人士（如美国总统或我们父母）的图式。还有，在第十三章中也指出，我们也有**自我图式**（self-schema）或有关自己的图式——一组储存在记忆中组织化的自我概念（Markus，1977）。例如，当你看到一份应征同伴辅导员的职务广告时，你可能会评估你的辅导员图式与自我图式间的匹配性，以决定是否应该去应征那份工作。

刻板印象的自动启动作用　在刻板印象中所传递相关联的信息（例如，非裔美国人较具敌意，妇女较被动，或老人动作缓慢），可变成过度学习与自动化。我们在第六章曾提到，通过反复练习开车，可因习惯成自然，使我们变得意识上几乎不再需要任何注意力。同样的过程也发生在我们重复面对有关人们的刻板印象时——它们也一样因习惯成自然，而得以在意识觉知之外自动地运作。

验证刻板印象自动化过程的，主要是启动技术的实验。你可能记得在第八章中，所谓**启动**（priming），是指图式偶尔由情境所激发。除了记忆效果外，在第十七章我们也见识到，启动也可以影响社会行为：只是单纯地让人们看到诸如归顺、顺从、从众等字词，稍后即可能提高他们对一致性多数人的从众。

我们也可以在意识觉察外，自动地启动刻板印象。在某实验中，给被试进行一项被视为测验语文能力的"重组造句测验"（Scrambled Sentence Test）。

许多广告都能启动人们对女性的刻板印象,并触发性别歧视行为

本测验的 30 个题目全部由 5 个单词组成,要求被试从这 5 个单词中任选 4 个,尽快地组成一个语法正确的句子。事实上,重组造句测验有两种版本:一是关键性的版本,是由包括年老、灰白、佛罗里达州、退休与宾果等可以启动老人刻板印象的字词所组成;另一版本所包括的字词则与老人无关(如口渴、干净、私密)。被试一次只进行一种。在他们完成重组造句测验后,实验者请他们离开并带他们乘电梯。当被试一离开实验室,研究者即开始评量“老人”刻板印象的作用:那些被“老人”刻板印象启动的被试,走向电梯时的步伐确实更慢!启动了“老人”的刻板印象(含老人动作慢的想法)确实在无意识的层次下影响了年轻人的行为。我们确知这是刻板印象在起作用,因为这些关键词没有一个与速度或时间有直接关系。我们也知道此作用是发生在无意识层次,因为进行“重组造句测验”,并不能使被试产生与任何主题或刻板印象有关的意识,被试只是单纯地以为在做语文能力测验(Bargh, Chen, & Burrows, 1996)。

启动刻板印象的一项主要来源是视觉媒体,如电视、电影、广告牌等。我们在第十一章曾见识到,儿童若暴露在媒体暴力下,显然会提升其攻击行为。一旦暴露于媒体的刻板印象下,也会产生同样的效果。现在你应该知道,在视觉大众媒体中所看到的,事实上并不是真实世界的代表人物。例如,在电视上亮相的人,看起来都比你在家乡所见的人年轻、苗条、更有吸引力。女性的形象更是刻板化。在许多时代中,女性的形象只重视其外表吸引力而单纯地成为性的对象。虽说媒体上刻板化的女性形象的暴露似乎无伤大雅,然则却是有害的。在第十章我们即见识到媒体如何助长了女孩与妇女们饮食方面的疾病。更具普遍性的影响在于,人们从电视中见识到更多歧视女性的态度(Gerbner, Gross, Morgan, & Signorielli, 1986)。不过,这只是相关研究,或许电视并不会造成性别歧视。一项操控电视暴露情形的实验研究,即提供了因果必然关系的证据。研究者运用电视广告(取材自美国主要时段常见的电视节目)来启动一群男性“视女性为性对象”的刻板印象,另一组控制组则观赏其他不具性别歧视色彩的电视广告。稍后要求两组所有男性被试面试一位应征研究助理工作的女性。与控制组的男性相较,那些被电视广告启动以刻板印象术语考虑女性的男士们,在面谈时会选用较具性别歧视的问题来访谈女性应征者,且以更具性别歧视的态度对待对方(Rudman & Borgida, 1995)。

刻板印象也可以经由无意识的启动方式予以激发。在第十一章中,我们知道非常短暂、以阈下方式呈现蜘蛛与蛇的图片(不到 30 毫秒),即可在恐惧症者身上引发生理激发状态及嫌恶感受,即使恐惧症者并未报告看到任何令他们惊吓的事物。刻板印象也是如此。在一项实验中,向被试(都不为非裔美籍人士)呈现不到 30 毫秒的年轻、欧裔或非裔男性的照片,时间短到来不及从意识中察觉到。这些无意识、阈下的启动任务,藏身在一项乏味的计

无意识地暴露在这些照片下,就足以启动刻板印象,并影响社会行为

算机任务中，该计算机被预先设定好，在被试进行该任务一段冗长时间后会发出一个错误信号："F11错误：数据不能储存。"接着告诉被试要他们重新再操作整个计算机任务。隐藏式摄影机录下被试面对此信息的脸部表情。那些被非裔美国人面孔启动的被试对计算机错误表现出较多的敌意。在此，启动非裔美国人的刻板印象（包括非裔美国人较具敌意的想法）会在这些未起疑心的被试中自动产生出敌意（Bargh et al., 1996）。事实上，这些人甚至未必支持会影响他们的刻板印象：对那些在测量性别歧视态度的问卷上得分高与低的不同被试而言，均被启动出相同的刻板化行为（见于 Devine, 1989; Fazio, Jackson, Dunton, & Williams, 1995）。

因此，只是单纯地与某人相遇，即可能激发起我们依人们在种族、年龄、性别所属类别或者"我们相对于他人"所产生的刻板印象。然而在对他人进行分类的同时，我们也在评估他们吗？实验结果表明确实如此。自动激发种族分别也会同时带来情绪评估的证据，主要来自一系列由非裔与欧裔美国人观看具有许多不同种族背景者（其中包括非裔与欧裔美籍人士）的面孔照片的研究。对非裔美国人而言，欧裔美国人的脸代表外团体，反之，对欧裔美国人而言，非裔美国人的脸代表外团体。这些面孔被隐藏在一项字词评估任务中，要求被试尽快且正确地评估所示形容词（诸如：具吸引力的、有人望的、恼人的或冒犯的）是"好"还是"坏"。被式将进行数十个这类字词的判断任务，实验者记录其反应时间。本研究的结果如图18-1所示。欧裔美国人在见到非裔美国人面孔后会加快负性形容词的反应时间，反之亦然，即非裔美国人在看到欧裔美国人面孔后其评估负性形容词的反应时间也加快（Fazio et al., 1995）。这些研究指出，当我们将别人归为外群体成员时（是"他们"而不是"我们"），我们同时且自动地启动了负向的联结，因而助长了负向的反应。

更进一步巩固此论点的证据来自脑部成像（见第二章）的研究。此研究关注非裔与欧裔美籍被试观看不熟悉的非裔与欧裔美国人照片数次，从成像资料中可知：被试在初次观看所有面孔时，在杏仁核以及涉及在无意识层次监控引发情绪刺激的脑部区域，都有唤醒现象（见第十一章）。再重复观看这些照片时，属内群体成员面孔者的被试杏仁核激发

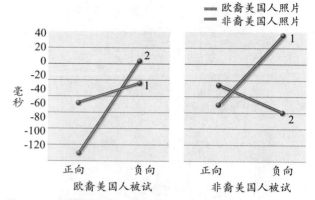

图18-1 刻板印象的自动启动作用

两图代表在先看到非裔与欧裔美国人面孔照片，再对正向与负向形容词归类为"好""坏"类别的平均反应时间，反应越快分数就越高。由图中可知，欧裔美国人被试在看过非裔美国人面孔照片后，对正向与负向形容词反应时间的差距加大，对负向形容词评估的反应时间快很多；非裔美国人被试的反应也一样——他们在看过欧裔美国人面孔照片后，对负向形容词判断的反应速度也加快了。这些数据指出，将另一人归属某"外群体"种族时，会自动挟带一些负向的评估 [资料来源：R. H. Fazio, J. R. Jackson, B. C. Dunton, & C. J. Williams (1995)，图 1, p1018 "Variability in automatic activation as an unobtrusive measure of racial attitudes: A bona fide pipeline?" in Journal of Personality and Social Psychology, 69, 1013-1027. Copyright © 1995 by the American Psychological Association. Adapted with permission.]

变弱了，而对外群体成员面孔的激发情形仍居高不下（Hart et al., 2000）。这些数据显示，一般而言，对不熟悉的面孔，无论其种族类别，初看时，都会视为威胁；然而几次以后，对那些"与我们相像"的威胁反应会减退，而对那些外群体的则不然。

刻板印象与信息加工 研究证实了刻板印象与图式一样，更常帮助我们加工信息。例如，如果清楚要求人们尽量记住与某人有关的信息，那么其实际上所记得的信息量会比只是告诉他们试着形成对方印象时要少（Hamilton, 1979）。这是因为请人们形成印象会引发他搜寻相关的图式或刻板印象，以协助他对信息进行较佳的组织与回忆。

没有刻板印象，我们会被纷至沓来的信息压垮。假如你没有方法来组织或取用你对不同人物类型的期望，你在对他们形成印象时就会相当缓慢。然而，为提升效率所付出的代价将是，我们会对数据的知觉及记忆产生偏差。例如，请考虑一下，你由下列有关吉姆行为的观察叙述中，对他所形成的印象：

吉姆出门去购买一些文具，与两个朋友一同走上阳光普照的街道，边走边沐浴于阳光下，随后吉姆进入生意兴隆的文具店。当他等着结账时，与一位熟识的朋友聊天；踏出文具店的时候，吉姆又停下来与另一位正要进入店内的同学闲谈两句；离开商店后，吉姆走向学校，途中遇见昨晚刚认识的女孩，他们聊了一会儿，后来吉姆就往学校走去。放学后，吉姆单独留在教室。随后，他离开学校，独自踏上回家之路，街道撒满了灿烂的阳光，但吉姆沿着路旁的阴影而行；在他看见街道前方有一个昨天傍晚遇见的漂亮女孩后，吉姆跨过街道走进糖果店，店里挤满学生，他也注意到其中有一些认识的面孔，而吉姆沉默地等待柜台服务生注意到他并接受点餐后，就带着自己的饮料坐到边桌去。吉姆喝完饮料就走回了家（Luchins，1957，pp.34-35）。

你对吉姆的印象是什么？你认为他是友善而好交际的人，还是羞怯而内向的人？如果你认为吉姆是友善的，则你与78%读过这篇叙述的人意见一致，但是仔细审视这篇文章将会发现，实际上，其中包括了两种完全不同的描述，在"放学后，吉姆……"这个句子出现之前，吉姆于数种情境中均被描绘为相当友善的人；然而，从转折点出现后，就有一组几乎完全相同的情境却显示吉姆是一个非常孤单的人。然而，95%只看到这篇叙述前半部的人评定吉姆是友善的，至于只看到这篇叙述后半段的人则只有3%会评定吉姆为友善的人。因此，在你所读的这篇混合叙述中，吉姆的友善性支配了整体印象，不过，当人们读到相同内容，只是将非友善的半段置于前部分时，就只有18%的人评定吉姆是友善的，此时吉姆的非友善性就留下主要的印象（见表18-1）。一般而言，我们所接受的第一信息对整体印象有着较大的冲击力，这被称为**首因效应**（primacy effect）。

首因效应在数种不同的印象形成研究中一再被发现，其中也包括使用真人而非假设性人物的研究（Jones，1990），例如，让被试观看一名男学生试图解答一系列困难的多重选择题，然后要求被试评估这名学生的一般能力（Jones，Rock，Shaver，

与后面的信息相比，我们所接收的第一个信息对我们整体印象的形成具有较大的影响力。此即人们在面试一份工作时要穿西装的原因

Goethals，&Ward，1968）。虽然这名学生每次总是在30个问题中正确答出15个问题，但如果答题成功的表现大部分出现于这系列测验开始之时，则比起成功表现集中于测验后端的情况，则被试对这名学生的能力评定更高。甚至，当要求被试回忆学生到底答出多少问题时，看到15次成功表现集中在测验开端的被试所估计的平均数为21题；但是看到成功表现集中在测验尾端的被试所估计的平均数却为13题。

虽然有数种因素会促使首因效应产生，但这显然主要是图式过程的结果。当我们首次试图形成对一个人的印象时，会主动地在记忆中搜寻出与输入数据最吻合的个人图式，在某个环节中，我们就形成了初步的决定——这个人是友善的（或某种类似的判断），然后我们将任何进一步的信息都同化于这

表18-1 图式过程与首因效应

一旦对吉姆形成图式，随后的信息就会被同化于图式中［资料来源：A. Luchens (1957) "Primary Recovery in Impression Formation," in *The Order of Presentation Persuasion*, edited by C. I. Hovland, pp. 34-35. Yale University Press.］

情况	评定吉姆是友善的百分比
只有友善叙述	95
友善叙述在前——非友善叙述在后	78
非友善叙述在前——友善叙述在后	18
只有非友善叙述	3

项判断中，并将所有矛盾信息视为无法代表我们所要认识的真实人物而加以排除。例如，当明确地要求被试解释吉姆行为中明显的矛盾时，被试有时会表示吉姆真的是一个友善的人，但可能因一天的结束而感到疲累（Luchins，1957）。我们对吉姆已经形成的理论，将进一步影响我们对随后所有相关数据的知觉；一般而论，我们后来的知觉已经变成以图式为导向，因此不太受到新数据影响。由此可见，我们常说的"第一印象很重要"的确是真的。

刻板印象也能协助我们进行**推论**（inference），即从已知信息中进行更进一步的判断。阿希在1946年所进行的经典研究即证实了此论点。为了使你能对本实验有一些概念，请你在心目中形成对山姆的印象：有人描述他为一个"聪慧、技巧纯熟、勤奋、冷漠、有决心、实际且谨慎"的人，根据这些描述所形成的印象，你会认为山姆是个慷慨的人吗？你可能请他将车借你一天吗？如果你的答案是否定的，你就是与当初参与阿希研究被试的反应一致：根据那些特质，只有9%的被试推论山姆是慷慨的。但是如果将山姆描绘成"聪慧、技巧纯熟、勤奋、温暖、有决心、实际且谨慎"呢？其中只有一项特质有别：以"温暖"取代"冷漠"。你现在认为山姆慷慨了吗？或许会。在阿希当时的研究中，从那组已由"温暖"取代"冷漠"的特质组群中推论"慷慨"的被试高达91%。由此可知，虽说没有提出任何山姆可能慷慨的信息，我们仍然可以运用对人们温暖或冷漠的期望或刻板印象，推出超越已知信息的论点。有学者做过类似阿希这类研究，只是以真实世界的而非假想的人物为对象。例如，告诉一部分学生新来的客座教授"有点冷漠"时，会使得学生对他的评价较为负面；而对其他学生则说同一位客座教授"有点热情"，会使学生对他的评价较为正向，即使他们都观察到该教授的相同的行为表现（Kelly，1950）。这里所揭示的要点是，预先建立的名誉是难以撼动的！

种族与性别的刻板印象也有助于塑造我们对他人行为的解释。假如你得知某人在数学测验上有杰出的表现，研究发现，如果对方是男性，那么大多数人都会觉得他很聪明；而若为女性，人们就会认为她只是运气好读对了材料（Deaux，1984；Swim & Sanna，1996）。同样的，当欧裔美国人听说某非裔美国人打了某人时，他们倾向于得出这样的结论：

他具攻击性；但是如果是听到欧裔美国人打人，他们会奇怪，到底是什么东西惹到他了（Hewstone，1990；Pettigrew，1979）。在这些例证中，我们见识到，与刻板印象一致的信息，如何被引用来作为诊断被评价对象潜在的能力与性格，而与刻板印象不一致的信息，则被认为不属对方的性格而被忽略。

类似的证据也来自实验研究，稍前提过，一群男性被试被一则具有刻板化女性形象的电视广告所启动，随后进行字词辨识任务（假称为另一项不相干的任务），这些被启动的男性与未被启动者相比，在辨识那些具性别歧视的字词（如"宝贝""荡妇"）时速度较快；而辨识非性别歧视字词（如，母亲、姊妹）时则较慢（Rudman & Borgida，1995）。只是单纯地观赏媒体，这些男士就已经被启动、戴上了性别刻板化的镜片来看世界。

总而言之，刻板印象（如同由上而下、一般图式加工过程）决定了我们对与人有关信息的知觉、回忆与诠释。我们通过这种过程，形成对他人的印象，而并非单纯地取用所有与对象有关的信息，且以毫无偏倚的方式加以处理。我们会以既存的刻板印象来过滤输入的信息，而主动地建构我们的知觉、记忆与推论。更糟的是，刻板印象对知觉与思考的作用常常是隐藏的：我们常自以为是地以直接、中立的方式来表征外在真实世界！换言之，我们很难体认到刻板印象会改变我们解释的内涵，而自以为我们只是单纯地"还原原貌"。你应该开始去体会刻板印象是如何具有侵蚀性与顽强性：即使一开始刻板印象是错误的，人们也还是能说服自己去相信该刻板印象是正确的，因为它们已经建构了你所看到的世界。

自我预言实现的刻板印象　刻板印象也可以像征兆一样，预知未来。但这并不是因为刻板印象必然为真，而是，刻板印象一旦被激发，就会启动一连串行为过程的行动，只表现出符合最初刻板印象的行为，一种被称为**自我实现预言**（self-fulfilling prophecy）的效应（Jussim，1991；Rosenthal & Jacobson，1968；Snyder，Tanke，& Berscheid，1997）。之所以有此作用，是因为刻板印象并非只是静止在脑袋里，它们会在行动中展露其影响力。为了让你感受一下这个观点，假设有位加入你的对手大学、有着势利骂名的女性，她在大多数时候其实很和善，但是你的数据库却告诉你全然不同的信息。当你在一场足球赛前，与她在走廊上擦身而过时，你会有何反应？最大的可能是，你会回过头去，你何必与一位势利眼打招呼、对她微笑？她又会有何反应？既然你给了她白眼，她也可能会如法炮制。结果让你见识到她冷漠、拒人千里的态度，你会把它视作证实她是个势利眼的证据，而完全不能意识到是你的角色造就了这些证据！如此一来，虽说一开始是你误用了你对来自对手大学女性的刻板印象来与遇到的女性互动，进而塑造了你的行为，最后却反过来提供了证实你最初错误刻板印象的行为证据。信念是有途径成为事实的。

在一项显现此过程的经典研究中，研究者首先注意到，本身是白人的工作访谈者，当他与非裔美国人的应征者访谈时，会比与同样是欧裔美国人的应征者访谈时表现出更不友善的态度，于是他们假设这将导致非裔美籍应征者在访谈时，表现较为不佳。为了考验这项假设，研究者训练访谈者重新表现较不友善及更加友善的两种访谈类型，然后当应征者（全部是欧裔美国人）与运用这两种访谈类型之一的访谈者交谈时，将过程录像下来。结果发现，稍后观看这些录像带的评判者对以较不友善态度被访谈的应征者，评定其访谈表现明显不如以较友善态度被访谈的应征者（Word, Zanna, & Cooper, 1974）。因此，这项研究证实了原先的假设，即带有偏见的人会以实际上引起刻板印象行为的方式与他人互动，而维持自己的偏见。

自我预言实现可在完全没有意识觉察的情况下发生。先前我们看到，人们对非裔美国人的刻板印象一旦被一张呈现在阈下意识的年轻非裔男士的照片启动后，他们更可能表现出敌对的行动。这种敌对行为是否强到足以再激出别人的敌对行为？有另一项实验验证此可能性。同样启动程序只对配对两人之一施行，接着两人共同参与一项带有挫折性质的游戏。结果重复验证了第一个研究，被非裔男士照片启动者与被欧裔男士照片启动者相比，表现出更多的敌意。此外，根据自我预言实现的预测，与被非裔男士照片启动者配对的另一位被试（他本人未被启动），也比与被欧裔男士照片启动者配对的被试，表现出较多的敌意。而且，被启动的被试反倒觉得与他配对的被试有敌意而对自己身为激发敌意的角色浑然未觉（Chen & Bargh, 1997）。这些数据

显示出，只是呈现出具刻板化的人物，即足以激发出个人的刻板印象，而成为自我实现预言。

对我们所属团体的刻板印象，也可能自我预言实现。当大学生被具种族刻板化的印象（包括非裔美国人智力较低）启动时，非裔美国人在困难学业测验上的表现确实比欧裔美国人差；然而，在没有种族刻板印象被启动时，非裔美国人的表现与欧裔美国人不相上下（Steele & Aronson, 1995）。此结果在女性数学差的刻板印象上也得到证实：一旦激发了此刻板印象，女性在困难数学测验上的表现就会较差；而在未被启动时，女性与男性表现一样好（Spencer, Steele, & Quinn, 1999）。有关老年人的刻板印象同样可自我预言实现。当负面的刻板印象被简短地以阈下暴露方式呈现的像衰老这类字词所启动时，上了年纪的被试在其后的记忆测验上的表现就变差了。反之，以阈下方式启动所属老人团体的正面刻板印象（如有智慧）的老年被试，在同一记忆任务上的表现则较佳（Levy, 1996）。

对自我刻板印象的自我预言实现本质所提出最强势的解释，是称作刻板印象威胁的概念。所谓**刻板印象威胁**（stereotype threat）是指，认同一个会提升个人焦虑水平的刻板印象所产生的威胁，而此威胁会转而降低个人的行为表现（Steele, 1997）。另一个解释则贬低了威胁经验的角色，而归因于和所激发刻板印象有关行为单纯的心理表征。通过**意动动作**（ideomotor action）原则——指心理启动这些行为表征（只是单纯地想象它们），即可使得实际相关行动更可能发生。例如，如果非裔美国人的刻板印象（包括懒惰特质在内）在测验情境中被启动，即可能自动产生像是乱猜，或不仔细念完测验题目等"懒散"的行为（Dijksterhuis & Bargh, 2001; Wheeler & Petty, 2001）。这种意动动作的观点预测刻板印象并不会以个人所属团体为目标，以致伤害到在测验情境中的表现，有些实验显示确实如此（Wheeler, Jarvis, & Petty, 2001; 回顾资料见 Wheeler & Petty, 2001）。

个体化

正如我们所见，刻板印象可被自动化启动，只要看到某人的脸部照片即可。此外，一旦被激发，刻板印象就会影响我们的思想与行为，使它们实际上朝符合刻板印象的方向运作（刻板印象的各种认

刻板印象，则视所互动的对象是否与我们个人有所关涉。例如，你若是要决定是否与这位初遇人士分租公寓，你极可能会更全心全意地形成对他的印象。

如图 18-2 所示，在进入更谨慎的印象形成过程时，我们首先会查核初步的分类是否属实。再回头看看这位可能的室友，你可能会想了解这位年轻人是不是"典型的 20 岁青年"，他会不会热衷于吵

概念摘要表

刻板印象作用的摘要

认知作用

自动化评估
对输入信息的偏差知觉
偏差记忆个体化
偏差推论与解释

行为作用

情绪自动化表达
自动化行为倾向
自我预言实现

知与行为上的作用见概念摘要表）。如果刻板印象的作用真的是自动化且相当深远，我们还能够正确地认识某人吗？在 20 世纪 60 年代，马丁·路德·金（Martin Luther King Jr.）提出了类似的呼吁，呼吁人们从刻板印象的毒害中解放出来。在他名为《我有一个梦想》的著名的演说中，金提到他希望非裔美国儿童"有天能够生活在一个不再根据其肤色而是视其内涵而被评估的国家里"。马丁·路德·金博士所描绘的，正是社会心理学家所谓的**个体化**（individuation）的过程，评估一个人的个人性质时，是以个人为基础（person-person basis）。值得庆幸的是，马丁·路德·金的梦想有可能成真：我们有时可以通过个体化过程，不顾刻板印象地对他人形成更正确、属于个人的印象。只不过，形成这种较正确的印象，通常需要更审慎和控制性的思考。

个体化过程的触发 我们是如何、于何时得从刻板化转为个体化过程的？一个具影响力、被称为**连续体模式**（continuum model）的印象形成模式，完整地描述了从刻板化转向个体化过程的持续过程（Fiske，Lin，& Neuberg，1999）。此模式的流程图呈现于图 18-2 中。你可以看到，我们讨论至今的自动化刻板印象，是碰到某人时我们启动的第一个心理过程［"最初的分类"（initial categorization）］，在初遇瞬间，我们已自动地将人根据其性别、种族与年龄分类。这些类别最先被采用的原因在于：（1）最适用于大多数人；（2）（在面对面邂逅场合中）可依外表立即实行；（3）与我们互动的目标间常有重要的文化意涵。至于我们是否会超越单纯的

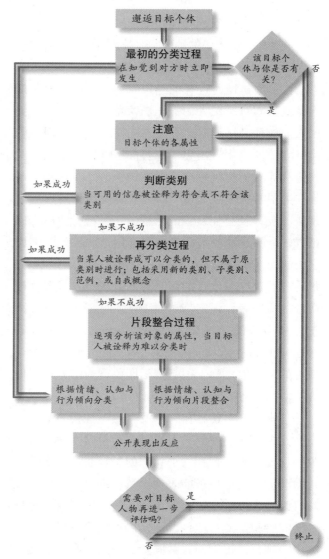

图 18-2 印象形成：从刻板化到个体化

此流程图呈现出费斯克（Fiske）与纽博格（Neuberg）的印象形成的连续体模式（continuum model）。它指出印象形成过程的连续维度，是从刻板化到个体化，视注意的程度与诠释的方式而定。最为个体化的阶段层次是"片段整合"。个人所知觉到与对象有关的可用信息，以及知觉者想达成的动机目标，决定了注意力与诠释两者如何结合以塑造印象形成的过程［资料来源：S. T. Fiske, M.Lin, & S. L. Neuberg, 1999 "The continuum model: Ten years later," in S. Chaiken & Y. Trope (eds.), *Dualprocess Theories in Social Psychology*, pp. 231–254. New York: Guilford Press.］

闹的舞会、飙车与频繁的约会？你注意到他的背包装满了研究所的教科书，他还告诉你他晚上大多去图书馆。如此一来，从可用的信息中得知，他并不适于最初的分类，接下来，你会对他进行另外较狭隘的分类——一个书呆子。图18-2称此为再分类。由于你晚上也想好好念书，因此你会假设你们会是很合得来的室友，从而愿意与他合租。

经过一段时间，随着你对新室友的了解加深，你会知道"书呆子"只是他性格的一面而已——他会吹萨克斯，精于铁人三项，且游踪遍及美国南部。此时，你才知道他与你既有的任一类别都不全然相合，因此，你改变组合方式，将与他有关的所知信息片段，加以拼凑成对他的印象，此即图18-2中的"片段整合过程"（piecemeal integration）。当有关某人的足够信息可为我们所用，同时我们也有动机与能力更加关注这些信息时，我们即可能"视其内涵"来判断对方，而这就是"个体化过程"。然而，最值得注意的是，我们从刻板化转为个体化的过程是相当缓慢的。事实上，许多社会心理学家认为，我们从未完全放弃将人分类，甚至还刻意如此，因为这样可以不费吹灰之力就得到丰富的信息。即便如此，一旦对方与我们有深切的关系（也就是当我们未来的结果在某些方面与他们有关），我们就有动机对他们形成更谨慎、正确与个体化的印象。

促进个体化的结构 对那些意图降低在学校、公司，或其他组织内刻板印象的人来说，与个人有关的议题是他们的重要课题。研究指出，来自不同团体成员间的结构化合作性接触，可降低刻板化而增强个体化。某研究中，被试与一位过去曾患心理疾病的学生碰面，被试起初会预期这位新认识的伙伴会有些忧郁、恐惧，以及不安全感，一些符合曾罹患心理疾病者刻板化的特质。接着，实验者将被试随机分成两组：一组与这位新伙伴合作、一起学习某指定课题的新材料；另一组则是与这位新朋友同在一个房间，但各自学习新材料。与那些并未合作学习任务的被试相比，合作组会从原先刻板化印象移开，而对新认识的伙伴有较正向的评鉴，这似乎是因为任务的合作化结构提供了进行个体化过程的机会。或许更重要的是，被试已将对一般曾患心理疾病者的印象，扩展成对这位学习伙伴更正面的

印象（Desforges et al.，1991）。因此，如果你发现自己正在带领或教导一群似乎被他们对彼此的刻板印象区分开来的团体时，记得你可以通过要求他们合作或分享重要信息的结构方式，降低刻板化的不良影响。当然，合作也有其他好处，它也可能产生较佳的个人或团体的结果（Aronson & Thibodeau，1992）。

控制性的刻板印象 正如前文所述，有时我们的印象会朝向形成连续维度的个体化那一端，因为我们有较强的动机与充裕的时间，去正确了解那一个人；而其他时候，即使仍想避免因刻板印象的偏差影响而生偏见，我们可能不会那么要求个体化。事实上，只是知道刻板印象可能产生我们判断与行动上的偏差（就像你现在一样），即可能衍生出想超越刻板印象影响的强烈意愿，转而作出较具平等主义色彩的反应。幸运的是，实验研究已指出，我们可以意识上克服刻板印象的影响，但是需满足下列条件：（1）清楚了解刻板印象的不良影响；（2）有降低偏见的动机；（3）有足够的注意力（资源）以进行控制性与审慎的思考。虽说学者们不断争论日常生活中究竟能否或有多少满足这些条件的情况（Bargh，1999），研究却显示，有些人即使在短时间里也可以通过心理的努力克服刻板印象的不良影响（Bodenhausen，Marcrea，& Sherman，1999；Devine & Monteith，1999）。近期的研究更显示出，那些高度认同要追求不偏不倚目标的人来说，他们甚至可克服自动激发的刻板印象影响，如图18-1所示（Devine，Plant，Amodio，Harmon-Jones，& Vance，2002）。这些发现相当重要，它们指出，我们不必成为自动启动刻板印象的奴隶。通过动机与控制性思考的适当结合，我们可以学习"根据其内涵"来公平地对待人们，这种方式是我们每个人都应拥有的。

归 因

另一种与形成他人印象有关的过程，涉及对他人行为成因的了解。例如，一位知名的运动选手在电视上支持某品牌的运动鞋。他为什么要这样？他真的喜欢那种球鞋吗？还是为了钱？假如你看到一位妇女捐5美元给生育计划机构（Planned Parenthood）。为什么？她是位利他主义者吗？她是

这位妇女捐款给救世军是因为她支持这项工作，还是她感受到压力，或是因为她本身就是一位利他主义者

被迫的吗？她需要扣抵税款吗？还是她真的相信该机构的作用？

上述每个原因都会产生归因的问题。我们目睹了某些行为，而必须从造成行动的许多可能原因中找出应该被归属的。**归因**（attribution）即是指我们直觉地试图推论出行为的成因。它是社会心理学长久以来的主要议题，时至今日，依然如此（Heider, 1958; Kelly, 1967; Malle, 1999; Trope & Gaunt, 1999）。

再谈基本归因错误　以前述两个例证来说，我们所面临主要的归因任务之一，在于决定我们观察到的行为，是反映出与该人士有关的事物，还是与对方所处环境有关的事物？我们称前者为内在（internal）或**个人倾向归因**（dispositional attribution），即指与该个人有关的事物应为该行为负主要责任（例如，运动员确实喜欢那双鞋）。此处，个人倾向，即指个人的信念、态度与人格特质。另一种选项则被称作外在（external）或**情境归因**（situational attribution），即指某些外在成因应为该行为负主要责任（例如，金钱、社会规范、威胁等）。

归因理论的创始人弗里茨·海德（Fritz Heider）曾提出，由于一个人的行为相当吸引我们的注意力，致使我们会关注于行为的表面价值而忽略周遭的环境（1958）。研究已证实海德的观察：我们会低估行为的情境因素，而过于轻率地归结出有关此人个人倾向的结论。如果我们看到某人表现攻击行为，我们就会轻易地假定这个人具有攻击性格，而较不认为情境有可能引发任何人的攻击行为。另一种说辞则认为，我们对人类行为抱持着一种因果图式，此图式过于着重个人而忽视情境，一位心理学家将这种指向个人倾向归因而非情境归因的偏差称为基本归因错误（fundamental attribution error）（Ross, 1977）。

在一项显示这种偏差的最早期经典研究中，让被试阅读一份辩论者的演讲词，内容可能是支持古巴领导者卡斯特罗，或是攻击卡斯特罗的言论；同时也明白地告知被试，辩论者是由辩论教练分派而主张该议题的某方立场，辩论者本身并没有选择权。虽然被试已经知道这些情形，但是当他被要求评估辩论者对卡斯特罗的真正态度时，仍推论辩论者所抱持的立场接近他在辩论时主张的一方；换言之，就算对这项行为的情境力量已相当充分地考虑后，被试仍然做出个人倾向的归因（Jones & Harris, 1967）。这种效应相当具有威力，即使当被试本人指定演讲者必须主张问题的某方立场时，他们仍倾向于看待演讲者是真正地抱持这种意见（Gilbert & Jones, 1986），就算经过审慎设计使演讲者以枯燥而不热烈的方式表现，并且只单调地朗读讲辞的抄本，而不附带任何动作姿势，此效果仍然存在（Schneider & Miller, 1975）。

一项设计成猜谜游戏的实验说明了参加者与观察者双方如何在同一情境中犯下相同的基本归因错误。实验者将招募而来的男性或女性被试匹配参加常识问答游戏，并随机分派每对的其中一位被试担任提问者，由提问者准备 10 个他自己知道答案的难题（例如，"世界上最大的冰河是什么？"），另一位被试则充当竞争者并试图回答这些问题。当竞争者无法回答出问题时，提问者就公布答案。在另一次重复进行的研究中，观察者也在旁观看比赛，等到游戏结束后，则要求参加者与观察者评定提问者及竞争者和"普通学生"相比时所具备的常识程度。在此相当重要而必须注意的是，参加者与观察者都知道提问者与竞争者的角色是被随机加以分派的。

如图 18-3 所示，提问者判定他们自己及对手的常识程度都大约处于普通水平，但是竞争者则评定提问者优于普通学生，而自己却不如一般的学生。竞争者以猜谜游戏中他们自己（以及提问者）的常识程度结果作为归因依据，而未将提问者所拥有的绝对情境优势纳入考虑，即提问者可决定提出何种问题并略过任何他自己不知道答案的问题；而观察者在明知提问者会问出观察者本身与竞争者都无法回答的问题之下，对提问者所评定的常识程度却更高。换言之，不论竞争者还是观察者都过度着重于个人倾向因素，而过于轻忽情境因素，就犯了基本归因错误（Ross，Amabile，& Steinmetz，1977）。

这项研究意味着，当人们交谈时，选择讨论话题的人比被动让其他人安排谈话内容的人，仍会被认为其知识较为丰富，即使每一个人都知道这些只是各自扮演的不同角色使然。接着，这项研究也为现代性别角色提出暗示——研究显示，在两性混合互动时，男性比女性说得更多（Henley，Hamilton，& Thorne，1985），更会打断他人的谈话（West & Zimmerman，1983），也更可能主动发起讨论话题（Fishman，1983）。这项提问者与竞争者的研究暗示着这类性别角色差异的结果，即女性在大部分两性混合互动时认为自己不如男性博学，而且不论何种性别的旁观者都会产生这种错觉。因此，这中间的寓意十分明显：基本归因错误对你可能有利或有害——如果你要在自己及他人面前显得知识丰富，就必须学习如何建构情境，使你控制着讨论话题的选择权，也就是做一个提问者，而非竞争的对手。

因果归因与印象形成其他层面间关系一样，同时被两种不同的思考模式所主控着：一种是较为自动化与非意图性的；另一种则较为控制性与刻意的。这些不同过程又转而影响基本归因错误发生的频率。为了便于探索原因，我们将归因过程划分为几个阶段。某参考架构将因果归因过程至少分为两部分：第一阶段是个人倾向推论（此行动意味着什么特质？），而第二阶段是情境校正（有何情境限制因素可能促成该行动？）。实验指出，个人倾向推论的第一阶段比情境校正的第二阶段更自动化（Gilbert & Malone，1995；Gilbert，Pelham，& Krull，1988）。这表示我们之所以经常犯基本归因错误，是因为它是一种意识觉察外的过度学习、自动化过程，只在

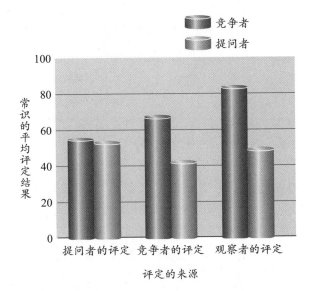

图 18-3　基本归因错误
表中所列为提问者及竞争者参加猜谜游戏之后的评定结果，即使提问者拥有绝对的情境优势，但不论竞争者还是观察者都认为提问者优于普通学生，因此竞争者及观察者都过度着重于个人倾向因素而过于轻忽情境因素（资料来源：Ross, Amabile, & Steinmetz, 1977.）

有认知资源去审慎思考时，我们才能校正最初、自动化的个人倾向归因，而朝情境方面去寻找可能的原因。虽说此结果可能意味着用心思考可克服基本归因错误，我们还是得承认，我们在形成他人印象时，认知上大多同时还忙着处理许多事情，像是策划下一步行动、预期他人的反应、修饰我们在他人心目中的印象。这些"认知忙碌"即表示我们还是会一再犯基本归因错误（Gilbert & Malone，1995）。

◆ **小结**

通过图式加工过程，我们以图式的简化记忆结构来知觉与解释输入的信息。图式是一种便于我们有效地处理日常生活事物的小型理论，而刻板印象即为有关人群团体的图式。

刻板印象通过重复的暴露，可变成习惯性与自动化，得以于意识觉察之外运作。

由于图式与刻板印象都简化了现实，因此图式处理过程在我们处理社会信息过程中，很容易产生错误。例如，在形成他人印象过程中，我们很容易产生首因效应：对初次接收的信息会形成一个初始图式，进而在决定印象形成过程成了比后续信息更具决定性的因素。图式与刻板印象也主控我们的推论过程。

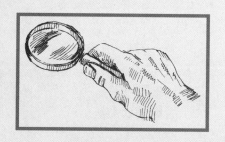

前沿研究

文化与认知

几世纪以来，西方哲学家与心理学家都在讨论认知过程（或所谓思考模式），好像所有正常成人都有相同的模式。事实上，大多数的研究以及本章探讨社会认知的思想，都传达了相似的假设：认知过程所描述的，是一种世界各地人类都具有的普遍特性。虽说不同文化显然有不同的社会风俗，但是学者认为，这与分类及因果推论一样，是无关乎"基本的"认知过程。有关社会认知的"前沿研究"却质疑此一假设，主张不同的社会系统事实上会创造与强化不同的思考体系（Nisbett, Peng, Choi, & Norenzayan, 2001）。

显示社会认知可能并非通用原则的第一项证据，来自学者对基本归因错误的检视。早期研究指出，美国人长久以来都以个人内在倾向来解释他人的行为，但印度人与中国人却偏好以情境归因来解释类似的行为（Miller, 1984; Morris & Peng, 1994; Norenzayan & Nisbett, 2000）。

此外，一项要求被试阅读一段由另一人签署的声明（如支持或指责古巴领导人卡斯特罗）经典研究，再次由韩国与美国学生重复验证（Choi, Nisbett, & Norenzayan, 1999），不过这次撰稿者已无选择权，因此认为其态度符合该声明稿即为一种错误的结论。即便如此，韩国人的反应与美国人一样，推论出撰稿者拥有与他所声明的同一立场，这种内在倾向的归因，又再次反映了基本归因错误。然而，一旦韩国人与美国人在判断前都有过与撰稿者类似的经验，则两国学生的反应会有很明显的差别。在此项经典研究的修改版中，每位被试先被实验者指定备妥一组议题的演说稿，让他们大略体会到在表达个人态度方面所受到的强大情境限制。个人有了这段强烈经验后，韩国人不再进行内在倾向推论，而美国人的表现却仍旧一如既往。从本研究与其他研究结果，作者做出如下结论：东西双方在基本归因错误上的差异，并未反映出在进行内在倾向归因方面有文化差异，事实上，韩、美两国人在标准实验程序中都有"内在倾向归因"的错误。然而在有明显情境限制的情况下，东方亚洲人对此受到限制的情境的敏感度则较强，反映出归因方面的文化差异（Choi et al., 1999）。

持续有证据指出，亚洲东方人比起西方更注重关系与情境（Masuda &

刻板印象一旦被启动，即会启动一连串符合最先刻板印象的自我与撷取自他人的行为过程，这种效应被学者称为自我实现预言。此行为系列可完全发生于意识觉知之外。

个体化是一种根据个人为基础来评估其个人特性以形成印象的过程。印象形成的连续体模式（如图18-2所示），详述了人们对他人进行个体化的时机与过程。合作性的活动有助于个体化过程。

虽然刻板化作用是自动激发的，但是在特定的条件下，它们还是可以经由审慎思考来控制。

归因是我们对他人行为提出说明与解释的过程，主要任务之一就是决定某人的行为成因，是归之于个人倾向（该个体的人格或态度），还是情境因素（社会影响力或是其他外在情境条件）。我们有高估个人倾向因素而低估情境因素的偏差，称作基本归因错误。

◆关键思考问题

1. 假设在某次测验中你考差了，你知道是因为你几乎没看书所致，但是你的教授却犯了基本归因错误，认为你不够聪明。有些社会心理学家宣称：基本归因错误会自我消除——也就是说，经过一段时间后，它就不再是错误。以你考差的那次测验为例，请运用自我实现预言与刻板化威胁的概念，解释此种观点的逻辑。

2. 请想象某位在过去几个月或几年来你相当熟悉的人物，你对他的最初印象与当前你对他的看法一致吗？若不一致，你是否知道，当初可能是什么刻板印象与分类影响到了你的初始印象？你能根据图18-2印象形成的连续体模式，追溯出你对此个体增强个体化的过程吗？

Nisbett，2001）且较易受他人影响（Ji，Peng，& Nisbett，2000）。这些及其他不计其数有关东西思考形式差异的研究，已被引为"亚洲东方人采取整体性思考而西方人则较采分析性思考"的证据（Nisbett et al.，2001）。**整体性思维**（holistic thought）定义为：一种就整个情境或场域进行思考且将因果归因于情境的取向，较少使用分类与形式逻辑，而较依赖论理辩证推论，此种推论涉及辩证且超越明显的矛盾。相反的，**分析性思维**（analytic thought）定义为：一种直指目标而抽离其情境的思考取向，较常使用分类与形式逻辑而避开矛盾。

这种思考形态上南辕北辙的差异是如何形成的呢？此领域的研究先驱指出，实经过长久以来具差异性的社会实务演练。第一章，我们介绍了集体主义与个人主义文化的差异。还记得，集体主义文化是强调人与人间根本存在着相互依存与

关联性，而个人主义文化则强调个体根本上是个别与独立的。事实上，我们在第十一章讨论情绪时也指出，人们的情绪经验与表达方式正反映出其文化涵育。

集体主义倾向可追溯到古老中国对社会和谐的重视与集体行动，而个人主义倾向则溯源于古希腊对个体行动的强调。这些大相径庭的人性观不仅影响到东西方在社会实务上的差异，也塑造了他们在科学、数理及哲学方面各自的进展。此种对因果所在观点分歧的古老遗产，也包括我们今日在认知方面所发现的文化差异证据：当前亚洲东方人较采整体性思维，而当今西方人则更倾向采用分析性思维（Nisbett et al.，2001）。因此，我们运用自己脑袋的方式，并非像生物学上所示是举世皆同，我们思考的方式是可塑的，在我们各自的文化中先历经数千年的打造，再经由现阶段社会实务演练的增强发展而成。

晚近这些探索认知与文化的研

究成果，粉碎了早先所有认为在认知或社会认知方面研究指出有普世性的声明。事实上，其中最具影响力的文章，是由一位当前领导我们探讨文化与认知的学者于1980年代所撰有关社会认知的论述。他对他过去的研究是这样描述的：

我曾与李·罗斯（Lee Ross）共同执笔，写出《人类的推论》（*Human Inference*）（Nisbett，Rose，1980）一书。认知人类学家罗伊·德·安德雷德（Roy D'Andrade）在读了这本书后告诉我说，他认为它是一本"很好的人种志"。我当初相当震撼且惊慌。然而现在，我完全同意安德雷德对本研究只探讨单一文化的缺失。心理学者如果不选择进行跨文化的研究，即可能选择成为人种志的学者（Nisbett et al.，2001，p. 306）。

第二节 态度

到目前为止，我们的讨论只限于知觉、思考与印象形成的过程；但随着有关态度概念的介绍，我们开始以较宽广的角度，探讨情感意见对社会认知与社会行为的影响。

态度（attitude）是对物体、人物、情境或世界上任何方面（包括抽象理念与社会政策在内）所持有的好恶（即好或坏的）评价与反应。我们经常以意见的陈述来表达自己的态度：如"我喜欢柚子"或"我无法忍受共和党员"，但态度虽是用以表达感受，却也时常与认知有所关联，尤其是对于态度对象的信念（"柚子含有丰富的维生素""共和党员对穷人没有同情心"）；更甚者，态度有时会涉及我们对态度对象的行动（"我每天早晨吃一颗柚子""我

绝不投票给共和党员"）。

因此，社会心理学家总是认为态度是由认知、情感及行为三部分组成，例如，在研究对团体的负面态度时，社会心理学家会将负面刻板印象（对于某个团体的负面信念与知觉，即认知成分）、偏见（对于该团体的负面感受，即情感成分），以及差别待遇（对于该团体成员的负面行动——行为成分）加以区隔；有些理论家较偏好只以认知及情感成分定义态度，而也有其他理论家主张只包含情感成分。然而，虽然这些定义有别，但所有定义都重视信念、情感与行为间的相互关系。

社会心理学家在态度方面的研究已经有数十年了。早在20世纪50年代，态度研究即被誉为"建构社会心理学大厦的主要基石"（Allport，1954）。然而，态度何以如此重要？有两点最主要的原因。

传教士与政治家即是那些想通过呈现说服性信息以改变其听众行为与态度的个体

首先，至少在民主社会里，人们谈论很多他们的态度议题。例如，当我们离开电影院时，我们首先想到的就是问同伴："你喜欢吗？"在向朋友表达出我们的心得后，我们会问："你有什么看法？"在面对一场关键性的选举时，我们会问自己一向尊重的某人："你会选谁？"市场调查与意见调查将这类问题转变为对公众意见的正式评估机制，用来预测各项事物，从好莱坞电影的票房成功，到总统选举结果；也用来描述种种事物，从公众对国家官员每月的支持度评估，到人们对小学教改原理的态度。

其次，态度之所以成为社会心理学的主要议题，且引起这么多讨论和调查研究的原因，是因为基于一个关键性假设：依据人们的态度可预测其行为。此假设已被广为接受，成为了解邻近心理学的行为科学（如经济学）以及其他理性的人性观的基础。此假设可分成三部分：首先，人类的行为是有意向性的、反映出个人的偏好的。此即实用经济学以及哲学中自由意志论的理论核心；其次，态度即代表此偏好；第三，我们要预测行为，只要查看态度即可。与此逻辑有关的附则为：若想改变某人的行为，我们应该先改变他的态度。

社会心理学长久以来的议题，即在找出改变人们态度的方法。你还记得十七章曾提到，达到此议题的方法之一，是通过社会影响的技术。特别是在自我辩证的研究上曾指出，有时我们可以通过诡谲地诱使人们进行一些矫饰（违反其态度）的行动，像是告诉别人一项无聊的任务是有趣的，来改变一个人的态度。在改变人们态度上，参照团体也扮演着重要角色，我们从本宁顿大学生的研究即可看出。此处，我们将探究改变态度的更直接的方法，那些通过说服性沟通（如政治性演说、广告、布道），以及其他正式与非正式的游说。

说服性沟通

正如同希特勒统治下的纳粹德国的作为激起了社会心理学家对权威的服从产生研究兴趣一样（见第十七章），世界大战敌对双方的宣传努力，也同样使得社会心理学家致力于研究说服。密集的研究在1940年代末期始于耶鲁大学，此地的研究者希望确定成功地说服沟通者、成功的沟通，以及最容易被说服的人所具备的特质（Hovland, Janis, &Kelley, 1953）。当这些课题的相关研究持续进行多年后，发现了许多有趣的现象，但却几乎未得出普遍的原则，研究的结果逐渐变得复杂并难以摘述，而且各种结论似乎都需要"依赖于"若干限制。然而，在20世纪80年代初期，开始对前面讨论过两种认知处理模式［一种是较为自动化、不需要努力的；另一种是控制性、需努力的（见第十七章）］产生了研究兴趣，得出了新的说服性理论，为了解说服性沟通的分析提供了一个较为统一的架构（Chaiken, 1987; Chen & Chaiken, 1999; Petty & Cacioppo, 1981; 1986; Petty & Wegener, 1999）。

详尽可能性模型 详尽可能性模型（the elaboration likelihood model）是较富盛名的两阶段说服论之一（Petty & Cacioppo，1981，1986；Petty & Wegener，1999），主要在预测说服性沟通中特定层面变量（如论点强度，与信息来源的信用度）发挥作用的时机。此模式的关键概念在于人们经验到一个连续性的详尽可能性维度。简单来说，我们有时会想要且能够去注意、思索与推敲说服的信息，而有些时候则不然。当时我们处于此维度的哪一端，即决定了哪种认知过程主管说服。因此，根据详尽可能性模型，如果我们处在此维度的高分一端——愿意且能够进行深入的思索，即认为说服是遵循中央路线，一种控制性与深思熟虑的思考过程；反之，我们若落在维度的低分一端——不管基于何种原因，未能或不愿深入思考，即认为说服是遵循一种周围路线，一种自动化与非深思熟虑的思考过程。

说服的中央路线 当人们对说服性信息全心全意反应（努力进行推敲）时，即所谓依循**中央路线**（central route）。只有当个体愿意且有能力与机会能就问题的实质信息加以反应时，就被称为依循中央路线的说服，这种信息可能涵括于说服性沟通本身，或是其他像是传播者信用度等情境条件。假如此沟通所激发的思想支持所主张的立场，个体即会移向该立场；假如沟通引发了不支持的想法（与传播者相反或不苟同的观点），个体会不受影响甚至于移向偏离该立场的观点（Greenwald，1968；Petty，Ostrom，& Brock，1981）。

有许多研究证据指出，深思熟虑确能说明个体采中央路线的说服过程。在一项研究中，每位被试均先阅读一段包含某争议性议题双面论点的沟通信息，并针对每一论点各撰写一个句子的论述。一周后，不经意地要求被试回忆该沟通信息中所含的论点，及他所撰述的句子。被试对该议题的意见，在接收沟通性信息及进行记忆测验之前均评估一次。结果显示，因沟通性信息而改变的意见量，与被试对该信息支持的程度及事后对该论点的回忆量间有显著的相关，但是与论点本身的记忆量间则不相关（Love & Greenwald，1978）。本实验不仅支持说服中央路线的观点，更解释了先前观察到难解的谜题：坚拒改变的意见常与对造成改变的论点的记忆量间没有相关。

因此，中央路线的说服过程，可被视为根据个体在阅读、聆听甚至只是预期该沟通性信息时衍生的思想，所进行的一种自我说服过程。这些思想变得比沟通信息本身更具影响力。

说服的周围路线　当个体反而对沟通的非内容线索（例如，沟通信息所包含的全部论点数量）或沟通的情境（例如，沟通者的信用度或周围环境的愉悦性）加以反应，就被称为依循**周围路线**（peripheral route）的说服。只有当个体无法或不愿意投入所需的认知任务以审慎评鉴沟通信息的内容时，就会采取说服的周围路线。

经典条件反射作用（见第七章）是经由周围路线改变态度的最主要方式之一。广告人运用了许多经典条件作用，他们将原为中性的或不为人知的产品，与已知会产生正向感受的影像或意念（像是具吸引力的人物或美丽风景）重复配对呈现。通过此经典条件反射作用（一种周围的说服路线），观赏者应该会对此新产品形成正向的态度。

另一种周围路线的说服方式是依赖所谓的经验法则（rule of thumb，第九章曾讨论过）以推论其论点的正确性。这类法则的实例包括："包含许多论点的信息可能比只含有少数论点的信息更正确""政治家们总是在说谎"或"大学教授清楚知道他们正在谈论的内容"，这种特殊的认知反应理论被称为说服的启发式理论（heuristic theory of persuasion）（Chaiken，1980，1987；Eagly & Chaiken，1984）。根据这些经验法则的沟通是相当有效的——即便其实质内容没什么说服力，听者不可能会对所提供的信息进行推敲和思考。

中央还是周围　影响路线（中央还是周围路线）将被采用的因素有几种，其中之一是个人卷入的程度：如果沟通内容谈到一个与个体有个人利害关系的问题，他就较可能会仔细注意其中的论点。在这种情形中，个体也可能原本对这个问题就预先存有丰富的信息及意见——这些都可为沟通内容提供许多认知反应；相对地，如果这个问题与个体间毫无任何个人关系，则他不论在支持或反驳问题的论点上都不可能非常努力。接下来，又会发生什么事呢？

数项研究已考验了两种说服路线的推理方向。在一项相当复杂的研究中，让大学生阅读一篇宣称由大学委员会主席所撰写的文章。大学委员会主席负责劝告校长改变校务政策，他在文章中主张大学应举行一项广泛的考试，使每位大学生在获准进入研究所之前都必须通过其主修领域的测验。为了操纵学生们在这项问题上的个人卷入程度，半数学生被告知有关校长所实行的任何政策改变将在来年开始实施（高度卷入），而其他半数学生则被告知任何改变在10年后才会生效（低度卷入）。至于所使用的文章形式也有差异：有些文章包括强烈的论点，有些则包括无力的论点；有些文章只包含3项论点，其他文章只包含9项论点。

在高度卷入的情境中，学生在沟通后的态度如图18-4（a）所示：可看到强烈的论点普遍地比无力的论点产生较有利的态度，然而更重要的是，包含9项强烈论点的文章所产生的赞同态度，会高于只含有3项强烈论点的文章；而包括9项无力论点的文章所产生的赞同态度，却低于只含有3项无力论点的文章。理论又该如何对这些研究结果的类型进行解释？

有关说服路线的理论预测，处于高度卷入情境中的学生将受到激发而处理文章的实质论点，并因此产生与主题相关的认知反应，这就是说服的中央路线；而且认知反应理论预测，强烈的论点将比无力的论点引发更多支持性的认知反应，以及较少的相反意见。因此学生对这篇文章也将产生更高的赞同态度——研究中被试的反应确实与预期相同。甚至，含有9项强烈论点的文章应比只含有3项强烈论点的文章更具说服力，因为学生面对的强烈论点越多，所产生的支持性认知反应就越多；而相对地，包含9项无力论点的文章则应比只含有3项无力论点的文章更不具说服力，因为学生面对的无力论点越多，所产生的相反意见也就越多，这些预测已依据研究发现结果显示于图18-4（a）中。

如图18-4（b）所示，处于低度卷入情境中的学生将出现完全不同的反应类型；在此有关说服路线的理论预测：低度卷入情境中的学生不会产生详细查阅文章论点的动机，反而将依赖简单的启发法以评估文章的优点所在，并形成他们的态度，这就是说服的

周围路线；而且说服的启发式理论预测，在这种情况下，学生甚至不会麻烦地去确定这是否为强烈或无力的论点，而只会借助于启发式法则："包含许多论点的信息可能比只含有少数论点的信息更正确"，因此，强烈的论点并不比无力的论点产生更大效果，但九项论点则会比三项论点更具说服力——不论此为强烈或无力的论点都是如此。这正是图18-4所示的形态，亦即整体而言，强烈及无力的论点间并无显著差异，但在这二种情况中，九项论点均比三项论点更具效力（Petty & Cacioppo，1984）。

另一项改变沟通者的专业技能而非论点数量的实验，也发现类似的结果，即处于高度卷入情境中的被试受到论点强度的影响较大，而在低度卷入情境中的被试则更依赖这项启发式："专家比非专家所提出的论点更正确。"（Petty，Cacioppo，& Goldman，1981）

虽然有许多说服的研究在实验室中进行，但是其研究发现却有相当多运用在实际应用领域。实例之一，即设计一个培养初级中学生对抗同伴吸烟压力的

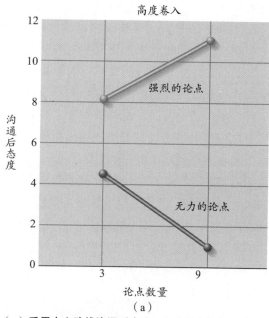

（a）采用中心路线沟通后态度　当被试高度卷入这项问题时，9项强烈论点的文章所产生的赞同态度，会高于只含有3项强烈论点的文章；但9项无力论点的文章所产生的赞同态度，却低于只含有3项无力论点的文章

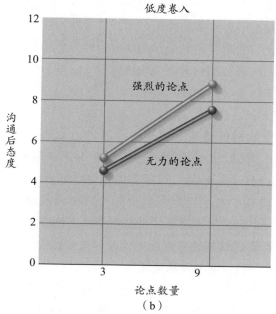

（b）采用周围路线沟通后态度　当被试低度卷入这项问题时，不论文章所包含的是强烈或无力的论点，9项论点所产生的赞同态度皆高于3项论点

图18-4　详尽可能性模型的检测（ELM）

［资料来源：R. E. Petty & J. T. Cacioppo (1984), "The effects of involvement on responses to arguments quantity and quality, central and peripheral routes to persuasion," in *Journal of Personality & Social Psychology*, 46:6–81. Copyright © 1984 by the American Psychological Association. Adapted with permission.］

课程。参与该课程的初中生在初一时学习如何形成抗辩论点。例如，扮演一个不吸烟、叫作胆小鬼的角色，他会说类似"只为了表现有种就抽烟，那才是真的胆小鬼"；她们也学着面对一些暗示着"自由女性会抽烟"的广告时，会自我对话道："她才不是真的自由女性，她已被香烟困住了。"在七八年级时，还保留几期这类教化课程，并从研究一开始即同时记录抽烟的学生数，直到九年级为止。结果显示，参与这些教化课程的学生比起接受典型吸烟教育课程的学生而言，只有半数会抽烟（McAlister, Perry, Killen, Slinkard, Maccoby, 1980）。学者也设计了类似的课程来教导小学生如何抗拒骗人的电视广告（Cohen, 1980; Feshbach, 1980）。

态度与行为

正如前文所述，研究态度的主要原因在于，期望它们能让我们得以预测某人未来的行为。只要表现出来的态度与选举行为有关，政治候选人就会关心选民意见调查研究结果。个人的态度决定其行为的假设，一直深植于西方思想中，而且这项假定在许多实例中都可成立。

然而，这项重要的假设却在20世纪60年代末期饱受学者严苛的批判（Wicker, 1969），以至于动摇其核心。这篇批评回顾了超过40篇探讨态度与行为间关系的研究。在20世纪60年代末期所进行的一项经典研究即显示了此问题。一位白人教授与一对年轻的中国夫妻一同游历全美各地，当时美国人对亚洲人仍怀有相当强烈的偏见，而且在公开的食宿场所并没有法律限制不得有种族歧视存在。这三位旅行者停留过超过200家旅馆、汽车旅馆及餐厅，而所有餐厅均提供了服务；除了一家旅馆之外，也毫无问题地受到其他所有旅馆及汽车旅馆的接待。之后研究者对所有到访过的商家寄出一封信，询问他们是否愿意接待一对中国夫妻做宾客，结果在收到的128封回函中，92%的人表示他们不愿意接待。换言之，这些旅馆或餐厅所有人表现出的态度，其偏见的程度要比行为上高出许多（LaPiere, 1934）。从本研究及其他许多批判性研究中均可看出，态度根本无法预测行为，甚至有些学者还主张社会心理学家该放弃态度此概念，而聚焦于情境对行为的决定力上。你将会看到此论点的逻辑是与基本归因错

误相当的：就算社会心理学家高估了内在倾向因素（如态度）对行为的因果决定影响力，也会在同时低估了情境的因果决定力。

的确，人们的行为由许多因素决定，而非只有态度，一项明显的因素即是情境限制的程度：我们时常必须表现出与自己感受或信念不一致的行为方式。当我们是儿童时，我们必须吃自己深深憎恶的菠菜；到了长大成人后，我们又必须出席一些令我们厌烦的课程及晚宴。在第十七章，我们一再见识到情境的影响力。阿希的实验中，即使被试知道多数人是错的，他们还是会从众；在米尔格拉姆的研究中，即使违背他们的良心，被试还是施加电击。在适才介绍的种族歧视研究中，当怀有偏见的旅馆或餐厅主人实际面对一对寻求接待的中国夫妻时，他们或许发现自己难以表现出偏见的行为。

同伴压力也会对行为产生类似的影响力。例如，一位青少年对大麻的态度与他实际使用大麻之间，只存在着中度相关；但这位青少年结交使用大麻的朋友人数，则是更能准确预测他是否使用大麻的指标（Andrews & Kandel, 1979）。你能看出此例与阿希经典研究间的相似性吗？

这类挑战尚不足以终结态度的研究，质疑"态度可预测行为"的假设，正好激起新一代的态度研

像这种诱使女孩吸食新港牌（Newport）香烟的广告是否奏效，要看广告所触动的思想为何而定。假如她想到的是"那位女性很迷人"，她就可能开始抽烟；但是如果她想到的是"这个广告剥削女性"，她就较不可能开始抽烟

究者，试图厘清在那些特殊条件下，态度确可预测行为。一般而言，当态度（1）强烈且一致；（2）与将要预测的行为特别有所关联；（3）基于个人的直接经验；（4）个人对本身的态度产生自我知觉时，态度就常能成为行为的最佳预测指标。我们将就上述各项，简要地加以检视。

强烈且一致的态度 强烈且一致的态度比微弱或矛盾的态度更可准确地预测行为。总统选举的调查结果显示，无法以态度预测其选票动向的人较可能抱持着微弱或矛盾的态度，许多这类处于矛盾冲突的选民是由于受到朋友及同伴间彼此不一致的交互压力所致，例如，一位犹太商人属于主张自由政治立场的族群，但她同时也属于经常抱持保守政治立场（尤其是在经济问题上）的某个商业团体，到了选举之时，这样的人就容易受到冲突的压力。

个人内部也会产生矛盾与冲突：当态度的情感与认知成分彼此不一致时（例如，当我们喜好某样东西，却明知对自己有害时），态度通常就难以预测行为（Norman，1975）。一般而言，当态度的成分不一致时，与行为最紧密相关的一项将最有利于预测行为（Millar & Tesser，1989）。

与行为有特殊关联的态度 另一项发现为，特别是与被评估的行为相关的态度，在预测行为上，比只有普通关联的态度更准确。例如，在一项研究中，分别就美国、英国及瑞典的学生询问他们对核战争的一般态度，以及对核战争、核武器与核能电厂的特定态度，结果显示，特定态度与一般性的态度相比，是实践行为更有效的预测指标（例如，向报纸投书或签署请愿书）（Newcomb，Rabow，& Hernandez，1992）。

基于直接经验的态度 根据直接经验形成的态度比只是由看到或听到相关问题而形成的态度，在预测行为上较为准确（Fazio，1990）。例如，在一所大学的宿舍短缺期间，许多大一新生在学期最初数周必须住在拥挤的临时住所，于是研究者测量学生对宿舍危机的态度，以及签署与分发请愿书或参加研究这项问题委员会的意愿。结果发现，真正必须住在临时住所的学生，他们对危机的态度与采取行动设法解决问题的意愿之间高度相关；但对于未

曾直接体验临时住所的学生而言，并无这种相关存在（Regan & Fazio，1977）。

觉察度 最后，研究证据指出，越能觉察自己态度的人，越可能显示出态度与行为间的一致性。这点可正确地运用于一般较注意自己的思想及情感，并视之为人格一部分的人身上（Scheier，Buss，& Buss，1978）。此外，对于处在更能觉察自己的情境（例如，面对镜子或录像机）者而言，上述论点也正确（Carver & Scheier，1981；Hutton & Baumeister，1992；Pryor et al.，1977）。

◆小结

态度是喜欢或不喜欢——对物体、人物与事情的赞同与否的评价与反应。态度有认知成分、情感成分与行为成分。

详尽可能性模型，主张说服有两种产生信念与态度改变的路线：中央路线，即个体对沟通信息的实质论点作反应；周围路线，即个体针对沟通信息的非内容性线索（如论点数）或情境线索（如传播者的可信度或环境的愉悦性）作反应。

所沟通的议题若与个人有关，人们就较可能思考与沟通信息实质论点有关的反应；若某议题与个人无关或人们不愿或无法针对某沟通信息的实质内容作反应时，他们就会倾向使用简单的启发式（经验法则）来判断沟通信息的优缺点。

态度在下列条件下最能预测行为：（1）强烈且一致；（2）与要预测的行为有特殊的关联；（3）基于个人的直接经验；（4）当个体觉察到其态度时。

◆关键思考问题

1. 假如你主管政治事务，如果你预期观众会分心，那么应该设计什么样的电视广告？如果你设想观众有动机进行深思熟虑，该设计什么样的电视广告？可能在一支广告中同时讨好两类观众吗？

2. 许多年轻人有购物瘾，以致损害到其他利益。请依据你目前对态度改变以及态度与行为关系的了解，至少找出两种能有效制止你的妹妹在最近广告的时装特卖会中耗光她时间与金钱的方法。

第三节　人际吸引

在讨论态度时，我们将其区分为认知成分及情感成分，即思考与感受，然而，人类行为范畴中的认知及情感成分，没有比人际吸引（包括喜欢、爱以及性欲）更复杂地纠结在一起。这些领域的研究通常证实了一般的常识，但研究也产生了若干令人讶异与矛盾之处。我们将先讨论喜欢，即友谊及更亲密关系的初期阶段。

喜欢与吸引

我们不可能都是美丽的电影明星，然而一旦两人成为伴侣时，即使是一如我们的平凡人，也会展现出人际吸引的几个决定性因素：外表吸引力、接近性、熟悉度与相似性。

外表吸引力　一个人的相貌可能会决定其他人对他的喜欢程度。这种可能性对大多数人而言有点不太公平，相貌不像个性及人格，我们几乎无法控制这项因素，因此以相貌作为喜欢某人的标准似乎不公平，事实上，数十年来进行的研究显示，人们并不认为外表吸引力对他们喜欢他人而言非常重要（Buss & Barnes，1986；Hudson & Hoyt，1981；Perrin，1921；Tesser & Brodie，1971）。

然而，针对实际行为所进行的研究却得出了不同的结果（若要回顾相关研究，可见 Brehm，1992）。有一群心理学家举办了一场"计算机舞会"，舞会中将大学男女学生随机地加以配对，中场休息时，每一个人则填写一份无须署名的问卷以评鉴他们的舞会对象；此外，实验者另外取得每一个人的数种人格测验分数，以及一份对这些学生外表吸引力的客观评估。研究结果显示，只有外表吸引力才会影响被试被自己同伴喜欢的程度，至于智能、社会技巧或人格等测量值，则没有哪项与同伴间的喜欢有关（Walster，Aronson，Abrahams，& Rottman，1966）。这项实验目前已重复操作过许多次，而所有研究都显示出类似的结果；尤有甚者，外表吸引力的重要性不只在第一次约会产生作用，甚至也会持续影响后来的约会（Mathes，1975）与婚姻（Margol & White，1987）。

为何外表吸引力如此重要？部分原因在于，当我们被外表吸引人的同伴注视时，会觉得自己的社会地位及自尊有所提升；不论男性还是女性，当他们与一位具吸引力的配偶或朋友在一起时，所获得的评定会优于与一位不具吸引力的同伴在一起时（Sheposh，Deming，& Young，1977；Sigall & Landy，1973）。但一个有趣的转折则是：不论男性还是女性，当他们与一位外表比自己更具吸引力的陌生人同时被注视时，所获得的评定较差（Kernis & Wheeler，1981），当他们被拿来与别人进行比较时，显然会因这项比较而觉得痛苦；在其他研究中也曾发现了这种效应，例如，刚刚在电视上看到漂亮女明星的大学男生，会对长相较普通的女性照片给予吸引力偏低的评价——不论男性还是女性，若他们先前曾看过一张极吸引人的女孩照片，也会出现相同的情形（Kendrick & Gutierres，1980）。

幸运的是，对于我们这些不漂亮的人仍存在着一线希望，首先，在择定永久的伴侣后，外表吸引力的重要性就会明显减低（Stroebe，Insko，Thompson，& Layton，1971），而且如下所述，许多其他的因素会影响我们的偏好。

接近性　经检视20世纪30年代费城5,000件结婚证书申请案后发现，三分之一的夫妻彼此原先就居住在5条街的距离之内（Rubin，1973），研究结果显示，两个人是否成为朋友的最佳单一预测指标是**接近性**（proximity），即他们住所的远近程度。在一项就公寓的友谊类型所进行的研究中，要求住户说出三位最常见面寒暄的邻居姓名，而住户所提及的公寓邻居中，41% 就住在隔壁，22% 则住在间隔二扇门之外（大约 30 英尺），只有 10% 住在走廊的另一端（Festinger，Schachter，& Back，1950）。对大学宿舍所进行的研究也显示出相同的结果，经过一整学年后，与室友成为朋友的可能性，是同一楼层同学的两倍，而与同一楼层同学成为朋友的可能性，又比一般住宿生高出两倍以上（Priest & Sawyer，1967）。

当然，也有邻居及室友间相互憎恶的个案，而会发生因接近性而增进友谊效应的主要例外，似乎因双方一开始即处于敌对的立场。在一项针对上述论点进行的考察研究中，被试与一位女性研究同谋者一起在实验室等候，这位女性同谋者可能友善地

这些邻居很可能交上朋友，只是因为彼此接近

对待被试，也可能对被试不友善：当她表现出友善态度时，坐得越靠近被试，被试会越喜欢她；而当她表现出不友善的态度时，坐得越靠近被试，被试反而越讨厌她。接近性只会增加原先反应的强度（Schiffenbauer & Schiavo，1976），但是由于人们对初次接触的人最可能落入中立到喜欢的范围内，因此持续地接近时最常出现的结果是友谊。

对于相信奇迹的人而言，他会发自内心认为每一个人都有一位命中注定的完美伴侣，而且就在世界的某个角落等待我们去发现。但假如真是如此，更大的奇迹则是常常由于命运的安排，使这个人与我们仅隔咫尺。

熟悉度　因接近而产生喜欢的主要原因之一，是接近可增加熟悉度，而且目前已有充分的证据指出，有所谓**单纯曝光效应**（mere exposure effect）——熟悉本身即可增加喜欢（Zajonc，1968），这种熟悉衍生喜欢效应（familiarity-breeds-liking effect）是一种非常普遍的现象，例如，让老鼠重复暴露在莫扎特或是勋伯格音乐中，会增进它们对所听到作曲家的喜爱程度；另外，重复曝光于预先选择的无意义音节或中文字的人，会较偏好他们最常看见的音节或文字，即使人们不知道他们先前曾暴露于这些刺激，这项效应仍然存在（Bornstein，1992；Bornstein & D'Agostino，1992；Moreland & Zajonc，1979；Wilson，1979）。有一项与现在所讨论的内容更契合

的研究，首先将脸部的图片暴露于被试之前，然后询问被试认为自己对所呈现人物的喜欢程度将会如何，结果发现被试看过某一特定面孔的次数越多，他们越会表示自己喜欢这张面孔，也越认为自己将会喜欢这个人（Zajonc，1968）（见图18-5）。真实生活中，当人们彼此持续出现在对方面前时，也会出现类似的结果（Moreland & Beach，1992）。

在一项巧妙的熟悉产生喜欢效应实验证明中，研究者先为大学女生摄影，然后同时准备原始面貌的图片及如同镜中倒影的图片，接着将这些图片呈现给本人、她们的女性朋友，以及她们的情人观看，结果发现大学女生本人较喜欢镜中倒影图片，其比例为68% 对 32%，但是她们的朋友及情人较偏好没有颠倒的图片，其比例为 61% 对 39%（Mita，Dermer，& Knight，1977），你可以猜出为何如此吗？

这中间的寓意非常明显，如果你不够漂亮或是发现你所倾慕的对象未给予你相同的回报时，应该坚持下去并常逗留在他附近，因为接近性及熟悉度是你最有力的武器。

相似性　一句古老的谚语强调异性相吸，而且情人们也总喜欢数说他们彼此之间差异多么大："我喜欢划船，但她喜欢爬山""我主修工程，但他主修历史"，这些恋人们所忽略的是他们同样爱好户外活动，他们未来都是专业人士，他们同为

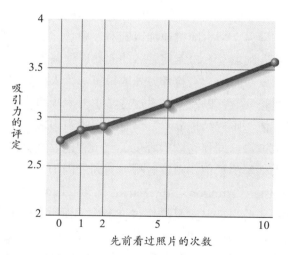

图18-5　熟悉产生喜欢

要求被试根据他们认为自己可能喜欢这个人的程度，来评定这些不认识面孔的照片，结果先前未曾看过这张照片的被试，对其所评定的喜欢程度最低，而先前最常看到这张照片的被试，对其所评定的喜欢程度最高（资料来源：Zajonc，1968.）

民主党员，他们有相同的国籍、相同的宗教信仰、处于相同的社会阶级、具有相同的教育程度，而且可能他们彼此的年龄相差在三岁之内，彼此的智商差距不出于五分，简言之，这句古老的谚语多半是错误的。

回溯至 1870 年的各式各样研究均支持上述结论，在美国，99% 以上的夫妻属于相同种族，而且大部分信仰相同的宗教，统计调查结果甚至显示，夫妻间明显相似之处不只是社会特征——例如，年龄、种族、宗教、教育程度，以及社会经济阶级等，而且如智能等心理特征，以及如身高及眼珠颜色等身体特征也彼此类似（Rubin，1973）。一项针对约会中的情侣所进行的研究也发现了相同的模式，此外，更发现情侣们对性行为及性别角色的态度也类似，甚至，研究开始进行时，在背景上最相似的情侣，一年后也最有可能仍然在一起（Hill, Rubin, & Peplau，1976）。此外，与我们先前的讨论特别契合之处在于，研究发现夫妻间连外表吸引力也非常相称（Feingold，1988）。

例如，在一项研究中，评定者依外表吸引力就 99 对夫妻中每一个人的照片加以评定，而事先评定者并不知道谁与谁配对为偶，结果发现夫妻在外表吸引力评定上彼此相称的程度，显然比根据随机方式配对的照片评定结果间更为接近（Murstein，1972）。在一项真实生活情境的研究中也得到了类似的结果，此研究是由不同的观察者到酒馆、戏院大厅及各种社会事件中，评定夫妻的外表吸引力（Silverman，1971）。

夫妻在外表吸引力所产生的相称性，显然是由于我们会根据某对象愿意与我们成为夫妻的可能性来衡量此人对我们的吸引力。坦白说，较不具吸引力的人会寻找也较不吸引人的对象，因为他们预期会被比自己更有魅力的人所拒绝。一项就电视约会公益节目所进行的研究发现，不论男女都最可能寻求与外表吸引力跟自己相称的人建立关系，只有最具吸引力的人，才会希望能与最有魅力的对象约会（Folkes，1982）。这项令人沮丧的且如同市场交易过程的普遍结果，是吸引力的相似性，即大部分的人都以吸引力与自己类似的对象为归宿。

然而，除了外表吸引力之外，其他层面的相似性可能对维持长期关系更为重要。我们曾在第十二

成功维持长期关系的伴侣，似乎也倾向在许多特性上彼此相似，像是年龄、种族与教育程度，以及兴趣、人格特质，甚至在外表吸引力上

章中讨论过一项有关 135 对夫妻的纵向研究结果发现，彼此在人格方面越相似的配偶，他们在类似的日常活动，例如，访友、外出晚餐，以及参加社区活动和专业聚会等，喜好程度上也彼此越相似；比起彼此较不相似的夫妻，这些夫妻所报告的婚姻冲突较少，亲密感、友谊性，以及婚姻满意程度都较高（Caspi & Herbener，1990）。

在一项试图了解相似性与友谊的研究中，让密歇根大学的男学生得以整年免费住宿于一间大房舍的房间，但交换条件是参与研究，而基于来自测验及问卷的信息，有些学生所分配的室友与自己相当类似，而其他学生则分配到差异颇大的室友。除了研究者观察这一年来所发展出的友谊类型，并定期由参加者身上获得更多问卷及态度数据外，在其他各方面，这些男学生就如同他们在任何宿舍一样地生活。

研究结果发现，比起原本并不相似的室友，原先就类似的室友会逐渐相互喜欢并最后成为感情较好的朋友；然而，当来年以一群新的男学生重复进行研究时，熟悉产生喜欢效应却比相似性更具影响力：不论原先分配房间时所依据的相似性是高是低，室友都会变得彼此喜欢（Newcomb，1961）。

因相似性而产生喜欢的原因之一或许在于，人们会评价自己的意见与偏好，并喜欢跟支持自己选择的人在一起，可能是通过这个过程以提高他们的自尊，但是，也许相似产生喜欢的主要原因，只是我们前面曾经重复提及的因素，即接近性与熟悉度。不论是社会规范或情势境遇都使我们与类似的人在一起，大部分宗教团体偏好（或坚持）他们的成员与教友约会及结婚，而且文化规范也对于可接纳为配偶的种族及年龄有所限制——一对老妇少夫的组合至今仍被视为不恰当的婚姻，此外，情境场合也

扮演着重要的角色：许多夫妻相遇于大学或研究所，因此可确定的是他们将拥有类似的教育程度、一般智力、职业期望、并或许在年龄及社会经济地位上也相类似；甚至，网球爱好者会彼此在网球场碰面、持有自由主义政治立场的人会相见于预先择定的集会中，而同性恋者则可在主张同性恋尊严的游行或女同性恋者、男同性恋者及双性恋特遣队等组织的集会中聚首。

尽管如此，人们往往会提及"异性相吸"这句谚语，也许仍可适用于若干互补的人格特质上（Winch, Ktsanes, & Ktsanes, 1954）。举一个最明显的例子，伴侣之一也许相当具支配性，因此相对地就需要一位较顺从的人与他为偶；一个具有强烈偏好的人最好是和一位极具弹性或更为淡薄的人在一起。但是这项互补假设看似合理，却并没有太多证据可予支持（Levinger, Senn, & Jorgensen, 1970），在一项研究中发现，结婚 5 年以上的夫妻，其婚姻适应较有赖于彼此的相似性而非互补性（Meyer & Pepper, 1977），企图确认互补性人格特质夫妻的研究仍然不是十分成功（Strong et al., 1988）。

移情作用 我们在第十六章学到移情作用，或是一种当事人将其对某特定人物（如双亲或配偶）的感受或看法转移到治疗者的倾向。社会认知心理学近年来将**移情作用**（transference）的概念作更一般性的应用，主张我们在任何时间新邂逅了一位会让我们想到过去对我们曾是举足轻重者的人物时，这种似曾相识的感受会影响我们对这位新认识者的知觉，并且左右了我们对他的喜好（Chen & Andersen, 1999）。此研究取向其实是遵循着社会认知的传统，因为它只是令我们想到过去的重要他人，而自动地激发了所储存有关重要他人的知识或图式，接着又引导我们以和所激发的图式相一致的方式来处理与新邂逅者有关的信息。

实验室实验曾验证移情作用对人际好恶的影响。在某研究中，被试测验了两次。在第一次测验时，他们指认出两位重要他人（一位他们有好感的，一位他们不喜欢的），并分别对他们进行简短的描述（"特瑞很真诚"或"派特喜欢跳舞"）。超过两周后，这些相同的被试再测验一次，只是这次他们要学着认识某位可能马上要交往的新朋友（比如坐在隔壁的）。关于这位新朋友的描述会

触动一些在第一阶段所搜集到，与其重要他人相似的写照。实验组之一，新朋友像一位喜欢的重要他人；而另一实验组，新朋友则与不喜欢的重要他人相似。为了控制所描述的评价值，每组另加入一位被试，对这些控制组的被试而言，新认识者的描述句是与别人的重要他人相似，而与自己无关。结果见图 18-6。当新朋友与重要他人相似时，被试喜不喜欢他，要根据被试对该重要他人的态度而定——新朋友只要像他们喜欢的重要他人，被试甚至更经常笑！另一个运用相同程序以验证移情影响喜欢的实验是通过图式的激发。一如本章之初（及第八章）学到的：我们可以自动地启动图式，且一旦被激发，它们就会影响信息加工的许多层面，包括记忆与推论。我们对重要他人的图式，一旦被在某些方面与他们相似的新朋友激发后，将会产生社会心理学家所期望的所有认知与行为的各种效应（Chen & Andersen, 1999）。

此处主要的寓意在于，如果你想建立崭新的友谊或关系，而非重蹈覆辙，你就必须与一位和你所

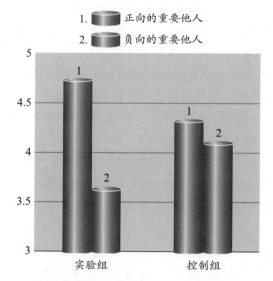

图 18-6 人际吸引中的移情作用

被试喜欢一位新认识朋友的程度，要根据对方是否拥有被试重要他人的特性，且对该重要他人的态度为正向或负向而定。请注意，当新认识的友人与被试的重要他人相像时（实验组），其评价比与别人的重要他人相似时（控制组）更为极端［资料来源：S. Chen & S. M. Andersen, (1999), "Relationships from the past in the present: significant-other representations and transference in interpersonal life," in *Advances in Experimental Social Psychology*, 31, 123-190. Copyright © 1999, Elsevier Science (USA), reproduced by permission of the publisher.］

有旧识都不相像的朋友；同时，当有人朝你走来，而说道"你让我想到某人"时，你可得留神了！

爱与求偶

爱不只是强烈的喜欢而已，大多数人都知道我们非常喜欢的人与所爱的对象不是同一个人，有些人甚至对自己并不特别喜欢的人产生激情吸引的感受。研究证明这些是每天都可观察到的事实。一位率先研究浪漫之爱的研究者，编列了一些人们认为可反映出喜欢与爱的叙述句，并且建构不同的量表分别测量喜欢与爱（Rubin，1973），喜欢量表的项目，可测量认为他人是值得喜欢、尊敬、羡慕，并且具有成熟及良好的判断力的程度；而爱情量表则测量三项主题：包括依恋感（"若是没有＿＿，我就觉得难以好好过日子"）、关怀他人的感受（"我几乎可为＿＿做任何事"），以及信任感（"我觉得大概凡事都可信赖＿＿"）。结果这两种量表间只有中度相关：对男性而言相关值是 0.56，对女性而言则是 0.36。

爱情与婚姻　浪漫的爱是一种古老的概念，但相信它与婚姻间存在密切关系，则是较近而且不普遍的想法。在某些非西方文化中，婚姻仍被认为是一种契约或财务上的安排，与爱情并无丝毫牵连。在美国的社会中，实际上直到过去 30 年来，爱情与婚姻之间的联结才变得较为紧密。1967 年时，当大学生被问及"若有一位男性（或女性）具备你所企望的所有其他特质，即使你不爱他（或她），你会与这个人结婚吗"，结果大约 65% 的男生说不，但只有 24% 的女生说不（而且只有 4% 的女生真正说"是"，大部分的女生并未下决定）（Kephart，1967）。近来的女性运动当时才正要起步，而且当时的女性比现在的女性更可能认为，婚姻是她们本身经济保障的必要条件。当 1984 年重复进行这项调查时发现，不论男女，其中 85% 的人表示：他们拒绝没有任何爱情的婚姻（Simpson，Campbell，& Berscheid，1986）。

爱与自我扩展　人们为何会坠入爱河？他们为什么要建立亲密、爱情关系？就某层次而言，答案很明显——因为爱令人觉得很好！接着你可能追问，为什么爱会令人觉得很好呢？有些心理学者指出，谈恋爱的主要动机在于想扩展自我（Aron，Norman，& Aron，1998）。亲密关系能在许多方面使**自我扩展**（self-expansion），或提升自己的可能能力与资源。当我们与某人变亲密时，我们可获得对方的资源、观点，以及身份（这可能包括对方的朋友圈、烹饪技术、政治与宗教观，或一般的声望），凡此种种均有助于我们达成自我的目标。人们扩展自我，并不仅在于本身能力更强，而在于因自我扩展（尤其是快速扩展时）会令人快慰。因此，谈恋爱令人欣喜，原因在于他使人快速扩展了自我。

学者以秋季班的大一新生为对象验证谈恋爱与自我扩展间的关系。十个星期以来，每两周这些学生就回答一次这个问题："你今天是谁？"在为时三分钟的时间内写下许多自我描述的字词。他们还回答其他问题：自上学期期末考以来是否有谈恋爱？大一新生有很高的机会在第一学期谈上恋爱——约占全部的三分之一！（Aron，2002）那些享受爱情的大群样本，使得学者得以比较刚坠爱河与刚谈完恋爱者的自我描述。比较结果呈现出明显的自我扩展证据：在坠入爱河后，自我描述变异性显然大增，此效应无法归于好心情（那些没能谈恋爱的自我描述正好额外提供了没恋爱时自我描述改变程度的比较期望值；Aron，Norman，& Aron，1998）。

"爱产生自我扩展"原则的另一项附则为，在亲密关系中，人们会以为自己考虑的方式来为爱人设想，因此，亲密的对方有时会与自我混为一体，甚至是混淆。一项以已婚被试对象的研究即验证"我们会将他人包含在自我内"的观点。本研究请被试快速且正确地回答一大组的人格特质，是"我的特质"还是"非我特质"。基于先前测验，研究者知道，有些特质是属于被试而非配偶的，而有些则属于配偶而不属于被试。正如预期，面对那些与配偶不一致的特质时，被试回答较慢（Aron，Tudor，& Nelson，1991），例如，你不是很亲切而爱人是的话，在面对"亲切"是否可描述你时，你会混淆不清，要花点时间才能厘清：你是得到爱人亲切的好处，但你本人事实上并不亲切！不过，这种混为一谈是件好事，其他学者指出，一对伴侣"将对方涵融于自己"的程度（见图 18-7）可预测他们将相守多久（Aron，Aron，& Smollen，1992）。

图18-7 在自我中包含他人

要求人们选择最适合描述他们关系的圆圈。学者发现，人们在自我中包含他人的程度，可预测此段关系持续的时间（资料来源：A. Aron, E. N. Aron & D. Smollan, 1992, 图1, p.597, "Inclusion of other in the self scale and the structure of interpersonal closeness," in *Journal of Personality and Social Psychology*, 63, 596-612. Copyright © 1992 by the American Psychological Association. Reprinted with permission.）

激情之爱与相伴之爱 一些社会科学家企图区别各种不同的爱情种类，一种最被广为接受的区分法是将爱情分为**激情之爱**（passionate love）与**相伴之爱**（companionate love）（Hatfield, 1988；Peele, 1988）。

激情之爱被定义为一种强烈的情绪状态，这时温柔与性欲的感受、得意与痛苦、焦虑与慰藉、利他主义与妒忌等都并存于感情的混乱迷惑中（Berscheid & Walster, 1974, p.177）。也有人提出，激情之爱的经验混合着生理的唤醒，以及对于因为被爱而唤醒这种激发的知觉（Berscheid & Walster, 1974）。

相对而言，相伴之爱则被定义为对于与我们的生命紧密纠结在一起的人所感受到的情感（Hatfield, 1988, p.205）。相伴之爱的特征是信任、关怀、容忍伴侣的瑕疵与习性，并产生温暖与

在生命后期，浪漫爱情的激情成分，比起相伴成分，变得较不重要

喜爱的情绪和谐状态，而非尖锐的激烈情感。当彼此的关系长期持续时就会产生相互依赖，而且出现强烈情绪的可能性也会升高，我们可以看到当长久伴侣彼此暂时分隔时，会体验到强烈的寂寞与需求感，或是当一个人痛失长久伴侣时所出现的典型情绪崩溃。然而，矛盾的是，由于相伴的夫妻在日常规律的生活中变得非常兼容与调和，因此实际出现强烈情绪的频率通常相当低（Berscheid, 1983）。

前述的调查研究中，许多年轻男性及女性表示，如果爱情从婚姻中退却消失，就是结束婚姻的充分理由。这些年轻人只在爱情的激情形式上要求平等，但是他们很可能会失望，因为大部分成功的长期夫妻强调彼此关系中的相伴成分，而理论与研究也都指出，用以形容激情爱的强烈情感不可能长期地持续（Berscheid, 1983；Solomon & Corbit, 1974）。正如16世纪的作家吉拉尔迪（Giraldi）所言："就某方面来说，一部爱情史就是一出与时间对抗的戏剧。"

上述观点可通过一项研究加以说明：研究者对美国及日本维持长期婚姻关系的夫妻进行比较，前者宣称是因为爱情而结合，后者则是经由双方家长的安排而结婚，结果如同预期地一般，美国夫妻在结婚之初表达爱意与性兴趣的程度都高于被安排结婚的日本夫妻，但是两组夫妻表达爱意的次数都逐渐减少，直到10年后，两组夫妻间已无差异存在。然而，研究中的许多对夫妻却表示对自己的婚姻相当满足，其婚姻是由深刻的相伴之爱所形成，并以伴侣间的沟通、家务的公平分配，以及平等参与决策的权力为特征（Blood, 1967）。

这中间的寓意在于刚开始交往的双方，或许存在着极大的激情之爱，然而维持良好长期婚姻关系的力量则比不上激情那么强烈，也无疑地需要更多努力，并且与平等而非激情较有关系。事实上，也许激情之爱与相伴之爱之间原本就存在着互不兼容的特质——恰如我们现在正将要提及的内容所述。

爱情的三角理论 其他学者觉得将爱的类别二分的策略（即激情之爱与相伴之爱）过于简化，其中学者提出一种更为细分的分类，即是**爱情三角理论**，它将爱情分为三种成分：**亲密**（intimacy）、**激情**（passion）与**承诺**（commitment）（Sternberg,

1986）。亲密是一种情绪成分并包含亲近与情感的共享；激情是一种动机成分，可掌握两性吸引及"陷入爱情"的浪漫感受；承诺则是一种认知成分，并反映出个人企图维持关系的意向。将这三种成分以不同方式混合后，会产生8种如表18-2所示的关系。如表所见，在这项模式中，激情之爱被分隔为两种类型，即为迷恋之爱与浪漫之爱，二者的特征都为高激情与低承诺，但迷恋之爱是低度亲密，而浪漫之爱则是高度亲密；至于相伴之爱的特征则是高亲密与高承诺，但激情偏低。

配偶结合与匹配策略 对浪漫及两性吸引所提出最新也是最古老的取向之一是达尔文的进化论。我们在第一章曾提及，进化心理学探讨的是有关心理机制的起源，正如生物机制一般，该学科的关键理念认为心理机制必须经过数百万年天择过程的演进，即心理机制具有遗传基础，而且也证明过去人类可利用心理机制去解决若干有关生存或增加繁殖机会的问题。

由于社会心理学家重新对进化论感兴趣，使得数种行为现象也被提出重新探讨（有时也引起争论），其中包括人类的配偶结合，以及男性与女性在性行为与匹配策略上的差异现象。

根据进化的观点，男性与女性结合是为了繁衍后裔，并向未来子孙传下自己的基因。为了达成这个目的，人们必须解决若干问题，包括：（1）胜过其他竞争者而得以接近具有生育能力的异性；（2）选择具备最大繁殖可能性的配偶；（3）进行必需的社会行为与性行为以达成怀孕的目的；（4）预防配偶背叛或离去；（5）确保自己的后裔成功地存活并可再次繁衍后代（Buss，1994）。依照进化心理学家的看法，人们经过演进而与配偶形成坚固、长期的结合关系，并确保子女可存活到可再次繁衍后代的年龄。如同我们在第三章所提及，有机体的神经系统越复杂，达到成熟所需的时间就越久。黑猩猩在自己的种族中成为功能完备的成员所需年数，少于同年龄的人类，并已可准备自力更生。因此，在人种发展的历史中，男性必须在附近逗留等待防卫、供给食物并且协助养育幼者是相当重要的。而相对于人类，不论是雄性还是雌性黑猩猩，均有许多杂交的行为，而且雄性黑猩猩几乎不曾或

表 18-2 爱情的三角理论

由爱情的三种层面混合产生了八种爱情关系类型［取材自 R. Sternberg（1986），"Triangular Theory of Love" in *Psychological Review*, 93：119-135. Copyright © 1986 by Blood, the American Psychological Association. Adopted by permission.］

	亲密	激情	承诺
非爱情	低	低	低
喜欢	高	低	低
迷恋之爱	低	高	低
浪漫之爱	高	高	低
空洞之爱	低	低	高
相伴之爱	高	低	高
愚蠢之爱	低	高	高
完美之爱	高	高	高

从未参与共同养育小黑猩猩。

进化心理学家进一步主张，由于男女在繁衍后代上扮演着不同的角色，因此两性所运用的匹配技巧或策略也演变出相当大的差异。因为理论上一位男性可能成为数百位孩子的父亲，这就是男性在进化方面的优势，他可使许多女性怀孕而尽可能最大量地传下自己的基因。然而，女性对于每一次的生产都必须投注许多时间与精力，而且只能拥有相当有限的子女数，因此，为了自己的利益着想，女性必须谨慎选择最具意愿并且最有能力协助自己保护及养育子女的配偶，从而使自己的基因流传到后代子孙的可能性达到最大。这项推理指出，进化使男性比女性在性伴侣的选择上更杂乱并且不加辨别。事实上，文献资料一再指出，许多社会中的男性比女性在性行为上不检点，而且允许男性与一位以上女性结合的社会，远多于女性可以与许多不同男性结合的社会（Wilson，1978）。

进化心理学的理论也预言，男性应该会偏好与周围最具生育能力的年轻女性匹配，因为这些女性最可能生下他的孩子；而女性则应该会偏好与一位高社会地位及物质资源稳定的男性匹配，因为这样的男性最可确保子女长大成人，并再次成功地繁衍自己的后代。基于以上结论，社会生物学家预言男性将偏好较年轻的女性（因她们往后有更多年可受精生育），而女性将偏好年龄较长的男性（因他们

拥有较多资源）。在一项针对 37 种文化的研究中，非常明确地证实这种匹配偏好的性别差异（Buss，1989），即为本章末双面论证摘述的论文之一。

进化心理学所创立的理论并非完全不受人质疑（见双面论证的另一篇论文），有些批评家主张即使在许多甚至所有文化中出现了一种行为模式，也不必然表示这项行为是依循着人类基因所计划产生的，例如，历史上出现的若干普遍跨文化性别差异，也许只是由于女性身体力量较弱，而且——直到最近的科技社会为止——女性在自己大部分的成年生命中必须怀孕或养育子女，这点使得几乎所有社会都产生以性别为基础的劳务分配，将政治权力与决策权交在男性手中，并将女性限制在家庭的范畴内（Bem，1993）。在这种权力有别的情况下，男性可轻易地性交或拥有更大的性自由。

然而，尽管存在着这些批评，进化论的思考无疑地对人格及社会心理学产生了再次的鼓动作用，行为科学界，可能再也没有其他单一原则像进化原则这样具有强大的解释力！此外，进化心理学的兴起，又再次显示出生物研究证据对当代心理学的重要性。即使研究社会认知过程的社会心理学家，也对我们在处理社会信息的策略的进化的原因与过程，开始建构理论（Nisbett & Ross，1980；参见 Buss & Kenrick，1998）。

◆ 小结

许多因素会影响我们是否会被某特定人士所吸引。其中最重要的是外表吸引力、接近性、熟悉度、相似性与移情作用。

学者主张，人们坠入爱河的原因之一，是在进行自我扩展。

许多学者试图将爱分类，激情之爱的特性为有强烈且时有矛盾的情绪；相伴之爱的特性为信任、关怀、容忍伴侣的瑕疵，以及温暖与喜爱的情绪。另一种分类则将爱分为亲密、激情与承诺三成分。

进化心理学主张，人类之所以进化出长期的配偶关系，是因为由进化史观点来看，这种配偶关系最能确保后裔存活到生殖年龄。进化心理学中一项较具争议性的假说为，男女两性已分别进化出不同的匹配策略：男性进化成较为杂交且追求年轻的女性。

◆ 关键思考问题

1. 近水楼台先得月，因为接近会造成熟悉。但是，为何熟悉（甚至只是曝光）也能造成喜欢？请提出几个可能的解释。

2. 斯滕伯格的爱情三角论中所提的三个成分中，何者最可能与自我扩展有关联？请为你的选择提出理由。

第四节　要点重述：两种社会认知模式的说法

本章最主要的课题，除了社会因素（实为第十七章的主要议题）外，在于必须"一探脑内乾坤"，对其社会行为作更完整的了解，以探讨他们考虑他人的过程。社会认知的研究领域即包含此议题，它探讨刻板印象与其他社会图式如何成为激发且影响人们思考与行为的过程。它还检视了人们得以超越刻板印象、并对彼此进行更为精确认知的过程。此外，它还检视了人们说服他人改变心意乃至坠入爱河的过程。

社会心理学家从许多研究领域中都重复发现到社会认知（或对他人的思考方式）有两种模式：模式之一是相对比较自动化且在意识察觉之外的，其他则较为审慎与详尽的模式。这种体认已在社会心理学界形成了二元论的理论观点。本章讨论的两个理论——印象形成的连续维度模式（见图 18-2）与说服的详尽可能性模型，都展示出二元处理过程的观点，不过也还有许多其他的解释（Chairken & Trope，1999）。能认识到此两种思考模式，确有助于我们对社会现象的了解乃至改变社会结果。随着我们能够且愿意进行较仔细的思考，我们可以避开刻板印象、改变周围的说服路线、并将移情作用降到最低。然而，无论什么原因，我们一旦无法进行仔细思考——或许因为我们忙着与人对话、进行访谈，或试图掌控他人对我们形成印象时，我们较容易实行各种自动化的社会认知与行为方式。

◆ **关键思考问题**

1. 我们有时难免屈从于刻板印象。请举一例说明你曾以刻板印象看待他人，并试着检视相关情境条件。有情境影响力迫使你进行自动化思考吗？要使你从事仔细思考的必要条件是什么？

2. 试想有人想说服你听从其意见而你却坚决抵制的例子。请先考虑说服的企图：对方是期望你进行自动化或是较精细的思考模式？你是进行自动化还是精细化的思考的？

双面论证

择偶方面的性别差异是源于进化过程还是社会学习？

两性在择偶偏好差异上的进化来源

戴维·M. 巴斯（David M. Buss），得克萨斯大学奥斯汀分校

进化心理学对辨别两性的共通性与差异性提出了强有力的理论指导。此论点的逻辑，来自对人类长远以来进化过程中两性所面临适应问题——生存与繁衍种族的了解。两性均需面对许多相似的生存问题——需求食物、对抗疾病、驱逐掠夺者等。既然男女所面对的适应问题相近，那么进化心理学者即预测两性间会有很大的相似性，例如，两性都有相似的口味（例如，都喜欢糖、蛋白质与脂肪）与恐惧（譬如，蛇）。

然而，在生殖方面，两性所面对的适应问题却有根本的差异，因而我们预测两性在解决这方面的适应问题上也会有所差别。例如，女性至今需承担至少 9 个月的喜悦与责任负担（怀孕）才能生下一个小孩，而男性所投入的，只是短短的几个小时、几分钟甚至只是几秒钟而已。

有许多来自不同资料来源（如自陈报告、行为研究与实验研究）的证据，都证实了进化心理学者事先主张有性别差异的预测，择偶即是其中有关的一个项目。当女性面对陌生异性的追求时，50% 会同意约会，6% 会同意与对方回家，但 0% 同意发生性关系；反之，男性若被女性追求时，50% 同意约会，69% 同意回对方公寓，而有 75% 同意发生性关系（Clark & Hatfield，1989）。这只是数百篇指出女性在短期择偶的情境下比男性挑剔与计较的研究

之一（Buss，2003）。两性在这种心理上的差异，根源于两性在长期进化过程中，对亲职角色所投入心血的不对称。

人类，不同于大多数的灵长类，也会追求长期的配偶关系。由于女性有较沉重的抚养责任，因此学者预期她们会对能够且愿意为她们及其孩子投入心力的配偶有较高的评价。在我进行包括六大洲、五个岛屿、从澳洲海岸到南非祖鲁部落，总计 37 个文化、10,047 位被试的研究中，此预测均得到支持。女性对具经济资源、有野心与勤奋的配偶会更青睐有加，她们也希望配偶大她们三岁左右。

有时会有另一种解释来说明此一现象——女性并非因为进化出的欲望而去追寻富有的配偶，而应该说是因为她们无法通过其他方式得到丰富资源，所以被迫不得不去偏爱那些男性（Buss & Barnes，1986）。虽然言之成理，但却未得到现有证据的支持。生活在两性经济地位平等文化中（如瑞典与挪威）的女性，与来自诸如日本或伊朗等两性经济地位不平等文化的女性，对具备资源的配偶需求强烈的情形，并无不同（Buss，1989）。更有甚者，在美国经济成就高的女性，更重视男性的资源。虽然还有待更进一步的验证，现有的证据确实支持“女性已进化出追寻资源丰厚配偶”的假说。

另一个关键的性别差异来源是排卵期。不同于大多数灵长类的雌

性动物，它们发情期都有肿大、红色的生殖器，而女性的排卵期已进化成隐而未显或不露痕迹的情形。这对男性祖先来说成了独特的适应课题——在缺乏明显的发情线索时，该如何辨识出有生育力的女性？根据进化的某假设而言，男性进化成看重某些身体外表的特征，因为外表可以提供关于女性年龄与健康，乃至其生育能力的丰富线索。有 37 个文化的研究支持这种解释：来自世界各地的男性，从赞比亚到澳大利亚，正如预期，都看重年轻与身体具吸引力的女性。

虽说这些发现与其进化性的解释会激怒某些人，但是它们合乎三项重要的要求。首先，男女在心理上所进化成的两性差异，无法只通过性别差异予以解释；且性别上的差异，也不能作为某些败德行为（如性出轨）的托词。其次，男女双方都不能自以为较另一性别为优或劣；每种性别，都有各自需要解决的独特问题。第三，既然两性都会面临相似的适应问题，例如，该怎样辨识出可以建立长期关系的伴侣，男女在许多方面都是极其相似的。两性都同样看重未来伴侣的智慧，和善、可靠、具创意与适应性，而且在 37 个文化中，两性均极珍视爱以及相互的吸引，此两者可能即为两性得以长期相处而跨越其差异性的进化之道。

择偶方面的性别差异是源于进化过程还是社会学习？

社会学习与社会角色对择偶的影响

珍妮特・S. 海德（Janet S. Hyde），威斯康星麦迪逊大学

珍妮特・S. 海德

一般来说，女性对男性的吸引力，绝大多数取决于她的外表。同样的，长相俊俏的男性对女性也有吸引力，只不过对女性而言，外表没那么重要（Feingold，1990）。女性在考虑吸引力时，较在意男性的其他特性（像是成功）。此外，男性喜欢女性比他年轻，而女性则喜欢年纪较她稍长的男性。为何会产生这些差异呢？

答案就在社会角色与社会学习上。且让我们先看看社会角色，尤其是性别角色（Eagly & Wood，1999）。在美国社会（其实在世界各地其他大多数社会也是如此），性别角色的一项关键性的特性为，女性的权力与地位均比男性逊色。在美国，男性能赚到 1 美元时，女性只能赚 75 美分；即使在美国，女性也很难获得高薪水的职位。一项调查 500 家公司产业的研究即指出，公司高级职员中，只有 12% 是女性，而首席执行官（CEO）为女性的，不到 1%（Wellington & Giscombe，2001）。美国社会性别角色的第二项特征为劳力分配（包括有薪资的工作与家事）的性别差异。大多数职业都有高度的两性区隔，例如，只

有 3.4% 的飞行员是女性，女性木匠只有 1.2%；而男性保姆只有 2.9%、男性的牙医助理只有 1.9%（Costello & Stone，2001）。即使到了今日，女性与男性仍在扮演着相当不同的角色。有此薪资上的差别，且较少得到高收入、高声望的职业，女性一般会被事业成功、收入丰厚的男性吸引，就没什么好大惊小怪的了。实际上，她们除此之外，别无他途。反之，有人会因为男性不把女性事业的成功或赚钱的多寡列入考虑而感到不可思议吗？

女性角色最关键的部分是美貌与异性吸引力。女性的美貌在美国社会的能见度很高，而且常被用来促销从床垫到跑车等各式商品。女生很快就学会她们应该美丽，而男生则学到应该与漂亮女生有所关联。性别角色也限定了那些年龄配对是能被接受的。当广告或电视节目出现银发男士时，常常会与一位比他年轻许多的浪漫女性配成一对。你可曾见过倒转过来的配对吗？

每位新世代的儿童是如何及为何会实行与性别角色一致的行为？答案就是社会学习、部分强化、惩罚与模仿（Bussey & Bandura，1999）。违反性别角色的行为，通常会受到严厉的惩罚，在古老文化中更是如此。假设高二学生厄尼邀请愉悦、友善的艾伦参加班上的舞会，由于她并不漂亮，厄尼的朋友就取笑他是与一只狗约会，厄尼将不会再犯错。厄尼好友之一贾斯汀，在观察到所发生的事情后，以后邀请

女生参加舞会时会特别留意找个漂亮的。根据认知社会学习论，贾斯汀只需观察到厄尼所受的惩罚即习得，男生是不应与长相不吸引人的女生约会的。

任何一种好的心理学理论，应该都能够将理论所要解释的行为其产生的过程或机制加以厘清。进化心理学的问题之一，即在于它并没有厘清任何机制，此理论只是指出，对此行为的内在倾向已历经了进化性选择过程，因此它会出现在当代文化中。然而进化只有在遗传因子影响行为时才会对行为发挥作用。也就是说，进化是通过遗传基因才产生作用的，而基因则是通过指引身体各种生化物质（如荷尔蒙与神经递质）的组合才具有其功能。这些没有一项在进化心理学中有加以厘清，反而是社会学习论明确地告知我们，使人们产生顺从性别角色行为的过程为何。进化心理学者虽然有来自许多不同文化的数据，所有文化都有以性别为基础的分工情形，且一般而言都与美国的文化相似（Eagly & Wood，1999）——女性较以理家与养儿育女为主要职责，男性则占有权位，然而他们所提证据的问题在于，其他文化中性别角色的差异性，可能不像美国社会那么大。

总之，两性在吸引异性配偶上的差异性，显然是经由强化、惩罚与模仿等社会学习过程塑造而成的。

本章摘要

1. 社会认知研究人们对其社会经验的主观诠释，以及对社会世界的思考模式。在社会认知中有两种不同的主要思考模式：一种较自动化且非意图性、常在意识觉察外；一种较控制与审慎、我们能完全察觉到。

2. 图式加工过程是以被称作图式的简化记忆结构来知觉与诠释输入信息。图式是有关日常生活事物的小型理论，它使我们通过对新物体或人物的独特或最显要特性进行编码与记忆的方式，以有效地处理社会信息。刻板印象即有关人群团体的图式。

3. 经由重复的暴露，刻板印象可成为习惯性与自动化，得以在意识觉知之外运作。

4. 由于图式与刻板印象均简化了现实，因此图式加工过程在我们加工社会信息过程中很容易产生偏差与错误。例如，在形成他人印象过程中，我们很容易产生首因效应，即对初次接收的信息会形成一个初始图式，进而在决定印象形成过程成了比后续信息更具决定性的因素。图式与刻板印象也主控我们的推论过程。

5. 刻板印象一旦被激发，即会启动一连串符合最先刻板印象的自我与他人的行为过程，这种效应被学者称为自我实现预言。此行为系列可完全发生于意识觉知之外。

6. 有关自我的刻板印象也能自我预言实现。有两种理论解释此现象：一种以刻板印象威胁的观点，另一种则归因于意识动作的行动原则。

7. 个体化是一种依个人为基础来评估其个人特性以形成印象的过程。印象形成的连续体模式，详述了人们对他人进行个体化的时机与过程。合作性的活动有助于个体化过程。

8. 虽然刻板化作用是自动激发的，但是在特定的条件下，它们还是可以通过审慎思考来控制。

9. 归因是我们对他人行为提出说明与解释的过程——即探究其行动的成因。主要的任务之一，在于决定某人的行为成因，是归之于个人倾向（该位人士的人格或态度），还是情境因素（社会影响力或是其他外在情境条件）。我们有高估个人倾向因素而低估情境因素的偏差，被称作基本归因错误。

10. 学者们相信，古老文化对因果所在的演练与信念会塑造当代思考方式的文化差异性。研究一再指出，东方亚洲人的思维较为整体性，而西方人士的思维较为分析性。此研究挑战了那些宣称人类的基本与社会认知具有通用原则的所有观点。

11. 态度是对物体、人物、事件或理念所抱持的喜欢与讨厌，即好或恶的评价与反应。态度由认知成分、情感成分及行为成分组成。

12. 详尽可能性模型，主张说服有两种产生信念与态度改变的路线：中央路线，即个体对沟通信息的实质论点作反应；周围路线，即个体针对沟通信息的非内容性线索（如论点数）或情境线索（如传播者的可信度或环境的愉悦性）作反应。所沟通的议题若与个人有关，人们较可能思考与沟通信息实质论点有关的反应；若某议题与个人无关或人们不愿或无法针对某沟通信息的实质内容作反应时，他们会倾向使用简单的启发式（经验法则）来判断沟通信息的优缺点。

13. 态度在下列条件下最能预测行为：（1）强烈且一致；（2）与要预测的行为有特殊的关联；（3）基于个人的直接经验；（4）当个体觉察到其态度时。

14. 许多因素会影响我们是否会被某特定人士所吸引。其中最重要的是外表吸引力、接近性、熟悉度、相似性与移情作用。

15. 学者主张，人们坠入爱河的原因之一，是在进行自我扩展。

16. 许多学者试图将爱分类，激情之爱的特性为有强烈且时有矛盾的情绪；相伴之爱的特性为信任、关怀、容忍伴侣的瑕疵，以及温暖与喜爱的情绪。即使激情之爱在长期的关系中会衰退，他们产生强烈情绪的可能性仍然会提升。然而，由于相伴的配偶在日常生活中变得默契十足，因此他们实际上发生强烈情绪的频数反而相当低。另一种分类则将爱分为亲密、激情与承诺三种成分。

17. 进化心理学主张，人类之所以进化出长期的配偶关系，是因为由进化论观点来看，这种配偶关系最能确保后裔能存活到生殖年龄。进化心理学中一项较具争议性的假说为，男女两性已分别进化出不同的匹配策略：男性进化成较为容易发生性关系且追求年轻的女性。

核心概念

社会认知	刻板印象威胁	分析性思维	激情之爱
图式	意动动作	态度	相伴之爱
图式加工过程	个体化	详尽可能性模型	爱情的三角理论
刻板印象	连续体模式	中央路线	亲密
自我图式	归因	周围路线	激情
启动	个人倾向归因	接近性	承诺
首因效应	情境归因	单纯曝光效应	
推论	基本归因错误	移情作用	
自我实现预言	整体性思维	自我扩展	

附录 统计方法与测量

心理学家的许多工作需要进行测量——不论是在实验室还是在实地情境中都是如此,这项工作包括:测量婴儿第一次接触新奇刺激时的眼球运动;记录人们处于压力下的皮肤电反应;计算一只曾被施予前额叶切除手术的猴子条件作用时所需的尝试次数;确定利用计算机辅助教学进行学习的学生在成就测验上的成绩;计算接受某一种特殊的心理治疗法后获得改善的患者人数。在上述所有实例中,测量工作会产生数字,心理学家的问题就是解释这些数字并得出结论。这项工作的基础为统计学,即为处理收集来的数字数据,并以这些数据进行推论的学科,本附录的目的是要温习若干在心理学中扮演重要角色的统计方法。

笔者在撰写本附录时所持的假定认为,学生对统计学所产生的问题,基本上是对数据进行清晰思考的问题。因此,本附录所介绍的内容,不会超出任何已了解足够的代数观念、会利用加减符号并可将数字代入等式中的人所知的范围。

描述统计

首先，统计学可为大量资料提供速记式的描述，假设我们要研究在注册主任办公室卡片上的5,000位学生大学入学考试分数时，这些分数被称为原始数据。我们若匆匆翻阅这些卡片，就会对这些学生的分数有些印象，但我们不可能记得全部的分数，因此我们得对数据进行一些摘要，或许是将所有分数加以平均，也可能去找出最高及高低的分数。这些统计摘要使人较容易记得资料，并进行思考，这种摘要式的陈述被称为**描述统计**（descriptive statistics）。

次数分布

当原始数据经过分类，形成次数分布时，可变得更容易令人理解。为了分类数据，我们首先必须将测量数据的量尺区分为若干间距，然后计算落入每一间距内的项目次数；而每一个可归入分数的间距被称为一个组距。至于分类数据时究竟要分为多少组距，则没有固定的规则，完全基于研究者的判断。

表1所提供的原始数据样本，代表着15位学生大学入学考试的分数，这些分数依据应试学生的顺序排列（第一位考生得到84分，第二位是61分，以此类推）。表2所示则是依组距设定为10的次数分布所排列的数据；一个分数落入50—59的组距中，三个分数落入60—69的组距中，以此类推。另外，需留意的是，分数大多落入70—79的组距中，而没有任何分数归入50—59的组距之下，或是90—99的组距之上。

次数分布若以图形表示，通常较容易使人理解其意义，其中运用最为广泛的图形是**频次直方图**（frequency histogram），即为图1上方所示的实例。直方图由画出的长条构成，并以设定的组距为长条的底，而相对应的各组次数则决定长条的高度。另一种显示次数分布的图标法则是利用**频次多边形**（也称折线图）（frequency polygon），即为图1下方所示的实例。绘制折线图时，需先于组中点标出各组次数，然后以直线连接各标示点而成。为了完成图形，次数分布的两端皆必须额外增加一组，由于这两组的次数都为0，因此图形的两端将会连接到横轴。多边图与直方图所传达的信息相同，但多边图是由一组相连的线段而非长条所构成。

在实际应用时，我们得到的数据将比图1所标示的项目要多出许多。但在本附录所引用的所有说明范例中，皆以最少量数据加以呈现，如此可使读者轻松地查核出列表及标示位置，并画出曲线的步骤。

集中量数

集中量数（measure of central tendency）只是在量尺中具有代表性的一点，即描述数据重要信息的中心点。常用的集中量数有三种：**平均数**（mean）、**中数**（median）及**众数**（mode）。

平均数即为一般熟知的算术平均数，由加总分数并除以分数的个数而得。在表1中，原始分数的总和为1,125，若我们将之除以15（即为学生分数的个数），所得的平均数则为75。

中数是中间项目的分数。先将分数依大小排列，然后由两端算起到中间时，所得的分数即为中数。在我们将表1的15个分数由大到小依序排列后，由两端算起的第8个分数就得出75。如果个案总数为偶数，我们只需将每端算起居中的两个分数加以平均即可。

众数是一个既定的分配中出现次数最多的分数。在表1中，出现次数最多的分数是75，因此，这个

表 1　原始分数		
表内所示为15位学生大学入学考试的分数，这些分数是根据应试学生的顺序排列的。		
84	75	91
61	75	67
72	87	79
75	79	83
77	51	69

表 2　次数分配	
将表1所列的分数以组距累计其次数。	
组距	各组人数
50—59	1
60—69	3
70—79	7
80—89	3
90—99	1

分配的众数是 75。

在**正态分布**（normal distribution）的情况下，分数会均匀地分布于中央的两侧（见图 1），这时平均数、中数及众数都会落在同一点。但偏态或非平衡的分布，则不会出现这种情形。假设我们要分析早班火车出发的时间，发现火车通常准时离站，但偶尔会延迟出发，不过绝对不会提早离站，于是对时刻表中一列预定于早上八点出发的火车进行了为期一周的记录，如下：

星期一 8:00	平均数 = 8:07
星期二 8:04	中　数 = 8:02
星期三 8:02	众　数 = 8:00
星期四 8:19	
星期五 8:22	
星期六 8:00	
星期日 8:00	

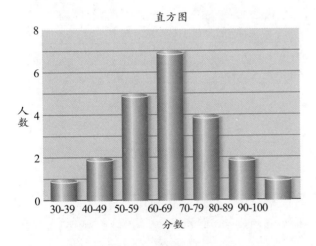

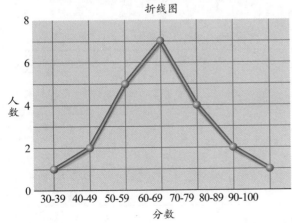

图 1　次数分配图
图中所标示的是来自表 2 的资料，上方为直方图，下方为折线图

在上例中，由于有两次离站时间特别晚，使出发时刻的分配呈现偏态，这两个时间会对平均离站时间造成影响，但对中数或众数的影响不大。

除非我们已了解偏态的存在，否则中数与平均数之间的差异有时会遭到误导（见图 2），因此偏态相当重要。例如，如果公司的管理者与工会就劳工的贡献发生争执，则可能会使收入的平均数与中数朝相反的方向偏移；假设公司提高多数雇员的薪资，但削减居于薪资量表上最顶点的高层管理者薪资，公司收入的中位数就可能会上升，平均数则会下降，于是希望显示公司收入会更高的一派，将选择使用中数；而希望显示收入会减少的一派，则将选择使用平均数。

平均数是运用最为广泛的集中量数，但有时候众数或中数则为较有意义的量数。

差异量数

除了获得集中量数的信息外，我们通常需要更多有关这项分配的信息。例如，我们需要一个量数告诉我们，分数是否紧密地群聚于平均数周围，或

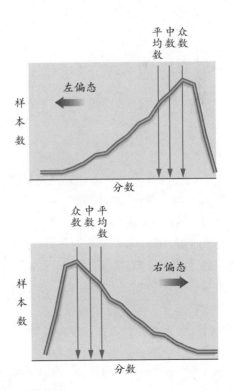

图 2　偏态分配曲线
我们须留意的是，偏态分配是以尾端落下的方向而命名，也要注意偏态分配中的平均数、中数及众数各不相同，而中数是落在众数及平均数之间

是分数呈现广泛的分布。而一个表示平均数周围分数散布情形的量数被称为**差异量数**（measure of variation）。

差异量数至少有两个用途。首先，差异量数可告诉我们平均数的代表性如何，如果变异小，就可知道每个分数都接近平均数；而如果变异大，我们则无法以相同的自信以平均数作为代表数值。假设在无法精确量身的情形下要为一群人设计衣服时，知道他们的平均尺寸也许会有帮助，但了解尺寸的分布情形也相当重要，后者可供做一个标准，使我们得以估量尺寸间的变异量。

举例来说，可参考在图 3 的资料，这是两组各 30 位学生入学考试的次数分布情形，两组的平均数都为 75，但两组的变异程度则呈现明显的差异。第一组所有学生的分数都相当接近地聚集在平均数附近，而第二组学生的分数则广泛散布，这时就需要某项可更准确地指出这两种分配间差异所在的量数。心理学上常用的三种差异量数是**全距**（range）、**方差**（variance），以及**标准差**（standard deviation）。

为了简化算术的计算，我们假设每组有 5 位学生希望就读于大学，他们的入学考试成绩如下所示：

第一组学生的成绩：
73,74,75,76,77（平均数 = 75）

第二组学生的成绩：
60,65,75,85,90（平均数 = 75）

现在我们将就这两个样本计算其差异量数。全距是指最高分数与最低分数间的范围，第一组 5 位学生的分数全距是 4（从 73—77），而第二组分数的全距则是 30（从 60—90）。

全距的计算十分容易，但方差与标准差却更常使用，由于后者考虑到每一项分数，而不是如全距一样只考虑极端值，因此是较敏锐的差异量数。方差测量次数分布中的分数离开其平均数的距离多远。计算方差时，首先要计算分布中的每一个分数与其平均数间的离差 d，即每个分数减去平均数的值（见表 3），然后将每个离差平方以去掉负数，最后将离差加总并除以离差的总个数，而求出平均离差，平均离差即为方差。当我们依此计算图 3 的资料时，

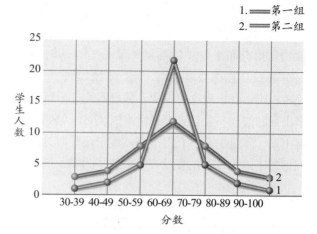

图 3　不同变异的分布

明显可见，即使二组的平均数完全相同（均为 75），但第一组的分数比第二组更靠近地聚集于平均数附近，就第一组而言，所有的分数都落在 60—89 之间，且大部分的分数落于 70—79 的组距中；另就第二组来看，分数则相当一致地遍布于 40—100 的大范围中；这二种分配在变异性上的差别，可利用标准差加以估量，第一组的标准差会小于第二组

表 3　变异数与标准差的计算程序

第一组分数（平均数 =75）		
	d	d^2
77−75=	2	4
76−75=	1	1
75−75=	0	0
74−75=	−1	1
73−75=	−2	4
		10

d^2 的总和 =10
方差 =d^2 的平均数 =10/5=2.0
标准差（σ）= $\sqrt{2.0}$ =1.4

第二组分数（平均数 =75）		
	d	d^2
90−75=	15	225
85−75=	10	100
75−75=	0	0
65−75=	−10	100
60−75=	−15	225
		650

d^2 的总和 =650
方差 =d^2 的平均数 =650/5=130
标准差（σ）= $\sqrt{130}$ =11.4

发现第一组的方差为 2.0，第二组的方差则是 130。明显地，第二组分数的变异性大于第一组。

方差的一项缺点在于它是以测量的平方单位表示，因此，当我们说第一组的方差为 2，并不是指平均来看——分数与平均数之间存在着平均 2 分的变异，而是指分数与平均数之间存在着平均 2 个平方分数的变异。

为了得到以测量的原始单位加以表示的差异量数（在这个案例中，原始单位为考试所得的"分"），只要取方差的平方根即可，这被称为标准差。标准差是以小写希腊字母 sigma（σ）表示，并且如后所见，在其他数种统计的计算中也经常使用标准差，标准的公式是：

$$\sigma = \sqrt{\frac{d^2 \text{ 的总和}}{N}}$$

两组样本分数的标准差简易计算程序已列于表 3 中，第一步是以每一个分数减去平均数（两组的平均数皆为 75），结果大于平均数的分数会产生正数的 d 值，而小于平均数的分数则会出现负数的 d 值；下一栏中，当我们将 d 值平方后，负号就会消去，然后将平方的离差加总并除以 N，即样本的样本数，在我们的范例中，$N = 5$，接着再取其平方根就产生标准差[①]。

统计推论

现在我们已熟悉以统计学作为描述资料的方法，接下来就准备讨论解释的过程——即通过数据进行推论。

总体与样本

首先，有必要区别总体及来自总体的样本。当全美人口调查局试图以所得的描述性资料（包括年龄、婚姻状况等来自全国每个人的资料）来描述全体人口状况时，**总体**（population）一词即适用于这项人口调查，因为它代表居住于美国的所有人民。

在统计学中，"总体"一词并不限于人类、动物或事物，总体可以是过去 10 年间温度计所显示的所有温度，可以是英语中的所有字汇，或是任何其他指定的所有数据量。我们通常无法获得全体总体的数据，因此，我们会试图以**随机**（random，即无偏差）方式所得出的样本来代表总体。如同人口调查局所做的部分人口调查一般，我们可对随机抽选的一部分人提出问题，我们也可在特定时间读取温度计并由此得出平均温度，而无须进行连续不断的记录；此外，我们可随机抽选百科全书中某几页并计算其中的字数，以估量整部百科全书所包含的字数，这些都说明了从总体选取样本的过程。若重复进行上述任何一种过程时，由于样本实际上无法完全代表全体总体。因此将包含**抽样误差**（errors of sampling）在内，而每次我们都会得到些微不同的结果，而此处正是**统计推论**（statistical inference）介入之处。

样本数据是从总体中收集而得，目的在于对总体进行推论。例如，研究人口调查的样本数据，是为了了解总体的年龄是否趋于老化，或是否出现人口朝郊区移动的趋势；相同地，研究实验结果是为了确定实验操作对行为产生何种影响——如音调的阈限是否受到响度的影响，或实际养育儿童的方式是否会对其日后生活产生可察觉的效应。为了进行统计推论，我们必须评估样本数据所透露出的相关性。但由于存在着抽样误差，使得这些推论总是处于某种程度的不确定状态下。不过，如果统计检验指出样本的代表程度相当大（相对于抽样误差的估算而言），我们就可以有信心地认为，在样本中观察得到的效果，可适用于更大的总体。

因此，统计推论所处理的问题，是基于只由总体的样本所得出的信息，去对总体的特征进行推论或判断。由于本文仅对统计推论做初步的探讨，因此，以下将讨论正态分布及其于解释标准差时的应用。

[①] 因为本书隶属于导论，因此全文都将使用 σ 符号表示标准差。然而，在科学文献中，小写英文字母 s 是用来表示样本的标准差，而 σ 则用来表示总体的标准差。另外，在样本标准差 s 的计算过程中，d^2 的总和是除以 $N-1$，而不是 N。然而，如果样本数量足够大，无论我们除了 $N-1$ 还是 N，标准差的真正数值只会受到轻微的影响。因此，为了简化本书内容，我们并没有区分总体的标准差和样本的标准差，而利用相同的公式来计算这两种标准差。进一步探讨，可参阅 Phillips（1992）。

正态分布

我们收集大量资料，再列成统计表，并标示为直方图或折线图后，数据通常会形成一种大略呈现钟形的对称分布，被称为正态分布。大部分的项目将落于平均数附近（即钟形的最高点），而在极高与极低分数两端，钟形就逐渐变得尖细。这种曲线形式特别有趣，因为当大量可能事件（chance events）独立发生时，这项过程的结果也会出现相同的曲线，通过呈现于图4的演示装置，可说明连续的可能事件如何形成正态分布：每当钢球遇到沟槽的分支点时，不论其是否落入左边还是右边，机会因子都会使其产生对称的分布，即多数钢球会直落于中间，但偶尔也有钢球掉到两端的小格子里，这是一种视觉可见的有效方式，可用来说明"机会分布非常近似正态分布"的意义。

正态分布（见图5）是数学上理想化分布的象征，近似于图4装置所示的分配形式。正态分布表示在正态化分配的总体中，项目与平均数之间可能隔着一定的量，图5所示的百分率，是代表在曲线下的两个指定量尺数值之间所存在的区域面积百分率，曲线下的全部区域面积即表示全体总体，大约三分之二的案例（68%），将落入距离平均数上下各一个标准差的范围内（±1σ）；95%的案例会落入两个标准差的范围内（±2σ）；而几乎所有案例（99.7%）将落入三个标准差的范围内（±3σ）。表4中则更详尽地列出各部分正态曲线下的区域面积。

让我们利用表4追溯图5中的68%及95%的数值如何得出。由表4的第三栏可发现−1σ与平均数之间的区域面积占全区域面积的0.341，而+1σ与平均数之间的区域面积也占0.341，二者相加得出0.682，即为图5所示的68%，相同地，−2σ与+2σ之间的区域面积为2×0.477 = 0.954，即图5所示的95%。

这些比率有几种用途，其中之一与标准分数的解释有关，另一种用途则与显著性的检验有关。

资料的量尺化

为了解释一项分数，我们通常需要知道这项分数与其他分数相较之后是高还是低，如果一个参加驾照考试的人在危险信号出现后踩刹车的时间需要0.500秒，我们如何判定这项表现是快或是慢？一个

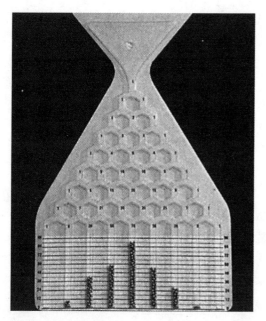

图4　演示机会分布的装置

将整块木板倒置，直到所有钢球落回贮存槽为止，然后再将木板转回来并直立拿好，直到所有钢球又落入九个栏位中，每次演示时，落入每一栏位中的钢球精确数量将有所出入，然而，平均而论，每栏钢球的高度将呈现近似于常态分配的形式，即最高处在中间栏位，然后高度会逐渐向外侧栏位递减

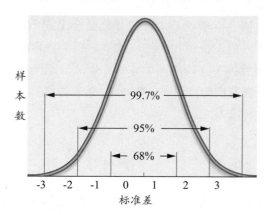

图5　正态分布

正态分布曲线可利用平均数及标准差组合而成，其中曲线下方小于-3σ及大于+3σ的区域面积都非常小

在物理学考试得到60分的学生是否可通过这项课程呢？为了回答这类问题，我们必须得出可用以比较分数的量尺。

等级数据　将分数由高至低依序排列后，可得到一种量尺，其中的每一项分数都将以它居于团体分数的等级为基础加以解释，例如，每位西点军校的毕业生都知道自己居于班上第几名——或许是全班400名学生中的第35名或第125名。

表4　正态分布区域占全区域的比例			
标准差	(1) 该数值左方的区域面积	(2) 该数值右方的区域面积	(3) 该数值与平均数之间的区域面积
-3.0σ	0.001	0.999	0.499
-2.5σ	0.006	0.994	0.494
-2.0σ	0.023	0.977	0.477
-1.5σ	0.067	0.933	0.433
-1.0σ	0.159	0.841	0.341
-0.5σ	0.309	0.691	0.191
0.0σ	0.500	0.500	0.000
$+0.5\sigma$	0.691	0.309	0.191
$+1.0\sigma$	0.841	0.159	0.341
$+1.5\sigma$	0.933	0.067	0.433
$+2.0\sigma$	0.977	0.023	0.477
$+2.5\sigma$	0.994	0.006	0.494
$+3.0\sigma$	0.999	0.001	0.499

标准分数　在量尺化时，标准差是一种方便利用的单位，因为我们可以解释1σ或2σ距离平均数究竟有多远（见表4），基于标准差的倍数而得到的分数被称为**标准分数**（standard score），在心理测量上所利用的许多量尺，都是基于标准分数的原则而建立的。

表1所示为15位学生的大学入学考试成绩，在缺乏更多信息的情况下，我们无法得知这些分数是否可代表所有申请入学者的总体。但是，在这项考试中，我们已假定总体的平均数是75，标准差是10。

然后，在考试中得到90分的学生，其标准分数是多少呢？我们必须以这项分数高于平均数几倍的标准差加以表示。

90分的标准分数为：

$$\frac{90-75}{10}=\frac{15}{10}=1.5\sigma$$

在第二个实例中，获得53分的学生，其标准分数又该是多少？

53分的标准分数为：

$$\frac{53-75}{10}=\frac{-22}{10}=-2.2\sigma$$

在这个案例中，负号告诉我们这个学生的分数低于平均数2.2个标准差，因此，标准分数的符号（＋或－）指出这个分数究竟是高于或低于平均数，而其值则指出此分数距离平均数多少个标准差。

平均数的代表性如何？

以样本平均数估量总体平均数时的有效性有多高？如果我们随机抽选出100位大学生作为样本，并测量其身高，则以样本平均数预测真正的总体平均数（即所有大学生的平均身高）的准确性如何？这些质疑产生了基于样本信息对总体进行推论时的问题。

这些推论的正确性，要根据抽样误差大小而定。假设我们由同一总体中随机抽选出两个样本，并计算每一个样本的平均数，则因机会而预期两个平均数之间所产生的差异会有多大？

当我们由同一总体中连续随机抽选出不同样本时，每个样本都会产生不同的平均数，并形成样本平均数的分配，且围绕于总体真正的平均数附近。这些样本平均数本身可据以计算出一个标准差，我们称此标准差为样本平均数的标准误（standard error of the mean），简写为σ_M，可依下列公式加以估算：

$$\sigma_M=\frac{\sigma}{\sqrt{N}}$$

σ是样本的标准差，N是每一个样本平均数所据以计算的个案数。

依照上述公式，当样本中的数量增加时，样本平均数的标准误就会相对降低，因此，来自大型样本的平均数比小样本的平均数更可靠（即更可能接近真正的总体平均数）。即使依据一般常识我们也会预期产生这种现象，样本平均数标准误的计算，可使我们对于计算出的平均数中所包含的不确定程度，作更清楚的论断；即样本中的案例数量越多，不确定性就越少。

差异的显著性

在许多心理实验中，我们是针对两组被试收集资料，一组被试暴露于某些特定的实验情境中，而另一组被试则充当控制组。接下来的问题就在于两组被试的平均表现间有无差异，而且假使观察到某一项差异，则来自这两组被试样本间的差异可否适用于总体。基本上，我们所质疑之处在于两个样本平均数间的差异，可否反映出总体的真正差异，或者这项差异只是抽样误差的结果。

举例来说，当我们比较一年级男生样本及女生样本在阅读测验分数上的差异时，有关平均表现方面，男生的分数低于女生，但是其中也存在许多重叠之处，即一些男生的表现特别优异，而也有一些女生的表现极为不佳。因此，如果没有进行统计显著性的检验，我们就无法接受得出的平均数差异；只有经过检验之后，我们才可确定由样本平均数观察得来的差异确实可反映出总体的真正差异，或只是由于抽样误差所致。

在另一个实例中，假设我们进行实验以比较惯用右手者及惯用左手者的握力强度时，表5上方即呈现出自这项实验的假设性数据，其中5位惯用右手者所组成的样本，比另外5位惯用左手者所组成的样本，其平均握力强度大8千克。一般而言，我们可由这些数据对惯用左手者及惯用右手者进行何种推论？我们可以主张惯用右手者比惯用左手者更有力吗？很明显地，答案是否定的，因为由大多数惯用右手者所取得的平均数据，与来自惯用左手者的平均数据间并无不同，而表中100这个显然偏高的数字则告诉我们，目前我们所处理的是一项不确定的情况。

现在假设实验的结果如表5下方所示，我们也再次发现二者间存在着相同的8千克平均差异，但是这次我们对此结果将会较具信心，因为惯用左手者所得的成绩一致地低于惯用右手者。而统计学已提供了一种精确的方式，可将平均差异的可信度纳入考虑，使我们不再需要单凭直觉去决定两项差异间何者较为可靠。

这些实例暗示着，差异的显著性将由两项因素决定；一为所得到的差异大小，另一为相比较的平均数本身所包含的变异程度。由样本平均数的标准误中，我们可计算两个平均数间差异的标准误（standard error of the difference between two means，$\sigma \Delta_M$），然后利用**临界比率**（critical ratio）评估两者间的差异——临界比率是指平均数间所得出的差异（D_M）与平均数间差异的标准误

表5 差异的显著性

表中所示为两个比较平均数差异的实例，本表上方及下方所列的平均数差异皆相同（均为8千克），然而，下方资料所显示的平均数差异则比上方的资料更可靠。

惯用右手者的握力强度（以千克计）	惯用左手者的握力强度（以千克计）
40	40
45	45
50	50
55	55
100	60
总和 290	总和 250
平均数 58	平均数 50

惯用右手者的握力强度（以千克计）	惯用左手者的握力强度（以千克计）
56	48
57	49
58	50
59	51
60	52
总和 290	总和 250
平均数 58	平均数 50

（σD_M）之比率：

$$临界比率 = \frac{D_M}{\sigma D_M}$$

这项比率可帮助我们评估两个平均数之间差异的显著性。依经验法则来看，平均数间要达到显著的差异，其临界比率至少应该为2.0或更大。在本书中，所有提及两个平均数间的差异具有"统计上的显著性"之处，皆指其临界比率至少到达2.0的程度。

为何挑选2.0作为统计显著性的临界比率呢？只因逢机出现这个数值或大于此数值的机会只有5%；而我们又是如何得出5%呢？由于临界比率只是将两个平均数间的差异以其标准误的倍数形式加以表示，因此我们可将临界比率视为一种标准分数，再参照表4第二栏的数据可知，标准差逢机出现至少大于+2.0的可能性是0.023，因为相同离差出现于负向的机会也是0.023，所以全部的概率就是0.046，这就是指假如总体平均数相同，就能发现临界比率

值为 2.0 的机会是 46，或大约 5%。

认为临界比率至少应该为 2.0 的经验法则，只是一种武断但方便的规则，用以定义 "5% 的显著水平"。依据这项法则，当我们以样本数据为基础，归结出平均数间存在着实际上并未产生的差异时，犯错的次数在 100 次决定中会少于 5 次。但我们也并非总是运用 5% 的水平，有些实验必须利用更高的显著水平才恰当，这取决于我们在推论时愿意犯多少偶发的错误而定。

在临界比率的计算过程中，必须先知道两个平均数间差异的标准误，其可依下列公式计算得出：

$$\sigma\Delta_M=\sqrt{(\sigma M_1)^2+(\sigma M_2)^2}$$

在上述公式中，σM_1 与 σM_2 是相比较的二个平均数的标准误。

举例来说，假设我们要就美国的一年级男生及女生，比较其阅读成就测验分数时，先随机各抽选一个男生及女生样本，并施予测验，然后我们假定男生的平均分数是 70 分，标准误是 0.40，而女生的平均分数是 72 分，标准误是 0.30，以这些样本为基础，我们要决定所有男生及女生在阅读成就上是否存在着真正的差异，样本数据指出女生所得到的阅读测验分数优于男生，但我们可否推论假如对全美所有的女生及男生施测时，会得到相同的结果？这

时临界比率可帮助我们做决定。

$$\sigma D_M=\sqrt{(\sigma M_1)^2+(\sigma M_2)^2}$$
$$=\sqrt{.16+.09}=\sqrt{.25}$$
$$=.5$$

$$临界比率=\frac{D_M}{\sigma D_M}=\frac{72-70}{.5}=\frac{2.0}{.5}=4.0$$

由于临界比率超出 2.0 以上，我们可断言观察所得的平均数差异，在统计上具有 5% 的显著水平。因此，我们可归结出男生及女生在阅读测验表现上存在着可靠的差异；另外，须留意临界比率的符号可能是正号或是负号，要根据相减的平均数而定，但解释临界比率时，则只考虑其数值大小（而不考虑其符号）。

相关系数

相关是指两个量数的平行变异。假设有一项设计用以预测大学学业成就的测验，如果这是一份好测验，则从中获得的高分将与大学的高成就有关，低分就是与低成就有关，而相关系数则可更精确地表示相关的程度。

积差相关

最常用以确定相关系数的方法是**积差相关法**（product-moment method），所产生的指数习惯上是以小写英文字母 r 加以表示，积差相关系数 r 会在完全正相关（r = 1.00）与完全负相关（r=−1.00）间变化，而毫无任何相关时则产生 r = 0.00。

计算积差相关的公式为：

$$r=\frac{\mathrm{Sum}(dx)(dy)}{N\sigma_x\,\sigma_y}$$

在此，成对的量数之一被标示为 x 分数，另一个量数则标示为 y 分数，dx 及 dy 是指每个分数的离均差，N 是每一成对量数的个数，而 σ_x 与 σ_y 则是指 x 分数与 y 分数的标准差。

在相关系数的计算中，必须先确定（dx）（dy）乘积的和，以及算出 x 分数与 y 分数的标

表 6　积差相关的计算步骤

学生	入学考试成绩（x 分数）	大学一年级成绩（y 分数）	(dx)	(dy)	(dx)(dy)
亚当（A）	71	39	6	9	+54
比尔（B）	67	27	2	−3	−6
查尔斯（C）	65	33	0	3	0
大卫（D）	63	30	−2	0	0
爱德华（E）	59	21	−6	−9	+54
总和	325	150	0	0	+102
平均数	65	30			

$\sigma_x=4$

$\sigma_y=6$

$$r=\frac{\mathrm{Sum}(dx)(dy)}{N\sigma_x\,\sigma_y}=\frac{+102}{5\times4\times6}=+.85$$

准差，然后再分别将其代入公式。

积差相关的样本计算程序假设我们所收集的资料如表 6 所示，针对每位被试取得两种分数：第一种分数是大学入学考试的成绩（在此随意地将之标示为 x 分数）；第二种分数则是大学一年级的成绩（即为 y 分数）。

图 6 是这些资料的分布图，每一个标示点代表着该被试的 x 分数及 y 分数，例如，右边最高的点是亚当（标示为 A），当我们检视这些资料时，可轻易地发现在 x 分数及 y 分数间有一些正相关存在；亚当在入学考试时得最高分，大学一年级期间也获得最好的成绩，而爱德华在两项考试中都得到最低分，至于其他学生的两种成绩间则有些不规则，所以，我们了解这并非完全相关，因此，r 将小于 1.00。

尽管实际上没有任何研究者会同意用如此少量的个案来决定其相关程度，但我们为了举例说明积差相关法，仍会计算出其相关系数，并已将详细步骤列于表 6。按照表 3 所略述的程序，我们可分别计算出 x 分数及 y 分数的标准差，接着，再算出每位被试（dx）（dy）的乘积，并将五位被试所得出的乘积加总，然后，把这些结果代入等式就产生 0.85 的 r 值。

解释相关系数

我们可利用相关系数进行预测，例如，如果我们由经验得知，某项入学考试分数与大学一年级成绩有关，就可根据大学新生的入学考试分数来预测其一年级成绩，如果这是一项完全相关，则我们可丝毫无差地预测他们的成绩。但 r 通常都小于 1.00，预测时难免出现一些误差，当 r 越接近 0 时，预测的误差也就越大。

虽然我们无法在此讨论根据入学考试分数预测大学一年级成绩，或其他类似预测的技术问题，但我们可以考虑大小不同的相关系数所代表的意义。显然当 x 与 y 之间的相关为 0 时，我们就知道在预测 y 时，x 毫无帮助。如果体重与智力无关，当我们试图预期被试的智力时，就没有必要知道他们的体重。在另一种极端的情形中，完全相关就是意指百分之百的预测效能——即当我们知道 x 时，就可完全准确地预测 y。至于介于中间的其他 r 数又如何呢？当我们检视图 7 的分布图时，即可就居间的相

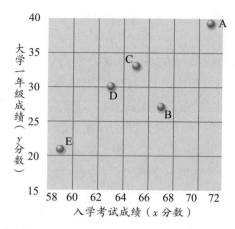

图 6　分布图

图中每一个标示点皆表示每位学生的 x 分数与 y 分数，紧邻每一个标示点旁的英文字母则是代表资料表内的学生（A 为亚当，B 为比尔，依此类推）

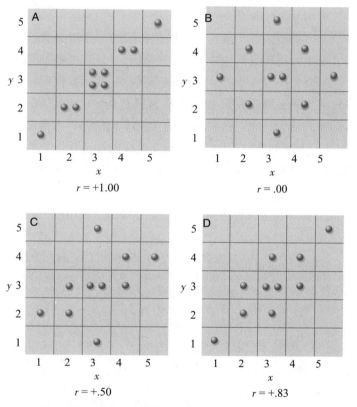

图 7　说明各种不同相关程度的分布图

图中第一点代表着一个人在两项测验（即 x 与 y）上的分数，在 A 图中，所有的个案落入对角线，并呈现完全相关（r=+1.00），亦即如果我们知道被试的 x 分数，就会知道他的 y 分数；在 B 图中，相关系数为 0，也就是说，即使我们知道受试者的 x 分数，也无法预测他在 y 测验的得分会等于、大于，或小于平均成绩，另外，x 分数高的人，也会在 y 测验得到高分，而 x 分数低的人，在 y 测验也会得低分，但并非完全相关

关程度所代表的意义获得一些了解。

在先前的讨论中，由于相关系数的符号与相关性的强度无关，所以我们并未特别加以强调，$r = +0.70$ 与 $r = -0.70$ 之间唯一的区别，是前者的 x 增加时，y 也随之增加，但后者的 x 增加时，y 则随之降低。

虽然相关系数是心理学中运用最广的统计方法之一，但它也是被人误用最多的程序之一。使用者有时会忽略一项事实，即 r 并非意指 x 与 y 之间的因果关系，当两组分数有关联，我们可以怀疑两者存在着某些共同的因子，但我们无法推断其中之一即为另一项产生的原因。

相关有时会出现矛盾，例如，研究发现研读时间与大学成绩之间，呈现微弱的负相关（约为 -0.10），如果假定二者间存在着因果的说法，我们的结论可能会归纳出：提高成绩最好的方式就是不读书，但其实是由于有些学生在获取高分方面较他人占有优势（可能由于他们在大学预备阶段的基础较佳），因此最用功读书的学生通常难以得到最好的成绩，负相关也因而产生。

上述可将因果解释派定于相关系数上，然而，当两个变项有关联时，其中一个变量确实可能是另一变项的产生原因，因果研究是一种逻辑的研究，相关可用于导引出鉴定因果关系的实验，而对我们有所帮助。

重要词汇

名词解释中不仅定义了出现在本教科书上的专有名词，还解释了心理学中常见用语的特定意义。我们仅仅在本书范畴内定义下列名词，如果你想了解更完整的定义和其他可能隐含的意义，请查询和参阅标准的心理学词典。

A

abnormal 变态 偏离正常。

absolute threshold 绝对阈限 能可靠地从完全没有刺激中分辨出有某刺激存在的最小强度。

abstractions 抽象（概念） 能找出代表一组例证的共同特性，而非只局限于在单一例证上的特性。

accommodation 顺应、调节 （1）眼睛水晶体变化焦距的过程。（2）在皮亚杰认知发展理论中，婴儿调整先前存在的图式以便能包含新的物体或事件的过程。

action potential 动作电位 一种从树状突下传到轴突的电化学冲动。

activation model 动作模式 在记忆中，一个项目的提取决定于该项目达到关键的活动水平。

actualizing tendency 实现倾向 朝向实现、完成有机体所有能力的倾向。

addiction 成瘾 一种强迫、破坏性的用药行为模式。

adolescence 青（少）年期 从儿童期转为成人期的转变时期。

adolescent growth spurt 青少年发育急速期 伴随青春期身体开始快速成长的时期。

affect 情感 情绪与感受。

affective neuroscience 情绪神经科学 探讨情绪现象在脑内运作执行过程的研究。

aggression 攻击 意图（以身体或言语）伤害别人或具破坏性的行为。

agnosia 失识症 辨识能力损坏或异常的一种通称。

agonist 激动剂 与受体有关、能激发受体的药剂。

agoraphobia 广场恐怖症 害怕独自一个人或在逃脱困难或求助无门的公共场所个体会受到惊吓袭击而变得无能。

alliesthesia 饥饿效应 动机诱因论与驱力论的一种交互作用观，主张任何可解决内在困扰的外在刺激都具有愉悦性。

altered state of consciousness 意识状态的变化 从正常的心理功能形式改变成个人似乎能经验到差异的某另一状态。

alternate form reliability 复本信度 给相同的人施予同测验的两种或更多版本间结果的一致性。

American College Test 美国大学入学考试 一种团体的普通能力测验。

American Law Institute 美国法律研究所 "如果某人当时的犯罪行为是心理疾病或心智缺陷的结果，他缺乏实质的能力去认识该行为的错误或无法顺从法律的要求时，则他不需为其犯行负责。"

amnesia 失忆症 部分丧失记忆。

amphetamine 安非他命 中央神经系统兴奋剂，会导致不安、易怒、焦虑和心跳加速。右苯丙胺硫酸盐和脱氧麻黄碱是两种安非他命。

amplitude（of a tone）（声音的）振幅 声（波）压从波峰到波谷间的差距。

amygdala 杏仁核 位于大脑皮层下的脑部结构，与凝固情绪的记忆有关。

anal stage 肛门期 弗洛伊德心理分析理论的性心理发展的第二阶段，在口腔期之后。满足和冲突的来源和排泄物的排除和保留有关。

analytic thought 分析式思维 一种处理事物的取向：抽取情境脉络关系，较多运用分类与形式逻辑，以及避开矛盾的方式。

Anderson's theory of intelligence 安德森的智力说 主张智力的差异归因于"基本处理信息机制"的不同，它构成思考，并转而产生知识。人们在基本信息处理速度上有个体差异。

androgenization 雄性激素化 在身体结构与脑部发展上受雄性激素影响的情形。

anhedonia 快感缺失 丧失经验到快乐的能力，即使在面对最快乐的场合时。

anomic aphasic 文字失识症 患者主要困扰在于不能提

取或辨认字词（源于某些脑伤）。

anorexia nervosa **厌食症** 自愿减少体重，至少减少个人最低正常体重的15%。

antagonists **拮抗药** 一种锁住受体使其无法激发的药物，可阻断受体使得其他药物无法触接这些受体。

anterior system（for attention）**（注意的）前（部）系统** 用来控制我们选择性地知觉到某物体一些特征（如空间位置、形状与颜色）的时机与方式的机制。也请参阅posterior system（for attention）。

anterograde amnesia **顺行性遗忘** 对事件和经验记忆的丧失发生在失忆症引起的创伤后，虽然先前习得的信息回忆可能大部分未受影响，但病人无法获得新信息。

antidepressant **抗郁剂** 用来减少情绪低落的药物，假设上可以增加神经递质、去甲肾上腺素和／或5-羟色胺可行性。如丙咪嗪（Tofranil 托法尼），异卡波肼（Marplan 马普兰）和硫酸苯环丙胺（Prozac 百忧解）。

antisocial personality **反社会人格** 人格障碍的一种类型，主要特征为冲动，无法遵从社会习俗和法律，对其行为缺乏焦虑或罪恶感。同义词有"社会病态人格"（sociopathic personality）、"心理病态人格"（psychopathic personality）。

antisocial personality disorder **反社会型人格障碍** 一种人格障碍，主要特征为缺乏正常的情绪反应（尤其是羞愧、罪疚与害怕），以及对他人情绪缺乏共情。

anxiety **焦虑** 一种不安、紧张和焦虑的状态。有些理论家将其视为恐惧的同义词。虽然其他的人认为焦虑（如不确定的危险或预兆）不像恐惧对象（如猛烈的动物）那么特定。

anxiety disorder **焦虑障碍** 一组由强烈的焦虑构成的精神失调或为减轻焦虑而表现出适应不良的行为。包括广泛性焦虑障碍和恐慌症、恐怖症和强迫障碍。*DSM-IV*主要的类别涵盖大多数以前被称为神经衰弱症的失调。

aphasia **失语症** 因脑伤引起的语言障碍。

apnea **睡眠呼吸暂停** 个体在睡眠时的呼吸暂停。

assimilation **同化** 在皮亚杰的认知发展理论中，婴儿用先前存在的图式了解一个新的对象或事件的过程。

associationist psychology **联想主义心理学** 主张心里充满了观念想法，这些观念想法是通过感觉输入，通过相似与对比的原则产生联结。

associative learning **联想学习** 学得事件间存在了某些邻近性（或相关性）；学习事件与另一事件的关联。

ataque de nervios **歇斯底里发作** 颤抖、觉得失控，突然无法控制地哭泣、尖叫，表现出肢体与语言上的攻击，有时会有发作式的昏迷与寻死的动作。

Atkinson-Shiffrin theory（of memory）**阿特金森-谢夫林（记忆）理论** 其基本主张为，记忆可根据不同时距分成两种类型。

attachment **依恋** 年幼有机体寻求与特定个体亲近的倾向，并且在其出现时会觉得较有安全感。

attention **注意** 选择某些信息进行更详尽的检视而忽略其他信息的能力。

attitude **态度** 对事物、人、情境或世上其他层面对象的一种喜欢或不喜欢、偏好或无偏好的评价和反应。

attribution **归因** 我们尝试解释别人行为的过程。归因理论处理人们用来推论可观察行为原因的规则。

attributional style **归因风格** 个人对生活事件进行归因的方式。

atypical antipsychotic **非典型抗精神病药物** 可减轻精神分裂症状且不致引发许多副作用的药物。

auditory cue **听觉线索** 声音出现后立即呈现的线索。

auditory system **听觉系统** 耳朵、部分脑部，以及各种神经联结通路。

augmented network **扩大的网络** 包括抑制与兴奋联结的网络。

autism **孤独症** 一种心理失调，最先出现在儿童早期，儿童在沟通、社会交互作用、玩游戏、建立友谊上显出明显缺陷，并从事重复性刻板行为和自我伤害的行为。

automaticity **自动化** 原先需要意识关注的反应习惯化的过程。

autonomic nervous system **自主神经系统** 周围神经系统调节平滑肌（器官和腺体）活动的类别，分为交感神经和副交感神经。

autonomic system **自主系统** 与内部器官和腺体联结的系统。

autonomy **自主** 儿童能独立于照顾者。

available wavelength **可用光波** 通过纸张反射而能到达眼睛的光波。

axon **轴突** 神经元传输冲动到其他神经元的部分。

B

back projections **反射** 修正感觉输入方式的活动。

backward masking **逆向掩蔽程序** 一种心理测验法，被试先看一张图片30毫秒后，再以一中性图片掩蔽，使被试无法得知该图片的内容。

basic level **基线水平** 在概念阶层，事物第一个分类的水平。

basilar membrane **基底膜** 耳蜗螺管内的耳膜用来支撑受体。基底膜运动会刺激受体的毛状细胞，产生听觉刺激的神经效果。

behavior genetics **行为遗传学** 结合遗传学与心理学的研究法，以探讨行为特征的遗传性。

behavior therapy **行为治疗** 以学习原则为基础的一种心理治疗方法。使用对抗条件反射作用、强化，和塑造矫正行为等技术（与行为改变技术同义）。

behavioral medicine　行为医学　研究社会、心理和生物的因素如何交互作用影响身体的疾病（与健康心理学同义）。

behavioral perspective　行为主义观点　只集中在可观察行为的心理学取向，并试着解释它与环境事件的关系。

behavioral rehearsal　行为演练　角色扮演。

behaviorism　行为主义　一个与华生（John B. Watson）有关的心理学的学派或系统，它确认心理学是研究行为，并仅限于可观察活动的心理学资料。经典行为主义比现代心理学行为观点更为极端。

behaviorist approach（to personality）（人格的）行为主义取向　强调环境或情境对行为决定的重要性。

benzodiazepine　苯二氮类　一种有效减低焦虑且相似化学结构的药物分类，如苯甲二氮（Valium 二氮平）和三口仑（Xanax 克沙拿）即是。

bias　偏差　一种由观察者在进行某特定反应时所设定的标准。

"Big Five"　大五因素模型　从我们所谓大多数人格中所抽取的五种特质维度，它们是开放性、责任心、外向性、宜人性与神经质。

binding problem　整合的问题　探讨脑部不同部位对相应的各种基本属性（如颜色、形状等）的活动，如何结合以对某物体形成稳定、一致知觉的过程。

binocular disparity（as a depth cue）（深度知觉的）双眼视差　两眼视野的差异。

biofeedback　生理反馈　个体获知自己生理状态（反馈）信息，并试图改变它们。

biological perspective　生物学观点　一种心理学取向，试着用发生在身体内的电子和化学事件来解释行为，特别是大脑和神经系统。

biological psychologist　生物心理学家　关心生物学过程和行为间关系的心理学家。

bipolar disorders　双相障碍　抑郁与狂躁此两期间交替出现（躁郁症为同义词）。

blocking　阻塞　经典条件作用的一种现象——假设一个条件刺激能可靠地预测一个无条件的刺激的出现，则即使加入其他的条件刺激时，后加的条件刺激和无条件刺激间的关系将不会被学到。

borderline personality disorder　边缘型人格障碍　从青少年期或儿童期开始的一种心理障碍，个体长期地有明显的不稳定情绪，与他人的关系或自我知觉上有异常。

bottom-up process　自下而上加工　只由信息输入来引导知觉、学习、记忆和理解的过程，不涉及有机体先前的知识和期望。

brain imaging　脑成像　例如，事件相关电位（ERPs）、正电子发射断层扫描术（PET），与功能型磁共振成像（fMRI）等技术。

brain's dopamine system　脑部多巴胺系统　本系统中位于脑干上方的神经元会通过轴突、穿过神经核而往上通至前额叶皮层区。正如其名，这些神经元会运用神经递质多巴胺来传递信息。

brightness　明度　光线从有色表面反射的多少。

broaden-and-build theory　拓宽-建立理论　本理论主张积极情绪会扩展我们思考与行动的方式，转而建构我们的个人资源。

Broca's aphasia　布洛卡失语症　布洛卡区受损所造成的语言障碍。该区位于左脑，与说话的控制有关。该区受损者将无法正确地发音，说话很慢很费力；他们说话通常有意义，但只包含关键词。

bulimia　贪食症　重复地大肆进食（在不连续的时段内消耗大量的食物），然后再以呕吐和泻药方式把过量的部分排除。

bystander effect　旁观者效应　有他人在场时，人们较不可能帮助他人。

C

cannabis　天然大麻　获取大麻的纤维植物。

case history　个案历史法　以科学的目的取得的传记，有时以面谈补充材料，有时收集许多年。

categorization　分类　将对象分配到一个概念。

catharsis　宣泄　通过直接或间接的表达以减少冲动或情绪，特别是口语和幻想的表达。

cathartic effect　宣泄效应　通过替代性攻击表现后会降低攻击的假说。

causality heuristic　因果启发法　运用事件间的因果关联强度，来评估事件为因果关系的可能性。

Ceci's bioecological theory　塞西的生物说　本理论主张"多重认知潜力"而非单一基本普通智力。这些多重能力有生物基础，且其心智过程及出现与否受到个体所处环境，或情境中所具有的机会与挑战的限制与影响。

central core　中央核　为脑部最中央最重要的部分，包括调节基本生命过程的结构。

central nervous system　中枢神经系统　大脑和脊髓的所有神经元。

central route　中央路线　面对说服性信息时，个人会全心应对并进行推敲。

cerebellum　小脑　依附脑干后方的脑结构，调节肌肉张力和统合复杂的动作。

cerebral cortex　大脑皮层　在高等动物（包括人类）大脑半球的表层，通常称为灰质层。

cerebrum　大脑　脑的两个半球。

childhood amnesia　童年失忆症　无法回忆生命中前几年的事件。

chromosome **染色体** 体内每个细胞核中所发现的结构。

chunking **组块** 将新材料以更大、有意义的单位加以编码，并储存于工作记忆中。

circadian rhythm **昼夜节律** 一种大约 24 小时长度的循环或韵律。

classical conditioning **经典条件反射** 最初是中性的条件刺激，通过重复的与无条件刺激配对，最后变成与无条件刺激联结。

client-center therapy **当事人中心疗法** 罗杰斯发展的一种心理治疗方法，治疗者为非指导性、反应性，同时不加以阐释或建议。运作的假设是认为当事人是他自己问题最好的专家，并能在无判断和接纳的气氛下解决问题［与非指导式咨询（nondirective counseling）同义］。

clinical psychologist **临床心理学家** 通常具有哲学或心理学博士学位的心理学家，具有诊断和治疗情绪及行为问题和心理异常的训练。

clock-dependent alerting process **时钟-依赖警觉过程** 每天特定时刻可激发我们警觉性的脑部过程。

coaction **共同行动** 执行同一工作时，不同个体间的交互作用。

cocaine **可卡因** 从古柯植物叶提炼的一种中枢神经系统刺激物。可增加能量，产生陶醉感，剂量大时会引起妄想症。

cochlea **耳蜗** 包括听觉受体的内耳部分。

cognitive appraisal **认知评估** 与一个人目标和身心健康有关的事件或情境的阐释。事件的认知评估同时影响情绪经验和威胁知觉程度的性质和强度。

cognitive approach (to personality) **（人格的）认知取向** 一种实证研究取向，拥有一组与人们如何处理与自己及世界信息有关的议题。

cognitive behavior therapy **认知行为疗法** 试图协助个体找出会产生生理或情绪症状的压力情境类别，并改变个体应对这些情境方式的一种治疗法。

cognitive dissonance theory **认知失调理论** 本理论假设会有一股驱力朝向认知一致，亦即主张两个认知或思想彼此不一致时，会产生不适感，进而推动当事人设法去除此不一致，使认知重回和谐状态。

cognitive map **认知地图** 一种记忆假设性的结构，可保留及组织发生在学习情境中的各种事件的信息，是对学习情境形成的一种心理图像。

cognitive neuroscience **认知神经科学** 结合认知心理学和神经科学的科际整合取向，研究心理活动是如何在脑中执行的。

cognitive perspective **认知观点** 一种心理学取向，集中在如知觉、记忆、推理、决定、问题解决等心理过程，并试着用这些过程来解释行为。

collective unconscious **集体无意识** 所有人类共同的心灵部分，由来自祖先遗传的原始意象或基型组成。

collectivism **集体主义** 指文化上强调人与人之间基本的关联性与依存性。

color constancy **颜色恒常性** 看到熟悉物体同样颜色的倾向，尽管明亮度的变化已改变了刺激属性。

color matching experiment **颜色匹配实验** 测量观察者将物理上相异的不同光线看成具有同一颜色倾向的实验。

commitment **承诺** 爱的认知成分，反映出愿意维持关系的意向。

companionate love **相伴之爱** 和激情之爱相反，一种人们觉得他们的生命是深切地纠缠的感情。

complex cell **复杂细胞** 在视觉皮层的一种细胞，会针对位于视觉区域任何的光或特殊方位直线边缘反应。

compliance **顺从** 顺从有影响力来源的期望，但不必然改变我们的信念和态度。

comprehension of language **语言的理解** 听语音以了解语言。以依附于字词形式的语音来理解意义，再将字词组合成句子，然后再从中抽取意义。

compulsion **强迫行为** 有不可抗拒的冲动去执行特定行动或仪式化的行为，以降低焦虑。

concept **概念** 将一组特性联结到某一特定类别上。

concrete operational stage **具体运算阶段** 皮亚杰认知发展的第三阶段（7—11 岁），儿童变得可以逻辑思考并具有守恒概念。

conditioned aversion **厌恶条件作用** 不愉快的记忆引发某物（通常为食物）日后会成为不快乐经验的学习过程。

conditioned reinforcer **条件强化物** 一种刺激通过与先前与强化性刺激的联结而变成强化物（与二级强化物同义）。

conditioned response (CR) **条件反应** 在经典条件作用中，对条件作用刺激习得或获得的反应，换言之，该刺激最初并不会引起反应［即条件作用刺激（conditioned stimulus）］。

conditioned stimulus (CS) **条件刺激** 在经典条件作用中，刺激先前是中性的，通过与无条件刺激的联结而产生了条件作用反应。

cone **锥体细胞** 眼睛中网膜上的一种特殊的细胞，主要在中央窝，整个网膜中较稀少。锥体细胞调节彩色和无彩色的感觉。

connectionist model **联结者模式** 认知过程（如知觉）的一种模式，使用网络的节点，其间有激发性的和抑制性的联结。

conscious **意识的** 个体目前觉知到的部分。

consciousness **意识** （1）监控我们自己和环境，因此，知觉、记忆和思想可以正确地察觉；（2）控制我们自己和环境，因此我们可以开始和结束行为及认知活动。

conservation **守恒** 皮亚杰用来说明个体确实知道物体

的某些属性（如大小、容积、数量）即使在外形上改变也不改变的能力。

constancy　恒常性　脑部有能力维持一物体基本特性（如形状、颜色或大小）的稳定知觉，即使对这些物体的感觉已有巨大的改变。

construct validity　结构效度　指一个测验或评量工具能支持隐藏在一些理论概念或建构下某理论的预测的能力。支持性结果可同时验证了概念和评量工具的效用。

constructive perception　建构性知觉　以所知觉到的作为初始记忆的基础；因此若当初所知觉的与客观世界有系统性的差异，知觉者的初始记忆也会跟着扭曲。

constructive processes　建构过程　除了来自环境的客观资料外，会根据先前知识进行知觉与推论的过程。

continuum model　连续体模式　此模式描述了从刻板化到个体化的完整连续过程。

contrast acuity　对比敏锐性　具有分辨亮度差异性的能力。

control group　控制组　在实验设计对照的两组中，不施予处理的组别。

controllability　可控制性　我们可使某事件发生或结束的程度。

controlled stimulation　控制的刺激　有系统地给予有机体不同知觉的经验，以便判断后续行为效果的情境。例如，前几个月在只能看垂直条纹的环境中养猫，或让人戴上会扭曲物体的棱镜护目镜。

conventional level of moral development　道德发展的习俗水平　道德发展的层级，此时儿童会以他人的意见来评估其行动。

coping　应对　人们试图管理压力的过程。

core　核心　概念中包括判断是否为该概念成员更重要的属性。

core relational theme　核心关系主题　从特定的人-境关系特别评估形式结果中，获得个人的意义。

coronary heart disease　冠心病　供应心脏肌肉的血管因逐渐硬化或堆积脂肪物质而窄化或闭塞，阻断了送往心脏的氧气与营养。

correlation coefficient　相关系数　一种衡量两变量间关联程度的量数。

counseling psychologist　咨询心理学家　通常是拥有哲学或心理学博士学位、受过训练的心理学家，以处理个人的问题为主，不做疾病的分类，而处理诸如学生课业的、社会的或职业的问题。他们拥有类似临床心理学家的技巧，但通常是在医疗以外的环境工作。

criterion problem in assessment　测量的效标问题　在确认一个测验或评价的有效性时，没有行为研究者愿意把它当成拟评估概念的"真正的"效标所发生的测量难题。

criterion validity　效标效度　一个测验或评量工具具有预测设计所要测量的行为的能力（与实证效度同义）。

critical periods　关键期　指一个人生命中的关键时期，在此时期某些特定事件必须发生，发展才可以正常地进行。

cue　线索　一种类似小箭头等指示性刺激，以指示被试该注意左边或右边。

cultural perspective（of abnormality）（变态的）文化观　主张心理疾病并非个人脑部或心灵的问题，而是个人所生活的社会情境。

cultural psychology　文化心理学　一种包括心理学家、人类学家、社会学家和其他社会科学家的科际整合的取向，关心个体的文化如何影响他的心理表征和心理的过程等课题。

cultural relativist perspective（for acceptable behavior）（对可接受行为的）文化相对观　此观点主张人们应尊重每个文化对该文化成员行为是否属变态的文化定义。

D

dark adaptation　暗适应　当主体连续在黑暗或明亮度减少的情况下对光增加了敏感度。

dark adaptation curve　暗适应曲线　人们在黑暗中绝对阈限随时间降低的情形。

data-driven learning　数据驱动学习　人对要学习的东西没有先前信念的一种联结学习，学习只由输入的数据导引。

debriefing　事后简报　研究者与被试在研究后的聚会，此时研究者告知被试，为使他们不受程序或假设影响（或欺瞒他们）的原因。研究者还处理被试所残留的任何情绪反应，使被试在离开时能保持尊严并强化对研究意义的认识。

decibel scale　分贝量尺　测量声音响度的对数量尺。10分贝的变化相当于10倍的声量；20分贝，则为100倍的改变，依此类推。

deductive validity　演绎有效　假如前提是真，则结论不可能为假。

deductive validity（of an argument）（论点的）演绎有效　根据逻辑，假如某点的前提是真，则其结论不可能为假。

defense mechanism　防御机制　人们用来防止或减少焦虑的策略，大多数属无意识。

degradation　降级　在接收神经元的内膜酶素与神经递质共同反应下，通过生化过程破坏或使其静止不动，以终止神经递质活动的一种方法（除了再摄取）。

deindividuation　去个体化　个体觉得他们失去个人认同并匿名在团体中的一种心理状态。

deinstitutionalization　去机构化　鼓吹心理疾病患者走出（医疗）机构而接受以小区为主的服务。

delusion **妄想** 大多数人会视之为曲解现实的信念。

dendrite **树（状）突** 神经细胞（元）的特殊部分，（与细胞体一起）接受从其他神经细胞（元）的冲动。

denial **否认** 不被接受的冲动或观念不被知觉或不准完全察知的一种防御机制。

dependent variable **因变量** 所测量的变化归因于（或相当于）自变量的变化。在心理学实验中，因变量通常是对刺激的一种反应。参考"自变量"（independent variable）。

depressant **镇静剂** 减少激发的心理活动药物。酒精、巴比妥酸盐、麻醉剂等都是。

depressive disorder **抑郁症** 至少有一段抑郁期而没有狂躁病史。

depth cues **深度线索** 各种视觉信息，能够在逻辑或数理上为我们提供一些关于物体的深度信息。

developmental psychologist **发展心理学家** 研究兴趣在于探讨有机体成长和发展阶段所发生的变化的心理学家，特别着重在早期和晚期行为间的关系。

Diagnostic and Statistical Manual of Mental Disorders, 4th edition **《精神疾病诊断与统计手册（第4版）》** 美国大多数心理健康专业人士使用的心理疾病分类手册。

dichromatism **二原色视觉者（也称部分色盲）** 缺少红—绿或蓝—黄系统的色盲。红—绿型较常见，蓝—黄是所有色盲形式中最少见的。

difference reduction **差异缩减法** 问题解决的一种策略，设定次目标，达到次目标时，便是接近目标的一种状态。

difficult temperament **困难型（气质）** 用来描述不安的儿童，其睡眠与饮食形态不规律，对新情境有强烈的负面反应。

diffusion of responsibility **责任分散** 人在团体中因为其他人的出现而未能采取行动（如紧急状况）因此分散行动责任的趋向。是抑制旁观者介入紧急状况的一个主要因素。

digit span task **数字广度作业** 一种实验，给观察者观看各种彼此无关的项目系列（如数字、字母或字词），然后要求他依次回想。

dimensional appraisal theories **维度评估理论** 主张找出足以解释各种情绪间差异性的评估维度的一群评估理论。

direct observation **直接观察** 以特定现象发生的自然状态下进行观察研究。

discrimination **辨别（作用）** 针对差异反应。

disorganized **混乱型** 用来描述对其依恋的照顾者表现矛盾行为的儿童。

displacement **替代** （1）对不能直接表达的动机（如性或攻击）以一种更为人接受形式的防御机制。（2）在短期记忆中当太多新项目加入时旧项目会遗失的原则。

display rules **表达法则** 人在某些情境中应经验的情绪类型及对每种情绪的适当行为（包括面部表情）的一种文化法则。

dispositional attribution **个人倾向归因** 将个人行动归因于内在的性格（如态度、特质、动机），与情境归因相反。

dissociation **分离** 某些特殊情况下，一些观念、感情、活动丧失与意识的关联且独立地运作的过程。

dissociative identity disorder **多重人格障碍** 两种或两种以上不同的身份或人格存在于同一个体。每种身份有其自己的记忆和特殊的行为。以前称为多重人格障碍。

distress **痛苦** 感受到焦虑、抑郁或激动，或经验到失眠、没有食欲，或各式各样的疼痛。

dream analysis **梦的解析** 讨论个人梦的内容，并对内容进行自由联想。

dreaming **做梦** 意识的一种改变状态，此时个人所记得的影像与幻想会跟外在现实暂时混为一谈。

drive theory **驱力论** 强调内在因素角色的动机理论。

drug abuse **药物滥用** 在缺少依赖的症状下（如：没有耐药性、退缩或强迫渴望）连续使用一种药物而不管其后果。

drug dependence **药物依赖** 一种强迫用药的类型，通常是由耐药性（需要消耗越来越多的药物以达到相同效果）或戒断（例如，用药中断后，身心会有不愉快反应），与强迫使用（服用较原意更多的量、无法控制用量，或试图取得药物而花费大量时间）等的特征构成。

dynamic control theory **动态控制论** 有别于早期对少数视觉基本特性的感觉硬件系统的观点，主张在各种不同时候，均有可迅速组合成各种图形任务的大量组成系统。

E

eardrum **耳膜** 在听觉管内末端的薄膜，通往中耳。

easy temperament **容易型（气质）** 用来描述好玩、睡眠与饮食形态规律，且对新环境能很快适应的儿童。

eclectic approach **折中取向** 用多重的心理学观点来检视心理学议题的研究取向。

educational psychologist **教育心理学家** 研究兴趣在应用心理学原则到学校儿童和成人教育的心理学家。

ego **自我** 人格的执行者。

egocentrism **自我中心** 除了自己的观点外，对他人的观点浑然不知，且相信每个人都以相同的方式知觉环境。

elaboration **精细复述** 扩大口语材料以便可以增加提取数量的一种记忆过程。

elaboration likelihood model **详尽可能性模型** 根据此模式，如果某人位于连续性维度高分的一端（即愿意且能够进行深入的思考），说服即循着中央路线，即依赖控制与审慎的思考；若是位于连续维度的低分一端（即无论基于何种原因不愿或不能深入思考），说服即循着周围路线，依赖自动化与轻松的思考。

electroconvulsive therapy, ECT　电休克疗法　严重忧郁的一种治疗，轻度电流放入大脑，产生类似癫痫性痉挛的发作。

emergent features　突发性特征　某些特征之所以存在是归因于有其他特征组型的关系。

emotion　情绪　针对情感经验所激起的复杂反应。

emotion–focused coping　情绪取向应对　不直接处理焦虑产生情境来减少焦虑或紧张的方式，防御机制即是一种情绪取向应对。

emotion regulation　情绪调节　人们对自己情绪的反应。

encoding stage　编码阶段　开始将环境信息转译且以记忆单元加以储存时。

engineering psychologist　工程心理学家　专长于人和机器关系的心理学家，例如，设计减少人为错误的机器。

episodic memory　情景记忆　储存关于个人经验事实的一种记忆类型。此事实或情节是以关于记忆者的信息加以编码，通常也是和特定时间和地点有关。

evocative interaction　引发的交互作用　引发个体和其环境间交互作用是因为不同个体的行为引起他人不同的反应。

evolutionary psychology　进化心理学　研究心理过程如何通过自然的选择而进化的研究领域；凡能有助于生存或增加繁殖机会的行为均倾向于保留在进化史的过程中。

excitatory conditioning　兴奋性条件作用　CS 可增加某特定反应的可能性或强度的能力。

excitatory connections　兴奋性联结　在联结者网络中两个结点的联结为正性的，即其中一个增加，另一个也会随之增加。

experiment　实验法　为因果假设最有力的验证，研究者会仔细控制情境并进行测量，以发现变量间的因果关系。

experimental group　实验组　在实验设计中对照的两组之一，为给予被试实验处理以观察其在研究中的效果。

experimental psychologist　实验心理学家　用实验方法研究人（和其他动物）反应感官刺激、对世界的知觉、学习和记忆、推理和情绪性反应。

explicit memory　外显记忆　在有意识的情况下回忆过去某些事情的一种记忆方式。

exponent（of a power function）（指数函数中的）指数　一种用来代表每种感官功能的独特数字。

extinction　消退　（1）在经典条件反射或者操作性条件反射作用中，呈现条件刺激而无一般强化的实验程序。（2）因上述程序而减少反应的现象。

extracellular thirst　细胞外引起的口渴　心理学上证实：当身体因未饮水或运动过量而丧失水分时，会有饮水的需求。

F

facial expression　面部表情　以特定方式移动面部肌肉。

facial feedback hypothesis　面部反馈假说　此假说认为，人对情绪主观经验取决于从事特殊面部表情生理唤醒的反馈。

facial preference　面部偏好　初生儿未经学习即对面孔有所偏好。

factor analysis　因素分析　用在测验建构和解释综合测验库分数的统计方法。这个方法可使研究者估计出解释组合该测验库分数间相互关系所需最少的决定要素（因素）。

false alarm rate　虚报率　在实验中，所有尝试中假警报所占比率。

false alarm　虚报　当没有噪音存在时，错以为"有"的反应。

family therapy　家族疗法　以家庭成员为一团体而非以单一病人为对象的心理治疗。

feature-integration theory　特征整合论　由特瑞斯曼（Ann Treisman）最早提出，为了解物体知觉的基础理论。

fetal alcohol syndrome　胎儿酒精中毒综合征　胎儿或婴儿在子宫内因暴露于酒精而造成面部多重变形与心理迟滞。

fight-or-flight response　战斗或逃跑反应　有机体在紧急状况下备战的一种身体反应类型。大部分的生理改变是源于交感神经系统和副交感神经系统的活动。包括瞳孔放大、心跳、血压、呼吸、肌肉紧张、分泌肾上腺素、去甲肾上腺素、ACTH（亲肾上腺皮层激素）和其他的激素，而减少唾液、黏液等消化活动及血管缩小。

figure　图形　感兴趣的物体，会比背景来得清晰且看起来在背景前面。图形与背景区域为知觉组织中最基本的两个形态。

fixation　固恋　弗洛伊德的心理分析，因未能超越早期性心理发展阶段或改变依恋对象（例如，固恋在口腔期阶段或固恋依恋母亲）而产生的发展停滞。

fixed interval schedule　固定间隔程式　在上次强化过一定时间后，有机体首次反应又被强化。

fixed ratio schedule（FR）　固定比率程式　在强化前反应次数必须达一定数值。

flashbulb memory　闪光灯记忆　对环境一种生动和相对永久性的纪录，为个体记得一种具情绪色彩、重大的事件。

foot-in-door technique　登门槛效应　使人们答应一项常会拒绝的要求的技巧，它主张一开始要提出很少人会拒绝的小要求。

fore brain　**前脑**　位于脑部前方的结构。

formal operational stage　**形式运算阶段**　皮亚杰认知发展的第四阶段（11岁以上），儿童变得有能力使用抽象法则。

fovea　**中央窝**　在眼睛网膜中央小部分，由锥细胞填满，是白天网膜细节视觉和色彩视觉最敏感的部分。

free association　**自由联想**　（1）字词联想的实验形式，被试对刺激字回以他所想到的任何字。（2）在心理分析中，对出现在知觉中的任何事情毫不做修正的陈述。

free recall　**自由回忆**　给被试一张项目清单（通常是同一时间），之后要被试以任意顺序回忆。

frequency　**频率**　每秒次数。

Freudian slip　**弗洛伊德式失语**　在心理分析理论中，一种发生在说话或书写上的错误用语，和说话者意识倾向相反，并假设上它正是表达了无意识被压抑的愿望或想法。

frustration-aggression hypothesis　**挫折-攻击假说**　挫折（阻碍一个人的目标导向作为）会引起攻击驱力，转而激发攻击行为的一种假说。

functional fixedness　**功能固着**　当人们在解题时有了困难时，假设他是因为运用了不同于具解题功能所必备的成分使然。

functional magnetic imaging（fMRI）　**功能型磁共振成像**　脑部显影技术，可测量并记录被试在进行作业时的脑部活动。

functionalism　**功能主义**　研究心理如何运作以使得有机体能在环境中适应并发挥功能。

fundamental attribution error　**基本归因错误**　低估行为中情境影响力的倾向，并假设有些是个体个人性格要负责的，这种偏见是偏向于主张个人倾向而非情境的归因。

G

g　**g因素**　一般智力因素。

ganglia（复数为 ganglion）　**神经节**　神经细胞体的集合，构成脑和脊髓外部。

ganzfeld procedure　**完场过程**　一位被试扮演接收者，另一位扮演传送者，以测试两人间心电感应式沟通的程序。

Gardner's theory of multiple intelligences　**加德纳的多元智能理论**　本理论主张有7种彼此独立的智力类别，各自在脑部不同部位（或单位）系统以自己的法则运作。它们是：（1）语言智能；（2）音乐智能；（3）逻辑-数学智能；（4）空间智能；（5）身体-运动智能；（6）自我认知智能；（7）人际智能。

gate control theory of pain　**痛觉闸门控制论**　根据这个理论，痛觉敏感不只需要痛觉受体被激活，还需要由脊髓中一个神经闸门允许这些信号通过持续到大脑。压力刺激会导向关闭此闸门，这就是为什么揉揉受伤处可以减轻疼痛的原因。态度、建议和药物会影响此闸门的关闭。

gender identity　**性别同一性**　对自己是男性或女性的稳定意识。

gender schema　**性别图式**　组织人们知觉或概念世界中有关性别类别的心理结构（男性-女性，男性化-女性化）。

gene　**基因**　一种脱氧核糖核酸分子。

general adaptation syndrome　**一般适应综合征**　所有有机体在面对压力时所表现的一组反应。

generalization　**泛化**　（1）在概念形成、问题解决和学习迁移中，学习者对同一类对象、事件或问题能察觉到一种共同的特征或原则。（2）在条件作用过程中，一旦某一刺激建立了一种条件作用条件反应后，则类似的刺激也会引起该种反应。

generalized anxiety disorder　**广泛性焦虑障碍**　由持续的紧张和不安构成的焦虑症。可能伴随如心跳加快、疲倦、睡眠困扰和昏睡等身体症状。

genital stage　**两性期**　在弗洛伊德心理分析理论中，性心理发展的最后阶段，始于青春期并持续于性成熟的成年人。

geon　**几何子**　在知觉中，构成物体特征的几何形式（如圆柱、圆锥体、块体和楔形）。能否成功辨识一个物体有赖该物体几何子能清晰再现的程度。

Gestalt　**格式塔**　原为德语，意为"形态"或"组型"。格式塔心理学家以研究知觉为主，并相信知觉经验乃视刺激的组型及其经验的组织而定。

glia cell　**神经胶质细胞**　构成脑部体液实质部分的支持细胞（不是神经元）；最近的理论认为它们在神经传导上可能扮演重要角色。

grain size　**颗粒大小**　在心像与知觉过程中的限制特征，可将我们的心像想象成呈现在一种心灵介质上，其颗粒大小限制了可以检视出某图像细节数量的程度。

grammatical morpheme　**语法词素**　词素并非一个字词，它还包括冠词与介系词。

ground　**背景**　看起来在图形背后的区域。图形与背景区域为知觉组织中最基本的两个形态。

group polarization effect　**团体极化效应**　团体达成决议的趋势，会朝相同方向但比团体中个体讨论前平均决议更为极端。

group therapy　**团体疗法**　超过一个当事人或病人参加的一种以治疗为目的的团体讨论或其他团体活动。

grouping by proximity　**邻近性**　若两点的垂直距离缩小时，最可能被视为同一组。

grouping by similarity　**相似性**　相像的会当作一组。

groupthink　**群体思维**　成员在团体决策过程中，为团体共识的利益而压抑个人不同的意见，因此产生不恰当的决策过程和不好的决定。

guilty but mentally ill　**有罪，但心理有病**　一位被告被发

现其思想或情绪方面有实质的疾病，显然使他在犯罪当时损害到其判断力、行为、体认现实，或应对正常生活要求的能力。

H

habit　习惯　一种习得的刺激-反应序列。

habituation method　习惯化法　研究婴儿知觉的一种技术。它是根据婴儿直接注视新奇事物时会很快厌倦的事实（习惯化）而发展的研究方法。因此我们可以依测量其注视的时间来判断婴儿知觉一个物体的新奇程度。

hair cell　毛状细胞　在听觉系统中，耳蜗内似毛发般的受体；此细胞受压弯曲会使基底膜振动，而传送电冲动到大脑。

halfway house　中途之家　曾住院的患者可以居住的地方，作为他们回社区独立生活的转换站。

hallucination　幻觉　一个缺乏适当外在刺激的感觉经验；将想象的经验误解为一种真实的知觉。

hallucinogens　迷幻药　主要效果在改变知觉经验和"扩大意识"的药物。如迷幻药（LSD）和大麻（与psychedelic 同义）。

hardiness　坚强　即使在面临重大压力事件时，能抗拒身体或情绪免受伤害。

hashish　印度大麻　一种在中东地区常见的天然大麻。

hemispheres　脑半球　由胼胝体联结的左右脑结构。

heritability　遗传率　在一特定人群中某一特质整体变异可归因于该群体内个体基因差异的比率。

heroin　海洛因　由鸦片提炼极易上瘾的中枢神经系统镇静剂。

hertz（Hz）　赫（兹）　测量声波频率的单位，指每秒的周波数。

heuristic　启发式　在问题解决过程中，可运用到各式问题且通常（非必然）能得到正确解答的一种策略。

hidden observer　隐匿的观察者　不在意识状态中的部分心灵似乎能观察到个人的整体经验。

hierarchy of needs　需要层次　马斯洛对需求与动机的分类，从基本生理需求，往上到更复杂的心理动机，而只在基本需求得到满足后，复杂的心理动机才变重要。

hindbrain　后脑　位于脑部后方的所有结构，最靠近脊椎。

hippocampus　海马体　位于大脑皮层底部的脑部结构，与新记忆的凝固有关。本结构似乎扮演着跨越（参照）系统的角色。将储存于脑部各部位的特定记忆加以串联。

hit rate　击中率　在实验中所有尝试答对的比率。

hit　击中　当信号呈现时答"是"的正确反应。

holistic thought　整体性思维　朝整体场域或情境脉络进行思考，并将因果归因于此的取向，相对地使用较少的分类与形式逻辑，而较仰赖辩证推理，它涉及表面矛盾的辨认与超越。

homeostasis　体内平衡　健康有机体功能正常的水平（第二章）；一个恒常的内在状态（第十章）。

homeostatic sleep drive　睡眠的恒常驱力　力求获得维持日间稳定的警觉水平所需的睡眠量的心理过程。

hormone　荷尔蒙　由身体某部分器官产生的一种化学媒介物，通过血管传递到身体其他部分以对能辨识此媒介的细胞产生特定的效果。

hue　色调　颜色维度根据光波的波长，而将主要颜色命名（红、黄、绿等）。

humanistic therapy　人本疗法　一种心理治疗取向的通称，它强调个体的主观经验、自由意志，以及解决自己问题的能力，当事人中心治疗与完形治疗法即为其例。

hypercomplex cell　超复杂细胞　位于视皮层区对特定方向与长度会有反应的细胞。

hypnosis　催眠　个体愿意放弃对自己行为的控制而与催眠师合作，且接受某些扭曲的现实状况。

hypothalamus　下丘脑　位于脑干之上与丘脑之下的一个虽小但相当重要的结构。为脑部中央核的一部分，它包括了主管诸如饮食、性、情绪等动机行为的中枢；它也调节了内分泌活动及维持身体平衡状态。

hypothesis　假设　可加以检验的陈述。

I

id　本我　人格最原始的部分，自我、超我均由本我部分发展而成。

identification　认同　为了与所仰慕他人或参照团体相像且一体，个人会尊崇他们，并服从其规范，且实行他们的信念、态度或行为。

identity confusion　同一性混淆　当人们在生活的重大领域中，没有一致的自我感或可供评估自我价值的内在标准时，即产生此情况。

identity crisis　同一性危机　在埃里克森的心理社会发展论中，一个自我怀疑并主动质疑本身自我定义的阶段（"我是谁？""我将何去何从？"），典型上出现于青少年时期。

ideology　意识形态　一组信念或态度。

ideomotor action　意动动作　心理所激发（考虑）的一种行为表征，会使得实际相应的行动更可能出现。

illusion　错觉　一种错误或扭曲的知觉。

illusory conjunction　错觉联结　将某对象两项无关的属性错误地结合在一起。

imaginal thought　心像思考　想象（特别是以视觉方式）我们能在心中"看"到影像。

implicit leniency contract　隐性宽容和约　为示公平，多数团体的成员会允许少数（弱势）团体成员畅所欲言，如此一来，却不智地开放了少数人的影响。

implicit memory　内隐记忆　作为知觉及认知技巧基础的记忆，通常会以某些知觉或认知作业上的进步表达出来，而对于造成此进步的经验却毫无任何意识回忆。

imprinting　印刻　新生儿对某种榜样（正常而论为其双亲之一）形成依恋的一种早期学习形态。

in vivo exposure　实景暴露法　与系统脱敏法高度相似的一种治疗法，它需要当事人实际经验会产生焦虑的情境。

incentive motivation　诱因性动机　想要某物。

incentive salience　诱因显著性　物体与事件因与某预期的情绪有关而变得引人瞩目，且能激发寻求它们的行为。

incentive theory　诱因论　为一种动机论，强调负诱因及正诱因在决定行为时的重要性，且内在驱力并非行为的单一发动者。

incus　砧骨　位于中耳三个小耳骨之一。

independent variable　自变量　与被试反应无关、独立的变量。

individualism　个人主义　文化上强调个人基本上是各自独立的。

individuation　个体化　以个人为基础来评断对方的个人性质。

inductive reasoning　归纳推理　如果前提为真，则结论不可能为假等论点的推理。

inductive strength　有力的归纳　如果前提为真，结论不可能为假。

inferences　推论　（1）根据个人信以为真（而非必然为真）的信念所进行的知觉或记忆过程。（2）根据已知信息进行更进一步的判断。

information-processing model　信息加工理论　一般而论，是一种以通过一系统的信息流量的有关假设为基础的一种理论模式，通常以计算机程序的形式最易为人了解。在认知心理学中，关于心理如何运作的理论经常是以信息处理论的方式呈现，通过仿真计算机模式，可研究理论的性质与含义。

information-processing skill　信息加工技术　有助于人们从环境中搜集并分析信息的技术。

informational social influence　信息的社会影响力　我们之所以顺从，是因为我们相信其他人对某模糊情境的解读比我们自己的正确。

informed consent　事前同意　被试必须自愿参与研究，且在任何时候他们想退出时均可走人而不必受到处分。

inhibitory conditioning　抑制性条件作用　具有减某行为反应强度或可能性的能力的一种 CS。

inhibitory connections　抑制性联结　在一联结者网络中两结点的联结是负向的：其中之一增高，会导致另一个降低。

insecurely attached　不安全依恋　用来描述那些在重聚阶段面对照顾者却表现出矛盾与抗拒的儿童。

insomnia　失眠症　对个人睡眠质量或数量不满足。

institutional norms　体制化规范　如社会规范——隐约或明文规定可接受的行为与信念，不过它们只应用在整个体制或组织内。

instrumental conditioning　操作性条件反射　某些反应之所以被习得，是因为它们影响了环境，或对环境有所作用。

intellectualization　合理化　一种防御机制，人们通过此作用试图以抽象及理性的方式处理情绪的威胁情境，而使自己与这类情境分离。

intelligence　智力　（1）是一种精确标准化的智力测验量数。（2）是一种由经验中学习、抽象方式思考，以及有效率地处理自身环境的能力。

intelligence quotient（IQ）　智商　心理年龄与实际年龄间的比率。

intensity　强度　某特定刺激的强烈程度。

interference　干扰　损害提取长期记忆的因素，产生于不同项目都与相同提取线索有所关联之时，当人企图提取这些项目之一时，会因无意提取了其他项目而受到阻碍。

interjudge reliability　评分者信度　两位或更多观察者在评估或评定某种行为时所获得的一致性（例如，评定幼儿园儿童的攻击性），也称为评量者间一致性（interrater agreement）。

internal conflict　内在冲突　未解决的议题，可能为有意识或无意识的。

internal consistency　内部一致性　一种测验信度，特别是指一组测验项目的同构型，即这些项目皆测量相同变量的程度。

internalization　内化　我们真正相信影响者是正确的，而改变我们的信念与态度。

interpersonal therapy　人际治疗　一种较传统疗法更为结构化且短期的治疗方式。

interposition（as a depth cue）（深度知觉的）重叠　某对象的位置若挡住了另一物体，观察者将会知觉到在上面的物体离我们近。

interrater agreement　评分者间一致性　见"评分者信度"（interjudge reliability）。

interval schedules　间隔程式　只在经过一段间隔时间后才给予强化。

intimacy　亲密　爱的情绪成分，涉及感情的亲近与共享。

intracellular thirst　细胞内引起的口渴　心理学上证实：由于渗透所引起对水的需求。所渗透是一种水的倾向：会从充裕的地带移往较少的地区。

introspection 内省 观察并记录自己的知觉、思想与感受。

introversion-extraversion 内向–外向 由荣格首先提出的人格层面，是指一个人的基本取向往内转向自我或往外转向外在世界的程度，内向的一端是羞怯而倾向于退缩到自我的人；外向的一端则是好交际而偏好与他人相处的人。

ion channel 离子通道 一种分化的蛋白质分子，可容许特殊离子进出细胞，有些离子通道的开合是为了响应适当的神经递质分子，另外有些离子通道的开合则是要响应细胞膜内外电压量的变化，这项过程可调节神经冲动的极化与兴奋。

J

James-Lange theory 詹姆斯–朗格理论 一种经典的情绪论，以提出的两位学者加以命名，该理论主张刺激首先导致身体的反应，然后对这些反应的知觉再构成情绪经验。

just noticeable difference（jnd） 最小可觉差 一种恰可知觉到的物理刺激变化最小的差异量。

K

knowledge 知识 根据发展的研究取向、知识的获得，使儿童从而了解某一领域的事实是如何被组织的。

L

language 语言 通过字词与句子等单位，将思想与话语间找出关联性的多层系统。

latency period 潜伏期 在弗洛伊德的心理分析论中，认为儿童期中期，即大约6—12岁时，性及攻击的冲动正处于静止状态。

lateral hypothalamic syndrome 外侧下丘脑症状 因外侧下丘脑受损所引起似乎完全没有食欲的情形。

law of effect 效果律 在任何行为表现后施予强化时，会强化该项行为的现象。在无限多的可能反应中，受到强化的反应将重复出现，而未受到强化的反应则会消失。

learned helplessness 习得性无助（感） 在实验中使有机体遭到无法逃避的创伤时（例如，电击、受热或受冷），所产生的一种冷漠或无助状态。无法避免或逃开嫌恶情境会产生无助感，并类化至往后的情境中。

learning 学习 因练习所产生相当持久的行为改变结果。

libido 力比多（拉丁文原义为欲望） 在弗洛伊德的心理分析论中，为本我的心理能量。

liking 喜欢 友情与较亲密关系的早期。

limbic system 边缘系统 与下丘脑有紧密关系的一组结构，似乎可额外控制下丘脑与脑干所调节的某些本能性行为。

literature review 文献摘要 摘述现存某一主题的学术研究。

lobes 脑叶 执行不同功能的脑皮层大区块。

long–term depression 长时程突触抑制 脑皮层突触的传导长期减缓的状况。

long-term potentiation 长时程突触增强 有关于学习的神经基础的现象，神经元一旦受到刺激，其活动率在后续的刺激中将表现出升高现象（至少维持一个月时间）

long-term store 长期储存 巨大的信息贮存库，此处我们保留了所有常用的信息。

loosening of associations 联结松散 发生在个人的想法从某一主题转变到另一看似无关主题时。

loudness 响度 听觉的强度层面，与构成刺激的声波振幅有关，振幅越大，所产生的响度则越大。

LSD 麦角酸二乙基酰胺（一种迷幻药） 一种小剂量即产生幻觉的药物。参阅迷幻药。

lucid dream 神志清醒的梦 梦中事件似乎相当正常（缺乏大多数梦境中古怪及不合逻辑的特征），而且梦者相信自己清醒着并且有意识。

M

magnetic resonance imaging（MRI） 核磁共振成像 一种以计算机为基础的扫描程序，运用强烈磁场及射电频率，跳动产生脑部或身体的横断图，比计算机断层扫描所提供的数据更精确。

maladaptive 适应不良 对个人或社会有不好的效果。

malleus 锤骨 位于中耳的三个小耳骨之一。

manic-episode 躁狂期 于此期间，个人充满活力、热心，有自信、说个不停；不太需要睡眠，而成天从某活动快速地转向另一活动；会策划伟大计划，而不太去注意计划的实际层面。

marijuana 大麻 干燥的大麻植物叶片（即天然大麻），也被称为印度大麻、"壶"或"草"，印度大麻实际上是植物材料的浓缩物，因此，通常比大麻的效力更强，食入大麻会增加感觉经验并产生安乐的状态。

marital therapy 婚姻疗法 夫妻两人共同进行的心理治疗，目的在于解决两人关系间的问题［同义词：夫妇疗法（couples therapy）］。

maturation 成熟 个体产生循序渐进行为改变的成长过程，虽然此行为改变需要一个正常的环境，但变化的时间与形式仍与练习及经验无关。

McGurk effect 麦格克效应 听觉与视觉信息冲突的结果。

mean　平均数　算术平均数的科技用语。

meaning　意义　某字词的概念。

means-ends analysis　手段-目的分析　一种问题解决策略，即人们将目前状态与目标状态相比较，以寻求两者间最重要的差异所在，然后排除这项差异就成为主要的次目标。

measurement　测量　分配一个变量中不同程度、数量及大小的个数。

meditation　冥想　通过表现某些仪式与动作而达到意识的变化状态。

medulla　延髓　脑干最下方的部分，由脊髓稍微延伸一点而进入脑壳，主要神经束交会于此，而使大脑右半球控制身体左侧，大脑左半球控制身体右侧。

melatonin　美拉酮宁　一种引发睡眠的荷尔蒙。

menarche　初潮　第一次月经期，是女孩性成熟的指标。

mental imagery　心像　类似图形的心理表征，与全现心像不同，参考"全现心像"（eidetic imagery）。

mental model　心理模型　一种问题情境的具体心理表征，并且或许有助于解决问题。

mental rotation　心理旋转　物体心像可在心中旋转的观念，其方式类似于实物的移转。

mere exposure effect　简单曝光效应　研究发现，熟悉本身即可增进喜欢。

meta-analysis　元分析　一种统计技术，将一个特殊现象所累积的若干研究视为一项单一的大型实验，而其中的每一个研究则视为一次单独的观察。

metacognition　元认知　思考该如何思考。

metamer　同分异构体　一组配对的光线——物理组成特性不同却看起来相同的两光线。

methadone　美沙酮　用于治疗海洛因依赖者的拮抗性药物。

method of loci　轨迹法　序列记忆的辅助方法，将口语数据转化为心像，然后沿着视觉路线将其置于连续的位置上，例如，想象穿过一间房屋或沿着一条熟悉的街道而行。

midbrain　中脑　脑的中间部分。

middle ear　中耳　在耳朵中，通过三块相连的小骨（锤骨、砧骨，以及镫骨），将声波由耳膜传送到内耳前庭窗的部位。

minimal risk　最低风险（原则）　在研究中，被试所担的风险不可高过日常生活中所面临的风险的原则。

minimalist appraisal theory　最少评估论　一组主张评估维度数应减少的理论，通常建立在一些基本的主题上。

Minnesota Multiphasic Personality Inventory（MMPI）　明尼苏达多相人格量表　一种精神科访谈用的纸笔测验，由550句有关态度、情绪反应、身心症状与经验的陈述句。测者通过答复"是""否"或"很难说"来反应。

minority influence　少数人的影响　假如少数人能提出一个不会显得僵化、独断，或自大的一致性立场，他们就能使多数人观点朝此立场移动。

misattribution of arousal　唤醒状态的错误归因　不明的生理唤醒被错归于当时的情境，而强化了我们对那些情境的情绪反应。

M'Naghten Rule　南顿法规　只要被告发疯，而在犯行时严重受到干扰，以致对自己作为茫然不知，或虽然知道却不认为是错的，即可能被判无罪。

model of the enviroment　情境模式　我们通过此模式知觉、决策与行为的脑中的世界表征。

monoamine oxidase（MAO）　氧化单胺　一种负责破坏一群称为生物胺的神经递质（例如，去甲肾上腺素、多巴胺以及5-羟色胺）的酵素，人们相信它在情绪调节上相当重要，抑制这种酵素活动的药物（氧化单胺抑制剂）被用以治疗抑郁症。

monoamine oxidase inhibitor（MAOI）　氧化单胺抑制剂　一种用来治疗抑郁症的药物，此药物可抑制一种破坏若干神经递质（例如，多巴胺、去甲肾上腺素，以及5-羟色胺）的酵素（氧化单胺）的活动，因而延长这些神经递质的作用。

monochromatism　单原色视觉者（也称全色盲）　完全的色盲，视觉系统是无色彩的，这是一种罕见的病症。

mood disorder　心境障碍　一种以心情混乱为特征的心理异常现象，例如，抑郁症、狂躁症（夸大地兴奋），以及个人体验到心情两极端的双相障碍。

mood　心境　自由漂浮与扩散的情感状态。

moral judgment　道德判断　儿童对道德规范与社会习俗的了解。

morpheme　词素　携带意义的最小语言单位。

motivation　动机　激发行为并赋予行为方向的因素。

motive　动机　任何影响有机体开始或持续一连串行为倾向的状态。

multimodal attention　多感官注意　注意力可在感官内转移，如从某视觉刺激转到另一刺激，或感官间转移。

multivariate experiment　多变量实验　一种同时操弄数种自变量的实验。

Munsell system　芒赛尔色系　一种用来描绘颜色表面的图式，它包含10种色彩名称，以及两个数字，表示饱和度，另一数字表亮度。

N

naïve realism　朴素的现实主义　人们倾向于将他们所建构的主观现实作为客观的现实。

naltrexone　纳曲酮　一种拮抗性药物，可用来阻断海洛因作用。因为它与鸦片类受体的亲和性比海洛因本身来得强。

narcolepsy 突发性睡眠症 一种睡眠扰乱现象，其特征是在任何时机，无法控制地出现短暂入睡的倾向。

narrative review 叙述性回顾 一种文献整理的方式，作者运用文字来描述去完成的研究，并讨论所提供心理学证据的影响力。

nature view 先天论 主张人类天赋即有关于事实的知识并能理解。

nature–nurture issue 先天与后天的争论 对成熟的能力而言，决定遗传（先天），以及在特殊环境中养育成人（教养）何者比较重要的问题。

negative hallucination 负幻觉 在催眠状态中，人们未能知觉到一般人能知觉到的事物。

negative reinforcement 负强化 通过移除一项嫌恶的刺激以强化反应。

negatively correlated 负相关 当某变量数值升高，另一变量值降低的情形。

nerve 神经 属于成百或上千个神经元的一束延伸轴突。

neural sensitization 神经敏感化 药物成瘾后可能形成脑部长久性的改变，此时多巴胺神经元变得越容易被药物及其相关物质所激发。

neuron 神经元 即神经细胞，为突触神经系统中的基本单位。

neurosis（复数为 neuroses） 精神官能症 一种心理异常，这时个体无法应对焦虑与冲突，并形成觉得痛苦的征候，譬如过激、强迫、恐惧症或焦虑的侵袭，在弗洛伊德的心理分析论中，精神官能症导因于运用防卫机制抵挡由无意识冲突而生的焦虑所致，精神官能症已不再列入《精神疾病诊断与统计手册（第4版）》的诊断类型中。

neurotic anxiety 神经质焦虑 对实际的危险状态产生超乎比例的恐惧现象（如怯场）。

neuroticism 神经质 在艾森克的人格因素分析论中，用以表示情绪不稳定-稳定层面的名称，抑郁、焦虑及适应不良的人属于神经质或不稳定的一端，而适应良好的人则在另一端。

neurotransmitter 神经递质 一种影响神经冲动在神经元间跨越突触传递的化学物质，通常由轴突上突触末梢的小囊中释放出来，以响应活动电位，并跨越突触，扩散影响另一神经元的电位活动。

noise 噪音 环境中与观察者试图侦测刺激无关的所有事物。

nonassociative learning 非联结学习 对单一刺激的学习。

non-REM sleep（or NREM sleep） 非快速眼动睡眠 指快速眼动睡眠外的另四种睡眠阶段，此时没有眼动，心跳与呼吸显著下降，肌肉放松，脑部新陈代谢率较清醒时降低了25%—30%。

normality 正常（常态） 对现实有适切的知觉，能自主控制行为，自尊且自我接受，能形成情感性的关系，且

具生产力。

normative social influence 规范的社会影响 我们会顺从一个团体的社会规范或其典型行为，以被他们喜欢与接纳。

noun phrase 名词词组 是关于名词的一个词组，为某特定述词的主词。

nuclei（单数为 nucleus） 细胞核 聚集于脑部或脊髓的神经细胞体集合。

nurture view 后天论 认为人类知识是通过经验与世界互动而获得的。

O

obese 肥胖症 超出个人身体结构与身高适当体重30%以上的情况。

object permanence 客体永久性 一件物体即使无法被看到，也能了解该物体仍持续存在的意识。

object relations theory 客体关系论 由心理分析论发展而来，探讨个人在发展过程中对他人的依恋现象，比古典的心理分析论更强调自我的功能。

objectification theory 物化论 说明某文化中日渐形成将女性身体物化，以改变她们对自己观点与健康幸福状态的一种社会文化论述。

objective anxiety 客观性焦虑 与危险程度相称的恐惧。

observational learning 观察学习 人们可通过观察他人的行动且注意到这些行动间的结果来学习。

obsession 强迫思维 一种持续、不受欢迎且强行侵入的思想，通常暗示着攻击行为或性行为。

obsessive-compulsive disorder 强迫障碍 一种焦虑症，包括三种形式：（1）反复出现的思想，通常是扰乱且不受欢迎的（执念）、过激（想法）；（2）无法抗拒去重复刻板化或仪式化行为的冲动（强迫）；（3）上述两者相伴出现。

Oedipal conflict 俄狄浦斯冲突 在弗洛伊德的心理分析论中，于性心理发展的性器官期所产生的冲突，这时个体受到异性双亲的性吸引，并觉得同性双亲是竞争敌手。

olfactory bulb 嗅球 脑部影响嗅觉的区域，是鼻道受体与嗅觉皮层的中介站。

olfactory cortex 嗅觉皮层 脑部负责嗅觉的区域，位于颞叶的内侧。

olfactory system 嗅觉系统 包括鼻腔的受体、脑部特定区域以及连结其间的神经通路。

omission training 省略训练 防止某种会引发食欲刺激出现的行为。

operant conditioning 操作性条件作用 只有反应出现时才呈现强化刺激并通过强化控制反应。

operation 心理操作 一种在心理上进行区隔、结合的方

式，或者将信息予以转换成逻辑的形式。

opiates　鸦片剂　一种可解除身体感觉并抑制中枢神经系统的药物。

opponent-color theory　拮抗色觉理论　一种颜色知觉理论，其假定两种色觉单位会以相反的方式，对两种反向颜色产生反应，一种单位对红色或绿色有所反应，另一种单位则对蓝色或黄色有所反应，然而一个单位无法同时反应出两种方式，因此不会产生红绿色，以及黄蓝色。

opponent-process model of sleep and wakefulness　睡眠与清醒拮抗过程模式　一种理论，主张脑部有管理睡眠与清醒倾向的两个相互拮抗过程：恒定的睡眠驱力与时钟-依赖警觉过程。

oral stage　口腔期　在弗洛伊德的心理分析论中，为性心理发展的第一个阶段，由唇及口获得乐趣，如同吸吮母亲的乳房一般。

organizational psychologist　组织心理学者　关心甄选出最适合某些职务的人员，或设计能增进合作与团队工作的一些结构等议题的心理学家。

outer ear　外耳　耳朵及听觉管的外部，其目的是将声波向内耳集中。

oval window　卵形窗　内耳耳蜗中的一层膜，接收来自耳膜并通过三块相连小骨（锤骨、砧骨及镫骨）的振动，卵形窗的振动在开始时与耳蜗内液的振动类似，最后会激发作为听觉受体的毛状细胞。

overextension　过度延伸　过于广泛应用新字词的倾向。

overjustification effect　过度辩护效应　过于强调明显的情境因素，而不太重视内在兴趣等个人原因，来解释个人的行为。

P

panic attack　惊恐发作　一种急遽且全然的焦虑或恐惧时期。

panic disorder　惊恐障碍　一种焦虑症，这时个体会出现突发且无法理解的骇惧状态，并产生大难临头的感觉，同时伴随出现恐惧的生理征候（例如，心悸、呼吸短促、肌肉颤抖、昏厥）。

parapsychology　超心理学　研究心理学以外的现象，包括心电感应（telepathy）、超感视觉（clairvoyance）、预知（precognition）和意念制动（psychokinesis）。

parasympathetic system　副交感神经系统　自主神经系统的一部分，其神经纤维始于脊髓的颅内与荐骨部位，作用于身体的放松及静止状态，以及若干与交感神经区或系统相反的范畴。

partial-report condition　部分报告情形　在斯伯林（Sperling）的部分报告程序中，观察者在看完一排阵字母后，只需报告出随机挑选的任一排。

partial-report procedure　部分报告程序　由乔治·斯伯林所设计的实验，他只将一排阵字母闪现给观察者一小段时间。

passion　激情　爱情三角论中的动机成分，它包含性的吸引力，以及堕入爱河中的浪漫感受。

passionate love　激情之爱　一种强烈的情绪状态，这时温柔与性欲的感受、得意与痛苦、焦虑与慰藉、利他主义与妒忌等皆并存于感情的混乱迷惑中，并将生理的激发，以及因为被爱而引发这种激情的知觉相混合，与相伴之爱相反。

PCP　苯基环状物（天使之尘）　被当作迷幻药来贩卖（市售名称为"天使之尘""雪人"与"超酸"），此药技术上是一种分离性麻醉剂。

peak experience　高峰体验　自我实现时的超脱时刻。

perceptual interference　知觉干扰　指对观察者而言，物体在极端失焦状态下最后会比在中度失焦情况下来得更容易聚焦以进行辨识。

periaqueductal gray　周围导管的灰质　脑的某一部位，其神经元连接到另一个会抑制通常携带着引发痛觉受体反应的疼痛信号的神经元上。此处似乎是吗啡等止痛剂影响神经作用的主要区域。

peripheral nervous system　周围神经系统　连接脑部与脊髓到身体其他部位的神经系统。

peripheral route　周围路线　个人针对沟通中的非内容性的线索或沟通的情境脉络来反应。

personal construct　个人建构　个人用以诠释自我或其社会的维度。

personality　人格　一组不同及特殊的思想、情绪与行为模式，并用以界定个体与物理及社会环境互动的个人类型。

personality disorder　人格障碍　与生俱来且僵化的行为或性格类型，并会极端限制个体的适应潜能，通常社会将此行为视为适应不良，然而个体本身却不这么认为。

personality inventory　人格量表　自我评价的量表，包括许多有关个人特质及行为的叙述句或疑问句，而由人们判断这些字句是否适用于自己。

personality psychologist　人格心理学者　兴趣领域专注于将人们分类并研究其个别差异的心理学者，这项专长与发展心理学者及社会心理学者都有若干程度的重叠。

person-environment relationship　个人-环境关系　人们可在其中发现自我的一个客观情境。

perspective（as a depth cue）（深度知觉的）透视　在图片上，某景物中平行的两线似乎会聚合，而被知觉成消失于远方。

phallic stage　性器期　在弗洛伊德的心理分析论中，是性心理发展的第三个阶段，这时的满足感与刺激性器官以及对异性双亲的性吸引有关。

phasic pain　急剧性疼痛　一种在受伤后立即体验到的尖

锐疼痛感，通常在强度短暂快速增高后就会降低疼痛的程度。

phenothiazine 硫代二苯胺 一组抗精神病药物，可通过阻断神经递质多巴胺接近其受体，而纾解精神分裂症的症状，例如，氯丙嗪（chlorpromazine，Thorazine）及羟氟丙（fluphenazine，Prolixin）等药物。

pheromone 信息素 许多动物皆会分泌的特殊化学物质，可通过空气传播以吸引其他同种生物，信息素代表一种原始的沟通形式。

phobia 恐怖症 对大多数人不认为危险的情境或刺激下却有强烈恐惧。

phoneme 音素 区别各种语音的类别。

phonological buffer 声音缓冲器 工作记忆中两种储存方式之一，可将信息以音码短暂地储存。

phonological code 音码 依项目名称的读音来进行记忆编码。

photon 光子 光能的最小单位。

physical description（of an object）（物体的）物理描述 列出要再造某特定物体必备的所有信息。

physiology 生理学 研究生物及其部分的功能。

pitch 音调 依声音频率而产生的感觉。

place theory of pitch 音频位置理论 将音调与基底膜产生激发的位置相关联的听觉理论。

pluralistic ignorance 人众无知 团体中每个人都被其他人误导，以为一件模糊不明情境为一非紧急情境。

positive hallucination 正幻觉 在催眠状态中，人们会看到或听到一些事实上并不存在的物体。

positive psychology 积极心理学 研究积极经验、情绪，与人格特质对人类福祉的增进。

positive reinforcement 正强化 通过呈现正向刺激而强化反应。

positively correlated 正相关 两个变量数值同时增加或减少的情形。

positron emission tomography（PET）正电子发射断层扫描 一种以计算机为基础的扫描程序，可测量血流区域的变化，进而绘出活脑的神经活动图。

postconventional level of moral development 道德发展的后习俗水平 道德发展的层级，儿童在此层级会以较高层的道德原则来评鉴行动。

posterior system（for attention）注意后部系统 以某物体的知觉特性，诸如空间位置、形状、颜色等，作为从许多物体中选出该物体的依据。

post-event memory construction 事件后的记忆再建构 在形成记忆时，我们可能会添加一些别人建议的新信息。

posthypnotic amnesia 催眠后遗忘 一种特殊的催眠后暗示，这时被催眠者会忘记催眠期间所发生的事情，直

到回忆信号出现为止。

posthypnotic response 催眠后反应 在某人被催眠后会依催眠者事先安排好的动作信号而做出某种反应。

post-traumatic stress disorder 创伤后应激障碍 是一种焦虑症，由于遭逢超出正常人类经验范围之外的压力事件，例如，战争或天灾，结果产生下列症状：包括一再体验到创伤并逃避与之有关的刺激、疏离感、容易受惊的倾向、梦魇、重复出现的梦境，以及混乱的睡眠等。

power function 指数函数 Ψ 与 Φ 间的关系，基本上，Ψ 等于 Φ 的 r 次方。

pragmatic rule 实用法则 演绎推理所使用的原则，虽不似逻辑推理般抽象，但仍可应用于生活中许多不同的层面，例如宽容原则（permission rule）。

precognitive emotion 先认知情绪 非基于认知评估而有的情绪。

preconscious 前意识 所有当时不在意识觉察范围内，但需要时仍可被带进意识的思想及记忆的信息。

preconscious memory 前意识记忆 可触接、进入到意识的记忆。

preconventional level of moral development 前习俗道德发展水平 儿童在此道德发展层次是依据处罚的预期来评鉴行动的对错。

predictability 可预期性 我们能得知某事件是否会发生，以及发生时机的程度。

preferential looking method 视觉偏好法 通过同时向婴儿呈现两种刺激，并记录婴儿凝视每件物体的时间，以检查婴儿视觉偏好的方法。

prefrontal lobe 前额叶 位于前额正后方的脑叶。

preoperational stage 前运算阶段 皮亚杰的认知发展第二阶段（2至7岁），这时儿童虽可利用符号进行思考，但仍然不了解一些原则或运作。

primacy effect 首因效应 在形成整体印象中，最初接收的信息会比后来接获的信息更加受到重视的倾向。

primary reinforcer 一级强化物 无须经过先前学习即能作为酬赏某行动的强化物。

priming 启动 通过先行呈现相关线索，而提高储存于记忆中的信息的触接与提取程度。

primitive feature 原始特性 诸如形状与颜色等性质。

proactive interaction 主动的交互作用 人类及其环境间的交互作用，形成的原因是由于不同的人会选择进入不同的情境，并于进入情境后以不同的方式塑造情境。

problem-focused coping 问题取向应对方式 通过某种方式处理引发焦虑的情境以降低焦虑或压力，例如，逃开这个情境或寻求改变情境的方法等。

production of language 语言的产出 要产生语言，一开始为一想法，然后将其转译成句子，最后成为可表达该句子的语音。

projection　投射作用　人们将本身不希望拥有的特质过度归于他人身上，以保护自己不去觉察这些特质的防御机制。

projective test　投射测验　呈现模糊的刺激而受测者可以根据其意愿回答。

proposition　命题　表达一个事实声明的陈述句。

prepositional thought　命题性思维　表达一个命题或声明。

prosopagnosia　面部辨识困难症　由于脑部受损而丧失辨识面孔的能力。

prototype　原型　概念中包含可描述此概念最佳例证的性质部分。

proximity　接近性　他们住得离多远。

psi　超觉　信息及（或）能量以无法运用已知物理机制加以解释的方式交换的过程。

psychoactive drug　精神药物　影响个人行为及思想过程的药物。

psychoanalysis　心理分析（论）（1）由弗洛伊德发展形成，并由后人发扬光大的心理异常治疗方法。（2）源于心理分析治疗法经验的人格理论，该理论强调无意识过程在人格发展与动机上的影响。

psychoanalytic perspective　心理分析观点　试图以无意识信念、恐惧，以及欲望等观点解释若干行为种类的心理学取向。

psychoanalytic theory　心理分析论　其前提为：我们所思所作大多由无意识驱动。

psychodynamic therapy　心理动力治疗　一种治疗的方式，主张个人当前的问题除非透彻了解基于其早年亲子关系所形成的无意识，否则无法解决。

psychological determinism　心理决定论　认为所有思想、情绪，以及行动皆有其成因的理论。

psychological motive　心理动机　主要来自学习而非基于生物需求的动机。

psychological perspective　心理学观点　各种探讨心理学议题的取向或方式。

psychological perspective（of abnormality）（变态的）心理学观点　一组认为心理疾病是心理功能发生问题的理论。

psychology　心理学　行为与心理过程的科学研究。

psychoneuroimmunology　心理神经免疫学　研究人体免疫系统如何受到压力，以及其他心理变量的影响。

psychophysical function　心理物理函数　行为表现为刺激强度的函数。

psychophysical procedure　心理物理过程　用以决定感觉类型阈限的程序。

psychophysiological disorder　身心疾病　学者相信情绪扮演重要角色的身体方面的疾病。

psychosexual stages　性心理发展期　弗洛伊德用来描述生命前 5 年数个阶段（口腔期、肛门期、性器期）的术语，个人乃历经这些足以影响其人格的发展阶段而逐步进展。

psychosis（复数为 psychoses）　精神病　一种严重的心理异常，这时由于思考及情绪严重损害，以致个人与现实严重脱节，此病症已不再列入《精神疾病诊断与统计手册（第 4 版）》的主要诊断类型中。

psychotherapy　心理治疗　运用心理方法（而非身体或生物方法）对心理异常进行治疗。

puberty　青春期　生殖器官功能趋于成熟的时期，青春期始于第二性征开始出现之时（尤其是腋毛及耻毛的生长并变黑），当具备生殖能力时即告结束。

punishment　惩罚　每当反应出现时，通过呈现厌恶刺激以降低反应强度的程序，需注意的是这类刺激被加以应用时称为惩罚物，但移除时则可作为负强化物，以强化使之移除的反应。

pupil　瞳孔　位于眼睛虹膜（眼睛有颜色的部分）中，可扩张及收缩的圆形开口，并根据眼前光线的强度而变化。

Q

Q-sort　Q 分类　一种评鉴技术，由评定者就某个人将一组人格叙述句（例如，"是否具有广泛的兴趣？"）予以分类，范围从最不具描述性的句子至最具描述性的句子，通过对此人的人格提供系统性描述。

quality　性质　对某刺激感觉像什么加以描述。

R

random assignment　随机分配　系统地将被试分派到实验组与控制组中，使得每位被试被分派到任一组的机会均相等。

ratio schedule　比率程式　在操作性条件作用中，根据有机体反应次数而予以强化的方式。

rationalization　合理化作用　为源于冲动或较无法接受的理由而产生的行为，编造看似合理且可接受的理由，从而维持自尊的防御机制。

reaction formation　反向作用　为了否认自己不赞成的动机，而强烈表达出相反立场的防卫机制。

reactive interaction　反应的交互作用　人类及其环境间的交互作用，形成的原因是由于不同的人会以不同的方式诠释、体会及反应所处的情境。

recall test　回忆测验　要求人们运用少数提取线索即将记得的项目再现。

receptor　受体　对特殊刺激种类相当敏感，并与传入神经元（例如眼睛的视网膜）所组成的神经相连接的分化细胞，若从宽而论，包含这些敏感部位的器官（如眼睛或耳朵）亦可称为受体。

recognition test　**再认测验**　人们需决定是否先前见过某特定项目。

reconstructive processes　**再建构过程**　记忆一旦形成后，会根据推论，以及事件后的信息进行有系统的改变。

reductionism　**还原论**　试图以生物观念诠释（或简化）心理观念的一种取向。

reference group　**参照团体**　一个人在比较、判断决定自己的意见及行为时，据以参考的任何团体。

reflectance characteristic　**反射物特征**　决定纸张为什么反射这些而不是那些波长的光的性质。

rehearsal　**复述**　在短期记忆中可意识到的信息重复作用，通常包括口述，这项过程可促进信息的短期记忆，并有助于转化为长期记忆。

reinforcement　**强化**　（1）在经典条件作用中，随着条件刺激后出现无条件刺激的实验程序。（2）在操作性条件作用中，随着操作反应出现后给予强化刺激的类似程序。（3）通过上述安排的结果而提高条件反应强度的过程。

relative height（as a depth cue）**（深度知觉的）相对高度**　是知觉深度的单眼线索，对于两件完全相同的物体，较高的物体在知觉印象上就觉得较远。

relative motion（as a depth cue）**（深度知觉的）相对运动**　两物体的不同速度可作为深度线索。

relative size（as a depth cue）**（深度知觉的）相对大小**　是知觉深度的单眼线索，如果面前出现一大群形状相似的物体时，较小的物体会觉得较远。

relaxation training　**放松训练**　运用各种技术放松肌肉紧张程度的训练，这项程序基于雅各布逊的累进放松法，人们可学习如何一次放松一个肌肉群，并假定肌肉的放松可有效地促进情绪的松弛。

reliability　**信度**　能重复并产生一致性的结果。

REM sleep　**快速眼动睡眠**　睡眠时出现的眼睛运动。

repression　**压抑**　自我将痛苦的或可能引起罪恶感的冲动或记忆排除于意识之外。

resonance　**共鸣**　某特定频率的声音在数理上相配合的一定距离外产生回音的程度。

response to emotion　**情绪的反应**　人们针对其情绪或引发情绪的情境的应对或反应方式。

resting membrane potential　**（细胞膜的）静止电位**　神经细胞膜内外的电位处于静止状态之时（即未对其他神经元产生反应），这时细胞膜内的负电比细胞膜外稍多一些。

reticular formation　**网状结构**　一组不明确的神经路径系统，连接至脑干内部，位于清晰的神经通路外围，并对唤醒机制相当重要。

retina　**网膜**　眼睛对光线敏感的部位，包含杆体细胞及锥体细胞。

retrieval stage　**提取阶段**　当人们试图从个人过去曾编码且储存的记忆中找出信息时。

retrograde amnesia　**逆行性遗忘**　丧失了创伤造成之前所发生的事件及经验的记忆。

reuptake　**再摄取**　神经递质再次由原先将之释出的突触末梢"取回"（再摄取）的过程。

right to privacy　**隐私权**　在研究过程中所取得的个人信息必须保密，且未得当事人许可，不得透露给其他人。

rod　**杆体细胞**　在眼睛的视网膜中只传递无色彩感觉的元素，对周边视觉及夜晚视觉特别重要。

Rorschach Test　**罗夏墨迹测验**　一种由瑞士精神科医师罗夏（Herman Rorschach）所发展的投射测验，由10张卡片组成，每张都展现出颇为复杂的墨渍。

S

saccade　**眼跳动**　眼睛在目光定点间快速移动。

saltatory conduction　**跳跃式传导**　神经冲动从某一郎氏结（Ranvier）结点跳到另一结点时。

saturation　**饱和度**　颜色的纯度。

schema（复数为 schemas）**图式**　有关真实世界与社会世界如何运作的学说（第三章）；对人、物体、事件，或情境的一种心理分类表征（第八章）；有助于我们知觉、组织、处理与运用信息的认知结构（第十三章）；有关人、物体、事件与情境的组织化信念知识。

schematic processing　**图式加工过程**　从记忆中搜寻出与输入信息最相符的图式的认知过程。

schizophrenia　**精神分裂症**　一组心理异常现象，其特征主要为严重的人格解组、现实扭曲，以及未能执行日常生活功能。

Scholastic Assessment Test（SAT）**学业成就测验**　一种团体施测的普通能力测验。

school psychologist　**学校心理学者**　由学校或学校系统所聘用的专业心理学者，负责施测、辅导、研究等工作。

scientific　**科学性**　用来搜集资料的方法是科学的，因为它们（1）中立（不会偏好任一假设）；（2）可信（其他够资格的人士可重复整个研究观察过程，且会得到同一结果）。

second order conditioning　**二级条件作用**　一项原本不具生物意义（如食物、水或电击）的无条件刺激，却由于不断地与另一具生物意义的无条件刺激配对出现，因而获得条件作用力量的条件作用过程。

secondary reinforcer　**二级强化物**　一个强化物至少部分通过习得与其他事件的关系而得到成为酬赏的力量。

securely attached　**安全依恋**　用来描述在重聚时段会寻求与照顾者互动的儿童。

selective adaptation　**选择适应**　在知觉中，当我们注视某一动作时，会对该动作丧失敏感性。由于我们只对注视中及与之类似的动作丧失敏感性，但对其他在方向或速度上显著不同的动作仍然保持敏感，因此这种适应作用具有选择性。推测可能是大脑皮层神经元疲乏所致。

selective breeding 选择性交配 一种研究遗传影响的方法，让表现某些特质的动物进行交配，并由其后代中选择出表现相同特质者再进行繁衍，如果这项特质主要由遗传所决定，则持续选择数代进行交配后，将出现真正可代表此一特质的血统。

selective reinforcement 选择性强化 强化特定的期望行为。

self 自我 所有用来描述"我"的理念、知觉与价值。

self-expansion 自我扩展 增进个人的潜能与资源。

self-fulfilling prophecy 自我实现预言 刻板印象一旦被激起，即会启动行为过程的动作链，从而促使他人的行为朝支持原先刻板印象的方向行动。

self-help groups 自助团体 没有专业治疗师参与的团体。

self-objectification 自我物化 人们较以第三者的观点而非第一人称的观点，来思索自体的价值，着重在可观察的自体属性（"我看起来怎样？"），而非特别或不可观察的自体属性（"我感受如何？"）。

self-perception theory 自我知觉理论 主张人类会以自身行为的观察结果而影响态度及信念的理论，有时候，我们会观察自己如何行动，并据以判断本身的感受如何。

self-regulation 自我调节 监控或观察自己的行为。

self-schema（复数为 self-schemas）自我图式 有关自我并源于过去经验的概述或理论。自我图式被假定可影响我们选择性注意、处理，以及回忆与个人相关信息的方式。

semantic code 语义编码 记忆编码时依据与该项目有关的某些意义进行。

semantic memory 语义记忆 储存一般知识的记忆类型，例如，字义，这些知识进行编码时，是依据与其他知识间的关系，而非与记忆者间的关系。

sensations 感觉 与一个非常简单的刺激有关的经验。

sensitive period 敏感期 某类发展最适当的时机。

sensitive responsiveness 敏感反应 照顾者的一种特性，当婴儿啼哭时，他会迅速响应；当抱起婴儿时，行为上会充满感情。照顾者也会调整自己反应以迎合婴儿的需要。

sensitization 敏感化 一种简单的学习方式，如果在一个微弱刺激后紧接着出现另一具威胁性或痛苦的刺激，则有机体将学会强化对这个微弱刺激的反应。

sensorimotor stage 感知运动阶段 这时婴儿会忙着发现感觉与动作行为间的关系。

sensory coding 感觉编码 刺激从感觉受体被转译到脑部的过程。

sensory response 感觉反应 神经活动强度，会先上升后下降。

sensory store 感觉记忆（储存） 来自环境的信息初次抵达的记忆场所。

sentence unit 句子单位 文法单位，可以是一个句子或是一个词组。

separation anxiety 分离焦虑 当照顾者不在旁边时会感到痛苦。

serial search（of memory）序列记忆搜寻 在短期记忆时，依序进行每一项目的比对。

serotonin reuptake inhibitors 5-羟色胺再摄取抑制剂 一种抗郁剂，通过提高突触中神经递质5-羟色胺的浓度而发挥作用。

set point 设定点 人体在运作功能最佳时的体重。

sex typing 性别特征 个人习得被社会认定为适合其个人性别的态度与行为。

sexual orientation 性取向 个人性方面被异性成员或同性成员所吸引的程度。

sexual selection 性选择 一种自然选择的特例，在某性别中，有助于成功生产的特质，得到繁衍的概率较大。

shadings and shadows（as a depth cue）（深度知觉的）投影与阴影 阴影的构图提供了物体深度方面的信息。

shadowing（双耳分听）跟读 重复听觉信息。

sham feeding 假喂食 一种外科手术结果：只要一进食，食物就会掉出体外，而没被消化。

shaping 行为塑造 只有当反应有所改变时才予以强化，从而修正偏离实验者期望方向的操作性行为。

short-term store 短期记忆（储存） 感觉记忆后的第二个信息储存处，来自感觉记忆被注意到的信息，会进入此处。

signal 信号 在实验中，观察者所试图侦测的。

sibling 手足 兄弟或姐妹。

signal detection theory 信号检测论 涉及感觉与决策过程的心理物理判断，尤其与下列问题有关：在噪音中侦测到微弱的信息。

similarity heuristic 相似（性）直觉 运用事件与某特定案例或原型的相似性，来评估该事件发生的可能性。

simple cell 简单细胞 存在于视觉皮层的细胞，而且对视野中的一条光线或特殊指向及位置的直线边缘有所反应。

simple phobia 单纯恐怖症 在并无实际危险之下，对一个特定物体、动物或情境过度害怕。

situational attribution 情境归因 相对于内在态度与动机，而将一个人的行为归因于情境或环境因素。

sleep disorder 睡眠障碍 因睡不好而伤害到白天的功能，或睡眠过度。

slow to warm up temperament 迟缓型（气质） 用来描

述那些较为被动、倾向于从新情境中悄然退缩，而较那些容易型儿童需要更多时间来适应新环境的儿童。

Snellen acuity　斯涅伦敏锐度　测量相对于无须配戴眼镜者视觉的敏锐性。

social cognition　社会认知　检视个人对社会经验的主观诠释，以及他对社会的思考模式。

social cognitive neuroscience　社会认知科学　研究刻板印象、态度、个人知觉，以及自我知识等在脑中运作执行的情形。

social desirability effect　社会赞许效应　一种特别的偏差形式，发生于进行调查时，有些人会试图自我呈现出讨人喜爱的一面。

social facilitation　社会助长作用　一种共同工作与观众在场的效应。

social inhibition　社会抑制作用　共同工作或观众在场，有时反而有失常的表现。

social norms　社会规范　团体或社会用以管理其成员行为、态度及信念的不成文规则。

social phobia　社交恐惧症　处于社会情境时的极度不安全感，伴随出现的是使自己局促不安的夸大恐惧。

social psychologist　社会心理学者　研究社会互动及人类彼此影响的方式的心理学者。

social psychology　社会心理学　进行人们如何思考、感受其社会，以及彼此如何与他人互动及相互影响的研究。

social stereotype　社会刻板印象　将人格特质与身体属性赋予某类团体的所有成员身上。

social-learning theory（to personality）（人格的）社会学习论　一种相互决定论：行为的外在决定因子（如奖励与惩罚）与内在决定因子（如信念、思想与期望）均为交互影响系统的一部分，它们会影响行为，以及该系统的其他部分。

social-learning theory　社会学习论　应用学习论来处理个人与社会行为的议题〔同义词为社会行为论（social behavior theory）〕。

sociocultural approach to development　发展的社会文化取向　一种研究取向，其特征在于，并非把儿童视为寻找"真实知识"的科学家，而是一位初到某文化而试图成为当地居民的人，他会学习透过该文化的（镜片）角度来检视其社会现实。

somatic system　躯体神经系统　携带进出于感觉受体、肌肉，以及体表等信息的神经系统。

sound wave　声波　通过一段时间空气压力周期性变化所界定的一种波动。

source wavelengths　光源光波的波长　来自某些光源的波长。

span of apprehension　理解广度　能立即回忆的项目数。

spontaneous recovery　自然恢复　由巴甫洛夫所发现的经典条件反射作用现象，当有机体曾表现出一项条件反射作用条件反应，而后被移置于新情境时，条件反射作用反应将再次出现。

stage of development　发展阶段　通常依循着一连串成长步骤的发展时期，并且不是在有机体的结构方面，就是在其功能方面显示出质的变化（例如，弗洛伊德的性心理发展期、皮亚杰的认知期）。

standard　标准　任一刺激强度，人们用来对照、判断出其他刺激的强度。

Stanford-Binet Intelligence Scale　斯坦福-比奈智力量表　斯坦福大学所修订的比奈测验，用来测量与成长有关所造成的各种智力改变。

stapes　镫骨　位于中耳的三个小耳骨之一。

statistical significance　统计显著性　以所得到的统计量数作为事实陈述时的可信度，例如，总体平均数落入由样本决定的限制范围内的概率，统计显著性是代表统计发现的信度而非其重要性。

statistics　统计学　处理来自总体的抽样数据，然后依据样本数据而对母群进行推论的学科。

stereotype　刻板印象　对一整组或一整群人的人格特质或身体属性所进行的推论，是一种将人分类的图式。

stereotype threat　刻板印象威胁　仅是认同某一刻板印象就会产生威胁，而使个人升高其焦虑水平，转而降低其行为表现。

Sternberg memory-scanning task　斯滕伯格记忆扫描作业　由斯滕伯格所引用的一种实验，每次尝试中，被试都会有需要他必须暂时保留在工作记忆的一组项目。

Sternberg's triarchic theory　斯滕伯格的三元理论　本理论有三个部分或亚理论：成分亚理论是有关思考过程的；经验亚理论，是关于经验对智力的影响；而情境亚理论，则是考虑个人的环境与文化对智力的作用。

stimulant　兴奋剂　提高激发程度的精神药物。

storage stage　储存阶段　储存保留信息一段时间。

stress　压力、应激　当人们遭逢觉得对自己的身心安宁造成危害的事件时，所出现的状态。

stress response　应激　当一个人察觉危害本身福祉的事件时所产生的反应，包括为紧急事件预做准备的身体变化（即战斗或逃跑反应），以及下列心理反应：焦虑、愤怒与攻击、冷漠与抑郁，以及认知损伤。

stressor　压力源　个人知觉到危害自己身心安宁的事件。

stroboscopic motion　动景运动　由于连续呈现以前进方式安排而相当于移动的个别刺激图形，所产生的运动错觉，就如同动画一般。

Stroop interference　斯特鲁普干扰　对技术纯熟的读者而言，读出某些字词，已成了强势且自动化的结果，因此，当这些词是一些颜色而却以不同颜色的油墨印出时，很难要他们忽视这些印刷字词而说出印刷这些字词的油墨颜色。

structuralism 结构主义 对心理结构的分析。

subjective experience 主观体验 情感或感受状态。

subjectivist perspective 主观论观点 一种以人们主动建构的主观现实来了解行为及心理过程的研究取向。

superego 超我 判断行为对错的人格部分。

suprathreshold conditions 超过阈限的情形 刺激强度高过阈限的情形。

survey method 调查法 对一个大型样本发出问卷以获得信息的方法。

symbol 象征 正可代表或指出某一对象的任何事物。

sympathetic system 交感神经系统 自主神经系统的一部分，其特征为位于脊髓每一侧的一串神经节，所包含的神经纤维始于脊髓胸部与腰部，作用于情绪的兴奋状态，以及若干与副交感神经区相反的范畴。

synapse 突触 介于一个神经元轴突及另一个神经元树（状）突或细胞体间的紧密功能连接处。

synaptic plasticity 突触可塑性 在学习与记忆过程中，所涉及突触的外观或其生理方面的改变。

syntax 语法 字词在词组与句子中，其间的特定关系。

systematic desensitization 系统脱敏法 一种行为治疗技术，让一个人在深度放松的状态下，想象引发焦虑的情境阶层（或是有时实际面对该情境），逐渐地，情境就会与焦虑反应分离。

T

tabula rasa 白板 拉丁文，原意为空白的石板，是指人类并无任何与生俱来的知识或观念，所有知识皆需通过学习及经验而获得的看法，由 17 及 18 世纪英国经验主义者所倡导。

tardive dyskinesia 迟发性自主动作异常 舌头、面部、嘴巴或下巴等部位非自主性的动作。

taste receptor 味觉受体 成群地位于舌头及口腔周围味觉方面的受体。

temperament 气质 与心情有关的人格特性。

temporal-integration paradigm 时间整合范式 一个实验，呈现在 5×5 图像列中 25 个方块其中的 24 个点，被试的任务为报告出遗漏黑点的位置所在。

temporal pattern 时间组型 电冲动的间隔序列。

temporal theory of sound 声音时间论 假定运行于听觉神经的神经冲动频率，与音调频率相符的音调知觉理论。

test 测验 呈现出一致的情境给一群在某方面特质有所差异的人。

thalamus 丘脑 位于大脑半球内部并在脑干正下方的两群神经细胞核，被认为是中央脑的一部分，其中一区是作为感觉转移的中继站，另一区则会影响睡眠及清醒，也被认为是边缘系统的一部分。

Thematic Apperception Test（TAT） 主题统觉测验 呈现 20 张人物与场景的卡片给被试，要求他们针对每张卡片编出一个故事。

theory 理论 有关某特定现象、彼此相互关联的一组命题。

theory of ecological optics 生态视觉论 来自环境的信息——特别是呈现在我们网膜上的双维度表征——是我们过正常生活所真正必备的。

theory of mind 心理理论 指儿童基本的心理状态，诸如欲望、知觉、信念、知识、思想、意图与感受等。

thirst 口渴 需要水分的心理状态。

thought and action tendency 思考与行动倾向 以特定方式行动与思考的冲动。

timbre 音色 我们对某声音复杂性的经验。

tolerance 抗药性 必须服用越来越多的药量以达到相同效果的需求，是药物依赖的重要因素。

tonic pain 僵直性疼痛 在伤害发生后所体验到的一种稳定且长期持续的疼痛，通常是由肿瘤及组织损伤所造成，与急剧性疼痛相反。

top-down feedback connections 由上而下的反馈联结 由较高层次到较低层级的联结。

top-down process 自上而下加工 由有机体原先的知识与期望所驱动，而非源于输入信息的知觉、学习、记忆与理解过程。

transduction 转换 将物理能量转成可以抵达脑部的电子信号。

transference 移情作用 在心理分析中，患者无意识地以治疗师作为情绪反应的对象，即患者将对其生命史中重要他人的专属反应转移到治疗师身上。

traumatic events 创伤事件 超出人类一般经验范畴的极度危险情境。

triangular theory of love 爱情的三角理论 本理论将爱分成三种成分：亲密、激情与承诺。

trichromatic theory 三色说 假定存在着三种基本颜色受体（锥体细胞）的颜色知觉理论，包括"红色"受体、"绿色"受体以及"蓝色"受体，该理论以缺乏一种或多种受体而解释色盲的成因［同义字：杨-亥姆霍兹色觉论（Young-Helmholtz theory）］。

tricyclic antidepressant 三环抗郁剂 一种舒缓抑郁症状的抗郁剂，通过阻止神经递质 5-羟色胺及去甲肾上腺素的再摄取，而延长其作用，丙咪胺（商品名称包括 Tofranil 托法尼及 Elavil 爱拉微）是一种常用的处方药物。

two-factor theory 两因素理论 主张情绪来自两个因素的结合——其一为未予解释的生理激发，再加上对此激发的认知性解释（评估）。

type A pattern　A 型性格　在冠状心脏疾病研究中发现的一种行为类型，A 型性格者有时间压迫感，很难放松，因而当时间被延误或遇上他认为能力不足的人时，会变得不耐且动怒，A 型性格者有罹患心脏疾病的危险。

U

unconditional positive regard　无条件的积极关注　感受到自己受到双亲，以及其他人的珍视，即使其感受、态度，乃至行为尚不理想。

unconditioned response（UCR）　无条件反应　在经典条件反射中，原本对无条件刺激所产生的反应，而被作为建立先前响应中性刺激的条件反应的基础。

unconditioned stimulus（UCS）　无条件刺激　在经典条件反射中，可自动引出反应的刺激，典型上是通过反射反射而产生，先前并无制约作用存在。

unconscious　无意识　我们无法察觉到的思想、态度、冲动、欲望、动机与情绪（第一章）；包含某些我们无法意识到的记忆、冲动与欲望（第六章）；会影响我们思想与行为却无法忆及的冲动、欲望（第十三章）。

undoing effect of positive emotions　积极情绪的化解效应　积极情绪可能特别有助于人们从随着消极情绪而来的不快激发状态中恢复过来。

V

validity　效度　对一项测验在其意图目的上的测量。

variable　变量　会出现不同数值的事物。

variable interval schedule　不定间隔程式　强化的给予，视经过了某时距而定，只不过该时距变动的方式不可预期。

variable ratio schedule　不定比率程式　有机体只在作了特定数量的反应后才获得强化，只不过该数量的变动方式却是不可预期。

ventromedial hypothalamic syndrome　下丘脑腹内侧症状　下丘脑腹内侧区的组织受损时，将产生过度进食现象。

verb phrase　动词词组　为该命题句子的述词部分。

vicarious learning　替代学习　通过观察他人的行为并注意行为的结果而学习［同义词为观察学习（observational learning）］。

visceral perception　内脏知觉　我们对自身激发状态的知觉。

visual acuity　视敏度　眼睛侦察视觉细节的能力。

visual code　视觉编码　对记忆项目形成心像。

visual cortex　视皮层　脑部与视觉有关的部分。

visual field　视野　当眼睛朝向一个定点时，作用于眼睛的所有视觉可见部分。

visual neglect　视觉忽略　一种病患，虽未失明，却会忽略其视野的某一边（通常为左边）的所有事物。

visual search task　视觉搜寻任务　要求观察者决定某些目标物是否呈现在混乱的陈列中的任务。

visual-spatial sketchpad　视觉-空间模板　工作记忆中两种储存的类别之一，此处是以视觉或空间码暂时储存信息。

vulnerability-stress model　易感性-压力模式　身体或心理异常的交互作用模式，主张只有当一个人具备某种体质上的弱点（倾向），又同时经历压力情境时，才会形成异常状态，与体质-压力模式相同（diathesis-stress model）。

W

wanting　想要　对快乐的预期、渴望。

weapon focus　武器焦点　专注于场景中的武器上。

Weber fraction　韦伯分数　一种比率常数。

Wechsler Adult Intelligence Scale　韦氏成人智力量表　可分别得到语文量表与操作量表两个分数，以及全量表 IQ。

Wernick's aphesis　威尔尼克失语症　一种因威尔尼克区受伤所造成的语言障碍，该区是涉及语言理解的左脑半球部位。此区受伤者无法了解语言，他们可以听到字词，却无法知道其意义。

whole-report condition　整体报告情形　在短时间看到一列字母后，观察者需可能将所有字母报告出来。

William James　出版于 1890 年的第一本心理学教科书的作者。

withdrawal　戒断　停止用药时的强烈嫌恶反应。

withdrawal symptoms　戒断综合征　当一个人突然停止服用已经成瘾的药物时，所出现不愉快的生理及心理反应，这些征候从低程度药物依赖的反呕、焦虑、轻微颤抖与难以入眠，到药物依赖程度较高时的呕吐、痉挛、幻觉、亢奋，以及严重颤抖或癫痫。

word salad　文字沙拉　将无关的字词、词组，以及独创的文字加以联结。

working backward　倒推法　一种解决问题的策略，从目标倒推回目前的状态。

working memory　工作记忆　只储存数秒的记忆。

出版后记

不知不觉，我们发现生活中充斥着各种各样的心理学：心理咨询、经济心理学、管理心理学、领导心理学、社会心理学、认知心理学、决策心理学……当心理学逐步走进日常生活之时，越来越多的人渴望了解、掌握和运用心理学知识。而系统地认识心理学，最明智的做法是从通读一本普通心理学，或者说心理学导论开始。

书名中提到的"西尔格德"指的是恩斯特·R. 西尔格德（Ernest R. Hilgard）教授。西尔格德教授早年在耶鲁大学和斯坦福大学开设心理学导论课程，深受学生的喜爱。后来西尔格德教授总结了多年的教学经验，在 1953 年编写了《西尔格德心理学导论》的第 1 版。该书一经出版即广受赞誉，到第 3 版时，销量已突破40 万册，随后相继出版了多种文字的译本。后来，有许多专家都参与了《西尔格德心理学导论》的修订工作，但为了纪念西尔格德教授，此书一直名为《西尔格德心理学导论》。

西尔格德教授担任过美国心理学会（APA）主席，与津巴多教授在社会心理学上颇有建树不同，西尔格德教授专长于实验心理学，且侧重心理学的神经生物基础，因此本书在编写的过程中，更注重将心理学科学化。下面我们从作者在章节中设计的子栏目，以及在书中穿插的图表，感受此书的独特之处。

首先，在每一章节里面，作者们精心设计了很多小栏目——主要有"双面论证"栏目、"前沿研究"栏目和"行为的神经基础"。如果你刚开始接触心理学，可能不太理解为什么对于同一种现象，心理学家们会有完全不同的解释。"双面论证"这个栏目很好地体现了这点，其实正是这种不同派别的观点的相互冲击，激起了心理学家们进一步探讨心理机制的热情，从而大大促进了心理学这门学科的不断前进和发展。因此，为了促进和引发读者自己对问题的思考，扩展读者的思维，本书很巧妙地选取了一些话题，摘述了心理学家的对立观点；而"行为的神经基础"栏目则用来讲解一些心理过程或现象的生物基础。心理学虽然已经努力让自己迈入了"科学"的行列，但其很大程度上取决于与生物科学的结合，本书恰恰突出了这一点。

另外，作者还擅长用各种图表来丰富教材的内容。其中比较有特色的表是"概念摘要表"，即作者在表中指出了相关概念的内容，适时进行对比和概括。这样，不仅能够让读者清晰地知道哪些是重要的概念，还能使读者明白概念之间有哪些区别。比较有特色的图是研究结果呈现图。书中引用了大量的心理学经典研究，不仅在正文中叙述了心理学研究的重要结果，还配以心理学研究报告中经典的图形样式呈现，这不仅让读者对这些研究结果有了更直观的印象，还能够培养读者阅读研究报告图表的能力。

最后值得一提的是，书中的附录部分还收录了基础的心理统计学知识。此部分沿袭了一贯的通俗易懂的文风，在短短几页纸中就将描述统计和推断统计的基础内容讲解清楚。

综上所述，由于书中涵盖内容丰富、观点全面、通俗易懂并注重启发读者的思维，本书一直被奉为普通心理学教科书的经典之作，也被评为近 50 年来最顶尖的心理学教科书之一，国外许多重点高校都使用这本书作为入门教材，特别适合初学者的教学和自学。著名的心理学家杨国枢教授主持此书的繁体版出版。著名的心理学家张厚粲老师为简体版写了推荐序，在此我们深表感谢。

服务热线：133-6631-2326 139-1140-1220
读者服务：reader@hinabook.com

后浪出版公司
2022 年 1 月

图书在版编目（CIP）数据

西尔格德心理学导论：插图第 14 版 /（美）E. 西尔格德等著；洪光远译 . -- 成都：四川人民出版社，2021.12
　　ISBN 978-7-220-12377-1

　　Ⅰ.①西… Ⅱ.① E… ②洪… Ⅲ.①心理学—概论 Ⅳ.① B84

中国版本图书馆 CIP 数据核字 (2021) 第 167876 号

四 川 省 版 权 局
著作权合同登记号
图进字：21-2021-524

XIERGEDE XINLIXUE DAOLUN (CHATU DI 14 BAN)

西尔格德心理学导论（插图第 14 版）

著　　者	［美］E. 西尔格德　［美］R. C. 阿特金森　［美］E. E. 史密斯　［美］S. 诺伦-霍克西玛　等
译　　者	洪光远
选题策划	后浪出版公司
出版统筹	吴兴元
编辑统筹	张　鹏
特约编辑	张　鹏　张瑶瑶　汪建人
责任编辑	张　丹
封面设计	徐睿绅
营销推广	ONEBOOK
出版发行	四川人民出版社（成都槐树街 2 号）
网　　址	http://www.scpph.com
E-mail	scrmcbs@sina.com
印　　刷	天津中印联印务有限公司
成品尺寸	214 毫米 ×285 毫米
印　　张	44
字　　数	1400 千
版　　次	2021 年 12 月第 1 版
印　　次	2022 年 10 月第 2 次印刷
书　　号	978-7-220-12377-1
定　　价	160.00 元

后浪出版咨询（北京）有限责任公司　版权所有，侵权必究

投诉信箱：copyright@hinabook.com　fawu@hinabook.com

未经许可，不得以任何方式复制或者抄袭本书部分或全部内容

本书若有印、装质量问题，请与本公司联系调换，电话 010-64072833